江苏省地方志编纂委员会 编

江苏文化遗产志

凤凰出版社

图书在版编目（CIP）数据

江苏文化遗产志 / 江苏省地方志编纂委员会编. -- 南京：凤凰出版社，2020.10
ISBN 978-7-5506-3259-2

Ⅰ．①江… Ⅱ．①江… Ⅲ．①文化遗产－概况－江苏 Ⅳ．①K295.3

中国版本图书馆CIP数据核字(2020)第175468号

江苏文化遗产志

编　　者	江苏省地方志编纂委员会
出版统筹	卞惠兴　常宁文
责任编辑	崔广洲
责任校对	张　埜
责任监制	刘　辉
出版发行	凤凰出版社(原江苏古籍出版社)
	发行部电话 025-83223462
出版社地址	南京市中央路165号，邮编：210009
出版社网址	http://www.fhcbs.com
照　　排	南京凯建文化发展有限公司
印　　刷	南京爱德印刷有限公司
开　　本	889 mm×1 194 mm　1/16
印　　张	40.5
字　　数	1225千字
版　　次	2020年10月第1版
印　　次	2020年10月第1次印刷
标准书号	ISBN 978-7-5506-3259-2
定　　价	280.00元(精)

图书如有印装质量问题，可随时向我社出版科调换。

世界文化遗产

1. 苏州古典园林·拙政园
2. 明孝陵神道

1. 苏州古典园林·狮子林
2. 苏州古典园林·沧浪亭
3. 苏州古典园林·退思园
4. 明孝陵享殿
5. 明孝陵方城明楼
6. 明孝陵全景

入选"全国十大考古新发现"项目

1. 扬州唐城遗址（入选1993年度全国十大考古新发现）
2. 徐州狮子山西汉楚王陵（入选1995年度全国十大考古新发现）
3. 藤花落龙山时代城址（入选2000年度全国十大考古新发现）
4. 句容、金坛周代土墩墓群（入选2005年度全国十大考古新发现）

入选"全国博物馆十大陈列展览精品"项目

1. 1997年，在南京市博物馆展陈的"六朝风采"展览
2. 2002年5月，在北京中华世纪坛、南京博物院展出的"江苏省首届文化艺术精品展"
3. 中国昆曲博物馆陈列
4. 神奇的自然美丽的家园——常州博物馆自然资源陈列

博物馆 纪念馆

1. 南京博物院
2. 南通博物苑
3. 苏州博物馆

1. 扬州博物馆（扬州中国雕版印刷博物馆）
2. 常州博物馆
3. 镇江博物馆

1. 雨花台烈士纪念馆
2. 侵华日军南京大屠杀遇难同胞纪念馆

不可移动文物

1. 南京人化石地点（南京市江宁区）
2. 龙江船厂遗址（南京市鼓楼区）
3. 三庄墓群（泗阳县）
4. 文徵明墓（苏州市相城区）

1. 南京城墙（南京市）
2. 朝天宫（南京市）
3. 甘熙宅第（南京市）

物质文化遗产篇

1. 垂虹桥遗迹（吴江市）
2. 龙王庙行宫（宿迁市宿豫区）
3. 盂城驿（高邮市）
4. 上池斋药店（兴化市）
5. 光福寺塔（苏州市吴中区）

1. 丹阳南朝陵墓石刻·齐宣帝萧承之永安陵石刻（丹阳市）
2. 将军崖岩画（连云港市）
3. 中国共产党代表团办事处旧址（梅园新村）（南京市）
4. 瞿秋白故居（常州市）
5. 新四军重建军部旧址（盐城市）
6. 新四军军部旧址（盱眙县）
7. 茂新面粉厂旧址（无锡市南长区）
8. 镇江商会旧址（镇江市润州区）

可移动文物

1. 东晋至南朝陶牛车
2. 明青花缠枝花卉纹葵形盘
3. 三国吴青釉飞鸟百戏堆塑瓷罐
4. 明渔翁戏荷琥珀杯

1. 西汉玉龙　　　　　　　　2. 明镂雕龙纹金带扣与挂饰　　　　3. 东汉错银铜牛灯
4. 明江千里作嵌螺钿西厢记漆盘　5. 宋代纱衣　　　　　　　　　　　6. 宋泥塑童戏像

1. 战国郢爰
2. 宋徽宗鸜鹆图
3. 清王原祁小孤山图轴
4. 明文徵明行书七言诗轴
5. 东晋高崧墓志

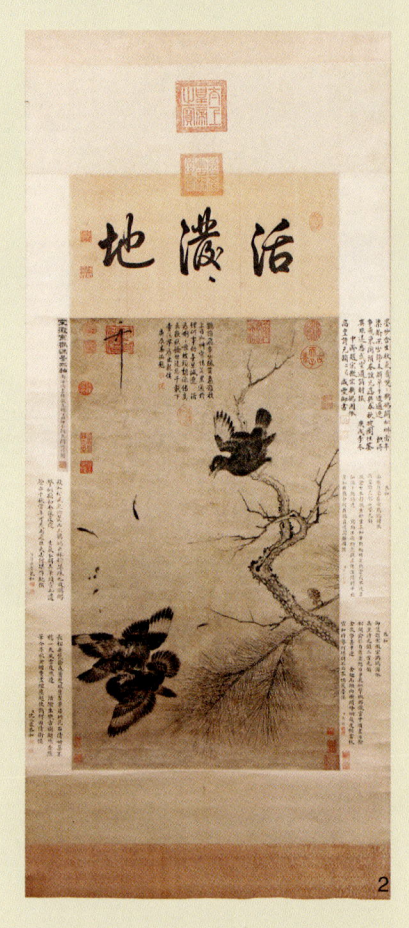

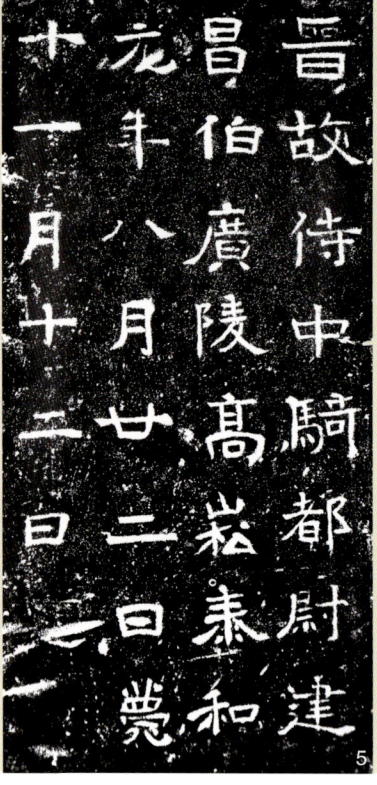

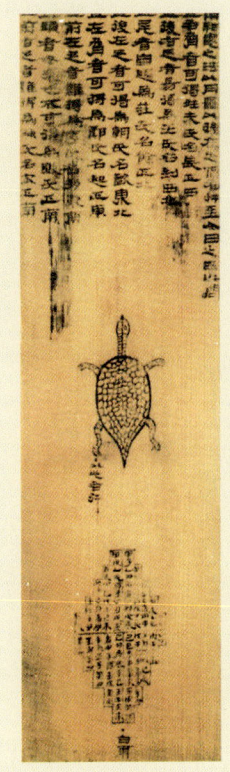
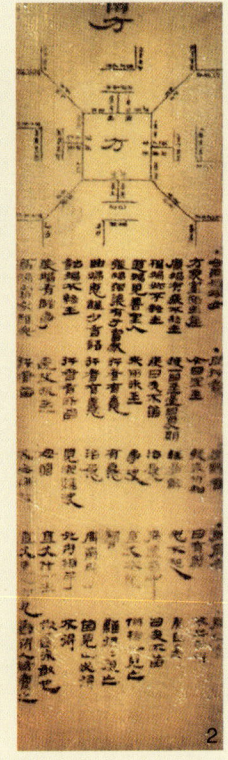
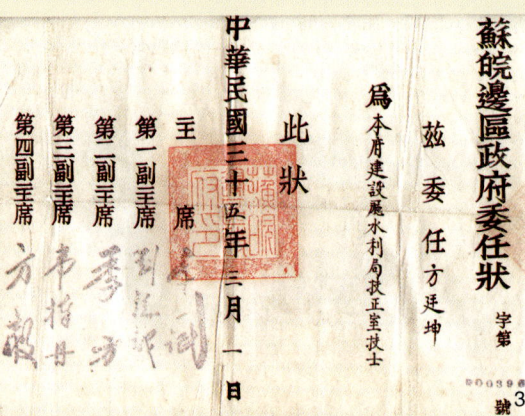

1. 南朝持剑武士画像砖
2. 西汉神龟占木牍
3. 苏皖边区政府委任状
4. 孙中山遗墨"奋斗"
5. 淮海战役中淮海战役总前委使用的电台
6. 周恩来在国共南京谈判期间使用的棕色小牛皮箱

民间文学

1. "白蛇传传说"相关遗址"金山寺"
2. 艺术家唐建琴在田间演唱吴歌

传统音乐

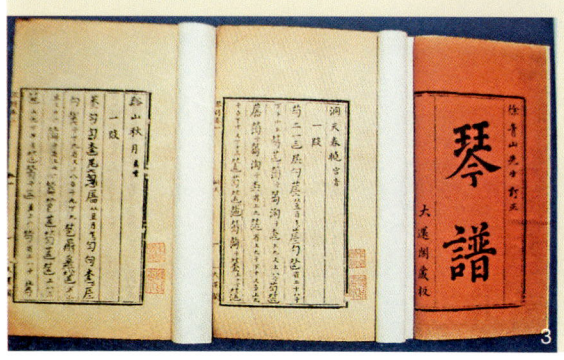

1. 海门山歌小戏《淘米记》参加第二届全国民间音乐舞蹈会演
2. 金湖秧歌代表江苏省参加第十届中国上海国际艺术节"长三角非物质文化遗产保护项目·民间音乐"展演活动
3. 虞山琴派创始人徐青山的《琴谱》

传统舞蹈

1. 在1993年首届金陵文化庙会上表演的民间舞蹈《栖霞龙舞》
2. 2002年《狮虎双雄》在江苏中国民间艺术节大赛中获金奖

传统戏剧

1. 昆曲《牡丹亭》剧照
2. 宋长荣在荀派名剧《红娘》中扮演"红娘"剧照
3. 扬剧《珍珠塔》剧照
4. 杖头木偶戏《白蛇传》剧照

1. 锡剧《玉蜻蜓》剧照
2. 柳琴戏青年演员朱芳、谢东演唱传统柳琴戏《梁山伯与祝英台》剧照
3. 苏剧《五姑娘》
4. 淮海戏表演艺术家杨秀英带徒授艺
5. 童子戏受邀赴韩国演出场景

曲 艺

1. 第二届江苏省文物节《江苏绝技展》上表演的南京白局
2. 苏州评弹·弹词男双档
3. 艺术家王少堂表演扬州评话
4. 艺术家李仁珍表演扬州弹词

传统美术

1. 南通仿真绣作品·《贵妃醉酒》　　2. 无锡精微绣

1. 剪纸作品·宜兴农耕
2. 桃花坞木刻年画·一团和气
3. 秦淮灯彩·奥运火炬灯

1. 扬派盆景作品·《腾云》　　2. 苏州玉雕作品·《天禄瑞兽》
3. 扬州玉雕作品·黄玉《潮音洞》　　4. 常州留青竹刻作品·《云海松涛》
5. 惠山泥人作品·阿福

传统技艺

1. 雕版印刷技艺国家级传承人陈义时工作照
2. 苏州洞庭碧螺春制作技艺·搓团
3. 均陶制作·抹
4. 南京金箔锻制技艺·出起

1. 绿柳居素食烹制技艺·全素宴
2. 封存的封缸酒

1. 香山帮传统建筑营造技艺·拙政园龙脊廊
2. 苏州缂丝作品·南宋沈子蕃青绿山水
3. 精细木作作品·明式家具
4. 扬州毛笔·鼠须水笔

1. 宜兴紫砂陶作品·提璧提梁壶茶具
2. 江都金银细工作品·鹿拉凤车
3. 扬州漆器作品·《春色满园》地屏

1. 云锦织机
2. 老艺人为孩子们介绍板鹞风筝的制作技巧
3. 御窑金砖烧制
4. 色织土布技艺·吊综

传统医药

1. 雷允上诵芬堂药号
2. 致和堂膏滋药熬制

传统体育、游艺与杂技

1. 殷巷石锁协会会员进行集体表演

民 俗

1. 秦淮灯会
2. 溱潼会船
3. 惠山庙会
4. 金坛抬阁

江苏省地方志编纂委员会(2019年2月～　)

主　任　吴政隆
副主任　樊金龙　许仲梓　周继业　陈建刚
委　员　（排名以发文顺序为准）
　　　　　杨根平　王　林　徐　莹　杨　峰　周春发　王立平
　　　　　焦建俊　李国华　朱光远　邢光龙　陈向阳　李侃桢
　　　　　葛道凯　王　秦　谢志成　吕德明　储永宏　戴元湖
　　　　　刘　聪　周　岚　陆永泉　陈　杰　杨时云　马明龙
　　　　　杨志纯　谭　颖　费少云　缪志红　王汉春　左健伟
　　　　　夏锦文　刘德海　蓝绍敏　黄　钦　庄兆林　丁　纯
　　　　　李亚平　徐惠民　方　伟　蔡丽新　曹路宝　夏心旻
　　　　　张叶飞　史立军　王　昊

办公室主任　左健伟

《江苏省志(1978～2008)》总纂、副总纂

总　纂　吴政隆(2017.5～　)
　　　　　罗志军(2008.9～2010.12)
　　　　　李学勇(2010.12～2015.12)
　　　　　石泰峰(2015.12～2017.4)

副总纂　顾介康　李一宁　李　敏　余春芳　何国平　周桂根
　　　　　周世康　费伟康　张晓铃　刘福林　钱伯华　姚百义
　　　　　左健伟

江苏省地方志编纂委员会(2008年7月~2019年1月)

1. 2008年7月~

主　任　罗志军
副主任　赵克志　柏苏宁　张桃林　陈宝田　樊金龙　方未艾
委　员　（排名以发文顺序为准）
　　　　　姚晓东　薛　和　唐　建　刘立仁　傅沿江　郭广银
　　　　　孙学玉　周和平　吴乐勇　崔广怀　韩　杰　蒋宏坤
　　　　　曹新平　王伟成　阎　立　丁大卫　徐一平　王燕文
　　　　　刘捍东　姚建华　毛伟明　王吉生　沈　健　朱克江
　　　　　吴洪彪　潘永和　赵永贤　陈震宁　周　岚　游庆仲
　　　　　吕振霖　吴沛良　朱　民　章剑华　郭兴华　王　华
　　　　　张卫东　徐毅英　廖　进　宋林飞

2. 2009年9月~

主　任　罗志军
副主任　赵克志　柏苏宁　曹卫星　陈宝田　樊金龙　方未艾
委　员　（排名以发文顺序为准）
　　　　　姚晓东　薛　和　唐　建　刘立仁　傅沿江　郭广银
　　　　　章剑华　周和平　吴乐勇　崔广怀　韩　杰　张敬华
　　　　　王伟成　阎　立　丁大卫　徐一平　谢正义　刘捍东
　　　　　姚建华　毛伟明　陈震宁　沈　健　朱克江　吴洪彪
　　　　　潘永和　吴可立　周　岚　游庆仲　吕振霖　吴沛良
　　　　　朱　民　郭兴华　王　华　张卫东　徐毅英　廖　进
　　　　　宋林飞

3. 2011年5月~

主　任　李学勇
副主任　柏苏宁　曹卫星　陈宝田　樊金龙　方未艾
委　员　（排名以发文顺序为准）
　　　　　姚晓东　唐　建　李一宁　刘国中　傅沿江　王　奇

徐一平	周和平	石为斌	崔广怀	谢　波	朱克江
张敬华	王伟成	阎　立	张国华	杨省世	谢正义
刘捍东	徐郭平	蓝绍敏	毛伟明	陈震宁	沈　健
曹苏民	吴洪彪	潘永和	吴可立	周　岚	游庆仲
吕振霖	吴沛良	朱　民	章剑华	郭兴华	费少云
朱晓明	徐毅英	张颢瀚	刘志彪		

4. 2012 年 12 月～

主　任　李学勇
副主任　柏苏宁　曹卫星　范燕青　毛伟明　方未艾
委　员　（排名以发文顺序为准）

杨志纯	唐　建	李一宁	刘国中	陈　平	王　奇
章剑华	周和平	石为斌	崔广怀	谢　波	朱克江
朱　民	姚晓东	周乃翔	张国华	杨省世	曲福田
魏国强	朱民阳	朱晓明	徐郭平	蓝绍敏	陈震宁
徐一平	沈　健	曹苏民	吴洪彪	江建平	谭　颖
周　岚	游庆仲	吴沛良	吕振霖	马明龙	徐耀新
王咏红	费少云	徐　劼	徐毅英	张颢瀚	刘志彪

5. 2014 年 1 月～

主　任　李学勇
副主任　赵　鹏　曹卫星　范燕青　张敬华
委　员　（排名以发文顺序为准）

康旭平	陈为民	李一宁	吴洪彪	赵铁海	王　奇
梁　勇	周和平	石为斌	崔广怀	谢　波	汪　泉
朱　民	费高云	周乃翔	张国华	赵晓江	曲福田
魏国强	朱民阳	朱晓明	陆志鹏	王天琦	陈震宁
徐一平	沈　健	曹苏民	侯学元	徐　宁	谭　颖
周　岚	游庆仲	吴沛良	李亚平	马明龙	徐耀新
王咏红	费少云	徐　劼	周　琪	刘德海	刘志彪
方未艾					

办公室主任　方未艾

6. 2014年10月~

主　任　李学勇
副主任　赵　鹏　曹卫星　范燕青　张敬华
委　员（排名以发文顺序为准）
　　　　康旭平　陈为民　李一宁　吴洪彪　赵铁海　王　奇
　　　　梁　勇　周和平　石为斌　崔广怀　谢　波　汪　泉
　　　　朱　民　费高云　周乃翔　张国华　赵晓江　曲福田
　　　　王荣平　朱民阳　朱晓明　陆志鹏　王天琦　陈震宁
　　　　徐一平　沈　健　曹苏民　侯学元　徐　宁　谭　颖
　　　　周　岚　游庆仲　吴沛良　李亚平　马明龙　徐耀新
　　　　王咏红　费少云　夏心旻　周　琪　刘德海　王庆五
　　　　方未艾

7. 2016年12月~

主　任　石泰峰
副主任　黄莉新　赵　鹏　张敬华　范燕青　王　奇　漆冠山
委　员（排名以发文顺序为准）
　　　　康旭平　王　林　谢润盛　吴洪彪　赵铁海　胡金波
　　　　周　琪　周和平　朱光远　张亚青　谢　波　汪　泉
　　　　周铁根　费高云　曲福田　韩立明　项雪龙　惠建林
　　　　戴　源　张爱军　朱晓明　史立军　王天琦　赵建军
　　　　徐一平　沈　健　王　秦　侯学元　沈益锋　谭　颖
　　　　李侃桢　周　岚　游庆仲　吴沛良　李亚平　马明龙
　　　　徐耀新　王咏红　费少云　焦建俊　徐　莹　秦景安
　　　　刘德海　王庆五

总序

江苏省省长　吴政隆

在全省上下深入学习贯彻党的十九大精神、奋力推动高质量发展、加快建设"强富美高"新江苏的重要时刻,二轮《江苏省志(1978～2008)》各分(专)志陆续编成出版,这是我省地方志事业取得的重要成果,极大地丰富了江苏历史文化宝库,对于促进文化强省建设、提升江苏文化软实力具有重要意义。

地方志是中华优秀传统文化的瑰宝,编修地方志为中华文明代代相传、血脉相承发挥了不可替代的作用。江苏地区编修地方志已有2000多年的历史,素有"方志之乡"的美誉。在首轮《江苏省志》圆满完成的基础上,省政府于2008年启动二轮省志续修工程。二轮省志由60本分(专)志组成,约4800万字,时间贯穿30多年,内容覆盖政治、经济、文化、社会、军事、自然等各个领域,系统记录江苏改革开放和现代化建设的历史进程和辉煌成就,生动展示各行各业具有时代特征、中国特色、江苏特点的发展战略和创新举措,是我们了解历史变迁、把握省情地情、借鉴治理经验、推动科学发展的重要载体。

地方志作为横陈百科、包罗万象、流传千载的资料性文献,担负记录历史、传承文明、服务当代、启引未来的重任,具有特定的编纂体例和方法。二轮省志编修是一项系统工程,组织严密,规模宏大,由省各有关部门、团体、高等院校、科研院所、各市县以及中央驻苏机构、解放军驻苏部队等共同承担编写任务,汇聚各方智慧合力完成。10年来,全省广大修志人员以高度的政治责任感和历史使命感,坚持正确的政治方向和质量第一的原则,秉笔直书、辛勤耕耘,努力打造具有较高学术水平和重要文化价值、社会价值的精品佳志,为推动文化传承创新、服务经济社会发展付出了心血和汗水。

盛世修志,志在于用。党的十九大确立了习近平新时代中国特色社会主义思想的历史地位,吹响了决胜全面建成小康社会、夺取新时代中国特色社会主义伟大胜利的前进号角,习近平总书记对江苏工作作出一系列重要指示,为我们指明了前进方向,提供了根本遵循。省委十三届三次全会对深入学习宣传贯彻党的十九大精神作出全面部署,明确要求扎实推动"六个高质量"发展,接续推进"两聚一高"新实践,加快建设"强富美高"新江苏。新时代、新使命、新征程,对志书成果开发利用提出了新的更高要求,也提供了更广阔的舞台。我们要坚持以习近平新时代中国特色社会主义思想为指导,认真落实中央和省委关于地方志工作的部署要求,始终坚持正确的政治方向,抓好历史文化记录和保护,编纂好特色专业志书,传承好江苏符号和江苏印记,在做特、做优、做活地方志工作上下功夫、出成果。要紧紧围绕经济社会发展新目标、当今时代文化发展新趋势、人民精神文化生活新期待,大力开发利用志书资源,积极拓展读志、传志、用志渠道,鉴往知来、承先启后,抢抓机遇、开拓创新,充分发挥地方志存史、育人、资政的独特作用,以新时代新作为谱写地方志事业高质量发展新篇章,为"强富美高"新江苏建设作出新的更大贡献。

凡例

一、本志总名《江苏省志（1978～2008）》。按大类排列，编以序号。定名为《江苏省志（1978～2008）·××志》。

二、本志上限为1978年，下限断至2008年年底。各分志上限如与首轮志书下限有交叉的，可从简记述；专志下限为2008年年底，上限不限。

三、本志记述江苏省境域内自然、政治、经济、文化、社会等各个方面情况。

四、本志坚持"横分门类，纵述史实"的传统格局。各分（专）志一般采用章、节、目的结构层次。

五、本志采用述、记、志、传、图、表、录并用的综合体裁。以志为主。

六、本志内容以资料为主，用记述体表述，不作主观评论，寓观点于资料中。概述与章下无题序可作适当归纳议论。

七、本志"人物"分志集中记载省内有重大影响的人物，其他分志不再设人物章节。入志人物的收录标准另定。

八、本志设"中共"和"人民团体"分志，有关党、团和妇联、工会等组织及其活动的内容，其他分志不需设专门章节记述。

九、本志资料，录自档案、口碑资料和历史文献的，为节省篇幅，除特别重要、珍贵的资料须注明出处外，一般不再注明出处。统计数字，以江苏省统计局的统计数据为主。

十、本志数字、计量单位及语言等的使用，按《〈江苏省志（1978～2008）〉行文细则》的规定表述。

总目*

一、卷首
1　总述　大事记

二、生态卷
2　资源
3　环境

三、经济卷
4　发展改革
5　农林
6　海洋渔业
7　水利
8　煤炭　电力
9　轻工　纺织
10　冶金　机械
11　石油　化工
12　建材　建筑
13　电子信息
14　邮电
15　交通运输
16　城乡建设
17　国内贸易
18　对外贸易
19　旅游　餐饮
20　海关　检验检疫
21　财政　税务
22　央行　银行　证券　保险
23　工商　价格
24　质量技术监督　食品药品监管

四、政治卷
25　中共
26　人大
27　政府
28　政协
29　民主党派　工商联
30　人民团体
31　纪检　监察
32　审计
33　外事　港澳台侨事务
34　机构编制　人事管理
35　审判　检察
36　公安　司法
37　军事　民防

五、文化卷
38　科学技术
39　社会科学
40　教育
41　文化艺术
42　出版　报业
43　广播影视
44　卫生
45　体育

六、社会卷
46　民政
47　劳动保障
48　人口　人民生活
49　人物

七、卷末
50　附录

八、专志
1　江苏建置志
2　江苏名城名镇名村志
3　江苏江河湖泊志
4　江苏开发区志
5　江苏民营经济志
6　江苏吴文化志
7　江苏文化遗产志
8　江苏著述志
9　江苏工艺美术志
10　江苏老字号志

* 该总目自2019年10月起施行。

《江苏文化遗产志》编纂委员会

主　任　杨志纯
副主任　吴晓林　裴　旭　龚　良
委　员　（以姓氏笔画为序）

王　健　王奇志　车　宁　毛志峰　冯锦文　朱　军
刘谨胜　孙为祥　严旭华　苏同林　李　倩　李虎仁
李金芳　李晓红　陈　浩　陈瑞近　武　倩　范梅青
周　霞　周晓东　郑孝清　宗　翡　赵　峰　姚文中
贺云翱　顾雄林　钱　宁　倪小平　倪益新　徐国兵
徐春宏　殷连生　唐文健　黄正良　韩　峰　韩如海
颜一平

《江苏文化遗产志》参与编纂人员

（以姓氏笔画为序）

丁玉梅　丁永忠　丁　伟　丁　超　于　萍　干有成　万里春
万新华　马天翼　马晓辉　王　伟　王　克　王　玮　王金甫
王晴晨　王　程　王　斌　王　瑶　王慧春　王　瑾　王　燕
王　嬿　井永禧　韦文胜　毛玉芬　毛　颖　邓　晓　左　骏
石佳佳　卢　红　田亚如　田名利　冯方涛　冯向伟　冯春红
冯俊英　冯　菲　成　伟　成晓明　朱友光　朱正亚　朱芸芸
朱国平　朱　琳　伍雅涵　刘立云　刘　伟　刘厚学　刘　香
刘　剑　刘爱平　刘　森　刘　斌　祁凤喜　祁冬梅　许景阳
孙玉国　孙志军　孙　亮　孙　峻　严定忠　苏万才　李西东
李志平　李卓一　李宗强　李　诚　李顺乾　李　铮　李　蕊
杨玉新　杨正宏　杨　勇　杨海涛　杨　梓　杨　蔚　束方平
吴小宝　吴　平　吴问先　吴晓丽　吴海龙　吴　颖　邱为玮

何汉生	何 亚	何 伟	何济麟	冷 坚	汪大鹏	沈文虹
沈红球	沈 萍	怀 悦	宋 星	宋继敏	张小军	张小朋
张小敏	张卫星	张玉兰	张平凤	张 卢	张 乐	张 刚
张 华	张丽娟	张国祥	张金萍	张建康	张秋兵	张 剑
张美群	张 勇	张 倩	张 雷	张 磊	陆 阳	陈大海
陈宁欣	陈 志	陈志勇	陈 炜	陈晓阳	陈晓明	陈 斌
陈 静	邵日胜	武云鹏	武 耕	茆圆圆	范玉友	范陶峰
林留根	郁 明	郁 萌	罗戎平	罗 志	岳 凯	金龙华
金 兵	金重庆	周光雷	周伟生	周明磊	周润垦	周 敏
周锦屏	郑宇鹏	郑 晶	宗时珍	孟姝言	孟 强	封 频
赵丹丹	赵永正	赵 旭	赵 娜	荆 红	胡 程	胡颖芳
侯晓庆	俞卫华	贺华俊	骆 琳	耿建军	耿道伦	贾 飞
夏春晖	顾 筼	倪 吉	倪震宇	徐苏君	徐建清	徐美秀
徐洪绕	徐 骅	徐振斌	徐 森	徐 鹏	高 伟	高 政
高 琪	郭小川	郭 果	郭 锐	唐文彪	唐 鸣	唐 欣
唐星良	唐雯婷	浦 琴	黄文浩	黄兴港	黄明慧	黄雪亚
曹水平	龚 平	巢 臻	彭春梅	葛海复	董小梅	董 友
蒋 丹	蒋玉平	韩冰青	韩明杰	韩 浩	韩 锋	程 卫
程可石	程 梦	傅焕昊	强 华	赖海清	赖聪聆	雷 虹
蔡利民	蔡述亮	翟忠华	翟森森	潘国英	潘朝阳	薛玉龙
戴月娥	瞿小佩					

本专志责任副总纂 周世康

本专志责任协纂 李 文

目　录

物质文化遗产篇

- 003 **概　述**

- 007 **第一章　古遗址**
- 008 第一节　远古化石和旧石器遗址
- 010 第二节　聚落遗址
- 020 第三节　城址
- 029 第四节　窑址
- 032 第五节　其他

- 036 **第二章　古墓葬**
- 037 第一节　帝王陵墓
- 045 第二节　贵族墓冢
- 048 第三节　历史名人墓
- 061 第四节　其他

- 065 **第三章　古建筑与构筑物**
- 066 第一节　宫殿官署
- 068 第二节　城垣城楼
- 071 第三节　文庙书院
- 076 第四节　坛庙祠堂
- 080 第五节　亭台楼阁
- 083 第六节　府邸住宅
- 102 第七节　驿站会馆
- 104 第八节　店铺作坊
- 105 第九节　寺观塔幢
- 124 第十节　苑囿园林
- 133 第十一节　桥梁码头
- 141 第十二节　水工建筑
- 142 第十三节　其他

- 144 **第四章　石刻及其他**
- 145 第一节　摩崖题刻
- 152 第二节　碑刻柱坊
- 159 第三节　石雕
- 163 第四节　岩画
- 164 第五节　其他

- 166 **第五章　近代现代重要史迹及代表性建筑**
- 167 第一节　重要历史事件和重要机构旧址
- 181 第二节　重要历史事件及人物活动纪念地
- 185 第三节　名人故（旧）居
- 196 第四节　名人墓
- 200 第五节　烈士墓及纪念设施
- 204 第六节　文化教育医疗建筑及附属物
- 210 第七节　金融商贸建筑
- 212 第八节　工业建筑及附属物
- 214 第九节　典型风格建筑或构筑物
- 217 第十节　宗教建筑
- 219 第十一节　其他近现代重要史迹及代表性建筑

- 222 **第六章　可移动文物**
- 223 第一节　陶器
- 226 第二节　瓷器
- 235 第三节　绘画
- 244 第四节　书法
- 247 第五节　玉石器、宝石
- 252 第六节　铜器、金银器及其他金属器
- 259 第七节　石器、石刻、砖瓦
- 263 第八节　漆器、竹木器、家具
- 266 第九节　织绣
- 267 第十节　甲骨、简牍
- 268 第十一节　古籍善本、碑帖拓本、档案文书、票据及文件、宣传品

274	第十二节 雕塑、造像		343	第四节 历史文化名城名镇名村
277	第十三节 文具、乐器、武器		346	第五节 世界文化遗产申报和管理工作
280	第十四节 钱币、度量衡器			
281	第十五节 牙骨角器		350	第六节 新型文化遗产保护
282	第十六节 革命文物			
285	第十七节 其他		360	**第九章 物质文化遗产研究与合理利用**
289	**第七章 物质文化遗产管理**		362	第一节 研究成果与学术活动
291	第一节 机构团体		373	第二节 陈列展览与宣传工作
318	第二节 法规文件		397	第三节 现代科学理论与技术的应用
319	第三节 人才培养			
			404	**大事年表**
323	**第八章 物质文化遗产保护**			
325	第一节 文物调查与考古发掘		414	**附　录**
332	第二节 不可移动文物的维修和保护		414	一、重要文献辑存
341	第三节 可移动文物的收藏、保管与修复		422	二、文物保护单位名单

非物质文化遗产篇

451	**概　述**		497	第二节 "板腔体"剧种
			500	第三节 "曲牌、板腔综合体式"剧种
454	**第一章 民间文学**		504	第四节 "傀儡戏"与民间小戏剧种
455	第一节 传说			
460	第二节 民间故事		506	**第五章 曲　艺**
461	第三节 说唱文学		507	第一节 说唱类曲种
463	第四节 谜语		507	第二节 评书类曲种
			508	第三节 鼓曲类曲种
465	**第二章 传统音乐**			
466	第一节 民歌		512	**第六章 传统美术**
468	第二节 劳动号子		513	第一节 绘画类
470	第三节 吟唱音乐		515	第二节 工艺类
470	第四节 传统器乐		521	第三节 雕刻类
473	第五节 民间鼓吹		526	第四节 造型艺术类
476	第六节 宗教音乐			
			531	**第七章 传统技艺与传统医药**
480	**第三章 传统舞蹈**		532	第一节 烧造
481	第一节 习俗舞蹈		533	第二节 建筑、家具及髹漆
486	第二节 祭祀信仰舞蹈		535	第三节 织染缝纫
491	第三节 岁时节令舞蹈		538	第四节 金属工艺
			539	第五节 编织扎制
496	**第四章 传统戏剧**		541	第六节 工具和器械制作
497	第一节 "曲牌体"剧种		542	第七节 农畜产品加工技艺（饮食类）

556	第八节 造纸、印刷及书画工艺类		590	**第十一章 非物质文化遗产教育传播**
559	第九节 其他传统技艺		591	第一节 教育推广
561	第十节 传统医药		592	第二节 展示展演
			596	第三节 媒体宣传
564	**第八章 传统体育、游艺与杂技**		601	第四节 非物质文化遗产馆（展示厅）
565	第一节 传统体育类			
566	第二节 杂技类		603	**第十二章 非物质文化遗产研究与交流**
567	**第九章 民　俗**		604	第一节 研究机构
568	第一节 岁时节令类		605	第二节 研究成果
569	第二节 民间信俗类		608	第三节 学术研讨
572	第三节 人生礼俗类		610	第四节 交流合作
573	第四节 生产商贸及消费习俗类			
575	第五节 其他		612	**大事年表**
577	**第十章 非物质文化遗产保护与传承**		616	**附　录**
578	第一节 法规与机制建设		616	一、重要文献辑存
580	第二节 非物质文化遗产普查工作		620	二、非物质文化遗产名录
583	第三节 代表性项目保护		630	三、荣誉奖励
584	第四节 代表性传承人保护			
588	第五节 信息化建设		631	**编纂始末**

物质文化遗产篇

概　述

一

"文化遗产"作为一种通过社会实践行为并经学术界提炼之后的系统表述,最初出现于联合国教科文组织1972年10月17日公布的《保护世界文化和自然遗产公约》中,物质形态的"文化遗产"包括历史文物、历史建筑、人类文化遗址三个方面。2003年10月17日,联合国教科文组织在正式通过的《保护非物质文化遗产公约》中又提出"非物质文化遗产"的定义。中国近年来通过对国际上"文化遗产"理念的吸纳并结合中国的自身实际情况,以政府文件的形式给予"文化遗产"以界定。2005年12月,国务院印发了《关于加强文化遗产保护的通知》,使用了"文化遗产"这一名词,并指出"文化遗产"包括物质文化遗产和非物质文化遗产两部分。这一"文化遗产"内涵的建构,对推动中国文化遗产事业的发展具有重要的指导作用。基于此,《江苏文化遗产志》将物质文化遗产和非物质文化遗产汇集于一部志书,这也是江苏省第一部文化遗产志。

物质文化遗产是具有历史、艺术和科学价值的文物,包括古遗址、古墓葬、古建筑、石窟寺、石刻、壁画、近代现代重要史迹及代表性建筑等不可移动文物,历史上各时代的重要实物、艺术品、文献、手稿、图书资料等可移动文物;以及在建筑式样、分布均匀或与环境景色结合方面具有突出普遍价值的历史文化名城(街区、村镇)。① 物质文化遗产又被称为"有形文化遗产"。物质文化遗产是人类智慧的结晶和历史进步的标志。人们对物质文化遗产价值的认识不是一次完成的,而是随着社会发展、人们科学文化水平的不断提高而不断深化的。

二

江苏地处长江下游,山川秀美,物华天宝,历史源远流长,文化积淀厚重。从远古到夏商周,从秦汉到明清,再到近现代的历史进程,一直是诸多民族繁衍生息、交汇融合、经济社会文化发展走向繁荣兴盛之地,留下了许多弥足珍贵的文化遗产。截止2008年底,在物质文化遗产方面,江苏拥有两项世界遗产项目,分别为苏州古典园林和南京明孝陵,以及以大运河江苏段为代表的多项国家世界遗产预备名录项目。据第三次全国文物普查工作数据,江苏省已登录不可移动文物有20 007处。《江苏文化遗产志》物质文化遗产篇章收录文物点609处,加上子目共628处,其中古遗址63处,古墓葬79处,古建筑243处,石窟寺及石刻55处,近代重要史迹及代表性建筑188处。江苏也是可移动文物大省,有着深厚的历史文化积淀和丰富的可移动文物资源。据全国第一次可移动文物普查的数据,江苏省国有单位文物收藏量约170万件(套)。从数十万年前的旧石器时代古化石,到近现代名人、大师辈出,可谓物华天宝、人杰地灵、遗存丰富。至2008年底,江苏全省共有各类博物馆、纪念馆163家。

江苏的文化遗产工作开展较早,中华人民共和国成立后,在老一辈文博人的努力下,江苏的博物馆纪念馆、田野考古、文物保护工作不断取得进展。1978年党的十一届三中全会以后,中国迈入改革开放和社会主义现代化建设新时期,江苏物质文化遗产保护工作进入一个新的历史发展阶段。

改革开放三十年江苏文化遗产事业发展大致

---

① 引自国务院2005年12月22日发布的《关于加强文化遗产保护的通知》。

可以分为三个阶段：一是1978年到1991年的拨乱反正、艰难起步阶段。各项文物工作全面恢复，田野考古、文物保护、纪念场馆博物馆等各项工作全面展开，文博工作逐渐走上轨道。田野考古方面，建立了考古学区、系、类型框架，对考古学文化进行综合研究。1982年3月25日，江苏省政府重新公布了省级文物保护单位263处，即江苏省第一、二、三批文物保护单位，其中含全国重点文物保护单位29处。1982年，国务院公布第一批中国历史文化名城24座，江苏的扬州、南京、苏州名列其中。1986年，镇江、徐州、淮安、常熟列入第二批中国历史文化名城。南京博物院"旧纸张保护技术"项目获文化部1981~1982年度文化科技进步一等奖。周恩来故居、徐霞客纪念堂、渡江胜利纪念广场、太平天国历史博物馆等重要场馆相继修建落成并对外开放。

二是1992年到2003年调整发展阶段。随着改革开放步伐的进一步加快，文博事业的发展也注入新的活力。1992年10月，江苏省文管会办公室与省文化厅文物处合署办公，文物行政管理体制得以理顺，各项工作顺利开展。在江苏省委、省政府明确提出把江苏建设成为与经济发展相适应的文化大省战略目标后，1996年江苏省政府在徐州召开全省文物工作会议，将文物事业发展提高到推进江苏文化大省建设的高度来认识。20世纪90年代以后，江苏考古以重点研究课题为导向，结合国家大型基本建设工程进行考古发掘，建立了江苏考古学文化发展序列。从旧石器时代到唐宋时期各时段考古蓬勃展开，金坛三星村新石器时期遗址、高邮龙虬庄新石器时期遗址、连云港藤花落遗址、昆山赵陵山遗址等考古发掘，均有重大突破，取得了一系列重要的学术成果。江苏省的文物保护已从对一个个不可移动文物的单项保护扩展到街区、城市、村落和镇区的保护，公布了两批省级历史文化名城（镇）。2003年，国务院和建设部公布了第一批中国历史文化名镇名村，江苏有3处入选。江苏省政府又先后公布了5座省级历史文化名城、10座历史文化名镇、2处历史文化保护区。同年，《江苏省文物保护条例》公布并于次年1月1日起实施。在这一阶段，江苏省政府公布了第四、五批省级文物保护单位，共计285处（含扩展项目10处）。在文化遗产的保护方面主动和国际接轨，积极创造条件"申遗"，经过努力，"苏州古典园林"、南京"明孝陵"先后被列入《世界遗产名录》。举办了两批古建筑知识技能培训班，有一批文物建筑维修工程顺利竣工通过验收。文物保护技术研究课题有所扩展，"紫金山天文台简仪、浑仪防护""图书整体加固技术"等五六个项目获奖。博物馆方面，在调整改进老馆的基础上，新建、扩建了新馆数十个，江苏已逐步形成了以省级馆为中心、市级馆为骨干、地方与行业馆为特色、民办馆为补充的博物馆体系。各馆在举办、引进陈列展览时，注重对展览科学性和艺术性的发掘，不断增强展览的吸引力、感染力，其中的优秀代表如南京博物院的《艺术馆陈列》等精品陈列均获得"全国十大陈列展览"精品奖。

三是2004年到2008年的科学发展阶段。2004年，江苏省文物局正式成立后，全省文物工作坚持以科学发展观为指导，逐年加大文物保护经费投入力度。其中，无锡市树立"保护就是建设"的理念，不断加大资金投入扶持力度。2007年，无锡成立了全国首个文化遗产保护基金会，吸引社会资本进入文化遗产保护，实现投入的多元化。江苏考古围绕重大考古学课题进行考古发掘，坚持科学规范的发掘程序，取得了一系列重要的考古学成果。2007年，省文物局制定《江苏省抢救性考古工作暂行管理办法》，进一步加强全省抢救性考古发掘工作。江苏博物馆进入新一轮建设高潮，扬州双博馆、苏州博物馆新馆、常州博物馆、连云港市博物馆等一批新馆相继建成，镇江博物馆、淮安博物馆完成改扩建并对外开放，省内13个省辖市和大部分县（市）均建有综合性博物馆。部分地区开始着力于博物馆群的建设，逐步打造具有鲜明地方文化特点的博物馆城，如南通的环濠河博物馆群、扬州的文化博览城等。江苏率先实现博物馆、纪念馆免费开放，至2008年底，全省有174家公共博物馆、纪念馆和爱国主义教育基地免费开放。江苏省文物局成立后，强调文物保护基础工作，有序实施"名人故居、古民居抢救保护工程"，积极推进大运河江苏段保护与申遗工作，扎实开展全省第三次全国文物普查，重视对新型文化遗产的认知和保护，努力推动文物行政执法体制改革和制度创新，精心组织文化遗产日、江苏省文物节系列宣传活动，江苏文物保护事业逐步走上全面发展、科学发展的轨道。2005年4月，江苏省启动了"江苏省文物保护优秀工程评比活动",评选出方山定林寺塔纠偏加固工程等4项"设计奖",师俭堂维修工程等7项"技术奖",东林书院修缮工程等4项工程"组织奖",扬州吴道台宅第维修工程等4项"特别贡献奖",薛福成故居建筑群和吴江师俭堂两项维修工程获得了"优秀工程奖"。自2006年以来,每年一届的中国文化遗产保护无锡论坛,多次将新型文化遗产的认知和保护问题作为会议主题,推动了新型文化遗产概念的普及和相关遗存的保护。2007年7月15日,省政府办公厅转发了《省建设厅、省文物局关于加强历史街区保护工作意见的通知》,历史文化名城、名镇、名村的保护措施进一步规范。在这一阶段,江苏省政府公布了第六批省级文物保护单位,共计105处(含扩展项目1处)。2007年,无锡市增补为中国历史文化名城。国务院和建设部又公布了第三批中国历史文化名镇名村,江苏有13处入选。江苏省政府又先后公布、增补了2座省级历史文化名城、11座历史文化名镇、4座历史文化名村和1处历史文化保护区。江苏文博系统对外交流日益频繁,南京博物院与一批国(境)外知名博物馆签订合作交流协议(备忘录),加强学术和展览交流。

三

江苏省物质文化遗产工作取得了丰硕的成果。首先,建立了全面发展的博物馆事业发展格局。江苏博物馆至1985年底已有67个,是全国最先实现市市有博物馆的省份。至2008年底,江苏全省共有各类博物馆165家。13个省辖市和大部分县(市)均建有综合性博物馆,全省形成了以省馆为中心、市级馆为骨干、地方与行业馆为特色、民办馆为补充的博物馆事业发展格局。第二,各阶段的考古工作蓬勃展开。20世纪90年代以后,江苏考古以重点研究课题为导向,结合国家大型基本建设工程进行考古发掘,建立了江苏考古学文化发展序列,从旧石器时代到唐宋时期各时段考古均有突破性进展,代表了当时中国考古学的发展水平。江苏考古严格执行国家文物局颁布的《田野考古发掘工作规程》,坚持科学规范的发掘程序,取得了一系列重要的考古学成果。江苏省内昆山赵陵山新石器时代遗址、高邮龙虬庄新石器时代遗址、扬州唐城遗址等共计13处遗址的考古发现与发掘先后获"全国十大考古新发现",金坛三星村遗址考古发掘、藤花落遗址考古发掘、昆山绰墩遗址考古发掘、句容与金坛土墩墓群考古发掘四个项目先后荣获国家文物局"田野考古奖"。第三,文化遗产的基础工作扎实出色,在文物保护单位、历史文化名城(镇、村)的公布和管理方面进一步科学化、规范化。苏州起步早、成效大,早在1962年,苏州市就将吴江县的同里镇作为江南水乡古镇代表公布为省级文物保护单位纳入整体保护,开创国内历史文化名镇保护的先河。为加强对历史街区的保护,2007年7月15日,江苏省政府办公厅转发了《省建设厅、省文物局关于加强历史街区保护工作意见的通知》,对历史街区的保护提出了具体的要求,历史文化名城、名镇、名村的保护措施进一步规范。至2007年,全省共登记文物点11 000余处。围绕江苏省第三次全国文物普查的目标任务,结合实际,创造性地开展了文物普查工作,取得了令人喜悦的成绩。尤其是2002年江苏省率先建立了专家论证制度,大大提高了决策的质量,为江苏省文物保护单位的科学保护提供了有力的保证。第四,江苏文物保护单位维修日趋规范化。为进一步规范与加强江苏省文物维修保护工程竣工验收工作,提高文物维修保护工程质量,江苏省文物局根据文化部《文物保护工程管理办法》、国家文物局对文物保护工程验收工作的规定和要求,印发了《江苏省文物保护工程竣工验收文本》及专用图章,并于2006年3月起正式启用,提高了全省文物保护工程的监管力度,极大地推进了全省文物保护工程科学化、规范化管理。第五,对外交流日益频繁。改革开放以来的30年间,江苏文博系统举办出国文物展览和学术研讨交流活动近百次,遍及日本、韩国、新加坡、印度、土耳其、加拿大、美国、墨西哥、德国、法国、英国、意大利、埃及、澳大利亚等五大洲数十个国家和地区。第六,重视对新型文化遗产的认知与保护。2002年以来,江苏省重视新型文化遗产的认知、保护与复兴工作,在工业遗产、乡土建筑、农业遗产、文化景观、线路遗产、红色遗产、大遗址和考古遗址公园等新型文化遗产的保护方面开展了大量的普查和保护工作,在省级文物保护课题设立方面支持新型文化遗产的研究,取得大量的成果。

四

江苏省物质文化遗产的工作，不仅彰显了江苏深厚的历史文化积淀和丰富的文化遗产资源，其采取的一系列工作与取得的成果也为全国的物质文化遗产相关工作提供了值得借鉴的经验。第一，文物保护法规具体化、细节化，逐步迈进法制化轨道。依据中央有关文件精神，江苏逐步建立起较为完善的文物保护地方性法规体系。先后颁布了《关于在基本建设中做好保护文物工作的通知》(1954)、《关于制止乱掘古代墓葬的通知》(1955)、《江苏省保护文物暂行奖惩办法》(1957)等重要的规范性文件，为江苏文物保护事业中的一些重要问题提供了政策依据。1994年，《江苏省实施〈中华人民共和国文物保护法〉办法》公布实行，这是省人大通过的全省第一部文物保护地方性法规。2001年，《江苏省历史文化名城名镇保护条例》颁布，并于次年3月1日起实行，这是在国家有关历史文化名城保护法律法规未出台前，江苏省颁布的一部地方性法规。2003年，《江苏省文物保护条例》公布并于次年1月1日起实施，这是2002年《文物保护法》修订后，全国各省、自治区、直辖市中出台的第一部文物保护地方性法规。第二，经济投入力度强，改革开放以来江苏文物维修费的投入逐年增加。自2001年江苏省政府召开江苏省文物工作会议后，省级财政预算内每年安排省级文物维修保护补助经费1 000万元，重点文物基础设施建设经费500万元。省级经费的分配实行倾斜政策，将大部分文物保护经费用于支持苏北等经济欠发达地区，而对苏南等经济发达地区，文物保护经费主要由地方自行解决。2006年，省政府发布《关于加强文化遗产保护工作的意见》《关于发展先进文化建设文化江苏的决定》《关于加快文化事业和产业发展的若干经济政策》等文件，明确"财政每年在预算中安排专项资金支持文化事业的发展，并视财力逐年增加"，"利用文物设施和文物保护单位开展旅游项目的旅游单位，每年提取不低于门票收入的10%，专款用于本景区文物的维修保护"，文物保护经费投入由此进入快速增长期。第三，扎实工作，深入细致，摸清文物家底。至2007年，江苏省共登记文物点11 000余处。围绕江苏省第三次全国文物普查的目标任务，江苏省政府于2007年7月印发了《关于我省第三次全国文物普查工作的通知》，对全省普查工作进行了部署。截至2008年底，全省13个省辖市106个县级行政区域均初步完成野外实地文物调查工作，共调查登记不可移动文物点19 251处，其中复查文物点10 163处，新发现文物点9 088处。文物普查启动率、完成率均为100%，市级行政区域内调查覆盖率为100%，走在全国前列。

第一章　古遗址

　　古遗址是指古代人类各种活动留下的各种遗迹。江苏省境内发现的古遗址主要种类有：远古化石和旧石器地点、新石器和青铜时代的乡村聚落遗址、城址、窑址和其他类。这些遗址从不同角度见证了古代江苏社会、经济和文化发展的各个方面。

　　据第三次文物普查成果统计，江苏已发现确切的远古化石和旧石器地点40余处，主要分布于苏北、宁镇地区和太湖流域的低山丘陵近水地区，淮安、徐州、连云港、常州、南京、宿迁、苏州、扬州、镇江与盐城等地都有发现。江苏境内发现的聚落遗址已有1 000多处，主要是新石器时代与商周时期聚落，分布广泛，特点鲜明，其中太湖平原、宁镇丘陵、江淮平原和黄淮地区又呈现出不同的文化发展序列。江苏古代城址保存至今的有100多处，时代范围从新石器时代晚期到明清时期，行政级别从普通的县邑到最高级别的都城。窑业烧制作为江苏传统手工业的主要组成部分，古窑址主要分布于苏南的苏锡常一带。拥有中国"陶都"之称的宜兴是古代重要的陶瓷产地。此外，在江苏还发现了比较重要的造船遗址、采石遗址、祭祀类遗址等。

第一节　远古化石和旧石器遗址

自20世纪70年代开始,江苏省境内发现的类人猿化石主要有中始新世的中华曙猿和中新世的双沟醉猿、江淮宽齿猿等。据最新的研究统计,江苏已发现确切的古人类和旧石器地点40余处,主要分布于苏北、宁镇地区和太湖流域的低山丘陵近水地区,淮安、徐州、连云港、常州、南京、宿迁、苏州、扬州、镇江与盐城等地都有发现。20世纪90年代以来,南京汤山直立人化石地点、苏南旧石器地点群和苏北旧石器等一系列新发现,放牛山、和尚墩、将军崖等古人类和旧石器遗址、地点的相继发掘和研究,使江苏古人类和旧石器文化的发展序列和面貌逐渐清晰。

1. 南京人化石地点

位于南京市江宁区汤山街道汤山社区雷公山葫芦洞,属旧石器时代遗址,面积约4 000平方米。葫芦洞洞底海拔85.9米,呈单体式厅堂状,全长约64米。洞内普遍堆积一层钙板层,洞内化石因钙板层的保护,得以保持原貌。

1993年,在葫芦洞南侧支洞内发现2件人头骨化石和1枚人齿化石,被命名为"南京人"。1993年年底至1994年初由南京市博物馆和北京大学考古学系汤山考古发掘队对葫芦洞进行了正式考古发掘,同时对此前已被农民挖出的古脊椎动物化石进行了收集整理。发掘区域位于葫芦洞南壁下的小洞内,共有4层堆积,化石及与古人类生存、活动有关的遗迹和遗物全部出于第3层。该地点出土的古人类化石材料共有3件,包括颅骨化石2件和牙齿化石1件。Ⅰ号颅骨化石保存较完整,出土于1993年3月13日,系汤山镇旅游公司农民挖出,由镇人民政府移交南京市博物馆收藏。Ⅱ号颅骨化石仅残存颅盖部分,出土于1993年初,系南京市博物馆考古队在当地征集所得。牙齿化石保存完整,出土于1994年1月8日,系汤山考古队在葫芦洞小洞内进行正式考古发掘中出土。与人化石同时出土了各种脊椎动物化石2 000余件。这些动物化石遗存,以非人工堆积的自然状态堆积在一起,密集程度极高。

南京人头骨较具原始性,骨壁厚,眉骨崤粗壮,并左右相连,额骨低平而后倾,枕骨中部转折,头骨最宽处与北京直立人相似,当属直立人范畴。Ⅰ号颅骨化石为30岁左右的女性。Ⅱ号颅骨为35岁左右的男性个体。洞内采集到的动物化石标本,经鉴定有肿骨鹿、葛氏斑鹿、犀牛、马、牛、李氏野猪、中国鬣狗、棕熊等4目、11科、13属、15种。这些动物从群体上大体可以分为两类,第一类属于华北中更新世北京人—肿骨鹿动物群,在汤山动物群中无论种类或者数量都占有主要地位;第二类属于中更新世南方动物群,种类不多,数量相对较少。可以推定,南京人生活的地质时代为中更新世中期,绝对年代约距今35万年。

南京人化石地点是江苏已发现的最重要的一处古人类地点,在国际古人类学界具有重大影响。南京汤山葫芦洞化石地点1993~1994年的考古发现,特别是直立人化石的出土,是中国古人类学和旧石器时代考古学领域的重要收获。这一发现填补了直立人化石在江南地区的空白,对于研究中国境内直立人的分布及其演化模式具有重要的学术意义。入选"1994年度全国十大考古发现"。1995年4月以汤山葫芦洞古人类化石地点名称公布为江苏省第四批文物保护单位。2006年5月公布为第六批全国重点文物保护单位,更名为南京人化石地点。

2. 三山岛遗址及哺乳动物化石地点

位于苏州市吴中区东山镇三山岛。三山岛旧石器时代遗址位于岛上东泊小山青峰岭下。文化遗存分布在长60米、宽12米的范围内,面积700多平方米。地表密布砾石、砂子,南端有大块热变胶结砾岩。该处旧石器时代遗址保存基本尚好,唯部分文化遗存在开挖溶洞中被破坏。哺乳类动物化石堆积在20世纪80年代开山采石中遭到破坏。

1982年7月,三山岛上开山采石,在大山、小姑山暴露了含有哺乳动物化石的裂隙堆积。后来调查时,又在东泊小山溶洞口发现旧石器时代遗址。1985年12月,南京博物院、苏州博物馆、吴县文管会、上海大学文学院联合组成考古队,对旧石器时代遗址及哺乳动物化石堆积进行正式发掘。发掘时,在溶洞口布探方两个,发掘面积36平方米。文化层厚40厘米,内涵较丰富。出土大量刮削器、尖状器、砍砸器、石核及使用石片,加工方法有鲜明的地方特点。根据出土器物的数量、种类、分布状况分析,是一处旧石器时代晚期古人类的石器加工场地,又可能是古人类季节性生活地点。该文化层堆积的时代当在晚更新世后期后一阶段至全新世初期,属旧石器时代晚期,距今约一万年前。哺乳动物化石堆积分布在岛上大、小姑山及大山的石炭系上统船山组灰岩的裂隙层中。1985年12月发掘面积18平方米。出土的化石标本经鉴定有6个目20种左右,主要有棕熊、西藏黑熊、最后鬣狗、虎、狼、鹿、牛、犀、猕猴、豪猪、獾等,其时代属更新世中晚期。

三山岛遗址及动物化石的发现对研究太湖的成因、长江中下游乃至华东地区的成陆年代以及这一地区古人类历史,都具有极其重要的参考价值。该遗址的发现把太湖流域人类的历史推前到了一万年前的旧石器时代,填补了中国旧石器时代遗址和更新世哺乳动物分布上的空白,从而进一步证明,长江下游、太湖流域同黄河中游、中原地区一样,是中国古文化的发源地。1995年4月公布为江苏省第四批文物保护单位。

3. 大贤庄遗址

位于东海县山左口乡大贤庄村西南650米的、南北向穿越东海县西部30余公里的马陵山中段山顶、山坡上,土地贫瘠,地表裸露的白垩纪砂岩或覆盖5～20厘米土层。该地点分布着以大贤庄遗址为代表的数个旧石器出土点,分别为大贤庄旧石器出土点、石碑旧石器出土点、范顶子旧石器出土点、南山旧石器出土点、爪墩旧石器出土点、何山头旧石器出土点(新沂)。从这些旧石器时期文化遗存采集、发掘的石制品皆以细小型为主,因"大贤庄遗址"发现最早、相关文化研究最广泛,所以定名为"大贤庄遗址"。

大贤庄遗址于1974年被发现。1978年,南京博物院组织考古人员在大贤庄一带调查并采集到石核(包括一枚船底形石核)、石片、石镞、石球、石锤、刮削器、尖状器、砍砸器等石制品,这些石制品的原料以燧石、石英砂岩为主,次之为脉石英,少数为石英、水晶和玛瑙。其制作方法一类为间接加工的细小石器,另一类为直接方法打制的石器,打片多数采用锤击法,少数采用压制法或砸击法。根据石器遗存来推断,大贤庄遗址应产生于旧石器时代晚期之末距今1.6万～1万年。1984年春,在马陵山中段地区又发现多处具有相同特征的旧石器地

点。1984年春在马陵山中段地区又发现多处具有相同特征的细石器地点——瓜墩、何山头、南山、石碑、范顶子。

大贤庄遗址是江苏省境内最早发现的旧石器遗址。1995年4月公布为江苏省第四批文物保护单位。

4. 九里山白云洞古生物化石地点

位于徐州市鼓楼区九里山北麓白云洞内。白云洞是发育形成于寒武系的石灰岩溶洞,洞口呈半圆形,高3米,宽4米,洞内面积约150平方米,洞深处有一长约30米的横洞,洞天宽敞,盘旋而下。该化石点为洞穴裂隙,地层为红土层。

该地点发现于1975年,1994年作为徐州市政20项重点工程之一开发利用时,在清理洞穴沉积物中有一黄褐色粉砂层,产有不少哺乳动物化石,包括蝙蝠右下牙床、似巨獾等动物化石,该动物群包括3目、6科、8属、8种。同时,在该洞还发现十多个人类头盖骨,经鉴定为智人头盖骨。另外还发现有古猿人使用过的简单打磨石器和火种灰迹。研究表明,白云洞产有中国鬣狗、三门马、李氏野猪、葛氏斑鹿、肿骨鹿等8个种类,其地质时代大体与南京汤山第一地点古猿人动物群或北京古猿人动物群同时,为中更新世晚期,距今12.7万～50万年,被编为南京汤山第三地点。

2006年6月公布为江苏省第六批文物保护单位。

5. 中华曙猿化石地点

位于溧阳市上黄镇夏林村水母山。遗址原有面积约0.4平方公里,海拔标高61.6米,与当地地面相对高差约50米。水母山的地层主要为三叠系青龙群石灰岩及在裂隙中充填的早第三纪中始新世洞穴堆积物,动物化石就是在其中发现的。现在的保护区因早年开采,遭到一定的破坏。

从1987～1994年,以中国科学院古人类与古脊椎动物研究所生物学家齐陶和美国卡内基自然博物馆玛丽·道森博士为首的"中美联合考察队"先后在此进行科考发掘。化石的具体发掘地点,分别位于水母山东南侧采石场所揭露的A、B、C、D、E五条裂隙之中,化石出产地点海拔标高约15～20米。经发掘出土了距今大约4 500万年的哺乳动物化石上万块,包括1 500多块牙齿化石,这就是"上黄动物群化石"。这些化石分属于12目、36科、38

属的63种哺乳动物,种类之多在亚洲首屈一指,在世界上也十分罕见,包括中国特有、世界罕见的上黄眼镜猴和在中国尚属首次发现的有袋类动物。其中有3个科的低级灵长类和一个新科高级灵长类动物,根据已掌握的这种新科高级灵长类动物的化石,科学家们将其命名为中华曙猿,这也是该发掘中最重要的发现。

中华曙猿的化石材料虽然仅仅是一块带有三颗牙齿的右下颌骨残段以及一些零散的牙齿等,但是它的时代为距今4 500万年前的中始新世中期,比北非法尤姆的高等灵长类早了将近1 000万年,是迄今人类发现的最早的高等灵长类。2006年6月公布为江苏省第六批文物保护单位。

6. 桃花涧遗址

位于连云港市海州区锦屏镇桃花村锦屏山南麓桃花涧,总面积约5 000平方米。将军崖旧石器遗址距离桃花涧遗址西300米,位于蚂蝗涧两侧、将军崖岩画山脚下。

1979年11月,连云港市博物馆在桃花涧采集到圆头刮削器、细石核等,遂于同年12月对该遗址进行试掘,未找到地层依据。2004年10～12月及2005年12月～2006年1月,南京博物院考古研究所、连云港市文管办、市博物馆对桃花涧遗址进行联合调查和发掘。桃花涧遗址文化层厚约2米,发现人类石铺生活面1处,可能属于灶炕的遗迹2处,得到原始石制品上千件,分打制石器和磨制石器,所用石料有燧石、石英、水晶、玛瑙,以燧石为主,器型偏小,其中有大量舟状石核、两极石核、漏斗状石核、半锥体石核、刮削器、尖状器、人工石片和小石叶等,均有使用和修理过的痕迹。

将军崖旧石器遗址是1985年4月23日该村村民在该地黄石崖附近取土时发现。2004年10月～2005年1月、2005年12月～2006年1月、2006年4～6月,南京博物院、连云港市文物管理委员会、连云港市博物馆对将军崖遗址先后进行了三次考古发掘。发掘获石制品1 500余件,石料多为燧石、石英岩、水晶、脉石英、玛瑙,类型有石片、石核、刮削器、尖状器、石锥、石镞、雕刻器等。石制品加工精致,器型较小。细石器主要用间接锤击法打片后再经压制修理,但也有少量用砸击法打片。经鉴定,这些石器标本为旧石器时代晚期的文化遗存。其主要文化层的地质年代为晚更新世晚期至全新世早期,年代距今约1万～2万年。

桃花涧遗址具有较厚的原生层位,多数石制品出自地层,对研究中国北方旧石器文化和南方旧石器文化关系,石片石器工业向细石器文化演变,细石器文化的起源、分布等内容提供了重要资料。将军崖旧石器时代遗址考古试掘,不仅对研究连云港地区人类活动的历史具有重要意义,而且对研究晚更新世以来中国东部海平面变化和海岸变迁也有重要价值。2006年6月,桃花涧遗址与将军崖旧石器时代晚期遗址合并公布为江苏省第六批文物保护单位,名称为桃花涧遗址。

第二节 聚落遗址

江苏省聚落遗址包括新石器时代和三代的聚落。在新石器时代,太湖流域已出现大量聚落。江苏省新石器时代文化遗址普遍发现有水稻谷粒、石器、陶器、骨器、玉器、竹木漆器以及干栏式建筑等,具有浓郁的水乡特点,此外一些遗物带有中原地区文化的色彩,为文化交流提供了证据。江苏地区三代聚落文化特色与分布地带与新石器时代聚落基本一致。

1. 龙虬庄遗址

位于高邮市龙虬镇龙虬庄村,是江淮东部地区新石器时代一处具有代表性的聚落遗址,遗址平面近似方形,四面环水,总面积约4.3万平方米。

该遗址发现于20世纪70年代,1993年4～6月、1993年10月～1994年1月、1994年3～4月、1995年11～12月,由南京博物院、扬州博物馆、盐城市博物馆、高邮市文物管理委员会联合,先后进行过四次科学发掘,发掘面积共计约1 335平方米。遗址堆积共有8层,新石器时代的文化堆积普遍为5层。聚落布局大致分为居住区和墓葬区,遗址西、北部似乎从事特定生产活动的生产区。共发现居住遗迹4处,灰坑34个,清理墓葬402座。居住遗迹主要由柱洞、硬土墙、居住面和红烧土面构成。遗址的中部偏西密集分布墓葬,头向绝大多数向东,无墓坑,层层叠压。单人一次葬以仰身直肢葬为主,少数两人、多人合葬和俯身葬、屈肢葬、二次葬等。随葬品一般1～4件,多者达30余件,放置于头侧、身侧或足部,见头顶扣红陶钵或面扣红陶豆的葬俗。出土陶器、骨角器、玉石器等各类文化遗物2 000余件，其中包含生产工具（渔猎和农业工具共存）、生活用具和原始艺术品，遗址的第8、7、6、4层发现大量炭化粳型稻米，为人工栽培稻。出土的动物骨骼包括水生的鲤鱼、青鱼、乌鱼、乌龟、中华鳖、中华圆田螺、丽蚌、楔蚌、篮蚬等，陆生的麋鹿、梅花鹿、麂、獐、家猪、家犬等，还有少量禽类骨骼。

高邮龙虬庄是江淮东部距今6 600~5 000年间，面积最大保存最完好的一处聚落遗址。出土的动植物遗存，尤其是人工选择优化稻种并产生显著效应的实例的发现，对于全面研究江淮东部的史前经济生活，稻作农业的起源和在江淮东部的发展，乃至中国稻作农业发展史有着积极意义。遗址文化序列完整，特征稳定，证明海岱文化区和环太湖文化区之间存在独立的江淮东部文化区，并从时空关系上加以了界定。该发现入选"1993年度全国十大考古新发现"。1995年4月公布为江苏省第四批文物保护单位，2001年6月公布为第五批全国重点文物保护单位。

2. 花厅遗址

位于新沂市棋盘镇花厅村西北角的马陵山坡地上。遗址分为两个部分，即花厅村西北墓地和北沟圈子两处，除四周为自然冲沟外，平面保存较好，遗址布局较为完整，文化层堆积保存良好。

遗址于20世纪50年代发现，1952~1989年先后四次发掘，清理墓葬80余座，出土大量的玉器、石器、陶器和骨器等。2006年南京博物院为探明遗址面积、内涵、分布情况和进行大遗址保护规划设计又先后两次分别对遗址进行了勘探和试掘。遗址大致可以分为东、南、北三区，呈现依次递进的时间序列，总面积约76万平方米，时间跨度约400年。经发掘，发现房址、墓葬、灰坑、环濠等多种遗迹。房址有圆形、长方形，墓葬多为长方形墓坑。在集中排布的10座大墓中有8座发现用婴幼儿和少年殉葬，为已发现的2 000多座大汶口墓葬中最早的人殉现象，说明当时部落首领死后用人殉葬已成为当时通行的礼俗。大墓分区埋葬显示了社会等级分化和阶级的构成。

遗址包含大汶口与崧泽、良渚文化因素的出土器物，表明这里当时与太湖流域有着密切的物质文化来往，区系文化的交流、融合出现甚早。尤其是遗址北区墓葬出土的随葬器物中，大汶口和良渚两种文化都占有相当分量，被史学界称为"文化两合现象"。出土的良渚文化玉器有简化的神人兽面"族徽"，说明已出现共同的精神宗教信仰。器用丰富、造型精美的出土器物显示了手工业的发达，大量随葬的猪狗的骨架也可以窥见农牧业的分化。花厅遗址有着十分重要的历史、科学和艺术价值，是研究中国文明起源的重要材料。1995年4月公布为江苏省第四批文物保护单位，2006年5月公布为第六批全国重点文物保护单位。

3. 大墩子遗址

位于邳州市四户镇竹园村东，为一处新石器时代遗存。现遗址为一高出地面约5米的漫坡状土墩，直径250米，面积约5万平方米，文化层厚2.2~5.5米。

遗址于1962年发现，此后共进行三次发掘，发掘面积986平方米。遗址的主要文化内涵属大汶口文化早、中期，下层属北辛文化，以夹砂红褐陶、泥质红陶为主，全为手制。出土器物包括石器、陶器、玉器、骨器等5 000余件，彩陶器是该遗址最具特色的类型。三次发掘共发现墓葬553座，墓穴边不明显，头多东向，以单人仰身直肢葬为主，随葬品多寡不一，有以狗殉葬的习俗。

大墩子遗址为研究苏北地区新石器时代遗存的几种文化性质和时间序列提供了材料。1982年3月公布为江苏省第三批文物保护单位，2006年5月公布为第六批全国重点文物保护单位。

4. 骆驼墩遗址

位于宜兴市新街街道夏姜村唐南自然村。该遗址早期遗存距今约7 000~6 500多年，遗址现存面积约25万平方米，分为南、北两区。

骆驼墩遗址于1975年10月在宜兴古陶瓷史调查中被发现。当时分作两处登录，一处是低山土丘地带，俗称骆驼墩，地表采集到大量石斧、石锛和崧泽文化时期的陶片；一处是相距不远的平地村落塘南村，属归迳公社夏姜大队，从村后窑厂挖塘取土区发现文化层堆积，红烧土和马家浜文化时期的夹砂陶及泥质红陶片。2001年11月~2002年7月，南京博物院考古研究所和宜兴市文物管理委员会组成联合考古队，对该遗址进行了较大规模的抢救发掘，取得了重大收获。发掘面积总计1 309平方米，发现马家浜文化时期的大型聚落遗址，包括墓葬52座、瓮棺葬39座、灰坑5个、房址3座、大型贝类及螺壳类堆积1处，祭祀遗迹4处。发现崧泽文化时期的墓葬1座、灰坑2个。良渚文化时期的墓葬3座、灰坑3个以及广富林文化时期的文化堆积。出土陶、石、骨、玉器400余件，动物骨骼标本约2000件及在地层中漂洗出的2000余粒炭化稻米。

骆驼墩遗址位于太湖西部山地向平原的过渡地带，其早期文化遗存代表了太湖西部地区马家浜文化时期的一个新的文化类型。骆驼墩遗址的发现为研究太湖西部的史前文化提供了新材料，填补了环太湖西部考古史前考古学文化的空白，为深入地研究长江下游新石器时代考古学文化的谱系、源流、共存与交流，研究马家浜文化共同体之间的关系以及它们所构成的史前文化格局提供了新的视角，对研究长江下游古代文明的进程具有积极重要的意义。骆驼墩遗址被中国社会科学院考古研究所评选为2002年度全国六项重大考古发现之一。2006年5月公布为第六批全国重点文物保护单位。

5. 三星村遗址

位于金坛市朱林镇西岗三星村。遗址的主体文化堆积为新石器时代遗存，年代为距今6500～5500年。遗址现呈低矮的圆台形，高出地表0.5～1.5米，总面积10万平方米，分为东、西两区。

1993～1998年，由南京博物院会同金坛市文物管理委员会，组成三星村联合考古队，共进行6次发掘，集中在遗址东区，面积525平方米。发现新石器时代不同时期墓葬1001座，灰坑55个，房址4处，出土陶、石、玉、骨、角、牙、蚌器及动物骨骼4000余件。遗址出土的人骨标本数量据统计达1190个体，完整头颅有200多个，且骨质坚硬、保存完好，提供了这一区域体质人类学研究的重要实物资料。出土了距今约6500年前的炭化稻标本，对研究水稻的人工栽培、原始农业的起源等重大课题具有重要价值。

出土4000余件遗物。其中钺、璜、纺轮、玲、玦、耳坠、串饰等玉器109件。钺、斧、锄、七孔石刀、铲、锛、凿、锤、纺轮以及钻、轮、圈、靴形石器、卵石粒、砺石、石料等石器373件，器表多磨光或抛光。板状刻纹骨器、骨匕、锥、凿、针筒和针、簪、管、环、镞、镖、象牙簪、柱形器、鹿角靴形器、角匙、锥、蚌镰、玦、海贝饰等680余件。2000余件陶器，多制作规整、器形小巧。陶质有夹砂、泥质、夹蚌壳末等，陶色多红陶、灰陶、黑皮陶。素面为主，有捺窝、附加堆纹、镂空、磨光红衣、彩陶等。器类有釜、甑、鼎、罐、尊、豆、匜、杯、勺、盖、纺轮、网坠、锤、丸等。

三星村遗址的文化特征与宁镇地区的北阴阳营下层文化、太湖流域的马家浜文化近似，与江淮东部的龙虬庄遗址早期文化也有密切联系；而出土的刻印云雷纹彩陶豆、圈足镂孔尊、鸟形壶、抛光彩陶尊、带座架罐、版状刻纹骨器均具备鲜明的地方特征。由骨质钺饰、柄端饰、木柄及环刃穿孔石钺组合成的两套礼器，其造型、纹饰基本相同，说明此种礼仪性石钺已成定制。遗址墓葬出土的1190个人骨个体，提供了这一区域体质人类学研究的重要实物资料。

三星村遗址的发掘对认识长江下游地区史前文明的整体发展状况，探讨文化交汇地带的文化交融；以及宁镇—皖南地区与长江下游南部地区其他区域文化类型的关系有着重要意义。入选"1998年度全国十大考古新发现"，获1996～1998年度国家文物局田野考古奖三等奖。2002年10月公布为江苏省第五批文物保护单位，2006年5月公布为第六批全国重点文物保护单位。

6. 绰墩遗址

位于昆山市巴城镇绰墩村。遗址东西长500米，南北宽800米，总面积40万平方米，中心区面积29万平方米。

1961年1月，南京博物院进行太湖地区考古调查时发现该遗址。1982年7月30日～8月7日，南京博物院在昆山文化馆配合下，对遗址进行调查与发掘，工作面积111平方米。1998～2004年由南京博物院、苏州博物馆及昆山文物管理所三家合作，先后进行了六次考古发掘。

绰墩遗址6次发掘合计发掘面积3393平方米，发现新石器时期至唐宋时期各类遗存430处，其中，有房址14座、墓葬95座、灰坑177个、水井90口、水稻田64块、水沟8条、河道2条，出土各类器物1000多件。包括时代良渚文化至马家浜文化时期墓葬85座、房址14座、灰坑80个、水井11口、河道1条、水稻田64块、水沟5条，出土陶器、石器和玉器等遗物800多件。另发现东周至马桥文化时期，灰坑86个、水井39口。出土陶器、石器等遗物500多件。还发现汉代灰坑1个、水井2口，唐宋时期墓葬10座、灰坑37个、水井9口等。

绰墩遗址是太湖地区发现的文化序列最为完整、文化遗存极为丰富的又一处重要的史前文化遗址。其自马家浜文化至东周时期完整的文化序列可以说是太湖地区又一部崭新的先秦史教科书。遗址内众多遗存的发现，为中国农业起源、文明进程、文化谱系及吴越文化等重大课题提供了新的丰富的第一手资料，它推动了太湖地区考古学文化及区域史研究的不断深入。2002年10月公布为江苏省第五批文物保护单位，该遗址发掘获2003～2004年度国家文物局"田野考古奖"二等奖，2006年5月公布为第六批全国重点文物保护单位。

7. 青墩遗址

位于海安县南莫镇青墩村，为圆形高土墩，遗址东西长300米，南北宽250米，面积约7万平方米，地势开阔，气候干燥。遗址四面环水，绿树成荫，由于地理环境优越和上部为民居等原因，遗址得到较完好的保存。

1973年8月，沙岗公社青墩大队建立居民点挖掘青墩新河时发现大量的陶、石、骨器和麋鹿角、兽骨等古代遗物。1976年春，南通博物馆派人来此调查、采集和征集了一些出土遗物。1977年11月，南通博物馆在此试掘，开两个小探方，面积25平方米。1978年4～5月和1979年4～5月，南京博物院先后对遗址两次发掘，发掘总面积为490平方米。1986年12月青墩村民在基建挖土时发掘女性骨骸一具、陶器残片、石器等，为县博物馆收藏，并复原部分陶器，对外陈列展出。

青墩文化遗存大体可分为三期。第一期、第二期遗存文化遗迹和文化遗物十分丰富，具有明显的江淮地域文化特征，代表了一个新的考古学文化类型；第三期遗存既有江淮地区的文化特征，又具有江南早期良渚文化和淮北大汶口文化的特征。三期文化遗存序列完整，基本反映了江淮东部原始文化的发展轨迹。青墩遗址出土的大量文化遗物中，具有极高文物考古和科研价值。出土的带柄穿孔陶斧，第一次以实物资料解决了穿孔石斧和柄如何结合这一考古学界多年悬而未决的研究课题；神秘的鹿角刻划纹被认为是八卦的起源；出土的炭化稻是继河姆渡之后的又一重要发现；青墩陶器上发现五等分圆，代表了原始社会时期几何图形的最高水平。遗址的年代经碳十四测定，下文化层距今5035±85年（树轮校正值5645±110年）；中文化层为距今5015±85年（树轮校正值6525±110年）。经考古学研究，三期的年代大致相当于江南崧泽文化早期至良渚文化早期。

青墩遗址是江淮东部最早进行考古发掘并发表考古发掘报告的重要的新石器时代遗址。遗址面积大，文化层堆积厚，文化遗物丰富，文化内涵复杂且保存完好，代表了中国东部地区一个新的考古学文化类型。其出土的许多重要的文化遗物，在考古学界引起过强烈的反响。2002年10月公布为江苏省第五批文物保护单位，2006年5月公布为第六批全国重点文物保护单位。

8. 青莲岗遗址

位于淮安市楚州区宋集乡青莲村，遗址总面积约7万平方米，中心地带原来地势较高，又名东岗，后因历年挖黑土积肥，高墩变成黑土塘。

中华人民共和国成立初期遗址出露部分文物。1951年12月15日～18日，当时的治淮文物工作队苏北组对该地区的黑土塘进行调查，发现大批的文化遗存，并采集了石器、陶片、兽骨等标本129件，根据发现的文物判断这是一处远古时期的原始文化遗存。1952年初、1953年冬和1958年2月，南京博物院先后四次对遗址进行清理与正式发掘，基本掌握青莲岗遗址的特征、年代以及类型，确定这是江淮东部首次发现的新石器时代文化遗址。1958年发掘时，探明地面向下2米为洪水冲积的黄褐色淤土，再向下有2米左右的文化层，距今约在6000～7000年。共清理发掘遗址探方4个、汉墓7座，采集了大量的地下文化遗存。出土石器有穿孔石斧、石锛、石凿、砺石等。出土陶器有红陶钵、鼎、釜、双鼻小口罐等。遗址还发现两处红烧土居住建筑遗迹。

青莲岗遗址的出土物充分反映了当时以农业为主、渔猎为辅的社会经济生活，从一个侧面反映了母系氏族向父系氏族过渡的社会形态。青莲岗遗址的发掘与"青莲岗文化"的命名，是20世纪50年代新石器时代文化研究的重要成果，有助于正确认识整个华东沿海地区新石器时代文化特别是对于江淮平原的原始文化及社会历史。1982年3月调整公布为江苏省第一、二批文物保护单位。

9. 圩墩遗址

位于常州市戚墅堰区大运河南侧的圩墩村一带，原地貌为东西宽、南北窄的土墩，面积约2万平方米。

1960年南京博物院在太湖沿岸苏南地区的考古调查中发现该遗址,1972年试掘后,又经1974、1978、1985年3次发掘,发掘面积共1 314平方米,清理墓葬159座,确定其为太湖西北部一处重要的马家浜文化时期遗址。文化层堆积厚度为1.5米左右,上层为崧泽文化遗存,下层为马家浜文化遗存。共出土釜、豆、罐、盆、钵和炉条形火架等陶器,石丸、石球、石镞、凿、刀等石器,以及竹、木、骨制品等数百件,并有保存完好的木针、纺织物、绳子等遗物,还出土大量炭化米粒和完好的木桨两柄、木橹一支。1992年1~2月,因城建用地需要,由南京博物院、常州博物馆、武进县博物馆组成联合考古队再次进行了抢救发掘,面积586.25平方米。共清理出马家浜时期墓葬32座,多为单人俯身直肢葬,少数为俯身曲肢葬和侧身屈肢葬。大多为堆土掩埋。头向全部朝东,上颌骨常有拔齿现象。新出土骨器、玉石器、陶器等遗物数百件,陶器在陶质、陶色、组合及器型上具有一定的地方性特征。典型组合为釜、豆、罐,常见大口弧腹腰檐釜,喇叭形高圈足钵形鼎,侈口弧腹、双耳高领和折凹面沿罐;另有鼎、敞口盆、敛口和敞口钵,管状流平底盉,炉箅,蒸箅、器盖等。广泛使用耳、錾、把、流。

圩墩遗址的新石器时代早中期遗存可归属于圜底釜系统,晚期则更多的以平底釜为特征,显示出太湖西北部的地方性文化面貌,提供了太湖地区马家浜文化系统内存在文化差异性的重要证据,对重新认识太湖地区马家浜文化时期的复杂文化面貌、文化交流与变迁、文化系统的形成与演进具有重要意义。1982年3月公布为江苏省第三批文物保护单位。

10. 断山墩遗址

位于镇江新区丁岗镇东平昌村。遗址为一较大的台地,大致呈长方形,南北长约200米,东西宽约90米,突出地面约8米,总面积1.8万平方米,文化层堆积达4米。

1981年9月曾进行考古发掘,出土石刀、斧、铜簇,以及绳纹、编织纹、方格纹、回纹等六十多种纹饰的夹砂红陶和灰陶,器形包括罐、鼎、鬲、甗等,并有少量的原始青瓷。遗址中还发现夯土台基和柱础等建筑遗存,并发现人体骨架9具。此外还发现鹿角、象牙、牛牙、猪牙和石斧、网坠、纺轮等生产工具及兵器,特别是铜剑的发现,在遗址中尚属少见。

该遗址的西周春秋时代的遗存极其丰富,保存完好。1982年3月公布为江苏省第三批文物保护单位。

11. 寺墩遗址

位于常州市武进区郑陆镇三皇庙村。遗址中心原为高出地面近20米的椭圆形大土墩,东西长100米,南北宽约80米,面积约6万平方米。由于长期垦殖耕作、取土烧砖等,今仅残存高约6米、东西长约80米、南北宽约40米的南坡。

1978年12月、1979年2~3月、1982年10~11月,南京博物院在遗址东侧及北部先后进行过三次试掘、发掘。1993年底至1994年初、1994年底至1995年初,由南京博物院主持,与常州博物馆、武进市博物馆组成寺墩考古队对遗址进行了第四、五次调查、钻探和发掘。发掘主要集中于遗址东侧,面积1 022平方米。共清理良渚文化时期灰坑5个、灰沟2条和墓葬1座。墓葬M5,为长方形竖穴土坑,墓坑坑壁清晰,层位明确。随葬J字足鼎、竹节座豆、高颈贯耳壶、罐等陶器85件,琮、璧、钺、带钩及珠、管、锥形饰等玉器67件,斧、锛、镞、刀等石器16件。墓葬形制及器物组合特征显示,属良渚文化晚期遗存。除良渚时期遗存外,另清理出春秋时期遗存井1口,出土锛、镞等石器,陶罐、鼎、钵、圈足盘、碗、尊、纺轮及原始瓷碗。

据五次发掘的实际情况,遗址的墓葬区围绕寺墩墩体分布。东部墓葬区先后发现的四座良渚文化墓葬由西向东,按时代早晚排列,愈接近中心墩体的时代越早。遗址良渚时期文化遗存分布极广,出土陶器有贯耳壶、鼎、豆、鬶、簋、盘等,其特征与上海崧泽遗址中层的遗存相似;石器有斧、锛、刀、镞等;玉器有琮、璧、镯、钺、带钩、佩饰等,其特征与吴县草鞋山、张陵山遗址的良渚时期遗存相似。良渚文化层的年代据放射性碳素断代及校正,为前2790年。

寺墩遗址发现的玉琮、璧与陶鬶、丁字足陶鼎同属良渚文化层。3号墓随葬品达124件,出土24件玉璧和33件玉琮,为研究良渚时期文化遗存的内涵提供了新的实物资料,提供了中国古代文明渊源的重要依据。遗址于1995年4月公布为江苏省第四批文物保护单位。

12. 草鞋山遗址

位于苏州市工业园区唯亭镇陵南村和陵北村。遗址总面积近45万平方米。

该遗址为1956年江苏省文物管理委员会于文物普查中发现，1972年、1973年南京博物院、苏州博物馆组成考古队先后两次正式发掘，发掘总面积1050平方米。1992～1995年，南京博物院、江苏省农业科学院和日本国立宫崎大学合作开展"苏州吴县草鞋山遗址古稻田研究"课题工作，由南京博物院主持，与苏州博物馆、吴县文管会、江苏省农业科学院组成考古队，先于1992年11～12月开展了试掘工作，后于1993年10～12月、1994年10～12月、1995年11～12月进行了三次发掘，发掘面积共计1400平方米。发掘揭示出马家浜文化时期的水田状遗迹及相关设施。其中，东片发现相互串连的水田33块、水井6座、水沟3条、灰坑8座。西片发现人工大水塘2个，围绕水塘辐射性分布的水田11块、沟状水路3条、水井4座。水田均为平底浅坑，呈椭圆形、长方圆角形及不规则形，田块内现存填土中发现数量丰富的水稻植物蛋白石，属人工栽培稻。水洗填土内发现较多的炭化米粒。东、西片的水田遗迹，分为以水井、以水塘为水源，呈现两种结构形态。早期层位的水田利用原生洼地底部，略加平整、改造后使用；中期层位的水田由人工开挖小块水池状水田，水口串联，有水井、水路等配套设施；晚期层位的水田串联，大块面达十几平方米，出现水塘、水路等配套设施，已具历史时期水田结构的雏形。发掘显示，苏州草鞋山遗址马家浜文化时期的稻作农业生产模式从原始状态发展到规模经营，在距今6300～5500年间形成了原始栽培稻。

草鞋山遗址是太湖流域的一处具有代表性的新石器时代重要古文化遗址，其发掘明确了这一地区的文化序列，为研究长江下游太湖流域的远古文化提供了标尺。首次从地层上证明了琮、璧、钺、串饰等玉制品是良渚文化的遗物，为中国玉器史研究开创了全新的局面。草鞋山遗址古稻田的发现是"稻作起源研究中的一次突破性进展"，为认识长江下游马家浜文化时期稻作农业的发展程度提供了重要依据。1995年4月公布为江苏省第四批文物保护单位。

13. 东山村遗址

位于张家港市金港镇南沙街道东山村，坐落于香山东脊向东延伸的坡地上。遗址南、东、北三面环河，北边现保留有一段河道，东面和南面已淤塞填满，西侧以南沙街道江海南路为界。遗址平面呈方圆形，南北长约500米、东西宽约500米，总面积约20万平方米。

该遗址于1989年于集镇建设中发现。1989年和1990年由苏州博物馆和张家港市文物管理委员会进行了两次抢救性考古发掘，发掘面积170平方米，发现房址6座、灰坑2个、墓葬8座，出土文物200多件。2007年4月，苏州博物馆联合张家港市文物管理委员会进行了勘探和调查。

2008年8～11月和2009年3月～2010年2月，由南京博物院主持，张家港市文广局、张家港博物馆等单位联合参加，对该遗址的中心区域进行了两次抢救性发掘，发掘总面积为2300多平方米。发现了10多座马家浜文化时期的墓葬，大致呈西北—东南向，大小基本相同，长约1.9米、宽约0.7米。墓葬内一般随葬两三件器物，以陶器为主，个别出土有小件玉器。陶质以泥质红陶为主，另有少量的夹砂红陶、泥质黑陶等，器形有釜、喇叭形圈足豆、盆、杯、尖底器等。在T0611内的4座马家浜文化墓葬主要随葬平底釜或圜底釜，T1506内的6座墓葬主要随葬喇叭形圈足豆。马家浜文化时期墓葬内平底釜或圜底釜的出土，说明太湖东部以圜底釜为主的考古学文化和太湖西部以平底釜为主的考古学文化在此交流、碰撞，为深入研究环太湖流域史前考古学文化谱系提供了新资料。M97内出土的绳纹尖底器瓶，在长江下游地区未见源头，明显具有北方尖底瓶的风格，为探讨黄河中游与长江下游的文化传播与交流提供了实物资料。

揭示出一处崧泽文化时期的聚落，包括房址和墓地。遗址大型墓葬和小型墓葬实行分区埋葬，遗迹建筑区发现在两区之间。墓葬分区埋葬为长江下游或者在同时期的全国范围内首次发现。高等级大墓的墓坑规模大，共有7座大墓长在3米以上。墓内随葬品的数量多，大多在30件以上，最多的有67件，9座高等级大墓的随葬品总数为385件。多数随葬有大型石钺、长条形石锛、大口缸等。随葬玉器数量多，9座高等级大墓共出土100件；种类丰富，有璜、瑗、钺、镯、玦、环、管、珠、坠、凿等，出现了一些新的造型。M90所出随葬品的数量是迄今发现的崧泽文化墓葬中最多的一座。有陶鼎、豆、罐、鬶、壶、盘、缸、石锛、钺、锥，以及玉镯、璜、玦、耳珰、管、饰件等。陶器主要置于墓底四周，石器和玉器主要置于墓主身上及两侧，在头部的右上方出有1件石锥，石锥磨制光滑，器身有一疤痕，锥尖刃扁平，有明显使用痕迹，该石锥含铁量非常高。头部下方有一件断为两段的砺石以及一堆石英砂。初步推测，石锥、砺石以及石英砂可能是一套制玉工具，表明墓主人生前握有生产玉器的大权，其身份和地位较显赫。该套制玉工具为深入了解和研究当时的制玉生产及工艺流程提供了实物资料。

东山村遗址崧泽文化早中期大墓出土的部分陶器和玉器与皖江平原和宁镇地区的史前文化有许多相似之处，为研究长江下游地区史前文化的交流提供了新资料。在崧泽文化大墓内普遍发现有大型石钺、长条形石锛、大口缸等具有礼器性质的随葬品，说明在崧泽文化时期初级的礼制已经存在，为作为礼制重要组成部分的埋葬制度的研究提供了实物资料。首次在长江下游地区发现崧泽文化早中期高等级大墓，填补了崧泽文化时期没有高等级大墓的空白，为良渚文化高度发达的文明找到了源头。对重新认识环太湖流域崧泽文化整体面貌和社会生产力发展水平提供了新资料。东山村遗址崧泽文化早中期大墓与小墓的分区埋葬以及大房址的出现，证明至少在距今5 800年前后，社会已有明显的贫富分化，出现了明显的社会分层。这为研究长江下游社会文明化进程提供了新的考古学资料，对中华文明起源的研究也具有重要意义。

遗址于1995年4月公布为江苏省第四批文物保护单位。

14. 赵陵山遗址

位于昆山市张浦镇赵陵村下以及村周边范围内。遗址总面积约16万平方米，中心为平面呈东北—西南走向的长方形覆斗状台形山体，东西长110米，南北宽近80米，面积约1万平方米，海拔高程10.5米。有古河道环绕，是太湖地区典型的土台型遗址。

遗址正式发现于20世纪70年代末的文物调查。1984年，遭取土破坏暴露出一批良渚时期墓葬后进行了两次勘查。1990、1991和1995年，南京博物院、苏州博物馆和昆山市文物管理委员会组成考古队进行了三次考古发掘及两次勘探，发掘面积共计约1215平方米。2008年5月，全国第三次文物普查期间，由苏州市考古研究所进行了全面勘探。

遗址文化堆积厚达9米。主要包括崧泽晚期、良渚以及商周时期文化遗存，以良渚文化遗存最为丰富。前三次发掘共清理新石器时代墓葬90座，发现灰坑、大片分布的厚体红烧土堆积、柱洞等遗迹。另清理历史时期墓葬5座。遗址中部，发现一座崧泽末期到良渚晚期经多次修补、改建的人工堆筑大型土台。台顶面偏东部营建祭台一座，土色多重。台顶面偏东部还以多重土色营建一座祭台。祭台的西部、南部分布上下4层叠压的70座墓葬。祭台南坡面下的早期墓葬上部，覆盖着相叠的两层块状（大土坯状）红烧土层。上层红烧土面上分布有排列规律的柱洞。红烧土堆积层下存有兽骨和陶片堆积。土台北坡面上发现近20座小型墓葬，有的无墓坑，有的仅有零星随葬品。21具人骨个体，普遍存在身体被绑缚、肢体缺失或身首异处的现象。遗址的90座墓葬及灰坑、地层内共出土文物600余件。随葬石器以石钺为主，另有锛、镞等；玉器有璧、琮、镯环、冠状梳背、插件、锥形器、各类串珠、镶嵌饰等；陶器以泥质为主，主要有鼎、豆、罐、钵、盆、杯和大口缸等，明显存在专门用于随葬的明器使用现象。部分陶器表面磨光、镂空，并施以朱黄两色彩绘；墓葬中发现零星的漆器痕迹和少量骨牙制品。

赵陵山遗址保存较完整的良渚文化人工夯筑的高台墓地，清理出的一批良渚文化早期高等级高台大墓，可能存在的人殉现象、复杂的刻画图形，为研究和探索太湖流域史前时期的社会状况，良渚文化的发生、发展，中国文明起源与早期文明社会形成、分化提供了重要的考古学资料。入选"1992年度全国十大考古新发现"。1995年4月公布为江苏省第四批文物保护单位。

15. 龙南村落遗址

位于吴江市平望镇龙南村，遗址总面积约4万平方米。许多道路、公司建筑以及居民住宅分布在遗址上，遗址总体保存状况较差。

遗址于1984年发现，1987~1997年，苏州博物馆和吴江县文物管理委员会先后4次发掘，揭露面积1 020平方米。文化堆积层厚1.77米。上层为商周至六朝文化，发现水井、灰坑等。下层包含崧泽文化与良渚文化过渡期、良渚文化早期和良渚文化三个时期，发现浅地穴式、半地穴式房址13座，干栏式房址1座，灰坑20个，墓葬17座，水井1口，河道1条，路1条。崧泽文化与良渚文化的过渡期层据放射性碳素断代并经校正的年代，为距今5 360年左右。该层发现房址1座。陶系以黑皮陶为主，夹砂灰褐陶次之，出土器物有凿形足鼎、矮圈足豆及少量高圈足豆；大量的网坠、箭镞及少量的石鱼标，还有三角形石刀。良渚文化早期层据放射性碳素断代并经校正的年代，为距今5 240～5 135年左右。该层主要内涵是村落的组成部分，以古河道为中轴的两岸分布三个组合的房址，各具特点。有半地穴式及浅地穴式房址共11座，各种性质的灰坑，以及井和陶片铺成的路，河岸边有埠头及护房堤坝等。陶系以夹砂红陶及泥质灰陶为主。出土器物主要为凿形足鼎及鱼鳍形足鼎，少量的贯耳壶；大量的网坠、箭镞、少量的覆盆形纺轮及石锛，此外还出粳、籼稻及植物种子。良渚文化层据放射性碳素断代并经校正的年代，为距今4 750年左右。该层出土良渚文化期墓葬共15座。墓葬贫富分化明显，其中有些墓葬出土较多器物，外有陪葬坑，有些墓葬连一件遗物也没有。主要出土器物有鱼鳍形足鼎、贯耳壶及耘田器等。

龙南村落遗址是太湖流域迄今发现的第一处良渚文化村落遗址，其布局充分体现以河道为轴的江南水乡村落特色。半地穴式及浅地穴式房址的发现，反映了古地貌的变迁，证明了江南的原始建筑不仅是干栏式。大量出土物反映了先民的生活内涵，为研究太湖流域的古代文明丰富了内容。1995年4月公布为江苏省第四批文物保护单位。

16. 牛头岗遗址

位于南京市浦口区汤泉街道新河村汤泉农场牛头岗，为新石器时代、夏、商、周遗址，面积约5万平方米，文化层厚3～6米。

1990年8月，文物工作者通过田野调查，发现牛头岗遗址。1991～1992年南京市博物馆考古队先后两次试掘。2001～2004年，又对遗址进行了3年的考古发掘工作和1年的资料整理工作。遗址中发现一批重要的房屋基址，保存较为完整的有4座。出土遗物绝大部分为陶器，新石器晚期的夹砂灰黑陶和泥质黑皮陶鼎、甗、盘、高足杯；夏代的泥质灰黑陶折腹盆、尊形器、器盖；商代的夹砂红陶素面浅裆鬲、绳纹高档夹足鬲、假腹豆；西周的陶鬲、甗、豆、盘及铜斧、镞等。在出土器物中，有制作精美可与龙山文化黑陶相媲美的泥质磨光黑陶。通过器物比较初步判断它经历了相当于历史上的夏（中原二里头、山东岳石）、商、西周等时期。

2002年10月公布为江苏省第五批文物保护单位。

17. 薛城遗址

位于高淳县淳溪镇薛城十村中，为新石器时代遗址，遗址平面大致呈椭圆形，南北宽约210米、东西长约330米，总面积约6万平方米，其年代相当于北阴阳营文化时期，距今约5 500～6 300年。

1997年发现，同年南京市文物局、南京市博物馆、高淳县文管所组织考古队进行了抢救性发掘。揭露部分的文化层上层为氏族墓地，下层为居址。共发掘墓葬115座，房基2座，灰坑91个，灶穴2个，出土陶器、石器、玉器、骨器等600余件。下层发现一座近圆形半地穴房基，有灶穴及大量灰坑，出土物有陶釜、鼎、罐、钵、石斧、刮削器、骨簪等。上层墓葬密集，以单人仰身直肢葬为主，头向东北，随葬品有石斧、锛、陶釜、鼎、罐、纺轮、网坠、玉璜、玦、骨锥、猪牙等。

薛城遗址丰富的文化内涵、鲜明的地域特征，填补了长江下游南岸西段苏皖交汇地带史前考古空白，有重要意义。2002年10月公布为江苏省第五批文物保护单位。

18. 彭祖墩遗址

位于无锡市锡山区鸿山镇管家桥村。遗址为一近长方形台地，面积约7万平方米，地层堆积厚，遗址保持较好。

遗址发现于1990年无锡市博物馆进行的考古调查。2000年11月～2002年6月，由南京博物院主持，与无锡市博物馆、锡山区文物管理委员会（原锡山市文物管理办公室）组成联合考古队，先后进行了三次主动性发掘，发掘面积1 175平方米。发现有马家浜及商周时期的文化遗存。包括马家浜时期房址1座、灰坑12个、墓葬33座，商朝时期灰坑37个等遗迹，以及所属陶器、石器及玉器等遗物。马家浜时期的彭祖墩遗址包括三期，第一期遗物的型式和器类与后两期具有一定差别，有不少不见于后来的器类，常见釜、盆及筒形器的组合。第二、三期遗物组合呈现较典型的马家浜文化特征。第二期遗物器类丰富，新出现豆、带把罐等，典型组合为釜、盆、豆。第三期以鼎、盆、豆、罐、圈足盆的组合区别于第二期。从太湖地区的发现看,釜作为马家浜时期的典型器物,存在早晚和地区的差别。彭祖墩遗址的早中期属于平底釜系统,晚期则以圜底釜为主要特征,显示遗址处在太湖西部平底釜系统、太湖东部圜底釜系统的分界处,且太湖地区东部因素的西进特征比较明显。商时期的彭祖墩遗址,出土遗物主要为陶器和石器,有少量原始青瓷器和小件青铜器。以釜为主要炊器,存在釜、盆、豆、罐器类组合,具有太湖北部和东北部诸遗址的共性,与相邻的宁镇地区以鬲为主要炊器的文化有较大区别。

彭祖墩遗址马家浜时期遗存表现出较明显的太湖东、西部地区过渡性文化特征,商周时期文化遗物具有太湖与宁镇地区的过渡性特征。其马家浜文化早期的平底釜、筒形器组合,商时期的釜、硬陶豆的器类组合又具有明显的地域特点。遗址的发掘对于研究环太湖地区的原始文化与商周时期的青铜文化,均有着重要意义。2002年10月公布为江苏省第五批文物保护单位。

19. 祁头山遗址

位于江阴市澄江街道贯庄村祁头山绮山北侧,南靠黄山部队营房,遗址面积约4万平方米,现存3万平方米。

2000年8月～2001年1月,由南京博物院、无锡市博物馆和江阴博物馆组成联合考古队,对遗址西北区进行考古调查与抢救性发掘,面积500平方米,本次发掘共清理宋墓3座、西汉墓葬2座、新石器时代灰坑39个、墓葬132座。出土玉器17件、石器18件、陶器219件。文化堆积厚2～3米,平均分为13层,地层堆积复杂处可以分为15层。墓葬、灰坑等遗迹现象多集中分布在2～10层。发现排列密集的马家浜时期墓地,墓葬分布集中,叠压、打破关系复杂。葬式以俯身葬为主,头向多朝东。存在敲去高柄豆的豆柄,打磨平整断裂处随葬的葬俗。随葬品中,以早期平底器为主,而后三足器逐渐盛行,晚期圈足器取代三足器成为主要器形。陶釜多人为破碎后,置于死者上身及身侧;玉器则集中放置于墓主的颈部及两耳处;生产工具陪葬较少。主要炊器为釜,形制较丰富。直筒形腰檐釜数量最多,占绝大部分,为最具地方特色的代表性器物,其从早期到晚期变化特征明显:早期多为直口,腰檐上翘,随时代早晚的不同釜下部逐渐加高、变细,腰檐也逐渐近平。墓葬上层灰坑中包含大量红烧土,出土物有玉器、陶祖等。可能具有祭祀功能。晚期文化层中,发现大面积红烧土层,钻探表明其分布面积达数千平方米,初步推测为建筑或祭祀遗迹。

祁头山遗址是太湖西北平原一处相当于马家浜文化中晚期的重要大型聚落遗存,绝对年代距今6 600～6 300年间。祁头山遗址以筒形平底四鋬腰檐釜为主要特征的器物群,显示了与太湖东区以圜底釜为代表的马家浜文化固有器物群的明显差异,丰富了环太湖周边早期文化的内容。晚期零星所见一类戳印纹堆塑彩装饰器物,仅见于在长江中、下游的早期文化遗存中,为长江流域早期文明交流及太湖流域文明的演进多样性提供了重要的实物资料。2002年10月公布为江苏省第五批文物保护单位。

20. 西溪遗址

位于宜兴市徐舍镇芳庄村西溪村,海拔高度约8米,面积近5万平方米。

该遗址于1983年文物普查时发现,2002年4月进行了第一次试掘。2003年5～7月、2003年9月～2004年1月,由南京博物院与宜兴市文物管理委员会组成联合考古队先后进行了两次发掘,发掘面积1 068.6平方米。发现了马家浜文化时期灰坑109个、灰沟3条、婴幼儿墓葬4座、祭祀遗迹1处、房址16座以及大面积多层次的建筑遗存柱洞群,明确了大范围分布的蚬蚌螺丝类遗存的堆积方式和堆积性质。同时清理了良渚文化时期墓葬1座、灰坑2个,商周时期灰坑2个,唐宋时期墓葬3座。

遗址最主要的马家浜文化时期遗存可分为早、晚两期。早期阶段,平底釜是最为重要、数量最多的炊器,另有少量石器和骨角器。建筑形态可能为高出地面的立柱架梁铺板盖屋的干栏式建筑,并同巨大的倾倒生活垃圾的灰坑,反映出地势低平、水网稠密的环境特征。晚期阶段文化层中发现了大面积堆积深厚的蚬蚌螺蛳类遗存,显示遗址所处环境发生了巨大而深刻的变化,生产生活方式也随之大幅度改变;先民在大量食用蚬蚌螺蛳的同时,将它们作为可利用资源砸碎后掺入陶土中以烧造陶器;同时还将它们堆垫在生活区,不断抬高居住区的高度,或直接在上面建筑房屋,或铺垫在房址的周围,以达到防水防潮防湿的生活需求,建筑形态逐渐演变为红烧土地面建筑。出土物以陶器为主,骨角器次之,石器数量明显增多。鼎的数量大量增加,形态多种多样。

发掘证明,相当于马家浜文化早期,环太湖西部地区存在着一个以平底腰檐釜为特征的马家浜文化典型文化类型,可称为骆驼墩——吴家埠类型。与太湖东部平原地区罗家角早期为代表的圜底腰檐釜类型,东西并列,相互影响。相当于马家浜文化晚期,环太湖西部地区存在着具有代表性的西溪——神墩晚期文化类型,整体面貌呈现出继承性、突破性、融合性、创新性、多样性、复杂性以及向崧泽文化的过渡性,对重新认识马家浜文化的分期、分区、类型和文化面貌等有极其重要的意义,在太湖流域史前社会的文明化进程中扮演了非常重要和独特的角色。

2002年10月公布为江苏省第五批文物保护单位。

21. 小徐庄遗址

位于新沂市棋盘镇曹刘村小徐庄东北约50米,集中在村东北花山坡地上,遗址面积3.5万平方米。为大汶口文化中晚期遗址,与花厅遗址有一定的渊源关系,年代大致和花厅遗址的东、南区相当,比花厅的北区稍早。

1998年、2000年由新沂市博物馆和南京博物院做了两次考古发掘。发现墓葬43座、房址3处、灰坑40个,出土彩陶器、玉器、石器、骨器等文物300余件,发现史前人类作坊址及建筑用人祭现象。2007年南京博物院和新沂博物馆对遗址进行全面考古勘探,南京大学遥感考古研究中心对遗址进行了测绘及物探工作,发现墓葬24座、灰坑31处、房址1座、窑址1处及红烧土堆积和围沟等重要遗迹现象,出土文物近百件。遗址的墓葬均为长方形竖穴土坑墓,少见二层台,墓坑较浅,多为仰身直肢葬、头东向。房址平面为方形和圆形两种,多为地面式建筑,柱洞多为圆形和不规则圆形,发现有椭圆形灶坑,部分房址内发现有古人磨制玉石用的砺石和碗、钵等器物。面积达60平方米的红烧土堆积,厚约0.7米,红烧土纯净、坚硬,疑为古人墓地或典仪祭祀广场。

小徐庄遗址考古发掘和勘探发现许多重要文化现象,反映了史前丧葬习俗及部落生活场景。特别是发现史前人类作坊址及建筑用人祭现象,反映了该地区原始人类文明进化的过程。出土部分器物有崧泽文化因素,所占比例小,应为南北两支不同文化类型物质交流的表现。小徐庄遗址为研究黄淮地区人类文明化进程、研究民族交汇融合形成及探讨文明起源提供了十分宝贵的历史文化遗产。2002年10月公布为江苏省第五批文物保护单位。

22. 开庄遗址

位于东台市溱东镇开庄村。遗址四面环水,面积约2.7万平方米。文化层厚1.2米左右,为江淮地区新石器时代遗址。

1995年冬,开庄村开挖生产河时发现石斧等文物,随即盐城市博物馆、东台市博物馆组成考古队对遗址进行抢救性发掘,发掘面积6 000平方米。在探方中发现了柱洞和灰沟遗迹,出土了双肩石钺、半成品骨镞、夹砂褐陶腰沿釜、夹砂红陶鼎、夹砂磨光黑衣灰陶鼎、泥质磨光黑衣灰陶豆、弦纹罐、泥质黑衣灰陶盘、器盖、夹砂红陶器盖和器物底部有刻划符号的泥质黑衣灰陶罐等。采集器物有对钻孔石斧、夹砂红陶鬶等。专家组根据发掘情况、出土器物和有关资料分析后,一致认为是5 000年以前的新石器时代人类生活遗址。

开庄早期遗存以多种文化因素共存,相互作用,表现出不同于周邻地区原始文化的一些特殊性。晚期遗存以良渚文化为主,亦有大汶口文化的特征。2002年10月公布为江苏省第五批文物保护单位。

23. 单塘河遗址

位于姜堰市沈高镇单塘村横家埭。遗址的年代约为新石器时代晚期至商代中后期,占地面积约4万平方米,文化层厚约1.5米,四周环水,地势比较平坦。

1980年以来,在地表以下2～3米连续发现灰坑,出土石刀、石箭镞、骨箭镞、骨针和夹砂红陶鬲、低温黑陶残片等。从出土遗物来看,单塘河遗址的文化面貌与江南环太湖地区的良渚文化有密切的关系,距今约4 000年。

单塘河遗址对填补江淮地区早期历史、研究长江口北岸形成以及黄海海岸线的变迁、建立考古学文化序列,具有重要意义。2002年10月公布为江苏省第五批文物保护单位。

24. 青墩庙遗址（含苏青墩遗址）

青墩庙遗址位于赣榆县城头镇青墩庙村,为一处高约3米,面积约1 000平方米的大土墩。

1956年,文物工作者在青墩庙村征集到新石器时代的研磨器。经初步调查与探掘,发现其遗址与墓葬面积共达88 500平方米左右,以周代文化为主,其遗物特征如鬲足矮裆,侈口翻唇。在村西沿河一带另有龙山文化遗存。1959年11月19日~12月12日,在青墩庙两处开二条探沟,在沟一出土有泥质陶豆、盆、罐、甗和簋等。砂质陶器以鬲为主,其他遗物有残料珠、骨房东锥料、螺蛳壳及龟甲和牛、猪、鹿的骨骼、牙齿与残片。

苏青墩遗址位于赣榆县城头镇苏青墩村北,紧接青墩庙遗址西部,为新石器时代、西周、汉代遗址,面积约1.5万平方米,文化层厚3~5米,1962年发掘。底层出土新石器时期各式红陶鼎足、镂空圈足豆、器鼻、豆座、盘口杯片、陶纺轮等,属龙山文化遗存;中层出土西周鬲足、罐口片等;上层出土汉代陶片、筒瓦片。

2000年试掘时调查发现青墩庙遗址和苏青墩遗址实为相连的同一个遗址。2006年两遗址合并公布为江苏省第六批文物保护单位,名称为青墩庙遗址。

25. 陈集神墩遗址

位于仪征市陈集镇丁桥村高塘组8号居民房以北34米。遗址地处蜀岗丘陵地带,位于台形高地之上,自北向南倾斜。遗址的北、东、西三面有河道及水塘环绕,现存面积约1万平方米以上,北侧最高处面积约1 000平方米。

1973年发现地表和剖面有大量夹砂红陶、几何纹硬陶、黑皮陶、红烧土块、动物骨骼、磨制石器等。1995年9~12月南京大学历史系在此进行发掘,揭露遗址面积464平方米,发现一组西周、春秋时期的大规模红烧土建筑居址。地层中陶片等包含物较为丰富,上层文化层以夹砂灰褐陶、泥质红褐陶占多数,下层文化层中泥质黑皮陶明显增多,器形有鬲、豆、罐等。

陈集神墩遗址是历年来在江苏宁镇及周围地区商周时代考古中少见的保存较完整的聚落遗址,具有比较鲜明的地方特色,对了解仪征西周、春秋时期的文化面貌具有重要意义。2006年6月公布为江苏省第六批文物保护单位。

26. 周邶墩遗址

位于高邮市卸甲镇周邶墩村。遗址近似正方形,四周环水,面积约15 000平方米。遗址原是一处高出地面7~10米高的台型土墩,现仅存1米左右。

遗址20世纪70年代被发现。1993年9~10月,南京博物院、扬州博物馆、高邮市文物管理委员会联合进行发掘,发掘面积134平方米,清理灰坑20座。发现三类不同性质的文化遗存。第一类(下文化层)文化遗存包括灰坑6个,遗物主要为陶器,少量石器和骨器,文化性质类同于王油坊类型龙山文化,结合碳十四测定数据,年代定为公元前2000年稍后。出土陶器以夹砂黑、灰陶,泥质灰、黑陶为主,多轮制,器形规整、厚薄均匀。多素面,纹饰常见绳纹,另有弦纹、篮纹、方格纹、梯格纹,少量附加堆纹、捺窝纹、刻划纹及镂孔。器类主要为鼎、甗、甑、瓮、罐、盒、盘、盆、豆、杯、碗、钵、器盖及纺轮等。石器有斧、锛、凿、镞。骨器有镞、笄。第二类(中文化层)文化遗存包括灰坑4个,遗物主要为陶器,少量石器。陶器仍以夹砂黑、灰陶,泥质灰、黑陶为大宗。泥质陶多器形规整、厚薄均匀,表面经磨光。夹砂陶鼎、碗等器形不规整、厚薄不均,留有手制痕迹。纹饰常见弦纹、凸棱纹、附加堆纹,少量绳纹、篮纹、方格纹、水波纹、云雷纹、镂孔及刻划纹等。器类主要有鼎、甗、鬲、罐、盆、碗、尊、盒、豆、器盖及纺轮、网坠等。类比岳石文化尹家城类型及宁镇地区点将台下层文化,结合碳十四测定数据,年代定为公元前1700年稍后。第三类(下文化层)文化遗存包括灰坑10个,遗物主要为陶器,陶系为夹砂红陶,泥质红陶、灰陶、黑皮陶和硬陶。纹饰常见几何印纹,少量刻划纹。器类有鼎、甗、豆、盆、罐、钵及个别网坠、器座等。类比宁镇地区西周至春秋时期的青铜文化遗存,时代定为西周晚期至春秋中期。

周邶墩遗址地处江淮之间,文化内涵复杂多样,对于研究探究龙山时代后期史前文化的迁移轨迹,和江淮东部地区文化走廊的特殊地位等具有重要意义。2006年6月公布为江苏省第六批文物保护单位。

第三节 城 址

江苏古代城址保存至今的有一百多处,时代范围从新石器时代晚期到明清时期,行政级别从普通的县邑到最高级别的都城。连云港藤花落遗址发现的龙山文化古城，为江苏首次发现的龙山文化古城遗址。在江南地区保存着的先秦时期的古城址有淹城、胥城、留城、阖闾城、固城、邗城、吴大城、吴城、越城等。汉代城址有二十余处，主要集中在苏北，有广陵、盐仓、东阳、赣榆、安东、凌城、下邳、项王城等。六朝时期做过调查和考古发掘的城址有石头城、铁瓮城址、晋陵城遗址、广陵城遗址等。唐宋时期保存最典型的城址是扬州城。明清时期则以南京城、徐州彭城城址和镇江城的定波门瓮城遗址为代表。

1. 石头城遗址

位于南京市鼓楼区华侨路街道石头城社区石头城1号，草场门大桥下南侧，现存长约300米，最高处离地面63.8米，为六朝时期的军事城堡性质建筑遗址。

东汉建安十六年（211），孙权在金陵旧址筑城，因当时清凉山名石头山，故名石头城，为土筑城墙。城依山而筑，立栅为墙，周七里一百步，东面开一门，西、北两面临江，不设城门。东晋义熙六年（410），修石头城时废去土坞，在临江处加砖垒石，构筑城墙，有"石城虎踞"之称。明初筑城墙时，将其与新筑城墙联为一体，将石头城围进其中，加强砌筑，变成明城墙中的一部分，使石头城残迹得以保存至今。现存其中有一段突出的赭红色砂砾石，长约6米、宽3米，因风化剥落，形同丑脸，俗称"鬼脸城"。

1998年7月～1999年2月，南京市文物研究所在清凉山地区开展了野外调查、勘探和试掘工作，考古工作证实现存于清凉山地区的土垣为六朝时期的石头城城垣遗存。其最初建造时间为东吴时期，东晋以后又有加筑，城垣的彻底弃用时间约在五代、北宋时期。经过多年考古调查、勘探与试掘，石头城遗址的范围、城垣结构及大体轮廓已基本清晰。

石头城是南京作为中国重要都城城市的起点，对研究六朝都城史、南京城市建设史、海上丝绸之路等具有重大意义。1982年3月调整公布为江苏省第一、二批文物保护单位。1988年1月，石头城遗址作为"南京城墙"的一部分公布为第三批全国重点文物保护单位。

2. 淹城遗址

位于常州市武进区湖塘镇淹城行政村。淹城建于春秋时期，是中国同时期古城遗址中保存最为完整的一座地面城池建筑。

学术界对淹城遗址的关注及调查工作自民国25年（1936）已开始，部分学者进行了陶片采集。正式的考古发掘工作开始于1986年，南京博物院、常州博物馆、武进县博物馆、淹城博物馆等组成考古队对淹城遗址进行发掘，发掘面积12万平方米。至1991年，先后进行五次正式的考古发掘，其中城内遗址部分发掘面积为1797平方米，同时进行了部分钻探并清理了土墩墓两座。

经考古发掘确认，淹城建于春秋时期，东西长900米，南北宽850米，总面积约70万平方米。淹城的建筑形制为三城三河形制，由子城、子城河、内城、内城河、外城、外城河及外城郭相套组成。淹城的子城，俗称"子罗城"，呈方形，周长500米；内城，称"里罗城"，近似方形，周长1500米；外城，俗称"外罗城"，呈不规则椭圆形，周长2500米；此外，有一个外城郭，亦呈不规则椭圆形，周长3500米。三道城墙及外郭剖面呈不等腰梯形，残高3～5米余，墙基宽30～45米。三城均有护城河，子城河已湮没为农田，但河形仍然十分清晰；内、外城河保存完好，最宽处约有60米，一般为40～50米。三城各有一门，外城门西北向，内城门西南向，子城门正南向。外城墙、内城墙、子城墙均出土了原始青瓷豆等春秋晚期遗物。外城、内城的地层堆积较为纯净，在耕土层下难见到陶片，也未发现建筑遗迹。子城的地层分五层，其中③、④、⑤层属于春秋晚期堆积。在淹城内城河中，先后出土4条独木舟。其中长11米和4.2米的两条独木舟，分别收藏于中国国家博物馆和南京博物院、江苏省前黄高中科普基地，武进区博物馆一条长7.45米，经碳14测定，距今约2800年的历史，是中国已发现的保存最完整、最古老的独木舟，有"天下第一舟"的美称。

淹城遗址以悠久的历史、独特的形制、珍贵的文物和古朴的环境，引起国内外专家的关注和重视。一些考古专家和旅游专家称其为"中国江南第一城""淹城形制天下奇"。淹城遗址及其出土文物，对研究中国的城市建筑发展史有着重要的学术价值，是研究江南先秦史，特别是吴文化的重要实物资料。2004年的苏州世界遗产大会上，淹城遗址被赞誉为"冷兵器时代的城防标本，吴越争霸的军事堡垒"。1982年3月调整公布为江苏省第一、二批文物保护单位,1988年1月公布为第三批全国重点文物保护单位。

3. 扬州城遗址

位于扬州市维扬区平山乡堡城村、综合村,双桥乡双桥、卜桥社区,城北乡黄金社区、梅岭街道锦旺、梅岭、广储、邗沟、丰乐社区,广陵区汶河街道和东关街道,为隋、唐、宋时期扬州城池遗址,面积约18.25平方千米。扬州历代城池相互叠压,隋、唐、宋城遗址保存相对较好。

1984年,在配合扬州汶河路南端的南通路施工中,考古发掘出唐宋时期的扬州城南门遗址,确定了唐代扬州罗城的南界,这一重要发现引起了考古学界的关注。1986年,由中国社会科学院考古研究所、南京博物院、扬州市文化局协商,联合组成扬州城考古队,全面科学地对扬州城址进行考古勘探与发掘。1990年,在铁佛寺发掘1座唐代水井。1990~1991年,配合扬州市工人文化宫建设时发掘3座唐代大型建筑遗址,出土了丰富的唐代遗物,为研究唐代扬州商业建筑、经济繁荣和城市生活形态,增加了丰富的实物资料。1992年,发掘了汶河路东侧的开明桥遗址和新华中学遗址,这两处遗址均位于罗城中心区,是了解唐宋扬州城内十里长街风貌的重要发掘点。1993年,在配合扬州大学综合大楼工程中,发掘出南城墙下的唐代大型排水设施——水涵洞。1993年、1997年底至1998年初,两次配合大东门街改造工程,发掘出唐代水沟60余米。1995年11月~1996年4月,配合扬州西门街改造工程,发掘了宋大城西门遗址。2000年之后,配合基建工程,每年仍在扬州城内考古发掘出多处不同时代的遗址,其中较大规模的考古发掘有唐罗城东南与西南城角的发掘;2000~2009年,先后四次对唐宋城东门遗址进行全面发掘;2002年,发掘唐二十四桥之一的下马桥(即宋夹城与宝祐城之间的长桥);2003年,发掘了扬州宋大城北门和北水门遗址;2006年,发掘了宋大城西北城角;2007年,发掘了唐、宋、明代南门遗址;2008年,发掘了位于瘦西湖内的唐扬州罗城西墙最北端的西门遗址。

经过考古勘探和发掘,基本查清了隋、唐、宋扬州城遗址的规模、布局、建城年代及其沿革关系。隋代扬州城位于蜀冈之上平山乡,系利用汉广陵城基础修筑而成,由隋江都宫城、东城组成,另毗邻蜀冈可能存有罗城。江都宫城平面近方形,地表以下夯土墙体保存高度达4米,周长5.1千米,面积约1.8平方千米。南城墙西起观音山向东至董庄,西城墙由观音山向北至堡城村西河湾,北城墙由西河湾向东经李家庄再折向至杨家庄,东城墙界址未探明。东城平面呈不规整多边形,由宫城向东至铁佛寺东侧,周长约4千米,面积约1平方千米唐代扬州城由子城和罗城两部分组成。子城为官府衙署区,利用隋江都宫城、东城修筑,平面呈不规整的多边形,局部城垣保存高度约10米。城垣为土筑,城门及城墙转角处有包砖,城外有城壕。子城四面各开一门,城内设十字大街贯通城门,东西大街长1860米、宽11米,南北大街长1400米、宽10米。子城南门,史称"中书门",一门三道是唯一与罗城相通的城门。罗城建在蜀冈之下,为商业、手工业和居民区,唐代中期扩建,平面呈长方形,南北长4200米,东西宽约3100米,城墙厚约9米。从地形地貌和城壕等迹象分析,罗城可能有12座城门,南城门三座,东、西城门各四座,北城门一座。城内设有南北向主干道6条,东西向主干道14条,道路宽5~10米。官河由南向北穿城而过,直达子城东南与浊河交汇。唐代二十四桥中的广济桥、新桥、开明桥、通泗桥等均设在官河之上。宋代扬州有三座城池,即宋大城、宝祐城、夹城。宋大城即州城,沿袭了五代周小城。城周长10110米,东、南二面至古运河,北至潮河,西与明代旧城墙一致,今西北角地面仍保存夯土城墙。呈长方形,城内开十字大街,与四城门相通。在南北两城门西侧各设一水门,市河从南而北贯穿而过。宝祐城筑于宋宝祐年间,周长5000米,利用唐子城西半部、截去东半部修筑而成,面积约为子城的一半。夹城筑于南宋绍兴年间,连接大城与宝祐城,周长2700米。

鉴于考古发掘成果的重要性,扬州唐城遗址荣获"1993年全国十大考古新发现",1995年隋唐宋代扬州城遗址被评为"八五期间全国考古十大发现荣誉奖"。1982年3月,遗址以扬州古城遗址名称调整公布为江苏省第一、二批文物保护单位。1996年11月公布为第四批全国重点文物保护单位,更名为扬州城遗址。

4. 明故宫遗址

位于南京市白下区瑞金路街道南航社区中山

东路以南，为明初皇宫所在地。始建于元至正二十六年（1366）八月，即明王朝正式建立之前两年，朱元璋开始兴建皇宫。次年建成奉天门、奉天殿、华盖殿、谨身殿、文楼、武楼、乾清宫、坤宁宫及东西六宫等建筑；周围建皇城，设午门、东华门、西华门、玄武门。洪武元年（1368）正月初四日，朱元璋在此登基。洪武八年（1375），又重建大内宫殿，辟承天、东安、西安、北安四门。永乐十九年（1421），迁都北京，此作留都。清初，为八旗驻防城。咸丰三年（1853），地面建筑毁于兵火。

今遗迹范围东起清溪路，西至玄津桥，南至外五龙桥，北抵佛心桥。南北长2 500米，东西宽2 000米。民国17年（1928），开中山东路横穿明故宫遗址。1937年，侵华日军占领南京后在此建机场，拆西华门，毁社稷坛、棂星门等。明故宫地下今尚存三大殿基础、奉天门基础、内金水桥、午门、东华门、西安门、西华门遗址和后花园冷宫遗迹等。

午门在御道街北端，俗称午朝门，原平面为凹字形，民国初年，拆去一部分，致使东、西掖门与正中3门，在南立面上并排暴露，现东西长90米、南北宽27.5米、高11米，5门并列，中间门券高8米、宽6米。石雕须弥座高1.2米，尚存墩台上正楼及其东西方亭的柱础。马道已毁。中华人民共和国成立后，1984年为游人方便砌登城砖阶，未按原样复原。金水桥在午门内金水河上。皇宫午门内金水桥，俗称内五龙桥，仍保持原跨，系用青石垒砌而成，栏杆已缺损。桥下之水来自朝阳门外护城河。金水河之北立有二碑，东为仪注碑，此碑原立于午门外，西为明万历四十年（1612）立疏通水沟碑，是从原宗人府迁此。外五龙桥在御道街北段。位于明故宫南，为明御河上的主要桥道，它沟通着御道街南北。外五龙桥原位于明故宫承天门前，因并排5座桥，故名。5座桥均长11.4米，宽分别为4.7米至8.25米不等，皆为石拱桥。20世纪40年代曾补造钢筋混凝土仿石栏杆，沿用至今。东华门在中山东路532号院内，是明故宫宫城东门，现存门台墩，以城砖砌筑，南北长46.8米、东西宽25.6米、高9.6米。并列3个门券，中宽5.4米、高6米，两侧各宽4.5米、高4.8米。西安门在逸仙桥东，为明洪武八年（1375）重建大内宫殿时所设皇城西门，现存门台墩，以城砖砌筑，南北长29.3米、东西宽25.6米、高8.5米。并列3个门券，中宽4.8米、高6米，两侧各宽4.3米、高4.8米。

南京明故宫所开创的宫殿格局形制，是中国14～19世纪皇宫建筑的范本。2004年，南京市文物局委托南京市文物研究所对午门进行了全面勘测。1982年3月，遗址以明故宫遗迹名称调整公布为江苏省第一、二批文物保护单位。2006年5月公布为第六批全国重点文物保护单位，更名为明故宫遗址。

5. 藤花落遗址

位于连云港市连云区西诸朝村南部，西距新浦18千米，处于南云台和北云台之间谷地的冲积平原上，向西有大村遗址、朝阳遗址，面积在40万平方米以上。

1994年发现于连云港经济开发区的基本建设工程。1996年春由南京博物院、连云港市文物管理委员会、连云港市博物馆组成藤花落遗址考古队，进行了试掘，并于1998年、1999年冬至2000年春、2003年11月～2004年4月先后三次进行了大规模发掘，发掘面积5 060平方米，勘探面积逾30万平方米。

藤花落遗址是迄今唯一一座发现于齐鲁境外且具有内外两重城墙的龙山文化城址，始建于龙山文化早期，初始废弃时期为龙山文化中期偏晚。在龙山文化堆积之上，还发现有岳石文化遗存的堆积。城址外城墙外明确发现有绕城壕沟。外城平面呈圆角长方形，内城平面呈圆角方形，内、外城在建造或废弃年代上稍有早晚，但两者之间存在着使用年代上的重叠。城址城墙的修建技术主要有堆筑和版筑两种。外城墙由堆筑和版筑相结合修筑成，内城墙主要由版筑夯打成。城址的内城内发现三处夯土台基、L1和L2两条主要道路以及44座房址、200余座灰坑。城东为居住区，城西可能存在着作坊区；在城内外，均发现有水稻田遗迹，在一些灰坑及灰沟中，浮选出数百粒的炭化稻米，经鉴定为粳稻。共出土玉器、石器、陶器2 000多件。

藤花落遗址是中国已发现的最典型的龙山文化城址之一。对研究史前城址城墙的修建技术和方法、城址的平面布局、城址的内涵等具有重要意义；同时对海岱地区的古文化，原始社会末期聚落研究以及国家形成前的最后过渡期研究具有重大意义。2000年，相关部门核定了该遗址的保护范围和建设控制地带，制定完成了藤花落遗址保护计划。2002年，由连云港市政府公布了保护范围和建设控制地带。2005年完成了藤花落遗址地形勘探测绘。之后围绕着遗址的保护与利用，当地先后制定了《连云港市藤花落遗址保护与整治规划》《连云港市藤花落遗址保护与利用规划》设计方案。该遗址发掘入选"2000年度全国十大考古新发现"，获1999～2000年度国家文物局"田野考古奖"二等奖。2002年10月公布为江苏省第五批文物保护单位，2006年5月公布为第六批全国重点文物保护单位。

6. 天目山遗址

位于姜堰市姜堰镇山桥村。地处江淮之间的里下河平原南缘的新通扬河南侧，西邻姜溱河。西距泰州21千米，东北去海安县青墩新石器遗址约15千米，处于古长江北岸的沙嘴上。面积约4.4万平方米。

2000年8月～2002年10月，由南京博物院主持，泰州市博物馆、姜堰市文物管理委员会参与，对该遗址进行了两次考古发掘，发掘面积1 167平方米。遗址为一处分为内城和外城的西周城址，平面呈椭圆形，有内、外城墙和河道。包括古河道在内的范围东西长约220米、南北宽约200米；外城东西长170米、南北宽160米，面积约2.5万平方米；内城位于外城内的东北部，边长约70米，面积约7 000平方米。内城以西城墙、南城墙与外城相隔，东侧城墙与外城合一。城墙为平地用土堆筑，有两次堆筑现象。城内清理出台基1座、房址3座、灰坑5座、灰沟2条，及具有祭祀性质的孩童墓葬1座。出土器物组合，如簋、绳纹鬲、绳纹罐等，显示出了西周早中期江淮地区周代文化的一些共性；除素面鬲外，与同时期宁镇地区主体文化因素则差别较大。至西周晚期，矮圈足素面豆、印纹盆等的出现，表明江淮地区与宁镇地区间存在文化交流，并开始出现文化因素上的趋同性。城址的文化堆积延续至两周之际，可能与文献所载的吴灭干(邗)有一定联系。

天目山遗址具有南部水网地区古代城市的显著特征。文献记载，江淮地区曾先后有东夷、干(邗)、吴、越等国、族活动。遗址的发掘对研究江淮地区的古国、古族，以及与其他周边地区古城址的结构与差异有重要意义。江淮地区尤其是东部地区两周时期的文化发展脉络一直不太清晰。通过对天目山遗址文化性质的分析，可以了解干(邗)这一周代小国的文化特征，进而探索江淮东部地区的文化面貌。遗址于2002年10月公布为江苏省第五批文物保护单位，2006年5月公布为第六批全国重点文物保护单位。

7. 阖闾城遗址

地处常州市和无锡市交界处，分属常州武进区雪堰镇和无锡滨湖区胡埭镇。遗址现存东城和西城两个小城，两城共一隔墙，两座小城的北墙已不存，南垣和隔墙皆保存较好。东西长约1 000米，南北最宽处约500米。

2007～2008年，无锡市第三次全国文物普查办公室联合南京博物院考古研究所，对阖闾城遗址进行了为期一年半的考古调查和钻探。调查范围包括东城、西城、阖闾大城、闾江水系、胥山和胥山湾。经考古确认，阖闾城遗址大致经历了马家浜文化、马桥文化和春秋早中期的吴越文化三个时期。根据考古调查和钻探，阖闾城遗址叠压或打破在春秋早中期的文化层，东城的南城墙被汉代墓葬打破，因此阖闾城遗址的筑城的年代晚于春秋中期，早于汉代，大致为春秋晚期，与吴王阖闾(前515～前496)的年代相当。阖闾大城长2 100米，宽1 400米，面积2.94平方千米。大城内有东西两小城，并发现了宽34米的春秋晚期墙基和水门遗迹。阖闾大城的发现，完整地复原了文献中伍子胥造筑的阖闾城。根据阖闾城遗址的等级规模、年代布局和历史文献，初步推断阖闾城遗址为吴王阖闾的都城。此外发现龙山石城，为阖闾城遗址第一道防御工事，可能为吴国长城。阖闾城北面临太湖的龙山山脉自西南向东北分布着石冢和石城。龙山石城依山势高下而筑，石城两面用大石块垒砌，中部填土。石城宽约1.0米，地面高度0.7～1.0米，长约20千米，设有敌台。石城目前调查的长度为8千米，年代与阖闾城遗址的年代相同。

阖闾城遗址考古复查最重要的成果是发现并确认了阖闾大城和龙山石城，完整地复原了阖闾城遗址，基本确定阖闾城遗址应为春秋时期吴王阖闾的都城，而龙山石城应为长江下游最早的吴国长城。吴国都城在春秋时期的都城遗址中有着极为重要的历史地位，阖闾城遗址的存在为吴越文化研究提供关键史实，对于研究春秋吴国的历史和中国的都城发展史均有着积极的意义。入选"2008年度全国十大考古新发现"。1982年3月调整公布为江苏省第一、二批文物保护单位。

8. 越城遗址

位于苏州市高新区（虎丘区）石湖北越城桥东。

遗址范围南北长450米，东西宽400米，面积近18万平方米，高出地面约1.5米。遗址内涵包括两方面：一是春秋时越王勾践进攻吴国都城所筑屯兵土城遗迹，尚有残存于城址南北两面长约30米、高约4米的土垣；二是土城底下的新石器时代文化遗存。

据史料记载，越城直到南宋时依旧保存较为完好。考古学家卫聚贤早在民国25年（1936）就作过专门调查。1953年考古工作者对其作了勘测，发现土城呈不规则圆形，城址南北两面还残留着断续的夯土城垣，俗称黄壁山。1960年江苏省文物工作队对遗址进行正式发掘，共开挖探方4个，发掘面积98平方米。文化堆积最厚处8.21米。清理出马家浜文化、良渚文化时期的墓葬10座，发现了以几何印纹陶为特点的西周至战国时期文化，以灰陶和黑衣陶为主的早期良渚文化和以夹砂陶、泥质红陶为特点的马家浜文化依次叠压的地层关系。

遗址下层的马家浜文化距今约6 000年左右，中层的良渚文化距今5 500年左右。马家浜文化层发现灰坑1座、墓葬3座。出土陶器以夹砂红陶和泥质红陶为主，有宽檐釜、牛鼻耳罐、平底盉、带把壶形器和豆等，并发现玉玦、玉璜饰品。良渚文化层发现红烧土面和石块堆积居住遗迹及墓葬7座。出土的生产工具有磨制得相当精细的有肩穿孔石斧、有段石锛、耘田器和石镰等。陶器质料以泥质灰胎黑衣陶和泥质灰陶为主，炊器为夹砂红陶，主要器形有鱼鳍形足罐形鼎、带鋬匜、宽流阔把杯、壶、贯耳壶、竹节把豆、钵形豆、折腹罐、盆等。这些遗物具有崧泽文化向典型良渚文化过渡期遗物的特征。西周至春秋时代文化层内出土遗物较少，出土陶器以几何印纹硬陶为特征，器形有瓿、瓶、盘等，表面拍印有曲折纹、席纹、梯格纹、回纹、云雷纹、方格纹等几何形纹饰。

越城遗址是研究苏州地区原始文化和吴越文化的一处重要遗址。由于当地砖瓦厂取土及村民造房、筑路等生产生活活动对古遗址造成了破坏，遗址保存状况较差。1982年3月调整公布为江苏省第一、二批文物保护单位。

9. 东阳城遗址

位于盱眙县马坝镇东阳村（原东阳乡政府所在地），处于大云山南麓、盱眙县域的最东端，遗址东即安徽省天长市地域。

据史料记载，秦代置东阳县，汉代沿袭。东阳城从秦到晋，前后有近800年的繁荣史。南北朝时期因战争频繁，东阳逐渐衰落，至公元573年东阳撤县，古城逐渐荒废。

20世纪60~90年代，省、市、县文物工作者在东阳作了多次调查和发掘。遗址于1976年试掘，探明城址面貌并发现成群的汉墓。90年代，南京博物院等考古机构先后在东阳城附近发掘小云山汉墓、大云山古墓葬、山南墓群等，出土大量精美的漆器、玉器等汉代文物，相关资料已在《考古》《东南文化》等期刊发表。

东阳城址平面呈长方形，由东西两城并列组成。东城东墙长838米，南墙长933米，面积77万余平方米。西城南墙长862米，东墙长838米，面积72万余平方米，两城合计约150万平方米。现城址四周的夯筑城垣大部分清晰可见。东城保存较好。墙体一般宽20米，残高3~5米，均用黄土分层夯筑而成。东城垣有一缺。应该为原城门位置。城内曾出土秦代铜权及"半两"钱，花纹方砖及瓦当。城址外围有多处秦汉时代墓葬，有大云山江都王陵园、庙塘汉墓群、圩庄和缪庄汉墓群、老虎山汉墓群等，出土了"木刻星象图""泗水捞鼎图""玉棺""金缕玉衣"等大量珍贵文物。

东阳城遗址是江苏省内继汉广陵城之后面积最大的汉代城址，城址时代明确，大城小城布局清晰，地表保存状况好，对研究汉代城市布局具有重要意义。城址北部发现了西汉诸侯王陵园，推断东阳城的性质可能与诸侯国的都城有关，学术研究意义极大。1982年3月公布为江苏省第三批文物保护单位。

10. 固城遗址

位于高淳县固城镇李家村东，芜太公路南侧，为春秋吴国、楚国、越国城址，汉代为溧阳县治所在，除南墙早年被破坏外，东、西、北三面城垣保存尚好。

据南宋《景定建康志》载："古固城，春秋时吴王所筑也。"民国《高淳县志》载："罗城高一丈五尺，周七里三百三十步，子城一里三十步。"

根据考古调查,城址的平面呈长方形,总面积约80万平方米,有内外两重城墙。子城亦称内城,比外城高4米许,东西长约200米,南北宽约120米;罗城亦称外城,东西长约1 000米,南北宽约800米。城垣多为依山而建,堆筑而成,其断面呈梯形,底宽约40米,顶宽约25米,残高约4～9米,城垣中有几处宽约15～20米的豁口,疑即当年的城门所在。城外曾开凿壕沟,遗迹隐约可见。历年来,在固城内外曾出土几何印纹陶器及原始青瓷器(残),在罗城偏南部曾出土过楚币郢爰及陶片等。

固城遗址对研究地方社会文化历史有重要价值,1995年4月公布为江苏省第四批文物保护单位。

11. 曲阳城遗址

位于东海县曲阳乡城南村(乡政府大院西南700米)。遗址平面略呈刀把形,外有护城河,城内现为农田。

曲阳城址略呈正方形,南北长279米,东西宽310米,面积52 000平方米,城内一条丁字形便道穿城而过,将城内庄稼地分割成3块。土城四周夯土城墙梯形上收,四隅均高4米,内墙呈35度斜坡向城内延伸,显出四周边高起中心注的地势。土城留出南、西、北三处出口连接城中便道,分别宽1.5米、5.5米、2.5米。城外东、西、南三面周围疑似护城河残留痕迹,城址周围散落有汉代云纹瓦当、绳纹陶尊、罐、筒瓦、板瓦及瓷器残片等,曾出土过汉代青铜剑、铁刀、铜镜、铜箭镞和"军假司马"铜印等文物。

根据出土遗物和地理位置分析,曲阳城遗址很可能是汉代厚丘县城。1995年4月公布为江苏省第四批文物保护单位。

12. 镇江古城墙遗址

包括三国铁瓮城遗址和东晋花山湾古城墙遗址。2000年9月增补为江苏省第四批省级文物保护单位。

(1)铁瓮城遗址

位于镇江市京口区大市口街道北固山的前峰(青云门街以上的鼓楼岗上),已有1 700多年的历史,占地面积约10.68万平方米,现存的遗址呈马蹄形。

铁瓮城又名京城、子城,始建于东汉末期建安初年(195)。建安十四年(209),孙权将其政权中心自今苏州市迁至今镇江市,并在铁瓮城居住4年。孙权在此居住期间,正是三国鼎立局面形成时期,他以此为中心,开创江东,奠定了东吴霸业的基石。以后晋、唐、宋、明、清均在原有的基础上进行了缮治。

1991～2005年,镇江市文物部门共对铁瓮城遗址进行了十余次考古勘探、发掘,发现铁瓮城西垣、南垣、东垣、六朝夯土及包砖墙基、甬道以及南城门等遗迹。铁瓮城遗址迄今保存基本完好,它们闭合、相连,形如瓮,周长约为1 100米,与志书记载周六百三十步基本吻合。

铁瓮城在三座孙吴都城(即镇江铁瓮城、南京石头城、鄂州吴王城)遗迹中,以其建造的年代最早,保存的遗迹最为完整,筑城风格最为独特而被誉为"三国东吴第一城"。2000年9月,作为"镇江古城墙遗址"的一部分增补为江苏省第四批文物保护单位。

(2)花山湾古城墙遗址

位于镇江市京口区大市口街道古城社区花山湾。

东晋初年郗鉴"城京口",晚期京口镇将、徐兖二州刺史王恭进行了"更大改创"。唐太和中(827～835),浙江西道观察使兼润州刺史王璠"凿润州外隍",乾符中(874～879),周宝为镇海节度使、浙西节度使,筑罗城二十余里。南宋,太守史弥坚主持了镇江罗城的全面修缮和改造。

1984年、1991年,文物部门多次组织考古工作,证实其时代为六朝至唐宋时期,该遗址即东晋至南朝时期的京口城(亦称晋陵罗城)、唐宋时期的罗城东部城垣遗存。花山湾古城墙北垣沿今东吴路南,向西延伸至铁瓮城(今已断),东至花山湾、土山一线,南沿土丘转向西延伸至大学山。今残存约2 000米。城垣砌筑的特点是"因山为垒,望海临江,缘江为境","城内外皆固以砖甓",即依托山体筑为城墙,利用自然山体对顶面和山坡进行修整,加筑夯土,低洼地段则填土夯筑,内外两侧用砖砌造护墙,形成贯通相连的城垣。

2000年9月,作为"镇江古城墙遗址"的一部分增补为江苏省第四批文物保护单位。

13. 南城遗址

位于高淳县桠溪镇南城村南约1千米,双桠公路东北侧,为春秋时期遗址,保护面积约15 000平方米。城址平面呈不规则圆形，城垣用土夯筑，底宽20米左右，残高4~6米，四面无度存有城门豁口，周长600余米；城外有护城濠，南濠仍为水塘，北濠填为农田。濠宽12~15米，残深1.5~3米左右。轮廓清晰规整。城址内曾出土青铜剑和几何印纹硬陶陶片等。南城遗址是高淳保存较为完好的一处军事性城址，2002年10月公布为江苏省第五批文物保护单位。

14. 佘城遗址

位于江阴市云亭镇花山村高家墩。

1998年12月，南京博物院、无锡博物馆（今称院）和江阴博物馆联合考古队在对花山遗址作抢救性发掘时，根据村民提供的信息，在当地一处高台地附近采集到与花山遗址时代相同的陶片、陶纺轮等器物，同时发现南端有一条约6米高的墙体，其南北长约800米，东西最宽处约400米。2000年初春，经著名考古学家俞伟超现场考察和考证，确认该处为江阴地方志缺载的一座古城遗址，随即由联合考古队进行考古调查和试掘。在考古挖掘中，发现佘城东、西、北城墙基，南城墙保存较为完整，保持了原有形态。清理出面积达400多平方米干栏式公共建筑遗迹，上百个柱洞排列有序，在其北端边缘，发现一座祭祀坑。出土大量文物，包括青铜器2件、石器1件及多件陶器。陶器主要为炊器、盛食器，器形主要有鼎、釜、甗、罐、盆、豆、澄滤器、三足盘、钵等。

佘城遗址是长江下游地区保存最好的一座三千多年前的青铜器时代遗址，佘城出土文物与花山遗址处于同一时代，两者属一个大遗址群。佘城遗址的城墙采取干湿土混合的堆筑法，有别于北方城墙常用的夯筑、板筑方法。

佘城与中原地处同时期城址的大型宫殿一样，具有权力象征意义，其发现将江阴地区乃至长江下游地区的筑城史向前推进了3800年，为研究中国江南地区城的起源，建筑方法以及社会、政治、文化和军事提供了实物依据。2002年10月公布为江苏省第五批文物保护单位。

15. 石户城遗址

位于铜山县柳泉镇石户城村城山，遗址坐南朝北。城址连山而筑，三面为墙，南面以山为屏障，结构呈方形，东西长约2000米，南北宽约600米，城墙外有8~10米的护城河。

20世纪80年代初徐州文物考古部门对石户城遗址作了调查。2001年，在徐州市文化局的安排下，铜山县文化与体育局同徐州博物馆对该遗址作了进一步的考古调查，并形成简报。该遗址城内有东西街道，三面城墙残高城墙约1.5米，北城墙宽约40米，东、西城墙宽约30米，均夯土筑成，城门依稀可见。北城门位于北城墙中部，宽约10米，东城门位于东城墙的中部，宽度不详，西城门位于西城墙的中部，宽度不详。南部山上没有发现城门遗迹，但山上有较厚的夯土层，土质纯净，周围散落有板瓦、筒瓦残片，说明其上应有建筑。考古工作者在城址里采集到一些战国时期楚国的"蚁鼻钱"和铜箭镞等，可以看出至少在战国时期石户城就存在了，它有可能是战国时楚地的一个城邑。在遗址中采集最多的是汉代的建筑构件，主要为筒瓦、板瓦、瓦当等残片，另外，还有一些汉代的陶器残片，主要为实用器物的残片，可见石户城在汉代十分兴盛。城垣夯土上发现东汉墓葬，故推断城址下限应为西汉。

石户城遗址是徐州已发现的唯一一处战国至汉代的土城遗址，具有较高的历史和研究价值。对该遗址的进一步清理发掘和研究，可为研究徐州古代政治、经济文化的发展及社会发展状况提供详实的原始资料。2002年10月公布为江苏省第五批文物保护单位。

16. 梁王城遗址

位于邳州市戴庄镇李圩村西，南距邳州市区37千米，顺运河北约3千米即为山东省枣庄市。遗址主体处在京杭运河东岸、运河行洪区内，运河河道从遗址西部穿过。遗址东南约1千米为胜阳山和禹王山，西南约2千米为望母山。总面积为100万平方米。

1957年南京博物院考古调查时被发现。2004年4月~2009年1月由南京博物院主持，徐州博物馆、邳州博物馆、新沂博物馆及南京大学历史系考古专业、南京师范大学社会发展学院师生共同开展，对遗址先后进行了六次发掘，发掘面积9505平方米。

地层堆积从早到晚依次为大汶口、龙山、西周、东周、北朝—隋及宋元及明清文化层。发掘确认梁王城为春秋战国时期苏北最大的城址，按照东周都城建制流行的双城制进行布局。城址由大城和宫城组成，两城平面呈"凸"字形。大城面积100多万平方米。宫城位于大城西部，面积约2万平方米。其上发现夯土台基和大型石础建筑、房基、水道、水井、水池等重要遗迹。

发现西周墓葬一处，清理墓葬71座、兽坑12座。墓葬为竖穴土坑墓。个别有棺，其中船棺6座。流行在头部设二层台，在墓坑中部挖方形腰坑，以及用狗殉葬和在人骨上撒朱砂等葬俗。随葬品组合为鬲、簋、豆、罐，为典型中原周文化风格的陶器。墓地的年代主要集中在西周早中期阶段，个别墓葬甚至可以早到商代晚期。

发现大汶口文化墓地一处。墓地范围南北长约90米、东西宽约30米，共发现墓葬139座。整个墓地分为四个区，每区内可分若干组，每组墓葬均呈南北向排列，当是家族关系在墓地中的反映。共出土随葬器物约1 100件。陶器主要有鼎、鬶、豆、背壶、壶、盉、罐、盆、筒形杯、圈足杯、高柄杯等；骨角器有獐牙、蚌刀、蚌镰、骨镞、骨锥、骨簪、骨针、骨匕等；玉石器包括有玉环、玉佩、玉坠、玉蝉、玉管、玉珠、石斧、石锛等。墓地出土的实足鬶丰富多样，有自身发展演变序列，且与薄胎高柄杯形成别有特色的组合，而所有墓葬中几乎不见有袋足鬶出现，具有明显的区域特征。

梁王城东周时期城址周围分布有与徐国贵族关系密切的大型墓葬。为研究中国历史上的重要方国——古徐国找到了突破口。其西周墓地的发掘填补了黄淮地区商周考古的空白。而处于大汶口文化晚期阶段墓地的发现，填补了苏北地区大汶口文化晚期及其向龙山文化过渡阶段考古学文化空白，为研究黄淮地区大汶口文化谱系和类型提供了新资料，对研究黄淮地区史前文明和古代社会文明化进程具有重要意义。遗址于2002年10月公布为江苏省第五批文物保护单位。

17. 如皋城东水关遗址

位于如皋市如城镇东北隅人民公园内。东水关为明嘉靖三十三年（1554）所筑城墙遗构。现高8米，长21.9米，宽17.1米，由砖砌涵洞沟通内外城河。涵洞东西走向，洞顶为尖收式，剖面呈莲瓣形，高6.65米，宽3.8米，进深7.1米，洞底由杉木排桩覆以城砖铺就，两侧帮以长麻石条。东口安装有木栅栏枢槽，并有"东水关"青石额一方，墙体原嵌有《平倭始末记》碑。2006年6月公布为江苏省第六批文物保护单位。

18. 孔望山古城遗址

位于连云港市海州区朐阳街道办事处孔望山村，南邻孔望山村居民区，北邻孔望山村果园，东邻新孔路，根据史料记载推测为古海州城址。

1980年，连云港市博物馆进行调查时发现该遗址。1981年10月，中央美术学院、中央民族学院、北京大学、连云港市博物馆进行了正式的考古调查和测绘。2000～2003年中国国家博物馆、南京博物院、连云港市文管办、市博物馆组成联合考古队进行考古发掘。经调查，是一座跨孔望山和凤凰山而建的山城，平面形状不规则、略呈箕口向东的簸箕形，东西长约630米，南北宽约540米，面积约35万平方米。城就山势筑成，山脊两侧用巨石砌成墙，宽4.8米，存高3～4米，其余部分则用砂质黄土夯筑而成，墙基宽6～10米，存高4～5米。今城墙南、西、北三面均保存较好，东墙仅存小部分。南城垣中段、北城垣和东城垣的北部均建在山脊或山坡上，其墙体下部用石块砌筑内外挡土墙，内部填土夯实，然后逐层向上夯筑。南城垣外有护城壕，并发现其筑城工具为集束夯，夯层厚度约15～20厘米。现存西城门，城内有一条宽约5米的道路，连接东西二门。西城门外还应有瓮城，今已不存，另发现北城垣、南城垣、西城垣外侧每隔80米建一马面，北垣的马面用巨石砌筑，其余均为夯筑。此外在西城门北侧顶部发现由青砖砌筑的台阶和由城内登向西城门顶部的马道；西城墙下叠压3座墓葬，年代为战国晚期至西汉。

从城垣断面上显示的叠压关系、城垣底部出土的瓷片、砌筑台阶的青砖以及城垣外筑有马面判断，此城筑于宋代，而且不是行政经济型的城市遗址，而是一座全国罕见的、保存较为完整的宋代军事城堡。1982年公布为连云港市第一批文物保护单位，名"孔望山抗金古城"。2006年6月公布为江苏省第六批文物保护单位。

19. 盐仓城遗址

位于赣榆县海头镇盐仓城村西北。盐仓城，史载为春秋时莒国盐官驻地，秦汉因之。

1980年省文物部门试掘，发现了秦汉文化层、商周文化层、龙山文化层。盐仓城遗址包括庙台子遗址、古城墙遗址一处。庙台子遗址位于盐仓城村西北部，东西63米，南北115米，高出地表约3米。

上层黄土扰动,遗物有汉绳纹瓦片、云纹瓦当、铜镜等,中层有西周鬲足、陶杯腹片与春秋时期铁铧犁残片、炭化稻粒等。底层有新石器时期石砺、骨椎、石纺轮、鹿角等。古城墙遗址位于盐仓城村南200米处,长仅260米,宽5米,高4米,系板筑夯土。出土有西周、春秋陶片、鬲足、汉代筒瓦、五铢钱等。并且发现有鹿角化石、碳化稻谷等。根据文化层分析,该处遗址为春秋至汉代的人类文化遗存。据其地理位置分析,推断为汉代赣榆县县治。

2006年6月公布为江苏省第六批文物保护单位。

第四节　窑　址

窑业烧制作为江苏传统手工业的主要组成部分,古窑址主要分布于苏南的苏锡常一带。拥有中国"陶都"之称的宜兴是古代重要的陶瓷产地,宜兴窑址包括涧潨龙窑遗址、小窑墩遗址、真武殿窑群、筱王村窑群、前墅龙窑址、前进窑址等,此外南京、苏州等地也有窑址分布。窑址的出土对研究中国古代陶瓷业有着重要的作用。

1. 宜兴窑址

位于宜兴市丁蜀镇蜀山,包括涧潨龙窑遗址、小窑墩遗址、真武殿窑群、筱王村窑群、前墅龙窑址、前进窑址。

宜兴有七千多年的制陶史,并拥有大量的各个时期的陶瓷窑址。丁蜀镇陶土资源丰富,是宜兴陶瓷泥料的主产区,也是宜兴陶瓷业的中心。丁蜀镇制陶业历史悠久,早在东汉时期,就已经形成了一个生产釉陶为主的、规模较大的窑场。两晋时期,宜兴陶瓷的生产工艺技术又有进步,小窑墩遗址即是这一时期的代表,属中国古代南方的越窑青瓷系统。六朝时期,南山北麓的青瓷窑场,在烧造技术上获得了较大的发展。唐代中、晚期,丁蜀镇的涧潨龙窑是宜兴青瓷生产的典型。宋元时期,民用粗陶器得到发展,陶窑遍布丁蜀镇周围:有青龙山北麓的缸窑山、六十头窑、蜀山龙窑群等。明清时期是丁蜀镇龙窑制陶的繁盛时期,陶器生产的发展取得了相当的进展。这一时期的古龙窑址均分布在丁蜀镇周围,如丁山青龙山南北麓、蜀山、潜洛、上袁、汤渡建墩窑等处,现存的大小龙窑已达四五十座之多。明清时期,也是宜兴紫砂和均陶的成熟发展时期。"宜兴窑""欧窑"和"蜀山窑"(即紫砂器窑)三大名窑亦从此载入史册而闻名于世。

蜀山窑分布密集,保存基本完好,是研究蜀山窑区窑炉形制和工艺水平的重要依据。窑址堆积丰厚,从发掘的探方情况看分期依据充分,为紫砂和均窑器的断代研究和鉴定提供了依据。出土器物丰富,种类异常繁多,能够再现当时窑口精湛制作水平和烧制技术,以及兴旺的销售贸易情况。2006年5月公布为第六批全国重点文物保护单位。

(1)涧潨龙窑遗址

位于丁蜀镇桃渊村涧潨自然村。1975年在普查古窑址过程中被发现。1976年5月南京博物院会同宜兴陶瓷公司对遗址进行了发掘。龙窑利用土墩自北向南倾斜的地势建筑窑基。窑基尚有空室、挡火墙、窑床等部分保存较好。窑基残长28.4米,窑床宽度不等,窑头2.3米,中段2.65米,尾部已残缺。涧潨龙窑烧制产品比较简朴,以生产民间日常使用的碗、钵、罐、盘(碟)、灯盏为主,兼烧盆、瓶等其他产品。产品的原料是淘洗处理过的粘土,胎质断面浅灰或黄灰。施釉方法采用浸釉和荡釉。

涧潨龙窑遗址的烧造历史不见于文献记载,从产品特征看其时代大体属于唐代中、晚期,是江苏省内最早进行科学发掘的窑址,具有十分重要的科学研究价值。1982年3月以龙窑遗址名称公布为江苏省第三批文物保护单位。

(2)小窑墩遗址

位于丁蜀镇周家村分洪桥西塥。窑址为东西方向的长条形斜坡状高墩,全长50余米,最宽处近20米,东面最高达10米,西面高1～2米,总面积1000多平方米。属龙窑结构,窑址正中可见一条凹槽,当系龙窑倒塌后的遗存。

该窑的文化堆积十分丰富,包含三个不同时期的产品堆积,下层为西晋时期的堆积,产品主要为青瓷器,胎质坚致灰白,个别露胎处呈淡红色。釉色淡青或青中泛黄。器形有碗、盏、碟、钵、盆、洗,并有少量的双系或双复系罐及堆塑罐。其中碗、钵等器物的口沿及罐的肩部饰以弦纹及网格纹。出土的窑具有圆筒形、覆盆形窑座和钵形齿口窑垫。中层为唐代遗存,产品仍为青瓷器,胎质致密灰白,淘练精细,釉色浅青、青绿或茶绿色,器形以碗、盘、盆、钵类为主,还有罐、灯盏一类器物。窑具有饼形圈口状窑垫,浅盘形窑座,喇叭口形窑柱,还普遍发现用泥渣作为装烧时叠置器物的一种间垫。上层为宋代产品,大多为大件缸瓮等黑货陶器。该层不见窑具。

小窑墩遗址是宜兴现存窑址中烧造年代较早、保存较为完好的窑址之一,具有较高的历史研究价值。2002年10月以小窑墩窑址名称公布为江苏省第五批文物保护单位。

(3) 真武殿窑群

位于新街街道水北村。面积约28 000平方米。

真武殿窑群于1984年文物普查中发现,窑址原规模较大,现真武殿村及周围均属窑址范围。由于早年整田平地及村民建房等,致使部分窑址被挖毁。现存窑址为一座东西向的小山丘,东西长300余米,南北宽约80米。其中分布窑墩10余座。四周瓷片堆积十分丰富,厚约1~2米,少数地域厚达5~6米。从现场采集的标本看,其产品主要为各式平底碗、四系罐、执壶、洗等,还有少量的研轮、瓷枕等。青灰或红褐色胎。拉坯成型,器表常常带有修坯时留下的旋削纹;壶嘴、把、系等均采用粘接法,粘接处修制不规整;执壶的把用模制成型后粘贴,少数带条形纹和"吉"字纹。釉色以茶绿、酱色、青绿等为主,釉面光泽较好,胎釉结合牢固,釉内常带有细小的片纹,施釉往往不及底。窑具多见柱形支柱。碗用叠烧法,常见数只或十余只粘烧在一起的残次品。

真武殿窑群的窑址皆为龙窑结构,从烧造器物的特征看,该窑址创烧于唐代中晚期,延烧至北宋。从现存窑址的规模看,当属当时宜兴地区生产日用青瓷器的主要窑场之一。该窑群保存较好,通过进一步深入的调查研究,对于了解唐宋时期宜兴乃至全国越窑系青瓷的生产情况具有重要的价值。2002年10月公布为江苏省第五批文物保护单位。

(4) 筱王村窑群

分布于西渚镇五圣村,大部分窑墩都与附近村落较近,早年受到一定的破坏,近年情况得到遏制。

已发现的窑址有二十余处。窑址直径小的约30余米,大的近百米,堆积高5~10米不等。筱王村窑群烧造时间主要在宋代,部分窑址延烧至明初。产品主要有四系坛、四系罐(俗称韩瓶)、小缸、执壶、瓶、盆等。灰褐色胎。施亮青釉,因胎色较深,施釉后器表略近褐色;釉层较薄,施釉往往不及底。拉坯成型,部分器物修坯不够精细,表面有旋坯纹。流、系、把等均采用粘接法。

筱王村窑群窑址分布范围较广,据传共有窑墩九十余座,除西渚五圣村外,在溧阳市戴埠的神山、东干、宥里等地亦有分布。从堆积看,其延烧时间较长,产量巨大,是宋代宜兴日用陶瓷的重要产地之一。2002年10月公布为江苏省第五批文物保护单位。

(5) 前墅龙窑址

位于丁蜀镇三洞桥村前墅自然村。创烧于明代,延烧至今,是宜兴地区仍以传统方法烧制陶瓷器的唯一一座龙窑。

龙窑头北尾南,窑身内壁以耐火砖发券砌成拱形,外壁敷以块石和太湖边上特有的白土,窑身左右设投柴孔(俗称鳞眼洞)42对。西侧设装窑用的壶口(窑门)5个。窑身上方建有窑棚,花岗石柱,上覆以木质梁架及小板瓦。龙窑通长43.4米,窑身外壁宽约3米,内壁底部宽约2.3米,高约1.55米,坡度约为45度。燃料主要为煤(煤为20世纪70年代所改,仅作为窑头预热)、松、竹枝等。产品主要为缸、盆、瓮、罐、壶等日用粗陶,间烧少量紫砂器。

前墅龙窑较好地保存了中国古代龙窑的结构特征和陶瓷器的烧制方法,是研究中国古代陶瓷生产发展难得的实物资料,具有非常重要的科学研究价值。2002年10月以前墅窑址遗址名称公布为江苏省第五批文物保护单位。

(6) 前进窑址

位于丁蜀镇解放西路茅庵山南坡。始建于清代晚期,民国年间进行了扩建。20世纪60年代后期为隧道窑替代。

前进窑为龙窑结构,头南尾北,依山而建。窑身内壁用长条形砖发券,外壁敷以黄石块与白土。窑身两侧设投柴孔(俗称鳞眼洞)90对,东侧建有窑门3个。其坡度窑头部分21°~25°,中间为18°,窑尾为5°~8°,现窑头部分已被拆毁。窑址残长84米,窑基宽8.7米。窑身内壁中部底宽3米,高2.45米。产品主要为大缸、盆、酒坛、陶台等。是宜兴现存最大的龙窑遗址。

2. 窑岗村琉璃窑窑址

位于南京市雨花台区赛虹桥街道窑岗村,西临宁芜铁路,在眼香庙、芙蓉山、窑岗村一带,占地面积约2 000平方米。

1958~1959年，因建设需要，南京市文物保管委员会和南京博物院对该窑址进行了勘查、试掘，共发现残窑遗址60余处，试掘残窑3座，并开探沟3条，清理采集到一些琉璃件。经过勘查、发掘，证实了这里是《明会典》所称聚宝山官窑所在地。在窑址的东、中、西三个地方开了探沟，每沟长约5米，宽1.5~3米。从地面至1.8米以下，发现整齐堆放与零乱的素烧或已上釉的琉璃瓦件，有龙纹瓦当、套兽、正脊以及绿釉莲花滴水残件等。

窑大部分筑于山坡上，一连几座，排列最整齐的是眼香庙前的一排6座。窑门向西，自南至北顺山坡排列构筑，6窑总长度为22.7米。再北便是庙的建筑，不便再挖，估计地下还可能埋有窑址。这些窑均为圆形倒火焰式柴窑，容积不大，内径3米左右，窑门为拱形，中高1.36米、宽0.65米。窑的燃烧室紧接着窑门，占整个窑腔的三分之一，其余三分之二为放置坯件的本烧室。窑室的后部为砖砌烟囱，与窑门东西相对，窑底部有吸火孔，与烟囱相通。这些窑火力均匀，不易出现废品，但热能利用率低。3号探沟附近是整个窑址堆积较丰富的地方，在此采集到一批大型的五彩琉璃构件。最为珍贵的是明代大报恩寺琉璃塔的构件。计有斗拱构件——头翘、正北角科，柱（石质），带有彩画的额枋、平板枋、檩子和椽子、拱门花砖、叠涩花砖以及须弥座等。构件上面有的还用千字文编号或注明层次和部位。在3号探沟内还发现了白瓷飞天残部，据考，该物可能是陶器的母模，不是本地产品。大报恩寺的琉璃构件，现分别收藏在中国国家博物馆、南京博物院和南京市博物馆3处。

南京博物院根据发现的构件，制作了塔门的复原件。琉璃构件的发现为了解明代建筑技术以及将来恢复大报恩寺塔提供了宝贵的实物资料。1992年列为南京市文物保护单位。2002年10月公布为江苏省第五批文物保护单位。

3. 陆慕御窑址

位于苏州市相城区元和街道御窑村，占地面积约1 155平方米。该窑现为陆慕御窑砖瓦厂使用，1984年试烧成功传统金砖，此后为故宫、天安门和国内外宫殿庙宇等古建筑维修烧制了大量金砖。

陆慕（原名陆墓，1984年改墓为慕）地区砖瓦烧制历史源远流长，史载陆墓乡民多以烧窑为业，尤其是御窑村一带烧制的金砖，因其土质上乘、工艺精湛而闻名大江南北，被称为"北窑货"。所谓金砖，实为大型方砖，因其质地细腻密实，敲之作金石声，故称"金砖"，主要用于铺设殿堂地面。此外还烧制用于屋脊的龙吻、哺鸡、瓦将军等。明永乐间，御窑村始为皇室烧制御用金砖，明清数百年间，陆墓御窑为皇室烧制了大量的金砖。金砖因其工艺繁、耗时久而造价不菲，清代一块金砖价值白银九钱六分，相当于一石大米的价格。

该窑在2003年文物普查中被发现，为清晚期砖窑，始建年代要更早一些，其拱门尚保留历年维修的痕迹。该窑是曾为清皇室烧过金砖的双窑连体窑，南北坐向，平面呈椭圆形，东西长35米，南北宽33米，占地面积1 155平方米。外部为连体结构，内部窑膛和烟囱各自独立。渗水池位于窑顶，较为科学合理，此种渗水系统为江南一带独有，从未见过记载。窑内呈圆锥形，底面直径6.7米；拱形窑门宽2.42米，高3.05米；圆柱形烟囱直径1米，高4.25米。

陆慕御窑址是当年众多烧制金砖的御窑中唯一保存完整的古砖窑，研究和传承明清金砖生产工艺具有重要价值，对研究明清江南地区制砖业发展史也有独特的价值。2006年6月公布为江苏省第六批文物保护单位。

4. 祝甸窑址

位于昆山市锦溪镇祝甸村南东南角。锦溪镇（旧名陈墓，1992年改名）砖瓦远近闻名，史料记载锦溪镇（陈墓）男子多以烧窑为业，且有较为细致的分工。锦溪（陈墓）的窑业以生产砖瓦、石灰为主，起始很早，兴于明代，到清代达到鼎盛。

祝家甸村现存11座古窑，古窑中有单窑、双窑、子母窑，保存比较完好，分布比较密集，由南向北依次排列，有大、中、小三种，总占地面积约12万平方米。窑炉均为砖土结构，穹窿顶。9号窑是保存最完整的一座，由窑棚、烧坑、窑道、火膛、窑床、排烟道、蓄水坑、渗水池等组成。自窑门至后壁全长11.5米，窑床最宽处为7.45米。内部火膛平面为等腰梯形，窑底呈椭圆形，烧坑是竖井式方坑形，而窑床面似马蹄形，后部的烟道又是矩形。外部砖壁和窑门两翼各有壸门状壁龛4个，可供窑工放置茶水。与其他古窑不同的是渗水池位于窑顶，较为科学合理。经考古调查确认，祝甸古窑群始建于清代,民国时期曾扩建。窑壁上留下的"双钱""双胜"等图案,都是清代所遗;而外两层包砌用砖上的"8协""双利""利""双砖""双205""双105"等文字,又表明这些砖是民国时期和中华人民共和国成立以后上海双塌烧制的砖。

祝甸窑址是江南地区仅存的一处古砖窑址群,对研究古代建筑材料的生产和江南地区的窑业发展史有重要价值。2006年6月公布为江苏省第六批文物保护单位。

第五节 其 他

江苏省内的重要遗址还包括仓储遗址、造船遗址、采石遗址、祭祀类遗址等。江苏省其他类遗址收录7处,包括钟山建筑遗址、龙江船厂遗址、徐州汉代采石场遗址、总督漕运公署遗址、香山石室土墩群、龟山遗址、晓店青墩遗址。这些遗址种类丰富,为全面、多角度地研究古代社会提供了条件。

1. 钟山建筑遗址

位于南京市玄武区紫金山之阳,海拔277米处,为南朝宋时遗址。现存大型坛类建筑遗存2座、附属建筑遗存1处,呈南北一线排列,延绵近300米,占地面积约2万平方米,整个坛体填土、石体积超过4万立方米。坛体取正南北方向营造,主体建筑由四层台面组成,每层台面的边缘用加工过的山石垒砌墙体,其中第二道石墙为祭坛主墙,残存处高达3米多。坛体用土石筑成,边长近90米,总面积超过8 000平方米。

1999年4月,南京市文物研究所与中山陵园管理局文物处在明孝陵陵域内做文物调查时,于钟山南麓海拔266.45米处的丛林深处发现一处长约50多米,高近2米,呈正南北方向走势的石墙建筑遗存,并在石墙附近草丛中发现少量具有六朝特征的绳纹砖。考古人员对这处石墙遗存及附近地区做了全面的调查和勘探,确认这是一处南朝时期的大型坛类建筑遗存,编为一号坛。后又陆续在一号坛北发现另一座坛类建筑遗存,编为二号坛,并在一号坛南发现一处附属建筑区。为了全面揭示这组遗存的结构和文化内涵,2000年,南京市文物研究所与中山陵园管理局文物处联合对两座坛类建筑遗存及附属建筑遗存做了发掘。一号坛实际发掘面积6 000平方米。经发掘确定,文化层一般可分为两层,上层是祭坛建筑废弃以后倒塌、坍毁的堆积物层(夹杂石片和瓦砾、断砖等),下层是祭坛建筑遗迹本身,祭坛遗址之下即为山体基岩。发掘区的主要遗迹为一座由石墙围护的祭坛坛体及东、西、南三面各四个依次降低的坛层。主坛面东西宽64.8米、南北长64(东)～69.3(西)米,大体近于方形。祭坛表面又有用较纯净的黄土堆筑的4个小台,各台基本都呈方形覆斗状。小台表面受到后代程度不等的破坏,但台的整体形状还大致保持。一号坛的南面中部,顺坛体坡度砌造一条方向为正南北的石阶道路,残长约20米、宽5米。表土层和灰土层中出土遗物主要是六朝时期的断砖、瓦片,极少量的宋代黑釉瓷片,明清时代的青花瓷片及民国时的手榴弹、玻璃瓶等。石片层和瓦砾层中出土了一批时代特征明确的六朝遗物,主要有砖、板瓦和筒瓦、莲花纹瓦当、青瓷片、莲花纹石座等。瓦和瓦当的分布较有规律,比较集中出土于一号坛的南侧中部登坛石阶附近。

钟山建筑遗址是中国迄今为止保存时代最早的国家郊坛礼仪建筑实物。该遗址的发现填补了中国早期郊祀礼仪文化遗存的空白,弥补了南京六朝都城考古工作的不足,对研究六朝的文物制度、建筑风格,对研究中国早期郊坛礼仪制度,特别是汉唐之际郊坛礼仪建筑及礼仪制度的演变具有重要价值。2001年,入选"2000年度全国十大考古新发现"。2002年10月以钟山坛类建筑遗存名称公布为江苏省第五批文物保护单位。2006年5月公布为第六批全国重点文物保护单位,更名为钟山建筑遗址。

2. 龙江船厂遗址

位于南京市鼓楼区江东街道宝船社区漓江路57号路西,龙江新城市广场西北侧,为明代遗址,面积约132 000平方米。

史料记载,明洪武初年,开厂造船,原址东西阔130丈,南北长354丈,占地面积约51公顷,工匠400余户,承造各式快船、黄船、漕运船、海船等。永乐年间(1403～1424),郑和下西洋所用船只多在此建造。

遗址自1953～2008年,进行数次发掘。现遗址分布着7个与船坞相似的水塘,有"上四坞""下四坞"等与船厂船坞有关的地名。比较工整的呈长方形的船坞有4处,其中一处东西长约300米,南北宽约50米。此外发现船体构件与材料,如长约十余米的方形无孔木。1957年,发现用广东特有的铁梨木制的长11.07米的巨型舵杆木。1965年5月18日,在文家大塘东又出土起锚用的绞关木一段,长2.22米,断面0.31米见方。1981年以后陆续发现木材、棕丝、油灰等造船材料。

此遗址是国内保存面积最大的古代造船遗址,并且是现存唯一的明代皇家建造的造船遗址。1985年南京市将其列入市级文物保护单位。为纪念郑和下西洋600周年,建造了宝船厂遗址公园。2002年10月以龙江宝船厂遗址名称公布为江苏省第五批文物保护单位。2006年5月公布为第六批全国重点文物保护单位,更名为龙江船厂遗址。

3. 徐州汉代采石场遗址

位于徐州市云龙区彭城街道办事处云龙社区居委会中山南路和和平路交界处,徐州博物馆西侧。

2004年在施工中发现该遗址,经徐州博物馆发掘,探明遗址南北长200米、东西宽150米,面积20 000平方米,清理的采石遗迹主要分布在南部15 000平方米内。共发掘采石坑68处,其中已开采的空坑63处,石坯坑5处,另外还有刻字1处、石渣坑1处、墓葬2处等。发掘的采石遗迹大致可以分为4个区,以采石坑居多,石坯坑极少,坑的形制、尺寸及采石方法不尽相同。所采石料一般长2米多,高、宽1米左右。采石工艺大体分两种:一是利用山石走势、裂隙、纹理,稍加修整成坯,再在适当部位凿出大小、深度不等的楔窝,塞以錾、楔等物,借外力取石;二是先设计石坯轮廓,向下向四周开凿,达到预期石坯高度(深度年),再沿石坯底部两长壁向内深凿,最后用楔子等工具将石坯撕裂,此种工艺形成的采石坑形制规整、清晰。在坑中发现有采石工具,如錾、凿、楔、扁铲、锸,另外还发现陶壶、釜、甑、罐、钵、板瓦、筒瓦、瓦当、五铢钱币等生活用具,均具有明显的汉代特征。

根据出土器物和地理位置推测,采石场遗址应是专供建造土山彭城王墓的采石场所。汉代采石场遗址的发现填补了商周以后采石场遗址的空白,对研究汉代采石工艺、工序、工具以及大型陵葬的修建有极其重要的意义,是汉代采石技术的重要展示,反映出徐州汉代的石料开采技术的先进地位,

丰富了两汉文化的内涵,开拓了汉代考古学的新领域。

徐州汉代采石场是中国目前可确认的唯一一处汉代采石遗址,也是可确认的最早的采石遗址。2006年5月公布归入第四批全国重点文物保护单位汉楚王墓群。

4. 总督漕运公署遗址

位于淮安市楚州区中心,始建于南宋乾道六年(1170)。元代为淮安路总管府,至元三十年(1293)重修。明洪武元年(1368)改建为淮安府署,明洪武三年(1370)改为淮安卫指挥使司,景泰年间(1450~1457)在此建都察院。成化五年(1469)重修,正德十一年(1516)增建,隆庆五年(1571)再次重修。万历七年(1579)移总督漕运部院于此。清咸丰十年(1860)在此开办江北陆军学堂。20世纪30年代,大堂、大观楼等毁于日军轰炸。民国35年(1946),在总督漕运公署遗址上新建了"叶挺体育场"。中华人民共和国成立后改为淮安县人民体育场。2002年在此发现了明清时期的总督漕运部院遗址,明清遗迹下3米处还发现有宋元代文化层,并在此兴建了漕运总督署遗址公园。2008年在遗址北侧兴建淮安中国漕运博物馆。

2002年10月公布为江苏省第五批文物保护单位。2006年5月公布为大运河江苏淮安段16个重要节点之一。

5. 香山石室土墩群

位于张家港市金港镇东山村香山山脊沿线,又名烽隧墩,俗称藏军洞、将军洞。香山北濒长江,是兵家必争之地。

据调查,山上有大小27座石室土墩,沿山脊线密集分布,总面积约64 000平方米,可分为9组,每3座一组,其中2座已塌陷,25座完好。

1997年,苏州博物馆和张家港市文物管理办公室对香山的4座石室土墩进行了考古发掘。发掘清理四个洞,洞口均面向东。门口均有门框,门上方均有气窗。洞内为"八"字形建筑结构,顶部用巨石覆盖,门外用条石封砌至顶部。石室内地面用石块铺垫,立面结构为八字形,两边墙壁用大小石块累砌,以小石片嵌缝,渐渐向上收拢,顶部用光面朝下的巨石覆盖,室内设有壁龛,可供放置器物。出土文物34件,均为两周时期的典型器物,距今约2 700~2 500年,为石室土墩的年代断定提供了依

据。其中原始青瓷碗、盘12只,印纹硬陶罐5件、瓮6只,陶纺轮11件。原始青瓷器胎质细腻,较薄,有的口沿有S纹装饰。制法用快轮技术,釉色均匀,烧制温度较高。达到了较高的艺术水准。印纹硬陶器形较大,烧制火候较高,质地较硬,叩之有金属声。通体拍印几何纹,主要有方格纹、回纹、曲折纹、棱形纹、叶脉纹。土墩封土多与山石混筑而成,总体可分两大类,一是通道式,一是喇叭式,可能功用不同。

此类古代遗迹对吴文化研究具有重要意义,有较高文物保护价值。2006年6月公布为江苏省第六批文物保护单位。

6. 龟山遗址

位于洪泽县老子山镇龟山村,为大别山余脉,是淮河与洪泽湖的交汇地段。龟山遗址文化遗存集中原龟山南麓东西100米、南北300米的范围内,自北向南分别是圣旨碑、移建安淮寺碑、安淮寺遗址、龟山地宫、重修淮渎庙记碑、淮渎庙遗址、陶澍游龟山访禹迹题咏碑、再查洪泽湖龟山淮渎庙碑、龟山码头及石工墙等。另外,地表还有丰富的汉代文化遗存和汉代墓葬遗物。

龟山码头　史载南宋高宗赵构曾至此。码头均用麻石修筑,宽4米,计15级石阶,两侧砌石堤,长约200米,高4.5米左右。石堤上原立有4根系船缆石柱,现已毁。

龟山地宫　该处原有龟山塔,塔名待考,当地人称"白塔",毁于何年不详。地宫位于塔基正中。地宫底部为正方形,边长1.76米。顶部呈八边形穹隆状,阑额上搁置斗拱,通高2.87米。地宫南向墙壁有拱门甬道。早年破坏严重,原藏文物无存。曾在村民家中征集带有"淳祐塔砖"铭文的塔砖。青石雕刻件经调查考证,疑为地宫顶盖石。

圣旨碑　碑青石质,圆首方座,通高约2米,宽约1米。碑文楷书,字迹侵蚀严重,可辨有"特示圣旨之命,龟山一草一木黎民不得破坏,不准牲畜,……凤阳府知府等全树"等60余字。因龟山临近明祖陵,该碑当与明祖陵有关,因而当为明碑。

重修淮渎庙记碑　龟山淮渎庙碑遗址现存有石刻一块,碑于道光十七年(1837)制,碑长1.2米、宽0.35米、厚0.20米。碑文楷书竖写,满行21字,51行。碑文记述道光年间麟庆移建安淮寺并请道光帝御书"星渎昭灵"匾额等事宜,碑现存龟山村民胡明江家墙壁上。

陶澍游龟山访禹迹题咏碑　清道光十三年(1833)立,卧碑,现存龟山胡姓家墙壁上。碑长1.1米,宽0.35米,厚0.15米,碑文41行,满行约16字,行草,为"游龟山访禹迹"律诗四首、"龟山览古"古风一首。碑右上角在"文化大革命"时期被砸有残,其余字迹完好清晰。

移建安淮寺碑　清时麟庆对安淮寺进行移建,现存有"移建安淮寺碑"一通。碑青石质,方首圆角,通高2.5米,宽1.15米。碑文由大学士阮元撰文并书写,吴郡王廷挂镌刻,全篇隶书280余字,内容主要为通过回述历代治淮情况,颂扬南河总督麟庆"决计平淮,消险上下河田,天子亲书淮庙扁……"等功绩。另有碑额,满雕祥云蝙蝠,中央竖刻篆书二行"移建安淮寺碑",下有赑屃碑座。

再查洪泽湖龟山淮渎庙碑　清道光十七年(1837)立,仅存碑身,卧碑,现存龟山胡姓家墙壁上。碑青石质,碑高2.65米,宽1.15米,厚0.23米,碑文柳体楷书,共16行,满行42字,字径6厘米×6厘米,全篇约670字,记述道光年间移建安淮寺并请皇帝御书"星渎昭灵"匾等事宜。碑背面有碑记一篇。碑座长1.5米,宽0.7米,高0.5米。碑额已调查发现,待起吊安装。1998年8月经淮安市文化局、洪泽县文化局和老子山人民政府进行全面维修、清理,重竖于此。

在这些遗存范围外,调查还发现有汉墓葬及六朝时期墓葬,调查发现的遗物有"大吉"字样的汉墓砖,"半钱纹""棱形纹""斜格纹"及素面汉墓砖,"晋康"年字样东晋墓砖,北宋莲瓣纹瓦当,高浮雕虎、狮首纹瓦当,"淳祐塔砖"字样南宋塔砖等。龟山历史文化遗存具有丰富的历史信息、较高的艺术价值和深厚的文化内涵,为考证和研究龟山历史、治淮史、古典文学、碑刻艺术提供了实物资料。

1989年淮安市博物馆考古部、洪泽县文博工作者曾对龟山作考古调查,调查后的《江苏省洪泽县考古调查简报》发表于《东南文化》1992年第1期。1998年8月,洪泽县文化局牵头,请市文管会及相关专家指导,对龟山石刻遗址进行修复清理,修复重修淮渎庙碑、移建安淮寺碑,重树圣旨碑,清理龟山地宫,整治龟山码头环境。为了对龟山遗址进行科学的保护维修,洪泽县文化局于2008年5月委托南京大学城市规划设计研究院、南京大学历史系对龟山进行了调查,并制作了《龟山村历史文化资源概念性规划设计研究》文本。2006年6月公布为江苏省第六批文物保护单位。

7. 晓店青墩遗址

位于宿迁市宿豫区晓店镇晓店居委会八组东50米处,为一处西周至汉代的聚落遗址。遗址整体呈四边形,南北长约1000米、东西宽约665米,面积约66.5万平方米。遗址堆积上部有1.6米厚的汉代文化层,下有1米厚的西周文化层。遗址中东部、西南部各有水塘一个,面积分别约为2000平方米、600平方米。

南京大学、南京师范大学等单位从2006年开始对该遗址进行多次考古挖掘,发现房屋、灰坑、水井、墓葬、灰沟、窑等大量遗迹;出土铜箭头、铜车马器、铁剑、石刀、石斧、陶纺轮、陶鬲足等大量西周早期文物;铜镜、铜带钩、铜镞、陶豆、陶盆、陶甗、陶樽、筒瓦、板瓦、铁锄、石臼、钱币等大量汉代遗址文物。

据专家推断,此处可能为汉代的"官工"手工作坊,遗址内还出土楚国的蚁鼻钱、汉代五铢钱、青铜带钩、司南佩等遗物,以及大量的陶器、板瓦、瓦当等建筑构件,证明青墩遗址是战国至汉代的江苏北部一处重要生产和生活场所。遗址还发掘清理出规模较大的战国晚期至西汉的手工业作场遗迹群,其各类遗迹组合丰富,空间分布完整,地层清晰,遗物时代明确,出土材料丰富。

该遗址是截至2008年江苏发现的最大汉代手工冶铸遗址,对研究西周至汉代骆马湖以东地区的生活习俗、铸造技术、工艺技法等起到重要作用,具有较高的历史价值。2006年6月公布为江苏省第六批文物保护单位。

第二章　古墓葬

古代墓葬是考古发掘调查的重要对象之一，它所提供的实物资料远远超过了研究墓葬制度本身的范围，再加上墓葬深埋地下，其保存条件远较地面遗迹更为完整。所以，墓葬是研究古代人类生活的一种主要手段，反映了人类社会的各个方面。江苏省历史上有许多重要的、光辉灿烂的物质文化和精神文化，都是通过墓葬的遗物遗迹得以再现和得到证实。

据第三次文物普查成果统计，江苏省古墓葬有2 000多处，其中帝王陵寝近30处，名人或贵族墓400多处，普通墓葬近1 900多处，其他类90余处。这些墓葬具有鲜明的时代特征，也带有浓厚的地方特色，是研究江苏历史极为重要的实物资料。

帝王陵寝主要有两汉诸侯王墓、六朝帝陵和明代王陵。有徐州市汉楚王墓群、彭城国王墓，扬州市荆王墓、下邳国王墓及广陵国王墓等两汉诸侯王陵。六朝帝陵和王侯墓主要分布在宁镇地区，但以南京南唐二陵为代表。明代王陵则有"明清皇家第一陵"明孝陵、明代帝陵建造的雏形和典范明祖陵以及江苏省唯一一座外国国王的陵墓浡泥国王墓。名人或贵族墓主要有商周时期的大型土墩墓、六朝时期的世家大族墓地、明代功臣墓以及历朝历代的文化名人墓等。世家大族墓主要集中在南京，有象山王氏家族墓、仙鹤观东吴世家大族墓等。而南京作为明代初期国都，钟山西北麓及城南集聚了大量的明功臣墓，成为江苏古墓分布上颇具特点的组成部分。除此之外，江苏省还有大量的普通墓葬以及部分墓主身份未明的墓葬，以汉代墓葬为主，尤以画像石和画像砖墓具有鲜明的时代和地域特征。

第一节　帝王陵墓

江苏省的帝王陵寝主要有两汉诸侯王墓、六朝帝陵和明代王陵。

西汉初年，江苏境内先后出现过许多封国，由此两汉诸侯王墓成为江苏帝王陵寝极为重要的组成部分。西汉诸侯王墓，已知在楚都城周围（今徐州市）经调查发现或发掘的楚王墓已达9处，扬州市的荆王墓、下邳国王墓及广陵国王墓等；东汉诸侯王墓有徐州的彭城国王墓、扬州广陵国王墓等。徐州楚王墓都是"凿山为藏"，工程浩大，尤以狮子山楚王墓规模为最且有兵马俑陪葬，高邮天山广陵王刘胥墓则保存了完好的"黄肠题凑"式结构。

江苏自三国孙吴始，先后经历了东晋及南朝的南北对峙时期。吴、东晋以及南朝的宋、齐、梁、陈称为六朝时期，政治、经济、文化中心均在江苏，故而在宁镇地区留下了丰富的、高规格的六朝帝陵和王侯墓。近半个世纪以来，配合基建陆续发掘了近10座疑似帝陵、5座王侯大墓。其共同特征是葬地背依山岗、面临平原，开凿墓坑，甬道设两重石门，墓前设长排水沟。陵墓前平地上置神道石刻，帝陵前置麒麟、天禄，王侯墓前置辟邪等石像生，以示区别。但由于陵墓均被盗扰，葬具及随葬制度尚不清楚。

明孝陵作为明朝开国皇帝朱元璋和皇后马氏的合葬陵墓，代表了明初建筑和石刻艺术的最高成就，直接影响了明清两代五百多年帝王陵寝的形制，在中国帝陵发展史上有着特殊的地位，有"明清皇家第一陵"的美誉。

1. 明孝陵

位于南京市紫金山南麓独龙阜玩珠峰下，是明太祖朱元璋与马皇后的合葬处。明洪武十四年（1381）开工兴建，次年马皇后死，葬入该陵；洪武三十一年（1398），朱元璋病故，启用地宫与马皇后合葬。至永乐十一年（1413），建成"大明孝陵神功圣德碑"，孝陵工程基本完成。孝陵建筑自下马坊至宝城，纵深2.62千米，原四周建有红墙，周长22.5千米。内设神宫监，负责定期维修和祭祀；外设孝陵卫以保卫孝陵。清咸丰三年（1853），地面木结构建筑几乎全毁于战火，只有石刻和建筑基础留存至今。现存遗迹大致可分为两部分：第一部分神道自下马坊至孝陵正门，包括神烈山碑、大金门、四方城、神道石刻和御河桥。第二部分为陵寝主体建筑，自正门至宝顶，包括碑殿、享殿、大石桥、方城、明楼宝城等。

下马坊　在中山门外卫岗。为1座2间柱的石碑坊，面阔4.94米、高7.85米，坊额上刻"诸司官员下马"6个楷字。额枋长约6米、高1.28米、厚0.32米。柱上端雕刻云纹日月板，柱下端有雕刻云纹的鼓石3块。

神烈山碑　距下马坊东36.6米。嘉靖十年（1531），改钟山为神烈山时立，碑高4米、宽1.46米、厚0.73米，额篆刻"圣旨"二字，"神烈山"三字阴文双钩浅刻，碑上款刻"嘉靖十年岁次辛卯秋九月吉旦"，下款刻"南京工部尚书臣何诏侍郎臣张羽立石"。原有的四方碑亭已倒塌，现仅存方形石柱础4个，宽1.1米、高0.97米，柱础相距4.89米，上浮雕花叶。

禁约碑　距神烈山碑东17米。明崇祯十四年（1641）立。禁约碑是一块卧碑，高1.41米、长5.21米、厚0.43米；碑额高0.4米、宽5.31米、厚0.52米，上饰双龙戏珠纹；碑须弥座高0.65米、宽5.52米、厚0.74米。内容是南京神功监奉皇帝敕谕而制定的禁止损坏孝陵和谒陵有关的禁约9条。

大金门　在下马坊西北755米处。大金门为孝陵第一道正南大门。砖拱结构，面阔26.66米、进深8.09米，原有黄色琉璃瓦歇山顶，已毁，今存3个券门洞，中门高5.05米，左右两门高4.25米。下部石须弥座高1.58米，须弥座上的砖墙高4.75米，墙上有石质叠涩出檐高0.64米。

四方城（神功圣德碑亭）　在大金门正北70米处。明永乐十一年（1413），明成祖朱棣为朱元璋撰的记功碑，碑通高8.84米、宽2米、宽2.54米、厚1.03米，碑高4.78米、宽2.24米、厚0.83米，龟趺高2.06米、宽2.49米、长3.81米。碑额篆刻"大明孝陵神功圣德碑"9字，碑文楷书阴刻，共2747字。原有碑亭，顶部已毁，俗称四方城。碑亭作正方形，角边长26.86米，石须弥座高1.46米，四面各开一拱门洞，宽5.13米、高7.42米，顶部已毁。碑亭门外有一石陛，浮雕云龙狮球。

神道石像生　在神道两侧。四方城西北过御河桥即为神道，长618米、宽10米，有神道石兽6

种12对共24件，依次为狮、獬豸、骆驼、象、麒麟和马，每种两对，一对伫立，一对蹲坐。其中伫立骆驼高3.55米、宽1.63米，伫立石象高3.72米、长4.25米、宽1.95米。石兽尽处，神道折向正北，至棂星门，长250米，置石望柱和石人，南北成行，东西相对。前为石望柱1对，相距3.4米，高3.8米；次为武将两对，高3.18米；再次为文臣两对，高3.18米。

棂星门遗址　在石人北18米。4柱3间式牌坊，通面阔15.75米，中门阔3.83米，方向200度。门已无存，仅存石柱础6个。柱础正面刻花卉，抱鼓石刻云纹。

金水桥　在棂星门东北275米。长275米，原为5孔石拱桥，今为3孔，桥基和河旁驳岸的石构件是明代原物。

文武方门　在金水桥北200米。孝陵的正门，原有文武方门5门，3大2小，清同治年间（1862～1875）砌封4门，仅留中间1门，上嵌青石门额，阴刻楷书"明孝陵"3字。中华人民共和国成立后，1999年，按明代遗存复建。正门顶部为单檐歇山顶，上覆黄色琉璃瓦，下有券门3，中门高4米，左右门高3.77米，再两侧掖门高3.5米。

特别告示碑　在文武方门东侧。系清宣统元年（1909）两江洋务总局道台和江宁府知府会衔竖立，用日、德、意、英、法、俄六国文字镌刻，内容为保护孝陵，不准游人损毁。碑额篆书"特别告示"四字，边刻云龙纹。碑高1.48米、宽0.63米、厚0.16米。

碑殿　在文武方正门北34.15米。原为孝陵殿前的中门，即孝陵门，早年毁，仅存须弥座台基和柱础。须弥座台基东西长40.1米、南北宽14.6米，前有踏跺1道，后有踏跺3道，台基尚存原门基础东西长22.3米。清同治三年（1864）在旧址上建碑殿，殿内立碑5。正中为康熙三十八年（1699）玄烨南巡谒陵时所立，通高4.91米，碑高3.85米、宽1.42米、龟趺高1.06米，阴刻"治隆唐宋"4楷字；东西4碑为乾隆帝题诗及康熙谒陵纪事。殿后原有神帛炉2、左右庑30间；门前东侧有御厨2，基左为宰牲亭，右为具服殿，今皆不存，仅存柱础。

水井　在碑殿前14.8米。东西两侧各1口，相距80.8米；上有井亭，平面作六角形，井亭已毁；井柱及砖尚存，边长0.79米，井柱高0.62米。

孝陵殿　在碑殿北51米。亦称享殿，据遗迹判断，殿面阔9间，进深5间，建于3层石砌须弥座上，已毁。尚存3层须弥座高3.03米。台基上的殿基，东西57.3米、宽26.6米，现存殿为清同治四年（1865）和十二年两次重建。殿的前踏跺分两层居中置陛石各3块，后面3块完好，尚能见到明代雕刻真迹，上块为"二龙戏珠"，中块为"日照山河"，下块为"天马行空"。大殿殿基上还保存着原来的56个大石柱础。

东配殿遗址　在孝陵殿东侧。1999年勘察，坐东朝西，南北排列，面阔15开间，进深3间，总长度近70米，总面积700多平方米。四周有砖质散水和道路，殿基上埋有64个石柱础，地层内遗有大量殿宇倒塌后废弃的黄色琉璃构件和青花瓷片。

升仙桥　在孝陵殿北133.3米。为一单孔石拱桥，桥长57.3米、宽26.6米。桥东西各距37.93米为墙垣，墙下有水洞。

方城　在升仙桥北7.8米。方城外部用大石条建成，东西长75.26米、前高16.25米、后8.13米、南北宽30.94米，底部为须弥座，束腰的部分饰以绶带纹和方胜纹。方城东西两端有八字墙与围墙连接，八字墙四角刻花纹。方城中间为拱门，中通拱形隧道，由54级台阶而上。隧道正北即宝顶南墙，用条石13层垒筑，在正中条石上刻楷书"此山明太祖之墓"。

明楼遗址　位于方城之上。原重檐黄瓦屋顶毁于太平天国战火，仅存四壁砖墙，东西宽39.45米、南北长18.47米；南面开拱门3个，明间门宽3.67米，左右次间门宽3.02米；北门1扇，宽3.67米；东西拱门各1，宽3米。

宝顶　在方城北。高约100米，直径325～400米，圆形大土丘，为朱元璋、马皇后的合葬处。周围缭以砖墙，周长1 000米，墙以条石作基础，东西段基础以上高6.7米，墙顶厚2.1米。土丘上植树万株、饲鹿千头，鹿在明末清初被捕杀。土丘下即地宫，经勘探，墓道偏于方城东南一侧，宽约8米、长约120多米，地宫主体范围为南北长约90米、东西宽约50米。

明东陵　在明孝陵东侧，是朱元璋长子朱标的陵墓。洪武元年（1368），朱标被立为皇太子，洪武十年(1377)开始助父处理朝政,主持过明祖陵的建设,洪武二十四年(1391)去世。建文元年(1399),追尊朱标为孝康皇帝,庙号兴宗。南明弘光政权建都南京时,再次尊朱标为孝康皇帝。东陵寝园坐北朝南,所有建筑呈中轴对称布置,其南北纵深94米、东西总宽49.8米,从南往北由两进院落构成。第一进院落包括寝园大门、享殿前门以及环绕两侧弧形园墙,第二进院落中心建筑即为享殿。享殿原面阔3间、进深2间,台基东西长33.34米、南北宽18.7米,前门基址长20米、宽13.5米。寝园东、西、北3面有园墙围护,寝园以北约300米处是隆起的宝顶。现地面建筑全毁。

1961年3月公布为第一批全国重点文物保护单位,1982年3月调整公布为江苏省第一、二批文物保护单位。2003年7月作为"明清皇家陵寝"扩展项目被列入《世界遗产名录》。

2. 南唐二陵

位于南京市江宁区谷里街道祖堂山南麓,为南唐烈祖李昇与皇后宋氏合葬的钦陵和中主李璟与皇后钟氏合葬的顺陵。两陵相距25米,均坐北朝南。曾多次被盗,第一次在宋兵围困金陵时,最后一次在民国时期,地面已无建筑遗存。中华人民共和国成立后,于1950年发掘,出土陶俑、陶兽、陶禽以及铜、铁、漆、木器和玉哀册等文物640余件。

钦陵 李昇,杨吴权臣徐温养子,自立为帝,改国号为唐,史称南唐。钦陵为砖石结构的多室墓,封土存高8米、底径30米,墓门外有八字砖墙,中为拱形墓门,墓门涂朱,系枋木结构,在壁面上砌出柱、梁、斗拱等。地宫全长21.48米、宽10.45米、高5.3米,分前、中、后3个主室和10个侧室。前室和中室用砖造,后室以石砌。墓室作仿木结构,所有立枋、倚柱、斗拱、阑额、柱头枋均用石灰粉刷,上绘牡丹、海石榴、宝相花、柿蒂、云气等纹样;后室顶部绘日、月星辰,地面刻凿江河图案,正中有青石棺床,棺床两侧有6条飞龙;侧室均设有陈放随葬品的砖石台。随葬品残存玉哀册28片(完整11片,余皆残)、玉饰、白瓷碟、青瓷盂、陶四耳罐、男女俑、动物俑和人首鱼身俑等。

顺陵 在钦陵西25米。李璟为李昇之子,南唐中主。顺陵形制与钦陵相似,但规模较小。地宫长21.9米、宽10.12米,分前、中、后3室和8个侧室,中室长5.3米,顶作穹隆顶。墓为砖砌仿木结构,无彩绘和雕刻装饰。随葬品残存石哀册40片(均残)、陶男女俑54件、骨珠、铜帽钉、铁钉和白瓷残片、青瓷残片、陶片等。

1982年3月调整公布为江苏省第一、二批文物保护单位,1988年1月公布为第三批全国重点文物保护单位。

3. 汉楚王墓群

徐州汉楚王墓群为西汉时期分封于楚国(今徐州)国王的墓葬,皆依山开凿于山体之中。西汉楚国共有十二代楚王,在徐州境内已确定为楚王墓的有8处,分别是:狮子山汉楚王墓及陪葬兵马俑坑、驮篮山汉楚王墓、小龟山汉楚王墓、东洞山汉楚王墓、南洞山汉楚王墓、卧牛山汉楚王墓、楚王山楚王墓群和北洞山汉楚王墓。除楚王山汉楚王墓群外,其余均已发掘,都是大型岩洞墓。其中楚王山汉楚王墓群于1982年3月调整公布为江苏省第一、二批文物保护单位,其他墓葬(不含卧牛山汉楚王墓)于1995年4月以西汉楚王墓群名称合并公布为江苏省第四批文物保护单位。1996年11月,8处墓葬合并公布为第四批全国重点文物保护单位,更名为汉楚王墓群。

(1)楚王山汉楚王墓群

位于铜山县大彭镇楚王山北麓,推测为楚元王刘交及其家族的陵园。楚元王刘交为刘邦的同父异母弟,西汉刘姓第一代楚王。墓群原有冢10余座,墓周砌有石护坡墙作为墓垣。现存大型封土堆4座,呈东西向排列,自西向东分别编为1~4号墓。1号墓封土高约50米,推测应为楚元王刘交之墓。为防止洪水冲刷封土,在上坡上凿有长20米、宽4米的排水沟。墓道东向,显露出痕迹。2~4号墓均呈上圆下方的覆斗形,规模略小,为主墓的陪葬墓。2号墓位于1号墓北,封土堆高约8米、底周长200米,上圆下方。3号、4号墓位于1号墓东。

(2)狮子山汉楚王墓及陪葬兵马俑坑

位于徐州市云龙区狮子山主峰南坡、西坡及北侧。1984年12月,狮子山西麓发现西汉楚王陵4座兵马俑坑。1991年7月发现主墓。

1994年12月~1995年3月底,由南京博物院、徐州兵马俑博物馆组成狮子山楚王陵考古发掘队,发掘面积851平方米。山顶有人工夯筑的封土,但被破坏严重。主墓坐北朝南,墓向188度,由内墓道、外墓道、天井、东西耳室、墓门、甬道(简道)、东西侧室、棺室、后室及陪葬墓等组成,全长117米,总面积880平方米。内、外斜坡墓道及天井均用褐色粘土夯筑填实。外墓道北段东侧底部有一"食官监"陪葬墓。内墓道两侧开凿耳室3个。东耳室为庖厨,西耳室一为府库,一为贮藏间。墓道之北为甬道,甬道口之墓门,门内用双层双列四组共16块塞石封堵。甬道东侧有5个耳室,除一个未完成外,其余均作长条状,一为钱库,两个为女性陪葬墓,另一耳室地面高出甬道25厘米,似为棺床,清理出部分男性骨骼,当为墓主。甬道西侧有3个耳室,两个为贮藏室,一个出土遗物最为丰富,出墓主下颌骨。甬道与后室以过道相连,后室似为宴饮乐舞厅。墓葬的主体建筑相对狭小,缺少厕间及排水系统。外墓道前段、耳室、侧室及后室皆有未完工痕迹。

墓葬虽经盗扰,仍出土有玉器、青铜器、兵器、印章封泥、钱币、陶器、金银器等各类遗物2 000余件(套)。玉器为随葬品中的主体,包括玉衣、玉棺等丧葬用玉;戈、螭龙玉饰等礼仪用玉;璧、环、璜、冲牙、心形佩、觿、舞人等装饰用玉及生活用玉四类。青铜器包括剑、戈、戟、铍、弩机、箭镞等兵器及日常饮食用具,铁质兵器包括剑、戟、矛、殳等。出土200余方铜官印、银印5方、封泥80余枚,印文内容涉及西汉初年楚国的宫廷建制、军队机构设置和疆域范围。墓中17万6千余枚钱,多数为榆荚"半两",少数四铢"半两",一部分为通用货币,一部分为专铸冥钱。金银器有金扣腰带、金带钩、玉冠形金饰以及银盆、银铜等沐浴用具。

据墓葬形制、使用玉衣以及"半两"铜钱、印章封泥等随葬品,推测墓主为第二代楚王刘郢客或第三代楚王刘戊,下葬年代为公元前175年至公元前154年。狮子山西汉楚王陵的发掘为徐州地区楚王陵的墓葬形制、丧葬礼俗、文物内涵、年代序列研究提供了新的资料。对西汉早期政治制度、经济文化面貌、社会历史等诸方面研究具有重要意义。因其重要性,入选"1995年度全国十大考古新发现"。

陪葬兵马俑坑位于狮子山汉楚王墓西,1984年发掘。主坑区面积约4 000平方米,有俑坑4条,即1~4号坑,在主俑坑西北有一条马俑坑,已被破坏。1号坑长近27.7米,底宽1.25~1.4米,深1.05米。1号坑中间以自然岩石为界分为前后两组兵阵,前阵为步兵;后阵前部为车兵,为驷马战车一乘,车上立一将军俑,后部为徒兵。2号坑距1号坑南4.9米,长27.5米,底宽1.4~1.6米、深1.03米。两坑共发现兵马俑2 100多件,均模制,兵俑高度在25.5~54厘米之间,表面施彩绘。3号坑已探明,尚未发掘。4号坑位于后(东)部,出土陶俑较少,均为仪卫俑。

(3) 北洞山汉楚王墓

位于铜山县茅村镇北洞山南坡,1986年发掘。墓南向,由墓道、主体建筑和附属建筑三部分组成,计有墓室19间、小龛7个和走廊1条,建筑面积480余平方米。主体建筑开凿于山腹部,附属建筑则以块石砌筑于主体建筑东坡的石圹中,且低于主体建筑3米左右。出土金器、铜器、玉器、石器、骨器、彩绘陶俑及陶器等文物五百余件;特别是出土了玻璃器共20件,有玻璃杯、蜻蜓眼饰纹玻璃、玻璃兽等,其中玻璃杯是中国已发现最早的玻璃容器。据该墓出土的11枚铜印章初步推断为西汉早期某代楚王墓。

(4) 小龟山汉楚王墓

位于徐州市鼓楼区小龟山西麓。墓主刘注(? ~前117),为西汉第六代楚襄王,武帝元朔元年(前128)即位,卒于元狩六年(前117),在位12年。1981年、1982年和1992年发掘。两墓南北并列,相距19米,门西向,形制结构相同,均由墓道、甬道、耳室及墓室组成,两墓之间有门相通。墓道呈长条形,北墓道长20.9米,南墓道长21.6米,内填夯土。甬道作长隧道形,内填塞石,其中南墓墓道塞石为上下双列13组共26块,塞石上刻有位置编号及朱书文字等,墓口部塞石上有墓主人要求薄葬的刻铭。南墓为男性墓,北墓为其妻墓,两墓面积共700多平方米。出土器物主要有男女陶俑、陶马、陶盆、陶饼、铜弩机、"半两"钱币、"五铢"钱币、水晶带钩、"刘注"龟纽银印、车马器等。

(5) 驮篮山汉楚王墓

位于徐州经济技术开发区驮篮山南麓。1989~1990年发掘,共有墓葬2座,东西并列,相距140米,均坐北朝南。1号墓位于西侧,总长53.74米,有13个墓室,甬道两侧凿出三组对称耳室,墓主男性。2号墓位于东侧,总长51.6米,共有11个墓室,甬道两侧凿有6个耳室,墓主为女性。甬道内均置双层双列塞石,其中1号墓置塞石五组20块,2号墓置三组12块。墓室中除了前堂、后室、耳室外,每座墓还设有单独的厕所、浴室、钱库、武库等。各室顶部依用途不同凿成平顶、两面坡、四面坡、盝顶四种形式。两墓早年均被盗,但仍出土各式铁质造墓工具,各类陶俑、石磬、铜铺首、铜轮、门臼、铁矛、甲片、灯、玉棒等近千件。墓主为西汉某代楚王夫妇。

(6) 东洞山汉楚王墓

位于徐州经济技术开发区东洞山西麓,又称石桥汉墓。墓葬占地面积约3 000平方米,共有墓葬3座。1号墓位于中间,早年被盗,由于墓壁上刻有明代造像,故志书上称其为"仙人洞"。1982年发掘,由墓道、甬道及7个墓室组成,全长约61米,最宽处16.5米,墓内面积210平方米,出土铜釜、玉璧、玉衣片等。2号墓位于1号墓北侧,1982年发掘,亦由墓道、甬道及墓室组成,但规模较小,平面呈刀形,甬道尽端仅有一个墓室,甬道前端以两块塞石叠压封堵。2号墓中的漆木棺已朽,出土"明光宫"铜钟、铜鼎、灯、盘、博山炉、勺、鎏金木器、铁器、陶器、玉璜、佩、环、滑石器及大量漆器的铜银扣件等共计167件。3号墓位于1号墓南侧,1997年7月发掘,该墓仅凿出部分甬道,未完工,出土器物有漆奁盒、铜镜等。墓主为西汉中期某代楚王夫妇墓。

(7) 南洞山汉楚王墓

位于徐州市云龙区段山村南洞山。两墓东西并列,正南北方向。早年已被盗,墓口长期敞开,墓内已空无一物。1号墓规模较大,全长近90米,由墓道、甬道、耳室、前室、后室、侧室组成。2号墓位于1号墓西侧,结构与1号墓相同,但规模较小,由墓道、甬道、东西耳室及主室组成。1号墓的耳室与2号墓的主室之间有长廊相连。该墓为西汉中、晚期的某代楚王夫妇的合葬墓。

(8) 卧牛山汉楚王墓

位于徐州市泉山区卧牛山北麓,1980年发掘。墓北向,由墓道、甬道、耳室、主室及侧室组成,全长40米,墓内面积70多平方米。墓道为斜坡形,长18米,前端宽2米,后端宽1米,深6米。甬道分为前后两段,中间有一间耳室,甬道全长11.8米,宽1米,高1.8米,平顶。耳室长5.9米,宽3.6米,顶高3.2米,两坡式顶,为车马室。主室位于甬道后部,长6.6米、宽5.6米、顶高4米,两面坡顶,地面铺石板,墓壁四周堆积大量板、筒瓦。主室发现有人骨架一具,已散乱。侧室位于主室东,长4米,宽3.8米。该墓早年被盗,出土遗物较少,陶器有盆、猪圈,瓷器有瓿、罐,铜器有镇,"大布黄千""大泉五十"钱币,其他还有小玉环、无字玉印、玉等。墓葬时代为新莽,墓主人应为第十二代楚王刘纡。

4. 明祖陵

位于淮安市盱眙县明祖陵镇明祖陵村,东邻洪泽湖。明祖陵是明太祖朱元璋的高祖朱百六、曾祖朱四九的衣冠冢及其祖父朱初一的实际葬地。明洪武十八年(1385),明太祖朱元璋追封其高祖、曾祖、祖父三代帝后,太子朱标受命修建祖陵。洪武十九年(1386)朱标奉三陵帝后衮冕冠服敬葬,洪武二十年(1387)享殿建成,后陆续营建神厨、宰牲亭、燎炉、神道、城墙,至永乐十一年(1413)祖陵建筑大致完备。嘉靖十二年(1533),明皇陵更换黄瓦,增设议位。万历二十六年(1598),修金水河堤一道。清康熙十九年(1680),明祖陵被洪水淹没,原有城垣和建筑遭到毁坏,被淤泥掩埋。中华人民共和国成立后,1963年春,明祖陵神道石刻露出水面,明祖陵被发现,其后进行了多次较大规模的文物保护维修工程。1982年,成立明祖陵文物保护管理所。

根据《帝乡纪略》记载,祖陵内原有城墙3道、金水桥3座、神道石刻21对,殿亭楼阁、宫私宅地近千间,占地面积约666.67公顷。现存21对神道石刻、28根石柱础、4根墙角石和地宫1座,现存的遗物全部对称分布在长250米的神道中轴线上,自南向北依次为:石刻像生、金水桥遗址、棂星门遗址、享殿遗址和玄宫遗址。神道石刻有两对麒麟、六对狮子、两对华表、一队拉马侍、两对马官、一对天马、一对侍者、两对马官、两对文臣、两对武将、两对太监。据记载,玄宫葬有朱元璋以上三世祖的"帝后冠服"。玄宫封土利用自然山势并进行人工加筑,南边有南北走向的墓道。为砖砌拱券9座一字排列,左右对称,券下各有对开门两扇,中间最高、左右依次有规律递减。但未经发掘。

明祖陵是明孝陵、明十三陵等明代帝陵建造的雏形和典范。1982年3月公布为江苏省第三批文物保护单位,1996年11月公布为第四批全国重点文物保护单位。

5. 浡泥国王墓

位于南京市雨花区乌龟山南麓。1958年文物普查时发现，为15世纪加里曼丹岛北部的古浡泥国（今文莱国）国王麻那惹加那乃的墓葬。明永乐六年（1408），浡泥国国王率领妻、弟妹、子女、陪臣等共一百五十多人来中国访问，受到明成祖朱棣的礼遇，同年十月染疾而逝，遗嘱托葬中华，并以王礼安葬于此。该墓原由墓冢、祀祠、神道石刻3部分组成。现仅存墓冢、神道石刻7种15件以及祀祠石柱础若干方。墓坐北面南，东、西、北三山环抱，南为水塘。墓前神道石刻由墓冢往南呈弧形排列，共6对，面相向，间距5.3米，有武将2、石虎2、石羊2、马夫2、石马2、石柱础2；石柱础向南折东110米处，有神道石碑一通，通高4米，碑文记载麻那惹加那乃的生平事迹等。墓冢西南，存祀祠石柱础若干方。浡泥国王墓是江苏省唯一一座外国国王的陵墓。1982年3月公布为江苏省第三批文物保护单位，2001年6月公布为第五批全国重点文物保护单位。

6. 土山汉墓

位于徐州市云龙区和平路101号、徐州博物馆院内。为一大型封土堆墓，面积约4 660平方米。土山汉墓史称亚父冢、范增墓，实为东汉某代彭城王及其王后墓。南北朝时战事不断，土山是城南的制高点之一，山上经常有人戍守，因而又名高冢成。中华人民共和国成立后，1969年发现一号墓，1970年南京博物院进行了清理发掘。1977年在该墓南侧主封土下发现二号墓，1982年徐州博物馆进行了清理，后因出现倒塌，清理工作停止。2002年11月初在土山北稍偏西处、徐州中医院发现三号墓，徐州博物馆进行了抢救性发掘。2004年南京博物院和徐州博物馆对二号墓进行正式考古发掘，已清理表面封土，尚未发掘墓室。目前依汉墓形制建设了防护罩并遗址陈列展示厅。

墓上封土堆现高18米，周长225米。封土中有大量的汉代瓦片及3 000余方封泥，封泥的印文有"楚太宰印""楚宫司丞""楚内宫丞""彭城丞印""新丰丞印"等。近墓室处有一层黄肠石，石上有刻铭。

一号墓为砖石混合结构，平面呈十字形，包括甬道、前室、后室三部分，全长8.6米、宽5.38米，面积23.2平方米。墓内黄肠石及塞石上有隶书或楷书的纪年或"物勒工名"铭刻，墓内出土了银缕玉衣、鎏金兽形铜砚盒、鸟兽饰铜壶、"乐来"雁足铜灯等一批珍贵文物，现藏于南京博物院。二号墓从规模来看应为主墓，目前只揭露出部分墓道、墓口及黄肠石，暂未发掘墓室，从盗洞内发现的玉片来看，墓内应有玉衣随葬，陪葬品应更丰富。三号墓整体呈"亞"字形，由墓道、封门墙、甬道、前室、后室及东西两个侧室7个部分组成，墓葬破坏严重，仅出土一件陶器和两个封泥。

土山汉墓是徐州已知唯一一处东汉王陵，也是国内保护较好的东汉王陵之一。1982年3月公布为江苏省第三批文物保护单位。

7. 双孤堆古墓葬

位于睢宁县姚集镇蛟龙村蛟龙山东侧。两座墓东西相距约250米。一号墓在西，高出地面15米，直径80米，表土散存少量汉代绳纹陶片。二号墓在东，高出地面约9米，直径40米，地面除汉代绳纹陶片外，还有宋代瓷片。从两墓断面层观察，土层经夯实，层厚20～30厘米，推测应为东汉下邳某代王侯之墓。1982年3月公布为江苏省第三批文物保护单位。

8. 天山汉墓

原位于高邮市天山乡，1982年将全部构件迁至扬州市区象鼻桥，建馆保护。

天山汉墓包括广陵国第一代广陵王刘胥及王后墓两座墓葬，属大型岩坑竖穴、有斜坡墓道的"黄肠题凑"式木椁墓，系夫妇同茔异穴合葬墓。广陵王墓由墓道、墓坑、木椁墓组成。墓道总长53米，原墓坑深约24米。墓椁南北长16.65米、东西宽14.28米，通高4.5米，面积237平方米，由外藏椁、黄肠题凑、东厢和西厢、中椁、内椁（便房、梓宫）组成。王后墓亦为"黄肠题凑"式木椁墓，在结构上略有区别，无外藏椁，但增设了车马椁。两墓墓材均用楠木；部分构件有标明名称与方位的漆书或凿刻文字，如"广陵船材板广二尺""医工"等内容。出土漆器、木雕等随葬品，特别是漆塌和成套的浴具，为汉代墓葬中少见。

天山汉墓是中国保存完好的"黄肠题凑"式高等级的葬制之一。1982年3月公布为江苏省第三批文物保护单位。

9. 隋炀帝陵（槐泗陵址）

位于扬州市邗江区槐泗镇槐二村，自清代以降被普遍认为是隋炀帝陵的所在。唐代以后隋炀帝陵渐渐荒芜,不为人知。清嘉庆年间(1796~1820),大学士阮元经考证认为,今槐二村的一处大土墩为隋炀帝陵,于是出资修复,立碑建石,并嘱托书法家、扬州知府伊秉绶书写"隋炀帝陵"墓碑。20世纪80年代以后,该处经过多次整修。1995年4月公布为江苏省第四批文物保护单位。

10. 庙山汉墓

位于仪征市新集镇庙山村,新张公路以东360米处,茶果路北侧。

庙山汉墓以庙山为主墓,西北团山、东南舟山等五座土墩墓形成陵墓区。庙山汉墓覆斗形封土堆南北长约55米,东西宽约40米。通过勘探,发现庙山顶部的封土堆约11米高度下有一个32米×18米的长方形土坑,其下有一木椁墓葬,分为正藏和外藏两部分,大小分别为18米×18米和14米×18米。可见,这是一座大型汉代土坑木椁墓。

1989年由南京博物院、仪征市博发掘了团山四座汉墓。四座墓现已不见封土,由北向南排列成行,间距相近或相等,方向一致大小有序,墓向356~359度。均为竖穴土坑木椁墓,墓坑呈长方形,没有墓道。葬具为木棺和木椁,有一棺四厢、一棺一厢、一棺无厢等形制,葬式头北脚南。墓主皆为女性,随葬器物也有许多是相同的。随葬器物主要置厢内,亦有少量置棺内,有釉陶器、灰陶器、漆器、铜器、玉器和料器等。出土文物达160多件(套),有成套的原始瓷鼎、盒、壶、瓿组合,有刻"中厨""外厨""王"等文字的漆器,精美的玉器、铜器等。推定这四座墓系同一时期所葬,而且经过统一规划;墓主身份基本相同,略有等级之差。其中1号墓随葬器物最多,品种最全,2号墓、3号墓随葬器物数量相近,器物略有区别,4号墓随葬器物最少。1992~1999年扬州博物馆、仪征市博筹办在此抢救性发掘汉代墓葬3座,出土文物10多件(套),有釉陶器、灰陶器、漆器、铜器等。

通过考古发掘和史料论证,推测庙山汉墓可能为西汉早期诸侯王之陵,团山和舟山的墓葬为其妻妾或僚属的陪葬墓。仪征汉代属广陵,西汉时期先后都广陵的有荆王、吴王、江都王和广陵王。

庙山汉墓是江苏省最大的西汉木结构墓葬,2002年10月公布为江苏省第五批文物保护单位。

11. 三庄墓群

位于泗阳县三庄乡东境邢西河与邢马河之间,南北长7 500米、东西宽2 500米,呈四边形状,是一处分布有序的王国贵族墓地。有汉代墓葬40余座(含已发掘、损毁的墓葬)。

2002年10月20~26日,南京博物院和泗阳县广播电视文化局联合组成考古队,首先对墓群中部陈墩汉墓进行发掘。圆形封土堆高约3.5米,直径约25米,占地面积4 500平方米。墩下发现有两座东西向、南北并列的方形墓坑,南墓已被盗,北墓保存完好。棺内存骨架一具,头西脚东,仰身直肢。棺内随葬品主要是漆器,另有玉饰、铜钱等小件器物落在棺底。边厢内有随葬青铜器、陶器以及漆木质食器、乐器等。总计出土文物100件(组),根据棺内一枚龟钮铜印及其他文物上的文字得知,墓主人名张廷意。另有一架长1.2米、宽近0.5米、髹以黑漆装饰、有4个瑞和若干个弦孔的木瑟作为西汉中后期瑟的典型样式,具有重要的研究价值。

2002年12月~2003年1月,对三庄墓群中的大青墩进行了考古发掘。大青墩位于三庄汉墓群北端,是三庄汉墓中封土规模最大的一座土墩墓,封土高约8.5米,底径约90米,占地面积6 000多平方米,其周围分布有6座小型汉墓。该墓系大型土坑木椁墓,由主墓室、正南外藏椁、东外藏椁、西外藏椁,以及主墓室和正南外藏椁之间的夹层组成。墓道西侧有一上下两层的大型陪葬坑。整个墓坑由特别制作的青泥夯筑而成,青膏泥中有一层东西横放的带根带叉的树干,墓坑中置一用金丝楠木构筑的墓室。总计出土文物660多件,其中漆木器549件。文物中一鎏银错金铜弩机,被考古界专家们誉为"西汉第一弩机"。出土的木俑、大型木制建筑院落模型等也实属罕见。依据棺木上"泗水王冢"字迹断定该墓葬为古泗水国王陵。印证了《史记》《汉书》等文献中关于泗水国分封的记载,证实了三庄墓群作为泗水国遗存的客观存在。主墓室西南、正北方位各一座大陪葬墓和东北方位的2座小陪葬墓。4座陪葬墓中,除1座小型木棺葬中出土少量的陶器与漆器外,其余墓葬均被严重盗掘,少有文物出土,在盗洞扰土里发现1枚龟钮银印,印文为"刘绥"。发掘后的大青墩被修复成大型覆斗状封土堆,墓坑内用黄砂覆盖泗水王的棺椁。

2002年10月公布为江苏省第五批文物保护单位。

12. 甘泉山汉墓群

位于扬州市邗江区甘泉街道、蒋王街道、杨寿镇及杨庙镇境内。墓群由甘泉老山汉墓、甘泉汪家山汉墓、甘泉吴家山汉墓、甘泉三墩汉墓、杨寿宝女墩汉墓、杨寿小墩汉墓、杨庙双墩村陈家墩汉墓、杨庙双墩汉墓、杨庙花瓶张家墩汉墓、蒋王山河林场姜家墩汉墓、蒋王山河林场梁家墩汉墓、蒋王山河林场大墩汉墓、蒋王山河林场朱家墩汉墓、甘泉张家山汉墓等组成。该墓葬群曾出"广陵王玺"金印、飞熊玉水滴、"宜子孙"玉璧、夔龙璧形玉饰、铜牛灯等诸多文物。此外，墓群所出土东汉铜卡尺，是国内三件铜卡尺文物中，唯一由地下出土的文物，印证了铜卡尺的制造年代，为研究中国古代科学艺术史、数学史和度量衡史提供了实例。2006年6月公布为江苏省第六批文物保护单位。

（1）老山汉墓

位于甘泉街道老山村林场。老山南北长400米、东西宽273米，海拔63米，占地面积约10万平方米。山上有7座覆斗状封土，存高15~20米，均为人工夯筑而成，夯层厚0.3~0.5米。清代阮元于山上发现汉"中殿石"石刻4块，现存南京博物院，推测原山上应有享殿建筑。其上最大的两座封土墩可能为汉代某代广陵王和王后的陵寝，其余可能是陪葬墓群。

（2）吴家山汉墓

原名牵牛山汉墓，位于甘泉街道老山村老山东北约1 000米处。墓葬占地面积8 100平方米，封土底边长90米，上部直径60米，高约12米。封土系夯筑而成，夯层厚0.3~0.5米，散见残砖、瓦、陶器残片等。

（3）汪家山汉墓

位于甘泉街道老山村老山东北500米。汪家山汉墓东西长100米、南北宽80米，面积约8 000平方米，封土直径60米，存高14米，夯层0.2~0.3米。1987年春在封土东南侧发现陪葬墓1座，为长方形砖室墓，长4.5米、宽2.3米，出土铜镜、陶罐。

（4）老虎墩汉墓

位于甘泉街道集镇南500米。1984年4月由扬州博物馆清理，年代属东汉，墓葬占地面积5 030平方米，封土高12米；砖砌墓室，坐北朝南，全长14米，最大宽度8.65米，面积约100平方米，由墓道、墓门、甬道、双耳室、前室和后室组成。出土有国家一级文物辟邪玉壶、"宜子孙"玉璧、螭龙纹玉环等。是江苏省发现的砖室墓中墓壁、券顶、铺地层数（六层）最多的砖室墓。

（5）宝女墩汉墓

位于杨寿镇宝女村宝女墩。宝女墩年代属西汉晚期，海拔52米，范围不甚明显，南北长约100米，东西长度不明，面积约12 000平方米。封土夯层明显，每层厚15~20厘米。已发现墓葬2座，编号为M104、M105。M104位于墩中心以西约10米，M105位于M104以北9.6米。1985年发掘M104，为土坑木椁墓，墓向77度。墓坑呈不规则长方形，椁长5.06米、宽3.26米、高1.85米，墓底用鹅卵石铺平，上置椁板。椁室内可分头厢、足厢、南北边厢和棺室5部分，棺长2.4米、宽0.8米、高0.81米，用整木刳成。墓早年被盗，出土铜鼎、壶、釜、甗等55件，并有"服食官钉盖第二""广陵服食官钉第十"等铭文；漆盘、耳杯、案等36件，有"中官"和"元康四年（前62）""河平元年（前28）""元延三年（前10）"3件纪年铭文漆盘；以及"寻阳令印"铜印、"大泉五十"铜钱，还有釉陶器、陶器、木雕龙首、琉璃衣片、玉塞、金银饰件等。根据宝女墩汉墓陪葬墓出土的文物以及地方史料记载，推测此墓有可能为一代广陵王刘守之墓。

13. 烟墩山墓地

位于镇江新区大港镇烟墩山。烟墩山，海拔约54米，峙立长江南岸，山上尚存2座土墩墓。

位于山顶的1号土墩墓，为1954年农民耕地发现，出土西周时期青铜器12件，其中最有价值的是"宜侯夨簋"。宜侯夨簋底部有12行铭文，计126字，能辨认出的有118字。"宜侯夨簋"铭文记载了周康王时的大封典，也记录了宜地的历史，是镇江最早的历史文献，证明了镇江最早的地名叫宜，距今已有三千多年。

在1号土墩墓偏南约70米即2号土墩，高约1.8米，底径约20米，于1984年发掘。发现墓底铺设"石床"，砌作规整，呈东西向长方形，长3.6米、宽2.4米。尸骨仅残存一些骨片和骨屑，头向正东。并出有原始瓷坛、豆、夹砂红陶鬲，泥质灰陶钵、豆，几何印纹硬陶瓮、瓿、罐等36件。

2006年6月公布为江苏省第六批文物保护单位。

第二节　贵族墓冢

江苏省的贵族墓主要是六朝时期的世家大族墓地以及明代功臣墓等。六朝时期门阀制度兴盛,生前标榜门第,聚族而居,死后则以合葬于祖茔为荣,聚族而葬。江苏已发现多处世家大族墓地,如南京东郊仙鹤观东吴世家大族墓、象山王氏家族墓等。由于明朝早期定都金陵,许多开国功臣和高官勋戚都祔葬于此,集中在南京市钟山西北麓及城南,这些墓葬级别高、规模大、等级多、砌建精、随葬品丰富而豪华,体现出严格的等级制度。

1. 徐达墓

位于南京市玄武区太平门外板仓街192号。原板仓村一带为徐达及其家族墓地。徐达,濠州人,明开国元勋。任右丞相,死后追封为中山王,谥曰"武宁",赐葬钟山之阴(即现址),配享太庙,肖像功臣庙。现神道长约300米,坐北朝南,前立"明中山王神道"牌坊,为1984年按旧制复建。牌坊后为神道石刻,尚存神道碑一、石马、石羊、石虎、武士、文臣各1对。碑通高8.95米、宽2.2米、厚0.7米;下承龟趺,高1.8米、长5米、宽2米;上为碑额,刻云龙纹,篆额"御制中山王神道碑"。碑文标有名逗,28行,每行72字,共约2千余字,记述徐达生平及功绩。其墓冢为徐达夫妇合葬墓,下用块石垒砌,上为封土堆,直径约14米、高2.4米。冢前有其后裔所立石碑,碑高1.95米、宽0.77米,上刻"明魏国公追封中山王谥武宁、夫人谢氏之墓"。1965~1983年,在徐达墓神道石刻后的东、西两侧,相继清理了其家族墓11座,其中有徐达第三子徐膺绪夫妇墓、长孙徐钦夫妇墓、五世孙徐俌夫妇墓,余者无墓志。在结构上可分砖砌双室券顶、单室券顶、砖壁石顶、三合土浇浆四种类型。出土器物有瓷、金、银、玉、琥珀、宝石、锡等,种类较多的有碗、罐、钗、簪、带钩、镜、盘、炉、瓶等。1982年3月调整公布为江苏省第一、二批文物保护单位。2003年7月,作为"明清皇家陵寝"扩展项目的一部分与明孝陵共同公布被列入《世界遗产名录》。2006年5月,作为"明功臣墓"的一部分公布归入第一批全国重点文物保护单位明孝陵。

2. 李文忠墓

位于南京市玄武区太平门外蒋王庙街6号。李文忠,泗州盱眙人,朱元璋外甥,明代开国功臣。死后追封歧阳王,谥曰"武靖"。墓坐北朝南,有3个土冢,其中较大的墓冢前立一墓碑,正中楷书阴刻"明歧阳王神道",款属"清光绪二十二年仲春月吉日立""管带老湘中堂十八世嗣孙永钦重修",碑高1.5米、宽0.58米、厚0.18米。其余两个墓冢当为李文忠家族墓,均未发掘。墓前神道长约88米,石刻皆相向而立,包括石望柱、石马(含石马胚件)、石羊、石虎、武将、文臣各一对,神道中间近年已铺设条石。在神道石刻右前方15米处立一神道碑,碑坐东面西,修有碑池;碑通高8.6米,由额、碑身、龟趺组成。碑文39行,每行96字,楷书阴刻,洪武十九年(1386)董伦撰、詹希原书的碑文,详细记载李文忠的生平业绩。龟趺高1.7米、宽2.65米、长4.9米,较完好。碑身风化甚剧,字多已模糊难辨。墓地尚存石柱础5块,应为享殿遗物。1982年3月调整公布为江苏省第一、二批文物保护单位。2003年7月,作为"明清皇家陵寝"扩展项目的一部分与明孝陵共同公布被列入《世界遗产名录》。2006年5月,作为"明功臣墓"的一部分公布归入第一批全国重点文物保护单位明孝陵。

3. 吴良墓

位于南京市玄武区板仓街3号、紫金山阴西南麓。吴良初名国兴,因避朱元璋(字国瑞)讳,赐改名良,吴祯之兄,官至都督同知,封江阴侯。死后赐特进光禄大夫、上柱国、中军都督,追封江国公,谥曰"襄烈"。1965年清理,为长方形券顶砖室墓,墓室长6.78米、宽3米、高3.2米,系用城砖砌筑拱券式顶,前后两室,中置木门。随葬品多朽烂,保存较好的有玉带饰、珮、环、铜灶、火盆、锣、带饰、铁杆、棺环、"洪武通宝"银钱、象牙笏板、陶罐、缸及吴良的石墓志1合。神道碑已佚,仅存龟趺、石人(武将)、石马及马夫、石羊、石虎各1对。2003年7月,作为"明清皇家陵寝"扩展项目的一部分与明孝陵共同公布被列入《世界遗产名录》。2006年5月,作为"明功臣墓"的一部分公布归入第一批全国重点文物保护单位明孝陵。

4. 吴祯墓

位于南京市玄武区板仓街3号。吴祯(?~

1379），安徽定远人，与其兄吴良一起南征北讨，战功显赫。死后追封为海国公，赐葬于钟山之阴（即现址）。吴桢墓现为石马、石羊、石人、石虎各1对，相向而立。1952年石刻按原次序迁到吴良墓的西侧，现石刻保存较好。1983年9月，对吴桢墓进行了发掘，出土了金镶玉带、梅瓶和墓志等一批文物。2003年7月，作为"明清皇家陵寝"扩展项目的一部分与明孝陵共同公布被列入《世界遗产名录》。2006年5月，作为"明功臣墓"的一部分公布归入第一批全国重点文物保护单位明孝陵。

5. 常遇春墓

位于南京市玄武区太平门外锁金村街道岗子村钟山第三峰西麓。常遇春，明开国功臣。洪武二年（1369）病卒。追封为开平王，谥"忠武"。墓占地面积约2500平方米，墓经修整，底周包以环石，底径9.5米，封土存高2.4米。神道上现存石望柱一、石马二，旁有马倌一、石羊二、石虎二、武将二及墓碑一，系清同治十年（1871）其后裔所立。碑上刻"明故世祖开平王遇春常公之墓"，下款题"十六世、十七世、十八世裔孙敬立"。墓地边有柱础数只，为享堂遗址。中华人民共和国成立后，1988年，修城东干道时，将神道石刻向内迁移20米。1982年3月调整公布为江苏省第一、二批文物保护单位。2003年7月，作为"明清皇家陵寝"扩展项目的一部分与明孝陵共同公布被列入《世界遗产名录》。2006年5月，作为"明功臣墓"的一部分公布归入第一批全国重点文物保护单位明孝陵。

6. 仇成墓

位于南京市玄武区岗子村、钟山第三峰西麓。仇成（？～1388），安徽含山县人，明代开国功臣之一，曾随朱元璋攻安庆，守横海。死后赐葬钟山（即现址），追谥皖国公，谥"庄襄"。该墓1965年发掘，为竖穴浇浆墓，长4.2米、宽2米，出土陶、瓷、玉、银、金、铜、铁器等各类器物共73件（副）。另墓前现存石翁仲（石人）一、石虎、石马及马夫各1对，保存完好。2003年7月，作为"明清皇家陵寝"扩展项目的一部分与明孝陵共同公布被列入《世界遗产名录》。2006年5月，作为"明功臣墓"的一部分公布归入第一批全国重点文物保护单位明孝陵。

7. 邓愈墓

位于南京市雨花台区中华门外邓府山。邓愈原名友德，朱元璋赐名愈，明初开国功臣，官至江西行省右丞、湖广行省平章。明洪武十年（1377）卒，追封宁河王，谥曰"武顺"，葬邓府山（即现址）。墓坐西朝东，占地面积约1.5万平方米。神道有神道碑，碑通高5.05米，两面浮雕四条缠绕的龙；中刻"大明敕赐宁河武顺王神道碑"，篆书三竖行；碑身正面题"大明敕赐故开国辅运推诚宣力武臣特进荣禄大夫、右柱国、卫国公追封宁河武顺王邓公神道碑铭"。碑后有石马、石倌、石羊、石虎、文臣、武将各1对，间距3.42米，神道宽6.42米。墓在一高岗上，封土底径6米，存高2米，距神道约100米。墓前有方形石祭坛，下小上大，顶有行书阴刻"山高水长"，边有一碑为清光绪十八年（1892）邓愈十六世孙邓贤立。墓前有单孔砖拱桥1座。1982年3月调整公布为江苏省第一、二批文物保护单位。1998年，邓愈墓石刻移至邓府山上，建石刻艺术园。2006年5月作为"明功臣墓"的一部分公布归入第一批全国重点文物保护单位明孝陵。

8. 李杰墓

位于南京市雨花台东南麓。李杰，寿州霍邱（今安徽霍邱）人，明初开国功臣之一，明洪武元年（1368）战死，追封为"镇国将军"。同年将灵柩运回南京，葬于聚宝山阴（即今址）。墓坐北面南，占地面积约200平方米，神道石像生有石羊、石虎、石马、石人各1对及墓碑。石碑通高5.05米、宽1.16米、厚0.32米，篆刻雕龙，周饰云纹，龟趺缺首；碑文刻有楷书"宣武将军金广武卫指挥使司事赠骠骑将军金都督府事李公神道碑铭"及"洪武三十一年夏五月二十一日立"等字，记载李杰生平事迹，为明初文学家宋濂奉敕撰写、武林翁子文镌刻。神道石刻因马路拓宽而移至坡顶。2006年5月作为"明功臣墓"的一部分公布归入第一批全国重点文物保护单位明孝陵。

9. 象山王氏家族墓地

位于南京市鼓楼区幕府山西南麓象山。

1965～1970年，南京市博物馆考古队先后发掘7座墓，除2号墓为南朝墓外，其余均为东晋墓，据墓志记载证明此处是王彬的家族墓葬地，面积达5万平方米以上。王彬，生卒年代不详，东晋官至尚书、左仆射，年59卒，死后赠特进卫将军、加散骑常侍，谥曰"肃"。1号墓是王彬的第四子王兴之夫妇墓（墓志书体为隶书），3号墓是王彬长女王丹虎墓。但未发现王彬墓。据发掘出土的王兴之和王丹虎墓志，王彬应葬于两者之间，疑早年被破坏，今已不存。

1998年9～12月，配合基本建设，再次发掘象山中段之南侧山坡三座墓，编为象山8号、9号、10号墓。3座墓均埋葬较深，墓室距今山体表面10米左右。三座墓呈"品"字形分布，8号墓在前，9号、10号墓在后。均为单室券顶砖墓，墓室内长4.42～4.5米，宽2米左右，高2.1～2.3米，平面呈凸字形。8号、10号墓早年遭盗扰，9号墓保存完整。从出土墓志得知，8号墓墓主为东晋丹杨令、骑都尉王仚之，是王彬和继室夫人夏金虎（6号墓主）之子，卒于泰和二年（367）；9号墓为东晋振威将军、鄱阳太守王建之及其妻刘媚子的合葬墓；10号墓墓室内顶有盗洞，虽出墓志，但风化严重，已不可识。从随葬品看，王氏家族墓随葬品以盘口壶、熏、盏、铁镜等为基本组合，尤其是盘口壶，其形制相同，有可能是专门定制的。个别随葬品较为独特，如9号墓出土的三足铜炉、鎏金大铜镜等，应是墓主人身份地位的象征。王建之墓志字数多达275字，记载详细，这在以往的东晋墓志中是从未有过的，可以说是后世完备墓志的雏形。由此可以看出墓志从东汉开始出现到南朝趋于稳定成熟，东晋正处于承上启下的历史进程中。此次发掘被评为1998年全国十大考古发现。

2002年10月公布为江苏省第五批文物保护单位，2006年5月公布为第六批全国重点文物保护单位。

10. 鸿山墓群

位于无锡市锡山区鸿山镇东北。是春秋战国时期长江下游吴越地区的墓葬群，分布范围约7.5平方千米，现存大小土墩50余座，尤以伯渎河与九曲河之间分布最为密集。

2003年3月～2004年12月，南京博物院考古研究所和无锡市锡山区文物管理委员会组成联合考古队对无锡市锡山区鸿山镇国际家具城建设范围内的土墩墓进行抢救性考古发掘，共发掘邱承墩、老虎墩、万家坟等战国时期的越国贵族墓7座。墓群分为小型、中型、大型和特大型墓等5个级别，以邱承墩特大型墓为核心，呈扇形分布，这是中国第一次较完整地揭示越国贵族墓葬在同一墓地中的分布规律。出土陶器、青瓷器、玉器、石器和琉璃器等各类文物2 300余件，很多高等级文物在国内都属首次被发现和确认，并以蛇为主要装饰构成独特风格，填补了多项考古资料空白。特别是四件琉璃釉盘蛇玲珑球形陶器，是首次发现的最高规格的越国随葬器物，推测是象征王权或神权的神器；出土乐器500余件，有成套的仿中原青铜乐器的编钟、甬钟和石磬，也有越式的铃形器、簴座等，并首次出土及确认了乐器"缶"。

鸿山墓群的此次考古发掘，首次揭示了越国贵族墓地的埋葬制度、等级制度和礼乐制度，为研究吴越文化的交融提供了丰富详实的实物资料和新的研究方向，是吴越文化研究的一次重大突破。入选"2004年度全国十大考古新发现"、"十一五"期间100处国家重点保护大遗址。2006年5月公布为第六批全国重点文物保护单位。

11. 仙鹤观六朝墓地

位于南京市栖霞区南京师范大学仙林校区竹园餐厅西侧、仙鹤山东南麓。1998年6月发现，为六朝砖室墓群，共11座墓。南京市博物馆考古队于6月下旬至8月上旬对墓群进行了抢救性考古发掘，先后发掘了其中6座墓，分属孙吴和东晋时期两个不同的世家大族。1998年先期发掘了墓地西侧M2、M3、M6三座墓，分前后两排，M6居后居右、M2和M3居前居左，M6的西侧还发现了一处长方形建筑遗迹。三座墓均是竖穴土坑、平面呈凸字形的砖室墓，全长均7米左右，高3米余，由封门墙、甬道、墓室等部分组成。M6为带甬道的单室穹隆顶砖室墓，墓壁设直棂假窗，窗上有凸字形灯龛，墓内出土遗物近200件。M2为前带甬道的单室券顶砖室墓，墓壁设凸字形灯龛，集中出土了30余件玉器并出土高崧及夫人谢氏墓志各一块，判断墓葬年代应为永和十二年（356）。M3早年遭盗扰，亦为前带甬道的单室券顶砖室墓，墓壁不仅设凸字形灯龛，龛下且砌有直棂假窗，墓室铺砖砌棺床，四壁明显外弧，出土青瓷盘口壶、鸡首壶等器。推测这三座墓为东晋名臣建昌伯高崧家族墓，此次发掘被评为1998年全国十大考古发现。1999年再次进行考古发掘，发现M4、M5属于同一个家族墓地，M7被推测为西晋时期墓。

2002年10月公布为江苏省第五批文物保护单位。

12. 将军山明功臣墓地

位于南京市江宁区殷巷乡陈墟村将军山南麓，

为沐英家族墓葬群。原称为观音山，因葬沐英改称将军山。与沐英葬于同一墓地并已发掘的有次子沐晟、九世孙沐昌祚、十世孙沐睿墓。2002年10月公布为江苏省第五批文物保护单位。

(1) 沐英墓

沐英，安徽定远人，为朱元璋养子，征战西南的主要将领，封平西侯，死后追封黔宁王，谥"昭靖"。中华人民共和国成立后，1959年清理，为多墓室砖室墓，墓南北向，由甬道、前室、中室、三后室组成。甬道长0.96米、宽1.89米、高2米；前室长8.24米、宽3.14米、高3.1米；中室长3.58米、宽11.8米、高3.95米，北壁开三门与三后室相通，以石板为门框、门楣，石门扇高1.56米、宽0.7米、厚0.15米；中后室为沐英棺室，长5.5米、宽3.5米、高3.9米，左（东）后室为沐英元配冯氏棺室，右（西）后室为沐英继室耿氏棺室，两墓室均长5.4米、宽3.18米、高3.42米。出土金山（铜）、银山（铁）、铜号、铜喇叭等明器和仪仗，最为珍贵的是绘有萧何月下追韩信的青花梅瓶。

(2) 沐晟夫妇墓

距沐英墓东200米处。沐晟，字景茂，沐英次子。佩征南将军印，总兵云南，卒后追封定远王，谥"忠敬"，归葬于此。中华人民共和国成立后，1959年清理，墓向315度，为多室砖墓，由甬道、前室、中室、双后室组成。形制与沐英墓类似，但为双后室，与妻程序氏合葬。墓全长10.89米。出土青花梅瓶、金发冠、嵌宝石金簪、金钗、金耳环、金冥钱、锡鼎、盘、盆、盒、烛台、提梁壶、铜火盆、熏炉、灶、玉带、铁甲、剑等80余件及石墓志两盒。

(3) 沐昌祚夫妇墓

沐昌祚，沐英九世孙。明隆庆五年（1571）袭黔国公，万历十二年（1584）加封太子太保，卒后归葬于此。中华人民共和国成立后，1979年发掘，为多室券顶砖墓，墓向140度。甬道长0.75米、宽1.1米、高1.6米；前室长2.5米、宽4.75米、高3.13；后壁有双甬道，长0.65米、宽1.1米、高1.6米；后置并列双墓室，均长4.2米、宽2.42米、高2.46米，棺床长2.55米、宽1.45米、高0.36米。葬具已朽，出土金束发冠、白玉腰带、雕双龙金镯、金香囊、碧玉簪、金护心镜、帽花、冥钱、纽扣、银锭、冥钱、锡烛台、白瓷瓶、水晶饰件等100余件，并出土石墓志二合，记载墓主夫妇生平事迹。

(4) 沐睿夫妇墓

距沐昌祚墓100米处。沐睿，沐英十世孙，明万历二十三年（1595）袭黔国公，卒于万历三十七（1609）年，归葬于此。中华人民共和国成立后，1974年发掘，墓葬形制与沐昌祚墓类同。随葬品有"黔宁王"金牌、金链琥珀挂件、金盒、镯、帽花、透雕琥珀杯、珊瑚簪、荷叶形碧玉碗、白玉腰带、嵌宝石金镶玉腰带、白玉佛像、碗、杯、镯、板指、提梁卣、发簪、水晶杯、银冥钱、铜镜，釉陶寿星、马、鹿、侍俑等200余件，并出土石墓志二合，记载墓主夫妇生平事迹。

13. 宋瑛墓

位于溧水县柘塘镇团山。宋瑛系宋晟之子，明洪熙元年（1425）袭爵。正统十四年（1449），抗击瓦剌入侵时战死，赠郓国公。妻咸宁公主朱智明，成祖第四女，正统五年（1440）卒于北京，次年葬于溧水。景泰五年（1454），宋瑛与咸宁公主合葬。墓前原有享堂等建筑，清代毁，仅存石柱础。1974年清理，为石坑竖穴砖室墓，由甬道、前室及左右两个后室组成，墓全长14米、最宽处6.1米、最高处3.5米，总面积54平方米。宋瑛及咸宁公主的棺木分别放置左右后室内，葬具及骨架已朽。甬道内有宋瑛及咸宁公主的两合墓志，墓志边长0.88米，分别篆书"故驸马都尉西宁侯宋公墓志铭"与"咸宁大长公主圹志"。宋瑛棺内仅出土玉带1条，皮已朽，有玉片13块；公主棺内仅存金戒指2枚，棺外有白瓷碗2只。2002年10月公布为江苏省第五批文物保护单位。

第三节 历史名人墓

江苏历史名人众多，留下了丰富的名人墓葬遗存。在江苏大地上，有春秋先贤"南方夫子"言子，有以普哈丁、兴福寺"四高僧"为代表的宗教人士，有黄公望、沈周、唐寅、文徵明、吴承恩等文化名人，也有关天培、史可法、邓廷桢等民族英雄以及史贻直、唐荆川、翁同龢等高级官员。

1. 普哈丁墓

位于扬州市广陵区文昌中路167号、古运河东解放桥南堍。普哈丁，传为伊斯兰教创始人穆罕默德第十六世裔孙，南宋咸淳年间（1265～1274）来扬传播伊斯兰教，并在城内营建礼拜寺（今仙鹤寺），德祐元年（1275）卒后葬于此。

普哈丁墓园俗称巴巴窑，又称回回堂，分为清真寺、墓区、园林区三部分，占地面积约1.5万平方米，建筑面积约800平方米。清真寺大门面临运河，门额题"西域先贤普哈丁之墓"。普哈丁墓位于墓园东北，上建砖石结构的墓亭。墓亭平面呈方形，四壁开拱门，内为砖砌圆形穹顶，外为四角攒尖顶。墓葬位于墓亭中央地下，上置五级青石矩形墓塔，每层平面线雕花纹，第三层阳刻库法体阿拉伯文《古兰经》章节。墓园西侧有南宋至明代来扬传教的阿拉伯人撒敢打、马哈谟德、展马陆丁与法纳墓亭及明清两代附葬于此的扬州伊斯兰教阿訇（学者）墓，共有30座墓塔和2通墓碑。西南有清真寺。西北另有元代阿拉伯人墓碑亭，内立民国16年（1927）城南出土的四通元代阿拉伯人墓碑，1960年移此保护。墓园东侧为新建园林区，东北保存一株七百余年银杏树。

现为伊斯兰教活动、游览场所。1982年3月以普哈丁墓及阿拉伯人墓碑名称调整公布为江苏省第一、二批文物保护单位。2001年6月公布为第五批全国重点文物保护单位，更名为普哈丁墓。

2. 泰伯墓

位于无锡市锡山区鸿山镇鸿山村西南坡。原称"吴王墩""王坟""皇陵"。泰伯（又作"太伯"），周太王（古公亶父）长子，因父欲立幼子季历，便与弟仲雍奔江南梅里，被拥为君长，自号"句吴"。东汉永兴二年（154），吴郡太守糜豹奉诏修泰伯墓、庙。明弘治十四年（1501）重修。中华人民共和国成立后，1998年大修，凿环山河，立石坊、戟门、翁仲，建仰止阁等。墓区坐北朝南，占地面积约2 000平方米，由泮池、棂星门、享堂、祭台、四面碑和茔域罗城构成。棂星门建于清嘉庆二十三年（1818），四柱三间，花岗石凿成，柱子端皆设云纹罐，正间上首横楣石刻"至德墓道"。享堂悬清乾隆御书"三让高踪"横匾。四面碑系整块青石凿成，正面为双钩篆字"泰伯墓"，东侧面刻明弘治十四年（1501）《重修泰伯墓记》，北面刻高攀龙于天启三年（1623）撰《泰伯墓记》。1982年3月，泰伯墓调整公布为江苏省第一、二批文物保护单位。2006年5月，作为"泰伯庙和墓"的一部分公布为第六批全国重点文物保护单位。

3. 王德墓

位于南京市栖霞区燕子矶下庙村伏家桥。王德系南宋抗金名将，曾大败金兀术于紫金山，官至荆南副都统制，封陇西郡侯，南宋绍兴二十五年（1155）卒于建康。封土已平，墓前现存石碑一、石马二、石虎一、石羊一。石碑为青石质，通高4米，浮雕盘龙，下衬云纹，中阴刻楷书"宋故赠检校少保王公神道碑"，碑身正面刻王德生平事迹。石马为站立状，高1.4米、座高0.42米、长1.88米。石虎前腿弯曲，作蹲踞状，高1.2米、座高0.5米、长0.66米，前两腿均断缺。石羊作跪卧状，高1米、座宽0.42米、长1.64米。1982年3月调整公布为江苏省第一、二批文物保护单位。

4. 邓廷桢墓

位于南京市栖霞区仙鹤门外灵山下邓家山。邓廷桢（1776～1846），字嶰筠，江宁人，清嘉庆（1796～1820）进士。历任安徽巡抚、两广、闽浙和陕甘总督，是鸦片战争中力主禁烟抗英的民族英雄，后因受诬陷被革职，充军伊犁。道光二十六年（1846），卒于西安任所，归葬江宁灵山（即现址）。著有《双砚斋诗钞》《青嶰堂文集》等。墓西南向。墓前原有邓廷桢夫妇两块墓碑，一刻"皇清诰封荣禄大夫振威将军显考解筠府君之墓"，一刻"皇清诰封一品夫人显妣张夫人之墓"，皆篆体阴刻，下款均刻"男尔晋咸巽敬立""道光贰拾陆年"，于1958年兴修水库时湮没。现墓碑由南京市文管会于1962年10月重立，碑座高0.28米、宽0.95米；碑身高1.34米、宽0.6米、厚0.19米，正面刻"清两广闽浙陕甘总督邓廷桢之墓"，背面刻"重立碑记"，记述邓廷桢的简历和功绩以及原碑"被埋在大蒲塘水坝内，故立新碑以志其事"之原委。1982年3月调整公布为江苏省第一、二批文物保护单位。

5. 唐荆川墓

位于常州市钟楼区永红街道荆川公园内。唐顺之（1507～1560），字应德，一字义修，号荆川，武进（今属江苏常州）人，明代文学家、抗倭名将。明嘉靖八年（1529）会试第一，初任翰林编修，调兵部主事，后因破倭寇之功升右佥都御史、凤阳巡抚。嘉靖三十九年（1560），督师抗倭途中染病，于通州（今南通）去世。崇祯（1628～1644）时追谥"襄文"。

墓建于明嘉靖四十一年（1562），据《常州府志》载，当时属陈渡村，茔地面积达12亩。太平天国时期(1851～1864)该墓毁于战乱。民国23年(1934)地方人士集资修葺,次年竣工,增建"一泻桥"和石牌坊。民国26年(1937)日军占领常州,墓地的墓碑、房屋等建筑遭毁。中华人民共和国成立后,"文化大革命"中再次遭到破坏,1980年进行修复。1992年,以墓地为基础建成荆川公园,对外开放。

墓地坐东朝西,四面环水,原占地面积8 000平方米,现东西长120米、南北宽45米。入口处有"一泻桥"、神道及牌坊,神道长80米,两侧石羊、石虎、石马、石文官像各一尊;牌坊位于神道尽头靠近墓葬处,四柱三间一字式冲天式,周佛海书写坊额。牌坊后为三座呈品字形排列的墓冢,外砌圆形石护墙,周长78.6米。中间的墓冢考证为唐荆川与其妻庄氏的合葬墓,周长22米;墓前有石碑一通,立于龟趺之上,通高2.6米、宽1米、厚0.26米。南北两墓周长均为14.2米,为唐荆川玄孙唐宇量、唐宇昭之墓,两人生前曾为唐荆川守墓。

1982年3月调整公布为江苏省第一、二批文物保护单位。

6. 言子墓

位于常熟市城区北门大街西侧、虞山东麓。言子(前506～前443),名偃,字子游,春秋时吴国人,孔子学生中的"七十二贤人"之一,后世尊称为"南方夫子"。

原墓早已荒芜,经明弘治十年(1497)知县杨子器、嘉靖二十七年(1548)巡抚陈九德、崇祯九年(1636)巡抚路振飞、清顺治年间(1644～1661)布政参议王繻、雍正年间(1722～1735)布政使鄂尔泰、苏松常道王澄慧等修建,言子裔孙言如泗、言如洙等扩建,形成墓园。康熙第五次南巡(1705)和乾隆首次南巡(1751)时,均书赐匾额,并派大臣致祭。同治十一年(1872)两江总督曾国藩重修,光绪二十七年(1901)江苏巡抚聂缉椝再修。中华人民共和国成立后,20世纪80年代以后又数次修葺。

墓区占地面积5 900平方米。墓道长142.5米,沿墓道有三座三间四柱冲天式石坊、三座石亭、一座享堂以及影娥池、文学桥等。第一座石坊面阔7.5米,明间字碑镌"言子墓道",中柱镌言如泗书"旧庐墨井文孙守,高垄虞峰古树森",乾隆三十二年(1767)言如洙等立。第二座石坊面阔6.2米,前蹲一对石狮,坊额为乾隆首次南巡时所书"道启东南",背面镌"灵萃勾吴"四字,乾隆二十三年(1758)言如泗等立。第三座石坊面阔6.3米,额镌"南方夫子",雍正时鄂尔泰立。御书亭又称半山亭,面阔4.15米、进深3.1米,重檐歇山式,建于乾隆三十五年(1770),内有"康熙四十四年四月十五日御书""文开吴会"石匾。两座御碑亭左右对称,面阔2.2米、进深2米,单檐歇山式,建于乾隆二十三年,亭内各立乾隆《谕祭言子文》碑一方,分别镌于乾隆十六年(1751)和二十二年(1757)。享堂位于第二座石坊墓道北,内有乾隆四十六年(1781)言如泗撰《始祖先贤吴国公祠墓修建记略》、光绪二十七年(1901)陆懋宗撰并书《重修先贤言子林墓记》等碑刻7方,庭院中有"墨池"和"石墨"石。享堂外有天然大石,以象形题刻"龙头石"。影娥池呈半月形,又称月池,跨文学桥,乾隆二十三年(1758)建,为单孔石拱桥,桥柱镌对联,一面为"道接东山远,源分墨井香",另一面为"东南开道脉,今古挹交澜"。墓冢以黄石封砌,高1.6米、直径3.5米,外设弧形罗城、拜台及围墙,立有两碑,一为明末路振飞立"先贤子游言公墓",另一为清光绪二十年(1894)立"先贤言子之墓"。

该墓布局尚属完整,基本保持原貌,但附属建筑损坏严重。1982年3月调整公布为江苏省第一、二批文物保护单位。

7. 韩世忠墓碑

位于苏州市吴中区木渎镇灵岩山西南麓。韩世忠(1089～1151),宋代抗金名将,字良臣,绥德(今属陕西省)人。先后为官定国军承宣使、平寇左将军、检校少保、武宁昭庆军节度使,后因功官至京东淮东路宣抚处置使。绍兴十三年(1143)封延安郡王,二十一年八月卒,敕葬灵岩山(即现址)。淳熙间(1174～1189)追封蕲王,赐谥"忠武"。中华人民共和国成立后,1982～1983年大修。

墓东南有韩蕲王祠一座。始建于南宋,清道光十三年(1833)重建。韩世忠墓区由合葬墓冢、神道碑、韩蕲王祠三部分组成,占地面积约1 500平方米。墓为韩世忠与白氏、梁氏、郑氏、周氏四位夫人合葬。坐北朝南,石砌罗城长150米、高2.7米,墓冢封土高约3米、直径12米。墓碑题"宋韩蕲王墓",为清道光时所立。墓前顺山坡筑三层花岗岩平台,宽40米,正中设石阶,上层平台正面设望柱、栏板。砖铺人字纹神道宽2米,原长0.5千米,现遗留一段。

神道碑在墓东南,原有的石坊、翁仲、石兽已无存。为南宋孝宗赵昚题额"中兴佐命定国元勋之碑",碑文长1.39万余字。原碑连额、座通高10米多。民国28年(1939)因飓风碎为10余块,民国35年(1946)由灵岩寺住持妙真募资修缮,以水泥胶合,碑额与碑身分两段并列砌置。碑额大字清晰,碑身小字已漫漶难辨。龟趺在距碑4米处,头、颈已毁,余尚好。碑文由端明殿学士、签书枢密院事赵雄奉敕撰,尚书侍郎直学院侍周必大书,详细记载了韩世忠的功绩。

韩蕲王祠在神道碑东南约250米处。为南宋敕建,清道光十三年(1833)重建。中华人民共和国成立后,1989年修缮并设韩世忠史迹陈列室。今有正屋十一间,偏屋八间。享堂面阔三间,明间供韩世忠坐像。祠内尚存"重修韩蕲王墓""重建享堂记"和"重修宋韩忠武王墓碑记"等五方清代碑刻以及两株清代香樟。

墓地神道碑已修复,祠堂格局完整,总体保存状况较好。1982年3月调整公布为江苏省第一、二批文物保护单位。

8. 黄公望墓

位于常熟市西门外虞山西麓小石洞西南。黄公望(1269~1354),本姓陆,名坚,元代常熟人,因出继寓居常熟的永嘉黄氏为义子,遂改姓名,字子久,号一峰、大痴道人,晚号井西道人。与王蒙、倪瓒、吴镇并称画坛"元四家",画作以《富春山居图》最为著名。著有《山水诀》《一峰道人集》等。清乾隆时修缮,嘉庆二十二年(1817)十六世孙黄泰又修墓建坊,筑罗城、墓道等。中华人民共和国成立后,1982年重修。

黄公望墓占地面积2000平方米。墓冢以砖包砌,直径4米,高1.5米。黄石罗城嵌青石墓碑,上镌"元高士黄公一峰之墓",为黄泰所立。墓道长60米,道口立20世纪70年代重建的二柱出头石坊,额镌"元高士黄大痴先生墓道"。

该墓总体保存状况较好。1982年3月调整公布为江苏省第一、二批文物保护单位。

9. 仲雍墓

位于常熟市城区北门大街西侧、虞山东麓。仲雍,又名虞仲、吴仲,周太王次子,泰伯之弟,商末人。史载太王欲立幼子季历,仲雍与泰伯同避江南,泰伯成为当地君长,泰伯死后,由仲雍继位,吴地人将他与泰伯一同奉为先贤。仲雍墓早已荒芜,现有地面建筑大都建于明成化年间(1465~1487)以后。中华人民共和国成立后,1979年、1987年两度整修。

墓区占地面积2160平方米。墓道长400余米,沿途有三座三间四柱出头石坊、一座祠堂。第一座石坊建于清乾隆二十五年(1760),明间额镌"敕建先贤仲雍墓门",背面镌"清权坊",次间镌建坊年月和两江总督尹继善等官员题名。第二座石坊建于乾隆三十一年(1766),明间额镌江苏学政曾秀先"南国友恭",背面镌江苏督粮储道胡文伯题"让国同心",中柱镌曹秀先联"道中清权垂百世,行侔夷惠表千秋"。第三座石坊建于乾隆十年(1745),额镌"先贤虞仲墓",背面镌"至德齐光",中柱镌联"一时逊国难为弟,千载名山还属虞"。清权祠是祭祀仲雍的专祠,明成化七年(1471)初建,历经迁建、重建,现为清同治十年(1871)重建。墓冢直径4.5米,高2米,四周黄石驳砌,黄石罗城嵌明巡抚路振飞崇祯九年(1636)立"商逸民虞仲周公墓"碑、清康熙三十七年(1698)按察使王繻奉敕立"先贤虞仲周公墓"碑等。

仲雍墓保存完好,基本呈现其原貌,个别地方有轻微破损现象。1982年3月调整公布为江苏省第一、二批文物保护单位。

10. 沈周墓

位于苏州市相城区阳澄湖镇湘城沈周村西笺字圩。沈周(1427~1509),字启南,号石田。明代著名画家,长洲县(今苏州)湘城镇人。与唐寅、文徵明、仇英合称"明四家",是"吴门画派"创始人和主要成员。民国17年(1928)沈周后裔沈彦良整修并建碑亭一座。中华人民共和国成立后,1958年墓遭破坏,1961年小修,1983年再次整修,2004年进行了复原性修建。

墓占地面积约850平方米,坐北向南,南面为照池,西边有小河环绕。封土高约3米、直径9.1米,以花岗石围砌,环以青石罗城。墓前有祭台与青石墓碑,碑镌阴刻楷书"明沈公启南处士之墓"。墓道长29.8米、宽4.34米,道东南侧即民国时所建碑亭,内置明王鏊书《沈隐士石田先生墓志铭》等碑石五方。

该墓保存完好。1982年3月调整公布为江苏省第一、二批文物保护单位。

11. 唐寅墓

位于苏州市城区盘门外解放西路。唐寅(1470~1524),字伯虎,更字子畏,号六如居士。明弘治十二年(1499)进京会试,受江阴举人徐经贿赂案牵连下诏狱,后被谪往浙江为吏,不就。"明四家"之一,与徐祯卿、祝允明、文徵明合称"吴中四才子",有"江南第一风流才子"之称。卒于嘉靖二年十二月初二(1524.1),享年54岁,葬于祖茔(一说停棺城北桃花坞,嘉靖二十二年落葬祖茔),祝允明为其撰墓志铭。崇祯十六年(1643),文人雷起剑、毛子晋等人出资整修。清嘉庆六年(1801)吴县知县唐仲冕以唐寅族裔身份再修并立"明唐解元之墓"碑。中华人民共和国成立后,1957~1958年重修,"文化大革命"中遭破坏,1985~1986年再次整修,1999年又修。

唐寅墓现占地面积9 300平方米,绕以围墙。大门为清水磨砖贴面双阙式,题刻"唐寅墓园"四字。墓东向,封土高2.4米、直径7.8米,石护壁高1.4米。墓前建东向歇山顶石构碑亭,内立按原碑拓片重刻的"明唐解元之墓"碑。墓南为唐寅纪念陈列室,居中一路三进依次为桃花仙馆、梦墨堂、六如堂(移自接驾桥附近的"祝厅"),东西两侧各为闲来草堂(移自宝光寺)和禅仙居(移自大儒巷纺织器材厂)。另有"唐伯虎墓"石坊,背镌"名传万口"。

该墓经历次修缮后保存状况较好。1982年3月调整公布为江苏省第一、二批文物保护单位。

12. 王铁墓

位于常熟市西门外虞山西麓烧香浜。王铁(1514~1555),字德威,号苍野,浙江东阳人。明嘉靖二十九年(1550)进士,三十一年出任常熟知县,后在追歼倭寇时中埋伏牺牲,葬于常熟。明廷诏赠太仆寺少卿,遣官谕祭并立祠。清乾隆四十年(1775)常熟知县刘浣重修,增建两座石坊;同治十三年(1874)江苏布政使应宝时、常熟知县魏晞先再次修墓并立碑。中华人民共和国成立后,1984~1985年整修。

其墓坐北朝南,占地面积266平方米。原墓前立有石坊两座,沿河石坊题额"明赠太仆寺少卿王公墓道",墓前石坊题额"双桂坊",并有翁仲、石兽,现均不存。墓前立碑,阴文隶书"明常熟知县赠太仆少卿王公墓",碑高1.3米。墓冢封土直径3.3米、高1.2米,围以罗城。墓道长35米,道口立新建的二柱出头石坊,额镌"明忠臣王公墓"。

该墓保存完好。1982年3月调整公布为江苏省第一、二批文物保护单位。

13. 文徵明墓

位于苏州市相城区元和街道御窑村(阳澄湖西路南)。文徵明(1470~1559),名壁,字徵明,以字行,后更字徵仲,别号衡山,长洲(今苏州)人。明代书画家,画坛"明四家"之一、"吴中四才子"之一,是"吴门画派"的主要成员。中华人民共和国成立后,1984年、2004年两度整修并扩大墓区。

占地面积8 500平方米。墓冢东向,封土直径6.6米、高1.7米。墓后有石砌罗城,前有祭台和青石墓碑,碑镌"明待诏文公衡山之墓"。墓道长28.5米,道前有二柱出头石坊和照池,道旁还有别处移来的石虎、石马各1对。

该墓保存完好。1982年3月调整公布为江苏省第一、二批文物保护单位。

14. 五人墓

位于苏州市城区阊门外山塘街775号、青山桥畔。五人墓为明代苏州人民为纪念抗暴斗争中死难的颜佩韦、杨念如、周文元、沈扬、马杰五位义士修建。天启六年(1626),"阉党"魏忠贤派缇骑到苏逮捕东林人士、"七君子"之一的周顺昌时,苏州人民激于义愤,掀起了抗暴斗争。后来魏忠贤派兵镇压,颜佩韦等五人为保护群众而投案,后被官府杀害。次年平反,苏州人民把魏忠贤"普惠生祠"拆毁,葬五人遗骨于废基(即现址)并立碑。后墓渐荒芜。中华人民共和国成立后,1956年整修,砌墓冢护壁、修享堂、构围墙;"文化大革命"中遭破坏;1981年再次整修,拓展墓地,移建清代厅堂"义风堂",并增建长廊。

墓道门朝南,壁嵌《五人墓义助疏》碑,崇祯七年(1634)立,书吴默、文震孟、姚希孟、钱谦益、瞿式耜等54名参加义助者。门后立二柱出头石坊,杨廷枢书"义风千古"四字额。石坊后为享堂,面阔三间,进深六架;明间立"五人之墓"碑,高2.2米,原为墓始建时立于墓道门,1981年移立于此;东次间嵌复社领袖张溥撰《五人墓碑记》石刻和清代书条石10方。堂后即五人墓冢,一字横列,均为长方形,围以花岗条石,东西长16.87米、南北宽6米、高1.35米,正面嵌五人姓名碑。

该墓总体保存良好。1982年3月调整公布为江苏省第一、二批文物保护单位。

15. 葛成墓

位于苏州市城区阊门外山塘街775号五人墓旁。葛成(1568~1630),是明代后期苏州手工业者反税监斗争的领袖,被人尊称为葛贤、葛将军。葛成因敬仰"五人"义举,自愿守墓至崇祯三年(1630)病殁,众人将他葬在五人墓侧。中华人民共和国成立后,1956年、1981年先后两次进行整修,1982年5月正式对外开放。

葛成墓门和享堂与五人墓通用。墓冢坐东朝西,长方形,四周以条石围护,长3.85米、宽2.73米。墓碑刻"有吴葛贤之墓",为明代书法家、文徵明曾孙文震孟所书,立于崇祯三年(1630)。享堂西次间另有《吴葛将军墓碑》,为清康熙十二年(1673)陈继儒所撰。

该墓总体保存良好。1982年3月调整公布为江苏省第一、二批文物保护单位。

16. 瞿式耜墓

位于常熟市虞山锦峰牛窝潭。瞿式耜(1590~1650),字起田、伯略,号稼轩,常熟人,明末抗清民族英雄、爱国诗人。南明时官至文渊阁大学士兼兵部尚书,留守桂林,多次击退清兵,南明永历四年(1650)城破后就义。其孙瞿昌文将遗骨归葬常熟。南明桂王追赠其为粤国公,谥"文忠";清乾隆四十一年(1776)追谥"忠宣"。遗著有《瞿忠宣公诗文集》等。中华人民共和国成立后,1981年维修。

瞿式耜墓坐东面西,占地面积1 128.36平方米,前有石坊、月池、墓道、石台、罗城。罗城内有三冢。主穴位为瞿式耜墓,封土平面呈圆形,高1.5米、直径3.5米,后树碑镌"瞿忠宣公之墓"。墓道长56.5米,中立清乾隆时所建单间冲天式石坊,铭额"清赐谥忠宣明文忠瞿公墓",坊柱镌严栻书联"三更白月黄埃地,一寸丹心紫极天",背面镌陈鸿书联"古涧风回千壑响,寒潭隐落万松枝"。左右穴位为其子瞿嵩锡、孙瞿昌文之墓。

该墓保存完好,基本呈现其原貌。1982年3月调整公布为江苏省第一、二批文物保护单位。

17. 王石谷墓

位于常熟市西门外虞山西麓程家桥。王石谷(1632~1717),名翚,字石谷,号耕烟散人、乌目山人、清晖主人,常熟人。清初名画家,"虞山画派"创始人,与王时敏、王鉴、王原祁合称"四王",加上吴历、恽寿平被誉为"清初六大家"。王石谷病故后,初葬虞山北麓,乾隆十九年(1754)迁今址。中华人民共和国成立后,分别于1982、1984、1986年整修。墓地413平方米,墓道长20余米,道口立二柱出头石坊,额题"清画圣王石谷先生墓道",共两冢。上首葬王石谷,封土直径3.1米、高1.2米。后有"皇清徵士先祖考妣石谷府君例赠钱氏孺人合葬之兆"墓碑,为乾隆十九年迁墓时所立;前有翁同龢书"清画圣王石谷先生之墓"碑,为宣统元年(1909)修墓时所立。下首为其孙王邦宪之墓。

该墓保存比较完好。1982年3月调整公布为江苏省第一、二批文物保护单位。

18. 翁同龢墓

位于常熟市虞山西麓鹁鸽峰下。翁同龢(1830~1904),字声甫,号叔平,晚号松禅,谥号"文恭",常熟人。清末名臣,爱国诗人、书法家。咸丰六年(1856)状元及第,历任刑部、工部、户部尚书,协办大学士、军机大臣、总理各国事务衙门大臣等,同治、光绪两朝帝师。因支持光绪亲政并参与维新变法,光绪二十四年(1898)被慈禧太后革职回乡。六年后,卒于故里。其《翁文恭公日记》所记,多是同光年间重大政治事件,并著有《瓶庐诗稿》《瓶庐文钞》等。

翁同龢墓占地面积700平方米,在翁氏家族墓地"翁氏新阡"内。墓地上有松树数十株,为民国初年张謇到此祭扫时所栽。主墓三冢,中葬其祖母张太夫人,左葬其父翁心存夫妇,右葬其兄翁同书夫妇。墓道长65米,道口立1984年重建的单间冲天式花岗石坊,额镌"翁氏新阡";前设祭台,后筑罗城,内有墓碑一方。翁同龢墓是翁同龢与妻汤氏、陆氏合葬之墓,在主墓之西,另有罗城、墓门及拜台,墓冢直径3米、高1.2米。原是其削籍回家后经营的生圹,墓碑亦为生前自书"清削籍大臣翁君、妻一品夫人汤氏之墓"。今碑为民国年间所立,碑高1.4米,上额线刻二龙戏珠,碑身刻"皇清诰授光禄大夫特谥文恭协办大学士户部尚书曾祖考叔平太府君、诰封一品夫人曾祖妣汤太夫人、诰封淑人庶曾祖母陆淑人之墓""曾孙翁之廉、之循立"。

山前塘边有翁同龢革职归来后所筑的"瓶隐庐",也称"瓶庐",是他晚年的栖身之所。西南原有正屋5间,曾供有翁同龢画像,民国26年(1937)毁于兵火。今存西厢房3间,1984年整修。

该墓保存完好。1982年3月调整公布为江苏省第一、二批文物保护单位。

19. 曹顶墓

位于南通市崇川区城山路中段。曹顶(1513～1557),通州(今通州余西)人,明代抗倭英雄。明嘉靖三十六年(1557)四月,追击倭寇时因战马失足,摔倒后被倭寇杀害,时年四十四岁。曹顶墓原为封土冢,民国元年(1912)张謇将其改垒为方台式,上塑曹顶像。民国35年(1946)重塑像。方形石台下宽3.8米、上宽3.2米,高1.65米,上立跨马提刀曹顶像。墓后原有祠堂,已毁。1982年3月调整公布为江苏省第一、二批文物保护单位。

20. 关天培祠墓

关天培(1781～1841),字仲因,号滋圃,淮安府山阳县(今淮安楚州)人。清道光十四年(1834)任广东水师提督,是鸦片战争中密切配合林则徐"禁烟"的爱国将领;道光二十一年(1841)二月二十五日在保卫虎门的战斗中殉国,时年62岁。遗体被运回故里安葬,并建祠纪念。道光皇帝于同年、次年御制祭文、碑文各一篇。

关天培祠位于淮安市楚州区淮城镇县东街37号。始建于道光二十三年(1843),由前后殿和东面厢房及下屋组成一近正方形四合庭院,临街,坐北朝南。院中原设有御碑亭,在民国24年(1935)到民国35年(1946)间先后被毁。中华人民共和国成立后,1954年,将已破的东厢房迁至享殿原址上。大门上方有"关忠节公祠"匾额,两侧回廊陈列着关天培的生平业绩。院北有享堂一座,硬山顶,面阔三间9.85米,进深七檩5.6米,檐高3.5米,明间神坛上塑有关天培坐像,并有一对亲随执剑捧书侍立两旁,殿门左右悬挂着林则徐撰写、周木斋手书的木刻挽联。

关天培墓位于淮安市楚州区淮城镇南窑村。墓原为土墓,墓台为块石水泥结构,呈圆形,墓高1.35米、直径4.3米。墓前有墓碑,高1.75米,宽0.5米,上镌"关忠节公天培之墓",墓碑背面刻有"关天培墓重修记"。

关天培祠墓于1982年3月调整公布为江苏省第一、二批文物保护单位。

21. 史可法祠墓

位于扬州市区丰乐上街7号。史可法(1601～1645),字宪之,号道邻,河南祥符(今开封)人,南明大臣、抗清名将。清兵南下时,他以兵部尚书兼东阁大学士督师扬州,坚守孤城,不屈而死。嗣子史德威寻遗骸不得,葬其衣冠于此。清乾隆间建祠。

墓园有门厅,中为享堂,陈列史可法文物史料。堂后为衣冠冢,冢前有砖砌门坊,墓台前立"明督师兵部尚书兼东阁大学士史公可法之墓"墓碑。墓园西侧为祠堂,后院为新建梅花岭,岭东有"梅花仙馆",岭北有"晴雪轩",陈列有史可法遗墨石刻。

现建史可法纪念馆对外开放,为省级爱国主义教育基地,1982年3月调整公布为江苏省第一、二批文物保护单位。

22. 宗泽墓

位于镇江东郊的京岘山北麓,当地人称宗泽山、宗家坟。

宗泽(1060～1128),字汝霖,婺州义乌(今浙江义乌)人。历任县尉、县令、通判、知府等职,以廉洁著称。北宋宣和元年(1119)任职应天府(今南京),遭诬陷,被革职贬至镇江。靖康元年(1126)出任河北义兵总管,后升为副元帅,抵抗金人入侵。建炎二年(1128)六月宗泽统率大军渡过黄河,追击金兵,遭投降派拒绝,忧愤成疾,同年七月卒,享年七十岁。其子宗颖与岳飞将他的遗柩南运与夫人合葬于现址。

墓坐南朝北,周长28.8米,高3.5米。墓前立石碑,上刻"宋宗忠简公讳泽之墓"。墓道向北,长近百米、宽2.5米;墓道前有牌坊一座,两边石柱刻"大宋濒危撑一柱,英雄垂死尚三呼",背面刻"颁表八百年前勋绩永昭明于日月,锡垂万千载后珠玑长炳耀乎乾坤"。

1982年3月调整公布为江苏省第一、二批文物保护单位。

23. 施耐庵墓

位于兴化市新垛乡施家桥东北150米。施耐庵(1296～1370),原名子安,字耐庵,祖籍姑苏,迁居兴化,元至顺进士,元末明初小说家,是四大名著之一《水浒传》作者。卒于淮安,后迁葬于现址。民国32年(1943)重修,新建墓台并立碑与牌坊。中华人民共和国成立后,1983年再次维修并立重修纪念碑,增建陈列室;1996年扩建墓区。现占地面积1.12万平方米。墓呈圆形封土堆,高3.5米、直径4.5米;方形墓台,边长12米,高出地面1米。墓前立"大文学家施耐庵先生之墓"碑,碑高1.4

米、宽0.4米、厚0.2米;碑前有三门砖砌牌坊,坊前立赵朴初手书的《重修施耐庵墓记》碑。墓东南为施耐庵文物史料陈列室。1996年冬,向西扩大了保护范围,建牌坊、四角亭、施耐庵塑像等。1982年3月调整公布为江苏省第一、二批文物保护单位。

24. 刘智墓

位于南京市雨花区花神庙村毛家巷回民公墓。刘智(1660~1730),字介廉,号一斋,回族,上元(今南京)人,清代伊斯兰教著名学者,毕生致力于阿拉伯经传典籍的研究,著有《至圣实录年谱》《天方典礼择要解》等数百卷。其墓墓园长50米、宽25米,面积1 200平方米。墓冢坐北朝南,墓道西向,长14.26米、宽3.06米,墓园内有门阙两座和一石牌坊。两门阙相距1.8米,分立东西,阙高1.54米、宽0.23米、厚0.27米,上均楷书"刘介廉坟墓";望柱高0.86米,为四方形,边长0.25米。石牌坊高2米、宽1.6米,坊上横额宽1.30米、高0.36米、厚0.11米,正面刻"吾道枢纽""岁次辛丑夏仲 江宁金彭寿撰书",背面刻"典型在望""岁次丁未公修重刻 净觉寺后学刘德坤拜撰"。墓按伊斯兰葬制筑建,石柩用水泥固护,长2.85米、宽2.16米、高1.20米,呈长方形,上以大理石贴面。墓冢前嵌碑,正中刻大字"先贤介廉刘公之墓",两旁小字"同治庚午九年吉月京江同人重修,光绪丁未三十三年正月重修""净觉寺后学刘德坤拜撰"。墓后有水泥弧形照壁,高2.70米、宽5.57米、厚0.70米,嵌石碑5通,正中碑高2.17米、宽0.56米,上刻回文,下隶书"清代伊斯兰教学者刘智之墓";东侧碑高1.17米、宽0.42米,上刻"道学先觉";再东侧碑高1.17米、宽0.42米,为"重修刘介廉先生墓碑";西侧碑高1.10米、宽0.43米,刻"学贯通人";再西侧碑高0.68米、宽0.30米,为1982年南京市伊斯兰教协会所立"重修刘智墓记"。

该墓保存尚好。1982年3月公布为江苏省第三批文物保护单位。

25. 蒯祥墓

位于苏州市吴中区香山街道梅沙渔帆村。蒯祥(1398~1481),香山人,是"香山帮"匠人鼻祖,明代杰出建筑家。曾任工部营缮所丞,官至工部左侍郎。明正统年间领导过重建三大殿以及五府、六部衙署的工程;天顺末年经手建造明十三陵中的裕陵;成化年间参加了承天门(清代改名天安门)的建造,奠定了明清两代宫殿建筑的基础,时人称"蒯鲁班"。蒯祥殁后归葬于蒯氏祖茔(即现址)。中华人民共和国成立后,1963年进行维修;1992年再修,并建成蒯祥墓园。

墓冢直径4.06米、高0.93米,墓圈为花岗石垒筑,墓道长25米、宽3.1米,墓区占地面积80平方米左右。原墓前立明天顺二年(1458)五月二十日英宗朱祁镇赐予蒯祥祖父母的"奉天诰命"碑一方,为青石质地,高2.13米、宽0.72米、厚0.22米,后移置墓西北角,筑花岗石质地碑亭一座供存放碑所用。墓前新配翁仲、石兽,修建享堂、牌坊,供蒯祥像,陈列文物史料。

该墓葬保存较好。1982年3月公布为江苏省第三批文物保护单位。

26. 王锡阐墓

位于吴江市震泽镇太平街庄桥河西岸。王锡阐(1628~1682),字寅旭,号晓庵,吴江震泽人,清代天文学家,著有《晓庵新法》《五星行图解》等书,提出精确计算日、月食时间的方法,首创计算金星、水星凌日的方法。该墓营建于清康熙二十二年(1683),道光七年(1827)重修并立碑;道光十七年(1837),江苏巡抚林则徐倡捐重修,立现墓碑并在墓东侧增建王贤祠(晓庵祠)。中华人民共和国成立后,1998年进行修缮。

该墓占地面积854平方米,分东西二区。东区有王贤祠和晓庵桥,另有三间新建辅房。王贤祠坐北朝南,面阔三间11.5米,进深9米;前二界船篷轩敞廊,四界扁作雕花大梁抬架,硬山顶。晓庵桥为梁式单孔平桥,跨庄桥河,东西走向,全长11.5米、中宽1.8米、净跨4.3米;桥面为花岗石,桥台为青石垒砌,桥台石侧面刻有"晓庵桥"桥名。西区为墓地,墓为圆形,直径4.8米,周围用花岗石护壁,墓封土高1.3米。墓前竖立墓碑,刻有"王晓庵先生之墓"。

该墓保存良好,墓区完整,房屋保持原有建筑风格。1982年3月公布为江苏省第三批文物保护单位。

27. 倪瓒墓

位于无锡市锡山区东北塘镇芙蓉山南麓。因墓状若绣球,故称为"绣球墩",是"芙蓉十八景"之一。倪瓒(1301~1374),字泰宇,后字元镇,号云林,无锡人。元代画家、诗人,作品有《江岸望山图》《竹树野石图》《溪山图》《六君子图》等,著有《清閟阁集》15卷。倪瓒于明洪武七年(1374)十一月十一日殁,初葬于江阴习礼,后由其孙迁葬于无锡东北塘芙蓉山祖坟(即现址)。中华人民共和国成立后,"文化大革命"中墓葬遭到破坏,1984年重修为现墓。2007年,再次修缮并在墓东面修建倪瓒纪念馆。

墓园占地面积约580平方米,四面建围墙,遗存自南向北沿墓道分布,依次为墓门、石牌坊、碑亭、石碑、墓冢、小墓碑。墓门为混水做,设木栅门,门楣刻"元高士倪瓒之墓"。石牌坊两柱一间,枋柱前后有抱鼓石,坊楣皆为阳山石,上刻"云林倪先生墓"横额。石碑亭内放置两块石碑,左侧为明张端撰《云林倪先生墓表》,右侧为北塘人民政府所立《倪云林墓园重修记》。墓碑立于墓冢前,高2.35米,碑身宽0.7米,上刻"元高士倪瓒之墓",碑顶与碑身为青石材质,碑基座为花岗石,从外观及工艺分析,以及与原墓园图示资料对照,碑顶、基座为后补,碑顶应为明代原物。墓冢原为土墩,现为青石砌边,水泥封顶,高2.18米、直径3.76米,冢后部有掘墓挖痕。小墓碑为墓冢后罗城内所嵌碑石,青石材质,上刻有"明高士云林倪公之墓"。

1995年4月公布为江苏省第四批文物保护单位。

28. 恽南田墓

位于常州市武进区湖塘镇大华村。恽南田(1633~1690),名格,字正叔,又字寿平,武进湖塘人,明末清初著名书画家,"常州画派"创始人。他的诗文、书法与画艺被誉为"南田三绝",著有《瓯香馆集》《画跋》等,"清初六大家"之一。恽南田父恽日初(号逊庵,明副榜贡生)之墓与恽南田墓在同一茔区,两墓并列。中华人民共和国成立后,1983年,整修陵墓,并于次年春建成陵园及纪念馆;2004年3月,重新修缮。

墓园占地面积700余平方米,周围砌筑砖墙。两墓处于园中央偏北,坐北朝南。恽南田墓封土直径约4米,高约2米;墓前立花岗石墓碑,系清光绪年间(1875~1908)恽氏后裔所立,正面阴刻楷书"逸士恽南田先生之墓"。

1995年4月公布为江苏省第四批文物保护单位。

29. 申时行墓

位于苏州市虎丘区石湖吴山东麓。申时行(1535~1614),字汝默,明长洲(今苏州市)人。嘉靖四十一年(1562)状元,官至少师兼太子太师、吏部尚书、中极殿大学士,万历中继张四维为内阁首辅。晚年辞官回乡闲居,著有《赐闲堂集》。年八十卒,赠太师,谥"文定",赐葬吴山之阳(即现址)。中华人民共和国成立后,"文化大革命"中墓葬附属建筑遭到破坏,1998年、2008年整修。

墓东向,原有华表、牌坊、石像、石旗杆、碑亭、望柱、罗城等被毁,尚存墓道门、神道碑、享堂、谕祭碑、照池、墓冢。墓道门三间,平面作"凸"字形,明间凸出,硬山顶,清水砖墙,前后各开拱门三,抬梁式屋架。神道碑立于墓道门明间,正面镌"明太师申文定公神道",阴刻巡按御史以下官员名衔九行;碑高4.66米、宽1.25米,额雕二龙戏珠,下承龟趺。享堂为歇山式,面阔五间19.4米,进深七檩8.2米,檐高2.9米,大金砖铺地;柱下承青石鼓墩磉,柱头有卷杀,置坐斗,扁作梁不施雕刻,梁架壮硕。谕祭碑立于享堂左右次间和梢间,有万历四十二年至四十四年(1614~1616)的敕葬、谕祭、赐谥、恩恤等碑八方,高4.24~4.35米、宽1.1~1.5米。照池呈月牙形。照池后为墓冢,封土高2.5米、直径6.3米;前有拜台,青石浮雕罗城。

该墓布局尚属完整,基本保持原貌,现存墓门、享堂及墓冢经维修结构稳定,保存较好。1995年4月公布为江苏省第四批文物保护单位。

30. 顾炎武墓及故居

位于昆山市千灯镇古镇社区南大街南段。顾炎武(1613~1682),原名绛,字宁人,号亭林,自号蒋山佣,后人称"亭林先生",千灯人,明清之际杰出思想家和爱国学者。少年时参加"复社"反对宦官专权的斗争。清顺治二年(1645)五月清兵南下时,参加昆山、嘉定一带人民的抗清起义,以失败告终。晚年居陕西华阴,卒于山西曲沃,由嗣子顾衍生、从弟顾岩扶柩回昆山故里,葬于祖茔嗣父顾吉同、嗣母王贞孝之墓次位(即现址)。光绪二十年(1894),新阳县知县万立钧重修顾炎武墓。民国3年(1914),广东学者孔教会主持人出资委托二十世孙顾子王等建亭林祠,并由朱家角营造厂名匠王世昌设计建造。中华人民共和国成立后,"文化大革命"期间,该墓及祠堂遭到破坏。1984年、1987年、

2000年分别进行了修葺。

现墓园占地面积700平方米，墓周环绕短墙。墓前有为其嗣母王氏所立贞孝坊，墓南为亭林祠，再南为四柿亭。墓冢封土高2米，以石护边，前立"顾亭林先生之墓"碑，有花岗石坟台，围以石栏，中砌石阶。墓后保存原有翠柏十多株。墓南的亭林祠三间两厢一门楼，自成院落，祠内现陈列顾炎武塑像和有关文物史料。顾炎武墓因风雨侵蚀，墓碑略有风化，墓冢保存较好；祠堂因近年维修，保存较好。

顾炎武故居朝东落西，为五进明清建筑，自东而西依次为水墙门、门厅、轿厅、正厅、住宅楼，北侧有背弄连接灶房、读书楼和后花园。水墙门沿河，规模较大，有廊式河滩一座，便于船只上下往来和节日喜庆活动。门厅面阔五间，为清中期廊式木结构建筑，其南北各通备弄，直至后厅。轿厅为清中期抬梁式建筑，前后有船篷轩、驼峰、山雾云板上雕有花卉图案，厅前种植金桂、银桂各一株。正厅"贻安堂"是明后期建筑，厅前有船篷轩，廊下台阶为明式青石，柱子为粗大的银杏材质，梁架为楠木结构并配有青石座基和覆盆式木柱础，主梁为五彩雕梁画栋，山雾云板上雕有祥云图案。正厅天井种植玉兰，有明式砖墙环绕，有砖细花卉图案。正厅后有清早期牌科砖雕门楼一座，第一层为凤穿祥云牡丹图案，第三层为门楼题词"芝兰玉树"，题词两旁为戏曲人物图案。正厅后天井约半亩，配有湖石、松竹、花卉，有百年老树1株、古树4株。天井后为住宅楼，称黄柏楼，每间都配有花岗石条形台阶。故居前与千年石板街相接，后与顾炎武墓地和顾园相连，再现了顾炎武居家生活与读书场景，各厅内现陈列顾炎武塑像、手迹、著作、生平事迹和国内外对顾炎武及其作品的研究成果。

1995年4月公布为江苏省第四批文物保护单位。

31. 徐灵胎墓

位于吴江市松陵镇凌益村。徐灵胎（1693～1771），原名大椿，更名大业，后以字行，晚号洄溪道人，吴江人。清代著名医学家，兼工文辞，通晓音律、水利诸学。著有《医学源流论》《神农本草百种录》《伤寒类方》《乐府传声》《洄溪道情》等。乾隆年间曾两度奉诏进京诊治疑难重病。清乾隆三十六年（1771）冬病逝于北京，次年春归葬吴江县越来溪黄字圩（今属吴中区），乾隆五十七年（1792）迁葬于今址。中华人民共和国成立后，1958年前墓被盗毁，后将遗骨和部分遗物复葬墓内。1963年重修并立碑，"文化大革命"中遭破坏；1984年再次重修，扩墓地、筑墓道、添封土，按原貌重建牌坊。

此为徐灵胎与其原配、继室、副室的四穴合葬墓，坐北朝南，占地面积1481平方米。墓前有四柱三间石牌坊，额镌"名世鸿儒"，柱联两副，一为徐灵胎自撰"满山芳草仙人药，一径清风处士坟"，一为"魄返九原，满腹经纶埋地下；书传四海，晚年利济在人间"。封土高2.3米、直径10米。墓前原有1963年重修后所立楷书阴刻"清名医徐灵胎墓"墓碑，已毁；今碑为1984年新立，上刻蒯伟勇撰文、沙曼翁书写的《徐灵胎先生墓重修记》。

该墓保存较好，墓地四周筑有围墙、水泥驳岸护坡。1995年4月公布为江苏省第四批文物保护单位。

32. 琉球国京都通事郑文英墓

位于淮安市淮阴区王营镇新街17号、图书馆后院。郑文英（1744～1793），又名大岭青云上，祖籍福建省长乐县。清乾隆五十八年（1793）六月二十三日，郑文英作为朝京都通事，随琉球国进贡使团一行172人由琉球国那坝出发朝京，同年十一月十四日郑文英在途中患病不治，卒于王家营清口驿站，随后就地安葬于彤华宫侧（即现址）。

墓园呈长方形，东西宽13.2米、南北长20.2米，占地面积273平方米。墓冢居墓园中部，为青石混凝土结构。墓座、墓圈为青石垒砌而成，高1.76米、直径3.65米；墓顶呈馒头状，高1.24米，由黄土堆积成封土。出土墓碑两块，大碑半缺，是墓前原碑，正中刻"琉球国朝京都通事讳文英郑公之墓"，现藏于淮安市博物馆；小碑方柱体，高0.59米、宽0.13米，上首横书"琉球国"三字，其下直书"北京大通事大岭青云上郑文英之墓"，此碑形制及石质与福建一带琉球国人墓碑相似，可能是琉球国后来的进贡使团带来，因见墓前已有大碑，遂将其埋入地下。

1995年4月公布为江苏省第四批文物保护单位。

33. 郑燮墓

位于兴化市大垛镇管阮村西北角。该地俗称郑家大场，为郑氏祖坟地。郑燮（1693～1765），字克柔,号板桥,兴化人,著名书画家,扬州八怪之一。墓在1993年全面修缮,建围墙、河工驳岸。墓区占地面积2760平方米。墓基为砖砌圆形,坐北朝南,封土高3.5米、直径6米。墓前有碑,上刻"郑板桥之墓",另有石香炉、石烛台、石供桌。1995年4月公布为江苏省第四批文物保护单位。

34. 杨泗洪墓

位于宿迁市宿城区项里街道办关口居委会。杨泗洪(1847~1895),字锡九,宿迁宿城区人。清同治元年(1862),以武童资格入湘军。被聘任为守台的黑旗军教练,后升任台南副统。光绪二十一年(1895)中日甲午海战后,清政府割台湾予日本,杨泗洪放弃内渡、率领台湾人民保卫疆土,于落虹桥一战中殉国,后灵柩运回安葬于故里(即现址)。墓最初为土冢,1986年改建为铁红色水泥墓。

墓为半球形,高1.9米、直径4米,与其父母之墓两相并列。墓区占地面积2200平方米。墓前有高大牌坊,高6.2米、宽8.9米,坊柱上刻联:"血洒台湾誓保中华疆土;骨归故里共钦民族英雄。"墓区神道两侧,西有修墓记事碑,东有神道碑,神道碑上刻有清代举人臧增庆撰写的碑文,记载杨泗洪守台抗日壮烈殉国的英雄事迹。

1995年4月公布为江苏省第四批文物保护单位。

35. 郑和墓

位于南京市江宁区谷里街道周昉村、牛首山南麓。郑和(1371~1433),本姓马,明成祖朱棣的内宫太监,赐姓郑,人称三宝太监。明永乐三年至宣德八年(1405~1433),受朝廷派遣,七下西洋。清《同治上江两县志》载:"牛首山有郑和墓,永乐中命下西洋,宣德初复命,卒于古里,赐葬山麓。"1982年,在牛首山南麓回子山发现马蹄形墓坑和3~4米高的土墓。墓前原有神道石刻、"郑和之墓"石碑和享殿数间,均毁于早年。1985年为纪念郑和下西洋580周年重新修建墓园并新建墓盖石、台阶、神道等,2005年为纪念郑和下西洋600周年新建了郑和史料陈列室及其他附属设施。现墓园南北长300米,东西宽60米。2002年10月公布为江苏省第五批文物保护单位。

36. 秦观墓

位于无锡市滨湖区惠山二茅峰南坡。秦观(1049~1100),字少游,号淮海居士,北宋婉约派著名词人,江苏高邮人。北宋元丰八年(1085)进士,任秘书省正字兼国史馆编修等职。绍圣间(1094~1098)新旧党争,屡遭贬谪,远迁雷州(今广东雷州市),归途中卒于藤州(今广西藤县),南宋建炎四年(1130)追赠龙图阁学士。子秦湛奉丧归葬高邮,后秦湛通判常州,将父柩改葬现址。南宋中叶,墓周土地被侵占,墓前亭被毁,诗石被夺;南宋开禧二年(1206),县令将土地追还,集资修建复墓亭。清嘉庆八年(1803),后裔秦瀛重修并竖青石墓碑。现存墓地540平方米,坟丘直径2.5米、高1.8米,前有"秦龙图墓"四字墓碑。墓园东北角尚有"团瓢泉"。2002年10月公布为江苏省第五批文物保护单位。

37. 阎尔梅墓

位于沛县鹿楼镇杏花村西北。阎尔梅(1603~1679),字用卿,号古古,别号白耷山人,蹈东和尚,明崇祯举人,抗清志士、诗人、书画家。清兵入关后,尽散家私,奔走十余省,组织乡勇进行抗清复明活动,并参加复社与史可法等抗清名将共同图谋。清顺治十二年(1655)为清兵所俘,入济南狱4年,越狱后过流亡生活,有"清风满地难容我,明月何时再照人""一驴亡命三千里,四海为家十二年"等悲壮诗句。著有《阎古古全集》《白耷山人集》和《徐州二遗民集》等,晚年还乡,死后葬于杏花村祖茔(即现址)。

清光绪年间(1875~1908),沛知县马光勋躬祭阎墓,亲题墓碑"明故孝廉阎古古先生之墓",碑高2.4米、宽0.85米。民国时冯子固划墓地5.4公顷,植松柏720棵,有方形墓七座;东侧为阎尔梅墓,封土存高约2米、底径8米左右。

2002年10月公布为江苏省第五批文物保护单位。

38. 合剌普华墓

位于溧阳市溧城镇毛场村沙漾村西。合剌普华(1244~1284),元代维吾尔族人,官至嘉议大夫、广东道都转运盐使。至元二十一年(1284),因护送军饷在广东博罗、东莞一带遇难。至元元年(1335)冬十二月,合剌普华长子偰文质将父亲灵柩自江西南昌迁至现址;至正二年(1342)十一月改葬衣冠冢;至正九年(1349)春,合剌普华孙偰哲笃将元顺帝赐神道碑立于墓旁。后来,合剌普华孙偰哲笃、曾孙偰伯辽逊和偰斯等偰氏后裔殁后,均葬于合剌普华墓前,故此地成为合剌普华家族墓地至今。中华人民共和国成立后,"文化大革命"中部分附属建筑被毁,后于1998年、2004年由当地村民及韩国籍偰氏后裔陆续修复并增建"尚书亭"。

合剌普华墓占地面积约3 000平方米,坐东向西。原墓早年被毁,今存合剌普华墓志铭及志盖,安放在尚书亭内;墓前立文武官石翁仲、石虎、石羊、石龟趺各一对。墓志铭文由元至正奎章阁侍书学士中奉大夫中书参知政事相台许有壬撰文;志盖由翰林侍讲学士中奉大夫知制诰同修国史济南张起严撰写;神道碑由元翰林侍讲学士中奉大夫制诰同修国史同知经筵事臣黄溍撰文,中政院使荣禄大夫提调宣文阁知经筵事臣朵尔直班书,礼部尚书通议大夫领会同馆事臣太不花篆额。

合剌普华墓是中国内地罕见的古代西域少数民族官吏大型墓葬,揭示了墓主家族从漠北到西域高昌、再到中原及南方的基本脉络,提供了元代汉区色目人的研究个案;为研究元代灭亡后汉区尤其是江南地区包括色目人在内的少数民族的演进,提供了一个几乎是独一无二的实例。

2002年10月公布为江苏省第五批文物保护单位。

39. 段玉裁墓

位于金坛市薛埠镇花山大坝头村北。段玉裁(1735～1815),字若膺,号茂堂,金坛人,清代乾嘉学派中著名训诂大师,所作《说文解字注》尤为著名。

1984年县文物普查时发现,次年重修,后每年进行常规维修和管理。2007年,划于兴建的盛天生态园内,进行环境整治。保持了墓区原墓葬位置,并以围墙分隔东西两部分,东部为扩建部分,东西长32米、南北长32米,建管理用房五间、陈列及活动用房三间;西部南面也为扩建部分,南北长20米、东西长20米。

墓区东西宽22米、南北进深12米,四周围以青砖护墙。墓门前筑有九级石阶,接连甬道作为出入口。园内边柱楹联"硕田乐事千秋业,铁骨家风七品官"为何泽瀚教授撰写。园内正中是段玉裁墓,碑文为"清故段茂堂公夫妇墓";东侧为段母墓,碑文为"皇清敕赐孺人显妣史太孺人之墓,孝男段玉裁、玉章、玉立敬立",两墓均系原碑;西侧是金坛市人民政府与中国训诂学会联名新立的"重修墓记"碑石,碑文为徐复教授撰写、金坛书法家袁重庆书,碑额为于安澜教授篆。

2002年10月公布为江苏省第五批文物保护单位。

40. 钱谦益·柳如是墓

位于常熟市西门外虞山西南麓拂水岩下,二墓相距81米。钱谦益(1582～1664),字受之,号牧斋,晚号蒙叟、东涧老人,常熟人。明万历三十八年(1610)进士,授翰林院编修,天启年间(1621～1627)官至詹事府少詹事兼侍读学士,崇祯年间(1628～1644)官至礼部右侍郎兼翰林院侍读学士,南明(1644～1683)时出任礼部尚书。清顺治二年(1645),钱谦益在南京降清。次年赴北京,以礼部右侍郎充内秘书院学士,兼《明史》副总裁。不久,托病辞官。南归后,曾秘密支持反清活动。钱谦益被奉为"文坛祭酒""文宗",是"虞山诗派"代表人物、明末清初著名藏书家之一,著有《初学集》《有学集》《投笔集》《开国群雄事略》《列朝诗集小传》等。柳如是(1618～1664),本姓杨名爱,后改姓柳名隐,又改名是,字如是,号影怜、河东君、蘼芜君。吴江人,一说嘉兴人。初为吴江盛泽归家院妓。画有《月塘烟柳图》传世,著有诗文《戊寅草》《柳如是诗》等。明崇祯十三年(1640)与钱谦益相识,因爱慕而归之为妾。明亡后劝钱殉国,钱降清后入庵为尼,钱卒后自尽殉节。由钱门生王兆吉、陈式、严熊等治丧,葬今址。清嘉庆十四年(1809)常熟知县陈文述重修,孙原湘撰墓记,查揆书碣。

钱谦益墓占地面积740平方米。罗城内有三冢,主穴葬其父钱世扬及母顾氏,西穴葬其子上安、孙锦城。东穴即钱谦益墓,封土直径2.8米,高1.3米。冢后树碑二,一为清嘉庆二十四年(1819)所立,镌钱泳楷书"东涧老人之墓",上下首镌小字"集东坡先生书""尚湖渔者题"及"吾意独怜才""尚湖渔者"两方印章;另一碑为20世纪50年代所立,上刻仿宋体"钱牧斋先生墓"。墓前新建石亭一座,亭柱镌钱谦益书联"遗民老似孤花在,陈迹闲随旧燕寻"。柳如是墓占地面积250平方米,封土直径2.8米,高1.1米。后筑罗城,碑镌隶书"河东君之墓",为1982年修墓时重立。墓前立花岗石墓门柱一对。新建石亭一座,亭柱镌柳如是书联"远近青山画里看,浅深绿水琴中听"。

钱谦益、柳如是墓保存状况较好,现墓道为重修。2002年10月公布为江苏省第五批文物保护单位。

41. 漂母墓

位于淮安市淮阴区码头镇泰山村。旧时因其附近有一东岳庙，故又名泰山墩。漂母，姓氏和生卒年不详。相传汉代淮阴侯韩信年少落魄时，曾受漂母赠食之恩。韩信封为楚王后，欲赐漂母千金报恩，不料漂母已逝，韩信赠金筑成土冢。漂母墓墓址周长130米，墓高15.8米，顶部直径4.1米，底部直径52米。历代曾在墓的周围树碑多块，维护有加。现仅存两块碑，一为护墓碑，清光绪三十二年（1906）立；另一为墓志碑，民国19年（1930）立，碑高1.25米、宽0.60米，正中刻"漂母墓"，并刻有附文，详尽地叙述了漂母饭信的经过。2002年10月公布为江苏省第五批文物保护单位。

42. 大浮秦氏墓群

位于无锡市滨湖区滨湖街道大浮村羊岐（原麻风病院内）。因墓地广、规格高，俗称秦大坟，也称秦氏故墓。有宋代秦觏墓和明代秦瀚、秦梁父子墓，2004年后多次遭盗掘。秦觏，系北宋词人秦观之弟，临安主簿，其墓园在南坡，用黄石砌筑园墙，长约为150米、宽约60米。秦瀚（1493～1566），字叔度，是无锡惠山碧山吟社创始人秦旭曾孙，于诗社60周年（明嘉靖二十一年，1542）时曾重修立志。秦梁（1515～1578），字子成，号虹洲，进士出身，官至江西右布政使，曾主持纂修《无锡县志》，于万历二年（1574）完稿刻印。秦瀚、秦梁父子墓，坟丘并列，罗城直径均达15米，青石所砌；墓前各有碑亭，尚存碑驮、亭基、亭顶石；亭前有石牌坊残基、断柱和石马一对。墓园北侧道前旁尚存有坟堂老屋三间，内有石碑数块，保存较完整。2006年6月公布为江苏省第六批文物保护单位。

43. 秦金墓

位于无锡市滨湖区胡埭镇秦尚书湾，是镇林场所在地。秦金（1467～1544），字国声，号凤山，胡埭人，为北宋著名词人秦观后裔。于明弘治六年（1493）中进士，官至尚书，历任礼、兵、户、工各部尚书，加太子太保，时称"九转三朝太保，两京五部尚书"。晚年居城内西水关"尚书第"，筑"凤谷行窝"（寄畅园前身）于惠山东麓，著有《凤山诗集》《通惠河志》等。1953年建工农水库时墓周围毁坏，1968年墓穴上层被发现，但未发现有贵重陪葬品。墓区占地面积3.3万平方米，现该墓尚残存神道石马、石武士、碑趺、亭顶石、石牌坊等。2006年6月公布为江苏省第六批文物保护单位。

44. 史贻直墓

位于溧阳市溧城镇夏庄村南。史贻直（1682～1763）字儆弦，号铁崖，夏庄村人，康熙三十九年（1700）进士，文渊阁大学士，历任兵、刑、工、户、吏五部尚书，经康熙、雍正、乾隆三朝。乾隆二十八年（1763）逝世，赠太保，入贤良祠供奉，并恩赐祭葬于祖茔（即现址），由翰林院为史贻直立传，谥"文靖"。据传墓于太平天国年间（1851～1864）被盗毁。中华人民共和国成立后，20世纪五六十年代墓前部分石刻文物被毁，1982年文物普查时发现。

墓坐东向西，东高西低，墓区东西长118.40米、南北宽140.10米、占地面积16 587.84平方米。今封土已不存，墓前存有一对青石龟趺，长2.35米、宽1.10米、高0.30米；一石翁仲，高2.5米、宽1.28米、厚0.40米，身穿朝服，手持朝笏；一石马长2.40米、高1.20米、宽0.60米；一石狗高1.83米、长0.75米、宽0.53米。

2006年6月公布为江苏省第六批文物保护单位。

45. 四高僧墓

位于常熟市虞山北麓兴福寺东、寺路街与中山路交会处，系唐代怀述、常达，五代梁彦偶，宋代晤恩四位兴福寺历史高僧之墓。唐僧怀述、常达，经历了武宗灭法之劫，后来佛教中兴，他们恢复兴福寺。五代梁僧彦偶，有为虎拔箭疗伤、劝猎户不杀生之美谈。宋僧晤恩，慧精通佛典，演绎天台宗教义，在兴福寺建宗教院阐述佛学。中华人民共和国成立后，"文化大革命"中四高僧墓遭破坏，1979年修复，2001年再次重修。

四高僧墓占地面积1 400平方米，三面环墙，北面入口处以单间双柱冲天式石坊一座作为墓门，坊额、石柱上浮雕神兽、云纹，柱镌明末清初著名文学家钱谦益撰联"异代并成罗汉果，空山时落曼陀花"，坊额书"四高僧墓"四字。院内西有照墙，墙前朝东立石塔五座。中为主塔，高2.26米。主塔后由从南至北依次为宋高僧晤恩之塔，高2.42米；唐高僧怀述之塔，高2.2米；唐高僧常达之塔，高2.45米；五代梁高僧彦偶之塔，高2.06米。主塔前有石祭台，台前筑半圆形拜台，拜台南侧有一石兽。

四高僧墓的石坊、墓道、围墙和墓塔等保存完好。2006年6月公布为江苏省第六批文物保护单位。

46. 瞿景淳墓

位于常熟市西门外虞山锦峰拂水岩下赵家浜。瞿景淳(1507～1569),字师道,号昆湖,常熟人。明嘉靖二十三年(1544)榜眼及第,累官吏部右侍郎、礼部左侍郎兼翰林院学士,总校《永乐大典》,纂修《嘉靖实录》,后引疾归里。卒赠礼部尚书,谥"文懿",谕葬现址,里人称之为"美女献花坟"。

瞿景淳墓原设翁仲、石兽、石坊、碑亭等,亭内置御祭碑,后均被毁。中华人民共和国成立后,经1983、1985、2001年三次重修,已基本恢复原貌。现占地面积1 600平方米。入口处临虞山南路重立四柱三间冲天式石坊,额书"明瞿文懿公墓道"。墓道长96米,用小石块铺成,两侧置近年移立明代石马、石人各一对,外侧新建两座石亭。墓冢封土高1.5米、直径4米,围以罗城,外设拜台,冢后立碑镌"明赠尚书瞿文懿之墓"。

该墓保存基本完好。石兽、翁仲等因年代久远出现风化现象,其中一石兽的头部已缺失、一翁仲左肩部已损坏。2006年6月公布为江苏省第六批文物保护单位。

47. 吴承恩墓

位于淮安市楚州区马甸镇二堡村。吴承恩(约1504～1582),字汝忠,号射阳山人,祖籍安东(今涟水),后居山阳(今楚州),明代著名神话小说《西游记》作者。墓区占地面积约2 000平方米。墓于1982年修复,封土直径5米、高1.4米,碑高1.5米,上书"荆府纪善吴公承恩之墓"。墓南建有四柱三门牌坊,柱高8米,横坊书"吴承恩墓"。墓西南建有飞檐翘角四方纪念亭一座。2006年6月公布为江苏省第六批文物保护单位。

第四节 其他

江苏省还有大量的普通墓葬以及部分墓主身份未明的墓葬。据不完全统计,土墩墓(群)有900余处,以中小型土墩墓为主;汉代墓葬有700余处,主要形制有木椁墓、土坑墓、砖室墓、石椁墓、画像石墓、崖洞墓和瓮棺墓,尤以画像石和画像砖墓具有鲜明的时代和地域特征;其余各朝代墓葬300余处。

1. 大伊山石棺墓

位于灌云县伊山镇任庄村西、大伊山东麓青风岭上。1981年11月发现,现存遗迹范围3 868平方米,1985～1986年两次发掘,共发掘面积550平方米,清理出石棺墓62座,墓葬同向排列,分布密集,均为竖穴土坑石棺墓。石棺是用大伊山上8～15厘米厚的天然薄石板拼砌而成,无铺底石板,死者入殓后上盖石板即成石棺。多为成人,少数为幼儿,均作单人仰身直肢葬,石棺长1.85～2.2米、宽0.38～0.8米、高0.28～0.45米,儿童棺更小。有随葬品的不足一半,均置于棺内,随葬品陶器以夹沙红褐陶、泥质红陶为主,以釜、钵、罐或鼎、钵、盆为基本组合,鼎、釜多带腰檐,钵多为平底,部分为盖在死者头部的"红顶钵",其中3件底部有刻划符号;石器均磨制,有斧、锛、铲、凿等。还发现岳石文化灰坑一个。大伊山遗址是海岱历史文化区的早期新石器时代文化,是早于大汶口的一个文化类型,距今约6 500年,是迄今为止发现的全国最早的石棺墓葬群。墓葬现已修筑石护坡,制作了玻璃罩,得到较好保护。1995年4月以大伊山石棺葬遗址名称公布为江苏省第四批文物保护单位。1996年11月公布为第四批全国重点文物保护单位,更名为大伊山石棺墓。

2. 徐州墓群

徐州墓群由拉犁山东汉墓、茅村汉画像石墓和白集汉画像石墓组成,2006年5月公布为全国第六批重点文物保护单位。

(1) 白集汉画像石墓

位于徐州市贾汪区青山泉镇白集村。1965年由南京博物院发掘,1995年11月就地建成白集汉墓陈列馆。东汉画像石墓,主要由祠堂、墓室和墓垣等部分组成,地表有封土。墓封土长约30米、宽约25米、高近3米,周围有石砌墓垣。墓前有供后人祭祀的残破祠堂,石砌,面阔2.19米、进深1.5米,原为两面坡顶,现仅存高1.98米的山墙,上面刻有画像。墓南向,墓室全长8.85米,宽2.13～3.9米,高2.37～3.15米。墓分前、中、后三主室,另中室附左、右两耳室,后室又分为东、西室。墓室均为石砌,叠涩顶结构,地面亦铺石板。祠堂及墓室发现有24块画像石,雕刻技法为浅浮雕。石刻画像的内容可分为两大类,一是反映现实生活的宾主宴饮、车马出行、歌舞娱乐等,二是反映仙(天)界的珍禽异兽、神话传说等。该墓早年曾遭盗掘,墓中仅见东汉时期的剪边"五铢"钱币及少量陶器碎片,墓主身份至今仍悬而未解。2002年10月公布为江苏省第五批文物保护单位。

(2) 茅村汉画像石墓

位于铜山县茅村镇茅村凤凰山东麓。1952年2月发现,由中央文化部、中国科学院考古研究所及山东省文管会共同发掘清理。1994年7月、2008年11月两度进行保护与修复。墓由青石砌成,墓门东向,分前、中、后三室,左右有四个侧室和一个长廊。全长10.7米,最宽处6.9米。其中前中两室的四壁有画像石18块,雕刻技法为浅浮雕,内容题材有车马出行、仙人戏兽、百戏杂技、楼阁阙观等。未发现任何殉葬品,墓室保持完整。前室北壁右上角刻有"熹平四年四月十三日酉",证明该墓是东汉灵帝熹平四年(175)四月所建。据推断该墓于六朝时被盗,宋代又被重新利用作墓室用。1982年3月调整公布为江苏省第一、二批文物保护单位。

(3) 拉犁山东汉墓

位于徐州市泉山区拉犁山西坡台地上。有石室墓3座,其中3号墓已被破坏,1号、2号墓分别于1985年和1988年发掘。1号墓封土长29米、宽21米,存高5米,墓门北向,以双扇石门封堵,墓室全长15米,最宽10米,由前室、前室东西耳室、中室、中室西耳室、侧室、侧室东耳室、后室及回廊计九室一回廊组成,总面积60多平方米,出土铜耳杯、石质六博棋盘、"五铢"钱币、琥珀蝉、玉猪、水晶珠、铁剑、金银饰件及铜缕玉衣等近百件。2号墓与1号墓相距约20米,由前室、南北耳室、中室及后室计5个墓室组成,面积约30平方米。随葬品有陶壶、奁、耳杯、盘、案、猪圈、井、灶、磨、楼、鸡、鸭、猪、狗、九枝灯、玉猪、骨尺、铜铺首等共100余件。在墓门、门楣及前后室顶部发现画像石11块,为浅浮雕,画像内容为九头兽、铺首、四神、莲花等。1995年4月公布为江苏省第四批文物保护单位。

3. 竹墩、祭墩、奋墩

位于宝应县射阳湖镇射南村。射阳汉代墓葬区在约20平方千米范围内分布着大量汉代人工封土墩,包括汉射阳侯项伯墓、"建安七子"之一陈琳墓等名人墓葬,俗称"九里一千墩",完好成型的土墩有20多座。高度均为2~3米,长度30~60米不等;墩形多为覆釜形、圆形,少数方形。其中"祭墩""竹墩""奋墩"为标志墩。2004年经对墓群进行全面考古调查,确定该范围内有大小土墩104个,多数集中在射南村中心偏南宝射河以北约14平方千米的范围内。1982年3月调整公布为江苏省第一、二批文物保护单位。

4. 田舍村隋墓

位于常州市武进区湖塘镇田舍村北、武进大桥北桥头西侧、武宜北路路西、原供销干部学校院内。

1984年11月发现,同年冬至次年2月进行了抢救性挖掘清理,为两座并列西向的椭圆形壳体结构隋代砖室墓,计出土青瓷盘口壶、青瓷盏、铜镜、钱币等隋唐随葬品共三十余件。

古墓平面呈卧置的盘口壶瓶形,全长4.9米,由墓门、甬道和墓室三部分组成。墓门呈浅盘状,分盘底、盘壁和盘口沿等部分,高1.95米。甬道较狭窄,外壁呈瓶颈状。墓室较宽大,椭圆形,高2.27米、宽2.5米,墓室外形呈椭圆形鼓凸,后壁较平直,穹隆形顶。墓室的左、右、后壁均构筑有直棂窗五个,直棂窗上端各有一个壁龛,壁龛中各放置一件青瓷碗作为灯盏,用以点灯照明(拟作幽冥世界的长明灯)。墓底用长方形砖平铺成人字纹样。在墓室前半部的地砖下面构筑有纵横交叉呈丁字形的两条排水沟,其中纵向排水沟直通墓门外,用以排除室内积水。两座砖室墓除采用长方形砖外,尚有楔形、梯形、三角形、长条形各种规格的特制专用砖块。隋代立世短暂,完整的墓室遗存极少,此种形制的墓室更属罕见。

墓中的随葬器物未经扰乱,保存完好的随葬品大多放置在甬道和棺床上,棺床上散布着许多已极为锈蚀的铁棺钉,还有许多铁棺钉已锈结在一起。两座墓室各出土随葬品10件,其中M1出土青瓷盘口壶2件,铜镜1枚,青瓷碗1件,灯碗6件;M2出土青瓷双唇罐1件,青瓷盘口壶1件,灯碗7件,饼形瓷坯1件。此外还出土了一些古钱币。

1985~1987年在墓上修建钢筋混凝土结构半掩埋式永久性保护设施,建筑面积90平方米。1992年春,保护设施的上部被拆除,重新浇制平顶,并在平顶中央修建仿古木结构四角凉亭一座,后将凉亭拆除。

1995年4月公布为江苏省第四批文物保护单位。

5. 尹湾汉墓

位于东海县温泉镇尹湾村西1 000米的高岭上。墓群面积约2 500平方米，是一处由人工堆积而成的覆斗状封土堆。

墓葬为1993年2月发现，共计11座，已陆续发掘清理6座。均为长方形竖穴土坑木椁墓，分合葬、单葬两种，部分墓葬曾被盗扰，出土铜、铁、陶、骨角、漆、木、玉、琉璃器和纺织品等200余件（套）文物。其中2号墓中出土的缯绣衾被，刺绣大幅图案，纹饰特殊；6号墓出土了木牍23枚、竹简133枚，近4万字，记载了东海郡西汉晚期的行政文书档案和墓主人生前所用名谒、起居记以及记录陪葬物品的衣物券等。从已发掘的及探测的墓葬位置分析，可推测尹湾汉墓为西汉晚期到新莽时期一处家族墓地，其中6号墓可确定墓主人为西汉东海郡功曹史师饶，字君兄。

尹湾汉墓出土的简牍内容反映了西汉末年政治、经济、军事及社会生活的各方面，多属首次发现。这是迄今为止中国发现的最完整的西汉郡级行政文书档案，其中元延三年（前10）五月之历谱是中国迄今所发现最早的完整日书。这些简牍的研究被列为1995年全国社科基金资助项目。1996年9月，为纪念第13届国际档案大会在中国召开，邮电部将尹湾汉墓简牍作为特种邮票《中国古代档案珍藏》的图案之一。2002年，尹湾汉墓简牍入选首批"中国档案文献遗产工程"。

2002年10月公布为江苏省第五批文物保护单位。

6. 草堰口墓群

位于建湖县上冈镇草堰口社区永丰村和丰宁村。该墓群纵列10个汉墓墩，占地面积9万平方米。根据相关实物、史料，均确定墓葬年代为汉代，墓主具体身份不详。2002年10月公布为江苏省第五批文物保护单位。

（1）郭家墩汉墓

位于永丰村杨桥西北500米。1980年开河，穿过该墩西部，发掘大型竖穴土坑木椁墓1座，占地面积300平方米。墓口南北长约5米、东西宽约4.8米，椁长约4米、宽约2.6米、高1.4米。椁内三具棺木，棺内外髹朱漆，为整段楠木刳凿制成，棺内骨架完好。北棺盖上有一层薄板，板上约用2 200枚"五铢""大泉五十"铜钱串在一起，组成两条长1.75米龙形图案；中间一口棺死者胸前斜放一把铁剑。椁东边侧箱内放置陶器等随葬品，出土器物有铜提梁卣、铜蟾蜍、铜洗、铁剑、漆耳杯、木桶以及釉陶壶、陶罐等100余件文物。

（2）高家墩汉墓

位于永丰村杨桥西北500米。墩高1米多，占地面积1 000平方米，上建有碑亭一座。1964年，在墩子东边清理出一座土坑竖穴木棺墓，棺长2.3米、宽0.75米、高0.8米，出土釉陶罐、铁剑、五铢钱等文物。

（3）高家松子林汉墓

位于永丰村杨桥西400米。墩占地面积600平方米，高约1米，呈台形，地面散见绳纹陶片、花纹残砖等。

（4）陈家墩汉墓

位于丰宁村西南800米处。墩占地面积300平方米，封土高1.3米。1980年开河，河身穿过该墩中间，清理土坑木椁墓1座，墓葬形制遭破坏。楠木棺椁墓长2.4米、宽0.8米、高约0.83米，出土有釉陶壶、罐、铜镜、铁剑、"五铢"铜钱等。现墩南端已平成农田，东部保存尚好。

（5）农场大墩汉墓

位于丰宁村西400米。占地面积800平方米，墩高1米。1980年开河，从墩西部穿过，清理楠木棺椁墓1座，发现楠木棺材两口。墓长2.6米、宽1.4米，棺长2.15米、宽0.8米、高0.82米。出土泥质灰陶壶、釉陶壶、罐、五铢钱以及铜镜等。东部平为农场，保存完好。

（6）学校大墩汉墓

位于丰宁村西南500米。占地面积800平方米，墩高1米。1958年村民在墩子东边挖出墓道、石碑、花纹大砖等遗迹和遗物。1968年农民在墩子南边取土时，发现楠木棺1口，出土文物不详。

（7）凤凰墩汉墓

位于丰宁村一组七里庵桥西400米。占地面积250平方米，墩高1米。地面残存花纹砖、绳纹陶片。

（8）吴家东墩汉墓

位于永丰村杨巷西。占地面积约1 200平方米,墩高约1.5米。1983年村民挖毁竖穴土坑木椁墓2座,椁长2.65米、宽2米,棺长2.30米、宽0.74米、高0.76米。出土有铜镜、铁剑、釉陶壶、罐、陶制棋子(方形,上刻虎形纹)以及少量"五铢""大泉五十"铜钱等。

(9) 吴家西墩汉墓

位于永丰村,与吴家东墩隔河相望。占地面积约500平方米,墩高约0.5米。

(10) 彭家墩汉墓

位于永丰村杨巷西南。占地面积约2 000平方米,墩高约0.8米。1991年村民挖毁三具竖穴土坑椁墓,具体情况不详,出土釉陶壶、罐、剑阁、铜镜等。

第三章　古建筑与构筑物

"古建筑与构筑物"是指古代人们为了满足社会生活需要,利用所掌握的物质技术手段,并运用一定的科学规律、风水理念和美学法则创造的人工环境。江苏省的古建筑与构筑物主要有官殿官署、城垣城楼、文庙书院、坛庙祠堂、亭台楼阁、府邸住宅、驿站会馆、店铺作坊、寺观塔幢、苑囿园林、桥梁码头、水工建筑和其他等。

据第三次文物普查最新成果统计,江苏省官殿官署类建筑有 90 余处,城垣城楼 38 处,文庙书院 50 处左右,坛庙祠堂 763 处,亭台楼阁 67 处,府邸住宅 3 600 多处,驿站会馆 53 处,店铺作坊 307 处,寺观塔幢 300 多处,园囿园林 54 处,桥梁码头及水工建筑 1 200 余处。

官殿建筑包括皇帝的宫殿、行宫,以及官府衙署建筑。城垣城楼主要为明、清时期的城墙、城门和城楼。文庙和书院学堂遍布全省,其中苏州文庙"左庙右学"的建筑布局成为定制,"天下有学自吴郡始",另有东林书院、东坡书院、襟江书院等几十处,以及清代四大藏书楼之一的常熟铁琴铜剑楼等。坛庙宗祠以无锡和苏州两地分布最多,无锡惠山镇祠堂群至今仍保持着自唐代至民国的 118 处祠堂建筑和明确的祠堂遗址,苏州有范文正公忠烈庙和王鏊祠等。府邸住宅典雅精致,江南的古民居结构上带典型的水乡特色,而江北的古民居则与安徽、湖南等地的建筑风格相融合,更为厚重。园林今存近 70 处,以苏州、扬州园林尤为突出。苏州古典园林中的拙政园、网师园、留园、环秀山庄、沧浪亭、狮子林、艺圃、耦园、退思园 9 处已列入世界文化遗产名录。扬州园林尚存 30 余处,园主多为盐商,个园和何园是其代表。江苏境内尤其江南水乡古镇众多,河湖广布,因而桥梁遍布。为农业灌溉之需、漕运和行舟之便,江苏还兴建了不少水工建筑。留存至今的大运河江苏段全线 690 多公里,沿线建有很多闸坝、码头、仓库和桥梁,如草堰石闸、洪泽湖大堤等。

第一节　宫殿官署

宫殿官署建筑包括皇帝的宫殿、行宫以及官府衙署建筑，这些建筑大都金玉交辉、巍峨壮观。宿迁龙王庙曾为乾隆下江南之行宫，是江苏省仅存的官式建筑。

1. 龙王庙行宫（含御码头遗址）

位于宿迁市西北20千米处的皂河镇附近的运河南岸。原名为"敕建安澜龙王庙"，始建于康熙二十三年（1684），康熙南巡途经宿豫县皂河镇，为治理洪灾，建庙以慰民心。雍正五年（1727）和嘉庆十八年（1813）两次重修。清乾隆皇帝六次下江南，五次驻跸于此，为迎奉皇帝，庙按官式建筑改建，故又称其为"乾隆行宫"。

龙王庙行宫占地面积2.2万平方米，建筑面积1 996.75平方米，坐北朝南，东西有内外宫墙，为三院九进封闭式合院的北方宫式建筑群。现存有三进院落，殿宇十四座。中轴线上南端现存戏楼基址与东西牌楼门，东书"河清"，西书"海晏"，上覆错落三重庑殿顶，各辟三券门。戏楼基址再向北依次为山门、御碑亭、怡殿、龙王殿（大王殿）、灵官殿和大禹王殿，两侧有钟鼓楼和东西配殿。主体建筑龙王殿立于须弥座台基上，面阔七间，进深四间，重檐歇山顶，内部梁枋饰以苏式彩绘。

御码头遗址位于龙王庙行宫东北约500米处，包括御马路与御码头。御马路为清康熙二十三年（1684）建造"安澜龙王庙"时修筑，供周边百姓进入龙王庙祭礼敬神，俗称"马路"。乾隆二十二年（1757），乾隆皇帝御舟泊于皂河镇内京杭大运河南岸的"石码头"，经"马路"至龙王庙内祭拜水神，并下榻庙内大禹王殿。"马路"遂称之为"御马路"，御舟泊停的"石码头"也称之为"御码头"。御马路始点起于龙王庙行宫内的"河清"牌楼门，终点止于御码头，全长约500米。御码头约20平方米，块石垒砌，离水平高度3米。

龙王庙行宫是大运河江苏段沿线保存最完整、规模最大的皇帝南巡行宫，1982年3月公布为江苏省第三批文物保护单位，2001年6月公布为第五批全国重点文物保护单位。2006年5月，御码头遗址公布归入全国重点文物保护单位龙王庙行宫。

2. 淮安府衙

位于淮安市楚州区东门大街33号。原为南宋五通庙，元代为沂郯万户府，明洪武三年（1370）改建为淮安府的新府衙，一直沿用到清末。明正德五年（1510），大堂毁于火，于正德十年（1515）修复。清康熙十八年（1679）重建，乾隆五年（1740）修整，咸丰中大堂又毁于火，于咸丰十年（1860）修复。辛亥革命后，改为淮安县政府。中华人民共和国成立后为工厂占用，部分房屋被拆除；西路为部队占用，已面目全非。2003年起开始全面修缮。

大门对东门大街，有石狮一对，原有七丈长的照壁一座。东西各有一牌坊，东坊额曰"长淮重镇"，西坊额曰"表海名邦"，毁于清末。衙内房屋50余幢600余间（淮安府衙占地总面积2万平方米，清末时有300余间房室），分东、中、西三路。中路为正房，除大门、二门外，有大堂、二堂两进。二门与大堂之间为六科书吏房，东为吏、礼、户三科，西为兵、刑、工三科。大堂二堂之间有一座三槐台，台上有铜柱二，两柱间置铁釜一。二堂后有门，入内为官宅上房，为知府等人生活起居之处。上房后有楼，称镇淮楼。东西两路以中路对称展开。西路为军捕厅，亦有大门、二门、大堂、二堂、上房几进。东路为迎宾游宴之所。入官厅门即藤花厅，厅东为迎宾馆，北为宝翰堂，堂之西壁嵌唐代书法家李邕所撰《娑罗树碑》。厅后为厨房，厨房东为四桂堂。

淮安府衙今存大堂、二堂等主体建筑和西库房等辅房。2002年10月以淮安府署名称公布为江苏省第五批文物保护单位。2006年5月公布为第六批全国重点文物保护单位，更名为淮安府衙。

3. 朝天宫

位于南京市秦淮区莫愁路东侧冶山南麓。相传系春秋吴国冶城故址，周长2 300米，依山而建。东晋时有冶城寺和王导西园等，南朝宋时为总明观，杨吴建紫极宫，宋为天庆观，元名玄妙观。明洪武间重建，名朝天宫，是祭祀天地、国家大典前官员净身及官僚贵族子弟袭封前学习朝觐天子礼节的地方。今朝天宫古建筑群系同治五年至九年（1866～1870）江宁府学迁于此地后所建，分三路建筑，中为文庙，西为卞公祠，东为府学。中华人民共和国成立后，1988年大修。

朝天宫占地面积7万余平方米，建筑面积3.5

万平方米,坐北朝南,沿中轴线自南而北为照壁"万仞宫墙"、泮池、东西拱门砖坊、棂星门、戟门、大成殿、崇圣殿、敬一亭,东侧有飞云阁、飞霞阁等;阁前有御碑亭,方碑的四面与额正面均刻有乾隆帝六巡江南时为朝天宫所题御制诗。

棂星门　大泮池边。为四柱三楼木牌坊,面阔15.5米,四柱南北各有雄雌石狮二对,门内西厢东为文史斋、司神库,西为武吏房、司牲亭。

大成门(戟门)　在棂星门北。面阔五间29米,进深12.29米,重檐歇山顶,东为金声门,西为玉振门。东西两侧偏殿各五间,东偏殿有同治年间(1862~1875)立《重修江宁府学碑》,曾国藩撰文,曾国荃书。

大成殿　在戟门北。建于三层石台基上,石栏围绕,面阔七间36.53米,进深16.15米,高26.7米,重檐歇山顶,覆黄色琉璃瓦。殿内原有鎏金匾"至圣先师孔子之神位"及同治、光绪、宣统皇帝题匾等,今已不存。

崇圣殿　在大成殿北。又称先贤殿、先贤祠,面阔七间36.53米,进深16.15米,歇山顶,覆黄色琉璃筒瓦。

现为南京市博物馆馆址。1982年3月调整公布为江苏省第一、二批文物保护单位。

4. 织造署旧址

位于苏州市城区带城桥下塘(今苏州市第十中学西南部)。原为明末外戚周奎(崇祯帝周皇后之父)故宅,清顺治三年(1646)在此建织造局,又名总织局。康熙十三年(1674)改为织造衙门,称织造府或织造署,总织局迁至衙门以北孔副使巷。织造署除在苏州、松江、常州三府自设机房雇工织造以供皇室消费外,兼管三府机户和征收机税等事务,当时与江宁(今南京)、杭州织造署并称"江南三织造"。康熙二十三年(1684),在织造署西部建行宫,作为清帝"南巡驻跸之所"。

据记载,原织造署厅堂、廨宇、园池、机房、吏舍齐备,占地甚广。咸丰十年(1860)毁于兵火。同治十年(1871)重建,但未复旧观。现存清代建筑仅头门和仪门。头门为硬山造,面阔三间13.4米,进深6.4米,于脊柱间安断砌门(将军门)三座,门扉六扇及门簪、抱框、连楹、下槛、砷石等为原物。此外,头门及建于民国时的多祉轩内,尚存清顺治《织造经制记》及顺治、乾隆、同治年间的碑刻共五方。包括以瑞云峰为中心的行宫遗址在内,苏州织造署旧址是"江南三织造"中现存遗迹最多的一处。

苏州织造署旧址布局已不完整,经维修现存建筑结构稳定,保存较好。2002年10月公布为江苏省第五批文物保护单位。

5. 学政试院

位于泰州市海陵区府前路2号,又名扬郡试院。原为五代南唐永宁宫旧址,宋、元时为州治,明代先后改建为凤抚军使院、都察院,清康熙时改为扬郡试院,直至光绪三十一年(1905)废除科举制度,扬郡试院一直是扬州府属八县试院。中华人民共和国成立后,2007年按原样重建,成为科举院试博物馆。现存主体建筑结构为明清所建,前仪门、后"四教堂"两进南向建筑,硬山顶。檐间五踩斗拱,风拱上雕刻透空暗八仙图案;明间悬乾隆三十一年(1766)立蓝地金字"四教堂"匾。2002年10月公布为江苏省第五批文物保护单位。

6. 徐海道署

位于徐州市泉山区文亭街8号,又称道台衙门。始建于明洪武十一年(1378),为东察院。正德六年(1511)改为道署,后圮于水。崇祯三年(1630)于旧址重建。清乾隆六年(1741)进行过大规模的增修扩建,光绪十一年(1885)再次重修。民国初年张勋占据徐州时,将其作为大帅府,抗战初期是国民党第五战区长官司令部,日伪时期为淮海江苏省驻地。中华人民共和国成立后,1999年对照壁进行了维修。

经清乾隆六年(1741)扩建后,原有大小院落三十多个,建筑群三路三进,由大门、仪门、大堂、二堂、后楼等组成,坐北向南。现存清建照壁和二堂,照壁长30米,高5.6米;二堂面阔五间21米,进深九檩13.2米,高9米,歇山顶,斗栱出跳,龙头彩斗完好。

2006年6月公布为江苏省第六批文物保护单位。

7. 江苏巡抚衙门旧址

位于苏州市城区人民路书院巷。南宋时为魏了翁御赐第,元代为鹤山书院。明永乐年间(1403~1424)设应天巡抚行台于此,宣德五年(1430)成为应天巡抚署。清顺治二年(1645)在此设立江宁巡抚署,乾隆二十五年(1760)至清朝灭亡为江苏巡抚署,别称巡抚衙门或抚台衙门。辛亥革命武昌起义爆发，末任巡抚程德全在此宣布江苏独立，成立中华民国苏军都督府(后改中华民国军政府江苏都督府)。中华人民共和国成立后，1980年拆除部分建筑，2000年维修。

现存建筑为清同治五年(1866)重建。占地面积约1 300平方米，南向，一路四进，即头门、仪门、后堂、后楼(来鹤楼)。头门为将军门式，面阔五间23.13米，进深9.45米。梁架扁作有彩绘，中柱前两架后四架，檐口一字斗拱。仪门面阔五间22.85米，进深8.27米，穿斗式梁架圆作有彩绘，中柱前后各两架，檐口一字拱挑云头。后堂面阔三间16.9米，进深七架椽11米，檐高4.5米。两山墙设博风、先排山、竖带脊，正脊为七套龙脊。内有覆莲式青石柱础。后楼"来鹤楼"始建于明正统间，面阔五间23米、进深六架9.4米，檐高2.8米。底层及楼层均设船篷轩。底层梁架为扁作，楼层为圆作。南立面檐口云头挑梓桁，飞椽断面作矩形。

现江苏巡抚衙门旧址经维修结构稳定，保存较好。2006年6月公布为江苏省第六批文物保护单位。

8. 江苏按察使署旧址

位于苏州市城区道前街。清雍正八年(1730)，下江按察使自江宁(南京)移驻苏州，改为江苏按察使，称江苏提刑按察使司，别称臬台衙门。道光年间(1821~1850)，林则徐出任江苏按察使，曾在此治事。咸丰十年(1860)毁于兵燹。同治六年(1867)重建。宣统二年(1910)改为提法使司。民国时，曾为江苏高等法院，救国会"七君子"案即在此审理；抗战胜利后，陈璧君、陈公博等汉奸也在此受审判决。

现存清代建筑占地面积3 768.5平方米，建筑面积2 100平方米。正路存头门及八字照墙、二堂(工字殿)、楼厅，东路存花厅两座及楼厅，更东为花园。头门为中柱将军门式，硬山顶，前有三对抱鼓石。面阔三间12.76米，进深四架5.6米，檐高4.22米。左右砖墙呈"八"字形展开。二堂(工字殿)为传统官式建筑造法，硬山顶，圆作梁架，哺龙脊，前后殿明间以卷棚顶过道廊相连。前殿面阔五间21.8米，进深七架椽13.7米，檐高4.9米，殿内四根金柱为楠木柱，大梁上有彩绘包袱锦。后殿面阔五间21.8米，进深七架椽10.3米，檐高4.33米，石鼓墩柱础有雕刻。后天井两侧有复廊。楼厅为硬山顶，面阔五间25米，进深七架椽9.74米，前有船篷轩雀宿檐。东路前后花厅均为三开间，进深七架。楼厅形制同中路楼厅，三开间，正贴为四架梁前后双步，南加船篷轩雀宿檐。东花园内有长廊、小楼、湖石假山、水池、三曲桥、半亭，仅小楼为清代建筑。

江苏按察使署旧址虽布局已不完整，但现存建筑经维修结构稳定，保存良好。2006年6月公布为江苏省第六批文物保护单位。

第二节　城垣城楼

江苏古代城址保存较多，保留至今的城垣城楼主要为明、清时期的城墙、城门和城楼。

1. 南京城墙

位于南京，始建于元至正二十六年(1366)，竣工于明洪武十九年(1386)。全长35.267千米，现存地面遗存25.091千米，高14~26米，顶宽2.6~19.75米，存垛口13 616个，敌楼200座。城墙利用地势，依山靠水而筑，呈不规则形。城砖来自湘、鄂、赣、皖、苏五省的130多个府、州、县，并在砖上铭刻府、县官员和制砖人姓名。

原有13个城门，即聚宝(中华)、三山(水西)、石城(汉西)、清凉、定淮、仪凤(兴中)、钟阜(东)、金川、神策(和平)、太平、朝阳(中山)、正阳(光华)、通济。清代以后，又增辟草场、丰润、挹江、武定、汉中、解放等门。明筑城门今仅存聚宝、石城、神策、清凉4门。洪武二十三年(1390)，又在京城外筑外郭。

清代，南京城墙因战火和缺少维修资金，损坏程度加深。最大的损坏有两次，分别是咸丰三年(1853)太平军攻城和同治三年(1864)清军攻城。这两次损坏的城墙，均得到及时的修缮。民国建立后，明清古城墙管理一度松弛，尤其是民国16年(1927)，在城市发展中曾发生过拆除和保护的争论，后因抵抗日军侵华而加强了城墙修葺。民国26年(1937)12月，日军在进攻南京城时对城墙造成破坏，尤其是中华门(原名聚宝门)木结构城楼完全毁于日军战火。中华人民共和国成立后，20世纪50年代，先后拆除城墙11.5千米。20世纪80年代以来，先后成立了南京市城墙管理处、南京市明城垣史博物馆等常设保护专业机构,南京城墙和护城河 4/5 以上的地段得到了有效保护、维修和展示,少部分已被拆毁的城墙基础部分也逐步得到保护。

城门中以聚宝门现存规模最大、保存最好,聚宝门今称中华门,始建于五代杨吴,曾为南唐都城的正南门,南宋扩建,明洪武初,在南唐南门基础上重建,称聚宝门。平面呈长方形,南北长 129 米、东西宽 118.5 米、高 21.45 米,面积约 1.52 万平方米。条石为基,其上砌砖,设 3 道瓮城,东西马道,城上建筑已毁圮,仅存台基柱础。贯通瓮城的 4 道拱门,高 19 米,门和千斤闸已无存。最南一道城墙内侧及两马道下券砌 27 个藏兵洞,相传可藏兵 3 000 人。1982 年 3 月,聚宝门调整公布为江苏省第一、二批文物保护单位。

东水关在通济门西侧,亦称东关头,明初为控制秦淮河入城水量而建,旧称上水门。东水关由分水闸、桥道、藏兵洞三部分组成。水闸有前后两道,在半圆形拦水坝中间安装木质水闸(闸已无存),由绞关启动。第一道在内秦淮入水口,第二道在城墙之内。城墙从二道水闸之间特制桥道上堆砌。桥道宽于城墙 7 米左右,城外留有约 2 米宽度的便道,城内则留有 4 米余的桥面为人行道;城墙下(即桥道下面)留有 9 孔拱券式进水巷道,为防止敌方潜水进城,每孔分别安装有固定铁栅;为守闸的防御需要和减轻城墙对桥身的压力,在城墙中建有上、下 2 层各 11 个藏兵洞。上层藏兵洞连同城墙已被拆毁,今仅存下层的 11 个藏兵洞和东水关的进水巷道。清光绪年间(1875～1908),左宗棠在此附近的通济门建 5 座石闸。今辟为东水关遗址公园。

1982 年 3 月,南京城墙公布为江苏省第三批文物保护单位。1988 年 1 月公布为第三批全国重点文物保护单位。

2. 盘门

位于江南运河苏州城区运河故道上,苏州城墙西南角。据古籍记载,苏州城最初是周敬王六年(前 514)吴王阖闾命伍子胥所筑春秋吴国都城,盘门为吴都八门之一。门上曾悬有木制蟠龙以示镇慑越国,故而古称蟠门;又因其"水陆相半,沿洄屈曲",得名盘门。现存城门为元至正十一年(1351)修筑,瓮城为至正十六年(1356)张士诚据苏时增建。明初、清初和晚清都曾进行过修缮。中华人民共和国成立后,1976～1981 年、1983 年、1986 年先后进行维修加固及修复。

盘门由水陆城门、瓮城及两侧城墙组成,总占地面积约 1.28 公顷,水陆城门南北交错并列,总平面呈曲尺形,朝向东偏南 10 度。盘门内另存青石旗杆石一对,顶端雕刻覆莲,据考为宋代伍相公庙遗物。

水门由相距 4.6 米的内外两重城门组成,纵深 24.5 米。外门石拱券作分节并列式构筑,金刚墙高达 7.25 米,墙角各立方石柱,上架楣枋以承拱券。拱券矢高 2.75 米,开有闸槽。内外水门之间,南北砌泊岸,东南隅城墙内辟有洞穴通道,可循石级登城台。内门由三道纵联分节并列式石拱串连构成,三拱尺度不一,第三道拱最大,高 9.7 米、宽 9.3 米、深 6 米。内外两水门建筑结构不同,非同一时代遗存,外门早于内门。

陆门也有内外两重,其间为平面略成方形的瓮城,内周长约 177 米,城墙高 8.1 米,下以条石为基,上砌城砖。内外两门错置,外门在瓮城东北方,由三道纵联分节并列式石拱构成,左右城墙亦花岗石砌筑,均为近代改建。内门偏于瓮城西南,以三道砖拱构成,其中第二道拱转换 90 度砌筑,第一、三两道拱各厚三层,采用二丁一顺砌法。门洞纵深 13 米,宽 3.9 米,第三道拱高 5.45 米。门外左右加筑梯形护身墙以增强稳固性。第一道拱上开有"品"字形小"井",是对付敌方火攻的灌水口。此门年代较早。登城坡道在城墙北侧,可自东而西上至城台。

盘门兼具战时守城防御、汛期防洪泄洪与平时水陆通行功能,是苏州现今唯一保存较完整的水陆结合的古城门,是连接大运河与苏州古城的一个重要节点。现盘门遗址布局完整,结构基本稳定,但城墙局部有开裂,墙砖部分松动、脱落。1982 年 3 月公布为江苏省第三批文物保护单位,2006 年 5 月公布为第六批全国重点文物保护单位。

3. 南京鼓楼

位于南京市北京西路东端鼓楼岗。因清康熙帝曾来此登楼四望,故又名畅观楼;又因内存圣祖玄烨戒碑,亦称碑楼。始建于明洪武十五年(1382),用于击鼓报时。清初楼倒基存,于原址重建。今存之楼为清同治年间(1862～1874)重建。

建筑坐东北面西南。明构台基以城砖砌筑,长45.81米,宽25.07米,高8.9米,有券门3个,两侧券门内侧各有两个藏兵洞,且有石阶通上层平台。清初在台上建重檐歇山顶2层楼阁,面阔13.77米,进深10.67米,高14.5米。廊宽1.5米,有24根廊柱,梁枋透雕凤凰、麒麟、云鹤等图案。楼内原有圣祖玄烨戒碑、大鼓2面、小鼓24面、云板1面、点钟1只、牙仗4根、铜壶滴漏1架、三眼画角24板等。今仅存清康熙二十三年(1684)立圣谕碑,碑青石质,螭首,龟趺长2.9米,高1.25米。首高0.88米,浮雕云龙宝珠,篆额"圣谕"二字。碑身高3.2米,记载康熙二十二年(1683)御驾南巡时的盛况和告诫地方官的训谕,阴刻两江总督王新命等20人的官衔和姓名。

1982年3月调整公布为江苏省第一、二批文物保护单位。

4. 铁铃关

位于苏州市城区阊门外枫桥路西首,又名枫桥敌楼。明嘉靖三十六年(1557)为抗御倭寇窜扰,在苏州城外创建敌楼三座,一在木渎镇,一在葑门外,一在枫桥即铁铃关。现仅存铁铃关一处。

铁铃关原"下垒石为基,四面瓷砖,中为三层,上覆以瓦,旁置多孔发矢石铳炮",与关前河、桥组成一个完整的古代军事防御体系,是扼守苏州西郊运河和官道水陆要冲的重要关隘。清道光九年(1829)重修,次年改建上层为文星阁。其后,阁楼颓毁,下部关台拱门也年久失修,雉堞、女墙等倾圮无存。中华人民共和国成立后,1963年后曾几度小修加固。1986～1987年大修,加固关台拱门,重砌雉堞、女墙,并于台上建单檐歇山顶单层楼阁三间,大体恢复到清代的模样。1998年维修后在此陈列明代任环领导苏州军民抗倭文物史料并对公众开放。

关台以条石为基,城砖砌墙,底平面长方形,面阔15米,纵深10.2米,高7米。正中辟拱门,西跨枫桥东塊,东接枫桥大街。拱门内南北壁面均辟大小拱门各一,内砌登关砖级,并有藏兵和存储武器的空间。

铁铃关现基本保持完好。1982年3月公布为江苏省第三批文物保护单位。

5. 镇淮楼

位于淮安市楚州区中心。现为清构,始建于南宋宝庆二年(1226),为城中谯楼。原内置铜壶刻漏、更筹十二辰二十四气牌,由阴阳生居其中,按击鼓报时,俗称鼓楼。原楼上面南有额曰"谯楼",后改题"南北枢机"。清后期易名镇淮楼,民国中更名中山楼,抗日战争中改作博古图书馆。中华人民共和国成立后多次维修,并于1959年在清式基础上扩建而成现建筑,现辟为淮安市历史文物陈列室。

镇淮楼分上下两部分,下为平台,上为两层楼。平台上面与底面均为长方形,底面东西长36米,南北宽26米,台面东西长26米,南北宽14米,高8米。立面倾斜,呈梯台状。台面四周有实体女墙,高约1米。西侧有登楼之门,门外有小平台,向南北均有砖石台阶,至中段,折转向东,直至平地,南北对称。东侧亦有门、小平台、台阶,形制与西侧对称。台基正中央有城门状拱形门洞,高3.2米,宽4.8米,游人可以南北通行。平台上中央有楼两层,砖木结构,重檐歇山,雕梁画栋。东西三间,长13.4米,南北进深7檩,6.9米。底层南北有门,四周有回廊,廊宽1.9米。一楼高4.3米(连小台阶),二楼高3.1米,顶高1.9米。自平地至楼顶楼通高18.5米。楼北为花园,南北各有一门。园内有树木花草,周边有树木做护栏。

镇淮楼是中国留存至今的古老的鼓楼之一。2002年10月公布为江苏省第五批文物保护单位。

6. 高邮城墙及奎楼

位于原高邮城东南角,现高邮市环城南路与琵琶路交汇处的西北侧。

城墙始建于北宋开宝四年(971)。1972年该城基本拆除,唯保留东南122.7米一角。城墙为青砖结构,高6.6米,砌体底宽2米,结顶0.87米,雉堞39个。据《高邮州志》记载,原高邮城周长一十里三百一十六步,高两丈五尺,面阔一丈五尺。奎楼亦称魁星阁,始建于明天启三年(1623)。该建筑为砖木结构,八面,三级,净高20米,楼阁式建筑,原一、二、三层顶部均有精美彩绘图案。奎楼下为宋城墙一角,内侧有古柏一株,原是清初国史院大学士王永吉的别墅,光绪时增建为蝶园。

1984年、2007年两次进行大修,1985年曾对城墙进行整修,1991年遭遇特大洪水侵袭城墙坍塌后又抢救维修。2008年对奎楼和城墙进行了修缮工程,修复后城墙奎楼保存较为完好,无明显的损毁现象。

2002年10月公布为江苏省第五批文物保护单位。

7. 仪征鼓楼

位于仪征市真州镇鼓楼社区，国庆路与鼓楼东路，鼓楼西路交汇处。曾是击鼓报时的公共建筑，始建于明成化二十三年（1487），嘉靖三年（1524）一度改为关王祠。自始建至清光绪年间（1875~1908）曾九次大修，中华人民共和国成立后又经四次维修。2000年大修后恢复原貌并对外开放参观。

鼓楼坐北朝南，为墩台楼阁结构。台基面阔26.8米，进深20.9米，高6.1米，正中筑券门。台基上部为歇山顶的楼阁，楼面阔三间，每间8.2米，进深5米，重檐歇山顶。该楼通高14.85米，占地面积518.86平方米，建筑面积174.67平方米。一楼四周环绕半步架围廊，廊深2米；二楼周以回廊，廊深1.1米。一层内墙北壁嵌有明代嘉靖年间（1522~1566）立《鼓楼关神碑记》和《守备李公邑人盛立碑记》两通。

仪征鼓楼为江苏省现存三大鼓楼之一，是仪征的一座标志性的古建筑。2002年10月公布为江苏省第五批文物保护单位。

8. 兴化城墙

位于兴化市区小东门南城脚根巷。南宋宝庆元年（1225）筑土城，明洪武五年（1372）在土城基上更建砖城，内外环水为濠。明嘉靖三十六年（1557）为防御倭寇，重建城垣。清代亦曾修葺，周长3.5千米。中华人民共和国成立后，1958年拆除大部分，现残存城墙外包砌城砖为明代遗物，计长70多米，底宽1.6米，顶宽1米。2002年10月公布为江苏省第五批文物保护单位。

9. 胥门

位于苏州市城区百花洲。为春秋吴国时伍子胥奉吴王阖闾之命建造都城所辟八门之一，以遥对姑胥山（即姑苏山）得名。苏州古城门皆水陆并列，惟胥门为防太湖洪水由胥江直接入城，宋以后即无水门。现存陆城门，为元至正十一年（1351）重建，明清重修。原有元至正十六年（1356）张士诚增建的瓮城，于民国时期与城楼同时被拆。中华人民共和国成立后，1999年进行了考古调查，后进行了维修加固。

胥门作东西向。现存门洞由三道砖砌拱券构成，第二道与第一、三道垂直相交砌筑，结构与盘门陆门相同。拱门高4.65米，宽3.3米，纵深11.45米。东向（城内）尚存横额，原题字已毁，新补"胥门"二字，砖雕花边。城墙高7.2米。瓮城残基厚约5米，瓮城内南北宽约40米，东西进深20米，瓮城门南向。其两翼残存城墙380余米。

2006年6月公布为江苏省第六批文物保护单位。

第三节　文庙书院

江苏教育源远流长，尊孔的文庙和教育用的书院学堂遍布全省。江苏今存文庙建筑仍有几十处，其中苏州文庙为北宋范仲淹始建，殿堂宏伟壮丽，"左庙右学"的建筑布局成为定制推向全国，故有"天下有学自吴郡始"之说。书院、藏书楼保存至今的有东林书院、东坡书院、襟江书院等几十处。常熟古里镇铁琴铜剑楼系清代邑人瞿绍基及其子孙五代藏书处，为清代四大藏书楼之一。

1. 苏州文庙

位于苏州市人民路613号，苏州文庙即府学，初称州学，始建于北宋景祐二年（1035），为范仲淹任知州时以五代吴越钱氏南园旧地创立。元祐四年（1089），范仲淹之子范纯礼扩建。南宋建炎四年（1130）毁于兵燹，绍兴十一年（1141）重建。现存建筑为明成化十年（1474）重建而成。到清同治三年至七年（1864~1868）江苏巡抚李鸿章、丁日昌相继重修止，七百多年间有碑记、志书可考的重修、拓建达三十余次。中华人民共和国成立后，部分建筑陆续被拆。1957年下半年整修，次年上半年完工后，曾用于筹建苏州地志博物馆。1960年后，长期被占作厂房、课堂、宿舍、仓库等。1966年起遭严重破坏。1978年5月起陆续兴工整修，并于1982年用作苏州碑刻博物馆。1983年再次维修。1985年、1989年先后部分对外开放。2000年、2001年、2003年再次维修。

府学文庙现存面积1.78万平方米，平面布局为东庙西学两条轴线并列。东庙存棂星门、戟门、大成殿、崇圣祠等，西学存泮池、七星池、明伦堂等，主要建筑皆坐北朝南。

棂星门　原为文庙第二道门（第一道为黉门），曾几经迁徙、改建、重作，现为明成化十年（1474）遗构，因故于1980年北移300余米，暂立于戟门内保护。门为六柱三门四壁出头青石牌坊，总面阔25.5米。冲天柱云冠雕饰盘龙，下立抱鼓石夹杆，中柱高8米，边柱高6.86米，柱间有额枋两道，雕行龙、翔凤、仙鹤，并饰有日月牌版和云版。四堵砖壁以九方青石板贴面，呈井字形，中央雕牡丹或葵花图案，四角饰卷草如意纹，上覆瓦脊，下承石须弥座。

戟门　原为文庙第三道门，即大成门。现有建筑为明成化十年（1474）重建，清同治年间（1862~1874）重修。硬山造，面阔五间25.5米，进深七檩12.5米。左右接披门各三间，惟东披门仅存两间，共十间，通面阔47.8米。明间与左右次间安断砌门。台基前踏跺中央置团龙御路。

大成殿　为文庙正殿，北宋时称宣圣殿，经南宋绍兴（1131~1162）、元大德（1297~1307）、明宣德（1426~1435）年间重建改作，现存建筑为成化十年（1474）所建，后虽经修葺并有所改动，但保存明代旧构尚多。重檐庑殿筒瓦顶，面阔七间30米，进深13檩21米，台基高约1米。殿柱均施连礩覆盆式石础，廊柱础加杵状石栀，上廊柱础和步柱础加合盆式木鼓墩。下檐用五踩重昂，栌斗后尾出翘一跳，跳头上施三伏云与上昂相交，昂之上端则支于挑杆之下。此挑杆系外侧第二层昂之后尾。此部结构实为合下昂上昂于一处。大成殿梁架结构以上檐斗拱保存古式最多，柱础与栀亦存古制。殿前施月台，横宽24米，纵长19米，三面围以石栏，各砌踏跺，南踏跺中央置团龙御路。

崇圣祠　旧称启圣祠，为祭祀孔子祖先处。始建于明代，现为清同治三年（1864）重建。单檐歇山造，面阔五间20米，进深15米。前设两庑、墙门，自成院落。

泮池和七星池　均为明代遗构，四周以青石驳砌。泮池架青石拱式三孔平桥。七星池架七孔砖拱平桥。

明伦堂　为府学主体建筑，明洪武六年（1373）建于成德堂旧址，正统二年（1437）重建为五间二披，清道光二十一年（1841）再建，现存建筑为同治年间（1862~1874）所建。砖博风硬山顶，面阔七间30米，进深18.7米。

1982年3月，苏州文庙作为"文庙及宋代石刻"的一部分调整公布为江苏省第一、二批文物保护单位。2001年6月，苏州文庙与第一批全国重点文物保护单位苏州文庙内宋代石刻合并公布为全国重点文物保护单位，更名为苏州文庙及石刻。

2. 东林书院

位于无锡市崇安区崇安寺街道崇宁路社区解放东路。亦名龟山书院，由北宋知名学者杨时（1053~1135）于政和元年（1111）创建，元至正十年（1350）废为寺庵。明万历三十二年（1604），革职归里的吏部文选司郎中顾宪成（1550~1612）及其弟允成与高攀龙等人同倡捐资在原址重新修复，并相继主持其间聚众讲学，后成为东林党人的讲学基地。明天启五年（1625），阉党矫旨毁全国书院，东林书院于次年被全部拆毁。东林309人被斥为"东林党"而蒙遭迫害，造成震动明末史坛的重大政治冤案。崇祯二年（1629）修复。清代各朝，续有修葺。清光绪二十八年（1902），改书院为东林学堂，后为东林小学。民国36年（1947），无锡著名人士集议发起重修并立碑为记。中华人民共和国成立后，1982、1994年先后两次修缮，2002年全面修复。

书院前有"东林旧迹"石牌坊一座，现存建筑有泮池、东林精舍、丽泽堂、依庸堂、燕居庙、三公祠、东西长廊、来复斋、晚翠山房、道南祠、东林报功祠、再得草庐等，均保持明、清时布局形制与历史风貌，西长廊还嵌置有书院保存的明、清27块碑刻。书院依庸堂内悬有顾宪成所撰名联："风声雨声读书声声声入耳；家事国事天下事事事关心"。

1982年3月调整公布为江苏省第一、二批文物保护单位，2006年5月公布为第六批全国重点文物保护单位。

3. 文庙大成殿

位于如皋市如城东南如皋师范附属小学内。始建于南唐保大十年（952），后多次迁建，于明嘉靖十九年（1540）迁建于现址。大成殿面阔5间，23米，进深18米。上盖为九脊单檐，前有回廊、月台，绕以青石雕栏。殿有圆柱30根，直径80厘米，系楠木做成，柱下置覆盆式莲花柱础，接近宋式。建筑的梁枋绘有彩画，为清代匠人所绘制。现殿内尚存有清乾隆皇帝御笔亲书"圣集大成"金匾及沙元炳、姜任修的"太史"匾等6块。1982年3月公布为江苏省第三批文物保护单位。

4. 六合文庙

位于南京市六合区县府街76号。文庙始建于唐咸通年间(860～874),自唐以后五易三毁,今存文庙为清同治九年(1870)重建。存照壁、泮池、棂星门、戟门、大成殿、奎星阁及两庑、斋房等建筑,并有碑刻13通。与之毗邻有万寿宫,总占地面积8 000平方米,建筑面积4 000平方米(85间)。大成殿坐北朝南,面阔五间24米,进深17.3米,高17.4米,重檐歇山顶。殿东南为奎星阁。六合文庙是六合区境内唯一保存完好的古建筑群。1995年4月公布为江苏省第四批文物保护单位。

5. 江阴文庙

位于江阴市澄江街道人民中路196号。文庙初建于北宋淳化三年(992),原位于观风门外。乾兴、天圣年间(1022～1032),知军范宗古于军治之南新建文庙(即现址年)。后历代均有扩建修茸,形成东学西庙格局。今除泮池三桥为明代旧物外,其余建筑均为清末建筑,东侧学宫则已不存。

江阴文庙由牌坊、泮池、三桥、戟门、东西庑、大成殿、明伦堂等建筑组成。占地面积8 830平方米,建筑面积1 663.2平方米。牌坊分三门,为近代补建。

泮池 半壁形,为明正统二年(1437)旧物。泮池底线东西长44米,中间最宽处14.5米,以青石条垒砌,池深3.5米。池上并架三座三孔石拱桥,中桥长16.6米,矢高1.5米。中间石桥桥面正中有鲤鱼跳龙门浮雕。两侧石桥略小于中桥。

大成门 位于泮池北,亦称戟门,宋初称"仪门",始建于明洪武三十年(1397),今为清代重建,乾隆年间(1736～1795)为名宦乡贤祠。硬山顶,面阔三间15.08米、进深七架。

大成殿 位于大成门北,清代重建。重檐歇山顶,抬梁式屋架,面阔五间16.2米、进深九架12.28米,高15米,有藻井,护板及梁坊均施有彩画。

东西庑 位于大成门和大成殿之间东西两侧,清代重建。砖木结构硬山平房,有房40余间,长70米。东庑供奉39位先贤,26位先儒;西庑供奉36位先贤,26位先儒。

明伦堂 在大成殿后约30米。为旧时县学讲学之地,曾为明末清初江阴民众抗清守城的指挥部。面阔三间14.7米、进深十三架17.08米、高9.3米,硬山顶屋顶,双脊,前有轩。东、西、北墙内有明清碑刻14通。

1995年4月公布为江苏省第四批文物保护单位。

6. 江南贡院(含贡院碑刻)

位于南京市夫子庙金陵路1号。明景泰五年(1454)建,后屡有增修扩建,号舍最多时达20 644号。明称应天府贡院,与北京顺天府贡院以"南闱""北闱"并称于世。清代改名江南贡院,范围东起姚家巷,西至贡院西街,南临秦淮河,北抵建康路。今存明远楼和飞虹桥及贡院碑刻。

明远楼 在江南贡院内。始建于明永乐年间(1403～1424),清道光年间(1821～1850)重建。面阔三间9.2米,进深七檩9.1米、高13.2米。三层楼,三重檐歇山顶。四面壁砖券拱门。民国16年(1927)曾为南京总工会会址。

飞虹桥 在市中医院内。清同治年间(1862～1874)建,单孔石拱桥,青石质,桥长15米,宽6米,净跨7米。现存栏版与望柱。

贡院碑刻 系明、清科举考场江南贡院之遗物,共有22通石碑,其中明碑6通、清碑15通、民国碑1通。其内容主要是记载江南贡院历史、历代扩建、维修情况以及考官题名。现存江南贡院历史陈列馆明远楼内及两侧。"应天府贡院记碑"在明远楼西侧碑廊中,青石质,篆额"应天府新建贡院记",楷书。撰书人姓名漫漶不清,明天顺元年(1457)十一月立,记贡院兴建始末。"奏奉旨意札付事理碑"在明远楼西侧碑廊中,青石质,篆额"奏奉旨意札付事理",楷书,撰书人姓名漫漶不清,明天顺元年(1457)十一月立,记贡院兴建始末。"增修应天府乡试院碑"在明远楼底层西墙,青石质,篆额"增修应天府乡试院记"。南京礼部尚书湛若水撰,南京礼部铸印局儒士汪丹书并篆额,明嘉靖十三年(1534)立,详列增修后贡院房舍数目和规模。"重修贡院记碑"在明远楼底层东墙,青石质,篆额"应天府修改贡院记",楷书。国子监祭酒戴洵撰文,石希岩书,朱学、朱宏镂,记载贡院扩大范围、加固明远楼事。"康熙御碑"在明远楼西侧碑廊中,青石质,篆额"御制宸翰",行楷体。康熙帝御笔,文曰:"人才当义取,王道岂分更。放利来多怨,徇私有恶声。文宗濂洛理,士仰楷模情。若问生前事,尚怜死后名。为考试救。"

1982年3月,贡院碑刻公布为江苏省第三批文物保护单位。2002年10月,江南贡院归入江苏省文物保护单位贡院碑刻,更名为江南贡院。

7. 二泉书院(含《点易台铭》四面碑)

位于无锡市北塘区惠山街道惠泉山社居委锡惠公园内。系明代南京礼部尚书、无锡人邵宝(1460~1527年,字国贤,号二泉,谥文庄)于正德十一年(1516)所建,是邵宝辞官后的讲学之所。邵宝去世后,门人将书院改为邵文庄公祠,清代曾数次修葺。现存建筑为清代晚期重建。

房屋三进两庑,均为硬山顶。院内有明代遗存下来的碑刻六十余方,其中有邵宝的老师李东阳题款的《五贤遗像》刻石和邵涵初撰文并题款的六人画像碑,以及清代移入的《点易台铭》四面碑。

《点易台铭》四面碑是邵宝于明正德十五年(1520)撰书,正面刻隶书"点易台"三字,另三面刻有铭文。

《点易台铭》四面碑于1995年4月列为江苏省第四批文物保护单位。2002年10月,二泉书院归入江苏省文物保护单位《点易台铭》四面碑,更名为二泉书院。

8. 东坡书院

位于宜兴市丁蜀镇蜀山南麓,又称"东坡祠堂""蜀山书院"。宜兴丁蜀镇的蜀山原名独山,因苏东坡赞其"此山似蜀",后人改山名为蜀山,并在东坡讲学处建造了"似蜀堂",后又建造"东坡祠堂"。明弘治年间(1488~1505)在原东坡祠堂基础上建造了东坡书院,其后历代均有修建。

东坡书院面南坐北(南偏西35°),共有建筑四进,通面阔26.8米、进深93米。书院口为一条30余米长的砖砌甬道,直通第一进门厅。第一进建筑面阔七间,进深七檩,其中正中一间为门厅,设将军门一座。第二进面阔七间,正厅三间,称飨堂,原供奉有东坡先生的神座。厅内上方悬"东坡买田处""讲堂"及"似蜀堂"三匾;正厅东侧为两间二层楼,西侧两间为"湖山拱秀"厅。院内西墙上开一腰门通往西侧碑院,内存《重刻蜀山草堂记》《苏文忠公祠堂记》等明清碑刻二十余方。第三进面阔七间、进深九檩,正厅三间,为东坡书院的"讲堂";院内有东西厢房,均为面阔三间、进深七檩。第四进为二层楼建筑,面阔七间,早年因失火被焚,2003年重建。

2002年10月公布为江苏省第五批文物保护单位。

9. 清江文庙

位于淮安市清浦区闸口街道石桥社区轮埠路169号。前身为建于明嘉靖九年(1530)的崇景堂,最早称清江书院。清康熙三十七年(1698)改为文庙,又称山阳县学。道光三年(1823)重建,两年工成。咸丰十年(1860)毁于兵燹。同治四年(1865)重建大成殿。清末废科举兴学校,于此改办孔庙小学。后陆续为军营、粮库、器房。中华人民共和国成立后,屡有修整,2008年12月进行了保养维护。

文庙南北长约200米、东西宽约70米,总占地面积约1.4万平方米。现存大成殿和崇圣殿两座主体建筑。大成殿位于文庙中轴线中心,是庙内主建筑,石基高台,单檐歇山顶,龙脊鱼尾,飞檐翘角,面宽5间24.6米、进深3间9檩13.7米、通高15米,面积520平方米,内柱有两个刻有人物浮雕的六角高石础,殿四周有回廊,前有月台面积590平方米。藏经阁位于文庙后部,悬山顶,面宽5间21米、进深3间9檩11米,脊高11米,檐高8米,建筑面积231平方米,青砖灰瓦。崇圣殿,硬山顶,面宽5间21米、进深3间9檩11米,脊高11米。

2002年10月公布为江苏省第五批文物保护单位。

10. 无锡县学旧址

位于无锡市崇安区崇安寺街道新街巷社区睦亲坊3号,又名学宫,亦称儒学、庙学。始建于北宋嘉祐三年(1058),民国后改为无锡县立初级中学,中华人民共和国成立后为无锡市立中学。自宋至清以来,县学基址未变,现仅存戟门、明伦堂、讲堂三所建筑,均为同治十三年(1874)重建。

明伦堂前后檐柱大多为明代青石方柱,存有朱熹手书匾额。又存自宋迄清有关碑刻七十余通,其内容分为圣旨、学规、教授题名、进士题名、乡贤祠、学宫修建、学田记等七类。年代最早的《无锡县重修县学记》,刻于南宋嘉定十年(1217),其中宋碑七通、元碑四通,大都未经著录,保存完好。加上征集的民间其他碑刻共近百通,现辟为无锡市碑刻陈列馆。

无锡县学为无锡古代唯一的官立学校。2006年6月公布为江苏省第六批文物保护单位。

11. 安阳书院旧址

位于无锡市惠山区阳山镇新渎村。原为慈缘庵旧址,清同治三年(1864)于其上兴建书院,光绪八年（1882）建成。主体建筑四面环河，仅有一座小型单孔古石拱桥相通。该桥建于明代成化八年（1472），采用当地产阳山石构筑。现存建筑包括书院大门、门厅、砖雕门楼、北侧厢房、内廊和主厅等，均为硬山顶，清代建筑。门额篆刻"终朴作人"，门前有古银杏两棵，东侧山坡尚存民国初年所建书院纪念塔一座。2006年6月公布为江苏省第六批文物保护单位。

12. 丰县文庙大成殿

位于丰县解放路7~9号博物馆院内。据明隆庆版《丰县志》记载，始建年代不详。元至正五年（1345）重修，元末毁于兵。明嘉靖三十九年（1560）重建于县治东近东门的半里许（即今址），为祭孔之所。2008年进行大修。

文庙大成殿面阔五间18.9米、进深三间12.2米，面积230平方米。单檐九脊歇山顶，黄色琉璃瓦屋面，抬梁式木构架，24根金柱，莲花瓣鼓形石柱础，外檐斗拱彩绘。殿前有月台，台阶中间嵌双龙戏珠石雕。

2006年6月公布为江苏省第六批文物保护单位。

13. 吴江文庙

位于吴江市城区垂虹路吴江中学内。即吴江县学宫，始建于南宋绍兴年间（1131~1162）至淳祐年间（1241~1252），后毁于兵燹。元至元元年到至正十年（1335~1350）重建，明洪武二年至崇祯十五年（1369~1642）间扩建，清顺治（1644~1661）至乾隆年间（1736~1796）立御制碑，至清乾隆五年（1740）布局基本定型。咸丰十年（1860）毁于兵火，同治四年至十二年（1865~1873）重建。中华人民共和国成立后，1992年、1998年先后整修、重建，2003年清理明伦堂遗址。

吴江文庙现存大成殿、崇圣祠、明伦堂遗址，以及碑刻三十余方。大成殿始建于南宋绍兴年间（1131~1162），现为清同治四年（1865）重修。重檐庑殿顶，面阔五间24.7米、进深三间13.3米。正中原祀至圣先师孔子，东、西两旁祀颜渊、子思、曾子、孟子"四配"。崇圣祠始建于南宋乾道初，现为清同治十二年（1873）重建。重檐歇山顶，面阔五间26米、进深三间11米。原祀孔子先五代及"四配"、"宋六子"之父。文庙内存碑刻年代自元至大三年（1310）至民国14年（1925），主要内容为历代重修文庙学宫及朝廷颁布的诸生守则等。

现吴江文庙结构稳固，保存完好。2006年6月公布为江苏省第六批文物保护单位。

14. 铁琴铜剑楼

位于常熟市古里镇铜剑街，为古里瞿氏藏书之处。

瞿氏藏书始于清乾隆年间（1736~1796）之瞿进思。嘉庆年间（1796~1820），其子瞿绍基继续，并取"引养引恬，垂裕后昆"之意，称藏书室为"恬裕斋"。瞿绍基之子瞿镛与父共同收藏，至咸丰年间（1851~1861）形成瞿氏藏书的鼎盛期。因瞿镛收藏有铁琴、铜剑各一，重建藏书楼后，遂名"铁琴铜剑楼"。与宁波"天一阁"并峙，有"甲于吴中"之誉。后人将其与聊城杨氏"海源阁"、归安（今湖州）陆氏"皕宋楼"、钱塘（今杭州）丁氏"八千卷楼"合称"晚清中国四大藏书楼"。瞿镛之子瞿秉渊、瞿秉清及孙瞿启甲等，刊成瞿镛所编《铁琴铜剑楼书目》，并仿留真谱例编印《铁琴铜剑楼书影》《铁琴铜剑楼丛书》，又影印宋元古籍于《四部丛刊》《古逸丛书》中。后藏书数逢兵火威胁，但瞿氏辗转寄藏，得以完好无损。中华人民共和国成立后，瞿启甲之子瞿济仓、瞿旭初、瞿凤起将藏书悉数捐献于国家。1986年进行修缮。1991年再度修葺，并辟为铁琴铜剑楼纪念馆。

铁琴铜剑楼占地面积457.2平方米，原有四进建筑，第一进门厅和第二进楼毁于抗战期间。现存第三、四进楼，两侧以复道廊连通成走马楼。前后楼均为三间七架，硬山顶封火山墙。前楼面阔8.99米、进深6.09米，脊高6.97米。后楼面阔8.46米、进深6.22米，梁架与前楼相同，脊高6.88米。

从《铁琴铜剑楼藏书目录》看，瞿氏藏书收录1 228种善本，其中经部165种、史部246种、子部43种、集部474种，著录大多是宋元本、手稿孤本，精藏尤在经部。瞿氏藏书前后藏主和校读鉴赏者的题跋识语也是瞿氏藏书的组成部分。

现保存情况较好。2006年6月公布为江苏省第六批文物保护单位。

15. 宿迁孔庙大成殿

位于宿迁市宿城区宿迁中学院内。又名黉学、学宫。据《宿迁县志》记载，原孔庙在治所南1千米（即今项王故里南），明成化五年（1469）改建，崇祯八年（1635）迁建于城南灵杰山（即今址）。民国初年,孔庙内多次驻军,房舍倒塌。民国18年(1929),江苏省宿迁中学由城北钟吾书院迁入孔庙建校,后在学校的扩建中,部分建筑被拆除,仅大成殿幸存。中华人民共和国成立后,20世纪80年代对其进行了修复。

宿迁孔庙占地面积约7 000平方米,系仿曲阜孔庙而营建,中轴线上自南向北的建筑主要有照壁、泮池、棂星门、大成殿、明伦堂、尊经阁等,对称排列。现存的大成殿为孔庙主体建筑,面阔5间20米,进深9檩13米,檐高7.8米,脊高11.25米,砖木结构,歇山顶,上覆琉璃筒瓦。两侧有东西配殿各五间,供历代先贤先儒牌位。

2006年6月公布为江苏省第六批文物保护单位。

第四节　坛庙祠堂

江苏因代有名人而宗祠众多,以无锡和苏州两地分布最多,无锡惠山镇祠堂群在无锡的西部,至今仍保持着自唐代至民国的118处的祠堂建筑和明确的祠堂遗址。苏州有范文正公忠烈庙、王鏊祠,而曾国藩和李鸿章的祠堂在江苏则有多处。

1. 泰伯庙

位于无锡市新区梅村镇伯渎河畔,俗称让王庙。泰伯是周太王长子,因父欲立幼子季历,便与弟仲雍奔江南梅里,被拥为君长,自号"句吴"。东汉永兴二年(154),吴郡太守糜豹在泰伯故宅立庙。北宋元祐七年(1092)哲宗诏以"至德"额其门,明弘治十一年(1498)重建大殿。现存的香花河桥、"至德名邦"石牌坊,棂星门,至德殿为明弘治十三年(1500)重建,另有宝珠堂、三让堂、德洽堂、玉皇殿、关帝殿等十余处殿堂为清同治年间(1862～1874)重建。至德殿为主体建筑,单檐歇山顶,面阔五间、进深六架,殿内立楠木柱14根,檐角及山面立石柱24根,金柱上带丁头,下设覆盆式石础并衬木,梁枋施彩画,两山墙上嵌有历代重修记石刻十余方。1982年3月,泰伯庙公布为江苏省第三批文物保护单位。2006年5月,作为"泰伯庙和墓"的一部分公布为第六批全国重点文物保护单位。

2. 惠山镇祠堂

位于无锡北塘区惠山直街、横街、惠山浜、听松坊、上下河塘及锡惠公园内。《南齐书》记惠山镇祠堂始建于建元三年(481),现存最晚为1949年所建秦周氏贞节祠。文献记载曾有庙祠、宗祠、先贤祠等118座。现有明清以来的建筑80余处,其中单体建筑完整者7处、大部分完整者26处、部分残存者36处。所祀对象有各历史时期人物180余人,其中相级人物9位、状元1位、宋代五子(周子、张子、朱子三位)、明代东林八君子四位(顾宪成、顾允成、高攀龙、叶茂才)及元明时期的著名画家倪瓒、王问、王绂等许多历史名人。占地面积0.3平方千米。建筑密度紧凑,大多数为砖木结构,部分是砖混结构,并有中西合璧的建筑结构。2002年10月以惠山古镇祠堂群名称公布为江苏省第五批文物保护单位。2006年5月公布为第六批全国重点文物保护单位,更名为惠山镇祠堂。

3. 言子祠

位于常熟市城区学前街25号、原县学内。言子,名偃(前506～前443),字子游。常熟人,孔子学生,传说卒葬虞山,后世尊为"南方夫子"。言子专祠建于南宋庆元三年(1197),端平二年(1235)移建至县文庙,明成化二十二年(1486)再迁今址。清同治十一年(1872)重修。中华人民共和国成立后,1985、1986年加以修葺。

现存大殿三间,坐北朝南,面阔和进深均为10米。单檐歇山顶,檐高4.5米,脊高8.1米。九架八椽栿,抬梁造。明间内檐斗拱用重拱,外檐斗拱为三跳单昂造。明间立四金柱,略成梭形,皆为楠木,木柱础。梁枋上有"大清同治十一年太子太保武英殿大学士两江总督部堂一等毅勇侯曾国藩修"等字。祠堂内还存有碑2通,其中1通为元大德十一年所立"诏书"碑。

言子祠是常熟现存年代最早的房屋建筑。现保存基本完整。1982年3月公布为江苏省第三批文物保护单位。

4. 徐大宗祠楠木厅

位于宜兴市宜城镇溪隐村,是明代徐溥的家族祠堂。徐溥(1428～1499),字时用,号谦斋,宜城镇溪隐村人,明景泰五年(1454)榜眼,授翰林院编修;天顺、成化、弘治年间,历任国史总裁、礼部右侍郎、文渊阁大学士、礼部尚书;弘治五年(1492)官至首辅;弘治十一年(1498)进华盖殿大学士;后以目疾乞归,卒后赠太师,谥"文靖"。著有《谦斋文集》四卷,《文靖疏稿》二卷。

徐大宗祠建于明弘治五年(1492)。坐北朝南,原有建筑五进,现存二、三两进,通面宽17.65米、进深33.17米。第二进面宽3间17.65米、进深8架11.05米,硬山顶,阳山石圆柱,其梁与枋上均有彩绘,但已模糊不清。第三进为正厅,因梁柱为楠木,又称楠木花厅,面阔三间17.65米、进深8架14.80米,歇山顶,厅内梁柱枋椽上均有彩绘,有缠枝花卉、包袱锦、云鹤等图案。

1995年4月公布为江苏省第四批文物保护单位。

5. 张中丞庙

位于无锡北塘区惠山直街120号。俗称大老爷殿,祀唐代安史之乱时死守睢阳(今商丘)而殉身的御史中丞张巡。明成化九年(1496)始建庙,后屡有毁建。现建筑为清同治八年(1869)邑人集资修造。中华人民共和国成立后,1990～1991年作保护性大修。现存前殿、戏楼、庑廊、正殿及配享之太守许远殿等,戏楼藻井雕饰百鸟朝凤图案。庙内存明碑四通、清康熙时(1662～1722)碑一通、清同治年间(1862～1874)木匾二块、光绪年间(1875～1908)木匾三块。是无锡市保存较完整的古建筑群之一。1995年4月公布为江苏省第四批文物保护单位。

6. 范文正公忠烈庙及天平山庄

位于苏州市城西天平山东南麓。

范文正公忠烈庙又称范文正公祠,是纪念范仲淹的祠庙。范仲淹(989～1052),字希文,苏州人,北宋著名政治家、军事家、文学家。举大中祥符八年(1015)进士,官至参知政事、资政殿大学士,曾主持"庆历新政";又曾先后出任陕西经略安抚招讨副使和河东陕西四路宣抚使,改革军制;景祐(1034～1038)初曾任苏州知州,治理水患,创建州学。工诗词散文,《岳阳楼记》一文为千古名篇,有《范文正公集》传世。殁于皇祐四年(1052),谥"文正"。

北宋宣和五年(1123),建范公祠于庆阳(庆州治所,今属甘肃省),宋徽宗赵佶赐"忠烈"二字为额。宋室南渡后,绍兴年间(1131～1162),于天平山范氏祖墓附近,原有范仲淹所建祖祠及子孙增建的文正公祠基础上重修,移"忠烈"额于庙门。元、明、清三代,历经战火,屡圮屡修。民国初年稍事修葺,并改"敕赐范文正公忠烈庙"额为"范文正公祠"。中华人民共和国成立后,1982年起全面整修。1989年纪念范仲淹诞辰一千周年之际,又在庙前建四柱三间三楼石坊,镌刻范公名言"先天下之忧而忧,后天下之乐而乐"。

忠烈庙现有仪门、享堂及1996年重建的纪念范仲淹曾、祖、父三代祖先的三太师祠,共三进硬山顶建筑。仪门面阔三间、进深五架,明间设断砌门,下置抱鼓石,上设门簪,悬"第一流人物"横匾。门左右各附碑亭一间,碑石有明成化六年(1470)重立的元代书法家赵孟頫所书《忠烈庙记》;明正统十年(1445)所立、阴刻有忠烈庙全图的《重修范文正公忠烈庙记》;清康熙三十四年(1695)《奉督抚司道府各宪严禁采石碑文》;乾隆七年(1742)《为违禁斩脉事》碑等。仪门至享堂之间,院中有石驳方池,绕以石栏,跨水架单孔石拱桥。享堂面阔三间13.4米、进深10米,四周除脊柱外均为石柱。明间四根金柱承以方形青石础,镂刻麒麟、狻猊、马、鹿并在四角镌饰兽头,似为宋代遗物。明间供有新塑的范仲淹像,左右次间北墙嵌有清康熙二十四年(1685)和乾隆四十四年(1779)的修庙碑刻。

天平山庄为明万历年间(1573～1620)范仲淹十七世孙范允临所建。清康熙二十九年(1690),在庄右增建纪念范允临的参议公祠。乾隆七年(1742)重修山庄,改名"赐山旧庐";乾隆十六年至四十九年(1751～1784),乾隆帝四游天平,并陆续增建坊、亭、楼、殿,总称"高义园"。咸丰十年(1860)至同治二年(1863),遭受战火毁坏。同治五年(1866)至民国10年(1921)陆续修复。中华人民共和国成立后,1954年起整修。"文化大革命"中复遭破坏。1981～1983年再次全面整修。今天平山庄主要由高义园、白云古刹、范参议祠、来燕榭和咒钵庵五个部分组成,还包括高义坊、接驾亭、御碑亭等附属建筑,以及十景塘、宛转桥和古枫林,占地总面积约5.3万平方米。

高义园是天平山庄的主要建筑,共五进,纵深约70米。入头门,经仪门,第三进今额"乐天楼",原名御书楼,旧称宸翰楼,重檐歇山式双层建筑,面阔15米、进深10米。上下均为三开间,下为回廊周匝的四面厅,上为四面槛窗的敞阁。第四进为凌空高架的逍遥亭,与乐天楼互为对景,亭为歇山式,左右出两翼若双阙。后院为高义园正殿,单檐歇山顶,内有乾隆十六年(1751)乾隆帝初游天平时所题"高义园"蓝底金字盘龙匾,及其手书《游天平十六韵二首》诗碑。乐天楼左右两侧各有小院,利用山崖、卵石聚泉成池。

白云古刹在高义园西,始建于唐宝历二年(826),初为白云庵,以白云泉得名。北宋庆历四年(1044),范仲淹因祖茔所在,奏请为范氏功德香火院,仁宗赵祯赐额"白云禅寺"。后几经毁修,现有寺宇为晚清重建,仅硬山顶大殿三间两厢和山门二重,大殿台基和莲瓣绕联珠覆盆式柱础为古物。

范参议祠在园东,有祠门、享堂两进。享堂现额"岁寒堂",硬山顶,面阔三间,左右出两厢。

来燕榭在祠东,外有"蟠经台"濒十景塘,内有"凹"字形水池"鱼乐国"。池北凸出方亭,曾额"听莺阁",三面临水,可俯瞰池鱼。亭后与"寤言堂"相接。堂面阔五间,两梢间为夹室。池周环以长廊,南廊辟门,额"来燕榭"。榭西侧另有幽斋两间,名"芝房",正对十景塘上的宛转桥,俗称"对桥书屋"。

再东为咒钵庵,外傍范隋墓门石坊和桃花洞。共三进,第二进壁嵌"山石间""佛在者里"石刻,第三进为佛堂。

高义坊和接驾亭在十景塘南,与高义园头门隔水遥望。牌坊为三间四柱云头冲天式,白石结构,坊额"高义园"系清乾隆十六年乾隆帝手书。接驾亭为1982年重建,歇山式,面阔三间。

御碑亭又称御书亭,耸立在白云古刹西南古枫林中,西与忠烈庙相望。重檐小八角攒尖顶,石柱石栏,木构梁架。亭中立碑,连额、座高逾3米,碑身正、背和两侧各镌乾隆帝游天平诗一首,分别写于乾隆十六年、二十二年、四十五年和四十九年。

范隋墓位于天平山东坞。范隋为范仲淹高祖,唐咸通十一年(870)奉调至处州丽水(今属浙江)任县丞,遂携眷南迁。后因唐末中原战乱,于五代初举家定居苏州城中灵芝坊(今范庄前)。范氏族人敬称范隋墓为丽水公墓。咒钵庵邻近立有一间两柱云头冲天式花岗岩牌坊,额镌"范氏迁吴始祖唐朝柱国丽水府君神道",背面刻"祥发中吴"四字。坊侧八字墙上嵌有清乾隆七年(1742)《范氏迁吴始祖唐柱国丽水府君墓门碑》,记述雍正七年(1729)修墓建坊经过。墓道长200余米,沿桃花洞,中有梁式石桥,并有石雕蹲羊、踞虎、立马各一对分列道旁,相传原为清初范氏翰林某公墓前物。墓冢封土高约2米,直径约3米,东南向,前有平台,"唐柱国丽水府君之墓"碑为雍正七年(1729)重立,前置石供案。

1995年4月公布为江苏省第四批文物保护单位。

7. 王鏊祠

位于苏州市城区景德路,本名王文恪公祠。王鏊(1449～1524),字济之,晚号震泽先生,明吴县(今苏州)人。乡试、会试皆第一,殿试一甲第三名(探花)。正德间(1506～1521)官至少傅、户部尚书、武英殿大学士。后归居苏州,致力于地方文献著述,纂有《姑苏志》《震泽编》等。卒赠太傅,谥"文恪",葬洞庭东山陆巷梁家山。

祠堂为其子中书舍人王延喆于嘉靖十一年(1532)奏建,其地本景德寺废基。历经清康熙、乾隆、嘉庆、同治、光绪年间多次修缮。中华人民共和国成立后,1980年全面整修。祠堂坐北朝南,分头门、过厅、享堂三进,彼此以庭院过渡,两侧连以廊庑,占地面积约1000平方米。头门面阔五间、进深五界,硬山顶;明间立碑石,设抱框,置金刚腿,做断砌门,额枋挑门簪一对。过厅面阔五间、进深七界,硬山顶;明间前后设长窗,次间及梢间砌半墙置短窗;础石均为青石素覆盆式,檐柱和山柱各加高脚石櫍,明间和次间廊柱、金柱、脊柱承以木櫍。享堂面阔三间15.02米、进深11界13.84米、高7.66米,硬山造;前设轩廊,檐枋下饰挂落,次间和梢间檐柱间安栏杆,廊东西两端粉墙辟砖细贡式门宕;前廊柱间装落地长窗,明间八扇,次间各六扇;各柱均承以覆盆式连礩青石础,明间金柱又于础上加置合盆式石櫍;后檐柱之间,明间设长窗八扇,次间砌半墙各置短窗六扇。

现王鏊祠作为刺绣博物馆使用。1995年4月公布为江苏省第四批文物保护单位。

8. 先蚕祠

位于吴江市盛泽镇五龙路南口,即盛泽丝业公所,因祭祀蚕神嫘祖而得名,俗称蚕花殿或蚕皇殿。清道光二十年(1840)盛泽丝业同仁集资建造,近代已残缺不全。中华人民共和国成立后,1997年先修门楼,1999年全面修复。

先蚕祠坐北朝南,现占地面积2701平方米,建筑面积1215平方米。主轴线三进。前为门楼,砖砌三拱门,一大二小,通面阔三间13.5米、进深3.1米、高9.16米,单檐歇山顶,下有须弥座。中门上方有"先蚕祠"竖匾,左右门上方嵌华版,东题"织云",西书"绣锦"。门楼两侧有八字清水砖壁,各宽3.4米,顶部列砖雕如意斗拱。门楼内顶正中置斗八藻井和如意斗拱。进门过小天井为重建的戏楼连东西厢楼。第三进为蚕皇殿,硬山顶,面阔三间12.25米、进深15.83米、高10.15米;正中神坛上原塑有轩辕(黄帝)、嫘祖、神农三尊贴金坐像。正殿与戏楼之间为450平方米的石板广场。东旁有偏殿二层,面阔五间,原为仓储和交易场所。西轴线前为三进新建厅堂式院落,前二进单层,后一进双层,现用作吴江丝绸陈列馆;三进之后为复建庭园,其中三曲梁式挹翠桥原石重建;第四进为复修的议事厅(楼房),面阔三间13.42米、进深6.75米。在第三进与第四进间沿西围墙新建楼廊,为上下通道。

先蚕祠内祀蚕丝行业祖师,为全国少见的祀蚕神祠。1995年4月公布为江苏省第四批文物保护单位。

9. 陆秀夫祠

位于盐城市亭湖区解放中路陆公祠巷4号。陆秀夫(1236～1279),字君实,祖籍盐城县长建乡长建里(今建湖县建阳镇)。南宋宝祐四年(1256)中进士。德祐二年(1276)任礼部侍郎,出使元军和谈,未果而还。景炎元年(1276),任端明殿学士签书枢密院事。祥兴元年(1278),升为左丞相,驻军崖山(今广东新会县境内)抗元;次年二月六日,元军攻破崖山,陆秀夫坚贞不屈,先仗剑驱妻、子入海,而后背负皇帝、怀藏玉玺投海而死;七日后,尸体浮出海面,乡人收葬于潮州南屿(今海南岛境内)。

明初,在陆秀夫的故乡建湖县建阳镇建立"丞相陆公故里碑",碑上刻有"海国孤忠"四个大字。在盐城西门大街,兴建"陆忠烈公坊"的过街牌坊(已毁)。在南大街文庙西边,建立"陆忠烈公祠"。明嘉靖十年(1531),清康熙、乾隆、嘉庆年间陆续重修。抗日战争期间,陆公祠大部分遭到破坏。中华人民共和国成立后,20世纪80年代重建并对外开放。

祠堂为三进两厢木结构挑梁式建筑。第一进门厅,面阔三间11.8米。第二进仰止堂,面阔三间11米。第三进浩然堂,面阔五间20.5米。东西厢房均面阔三间10.4米。仰止堂为歇山顶,其余均为硬山顶。祠堂内陈列有明代石刻、当代塑陆秀夫像、名人题匾、楹联及相关史料。

1995年4月公布为江苏省第四批文物保护单位。

10. 张家祠堂正厅

位于句容市后白乡芦江村中南部,为明代建筑。原有三组建筑,共五进,中轴为家祠,左右两厢为住宅。现仅存中轴第三进第一厅,坐北朝南,面阔五间24米,进深七檩11米,硬山顶。因该建筑梁柱均为楠木,所以又称楠木厅。厅前后出檐较远,达1.3米,建筑面积为254.4平方米。1995年4月公布为江苏省第四批文物保护单位。

11. 崇儒祠

位于泰州市海陵城区五一路114号。明万历五年(1577)为祀明泰州学派创始人王艮所建。中华人民共和国成立后,1986年大修,2001年兴建仿古小园林。祠南向,现存四进,全为硬山顶,占地面积1 100平方米。第一进大门;第二进立本堂;第三进"乐学堂"面阔三间,硬山顶,覆盆式石础;第四进贤人堂。第二进东墙嵌有明万历《重修心斋先生祠记》碑一通,碑青石质,楷书,泰州知州吴道立。西侧有兴化李春芳撰《崇儒祠记》碑一通。1995年4月公布为江苏省第四批文物保护单位。

12. 阮家祠、墓

祠堂位于扬州市广陵区毓贤街8号,墓地位于扬州邗江区槐泗镇槐二村。

祠堂建于清嘉庆年间(1796～1820),系清代学者阮元的家祠,祀高、曾、祖、祢四世和阮元及其后裔。阮元(1764～1849),字伯元,号芸台,扬州府仪征人,乾隆年间进士,历任要职,晚年拜体仁阁大学士、太傅,一生致力于学术研究,谥"文达"。

祠堂坐北朝南,占地面积约1 520平方米,有头门厅、二门厅、正殿、文选井等,建筑基本完好。前两进均面阔三间。正殿硬山顶,面阔五间,进深七檩,两边有廊房。祠南临街围墙正中嵌有"太傅文达阮公家庙"石额。祠东有阮元故居,原面阔三间、前后五进,现存后三进。阮家墓地占地面积4 200平方米。东南侧为阮元继配夫人孔氏,侧室刘氏、谢氏,妾唐氏合葬墓,墓包直径8米、高1.8米,墓前有杨文定撰"阮文达公墓表"。北侧分别为祖父母、父母合葬墓,墓包直径分别为12米、10米。东侧为墓门和墓道,道首有石碑一座,上刻有阮元祖父琢阉、父亲湘圃墓碑铭,背面刻有阮元于嘉庆十二年(1807)撰写的《雷塘阮氏墓图记》，碑侧有石马一匹。

2002年10月公布为江苏省第五批文物保护单位。

13. 三公祠

位于无锡市锡山区鹅湖镇荡口东南角的鹅湖之口。"三公"是指明嘉靖年间苏淞道巡按、监察御史孙慎，督粮苏淞的山东布政使司右参政翁大立和无锡知县王其勤。明嘉靖三十六年(1557)，从京城退职回乡的翰林院侍读学士华察(民间俗称华太师)为纪念"三公"丈量土地、清厘田赋、造福一方百姓的功德，特在鹅湖之滨建立生祠，称"三公祠"。并将当时步田所用的标准步弓刻于石上，嵌置在祠堂内的墙壁上，以防止豪绅地主继续擅自改变步弓弓距。华察亲自撰写了《首建三公生祠记》，他的好友、大文豪王世贞应邀也撰写了《延祥乡役田记》。清康熙(1662～1722)、道光年间(1821～1850)，三公祠曾相继两次大修，并先后增建了思泉亭、望月楼，开办了学海书院。这三个名称，分别从孙慎的号"联泉"、王其勤的号"少月"和翁大立的号"见海"中取一字而命名。

三公祠原来规模较大，除大门、正厅以外，还有遗爱堂、望月楼、思泉亭、致斋所、衍庆道院等。民国16年(1927)，中国共产党党员陈枕白等在此创办中山中学。同年11月，王若飞在此部署、领导无锡东乡农民秋收起义。中华人民共和国成立后，被用作荡口乡粮管所，同时在其旁扩建粮食仓库。"文化大革命"中又遭毁坏和拆建，原建筑物遂剩下厅堂三间、思泉亭一座以及墙壁上的碑记石刻。2006年6月公布为江苏省第六批文物保护单位。

第五节　亭台楼阁

江苏的亭台楼阁建筑主要是古戏台、戏楼，主要是清代中后期建筑，是中国戏剧文化的一个缩影。集中分布在南京周边与常州地区。

1. 吹台

吹台又名钓鱼台，位于扬州市维扬区瘦西湖公园内小金山之西、一东西向伸入湖中的短堤上。吹台为清乾隆年间(1736～1795)两淮盐务官员为迎接皇帝御驾而建。吹台建筑面积为25平方米，为重檐四角攒尖式方亭，上覆青瓦，周以黄墙。东面为方门，其余三壁为月洞门。自东向前观看，其西、南两侧月洞门恰将莲花桥、白塔分别框入圆洞中，再兼桥、塔之倒映，形成湖上景观互为因借的景中之景。现为瘦西湖景区重要旅游景点之一。2002年10月，作为"白塔、吹台"的一部分公布归入江苏省第一、二批省级文物保护单位莲花桥。2006年5月，作为"莲花桥和白塔"的一部分公布为第六批全国重点文物保护单位。

2. 东坝戏台

位于高淳县东坝镇胥河北岸。原为明隆庆二年(1568)所建东岳庙的前进建筑。据(民国)《高淳县志》载"明隆庆二年汤王曹永恺倡修，崇祯间重修，清乾隆五年(1740)七姓重建"，增建戏楼。咸丰年间(1851～1861)毁于战火，同治年间(1862～1874)复建，光绪三十一年(1905)毁于火灾。民国6年(1917)东坝七姓五邦集资重建，聘请当时名匠李先春设计施工。中华人民共和国成立后，1958年、1981年、1995年，分别进行维修。

该戏楼为砖木结构"单檐歇山式"建筑。坐北朝南，台面3间，分上下层，上层戏台，下层供戏班住宿，占地面积157平方米。正台高13米，两侧子台高11米。正台突出，台面呈凸字形(现平面加长为长方形)，面阔三间，明间面阔6.35米、高13.1米，歇山顶；两次间各为面阔3.3米、进深10.5米、高11.5米，硬山顶。台中利用立柱安装天壁隔成前后台。天壁上方悬"柱岳擎天"横额，两旁悬挂"绝顶一呼众山皆应响，宏图再展大厦总还魂"楹联，系清末解元王嘉宾所撰。前台顶部构架叠三层八角形藻井，正中绘二龙戏珠，外绘扇形花草。戏台檐下饰云头板昂数攒，额枋木雕戏文，其下斜撑分雕成展翅凤凰和戏绒珠狮。台中四垂莲柱雕成六角形花篮。

1982年3月公布为江苏省第三批文物保护单位。

3. 沧溪戏台

位于高淳县沧溪古镇。原为东吴赤乌二年(239)所建三元观的附属建筑，清康熙年间(1662～1722)在观侧搭建戏台。后屡兴屡废，仅存清同治三年(1864)所建戏台毁于日军侵华战争。民国36年(1947)当地群众集资重建。坐东面西，上、下二层，下层住宿，上层为戏台。戏楼东西设角门，建围墙形成院落,占地面积2 800平方米。砖木结构,3间,2层,面宽13.5米。台面呈"凸"字形,中部明间为单檐悬山顶,两边次间为单檐硬山顶,小瓦覆盖,檐角高翘。戏台前有"沧浪一曲"横匾,为清方苞所题。前台中堂通花雕刻"双龙戏珠"图案,两旁进出口各有扇形横额,一为"出将",一为"入相"。台顶做方格藻井,绘"踏雪访友""羲之爱鹅"等民间故事图案。戏台前广场正中有两株树龄两百多年的枞杨。1982年3月公布为江苏省第三批文物保护单位。

4. 诸公井亭

位于苏州市吴中区东山镇西街。诸公井是东山名泉之一,相传由"诸公"(众人)捐金开凿,故名。东山人信奉刘猛将,各村均有猛将堂。诸公井是东山前山"猛将会"总会(诸公井老会)所在,因而建亭祀神,形成井亭与猛将堂相结合,面阔一间、进深三间的建筑。该亭创建年代未见记载,根据建筑形式判断,当为清代所建。中华人民共和国成立后,1975年维修。

诸公井亭面阔3.35米,进深17.56米。第一间两侧设石栏凳,第二间设井台,共为歇山顶敞亭。第三间原供刘猛将神像,硬山卷棚顶。三间共立柱8根,第一、二对为青石抹角方柱,下施青石鼓形础,垫八角磉石;第三、四对为圆木柱,下垫石鼓,石柱顶端凿十字凹槽嵌入额枋。第一间为卷棚轩三间式,明间为三架式做法,左右次间椽微弯与正中梁架垂直相交。第二间顶棚亦为三间式,明间为斗八藻井,左右次间为轩。第三间为三架卷棚轩,正面开和合木栅门,另三面砌墙。水井位于第二间中央。井壁以块石垒砌,内径1.3米,深7.35米。八角形青石井栏外径82厘米,高41厘米,内圆口径40厘米。沿口绳痕有的深达3厘米,说明该井栏年代较井亭早。

现诸公井亭保存完好。1982年3月公布为江苏省第三批文物保护单位。

5. 文昌阁

原址位于宜兴宜城镇通真观路。始建于明初,原为通真观的一部分。明万历十二年(1584)、清顺治年间(1644~1661)陆续重修。中华人民共和国成立后,1998年被移建至任昉公园内保护。

文昌阁原是封建时代科举考试的试场。整个建筑原有大殿、东西厢房、泮池、花园等组成。大殿面南坐北,硬山顶,其中正殿三间,东西各增耳房一间,较正殿略低,面阔五间22.55米、进深十三檩14.55米。殿前为青石垒砌的月台。院南首为长方形泮池,上置单孔小拱桥,四周围以雕花石栏。院东西各有廊庑9间,于20世纪80年代初被改建。文昌阁西有人工堆筑之小山,山顶有一亭,亦为清代旧构。

1995年4月公布为江苏省第四批文物保护单位。

6. 文游台

位于高邮市高邮镇人民路街道507号。始建于北宋太平兴国年间(926~984),今为清构。原为东岳行宫,因苏轼过高邮与当地先哲孙觉、秦观,寓贤王巩等会集于此,饮酒论文,故名文游台。现存有文游台主体楼、盍簪堂、秦观读书台、四贤祠等建筑13栋。文游台经多次维修加固,保存较好。1995年4月公布为江苏省第四批文物保护单位。

7. 钟楼、谯楼

位于南通市崇川区建设路1号。

谯楼亦称星枢楼,初建于元至正九年(1349),明洪武三年(1370)重建,经多次重修。楼坐北向南,面阔五间19.97米,进深七檩9.75米、高约8米,歇山顶,楼下为券门。建成后一直是南通元、明、清历代州、县署的前门,是南通古代封建政权的象征。

钟楼由中国著名实业家、教育家张謇倡导,著名建筑师孙支夏设计,建于民国3年(1914),其北紧接谯楼。钟楼仿照西洋古典建筑式样,为当时南通城最高的建筑。高七层22.60米,底层平面宽深各6米。砖木结构,四周外墙青砖红砖相间。第一层为四角立砖柱;第二、三层外观合一,下层壁面做圆窗,上层四壁挑出阳台,置拱券门;第四层四面置民国2年(1913)英国机械钟;第五层四周加筑外廊;第六层顶部外形如覆钟;第七层楼顶平台竖有旗杆。

钟楼、谯楼是南通标志性建筑,曾被用于南通市徽图案。2002年10月公布为江苏省第五批文物保护单位。

8. 刘家垄万寿台戏楼

位于高淳县固城镇刘家垄村西。相传始建于元,原是祠山殿的前进建筑,现殿毁台存。现存建筑为清末构建,坐西朝东,上下二层,面阔三间,面积91平方米,硬山顶。两厢略低,台顶设方形藻井,台口突出,檐口枋饰云头纹。2006年6月公布为江苏省第六批文物保护单位。

9. 常州戏楼群

包括万绥东岳庙戏楼、礼嘉烈帝庙戏楼、顺庄戏楼、西夏墅梅村戏楼、阳湖县城隍庙戏楼、杨氏家庭戏楼,2006年6月公布为江苏省第六批文物保护单位。

(1) 万绥东岳庙戏楼

位于孟河镇万绥东岳庙东部。东岳庙始建于唐贞观年间,戏楼为东岳庙附属建筑。中华人民共和国成立后,2003年按原状全面整修。戏楼坐东朝西,台口直对东岳庙大殿,为砖木结构的殿宇式建筑,平面呈凸形,外形是大屋顶,屋脊作"大顶翻筋",台顶绘藻井图。后台面阔三间14.5米,进深五檩4.6米,高7米,两侧为化妆间。前台面阔6米,进深五檩5.6米,顶高7.2米,台高2.3米。左侧另架子台,供乐队演奏。舞台正面壁绘有国画,两侧书对联一副"离合悲欢天下事如斯而已,生旦丑净世间人尽乎此矣",台口上方悬匾曰"作如是观"。后台板壁上记载了清代末年到民国年间浙、皖、沪、苏等地来此演出的戏班名称、戏目、主角姓名等。

(2) 礼嘉烈帝庙戏楼

位于常州市武进区礼嘉中学内。又名"礼嘉戏楼""五云楼",为烈帝庙的附属建筑。乾隆四十六年(1781)、道光二十九年(1849)陆续重修,咸丰年间(1851~1861)庙毁于战火,光绪年间(1875~1908)又重修。

戏楼坐南朝北,属砖木结构的殿宇式歇山顶建筑,二层楼,高10米余。整体平面呈凸字形,正面戏楼面阔5.7米,进深4.5米,脊高7.3米,面积26平方米。戏楼台顶为悬山式九脊飞檐的"大顶翻筋",正台屋面横梁架设向外延伸屋檐,檐角凌翘高出屋面。舞台三面用活动门板,演出时去掉门板,三面都可观看。台面用木板铺设,台顶画梁斗拱,彩绘藻井。台两侧有出入口,谓之"出将""入相"。台檐横梁下悬挂有"龙飞凤舞"金字匾额。台边有台柱,上撑横顶飞檐,下镇楼板台角。舞台后面则是一字排开的三间后台房,作为演职员化妆、休息和住宿的地方,通阔10米、进深5.7米,面积57平方米。在一些房间的墙壁或板壁上,依稀可见多处遗留下光绪三十年(1904)至民国年间演出戏班的团名和演出戏码(剧名节目单)的墨迹,如"大金胜班""苏垣瀛凤班""淮阳全福盛""万记大舞台""鸿秀"等,其主要剧目有《珍珠塔》《白蛇传》《玉麒麟》《扫花》《三醉》《训子》《诉魁》《游殿》《赐缘》《绣襦记》等,戏种有常州"滩簧"(即后来的"常锡文戏""常锡剧""锡剧")、京戏和昆曲。

礼嘉戏楼保存较为完整。戏楼采用的半圆形拱顶,实际上就是一只扩大音量的"共鸣箱",又为武生出场翻筋斗提供了更安全的保障。戏楼墙上遗留下的昆剧"瀛凤班"留存昆曲剧目《绣襦记》,一举推翻了过去戏曲界"昆曲不上庙台"的旧观点。礼嘉中学还在礼嘉戏楼里专建了"戏曲艺术陈列室"。

(3) 顺庄戏楼

位于常州市武进区横林镇顺庄村委东岳庙,戏楼始建于清代。中华人民共和国成立后,1990年9月6日遭台风袭击部分倒塌,顺庄籍华侨张剑耀捐资予以修缮,工程于1993年7月开始、1993年12月11日竣工。戏楼坐南朝北,原戏楼正上方有"为我苍生""凤凰来仪"两块匾额,为清末将领彭玉麟所书。戏台两侧原有对联一副,上联为"为善不昌,祖有余殃,殃尽必昌",下联为"为恶不灭,祖有积德,德尽必灭",为清末才子杨师庵所书。诸匾额与对联今都散失无存。戏楼为歇山顶,上下两层,台面高2.3米,前后台呈凸字形。前台三窄间,通阔5.7米,进深5檩4.5米,脊高7.3米,后台三间面阔10米,进深6檩5.7米,总占地面积83平方米。

(4) 西夏墅梅村戏楼

位于常州市新北区西夏墅镇梅林村的东林寺前。东林寺原为真武庙,戏楼和真武庙始建于宋代,清康熙二十七年(1688)重建,同治二年(1863)重修。中华人民共和国成立后,2004年全面整修。现存房屋一进,坐南朝北,总宽9.8米,凹出宽5.05米,进深7.93米,高8.5米,戏台高5.8米,歇山式砖木结构。后台化妆室壁间隐然可见演员涂画的脸谱、演出记录等墨迹,其中记有民国7年(1918)常州大金秀等班在此演出的《打棍出箱》《渭水河》《演火棍》《拿康巴》《辛安驿》《朱砂痣》等戏。现为当地老年活动室。

(5) 阳湖县城隍庙戏楼

位于常州市天宁区和平南路与青果巷交汇处

的新坊桥小学内。戏楼建于清光绪二十二年(1896)。为歇山顶二层木结构,两边下层由四根麻石方柱支撑。正中木雕挂落下为场上吹打人的位置。后台为子楼三间,作演员化妆室。下层出入走道砖雕门框保存砖额各一方,楼下东墙上嵌有刻于光绪二十二年的《阳湖县增修城隍庙记》碑。

(6) 杨氏家庭戏楼

位于常州市钟楼区东下塘中段,又称杨氏雕花楼。戏楼为晚清楼阁式古典庭院建筑,木结构,共上下两层,下层原存放乐器等物,上层则作演出之用。除东面外,三面临空。周置长窗20扇,平时长窗紧闭,自成一室,演戏时,长窗则敞开或拆卸,露出舞台。楼前为花圃,有青石板铺路。

10. 魁星阁

位于靖江市靖城镇团结东路。始建于清朝光绪十七年(1891)。阁楼坐西朝东,六角攒尖顶,盖筒瓦与小瓦,高约18米,石筑台基,斗拱二铺作,阁前有平台,两边有台阶。2006年6月公布为江苏省第六批文物保护单位。

第六节　府邸住宅

府邸住宅是最为常见的建筑类型之一。江苏自然条件优越,长期以来经济、文化极为发达,因而造就了当地民居的典雅和精致。受地理环境、气候条件、历史、文化、社会、经济等因素的影响,江南的古民居结构上带典型的水乡特色,体量不大,最典型的外观是粉墙黛瓦,前店后住家或下店上住家的形式;而江北的古民居则与安徽、湖南等地的建筑风格相融合,更厚重,门楼上常采用砖雕等作为装饰。

1. 綵衣堂

位于常熟市翁家巷门2号,即翁心存故居。现存为明末清初建筑。原为明弘治、正德间桑姓住宅,后数易其主。道光十三年(1833)翁同龢之父、体仁阁大学士翁心存购下,作孝养母亲之所,称"綵衣堂",后经修扩为现规模。中华人民共和国成立后,1991年11月,以綵衣堂为中心建成"翁同龢纪念馆"并对外开放。建筑分东、中、西三大部分,沿中轴线共七进,正厅"綵衣堂"为第三进。现存大小房屋约百余间,建筑面积约4 000平方米。1982年3月公布为江苏省第三批文物保护单位,1996年11月公布为第四批全国重点文物保护单位。

2. 徐霞客故居

位于江阴市徐霞客镇南旸岐村21号。徐霞客(1587～1641),名弘祖,字振之,号霞客,明代地理学家、旅行家、游记文学家。为中国国土考察之先驱,被誉为"千古奇人""旷世游圣"。其游必有记,日记有所散失,但经后人整理出版成六十余万字《徐霞客游记》,称为"千古奇书"。

明正德二年(1507),徐霞客高祖梧塍徐氏十三世徐经去世后不久,三个儿子治、洽、沾分析家产,自立门户。徐洽即徐霞客曾祖,析居马镇旸岐,生有五子,分家后长子徐衍芳析居湖庄,建造新屋。子孙繁衍,遂成村庄,因在老宅之南,又难忘先祖,故名南旸岐,旸岐则改称老旸岐。中华人民共和国成立后,为纪念徐霞客诞生400周年,于1985～1987年进行大修,后又成立徐霞客故居文保所,1995年成为中国徐霞客研究会江阴学术基地,2000年故居前新建"仰圣园"及《徐霞客游记》碑廊。

其故居原有七进两厢房,今存三进两厢房。占地面积1079平方米,建筑面积548平方米。第一进面阔7间21.3米,进深6架6.4米,硬山顶砖木结构。第一进与第二进之间为天井,有古井一口。第二进为轿厅,面阔5间21.3米、进深6架,硬山顶砖木结构,明式扁作抬梁,落地长窗,前设外廊,后门为砖雕墙门。第三进即为徐府正厅,名"崇礼堂",是徐府接待宾客和逢年过节祭祀祖宗之所;面阔5间21.3米、进深8架8.50米、脊高6.80米,硬山顶砖木结构,明式扁作抬梁,前设外轩廊,有木扶栏及挂落。第二、第三进之间为院落,有东、西两厢房,各进深4架,亦为硬山顶砖木结构;厢房与正厅之间有小天井,东侧天井内有徐霞客手植罗汉松一株,主杆高6米余,粗需两人合抱。

2001年6月,作为"徐霞客故居及晴山堂石刻"的一部分公布为第五批全国重点文物保护单位。

3. 甘熙宅第

位于南京市南捕厅15号、17号、19号,大板巷42号。甘熙,号石安居士,祖籍安徽歙县,道光十八年(1838)进士,著有《白下琐言》《栖霞寺志》等,是晚清南京著名文人、藏书家,又是金石、文物收藏家。宅是一座六路五进穿堂式住宅,俗称九十九间半,始筑于道光初年,咸丰三年(1853)部分建筑毁于兵火。中华人民共和国成立后，1986年，19号部分房屋经维修辟为南京民俗博物馆。原占地面积1.4万平方米，建筑面积1.2万平方米。东南角垒筑假山水池，假山顶建茅亭。宅内原有南京最大的私人藏书楼——津逮楼，及嵌有宋砖的书舍"三十六宋砖室"等。今宅占地面积8 000余平方米，建筑面积6 000平方米。全宅有大小天井35个。是南京现存规模最大、保存较完整的一座晚清私人住宅。1995年4月以甘熙故居名称公布为江苏省第四批文物保护单位。2006年5月公布为第六批全国重点文物保护单位，更名为甘熙宅第。

4. 昭嗣堂

位于无锡新区硕放镇香楠村曹家门前，又称香楠厅、楠木厅。昭嗣堂系明嘉靖七年（1528）进士曹察所建，清乾隆十三年（1748）曹察裔孙将宅改为家祠。大厅面阔五间，进深十一架，硬山顶，全部采用楠木建成，故又称"香楠厅"。整组建筑呈对称布局，前小后大，为凸字型。该堂中全楠木造的大厅是无锡市现存最古老的木构建筑之一，也是江苏省明代厅堂建筑中成熟的代表。1995年4月公布为江苏省第四批文物保护单位，2006年5月公布为第六批全国重点文物保护单位。

5. 户部山古建筑群

位于徐州古城之南。户部山原名南山，明天启四年（1624）黄河决堤，户部将办公机构迁此而改名。户部山民居群东起文治巷，西至彭城路，南至劳动巷，北至环山路，包括崔焘宅、李蟠宅、郑氏宅、余氏宅、翟氏宅、刘氏宅、魏氏宅、李华甫宅、刘家楼、老盐店等院落，年代自明代延续至民国。2002年10月以户部山民居群名称公布为江苏省第五批文物保护单位。2006年5月公布为第六批全国重点文物保护单位，更名为户部山古建筑群。

（1）李蟠宅

位于云龙区劳动巷20号，又称状元府。李蟠（1655～1728），小字根大，字仙李，又字根庵，号莱溪。清康熙三十六年（1697）进士、状元，授官翰林院修撰，入国史馆纂修《大清一统志》。康熙三十八年（1699）因顺天府乡试案罢官，后返乡，著有《根庵文集》。原状元府有四进院落，占地面积6 700平方米，坐北朝南。大门前原有两根旗杆和两个圆形石鼓，大门上立有"状元及第"匾，正厅悬挂"鳌头独步"匾。宅内有厅、堂、楼、阁、厢房、后花园，房屋300余间。现存中路三进，依次为大门、过厅、内影壁、客厅、静庐，占地面积4 560平方米，建筑面积1 230平方米。主要建筑静庐面阔三间10米、进深七檩6.2米，硬山顶。

（2）崔焘宅

位于云龙区崔家巷15号、21号，是明代翰林崔海、清代翰林崔焘的故居。崔焘（？～1854），字虹桥，清道光九年（1829）进士，历任河南通许知县、裕州知州、郑州知州、安徽怀庆知府等职，咸丰四年（1854）卒于任上。崔焘宅始建于明嘉靖年间（1522～1566），清道光年间（1821～1850）扩建。由下院、上院和客屋院三部分组成，下院位于彭城路和崔家巷的交汇处，上院在下院东侧顺山而建，客屋院在下院之北。每座大院有房屋100余间，共计320余间。院内有牌坊、祠堂、大厅、花厅、鸳鸯楼、后花园、厢房等，花厅面阔三间10.1米、进深七檩7.8米、檐高3.6米，硬山顶，抬梁屋架，底梁雕刻花纹。现存崔家上下两院，有房屋160余间，占地面积约5 700平方米，建筑面积约2 700平方米。第二进堂楼为明代建筑，下院门前为一小广场，广场上有上下马石，立有两根高大的旗杆。

（3）余氏宅

位于云龙区崔家巷2号。清代尚氏在明代户部分司署旧址上建宅，徽商余氏于乾隆中叶从尚氏手中购得。大院坐北向南，有三路三进院落，占地面积4 222.9平方米，建筑面积1 478平方米，有房屋105间。建筑以中院为中心，东西各有一个花园。中院的大客厅面阔三间11.7米、进深七檩8.5米，前廊抱柱，檐高3.55米，硬山顶。客厅后为起居室，另有磨房、盐房、书房等。

（4）翟氏宅

位于云龙区户东巷18号，始建于清代。宅坐西向东，由东向西顺山而建，有二进院落，占地面积1 000平方米，建筑面积601平方米，有房屋38间。有"鸳鸯楼"，楼上楼下的门朝向相反，面阔三间9.7米、进深5.1米，檐高7.5米。宅后的伴云亭为翟宅的后花园，因地势高爽得名，是当时文人聚会之所。

（5）郑氏宅

位于云龙区户东巷17号，为郑氏于同治年间（1862～1874）在古庙的旧址上建。大院坐西向东，有南北并列的两路二进院落，占地面积1 670平方米,建筑面积 803 余平方米,有房屋 48 间。宅内庭院中有一株两百余年的古银杏树。南院的游廊与主房和厢房组成四合院。

（6）李华甫宅

位于云龙区崔家巷 26 号,建于清末,由青岛建筑师设计,是当年徐州最西化的建筑,号称徐州第一楼。建筑坐南向北,由廊院和主楼组成,建筑中西合璧。整个院落东西长 33 米、南北宽 32 米,占地面积 1 056 平方米。大门券形顶,仿西方古典柱式门廊。大门两侧是花厅。主楼二层,东西长 15 米、南北宽 8.8 米,檐高 7.2 米,二楼的四周为阳台,并有三个楼梯,建筑面积 540 平方米;木质地板,内有壁炉,阳台与门、窗相通。

（7）刘氏宅

位于云龙区户北巷,为西汉刘向第七十三代后裔从尚氏手中购得,并于民国 13 年(1924)进行改建。建筑坐南向北,共有三进院落,院后的后花园于 1985 年改建为戏马台的一部分。现存主房、厢房,占地面积 575 余平方米,建筑面积 231 余平方米,现存房屋 14 间。

（8）魏氏宅

位于云龙区崔家巷 23 号,建于民国时期。建筑坐北向南,原有四进院落,后为花园。现存有大门及主房,两进院落,占地面积 294 平方米,建筑面积 192 平方米,有房屋 16 间。

（9）刘家楼

位于云龙区户部山东坡。民国时期,刘氏与蒋纬国有私交,蒋来徐时曾在此居住,遂称"蒋纬国楼"。主楼坐北向南,砖木结构,上下二层,面阔各五间,廊额、抱柱为木雕结构。东楼面阔三间,并附有地下室。楼前为一方形小院,院门东向。门廊内的北墙上嵌有"落成纪念"石碑,已漫漶不清。

（10）老盐店

位于云龙区劳动巷 13 号,为清末民国时期徐州盐务管理处设立的食盐发售处。中华人民共和国成立后,用作民房。原有盐库、煮盐坊、盐务官员办公房及军队驻守房屋等一百余间。整批买盐者先在"老盐店"审核条件,给予票证,经盐务管理处审批签章后再到盐库提货;零售者即到"老盐店"就地提货。外县批运,须向盐务管理处领取路引以备途中检查。现存盐库及盐务官员办公房数十间,整体格局仍较完好。

6. 东山民居

位于苏州市吴中区东山镇,含明善堂、怀荫堂、凝德堂三处建筑。三处建筑均于 1982 年 3 月公布为江苏省第三批文物保护单位,2006 年 5 月合并以东山民居名称公布为第六批全国重点文物保护单位。

（1）明善堂

位于东山镇杨湾上湾村,坐南偏西,临街而筑,四周砖墙包围,无创建年代,无文献可考,从其结构推断当为明末建筑。该堂民国 11 年(1922)时为朱氏购得,大修后更名为"三德堂",亦称"朱鉴堂";又因朱载这里开办过学校,故又称"鉴堂小学"。中华人民共和国成立后,1980 年学校从明善堂迁出,大修后正式向社会开放,1993 年进行小修。

明善堂占地面积三千多平方米,上覆硬山博风造、两坡板瓦哺鸡脊屋顶。平面布局分两部分,主体建筑在东部,有花厅、大厅、住楼及左右备弄、厢房等。偏西有墙门、耳房、客堂、佛楼以及花园。在各栋房屋之间都有天井相隔,现有大小天井 15 个。大厅面阔三间,屋顶为草架结构。平面近正方形,外观为两坡硬山顶,下有青石台座,厅面满铺斜形的方砖地坪。厅内木构件均加饰木雕,普绘彩绘。大厅进口有砖雕门楼。在大厅后库门的青石门楣上,有一方花鸟图石刻。花厅在大厅左前方,平面呈长方形,梁柱等构架与大厅基本相同。佛楼在大厅西侧,檐柱因后期维修,已改为砖墩;金柱、山柱均系木质;明次间的梁、桁、枋有彩绘,保存较好。

（2）怀荫堂

位于东山镇杨湾镇。该堂始建年代及当时房主的姓氏均失考,从其结构形制推断为明代中期的建筑。该堂原有门屋、住楼、后屋共三进,现门屋更改,后屋亦被拆,仅剩住楼一座,现为杨湾茶馆及职工宿舍。

怀荫堂三间二厢一门楼的主体建筑基本完整。楼屋为硬山搏风板瓦顶,鳗鱼脊。面阔三间带厢,进深七檩;通面阔 12.35 米,明间面阔 4.45 米,次间面阔 3.95 米;通进深 7 米,前廊进深 1.05 米,后廊进深 0.8 米,前后金柱间距离 5.15 米。梁架为抬梁式,明间与次间之间有一缝,施金柱两根,金柱下有鼓形木础,高 16 厘米,下端柱径 32 厘米。楼下三间;楼上以板壁隔为三间,南为五抹头小方格子榻心形式槛窗。门楼为皮条脊砖刻门楼,规制小而低矮。门楼上有小巧的照壁,照壁下有类似"圭脚"形式的砖雕一条,花纹分为三组,中间一组较长,两端较短,为折枝灵芝花形。厢房左右对称,面阔3.45米,中间与照墙相连,形成一院落。

(3) 凝德堂

位于东山镇翁巷殿新村,该堂始建无考,根据其结构特点分析,当为明代晚期建筑。原规模较大,在中轴线上有墙门、大厅、住楼三进,两翼有厢房、备弄,右方还有花园、客厅等,左方亦有小楼等附属建筑。"文化大革命"期间,群体建筑遭到严重破坏,仅剩大厅和门屋。1981年对现存的大厅进行了维修。1984年整修。

该堂现有大厅、仪门和门屋基本完整。大厅为硬山板瓦两坡顶、山墙博风做法,面阔三间13.05米、进深七桁带前后廊12.58米。金柱高4.41米,下承青石磉。檐柱呈小八角形,柱础为八角提灯形,青石质,高25厘米。仪门在大厅和门屋之间,硬山搏风两坡顶,八字形磨细砖墙。仪门面阔3.5米、进深2.6米,原门枕石及高槛已毁。门堂有抱柱、腰方、挺组成的抹式"目"字形。中槛宽厚,里侧彩绘;上槛上有平板枋,为斗三升三攒。抱柱在距地面1.95米处施跳头支撑挑檐枋,枋上亦有斗拱。门屋三间,附以耳房,进深七桁带前后廊,结构与大厅相似。

该堂现有彩绘88幅,其中大厅61幅,仪门18幅,门屋9幅。正厅所施的彩绘多绘于梁、枋、桁、斗、山垫板等处。彩画的基本形制为"包袱锦",按梁枋大小、位置不一绘出各种纹样,其色调以紫色为主,兼以棕、黄、红、绿诸色,是典型的明代苏式彩绘。

7. 赵用贤宅

位于常熟市虞山镇书院街南赵弄10号。建于明代嘉靖时期。中华人民共和国成立后,2004年进行了全面修缮。2005年10月,辟为常熟市古琴艺术馆,对外开放。

赵用贤(1535~1596),字汝师,号定宇,承谦子。明隆庆五年(1571)进士,官至礼部侍郎,万历二十四年(1596)三月卒,天启初追赠礼部尚书,谥"文毅"。著有《松石斋集》《三吴文献志》《国朝典章》《因革录》等。为著名藏书家,与子琦美设"脉望馆"藏书处,所藏元、明杂剧保存了一些明代宫廷溢出本,并有《赵定宇脉望馆书目》传世。

该宅坐北朝南,原有轴线三组,东西两组已毁,现存原中轴线一组(三进)及东侧脉望馆,占地面积1 400平方米。有门屋三间,前厅三间,内院后堂三间,东西耳房各一间,左右厢房各三间及脉望馆三间。梁架皆做月梁形,施浮雕装饰。梁枋斗拱俱施彩画,且沥粉堆塑。内壁下有砖刻卷草纹须弥座,后堂柱下用木櫍。前有轩加廊,明间前檐用方形檩柱,柱下设合盘式木础。

赵用贤宅是常熟市保存最为完整的明代建筑院落,宅内的脉望馆为明代江南著名的藏书室。1995年4月公布为江苏省第四批文物保护单位,2006年5月公布为第六批全国重点文物保护单位。

8. 张溥宅第

位于太仓市城厢镇新华西路57号。张溥(1602~1641),太仓人,字天如,号西铭,明代著名文学家、政治活动家。官至庶吉士。他所读之书必手抄,抄后朗读一遍即焚,每反复六七次,故其书斋名为"七录斋"。崇祯年间(1628~1644),张溥组织了著名的文人社团——复社,以"兴复古学,务使有用"为宗旨,进行政治和文学活动。张溥一生著述极多,有《七录斋集》等。

张溥宅第始建于明代天启年间(1621~1627),原为其伯父、明末工部尚书张辅之的府第,张溥曾在此生活了较长时间。清咸丰末年与同治元年间,此宅院由本邑武姓买下改称"绍德堂"。清同治六年(1867)此宅被转卖给当地富户陈砚香,陈买下后即对部分建筑进行维修,自此至1949年止,陈家承袭了五六代人未有变动。中华人民共和国成立后,第一、第二进在20世纪50~60年代曾先后用作太仓新华书店的仓库和职工宿舍以及太仓人民医院的妇产科诊所和病房,70年代借用作太仓农机二厂职工家属宿舍,1984~1986年底维修后为太仓博物馆。东侧一路三进为江南丝竹馆。

张溥宅第占地面积1 400平方米,建筑面积1 507平方米。第一进大厅,俗称"纱帽厅",重檐,草架,五架梁,带前轩,面阔三间12.8米,进深12米,高7米。第二进堂楼,五架梁,前轩后廊,上下二层,面阔五间21.7米,进深10米。堂楼前天井东西两边各有一厢楼,天井西侧有一水井,青石井栏上刻有"天启二年,工部张衙"等字样。第三进后楼,五架梁,有前后廊,面阔五间23.26米,进深12米,高约8米。天井东西两侧同样各建有一厢楼,并有回廊。楼后有一天井式的小苑，两边各有精巧的方圈门洞，东题"坐花"西题"醉月"。

张溥宅第经多次修复，保存状况良好。1995年4月以张溥故居名称公布为江苏省第四批文物保护单位。2006年5月公布为第六批全国重点文物保护单位，更名为张溥宅第。

9. 师俭堂

位于吴江市震泽镇宝塔街12号。系震泽望族徐氏家族的堂名，宅主徐汝福。徐汝福（1838～1875），字备五，号云阶。徐氏先祖为西周或春秋徐（戎）族首领偃王之后，统辖今淮、泗一带。偃王之后徐旷于明季自淮渡江入江南，十传至徐永昭，始定居震泽镇。徐永昭孙徐学健为震泽保赤局创始人，徐学健孙为徐汝福。道光年间（1821～1850），徐氏已为镇上首富。同治元年（1862）徐汝福受江苏巡抚李鸿章之邀任江苏抚恤总局局长。

咸丰十年（1860）师俭堂毁于"庚申兵燹"。同治三年（1864）在其旧宅基上重建，即现在的规模。民国36年（1947）部分建筑因火灾毁。中华人民共和国成立后，2001～2003年进行修缮，2003～2004年进行复原陈列设计，2004年4月对外开放。

师俭堂坐北朝南，共六进，面阔均为五间20.88米。第一进深8.74米。第二进深6.22米。第三进深8.64米，第四进深14.24米，第五进深11.9米，第六进深11.56米。其中除第四进外均为二层楼房。一进沿頔塘河筑，并置1.6米宽双坡级河埠。二、三进夹宝塔街。三进中间筑有木雕门楼。四进中三间为敞厅，敞厅的明三间作为正厅，厅内有楷书"师俭堂"匾额一块，在此堂匾之前还悬挂蟠龙金框圣旨两道；前廊设船篷轩，边间设月楼，天井左右为厢房，南墙筑有砖雕门楼。第五进中三间为厅堂，前廊设船篷轩，天井左右为厢房，南墙筑有砖雕门楼。第六进厅堂用雕花隔扇分为三间，天井左右为厢房，南墙筑有砖雕门楼，北天井东建有三层更楼。一、二、三进为四界圆作大梁抬架，四、五、六进为四界扁作雕花大梁抬架，各进均为硬山顶、哺鸡脊、筑有马头封火墙。五、六进东侧为占地面积420平方米的三角形花园"锄经园"，园内有藜光阁、假山、半亭、梅花亭、四面亭、曲廊和益寿轩等，其中藜光阁和益寿轩为二层楼房。三至六进西侧为备弄及辅房，辅房有伙房、磨房、杂房、柴房及茅厕等。

师俭堂内部庭院大部分为"三合院"形式，在大厅、楼厅的公共空间多用方砖墁地，厢房铺木地板，地面下龙骨间满铺了厚达30厘米的蚌壳，这样的防潮处理为江南地区所仅见。

师俭堂现存整体状况较好。1995年4月公布为江苏省第四批文物保护单位，2006年5月公布为第六批全国重点文物保护单位。

10. 吴氏宅第

位于扬州北河下东城根，广陵区泰州路45号，宅主吴引孙、吴筠孙兄弟。吴引孙，字福茨，江苏仪征人，官至甘肃布政使署新疆巡抚。清光绪十四年（1888）起出任浙江宁绍道台时，聘请浙江匠师来扬建造住宅。中华人民共和国成立后，1966年部分建筑被毁、改建，2005年修缮后开放。

宅坐北朝南，原有建筑99间半，占地面积1.67公顷。以火巷为界分东西两大部分，其东部有门厅、朱雀厅、凉厅、金鱼池、测海楼等五进建筑；西部住宅三进，均为面阔七间，四面皆有外廊。房屋木结构与石础上有精美雕刻。测海楼重檐硬山顶，面阔五间，下为"有福学堂"，原藏书二十多万卷。

2002年10月以吴道台宅第名称公布为江苏省第五批文物保护单位。2006年5月公布为第六批全国重点文物保护单位，更名为吴氏宅第。

11. 唐荆川宅

位于常州市青果巷历史文化街区，始建于明弘治年间至正德年间（1488～1521），原有八桂、贞和、易书、筠星、四并、复始、松健、礼和八堂，号称"唐氏八宅"，现存有五宅，分别为贞和堂、筠星堂、松健堂、礼和堂和八桂堂，其中以贞和堂保存最完整。八桂堂系清代重建，其余诸宅亦大部改建。

贞和堂　位于青果巷历史文化街区东段，原名保合堂，明崇祯六年（1633）荆川玄孙唐宇昭改名贞和堂，沿用至今。贞和堂原有门厅、轿厅、大厅、二门及后进内院住宅，占地面积1 340平方米，建筑面积1 250平方米。门厅已拆除，轿厅于民国27年（1938）间重新翻建，内院住宅系清代重建，仅大厅保存原貌。大厅是常州现存最大的楠木厅，坐北朝南，为一完整"纱帽厅"，面阔三间，进深八步架，单檐硬山顶。建筑结构为前廊川，内四界，后三步。正厅正贴抬梁结构，内四界大木结构为明代遗存，十根楠木立柱用材粗壮考究、加工精细，立柱表面仍保存有清代一麻五灰黑漆。柱头上施栌斗，饰有纱帽式样的棹木。四界大梁扁作，虚拼做法，背呈弓形，素面无纹，两端仅饰斜项。山界梁上施斗栱以承脊檩，其间嵌以山雾云板、抱梁云，雕刻精致。边贴穿斗、一脊两挥做法。后三步为船篷轩，上设草架与中部屋架交接。大厅东侧走廊壁间嵌有唐荆川外孙、明书法家孙慎行撰书的《保合堂记》碑刻，系明万历四十五年（1617）孙慎行为唐荆川子鹤征八十大寿所作。

筠星堂 在贞和堂西邻，原为唐荆川玄孙、明崇祯举人唐宇量居住。存清建回形转楼及部分明代木结构建筑、花厅等。转楼面阔五间20.2米，进深12.4米。

礼和堂 在贞和堂斜对面，原为唐荆川曾叔祖、明画家唐世宁居住。现存清改建木结构房屋两路三进，厅屋面阔四间16.3米，进深8.8米。

松健堂 在青果巷历史文化街区东首，原为唐荆川曾祖、明书法家唐世英居住，后归清浙江兵备道恽祖贻及其子安庆府知府恽毓龄及孙恽公樾居住。分为东西中三路建筑。西路有两进。中路一进为门屋，二进为轿厅；三进原为楠木厅，1958年，实业家刘国钧为解决职工住宿问题，在此处建造了女工宿舍楼，为两层红砖仿苏联式筒子楼；第四进单层五开间，有院落、东西厢房及回字形走廊，南有门楼。东路存房屋三进，第三进楼厅为明代建筑，有精美木雕、砖雕、观音兜。

八桂堂 为晚清湖北按察使瞿赓甫（瞿秋白叔祖）府第，约民国35年（1946）由刘国钧租用，民国37年（1948）刘买下作为住宅。共有门屋、大厅、客堂、经楼（天香楼）四进，均为硬山造木结构。两侧有走廊贯穿前后，每进隔有天井，全宅以垣墙围成院落，墙脚嵌"敬修堂"界石。大厅面阔三间，进深七檩，天井植桂4株，西侧院落内另有4株。其中天香楼为革命先烈瞿秋白诞生地，为全国重点文物保护单位——瞿秋白故居的一部分（详见"瞿秋白故居"词条）。

1982年3月公布为江苏省第三批文物保护单位。

12. 前北岸明代楠木厅

位于常州市区前北岸西端。原为顾塘桥之孙氏馆，系北宋大文豪苏东坡寓所。北宋建中靖国元年（1101），徽宗继位大赦天下，苏轼自海南儋州北归，借居孙氏馆，于同年农历七月廿八日病故于此。南宋乾道八年（1172）太守晁疆伯在此建东坡祠，元至大年间（1308～1311）改建为东坡书院。后毁于元代兵燹，仅存东坡洗砚池及相传为其手植的紫藤和香海棠等遗迹。明代中期，常州知府及里人在旧址重建。紫藤下原置一白石洗砚池，长3尺，池深45公分，整体素面无纹饰。乾隆二十二年（1757）二月，乾隆第二次南巡时将洗砚池移置万寿行宫（今舣舟亭公园内）内。

现存明楠木厅三间，两侧各有厢房两间。大厅属八檩抬梁式木构建筑，用楠木圆柱立于蘑菇石础上，柱头配置荷叶蹲，架设大型月牙式抱头梁。屋面平缓，飞檐翻翘，廊下正厅用木格长窗六扇，后金柱用屏门六扇分隔前后。门屋为六架进深平屋，正面为石库门，墙内嵌有石碑。门楣有篆额"藤花旧馆"四字。

1982年3月公布为江苏省第三批文物保护单位。

13. 楠木厅及石雕艺术品

位于苏州市吴中区东山镇莫厘北路。楠木厅是古宅"念勤堂"的正厅，因主要结构用楠木故名。建造年代无考，根据其用材、形制、结构特点定为明中晚期建筑。20世纪50年代以后，念勤堂古宅逐步被拆，唯楠木厅犹存。

楠木厅朝南，硬山造，面阔三间12米，进深七檩8.12米，有前廊。檐柱为小八角形，柱础为青石八角提灯形。步柱、山柱为圆柱，步柱石础为扁圆形，山柱础系木椹。明、次间脊檩各有一组彩绘，色调以紫为主，兼有棕、黄、红、绿诸色。院内有石盘、石狮、石圆台、石案、祭台、花盆座、莲花柱础、绣凳、门枕等36件石雕，石质有汉白玉、青石、花岗石三种，时代以明代居多。

现整座大厅梁架保存完好，室内石刻已全部散失他处。1982年3月公布为江苏省第三批文物保护单位。

14. 绍德堂

位于苏州市吴中区东山镇新义村。建造年代失载，从主要建筑的构造特点和木雕装饰可判断是一处明代中后期住宅。本属叶姓，1989年被画家亚明购得，题为"近水山庄"，进行了维修，又在大厅中创作了大量壁画。

绍德堂共占地面积892平方米，东南向，轴线上原有墙门、仪门、大厅、住楼、花园等，西侧有厢房、附屋、备弄。现存大厅、住楼、仪门及部分厢房、附房。

大厅面阔五间22.3米,进深七桁带前后廊9.55米。房顶较平缓,山墙施砖博风。厅内柱头有卷杀,施坐斗。檐柱为小八角形,柱础为青石八角形。金、步柱立于带覆盆的青石礩上。山柱础为弦纹木鼓,但大部已于维修时更换为石鼓。扁作月梁有刻纹,明、次间脊桁上有包袱锦"笔锭胜天"彩绘。

住楼面阔三间带耳房22.64米,进深七桁带前后廊9.64米。前廊宽达2.28米,明间和厢房檐柱各缩进1米加立方柱,共立8根柱子,依方柱施裙板,形成内外廊。楼上副檐缩进半架,檐柱分成上下两段,上檐柱压金桁,梁柱结构与大厅相同。厢楼为五桁四步结构,明间梁桁均施斗拱,次间三架梁上施童柱,榫头呈"巾"字状。

仪门为硬山两坡顶,纹头脊。两侧为细砖八字墙,中为牌楼式门楼,面阔4.27米,门宕宽1.2米,高2.82米,高门槛。左右施花瓣形青石抱鼓石,浮雕狮子滚绣球,其须弥座后连门臼。抱柱、腰枋宽厚,门框呈四抹"目"字形,中楹雕饰双狮戏球;反面施连楹,雕有四组花鸟,当中刻"福"字,故俗称福寿墙门。上方匾额左右伴以木景,雕刻"岁寒三友"。上楹刻"鲤鱼跳龙门"横勒。八字墙内侧和院墙勒脚,均为青石须弥座,雕有花鸟。

绍德堂的仪门、大厅、住楼保存完好。1982年3月公布为江苏省第三批文物保护单位。

15. 瑞霭堂

位于苏州市吴中区东山镇翁巷殿新村。年代无考,从建筑特点、装饰纹样看,应是明代遗构。1975年大厅被拆。1984年,门楼、照墙等进行较大维修。1989年修缮屋脊。

古宅原有墙门、大厅、住楼三进,两侧有备弄、厢房相连。其间有天井、库门、封火墙等。现存住楼和大厅(遗址)前砖雕门楼和住楼前砖雕照墙。

住楼为砖博风硬山顶,哺鸡脊。面阔三间带耳房19.51米,进深七桁带前后廊8.51米。为楼下采光需要,楼面缩进半步架。檐柱分上下两段,上段压在单步梁上。左右厢房向外悬挑半步架,增加6根檐柱。柱头均有栌斗。檐柱呈小八角形,柱础为青石八角灯形。步柱、山柱均圆作,柱础为木楷,下垫青石礩。扁作月梁有刻纹。

大厅遗址前石库门内外均为砖雕门楼。朝外为单坡顶,皮条脊。匾额空白,上枋列变形拱,下面青石门楣刻"五鹤图",左右角各饰砖雕垂莲柱,门垛系细砖一顺扁砌。朝内的砖雕门楼亦为单坡顶,匾额空白无字,左右砖景刻松、灵芝、喜鹊等,上枋横勒刻"凤穿牡丹",再上施仿木出昂斗拱支承飞椽、屋顶,垫拱板镂雕"古钱""蜂窝""卍字"等;匾额以下有砖、石横勒各一条,内包石质"天幔",刻有"鲤鱼跳龙门"和"笔锭胜天"。门楼两角各饰垂莲柱。左右塞口墙均以细砖镶贴,檐下飞椽、斗拱等亦皆仿木结构,抛枋和左右抹角刻有四季景物。

砖雕照墙连接左右厢房,与住楼围成天井。照墙中辟门匾,门楣以下为条形细砖交错砌筑。单坡顶上有缠枝花纹饰。上部按住楼开间划分为三,墙面均系水磨细砖斜角贴砌;中间墙顶两落水,有飞椽、出昂斗拱,垫拱板镂空,抛枋刻梅花鹿、丹顶鹤;左右抹角刻"鸳鸯荷花"等;照墙两边撩檐下亦用飞椽、变形拱,抛枋刻有"笔锭胜天"。

现存瑞霭堂建筑总体保存完好。1982年3月公布为江苏省第三批文物保护单位。

16. 丁古角明代住宅

原位于南通市丁古角巷北段西侧,1998年保护迁建到八仙城内玄妙观南侧现址。现仅存三间平房,面阔13米、进深7米,是一座七架硬山穿斗式建筑。坐北朝南,明间前后有廊。在木架构件中,除抱头梁为清中期式样外,均为明代式样。宅院大门有青石所制旗杆石四块,以并列形式埋于地下,推知系当年官家住宅。但初建者已不可考,变迁情况更无文献可征。丁古角明代住宅是为数不多的明代砖木结构民居建筑。1982年3月公布为江苏省第三批文物保护单位。

17. 关帝庙巷明清住宅

位于南通市崇川区南关帝庙巷10、11号。这里曾为清道光二年(1822)进士、湖南布政使王藻宅,后三易其主。住宅坐北朝南,占地面积3 068平方米。有东西并列的两轴线硬山顶建筑,各五进,依次为门厅、轿厅、大厅和后堂。各厅平面除去东轴后厅为四间、进深七檩带前廊外,其他均为面阔三间12.3米、进深七檩9.3米。前后出檐较大,东、西轴门厅、后堂与西轴大厅为三间脊柱全部落地。明间则为抬梁式梁架,用月梁,从木刻纹饰刀法可见时代风格,如东轴线后厅为明构,而大厅则为清构。1982年3月公布为江苏省第三批文物保护单位。

18. 税东街明清住宅

位于泰州市海陵城区税东街112号。房屋于明隆庆二年(1568)由进士蒋科建。宅门南向，旧有四进，今第一进无存，尚存二、三、四进。占地面积1570平方米，建筑面积605平方米。第二进厅屋，圆作，抬梁式，楠木梁架。第三进穿堂，一明两暗布局，脊檩下有抱梁云、山雾云板等雕刻构件，硬山顶。第四进后楼，柏木梁柱，圆作，柱下置木榀。硬山顶。1987年第二、三进曾大修，东侧尚有清建方阁、堂屋、花园等。1982年3月公布为江苏省第三批文物保护单位。

19. 管干贞故居

位于常州市前北岸30号。管干贞(1734~1798)，字阳复，号松崖，常州人。清乾隆三十一年(1766)进士，官至漕运总督，诗人、画家。故居存有硬山造房屋四进，为明代建筑。现存第一进楠木厅面阔三间13.8米、进深八檩9.8米，为抬梁式木构架建筑，楠木梁柱用料硕大。柱下垫加阴沉木柱础，为常州仅见。厅内原悬镶金"福"字横匾(现藏市博物馆)为管氏庆五世同堂时乾隆特御书赐"福"字以示荣宠，故称"赐福堂"。第二进后厅面阔五间、进深六檩，前廊后轩，厅前用围墙分隔，自成院落。原为明崇祯年间(1628~1644)探花、礼部侍郎管绍宁寓居。第三进为楼厅，上下各五间，称读雪山房，管干贞读书作画著述于此。1995年4月公布为江苏省第四批文物保护单位。

20. 玉燕堂

位于昆山市周庄镇北市街。相传为明初中山王徐达之弟徐逵后裔建于明正统年间(1436~1449)，初名怡顺堂。清初为张姓所得，改称玉燕堂，俗名张厅。古宅坐东朝西，临街面河，占地面积1884平方米，有房屋五进计70间。前有门厅、轿厅。第三进为正厅"玉燕堂"，五开间"三明两暗"，面阔16.3米，内四界前后轩廊，进深9.1米。四根楠木金柱直径34厘米，下承木鼓墩，为明代建筑。厅后为楼，亦明代建筑。楼前两侧置厢楼。南侧备弄长20余米。天井中有一方池水，供舟船停泊。宅后沿水建廊设栏，石驳岸嵌有如意和虎头形系缆石，南侧砌水踏步。近年来经过维修，已恢复原有风貌。玉燕堂保存完好。1995年4月公布为江苏省第四批文物保护单位。

21. 敬业堂

位于昆山市周庄镇南市街。为清乾隆七年(1742)沈万三后裔沈本仁所建。清末改称松茂堂，俗名沈厅。整座住宅占地面积2019平方米，坐东朝西，跨街临河，前后七进五门楼，大小房屋一百多间。全宅由外而内可分为三段。前段是建造在街与河之间的带楼水墙门，以及整齐的石砌八字式专用河埠。中段是靠街的墙门楼、轿厅、正厅，是迎送宾客、议事和举行礼仪性活动的场所。后段是大堂楼、小堂楼、后厅屋，是生活起居的地方。从前到后，左右两边都以过街楼、厢楼、阁道相连，上下都可贯通，形成一座有重楼复阁之势的多进走马楼。

居中的正厅高悬匾额一方，"松茂堂"三字为清末南通状元张謇手迹。厅为两坡硬山顶，面阔五间11米，三明两暗，进深七檩，前轩后廊，占地面积170平方米。除第六、七檩为单层屋顶外，均施草架、复水椽。梁架间雕饰游龙、舞凤、麒麟、翔鹤、流云、花卉等。山墙下部有清水砖细墙裙。左右梢间上有暗楼，与前后阁道、厢楼相通。

面朝正厅的砖雕门楼，是五座门楼中最大最精的一座，高6.5米，歇山式屋顶双戗飞翘，出昂斗六升，左右饰垂莲柱。字碑题"积厚流光"，边框雕饰"红梅迎春"，左右兜肚和上下枋雕"西厢记""状元游街"等。

敬业堂整体布局保存较完整，一大特色是梁架结构、内外装修、砖木雕刻集苏、徽、浙三派传统建筑风格于一身。1995年4月公布为江苏省第四批文物保护单位。

22. 富安明代住宅

位于东台市富安镇，包括董氏宅、王氏宅、贾氏宅、卢氏宅等九处。一般面阔三间，进深七架，硬山顶，抬梁式结构。1995年4月公布为江苏省第四批文物保护单位。

(1) 董氏宅

位于富安镇米市北路东侧霞外阁巷2号。富安董氏宅坐北朝南，占地面积335.97平方米，建筑面积95.22平方米，面阔三间13.8米、进深6.9米，檐高3.6米，七架五柱穿斗式，扁作月梁，硬山顶。窗为槛窗、支摘窗，尚保存满天星窗格。木质柱础，柱径32厘米，院内右侧有古井一口。按其形制结构判断为明代建筑。

（2）王氏宅（甲）

位于富安镇米市北路东侧北街105号。王氏宅（甲）坐北朝南，占地面积386.1平方米，建筑面积94.4平方米，面阔三间11.8米、进深七架四柱前廊轩8米，檐高3米，扁作抬梁式，磕头轩，硬山顶。木质柱础，柱径32厘米。前檐柱八瓣形留有宋代特点。

（3）王氏宅（乙）

位于富安镇米市北路西侧。王氏宅（乙）与张氏住宅相连，为其西南厢房。原为安徽歙县茶商洪氏私宅，后售给王姓，现为吴其成私宅。现存三开间，进深五檩，圆作抬梁式内四界，两山穿斗式，前后双步，地面正铺条砖，梁柱有装饰。

（4）贲氏宅

位于富安镇米市北路西侧板桥北巷17号。贲氏宅坐北朝南，占地面积339.4平方米。建筑面积77.7平方米，面阔三间10.5米、进深七檩7米，檐高2.9米，硬山顶。木质柱础，柱径19厘米，东山墙砖雕神龛制作精细。

（5）卢氏宅

位于富安镇虎阜路北侧卢家巷口12、14、22号。卢氏宅坐北朝南，占地面积约500平方米，建筑面积170平方米。两进：第一进面阔三间12.3米、进深七檩7.4米，硬山顶。前厅有木质础径32.5厘米，有石鼓磴，磕头轩；后厅有木质础径29.2厘米，有前出廊。第二进面阔二间9.25米（东边一间已毁），进深七檩8.55米，两进柁墩及瓜柱饰有如意纹饰。

（6）崔氏住宅

位于富安镇丁家巷。建筑现存堂屋一间及西厢房。天井近方。穿斗式梁架，扁作，脊柱饰斗拱连机，有雕饰。梁柱间用衬板，柱顶上支柱无木质柱础。次间有天花地板。该宅原为崔氏居住，现为富安房管所所有。

（7）张氏住宅

位于富安镇米市北路西侧。现存堂屋三开间，进深七檩，穿斗式梁架，前后双步前后廊，扁作。地面铺斗纹式条砖。该宅原为张氏居住，现暂借富安镇环卫所办公。

23. 宋曹宅

位于盐城市亭湖区儒学街4号。宋曹（1620～1701），字彬臣，号射陵，又号耕海潜夫，清初著名书法家。南明弘光时授中书舍人，明亡后，归隐盐城。宋曹宅为清代建筑，分东西两个院落，院门朝东，东西长约33米、南北宽约18米。东院由蔬枰草堂、桐引楼、中厅组成。西院由听琴茶社、琴亭、碑廊组成。整组建筑为青砖小青瓦风火山墙、仿清代砖木结构民居形制。宋曹宅现为盐城市书画院、盐城书法家协会所在地。1995年4月公布为江苏省第四批文物保护单位。

24. 冯道立宅

位于东台市时堰镇北堂巷2号。冯道立（1782～1860），字务堂，号西园，清代著名水利学家，著有《淮扬治水论》《淮扬水利图说》等。该宅原有房33间，现存宅院占地面积508平方米。故居内有坐北朝南六架梁正屋三间，面阔10.41米、进深七檩7.2米，硬山顶。正屋东侧有大门楼一座，东向，面阔两间10.29米、进深五檩4.36米，硬山顶。正屋西侧是务本堂水龙会所，为冯道立创办的消防机构，坐西朝东，占地面积90平方米，面阔三间10.4米、进深五檩4.8米，檐高3米，硬山顶。西北角为观象台。1995年4月公布为江苏省第四批文物保护单位。

25. 鲍氏大楼

位于东台市安丰镇南石桥大街王家巷3号。鲍氏大楼始建于清嘉庆年间（1796～1820），系清末秀才鲍蕴基祖先鲍致远建造的"钱庄"。该建筑群计3进13间，占地面积333.4平方米，建筑面积为411.2平方米，每进均为三开间。第一进为倒座或对厅，第二进为正厅，第三进为两层的楼厅，西侧为厢房，每两进之间为四周落水天井。建筑主体四周都有徽派五峰山墙形式风火墙，墙体由糯米汁和石灰浆砌成。内部梁柱用材为杉木，有精细的雕饰，椽皆刨方，梁柱、楠扇、门窗及隔间板均施油漆。天井及走廊均用青石平铺，室内地面、明间由罗砖铺成，次间由木板铺成。1995年4月公布为江苏省第四批文物保护单位。

26. 五柳堂

位于镇江市区演军巷16号。宅主陶氏，祖居江西浔阳，迁江都，后居镇江，凭"络丝"手工劳动逐步发展成江绸业巨擘。陶氏系五柳先生陶潜之后人，故题"五柳堂"堂名以示对先人的尊崇之情。五柳堂为明清和民国时期民居建筑群。原有前后共七进平房及一座藏书楼，现原地保护三进和一座藏书楼。第一进为楠木厅,第二进为斜厅,第三进为阁楼厅,均为面阔三间的硬山顶平房。楠木厅系明代建筑,梁架、立柱均为楠木,梁架用才硕大,立柱呈棱柱状,顶部有卷刹,做抬梁,次间山面无脊柱。斜厅建于清代前期,整个屋身斜形而立,与楠木厅不在一条中轴线上。阁楼厅与斜厅依回廊相连,东西间附建阁楼。藏书楼亦名游经楼,两层,取陶潜诗"游好在六经"之意,建于民国,为陶蓬仙藏书、写作之处,他曾在此编纂《润州唐人集》等书。1995年4月公布为江苏省第四批文物保护单位。

27. 泰州明代住宅

位于泰州市海陵城区,包括宫宅、汪宅、王宅三处。1995年4月公布为江苏省第四批文物保护单位。

(1) 宫氏宅

位于海陵城区公园路104号。宫氏自明崇祯至清康熙间有五进士三翰林。宅现存东西两轴线各四进,占地面积1483平方米。西轴线尚存四进。东部主轴,前有大厅,后有穿堂两进,堂屋一进,均为硬山顶。大厅面阔三间,用荷叶墩、栌斗、抱梁云、山雾云板等雕刻构件,保存尚好。

(2) 汪氏宅

位于海陵城区季家院25号。始建宅主不详,后归汪姓。建筑结构为明代。有门厅、厅屋、堂屋,占地面积330平方米,门厅东向。厅屋南向,硬山顶,面阔三间,柏木梁架,扁作,瓜柱处用荷叶墩、栌斗、脊檩上用山雾云板、抱梁云。厅屋后尚有镌刻明万历丁巳(1617)纪年井一口。堂屋南向,硬山顶,扁作,隔间用屏门,保存完好。

(3) 王氏宅

位于海陵城区海陵南路568号。宅屋传为明末盐商王姓所居。2002年11月被开发商恶意拆除。宅南向,西厅东堂,厅堂并列。厅房面阔三间11.40米,进深七檩7.70米,硬山顶。楠木屋架,步柱上置栌斗,瓜柱处用荷叶墩、栌斗、脊檩下用山雾云板、抱梁云等构件。堂屋中柱上安瓜棱形圆斗,覆盆式石磉上加木楪,梁架穿斗式,用山雾云板、抱梁云等雕刻构件,均保存完好。

28. 杨柳村民居群

位于南京市江宁区龙都乡杨柳村。原有36宅院,今存17宅院,共366间屋,占地面积11160米。院宅之间均青石铺路,今石板路仅存40余米。结构均为多进穿堂式,最多的翼圣堂达七进、18道门槛。每个宅院有一个高大门楼,门周为砖石雕刻,内容多为人物、花卉、禽兽等图案。门上镌刻楷书题额,每门楼四字。门楼后为正堂。格局分布大体一致,沿轴线有门厅、轿门、卧房、客厅、书房、厨房、杂屋等。梁架多雕刻,不施彩画,室内门为格扇、屏门。今保存最完整的一组建筑是村西礼和堂、思承堂、树德堂,由朱候昌于清乾隆年间(1736~1795)建造。三堂并列,相互贯通,外有高墙。树德堂为四进,有41间房,其余二堂为三进,各37间房。2002年10月公布为江苏省第五批文物保护单位。

29. 秦淮民居群

位于南京秦淮区夫子庙一带。现存有秦大士故居、糖坊廊河房、三条营民居、钞库街河房、钓鱼台河房、棋峰试馆、刘芝田故居、程先甲故居等8个点,2002年10月公布为江苏省第五批文物保护单位。

(1) 秦大士故居

位于夫子庙街道乌衣巷社区长乐路57号、59号、61号。秦大士(1714~1777),字鲁一,又字鉴泉,号涧泉,又号秋田老人,江宁(今南京)人。乾隆十七年(1752)状元,官至侍读学士。诗、字、画称三绝,著有《蓬莱山樵集》。秦大士退任后住明崇祯大学士何如宠宅(即现址)。人称"大夫第",分东、中、西三路。现有中路和西路二进,中路剩下大厅和楼房,厅面阔三间12米、进深8米、高8.2米,大厅柱梁用料粗大,具有清初的建筑风格;西路四进,门厅面阔三间10.1米、进深8米、高6米,硬山顶。故居内的13块乾隆年间(1736~1795)石碑刻都是秦大士亲笔书写的诗词作品。61号院内有古井1口,井栏为青石质。

(2) 糖坊廊河房

位于双塘街道糖坊廊61号,为清代中晚期建筑。系二层木结构河房住宅,建筑平面、外观造型和内部空间造型都呈菱形,外有高大封火墙。占地面积256平方米,面阔三间、进深七檩8.6米,硬山顶。布局特点是前门临街,后窗面水,正房对河开窗。宅内有跑马楼两进,中间为内天井,后面河厅一进。河房下端以大块条石驳岸,砌成较高的台状地基。河房上部天花饰以多曲度的轩顶,梁架与装修仅加少数精致的雕刻,外层涂以栗、褐、灰等色,不施彩绘。跑马楼檐下栏板、挂落雕刻有三国故事,如三顾茅庐、周瑜打黄盖等。

(3) 三条营古建筑

位于夫子庙街道三条营社区三条营20号,为蒋寿山住宅。蒋寿山生于清道光八年(1829),幼时曾给人家看过驴子,后来靠赶毛驴发家致富,因此南京人又称他为"蒋驴子",又因他十分富有而称其为"蒋百万"。现三条营18号、20号、22号、24号、26号、28号,直至陶家巷口处的南京阳伞厂,均为蒋府老宅原址,号称"九十九间半",占地面积约5 000平方米。

现整组建筑二路七进,坐北朝南,占地面积4 500多平方米,穿堂式布局。两大院落,有轿厅、大厅、正堂、楼房、厢房、花园等,以封火墙相围。外墙内砌"光绪元年四月立"石碑一块,碑文大意是墙下官沟已疏浚通畅,请居民不要乱扔垃圾,也不要偷盗围护官沟的条石板等。封火墙有近10米高,墙基1.5米以下多为大青石垒砌,其他部分为空斗青砖墙,其中的一块青石条上还有类似"招财进宝"之类的文字。房屋门窗木雕精致。

(4) 钞库街河房

位于钞库街38号。传为清代袁道台旧宅,亦传为李香君故居"媚香楼"。现建筑经过重修,为三进两院式宅院,有大厅、花楼、河厅,占地面积525平方米。大厅和花楼雕刻精致,为晚清建筑风格。现已做整修,辟为"李香君故居纪念馆",提额"媚香楼"。

(5) 钓鱼台河房

位于钓鱼台192号。原房主为清代翰林院某学士。太平军占据南京城后,英王陈玉成在此居住。清军攻克金陵时曾国荃曾驻节于此。后湘军诸将购得此宅,修整为湖南会馆。为两院两进,硬山顶建筑,占地面积297平方米。两侧为厢房,后进为河厅,临河有四角攒尖顶小亭一座。

(6) 棋峰试馆

位于夫子庙街道乌衣巷社区钞库街52号。此馆为朱棋峰所建。朱棋峰原籍安徽,早年曾旅居金陵,并在秦淮河夫子庙西南侧置地建房。除家人居住之外,另有部分房产用以族人来宁考试住宿之用,同时兼作乡人来此经商的住所,故时人称这里为"安徽会馆"。共有两座院落,建筑面积503平方米。西院三进,每进面阔三间,进深五檩。后进楼下河厅,门头有砖刻。

(7) 刘芝田故居

位于殷高巷14号和14~1、14~2、14~3、14~4号。刘芝田故居传原为明初开国功臣胡大海的府第,清光绪年间(1875~1908)刘芝田购得。刘芝田(1827~1892),字芝田,名瑞芬,安徽贵池人。光绪二年(1876)代理两淮转运使,三年(1877)代理苏松太兵备道时居此。刘芝田故居原有门厅、轿厅、大厅以及多进楼房,中间备弄分成南北两大部分,占地面积3 000平方米,建筑面积2 390平方米。现存六个大院,房屋数十余间。其中,14~1号为刘宅的花厅;14~2号为五开间跑马楼;14~3、14~4号均为三开间楼房。大门有砖雕门头,磨砖对缝,且原样无损。大厅明间为五架梁,前檐有轩,后有一步架,次间以及其他房间都是穿斗式结构。刘宅最前厅为轿厅,最后一房则为跑马楼,各个院落既相对独立,又各自相通,且均可通向大街。现故居整体结构与布局保存完好。

(8) 程先甲故居

位于大百花巷11号。原系光绪年间(1875~1908)一个名门黄姓大宅,宣统年间(1909~1912)由程先甲购置为私人邸宅。程先甲(1871~1932),字鼎丞,又字一夔,江宁(今南京)人。光绪十七年(1891)举人,曾任江苏教育总会两江学务,江南高等学堂、南京国学专修馆主讲席等职。晚年因居住大百花巷,其笔名自称"百花仙子"。研究训诂、音韵之学,在清末文字改革运动中,尤其在汉语拼音方面,是中国南方的先驱者。终其一生,成书40余种,计100余卷,合为《千一斋全书》。

故居房屋中轴线与街巷呈垂直状,纵深七进,分别用作门房、大厅、书房、楼房、厨房等,占地面积约1 000平方米。前为平房,后为楼房,是南京较为罕见的多进穿堂住宅。整组建筑梁架完好,门窗槅扇雕有花纹,为清代中晚期建筑形式。在程宅第三进院落中有一株杉树,传说为建房时程先甲所植。

30. 荡口华氏建筑群

位于无锡市鹅湖镇之荡口北仓河两岸。相传荡口在晋代就形成集镇,华氏在明初迁入,发展为江南闻名之水陆码头。数百年来人才辈出,如明代首创铜活字印刷的华燧、筑真赏斋的书画大收藏家华夏,清代著名数学家华蘅芳、华世芳兄弟,近代民族音乐家华秋苹、刺绣艺术家华图珊、民族实业家华绎之,当代著名漫画家华君武等。学界知名人士钱穆、钱伟长、钱临照、顾毓琇等都曾于荡口学海中学、鸿模小学就读。

华氏建筑群中一大特色为义庄，明清两代华氏在荡口镇共建有大小义庄10多处，现有华氏老义庄、襄义庄、永喜义庄3处基本完整，华氏老义庄是其中规模最大的一处，同时也是江南地区规模最大的义庄。

2002年10月公布为江苏省第五批文物保护单位。

(1) 华氏老义庄

位于荡口进步街。华氏老义庄始建于清乾隆年间(1736～1795)，由里人华进思捐置义田89.33公顷，为清代荡口建立的第一个义庄。而后，其子华公弼补捐3.33公顷，并将族内约66.67公顷祭田，如孝祭(华孝子祠祭田)约666.67公顷、大祭(东亭西大坟祭田)约66.67公顷、惠祭13.33公顷、本族祭田20公顷，并入义庄。后来族内慷慨之士继续捐集，再用义庄历年余资购田扩充义庄规模。至清末，其义田总数已超出466.67公顷，接近荡口华氏拥有耕地总数的十分之一。中华人民共和国成立后，为粮管所仓库。义庄现存房屋四进，占地面积约2500平方米。中轴线上，除东侧照壁已被拆毁外，其余保存基本完好。自南向北依次为码头、照壁、门厅、轿厅、正厅、后厅。门厅两侧分置碑记各一块，梁枋与斗拱上分设彩绘和雕刻。轿厅与正厅之间设东西两厢，现东厢已毁；正厅系楠木结构，三间七架；后厅三间七架，东侧墙上嵌有书条石若干。

(2) 永喜义庄

位于荡口青虹路居委角上。永喜义庄共四进，占地面积约2400平方米，三面环水，墙中夹有金山石柱，河埠有闸门，防盗功能完善。义庄由华氏永喜支华锡鳞始建于清道光二十四年(1844)。华锡鳞捐田16.21公顷，与三锡支华柱馨、翼望支华裕元等合捐义田约26.67公顷为基础，并得近20户族人的支持，共捐田60多起，华进思的曾孙文标等续捐田19.33公顷、族墓田0.53公顷，集得义田总数达78.28公顷。田单入官保存，由县府立案给贴，刻碑公布，永禁后裔兼并盗卖。因捐田者农民较多，因而又称为"农民义庄"。

(3) 华氏始迁祖祠

位于荡口旺倪桥附近，始建于明崇祯年间(1628～1644)，为纪念荡口始迁祖华贞固，由华氏十八世子孙华允诚倡议创建。光绪年间(1875～1908)又在始迁祖祠东新建元总管祠(楠木厅)。现存有完整的以楠木结构的3间大厅，及附近建筑10余间，楠木厅为当年始祖祠正厅，梁柱均用楠木，至今保存完好。东侧第二进3间5架，梁柱均用楠木，料质粗大，至今保存完好。其檩与梁、枋与斗彼此咬合的做法，为其他地方所未见。占地面积2700平方米，建筑面积855平方米。

(4) 华蘅芳故居

位于荡口北仓河北岸进步街。华蘅芳(1833～1902)，字若汀，无锡荡口镇人，近代杰出科学家、数学家、翻译家、洋务运动的实践者，中国近代科学的先行者和传播者。该建筑始建于清初，太平天国时期被毁，由华蘅芳之父华翼纶重建，1997年修复前厅、堂屋和正厅。故居总占地面积4842.79平方米，建筑面积3177.89平方米。原有七进，现存墙门间、小厅、敦惠堂、前厅、堂屋、正厅。

(5) 华世芳故居

位于荡口人民路居委进步街新当里。华世芳(1854～1905)，字若溪，号蘷斋，清末数学家，与兄华蘅芳同以数学名。面积约为500平方米，房屋栋、梁的雕刻极为精细。

(6) 荡口新当里民居

位于荡口新当里。新当里是华氏山桂支湖桥派聚居地，宅第建造于清乾隆年间(1736～1795)，保存比较完好。特别是华棠宅，五间二厢房，堂上有匾额"纶经阁"，清代顾光旭书，格子窗配蛎壳，现存较少。

(7) 华氏襄义庄

位于荡口生产街，由华襄云捐田20多公顷建于民国13年(1924)，中华人民共和国成立后改作当地政府粮库，后又改为粮管所职工宿舍。义庄占地面积945平方米，建筑面积612平方米。现存三进，两侧厢。

(8) 鸿模小学旧址

位于荡口人民路居委学海路，原名果育两等学堂，由邑人华鸿模创办于清光绪三十一年(1905)。民国3年(1913)，其孙著名实业家华绎之(1893～1956)改校名为华氏私立鸿模高等小学，民国16年(1927)改为怀芬女子学校，后又改称鹅湖中学。现存占地面积约300平方米，建筑面积150平方米，两进建筑,第一进为校门门坊,四柱三间,红砖清水墙;第二进面阔三间,用传统的厅堂构筑法,砖木结构。鸿模小学在当时设备一流,有从国外购进的实物标本、理化实验仪器,还有万卷藏书供学生借阅;聘请钱穆、刘天华等国内名师任教,培育出中科院院士钱伟长、钱临照、人民音乐家王莘,是无锡近代民族工商业家崇教兴学的历史遗存之一。

(9)学海中学旧址

位于荡口人民路居委学海路。民国34年(1945),根据当地规定,立案学校的初中毕业生才能报考苏州中学等名校高中。为此学校努力落实经费争取立案。经华绎之等地方人士商议,把地方公产"学海书院"田产5.87公顷作为学校基金田,成立校董会。华绎之任董事长,先办校董立案,并经校董会议决,自民国36年(1947)2月起学校更名为无锡私立学海初级中学,以便基金田过户给学校。民国37年(1948)12月学校董事会经江苏省教育厅核准立案。学海中学后并入荡口中学。

(10)绎之楼

位于荡口中学校园西北隅。始建于清,为华绎之为其长子伯忠完婚所建。民国31年(1942)学校迁入后,此楼成为办公教学场所。一进两层,西班牙风格。

31. 王锡爵故居及赵孟頫书法碑

位于太仓市城区新华东街。王锡爵(1534~1601),字元驭,号荆石,太仓人。明嘉靖四十一年(1562)榜眼及第,万历十二年(1584)官至礼部尚书兼文渊阁大学士,二十一年(1593)拜为首辅。卒谥"文肃"。其子王衡为万历二十九年(1601)榜眼。曾孙王掞在清康熙九年(1670)进士,官至大学士。人称"两世鼎甲""祖孙宰相"。王锡爵之孙王时敏,王时敏之孙王原祁,是"娄东画派"的代表人物,与"虞山画派"代表人物王鉴、王翚(石谷)合称"清初四王"。

王锡爵故居名为鹤来堂,又称大学士第或太师第。王时敏、王原祁也曾在此生活,也可称为王时敏故居或王原祁故居。故居经历清咸同间兵火,现仅存门厅及王氏宗祠。中华人民共和国成立后,1997~1999年整修,2006~2007年再修。修复后占地面积1 353.94平方米,总建筑面积715.6平方米。门厅为明代建筑,面阔五间21.16米、进深7.5米,面积158.7平方米,硬山顶。明间、次间用中柱平分前后,明间置"将军门"。梁架分前后两种形制,前部用材大,施斗拱、月梁,柱头做卷杀,柱身有收分,梁面有彩绘;后部用一般构架。左右边间用楼板分隔为上下两层,故有"门楼"之称。王氏宗祠紧邻故居东侧,建于清中后期。总进深36.24米,面积514.6平方米。现存祠门、德馨堂、享堂三进建筑,均为硬山顶。祠门面阔五间16.2米、进深6.2米,明间置将军门。德馨堂面阔三间9.05米、进深6.8米。享堂面阔五间13.5米、进深8.2米,梁架间饰有彩绘。前后院廊壁嵌有明清书条石二十多块,其中有明万历帝给王锡爵的谕旨、清康熙帝题赐王原祁的书法、王文肃公专祠诗碑等。

王锡爵故居内的赵孟頫书法碑,镌刻于元延祐五年(1318)。据《太仓州志》记载,元代太仓人顾信,字善夫,在浙江任军器提举时,师从赵孟頫学习书法。辞官返乡时,赵孟頫写陶渊明《归去来辞》和韩愈《送李愿归盘谷序》两幅行书赠之。顾信特勒石立碑四块八面,并筑"墨妙亭"贮之。亭废后,石碑"移嵌学宫壁间"。中华人民共和国成立后,2000年,自公园移置王锡爵故居碑廊。王氏碑廊分列故居内两个院子,依东西围墙而建,以青色条砖铺地。碑廊共收元、明、清各代碑文石刻38块,其中有大诗人吴梅村、吴门才子文徵明所书碑文,还有康熙皇帝临董其昌等书法家字体的碑文。赵孟頫书法碑,每块碑石高148厘米、宽60厘米、厚16厘米。正文行书径7厘米,落款行书径2.5厘米。《归去来辞》碑两块四面,全文347字;《送李愿归盘谷序》碑两块四面,全文486字。

2002年10月公布为江苏省第五批文物保护单位。

32. 锦绣堂

位于苏州市吴中区金庭镇(原西山镇)东村。东村相传因秦末汉初"商山四皓"之一东园公庚秉曾隐居于此而得名,古称东园村,简称东村,现有明清古宅二十多处。

锦绣堂,又名敬修堂。建于清乾隆十七年(1752)。宅院以黑色高墙封围,南北进深70米、东西宽26米。占地面积1 703平方米,建筑面积1 820平方米。共四进,依次为轿厅、中厅、正厅、楼厅,前有大门,后有柴房。大门面东作将军门式,额枋上置四个门簪,浮雕四季花卉;檐枋及夹堂板雕刻麒麟云纹;四抹头门框;青石门枕正面雕麒麟,内侧刻荷花，底部饰如意花卉。门面阔一间、进深四界，上有船篷轩。轿厅朝南，厅前照壁高大、无雕饰，正中题"堂构维新"，落款"清乾隆壬申吉春"；院内花岗岩条石铺地；轿厅面阔三间，内四界前后廊，四架大梁扁作，顶做船篷轩。中厅檐下施一斗三升砖雕牌科，垫拱板透雕蝙蝠寿字；上枋雕戏文，回纹边框字碑题"列绩连云"，左右兜肚深雕戏文；下枋雕鲤鱼跳龙门，下有回纹挂落，两侧垂莲柱较长，上部雕如意，中部雕人物，下部圆雕莲花；须弥座为竹节形，雕如意纹。中厅五间，三明两暗，进深七檩。正厅面阔三间12米、进深九檩8.9米，梁头雕饰贴金麒麟，鼓形青石柱础满雕卷草花卉；次间别贴筑"囚门子"（墙上落膛，墙心装饰），方砖铺地，廊前设如意纹木栏杆，厅前设长窗16扇。砖雕门楼额题"世德□□"，落款"乾隆辛丑"，两旁有六角灯景式花墙。门楼字碑边框雕饰仙鹤祥云，上枋、下枋及兜肚满雕戏文，垂莲柱上端雕如意、下部雕花篮，须弥座束腰雕如意。楼厅面阔三间，带两厢，进深九檩，步柱通顶，为副檐轩楼厅做法。楼下设长窗18扇，中夹堂板雕双龙、戏文人物及太湖渔产，裙板雕各色花卉。楼上矮窗缩进一架，次间廊前设木栏靠。原有"凤栖楼"匾额。对面墙门额题"美哉轮奂"，落款"乾隆壬申"，边框雕回纹，上枋和兜肚雕戏文、下枋雕鹿景图，垂莲柱下端雕莲花。

锦绣堂经维修，现状保存良好。2002年10月公布为江苏省第五批文物保护单位。

33. 耕乐堂

位于吴江市同里镇上元街陆家埭（西柳圩）。始建于明，原系处士朱祥宅第。朱祥，字廷瑞，号耕乐，明正统年间（1436～1449）协助巡抚侍郎周忱重建宝带桥有功，本应授予官职，但其不愿为官，辞请归隐同里。后耕乐堂数易其主，现存建筑系清乾隆（1736～1795）及咸丰年间（1851～1861）所建，尚存白皮松和石假山为明代原物。中华人民共和国成立后，1998～2001年全面修复，并有所扩大。耕乐堂占地面积约4 000平方米，前宅后园。前宅由门厅和前后堂楼组成，门厅设六扇竹丝板门，面阔五间17.5米、进深8.65米，檐高3.2米；前堂楼五开间17.5米、进深10.12米，檐高7.6米，南北带两厢楼；后堂楼五开间18.65米、进深8.45米，檐略低，楼与两厢均有檐廊。三进房屋均为硬山顶，山墙有砖博风。北侧有备弄贯通前后。后园有荷花池、三曲桥、三友亭、曲廊、鸳鸯厅、燕翼楼、古松轩、木樨轩、环秀阁、墨香阁诸胜。耕乐堂保存情况较好。2002年10月公布为江苏省第五批文物保护单位。

34. 沙溪雕花厅

位于太仓市沙溪镇中市街。为沙溪富商龚氏住宅，因建筑细部都有雕刻、图纹精致繁多，故称之为"雕花厅"。建于清代乾隆年间（1736～1795），中华人民共和国成立后2002年整修。为坐北朝南两路。边路第三进为花厅，面阔三间9.8米、进深8.7米、高5.5米，硬山顶，五架梁前后轩带前廊。梁枋雕有缠枝花卉与几何图案相间的"包袱锦"纹饰，并饰有雕镂云鹤纹的山雾云板和透雕狮、象、虎、豹的棹木；翻轩荷包梁雕有秋菊春桃；斗下均雕有牡丹花。沙溪雕花厅整体保存状况较好，2002年10月公布为江苏省第五批文物保护单位。

35. 汪氏盐商住宅

位于扬州市广陵区东关街道新仓巷社区南河下70、72号，清代建筑。民国36年（1947），汪氏家道中落，该住宅被转卖夏寿龄。占地面积1 178平方米，建筑面积1 056.9平方米，坐北朝南，东、西两条轴线，并有火巷相隔，均为硬山顶。有两个大门，东轴线大门为轿门，台阶较高，用于主人上、下轿使用。东轴线连门房前后五进，硬山顶。在西轴线的每进建筑的西侧均有两间附房与主房相接，体量比正房略小，并耳门东、西相通。房屋外墙为青砖错缝砌墙，山墙上有马头墙，屋面为小瓦覆盖，除局部房屋装修拆改外，基本保存较为完好。东轴线原为扬州百货公司仓库，西轴线为其职工宿舍。2002年10月公布为江苏省第五批文物保护单位。

36. 黄桥民居群

位于泰兴市黄桥十桥中路黄桥小学南侧。整个建筑群共十四进，正房三十三间、套房三间、厢房十五间、书房三间、仓房八间，合计六十二间。占地面积4 193平方米，建筑面积1 465平方米。该建筑群第一组合左边三进，后边八进，原来面河，取"紫气东来"之意。有正屋二十七间、厢房十五间、书房三间、仓房八间、花园一处、门楼一座、过道一条。第二组合前后三进、过道一条。外有门楼两座、腰墙瓦卷一道、过道两条、花园一处、晒场一个。2002年10月公布为江苏省第五批文物保护单位。

37. 口岸雕花楼

位于泰州市高港区口岸镇向阳支路1号。楼房始建于清乾隆三年(1738),旧为地方木商住宅,中华人民共和国成立后口岸镇政府设此。砖木结构,二层,面阔五间,进深五檩,硬山顶。民国初年,又在东侧仿建楼屋五间,并于二楼间用厢楼连接,构成四合院式四方楼。木构上有大量精美木雕。2002年10月公布为江苏省第五批文物保护单位。

38. 周氏住宅

位于泰州市海陵城区涵西街17号。住宅始建于清宣统年间(1909~1911),为地方豪富周彬宅,后归吴氏,占地面积约2500平方米。宅大门、仪门东向,房屋南向,有三条轴线,组成若干院落,共有九十九间半。用材粗大,房屋高敞,仪门影壁等处砖雕精美。建筑保存完好。2002年10月公布为江苏省第五批文物保护单位。

39. 文起堂

位于苏州市城区干将东路。建于明代,为张凤翼、张献翼故居。张凤翼(1527~1613),字伯起,号灵墟,明长洲(今苏州)人。著名戏曲作家,著有合称"阳春六集"的传奇戏曲《红拂记》《虎符记》《祝发记》《窃符记》《灌园记》《扊扅记》,诗文集《处实堂集》,散曲集《敲月轩词稿》。二弟献翼(1534~1604),一名敉,字幼于,嘉靖间苏州名士,所著诗文颇丰,有《文起堂集》《文起堂续集》《文起堂新集》《读易纪闻》《纨绮集》等。三弟燕翼,画家。兄弟三人并有才名,时称"三张"。

文起堂坐北朝南,东路房屋及宅后小漆园已废。现存正路轿厅、大厅及东西两厢,占地面积650平方米,建筑面积430平方米。轿厅面阔三间12米加两落翼,进深6.5米。木柱础,木构梁架圆作扁做,内额枋上刻出"七朱八白",屋顶坡度较为平缓。轿厅北有正反双面砖雕门楼,朝北出两翼清水磨砖照壁,与大厅相对。门楼及照壁下部均为青石须弥座,束腰处饰以缠枝卷草、双狮戏球等,下出圭脚,线条柔和。大厅题额"文起堂",结构为扁作抬梁式,斗拱梁枋用料粗壮,清代大修时有所改动,但仍具明代风格。

文起堂于2008年全面整修,恢复原貌。在施工中,还意外地于隐蔽处发现了明代"文起堂"旧匾。文起堂建筑虽已不完整,但基本保持原形式结构,保存较为完好。

2006年6月公布为江苏省第六批文物保护单位。

40. 务本堂

位于苏州市吴中区东山镇施鹏巷光明村。务本堂是明代严经的故宅。严经生卒年不详,明弘治九年(1496)丙辰科进士,曾任刑部主事、刑部员外郎等。因对刑部官员习称秋官,故务本堂有秋官第之称。推断始建于明代中期。

原有东、西二路。西路有花厅、花园,现已毁,仅存雕有"五鹤同春"纹饰的石库门门楣和基址。东路原有门厅、大厅、前后住楼、附房等,现仅存前楼、后楼及照壁。

前楼称瑞云楼,面阔三间,进深七檩,为硬山造七架前后单步廊式,两侧带厢各两间。正屋面阔12.3米,底层进深7.55米。楼上前廊稍浅,进深也较小。台基较高,明间有踏步二级,台基四周压沿石与"陡板"均为青石铺筑。前檐柱施八角杵头形青石础,金柱施方形柱顶石,上置扁鼓形青石础。后檐柱方形柱顶石上有扁薄木櫍。脊檩正中有以金、红、白三色绘成的"笔锭胜"和"包袱锦"。金柱与檐柱间以扁薄而梁肩很高的月梁和穿插枋连结。山面立柱七根,亦以月梁与枋相连。外山墙砌有砖博风。楼上为四檩卷棚轩,明间及两厢设格子明甲片槛窗,山面设小板窗。楼梯在东厢房内。厢房下层檐柱设丁头拱斜撑承檐。正对前楼有砖雕墙门一座,皮条脊单坡屋面,檐下有简化的砖斗拱。门楣雕有金钱卷草纹。大门贴做细方砖,设菱花形门环。

后楼面阔五间带两厢,为九檩前后双步廊式。面阔22.45米,进深11.50米。前檐缩进一界为廊,两厢设副檐,形成回廊。明间方砖斜铺,次间墁地板。明间以青石陡板与压沿组成台基,前设踏步二级,两侧置青石垂带。梁架结构与前楼相近。楼上厢房前檐檩与槛窗有六棱形网状装饰。

照壁顶部筑哺鸡脊,置滴水檐,下部用青石须弥座。照壁两侧各立水磨砖圆柱,下有圆鼓形柱础。柱上端施水磨砖贴面抛枋。柱下端置水磨砖须弥座,两侧浮雕缠枝花,中部浮雕锭胜与缠枝花组成的图案。照壁面用水磨方砖斜贴。照壁下部正中辟砖雕墙门,额枋雕如意纹,两侧施垂莲柱挂落。

务本堂(秋官第)是苏州太湖地区已发现的唯

一始建年代可考、宅主明确的明代第宅建筑。该建筑保存状况一般,前后住楼的影壁保存相对完整,其照壁有损毁迹象。2006年6月公布为江苏省第六批文物保护单位。

41. 严讷宅

位于常熟市城区周神庙弄。严讷(1511~1584),字敏卿,号养斋,常熟人。明嘉靖二十年(1541)进士。由翰林学士累官吏部尚书,加太子太保,兼武英殿大学士,入参机务。现存故宅为明嘉靖末至万历初建。太平天国年间为昭文军政司负天燕孙道成馆衙,今房檐上有太平天国龙凤纹滴水瓦当遗留。

严讷宅原有三进,门厅已废,现存正厅及后堂,占地面积620平方米。正厅为清中叶重修,三间十一架,硬山顶,面阔12.58米、进深9.96米,抬梁造。正间为五架梁前后轩用五柱,扁作,有草架;次间为前后双步并轩用六柱。后堂为明代原构,五间六架,面阔21.44米、进深11.3米,单檐歇山顶。梁架为一檩一柱式,扁作,额枋略施彩绘;柱略呈梭形,下衬扁薄木榰,檐檩直径达30厘米。厅右有小型庭园,内置湖石山子、花木等。

该建筑整体保存较好。2006年6月公布为江苏省第六批文物保护单位。

42. 卫道观前潘宅

位于苏州市城区平江路卫道观前。该宅为清乾隆年间(1736~1795)徽商潘麟兆所建,占地面积7 500平方米,坐北朝南,可分五路六进。正路偏西,依次为门厅、轿厅、大厅及三进楼厅。大厅额"礼耕堂",硬山造,面阔五间17米、进深13.7米。扁作梁结构,前廊施一支香轩,厅内置前后船篷轩,中为四界大梁,前檐挑檩头雕水浪龙头鲤鱼,内挑雕灵芝梁垫。花岗岩台基高55厘米,明间设踏步三级。厅内左右梢间原隔有矮墙半栏,喜庆祝寿时,大厅作戏台,男宾在厅中观赏,半栏外专供女宾看戏听曲。后堂楼为五开间两厢楼,重檐式,楼下前施鹤胫轩、船篷轩,梁垫雕花卉。东边路前部为鸳鸯厅,梁架前为圆作,后为扁作。前院有白皮松、紫薇等名木古树,原有假山被拆,仅存零星湖石。

全宅共有八座砖雕门楼,现中路轿厅、大厅、堂楼前各有一座,均建于清乾隆五十二年(1787)。轿厅前的门楼额题"居德斯颐",以蝙蝠、荷叶镶边。面宽3.25米,硬山顶,山面有砖博风,外口哺龙脊,飞椽稍有卷刹,檐下列莲花式一斗三升斗拱。上枋素平,下饰葵式乱纹嵌花结挂落。下枋饰"一块玉",中雕锁形,两边各穿一圆孔花钱。大厅前的门楼为歇山顶,翼角起翘,面宽3.35米。列斗拱六朵,各出华拱三跳,两侧加枫拱。上枋雕缠枝牡丹三方。垂柱饰曲尺回纹,立雕灵芝吊篮。字碑题刻"秉经酌雅",左右兜肚起凸线香熏图,周饰回纹边,镶边镂雕花卉。平座设回纹勾栏,下饰回纹镶花结挂落。垛头勒脚为须弥座式。堂楼前的门楼为硬山顶,山面做砖博风,宽3.33米。字碑被粉刷,有待清理。檐下饰回纹,斗拱出两跳,枫拱镂雕花卉。上枋、下枋、兜肚、垂柱及两侧山面雕四季花卉,以牡丹为主,配名花仙果。左右垂柱定盘枋各雕一蟾蜍。脊头镂雕蝙蝠流云和飞龙流云。

该建筑保存较好。2006年6月公布为江苏省第六批文物保护单位。

43. 大石头巷吴宅

位于苏州市城区人民路大石头巷。吴宅始建于清乾隆年间(1736~1795),曾为沈姓住宅(传为沈三白故居),民国29年(1940)为吴姓购得,故称大石头巷吴宅。该宅北向,现占地面积2 290平方米,建筑面积2 490平方米,房屋可分三路。大门不设门厅,而于石库门后筑南向半亭,东西设廊,折南达轿厅。大厅原额"树德堂",硬山顶,面阔三间11米,进深9米。台基高50厘米,明间砌踏步三级。木构架前为一支香轩接船篷轩,中为四界扁作大梁,后拖双步梁,制作规整,用料较大。楼厅为硬山顶,面阔五间19.05米,进深9.5米,前廊施鹤胫轩,左右出两厢楼。大厅东侧为硬山顶南北对照花厅,左右连以厢房。北厅面阔三间15.7米,进深9米,圆作,回顶。南厅面阔三间15.7米,进深10.5米,前为船篷轩,后为五界回顶,贡式方作梁似弓,左右五山屏风墙。

大厅和楼厅前各有一座门楼。大厅前的门楼为硬山顶,宽3.35米,檐下有两跳斗拱六朵。上枋雕藤蔓细线纹饰三方。字碑题刻楷书"舍穌履中",以蝙蝠云纹镶边。兜肚饰回云纹,中为线雕香熏。两边垂花柱雕灵芝,将板砖雕金蟾。下枋雕弧线纹寿桃。上下枋下各饰乱嵌花结挂落。楼厅前的门楼,又称"四时读书乐"门楼,高5.91米、宽3.26米,纵深0.95米。硬山顶,山尖有砖细博风。字碑题刻楷书"蓼翔凤游"。兜肚雕人物,左为"柳汁染衣",右为"杏花簪帽"。上枋所雕以福禄寿三星居中,左右有西王母、鬼谷子、麻姑、刘海、东方朔等神仙及猴、鹿、羊、蟾等动物。下枋以元代翁森《四时读书乐》诗句为题雕四组人物,构图取园林背景,并分别题有《春时读书乐》诗"绿满窗前草不除"句、《夏时读书乐》诗"瑶琴一曲来熏风"句、《秋时读书乐》诗"起弄明月霜天高"句、《冬时读书乐》诗"数点梅花天地心"句。画面采用中国画散点透视法,犹如山水人物画长卷,且有明版书木刻插图的韵味。上枋两端垂桂花蓝头,挂芽雕作狮戏球。定盘枋上出一斗三升斗拱六朵,垫拱板雕寿桃和团寿字。

吴宅保存基本完好。2006年6月公布为江苏省第六批文物保护单位。

44. 潘世恩宅

位于苏州市城区临顿路钮家巷,原名留馀堂,又称太傅第。潘世恩(1770～1854),字槐堂,号芝轩,清吴县(今苏州)人。乾隆五十八年(1793)癸丑科状元及第,曾先后任工、户、吏部尚书,官至武英殿大学士、军机大臣,加太子太保,晋太傅。咸丰四年(1854)卒,谥"文恭"。嘉庆十四年(1809),潘世恩为奉养父亲潘奕基,购得钮家巷顾氏凤池园西部,修治为第宅,其子潘曾沂绘有《临顿新居图》;十九年,丁母忧回苏,后又以父老乞养,在此居住十三年,潜心学问,著成《正学编》一卷、《读史镜古编》三十二卷。太平天国时期,英王陈玉成来苏会见忠王李秀成,曾在此居留数日。

潘世恩宅原有房屋三路六进,后部园林仍以凤池园为名。如今园已废毁,尚存住宅三路四进,占地面积2 135平方米,建筑面积1 484平方米。1982、2003年两度整修。正路均面阔三间,依次为门厅、轿厅、大厅、内厅。门厅明间设六扇墙门,西次间石库门为日常进出便门。大厅原有匾额"留馀堂"。前界船篷轩,内四界扁作梁架粗壮,梁托置樟木,廊枋上有一斗三升牌科,梓桁由鹤颈撑支承。台基前施石阶两级,侧塘石尺度较大。第五进原为楼厅,民国初年失火烧毁,1984年将金狮巷某宅花篮厅移建于此。正路原有三座镌有清"康熙"年号的砖雕门楼,均毁于1966年,现有门楼为1982年所修,已非原貌。西路第一进原为库房。第二进为回顶鸳鸯厅,内分隔为二,南大北小,南为冬厅,北为夏厅。北用船篷轩。南置五架梁、三架梁、荷包梁,为抬梁式结构。梁架不用矮柱提升,仅用一斗

承托。边间木构架亦为五架抬梁式。中柱梁垫施樟木,镂刻人物、仙鹤、松竹等。1982年整修时,曾在厅内发现两方被后人所加"吊顶"遮掩的匾额:一为清同治四年(1865)冯桂芬篆书"瑛榆仙馆"横匾,一为道光帝书赐潘世恩的"福"字黑底盘龙金书方匾。第三进为纱帽厅,面阔三间10米,进深11.3米,明间前加抱厦,左右次间后带披厢,平面形似古代官帽,故被称作纱帽厅。木构架用扁作梁,前、中、后三道船篷轩相连,形成满堂翻轩。方柱。内山墙边脚施水磨砖边框。前后窗棂雕饰华丽,明间飞罩雕刻松鼠葡萄卷草纹。其上方壁间尚有大学士余敏中所书"御制九老会诗并序"匾存留。厅前小庭院尚存黄石花台。

该处建筑群布局保存较完整,主体基本保持原结构形式,沿街建筑改造较大,有违章搭建,总体保存状况一般。2006年6月公布为江苏省第六批文物保护单位。

45. 吴云宅园

位于苏州市城区人民路马医科巷庆元坊及金太史巷,即吴云故居。清同治末光绪初,吴云筑宅园于此,在此考据金石,并邀俞樾、朱祖谋、沈秉成、李鸿裔诸名士鉴赏所藏彝鼎文物,品评旧籍版本。光绪九年(1883)吴云卒后,宅园渐衰。宣统二年(1910),词人朱祖谋曾寓居于此。民国17年(1928)归陈姓,曾获修治。此后因年久失修,使用不当,园既破败,宅又被部分拆改。中华人民共和国成立后,于1983～1984年先修园,又于2003年整修尚存住宅建筑。

吴云宅园南向,分东西两宅,左右并列,各有大门在金太史巷(场),另有侧门在庆元坊,后门在韩家巷。

西宅现存一路三进,门厅、轿厅、大厅均为硬山顶。门厅三开间,进深五架,前四架为抬梁式。轿厅五开间,圆作,进深六架,正贴四架梁前后各加以单步,次、边贴用中柱。大厅面阔三间13.8米,进深七架10.5米,檐高4.7米。扁作梁架。大梁梁头有雕刻精美的梁垫。山架梁与脊桁间施一斗六升牌科,上加花机边接,大斗上施山雾云板,镂雕精美。大梁前接船篷轩,圆作桁条,扁作三架梁、荷包梁。

东宅南部厅堂庭院及大门已被拆改。北部听枫园以古枫得名,占地面积1 200平方米,以听枫仙

馆(今额"听枫山馆")居中,馆西有两叠轩,中以味道居相连。前有红叶亭(今额"待霜亭"),以长廊折西转南接适然亭。院中花木茂盛,山石多姿。东南有假山,拾级可登墨香阁,下层隐于山中。阁北与平斋相对,自成院落。园北部有小池,绕以回廊、水榭、半亭,缀以花木山石。西北隅有楼三间两厢。

吴云宅园建筑布局保存基本完整,建筑基本保持原形式结构,总体保存状况较好。2006年6月公布为江苏省第六批文物保护单位。

46. 榜眼府

位于张家港市凤凰镇恬庄村北街,即杨元丰故居。清乾隆年间(1736~1795),杨元丰始建,其后杨氏子孙多有修建。咸丰年间(1851~1861),曾孙杨泗孙榜眼及第,门前立有四根旗杆,故又称为榜眼府。

杨家本是常熟(恬庄原属常熟)名门望族,人才辈出。杨元丰(1737~1803),名岱,字元丰,号守默。清乾隆年间致富,嘉庆年间(1796~1820)被旌表为孝子,一度任布政司理问,曾出巨资拓建恬庄(旧又名田庄)古镇。子杨景仁曾任刑部员外郎,后主讲安徽庐阳仙源书院。著有《武敬编》《筹济篇》等32卷。曾孙杨泗孙,咸丰年间榜眼,授翰林院编修。后退居乡里,热心公益事业。曾孙杨沂孙,道光年间(1821~1850)举人,曾任安徽凤阳知府,著名书法家。玄孙杨崇伊,光绪年间(1875~1908)进士,李鸿章孙女婿,曾任都察院御史。

榜眼府坐西朝东,原有五进房屋,现存四进,通进深49.3米,通面阔16.2米。第一进五开间,门前有3只旗杆石柱础。第二、三进均为四开间。第二进为轿厅,门前有一对青石方形门枕,浮雕鹤、鹿,似为明代遗物。第三进为大厅,面阔16米,进深11.2米,高7米。柱础为青石雕花鼓墩,抬梁结构,出檐方椽,脊桁有贴金彩绘。第四进为后楼四间,下高上矮,面阔16.2米,进深7.2米,高7.9米。大厅和后楼之间以厢房和转楼连接。其间有一座砖雕门楼,下款为"乾隆庚子",即清乾隆四十五年(1780),可作为建宅年代的依据。"厚德载福"四字则为后人所补。此外还有水码头、下水道兽头出水口和部分院墙遗迹。

2004年以大厅为重点对整座府第进行了保护性维修,现保存完好。2006年6月公布为江苏省第六批文物保护单位。

47. 集贤里民居

位于如皋市如城东南隅、如皋高等师范学校西,现名冒家巷。集贤里得名于北宋,王氏一门居此,连中进士、状元,乡人引以为荣,名其里为集贤里。现存明代建筑群4户45间。其中典型建筑有:王学士宅、尚书第、元镇南王后裔府、袁州知府等。

北宋龙图阁学士王觌故居,俗称王学士宅。建筑主体始建于宋,为"一门七进士"的王氏所有,王氏中五官至学士,故后人将此建称为"王学士宅"。该宅元末毁于兵火,由其子孙于明初重建。现存29间,其中20间为明初建筑。最后一进堂屋3间、厢屋6间,为清代仿明建筑。朝东大门堂6间,门楼及砖刻均在,门槛中间已磨损为凹字形。大门黑漆书写楹联:"经传家学,里有名贤",楷书,系清末进士沙元炳所书。

元镇南王后裔府门厅现存门厅3间,现存建筑为明代改建,但元代蒙古人建筑房屋"朝日而开"和童柱为蒙古包顶儿的特色仍在。

尚书第为清兵部尚书戴联奎府第,大门门楼砖刻精细,门口石鼓为鸡血竹叶化石,大门堂内原悬有"尚书第"匾额。

2006年6月公布为江苏省第六批文物保护单位。

48. 白蒲镇民居

位于如皋市白蒲镇的秀才巷、市大街的两侧,通扬运河东侧。包括明清民居房屋共25户,其中具有代表性的有顾氏住宅、美国长老会、沈岐家宅、葆春堂、典当行、古戏台、双庆堂、诵经楼、高大门、双堂屋、老门堂等优秀建筑。2006年6月公布为江苏省第六批文物保护单位。

(1) 顾氏住宅

位于顾家老宅巷5号,始建于明洪武二十年(1387)。顾氏为书香门第,世代以教书为业,仅明清两代从该院就走出进士3人、举人7人、贡生4人,所教子弟百余人在全国二十多个省、市任官。该建筑坐北朝南,分为东西两个院落,建筑面积190平方米,有堂屋、书院、藏书楼、内外天井、花房、楼房、庭院等共4栋11间。现仍为顾氏家族居住,建筑保存完好,并保存有各式明清学具及用具。

(2) 美国长老会(国共美三方军事停战谈判小组旧址)

位于市大街113号,始建于明万历四十年

(1612)。民国22年(1933)租给美国传教士作为"长老会"教堂,原建筑稍加修改。民国35年(1946)年初,国、共和美国军事代表组成的苏中战场三人调停小组在长老会小楼内签订了停战协议。但国民党背信弃义,协议生效之时发起进攻,武装占领了白蒲镇,此处也成为中国重大革命历史事件纪念地。建筑共五栋18间,设有教堂、传教士宿舍等,内有西方的壁炉,是白蒲镇唯一的中西结合建筑。

(3) 沈岐家宅

位于蔡家园35号,为清左都御史沈岐后裔故居,始建于明天启四年(1624)。沈岐为人耿直,从政清廉,深得道光、嘉庆、咸丰三代皇帝的赏识。沈岐家宅保存完好,现存敞厅、堂屋、书房、内外天井、庭院等共3栋17间,主体建筑为堂屋加厢房的格局,屋内梁架用料精良。

(4) 市大街葆春堂

位于市大街178号,始建于明成化年间(1465~1487)。原户主为白蒲镇中药铺"葆春堂"陈林二姓。为商居混合性建筑,砖木结构,共5栋15间,呈钥匙型布局。门堂和临街店房坐东朝西,进内为坐东朝西的敞厅,敞厅大梁上的子柱为斗型,精工雕刻荷花、莲藕、花草。从敞厅进内,坐北朝南为堂屋,堂屋正梁下设有子梁,板壁扇形,走廊台口花岗岩条石铺就。

葆春堂另有分部,位于南魁星楼巷2、4、7号,现存建筑面阔三间,为堂屋加厢房的格局,基本梁架未变,门窗有改动。

(5) 典当行建筑群

位于秀才巷8号,为保存基本完好的"金融型"古建筑群,始建于明天启三年(1623),修缮于清雍正十一年(1733)。建筑群呈"L"型布局,砖木结构,共6栋25间,内设钱庄、典当行、古戏台、更楼(已毁)及生活用房。大门堂坐西朝东,典当行坐北朝南,东侧为木楼、更楼。厅堂前为坐南朝北的古戏台,中间为戏厅,两侧为化妆台,整个建筑飞檐斗角,主宾座可在敞厅内观赏戏剧。

该古建筑群,主宅均为"五体投地",即中柱、金柱、檐柱全部鼎立,可抗6级左右地震。小柱至横梁采用大斗式,地面铺设腾空方砖,特别是屋台口基石底层全部青条石,上部再平铺花岗岩麻条石。

(6) 双庆堂

位于秀才巷11号,始建于清顺治元年(1644),为沈氏家宅。砖木结构。原是典型的前门堂、后敞厅、再堂屋的建筑布局,现存一进三间。堂屋为排七柱的木结构,檐高进深,花格木门窗,青砖铺设几何形地坪,条石台阶,硬山封顶、四线屋脊。敞厅正中原有乾隆年间(1736~1795)赐金匾"德门双庆",以庆贺一户中同期考中两位进士,故又称"双庆堂"。

(7) 诵经楼

位于南魁星楼巷4号,始建于明洪武十五年(1382),是当时户主砌建给女儿读书诵经的楼房。小楼坐南朝北,砖木结构。二层三间均铺木地板,楼梯陡峭。二楼正梁下设有子梁。天井一角的古井相传建于宋仁宗康定年间(1040~1041)。

(8) 高大门

位于秀才巷17、19号,始建于明永乐十六年(1418)。原为明代吴明经住宅,本宅科第提名上榜进士、举人共28人,有名匾可证,故此宅尊称为"高大门"。建筑呈"L"型布局,砖木结构。该宅原有门堂(已拆除)、敞厅、堂屋、书斋、花房、花圃及生活用房等主体建筑,现仅存敞厅、堂屋、花厅等。

(9) 双堂屋

位于秀才巷37号,始建于明成化十二年(1476)。共3栋11间,为异型砖木结构。宅院内外建有不同类型以及不同朝代的建筑,均保持着各个时期的建筑风格。外院是民居,堂屋、厨房、耳房、天井、花窗、花格;内院坐西朝东的大门内是两栋朝南和朝北相互对应的堂屋,天井不足六尺,雅称为"双堂屋"。保存基本完好。

(10) 老门堂

位于南魁星楼巷2号,始建于明崇祯五年(1632)。现存房屋1栋。此建筑坐北朝南,由大门、院落及一进三间(分为堂屋和厢房)组成,砖木结构。据当地人称,此建筑为白蒲最老的房屋,由于属于兄弟数人的产业,多年无人出面修缮。建筑主体破损严重,大门上砖雕保存尚好。

49. 扬州盐商住宅

位于扬州市广陵区,包括贾宅、周宅和廖宅。2006年6月公布为江苏省第六批文物保护单位。

(1) 贾氏盐商住宅

位于大武城巷1~5号,包括庭园住宅和二分明月楼园林两部分。住宅为清光绪年间(1875~1908)盐商贾颂平所建;二分明月楼为道光年间(1821~1850)员氏所建,贾氏购得后并入贾宅。

住宅大门东向,坐北朝南,分东西两轴线,东轴前后七进,西轴前后五进,中夹火巷。住宅西部原有园林,今毁。火巷向北有门通二分明月楼花园。花园北侧建有南向七檩长楼;楼东筑黄石假山一组,山中有蹬道通园东之楼阁;园西南建有东向楼屋一座,迤北有楼廊相接;园中部原有四面厅一座,1959年移至瘦西湖上。1991年3月,市政府整修二分明月楼园林,新建方亭、月牙桥,修复假山等,并将该部分对外开放。

(2) 周氏盐商住宅

位于东关街道新仓巷社区青莲巷19号,是晚清盐商周扶九住宅。周扶久(1834~1921),名鲲,谱名泽鹏,江西吉安县人,清末曾在扬州经营盐业,有"江南盐业领袖"之称。晚年反对清政府,支持光复。辛亥革命后迁居上海,曾捐赠孙中山"二次革命"军饷30万两等。

住宅占地面积3 200平方米,建筑面积2 318.1平方米,坐北朝南,分东、中、西三路并列组群布局。东路住宅前后五进,第一、二进为对合楼,楼上下十间,有楼廊相连,呈四合院式串楼,楼面阔五楹18米,两楼进深皆为7米,硬山顶。第三、四进是西式独立小洋楼,第五进建筑临街拆改。中路建筑连门厅前后共七进,朝南磨砖门楼,其面阔4.2米,通高7.6米,上有水磨砖雕福、禄、寿三星图案;第二、三进已改进建,第四、五、六进均为三间两厢,楼上下格局完整。西部前后共五进,格局尚存。

现为城南房管所直管公房,其内住户较多,因居民装潢局部改动较大。

(3) 廖氏盐商住宅

位于南河下118号,是晚清盐商廖可亭的住宅。占地面积约3 000平方米,现存建筑分东西两组。其中东部有二门厅、大厅、住宅楼计五进;第一进为楠木大厅,面阔五间,进深七檩,前有卷棚,东西有廊与门厅相接。西部有船厅、花厅、住宅楼等计四进。除大门厅及北部花园已毁外,住宅保存较为完整。

50. 朱氏宅

位于姜堰市溱潼镇人民路12号。房屋坐北朝南,大厅3间,清水砖墙。主间为驼梁结构,落地长窗。前有券顶,梁架结构处雕刻12组人物戏文、花卉珍禽图案。脊端设雀尾形灰塑。厅前照壁雕有三国戏文"古城会""夜战马超""单刀赴会"。东南侧院设仪门,门楣上设砖雕"渔樵耕读""春夏秋冬四季景""鹤鹿同松"等。西侧有小门,通厢房、火巷,现改作溱潼民俗风情馆。2006年6月公布为江苏省第六批文物保护单位。

第七节 驿站会馆

驿站是古代传递官府文书以及官吏出行的歇宿之所,中国的邮驿历史虽长达3 000多年,但留存的遗址、文物并不多。江苏境内的盂城驿是全国规模最大、保存最完好的古代驿站,横塘驿站是江南运河沿线仅存的古邮驿遗迹。

明清时期工商业的发展兴盛催生了新的建筑类型——会馆。江苏历史上的会馆建筑几乎遍及所有县城及水陆要冲之地,它是为商旅活动建造的公共建筑。旅苏商人为了"迎神麻、联嘉会、襄义举、笃乡情"等需要,以原籍为单位在各地建立起自己的同乡会组织,会馆即是他们开展各类活动的主要场所。会馆的主要作用包括联谊聚会、商务文化娱乐活动以及为行商生活提供方便等。江苏境内留存的会馆建筑遗存有苏州的全晋会馆、徐州的山西会馆、扬州的岭南会馆等。

1. 盂城驿

位于高邮市高邮镇馆驿巷13号。该驿站开设于明洪武八年(1375)。1985年在文物普查中被发现,当时仅存明清厅堂两座,前为清构,后为明构。1993年修缮、修复驿站的主体建筑。驿站房屋整体为坐北朝南,为四排四进格局。有正厅5间,后厅5间,送礼房5间,库房3间,厨房3间,廊房14间,马神庙1间,马房20间,前鼓楼3间,照壁牌楼1座。驿北为驿丞宅,驿旁为秦邮公馆,堤上有迎宾客的皇华厅,东南有马饮塘等。

盂城驿是中国保存最好、规模最大的古代驿站遗存,原为生产生活用房,现辟为邮驿博物馆。2000年该馆入选百集电视专题片《中国博物馆》,现为江苏省爱国主义教育基地。

盂城驿古建筑群规模、布局比较完整,房屋建筑保存较好,基本保持原貌。1995年4月公布为江苏省第四批文物保护单位,1996年11月公布为第四批全国重点文物保护单位。

2. 全晋会馆

位于苏州市平江路中张家巷14号。又称山西会馆,清乾隆三十年(1765)旅苏晋商集资创建全晋会馆于阊门外山塘街半塘桥畔,咸丰十年(1860)毁于兵燹。光绪五年(1879)至民国初建新馆于今址。中华人民共和国成立后,曾先后被用作化工塑料厂、眼镜厂、光学仪器厂、照相机厂及机械工业局职工大学,东路及西北隅则散为民居。1983年10月起整修。1986年10月,作为苏州戏曲博物馆馆舍正式对外开放。2003年11月,挂牌成立中国昆曲博物馆。

现占地面积约6 000平方米,坐北朝南,可分为中、东、西三路。中路依次为头门、戏楼、正殿等。头门为单檐歇山顶,面阔三间,进深五界,脊柱间各设将军门一座,明间两扇黑漆门扉绘有工笔重彩门神,并置抱鼓石一对。以脊柱为界,前为海棠轩,后为鹤胫轩,梁枋饰以戏文浮雕。头门左右为水磨砖贴面八字墙,壁面各饰砖雕团龙,环以缠枝纹,顶覆瓦垄起脊,檐下抛枋雕饰戏文。墙下承青石须弥座,雕以"鹿鹤同春""狮子滚绣球"。左右八字墙后各建楼阁式方形吹鼓亭一座,单檐歇山顶,山面朝外,与头门戗角相交。门前原有河埠及弧形隔河照墙,墙嵌砖刻"乾坤正气"四字,均毁于50年代末填河之役。戏楼两层,底层为仪门及两廊,楼层由北向伸出式戏台、横列五开间的后台和左右各纵联五间的厢楼组合而成。戏台歇山顶,双戗飞翘。额枋雕饰龙凤及戏文图案,正面悬垂木雕花篮、狮子各一对。戏台面阔6.55米、进深6.24米、高2.7米,脊高约10米。台顶穹窿状藻井直径约3米、高2米余,由632个木雕构件榫卯组成旋转放射纹饰,有聚音作用。正殿面对戏楼,台基高出地面约1.3米。原殿面阔五间,筒瓦悬山顶,1976年1月失火烧毁。现有正殿系1986年将原灵鹫寺大殿梁架构件移建改筑而成,单檐歇山造。东路共四进,面阔都是三间,依次为门房、厅堂和前后楼,楼房之间以厢房贯通,现仍散为民居。西路建有门房、桂花厅(又称鸳鸯厅)和楠木厅等,两厅之间为庭园,点缀湖石、曲沼、花木。东西两路为客商议事、寄宿、存货及管理用房。中路建筑为庙堂殿宇式,崇脊筒瓦,具有山西建筑特色,系迎宾、祭祀、演戏酬神之所。

1982年3月公布为江苏省第三批文物保护单位,2006年6月公布为第六批全国重点文物保护单位。

3. 横塘驿站

位于苏州市城区胥门外京杭大运河与胥江交汇处,又称邮亭。1955年调查发现,1961年大修,1980年再修,1993年大修,2006年又全面修葺。建造年代未见记载,按亭柱所镌对联下款"同治十三年六月",应为1874年遗构。驿站为亭式建筑,卷棚歇山板瓦顶,檐角出戗,南北向,面阔4.6米、进深5.5米、高4.7米。六架梁木结构,四周砌砖墙,前后开门宕,左右辟空窗,窗下置石条凳,四隅立花岗石方柱承檐桁。正面左右石柱镌佚名对联"客到烹茶,旅舍权当东道;灯悬冷月,邮亭远映胥江"。该亭为江南运河沿线仅存的一处古邮驿遗迹,基本保存原样。1982年3月公布为江苏省第三批文物保护单位。

4. 山西会馆

位于徐州市泉山区云龙山东麓。会馆为清代建筑,原为供奉关羽的关圣殿,清顺治以后改为相山神祠,乾隆七年(1742)旅居徐州的山西人扩建为山西会馆,并于乾隆四十七年(1782)、道光五年(1825)、光绪十三年(1887)进行了三次大规模的重修扩建,民国23年(1934)最后一次重修。会馆依山而建,坐西向东,占地面积1 500平方米,建筑面积677平方米。现会馆存古建筑35间,有前后两进院落,依次为门楼(上为戏楼)、大殿。大殿面阔五间附带两耳房共26米,进深10.8米,檐高12米,硬山顶,檐柱为方形石柱,阴刻楹联。会馆内共有重修碑记5方。2006年6月公布为江苏省第六批文物保护单位。

5. 岭南会馆

位于扬州市广陵区东关街道新仓巷社区新仓巷4-3号。岭南会馆始建于清同治八年(1869),光绪九年(1883)增建。坐北朝南,占地面积4 000平方米,建筑分东西两条轴线,东轴线上前原有照壁现已不存,大门为砖雕牌坊门楼,入内有照厅、大厅、住宅楼。大厅为硬山顶,楠木梁柱,屋顶置双层椽柱,面阔三间11.65米、进深七檩9.4米、高7.3米,前有卷棚。厅前天井内东西墙壁嵌有《建立会馆碑记》等石碑四通。大厅1999年倒塌,2003年修复。东轴线建筑为培智学校使用,西轴线建筑用作居民住宅,年久失修。2006年6月公布为江苏省第六批文物保护单位。

第八节　店铺作坊

1. 高邮当铺

位于高邮市高邮镇人民路街道19号,处在高邮北门历史文化街区范围内,人民路和北门大街两条古街的交汇处。为清、民国时期建筑,房屋整体坐北朝南,占地面积3300多平方米,基本上呈五排五进,原有房屋80多间,其中有柜房3间、客房3间、首饰房24间、号房30余间、更房、生活用房20多间。在发现及保护之前一直为生产生活用房,是国内已发现的保存较好、规模较大的古代典当遗存。2002年10月公布为江苏省第五批文物保护单位,2006年5月公布为第六批全国重点文物保护单位。

2. 淳溪老街

位于高淳县淳溪镇中山大街。淳溪老街自宋朝正式建市,遗留有800多米的明清时期的古街道,有店铺314间,建筑风格为徽派风貌,为江苏省保存最为完整的明清古建筑群。老街原名正义街,辛亥革命后为纪念孙中山改名"中山大街",日据时期改名"和平街",抗日战争胜利后复名"中山大街";中华人民共和国成立后,"文化大革命"期间更名为"东方红大街",1982年后恢复"中山大街"的名称。2002年10月公布为江苏省第五批文物保护单位。

3. 涵村店铺

位于苏州市吴中区金庭镇(原西山镇)堂里涵村59号。店铺在涵村小街上,建于明代,西向临街,面阔三间10.8米、进深七檩7.5米,硬山顶。正间作铺面,连设"矮闼"形式短扉四扇,为营业窗口。南次间设大门,作将军门形式,上部筑阁楼,以贮货物。后铺构架为内四界前后廊内四柱形式,正中抬梁式,南侧正贴扁作荷叶墩、山雾云板;北侧正贴圆作朴素简洁,内四柱用材较大,下设圆形木柱础,外墙面为叠涩砌法。该建筑基本保持明代店铺风貌。2002年10月公布为江苏省第五批文物保护单位。

4. 绿杨旅社

位于扬州市区新胜街23号,东、南、西三面为民居。建于清末民初,名取自清代诗人王渔洋《浣溪沙·虹桥怀古》"绿杨城郭是扬州"诗。民国18年(1929)3月6日重新开业。是扬州的"国际饭店",中国共产党早期领导人恽代英以及老一辈无产阶级革命家陈毅、邓颖超,民国时期文学界、艺术界名人郁达夫、梅兰芳,以及国民党要人孙科等知名人士等曾居于此。旅社占地面积370平方米,建筑为中西结合形式,砖砌砖柱,小歇山顶,现存前后两进三层串楼(走马楼)。底层中为通天舞池,水磨石地面;南为大厅,内有红木罩格、木雕,地面铺设西洋地砖;东西两侧有木楼梯。二、三层建筑为客房区,外为回廊,呈回字形;原有床位100余张,均为铜床,每间客房设红木茶几、四仙桌、穿衣橱、梳妆台等,现仍有部分在使用;临街有观望凉台,围以绿色铁栏杆。现仍用作旅社,2002年10月公布为江苏省第五批文物保护单位。

5. 上池斋药店

位于兴化市区城外东大街10号。建于清雍正年间(1723~1735)年间。店房坐南朝北,占地面积216平方米,建筑面积280平方米。面阔8.3米,进深15米。前进为两幢2层小七架梁房,中间用卷棚勾连搭。底层为店堂,前有中草药柜台,后有丸散膏丹柜台。民国20年(1931)店面改建成石库门,柜台中竖"上池斋"等6块金字匾,柜台与地面用青花瓷砖贴面,进口图案方块铺地。店堂两侧有一组图案为仙鹤、鹿含灵芝和缠枝葫芦的木质挂落。楼上为药材库房。后进为明代三开间七檩平房,面阔11米,进深7米,为制药作坊,保存完好,仍为中药店。店内现存有一旧木质漆制抱柱广告牌,高1.4米,宽0.22米,内容为"本斋拣选药料遵古炮制发兑",楷体,书家不详。2002年10月公布为江苏省第五批文物保护单位。2005年进行落架大修,增建西围墙、平台和亭阁,增开了朝西的门楼。

6. 赵信隆酱园店

位于徐州市窑湾镇西大街东部。酱园店建于明清时期。主要生产窑湾甜油(清代贡品)等酱香产品。战乱时期有多处房屋被毁,现存民居建筑5座,房屋35间。前排为单层共8间房屋,中间有过道房3间。后有一排2层共12间后屋,西侧有两层共8间绣楼,西南有会客室4间。建筑为硬山顶砖木结构布瓦顶建筑,房屋梁架为"金"字梁,室内青砖铺地。占地面积450平方米。2006年6月公布为江苏省第六批文物保护单位。

7. 余家当铺

位于昆山市千灯镇古镇社区典当里,原名"立三堂"。据载,余氏先祖余爱山于明万历年间(1572~1620)自安徽休宁县迁至昆山千灯吴家桥畔开店经商,逐为当地一富,被时人称作"玉溪余氏"。余爱山第二代传人余尚德,于清代初年在千灯镇营建此建筑。此宅坐西朝东,共双排五进。前为店铺后为住宅。第一进东为经营茶杂山货,西作典当铺面;第二进为厅堂;第三进至第五进均为堂楼,是住宅和典当库房。共有120间房,其中,大小厅堂6间,堂楼6座,精雕细镂的门楼3座及长达60米的备弄2条、更楼1座。房屋的内部梁架大部分为清代的构筑形式,堂楼的二梁、挑梁均有雕刻细致的木雕构件。建筑群三面均有风火墙,后设更楼。前后楼屋之间均有过道阁连成,形成了"亚"字形的走马楼。余氏当铺是江苏省内仅存的、保存最完整的、规模最大的典当行。2006年6月公布为江苏省第六批文物保护单位。

第九节 寺观塔幢

江苏的寺庙道观尚存千余处。宋代玄妙观三清殿内斗拱"六铺作重抄上昂"结构,为全国孤例。元代建筑有苏州轩辕宫正殿和天池山寂鉴寺。寂鉴寺的石构殿宇独具特色。明清寺庙道观为数众多,其中规模较大的有南京栖霞寺、常州天宁寺、苏州寒山寺、镇江焦山定慧寺、扬州大明寺等。南京栖霞寺是佛教"四大丛林"之一,寺内藏经丰富。苏州寒山寺因唐代张继《枫桥夜泊》名扬天下。

江苏现存古塔52座。南京栖霞寺舍利塔据载是为瘗藏隋文帝所赐舍利而建,今塔为南唐时重建,为八角五级石塔。现存古塔中宋塔几近半数,且以楼阁式塔居多。苏州报恩寺塔和云岩寺塔分别作为木檐砖身楼阁式砖塔和仿木构楼阁式砖塔的范例载入中国古代建筑史。元代有苏州万佛石塔,为仿印度式窣堵婆式单层石塔,形制罕见;镇江昭关石塔是过街塔,是国内今存不多的藏传佛教喇嘛式塔实例之一。明清时期亦是多楼阁式塔。南京弘觉寺塔是标准的官式建筑须弥座,扬州白塔则是江苏最大的喇嘛式塔。

1. 苏州云岩寺塔

位于苏州市金阊区阊门外山塘街虎丘山山门内8号。云岩寺古名虎丘山寺。其地本为东晋司徒王珣与弟司空王珉别墅,后舍为佛寺。《吴郡图经续记》载,寺旧在山下,东西并立,唐会昌五年(845)毁,后人重建于山上,合二寺为一。唐人避讳,曾改名武丘报恩寺。宋至道间又毁,大中祥符中重建,改云岩禅寺。元、明几经重修。清康熙赐"虎阜禅寺"额。乾隆时又修。咸丰十年(1860)毁。同治十年(1871)至民国初略加重建,未复旧观。

云岩寺塔习称虎丘塔。南朝陈代已有塔,隋仁寿元年(601)又曾在山上建塔。今塔始建于五代后周显德六年(959),至北宋建隆二年(961)。元至正和明永乐、正统、崇祯年间几经修葺,现第七层即为崇祯十一年(1638)前后改建。塔曾七次被焚。晚清后渐失修治,塔体裂缝。中华人民共和国成立后历经多次抢修,发现一批重要文物,塔体已基本稳定。1986年,重装塔防雷接地装置。1988年,在塔院一隅建云岩寺塔陈列室。

云岩寺塔为七级八面、以砖结构为主的仿木结构楼阁式佛塔。现无刹,残高47.7米,塔顶倾角2°48′43.1″,倾距2.34米,底层对边长东西13.64米,南北13.81米。自下而上逐层收敛,外轮廓呈微鼓曲线。塔身由外壁、回廊、内壁、塔心室组成。云岩寺塔是八角形楼阁式塔中现存年代最早、规模宏大而结构精巧的实物,保存了唐代以前空筒式结构塔的一些特点,许多局部手法表现出唐宋之间的过渡风格。云岩寺塔旁有云岩寺二山门,为主要附属古建筑,建于元顺帝至元四年(1338),历经明嘉靖、天启及清道光年间修缮。单檐歇山顶,面阔三间约13米,进深五檩约7米,高约10.5米。二山门主体结构属元代遗构且继承宋式。

现为20世纪50年代初的外观形状,历年不断整修,塔体保持稳定,其他建筑及构筑物得到有效维护。1961年3月以苏州云岩寺塔名称公布为第一批全国重点文物保护单位。1982年3月以云岩寺塔名称调整公布为江苏省第一、二批文物保护单位。

2. 玄妙观三清殿

位于苏州市平江区观前街。始建于西晋咸宁

二年(276),初名真庆道院。元代元贞元年(1295)始名玄妙观。清咸丰、同治之际遭受战祸波及后,渐趋衰落,未能恢复旧观。中华人民共和国成立后多次整修。

三清殿为玄妙观正殿,系南宋淳熙六年(1179)提刑赵伯骕摄郡时重建。殿为重檐歇山式,青灰筒瓦顶。面阔九间约45米、进深六间约25米,高度约为27米,总占地面积(基台加月台)约1945平方米。殿柱作"满堂柱"排列,纵横成行,内外一致,共七列,每列10柱。四周檐柱为八角形石柱;东、南两面多为青石柱,刻有宋人所书天尊名号及施舍题记;西、北两面则大部已经后代重修时更换。殿内诸柱除内槽中央三间四根后金柱为抹角石柱外,均为圆木柱。殿壁嵌有碑石多方,以南宋宝庆元年(1225)所刻太上老君像最为珍贵。像为唐代吴道子所绘,上方有颜真卿所书唐玄宗李隆基的"赞"四言16句,刻工为张允迪。三清殿台基面阔49.6米、进深29.5米、现高0.7米。前施月台,面阔27.2米、进深16.3米,中央立铁鼎。正面与左、右各设踏道,周以青石勾栏。台基南面东、西梢间及尽间有石栏,与月台石栏贯通,华版雕刻内容有人物、走兽、飞禽、水族、山水、云树、亭阁等,应为宋以前作品。

正山门位于三清殿南约80米处,为清乾隆四十年(1775)重建。重檐歇山造,面阔五间,宽20.4米,进深12.5米,于当心间脊柱间设断砌门。

如意门(西脚门)内的雷尊殿初名雷神殿,亦为坐北朝南的重檐歇山式建筑,明天顺二年(1458)建,清康熙四年(1665)重修。面阔三间16米、进深14米。观内现存殿阁东有财神殿、天医药王殿、火神殿、三茅殿、斗母阁等,西有观音殿、三宫殿等,北有蓑衣真人殿、方丈殿(灵官殿、萨祖殿、振法堂、施公祠)等,多数为清代重建,其中部分殿宇近年已修葺。保存在观内的碑刻有数十种,上起宋代,下迄清末。

玄妙观三清殿是长江以南最大的木构古建筑,其内槽中央四缝所用六铺作重抄上昂斗拱,为国内孤例。整体保存较好。1982年2月公布为第二批全国重点文物保护单位,同年3月调整公布为江苏省第一、二批文物保护单位。

3. 栖霞寺舍利塔

位于南京市栖霞区栖霞寺东南角、藏经楼南。始建于隋仁寿元年(601),当时降旨在全国八十三州建塔庋藏舍利,栖霞寺舍利塔为其一。始为木塔,后毁于唐武宗会昌年间(841~846),现存之塔系南唐时高越、林仁肇建造。塔高约18米,为八角五层密檐式石塔。塔身立于须弥式基座上,基座与塔身间置莲座。第一层塔身柱面刻经偈文,柱上施阑额,西面刻有普贤骑象图,东面原刻有文殊菩萨像,已被毁;其余四面均为高浮雕天王像,作武士装束,像上还刻有"匠人"题名。第二层以上,各层骤变低矮,每面都刻两个圆拱形龛,内雕一尊跏趺坐佛。各层腰檐,均有缺损。塔顶莲花形刹柱是民国20年(1931)仿北魏云中寺塔补建,已非原貌。勾栏是根据当时地下发掘遗物进行复原重建。1982年3月调整公布为江苏省第一、二批文物保护单位,1988年1月公布为第三批全国重点文物保护单位。

4. 瑞光塔

位于苏州市沧浪区南门街道瑞光社区东大街1号(盘门景区内)。瑞光寺初名普济禅院,据志书记载为三国吴赤乌四年(241)孙权为迎接西域康居国僧人性康而建。今寺毁塔存,清同治十一年(1872)曾加以维修。

根据在塔内发现文物上的纪年文字,今塔系北宋景德元年(1004)至天圣八年(1030)所建。中华人民共和国成立后屡经抢修,1987~1990年再次大修。塔为七级八面砖木结构楼阁式,砖砌塔身由外壁、回廊和塔心三部分构成,外壁以砖木斗拱挑出木构腰檐和平座。修复后通高约53.6米,底层外壁对边11.2米。层高逐层递减,面积也相应收敛,外轮廓微呈曲线。入塔门,经过道即回廊,回廊两壁施木梁连结,铺设楼面,第二、四层转角铺作上有月梁联系内外倚柱,廊内置登塔木梯。一至五层回廊当中砌八角形塔心砖柱,底层作须弥座式,第六、七两层改用立柱、额枋和卧地对角梁组成的群柱框架木结构。塔身底层周匝副阶,立廊柱24根,下承八角形基台,周边为青石须弥座,对边23米,镌有狮兽、人物、如意、流云。基台东边有横长方形月台伸出,正面砌踏道。

塔东存清康熙十五年(1676)重立之文震孟隶书明太祖御制瑞光塔赞碑一方,西南存原寺院古井一口。1978年在塔心发现了一批北宋初期建塔时的遗存,其中有的是晚唐、五代的文物。

现瑞光塔经维修保存较好。1982年3月以瑞光寺塔名称调整公布为江苏省第一、二批文物保护单位。1988年1月公布为第三批全国重点文物保护单位,更名为瑞光塔。

5. 罗汉院双塔及正殿遗址

位于苏州市凤凰街定慧寺巷22-1号。唐咸通二年(861)盛楚创建佛寺于此,初名般若院,五代吴越钱氏改为罗汉院。北宋太平兴国七年(982)至雍熙中,王文罕兄弟捐资重修殿宇,并增建砖塔两座。至道二年(996),更名寿宁万岁禅院,又称双塔寺。塔曾于南宋绍兴五年(1135)、明嘉靖三十九年(1560)、崇祯九年(1636)、清康熙年间(1662~1722)、乾隆二十六年(1761)、道光二年(1822)几度维修,其中以重修塔顶相轮居多。咸丰十年(1860)至同治二年(1863),寺院毁于战火,仅存双塔及正殿遗迹。中华人民共和国成立后,塔曾多次修葺。

双塔是东西比肩而立的两座七层八角楼阁式砖塔,形式、结构、体量相同,底层墙表相距仅15米,高约33.3米,底层对边5.5米。双塔形制模仿木塔,二层以上施平座、腰檐,腰檐微翘,翼角轻举,逐层收缩,顶端锥形刹轮高8.7米,约占塔高1/4,整体造型旧时喻之为两支笔。腰檐以叠涩式板檐砖和菱角牙子各三层相间挑出,上施瓦垄垂脊。各层外壁表面隐出转角倚柱、槏柱、地栿、阑额、斗拱,均仿木结构式样。平座亦以叠涩砖及砖砌栌斗、替木构成。座上原有栏槛,今已无存。底层原有副阶周匝,早已倾圮,仅存角梁榫眼和砖石台基。

正殿故基在双塔之北,距离塔心21米,南向。其中轴线较双塔中轴线偏西3.5米。根据柱础排列位置可知,正殿面阔与进深皆为三间,东、西、北三面绕匝副阶,总面阔18.4米,总进深18.2米,属正方形平面,明间有露台向南伸展。现存四周石制檐柱16根,高约4米,造型有雕花圆柱、瓜棱柱、八角柱三种。石柱础30个皆为覆盆式,前檐六柱位及础上圆形,通体浮雕牡丹、夏莲、秋葵等缠枝花卉婴戏纹饰。此外有集中在新建碑廊中的碑刻10多方。

罗汉院双塔及正殿遗址是苏州唯一一处作为文物保护的宋代建筑遗址。1982年3月以罗汉院双塔及正殿遗迹名称调整公布为江苏省第一、二批文物保护单位。1996年11月公布为第四批全国重点文物保护单位,更名为罗汉院双塔及正殿遗址。

6. 紫金庵罗汉塑像

位于苏州市吴中区东山镇西卯坞绿化村。紫金庵又名金庵寺。创建年代,说法较多。一说创建于唐代,据明郑杰景泰三年(1452)撰《洞庭纪实》"金庵在西卯坞内,昔有胡僧沙利各达耶于此结庵修道,玄宗明诏复修殿宇,装金佛象,焕然重新焉",与目前保存在庵内的"唐示寂本庵开山和尚诸位觉灵之墓"相印证。一说创建于梁陈时,此说仅见于清邱赓熙乾隆二十六年(1761)所撰《紫金庵净因堂碑记》。再一说则清康熙《苏州府志》记载,庵建于明洪武年间(1368~1398)。大殿内左右两壁佛龛上的十六罗汉塑像,相传是南宋民间雕塑名手雷潮夫妇的作品,也有人考证它们是明代初期无名匠人所塑。大殿后壁八尊坐像,相传是明末世人邱弥陀增塑。罗汉塑像在清雍正九年(1731)曾用矿物颜料重新装塑。中华人民共和国成立后,1992年对紫金庵进行修缮,同年正式对外开放,并建立紫金庵文物保护管理所。

紫金庵现占地面积约3 500平方米(包括新征的土地面积),总建筑面积566.34平方米,其中罗汉殿占地面积192.5平方米。庵的山门面南,而大殿及主要建筑净因堂均坐西面东。大殿面宽五间,澈上明造,单檐歇山式。后进的净因堂,建于乾隆十一年(1746),金柱以楠木构筑。殿内现存塑像54尊,表面均有彩绘。

紫金庵古塑罗汉像布列在大殿内。正面复莲座上为"药师、释迦牟尼、阿弥陀佛"。迦叶、阿难拱手侍立于大佛之间。后有望海观音像,还有十六罗汉像"看门""评酒""讲经""听经""降龙""伏虎""打坐""托塔"等,分别在左右两壁的佛龛上。大殿后壁,还有八尊坐像,分别取"禅月大师——贯休""梁武帝""灵岩山开山和尚——智积""金庵开山僧艮山",以及"关帝""文昌""猛将""弥勒"等形象。

1982年3月调整公布为江苏省第一、二批文物保护单位,2006年5月公布为第六批全国重点文物保护单位。

7. 报恩寺塔

位于苏州市平江区观前街道平门社区人民路香花桥北。报恩寺旧称报恩万岁贤首教寺,又名报恩讲寺,俗呼北寺。其地本唐开元寺,即三国东吴时所建通玄寺址。唐大顺二年(891)开元寺被孙儒焚毁。五代吴越钱氏于后唐同光三年(925)重建开元寺于盘门内。后周显德二年（955）又在城北故基另建佛寺，移支硎山已废萧梁古刹报恩寺额为名。南宋建炎四年（1130）毁于兵火。绍兴间重兴，誉为"浙西第一名刹"。淳祐五年（1245）奉旨称报恩万岁贤首教寺，当时有文殊、普贤、法华、泗洲、水陆五子院。元、明、清迭经废兴，号称"吴中第一古刹"。

南朝梁代中大通年间，通玄寺僧正慧曾募建宝塔十一层于寺中，后被焚毁。北宋元丰七年（1084）重建，诗人苏轼舍铜龟盛放舍利供奉塔中。建炎四年（1130），金兵南侵，焚掠平江（苏州），塔与寺同毁。现存之塔为绍兴二十三年（1153）行者金大圆主持募建的九级塔。其后历经元至元间、明洪武初、弘治十三年（1500）、隆庆中、万历十年（1582）、万历三十二年、清康熙五年（1666）、康熙十五年、道光十八年（1838）、光绪二十九年（1903）多次修葺。但清末以后失修近五十载，日见残损。中华人民共和国成立后，1958年因遭雷击多处漏雨，局部维修。1965年9月兴工全面整修并清理出被浮土掩埋的基台，至1967年11月竣工。2004年又对塔进行全面大修。

报恩寺塔为九级八面砖木结构楼阁式，每层挑出平座、腰檐，底层对边18.8米，副阶周匝，基台对边34.3米，占地面积约835平方米，塔高74米。塔身结构由外壁、回廊、内壁和塔心方室组成。每层各面外壁以砖砌八角形槏柱分为三间，于当心间辟门。外壁、八角形回廊两壁及塔心方室壁上，均有砖制柱、额、斗拱隐出，自栌斗挑出木制华拱与昂。回廊转角处施木构横枋和月梁联结两壁，再以叠涩砖相对挑出，中央铺楼板，墁地砖。廊内置木制梯级。第九层回廊顶纯用叠涩砖挑至中点会合。第八、九层塔心方室中央立刹杆，上端穿出塔顶支承刹轮，下端以东西向大柁承托。塔基分基台与基座两部分，均为八角形石雕须弥座式。基台高1.34米，下枋满雕卷云纹。台外散水海墁较现地面低0.73米。基座高1.42米，边沿距底层塔壁0.78米，束腰处每面雕金甲护法力士坐像三尊，转角处雕卷草、如意纹饰。据考证，塔的外壁与塔心砖造部分，以及石筑基座、基台，基本上为宋代遗构，木构部分则以后代重修居多。各层塔门过道上和塔心方室上的砖砌斗八藻井等仿木构装饰，结构复杂，第三层塔心门过道上的藻井尤为精致。

塔的四周尚存部分明清时期重建的报恩寺殿堂建筑。位于塔东的不染尘观音殿，俗呼楠木观音殿，始建于南宋绍兴二十三年（1153），经南宋淳祐、元至元、明成化十九年（1483）、万历二十八年（1600）修建。现存殿宇即明万历时重建，经清康熙年间（1662～1722）和民国15年（1926）重修，1984年再修。殿为重檐歇山造，面阔五楹，进深五间，内四架，前置檐廊，檐高7米，四周檐柱为抹角石柱，内柱用楠木。殿内存明代青石须弥座，浮雕佛莲、游龙。塔北依次有始建于清康熙十年（1671）、重修于光绪三十三年（1907）的古铜佛殿，以及康熙年间始建、光绪三十四年重修的藏经阁。古铜佛殿曾供铜铸三世佛，单檐硬山造，观音兜山墙，面阔七间，进深六间，五间为殿，左右尽间为楼。藏经阁为重檐歇山楼阁式，楼层面阔七间，进深四间，底层面阔九间，进深六间，原额梵香堂。这两座殿阁已于1985年修葺。塔东北有园，名为梅圃，为1987年在寺园遗址上重建。塔南临街的四石柱三间五楼木牌坊，三开间硬山顶门厅及贴砖八字墙，则是马医科申时行祠前之物，建于明万历四十五年（1617），1979年移建于此。

报恩寺塔基本保持原布局、形式、结构，整体保存较好。1982年3月调整公布为江苏省第一、二批文物保护单位，2006年5月公布为第六批全国重点文物保护单位。

8. 崇教兴福寺塔

位于常熟市古城区大东门方塔公园内。原名崇教宝塔，俗称方塔。南宋建炎四年（1130）建寺基，在县治东，稍北二百步。咸淳间（1265～1274）僧法渊撤遗构重建，高九级。明洪武八年（1375）寺僧净慧重修，历8年告竣。乾隆十一年（1746）灯火焚毁木构，次年督粮道程光矩倡众重建。咸丰十年（1860）寺毁于战火而塔独存。光绪三十年（1904）重建。民国，佛寺遗迹无存。抗战初期，塔体受损。中华人民共和国成立后，1963～1964年整修，1998～1999年再次大修。

塔为四面九层砖壁木檐楼阁式塔，塔体为单筒式结构，每层塔身的高度逐降，面宽亦逐渐减小，外廊有显著的收分。每层有平座，至七层起有塔刹柱，贯通三层，上承塔刹，塔总高67.14米，每层面阔、进深三间。每层檐下斗拱出两跳，平座下斗拱出一跳，塔壁内各层以木楼板相隔，以木扶梯相通，四面墙壁上砌夸柱、阑额、斗拱。

崇教兴福寺塔因风水理论而建,属中国早期风水塔之列。在纠偏工程实施时的清理勘查基础工作中发现其底层外壁建有木构平座,这种做法在国内现存古塔中极其罕见。

1982年3月调整公布为江苏省第一、二批文物保护单位,2006年5月公布为第六批全国重点文物保护单位。

9. 轩辕宫正殿

位于苏州市吴中区东山镇杨湾村。轩辕宫原名杨湾庙,亦称胥王庙。初祀吴相伍子胥。明、清以来,庙的名字屡变,先后改称显灵庙、灵顺宫。解放前夕,正殿改祀东岳大帝。庙内正殿的建筑年代根据其建筑特点,考定为元末至元四年(1338),复经明、清二代重修,尤以清初顺治十二年(1655)为最大规模修建。

轩辕宫正殿作单檐歇山式,兽吻脊及屋角反翘,均系南方做法。殿顶出檐甚深,台基明高64厘米,四周立柱,并砌砖墙,前后中间开门,两旁设窗,殿前月台宽17.30米,进深9.20米。北面设有踏步,正面有青石栏杆。正殿面阔三间13.74米,进深三间11.84米。正面明间宽5.54米,南北次间各4.10米。进深自西向东,第一间为2.94米,第二间为5.6米,第三间为2.94米。殿中都用木柱,略作梭形,柱头多数有卷杀。

轩辕宫正殿无天花藻井,明间脊檩、上金檩尚保留彩绘痕迹;明间下金檩用断材,苏州人称"断梁"殿形式。正殿脊枋下有"元秀里人烂钞翁王万一始创,前明太仆寺卿席木桢同夫人吴氏……清顺治岁次乙未夏……落成"字,北面五架梁下题字"旹清顺治乙未岁孟夏吉旦,二十八都胥扶土地界里人姜锡藩乐施敬志"。

轩辕宫正殿殿前城隍庙现为陈列室,正中是明正德年间的仿木结构青石阴亭,另有石刻文徵明的《东西两山图》和王鏊的《洞庭两山赋》。

1982年3月调整公布为江苏省第一、二批文物保护单位,2006年5月公布为第六批全国重点文物保护单位。

10. 寂鉴寺石殿

位于苏州市吴中区天池山。寂鉴寺址原为六朝刘宋时会稽太守张裕私第,曾置罗汉,复有镜法师著书于此。南宋乾道年间(1165~1173),为秘书监张廷杰的别墅,并于此建筑亭馆及造像。元至正十七年(1357),僧道在此创建寂鉴寺禅庵。后历代都有修缮,以明弘治初天目禅师普惠主持的修建规模最大,并更名华山天池院。中华人民共和国成立后,1980年再次大修,成立天池山文物保管所。

寂鉴寺平面作椭圆形,四周有乱石砌的石墙。山门位于寺南,门前东西两侧各有石殿一座,分别题名为"兜率宫"和"极乐园";寺内石殿称"西天寺",原供奉地藏菩萨。三座石殿均建于元至正十七年至二十三年(1357~1363)。

西石屋,即"极乐园",位于寺前山门外西侧,坐南朝北,依山岩构筑,为仿木建抱厦式石屋。其面阔一间2.61米,内进深半跨1.20米,石版铺盖重檐歇山顶。东石屋,即"兜率宫",在寺门东侧,与西石屋相对称,单檐歇山顶。东西石屋内均有以整块山岩刻凿的佛像一座,东为弥勒尊佛,西为阿弥陀佛,像高3.25米;石屋下均有须弥座。西石屋东壁还嵌有石屋建造年代及施主姓氏的刻石。

"西天寺"坐北面南,平面呈"凸"形,单檐歇山式。面阔三间7.64米,进深二间5.52米。殿内佛像已无存,佛龛及龛前的案几尚在,均以石凿成,作不同须弥座式样;顶部有藻井,明间的石案束腰部及殿前的钵盂上雕刻有变体莲花图案。

此外,寺内还依山而建有韦陀殿、旱船及僧寮等建筑,寺周围有古井1座、摩崖石刻10余处。

寂鉴寺石殿是当今江苏省仅存的元代石结构建筑。现布局完整,各单体建筑构架完好,虽屡经修缮,但形式、结构、雕刻均未变动。1982年3月以寂鉴寺石殿、佛龛及造像名称调整公布为江苏省第一、二批文物保护单位。2006年5月公布为第六批全国重点文物保护单位,更名为寂鉴寺石殿。

11. 南通天宁寺

位于南通市崇川区中学堂街11号。清光绪《通州直隶志》载:唐咸通四年(863)始建大殿与五级浮屠,取名报恩光孝寺。宋政和年间(1111~1118)将城西天宁寺并入,统称天宁寺。南宋咸淳年间(1265~1274)扩建。

现存建筑坐北朝南,占地面积4 275.2平方米,建筑面积1 906.9平方米。沿中轴线有山门、金刚殿、大雄之殿、药师殿(于1999年改建为藏经楼)等。据明宣德八年(1433)碑记载和现存大殿梁架结构特点,应为宋代遗构。

金刚殿位于山门之北,为明代建筑,面阔三间

13.84米、进深七檩8.6米,歇山顶。柱头铺作和补间铺作单下昂。殿内六架椽屋用分心柱,彻上明造用月梁,平梁上用叉手。明间两根中柱呈瓜楞式,上设斗拱,下置覆盆式素面石柱础。

大雄之殿位于金刚之殿北,为宋、明间建筑,面阔三间17.35米、进深九檩17.2米,平面呈方形,歇山顶。柱头铺作和补间铺作均为四铺作单下昂。抬梁式构架,用月梁,殿内有立柱20根,其中明间六根内柱用包镶法制成十二瓣瓜楞柱。柱身有收分,柱头有卷杀,上置斗拱,承托梁架樽子。明间前后金柱下用覆盆式素面石柱础,雕有缠枝牡丹花纹。

光孝寺塔位于寺西北隅。亦称支提塔,始建于宋,明宣德、天顺间重修,1997年维修时发现塔身用宋砖所砌。为八角五层木檐楼阁式砖塔,高30.87米,底层须弥座基,束腰浮雕瑞兽,为宋代遗物。砖叠涩出跳承托平座,每层四门上下相闪。檐下斗拱用插栱。顶刹较高,承露盘上有相轮七重,上施以宝珠,围以光洎。1997年修塔时,出檐,栏杆等木构恢复宋式。

1982年3月以天宁寺名称调整公布为江苏省第一、二批文物保护单位。2006年5月公布为第六批全国重点文物保护单位,更名为南通天宁寺。

12. 海清寺塔

位于连云港市新浦区花果山乡前云村大村水库东侧。始建于北宋天圣元年(1023),建成于天圣九年(1031)。塔形作楼阁式,纯砖结构,九级八面,高40.58米,塔各层东西南北四面有券门各一,其余四面均隐出直棂窗形。第一层作迭涩式腰檐,上八层均为平座迭涩式腰檐。一至八层外壁内绕以回廊,中砌八边形塔心柱。塔心柱内有踏步,可攀至八角形藻井的第九层。1974年进行维修时在塔的第一层踏步下发现"暗室",出土金棺银棺等一批重要的北宋文物。1982年3月调整公布为江苏省第一、二批文物保护单位,2006年5月公布为第六批全国重点文物保护单位。

13. 扬州大明寺

位于扬州市维扬区平山乡平山村平山堂路8号蜀冈中峰上,又称栖灵寺。始建于南朝刘宋大明年间(457~464),故名。唐代扬州高僧鉴真曾在此居住讲学,天宝年间于此接受日本僧人邀请东渡日本。寺历代屡有兴废,现存建筑系清同治年间(1862~1874)重建。

占地面积约8.4万平方米,建筑面积约7 000平方米。前有牌楼,后为山门殿、大雄宝殿、藏经楼等建筑,大殿重檐歇山顶,面阔五间。寺东有东苑、万松岭、鉴真纪念堂、平远楼;寺西有西园、平山堂、"谷林堂"、欧阳修祠、天下第五泉等建筑。山门前牌坊有四柱三间木牌楼,牌匾正面书"栖灵遗址",背面书"丰乐名区"。山门殿面阔三楹米,进深米,硬山顶。大雄宝殿重檐歇山顶,面阔五楹18.8米,进深16.2米,前后有披廊。鉴真纪念堂在寺东偏,1973年建成,系仿唐建筑,形式与日本唐招提寺金堂相似,前为门厅、碑亭、有廊与正殿环抱;正殿庑殿顶,面阔五间,堂内供鉴真干漆夹纻像。平山堂在寺西偏,北宋庆历八年(1048)欧阳修知扬州时创建,清同治九年(1870)重建;因在堂前远眺"江南诸山,拱揖栏前,若可攀跻"而名,硬山顶,面阔五间。后有"谷林堂"系苏轼为纪念欧阳修所建,再后为欧阳祠,有欧阳修石刻像。平远楼,在大殿东南,系清同治间重建,重檐歇山顶,面阔三间,现为宗教活动、游览场所。

1982年3月以大明寺遗址及鉴真纪念堂名称公布为江苏省第三批文物保护单位。2006年5月公布为第六批全国重点文物保护单位,更名为扬州大明寺。

14. 白塔

位于扬州市维扬区瘦西湖公园内五亭桥南侧,建于清朝乾隆年间(1736~1795)。中华人民共和国成立后,1965年、1984年进行了维修。占地面积310平方米,系仿北京北海喇嘛塔式样,为砖石结构,塔高27.5米,通体皆涂白色,塔刹为十三重相轮,其上端置六角宝盖,角端悬风铃,上置青铜葫芦顶,塔身为宝瓶形,中空,面南设壶门即龛室,内供观音大士像,塔身下砌有方形折角砖雕须弥座,八角四面,每面各有3个小龛,内雕十二生肖。座下有台基,筑长方形高台,四周围以石栏,柱头皆雕石狮,形态各异,高台两侧有五十三级台阶。台阶南墙嵌石上刻"白塔晴云"四字。

现为瘦西湖公园内重要的旅游景点之一。2002年10月,作为"白塔、吹台"的一部分归入江苏省第一、二批省级文物保护单位莲花桥。2006年5月,作为"莲花桥和白塔"的一部分公布为第六批全国重点文物保护单位。

15. 昭关石塔

位于镇江市润州区西津渡古街东端。石塔始建于元世祖至元年间(1264~1294),明、清先后修治。"昭关"二字取自此处为临江险要之地、守卫之关口。石塔形似瓶,也称"瓶塔",寓意平安之意。石塔下可通车辆行人,习呼"过街石塔"。

塔高约5米,由台座、塔座、塔身、塔颈、十三天、塔顶等部分组成。台座用四根石方柱上架石枋构成平台,平台东西长3.8米,南北宽3.2米,石柱间形成四扇圭形门,门高2.5米、宽1.8米,南北两门叠石为墙,保留东西向门洞,供人行走。门洞上横额镌"昭关"两字,两边刻镇江知府、同知等人名,落款刻"万历十年壬午年十月吉日重修"。石塔建在平台上,塔座由两个相同的须弥座叠成,呈"亚"字平面,上为覆莲座和扁鼓形的塔身,再上为圆锥形十三天,有13圈带形浮雕,象征13层天,上置法轮和圆仰莲小座,轮上刻有八宝纹饰,最上是瓶状塔顶。

此塔是江南现存唯一喇嘛塔式过街塔。1982年3月公布为江苏省第三批文物保护单位,2006年5月公布为第六批全国重点文物保护单位。

16. 泰州城隍庙

位于泰州市海陵区邑庙街22号,始建于唐,经宋、明、清历代修缮,现存明清建筑72间,历代碑刻6通,水井1口。该庙宇南北长124.47米、东西宽42.5米,总建筑面积2 138.2平方米。庙内现存审事厅、大殿、班房等建筑。是省内现存城隍庙中体量最大、保存最为完好的一座道观建筑。1995年4月公布为江苏省第四批文物保护单位,2006年5月公布为第六批全国重点文物保护单位。

17. 保圣寺塔

位于高淳县淳溪镇寺门口村西北、宝塔路232号。该寺原名龙城寺,宋为保圣寺,塔以寺名。现塔为南宋绍兴四年(1134)重建。通高31.5米,底有基座、副阶。底层边长5.3米,底层和第七层四面辟门,其余均相对开两门,门位各层上下相闪。底层做壶门形,其他各层已改为券门。门两侧二、三层隐出斜棂纹窗格,其他均素面无饰。转角砌倚柱,并有收分和卷杀。塔身阑额枋上和平座下均施斗拱,三层以下各出二跳,补间七朵,四层以上减为六朵,七层改叠涩平座承屋面出跳。底层塔壁柱间用上下阑额,其间隐出一斗三升护壁拱,拱间壁嵌砖雕佛像。保圣寺塔主体和大部分构件为宋代形制。1982年3月调整公布为江苏省第一、二批文物保护单位。

18. 灵谷寺无梁殿

位于南京市玄武区孝陵卫街道孝陵卫社区钟山风景区。始建于梁天监十三年(514),移建于明洪武十四年(1381),在明代为"天下第一禅林",后屡有兴废。民国时期,迁至原寺之龙神殿,遂成今日的灵谷寺。今仅存无梁殿,确切建筑年代不详,据记载明嘉靖年间(1522~1566)已有此殿。该建筑殿平面呈长方形,面阔五间53.8米、进深三间37.85米、高约22米,自基至顶,全部为明城砖垒砌。殿内为砖砌拱券结构,拱券下有深厚的实体墙,结构坚固。民国19年(1930),国民政府在殿后建国民革命军阵亡将士公墓和9层纪念塔,殿前建大门和石坊,利用无量殿作为墓前享殿,名曰正气堂,四壁嵌国民革命军阵亡将士题名碑110方,铭刻北伐阵亡将士33 224人姓名。殿正中嵌"国民革命烈士之灵位"碑,左为《国父遗训》碑,右为民国《国歌》碑,3碑均楷书。无梁殿西侧,有"双铁镇",为一块叉形铸铁,最早竖于灵谷寺五方殿前(殿毁),俗称"飞来剪",上有"天吴金"三字,为明初建灵谷寺时用来举重提物的工具,重约1吨。1982年3月公布为江苏省第三批文物保护单位。

19. 秦峰塔

位于昆山市千灯镇(原千墩镇)尚书浦西岸。南朝梁天监二年(503),里人王束捐宅,僧从义开山,创建波若寺。又有里人王珏舍宅以广寺基并建塔。因位于传为秦始皇登高望海的秦望山之阳,故名秦峰塔。北宋大中祥符元年(1008),真宗下诏更寺名为延福禅院,并重建秦峰塔。据留存的宋代塔砖铭文,又称释迦佛塔。明万历年间(1572~1620)曾用砖包砌一层以加固墙体,使塔身有部分改变,但仍保持宋塔风格。秦峰塔于清同治元年(1862)遭兵火重创,仅存砖砌塔身,后又常年失修。中华人民共和国成立后,1962、1977、1990年三次实行保护性维修,1994年又全面修复,2006~2007年再次维修加固。

秦峰塔为砖身木檐楼阁式,四面七级,底层边长4.88米,通高39.5米。每面用槏柱分成三间,正中辟壶门,转角施砖倚柱,壁面隐出砖构额枋斗拱,挑出木构腰檐和平座栏杆。铁铸塔刹高7米。宋代重建时,曾将原六朝大方砖砌于塔座,把善男信女敬助的佛像砖44块嵌砌于各层外壁四周,现大都保存完整。秦峰塔塔身收分恰到好处,因而有"美人塔"之誉。

经多次维修,现存建筑整体保存完好,但因地基下沉,塔体向东南角倾斜。1982年3月调整公布为江苏省第一、二批文物保护单位。

20. 铁塔

位于镇江市区北固山后峰。始建于唐宝历元年(825),原为石塔,由时任润州刺史的唐卫公李德裕而建,名卫公塔。唐乾符年间(874~879)遭毁,宋熙宁九年至元丰元年(1076~1078)改建为九级铁塔。明万历十年(1582)大风将其刮倒,僧人性成、功琪募款重修,减少二层,为七层。清同治七年(1868)塔顶折断落地,光绪十二年(1886)又被雷击,塔倾倒4层,到解放时仅存塔座及一、二两层。鸦片战争期间,塔身上的相轮和塔顶被英军砸毁。1960年进行修缮,将残存的4、5两级加置上去,塔顶装上避雷针,塔基浇钢筋混凝土,恢复其原貌。

铁塔为八角形,现存塔基及残塔四层,高约8米,直径8尺,每层高5尺,为中国东南地区最大的铁铸巨塔。现在塔座及1、2层为宋代原物,3、4层为明代所铸。塔形为楼阁式,塔身8面4门,每面都有佛和飞天,姿态各异。塔基须弥座上刻有卷浪、莲瓣、二龙等图案。第4层有铭文,文中有"奉政大夫""中宪大夫""承真郎""文林郎"等参与铸造铁塔的明代官阶称谓。

1960年5月,镇江考古部门对塔基进行发掘,在地宫出土文物2576件,其中有金棺、银椁、舍利子等珍贵文物。

1982年3月调整公布为江苏省第一、二批文物保护单位。

21. 镇国寺塔

位于高邮市高邮镇湖滨路街道京杭大运河河心岛上。始建于唐僖宗年间(874~888),原为9层,清嘉庆十五年(1810)被大风损坏3层,光绪三十二年(1906)修为7层。中华人民共和国成立后,2008年进行了修缮。为方形楼阁式砖塔,塔高35.36米,顶端塔刹是一青铜铸葫芦,葫芦表面刻有"风调雨顺、国泰民安"八字。1956年大运河拓宽时,为保塔运河改道,留下了河心岛上的古塔。1982年3月调整公布为江苏省第一、二批文物保护单位。

22. 万佛石塔

位于苏州市高新区(虎丘区)镇湖街道西京(泾)村。原名禅师塔,始建于南宋绍兴年间(1131~1162),元大德十年(1306)高僧昕日重建,为"西华(旧地名)十八景"之一。民国年间,民间迷信"取石佛头煮汤治病",使塔室内佛像头多毁。中华人民共和国成立后,1976年塔刹被台风吹落,1978年整修并增筑围墙加以保护,1996年全面维修加固。

万佛石塔属于仿印度窣堵波式单层方塔,由台基、塔身、塔刹三部分组成,青石结构,通高11.4米。长方形台基高两米余,塔身在北部,南部围以石栏,前有踏步八级。正方形塔身高4.3米,下边长3.3米,上边长2.8米,作覆斗状。四角立侧脚方倚柱支承额枋和塔檐,倚柱之间横砌条石构成塔壁。内部为高4.1米的下大上小圆筒形塔室。墙下有青石须弥座,中嵌《重修万佛宝塔记》碑,旁有"吴门石匠吴德谦昆仲造"题记。上枭部位雕饰"惹草如意头"花纹。须弥座以上环筑十层武康石,雕刻60排高不足5厘米的小佛像,每排180尊,共一万余尊,坐姿一样,衣褶清晰,五官可辨。正对塔门雕有一尊高30厘米的佛像,像均跏趺端坐莲座,面相被毁。原有元代书法家赵孟頫书"万佛石塔"石刻已失。塔身上承叠涩出檐。塔檐下分别刻有"古塔重新""阿弥陀佛"横额。火焰状尖拱塔门高2.1米,两侧刻有"造塔功德普愿众生,发菩提心同成佛道"门对。塔刹自下而上由青石束腰、须弥座、莲座、四方佛、宝盖、覆莲、宝瓶、相轮、钵状覆莲等组成。

万佛石塔保存情况一般,浮雕佛像风化严重,有些开始剥落。1982年3月调整公布为江苏省第一、二批文物保护单位。

23. 城隍庙工字殿

位于苏州市平江区观前街道察院场社区景德路94号。宋元时城隍庙在子城西南隅,元末毁于兵火。明洪武三年(1370),就古雍熙寺基(传为三国东吴周瑜宅址)建苏州府城隍庙,即今址。历经明弘治、嘉靖,清顺治、康熙、乾隆、同治年间重修。庙东西两翼于明万历二十三年(1595)分别创建长洲县与吴县城隍庙。中华人民共和国成立后,1958年以后,部分建筑被拆除改建,1984~1985年整修,2004年再次大修。

现存府庙仪门、大殿及长洲县庙部分殿宇。府庙仪门为清同治十二年(1873)重建,面阔三间12.7

米、进深七界 7.4 米,单檐歇山顶,左右壁各有清代修庙碑一方。大殿为明代建筑,由前后两座单檐歇山式殿堂组成,中间贯以穿堂,平面呈工字形,故俗称"工字殿";前殿面阔五间 26.23 米、进深七界 11.58 米,脊桁高约 8 米;1995 年,将阊门外原宝莲寺大殿移建于工字殿后寝宫遗址。长洲县庙尚存仪门、正殿及楼两座。正殿为清嘉庆二十年(1815)重建,同治六年(1867)修,硬山顶,面阔三间 12.7 米、进深 10.85 米,有梁枋彩绘,壁嵌清嘉庆《城隍庙碑记》石刻。

《三横四直图》碑在工字殿后殿内。碑身高 1.6 米、宽 0.8 米,碑座高 0.3 米、宽 0.9 米,清嘉庆二年(1797)立。碑面镌《重浚苏州城河记》,载嘉庆元年八月至次年五月,苏州官绅商民募捐筹款,全面疏浚苏州城内河道始末。由江苏巡抚费淳撰文,王文治书丹,刘恒卿刻石。碑阴绘刻苏州城河道图,显示以"三横四直"七条贯穿全城的干流为主的河道分布体系,并以传统的立面画法在平面图上标出城垣及重要桥梁、寺观、衙署的位置,较为准确、形象地反映出清代中叶苏州河道纵横、桥梁密布的水城风貌。图的上部刻有盛林基撰并书的《苏郡城河三横四直图说》,长 1200 多字,详述了"三横四直"的起止分合,纠正了方志所载的某些谬误,补充了史书记述的部分缺漏。图的左下角刻有附记数行,说明疏浚河道总长、开挖土方量和所费银两数。

城隍庙工字殿基本保持原布局、形式、结构,整体保存较好。1982 年 3 月调整公布为江苏省第一、二批文物保护单位。

24. 慈云寺塔

位于吴江市震泽镇宝塔街。慈云寺始建于南宋咸淳年间(1265~1274),中华人民共和国成立后,2004 年起渐次修复。塔为如今寺内仅存的古建筑,相传初建于三国吴赤乌年间(238~251),据记载为明正统年间(1436~1449)重建,历经明万历、清康熙、乾隆、道光、同治、宣统及民国年间重修,中华人民共和国成立后,1954~1998 年又多次整修。

塔高 38.44 米,五级六面砖身木檐楼阁式。塔室亦作六边形,无塔心,内设登塔木梯。底层副阶周匝。自第二层起,每层施平座、腰檐,间隔辟壶门三孔,方位上下相闪。第四、五层内立楠木刹柱,直透塔顶承刹。塔刹高 9.79 米,其仰莲上有万历五年(1577)修塔时所铸信士捐助题记。"慈云夕照"曾被列为"震泽八景"之一。

1982 年 3 月调整公布为江苏省第一、二批文物保护单位。

25. 开元寺无梁殿

位于苏州市城区盘门内东大街。开元寺初名通玄寺,系三国东吴赤乌年间(238~251)孙权为乳母陈氏所建。隋开皇九年(589)废寺,唐贞观二年(628)重兴。开元二十六年(738)诏改今名,大顺二年(891)被毁。五代后唐同光三年(925)迁建现址。宋至明屡经废兴。清咸丰十年(1860)又毁于兵火。无梁殿现为开元寺仅存的一座古建筑。

无梁殿建于明万历四十六年(1618),清道光九年(1829)曾重修。中华人民共和国成立后,每隔几年小修一次屋顶。殿本名藏经阁,因曾供奉无量寿佛,又名无量殿;又以纯为磨砖嵌缝纵横拱券结构,不用木构梁柱檩椽,故习称无梁殿。殿坐北朝南,两层楼阁式,面广七间 20.9 米,进深 11.2 米,通高约 19 米。阁内上下层各分三大间,原本楼上藏经,楼下供佛。砖级砌在东山墙夹层内。楼层四壁镶嵌明代章藻所书《梵网经》和《华严经》石刻。

1982 年 3 月调整公布为江苏省第一、二批文物保护单位。

26. 太平兴国教寺大殿

位于南通市崇川区启秀路 17 号。太平兴国教寺俗称"东寺",始建于南宋乾道年间(1165~1173),原有山门、金刚殿、地藏殿、朝官殿等。现仅存大殿,为明洪武十四年(1381)重建。大殿面阔三间 13.5 米,进深七檩 13.5 米,前置副阶,高 11 米,歇山顶。明间四内柱粗壮,下置浅浮雕盆式柱础,后两柱为瓜棱柱,除三架梁外,额枋上均置斗拱三朵。明间正前方三朵作凤形拱,柱头铺作和补间铺作均为四铺作单下昂。普拍枋明显地伸出阑额之外,仍运用宋代建筑手法。殿后有硬山顶建筑五间,殿前有古银杏一株。殿西壁嵌《重修太平兴国教寺记》碑,高 1.29 米、宽 0.5 米,正楷,王户荫撰文并书,清道光九年(1829)立。北壁嵌民国重修碑高 0.30 米、宽 0.76 米,行草,张謇书,立于民国 13 年(1924),记载了修理费用分摊情况。1982 年 3 月调整公布为江苏省第一、二批文物保护单位。

27. 文通塔

位于淮安市楚州区城西勺湖公园内。始建于

晋大兴二年(319),原为木塔,为龙兴寺内建筑之一。唐景龙二年(708)改建为七层砖塔,名为尊胜塔。北宋太平兴国九年(984)重建为七层砖塔。明崇祯二年(1629)重修,易名文通塔。解放初期,原龙兴寺无存,仅存文通塔。中华人民共和国成立后,多次对文通塔进行维修,1997年进行大修。现塔主体是砖结构,无梁柱,地面以上无塔基础,直接为塔身。塔高30.5米,塔身呈抛物线形状,内部空腔。塔身为密檐式、七层八角,六七两层无塔门,五层以上是穹窿式的砖顶,顶上为八角形藻井,塔刹为白色。院门题额"文通塔苑",底层供释迦牟尼佛像4尊,顶层供观音菩萨坐像一尊(为1979年维修时重塑)。1982年3月调整公布为江苏省第一、二批文物保护单位。

28. 海春轩塔

位于东台市东台镇西溪街道泰山寺居委会。

汉武帝时(前140～前87)建有承福院,为董永行孝之时即曹长者故宅基址,舍其家就宅建伽蓝殿。汉章帝年间(76～88)修缮承福院,新塑"金人"加以供奉,奉旨得名奉孝寺。唐武德元年(618)更名永安院,乾元元年(758)修葺,奉旨易名永安寺。宋治平四年(1064)奉旨加赐寿圣院,南宋绍兴二年(1132)更旧额名为广福寺。文献记载,海春轩塔为唐贞观年间(627～649)始建、明崇祯年间(1628～1644)倒塌,现塔应为建于宋代的广福寺塔。

塔为七层八角密檐式砖塔,高20.55米,底层直径6.4米,每边长2.54米,仅西侧有一宽1.35米拱门。每层叠涩出檐,塔体为"空腔式"结构,不可攀登。第五层架十字横木,上立5米长的刹柱。塔刹由铁覆盆、相轮、铜宝顶组成。塔外部除底层外,其他六级每面辟圭式壁龛一个,共48龛。

1982年3月调整公布为江苏省第一、二批文物保护单位。

29. 隆昌寺无梁殿、铜殿

位于句容市宝华山。隆昌寺原名千华寺,始建于南朝梁天监元年(502)。明万历三十三年(1605)赐"护国圣化隆昌寺"额,更名为隆昌寺。清康熙四十二年(1703)赐书"慧居寺"额,改为慧居寺。后复用隆昌寺名至今。

隆昌寺全寺原有殿、堂、楼、坛及下院千间,现存古建筑十七栋二百余间。包括铜殿、文殊无梁殿、普贤无梁殿、大雄宝殿、大悲楼、净土坛、行宫、藏经楼、官客堂、大悲坛、楞严堂、准提堂、地藏堂、文殊堂、伽蓝堂、大斋堂、戒坛、南客房、北客房、南库房、北库房、律学院等,以明清时期建筑为主。

铜殿始建于明万历三十三年(1605),其梁、栋、栌、窗、瓦、屏、楹皆为铜制,故名铜殿,后毁,改建为砖木结构。殿为重檐歇山琉璃瓦顶,面阔4.67米,进深4.2米,高7.15米。殿前有一亭阁,亭前有汉白玉石坛,坛壁四周雕有莲花图案。文殊无梁殿和普贤无梁殿分别位于铜殿的左右两侧,均建于明万历三十三年(1605),为单檐歇山顶,面阔三间7.62米,进深二间5.62米,因进深较短,仅用一道砖券代替横梁。

1982年3月调整公布为江苏省第一、二批文物保护单位。

30. 定林寺塔

位于南京市江宁区秣陵街道横岭社区方山西北麓。定林寺始建于南宋乾道九年(1173),现寺毁塔存,明清时期多次维修。中华人民共和国成立后,2003年对定林寺塔施行了纠偏加固工程,2008年12月对塔体进行了修缮。

塔为八角七层檐楼阁式砖塔,高14.5米,底层边长1.43米,底层和二层内部为正方形,以上各层呈圆筒形状。第五层有大横柁承塔心木刹件,无梯。塔底层仅南向辟门,二层以上均为四面辟门,底层中央原有石雕须弥座(已毁),其余三面墙体辟佛龛。塔身各面均用砖砌仿木构柱枋、斗拱,二层以上每层围有叠涩砖出跳的腰檐、平座。檐角以石做角梁。

1982年3月公布为江苏省第三批文物保护单位。

31. 清凉寺

位于常州市天宁区茶山街道和平中路488号。始建于北宋治平元年(1064),初名"报恩感慈禅院",毁于元末。明永乐元年(1403)移建今址,景泰五年(1454)称端明寺。清光绪三十年(1904)改名清凉寺,咸丰年间(1851～1861)又毁于太平天国战火。清光绪至民国间先后重建大雄宝殿、天王殿、藏经楼、法堂、禅堂等三百余间。中华人民共和国成立后,1982年起修复后,部分房屋作为常州博物馆于1984年正式对外开放。2008年博物馆迁出,经修缮后恢复为宗教场所。

大雄宝殿已毁,现存基址。寺向东,主体建筑位于中轴线上。其中藏经楼为三层木构架硬山顶,面阔七间28米、进深九檩15米、脊高24.98米。禅堂在藏经楼南,为回形转楼,面阔19.80米、进深24.4米。寺内曾创办华严大学,后改为清凉佛学院。寺内尚存明正统八年(1443)礼部尚书胡濙立《报恩感慈禅寺佛殿记》石碑,上有云纹,碑已断为二截,但基本保存完好。

1982年3月公布为江苏省第三批文物保护单位。

32. 常州天宁寺

位于常州市天宁区天宁街道延陵中路636号。天宁寺始建于唐永徽年间(650～655),号称"东南第一丛林"。寺庙历经兴废,最后一次毁于太平天国战火。清同治四年(1865)至光绪三十年(1904)重建,迄民国时已占地百余亩,有殿堂楼阁等479楹。天宁寺法会素盛,抗日战争前有僧侣800名,设有天宁佛学院。中华人民共和国成立后,1963年重修,"文化大革命"期间遭到严重破坏,佛像全毁。1981年起重塑大佛、五百罗汉等各种佛像。近年来又陆续修复了学戒堂、达摩阁、功德堂,辟放生池,增辟假山、水榭、亭廊等景,并改建玉佛殿、三宝殿和山门,基本恢复原貌。

主体建筑天王殿、大雄宝殿、藏经楼等均在中轴线上,观音、地藏、文殊、普贤4殿及东西罗汉堂等,则对称地分列两旁,中间为大广场。大雄宝殿和天王殿均木构重檐歇山顶,高度分别为25.8米与21.12米。大雄宝殿建筑面积1142.5平方米,飞檐戗角,施大型斗拱。殿顶饰藻井、平棋,龙吻殿脊,由8根直径80厘米之铁藜木为柱,柱高22米,宏伟壮观。门额"不二法门"4大字为清同治年间(1862～1874)冯桂芬所书,"天王殿"3字由赵朴初题写,"大雄宝殿"4大字为清翰林院编修、里人费念慈所书。大殿丹墀两侧分置清嘉庆二十五年(1820)阳湖县知县、历算学家张作楠所制"测日景石表"和平面"日晷",为古代观测日影的计时器。大殿前两廊壁间嵌有明礼部尚书胡濙、清著名学者赵翼等所撰重修寺殿碑记6块。

1982年3月公布为江苏省第三批文物保护单位,1983年确定为全国佛教重点寺院。

33. 楞伽寺塔

位于苏州市高新区(虎丘区)石湖上方山,俗称上方塔。楞伽寺早废,明以后即改为五通神祠,现存殿堂系晚清遗构。祠内存明崇祯十三年(1640)《重修上方宝塔碑记》石刻一方。

楞伽寺塔系隋大业四年(608)吴郡太守李显创建,司户严德盛撰塔铭云:"以九舍利置其中,金瓶外重,石椁周护。"唐咸通九年(868)重建。今塔未见记载,但以结构特征和塔壁所存"太平兴国三年戊""寅岁重建""楞伽宝塔"等塔砖铭文考证,应为北宋太平兴国三年(978)所建。后经明崇祯十年至十三年(1637～1640)重修,民国时也曾维修。中华人民共和国成立后,1963年小修,加固塔体,安装避雷针。1993年铺砌塔基平台,加筑护塔砖墙。

塔系砖结构,外观仿楼阁式木塔,八面七级。现高约23米,层高依次递减,平面大小相应收敛。

楞伽寺塔基本保持宋塔原貌,结构尚属稳定,保存情况一般。1982年3月公布为江苏省第三批文物保护单位。

34. 戒幢律寺

位于苏州市城区阊门外桐泾北路永津桥旁。始建于元代至元年间(1264～1294),初名归原寺。明万历年间(1572～1620),寺址归太仆寺卿徐泰时,构筑别业称西园,今留园则为徐氏东园。后其子徐溶又舍西园为寺,名复归原寺。崇祯八年(1635)重修,改名西园戒幢律院。清代乾隆、嘉庆年间(1736～1820),与杭州灵隐、净慈两寺鼎峙,为江南名刹之一。咸丰十年(1860)寺遭兵燹,焚毁殆尽。同治八年(1869)至光绪二十九年(1903)陆续重建,宣统三年(1911)定名西园戒幢律寺,俗称西园寺或西园。民国期间受到破坏。中华人民共和国成立后,1953年起陆续修葺,基本恢复晚清原貌。1966年后失于修护,日见衰败。1982年起进行全面维修。

全寺占地面积约6.58万平方米,东为殿宇,西为寺园,南临阊门运河。殿宇中轴线上依次建有牌坊、天王殿、香花桥、大雄宝殿、藏经楼。两侧有罗汉堂、观音殿、西方殿、方丈室、法云堂、延寿堂、爱道堂、斋堂、库房等。牌坊为石木结构四柱三间五楼,额题"敕赐西园戒幢律寺"。天王殿为重檐歇山式,面阔五间。大雄宝殿广七间计32米,深七檩计21米,高约17米,重檐歇山造,居中五间有雕栏萦绕的露台向前伸展。罗汉堂在大殿西南侧,东向,共三进48间,平面呈"田"字形。内以中国佛教"四大名山"塑座为中心,四周列坐泥塑金身五百罗汉。

此外供有千手千眼四面观音、三宝如来、济公、疯僧、韦驮、关公诸像。

寺园门额"广仁放生园池",以广约3 000平方米的放生池为中心。池中立重檐六角亭,额题"月照潭心",俗称湖心亭,以曲桥通达东西两岸。池西有轩面水,额"爽恺"。池东四面厅额题"苏台春满"。厅南叠黄石假山,山顶构六角亭,名云栖亭。山池之间筑复廊一曲,北首廊尽处临水筑清凉阁。

1982年3月公布为江苏省第三批文物保护单位。

35. 寒山寺

位于苏州市金阊区留园街道西园社区枫桥路24号。始建于南朝梁天监年间,旧名妙利普明塔院,又称枫桥寺。相传因唐代高僧寒山子曾居此,故久以寒山为寺名。后因唐代张继《枫桥夜泊》一诗而名扬四方。北宋太平兴国(976～984)初重建七级宝塔于寺中。嘉祐(1056～1063)中,赐号普明禅院。南宋绍兴四年(1134)重建寺院。元末,寺、塔俱毁于兵火。明洪武间(1368～1398)重建寺院,永乐三年(1405)重修,正统四年(1439)再修。嘉靖(1522～1566)中铸巨钟,建楼悬之。万历四十七年(1619)、清康熙五十年(1711),大殿两度焚毁而复建。咸丰十年(1860)太平军东下,寺毁于兵火。光绪三十二年(1906)重建,拓门构堂,铸钟建楼。宣统三年(1911)扩建,重构大殿,次年全寺落成。民国期间失于修护,日见破败。中华人民共和国成立后,1954年全面整修,并移建宋仙洲巷某宅花篮楼于寺中,恢复"枫江第一楼"旧额。1966年起,寺院遭到破坏。1978年再度全面维修。1982年建霜钟阁,1985年修藏经楼,1990年修闻钟亭和寒拾亭,1992年修罗汉堂、弘法堂,1993年修大雄殿、藏经楼和钟楼。1994年修枫江第一楼,并于楼前辟建庭园。1995年,建于寺后高逾42米的仿唐五级四面楼阁式普明宝塔及塔院落成。

寺院坐东朝西。前立照墙,嵌石刻"寒山寺"三大字。山门三间,楣悬程德全书"古寒山寺"横匾。中轴线上还有大雄殿和藏经楼,左右两侧有罗汉堂、弘法堂、钟楼、枫江第一楼、霜钟阁、闻钟亭、寒拾亭、碑廊等建筑,以曲廊贯穿全寺。

大雄殿面阔五间18.5米,进深14米,高12.5米,单檐歇山造,飞甍崇脊,檐角高挑。当中三间有露台前伸,围以雕栏,中立宝鼎。殿内正中供如来佛及阿难、迦叶。两侧沿墙列坐鎏金铁罗汉十八尊,为明代成化年间所铸。后壁嵌石刻两方,一为罗聘所绘寒山拾得像,一为郑文焯指画寒山子像。左右设钟鼓,钟系唐式青铜乳头钟,由日本信士于光绪三十二年(1906)送来供奉。藏经楼在殿后,三间两层,硬山造,下层左右各接单坡顶禅房一间,并前伸作卷棚歇山顶,相对似两厢。楼下额"寒拾殿",供寒山、拾得塑像。扇面墙嵌千手观音像碑,有清嘉庆年间(1796～1820)苏州状元石韫玉题字。左右壁面嵌《金刚般若波罗蜜经》石刻38方,南宋淳祐六年(1246)张即之书,后附董其昌、林则徐、俞樾等11人题跋。钟楼在藏经楼西南,重檐六角亭阁式,楼下立宣统三年《重修寒山寺记》碑,上层悬大铁钟。碑廊在大雄殿西南,中立两碑,一镌光绪三十二年俞樾书唐张继《枫桥夜泊》诗,一刻民国9年(1920)康有为题寒山寺诗。壁间嵌有岳飞所书对联与条幅石刻,唐寅《姑苏寒山寺化钟疏》残碑,文徵明书张继诗残石,以及邓石如书联刻石等。

寒山寺经九十年代全面整修,现建筑结构稳定,周边环境通过整治较以往有较大改善。1982年3月公布为江苏省第三批文物保护单位。

36. 月塔

位于淮安市涟水县唐集镇月塔村,又名法济塔、石橛塔。据清雍正《安东县志》记载:"法济寺去治七十五里。法济塔在法济寺山门外,塔有三,左藏佛牙,右藏佛骨,西南大者藏舍利。高七级,有门可登。"抗日战争期间,法济寺寺院建筑被日本人拆光,现存的月塔是寺中三塔之一。从塔体结构和形制推断当为宋塔。1974年维修塔体,1986对月塔进行全面科学测绘,1995年修复顶层及塔刹,2001年修建月塔保护范围石质防护栏,2008年完成月塔保护范围内地面青砖铺设、环境绿化工作。

月塔为砖砌仿楼阁式木塔式样,平面八角形,高七级16米,底层边宽1.83米。其结构为塔身整体实砌,而于砌体内置踏级作顺时针折旋而上,达各层交会处一侧塔壁开门,形成外观各层贯通里外的主门不在同一方向,由二层至五层依次为南、北、东、西向,六层以上不设门。塔的外观,地面以上砌有六皮砖高约0.44米的基座。底层东、西、南三面辟门,内设小方室,北面入口置砖踏级直上第二层而后折上,四隅面下截砌成素壁,各壁上端则复砌出圆形倚柱以及额枋、斗拱、椽、檐。二层以上塔壁均砌出有扁平倚柱、额枋、斗拱、腰檐，以及圭门，隐出述文和直棂窗。斗拱一至五层施补间两朵，六层施补间一朵，作单拱单抄，即"法式"称单口跳，令拱隐出鸳鸯交手拱，跳头上置撩檐椽及飞椽，腰檐仰面作反叠涩收进。二至四层除四正面辟门外，四隅面均隐出述文和直棂窗，两种式样，第二层和第四层上下转换，第三层东西隅转换，外观东南、东北相一致，西南、西北相一致，略有变化。

月塔为砖砌实体仿楼阁式木塔式样，并采用塔体内折上旋式构造，是江苏省仅有的一例。1982年3月公布为江苏省第三批文物保护单位。

37. 真武庙大殿

位于江都市小纪镇九龙社区磨子街12号。始建于唐代，明弘治八年（1495）重建，正德二年（1507）增修。原名地藏庵，为道场，后改名真武庙，成为一座佛教庙宇。中华人民共和国成立时，真武庙大殿仅存大殿一座。自1982年以来多次进行抢救性维修，1995年更名为"真如寺"。近年在大殿周围新建天王殿、藏经楼以及廊房建筑，并在其东侧新建了真如广场。

大殿全名大雄宝殿，是寺庙的中心建筑，僧侣们上课诵佛都在此殿。大殿坐北朝南，占地面积1 200平方米，建筑面积150平方米，面阔三间带左右廊13.4米，进深九檩10.4米，高7.9米。重檐歇山顶，正脊饰龙吻，楠木梁架，楠木立柱28根，下置青石鼓形础，斗拱三踩，左右次间和前后檐用月梁形双步梁和单步梁，脊檩下用叉手，保留宋元结构手法。大殿内供奉佛祖，佛祖两侧立有阿雄、伽叶，殿内东西两边是十八罗汉，佛祖后有海岛观音。殿前有山门殿一座，单檐硬山，山门殿两边为耳房、抄手长廊。殿后为二层藏经楼，后为僧侣们的生活用房。

大殿平面全柱造，楠木梁柱上有油漆，所有柱脚均为水泥包裹成柱鼓状。构架未发现倾斜。下檐无斗拱，上檐施"斗口重昂里偷心造"斗拱。前檐老檐柱处装折，后檐墙明间开一券门。屋面正吻是水泥制品，戗兽和垂脊兽是黑绿两色琉璃制品，均是北方形制；脊梢处是清代苏州做法。方砖地面为近年新铺，疑将柱础（极有可能柱）掩入地下。阶沿石、踏步石改为混凝土剁假石。

1982年3月公布为江苏省第三批文物保护单位。

38. 西方寺大殿

位于扬州市广陵区汶河街道四望亭社区驼铃巷18号八怪纪念馆内。唐永贞元年（805）始建，明洪武五年（1372）重建。明永乐至清乾隆间，均有修葺。咸丰三年（1853）除大殿外，余皆毁于兵火。同治、光绪间相继复建。中华人民共和国成立后，1992年起进行全面大修、重建，现辟为"扬州八怪纪念馆"并对外开放。现存大殿面阔18.2米、进深18.05米、脊檩高11.7米，重檐歇山顶，柱、梁、枋用材为楠木。梁枋有彩画，柱下有木，基本完好。另有两厢廊房、方丈室等清代建筑，清书画家"扬州八怪"之一金农居此度过晚年。1982年3月公布为江苏省第三批文物保护单位。

39. 扬州天宁寺

位于扬州市丰乐上街3号。始建于东晋，相传为谢安别墅，后舍宅为寺，北宋政和年间（1111～1118）始称今名。明洪武年间（1368～1398）重建，清康熙南巡时曾驻跸于此，康熙四十四年（1705）钦命两淮巡盐御史曹寅在寺内设"扬州诗局"，主持刊刻《全唐诗》等书。乾隆二次南巡时（1757）在寺西建行宫、御花园和御码头。咸丰间（1851～1861）寺与行宫均毁于兵燹。中华人民共和国成立后，1984年进行大修，1988年作为扬州博物馆正式对外开放。2005年，扬州博物馆迁入新馆，天宁寺重新整修，后辟为中国佛教文化博物馆，并对外开放。

占地面积为17 680平方米，建筑面积7 887.23平方米。在南北中轴线上建有山门殿、天王殿、大雄宝殿、华严阁和东西廊房、配殿、僧房等建筑。乾隆南巡记石碑竖立在天宁寺天王殿后身西北侧，为乾隆帝于乾隆四十九年（1784）仲春写就并镌刻的，内容主要论述宜速宜迟这一哲学命题。

1982年3月公布为江苏省第三批文物保护单位。

40. 兴国寺塔

位于江阴市澄江街道兴国公园内。始建于北宋太平兴国年间（976～984），为七级。元至正年间（1341～1368）在战火中毁坏严重，明正统年间（1436～1449）修复，并将七级增至九级。清乾隆年间（1736～1795）重新装饰。嘉庆二十二年（1817），兴国塔木构件及塔刹等在火灾中尽毁，仅存砖砌塔体，犹如指天巨大毛笔，故有"文笔塔"之美称。民国14年（1925）直奉大战中兴国寺塔尖被击中，最高三层被削去一半。从此，兴国寺塔便状似冲天毛笔，成为一管指天巨型钢笔。中华人民共和国成立后，1985年对残塔进行修缮加固。2005年再次修葺，并以兴国寺塔为中心建立兴国公园。

塔体残高42.22米，平面呈八角形，底层射径10.70米，面积41平方米，为砖身木檐楼阁式。塔基坐落在夯土之上，以一排黄石铺底为基础。塔身以青砖砌就，底层墙体厚达2米以上，向上则逐级收敛至顶层；塔内呈四方形，每层采取四角相闪之法，以增加塔体的稳固性。

兴国寺塔是江阴城地标。1995年4月公布为江苏省第四批文物保护单位。

41. 光福寺塔

位于苏州市吴中区光福镇龟山。始建于南朝梁天监二年(503)，唐会昌年间(841～846)毁，咸通年间(860～874)重建，明宣德五年(1430)及万历年间(1572～1620)两次大修，清道光十二年(1832)重建。因寺内有宋代出土的唐代铜观音像一尊，又称铜观音寺。中华人民共和国成立后，1991年、1995年，对大殿及其他建筑进行维修，1997～1998年对古塔实行复原性整修。

现光福寺中轴线有桥、山门、大殿、塔等建筑，西侧有西方殿、伽应堂等，东侧建筑已毁。

光福寺塔经考证为唐制宋建，修复后通高36.34米，四面七级，砖身木檐楼阁式，中空无塔心。外壁以板檐砖与菱角牙相间叠涩挑出腰檐、平座，腰檐比平座多一列斗拱。平座四周绕以宋式卧棂栏杆。第六层横置大栿，上立刹杆，第七层内角置斜柱四根至顶支撑刹杆和圆锥形塔刹。

光福寺桥经考证始建于宋，后几经重修。为梁式石桥，全长16.3米。栏杆、锁口、压顶等武康石构件雕有双龙戏珠、万字纹等，为宋代遗物。金刚墙为青石、花岗石间杂砌筑。

光福寺塔塔室底层平面为八角形，二层以上均为四方形，在苏州地区尚属孤例。现光福寺塔经过维修，保存状况较好。1995年4月公布为江苏省第四批文物保护单位。

42. 聚沙塔

位于常熟市梅李镇东街浒浦塘畔，全名聚沙百福宝塔。据《常熟县志》载，该塔为南宋绍兴年间(1131～1162)里绅钱道倡募、众人捐助建成。塔名"聚沙"，取《法华经·方便品》"乃至童子戏，聚沙为佛塔，如是诸人等，皆已成佛道"之意。塔刹覆钵铸有"大明崇祯岁次丁丑四月吉日众姓重修"，承托刹杆柁梁上刻有"大清康熙岁次丁未仲夏吉日众姓重修"，清乾隆三十二年(1767)《法云禅寺聚沙百福宝塔碑》碑文有"僧雪林重修寺塔，工始于丙戌，落成于丁亥"的记载。道光十年(1830)冬失火，四层以下木构腰檐、平座被焚。宣统三年(1911)塔顶被狂风刮破。后长期失修成残塔，且向东北倾斜。中华人民共和国成立后，1982年测绘，1986年抢修加固排险，1993年将塔身纠偏扶正，1996～1998年全面修复，再现宋塔风貌。

聚沙塔七级八面，塔室正方形，无塔心。底层正方位开门，其上各层相闪开四门。二层以上挑出木构腰檐和平座，底层副阶周匝，是座砖木混合结构楼阁式塔。修复后高32.83米，底层对边4.12米。外壁每面用槏柱分作三间，明间辟壸门或隐出破子棂假窗。各层塔室依次调换45度，门窗亦随之交错。塔檐仔角梁上皮与老角梁上皮呈弯起状，为宋制。底层外壁下部作砖雕须弥座，平座下施永定柱，是少见的宋制遗构。塔之南有石碑二块，左为残碑，右为重修古塔铭记。

聚沙塔保留了宋塔形制和部分宋代构件，经过1996年全面维修后，保存完好。1995年4月公布为江苏省第四批文物保护单位。

43. 兴福寺

位于常熟市虞山北岭下破龙涧畔。始建于南朝齐，初名大慈寺。梁大同三年(537)改名兴福寺。唐贞观(627～649)后称破山寺。毁于会昌(841～846)灭佛，重建于大中年间(847～860)。咸通九年(868)赐额"破山兴福寺"。此后屡有兴废，现存殿宇多为明清重建。中华人民共和国成立后，1966年起受到严重破坏，1980年后渐次修复。

寺分五条轴线，并有东西两园，占地面积约3.3万平方米。天王殿位于中轴线上、牌楼式山门后，为硬山顶，面阔三间15米、进深9.5米。外檐斗拱三踩象鼻昂，每间施平身科三攒。明间抬梁造，五架梁及三架梁线条和缓、用材硕大。五架梁底写有"皇明万历己未岁丁丑月丙寅日癸巳时立，善信张拱斗喜舍吉祥如意"。内檐金柱用青石，有卷杀。罗汉堂，亦称韦陀殿，硬山顶三间，进深七架椽，明间抬梁造，桁上有彩绘。金柱上写有"甲寅岁造"，即清雍正十二年甲寅(1734)重建。大雄宝殿为歇山顶,面阔五间24.5米、进深八架14.4米,五架梁及金柱皆为楠木。殿前有《重修破山寺记》碑一通,记述明万历三十二年(1604)重修事。另有救虎阁、禅房、四高僧殿、藏经楼、观音堂、五观堂、龙王殿、空心亭、讲堂、印心石屋、日照亭等,多为清代建筑。东西两园还有放生池、白莲池、空心潭、葫芦潭、君子泉、锭泉等。山门前有唐大中八年(854)尊胜陀罗尼经石幢一座,另一座经幢毁于1966年,近年按原状复制重立。寺内尚存历代石刻七十多件。

兴福寺1983年被列为全国佛教重点寺院。现存主体建筑保存完整。1995年4月公布为江苏省第四批文物保护单位。

44. 浏河天妃宫

位于太仓市浏河镇(古刘家港)新东街。全名天妃灵慈宫,俗称娘娘庙。始建于元代至元二十三年(1286),原址在浏河北岸五杨池,元至正二年(1342)移建于现址。明永乐至宣德年间,郑和下西洋从刘家港出海时曾加以扩建,并率水军舟师官兵来此朝拜海神娘娘,祈祷远航平安。宣德六年(1431)第七次下西洋前夕,立《通番事迹碑》于天妃宫大殿,记载前六次下西洋的年月及所到国家。清乾隆五年(1740)重修,道光十四年(1834)江苏巡抚林则徐再修。清宣统三年(1911),大殿焚毁。中华人民共和国成立后,1960年前拆除前殿戏台。1985年,为纪念郑和下西洋580周年,整修并新建山门一座。又于庭院东南新建碑廊,将宫内原存碑石13方集中镶嵌廊壁,并据《吴都文萃》所载《通番事迹碑》碑文重新勒石立碑。2005年经苏州博物馆考古队挖掘勘测,又复原正殿遗址。

现存后楼寝殿二层,重檐硬山顶,高12.5米、面阔五间21.8米、进深16.3米。五架梁前后轩带前廊,楠木梁柱。前廊额枋雕刻三国戏文,其东西券门门楣饰以"海浪旭日""蛟龙戏水"砖雕。

浏河天妃宫保存情况良好,为郑和纪念馆馆址。1995年4月公布为江苏省第四批文物保护单位。

45. 仙鹤寺

位于扬州市广陵区汶河街道旌忠社区市区南门街111号,为伊斯兰教寺。原整个建筑与古柏布局如鹤形,故名。始建于南宋咸淳年间(1265~1274),相传为穆罕默德十六世裔孙普哈丁创建。明洪武二十三年(1390)重建,嘉靖二年(1523)重修,清代又重修大殿等建筑。礼拜殿为东向勾连搭式,前殿为歇山顶,面阔五间,进深三间,前有廊轩,后殿两稍间略小。明间屋面上建有一歇山方亭,院内存古银杏一株。1995年4月公布为江苏省第四批文物保护单位。

46. 重宁寺

位于扬州市"蜀冈—瘦西湖"风景名胜区长征路15号。始建于乾隆四十九年(1784),系两淮富商为皇帝祝釐建造。咸丰间(1851~1861)毁于兵火,同治间(1862~1874)重建,光绪间(1875~1908)再建。东侧园林已毁,寺前大戏台和"万寿无疆"碑亭今已不存。

寺现占地面积约4 000平方米,建筑面积为1 680平方米,现存天王殿、大雄宝殿、藏经楼,僧房等建筑。大雄宝殿歇山重檐九檩脊顶,面阔五间27米,进深五檩27米,殿内有以铁栗木制成的8根方形金柱,天花藻井彩绘保存完好,还存有乾隆帝撰书的匾额和《万寿重宁寺碑》。天王殿,硬山结构,面阔五间21.85米,进深五檩15.47米,拱门上有石额"波罗蜜门",后檐有外廊。藏经楼重檐硬山顶,高三层,面阔五间22.42米,进深五檩15.82米,前有走廊。楼西尚存有小四合院等建筑。

扬州文物考古所及扬州国画院于此办公,1995年4月公布为江苏省第四批文物保护单位。

47. 南山寺大雄宝殿

位于泰州市海陵城区鼓楼路1号。南山寺始建于唐乾符三年(876),后时有兴圮。大雄宝殿是寺内现仅存的古建筑,为明天启六年(1626)重建,重檐庑殿顶,灰筒瓦屋面。殿草架,插柱造,楠木金柱,内檐斗拱五踩,梁枋上施明清彩画,脊檩下用叉手,枋上有"大明天顺癸未年重修"题记。部分斗拱有宋元特征。1995年4月公布为江苏省第四批文物保护单位。

48. 栖霞寺

位于南京市栖霞区栖霞街道栖霞社区栖霞街84号栖霞山凤翔峰西麓。始建于南朝齐永明七年(489),由当时隐居摄山(栖霞山)的明僧绍捐宅为寺,名"栖霞精舍"。僧绍之子仲璋与主持智度等在寺后山崖石壁上开凿"千佛崖"。隋代曾建舍利塔。唐高祖(618~626)时,改为功德寺,增建琳宫梵宇49座;唐高宗(650~683)亲撰明征君碑,寺改名为隐君栖霞寺;唐武宗会昌年间(841~846),佛毁寺废;宣宗大中五年(851)重建。南唐,建舍利石塔,改称为妙因寺,书法家徐铉书额。宋代先后改为普云寺、栖霞禅寺、严因崇报禅院、景德栖霞寺、虎穴寺等名。明洪武二十五年(1392),敕书栖霞寺,沿称至今。时占地面积8万平方米,僧100余人,寺产公田2 000余亩。清咸丰年间(1851~1861),寺毁于兵火。光绪三十四年(1908)重建毗卢宝殿、藏经楼等。民国19年(1930),又建弥勒殿。中华人民共和国成立后,1979年增建殿堂,恢复佛像。

现寺前有彩虹明镜湖和月牙池,右侧有明征君碑。寺内第一进为弥勒殿。第二进为毗卢宝殿,清光绪三十四年(1908)重建。殿南向,面阔七间36.8米,进深十一檩24.7米,高25.23米。殿内供三世佛、十八罗汉、南海观音。殿后为方丈室、罗汉堂、藏经楼。藏经楼为寺内第三进,与毗卢宝殿同年重建。楼面阔五间30.4米,进深九檩21米,高18米,内存藏传佛经72函匣8 000余册。藏经楼西庑有唐鉴真和尚纪念堂。

2002年10月公布为江苏省第五批文物保护单位。

49. 牛首山弘觉寺塔及摩崖石刻

位于南京市江宁区谷里街道周村社区牛首山东麓。建于梁天监年间(502~519),原名佛窟寺;唐改名长乐寺,大历九年(774)曾建7层宝塔;南唐改称弘觉寺。后寺毁圮,今塔为明正统年间(1436~1449)所建。

塔为八角七层木檐楼阁式砖塔,修复前高36.34米。塔基为红色花岗岩须弥座,底层原有副阶周匝,后无存。塔顶铁刹无存,塔身尚完好。第3层至7层塔内有自明正统五年(1440)至清乾隆三十二年(1767)间的70多条题记。中华人民共和国成立后,1956年,在塔地宫内出土青花瓷罐、鎏金喇嘛塔等明代遗物。喇嘛塔座下枋前刻"金陵牛首山弘觉禅寺永充供养",后枋刻"佛弟子御用监太监李福善奉施"。1996年,对塔进行大修,恢复副阶、腰檐、平座及塔刹,修复后总高度40米。

摩崖石刻位于距弘觉寺塔百米处的感应泉旁,分佛像和题刻。佛像分别雕刻在5个佛龛内,各龛内所雕数目不等,多则75尊,少则仅有1尊,计129尊。在"几"字形石壁正中一龛里,雕有释迦牟尼像,像高约1.78米,袒右肩,跏坐于莲花座上。在左龛的下部壁上,另凿一小龛,内凿高约半米的弥勒佛像1尊。题刻多在佛像周围。在释迦牟尼龛旁,刻有敕赐弘觉寺四至的全文,中间一段在凿窟时即已毁去,其余文字也已模糊不清,仅能看出上款为"永乐元年……"等字样。在弥勒佛龛旁刻有"大明成化元年岁次乙酉五月五日□□真定成造弥勒佛一尊永远供奉"的题记。壁上还刻有梵字四处,另有明景泰六年(1455)题《感应泉诗》一首。

2002年10月公布为江苏省第五批文物保护单位。

50. 永寿寺塔

位于溧水县永阳镇宝塔路村21号。明万历三十六年(1608)由知县徐良彦倡导,官员和民众共同集资建造。初名永昌,意为祈求溧水永远繁荣昌盛。后敕改今名"永寿",并在塔周建永寿寺。清康熙四十四年(1705)遭火灾,寺渐圮,僧寿山募钱对寺院进行维修。乾隆元年(1736)邑民肖克绂出面募钱对宝塔进行了一次大修。中华人民共和国成立后,1999年6月开始重修该塔,2000年5月修复工程完工。

塔为八角七层木檐楼阁式砖塔,高40余米,由塔座、塔身、塔刹组成。塔下层为0.8米高的台座,上为0.9米高的塔座,上下双层座均用青石叠构成须弥式。塔座之上用砖砌成塔身,从下至上逐层向内收缩,各层高度也相应减小。塔刹已不存,测绘时,在塔顶发现高0.5米、直径1.52米的铸铁覆钵形残座,据此推断该塔原为葫芦形顶。并实测得塔残高33.2米。塔东南西北辟券门四个,另四面置假门框。门上分别装有刻花砖匾托三只,纹样各异,可安放门匾额。门二侧嵌有砖雕力士像各一,每块高1米、宽0.46米,原为16块,今存13块,其中2块是清代修缮时配补的。二层以上券门及假框门都相间设置,其外壁做素面外罩粉刷,假券门上部开矩形灯龛。各层相接之处有腰檐,上接平座,座周边置有砖制栏杆,今全散佚。塔室为正方形,各层原有木板楼面,面上满铺地坪方砖,底层与顶层还留有安置天花的痕迹,各层之间由木楼梯相连。今各层楼面结构已遭破坏。底层塔室地面用0.2米厚的条石铺成,室地面正中两块条石之下有一地宫,面阔、进深均为1.48米,深为3.6米,是青石砌成的竖方体。地宫早在抗战前已被人盗掘,未发现遗物。

底层每边长3米。塔身用长43厘米、宽20厘米、厚8厘米大青砖砌成。塔内做四方形塔室,内置木楼梯可以攀登。2000年进行维修,2002年10月公布为江苏省第五批文物保护单位。

51. 净觉寺

位于南京市秦淮区升州路28号。是南京最早的一座清真寺,始建于明洪武二十一年(1388),由明太祖朱元璋下令敕建。宣德五年(1430),失火被毁。同年,郑和第七次下西洋前奏请重建。重建后南临升(昇)州路,东至中华路,西至马巷,北至砂珠巷,占地面积约6700平方米。清咸丰年间(1851~1861),全部建筑毁于战火。今建筑为光绪三年(1877)建。民国初年,回族富商蒋秀山夫妇又修建厅楼与南北讲堂。唯大殿两侧围墙为明代遗物。中华人民共和国成立后,"文化大革命"中部分建筑被拆除,1985年按原样重建。占地面积3715平方米,建筑面积1869平方米,主要建筑有望月楼、南北讲堂、大厅、无像殿等。无像殿北侧存乾隆四十七年(1782)《重修净觉寺沿街店房捐款碑》1通。2002年10月公布为江苏省第五批文物保护单位。

52. 惠山寺庙园林(含惠山寺金莲桥)

位于无锡北塘区锡惠公园内。惠山古称历山、慧山、华山。南朝刘宋时湛挺筑历山草堂,景平元年(423)舍堂为寺,名华山精舍。萧梁大同年间(535~546)建大同殿,升为慧山寺(古代"慧""惠"相通)。几经兴废,明正统十年(1445)重建大殿,全盛时有屋宇1048间。清咸丰十年(1860)毁。同治三年(1864)李鸿章奉上谕在废址上建昭忠祠。中华人民共和国成立后,1958年,惠山寺遗址纳入锡惠公园。现存唐听松石床、宋金莲桥、明香花桥、古银杏、清乾隆御碑等。

金莲桥又名"金蓬桥",建于北宋靖康年间(1126~1127)。桥身长10.7米,宽3.4米,紫褐色为武康石、青黄色为阳山石,为宋代建桥的原石。明天顺四年(1460)大修。后历代重修,不断更换。先桥栏中只剩下一个望柱和一个抱鼓石;12块桥板石,只剩七块;6块华板石还有4块;4个龙首2个为原褐色,其余则换上青黄山石、金山石、青石等。金莲桥面板略呈弧形。地栿上刻卷草花,在桥南侧华板正中刻有"懋德堂李府"。

惠山寺金莲桥于1982年3月公布为江苏省第三批文物保护单位。2002年10月,惠山寺庙园林归入江苏省文物保护单位惠山寺金莲桥,更名为惠山寺庙园林。

53. 无锡县城隍庙旧址

位于无锡市崇安区崇安寺街道东大街社区后西溪32号,现存戏台一座,偏殿三间。戏台始建于明洪武二年(1369),清咸丰九年(1859),光绪十三年(1887)曾重修。戏台与仪门合二为一,平面呈凸字形,面阔三间,歇山顶,上为前台,下为通道。东西次间墙内嵌四块明清碑刻。戏台面积245平方米,高约3米,额枋雕人物山水,两旁饰木狮子、仰莲垂柱,台口两侧立花岗石方柱。戏台顶棚设镂刻藻井,其结构为上圆下方。农历五月二十八,旧俗演剧致贺,人声鼎沸,叫做"热煞老城隍"。2002年10月公布为江苏省第五批文物保护单位。

54. 斜塘土地庙及永安桥

位于苏州市工业园区独墅湖高等教育区(原属斜塘镇旺墓村)。

明正德《姑苏志》载,长洲县境有"五市四镇",王墓为五市之一。清乾隆《苏州府志》载,元和县有"二市七镇","二市"指王墓市、尹山市,王墓市就是后来的斜塘镇旺墓村。清朝的王墓是苏州东郊的贸易集市和苏州到松江的重要水码头。

斜塘土地庙经考证为南宋建筑,规模虽小,但其建筑结构、风格与玄妙观三清殿相似,乡间也有"先造王墓土地庙,后修观前三清殿"的传说。相传该土地庙为因躲避战乱南下暂栖王墓的北方民众募金建造。庙门朝北,一是告慰北方祖先,二是感谢王墓恩泽及己,得以苟延性命于乱世。

斜塘土地庙为单檐歇山顶前带抱厦的殿式建筑,俗称朝北土地庙,前临旺墓港和永安桥。经过近1年落架大修,于1998年12月竣工。建筑框架结构呈丁字形,占地面积100平方米。一横为正殿,面阔10米,进深7米。一竖为抱厦,面阔6米,进深4米,脊高6米,檐高2米。殿内以四根石柱分成三间,东西山墙各用两根八角平头青石柱,上置斗拱结构承压。

斜塘土地庙是在苏州地区继玄妙观三清殿之后发现仅存的宋代殿宇。2002年10月公布为江苏省第五批文物保护单位。

55. 狼山广教禅寺

位于南通市崇川区狼山镇街道狼山村狼山。始建于唐,历代都有增建,始号"慈航院",后周改名"广教禅寺"至今。今存建筑自山脚至山顶有建筑群三处,占地面积11 704平方米,建筑面积6 609平方米。山脚至紫琅禅院建筑群,由金刚殿、法乳堂、轮藏殿、大悲殿、藏经楼、晒经楼组成;山顶建筑群由大观台、山门、翠景楼、江海神祠、大圣殿及四角五层的支云塔组成。此外尚有御碑亭、葵竹山房及明嘉靖三十二年(1553)建四角七层幻公塔等,另有明、清碑数十通。寺内建筑保存完好,以紫琅禅院及山顶建筑群保留宋、明建为多。

金刚殿 是寺庙山门,面阔七间21米,进深七檩7米,歇山式。穿斗式梁架,明间为山门,明代遗构,多处已在清代维修中更换。立有明万历年间(1573~1620)的《重修狼山广教禅寺记碑》和《重修狼山藏经阁记碑》。

大悲殿、轮藏殿 位于金刚殿东西两侧,为清代建筑,平面正方形,边长12米,重檐庑殿顶。四内柱为方木,下垫覆莲柱础。

法乳堂 位于狼山南麓,为明、清两代建筑,旧名"释迦殿",面阔和进深各三间均17米,歇山顶,前有卷棚式长廊。抬梁式构架,周檐与梁枋间置斗拱,四内柱粗壮,为明末清初遗构。

藏经楼 位于法乳堂之北,是一座明清遗构掺杂的建筑,楼下西壁明万历五年(1577)《重修狼山寺》碑记有刘七农民起义之事。

葵竹山房 位于狼山山腰,明代建筑结构,又名"准提庵",始建于嘉靖三十二年(1553),曾为供奉范仲淹、胡安定、岳飞、文天祥之祠堂。为一四合院,入山门,东屋名"塔荫堂"、南屋称"一枝栖"、西屋谓"退藏精舍"、北屋曰"法苑竹林"。西厢"衔石楼"、"让一着"棋亭墙壁上嵌15通明万历间(1573~1620)石碑、御碑亭刻康熙御笔题诗。棋亭坐西朝东,面阔三间5.10米,进深六檩4.32米,高4.95米,硬山顶。壁嵌明、清人游狼山所咏诗词碑刻十五方。

支云塔 位于狼山顶,为宋、明间建筑,建于宋太平兴国年间(976~984),为四角五层木檐楼阁式砖塔,通高38.58米。现塔为宋代砖体,明清木构腰平座。方形基座,边长20米。底层边长8米,每层每面一六二窗,塔内有扶梯。刹顶有相轮七重和宝珠、金铎等构件。

大圣殿 位于狼山顶,明代建筑,面阔五间20米,进深七檩15米,庑殿顶,彻上明造,抬梁式构架,细部有雕饰,为宗教活动的主要场所。

狼山康熙诗碑 位于狼山山腰葵竹山房前,清代建筑,亭原名碧云天半阁;康熙间(1662~1722)改为御书碑亭;乾隆初,亭圮重建,内置两碑,青石质,均方首,须弥座。一镌康熙帝赐狼山总兵刘售高的《夜对月再成诗》,碑通高2.85、宽0.98、厚0.24米,行书3行,满行8字,共20字。一镌康熙帝书赐通州知州施其礼录朱熹诗,碑通高2.47米,宽0.91米,厚0.26米。行书3行,第一行8字,第二行9字,第三行3字,共20字。

2002年10月公布为江苏省第五批文物保护单位。

56. 朦胧塔

位于建湖县宝塔镇宝塔村,射阳河与西塘河交互处。塔的始建年代仅有清光绪《阜宁县志》记曰:"朦胧塔在县治西南朦胧镇净慧寺(已毁)前,寺为唐武德三年建,塔当同时兴建。"按此说塔应建于唐。但根据朦胧塔的形制、结构、残留的宋式条博脊等遗迹,及1981年地宫出土文物,可以认定始建于宋。

为八角三层楼阁式砖塔,占地面积30平方米。修复前残高15米,底边长2米,仅存各层腰檐、砖叠涩数层和石角梁,金丝楠木斗拱尚残嵌入塔壁部分。斗拱四铺作,扶壁拱为砖制,出跳构件为木质,每面用补间一朵。塔底层南向辟门,其上二层各开四门,门位上下相闪。门上内外各施一木枋做过梁,梁下相对跳出三层砖,形成圭形门首,过梁又于转角处搭接,形成二道箍梁。塔室呈八角形,底层于2米高处,砖砌穹窿顶承接楼面(已残缺),北部有砖砌佛龛。各层之间有扶梯可盘旋而上,修复前已无存。塔四周设有护栏。塔底向下0.42米处有一地宫,平面呈八角形,边长0.55米,深1.47米。地宫内的须弥座上置一舍利石函,函盖的顶端阴刻"葬舍利函"四个楷体字,石函四周满刻花纹,具宋代雕刻风格。石函下底凹槽内放置"太平通宝"铜钱百余枚及银盒等文物。

1998年重新修缮,恢复旧观,对外开放。2002年10月公布为江苏省第五批文物保护单位。

57. 仪征天宁寺塔

位于仪征市真州镇天宁社区工农南路近水楼台北苑以西。始建于唐景龙三年(709),南宋初年毁于兵火,明洪武四年(1371)重建。清光绪三年(1877)遭寺内炊火之灾,塔刹、腰檐、外廊、平座等被毁,仅存塔身。塔为七层八面砖身木檐楼阁式塔,逐层渐收,内部为正四方形,塔高42.23米,塔身占地面积54平方米,底层附阶占地面积371.58平方米,建筑面积383.08平方米。壶门错层相对而开。塔室内有几层抹角底部采用扁铁过梁技术,在江苏境内古塔中属首次发现。2002年10月公布为江苏省第五批文物保护单位。

58. 北山寺大殿及卓锡泉

位于泰州市海陵城区扬州路68号。北山寺始建于唐宝历元年(825),后屡有兴坏。现存大雄宝殿为明天启六年(1626)重建,重檐歇山顶。内檐用五踩斗拱,明间平身科四攒,脊檩枋下有明天启年重修题记,金檩和步檩枋下还有清代修缮题记。大雄宝殿西北侧有卓锡泉,传为唐代寺僧王屋禅师卓锡杖于此得泉,故名卓锡泉,为泰州"七星井"之一,现井口封闭。2002年10月公布为江苏省第五批文物保护单位。

59. 极乐律院

位于宿迁市宿城区幸福路中路。始建于明朝末年,初名马神庙。清中期多次扩建后为五进院落,每进院落除有主殿外还各有左右配殿楼,时为苏北最大的禅院,当时清江的普映寺、徐州的云龙山、马陵山的五华顶均是其下院,僧众最多时达六百余人。江浙一带有"上有五台山,下有极乐庵"之语流行。其后几经浩劫,尤其是十年"文化大革命"破坏最为严重。1996年维修藏经楼,2004年维修大方丈室、玉佛楼、僧舍等,2006年维修大雄宝殿。现存建筑有大雄宝殿、藏经楼、大方丈室、玉佛楼、膳房等。其中大雄宝殿和藏经楼均长为25.8米,宽为13.8米。建筑形式为典型的北方民间庙堂式建筑,其木结构"人字梁"在同时代建筑中,除个别少数民族地区外,汉民族其他地区尚未发现。2002年10月公布为江苏省第五批文物保护单位。

60. 植福庵

位于无锡市锡山区鹅湖镇青荡村。又名薛四娘娘庙,始建于清嘉庆元年(1796)。现存大殿三间,戏楼一座。大殿和戏楼沿口均用花岗石柱,台柱上均刻有对联。大殿系硬山顶平房,坐北朝南,木石结构,四根檐柱和两根金柱为花岗岩石柱。戏楼坐南朝北,与大殿相对,平面呈"凸"字形,高二层。楼下为通道,楼上为戏台的前台和后台。前台顶部所设藻井为初建时原状,屋面为歇山式,飞檐翘角。后台面阔五间,屋顶为硬山顶。2006年6月公布为江苏省第六批文物保护单位。

61. 土山关帝庙

位于邳州市土山镇老街。建于明朝天顺三年(1459),清乾隆二十七年(1762)重修,民国3年(1914)再修并重建马迹亭。2005年5月进行了第五次修复,按照原址、原貌、原格局、尽量使用原材料及修复如旧的原则进行修复。

关帝庙大门朝南,占地面积约1.3万平方米,建筑面积约3200平方米。由戏楼、观戏楼、前殿及东西侧殿、后殿及东西厢房组成,共有三进院落。戏楼面阔三间,进深约5米,高约8米,为两层建筑,其东侧有三间配房,西侧有九间配房。观戏楼现面阔三间(原六间),进深5米,高约8米,为两层建筑。前殿面阔三间,进深8米,高约8米,内有关羽、关平、周仓塑像,其东西侧各有配房三间,进深约8米,高约7米。后殿面阔三间,进深约8米,高约8米,其东西前侧各有面阔三间的东西厢房,进深约6米,高约6米。

现整座建筑保存完好。2006年6月公布为江苏省第六批文物保护单位。

62. 甲辰巷砖塔

位于苏州市城区干将路甲辰巷南首市桥头。建造年代未见记载,见于南宋《平江图》。其结构、造型似宋塔,但塔檐平缓,斗拱比例相对较大,拱瓣也不同于宋塔,这些特征都具有明显的唐代风格。另据1993年维修时对塔砖的"热释光"测定,其烧制年代为晚唐至五代末。故该塔的建造年代可能要早一些,疑为唐末、五代至北宋初的遗构。

清代道光年间(1821~1850)顾震涛编撰的《吴门表隐》卷一载有"城中七塔",所指多为立于城内街头巷尾的较小的古塔,如白塔、虹塔、雄塔、雌塔等,而其中"第二在孟子堂东"的无名塔,就是甲辰巷砖塔,是"城中七塔"中硕果仅存的一座,也可能是苏州现存最古老的一座塔。

八面五级楼阁式仿木塔。1982年文物普查时,发现此塔已残损。1993年修复腰檐、平座、斗拱,重建第五层和塔顶、塔刹。修复后通高6.82米,其中砖构塔身高5.71米,青石塔刹高1.1米。底边宽0.51米,对径1.2米。塔基用青石铺底,八皮砖直接砌于青石之上,厚50厘米。塔身为清水砖,以石灰膏砌筑。

现保存较好。2006年6月公布为江苏省第六批文物保护单位。

63. 文峰塔

位于扬州市区宝塔湾运河边。建于明万历十年(1582),清代重修塔刹和腰檐,1957年修缮。塔七层八面,楼阁式,砖木结构。塔基为石筑须弥座,腰檐平座环绕,每层四面相闪开拱门。塔壁1~6层平面为内方外八角形,塔室层层调换45度交错而上,上下重叠似八角形;到第7层内外壁统一为八角形。塔尖为八角攒尖式,最上为铸铁塔刹。塔下为文峰寺,有前殿、后殿及东西廊房等清代建筑。2006年6月公布为江苏省第六批文物保护单位。

64. 净土寺塔

位于高邮市高邮镇琵琶路街道南侧(城区东郊)。为砖砌仿楼阁式,塔身七级,呈八角形,通高47.46米。1963年,高邮中学学生朱光荣等攀上塔顶,从中取出明代万历年间的大方广佛华严经等四十余卷,现由南京博物院保存。2005年6月大修,维修过程中排除抗战遗留在塔体内的炮弹三枚,并发现建塔时的记事砖碑一方。同时对塔基塔身以及塔顶塔刹的残损部分按原样修复,并恢复塔池和塔内每层木质楼梯结构,现可以从内部楼梯直接登顶。整体保存状况较好,2006年6月公布为江苏省第六批文物保护单位。

65. 菱塘清真寺

位于高邮市菱塘镇回族乡清真村(原新景村)。菱塘为江苏省唯一的回族乡,南宋末年阿拉伯人普哈丁来扬州传教时,菱塘已有300多回民在此生活,并建设了清真寺,作为本地和邻近县市穆斯林宗教活动的中心场所。元朝时被称作"回回湾"。

清真寺曾三易其址,现为清道光二十四年(1844)传教士薛琦所建,至今保存完好。该寺占地面积3500多平方米,呈前后三进。内设前殿、大殿、窑殿、水房、教长室和殡具室。其中窑殿为四方亭阁,飞翼重檐。寺内现存一棵已有三百余年的银杏树和近百年的金桂、银桂各一株,还保存大明宣德年号铜香炉两只。

历年来,该寺除了正常进行礼拜外,每逢伊斯兰教的古尔邦节、开斋节、圣忌节等重大节日,都有江苏、安徽邻近五个县市的数千名穆斯林来此参加宗教活动。

2006年6月,该寺被公布为江苏省第六批文物保护单位。2008年进行大修,修复前殿、大殿,整修窑殿,复原了清真寺石刻、复建了水房和殡具室,改建了五道花墙等建筑,基本恢复原有规模。

第十节 苑囿园林

江苏古典私家园林闻名遐迩,其保存数量之多、艺术品味之高,堪称全国之冠。今存近70处,以苏州、扬州园林尤为突出。苏州古典园林中的拙政园、网师园、留园、环秀山庄、沧浪亭、狮子林、艺圃、耦园、退思园9处已列入《世界遗产名录》。扬州园林尚存30余处,园主多为盐商,设计特点多追求高贵、显示豪华,追求皖南山水景色并渗入扬州八怪豪放浑厚的画风,个园和何园是其代表。江苏园林的独特艺术成就曾对清代皇家园林产生重要影响,乃至一些园林被再现于帝苑之中。

1. 拙政园

位于苏州市娄门内东北街。始建于明正德四年(1509),御史王献臣以原大弘寺址为基础拓建为园。取晋代潘岳《闲居赋》中"灌园鬻蔬,以供朝夕之膳,是亦拙者之为政也",名"拙政园"。崇祯四年(1631),侍郎王心一购得园东部荒地约七千平方米,别营"归田园居"。顺治十年(1653),大学士海宁陈之遴购得此园,重加修葺,因内有江南仅见宝珠山茶为时人称道,吴梅村题有《咏拙政园山茶花》长歌。康熙元年(1662)园没入官府,先后为驻防将军府、兵备道行馆。后为吴三桂女婿王永宁居所,构筑斑竹厅、娘娘厅、楠木厅等。康熙十八年(1679),改为苏松常道署。康熙二十三年(1684),康熙南巡曾游此园。乾隆初年,园中部归太守蒋棨,葺旧成新,名"复园";西部归太史叶书宽,名"书园",后又属程、赵、汪等姓。咸丰十年(1860),太平军入苏,忠王李秀成以吴园及东部潘宅、西部汪宅合建忠王府,拙政园全部归属王府范围。辛亥革命时,曾在拙政园召开江苏临时省议会。中华人民共和国成立后,拙政园划归苏南区文物管理委员会。1960年9月将拙政园东、中、西三部重归统一,1992年辟为苏州园林博物馆。

拙政园现存建筑大多为太平天国及其后修建,但仍保存了明清旧制。该园规模为现存苏州古典园林之首,占地面积5.513万平方米,拥有建筑50

栋、门楼3座、古井7口、碑刻71方、古桥梁13座。园分东、中、西三部分,南有住宅一区。园东部主要建筑有兰雪堂、芙蓉榭、天泉亭、秋香馆、放眼亭(亦称"补拙亭")等。天泉亭中有一古井,相传为元代大弘寺遗物,名"天泉"。园中部主要建筑有倚虹亭(又称东半亭)、西半亭、倚虹桥、远香堂、绣绮亭、枇杷园、海棠春坞等。园西部主厅为鸳鸯厅式,北名"三十六鸳鸯馆",南称"十八曼陀罗花馆"。园西竹篱笆内系1954年辟建的盆景园,现有树桩盆景50余种计700余盆,有老梅、迎春、山茶、紫藤、杜鹃、石榴、紫薇等。其余还有留听阁、笠亭、与谁同坐轩、拜文揖沈之斋(倒影楼)、宜两亭等。

拙政园初建时共有若墅堂、梦隐楼等31景。嘉靖十二年(1533)文徵明作《王氏拙政园记》,依园中景物绘图31幅,各系以诗。现拜文揖沈之斋内嵌有清代所镌文氏园记。

拙政园于1961年3月公布为第一批全国重点文物保护单位,1982年3月公布为江苏省第三批文物保护单位,1997年作为"苏州古典园林"的一部分被列入《世界遗产名录》。

2. 留园

位于苏州市阊门外留园路338号。留园始建于明万历二十一年(1593),太仆寺少卿徐泰时筑东园和西园,西园即今戒幢律寺,东园即今留园前身。徐泰时去世后,东园渐废。后园归刘恕,经5年修复和扩建,于嘉庆三年(1798)告竣,园名"寒碧庄",又名"花步小筑",俗称"刘园"。其后,经咸丰庚申战乱,园渐荒芜。同治十二年(1873),盛康购得此园,大加修治,并改"刘园"为"留园",谐其音而取"长留天地间"之意,留园之名始于此。辛亥革命后,园渐衰败。中华人民共和国成立后,1953年对留园进行抢修,1954年元旦开放供人参观游览。20世纪90年代修复了祠堂和住宅部分。

留园现有面积2.25万平方米,包含有房屋22处、亭9处、花台1处、假山11处、碑395块。园大致可分为中、东、北、西四部分,园南有祠堂与住宅两路三进,前厅后楼。园中部系原"寒碧庄"基础;东为厅堂,参以轩斋。东、北、西三部分是光绪年间(1875~1908)扩建。东部主要是一组以突出冠云峰为主的建筑群。北部旧构多毁,现辟有盆景园。西部以土石假山为主。园中有古木交柯、绿荫、明瑟楼、涵碧山房、闻木樨香轩、可亭、远翠阁、汲古得绠处、清风池馆、西楼、曲溪楼、濠濮亭、五峰仙馆、还我读书处、揖峰轩、林泉耆硕之馆、佳晴喜雨快雪之亭、冠云峰、亿云庵、冠云亭、冠云楼、至乐亭、舒啸亭、活泼泼地等。清代学者俞樾撰有《留园记》,现刻于门厅木屏之上。

1961年3月公布为第一批全国重点文物保护单位,1982年3月公布为江苏省第三批文物保护单位,1997年作为"苏州古典园林"的一部分被列入《世界遗产名录》。

3. 网师园

位于苏州市带城桥路阔家头巷11号。网师园原为南宋吏部侍郎史正志所营"万卷堂"故址,堂前曾有花园一座,名"渔隐"。之后,园归丁氏,日久荒废。清乾隆年间(1736~1795),光禄寺少卿宋宗元在万卷堂旧址营筑别业,以网师自号,兼取史正志"渔隐"旧义,与其所居王思巷谐音,名园为"网师园"。宋氏死后,园渐颓废。清同治初,园归江苏按察使李鸿裔。因与苏舜钦所建沧浪亭相近,李氏自号"苏邻",并改园名为"苏邻小筑"。民国6年(1917),张作霖购得此园,赠予其师张锡銮,改称"逸园"。民国29年(1940),何亚农购得此园,费时3年,全面整修并充实古玩书画。1950年,何氏子女将园捐献给国家。经整修于1959年9月开放。

现存总体面积2 941.78平方米,包含房屋18幢,照墙1处,桥梁2座,砖雕门楼2座,假山1座,水池1处,井泉2口,碑刻7种(31方)。住宅部分共三进,自大门至轿厅、万卷堂、撷秀楼,沿中轴线依次分布,主厅为"万卷堂"。网师园布局完整,宅、园基本保持原有格局,住宅后部梯云室一区为1958年整修时增建,殿春簃南原为花圃,近年移建古建筑厅堂一座,名为露华馆。

1982年2月公布为第二批全国重点文物保护单位,同年3月公布为江苏省第三批文物保护单位,1997年作为"苏州古典园林"的一部分被列入《世界遗产名录》。

4. 环秀山庄

位于苏州市景德路262号。本是五代吴越钱氏"金谷园"旧址,后屡有兴废。清代乾隆年间(1736~1795),蒋(楫)、毕(沅)、孙(士毅)三家先后居于此处,掘地为池,叠石为山,造屋筑亭于其间。道光二十九年(1849),汪为仁购建汪氏宗祠,立耕荫义庄,并重修东北部花园,名为颐园,又称环秀山庄。后经咸丰、同治年间战事,园多毁损。光绪中重修。及至1949年,仅存一山、一池、一座"补秋舫"。中华人民共和国成立后多次整修,重现原貌。

环秀山庄占地面积2 179平方米,拥有房屋3处、亭3座、假山1座。园景以叠山著称。据钱泳《履园丛话》载,此山出自清乾嘉间叠石大师戈裕良之手。全园叠山面积近500平方米,运用"大斧劈皴法"。主峰于东南,高7.2米,次峰于西北,主峰洞谷长12米,山径长60余米,盘旋上下。

山庄建筑南有厅堂两进,前堂名"有榖",南向,翼以两廊及对照轩。后厅额"环秀山庄",为一歇山顶四面厅,回廊四绕,北向正对园景。"半潭秋水一房山"亭枕山,问泉亭凌水,补秋舫依山傍水横卧北端。西贯长廊,上架边楼,尽处有山径可通。

1982年3月公布为江苏省第三批文物保护单位,1988年1月公布为第三批全国重点文物保护单位,1997年作为"苏州古典园林"的一部分被列入《世界遗产名录》。

5. 沧浪亭

位于苏州市人民路沧浪亭街3号。沧浪亭旧址原为五代中吴军节度使孙承祐的池馆,后渐废。北宋庆历四年(1044),诗人苏舜钦购得孙氏园址,在北部土山傍水处筑亭名"沧浪",取《孟子》和《楚辞》中"沧浪之水清兮可以濯我缨,沧浪之水浊兮可以濯我足"之意,自号沧浪翁,作《沧浪亭记》。之后,屡易其主,其中章庄敏扩大花园,营建大阁。南宋时沧浪亭为抗金名将韩世忠所得,改名"韩园"。元代,沧浪亭废为僧舍。直至明嘉靖二十五年(1546)复建为沧浪亭。乾隆南巡曾驻跸于此,亭南曾筑有拱门和御道。道光八年(1828),巡抚陶澍于亭西南建"五百名贤祠"。太平天国战争时(1851~1864),亭遭毁。同治十二年(1873)时复重修沧浪亭,并在亭南增建"明道堂"。抗战时,园毁坏严重。中华人民共和国成立后,1954年由市园林管理处接管、整修,1955年春节正式开放。

现占地面积8 153.55平方米,保存有房屋18幢,假山1座,桥梁1座,牌坊1座,水池2处,碑刻23种(158方)。尽管有一些人为因素和生物因素的破坏,但保存良好。沧浪亭集欧阳修、苏舜钦诗句之亭联"清风明月本无价,近水远山皆有情"。五百名贤祠集周代至清代吴郡名贤594人石像,季札、伍子胥、白居易、范仲淹、文天祥、韩世忠、唐寅、文徵明、况钟、林则徐等皆列其中。

1982年3月公布为江苏省第三批文物保护单位,2000年作为"苏州古典园林"的扩展项目被列入《世界遗产名录》,2006年5月公布为第六批全国重点文物保护单位。

6. 狮子林

位于苏州市园林路23号。原址宋时为贵家别业。元至正二年(1342)天如禅师维则的弟子为其师修建。中多奇石,最高者为狮子峰;因维则之师中峰禅师倡道于天目山狮子岩,又取佛经中佛陀说法称"狮子吼"、其座称"狮子座"之义,名为"狮子林",亦名"狮林寺"。至正十二年(1352)曾易名"菩提正宗寺"。

明洪武年间(1368~1398),释如海居此。洪武六年(1373),名画家倪云林过狮子林,应如海之邀作《狮子林图》;次年,如海又邀蜀山徐贲绘《狮林十二景图》。嘉靖后,园渐荒芜。清顺治五年(1648)重修。康熙四十二年(1703)帝南巡,游狮子林,题赐"狮林寺"额。乾隆帝屡游狮子林,并在倪云林《狮子林图》上题有"一树一峰入画意,几弯几曲远尘心"的诗句,又下旨按园中景物和图中画意仿造于北京圆明园之畅春园和承德避暑山庄。咸丰以后,园渐衰落。民国6年(1917),富商贝润生购得此园,大举修缮,建筑几近重建。1952年,贝氏后人将该园献给国家,经整修后于1954年2月正式开放。1985年,园东北部的祠堂及部分住宅辟为苏州民俗博物馆。

狮子林现存面积1.114万平方米,基本保持了原有的布局、结构和形式。现有建筑31栋,假山7组,古桥梁3座,碑72方。建筑有燕誉堂、小方厅、指柏轩、古五松园、见山楼、荷花厅、真趣亭、石舫、暗香疏影楼、飞瀑亭、问梅阁、双香仙馆、扇亭、文天祥碑亭、御碑亭、立雪堂、修竹阁、卧云室、湖心亭等。东为义庄、宗祠、族学及住宅区,共有两路建筑,东路五进前堂后楼,西路两进楼屋。西为园,以山池居中,东、北为厅堂楼阁,西、南为长廊。建筑物掺揉了一些西式手法。园以叠石洞壑取胜,洞顶奇峰林立,形态各异,有如群狮起舞。园内廊壁石刻甚多,有文天祥狂草《梅花诗》和以集刻宋代苏、黄、米、蔡四家书法为主的《听雨楼藏帖》等。

1982年3月公布为江苏省第三批文物保护单位,2000年作为"苏州古典园林"的扩展项目被列入《世界遗产名录》，2006年5月公布为第六批全国重点文物保护单位。

7. 艺圃

位于苏州市阊门内天库前文衙弄5号（现暂由十间廊屋出入）。始建于明代，为袁祖庚所筑，初名"醉颖堂"。后崇祯年间（1628～1644）归文徵明曾孙文震孟，因园中遍种药草，改名"药圃"。文卒后，园渐废。明末清初归姜埰所有，改为"敬亭山房"，其子姜实节更名"艺圃"。画家王翚绘有《艺圃图》传世。此后，园主屡易。道光十九年（1839）归绸业同仁，改名"七襄公所"，增建"思敬堂"。中华人民共和国成立后，"文化大革命"中，艺圃破坏严重。20世纪80年代进行修整，园林部分经历年整治基本达到了清末时期的原状，保存较好。

艺圃宅园现有总面积3 800平方米，其中包括房屋12处、亭2座、假山1座。东为宅，有世纶堂等厅、楼。西为园，以水池为中心，保存明代园林规制较多。池广约700平方米，东南和西南各有水湾延伸。乳鱼亭为明代遗构，东南水湾上架一座平弧形小石桥。南岸堆土为山，以湖石叠成峭壁危径。池北"延光阁"，水榭五间，为苏州园林中最大水榭。水榭东两侧厢房分别称为"旸谷书堂""思敬居"。水榭之北为主厅"博雅堂"，面阔五间，明式结构。池西"响月廊"通向西南"芹庐"小院，"南斋"与"香草居"相对，"浴鸥池"畔散置山石花木。

1995年4月公布为江苏省第四批文物保护单位，2000年作为"苏州古典园林"的扩展项目被列入《世界遗产名录》，2006年5月公布为第六批全国重点文物保护单位。

8. 耦园

位于苏州市城东小新桥巷。耦园东部旧址原为清雍正年间（1723～1735）保宁知府陆锦致仕后所筑"涉园"，又名"小郁林"。后为崇明祝氏别墅。光绪初年，湖州沈秉成（后任安徽巡抚、署两江总督）购得涉园废址，聘名画家顾沄等设计，营筑宅园。因宅之东西各有一园，又寓夫妇相偕之意，故名"耦园"（"耦"通"偶"）。沈秉成卒后，其园不治，渐为民居。民国30年（1941）刘国钧购得耦园，重加修缮未竣。1958年，归振亚丝织厂使用。1961年，归市园林管理处，后经多次整修，1994年全部开放。

耦园三面临河，一面沿街，宅园现总面积7 823平方米，包含建筑30栋、假山4组、照墙1座、门楼3座、古井1口。该园布局为宅居中，园分东西，园宅之间以重楼贯通。住宅共四进厅堂。前后门均有河埠。东花园为"涉园"故址，布局以山为主，池为辅，亭台楼榭环山池而筑。园中主体建筑为一组重檐楼厅，总名"城曲草堂"，为园主宴集宾客之处。另有黄石假山，假山东有受月池。池南端构水阁"山水间"，有明代杞梓木落地罩，跨度约4米，高约3.5米，雕松竹梅"岁寒三友"。西花园以书斋"织帘老屋"为中心，分隔为前后两个小院，前院有湖石假山，后院有湖石花坛，北立藏书楼。

耦园建筑布局较完整，基本保持原形式结构，保存较完好。1995年4月公布为江苏省第四批文物保护单位，2000年作为"苏州古典园林"的扩展项目被列入《世界遗产名录》，2001年6月公布为第五批全国重点文物保护单位。

9. 退思园

位于吴江市同里镇新填街234号。建于清光绪十一年至十三年（1885～1887）。园主为任兰生（1837～1888），字畹香，号南云，官至安徽凤颍六泗兵备道。被参落职归乡期间营造此园，以"退而思过"之意取名退思园。设计者袁龙（1820～1902），字怡孙，号东篱，同里人，清末书画家。1906年，第二代主人任传薪在创办丽则女学时，曾将花园部分辟为校舍。中华人民共和国成立后，退思园一度为当地税务所、镇工会、机电站、文化站等单位使用，"文化大革命"中破坏严重。1982～1989年，对园林和住宅进行了修复。

退思园现占地面积5674平方米，拥有房屋18栋、门楼2座，其中建筑面积达2 622平方米。建筑呈自西向东横向布局，宅园共分四组，西为住宅，两组；东为园林，亦分两组，即中园与内园。

宅西建门厅、茶厅、正厅三进，各面阔三间14米。内宅建有南北相对的两座，各面阔五间（18米）的"畹芗楼"，两楼之间由东西双层廊贯通，俗称走马堂楼，通进深26.2米。厅堂、内宅屋顶均作硬山。梁架为中间抬梁式，山面穿斗式，楼用通柱。

园北建坐春望月楼，六楼六底，面阔21.4米。登楼可入揽胜阁，凭栏可眺满园景色。南是各为三间的迎宾室和岁寒居，靠西正中建有画舫式旱船。庭院四周亦由檐廊贯通。园内以退思草堂为主体建筑，坐北朝南，面阔三间9.1米，进深6.9米，单檐歇山顶，三面有廊，前建临水平台。草堂之东建有琴房、三曲桥、眠云亭，亭系双层砖木结构，周贴湖石，借以屏障底层墙面。其余有水香榭、闹红一舸、辛台诸景。

1982年3月公布为江苏省第三批文物保护单位，2000年作为"苏州古典园林"的扩展项目被列入《世界遗产名录》，2001年6月公布为第五批全国重点文物保护单位。

10. 寄畅园

位于无锡市北塘区惠山街道锡惠公园内，毗邻锡山和惠山寺，又名秦园。寄畅园始建于明正德年间(1506～1521)，为秦观之后南京兵部尚书秦金的别业，称为"凤谷行窝"。万历十九年(1591)，园再传至秦金族侄秦耀，修整后构园景二十，每景题诗一首。取王羲之《答许椽》诗"取欢仁智乐，寄畅山水阴"句，改名"寄畅园"。明末清初，园曾分割。清顺治末康熙初，秦耀曾孙秦德藻将其合并，并加改筑，延请造园名家松江张涟及其侄张鉽掇山理水，疏泉立石。康熙、乾隆两帝各六次南巡，均必到此园，乾隆仿此园于清漪园中建"惠山园"，即今颐和园之谐趣园。咸丰十一年(1861)，园毁，后又重建，其山石、池沼等布局，基本保持清初改建时的面貌。中华人民共和国成立后，1952年，秦氏后裔将私园献给国家，即作保护性修复，重建嘉树堂、梅亭、邻梵阁；又将雍正时改筑的贞节祠纳入园中，陆续重修九狮图石、嘉树堂、梅亭、邻梵阁等。1999～2000年间，修复毁于太平天国战争的凌虚阁、先月榭、卧云堂等建筑，恢复了其全盛时期的园林景观。

园景布局以山池为中心。假山以惠山东麓山势作余脉状；又构曲涧，引"二泉"伏流注其中，称"八音涧"，前临曲池锦汇漪，亭廊桥榭绕水而筑。

1982年3月公布为江苏省第三批文物保护单位，1988年1月公布为第三批全国重点文物保护单位。

11. 何园

位于扬州市徐凝门街77号。何园建于清同治元年(1862)，是湖北汉黄德道台何芷舠在明代双槐园基础上修建而成，光绪九年(1883)又购得吴氏片石山房并入园中。何园取名于主人姓氏；又名寄啸山庄，取意于陶渊明《归去来辞》中"倚南窗以寄傲""登东皋以舒啸"句意。中华人民共和国成立后曾用作工厂、学校和科研单位，1985年收归园林部门。

何园占地面积15 000平方米，建筑面积6 000余平方米，有房屋25栋。南为住宅，北为花园。大门北向通刁家巷，为水磨砖雕门楼，二门额题隶书"寄啸山庄"。

花园进门有复道廊将园分为东、西两部分。东部有四面厅一座，单檐歇山顶，厅前铺波浪纹卵石花街，厅屋如浮水上，故又名船厅。厅后院墙以湖石贴壁为山，东南走向，山下筑水池，东筑小亭于池上。船厅南为牡丹厅，西为复道廊。西部园中有一池水，水中筑方亭"小方壶"，南有石桥三折，北有湖石飞梁凌波。池西南有假山一组，黄石贴壁，湖石为峰，山后有潜山阁三间。池北有南向蝴蝶厅一座，面阔七间，两边侧厅如翼，状似蝴蝶，厅东与复道廊相连。园西南有赏月楼一座，与复道廊相连。

住宅有中、西两轴线。西轴线上建筑前后三进，前为楠木大厅，正厅三间，两侧各有辅厅二间，匾题"煦春堂"；后为两进两层西式住宅楼，名"玉绣楼"，前后有廊通连。东部为传统住宅三进。宅东南有片石山房，称"小花园"。园以湖石山为胜，建于清初，相传为石涛叠石之人间孤本，东院墙嵌有石涛题"片石山房"四方砖刻。园中北半叠山，南半建屋，中部凿池。

何家祠堂、签押房现用作房产公司仓库，一直未收回。1982年3月公布为江苏省第三批文物保护单位，1988年1月公布为第三批全国重点文物保护单位。

12. 个园

位于扬州市广陵区盐阜东路10号，是清嘉庆二十三年(1818)在明代"寿芝园"旧址上建成，占地面积2.4万平方米，建筑面积近7 000平方米，为前宅后园式江南私家园林。住宅部分位于南侧，坐北朝南，占地面积3 500余平方米，建筑面积3 000平方米。由西、中、东三路建筑组成，前后各三进，各路建筑间以火巷相隔。园林部分以四季假山为主，结合园林建筑、植物配置及理水。个园现保存完好，已作为博物馆向公众开放。1982年3月公布为江苏省第三批文物保护单位，1988年1月公布为第三批全国重点文物保护单位。

13. 水绘园

位于如皋市如城镇东北隅。始建于明万历年间(1573～1620)，是复社名士冒襄隐居之处，后荒芜。今之水绘园为清乾隆时期(1736～1795)建筑群，皖人汪之珩、汪春田父子为缅怀冒襄，承水绘园之构园风格，于洗钵池畔构筑水明楼，连接清代遗构雨香庵、隐玉斋，形成以楼带院的建筑格局，面积1 860平方米，列入《中国历代名园》。

水明楼为画舫式建筑，南北长约42米，宽不超过5米，由南而北依次构筑有前轩、中轩和楼阁，中间以九曲三弯的回廊相衔，轩阁之间缀以蕉石竹树。雨香庵由敞厅、黄杨厅、流光殿组成，院内有350余年的黄杨。隐玉斋为宋曾文昭公读书处，由牡丹亭、隐玉斋、聆松簃组成，院内有800多年的六朝古桧。侧院有明代关公像石刻一方。另有鸡血石鼓一对，被称为"院内三宝"之一。

1989～1994年，以清人陈维崧《水绘园》为蓝本，对水绘园进行修复，修复了96.2米的古城墙以及小浯溪水溪、悬溜峰、悬溜山房、湘中阁、妙隐香林、壹默斋、枕烟亭、镜阁、涩浪坡、小三吾、月鱼基、碧落庐、波烟玉亭、霞山桥等十余处景观。

1995年4月公布为江苏省第四批文物保护单位，2001年6月公布为第五批全国重点文物保护单位。

14. 瞻园

位于南京市秦淮区瞻园路128号、130号、132号。建于明嘉靖初年，系明中山王徐达府邸一部分，东宅西园。清代，曾为江宁布政使衙署，乾隆帝驻跸此园时题"瞻园"匾。太平天国时期（1851～1864），东王杨秀清住此，后改西王府。同治三年（1864）遭破坏，同治、光绪年间曾修。民国年间，曾是江苏省长公署、国民政府内政部。南京解放后，1960～1966年、1985～1988年进行两次修复。今园坐北朝南，占地面积1.56万平方米，建筑面积4260平方米，水面面积855平方米。东部有建筑六进，其中大厅面阔五间22.4米，进深11.7米，硬山顶。西部园林由南北假山、水池、静妙堂、玉兰院、海棠院、桂花院、回廊、草坪等组成。北假山为明、清王府遗物，南假山为刘敦桢遗作。"瞻园"匾今仍存。还存有清江宁布政使石阡成书《瞻园雅集记》等碑刻七方。1982年3月公布为江苏省第三批文物保护单位，2006年5月公布为第六批全国重点文物保护单位。

15. 小盘谷

位于扬州市明清老城区东南部，大树巷58号。始建于清乾隆、嘉庆年间（1736～1820），光绪三十年（1904）两江、两广总督周馥购自徐姓建为宅园，民国初年进行过修整。占地面积约5 000平方米，总建筑面积约2 000余平方米。由东西两部分组成，东构园林，西建住宅。园由回廊花墙分隔为东西两部，南有假山一组；北有曲尺花厅三间，面阔三楹9.9米，明间和西次间进深二间6.95米，东次间进深一间3.8米，前后分别建歇山顶屋面，三面有廊。厅后为一广池，有廊道与池西水阁相接；阁三面临水，与池东湖石盘谷山峰相对；池东岸山形似群狮，有"九狮图山"之称。山下为洞谷，由洞口接石梁可达北岸，又有洞口通池东南游廊，另有蹬道至山顶，山上有小亭，于此可俯览东西两部园景。池西北有南向楼屋三楹。园东部置蝴蝶厅，面阔三楹11米，进深七檩6.5米，缀以花木山石。住宅坐北朝南，分东西两轴，东轴线上，大门已毁，现存仪门、照厅、大厅及三进住宅，大厅面阔三间，进深七檩；西轴线上现存住宅前后四进，现已修复展示。1982年3月公布为江苏省第三批文物保护单位，2006年5月公布为第六批全国重点文物保护单位。

16. 瑞云峰

位于苏州市城区带城桥下塘织造署旧址（现苏州市第十中学）。瑞云峰为江南园林太湖石名峰之一，高5.12米（连底盘高6.23米），宽3.25米，厚1.3米。此峰为北宋"花石纲"遗物。时朱勔奉命为宋徽宗营造御苑"艮岳"提供奇花异石，于洞庭西山采凿奇石，得大型太湖石峰两座，取名"大谢姑""小谢姑"。"小谢姑"载船启运时沉入太湖。打捞出水后未及北运，金兵已攻占东京（开封），遂弃之荒野。明嘉靖年间（1522～1566）为湖州南浔董份所得。其婿徐泰时性甚爱石，后将此峰载归苏州，中途石峰再次沉入太湖，徐氏招募渔民船夫，终将石峰从深潭中捞起，运回苏州置于东园（今留园），改名"瑞云峰"。清乾隆四十五年（1780）帝南巡，行将驻跸织造署行宫。织造使舒德为迎驾，于四十四年（1779）迁移瑞云峰至织造署行宫，立于水池中央，并于池周配置峰石洞壑作陪衬。瑞云峰保存较好，略有风化。1982年3月调整公布为江苏省第一、二批文物保护单位。

17. 近园

位于常州市化龙巷常州宾馆内。清顺治年间（1644～1661）进士杨兆鲁所建。杨兆鲁名青岩，曾官福建按察副使，回乡后购地六、七亩（其中部分为恽氏东园旧址),经营5年,"近乎似园,故名近园"。园于康熙十一年(1672)初步建成,杨曾邀请著名画家恽南田、王石谷、笪重光等在园雅集,由杨作《近园记》、恽书石、王作《近园图》、笪为之题跋,现题记残碑仍留园中。同治年间(1862～1874),园为刘氏所有。光绪十一年(1885)归恽氏,称"静园",俗称"恽氏花园"。原有建筑略有改观,但总体布局未变。

近园南北长80米,东西宽64米,"西野草堂"居中,堂前凿池叠山,环列水池中间。亭榭、书斋、轩馆、回廊均依山而建。山顶有一亭,西植一片竹林。山前隔水置"天香阁",临池有"得月轩"。园西有回廊与北面的"秋爽亭"相接;东侧岸有"虚舟"伸出水面,过虚舟进入"容膝居",向右拐过小石拱桥,登上假山,有"见一亭",亭下为"垂纶洞"。园中原有一些匾额,出于名家手笔。现东侧廊墙内嵌有名人书条石30块,石高0.32米,宽0.84～0.9米不等,其中有雪浪洪恩、何焯等撰书。

1982年3月公布为江苏省第三批文物保护单位。

18. 燕园

位于常熟市城区辛峰巷。清乾隆四十五年(1780)福建台澎观察使兼学政蒋元枢辟建,初名"蒋园"。元枢子继煌好赌,将园输予他人。道光九年(1829)为蒋元枢族侄、泰安县令蒋因培购得,大加修葺增筑,并请常州叠石名家戈裕良筑成虞山黄石假山一座,取名"燕谷",取燕子归来之意,园因此更名为"燕园"。后为举人归子瑾所得。光绪年间(1875～1908)为元枢玄孙蒋鸿逵购得,重归蒋家。光绪三十四年(1908),为外务部郎中张鸿购得,大加整修,又称"张园"。张鸿自号"燕谷老人",所撰《续孽海花》就在此园完稿。

园构极精良,窗棂、栏槛均用紫檀、楠木雕刻而成。燕园辟建时,四周为殿堂、河道包围,占地面积约2 700平方米,平面呈长方形,南北长96米,东西宽32米。有四面厅、七十二石猴、西洋台诸景。四面厅前有三块湖石形如美女,故名"三婵娟室"。厅南有一荷池,池水中叠湖石假山,状似猿猴,因称"七十二石猴"。蒋因培重修增葺后,有"燕园十六景"之称,"十六景"为:五芝堂、赏诗阁、三婵娟室、天际归舟、童初仙馆、诗境、燕谷、引胜岩、过云桥、绿转廊、佇秋簃、冬荣老屋、竹里行厨、梦青莲花庵、一瓻阁、十愿楼。

"燕谷"假山位于五芝堂南,东南接三婵娟室,西接绿转廊、佇秋簃。"钩带法"叠法,以大块竖石为骨架,以斧劈小石缀补,并施挑、吊、压、叠、拼、挂、嵌、镶诸法。而且就地取材,用的是虞山黄石。

民国26年(1937)后,燕园部分景观曾遭损毁,后又年久失修。1984年起,园中"十六景"已陆续修复。燕园整体建筑结构完整,假山、亭台和长廊等建筑保存完好,呈现了其原貌。1982年3月公布为江苏省第三批文物保护单位。

19. 怡园

位于苏州市城区人民路乐桥北。清代同治、光绪年间(1862～1908),浙江宁绍台道顾文彬在明代尚书吴宽宅园遗址上建成。取《论语》"兄弟怡怡"句意,名曰怡园。该园由顾文彬之子顾承主持营造,画家任阜长、顾沄、王云、范印泉、程庭鹭等参与规划设计。光绪二十一年(1895)顾承之子顾鹤逸与吴大澂、陆廉夫、郑文焯、吴昌硕等于园中创立怡园画集。顾鹤逸病逝后,园渐衰落。抗日战争时期,破坏尤甚,园中古玩字画被劫掠一空。20世纪40年代初,怡园百戏杂陈,成为游乐场所,有"苏州大世界"之称。1950年《新苏州报》社设于园内。1953年12月,顾鹤逸之子顾公硕等将怡园献给国家,维修后于1954年春节对公众开放。

怡园现有面积6 270平方米。园分东西两部,中以复廊相隔。东部以建筑为主,庭院中置湖石,植花木。西部以水池居中,环以假山、亭榭、廊舫。有玉延亭、四时潇洒亭、坡仙琴馆(石听琴室)、拜石轩(岁寒草庐)、石舫、锁绿轩、金粟亭、南雪亭、藕香榭(锄月轩)、碧梧栖凤、面壁亭、画舫斋、湛露堂、螺髻亭、小沧浪诸胜。复廊仿沧浪亭,水池效网师园,假山学环秀山庄,洞壑摹狮子林,旱船拟拙政园。怡园保持原布局、结构、形式,整体保存较好。

1982年3月公布为江苏省第三批文物保护单位。

20. 日涉园

位于泰州市海陵城区海陵北路434号。园林为明万历二年(1574)太仆寺卿陈应芳建,取陶渊明《归去来辞》中"园日涉以成趣"之意取名。清嘉庆时为高羽翯所有,更名三峰园。后易主两淮盐运使乔松年,称乔园。

园占地面积约1 600平方米,分前后两部分。前以"山响草堂"为中心,堂前筑假山,山上立三石笋,原"三峰园"以此得名。山下有水池,又设小环洞桥,过桥入砖拱隧道。山东有数鱼亭,西有半亭。"山响草堂"东有竹林一片,北砌花墙月门,门内又辟小园,小园内垒石成山,山上有"绠汲堂",东有"因巢亭",西有"松吹阁",保存尚好。园内古柏、湖石、砖拱隧道全属明代遗物。

1982年3月公布为江苏省第三批文物保护单位。

21. 未园

位于常州市少年宫内,原为钱祥丰木行旧址,民国9年至12年(1920~1923)由木商钱遴甫筹资兴建,许秉煜设计。园名取钱氏自谦"尚未成园"之意。民国23年(1934)钱祥丰木行破产,未园被卖给开泰木行主陈莲友。中华人民共和国成立后,1952年,成为淹城中学校园。

未园全园呈不规则长方形,南北长、东西窄,占地面积1 660平方米。建筑具江南园林特色,有滴翠轩、四宜厅、乐鱼榭、汲玉亭、月洞、挹爽亭、长春亭等。园北部为"滴翠轩",玻璃窗四面透空,为单层正方形,边长4.75米,四周回廊宽1米,边长6.7米,檐高3.3米,歇山顶。园中央为"四宜厅",平面呈正方形,边长10米,四周回廊宽1.4米,总边长11.8米,内顶高3.46米;厅前有水池,池中有"福""禄""寿"奇石。南边是三面环水的"乐鱼榭",可凭栏观鱼,垂虹桥绕乐鱼榭横跨水面。西首长廊间为"汲玉亭",正六角形半亭,内檐口高3.1米,边长1.36米,围栏高0.66米;内有八角古井一口,外径0.5米、内径0.34米、高0.4米、边长0.2米,现已无人使用。亭南有一月洞,洞额上题名"文俭清奇"。还有挹爽亭、亭等建筑。园东侧偏北有"挹爽亭",为四方形方亭,边长2.75米,内顶高3.32米,歇山顶。园南端为"长春(垂虹)厅",呈正六角形,边长1.42米,攒尖顶,内顶4.1米。光裕堂位于未园西侧偏南,历史上曾因火灾毁坏,重建后为校办厂简易仓库,现建筑为2003年修复建筑,共两进,三开间,硬山砖木结构。园内湖石皆来自苏州地区,小路用破碗瓷片镶嵌,植有香樟、银杏、罗汉松、黄杨、金桂等百年古树。

1995年4月公布为江苏省第四批文物保护单位。

22. 适园

位于江阴市澄江街道南街33号。由邑人清代画家陈式金(字以和,号寄舫,1817~1867),于清道光二十八年(1848)置地建造,继有其子光绪十二年(1886)进士、官至工部营缮司主事陈羲唐(字燮卿,1851~1910)经营管理,将适园重新整治,恢复到昔日规模。抗日战争期间又遭破坏,中华人民共和国成立后修缮保护。

适园占地面积3 000平方米左右,以西宅东园布局。住宅计三进,坐北朝南,硬山式砖木结构,落地长窗,粉墙黛瓦。由第二进东侧边门入园,以镜湖、假山为主景。假山一大一小,以黄石磊筑,坐落镜湖西北岸。湖亦有一大一小。园中有轩、亭、廊、池、桥等建筑,有回廊贯穿。湖南岸建筑名"水流云在之轩",坐南朝北,东岸三间名"响秋""易画轩",湖东北角一亭曰"得爽",靠墙临湖面朝西南而建,仅有一半,故又名"半亭"。湖西岸斗室名"秋入潇波",为园主藏画之所。园北坐北朝南主体建筑面阔三间,进深七架,名"得蝶绕云山馆",原为陈氏祭祖飨堂。园内有摹刻倪云林山水石刻一方、王羲之"换鹅碑"四方及董其昌等名家题诗碑刻数方。

摹刻王羲之换鹅碑,原置文庙奎星阁内,后移于适园。碑为道光十八年(1838)摹刻,共八方,是晋代大书法家王羲之草书的《黄庭经》,碑上有唐书法家柳公权题跋,说明当时刘道士以鹅换王羲之书《黄庭经》之经过。上还有宋徽宗跋、王羲之像和"宣和"印记等。俗称《换鹅碑》。1966年流失三方半,现存四方半,卧式碑宽0.98米、高0.37米。摹刻倪云林山水碑是元代山水画家倪瓒(1301~1374)号云林,所画山水,描绘的是元代太湖山水风光。道光年间(1821~1850),适园主人陈式金摹刻上石。

现为江阴市文艺界联合会使用管理。2002年10月公布为江苏省第五批文物保护单位。

23. 五峰园

位于苏州市城区阊门内下塘五峰园弄。始建于明代嘉靖年间(1522~1566),系尚书杨成宅园,俗称杨家园。一说为文徵明之侄画家文伯仁所筑,文伯仁号五峰老人。园中主景是五座太湖石峰,各高三米余,相传为北宋朱勔宅园中遗物,形似庐山五老峰。一说五峰系城北桃花坞五亩园中的"三老峰""丈人峰""观音峰""桃坞庆云峰""擎天柱"移置而成。

园以五峰为主,辅以水池、峭壁、峡谷、山洞、石桥、古树、旱船、亭台。西南部有一土墩,传为唐柳毅墓。

民国年间散为民居,年久失修,建筑坍圮、水池填塞、古树枯死、石峰倒地。1983年对石峰进行保护性维修加固。1995年全面整修,恢复明代假山、水池,建造五峰山房、柱石舫、柳毅亭及曲廊等明式建筑。五峰园经全面整修对外开放,整体保存较好。2002年10月公布为江苏省第五批文物保护单位。

24. 汪氏小苑

位于扬州市区地官第14号,处于东圈门片历史文化街区。系清末民初盐商汪伯屏所建,占地面积近4 000平方米。大门南向。中路正宅前有水磨砖雕门楼;东部花厅系柏木梁柱,面阔三间,进深七檩,前后有卷棚,厅内罩格精工雕琢,屏门上嵌有纹饰精美的大理石。又在东、西轴线南部和宅后叠石为山,种花植木,分别建有"可栖迟""小苑春深""迎曦"等四个庭园,将住宅和园林融为一体。

小苑于2002年修缮后对外开放。总体保存较好,原有建筑结构较为完整,空间布局未变,保留晚清建筑风格。2002年10月公布为江苏省第五批文物保护单位。

25. 李园(含船厅)

位于兴化市区武安街13号。园林原为清咸丰年间(1851～1861)扬州富商李小波私家花园,中华人民共和国成立前卖给"兴化县商会"。中华人民共和国成立后,多次修缮。大门朝东,由门楼、南北花厅、船厅、方厅、桂华楼等组成。其中船厅造型别致,平面呈"L"型,为砖木结构,四周为廊,南侧有踏道,状似跳板。厅西有码头,入船头是大面积挂落,中舱有木雕落地罩,梁架有雕刻,卷棚歇山顶,西边有玉兰树、紫藤。船厅西南有方厅、桂花楼,北面有2块庭园,有石榴树、黄杨树。船厅于1982年3月调整公布为江苏省第一、二批文物保护单位。2002年10月,李园归入江苏省文物保护单位船厅,更名为李园。

26. 惠荫园

位于苏州市城区临顿路南显子巷。

明嘉靖年间(1522～1566)为归湛初宅园。后属胡汝淳,名洽隐山房,后荒废。清顺治六年(1649),韩馨得此废园,整修后名洽隐园。康熙四十六年(1707)毁于火,独存东南半壁水假山。乾隆十六年(1751)修复,蒋蟠漪篆书"小林屋"洞额。继归皖人倪莲舫,改称皖山别墅。太平天国时(1851～1864)为听王陈炳文府,园景有所损。同治年间(1862～1875)江苏巡抚李鸿章在此创立安徽会馆及程忠烈公祠,并重修园林,取名惠荫园。苏州知府蒯子范又加扩建,遂有八景:柳阴系舫、松荫眠琴、屏山听瀑、林屋探奇、藤崖仦月、荷岸观鱼、石窦收云、棕亭霁雪。又在程忠烈公祠西建淮军昭忠祠。光绪四年至六年(1878～1880)会馆增筑仦月楼、戏台,并造机房数十间。光绪二十年(1894),张振轩增创安徽先贤祠于淮军昭忠祠。后李鸿章又命赵宗道修园,于园北厅堂两廊壁间嵌置"惠荫园八景"石刻。民国时园渐衰败,曾作阅报社、游艺场。解放后归于一初中。20世纪50年代末60年代初,水池相继被填。1966年后,小林屋洞旱洞被毁,水洞淤塞。后又拆去部分清代建筑,仅存会馆头门、程公祠、昭忠祠及残存的水假山。1994～2004年,修复园中主景"林屋探奇"及其四周部分园景,对尚存的清代祠堂建筑也一一修缮。

右面进月洞门,是原程公祠部分。南面第一进为原门厅,面阔三间,现为总务处后勤办公室,朝南沿街开一排窗。第二进、第三进便是原昭忠祠,现为学校图书阅览室。第二进为一厅室,向北,墙内东壁嵌有当年建祠时的碑刻一方。第三进为原祠堂工作人员的办公室及东侧包公殿,现已改建为教学楼。第四进保存着原享堂大殿,内有楠木庭柱,栋梁上有彩绘人物、花卉图案,都是清代始建原物。东北角为花园部分,整修后现存水假山、长廊花窗、亭榭。水假山名"小林屋",为明代叠山名家、画家周秉忠仿太湖洞庭西山林屋洞设计叠成,与清代大师戈裕良所作环秀山庄假山被并誉为苏州古典园林假山的"双璧"。

该处建筑群布局基本保持完整,局部附属建筑已拆除,建筑基本保持原形式结构,花园经修葺现状较好。2006年6月公布为江苏省第六批文物保护单位。

27. 赵园·曾园

位于常熟市城区翁府前,南临九万圩,西近护城河,为典型的江南古典园林。

赵园原为明万历年间(1573～1620)监察御史钱岱别业"小辋川"遗址,后为邑人钱允辉南皋别业旧址。清代乾隆、嘉庆年间(1736～1820),西部为吴峻基购得,辟为水壶园,又名水吾园。同治年间(1862~1874)又为阳湖(今常州)文士赵烈文(字惠甫,号能静居士)购得,改称静圃,俗称赵园。民国初,归常州盛氏,复舍为天宁寺下院,称宁静莲社、祇园。

赵园原园门朝东。西有能静居,南向,是一座三进院落居室。居室后为先春长廊,廊中有榭为北向,设石几案。廊后北面有经堂五间;而后有殿春长廊,北向,依墙而筑,中置八角及方形水榭各一。殿春长廊北端为有柳风桥,桥下为静溪。溪北为天放楼,南向,为赵烈文藏书处。溪南有假山,假山西麓有石梁与柳风桥通。山南有九曲石桥,中设石台,绕以石凳。南达似舫石船,舫后有老柳数株,名"舫楼柳浪"。溪涧旁有湖石假山一座;东有黄石假山平岗小坂,上置石井栏,镌赵烈文题"梅泉"。园内有桧柏三株,为"小辋川"遗物。

曾园俗称曾家花园,西与赵园相邻。同治、光绪年间(1862~1908),刑部郎中曾之撰得"小辋川"遗址东部,营建虚廊村居,一名虚廊居,或称虚廊园,俗呼曾园。曾之撰有文名,尤擅金石、文学。第二代园主曾朴为近代文学家,他的著作、被誉为"晚清四大谴责小说"之一的《孽海花》就完稿于园中。

曾园布局原本大致可分五区。园前区在园南,原园门面对内城河九万圩,前有方池。入门为紫藤棚架,其后便是"虚廊村居"门厅。池南为以读书、会客为主的临池建筑区,布以琼玉楼、归耕课读庐、水天闲话、君子长生室、邀月轩等楼馆轩榭,其西为"桃花坞"。池东为山石景观区,有"小有天"黄石假山平岗小阜,临水为"啸台""盘矶"等池岸石景。池西至西南为厅舫及花木景观区,原有"梅花厅""旱舫"及以梅花为主兼植银杏的"梅花田"等;该区东部在君子长生室之南,原有娱晖草堂、寿尔康室及古树名木,今尚存红豆树,为明"小辋川"遗物。池北为园后区,后门与园中长廊相通,原有后池和长堤和主池相通,现后池与长堤已不存。主池之上分架南北向与东西向两座曲桥,相交于池中小岛,岛上原有"清风明月阁"。曲桥中有荷花厅名"不倚亭",池中植荷万柄,有"莲花世界"之誉。曾园山石间有曾之撰的手书刻石;长廊壁间嵌《勉耘先生归耕图》和《山庄课读图》书条石刻三十余方,有伊秉绶、翁同龢、吴大澂、杨沂孙、汪鸣銮、张之洞、赵烈文等人的题跋。

曾园于1995年整修,赵园于2003年整修,同年两园融为一体。2004~2005年,两园再次全面维修。全园现占地面积约13 320平方米,整体建筑结构完整,假山、水池、楼阁、亭台和长廊等建筑保存完好,呈现了其原貌。2006年6月公布为江苏省第六批文物保护单位。

28. 逸圃

位于扬州市广陵区东关街356号,处于扬州明清老城区东关街历史街区,系晚清钱业经纪人李鹤生所建。李松龄,字鹤生,扬州人。清光绪十二年(1886)入钱庄学徒,光绪二十一年(1895)在市区多子街(今甘泉路)东段创"惠馀钱庄",后迁至左卫街,以诚信驰名京沪。宣统二年(1910)购东关街356号旧宅拆除重建,历时三年完工。

占地面积2 000平方米,建筑面积1 500平方米。大门南向,西部为住宅六进。东部前院为园,迎门堂建八角门,上额隶书"逸圃"二字,入内开门见山,沿东院墙贴壁为山,上建半亭,下凿鱼池,假山半亭毁于1966年。园北有花厅、书斋,宅后有藏书楼等。花厅南向,面阔三间,外廊天花皆施浅雕。厅后为一院落,有小轩三间,内置紫檀木雕刻罩隔,屋内有暗门道登楼可达住宅北面之后园。园东有假山叠石;园西有两层楼屋三间,东向,内有镶瓷板绘画格扇,建有螺旋形木楼梯通楼上。

现保存基本完好,2006年6月公布为江苏省第六批文物保护单位。2007~2008年全面修缮,较好地恢复了逸圃的原有风貌。

第十一节 桥梁码头

江苏境内尤其江南水乡古镇众多,河湖广布,因而桥梁遍布。据不完全统计,江苏省现存古代中唐、五代5座,宋代24座,元代11座,明代150多座,清代900余座。公布为各级文物保护单位的201处。从形制结构上可分为梁桥和拱桥两大类,质地大部分为石质,少部分为砖或砖石混砌,木质桥极少。

1. 宝带桥

位于苏州南部的吴江塘路上,是江南运河河岸上的桥梁与水门。宝带桥始建于唐元和十一年至十四年(816～819),因形似宝带得名。明正统七年至十一年(1442～1446)重建为53孔连拱石桥,沿袭至今。

宝带桥为多孔薄墩连拱形石桥,长度超过300米。各孔拱形均属圆弧,接近于半圆形,孔高与孔径之比(即矢高比)接近1/2,属于陡拱。各拱拱圈是由一条条弧形的板拱石并列砌筑而成,板拱石的端点之间设有横向长铰石,板拱石两端各琢有石榫,插入长铰石上预留的榫眼,相互结合。

1982年3月调整公布为江苏省第一、二批文物保护单位,2001年6月公布为第五批全国重点文物保护单位。

2. 莲花桥

位于扬州明清城外的西北近郊、瘦西湖公园内。莲花桥因建于莲花埂上,故名,又因桥上有五亭,俗称五亭桥。清乾隆二十二年(1757)创建,后屡加修葺,1984年修桥基,1990年修桥亭。桥为青条石砌筑,正桥平面呈"工"字形,南北两引桥下各为半拱,桥墩列四翼,各有三拱,正侧共十五个桥洞。桥上建五亭,均为四角攒尖顶,中亭为重檐,其余四亭为单檐,有廊相连。1982年3月调整公布为江苏省第一、二批文物保护单位。2006年5月,作为"莲花桥和白塔"的一部分公布为第六批全国重点文物保护单位。

3. 太仓石拱桥

位于太仓市城厢镇,包括皋桥、州桥、周泾桥、井亭桥、金鸡桥五座元代石拱桥。根据券石铭文记载,皋桥建于元元统二年(1334),州桥建于天历二年(1329)十月,周泾桥建于至顺元年(1330)十一月,井亭桥、金鸡桥于元统二年(1334)重建。

太仓石拱桥均是拱形青石桥,其中州桥、周泾桥、井亭桥为三孔,皋桥、金鸡桥为单孔。五桥的建筑风格基本一致,拱券分节并列砌置,拱轴形式周泾桥和井亭桥为圆弧拱,其余为卵拱。大部分桥两端之宽大于桥中宽,用以增加横向稳定,桥身上采用长系石拉接。在券石、栏板、桥耳部分采用石雕装饰,增强桥的艺术造型。五桥在所处的位置上有较为明显的特点,皋桥、州桥、周泾桥位于城厢镇同一条河——致和塘,由西向东依次排列,南北走向,三桥相间仅1 500米左右;井亭桥、金鸡桥在城厢镇南郊区新丰村境内,同位于古冈身路段,南北走向,两桥相隔仅400米左右。

太仓石拱桥的保存情况都比较完好。皋桥、州桥与周泾桥于1982年3月以城河石拱桥名称公布为江苏省第三批文物保护单位,井亭桥与金鸡桥于1995年4月以井亭桥、金鸡桥公布为江苏省第四批文物保护单位。2006年5月合并公布为第六批全国重点文物保护单位,更名为太仓石拱桥。

(1) 皋桥

又名"兴福桥"。桥长18.90米,矢高4.10米,面宽4.90米,有石雕栏杆。拱券分节并列砌置。桥面由花岗石卵石片铺设,桥心已毁。桥栏为20世纪90年代仿照周泾桥栏杆所复制的青石雕花栏杆。地栿中央有两个圆形浮雕,图案是"十"形和莲花图,旁有"兴福"两字。桥孔南北两端西侧金刚墙内各立一长条青石柱,距桥孔约1.90米,南块石柱有莲花铭文,两行十七个字:"南隅朱氏妙宁助柱四条增崇福寿延长者。"在南北相对称的两块券石上有题记,尚可辨认"元统"等字,铭文上下有云纹和荷花浮雕图案。桥身两侧金刚墙大多为青石,间隔堆砌大小不等的花岗石料。

(2) 州桥

又名"安福桥",因桥北30米处即太仓州衙旧址,故俗称"州桥"。桥长32.40米,桥中宽4.0米,桥堍宽4.0米,主孔净矢高5.10米,主孔净跨度11.70米,主孔矢跨比1∶2.27,拱券厚0.28米,拱轴形式卵拱。中孔券板由9组砌成,每组由4～5块券石砌筑;北次孔券板由7块拱券石砌成,每组亦由4～5块券石砌筑,呈分节并列式;南次孔被石驳岸砌埋;中孔西侧南部第二道券石边沿因缺损脱位,可以看见券石内有厚0.16米,深0.1米的榫头,上券石的榫头嵌于下券石的榫孔中,每块券石上下均有2～3只榫头和榫孔。拱石上下石缝亦是相错,不过相错距离较大,约有20厘米。中孔东西两面仰天石侧面刻有"安福"二字,两侧有圭角。仰天石下层有一条做有"乳丁"的石条装饰带,现已残缺不全。桥系石(俗称桥耳)为花岗石石材构筑,疑为后期修配所用。出头处镌如意琬花。桥面千斤石规格为2.55米×1.45米,上刻一组同心圆。桥面为花岗石碎铺就,据当地人反映系后期改造所致。栏板石为青石,为20世纪90年代整修时所配。中孔南北有四块相对应的券石上刻有铭文可辨出"昆山州太仓""安福桥""大元天历二年岁次"等字迹。

(3) 周泾桥

又名"海门第一桥"。桥长30.0米,桥中宽4.70米,桥堍宽4.80米,主孔净矢高5.90米,主孔净跨度11.20米,主孔矢跨比1∶1.9,拱券厚0.28米,拱轴形式圆弧拱。主孔拱券由九组券石砌成,每组有6～7块券石组成,南北次孔券板由7组拱券石砌成,每组亦为4～5块砌筑,呈分节排列;主孔龙门石中部两块均为武康石砌筑,疑为宋代遗构;桥孔两侧均有长系石,桥耳出挑0.4米×0.5米×0.58米,上刻有图案已模糊不清。仰天石两侧有圭角,下层局部做有"乳丁"的石条装饰带。桥面"千斤石"为花岗石,平面规格1.63米×1.2米,上刻直径为1.1米的轮回图案,系元代石刻,其余均为后期配制,做工较粗糙。中孔券石有一题记,上雕荷叶,下刻云纹,铭文可辨出"至顺年"等字迹。桥身两侧花墙在青石料夹杂砌有花岗石料,由下而上逐层收分。

(4) 金鸡桥

因桥面石上有一鸡形浮雕而得名。桥长11.70米,桥中宽2.37米,桥堍宽2.50米,主孔净矢高2.34米,主孔净跨5.10米,主孔矢跨比1∶2.18,拱券厚0.28米,拱轴形式卵拱。桥洞由5组券石组成,每组由3～4块券石拼合,呈分列并列式。桥金刚墙、拱券石与天盘石等主体构件均为原构,券石宽的达1.1米。龙门石中间有组铭文"至治二年八月□日广寺宣授慈光普照大师孤山重建",铭文上有荷叶浮雕相领,下有莲花浮雕相托,桥面为平铺花岗石低坪一组,大小不规则,且不齐全,桥栏板已无存,在沿口石上仅存榫眼。与其他四桥相比不同的是,此桥孔两侧有明柱砌筑。长系石头部均有损;沿口石两侧收头部位均雕有"如意云纹"图案。桥面石中有一隐约可辨的鸡形浮雕。

(5) 井亭桥

原名"众安桥",因桥边有一井亭,故得名井亭桥,桥亭现已毁。桥长22.30米,桥中宽4.30米,桥堍宽4.30米,主孔净矢高3.16米,主孔净跨度6.10米,主孔矢跨比1∶1.93,拱券厚0.28米,拱轴形式圆弧拱。中孔拱券由7组拱券石砌成,每组4～5块券石组成;两次孔拱券由5组券石砌筑,每组亦为4～5块券石组成,呈分列并列式。井亭桥三孔保存完整,桥面平缓。桥面现为花岗石及青石块石平铺地坪,桥栏板无存,沿口石上仅留榫眼。中孔上面东西沿口石的两侧各刻有"广寿众安桥"五个楷书大字,每三、四层夹杂砌筑2块花岗岩券石,西次孔第一层券石中央刻有一组铭文:"南广寺提点佛□通智大师如理三律重建众安三环洞桥□德庄严元师一长老尊灵超登上品更异□袈裟□固福筹吉祥如意元统二年三月□日再任持圆智广大师行□题词洞庭绳墨张□□。"上有"荷叶"浮雕相领,下有"莲花"浮雕相托。

4. 七桥瓮

位于南京市秦淮区红花街道七桥村外秦淮河上。是明初建的七孔不等跨半圆石拱桥,时称上坊桥。因桥有7孔,清代又称七桥瓮或七瓮桥。太平天国曾两次破清军于此,辛亥革命光复南京后,江浙联军又在此大败守军。该桥全长89.6米,净宽13米,高25米,中孔净跨12米,矢高6米。中孔两侧刻有"上方桥"3字,中孔券石上有"清顺治六年重修""上元县知县陈祖道重修""南京马路工程处重修"等题记。桥身似弯弓,用花岗岩和石灰岩掺和石灰浆、秫米、桐油砌成。桥墩呈梭形,高于洪水位以上,以警来舟。拱净跨7～12米。拱券部分由长1.15米、宽0.5米、厚0.25米、略带弧度的242块条石,采用并列法砌成。桥两端瓮宽9米,桥瓮上方两翼各雕刻16只螭首。桥墩两头巨石上各雕塑分水兽头6只,呈人面兽头像,前凸约3米。现存七桥瓮基本保持原貌,桥墩、桥瓮、兽头等均为明代原物。1982年3月公布为江苏省第三批文物保护单位。

5. 江村桥

位于苏州市金阊区留园街道西园社区枫桥路24号寒山寺前。为寒山寺西南跨运河支流连接江枫洲的主要桥梁,东西走向,为单孔石拱桥,拱券纵联分节并列砌置。桥全长30.8米,桥面宽3.8米,跨度为9.8米。由青石和花岗石组合构成。始建年代不详,现为清康熙四十五年(1706)重建,同治六年(1867)又重修。后因乏于修护,拱桥位于寒山寺照壁前偏南,1984年整修并列有《重修江村桥记》。1982年3月公布为江苏省第三批文物保护单位。

6. 枫桥

位于苏州市金阊区留园街道西园社区枫桥大街西端。桥在寒山寺北,距山门仅百步,东西走向,横跨于古运河上。单孔石拱桥,桥全长39.6米,中宽4.4米,矢高5.7米,净跨10.5米。花岗石构筑。拱券纵联分节并列砌置。桥面石镌轮回纹。东西两坡砌踏步,东端落坡于铁铃关拱门内。南北明柱各镌对联一副。栏板砖砌,间以石望柱,覆以石条。始建年代不详,因唐代张继《枫桥夜泊》而闻名,现为清乾隆三十五年(1770)重建。1982年3月公布为江苏省第三批文物保护单位。

7. 本善桥

位于金坛市金城镇清培村,东西向横跨清培河,桥东为村庄,桥西为农田。始建于南宋绍兴二十八年(1158),宝祐元年(1253)由太学生周瑀(1222~1262)请苏州盘门匠人吴进重新修整,明、清及民国局部修整。现古桥保持原有风貌。

本善桥以青石砌造,为分节并列式,发券单孔,净跨8米,拱矢高4.7米,拱券分十一节,每节拱石左右对称,下部三节每节为1.75米,向上一节为0.85米,再上一节为0.35米,顶部一节为0.30米,以适应砌成圆弧拱形的需要。拱券宽度自下而上有收分,底部3.22米,顶部3米,拱石宽0.40~0.94米不等,每节拱券以5块拱石并列组成,顶部中一块合拢石上刻有莲花图案。上下石缝相错,缝间用石灰糯米浆封灌。左右拱石长4.37米,宽0.60米,高0.60米。桥面总长30.18米,桥面上宽3米,桥堍宽3.75米。桥面中间置一独轮车道,宽0.35米;车道两旁铺1米的人行阶石14块,两旁安栏杆基石。桥面两侧各置6根望柱,5块栏板,2块抱鼓石,正中栏板外侧镌有楷书"本善桥"三字。桥拱券东壁有刻题记共10行,每行13字,具名周瑀撰文,其侄为其书。框外右下方刻"姑苏盘门匠人吴进"字样。拱形的桥面结构便于桥东的村民运粮及肥料。

1995年4月公布为江苏省第四批文物保护单位。

8. 大觉寺桥

位于苏州市吴中区甪直镇车坊社区大姚村,坐落在大觉寺遗址前。据桥身金刚墙上《□□禅师塔铭》碑记载,该桥创建于北宋庆历七年(1047),元至正十一年(1351)重建。因年久失修,破损严重,2006年大修。

大觉寺桥为单跨梁式石桥,南北走向,修复后全长15.5米,中宽3.3米,高2.9米,跨3.9米。桥面以六根略呈拱势的武康石长梁组成,长5.1米,最宽者0.63米。两边两根略高,形成沿口石,外侧有雕饰。东侧石中雕二龙抢珠,两端雕夜叉腾云;西侧石以宝珠为中心,两边依次对称饰有蝙蝠、玄鸟、天马等;两石均以海浪纹、云纹作边饰。馒首形的梁(长系石)头上,雕饰背倚须弥山手捧大钵的金刚力士。金刚墙以青石错缝叠砌而成,北侧金刚墙嵌碑一方。

该桥于2006年修建后已恢复原貌,现大觉寺已毁,寺河干涸,桥现为旱桥,保存尚好。1995年4月公布为江苏省第四批文物保护单位。

9. 东庙桥

位于吴江市七都镇东庙桥村横沽塘。古桥建于南宋绍定年间(1228~1233)。梁式三跨,东西走向,全长21.5米,中宽2.1米,堍宽2.75米;中孔跨度4.6米,高4.31米。全桥除民国年间维修时增置的花岗石栏板、望柱,更换的花岗石桥面石,以及古代修缮时金刚墙杂入的青石外,梁柱、底盘、石级等均为宋代武康石原物。排柱与横系石、梁石之间平接严密,受力匀称。三跨桥面两边共架设6根梁石,梁石之间横铺石板(桥面石)。梁石两端厚31厘米,中间增至51厘米,外侧凿成弧形,以增大受压力,减少受拉力。中跨梁石侧面刻有"绍定"两字,次跨梁石外侧下端分别镌刻不同的流云纹饰。梁石之下的横系石上有4个直径18厘米的半月形凹槽,为当初建桥时安置托木而凿。东庙桥结构稳固,保存较好,石级一侧浇一水泥自行车道,金刚墙石有断裂松动错位现象,桥面中间横石高低不平。1995年4月公布为江苏省第四批文物保护单位。

10. 思本桥

位于吴江市同里镇,跨桥港,俗称思汾桥。古桥为南宋宝祐年间(1253~1258)同里诗人叶茵出资所建。叶茵著有《顺适堂诗稿》;生平仰慕唐代文学家陆龟蒙,致力于汇集陆氏诗文,辑有《甫里集》二十卷;乐于善举,曾为里中修建多座桥梁,思本桥即其一,名取"当思以民为本"之意。思本桥为单孔拱桥,除部分花岗石石级外,其他均由武康石构筑。桥面石略呈弧形,两侧有乳钉纹。东西走向,全长22.5米,中宽1.85米,净跨9米,矢高4.5米,矢跨比正好是1∶2,是标准的半圆拱。拱圈以分节并列式砌置,呈半圆形,桥顶石梁采用两端向中间逐渐增厚,外侧又凿成弧形的做法。全桥除栏板已失,石阶经后人整修时部分更换之外,仍为宋代原构。

2008年秋维修。思本桥结构稳定，保存状况完好。1995年4月公布为江苏省第四批文物保护单位。

11. 长乐桥

位于溧水县东屏乡长乐村。建于宋代，明代归政乡人刘济重建，后由刘浚重修。三孔石拱桥，桥长36米，宽3.7米，中孔净跨9.5米，由麻石以分节并列法和青石砌成。桥上原有石栏板，今已无存。桥北端原立有碑，已佚，仅余碑座。2002年10月公布为江苏省第五批文物保护单位。

12. 蒲塘桥

位于溧水县洪蓝镇蒲塘河上。又名尚义桥，横跨于蒲塘河（今老新河）上，明正德三年（1508）春兴工、正德七年竣工，由邑人赵琪兄弟捐建。为九孔石拱桥，花岗岩砌筑，长91.3米，宽5.7米，中孔净跨10.6米，拱券用无铰连接并列法砌置，8座桥墩各带有分水尖。桥面石栏杆72根望柱顶端镌刻着"寿"和莲花等纹样。2002年10月公布为江苏省第五批文物保护单位。

13. 清名桥及沿河建筑

位于无锡市南长区清名桥街道清名桥社居委古运河上。原名清宁桥，始建于明万历年间（1573～1620）。清康熙、乾隆二帝多次经过此桥南巡，道光年间（1821～1850）改名"清名桥"。后又几经损毁重建，到20世纪50年代，因拓宽南长街，将西块台阶内缩，改建为南北分块台阶。清名桥为单孔石拱桥，桥体用花岗岩石构筑，桥栏由块石镶嵌组成，用榫卯而不用灰浆连接，桥顶及西块夹有方形望柱，拱券为纵联分节并列式结构，共11道。桥长43.3米，高7.4米，桥孔跨度13.1米，单孔。沿河古街位于古运河与伯渎港交汇处，北起跨塘桥，南至南水仙庙，东起祝大椿故居，西到定胜河，总面积约0.5平方千米，有大小河流7条，桥梁码头20多座，老街旧弄30余条。沿街房屋以两层为主，大部分是传统店铺、作坊和货行，尚存晚清和民国风貌。运河两侧的枕河民居形成奇妙的"水弄堂"，为古运河无锡段之精华所在。2002年10月公布为江苏省第五批文物保护单位。

14. 庄城桥

位于金坛市白塔镇庄城村西首。庄城桥始建于宋代，又名福兴桥。桥为分节并列砌置，发券单孔，净跨12米，拱矢高度6.9米，桥长37米，上宽5.87米，下宽6.7米。两侧各安十根望柱，柱首雕覆莲纹，九块栏板，一对抱鼓石，桥洞两边上部左右对称各置一对桥耳。此桥原有南宋进士、邑人刘汉所撰碑记，惜今无存。庄城桥至今保存基本完好，拱阔矢高，建桥技艺高超，柱首雕覆莲纹及桥耳如意纹图案为典型的宋代风格，为省内少见的宋代石桥。1985年全市文物普查时发现并登记。2002年10月公布为江苏省第五批文物保护单位。2006年2月对庄城桥重新修缮。

15. 灭渡桥

灭渡桥位于苏州城区葑门外莫邪路南首，跨京杭运河故道。该地古为水陆要津，原设有渡船，因旅客不能忍受舟人把持敲诈，由僧人发起集资募建桥梁，取名"灭渡"，"志平横暴也"，今讹称觅渡桥。桥始建于元大德二年（1298）十月，至四年三月竣工。明代正统年间（1436～1449）苏州知府况钟重修，清同治年间（1862～1874）再修。中华人民共和国成立后，1985年又修，并恢复石栏。

桥为薄型单孔拱式，东西走向，通长70.75米，中宽3.78米，跨径19.3米，矢高8.5米。两坡设花岗石条石踏步，共90级。桥身用武康石、青石、花岗石混砌。拱券纵联并列砌置，青石长系石端部刻有兽面纹浮雕，应为始建时物。该桥采用增大跨度而不作多孔设计，以适应水流湍急、过往船只体量大、往返频繁的需要；在拱顶与面石间不加填层，并尽量增加桥身坡长，使大桥平缓易行，高而不峻。

灭渡桥虽几经重修，石材混杂，但主体部位的用材与结构仍为建桥之初原物。灭渡桥结构稳定，西南侧系石雕刻损毁，桥面经重修，桥栏、踏步有替换重置，整体保存状况较好。2002年10月公布为江苏省第五批文物保护单位。

16. 双桥及沿河建筑

位于昆山市周庄镇。双桥与周围的富安桥、太平桥及沿河建筑是周庄古镇最具代表性的景观。

双桥系指相邻的世德桥和永安桥。二桥同时始建于明万历年间（1573～1620），清乾隆三十年（1765）、道光二十三年（1843）两度重建。二桥材质均为花岗石。世德桥为单孔拱桥，东西走向，跨北市河。全长19.3米，中宽2.95米，净跨5.5米，矢高3.2米。拱券为纵联分节并列砌置。桥身东西有石级，桥面石有浮雕。桥栏以条石自下而上平搁而成，可供行人憩坐。永安桥为单跨梁桥，南北走向,跨银子浜西口。全长12.9米,跨度3.5米,宽2.4米。桥面由六根厚21厘米、长4.1米的石梁架成。栏杆由望柱与条石扶手组成。南北有石级。世德桥与永安桥首尾相连呈丁字形,桥孔一圆一方,状似古代钥匙,故双桥又被称作钥匙桥。1984年,"双桥"美景被画家陈逸飞发现,所作油画《故乡的回忆》,为美国西方石油公司董事长阿曼德·哈默购去,并在访问中国时作为礼物赠给邓小平。1985年,这幅画被印在联合国首日封上,使双桥举世瞩目。

富安桥在双桥南,东西向跨北市河,始建于元,清重建,单孔石拱桥,是江南水乡城镇仅存的附有四座桥楼商店的古桥。太平桥是座紧邻双桥的单孔石拱桥,南北向跨后港东口,始建于明,清重建。

古桥之间分布着多座明清古建筑,主要有连厅、贞固堂、太平桥、四义士祠等。

双桥及沿河建筑经多次修缮,保存较好。2002年10月公布为江苏省第五批文物保护单位。

17. 宜兴古桥梁

位于宜兴市,包括茭渎桥、大浦桥、东仓桥、新桥、步龙桥、永安桥、扶风桥、阳溪桥、鲸塘桥、福田桥10处桥梁。2006年6月公布为江苏省第六批文物保护单位。

(1) 茭渎桥

位于宜兴市新庄街道茭渎村。茭渎桥建于明成化年间(1465～1487),民国6年(1917)重修。桥下拱券内有明成化、嘉靖桥铭铭各一块。茭渎桥为单孔石拱桥,由青石、阳山石、花岗石混砌,南北走向(南偏西35°),南北各有石阶14级。桥全长14.7米,中宽2.4米,堍宽3.1米,坡度12°。桥孔净跨5.25米,矢高2.85米。南北两端有长约百米的明清老街。

(2) 大浦桥

位于宜兴市丁蜀镇大浦老街北端,跨大浦港(又称楼渎港)。大浦桥建于明成化四年(1468),清康熙四年(1665)重修,光绪年间(1875～1908)再修,桥拱内有明成化、清康熙修桥碑铭各一块。大浦桥为单孔石拱桥,桥长27.2米,中宽2.7米,堍宽3.1米。南北向,南坡有石阶28级,北坡为33级,青石、花岗石、阳山石混砌。青石望柱,柱头上端刻莲瓣纹,花岗石长条形护栏。桥两侧长系石头上刻浮雕莲花纹。桥孔净跨8米,矢高3.8米。

(3) 东仓桥

位于宜兴市宜城镇东风巷(旧称"东域里"),横跨于旧城河上。东仓桥始建于南宋宝庆年间(1225～1227),由县尉赵汝迈发起兴建。明代重建,清咸丰年间(1851～1861)重修,抗日战争期间又遭破坏,抗战胜利后修复。1997年又对桥面、护栏等进行了整修。东仓桥系单孔石拱桥,主体建筑仍为明代风格,由花岗石、青石混合构筑,桥长30米,顶宽3.6米,堍宽4.7米,桥栏高0.75米。东西向(南偏西28°)。净跨8.3米,矢高5.5米。南坡台阶28级,北坡34级,其中12级台阶在1997年旧城改造中被拆除,现改为水泥台阶。坡度16°。桥南堍与东风巷明清老街相连。

(4) 新桥

位于宜兴市新街街道殷家村东约1公里处、宁杭高速公路东侧。新桥建于明代,为单孔石拱桥,东西向(东偏南17°),两侧各有石阶30级。青石质,券石及桥面车道为花岗石质,桥两侧长系石两端雕刻龙首。桥长31.3米,中宽3.95米,东堍宽5.2米,西堍宽5.55米。桥孔净跨8米,矢高4.3米。坡度14°。

(5) 步龙桥

位于宜兴市西渚镇元上巷里村。建于明万历元年(1573),相传有真龙天子从桥上经过,故名。步龙桥为单孔石拱桥,南北向(南偏西33°),青石砌筑,栏杆为4柱5节,柱顶刻莲花纹。桥长19米,中宽3.3米,堍宽3.7米,坡度14°。桥孔净跨4.6米,矢高3.55米。桥下券石内嵌修桥碑铭,阴刻"步龙桥"三字,为首"任玉圭、任玉瑜、任宙凤、任从三",落款"万历元年孟春吉旦造"。

(6) 永安桥

位于宜兴市高塍镇塍西村亳村北端。永安桥建于明嘉靖十八年(1539),为单孔石拱桥,东西向,青石、花岗石混砌,其中桥主体为青石,踏步为花岗石砌筑。桥长11.5米,顶宽2.9米,堍宽3.4米。桥孔净跨4.6米,矢高3.1米。坡度12°,东西各有石阶10级。桥上有青石栏杆、荷花纹望柱。

(7) 扶风桥

位于宜兴市芳桥镇扶风老街。扶风桥原是一座简易石桥,宋代由河南扶风人窦氏发起修建,故名;明天启六年(1626)由状元周延儒出资重建。单孔石拱桥,东西向(东偏南13°),桥主体用青石,桥栏用花岗石砌筑,桥长19.05米,中宽3.55米,堍宽4.3米。桥孔净跨5.5米,矢高3.4米。坡度16°。

(8) 阳溪桥

位于宜兴市杨巷镇河西街。阳溪桥建于明嘉靖三十一年(1552),为单孔石梁桥,东西向(南偏东30°),桥主体为青石,桥面为花岗石砌筑,荷花纹栏柱,东侧有石阶12级,西侧为15级。桥长18.2米,中宽2.7米,堍宽4米,坡度19°。

(9) 鲸塘桥

位于宜兴市徐舍镇鲸塘村,横跨钟(溪)张(渚)运河之上。鲸塘桥为三孔石拱桥。明嘉靖三十年(1551)由钱鳌捐资首倡与李金募建,清康熙二十五年(1686)由钱鳌玄孙钱之遴捐资重修。青石和花岗石混筑。桥全长52米,中孔矢高5.4米,跨度9.8米,两孔矢高3.8米,跨度7米。鲸塘桥是宜兴现存最大的石拱桥。

(10) 福田桥

位于宜兴市徐舍镇芳庄村东端,跨东庵河,又称"东荡大桥"。福田桥建于明代,清康熙辛巳年(1701)重建。桥下拱券内有桥铭一块。福田桥为单孔石拱桥,东西向,东侧有石阶32级,西侧34级。青石叠砌,桥面石级为青石和花岗石混砌。桥长34.6米,中宽3.95米,东堍宽4.55米,西堍宽4.3米。桥孔净跨7.6米,矢高4.9米。由于河面较宽,桥东西两堍均建有青石引桥,其中东引桥长6.95米,西引桥长8.5米。

18. 扬名大桥

位于无锡市滨湖区太湖街道西北大桥村,横跨梁塘河。原为市区至南乡必由之桥。明天顺四年(1460)始建,明代嘉靖、清代乾隆间重修,清咸丰十年(1860)毁。同治九年(1870)邑人丁明奎等集资重修,至今完好。桥体用花岗岩砌筑,长42米,宽3.4米,三孔,形制古朴。2006年6月公布为江苏省第六批文物保护单位。

19. 白家桥

位于铜山县利国镇,南北横跨于古老的运铁河上。白家桥始建于元代,又称为白塔桥,当地人习惯称之为南大桥,据传为元代当地富户白昆捐资所建。为青石砌筑的三孔石桥,全长22米,桥面宽8.6米,中孔跨度5.5米,两边孔宽4.3米,桥体中高6.3米。桥拱采用纵联分节并置法,券成拱形。桥西侧残留有石座槽,推测应有石栏杆。桥墩拼缝间都有糯米灰浆,大的缝隙间还垫有铁片。桥墩的逆水方向砌成三角形,以分刹水势。白家桥保存较好,2006年6月公布为江苏省第六批文物保护单位。

20. 香花桥

位于吴江市震泽镇龙降桥村十都里。俗称香火桥,在麒麟寺遗址前,传为寺僧以众香客所捐香火钱建造。始建于南宋。梁式三跨,东西向跨北港。全长14.4米,中宽2.1米,堍宽2.55米,中跨4.87米,高2.2米。排柱、石梁等主要构件为武康石,桥台夹杂着后代多次维修时所更换的青石和花岗石,桥面横步石和两坡阶石为花岗石。该桥石梁由两端逐渐向中间增厚,外侧又凿成弧形。现桥身保存完整,但武康石已现风化,新建的石驳岸挡住半个桥孔,无栏石,整体保存情况较好。2006年6月公布为江苏省第六批文物保护单位。

21. 垂虹桥遗迹

位于吴江市城区垂虹路北。旧名利往桥,俗称长桥。始建于北宋庆历八年(1048),时为木结构梁桥。桥心建亭,名为"垂虹",后即以亭名桥。南宋德祐元年(1275)毁而复建,时为85孔。元大德八年(1304)增至99孔。元泰定二年(1325)改建为石拱桥,为62孔,桥中有三孔高起以通大舟,桥上重建垂虹亭,又在东西两堍增立"汇泽""底定"二亭,并各镇以石狮一对。元末明初,扩为72孔。明成化八年(1472)重修,为62孔。明成化十七年(1481)又改为72孔。后桥孔日渐淤塞。民国4年(1915)重修时,仅见44孔。1957年第一次被列为江苏省文物保护单位时,见有47孔。1967年5月2日晚,垂虹桥突然坍塌。1995年在西端挖出11孔桥洞,1996年对其中7孔进行了清理和维修。2004年,东端的9孔桥洞、桥堍、牌坊、"汇泽"亭基等遗迹清理出土。2005年进行修缮和环境整治。

垂虹桥为多孔石拱桥,东西走向。现有东、西两段残桥17孔桥洞暴露在外,东端10孔,西端7孔,宽4米,共长91.88米。西端还有数孔埋在地下。拱券为分节并列式砌筑,桥墩采用薄型墩。桥台、金刚墙为武康石、青石、花岗岩间杂砌筑。西端有5孔拱券的材质全为武康石,经鉴定系元代遗存。2004年,东端的9孔桥洞、桥堍、牌坊、"汇泽"亭基等遗迹经鉴定为元、明遗构。所存部分结构牢固,保存完好。2006年6月重新公布为江苏省第六批文物保护单位。

22. 吴门桥

位于苏州市城区盘门外，跨护城河（京杭运河古道）。北宋元丰七年（1084）郡人石氏捐资始建，初名新桥，又称三条桥，由北段两座相连的木桥与南段一座石桥组合而成，见于南宋《平江图》。南宋绍定中重建为三孔石拱桥，改名吴门桥。明正统年间（1436~1449）知府况钟再建，弘治十一年（1498）水利郎中傅潮重修；清顺治三年（1646）、雍正十二年（1734）再修。清乾隆间徐扬所绘《盛世滋生图》中仍为三孔石拱桥。咸丰、同治间毁于战火。同治十一年（1872）重建。中华人民共和国成立后，1989年维修。

今吴门桥为单孔拱桥，花岗石砌筑，杂有少量武康石。南北走向，全长66.3米，中宽4.8米，净跨16米，矢高9.85米。券石11节，铰石（龙筋）10根，纵联分节并列砌成拱券。券石之间用定胜形榫卯拼接，以增加牢度，避免移位。桥面石雕有轮回纹，条石栏板断面呈曲尺形。桥额阴刻楷书桥名，间壁明柱刻"苏省水利工程总局重修"和"同治十一年壬申夏四月"。南北两落坡铺条石踏步各50级。东西两侧金刚墙上各伸出6根长系石（梁头）。桥北金刚墙左右两翼North砌有宽约0.6米的纤道（泊岸）。

吴门桥是苏州城区现存最高的单孔古石拱桥，也是护城河上仅存的一座完整的古桥。吴门桥与盘门、瑞光塔并称为"盘门三景"，以"三景"为主的盘门风景名胜区已于1999年建成开放。现吴门桥经维修保存较好，部分条石踏步有断裂下陷。2006年6月公布为江苏省第六批文物保护单位。

23. 邵伯运河码头及铁牛

邵伯运河码头位于江都市邵伯镇甘棠社区运河东岸。邵伯镇为京杭运河线上著名的古镇，因东晋著名政治家、军事家谢安于此筑埭而得名（百姓把谢安比作西周时的召公，古代"邵"和"召"同音）。春秋末期吴王凿邗沟、隋大业元年（605）隋炀帝疏浚邗沟都流经邵伯。南宋绍熙五年（1194）始筑江都至淮阴运河堤堰，穿越镇境。明清之际，运河堤防工程频繁。现存大堤为康熙五十三年（1714）所修建，用于船只停靠及装卸货物。运河大堤为砖石结构，南北走势，面西而立。邵伯运河东堤上的四个古码头遗址，自北向南分别称为竹巷口码头、大码头、朱家巷码头和庙巷口码头。民国25年（1936）运河改道之后，码头被逐渐废弃，现作为遗址展示。

大码头南距竹巷口码头90米。挨堤面东为第一层平台，东西宽6.72米，南北长16米，地面为40厘米×40厘米花岗石铺筑。平台东南角立有砖牌楼，宽2.03米，高3.27米，拱形门，上嵌一块刻有"大码头"的大理石石碑，牌楼向东通往南大街。沿第一层平台向下，为十一层台阶，台阶长约4米，连接第二层平台。第二层平台长4米，宽1.4米，向下现存十层台阶。码头底部可见历代维修遗存的石工，还有河堤基础的木桩。大码头在四个码头中规格最大，两边堤壁全部采用条石砌成。"大码头"砖牌楼系20世纪50年代初重砌，用料较差。面向运河的一侧，下部用砖风化严重，导致牌楼向外倾斜，2005年6月整修"大码头"牌楼、码头踏步石、大码头巷道等。牌楼保存原来的结构尺寸和用料，外形恢复到清代式样。

朱家巷码头南距竹巷口码头80米，其东向下为四层台阶和第一层平台，平台宽2.56米，长9.12米，平台向西有十六层台阶，下为第二层平台，平台宽6米，长6米，通过八层台阶至河边。堤壁下部为五层条石堆砌，中部为九层城砖一横一竖砌成，最上部为一层条石压筑。条石大小规范，厚度均为0.4米左右。在堤壁上装有铁环和铁钩，用于系船之用，此段堤壁为宣统二年（1910）重修。在距朱家巷码头向南20米处，有刻有"甘棠保障"清代石刻一处，规格为60厘米×31厘米×30厘米。

朱家巷码头向南80米为庙巷口码头，形制与朱家巷码头一致，由东向西有九层台阶，台阶长2.57米，宽0.35米，至堤西平台，长宽为4.19米×5.3米，至河边为八层台阶，长3.4米，宽0.35米。码头北堤壁由条石和城砖相间砌成，南堤壁大部分为青砖与泥土混杂，比较粗糙，南段至南塘口，少见条石。

邵伯铁牛位于邵伯镇斗野亭内北端，为镇水铁犀牛，清康熙四十年（1701）制。清康熙三十八年（1669）夏秋，黄河、淮河发大水，高堰失守，高邮以北九里河邵伯更楼被洪水冲决。康熙四十年（1701），河道总督张鹏翮以"物可以小制大，蛟龙怕铁""蛟龙鼓浪漂山，瞬息百变，宜有制止也"于洪泽湖高良涧用铁铸犀镇水。五月五开铸，至重阳结束。初拟铸铁犀9具，因材料有余，共铸16具，每具重约四五千斤。监造官为王国用。康熙时专管理运河的淮扬道傅泽洪（曾任过扬州知府），在他编撰的《行水金鉴》中对15具铁犀分典各险工地段作了记载，其中一具就在邵伯更楼，这就是邵伯运河镇水铁犀的由来。由于犀像牛，因此又把铁犀称为铁牛。

邵伯铁牛整体浇铸，长1.98米，高1.10米，呈俯伏昂首凝视状，腹部所铸文字"淮水北来何汹汹，长堤如虹攻金汤。冶铁作犀镇甘棠，以坤制坎柔克刚，容民畜众保无疆，亿万千年颂安康"现已漫漶不清。原为镇水之物，置古运河边，1965年冬移至文化站保护。斗野亭建成后又移至此。

邵伯运河码头及铁牛是反映运河发展史的珍贵实物，具有防洪、运输、通商及民用的功能，有运河与集镇街巷发展密切关联的特点。2006年6月公布为江苏省第六批文物保护单位。

第十二节 水工建筑

为农业灌溉之需、漕运和行舟之便，江苏省兴建了不少水工建筑。留存至今的大运河江苏段全线690多公里，沿线建有很多闸坝、码头、仓库和桥梁。如草堰石闸、洪泽湖大堤等。

1. 京杭大运河（江苏段）

京杭大运河流经全国8个省份，在江苏境内全长690千米，约占大运河总长的五分之二。从北到南依次流经徐州市、宿迁市、淮安市、扬州市、镇江市、常州市、无锡市、苏州市八市。

江苏是大运河最早开始挖筑的地区。春秋吴王夫差开凿邗沟，从江都（今扬州市）邗口至山阳（今淮安市）淮安末口，以通江淮。运河的通航，促进了沿岸城市的迅速发展。

京杭大运河江苏段分为中运河、里运河、江南运河三段。淮安以北为中运河段，淮安至扬州为里运河段，镇江以南为江南运河段。运河沿线分布着大量古河道、古驳岸、古驿站、古纤道、古城墙、城门、关隘、古塔、寺庙、古桥、会馆、古民居、古典园林、古街巷等历史文化遗存。徐州新沂市窑湾古镇，宿迁市龙王庙行宫，淮安市漕运总督公署遗址、古末口遗址、清江大闸、清江浦楼、古清口、运河石工堤，扬州市古西海故道、茱黄湾石闸、邵伯古堤、宝应古堤、高邮里运河故道，镇江市的虎踞桥、新河街、西津渡街，常州市的文亨桥、万安桥、飞虹桥、新坊桥、广济桥，无锡市的清名桥及沿河建筑，苏州市的十里亭、上津桥、下津桥、吴门桥、灭渡桥、宝带桥、安民桥、运河古纤道、三里桥、安德桥等均为与古运河有关的重要文物遗存。

京杭大运河是世界上开凿时间较早、规模最大、线路最长、延续时间最久且仍在使用的人工运河，是中国古代重要的漕运通道和经济命脉。大运河沿线包含的桥、闸、坝、仓、寺观、塔等多种文物，与大运河周边众多与运河息息相关的文化遗产共同组成了运河文化。

2006年5月公布为第六批全国重点文物保护单位。

2. 洪泽湖大堤

北起淮安市淮阴区码头镇，南迄洪泽县蒋坝镇，是国内仅次于都江堰的第二大古堰，也是世界上最古老、规模最大的有坝引水工程。

洪泽湖大堤始建于东汉建安年间（196～220），古称高家堰，至清乾隆年间（1736～1795）建成今日规模。从明万历八年（1580）起，洪泽湖大堤的迎水坡增筑直立式条石墙护面，时称"石工墙"，历经明清两代171年形成规模。石工墙使用千斤重的条石及糯米石灰浆砌筑，共用条石六万多块，且规格统一。

洪泽湖大堤的存在造就了"世界最古老最大的人工水库"洪泽湖。大堤长67千米，高8～9米，底宽50～150米，顶宽10～30米，全部用石料人工砌成，被誉为"水上长城"。大堤有108道弯，以及仁、义、礼、智、信5道减水坝，每一道弯都呈半弧状。

大堤沿线有众多名胜古迹，如高良涧青龙庵、三国时大将邓艾饮马池遗址、九龙湾、周桥大塘、乾隆御碑、滚水坝、黄罡寺、三河闸国家级水利风景区等。2002年10月公布为江苏省第五批文物保护单位，2006年5月公布为第六批全国重点文物保护单位。

3. 胭脂河天生桥

位于溧水县永阳镇西亭山东麓。胭脂河位于县城西4千米的胭脂岗上，是明洪武二十六年（1393）九月帝命崇山侯李新开凿的上接石臼湖、下达秦淮河、通苏浙漕运的人工运河。河中间穿过1座长达5千米，高约15～35米的山冈，因焚石开凿致使石皆赤，故名胭脂河。全长约7.5千米，深30米，宽10余米。开凿到亭山段时因山势在河道上留下巨石作为桥梁，故名天生桥。巨石长34米，宽

8～9米，厚约9米。桥面距河底约35米。原有南北两座天生桥，南桥于明嘉靖七年(1528)春崩毁，独北桥存。1995年4月公布为江苏省第四批文物保护单位。

4. 运河古纤道

纤道是古代以人力背纤为行船提供动力的通道，是运河船运的重要辅助设施。运河古纤道位于吴江市松陵镇南郊京杭大运河西岸。唐元和五年(810)苏州刺史王仲舒始筑，名松江堤。宋庆历八年(1048)增石修治。元至正六年至七年(1346～1347)复以巨石重筑，自三江桥向南九里，称"九里石塘"。明清两代多次修葺。古纤道既是运河河岸又是纤道，还被充作驿道，是水陆并用的交通要道。20世纪30年代苏(州)嘉(兴)公路筑成后，石塘路成了单纯的纤道。十年动乱中，遭受严重破坏。1984年以旧石局部修复，重修部分共两段，均南北走向，共1500米。古纤道靠运河的一边为石驳岸，内为土堤，除去基础，纤道高1.59米，宽3.1米。纤道上曾有多座纤桥，今存2座：一曰"三山桥"，为梁式，花岗石砌筑；二曰"南七星桥"，也为梁式，花岗岩砌筑。另有1995年恢复重建的北七星桥。吴江运河古纤道是京杭大运河两岸现存较为稀少的保存较为完整、长度较长的古纤道。1995年4月公布为江苏省第四批文物保护单位。

5. 草堰石闸

位于大丰市草堰镇草堰居委会。始建于宋，今存为明清遗构，是范公堤十三古闸遗存中的一座。草堰石闸由小海、正越二闸短距组成，两闸均为两孔，高深一丈四尺四寸，矶心宽一丈二尺七寸，金门宽一丈六尺，每孔用四板四槽相对启闭，闸体均用长方巨青石叠砌，闸基用杉木排桩铺底，上复石板加固。中华人民共和国成立后，为适应泄洪和204国道交通需要曾进行修理，金刚墙条石之间用水泥嵌缝，闸面用水泥铺面加宽供行车之用，每闸只留二槽。1995年4月公布为江苏省第四批文物保护单位。

第十三节　其他

1. 南通博物苑

位于南通市濠河之滨濠南路19号，由张謇于清光绪三十一年(1905)创办，是中国第一座公共博物馆。占地面积约7.2万平方米，总建筑面积为1.5万平方米。原有建筑设施保存下来的有中馆、南馆、北馆、东馆和藤东水榭、国秀亭、荷花池、水塔等。1982年3月公布为江苏省第三批文物保护单位，1988年1月公布为第三批全国重点文物保护单位。

2. 同里镇

位于吴江市境东北部。同里镇建置始于宋代，为吴江县属镇，元明清沿袭旧制。古镇面积0.87平方千米，四周有同里湖、南星湖、叶泽湖、庞山湖、九里湖，五湖环抱，镇内由上元、中元、后港三条"川"字形市河及14条支流纵横分割成七个圩，其间以桥梁相通。古镇随河布局，因水成街，街巷逶迤，河道纵横，家家临水，户户通舟。主要街道以石铺设。镇中心的南埭、东埭、竹行埭、新填地等街道沿河成"之"字形布局，街道两旁多楼房，楼下开店，楼上住人，或前店后坊，保持传统商业街风貌。镇内宅第园林颇多，现存明清、民国建筑约占全镇建筑面积十分之六。其中明代建筑有三谢堂、明德堂、承恩堂、五鹤门楼、潘氏墙门、卧云庵、仁济道院。在清代建筑中，深宅大院有留耕堂、务本堂、侍御第，华丽宅第有嘉荫堂、崇本堂，园林小筑有退思园、耕乐堂，家祠故居有任氏宗祠、庞氏宗祠、陈去病故居。较完整的古石桥近20座，其中宋代的思本桥为吴江全境最古石拱桥，重建于清代的普安桥及民俗"走三桥"的太平、吉利、长庆三桥，包涵着浓郁的人文气息。

同里镇于1982年3月公布为江苏省第三批文物保护单位，1995年被列为江苏省历史文化名镇，2003年被列为中国历史名镇。

3. 栖贤巷门

位于苏州市吴中区金庭镇(原西山镇)东村。东村相传以曾是汉初秦遗民"商山四皓"之一东园公隐居处得名。村中街道东西向，南北多小巷，巷口设巷门。相传其中有一条东园公经常出入的小巷，后人称之为栖贤巷。栖贤巷门年代失载，据考为明代建筑。

东村原有三处巷门，现仅存栖贤巷门，为砖木结构，硬山顶。面阔一间2.15米，进深四檩1.97米。地坪高出街面0.2米，四周青石压沿，中间小砖铺地。四根立柱下置扁平青石础。前柱高3.3

米,略呈梭形,柱头带卷杀,上置四角刻海棠曲线的栌斗,施雀替,支承脊檩。柱前出一担梁及丁头拱挑檐檩,前后柱之间以月梁和穿插枋连结,后柱高2.38米,柱头置栌斗承檐檩。月梁梁肩正中施单斗只替承檩。后柱旁原有石门臼和木制门扉可供启闭,前后柱之间设坐板供人憩息。

巷门是里坊制的坊门演化而成的古代村落安全防卫设施,日出而开,日落即关。明代砖木结构的巷门在苏南仅存此一处。现栖贤巷门的门已缺损,部分地坪青砖缺损,整体保存状况较好。1990年维修。2002年10月公布为江苏省第五批文物保护单位。

4. 瓮堂

位于南京市中华门外西街悦来巷2号,明初建造,为古代公共浴室。瓮堂参考和改进了古阿拉伯浴池的建造方法。两个瓮堂相距1米,结构为砖砌双连体穹隆形,瓮高3.2米,内径4.5米,顶部呈半圆形。堂顶如同一个倒扣的大瓮,这也是"瓮堂"名称的由来。这样的设计使得积在顶部的水顺着墙壁流下,而不会滴在人身上使人冷颤。东侧瓮堂南面开门,上有圆形天窗,墙角处有烧火口,自地下通入邻室。西瓮堂与之相似,其内壁圆曲,下部为仰莲座。瓮内既可以采光,还可在气温较高的情况下,打开天窗上增筑的四面窗子透气。东瓮澡堂仍在使用,西瓮则为烧火的工作间。2006年6月公布为江苏省第六批文物保护单位。

5. 塔山古道

位于连云港市海州区朐阳街道办事处孔望山村吴窑塔山西侧。

现存较好的一段路宽约2.6米,长约450米,最宽处达5米。古道依山地的自然形势铺筑而成。遇地势低平的山岭土质地段铺以毛石块,在塔山北坡山脊分水岭上,遇山岩斜坡地段则以斧斤凿成台阶,遇山脊高岗的裸露岩石则劈成凹槽形路面。在塔山南坡山谷地段,则因势铺筑毛石踏步,故路辐较窄,最窄处宽仅1米。在塔山山脊中部古道东侧近旁有一块自然大石,石上刻有金明昌二年(1191)《新设山路记》,刻面124厘米×77厘米,文19行,字径4厘米,楷书,部分文字已经不辨,记述了当时海州官民修筑此路的原委。

塔山古道是江苏省首次发现的唯一有确切纪年的古道,具有重要的历史价值和科学价值。2006年公布为江苏省第六批文物保护单位。

第四章　石刻及其他

刻石之风肇于先秦,盛于两汉,魏晋时期虽屡有"碑禁",但其他形式的刻石仍有进一步发展。隋唐承北朝遗风,事无巨细,多勒石以纪。降及宋、元、明、清,石刻文字几遍全国。

江苏保存的石刻类文物数量较多,内容丰富。石刻包括摩崖题刻、碑刻柱坊、石雕、岩画,集中了江苏古代书法、绘画、雕刻技术的精华。其中,摩崖题刻近100处,碑刻有510余处,牌坊影壁类有110余处,石雕130余处,岩画30处。

摩崖题刻分布主要集中在苏北的连云港,镇江、南京和苏州也有一定的数量。代表地点有连云港孔望山摩崖造像、徐州云龙山摩崖造像、盱眙"第一山"题刻、邳州寨山摩崖题字等。碑刻柱坊数量较多,内容丰富,多为碑碣、书法丛帖、刻石(即书条石),书法和历史价值较高。有宜兴《国山碑》、南京《明征君碑》、镇江焦山碑林、苏州文庙内的四大宋碑、沛县《大风歌碑》、苏州《张士诚纪功碑》等。石雕多为陵墓雕塑,时代范围从汉代,到六朝,以至明清,并集中体现了特定历史时代的社会理想、审美形式和高超的艺术水平。其中以南京和丹阳两地的南朝陵墓石刻为主要代表。岩画中保存较好、文化内涵较为丰富的有连云港将军崖岩画、刘志洲山苑囿图刻石、大伊山梅花鹿岩画等。

第一节　摩崖题刻

将文字刻在山崖石壁上,称之为摩崖,也称天然刻石。江苏摩崖题刻分布于大江南北,主要集中在苏北的连云港,镇江、南京和苏州也有一定的数量。连云港市现存摩崖题刻40余处,花果山郁林观石刻群有唐、宋、明、清题刻11处,尤以俗称"唐隶"的"东海县郁林观东岩壁纪"最享盛名。另有摩崖造像,即依山开窟凿龛造像,多为佛教题材,也有道教和世俗内容。以连云港孔望山摩崖造像最负盛名,是研究早期佛教艺术及佛教传入的重要历史见证。

1. 保圣寺罗汉塑像

位于苏州市吴中区甪直镇马公场弄。《吴郡甫里志》载创建于梁天监二年(503),《苏州府志》则称:"唐大中年间建,(宋)熙宁六年重修。"后经元、明、清三代屡次修葺。中华人民共和国成立后,于1975年成立保圣寺文物保管所并正式对外开放。1996年3月～1996年7月对罗汉壁和彩塑进行维修,2000年9月～2001年1月对古物馆屋面进行维修。寺现存建筑主要有山门及两侧照墙、天王殿、经幢、古物馆等,古物馆内后壁现存有九尊罗汉塑像塑壁。塑壁面阔9.50米、通高5.70米(须弥座高2米)、进深1.45米,山云、石树、洞窟、海水构成了塑壁背景。九尊罗汉塑像错落有致地布于洞窟中,为唐代塑圣杨惠之所创。罗汉均为坐姿,高88～125厘米、宽60～88厘米。塑像保存状况较好,观其风格为北宋遗物,梁架为明构,元有改建。1961年3月公布为第一批全国重点文物保护单位。1982年3月调整公布为江苏省第一、二批文物保护单位。

2. 孔望山摩崖造像

位于连云港市朐阳办事处孔望山居委会孔望山南麓西端。相传孔子曾登临此山以望东海,故名孔望山。造像依山岩的自然形势刻在东西长17米、高8米的崖壁上,共计105个,可分成18组。最大的图像高1.54米,最小的10厘米。整个造像的内容可概括为三个方面:一是佛教内容,有佛、菩萨、弟子、力士和供养人等,以释迦牟尼佛的本生和本行故事为题,主要是萨埵那太子舍身饲虎、涅槃、初转法轮等。二是道教内容,主要表现道教的崇拜形象,为三尊独立的汉式衣冠正面像,是造像群中最大、最高处的造像。三是世俗内容,为汉画像石中常见的"进谒""宴饮"等。造像群的雕刻技法有单线阴刻、平面线刻、浅浮雕和高浮雕四种,主要以平面减地浮雕为主。另外,造像群附近还有象石、蟾蜍石等巨型圆雕造像和带有碑槽的"馒头"状巨石,以及在孔望山山顶同为东汉时期的道教祭祀遗迹"承露盘"刻石,都与造像群有关。孔望山摩崖造像是中国迄今发现最早的东汉末期的佛教石刻艺术。1982年3月调整公布为江苏省第一、二批文物保护单位,1988年1月公布为第三批全国重点文物保护单位。

3. 第一山题刻

位于淮安市盱眙县盱城镇淮河北路123号、第一山公园内。第一山古称南山,因北宋画家米芾有诗句"莫论横霍撞星斗,且看东南第一山"并题"第一山"三字,故而改称。

现存第一山题刻最早为北宋时期所镌刻,南宋时,宋使金使臣留有题诗。元、明、清三代,新增石刻数量颇多。据清光绪《盱眙县志稿》记载,至清代末年第一山留存的历代题刻达197块,现尚存168方。第一山题刻按类型分,有摩崖石刻89方、碑刻79方。按时代划分,北宋15方、南宋41方、元代10方、明代24方、清代45方、民国3方、无款21方。代表作品除苏黄米蔡四大家外,还有赵孟頫、杨万里、梁巘、何绍基等众多书法大家;另有一些著名官员,如南宋吏部尚书余瑞礼、龙图阁学士曾孝蕴、华云阁直学士陈居仁、开封知府吕嘉问等。

1982年3月调整公布为江苏省第一、二批文物保护单位。1985年,成立第一山公园管理所,兼管"第一山题刻"保护工作。1998年,成立第一山风景名胜区管理委员会,下设第一山题刻保护小组。

4. 定林寺摩崖题刻

位于南京市钟山南麓紫霞洞、定林寺遗址附近的悬崖上。有南宋题名石刻5方:陆游题"乾道乙酉七月四日,笠泽陆务观冒大雨独游定林",楷书,宋乾道元年至六年(1165～1170)刻;韩无咎等人题"乾道丁亥八月十日,叔涣、伯玉、中父、子云、无咎、伯山、方叔来游钟山,携八功德水,过定林烹茶洒还",行书,距陆游题刻6.67米;赵方题诗"晓来秋色挟秋声,万虑经心事又新。慷慨长哦洗兵马,大功元属小心人",字迹已残缺模糊;赵希嶪等题记"赵希嶪李渭道同游。淳祐己酉春",楷书;淳祐己酉(1249)刻工题记"监董磨崖袁可从张铸。刊工俞寅。淳祐己酉春"。1982年3月被公布为江苏省第三批文物保护单位。

5. 寨山摩崖题字

位于邳州市燕子埠镇寨山奶奶庙内,为一处地震摩崖石刻。石刻曰"戊申季夏,山东同时地震,房屋倒塌,压死人民不可胜数,较之嘉庆年压死王槐野、韩苑洛、马伯循之变为更甚焉。大清康熙七年六月十七日戊时地震。丙午举人雷亨坤书,本山主持道士粟教成勒"。该石刻准确地记载了清康熙七年(1668)郯城大地震的时间、范围和烈度,具有较高的历史价值和科学价值。1982年3月公布为江苏省第三批文物保护单位。

6. 石棚山摩崖题名石刻

位于连云港市海州区朐阳办事处双龙居委会石棚山上。州志记载,三国蜀安汉将军糜竺之墓在石棚山下;宋代,大文学家石曼卿做海州通判时常至此山读书、饮酒、宴乐,大文豪苏东坡等名人也曾登山赋诗。石棚山上石刻很多,共有28处,明刻有"廖世昭题名"以及他的"小九曲""石棚""芙蓉洞""石曼卿读书处"等、王同的"高行清风"等;碑有"安汉将军糜竺之墓"和"海州太守张公去思碑"等;清刻有戴南枝书诗刻和师亮采篆书"石室"题勒等。另外尚有"万花岩""锦岩"等十几处无年款的题刻;另有"龙门""万花岩""小赤壁""天蟾独跃"等无年款的题刻。石刻的书体有篆、隶、楷、行等多种风格。1982年3月公布为江苏省第三批文物保护单位。

7. 云龙山摩崖造像

位于徐州市云龙区云龙山兴化寺内。云龙山又名石佛山,因凿有北魏时期的巨型石佛而得名。云龙山摩崖造像总数为280龛877尊造像,分为上下两处。石佛殿内有石胎泥塑释迦牟尼头像1尊,头像两侧依山崖走势分布着72个窟龛250余尊造像,高达15米,内容有佛经故事、阿罗汉诸天女等。造像旁的题记有的为皇帝、皇太后求福,有的为父母妻儿许愿。现存题记年代分别为唐开元二年(714)、乾元三年(760)、元和十三年(818)和宋政和七年(1117)等。另一处位于石佛殿东23米的崖壁上,自上而下共分四层七组,有71个窟龛、38方题记、195尊佛教人物造像。已释读的年号有唐元和八年(813)、长庆元年(821)、大和元年(827)、开成元年(836)、宋庆历三年(1043)、治平三年(1066)等,整个摩崖造像均为高浮雕。从题记年代看,上下两处的造像应为一个整体,它的开凿从北魏一直延续到宋,在唐代达到鼎盛。1995年4月公布为江苏省第四批文物保护单位。

8. 林屋山摩崖题刻

位于苏州市吴中区金庭镇(原西山镇)林屋山上及山下的林屋洞口。林屋洞,为太湖中最大的天然石灰岩古溶洞,曾是重要道教活动场所,被称为"天下第九洞天"。后来被泥沙淤塞。1979年开始清淤,并整治周围环境。1984年10月1日对外开放。

林屋山摩崖石刻现存《无碍居士道隐园记》、范成大等记游题刻、易顺鼎五言古诗等宋至明清石刻36处。林屋洞出口"阳谷洞"口石壁上有宋刻《无碍居士道隐园记》,宽1.5米、高1.7米,楷书,301字,南宋绍兴二年(1132)李弥大撰。李弥大,字似矩,号无碍居士,吴县(今苏州)人,宋崇宁五年(1106)进士,金兵入侵后曾任刑部尚书、工部尚书等,后自请解职,在林屋洞旁筑道隐园无碍庵隐居。洞口还有南宋吴县知县祭神求雨的石刻:"绍熙甲寅夏,久不雨,农以旱告。知县事赵彦权致祷龙洞,陈昫、姚喜同来。五月十有二日。"高、宽均为48厘米,楷书。洞口还有石雕小佛像三尊,似为唐代所作。篆书"阳谷洞"三字为明代胡瓒宗手迹。林屋洞入口"雨洞"口有唐代张平阳隶书"林屋古洞"、明代王鏊楷书"天下第九洞天"、清代俞樾篆书"灵威丈人得大禹素书处"以及"仙府""雨洞"等。山上还有"伏象岩""曲岩""洞天福地""湖天一览""天然图画""林屋晚烟"等题刻。

现林屋山摩崖题刻保存情况较好,36方摩崖石刻,字体完整,刻凿清晰,有少量题刻字迹有漫漶现象。1995年4月公布为江苏省第四批文物保护单位。

9. 小王山摩崖题刻

位于苏州市吴中区穹窿山东南徐脉小王山。民国16年至25年(1927～1936),李根源在小王山为其母庐墓期间,章太炎、于右任、叶恭绰、张大千、黎元洪、章士钊、蔡锷、吴昌硕、沈钧儒等各界名流二百多人来此拜会，留下题字、诗词六百余条，李根源请人摹刻于山石上。中华人民共和国成立后，1966年后，因开山采石遭到破坏。1985年起加以维修保护。经调查，发现尚存104处，分布于小王山东西两侧，现保存情况较好。

李根源（1879～1965），字印泉，云南腾冲人。清光绪三十一年（1905）加入同盟会，后先后参加孙中山发动的"二次革命"和护法运动。民国11年至12年（1922～1923），曾任北洋政府农商总长与代总理。民国12年（1923），因反对曹锟贿选总统退出北洋政府。民国14年（1925），退隐苏州。民国20年（1931）"九一八"事变后，积极参与抗日。中华人民共和国成立后，历任西南军政委员会委员、西南行政委员会委员、全国政协委员。1965年7月6日在北京逝世，终年88岁。以朱德为首的治丧委员会，按遗愿将他的骨灰安葬于小王山其母墓旁。

1995年4月公布为江苏省第四批文物保护单位。

10. 狼山天祚崖题刻

位于南通市崇川区狼山北麓天祚崖下。因有五代十国时期南吴天祚三年（937）姚存摩崖题刻，故名"天祚崖"；又称"题名坡"，因石坡上有数处题字石刻而得名。石坡面积14平方米，现存石刻十五处。姚存题刻刻面长宽各0.8米，全文为"天祚三年四月十四日东洲静海都镇遏使姚存上西都朝觐回到此"共5行27字，字边长14厘米，楷书。此外还有宋熙宁、淳熙、绍熙、淳祐年以及明清题刻。它是南通市现存最古老的石刻。1995年4月公布为江苏省第四批文物保护单位。

11. 东连岛东海琅琊郡界域刻石（含苏马湾东海琅琊郡界域刻石）

位于连云港市连云区连岛街道的东连岛羊窝头和苏马湾。

羊窝头刻石刻于一碣形大石上，大石断为二截，刻字面分为两部分。右刻石高1.1米、宽0.7米，文四行；左刻石高1.1米、宽0.8米，文四行。刻文均为阴刻竖行隶书，带有篆意；字径大小不等，小字高0.08米、宽0.12米，大字高0.2米、宽0.14米；文字因长期遭海水侵蚀已风化，现尚可辨认33字，可缀联成句。

苏马湾界域刻石镌于海边一块坐南面北的独立的花岗岩石壁上。刻石面宽2.15米、高0.85米，文12行，60字。刻文阴刻，竖行，隶体中夹带篆字；文字排列不规则，行距不均，字径亦大小不等；字迹清晰可辨，可缀联，并有新莽时期始建国四年（12）四月朔乙卯明确纪年，是当时徐州刺史代表中央政府为东海郡的朐县和琅邪郡的柜县划分行政界域而颁行的公告，内容为："东海郡朐与琅邪郡柜为界，因诸山以南属朐，水以北属柜，西直况其，朐与柜分高陌为界，东各承无极。始建国四年四月朔乙卯，以使者徐州牧治所书造。"

东连岛东海琅琊郡界域刻石是中国迄今发现的唯一最为完整、内容明确、有确切纪年的西汉晚期界域刻石，也是中国已发现的年代最早的行政区域界石和海疆界域刻石。1995年4月，东连岛东海琅琊郡界域刻石公布为江苏省第四批文物保护单位。2002年10月，苏马湾东海琅琊郡界域刻石归入江苏省文物保护单位东连岛东海琅琊郡界域刻石。

12. 伊芦山六神台佛教造像

位于连云港市灌云县伊芦乡毛场村八组南伊芦山西峰北侧。该峰俗称"六神台""落神台"，1994年调查清理，发现宋代砖砌供台和唐宋瓦当、陶瓷器残片，此处石窟寺遗址，从造像风格分析应为盛唐佛教造像遗存。

造像刻在六神台西南高约5米、宽约10米的峭壁上，共42尊，分两组。一组在六神台绝顶西南下1米处绝壁上约2平方米的石窟内东壁上，有6尊造像，即俗称"六神"，高浮雕5尊坐佛像，一尊立姿力士像，通高均约0.5米，刻于高0.6米、宽约2米的龛内。另一组造像在石窟下1米处的峭壁上，分布在21平方米范围内，计36尊，每龛3～8尊不等，有坐有立，均高浮雕，有7个龛被毁，仅存背光、须弥座。还有一处题刻文曰"仙山方土"，楷书，字径约5厘米。

1995年4月公布为江苏省第四批文物保护单位。

13. 白虎山摩崖题刻

位于连云港市海州区朐阳办事处白虎山居委会白虎山上。

计有唐、宋、金、元、明、清、民国时期题刻30余处，主要是题名和诗刻，其中有年款的唐刻1处、宋刻4处、金刻1处、元刻2处、明刻1处、清刻6处；

其他还有无款的"蓬莱庵""白虎山""小石棚""全真""松风水月亭台""寿山藏书处""小羊山"等;还有一处清光绪年间(1875~1905)江苏学正王先谦的题名石刻,字迹大多已模糊不清。字体有篆、隶、楷、行四种。其中卢绍题名(唐)、张叔夜登高题名碑(北宋)、余授题名(北宋)、修正造题名(南宋)、赵福题名(金)、廉青山题名(元)、曾寿题名(元)、蓬莱庵诗刻(明)、白璧山题勒(清)、师亮采题刻(清)、鳌头山诗刻(清)等,均比较著名。

1995年4月公布为江苏省第四批文物保护单位。

表4.1　白虎山摩崖题刻主要题刻

名称	位置	篆刻时间	书体	内容
卢绍题名	白虎山牛眼洞上方	唐大中十二年(858)	楷书	文曰:"海州刺史赐绯鱼袋卢绍、军事判官前左领侍卫、仓曹参军、前军事判官、前太子通事舍人王句。大中十二年正月十七日仝登。"
张叔夜题名	卢绍题名南10余米处的一面西石壁上	北宋宣和二年(1120)	正楷	文曰:"徽猷阁待制知海州事张叔夜、淮东兵马都监绳孙、前兵马钤辖赵子庄、兵马钤辖赵令懋、前朐山令阎质、司刑曹王冶、怀仁主簿蒋仝、权朐山尉王大猷。宣和庚子重阳日同登,□□□□献书。"
余授题名	与卢绍题名紧接	北宋建中靖国元年(1101)	楷书	文曰:"郡守莆阳余授、从事濠梁许光、朐山令渠丘于宰、监酒税颖州杜开。建中靖国元年重九日。"
修正造题记	白虎山北坡半山腰一处面北石壁上、磨盘石南侧	南宋宝庆二年(1226)	楷书	文曰:"今记　大宋国海州南　立观音一堂　德恩僧单身乞化　年六十八　宝庆二年六月□日　修正造题。"
僧德恩题记	修正造题记西约5米处面北岩壁上	南宋宝庆二年(1226)	楷书	文曰:"僧德恩　今□大宋宝庆二年七月□佛堂卒造。"
赵福题名	南距卢绍题名约5米	金承安五年(1200)	楷书	文曰:"户部员外郎赵福　郡佐温迪罕安住　郡幕完颜玄　承安五年三月初一日　仝登。"
廉青山题名	西下方距卢绍题名约5米	元致和元年(1328)	楷书	文曰:"题名　奉训大夫淮安路海宁州达鲁花赤兼劝农事廉青山、奉议大夫淮安路海宁州知州兼劝农事萧谧、承务郎淮安路同知海宁州事天下奴、承事郎淮安路海宁州判官赵赟翁、吏目上官思恭。致和元年四月日立,前儒学直学高尚志书。"
曾寿题名	东下方距卢绍题名2米,廉青山题名后	元致和元年(1328)	楷书	文曰:"题名现任　忠显校尉淮安路朐山县达鲁花赤兼劝农事曾寿　淮安路朐山县尉□□致和元年四月日立　前海宁州儒学直学高尚志书。"
蓬莱庵诗刻	白虎山山顶南一面东南岩壁上的正方形刻面内	明嘉靖五年(1526)	小篆	文曰:"蓬莱庵　晚雅西定山松静　地雁鸣长海月孤　蓬莱盛传仙迹归　霞波遥望御中都　大明嘉靖廿有五年　丙午中秋后三日奉训大夫直隶淮安府知州河南郏县中泉王同题同游者同知严士判官许贯吏目王淇也。"
白璧山题刻	白虎山东坡半山一光洁平整的崖壁上	清康熙三十八年(1699)	行书	文曰:"白璧山。"款曰:"康熙乙卯秋日北平刘天宁题。"
师亮采题记	白虎山东南部半山腰,小石棚内西壁	清嘉庆二十一年(1816)	隶书	文曰:"知海州事师亮采　以嘉庆丙子八月朔　来谒岳庙题记。"
駘虞题刻	白虎山东南部半山腰,小石棚内北壁	清嘉庆二十一年(1816)或师亮采于海州知州任上所题	篆书	文曰:"駘虞。"款曰:"师亮采题。"
鳌头山诗刻	白虎山东坡半山腰、白璧山题刻上方约5米处光洁平整岩壁上	清道光十五年(1835)	行书、隶书	文曰:"鳌头山　海州城西有白虎山　其名弗驯　或称白璧　人弗肖　余谛视之　实类鳌首　因取晓策扶桑之意　更其名曰鳌头山　以奠海疆　兼为多士登瀛之兆焉　地接瀛州近　山应戴巨鳌　凭将纶五色　一钓海天高　大清道光乙未仲夏长沙陶澍。"此诗刻后又有王梦龄和诗刻,文曰:"太子少保两江总督陶公　以阅伍至海州　登兹山之顶　肇锡嘉名　因系以诗　亲题妙墨　兆科第之祥　晋海疆之福也　梦龄权牧是州　躬逢其盛　谨寿诸贞石　并次韵于后　以志荣幸　峰头龙节驻　白虎变金鳌　偶试丝纶手　扶桑晓策高　同知衔署海州事海康王梦龄谨识。"

14. 郁林观石刻群

位于连云港市新浦区花果山乡飞泉村狮子岩下，分别刻于飞泉附近的崖壁、巨石上，共有题刻17处，即唐刻1处、宋刻8处、明刻2处、清刻3处、现代1处、无年款的2处，书体各异。1982年3月，石刻群中的东海郁林观东岩壁纪摩崖题刻被公布为江苏省第三批文物保护单位。2002年10月，郁林观石刻群归入江苏省文物保护单位东海郁林观东岩壁纪摩崖题刻，更名为郁林观石刻群。

表 4.2 郁林观石刻群主要题刻

名称		位置	篆刻时间	书体	内容
东海郁林观东岩壁纪摩崖题刻		狮子岩下一突兀大石壁上	唐开元七年（719）	隶书	俗称"唐隶"。为海州司马崔惟怦之子崔逸撰文，咏云台山风光名胜。
祖无择三言诗刻		"唐隶"西侧一突兀巨石北壁上	北宋庆历四年（1044）	篆书	俗称"宋篆"。为祖无择诗、苏唐卿篆、王君章镌，记述了三人畅游云台山的感受。
石曼卿五言诗刻		"宋篆"同岩壁东下方	北宋大观元年（1107）	楷书	为宋代海州人谭亨甫录石曼卿咏"唐隶""宋篆"五言诗，并附谭氏题勒跋文。
杨公持等题名		"宋篆"所在巨石的东侧崖壁上	北宋大观元年（1107）	行书	文曰："郑圃、杨公持、公承、东朐谭亨父同游，大观丁亥。"
王邦题名		"唐隶"南侧下方3米处	北宋	行楷	字迹漶漫，可辨其刻北宋"王邦""崇宁""七月"等字。
刘居实题刻		"唐隶"同岩壁西侧	北宋重和二年（1119）	行书	文："通判海州刘居实德充，案行属部，过妙云观，登子岩，至郁林观少息，投宿海清宫。重和二年仲春十有一日。"
宋四士题名		"唐隶"同岩壁西侧	南宋	篆书、行书	文曰："宋四士尝登山。""石林虞仲子、水石草堂道人、无碍居士、芝台翁。"有学者考证为金元间宋之遗民所题。
石林虞仲子题名		"唐隶"同岩壁西侧宋四士题名下方	南宋	行书	文曰："石林虞仲子。"当为宋四士题名石刻同时、同书刻者为之。
王同题刻	其一	喷水崖岩壁飞泉瀑布北侧高显处	明嘉靖二十三年（1544）	楷书、篆书	文曰："飞泉。"上款"明嘉靖甲辰廿三年秋仲月望日"，下款"奉训大夫海州知州中泉王同书"。
	其二	喷水崖岩壁下部飞泉瀑布北侧一平整岩面上	明代		文曰："采山钓水，抹月批风。"
师亮采题刻		"宋篆"所在巨石的东侧崖壁上、杨公持等题名旁	清嘉庆二十一年（1816）	行书	文："知海州事韩城师亮采、王昙、钱泳登此。嘉庆丙子七月。"
古愚子听琴处题刻		"飞泉"题刻北侧约10米处岩壁上	清嘉庆二十三年（1818）	楷书	文曰："古愚子听琴处。"款曰："大清嘉庆戊寅中秋朔。"
黄道传题刻		"宋篆"同岩壁东上方	清宣统元年（1909）	隶书、楷书	文曰："垂虹溅雪，漱玉喷珠。"上款曰"东岩观瀑右摩崖"，下款曰"宣统元年，黄道传题并书，赵秉汉监刻"。
叶圣陶题刻		"唐隶"所在巨石东侧岩壁上	20世纪80年代	篆书	文曰："唐隶宋篆。"为叶圣陶为郁林观石刻群题写，连云港市文物保护人员摹刻于此。
廉石题刻		"宋篆"所在巨石的西侧崖壁上	年代不详	隶书	文曰："廉石。"
濯缨泉题刻		狮子岩下濯缨泉中一块不规则圆形砾石上	年代不详	楷书	文曰："濯缨泉。"

15. 龙祠摩崖石刻群

位于连云港市海州区锦屏山之巅马耳峰东南约100米处，海拔429米。龙祠为上下两个天然石洞，经人工加工而成，石刻分布在上洞内外岩壁上。龙祠为宋金时官民祈雨之处，直至清代，香火不断。石刻共有9处，尚有字迹可辨认的8处，其中宋刻6处，金刻1处；另有两处长方形刻面，在绍圣四年题记和金大定九年题记的上方并排分布，字迹模糊，漶漫不清。2002年10月公布为江苏省第五批文物保护单位。

表 4.3　龙祠摩崖石刻群主要题刻

名称	位置	篆刻时间	书体	内容
庆历六年题刻	上洞内东南壁	北宋庆历六年（1046）	楷书	文曰："庆历丙戌岁甲午月壬辰日，知州王信臣、通判刀约、监榷萧映、张子谅、统泊柴文明、巡检曹元禋、率涟水新□逢冲、登胸岭，休于石庵前，逮□□□选□□□□□题。"
庆历七年题刻	上洞口内西侧壁	北宋庆历七年（1047）	楷书	文曰："梅挚、董沂、张有德、陈谅、刘公弼、韩泽祷雨龙祠，同憩崖阴。时庆历七年四月二十日公弼谨题。"
皇祐五年题刻题记	上洞内西侧壁	北宋皇祐五年（1053）	楷书	共6行，行9字，共54字，字迹漶漫，但可辨年代。
绍圣四年题刻	上洞外上方石壁略偏东	北宋绍圣四年（1097）	楷书	文曰："绍圣四年春旱，闰月壬子，太守鲍梓、监郡陈昇、都巡检李禹锡、县令周何、尉沈钧宿祭祷雨龙祠。□□□□三月辛酉□□□□。"
崇宁元年题刻	上洞外上方偏西石壁	北宋崇宁元年（1102）	楷书	大字9行65字，小字5行56字，款具："朝奉大夫知州军事蔡渊摩崖以记。"
宣和二年题刻	上洞外西侧壁	北宋宣和二年（1120）	楷书	文4行，行6字，共24字。
金大定九年题刻	上洞外上方石壁偏东、并列于绍圣四年题刻旁	金大定九年（1169）	楷书	文曰："昭毅大将军行海州刺史兼知州事（司）押军马□□□、都尉漆水郡开国□食□□百户耶律儿□□祷雨□□□新□祠宇。经始于大定九年三月十四日，落成于当年五月二十七日。"
顺治五龙□庙勒石	上洞西南30米处部队营房东墙	清顺治十六年（1659）	楷书	文曰："大清顺治己亥年姑洗月上吉，州守庞宗圣同训导金世玮祷雨屡应，捐俸营建五龙□庙，勒石永志。"

16. 龙洞摩崖石刻群

位于连云港市海州区孔望山龙洞庵西侧龙洞内外壁和庵后丹崖壁上。龙洞为海蚀洞经人工加工而成，高约2米、宽约2米、深约2.5米；洞口呈近长方形，高约90厘米、宽约70厘米。洞口内侧四角有装门用的长方形槽；洞内壁面光滑，表面附着较明显的香火烟炱，直对洞口的内壁底部刻有一鱼纹，经考证龙洞应为道教修炼之所。石刻共有二十多则，时代从宋至民国，大小、字体各异。位于龙洞附近的石刻主要分布在宽30米、高4.5米的崖壁上。计有宋刻9处、明刻12处、清刻3处、无款题刻3处，共27处。书体有楷、隶、行、篆四体；字径大小不一，大字近米，小字寸余，最大者为明代"归云飞鸟"题刻，字径达90厘米。庵后丹崖壁上石刻分布在长10米、高6米的范围内。其中有宋刻"月末潮生"1处、明刻"孔望山""问官台""丹崖""石峡""天圆地方""小座"等5处，字体有隶、楷、行三种，最大字径80厘米。另外龙洞庵院内水井"甘露泉"外壁还有民国时期题刻1处。石刻群内容对古海州地区水文、地理、人文、民俗、古迹都有反映，而且大都有纪年。特别是明安钝题名明确记载了"古圣贤像"孔望山摩崖造像在明代就被发现的史实。2002年10月公布为江苏省第五批文物保护单位。

表 4.4　龙洞摩崖石刻群主要题刻

名称	位置	篆刻时间	书体	内容
蒋之奇题名	龙洞内正面岩壁	北宋熙宁五年（1072）	楷书	文曰："蒋之奇来观海，壬子　□。"最后一字无法识读。
元丰六年题刻	龙洞外西侧上方，安钝题名下方，叠压于曾孝蕴题名之下	北宋元丰六年（1083）	楷书	可识读的仅有"临川□□□游元丰六年九月十日□□□□□□"。
王华曜题名	龙洞外西侧面南石壁	北宋元祐四年（1089）	行书	文曰："王华曜守东武，由朐山太守吕望之率王硕父、黄天倪观东海于龙兴山寺之乘槎亭，饮于仰止亭。元祐四年三月十四日。"
曾孝蕴题名	龙洞外西侧上方，安钝题名下方，叠压于元丰六年题刻上	北宋绍圣三年（1096）	楷书	文曰："曾孝蕴、蒋琮、周何、田望。""绍圣丙子正月来游。"

续 表

名称	位置	篆刻时间	书体	内容
游龙兴山寺题名金刻	龙洞西侧上方、被安钝题名叠压	北宋元符三年（1100）	篆书	尚可辨识者有"元符三年""王律满损之游龙兴山寺"等字。
余授、张勘题名	龙洞正上方	北宋建中靖国元年（1101）	楷书	文曰："莆阳余授传师，长乐张勘深道，建中靖国元年十月八日同游。"
田升之大观题名	龙洞东侧石壁	北宋大观四年（1110）	楷书	文曰："苏子骏、王舜文、王仲举、孙少魏同游，大观庚寅闰八月十二日田升之书。"
田升之政和题名	龙洞外侧大块石上	北宋政和元年（1111）	楷书	文曰："路分王舜文、钤辖赵彦明、通判傅显道、闾丘君泽、教授李吉泰、判官向持正、推官吕永甫同来。政和元年八月九日，郡守田升之题。"
政和八年题刻	龙洞外侧右上方	北宋政和八年（1118）	行楷	文曰："□□名四赈济职事□□此登视洞宫间文曰□明仲杨子□偕老人政和八年孟冬四日书。"
太守绍圣题刻	龙洞外侧右上方、政和八年题刻下方	北宋		文曰："□□仲俞燕□太守绍圣。"
忠玉游题刻	龙洞内门口西南壁上方	宋代		刻"忠玉游"三字。
王永和题名	龙洞西侧上方、安钝题名西	明正统九年（1444）	楷书	文曰："大明正统九年甲子端阳月，钦差工部侍郎昆山王永和季节游览于此。"
杨昶题名	龙洞东侧上方、政和八年题刻下方	明成化六年（1470）	楷书	文曰："大明成化六年庚申五月二十九日淮安知府杨昶、海州知州陶昺、同知唐震、判官施纶、戴瓒、儒学正母诚、训导周烨、赵谏公暇同览于此。"
安钝题名	龙洞外西侧上方叠压在游龙兴山寺题名之上	明成化十年（1474）	楷书	文曰："大明成化十年春三月朔日，直隶淮安府同知安钝，抚民之暇，偕知州陶昺，因观古圣贤遗像来游此洞，三慨以书。海州书吏钱铸，老人刘宣。"
林廷玉诗刻	龙洞外东侧6米余处石壁上	明弘治十二年（1499）	楷书	诗题《看龙洞偶成》，诗云："幻化起溟濛，丹崖一洞空。地灵呼即应，应是讶相逢。"跋曰："弘治十二年，余以工科都给事中言□□□□□□事，谪判海州，闽人林廷玉谨识。"
劳山翁题名	龙洞东侧上方约4米第七十一福地题刻下方	明正德十一年（1516）	楷书	文曰："正德丙子春二月清明后一日，即墨劳山翁游此。"
廖世昭摩崖题名	龙洞西3米	明嘉靖二年（1523）	隶书	文曰："明嘉靖二年夏四月，越坡廖世昭，崖山周必诚同游。"
王同六言诗刻	龙洞外西侧约25米面南石壁上	明嘉靖二十四年（1545）	篆书	文曰："龙洞良宵月照，黄花满地秋香。此时此会文彦，一觞一咏情长。叠叠山岩曲抱，潺潺胸海东流。明朝分袂城市，琴尊回忆绸缪。"款曰："嘉靖乙巳重阳，海州知州中泉王同题。"
归云飞鸟题刻	龙洞西5米	明嘉靖二十五年（1546）	篆书	文曰："丙午中秋日，中泉王同书。"
归云洞题刻	龙洞西侧上方石壁	明万历二十年（1592）	行楷	文曰："万历壬辰年秋柒月，余姚仰皋邵瑞辰书。"
钱泳等五人题名	龙洞门楣正上方	清代	隶书	文曰："吕星垣、王良士、许乔林、包世臣、钱泳来。"
师亮采题名	龙洞外东侧6米余处石壁上紧接林廷玉诗刻下方	清嘉庆二十一年（1816）	隶书	文曰："嘉庆廿一年八月四日朝议大夫知海州事韩城师亮采，致祭龙神庙过此，与寮佐同登，爰记岁月。"

17. 华阳洞摩崖石刻

位于句容市茅山华阳洞口外岩体上。华阳洞是一个天然溶洞，与玉柱洞、仙人洞相连。洞口上"华阳洞"三字为楷体，底径约1米，传为苏轼所书。清康熙皇帝南巡时曾在此题"华阳洞天"四个大字。洞壁上留有唐代至清代文人游客的题词石刻数十方，其中宋皇祐二年（1050）程迪、陈辅、郭微、太常博士的题名仍清晰可读；其他题名以明代居多，如正德六年（1511）四月七日题"太原乔宇、京口程镒、何贯、孙瑶同游"，明嘉靖四十年（1561）书"栖玄"二大字。2006年6月公布为江苏省第六批文物保护单位。

第二节 碑刻柱坊

江苏碑刻多为碑碣、书法丛帖、刻石(即书条石)。宜兴国山顶上的《国山碑》是东吴末帝孙皓的封禅之碑。镇江的焦山碑林中的碑刻分布于长江中的焦山西麓100余米长的悬崖峭壁上,计有六朝、唐、宋、元、明、清、民国的题刻200余处,被视为"书法之山",其中"瘗鹤铭"尤为珍贵,被誉为"大字之祖"。唐碑有南京栖霞寺前的刻于唐上元二年(675)的《明征君碑》和唐仪凤二年(677)焦山碑林的《魏法师碑》。宋碑存世较多,仅苏州就有近百通,苏州文庙内的四大宋碑最负盛名。元碑存世不多,著名的有沛县的《大风歌碑》和苏州报恩寺内的《张士诚记功碑》。明清碑刻遍布全省各地,内容亦十分广泛,史料价值较高。

1. 苏州文庙内宋代石刻

位于苏州市人民路613号。苏州文庙存碑甚多,尤以宋刻平江图、天文图、地理图、帝王绍运图最有价值。

《平江图》碑是南宋平江府(即苏州)城市地图,制作于南宋绍定二年(1229),是中国现存最早、最详细的石刻城市地理图。《平江图》运用中国古代传统地图画法,比较科学、形象、详尽、准确地绘刻了城垣、衙署、坊市、河流、桥梁、佛塔、寺观、坛庙、亭馆、仓廪、兵营、楼台、园池等,城外的山水胜迹也以缩地法简略示意,用题榜形式标出名称者凡610余处,其中许多地名一直沿用至今。

《地理图》是中国现存最早的全国性地图碑之一。碑分为上图下文两部分。图中山峦、长城、森林、江河、海岸及各路、府、军、州的地理位置都画得十分详尽,并用"题榜"标明地名。碑下部的645字释文,大致记述了自夏禹至宋室的历代版图变迁史,并为当时金兵南侵、山河破碎而伤怀。左下角还有47字题跋,从中可知《地理图》与《天文图》《帝王绍运图》都是南宋黄裳所作,为绍熙元年(1190)嘉王邸翊善黄裳献给嘉王赵扩(后继位为宋宁宗)的八图中的三幅;淳祐七年(1247),浙西路提刑王致远得之于蜀地,携至苏州摹刻上石,流传至今。

《天文图》是世界现存最古老的星象实测图。碑分上下两部分,上为星图,下为释文。星图以天球北极为中心,以北极恒显圈、天球赤道、南极恒隐圈三个同心圆为纬,以二十八宿的宿度线为经,绘刻星座280个,恒星1 434颗,以及银河的界线,方位准确。释文共2 140字,简要叙述了天体、地体、北极、南极、赤道、黄道、日、月等天文知识,其中有"一昼一夜行三百六十五度四分之一""月光生于日之所照,魄生于日之所不照,当日则光明,就日则光尽""天左旋""日中乌,见日中黑子"等具有相当科学价值的对自然现象的解释。据《元史》记载,北宋曾于景祐、皇祐、元丰、崇宁年间进行过四次星象观测,这一星图就是根据元丰年间(1078~1085)的观测结果绘制的。

《帝王绍运图》碑是一幅以帝王世系为核心的历史朝代沿革表。上部以图表形式分左、中、右三路列出帝王世系,简明而系统地记述了3 500多年历代王朝的兴衰继替。中路自黄帝、颛顼、帝喾、尧、舜五帝,经夏、商、周、秦、汉,至隋、唐,直至南宋理宗为止,共十三个朝代、247个帝号,这是视作"正统"的王朝,用纵横线示意,经纬分明,是全图的中轴主体。左路为"秦六国""五代僭伪",右路为"春秋十二国""东晋夷狄杂处中夏"(五胡十六国),左右对称,以补中路"正史"之不足。下部释文共550字,有对古代"世道之理乱,王统之离合"的简要评述,有对宋太祖统一国家、创业维艰的追思,有对"自古及今,治不能十一,而乱常八九"的感慨,而以"为君者亦可以知所戒矣"为结语。

除《平江图》等四大宋碑外,历代修学记、宋代登科题名录、清雍乾时期的平叛碑、《过云楼藏帖》《人帖》均有很高价值。历代重修记石刻今存14种,即宋碑1方、元碑2方、明碑5方、清碑6方,其中以米友仁、赵孟頫等名家撰书的碑版为珍。

1961年3月,苏州文庙内宋代石刻公布为第一批全国重点文物保护单位。1982年3月,作为"文庙及宋代石刻"的一部分调整公布为江苏省第一、二批文物保护单位。2001年6月,与苏州文庙合并公布为全国重点文物保护单位,更名为苏州文庙及石刻。

2. 焦山碑林

位于镇江市区东北部的焦山,由摩崖石刻和碑刻陈列两部分构成。

摩崖石刻位于焦山西侧浮玉岩、观音岩、罗汉岩、雷轰岩、栈道岩一带的峭壁上,长200余米。有六朝以来刻石百余方，真、草、隶、篆各式书体。石刻内容既有抒发忧国之愤的，也有怀古颂今、寄托抱负的；既有阐述佛经教义的，也有摘录道家微言的，而更多的则是张扬个人情怀和个性的文人类作品。其中最为代表的是书刻于六朝时期的《瘗鹤铭》。相传为东晋大书法家王羲之所书，原刻于焦山之西的雷轰岩，后因山石崩塌，坠落江中。清康熙五十二年(1713)，陈鹏年募人从江中捞出残石5方，置于焦山定慧寺大殿左侧，建亭保护。碑刻博物馆设立后，专门建造了一座100平方米的大厅进行展示。《瘗鹤铭》石高2.35米、宽1.04米，今存93字，其中11字不全。其被誉为"大字之祖"，是中国书法发展史上从隶书向楷书过渡期的重要代表作品，与陕西汉中《石门铭》并列称"南北二铭"。《瘗鹤铭》自北宋被发现以来，历朝历代的文人雅士前来寻访朝拜，留下了大量的诗文题刻，其中唐《金刚经偈句》、宋陆游《踏雪观瘗鹤铭》、米芾《辛未孟夏观山樵书》、吴琚《春游焦山诗》、吴说《石屏》、赵孟奎《浮玉》以及贺铸、刘龟年、方豪、赵舒翘、陶澍、洪亮吉、王瓘、康有为等名人的题名题记等，均属上品。

碑林陈列位于焦山东麓的碑刻博物馆内。焦山藏碑始于北宋庆历八年(1048)所建宝墨亭，明代扩建为宝墨轩，藏碑渐丰。自清以来，碑刻不断充实。后屡遭兵燹，碑刻毁失严重。中华人民共和国成立时已荒废，1960年，寻找散失残碑，征集四乡刻石，建立焦山碑林。1991建立焦山碑刻博物馆。2002年3月进行了大规模的扩建维修，碑林的面积从3 500平方米增加到7 000平方米，展出碑刻从300多方增加到400多方。现碑林陈列分序馆、史料馆、文苑馆、瘗鹤铭馆等，著名碑刻有唐《魏法师碑》《陇西李府君墓志铭》、宋《蓄狸说》、明刻宋米芾临《兰亭禊帖》以及清《澄鉴堂法帖》等。

1982年3月以焦山摩崖题记及石刻名称调整公布为江苏省第一、二批文物保护单位。1988年1月公布为第三批全国重点文物保护单位，更名为焦山碑林。

3. 千佛崖石窟及明征君碑

千佛崖石窟位于南京市栖霞区栖霞寺东北侧山崖上。石窟开凿于南朝齐永明二年(484)以后，建武四年(497)之前。由明僧绍次子明仲璋和法度祖师合作开凿，并得到齐文惠太子、豫章、竟陵、始安诸王之助。之后历代屡有修葺增补，明代尤甚。中华人民共和国成立后，1925年，栖霞寺住持僧若舜用大量水泥粉饰，使佛像多失原貌。今实有窟龛294个、造像515尊。题材以无量寿佛、弥勒佛造像为主。石窟中最大的是三圣殿和释迦、多宝窟等。个别佛像水泥剥落后，可见石质部分仍保存完好，衣纹清晰，雕刻手法圆润细致。

明征君碑位于南京市栖霞区栖霞寺门前北侧。碑全名"摄山栖霞寺明征君之碑"，立于唐高宗上元三年(676)，为纪念栖霞精舍创始人、南齐隐士明僧绍而立。中华人民共和国成立后，1962年，建亭护碑。明僧绍，字承烈，号栖霞，平原(今属山东)人，南朝刘宋元嘉年间(424～453)中举秀才，后历征通直郎、参军、正员外郎，均不致。齐永明元年(483)，"世祖敕召僧绍，称疾不肯见"，征国子博士，仍不就。因多次征召不就，人称其为"征君"。碑通高2.74米、宽1.31米、厚0.36米，螭首，篆额"明征君碑"四字，趺座，碑身两侧雕狮首绶带西番莲纹饰。碑文行书，通篇2 376字，均为四文韵文，以10首铭词作结束，记述明僧绍笃信佛教，隐居栖霞山，皇帝征召不就，以及齐、梁两代在栖霞大造佛像等活动情况。碑由唐高宗李治撰文，当时著名书法家高正臣书，书法家王知敬篆额。碑阴刻有"栖霞"二字，相传系李治御书。明征君碑是南京现存唯一的著名唐碑。

千佛崖、明征君碑均于1982年3月调整公布为江苏省第一、二批文物保护单位，2001年6月合并以千佛崖石窟及明征君碑名称公布为第五批全国重点文物保护单位。

4. 国山碑

位于宜兴市张渚镇善卷国山西麓。国山，原名离墨山，相传仙人钟离墨于此修炼得道，故名。据史料记载，东吴天玺元年(276)，阳羡(今宜兴)发生强烈地震，离墨山有大石自立，并出现十余丈长的石室，东吴末帝孙皓以为祥瑞，乃命司徒董朝来阳羡封禅为中岳，改名国山，并刻石以记，是为国山碑。国山碑碑体在国山碑院内，碑院占地面积380平方米。该碑呈圆柱形，上端微锐，形如囤，俗称"囤碑"，因系董朝来此封禅而立，故亦称"董碑"。碑高2.35米，周长3.3米，四周环刻封禅文辞，计43行，每行25字，共1 000余字。碑文篆书，为吴国中书东观令史、立信中郎将、著名书法家苏建所书。碑文内容主要是记述了立碑的缘由,即当年吴国境内出现的三件奇异现象。其一是"湖泽阗通",指吴郡临平湖(今浙江临平山东南5里)自汉末草秽壅塞后,突然开通;其二是"石印封启九州吉",指鄱阳郡历阳山(今安徽和县西北)石上纹理呈现为"楚九州者,吴九州郡,扬州士,作天子,四世治,太平始"20个字;其三是"石室山石闯",即指阳羡离墨山(即国山)开裂十余丈的石室,及其他祥瑞之辞。

该碑由于长期处于山顶露天环境中,至宋代已有许多字迹剥蚀难辨。目前仅碑体西北面下半截字迹可辨,其余均已漫灭。为了保护碑石和碑体,清乾隆二十九年(1764),荆溪(今宜兴)知县唐仲冕构筑碑亭;民国年间邑人储南强扩建为六角碑亭,周围砌筑石围墙,民国19年(1930)毁。中华人民共和国成立后,1982年,重修碑亭,建筑围墙;1990年再次重建碑亭,并建国山碑院对其保护。

国山碑为中国现存最早的封禅碑之一。1982年3月调整公布为江苏省第一、二批文物保护单位,2001年6月公布为第五批全国重点文物保护单位。

5. 晴山堂石刻

位于江阴市徐霞客镇南旸岐村21号。晴山堂是明万历四十八年(1620)徐霞客为庆贺母亲重病初愈所建,堂名取自"四月清和雨乍晴,南山当户转分明"诗意。泰昌元年(1620)徐霞客将祖上传下的名人书诗和他为母亲八十大寿请人书写的诗文及所绘"秋圃晨机图"刻录于石,嵌砌于墙内,"分碑七十有七,分页二百有五"。清顺治二年(1645)清兵南下,晴山堂被烧毁,石刻幸存,置村西首徐氏宗祠保存。但刻有"秋圃晨机图"的石刻在民国年间消失。中华人民共和国成立后,1978年重建晴山堂,将76方石刻嵌于墙内。

晴山堂占地面积538平方米,坐西朝东,面阔3间,敞连,进深7架,扁作仿明抬梁,硬山顶砖木结构,落地长窗,前有外廊,堂后翻轩,后有墙门,入内即徐霞客墓园。堂正面"晴山堂"三字为顾延龙手书,背面"晴山胜水"为端木蕻良书写。76方石刻及3方《晴山堂帖叙略》木刻版嵌砌在堂内南、北、西三面墙上。堂中一间靠后位置有一组徐母教子塑像,为上海油画雕塑院著名雕塑家陈道坦作品。

石刻为横式,宽93厘米、高35厘米,每方尺寸略有异同。刻录宋濂、倪瓒、文徵明、祝允明、顾鼎臣、董其昌、黄道周等88位明代名人手书的诗文94篇,主要内容是称颂徐霞客祖辈的诗文和赞扬徐母品行及教子的颂词,还有记述徐霞客生平活动史实的文字。

1982年3月调整公布为江苏省第一、二批文物保护单位。2001年6月,晴山堂石刻作为"徐霞客故居及晴山堂石刻"的一部分公布为第五批全国重点文物保护单位。

6. 天下第二泉庭院及石刻

位于无锡市北塘区惠山街道惠泉山社居委锡惠公园内、惠山东麓、白石坞下。天下第二泉即惠山泉,因唐代"茶圣"陆羽曾将惠山寺石泉水评为天下第二,故称"第二泉"。泉井与庭院形成于唐代宗大历年间(766～779);北宋政和(1111～1118)时二泉水被列为贡品;清康熙、乾隆各6次南巡均幸二泉庭院,咸丰年间(1851～1861)庭院毁于兵燹,现存建筑为同治年间(1862～1874)重建。

庭院占地面积805平方米,内有二泉亭、漪澜堂、泉井、流泉和池沼等。天下第二泉泉池占院子的主要部分,泉池分上、中、下三池,周边均砌有石栏。上池与中池于唐大历年间由无锡知县敬澄开凿,并盖有泉亭。今上池呈八角形,边长0.8米,深1.6米;中池为正方形,边长1.4米,深1米。泉亭为方形,宽4.6米,深5米,高6米,歇山顶。元书法家赵孟頫所题"天下第二泉"嵌在亭西墙上,旁有元、明、清书法家赵子昂、周天球、王澍及清乾隆帝等题刻。庭院正中为漪澜堂。堂前是下池,于北宋明道年间(1032～1033)开凿,为长方形,长8.6米,宽5.75米。下池西壁正中有一石螭首,为明弘治年间(1488～1505)邑人杨理制;池前有一组湖石,名"观音石",系嘉靖(1522～1566)时礼部尚书顾可学旧宅中的遗物。漪澜堂底通暗渠,将上中两池泉水通过下池的石螭首跌入池内。泉池周边栏版间雕刻以莲花石柱,为乾隆时遗留旧物。

1995年4月公布为江苏省第四批文物保护单位,2006年5月公布为第六批全国重点文物保护单位。

7. 阳山碑材

位于南京市江宁区汤山街道坟头村阳山。阳山古称雁门山,是孔山山脉的主峰,山体为石灰岩构成,山石坚硬而光泽,自六朝以来多用作陵墓柱础、石刻的建筑用材。碑材分碑座、碑身、碑首三部分，碑座高16米、长30.4米、厚13米，底部已凿空，仅留两行支撑，西北端仍与山体相连，表面布满凿痕；碑首高10.7米、宽20.3米、厚8.4米，通体凿有石牙14个，应是用以雕刻蟠螭，底部亦已凿空，仅留三行石柱支撑；碑身横卧地面，高49.4米、宽10.7米、厚4.4米，约重5500吨，通体方正而布满凿痕，东北端与山岩尚未凿断，底部留有三行石柱支撑，其余均与山体分离。3座碑材竖叠起来总高度达75米，总重达2.6万吨。此碑据清《同治上江两县志》载："明永乐三年，成祖朱棣为其父朱元璋纪功而命凿。"原拟立在明孝陵前，后因碑材太大无法运输而罢，故而置于山中。开采碑材十分艰苦，多由囚徒操作，完不成定额即被杀，山下有坟头村，即因当年苦役弃尸之地而命名。

1982年3月调整公布为江苏省第一、二批文物保护单位。

8. 天妃宫碑

全称"御制弘仁普济天妃宫之碑"，位于南京市鼓楼区静海寺内。碑原立于天妃宫中，1997年初迁移于静海寺。天妃宫建于明永乐五年（1407），是郑和第一次下西洋回国后明成祖朱棣赐建，称"龙江天妃宫"，并亲自撰写天妃宫碑文。清咸丰年间（1851~1861），宫毁碑存。中华人民共和国成立后，1997年年初将碑移至静海寺。

碑以青石刻制，通高5.48米。碑座龟趺高1.17米、宽1.8米、残长2.96米，头部于民国年间残缺，但背纹清晰，趺座下承海墁；碑首高0.98米、宽1.72米、厚0.58米，篆额"御制弘仁普济天妃宫之碑"并浮雕四螭，螭首衔碑两侧；碑身高3.33米、宽1.5米、厚0.52米。碑阳楷书699字，记载郑和船队初次远涉重洋遇险，幸得天妃佑庇，得以平安归来，以及明成祖特加天妃封号并御制宫碑之事。碑身四周刻海水江崖饰纹，碑阴无字。

1982年3月，天妃宫碑调整公布为江苏省第一、二批文物保护单位。

9. 大报恩寺碑

位于南京市秦淮区中华门外。大报恩寺碑原碑有二，左碑为永乐二十二年（1424）立，已毁，存龟趺，青石质，高2.06米、长4.25米、宽2.06米，龟身浮雕纹饰尚清晰。右碑为宣德三年（1428）立，通高8.55米。碑身面南背北，高4.45米、宽1.91米、厚0.62米，曾用水泥修补黏合，碑文已模糊不清；碑额高2米、宽2.1米、厚0.82米，篆书"敕建大报寺志"，尾记宣德年款，少数字迹尚依稀可辨；龟趺缺首，残长3.2米、高2.1米、宽2.1米。1982年3月，大报恩寺碑调整公布为江苏省第一、二批文物保护单位。

10. 惠山寺经幢

位于无锡市北塘区惠山寺古华山门内两侧。南侧经幢建于唐乾符三年（876），高6.26米，底部直径1.48米，共十九级，幢基为三组八角形束腰式基座，幢身作八棱形石柱，底座直径1.40米，上刻《佛顶尊胜陀罗尼经》。北侧经幢建于宋熙宁三年（1070），高6.22米，同为十九级，上刻《大白伞盖神咒》。两经幢相差10米，都系青石质，形制和大小相仿，唐、宋并立，保存完好。惠山寺石经幢是现今无锡地区保存最为完好且年代最为久远的佛教石刻。1982年3月调整公布为江苏省第一、二批文物保护单位。

11. 心经碑

位于江阴市老城区中山公园，嵌于铁佛寺观音殿北壁。该碑由唐代异僧道松书写并刻于石，后毁于火，今碑为清嘉庆三年（1798）按拓本重刻。碑由六块长条形大青石拼成，高2.87米、宽5.21米。碑文刻草书《般若波罗蜜多心经》一卷，分十三行竖刻；全文279字，字体笔划最细者1厘米，最粗者7厘米，其中一"多"字长达207厘米，"声"字横阔达55厘米；字体为狂草，结构严谨，字形多变，初看似反写，实为正书；采用阴刻技法，有浮雕感。碑左下刻有明代著名抗倭将领、古文家唐顺之题跋，右下刻有清嘉庆三年常州府事胡观澜题识。心经碑与徐霞客、红豆树称为"江阴三奇"。1982年3月调整公布为江苏省第一、二批文物保护单位。

12. 大风歌碑

位于沛县沛城汤沐路西路4号歌风台三楼邀宴堂内。因碑上刻有刘邦的《大风歌》而得名。汉高祖十二年（前195）刘邦平定淮南王黥布回师长安时，途经沛县，与父老子弟欢宴，刘邦击筑而歌："大风起兮云飞扬，威加海内兮归故乡，安得猛士兮守四方。"后人勒石传世，并筑百尺高台，立于台上。

此碑在唐代尚完整。元代大德十年（1306）摹刻成元碑；原汉碑中间断裂，用铁束箍。明成化年间（1465~1487），黄河决口，歌风台倒于泗水中，碑迁于泗水北岸的琉璃井附近。清代黄泛频繁，碑屡倒屡树，光绪三年（1877）迁于城西新修歌风台上。民国27年（1938），日寇轰炸沛城，碑无损；后驻沛日本宪兵队长森协欲将碑劫往日本，被当地人民阻挠，得以保全。中华人民共和国成立后，1951年5月，新建歌风亭；同年12月10日，将碑移入亭内，并撰有《歌风亭记》，勒于亭旁。1975年，重修歌风台，并将碑置于内。1984年，重建歌风台，将汉碑与元代摹刻碑一并移入；又查考出碑下部所佚九字，重镌碑，因此年为农历甲子年，是为"甲子碑"。1997年元月，汉歌风碑、元代摹刻碑和甲子摹刻碑，三碑同时迁入歌风台。

现存为残碑上部，高170厘米，宽123厘米。以元代摹刻碑衡量，残碑高度相当于原来全碑的十分之六。碑文每字长尺余，宽八寸，现存20字，竖排右起，共4行。第一行为"汉高祖皇帝"，第二行为"大风起兮云"，第三行为"加海内兮归"，第四行为"得猛士兮守"。下部遗失，所缺9字尚未发现。

1982年3月调整公布为江苏省第一、二批文物保护单位。

13. 淳化阁帖石刻

位于溧阳市别桥镇西街虞氏宗祠内。宋淳化三年（992），太宗出秘阁（帝王藏图书之所）所藏历代法书，命侍书学士王著编次，标明"法帖"，摹刻于枣木板上，拓赐群臣，名《淳化阁帖》，简称"阁帖"。共分十卷，都有标题标明书者姓名。第一卷为历代帝王书法，第二、三、四卷为历代名臣的字迹，第五卷为古代名家墨迹，第六、七、八卷为东晋大书法家王羲之的笔迹，第九、十卷是王羲之第七子、东晋书法家王献之的手迹。后来木版毁于火灾，使得刻帖之风大兴，从此中国刻帖盛行，故称此"阁帖"为"法帖之祖"。根据《淳化阁帖》原拓的刻石，中国今存两套半，两套在西安、兰州，半套保存在溧阳别桥。

南宋绍兴年间（1131～1162），当时为宣议郎的虞维（字敦素）由丹徒黄沂坝迁来别桥。虞维娶赵氏郡王之女郡主为妻，郡王府曾获赐《淳化阁帖》，后为郡主出嫁妆奁，于是此帖归了别桥虞氏。明万历四十三年（1615），肃王朱绅尧通令将全国残存的淳化阁帖拓本送就会核审阅，重新摹刻上石。别桥虞氏所存拓本送呈肃王府，经肃王审定并勒刻于石，所刻之本称"肃府本"。肃府本为著名金石摹刻家温如玉、张应召师徒所刻。清咸丰年间（1851～1861）战事濒临，虞氏族中望户每户分管两块，太平天国战争结束（1864）后，石刻遭到重大损失，能收集起来的仅有115块。民国7年（1918）族人倡议将所存石刻镶于虞氏宗祠"庆远堂"的两间平房，分六层并列叠砌在屋内东、南、西三面墙上，由族人虞封山（清末秀才）为阁帖写了一篇《淳化阁法帖记》的序文，也勒石安置于该帖之首。中华人民共和国成立后，"文化大革命"中，为免遭破坏，别桥人将石灰粉上石刻，得以保存。1974年、1979年、1980年、1987年、1993年、2003年多次对房屋进行整修，对石刻进行加固和防风化处理。

刻石现存完好44方，碎者71石，连同《跋淳化阁法帖》《珍藏淳化阁法帖记》3石共计118石，字迹尚清晰可辨。所存之屋为南北朝向坡屋，面阔5.8米，通高5米。刻石均高4.32米，长0.63米、0.8米、1米不等。这组石刻卷后，留有"淳化三年十一月四日奉圣旨模勒上石"和"万历四十三年乙卯八月九日草莽臣温如玉、张应召奉肃藩王令旨重摹上石"原题刻五处。

1982年3月调整公布为江苏省第一、二批文物保护单位。

14. 楞严经石刻

位于苏州市吴中区光福镇邓尉山麓司徒庙内碑廊。佛教经典《楞严经》共十卷，全文六万七千多字，刻于明崇祯年间（1628～1644）。明崇祯十五年（1642），昆山魏肇鲁为《楞严经》写跋，清康熙年间（1662～1722）赐额。原在光福下绞村狮林寺内，中华人民共和国成立后，1976年寺废并移置现址。

石刻原有84方，现存83方，缺一方记录赞助者姓名的刻石。每方长0.87～0.92米，宽0.31～0.32米不等。楷书经文每字边长1.5厘米，王时敏、张炳樊、张鲁唯、顾锡畴等书写，章懋德斋镌刻。

《金刚经》塔碑，刻于明万历二十七年（1599），经文巧妙地安排在一座七级宝塔图案上，碑高1.92米、宽0.69米，经文用蝇头小楷书写。

现《楞严经》石刻跟《金刚经》塔碑一起镶嵌在碑廊壁间，并以玻璃框封存，保存情况较好。1982年3月调整公布为江苏省第一、二批文物保护单位。

15. 张士诚纪功碑

位于苏州市城区人民路报恩寺塔东北角碑亭内。张士诚（1321～1367），元末泰州白驹场（今大丰市白驹镇)人,至正十三年(1353)起义反元;后渡江南下占领平江(今苏州),改平江府为隆平府,自称吴王;至正二十六年(1366)为朱元璋所灭。

张士诚纪功碑,亦名隆平造像碑、张吴王纪功画像石刻,又称报恩寺石堪造像,俗呼石家堂。据《吴门表隐》,此碑为元末江南富豪沈万三所置;近代学者考证为元代雕刻,并认为图中所绘是至正十九年张士诚宴请元使伯颜的场景。碑原在报恩寺山门左,民国8年(1919)移入寺内,民国13年建碑亭。中华人民共和国成立后,1985年亭改建为石柱木梁攒尖顶方亭,1987年在碑四周加设木栅。碑高3.06米、宽1.46米、厚0.4米,青石质。画面自上而下可分四段,共有王者、大臣、胡客、甲士、侍卫、胡服侍从等118人。第一段,祥云缭绕中并肩立12人,身后张华盖七具。第二段,中为重檐歇山顶正殿,殿前有月台,陛五重,殿后旗幡招展;殿中三人面南端坐,中为王者,两旁为大臣,东西两楹列案,设壶觞肴核,各坐两人;左右又有两披,各坐两人,西端一人着胡服。第三段,东西配殿中各坐三人,均着胡服;殿前为月台,环以石栏,陛五重,中有甬道通正殿,道中置一巨瓶,内插珍宝;为胡服侍者抬宝瓶珊瑚自西南历级升台进献。第四段,月台前一马盘旋起舞,众多武士披坚执锐,持旌牵马。碑上端似额,绕以卷云纹,但框内空无一字,似被挖去。现张士诚纪功碑保持原形式,保存较好。1982年3月调整公布为江苏省第一、二批文物保护单位。

16. 抚台平倭碑

全名抚台李公平倭碑,位于南通市崇川区狼山南坡山腰。立于明嘉靖三十九年(1560),原在山路旁。中华人民共和国成立后,1965年,移至四角亭中。碑青石质,方首篆额,方座,通高3.01米、宽1.1米、厚0.34米,由工户部尚书、南通人马坤撰文。计20行,行52字,楷体。碑文记载,嘉靖三十八年(1559)四月,倭寇万余人图犯扬州,巡抚都御史李遂据泰州阻倭西进之路,逼迫其至泰州以北,后破倭于庙湾,取得了苏北抗倭战场上的全胜。李遂,生卒年不详,字邦良,江西丰城人。嘉靖五年(1526)进士,嘉靖三十六年(1557)任凤阳巡抚,抗御倭寇。1982年3月调整公布为江苏省第一、二批文物保护单位。

17. 周王庙及碑刻

位于宜兴市宜城镇东庙巷东端,是为纪念晋平西将军周处而建的专祠。

周处(240～297),字子隐,阳羡(今宜兴)芳桥人,少时好滋生事端,后感乡议,幡然省悟,斩蛟射虎,改过自新,并拜师读书,学识长进,建功立业。元康六年(296)十一月,为建威将军作先锋讨伐氐羌叛乱,翌年战死沙场。后被追认为平西将军、清流亭侯,谥"孝",后人称"周孝侯"。著有《默语》30篇、《吴书》若干卷,所撰《阳羡风土记》是中国最早记述地方习俗和风土民情的著作,后散失,明朝周鸿轩辑录风土记拾遗136条传于世。

周王庙始建于西晋元康九年(299),原名周孝侯祠,宋绍兴年间(1131～1162)赠庙额曰"英烈",加封"武惠正应王",称周王庙,历代均有修建。现存周王庙坐南朝北,共三进,通面阔44米、进深88米。第一进为戏楼,1994年重建,二层双檐歇山顶,面阔5间20米,进深八架8.6米。南侧中间为戏台,面阔5.65米、进深4.3米;东西两侧厢房为二层看楼,南北向三开间,面阔10.3米、东西进深5.3米。第二进大殿,建于明嘉靖四十五年(1566),歇山顶,北为廊轩。整个建筑立柱用花岗岩、阳山石和青石制作,面阔五间宽18.79米、进深9架12.53米,其中正殿三间、东西侧厢各一间。朝南中间一间设6扇长格门,两侧为6扇短格窗,正殿与廊轩之间用天沟连接。大殿正中塑周处坐像,两侧山墙彩绘射虎斩蛟图。大殿正门上方挂杨仁恺书"孝侯殿"匾,内挂尹瘦石书写的"阳羡第一人物"和尉天池书写的"浩气凌云"两匾及当代书法名家书楹联多付;两侧厢陈列周处事迹及周墓墩出土文物复制品。大殿内有唐、宋、元、明、清历代碑刻18方,均系历代维修周王庙的碑记,其中以立于唐元和六年(811)的陆机撰文、王羲之书《平西将军周府君碑》最为珍贵。第三进为后殿,称世泽堂,明代建筑,硬山顶,面阔5间21.5米、进深9檩11米,朝北三间正厅设长格门18扇,殿内塑周处及其家族5人立像。2000年维修后殿时在其两侧增建两层楼耳房各三间。殿东西两侧倚围墙有碑廊,为2000年新建,长40米、宽2.5米。碑廊内陈列有唐至清碑刻80方,其中唐贞义女碑、宋苏东坡楚颂碑、宋李曾柏生平碑、明净云枝法帖等十分珍贵。

周王庙南侧原有周墓墩,为周处的家族墓地,1953年、1976年南京博物院曾两次组织发掘,出土了青瓷神兽尊、青瓷香薰等一批珍贵文物。

周王庙是宜兴现存时代较早、规格最高的一处古建筑，1982年3月公布为江苏省第三批文物保护单位。

18. 平倭冢记碑

位于海安县西场镇西场文化站院内。明嘉靖三十八年（1559），浙江海道副使刘景韶在西场东郊设伏剿倭，围敌三昼夜，斩1 527人、生俘15人，民众将敌尸聚埋成"倭冢"；次年，如皋县知县童蒙吉刻"平倭冢记碑"立于冢前。清代，碑移于惠民寺内。民国30年（1941）冬惠民寺毁于火，碑埋于土中保存。中华人民共和国成立后，依次为区政府、老文化站、西场饭店等单位所保护，1977年碑移至今址，1985年建亭安碑。

碑高196厘米、宽88厘米，碑基高36厘米、宽92厘米。碑文26行，每行45字，正书。碑额题"刘公平倭冢记"，二行，篆书，饰双鹤祥云纹。碑四周饰忍冬连续纹。

1982年3月公布为江苏省第三批文物保护单位。

19. 延陵季子碑

位于丹阳市九里镇南街北端。季子为春秋时代吴王寿梦第四子季札，后被封于延陵，故称延陵季子。季子死后家人在九里镇为其造墓建庙，在庙前立碑，原碑相传为孔子所书，已佚，现碑为唐大历十四年（779）萧定重刻。碑高2.45米，宽1.06米，厚0.12米。碑文为两行十字"呜呼有吴延陵君子之墓"，所以又称十字碑。1982年3月公布为江苏省第三批文物保护单位。

20. 太平兴国石经幢

位于常州市延陵中路中段南侧。建于北宋熙宁二年（1069），为北宋太平兴国禅寺附属建筑。原有一对，并置于太平兴国禅寺门前，现一座完整，另一座经幢仅存须弥座残件三层。原经幢均嵌于民房中，2000年移到现址。

经幢通高4.05米，宽2.24米，由浮雕八力神、宝相花、八佛像、仰莲须弥山、海浪等四层须弥座及编刻尊胜陀罗尼经的八棱幢、缠枝牡丹花宝盖、浮雕斗拱、伞状宝顶等石雕组件砌成。经幢的束腰须弥基座，用三块八角形檐石分层，上层八角形束腰座体每面刻壶门佛像，或趺从，或平坐；中间的八角形檐石上浮雕鳞瓣状缠枝花；下层八角形座体每角上刻力士跪驮经幢状。三块檐石都略有破损，最下一块檐石有一半埋入土中，整个基座残高1.5米。幢身为八角形，高约1.8米，每面刻尊胜陀罗尼经，字迹已浸漶不清。幢身之上为八角形宝盖，仿砖木结构塔刹形，伸出檐头并有斗拱承托；宝盖下部周边刻浮雕折枝花，已残损；顶部原有宝珠，已佚；宝盖残高约0.8米。

太平兴国石经幢是常州市区已知最早的石刻，1995年4月公布为江苏省第四批文物保护单位。

21. 钟楼观音画像碑

位于靖江市骥江路钟楼广场。钟楼始建于明隆庆三年（1569）。楼为四方形，两层，底层四周有廊，歇山重檐，筒瓦屋顶，斗拱三铺作，高13.4米。楼上原有青铜大钟一口，毁于1966年，1986年重铸。明刻观音画像碑位于楼下，高1.6米、宽0.96米，碑座为赑屃样式。1995年4月公布为江苏省第四批文物保护单位。

22. 柱史坊

位于泰州市海陵城区泰山公园烈士塔前。坊为明隆庆年间（1567～1572）进士、监察御史蒋科为其父请封而建。原在昇仙桥南，中华人民共和国成立后，1953年移至现址。坊为汉白玉质地，三门四柱三楼式，四柱均抹角方形；柱前后须弥座上原有回人骑狮子石刻，现存四件，放置于牌坊两侧通道两旁。牌坊通高约6米，宽7.8米。石刻人像两两成对，一对石像方面大耳，圆眼浓眉，高鼻卷须，头戴圆锥形皮兜帽，穿长袍，扎披肩，着方口高靴；另一对留长须，着短袍，蹬圆口高靴。石像均似回民打扮，和蒋科曾在回族聚居地任监察御史有关，故俗称"回子牌坊"。1995年4月公布为江苏省第四批文物保护单位。

23. 襟江书院记及四体《千字文》石刻

位于泰兴市区泰兴中学襟江书院内。现书院由大门、重门、厢房、讲堂组成，共35间，讲堂仍为原貌，大门、重门及厢房均按原样改建，占地面积1 500平方米。"襟江书院记"石刻嵌于讲堂内墙上，建于清咸丰十年（1860），为清代书法家何绍基所书。"四体《千字文》"石刻位于书院讲堂前两边廊壁上，又称《虚舟千字文十种》，由王澍于康熙四年至六年（1665～1667）完成。王澍，字若霖，号虚舟、竹云，江苏金坛人。清康熙五十一年（1712）进士，官吏部员外郎，致仕后定居无锡。为清初书法名家，精古碑刻鉴定，工治印，著有《淳化阁帖考正》

《二十种兰亭》《竹云题跋》《虚舟题跋》等。"四体《千字文》"石刻共60块,现存58块。每块长85厘米,宽34厘米,为真、草、隶、篆四种书体各两种,共十种书体,每一种后面均有题跋。1995年4月公布为江苏省第四批文物保护单位。

24. 林则徐税务告示碑

位于泰州市海陵城区滕坝街西北民居墙中,俗称"滕坝碑"。滕坝,古名济川坝,清顺治年间(1644~1661)改名。道光十五年(1835)江苏巡抚林则徐立碑。中华人民共和国成立后,1995年,在滕坝旧址北侧建五角攒尖税碑亭,将碑移于亭中保护。碑为长方形,白矾石质,记永禁船只绕越漏税事宜。2002年10月公布为江苏省第五批文物保护单位。

25. 张公洞石刻

位于宜兴市湖㳇镇盂峰山张公洞内。张公洞是中国开发较早的古溶洞之一,是汉代道教圣祖张道陵和唐代八仙之一张果老的修炼处。张公洞内保存有唐至清名人题刻数十处,其中包括唐代青城山人杜光庭题铭"洞天福地"石刻、元代文学家杨维桢题"海内奇观"石刻、明代石湖居士吕纯如游洞诗碑等;下洞口碑亭存有明代大学士叶向高的草书诗碑一方,碑阴刻清代《朝阳道院开山碑记》;洞内有民国21年(1932)移碑记事碑及沙彦楷、储南强书写的碑记等。中华人民共和国成立后,派专人管理张公洞,并逐步整修、添置设施。2006年6月公布为江苏省第六批文物保护单位。

第三节 石 雕

江苏石雕多为陵墓雕塑,时代范围从汉代,到六朝,以至明清,是江苏古代雕塑艺术的重要组成部分,是中国古代墓葬文化的一部分,并集中体现了特定历史时代的社会理想、审美形式和高超的艺术水平。以南京和丹阳两地的南朝陵墓石刻为主要代表。

1. 南京南朝陵墓石刻

位于南京市江宁区、栖霞区。南京南朝陵墓共17处。南京市江宁区境内7处,其中宋武帝初宁陵和陈武帝万安陵为帝陵,其余为王侯墓;南京市栖霞区境内10处,除陈文帝陈蒨永宁陵为帝陵外,其余均为王侯墓。南朝陵墓石刻的规制为:帝陵前置石雕天禄、麒麟各1只,王侯墓前置石辟邪、石碑、石柱。1988年1月公布为第三批全国重点文物保护单位。

(1)宋武帝刘裕初宁陵石刻

位于江宁区麒麟镇麒麟铺公路两侧。陵南向,陵前遗物今仅存石兽两件,相距23.4米,东为天禄,身长2.96米、体围3.1米、高2.8米,双角又断,四足均失,风化严重;西为麒麟,身长3.18米、体围3.21米、高2.56米,独角,体型雕刻与天禄相似,头部、上唇、尾部均损缺,三足断裂。

刘裕,彭城(徐州)绥舆里人。仕晋,封宋公,永初元年(420)代晋称帝,建国号宋,卒后谥武帝。1982年3月调整公布为江苏省第一、二批文物保护单位。

(2)梁安成康王萧秀墓石刻

位于栖霞区十月乡甘家巷。墓向140度,为凸形穹隆顶砖室墓,甬道长4米、宽1.5米、高2.95米;墓室长6.3米、宽3.25米。墓室四壁向外弧凸,呈椭圆形,石门拱上有浮雕。因遭破坏,出土文物很少,尚存石凭几、石砚、石案足和石步障竿座8个,还有灰陶俑、盘、青瓷碗、唾壶等。地面遗址神道石刻3种8件。自南向北第一对为辟邪,第二对石碑跌座,第三对为石柱,第四对为石碑。碑阴尚存官吏姓名,上刻1 300余人,字迹依稀可辨;碑额隶书"梁故散骑常侍司空安成康王之碑";4通碑文分别由梁代著名文学家王僧孺、陆倕、刘孝绰、裴子野撰文,书法家贝义渊书。墓推测可能是萧秀墓。

萧秀,梁文帝第七子。梁天监元年(502)封安成郡王,历任南徐、江、郢诸州刺史。天监十七年卒于雍州刺史任上,赠侍中司空,谥"康"。1982年3月调整公布为江苏省第一、二批文物保护单位。

(3)梁始兴忠武王萧憺墓石刻

位于栖霞区十月乡甘家巷西村。墓南向偏东,墓前存石刻2种4件。辟邪二,东辟邪,长3.75米、宽1.6米、高2.95米,头已残裂,仅具大貌。1955年10月在辟邪腹下发现一小辟邪,小兽腹下与前后腿之间未镂空。西辟邪仅存跨部埋于土中,长4.45米、宽1.6米、厚0.32米。碑首部分浮雕双螭缠绕,额面刻腾飞双龙,碑额刻"梁故侍中司徒骠骑将军始兴忠武王之碑";碑文大多清晰可辨,共2 800余字,楷书,由著名书法家贝义渊书。此碑为南朝陵墓中保存最好、字数最多的1通碑。1954～1956年将碑升高，1957年建亭保护。

萧憺系梁文帝第十子。梁天监元年（502），封始兴郡王，卒后赠侍中、司徒、骠骑将军，谥曰"忠武"。1982年3月调整公布为江苏省第一、二批文物保护单位。

(4) 梁吴平忠侯萧景墓石刻

位于栖霞区十月乡太平村。墓南向，墓前东辟邪，长3.8米、体围3.98米、高3.5米；西辟邪距东辟邪25米，1956年发现，残骸仍埋土中。东神道石柱是南朝石柱中保存最完好的一件，通高6.5米、直径0.7米，柱础高0.98米，为双螭座；柱身高4.2米，呈圆形，上镌"梁故侍中中抚将军开府仪同三司吴平忠侯萧公之神道"。

萧景为梁武帝萧衍的堂弟。梁普通元年（520），为郢州刺史，卒于任上，诏赠侍中、中抚将军，谥曰"忠"。1982年3月调整公布为江苏省第一、二批文物保护单位。

(5) 梁鄱阳忠烈王萧恢墓石刻

位于栖霞区十月乡甘家巷西。墓前原有碑，载有"梁故侍中司徒鄱阳忠烈王墓志"。为梁张缵奉敕造，梁普通七年（526）二月二十五日葬。墓南向，墓前存二辟邪，东辟邪长3.35米、体围4米、高3.15米；西辟邪长3.45米、体围4.1米、高3.17米。

萧恢，梁文帝第九子，梁天监元年（502）封鄱阳王，官至骠骑大将军。普通七年卒于荆州刺史任上，赠侍中、司徒，谥"忠烈"。1982年3月调整公布为江苏省第一、二批文物保护单位。

(6) 梁临川靖惠王萧宏墓石刻

位于栖霞区仙鹤门仙林农牧场张库村。墓北向偏西，墓前保存石刻3种6件。自北起第一对为辟邪，西辟邪仅存残骸；东辟邪完好，体长3.2米、宽1.48米、高2.84米。第二对为神道石柱，东柱残高6.41米，柱身高4.95米；西柱残高4.96米，柱表刻28道瓦棱纹。柱额北向，题"梁故假黄钺侍中大将军扬州牧临王靖惠王之神道"。第三对为石碑，东碑已佚，仅存龟趺半埋土中；西碑尚好，通高5.41米，碑身高4.33米，碑侧分8格，各刻飞禽怪兽纹饰。

萧宏，梁文帝第六子，梁天监元年（502）封临川郡王，卒后谥曰"靖惠"。1982年3月调整公布为江苏省第一、二批文物保护单位。

(7) 梁新渝宽侯萧暎墓石刻

位于栖霞区十月乡甘家巷北董家边村。墓南偏东，墓前仅存西神道石柱，柱础和柱身部分埋入土中，地面柱高2.1米，柱围1.82米，柱身刻24道瓦棱纹。柱额题"梁故侍中仁威将军新渝宽侯之神道"。

萧暎，梁武帝萧衍之侄、始兴王萧憺之子。梁普通二年（521）封广信侯，又改封新渝县侯，曾任广州刺史。大同十年（544）冬，卒于任，谥"宽"。1982年3月调整公布为江苏省第一、二批文物保护单位。

(8) 梁建安敏侯萧正立墓石刻

位于江宁区淳化乡刘家边村南。墓东向偏南，墓前石刻现存2种4件，南北相向。2石辟邪相距16米，南辟邪身长2.2米、体围2.5米、高1.95米；北辟邪身长2.15米、体围2.47米、高2米。神道石柱1对，位于辟邪西110米处。北柱高3.44米，柱围1.84米，瓦棱纹20道；柱下部分风化严重；柱额方文字漫漶，铭文应为"梁故侍中左卫将军建安敏侯之神道"，盖及小兽已佚。南柱高3.45米，柱围1.74米，瓦棱纹23道；柱额铭文与北柱同。

萧正立，梁武帝之侄、萧宏之子，封建安侯。梁天监十年（511）卒于丹阳尹任上，谥"敏"。1982年3月调整公布为江苏省第一、二批文物保护单位。

(9) 陈武帝陈霸先万安陵石刻

位于江宁区上坊乡北石马冲。地上仅存二石兽，侵华日军射击致胸部缺损。南兽造型奇特，类天禄、麒麟而无角，头有鬣又似辟邪。

陈霸先，吴兴（浙江长兴县）人。初仕梁，后佐王僧辩讨侯景，移镇京口（镇江），僧辩行废立，霸先杀之，迎梁敬帝萧方智复位，自为相国，封陵王。不久，夺梁政权，称帝，国号陈。南朝陈永定三年（559）卒，葬万安陵，谥武帝。1982年3月调整公布为江苏省第一、二批文物保护单位。

(10) 陈文帝陈蒨永宁陵石刻

位于栖霞区十月乡狮子冲。仅存二石兽，东为天禄，双角长3.11米，胸宽1.45米，高3米；西为麒麟，独角长3.19米，胸宽1.45米，高3.13米，是南朝陵墓石兽中气势最雄伟、装饰最富丽、神态最灵动且保存完好的一对。

陈蒨系陈霸先之侄，陈永定三年（559）六月继武帝位，称文帝，在位七年，于天康元年（566）夏四月崩,六月葬此。1982年3月调整公布为江苏省第一、二批文物保护单位。

(11) 张家库萧融墓石刻

位于栖霞区栖霞镇张库村西南。墓南向,早年被盗。中华人民共和国成立后,1980年清理,砖室墓残长9.8米、宽3.15米、残高1.78米,墓向156度。遗物被盗一空,仅出土石墓志2方。墓前存2辟邪,东辟邪长3.18米、胸宽1.45米、高2.46米,保存尚好;西辟邪残缺严重,1983年进行修复,体长2.95米、胸宽1.1米、高2.6米;两兽相距2.5米。1983年对石辟邪进行原位提升。

萧融,字宣达,兰陵郡兰县都乡中都里人。梁文帝第五子,官至江夏王主簿等职。卒后追赠给事黄门侍郎,梁天监元年(502)追封桂阳王,谥曰"简"。天监十三年,其妻王慕韶卒,附葬其墓。1982年3月以张家库陵墓石刻名称公布为江苏省第三批文物保护单位。

(12) 徐家村陵墓石刻

位于栖霞区中央门外徐家村。墓已平,今存神道石柱。有推测为梁永阳昭王萧敷墓,有待查实。1982年3月公布为江苏省第三批文物保护单位。

(13) 北家边萧伟墓石刻

位于栖霞区尧化门外北家边村。墓室在神道石刻北约200米处。中华人民共和国成立后,1979年经清理,封土存高6.8米,为凸字形券顶砖室墓,早年被盗,墓已倒塌。出土石墓志4块,因腐蚀残留的字无法识读。残存遗物有铜泡钉、环、镜片,灰陶盂、屋、砚、盘、托盘、碗、俑头,青瓷碗、壶把,石座、案足、小石板及滑石猪等56件。墓前西神道石柱残存,柱额尚能辨认出"梁故侍中中抚"等字。两石柱因残损严重,于1978年发现后就地掩埋1.2米处保存。推测墓主可能是萧伟或其他皇族成员。

萧伟系梁文帝第八子。梁武帝天监十七年(518),改封南平郡王,官至中书令、大司马。中大通四年(532)卒,谥曰"元襄"。1982年3月以北家边陵墓石刻名称公布为江苏省第三批文物保护单位。

(14) 侯村失考墓石刻

位于江宁区上坊乡侯村。墓失考,现存二石兽、一神道石柱。石兽东西相对,相距约15米,体形较小,雕刻简单。石柱居东,石额尚存,文字剥落殆尽。此组石刻为南京地区现存南朝陵墓石刻中形体最小的一组。

(15) 宋墅失考墓石刻

位于江宁区淳化镇宋墅村。墓失考,现仅存神道石柱、柱础各一,相距25米,其余石刻均毁。西石柱高3.6米,柱额上文字漫漶;东石柱已毁,仅存柱础。

(16) 耿岗失考墓石刻

位于江宁区上坊乡耿岗村西。墓失考,仅存一道神石柱,露地面1米余,埋于土中较深。

(17) 方旗庙失考墓石刻

位于江宁区江宁镇方旗庙村东南。墓失考。现存石兽二只,东西向对列。西辟邪完好,东石兽臀部缺一大块。

2. 丹阳南朝陵墓石刻

位于丹阳市和句容市境内的齐、梁帝王陵墓区。丹阳是南朝齐、梁两代帝王的桑梓之地,也是齐、梁帝王陵墓的集中区域,这个墓区真实地反映了齐、梁王朝"树高千丈,落叶归根"的传统文化观念。齐、梁帝陵的特点之一,是在墓前树立整块巨石雕凿而成的带翼石兽,石兽有天禄、麒麟、辟邪之分,头上单角为麒麟,双角为天禄,无角为辟邪。皇帝陵前置天禄、麒麟,王侯墓前置辟邪,等级森严。

丹阳南朝陵墓石刻于1988年1月公布为第三批全国重点文物保护单位,梁南康简王萧绩墓石刻于1996年11月公布归入全国重点文物保护单位"丹阳南朝陵墓石刻"。

(1) 齐宣帝萧承之永安陵石刻

位于丹阳市胡家桥北狮子湾。陵前东为天禄,身长2.95米,高2.75米,体围2.75米,有翼,足4爪,左前足攫一小兽;西为麒麟,头不存,身长2.9米,高2.42米,体围2.4米。

萧承之(?~447),字伯嗣,是齐高帝萧道成的父亲,刘宋时代,因军功官至南泰山太守,右军将军。生前未做皇帝。齐高帝建元元年(479),萧道成称帝,追封萧承之为宣皇帝,将旧墓扩改为永安陵。1982年3月调整公布为江苏省第一、二批文物保护单位。

(2) 齐武帝萧赜景安陵石刻

位于丹阳市建山田家村。陵向南,有二石兽,东为天禄,身长3.15米,高2.8米,体围3米;西为麒麟,4足已失,身长2.7米,残高1.4米,体围

2.51米,风蚀严重。

萧赜(440~493),字宣远,齐高帝萧道成的长子。萧道成死后,继皇帝位,改元永明,在位11年,死后葬景安陵。1982年3月调整公布为江苏省第一、二批文物保护单位。

(3) 齐景帝萧道生修安陵石刻

位于丹阳市胡家桥北仙塘湾。陵向南,陵前存二石兽,东为天禄,身长3米,高2.75米,体围2.52米,双角残断;西为麒麟,身长2.9米,高2.42米,体围2.4米。天禄迈左足,麒麟迈右足,展出对称姿态。1965年11月对该墓进行了发掘,墓室因早年被盗掘破坏,仅清理出陶、瓷、石、铁等残器,墓中发现"羽人戏虎"等5幅壁画。

萧道生,字孝伯,齐高帝道成之次兄,生前未作过皇帝,其子萧鸾为齐明帝,追封其为景皇帝。1982年3月调整公布为江苏省第一、二批文物保护单位。

(4) 齐明帝萧鸾兴安陵石刻

位于丹阳市荆林乡三城巷北。陵向东,陵前二石兽,南为麒麟,身长3.02米,残高2.7米,原4足已失,角亦残;北为天禄,肢体已残;两兽之间隔着一条小河沟。

萧鸾(452~498),字景栖,萧道生之子、继废帝海陵王为帝,在位约5年,齐明帝永泰元年(498)7月死,葬兴安陵。1982年3月调整公布为江苏省第一、二批文物保护单位。

(5) 水经山村陵墓石刻

位于丹阳市埤城水经山下偏西。墓东向,墓前存辟邪一对,南北对列,北辟邪保存较好,身长1.58米,高1.54米,体围1.7米;南辟邪已破碎为几段;两石兽呈蹲踞状。据分析推测,墓主可能是齐后废帝恭王萧昭文。

萧昭文(480~494),字季尚,齐武帝萧赜之孙、文惠太子之子、萧昭业之弟,于齐明帝建武元年(494)被萧鸾所杀,葬以王礼。1982年3月调整公布为江苏省第一、二批文物保护单位。

(6) 梁文帝萧顺之建陵石刻

位于丹阳市荆林乡三城巷北,南距齐明帝萧鸾兴安陵约60米。陵向东,陵前沿神道依次有石兽、石础、石柱、石龟跌各一对。石兽,南为麒麟,角残,原4足已失,身长3.05米,残高2.7米,体围2.7米;北为天禄,角、足已失,身长3.1米,残高2.3米,体围2.76米;两兽间隔约6米。石础,方型,边缘有榫眼,础上结构不存。石柱,上圆下方,其结构为上部有矩形石额一方,刻有铭文,顶有覆莲宝盖,踞一小兽;中部柱身,竖刻24道瓦楞纹;下部双螭座,由1对螭龙组成。南柱自上而下裂为二,北柱已倾圮,现就地保存;柱石额上用隶书写有"太祖皇帝之神道"。石龟跌,状如巨龟,传说是龙的长子赑屃的形象,现碑已失,仅存跌座。

萧顺之,字文纬,齐高帝萧道生的族弟、梁武帝萧衍的父亲,曾任官侍中卫尉,领军将军,丹阳尹。生前未做过皇帝,梁武帝于天监元年(502)追尊他为文帝,扩旧墓建陵。1982年3月调整公布为江苏省第一、二批文物保护单位。

(7) 梁武帝萧衍修陵石刻

位于丹阳市荆林乡三城巷北,南距梁文帝建陵约360米。陵向东,神道北侧存一天禄,身长3.1米,高2.8米,体围2.35米,四足粗壮,足5爪,右前足爪下攫1小兽。

萧衍(464~549),字叔达,初仕齐,为雍州刺史,镇守襄阳。后乘齐内乱,于502年起兵夺取帝位,改元天监,国号梁,是南梁王朝的创建者。在位48年,梁武帝太清三年(549)卒,时年86岁。死后追尊为武帝,庙号高祖,葬于修陵。1982年3月调整公布为江苏省第一、二批文物保护单位。

(8) 梁简文帝萧纲庄陵石刻

位于丹阳市荆林乡三城巷北,南距梁武帝萧衍修陵约60米。陵向东,存有一天禄的前躯及左前足,前躯高3.16米,左前足5爪上张,足下连有石板残部,厚0.26米。陵前有萧港,通陵口大河。

萧纲(503~551),梁武帝萧衍第三子,后立为太子。侯景叛军攻破台城(建康的宫城)梁武帝被幽死,萧纲继位皇帝,但受制于侯景,大宝二年(551)被侯景所杀。次年3月,元帝追崇萧纲为简文帝,庙号太宗,4月葬于庄陵。1982年3月调整公布为江苏省第一、二批文物保护单位。

(9) 金家村陵墓石刻

位于丹阳市建山乡金家村北,石兽一对,东为天禄,身长2.38米,高2.25米,体围2米,3足不存,头部缺失;西为麒麟,身长2.13米,高1.9米,体围1.65米;两石兽相距32米。天禄原沉于水塘,麒麟埋于土中,1973年发现,1977年清出,安装为现状。陵墓于1965年发现,1968年发掘,墓向南,墓室内清理出羽人戏龙、羽人戏虎、竹林七贤等12幅砖刻壁画,推测墓主人可能为齐废帝东昏侯萧宝卷。1982年3月公布为江苏省第三批文物保护单位。

(10) 陵口陵墓石刻

位于丹阳市陵口镇东,在萧梁河东西两岸隔河相对。陵口镇名本意为南朝齐梁两代皇陵水道入口,齐梁两代帝王拜祀祖先时从大运河乘船从陵口入萧梁河,一路向北进入丹阳荆林、建山地区。陵口石兽是丹阳现存石兽中最大的两只,东为天禄,西为麒麟。天禄身长4米,腰围3.90米,高3.60米,因长期浸泡在水塘中,左半身已严重腐蚀风化,花纹不清。麒麟身长3.95米,腰围3.60米,残高2.90米。1956年,因运河拓宽石兽北移450米;1977年疏浚萧梁河时,西面麒麟北移70米。1982年3月调整公布为江苏省第一、二批文物保护单位。

(11) 梁南康简王萧绩墓石刻

位于句容市石狮沟村,是中国现存南朝陵墓石刻中最宏伟的一处。两只石狮,一雌一雄,体积硕大,包括基座每只高达4.4米,雄狮左足前伸,雌狮右足向前,左右相对而立。石狮北面有神道石柱和石兽各一对。神道石柱亦称华表,高约10米,下粗上细;柱顶罩一仰复莲花座,座上蹲一小兽,仰首望天;柱身圆形,雕有24瓜棱形条纹,上端有一扁方形神道碑额,刻"梁故侍中中军将军开府仪同三司南康简王神道"字迹,两柱碑文相同;石柱下为柱座,刻有两条蜥蜴。

萧绩(505～529),字世谨,梁武帝萧衍的第4个儿子,天监八年(509)被封为南康郡王,先后担任南徐州、南北兖州、江州等地军政要职。25岁病死,赠侍中、中军将军,开府仪同三司,谥"简"。1982年3月调整公布为江苏省第一、二批文物保护单位。

3. 烂石陇南朝佚名墓石刻

位于丹阳市后巷镇建山村。两兽间距19米,南北相对列,南辟邪已破坏严重,只余身体;北辟邪身长1.58米,高1.35米,颈高0.75米,体围1.70米,张口伸舌,半蹲踞状。推测可能是齐前废帝郁林王萧昭业的陵墓石刻。1995年4月公布为江苏省第四批文物保护单位。

第四节 岩 画

岩画中保存较好、文化内涵较为丰富的有连云港将军崖岩画、刘志洲山苑囿图刻石、大伊山梅花鹿岩画等。

1. 将军崖岩画

位于连云港市海州区锦屏镇桃花村锦屏山南麓的后小山西端及山顶。岩画共有五组,前四组1979年发现,分布在后小山西端将军崖下一块混合岩构成的覆钵状山坡上,南北长22.1米、东西宽15米;第五组岩画发现于2005年,位于后小山顶部,在第一组岩画东南上方约100米左右。

岩画第一组(A组) 位于山坡西侧,全长4米、宽2.8米,以人面和农作物图案为主,编号为A1～A34。图案为阴线刻,刻痕一般深度为1厘米。人面多有头饰,以网纹为多,也有复线角纹和弦纹头饰;人面脸部多刻有杂乱斜横线条,眼睛用同心圆表示。除A6为着裙人物外,大都无四肢,躯干仅用一根上至头顶沿鼻梁而下的线条表示,且下方均与农作物图案相连,农作物图案为由下向上的辐射状线条表示。人面和农作物之间,还有鸟头、鸟面、圆点、刻划符号等。

岩画第二组(B组) 位于山坡南侧,长8米、宽9米,为鸟兽、类星象图及各式符号,编号为B1～B97。兽面、动物头骨图案集中在B组岩画的东部。有两个鸟头像,形象清晰。大多数兽面头向北偏东60度,刻痕宽平,最宽为4厘米,较A组浅,刻痕上布满麻点状浅坑,为凿痕。B组岩画西半部是一幅类星象图,大量的双圈圆点、单圈圆点以及圆点和线等符号规律地分布成带状,长达6米,中间有短线将它分成四节,有的圆点后有短线相连。B组岩画的中央有三个呈三角形排列的太阳图案;在这组图案的东部有一根长约5米的人工刻线,宽约4厘米,经鉴定为一根子午线,其方位角为176°24′52″。

岩画第三组(C组) 位于山坡顶部偏东,由人面和各种符号组成,编号是C1～C22。共有4个人面像,两个有头饰。C21羽饰,C11倒三角饰,两个无头饰(C10、C3)。其表现手法与A组不同,用圆点和短线表示人的眼、鼻、口。

岩画第四组 在前三组的岩画中间,由三块大石头和地面的"米格""棋盘"图案组成,其中一块石上有许多人工凿磨而成的圆窝,直径在3~7厘米之间。

岩画第五组 位于小山包顶部,距第一处岩画东南上方约100米左右。岩画在一块南北长9.7米、高1.7~0.55米的面西岩石立面上,内容有人面、蹄形、火焰形、星云等图案以及符号。

将军崖岩画距今约4000年,是迄今中国发现的最古老的岩画,同时也是汉族地区首次发现的岩画、唯一反映原始农业部落社会生活内容的岩画、中国东部地区发现的最早反映东夷古族原始宗教崇拜内容的岩画。岩画A组人面A2、A3拓片及B组星象图拓片模型作为中国最早的天文文物资料陈列于北京天文馆古观象台,并多次赴国外展出。

1982年3月公布为江苏省第三批文物保护单位,1988年1月公布为第三批全国重点文物保护单位。

2. 刘志洲山石刻苑囿图

位于连云港市海州区锦屏镇岗嘴村刘志洲山南麓一天然平整面西的石壁上。刻面长约8米,南部高0.6米,北部高1.6米,现残存画面南北长6.3米。全部为单线阴刻,刻绘庭院、楼阁、池塘、走兽、水禽、人物等图像。所刻两座亭阁为带斗拱的干栏式建筑,相对立于水面上,亭上刻有对称的穿壁纹饰,亭柱立于水中。此亭阁与2千米外桃花涧出土东汉画像石墓中的图像相似,因此推断其年代为汉代。1995年4月公布为江苏省第四批文物保护单位。

3. 刘志洲山宋金交战战场遗迹

位于连云港市海州区锦屏镇岗嘴村和酒店村之间的刘志洲山、哑巴山。遗址在刘志洲山有石刻船画7处,刻船200多艘,船的大小在17~135厘米之间。有戍守城垣,为巨石垒成,残长约500米,宽4.7米,高约3米,并有马面。在哑巴山有炮台,尚存半圆形炮槽半座,长1.7米,残宽0.2米,深0.75米,东侧尚有架炮台一处,长0.17米,宽0.13米,深0.08米。另外在刘志洲山及哑巴山还有当年士兵留下的"招信军""招信前部""苏总管""安淮军""金人""金国"及人物、动物、建筑、钟形画像等众多石刻20余处,文字字径约6~15厘米,字体有楷书、行书,画像大小在15~100厘米之间。从刘志洲山岩画的船的形制、戍守城垣、哑巴山炮台以及众多石刻等大量宋金遗迹来看,刘志洲山即为宋金对峙时期双方交战的战场,船画石刻可能与《宋史》记载的南宋李宝舟师"锚泊东海"与魏胜共抗金兵的事件有关。1995年4月公布为江苏省第四批文物保护单位。

4. 大伊山梅花鹿岩画

位于灌云县伊山镇山西村东大伊山主峰大山圩西侧峭壁上。岩画刻于元皇庆二年(1313),画面高1.1米、宽1.2米,分鹿画和铭文两部分。鹿刻于画面右上部,鹿角为单枝,呈倒八字形,周身斑纹,短尾,行走状,高0.25米,长0.3米,阴线刻纹。鹿身后铭文,从右到左竖排7行,共47字,楷书,字大小和排列不均,最小字径0.06米,最大0.07~0.10米,有几字漫漶不清,内容为:"皇庆贰年正月二十二日上山拜崖二月二十日折□□忍□推平余个刘长天也具有固嗒□□打石一行弟兄四人"。1995年4月公布为江苏省第四批文物保护单位。

第五节 其 他

1. 明洪武铜钟

位于南京市鼓楼广场东北角。明洪武十五年(1382),建钟楼于黄泥岗(后称鼓楼岗),在今鼓楼之西约200米处。洪武二十一年(1388),用紫铜铸成铜钟,通高4.27米,口径2.3米,重约23吨。钟顶部饰花纹一周,钟钮上有云纹和波浪式卷角,钟上铸有"洪武二十一年九月吉日铸"铭文。清康熙初,钟楼毁圮。光绪十五年(1889)在今鼓楼广场东北角(时为三姑殿)建钟亭,将原钟楼的铜钟悬于此。亭有大铁柱6根,柱上架六角叉铁梁,两铁柱上铸"金陵机器局造",另两柱上铸"江宁布政使许建"。1982年3月调整公布为江苏省第一、二批文物保护单位。

2. 唐中和铜钟

位于丹阳市区人民公园内,该钟铸于唐中和三年(883)。原悬挂于丹阳市西门朝阳寺寺内,寺早毁;中华人民共和国成立后,1983年迁于现址并建钟亭保护。钟高1.95米,口径1.41米,厚0.11米。钟体分三段浇铸而成,痕迹清晰,呈黑绿色;饰凸弦纹和竖线条将钟体划分成八部分,内铸矩形和梯形几何纹样。钟钮为相背连体双龙(龙之第五子蒲牢)形象。钟上铭文记载了铜钟于唐中和三年由信女王氏十四娘捐资首倡铸造,重约5 500斤,现经测3 012.5公斤。1982年3月调整公布为江苏省第一、二批文物保护单位。

3. 古天文仪器

位于南京市紫金山西峰国立紫金山天文台旧址内。为明清时期的天文仪器,其中有明代复制的浑仪、简仪、圭表,清代复制的天体仪、地平经纬仪。这些仪器原置于北京观象台,清光绪二十六年(1900)八国联军攻入北京时,部分仪器遭抢劫;光绪三十一年(1905),简仪从法国索回;民国9年(1920),浑仪由德国归还。

浑仪 明正统七年(1442)复制,又称浑天仪,青铜铸,用于观测日、月、星、辰的位置。主体为圆形铜环三重立体交叉,下承四龙柱、一云柱,还有四角台、四云山作装饰。长4.7米、宽4.8米、通高3.1米。

简仪 明正统七年(1442)复制,青铜铸。原为元代郭守敬创制,是对浑仪的改进,分赤道经纬仪、地平经纬仪等部分。因减去浑仪的圈环,其操作较简便,故得名。长4.42米、宽2.99米、通高2.65米。

圭表 明正统七年(1442)复制,可测一年四季节气。圭原长4.46米、宽0.78米,表高3.56米、宽0.21米、厚0.1米。后在北端另加铜皮做成立圭,高1.5米、宽0.23米、厚0.07米。卧圭表面刻有度数,腰间有一横断槽,是八国联军妄图截断运走的锯痕。

天体仪 清光绪年间(1875~1908)复制。东汉张衡创制,古称浑象或浑天象,今称天体仪。由座架和圆球状仪体组成,仪体上标刻星宿300座1 449颗星,用以演示天体运行情况。座架圆周长4.05米,刻有方位;仪体周长2.98米、通高1.19米。

地平经纬仪 清光绪年间(1875~1908)复制,用于测量恒星的地平坐标。由支架(二柱一梁)和仪体组成,长1.9米、宽1.79米、通高1.89米,置于石质莲花纹底座之上。

1982年3月公布为江苏省第三批文物保护单位。

4. 金天德铜钟

位于淮安市楚州区勺湖公园内。据钟上铭文载,该钟于金天德三年(1151)铸成,置于邳州阳山普照禅寺。明成化年间移至淮安市北角楼,后又移至北门城楼。中华人民共和国成立后,1958年因城门拆除移至淮安市文化馆院内,1981年移至今址并建钟亭保护。

该钟通高1.98米,口径1.32米,壁厚8厘米,重1.75吨。钟身呈圆柱形,钟钮为连体双龙,龙身披鳞甲,四足撑立。肩有九乳,相距均匀,腰部有三道弦纹,将钟体分为上下两部分。上部铸有"皇帝万岁,国泰民安,重臣千秋,法轮常转"十六个阳刻楷书大字,下部饰矩纹,口铸"最响"阴刻二字,唇作八瓣荷花形,并有铭文十四行,每行二十字,约二百四十余字,楷书阴刻(少数字迹漫漶不辨),系介绍此钟的铸造时间、经过及官民姓氏。

1982年3月公布为江苏省第三批文物保护单位。

5. 铁牛

清康熙四十年(1701),由河道总督张鹏翮主持,铸"镇水犀"(俗称铁牛)16只,分置洪泽湖大堤、废黄河、里运河各险工要断,借以镇堤防浪。现存共计7只,淮安市境内存有5只,洪泽县高良涧节制闸西首与三河闸南首各两只,淮安市淮阴区高堰渡口一只。另外两只分别位于高邮市马棚湾(今位于高邮市文游台)及江都市邵伯镇文化站(即邵伯铁牛)。除马棚湾铁牛尺寸偏小外,其他铁牛均为同一形制,身长1.73米、宽0.83米、高0.8米,牛作昂首屈膝伏卧状,与长1.5米、宽0.83米、厚0.07米的底板铸为一体,重约2 400公斤。铁牛肩部铸有铭文"维金克木蛟龙藏,维土制水龟蛇降。铸犀作镇奠淮扬,永除昏垫报吾皇。康熙辛巳年午日铸""监造官王国用"。1982年3月公布为江苏省第三批文物保护单位。

6. 南唐铜钟

位于泰州市海陵区光孝寺天王殿前钟楼内。原悬挂于州衙西南钟楼上,中华人民共和国成立后,1951年移至烈士祠,1991年移至今址。传为泰州南唐永宁宫遗物,从造型、图案和铸造特征看当为宋代以前所铸。通高2.14米,上围2.83米,腹围3.54米,底围3.6米,蒲牢提梁高0.47米。肩部一周为覆莲瓣纹,其下为八卦纹,腹围上下两组四出方格纹,下部八曲,其间饰两个对称团莲纹。1982年3月公布为江苏省第三批文物保护单位。

第五章　近代现代重要史迹及代表性建筑

　　近代现代重要史迹及代表性建筑是指清道光二十年(1840)至20世纪70年代存留的重要文化遗产,包含重要历史事件和重要机构旧址、重要历史事件及人物活动纪念地、名人故(旧)居、名人墓、烈士墓及纪念设施、文化教育医疗建筑及附属物、金融商贸建筑、工业建筑及附属物、典型风格建筑或构筑物、宗教建筑、其他近现代重要史迹及代表性建筑。

　　江苏在中国近现代史上占有重要地位,是诸多重要历史事件的发生地和重要机构驻地。这些重大事件在中国近现代史上都有着重要的地位和意义,留下了大量相关文物遗存。在抗日战争及解放战争中,江苏是许多重要战役的发生地,也因此留存大量烈士墓及纪念设施。同时,在江苏出生或活动的重要近现代人物众多,留存大量名人故(旧)居、名人墓等文化遗存。随着近代工商业的发展,江苏长江沿江地区形成了棉纺织、面粉、缫丝三大工业产业,工业遗产资源众多。江苏是全国较早进入教育近代化的省份之一,优先发展师范教育并创办了包括大学院、大学、专门学校和高等师范学校等大量高等教育院校。此外,中华民国时期文化、社会、医疗、宗教等领域均有大量的相关文物遗存。

第一节 重要历史事件和重要机构旧址

江苏在中国近现代史上占有重要地位,是诸多重要历史事件的发生地和重要机构驻地。近代的鸦片战争与对外开埠、太平天国运动、洋务运动;中华民国时期,国民政府以南京为首都期间进行的各项政治活动;抗日战争时期,新四军东进北上创建抗日民主根据地;国共合作期间,以周恩来、董必武为代表的中共代表团在南京的活动;解放战争时期,苏中七战七捷、淮海战役、渡江战役等,这些重大事件在中国近现代史上都有着重要的地位和意义,留下了大量相关文物遗存。其中1937~1945年期间存留的大量抗战遗产体系,如抗战碉堡、纪念建筑、大屠杀死难同胞丛葬地等,是具有国际意义的文化遗存。

1. 太平天国忠王府遗址

位于苏州市娄门内东北街202号。清咸丰十年(1860)忠王李秀成攻克苏州后,在吴姓拙政园基地加上其东潘姓、其西汪姓宅第等改建而成。同治二年(1863)太平军退出苏州,李鸿章据忠王府为江苏巡抚行辕;同治十一年(1872)改为八旗奉直会馆。民国27年(1938)为日伪"江苏省维新政府"驻所;民国35年(1946),国立社会教育学院借作校舍。1949年苏州解放后,先后为苏南行署苏州专员公署、江苏省博物馆筹备处;1960年至今为苏州博物馆馆址。拙政园则于1954年与忠王府分开,由园林部门单独管理。

忠王府的主体即中路的官署,是按太平天国王府规制修建的。后虽经李鸿章拆去东西辕门、角楼、吹鼓亭,改大门为清代衙署样式,并涂改龙凤纹彩画,但其他仍保持原貌。中轴线上自南而北依次有照墙、大门、仪门、正殿、后堂、后殿等,纵深约140米。

忠王府大门面阔三间12.5米,进深10米,原为单檐歇山,后改硬山顶。前后檐柱上置阑额枋,架平板枋,施三参单昂斗拱,承檐桁,架抹角梁,置斗拱,托下金桁,承角梁。梁枋彩绘均被涂刷,龙凤痕迹依稀可辨,柱础均为青石覆盆式。次间脊柱之间砌隔墙,明间设断砌门,置抱鼓石。大门左右翼以八字墙,前踞石狮。

仪门为硬山顶,面阔三间13.5米,进深8.5米,梁、枋、桁间饰以彩画。门后为石板广庭,东西廊庑各宽七间,隔庭相对。

正殿与后堂均硬山顶,各面阔三间,以纵深五架的卷棚顶穿廊过渡,连结为一整体,平面呈工字形,故俗称工字殿。正殿高约11米,面阔17米,进深14.5米。前置步廊,额枋上置平板枋,列一斗三升斗拱,上置连机承檐桁。廊柱头置丁字科,前出挑承檐桁,后出梁垫承月梁。步柱间共设海棠花格心长窗十四扇,裙板浮雕云龙,绦环板饰以云凤纹。殿内梁架结构似厅堂抬头轩贴式,步柱与金柱间作船篷轩,金柱与后步柱架大梁,连后双步檐廊。明间后步柱间设屏门。后堂面阔14.2米,进深6.2米,后置步廊。梁架圆作,与正殿扁作相异。正殿与后堂的梁、枋、桁间均饰有彩绘。

后堂与后殿之间辟小院,有东西两厢相对。后殿硬山顶,高同正殿,面阔三间14.6米,进深10米。前设步廊,额枋上设平板枋,列一斗三升斗拱。廊柱头置单面出跳的丁字科。步柱与金柱间设船篷轩,金柱与后步柱间架大梁。后步柱之间设屏门十八扇,门枋与后步枋间设垫板,以引条分隔为九方,皆绘有壁画,内容以鹿、鹤、虎、豹、狮、象、鸳鸯、绶带鸟、白兔、花猫等鸟兽为主,配以树石花草,各有寓意。后檐柱与后步柱间相距仅1米,后檐高达7米,超出前廊桁2米,实属罕见。此殿原为太平天国供奉天父天兄神主、举行礼拜仪式的地方,称为"圣殿"或"天厅"。

经调查统计,忠王府原有包袱锦285方、如意头210个,共计495方彩绘。其中3/4为山水、花鸟、走兽及绚丽的锦纹,取材大多寓意福禄寿、吉庆有余、百事如意、锦上添花等,如钱蝠(全福)、柏鹿(百禄)、蝠磬(福庆)、蜂猴(封侯)等。其中反映太平天国艺术特征的主要是龙凤艺术,如大门、仪门的额枋和正殿的额枋、步枋、脊桁绘有"双龙戏珠""祥云团龙""丹凤朝阳""凤穿牡丹",惜早已被涂刷,仅有正殿东西次间脊街上的两方"凤穿牡丹"幸存。如今,彩绘完整留存的共343方,其中323方是太平天国时期的原作,其余是后来涂改的。

1951~1975年,忠王府官署部分进行了七次修缮,20世纪80年代陆续将大门、仪门、两庑、正殿、后堂、后殿等进行全面修葺,基本恢复忠王府官署建筑的原貌。1993年起完成了中路官署建筑和东路部分宅第建筑的维修。忠王府基本保持原布局、形式、结构，整体保存较好。

1961年3月公布为第一批全国重点文物保护单位。1982年3月以忠王府遗址名称调整公布为江苏省第一、二批文物保护单位。

2. 太平天国天王府遗址

位于南京市玄武区长江路292号。原为明成祖朱棣次子朱高煦之汉王府，后为西平侯沐英的府邸。清初为织造府署，后为两江总督衙署等。清咸丰三年(1853)太平天国定都天京时改建为天王府。当时范围东至黄家塘，西至碑亭巷，北至浮桥、太平桥一线，南到科巷、大行宫长街。据《贼情汇纂》记载："城周围十余里，墙高数丈，内外两重，外曰太阳城，内曰金龙城，殿曰金龙殿，苑曰后林苑。雕琢精巧，金碧辉煌。"同治三年(1864)清军攻占天京后，天朝宫殿遭到严重破坏，后不断地被改建和拆除。今址仅是金龙殿及东、西苑之所在，遗迹有朝房遗址、大殿遗址、穿堂、"纶音"碑、"勋高柱石"碑、"侍卫府胡衙"石碑、石舫、五色井、石鼓、后宫门砷石、望亭、花厅、关帝庙等。1982年2月被公布为第二批全国重点文物保护单位。1982年3月以天王府遗址名称调整公布为江苏省第一、二批文物保护单位。

3. 中国共产党代表团办事处旧址（梅园新村）

位于南京市梅园新村17号、30号、35号。1946年5月～1947年3月，周恩来、董必武等率中共代表团由重庆来到南京与国民党当局举行和平谈判，此处是代表团办公地。代表团离开后交民盟代管。中华人民共和国成立后，交文物部门保管。1953年维修，1961年对内开放。1977年，再次维修后建立中共代表团梅园新村纪念馆，1978年正式开放。1988～1990年在原址前建陈列馆并开放。

30号院位于梅园路西侧，面积481.75平方米，是周恩来、邓颖超办公室、居住处。1933年由乐居房产公司设计建造，1934年竣工。主体建筑为一西式二层小楼，建筑面积361.1平方米，入口处设有门廊，北侧设有后院，两层房间并不完全连通，有两处木质室外楼梯，其立面为红板瓦屋顶、清水砖墙面，山墙为陡坡顶。传达室位于院落的东南角，平面贴合院墙角度设计为弧形，立面入口处有仿古典柱式。院东、院西当年均为国民党特务监视站，为避监视和防破坏，代表团将院墙加高一倍，并在门前传达室、后部车库上加盖一层小楼。院内还保留当年的石榴树、圆柏、铁梗海棠、桂花等古树名木。

35号院与30号院有小门相通，同样位于梅园路西侧，为1幢砖木二层楼，建于1934年前后，占地面积155.25平方米，建筑面积192.1平方米。院内小屋是代表团自盖，一楼是董必武的办公室、卧室和廖承志的办公室兼卧室；二楼是钱瑛、李维汉的办公室兼卧室。立面原为清水砖墙，局部新近粉刷过。

17号院位于梅园路东侧，是代表团办事机构的办公室和卧室，为两幢二层砖木结构西式洋楼，有独立院落，占地面积502.13平方米，建筑面积725平方米，房屋9间。北楼由两层主楼与三层附属楼组成，两者之间由位于二层的楼梯相连。整栋建筑为木质楼板、砖墙承重，最大开间达5.7米。其立面采用砖墙拉毛处理，上有一系列的长条形水泥装饰。一层有小会议室，新闻组、新华通讯社南京分社的抄报室、第十八集团军驻京办事处；楼上为电讯室、外事组、军事组、党派组和妇女组。南楼是代表团自盖，楼上是工作人员的宿舍；楼下是饭厅，代表团在此举行大型记者招待会。

1982年3月以中国共产党代表团办事处原址名称调整公布为江苏省第一、二批文物保护单位。1996年11月公布为第四批全国重点文物保护单位，更名为中国共产党代表团办事处旧址（梅园新村）。

4. 镇江英国领事馆旧址

位于镇江市区五十三坡南，西津渡古街、伯先路和大西路交汇处，西依云台山。

清咸丰八年(1858)6月26日第二次鸦片战争期间，清政府被迫与英国签订《中英六津条约》，镇江被辟为通商口岸；同治三年(1864)英国在云台山麓建立领事馆。清光绪十四年(1888)，镇江洋捕殴毙华人，群众愤而焚毁了领事馆主楼及巡捕房等；光绪十六年(1890)清政府赔偿，按照原样加以复建，该楼所嵌大理石横额上镌"1890"表示复建落成之期，现存旧址就是当时重建的建筑。民国16年(1927)，迫于国民革命军北伐形势，领事馆由镇江商会会长陆小波接管。民国18年(1929)领事馆全部房屋折价售与华人怀德堂(镇江人赵启骙,曾任民国江苏省民政厅长,中华人民共和国成立后任全国政协委员)。中华人民共和国成立后,1962年改为镇江博物馆馆址,并接收了赵启骙子女捐献的领事馆的房地契约及3 300多件古籍图书、碑帖和地图。

其范围包括英国领事馆旧址、美国领事馆旧址、两幢传教士住宅以及云台山下原租界工部局及其所属的巡捕房(今长江路209号),总计为6幢建筑,占地面积约11 400平方米。

主体建筑为4个单元组合而成,系采用红砖夹青砖砌为主的砖木结构,分筑于三个不同层次的台基之上,依山而建,西高东低,面宽各层不同。最高处为主楼,是领事馆办公地,主体两层、局部三层,以方石为基,青砖夹以红砖砌筑,白色灯草灰勾缝墙,铁皮瓦楞屋面,三面走廊,楼上下均设有弧形券门,内部地板、门窗采用洋松木制作,壁间设有壁炉(现已砌塞)。屋外原建有连廊通向辅助平房五间,现已改成二层小楼。主楼西侧为附属房,是一幢平房,北半面局部为二层,建筑形制与主楼相同。主楼之南靠山坡是两幢方形楼房,原为正、副领事馆邸;经过1986年维修保持了原貌,铁皮屋面已换成铝合金瓦楞顶,并添建了围栏、道路、门及石柱、雕塑等装饰。山东南麓有二层小楼,为领事馆职工宿舍、餐厅及娱乐场所在,其东北邻近正副领事馆邸;东南面两层原都有券廊,现已装玻璃,屋面和外墙已被部队改造。领事馆馆周依山高下筑砖砌围墙和大铁门。北面临江处是一幢3层长方形楼房,为工部局巡捕房。

1982年3月公布为江苏省第三批文物保护单位,1996年11月公布为第四批全国重点文物保护单位。

5. 原国民政府旧址

位于南京市,包括原国民政府行政院旧址、原国民政府外交部旧址、原国民政府交通部旧址、原国民政府考试院旧址、原国民政府主席官邸旧址、原国民党中央党史史料院陈列馆、中央监察委员会旧址、临时政府参议院旧址、原国民政府最高法院旧址。2001年6月公布为第五批全国重点文物保护单位。

(1) 原国民政府行政院旧址

位于中山北路252号、254号。民国26年(1937)前,为国民政府铁道部所在地。民国34年(1945),国民政府行政院迁入。

旧址有办公楼、"工"字形二层楼、3幢两层小楼以及2幢花园式别墅,占地面积7万平方米,建筑面积2.25万平方米。

办公楼为孙科任铁道部部长时,购地兴建,由名建筑师赵深、范文照设计。竣工后至1937年,为国民政府铁道部使用。1945~1949年为国民政府行政院办公楼。中华人民共和国成立后为军事单位接管,后移交南京政治学院。该建筑坐东朝西,为中国传统宫殿式层面钢混结构仿古建筑,通面阔157米,通进深35米,建筑面积3604平方米。建筑平面为"一"字形,主楼三层,两侧二层,另有一层地下室。外为重檐庑殿顶,琉璃瓦屋面,施有梁枋斗拱彩画,建筑之间用廊鳆互相联接。

办公楼后有数幢相同风格的西式2层楼房,做职员宿舍。

另有红砖造花园式西式别墅两幢,建筑面积529平方米,分别是行政院长和铁道部长官邸,后为孙科居住,时称"孙科楼"。该楼是由中国建筑师陈植、赵深、童寯等人设计。楼房左右不对称,正门左边二层,右边三层,正门上面是阳台。1937年,侵华日军占领南京后,该楼为侵华日军总司令西尾寿造大将占住。1943年1月,汉奸周佛海因其西流湾9号寓所失火,全家也曾搬入居住。

孙科楼右侧还有一幢平房。正门呈拱形,分三重,第一重是花状镂空的铁门,第二、第三重是木门。大楼后有一个露天喷水池。

该建筑1991年被国家建设部、国家文物局评为近代优秀建筑。

(2) 原国民政府外交部旧址

位于中山北路32号。此组建筑由上海华盖建筑事务所建筑师赵深、陈植、童寯3人设计,民国23年(1934)6月建成。日军占领南京后,在此设立中国派遣军总司令部;日本投降后仍属外交部。中华人民共和国成立后华东军区司令部、中共南京市委、中共江苏省委曾先后入驻,"文化大革命"期间先后在此成立省军管会、省革委会,1992年成为省人大机关所在地。

占地面积约为3万余平方米,计有中式平房24间,西式平房17间,中式楼房1幢11间,西式2、3层楼房2幢147间,厕所2间,合计201间,建筑面积8 500平方米,其中主楼面积为5 050平方米。

外交部主楼坐北朝南,为钢筋混凝土结构,平屋顶,平面呈"T"形,中4层,两翼3层,有地下室。采用中西合璧式手法:檐部为中式斗拱装饰;外墙用苏州花岗石勒脚,褐色泰山石贴面,镶以瓷砖檐板,立面以西方文艺复兴时勒脚、墙身、檐部"三段式"划分,细部为中国传统装饰;内部饰有天花、油彩瓦、藻井等。墙和地板以空心砖砌成,以利隔音。

主楼对面有1座两层小洋楼,色调与主楼相同。两楼之间为花园,主楼前有门厅。

该建筑1991年被国家建设部、国家文物局评为近代优秀建筑。

(3) 原国民政府交通部旧址

位于中山北路303号、305号。民国16年(1927),交通部成立后在华侨路慈悲社一组平房内办公;民国21年(1932),购得今址115 485平方米土地;民国22年(1933),建成(一说民国23年建成)321间的大厦;民国36年(1947),民用航空局成立后在大厦东又兴建西式3层楼1幢60间、活动平房三进6间、白铁房一进16间。中华人民共和国成立后,该建筑由军管会接管;1980年移交给中国人民解放军南京政治学院;后为江苏省邮政管理局使用。

该建筑除主楼外有中式平房2座6间,汽车房1幢20间,花亭1间,门房2间,防空洞1个,地下室3个,合计354间,房屋面积为23 963平方米。

主楼建筑面积为18 933平方米,平面呈"日"字形,外形为中国传统宫殿式,原为大屋顶,1938年抗战期间屋顶被烧,后改建为平屋顶钢筋混凝土结构。中为4层楼,左右两翼3层楼为附属楼,主楼与附属楼中有天井各一。一楼为舞厅(呈凸形,直径约20米),二楼之上为礼堂、会议厅。南楼的五分之一为中华邮政总局旧址。

该建筑1991年被国家建设部、国家文物局评为近代优秀建筑。

(4) 原国民政府考试院旧址

位于北京东路41号、43号。明清时期,为文、武庙所在地,始建于明洪武二十七年(1394);太平天国时部分建筑为战火所毁。民国20年(1931),在废址上陆续建造明志楼、衡鉴楼、公明堂、宁远楼、待贤馆、华林馆等建筑。占地面积10.35万平方米,建筑面积8 277平方米。建筑按东、西两条平行的轴线排列。主楼为清宫殿式歇山顶,2层钢混仿木结构建筑。今为南京市市级机关所在地。该建筑1991年被国家建设部、国家文物局评为近现代优秀建筑。

泮池 大东大门正前方,呈半月形。

东大门 钢混结构,重檐歇山顶,覆绿色琉璃瓦,辟3个拱券门,下部须弥座。曾作汪伪外交部址。现为南京市政协大门。

武庙大殿 曾作考试院铨叙部办公室,建筑详见"武庙"条。

华林馆 考试院图书馆书库,坐东朝西,3层重檐庑殿顶,砖木结构,今为南京市市级机关行政事务管理局办公楼。

宝章阁 在华林馆北面,建于民国23年(1934),为考试院的档案库。高3层,平屋顶,上建有塔楼,钢混结构。

西大门 3开间牌坊式建筑,钢混结构,门前1对汉白玉石狮。今扩建为5开间牌坊式大门。为南京市政府大门。

明志楼 考试院的主考场,建于民国22年。仿明清宫殿式建筑,钢混结构。中部地上2层,地下1层;两侧地上1层半,地下半层。今为大礼堂和会议室。

(5) 原国民政府主席官邸旧址

位于中山门外小红山上、中山陵9号。民国20年(1931)冬始建,由建筑师陈品善设计,新金康号营造厂施工,原专供国民政府高级官员凭吊中山陵过境时休息之用。民国36年至37年(1947~1948),蒋介石和宋美龄常来此休息、住宿,故称"总统官邸""美龄宫"。占地面积8万平方米,主体建筑面积约2 000平方米,仿清宫式钢筋混凝土建筑。该建筑1991年被国家建设部、国家文物局评为近代优秀建筑。

(6) 原国民党中央党史史料陈列馆旧址

位于中山东路309号。民国23年(1934)杨廷宝设计,民国25年初完工。该建筑为中国传统形式,主楼为三层宫殿式钢混仿木结构楼房,重檐歇山顶,面阔5间25.10米,进深15.30米,廊宽2.45米,菱花门窗,天花藻井,雕花栏杆。楼四周有花园。现为中国第二历史档案馆,保存状况较好。该建筑1991年被国家建设部、国家文物局评为近代优秀建筑。

(7) 原国民党中央监察委员会旧址

位于中山东路313号。民国20年(1931)2月国民政府监察院正式成立，院长于右任，院址原在公园路的一处坐东朝西的老式平房内。民国25年(1936)迁入现址。由杨廷宝设计，陶馥记营造厂施工。此建筑整个平面布置与建筑形式均与国民党中央党史史料陈列室近似，因位于其东面，又大体处在明太学东宫文化殿的位置，故俗称"东宫"。建筑占地面积5.78万平方米，房屋12幢90间。大门为3间4柱式仿木构牌坊，钢混结构。主楼为二层宫殿式钢混仿木结构楼房，重檐歇山顶，顶覆绿色琉璃瓦。楼四周布有花园、警亭。今为解放军南京军区档案馆。该建筑1991年被国家建设部、国家文物局评为近代优秀建筑。

(8) 原国民政府临时政府参议院旧址

位于湖南路10号。清宣统元年(1909)，江苏省成立咨议局，张謇任江苏省局议长；同年由孙支厦仿法国文艺复兴建筑式样设计建造办公楼，即现址，次年完工。民国元年(1912)，改为中华民国临时政府参议院；民国16年(1927)4月，国民政府定都南京后，改为国民党中央党部；民国26年至34年(1937~1945)南京沦陷后由汪伪政府占用；抗战胜利后，国民党中央党部搬回。中华人民共和国成立后，江苏省军区司令部使用至今。

旧址大院坐北朝南，占地面积6 300平方米，二层砖木结构，法国宫殿式建筑，由前后两进及东西厢房组成四合院，平面呈正方形。前进通面阔10间73.6米，中间入口有突出的门厅，蒙莎式屋顶，并耸起钟塔楼；室内进深10.5米，前后有廊，廊深均为2.9米。后进亦为面阔10间57米，室内进深8米，前后走廊深2.9米。四合院中央为会议大厅，民国18年(1929)"奉安大典"时孙中山灵柩停于厅内举行公祭。"文化大革命"中大厅被拆除。

该建筑1991年被国家建设部、国家文物局评为近代优秀建筑。

(9) 原国民政府最高法院旧址

位于中山北路101-103号。最高法院成立于民国17年(1928)11月，初在汉中路一所教会学校旧址办公；民国21年(1932)在此建新址，由东南建筑公司过养默设计施工，民国22年(1933)建成。中华人民共和国成立后为省级机关使用至今。

坐西朝东，占面积地18 923平方米，建筑面积9 680平方米。主楼为钢混结构西式楼房，原高三层，后加盖一层，现为四层，另有地下室。整个建筑外观呈"天平"状，寓意执法"平若秤"；正视、俯视均为山字形，寓意"执法如山"。楼内原有法庭、议事庭等用房276间。楼前有立柱式喷水池1个，池正中建有圆柱莲花碗，寓意"一碗水要端平"，另原有大镜一面与喷水池相望，意执法"清如水、明如镜"。

6. 国民大会堂旧址

位于南京市长江路264号。民国24年(1935)9月，为筹备"国民大会"召开由国民党要员孔祥熙等人提出兴建，由公利工程公司著名建筑师奚福泉设计，上海陆根记营造厂施工，次年5月竣工。为钢混结构，2层，占地面积3 400平方米，采用中国传统的对称形式，但造型属于西方近代剧院风格，勒脚、墙身、檐部为三段式构图，仅在檐口、雨棚、门厅等细处加了民族风格的装饰。现作为江苏省人民大会堂举办会议以及演出，内部经过重新装修改造。2002年10月公布为江苏省第五批文物保护单位，2006年5月被公布为第六批全国文物保护单位。

7. 苏皖边区政府旧址

位于淮安市清浦区淮海南路30号。房屋建于清朝末年，苏皖边区政府于1945年11月1日成立后在此办公。中华人民共和国成立后，曾用作中共淮阴地委、专署和淮阴县委、县政府办公地点。1963年党政机关迁出后，作为淮阴卫生学校教职工宿舍。后在原址建立苏皖边区政府旧址纪念馆并多次修复、维修。

旧址大门朝南，占地面积约1.67公顷，原有砖木结构古式平房(其中部分房屋是两层楼房)96间，建筑面积约2 000平方米。主要有四个组成部分：主席、副主席、秘书长办公室、会议室22间，部分厅局办公室35间(亦称燕园)，交际处29间(亦称叶园)和边府会堂10间。

1991年在旧址原有展室中另辟一室作"李一氓生平陈列室"。1998年4月，纪念馆被江苏省委宣传部授予爱国主义教育基地。2005年为纪念抗日战争胜利60周年及苏皖边区政府成立60周年，启动苏皖边区政府旧址纪念馆改扩建工程，于2007年8月竣工，9月12日试开馆。1982年3月公布为江苏省第三批文物保护单位,2006年5月公布为第六批全国重点文物保护单位。

8. 新四军重建军部旧址

位于盐城市亭湖区先锋街道先锋社区建军西路118号泰山庙内。原为佛教建筑,始建年代不详;清光绪(1875~1908)后改为学堂。民国30年(1941)"皖南事变"后,陈毅、刘少奇在此重建新四军军部;同年7月,军部撤离。民国34年(1945)被汪伪第四军残部拆毁。中华人民共和国成立后,1984年4月照原样修复,1986年10月与新四军纪念馆同时对外开放。

旧址坐北朝南,前后四进,两侧厢房。第一进山门,为新四军军部警卫连;第二进教学楼,为军部管理科;第三进大殿,为军部司令部作战科;第四进藏经楼,楼下东西两侧分别是刘少奇、陈毅的卧室;两侧厢房为军部政治部、财经部、军工部、供给部、卫生部。西边是花园,四周围墙略呈长方形。

旧址建筑保存完整,但多座建筑因年久失修有所残损,造成屋面漏水。1995年4月公布为江苏省第四批文物保护单位,2006年5月公布为第六批全国重点文物保护单位。

9. 人民海军诞生地

位于泰州市高港区白马镇白马庙村东、江苏畜牧兽医职业技术学院白马校区内。旧址原系地主王镜湖住宅,俗称"湖三房",始建于明末清初。1949年4月初,中国人民解放军华东野战军(三野)司令部暨东线渡江战役指挥部驻此;同年4月23日,中国人民解放军第一支海军部队——华东军区海军在此宣告成立,张爱萍任司令员兼政治委员。1989年春,为纪念渡江战役胜利和海军诞生40周年,将现存房楼全面整修,恢复旧观;同年2月17日,确定为中国人民解放军海军诞生地。1995年进行了一次大修,并布置了展览。2007年进行维修,门房位置南移,新建大门、月门等。

现存清式二层小楼一座及平房4间,占地面积1 500平方米,建筑面积800平方米。砖木结构,平面呈曲尺形,格扇窗均雕花,铸铁花栏杆。楼上为三野渡江战役指挥中心会议室,楼下为粟裕、张震、张爱萍三位将军的卧室兼办公室。

现有建筑保存完好,维修得当,但消防通道未建成。1982年3月以华东野战军渡江战役指挥部旧址名称公布为江苏省第三批文物保护单位。2006年5月公布为第六批全国重点文物保护单位,更名为人民海军诞生地。

10. 孙中山临时大总统府原址

位于南京市长江路292号。原为清两江总督府,辛亥革命时在此建立中华民国临时政府;民国元年(1912)1月1日,孙中山在此就任临时大总统。民国37年(1948),改为"总统府"。中华人民共和国成立后,一直作为机关的办公场所。1998年在此筹建南京中国近代史遗址博物馆,至2003年已初具规模。

政府旧址占地面积5万平方米,建筑面积2.7万平方米。中轴线依次为照壁(20世纪末拆除)、门楼、两厢、大堂、二堂、暖阁、礼堂、办公室、子超楼,西部有西花园(煦园)、孙中山起居室等。

大门 原址为太平天国天王府的真神荣光门,清同治三年(1864)被清兵拆毁,重建木构大门、辕门。民国18年(1929),国民政府拆除后建西式大门,为二层钢混结构,南立面有8根罗马爱奥尼亚式柱,开3座拱形门,上部有巴洛克装饰的线脚。大门对面建中国传统样式大照壁,上端有西式装饰。

大堂 此处原有太平天国天王府金龙殿。位于中轴线正中,为主体建筑,后被清兵焚毁,按前两江总督署大堂原貌重建,面阔5间32.2米。民国元年(1912)1月1日,孙中山就任中华民国临时大总统典礼在此举行。

二堂 是天王府内宫建筑,后为两江总督署二堂,面阔32米。民国时改建,加入部分西式结构,如西式拱形门廊等。

礼堂 原为两江总督署的西花厅。在二堂之西,民国时扩建,宅内圆柱为西式装修,地面铺拼花地砖,用于举办会议和接见外宾。民国37年(1948)5月,蒋介石就任总统典礼在此举行。

会客室 为一幢西式平房,系民国6年(1917)冯国璋任副总统时建。门前五级彩色磨石台阶,平房分东西两大间,分别为会客室和休息室。

政务局大楼 2层式楼房,建于20世纪20年代初。砖木结构,2层8间,有外廊,拱形落地窗。二楼上有一阁楼。初为民国政府文官处,后为总统府政务局。

国民政府办公楼 民国16年(1927),林森(号子超)任国民政府主席时增建,故又称"子超楼"。民国24年(1935)建成,主体2层,局部6层西式楼房,钢混结构,长33.33米,宽20米,南立面玻璃钢窗。楼内有电梯、楼梯、镶铜台阶、橡木扶手。二层东南角大套房共3间,为主席(总统)办公室,办公室墙体布红木博古架。大套房对面小套间曾是副总统李宗仁办公处,三层正中大间为国务会议厅。

孙中山临时大总统办公室及起居室　原是清宣统二年(1910)两江总督张人骏所建西式花厅,因在总督署西部,故称西花厅,西方折中主义建筑风格。孙中山曾在此召开第一次内阁会议,后曾作为蒋介石办公室、国民政府参谋总部等。系西式平房,坐北朝南,面阔七间,平面呈对称"凸"字形,中为方形花厅。进厅为走廊,东西贯通。正中间为穿堂,宽3.8米,深8.55米。穿堂西边3间为大会议室,宽13.15米;民国元年(1912)元旦,孙中山在此宣誓就职,又称宣誓厅。穿堂东边第一间为小会议室兼会客厅,宽4.4米,有上铺绿呢台布会议桌,墙上挂有就职誓词和辛亥革命纪念照片;第二间为办公室,宽4.5米,有大办公桌、书架、电话、呼役铃和文具等,壁上挂有孙中山手书"奋斗"横幅;第三间为休息室,分为前后两间,宽4.32米,前深6.2米、后深2.5米,室内有沙发、茶几和一张小铁床。孙中山起居室在西花园东北,是一幢面阔三间二层中式小楼。楼下3间为卫士室,后改为孙中山眷属住房。楼上3间,西为盥洗室,宽3.55米、深4.6米,有洗面台、面盆、漱口杯、瓷浴盆等;中为餐室,宽3.55米,深4.6米,有餐具台一、椅四、茶壶、茶杯、托盘等,壁上悬挂孙中山手书"博爱"条幅;东为卧室,宽3.59米,深7.9米,有红木床、大衣橱、沙发、茶几、九屉办公桌、转椅和床上用品等。办公室及起居室均已按原貌恢复,对外开放。

行政院　位于子超楼东。第一任行政院院长谭延闿曾在此办公,汪伪时期为汪精卫等占据。北楼建于民国22年(1933),为三层西式楼房,建筑面积1950.12平方米;东西翼楼向南延伸,建筑面积分别为481.19平方米和412.68平方米。另有南楼建于民国23年(1934),为西式二层楼房,建筑面积1240.82平方米。

国民政府图书馆　位于煦园北端。民国18年(1929)建成,初为国民政府军事委员会参谋本部办公楼;民国35年(1946)改为图书馆,并存总统府档案。为西式3层楼房,砖木结构,红瓦顶。南北均有半敞长廊式阳台,拱形门。

今存建筑格局与原建筑基本一致。1982年3月调整公布为第一、二批江苏省文物保护单位。

11. 天朝总圣库、英王府遗址

位于南京市升(昇)州路338-360号。明朝初期为中山王徐达之别苑,又称西园;后为桐城吴中丞的花园。清朝乾隆时期为桐城富商姚友梅之宅园。天朝总圣库是太平天国的国库,原在城东青溪里巷,清咸丰九年(1859)迁至今址。原规模南起升(昇)州路,北至安品街,东至登隆巷,西至仓巷。该处作为天朝总圣库,存金银、绸缎等物。太平天国后期,为英王陈玉成府邸。太平天国失败后,李鸿章将此处改为安徽会馆。中华人民共和国成立后,西部及北边为南京毛巾厂改建,南部为南京药材公司所用。

现存建筑系清咸丰九年(1859)前后所建,均坐北朝南,可分为3组3路。东路仅存前厅、后厅。中路1组3进,第一进面阔为5开间21.3米,进深11檩13.8米,高4米;第二进面阔5开间21.3米,进深11.4米;第三进面阔5开间21.3米,进深9.3米;外墙总长58.7米。西排一组四进,均为面阔三间平房。西右侧尚存楼房2进,平房1座。围绕建筑群还有一些附属建筑,曾挖出二十多个石柱石础,柱径为0.3米、0.36米两种,上有浮雕180幅,图案有《太平天书图》《战船图》《望亭图》等,存南京市太平天国历史博物馆。

1982年3月公布为江苏省第三批文物保护单位。

12. 两浦铁路工人"二七"大罢工指挥所旧址

位于南京市浦口区南门浴堂街34号。原为"中华工会"会址,中华工会是中国早期工人运动领袖王荷波组织的浦镇机车厂工人团体,民国10年(1921)3月14日成立。民国11年(1922)秋,中共南京市第一个党支部在此成立。民国12年(1923)2月6日,王荷波在此召开紧急会议,决定组织浦口港务处和浦镇机车厂工人罢工,声援京汉铁路工人"二七"罢工斗争,并设大罢工指挥所于此。旧址是当时新办的浴室,工会包租下来后中间仍为浴室,外两间作办公室。中华人民共和国成立后,浦镇车辆厂在此辟建"二七"大罢工纪念馆。今存建筑坐东朝西,占地面积192.4平方米,面阔12.1米、通进深15.9米。1982年3月公布为江苏省第三批文物保护单位。1989年、1996年、2004年多次对原址进行维修。

13. 八路军驻京办事处旧址

又称第十八集团军驻京办事处,位于南京市鼓楼区傅厚岗66号(原青云巷41号)和高云岭29号(原高楼门29号)。民国26年(1937)8月中旬设立,同年11月中旬因时局紧张撤销。

傅厚岗66号是原南开大学校长张伯苓的公馆。民国26年(1937)8月,周恩来通过师生关系,租此处为八路军驻京办事处。主房为假三层砖木结构的西式小楼,砖混结构,青砖外墙,青瓦屋面,西式风格,建筑面积为147平方米。楼上楼下各有住房三间(两南一北)和卫生间、楼梯间。楼下朝北间系办公室及会客室;朝南东间为李克农的办公室兼卧室,西间为临时接待室。楼上朝北间为博古(秦邦宪)的办公室及会客室;朝南东间为叶剑英的办公室兼卧室,西间为钱之光、齐光的卧室。后因敌人空袭,叶剑英移住楼下。另有顶楼(假三层)为机要员童小鹏、康一民(康贻振)的办公室及住处。

高云岭29号,原为梁兆纯、何兆清夫妇在南京时的私产,后因八路军驻京办事处住房紧张让于使用。对外称作"处长公馆",博古、廖承志、张越霞等人曾经在此居住。该建筑是一处独立院落的西式建筑,坐北朝南,大门朝东,砖混结构,楼高两层,青色砖墙,现部分已改为水泥墙面,红色大瓦。另建平房1幢,院落面积2 000平方米,建筑面积300平方米。

现傅厚岗66号基本保持原建筑风貌,且保存状况较好,现作为梅园新村纪念馆的分馆——八路军驻京办事处旧址纪念馆,对外开放。高云岭29号仍保持着原建筑风貌,但保存状况一般,现为省教委宿舍。1982年3月公布为江苏省第三批文物保护单位。

14. 新四军一支队司令部旧址

位于高淳县淳溪镇中山大街薰门左侧吴氏宗祠。民国27年(1938)5月,陈毅率新四军一支队由皖南向苏南挺进,6月4日到高淳后在此设立一支队司令部,6月7日离开。吴氏宗祠为清乾隆年间建,布局三进,每进均为面阔三间、硬山顶。第一进戏楼,面阔13.3米,进深10.2米;中进享堂,面阔14米,建筑前后轩,进深十三檩16米,脊高10.5米。后进祭堂,面阔13.15米,进深七檩11.98米,脊高9.4米。中华人民共和国成立后,1982年3月公布为江苏省第三批文物保护单位,1985年进行维修。现为江苏省爱国主义教育基地,是高淳地区保存较为完整的清代宗祠。

15. 宿北大战前沿指挥所旧址

位于新沂市马陵山风景区内。民国35年(1946)12月15日,山东、华中野战军联合进行宿北大战,战役由陈毅元帅指挥,指挥所即设于此。此次战役共歼敌两万余人,敌69师师长戴之奇自杀毙命,副师长姚少伟被俘。

旧址所在地原称仙人洞,为元代时开凿,现存山洞2个,洞高约1.95米,宽2.5米,进深约2.2米。据《宿迁县志》记载,相传洞内住有蟆、蛇、蟹三仙,所以又称"三仙洞"。洞顶岩上有近代"三仙洞"石刻。明代何九州游此洞时曾赋诗:"东方日初出,青山何历历,石上云气流,洞口露华滴。"

指挥所北侧还有一洞,俗称为"七真岩洞",形状、大小与指挥所基本相似。洞里顶部常年有山泉水流下,洞口有石基盘承接泉水,泉流经三仙洞前入溪。洞内镌刻七尊人像,为毘婆佛、尸弃佛、毗舍浮佛、迦叶佛、拘那含牟尼佛、拘留孙佛、释迦牟尼佛,因年久石化已看不清人物面部表情。

1982年3月公布为江苏省第三批文物保护单位。

16. 戴王府遗址

位于金坛市沿河西路66号(原县前街18号),东临丹金漕河,西靠金城镇中心小学,北靠华罗庚中学。此建筑为太平天国戴王黄呈忠的府第。戴王黄呈忠,广西人。侍王李世贤的部将,初为宝天义殿右军主将。同治元年(1862)攻克浙江慈溪,击毙洋枪队头目华尔,晋封戴王,同年建立戴王府。该建筑并非太平天国时期建筑,应是清初或之前所建,建戴王府时或为利用原有建筑,或从异地移建于此。1972年,金坛文管会成立后,确认该处为戴王府遗址。1976年修缮后对外开放。

戴王府坐东朝西,呈长方形,门前横贯大街,宅后紧沿漕河,占地面积1624平方米。初建时,大门外有石狮、旗杆、照壁墙,前后共七进。前两进(门厅、正厅)为公署,后五进作住宅,西侧有很多附属用房,右侧有林园。现存房屋三进,仍大致保存原貌,正厅面阔三间15米,七架梁进深10米,过梁结构,采用楠木质料。所有梁、枋、柱、椽上都有彩绘,有戏曲故事(《连环计》《空城计》《尉迟访贤》《太白醉酒》《关羽夜读》《窦娥冤》等十一幅)、山水人物(以人物为主,衬以山水风景的探胜、访友图四幅)、民风习俗、龙凤狮兽(《云龙图》四幅、狮兽图四幅、彩凤图二幅)、雀鸟花卉和藻井图案等六类,画中贴金。屋檐上是龙凤纹饰的瓦当。

1982年3月公布为江苏省第三批文物保护单位。

17. 护王府遗址

位于常州市天宁区天宁街道局前街187号,系太平天国护王陈坤书府第遗址。陈坤书,广西桂平人,清咸丰元年(1851)1月参加太平天国金田起义,以作战勇猛出名。同治元年(1862)春镇守常州,封"殿前礼部副春僚顶天扶朝纲护王悦千岁"。同治三年(1864),李鸿章率淮军伙同戈登洋枪队联合围攻常州,因力量悬殊常州城失陷,护王陈坤书率将士退守护王府,力竭被俘。

护王府前身原为清阳湖县衙署,清同治元年(1862)陈坤书驻常州后改建为护王府。同治三年(1864)常州被淮军等攻陷,护王府遭破坏,曾被清军占据。护王府原建筑前后共七进,坐北朝南,大门设在南面马山埠一带(今迎春步行街附近)。现存的回字形转楼是原来护王府建筑护王府内宅部分,七间二层,砖木结构。屋檐龙凤纹和鲤鱼跳龙门瓦滴水,转楼的梁、墩、落地长窗等木构件,分别雕有鱼、兔、松鼠、蜻蜓、蚱蜢、扁豆、葫芦、葡萄、瓜藤等图案,雕工粗犷有力,立体感强,颇具太平天国艺术特色。2008年进行了全面修缮,修缮后布置了太平天国史料陈列展和市第一人民医院院史展。

1982年3月公布为江苏省第三批文物保护单位。

18. 溧阳新四军江南指挥部旧址

位于溧阳市竹箦镇水西村,民国28年(1939)11月7日,新四军江南指挥部在此宣布成立,以陈毅、粟裕分任正副指挥。民国29年(1940)6月指挥部驻地迁移。中华人民共和国成立后,1979年7月9日,溧阳县发生中强度地震,旧址遭到破坏;同年10月23日,就地建立"新四军水西村革命旧址保管所",粟裕为其题字,并按原貌修复旧址。1984年9月,修复竣工,保管所更名为"新四军江南指挥部旧址陈列馆";同年11月7日,叶飞为其书馆标。1994年8月1日再次更名为"新四军江南指挥部纪念馆"。2006年9月~2007年10月,纪念馆扩建,新增史料陈列馆和纪念广场。

新四军江南指挥部旧址由新四军江南指挥部原司令部、原司令部通讯班宿舍、原司令部副官处、原政治部战地服务团宿舍及原政治部印刷室等5处旧址组成,建筑面积约2000平方米。

新四军江南指挥部原司令部 原为李氏宗祠,又名"光裕堂"。始建于明代万历年间(1573~1620),祠堂共3进4厢25间,回廊雕窗,斗拱画梁。占地面积829.4平方米,建筑面积664.8平方米。民国27年(1938)11月新四军第1支队司令部从宋巷里移驻于此。次年(1939)11月成为新四军江南指挥部司令部所在地。前进右3间为通讯科,左3间为灶间。中进右边间为侦察科,左边间为参谋长罗忠毅办公和住处,中3间为大型会议和开展文娱活动的场所。后进右边间为指挥陈毅办公兼卧室,民国29年(1940)2月陈毅、张茜在此举行了婚礼;左边阁楼上为副指挥粟裕办公兼卧室,楼下为女机要员住处;中3间为机要科;天井内另有一茅草棚,系民国28年(1939)冬为解决住宿困难粟裕带领机要科人员搭建,后为秘书长谢云晖住处。中华人民共和国成立后,大部被拆除,只剩前进右3间。1984年4月25日,遵照粟裕遗愿,他的部分骨灰敬撒在后天井内。

原司令部通讯班宿舍 此屋系村民李庚申住宅,楼房3间;还包括与此屋毗邻的"三房公"。民国28年(1939)11月至民国29年(1940)6月,新四军江南指挥部司令部所属通信班在此办公兼住宿。

原司令部副官处 此屋系村民李火彬住宅,楼房3间。民国28年(1939)11月,新四军江南指挥部成立后,司令部副官处及处长俞炳辉在此办公兼住宿。民国29年(1940)春,司令部电台亦迁设于此屋楼上。

原政治部战地服务团宿舍 此屋系村民李茂芝、李水金住宅,4间2厢庭院式楼房。民国28年(1939)11月至民国29年(1940)6月,政治部战地服务团部分成员曾住宿于此,政治部宣传干事张茜(陈毅夫人)亦曾住过。

原政治部印刷室　此屋系村民张锁春住宅,楼房3间、侧屋1间。民国28年(1939)11月至民国29年(1940)6月,新四军江南指挥部政治部曾在该处油印《每日电讯》《战士报》等。

1982年3月公布为江苏省第三批文物保护单位。

19. 苏北第一届参政会会址

位于海安县中大街164号。清末民初时为一佛庵之大殿。民国初设为区党部、区公所。民国25年(1936)辟为"中山纪念堂"。民国29年(1940)11月15日,"苏北第一届参政会"在此召开。会议讨论了团结抗战、实行"二五"减租、建立抗日民主根据地等重大问题,会后刘少奇、陈毅发表演讲。

会址为抬梁式砖木结构,屋顶五脊,盖小瓦,水泥地面。南檐墙下部为青砖所砌,上部为嵌玻璃槅扇。东西面阔五间,中三间(一明二次)通连。南围墙下有一东西向花坛,上植棕榈、广玉兰等常绿树木及各色花卉。

整个建筑保持佛庵时基本结构,亦未改第一届参政会召开时原有风貌。1982年3月公布为江苏省第三批文物保护单位。

20. 新四军军部旧址

位于淮安市盱眙县城东南约30千米处的黄花塘镇黄花塘村。民国31年(1942)原驻盐阜地区的中共中央华中局暨新四军军部迁驻盱眙县黄花塘,在此驻扎两年又八个月。陈毅、张云逸、曾山、饶漱石、赖传珠、彭康等在此指挥战斗,同时开展整风、大生产和军政整训三大运动。

新四军军部驻扎黄花塘期间,有大礼堂、办公室等用房百余间,后大多于民国35年(1946)为国民党军队所毁。现旧址院墙为砖砌,外墙用仿土色涂料粉刷,门口有传达室两间。院内共有三栋建筑物:一栋为六间砖瓦结构房屋,先后作为新四军历史陈列馆、新四军纺织厂展览,陈列有纺织机12台、纺纱车3台;一栋为新四军副军长张云逸旧居,共三间,面积46.5平方米,土墙,窗户较小,门为双扇,现室内陈设基本为原貌;一栋为新四军参谋处旧址,根据新四军老战士的回忆在原址上按照原屋大小复建而成,屋后有古树、石碾、水井等革命遗物。

1982年3月公布为江苏省第三批文物保护单位。1986年10月,就地成立黄花塘新四军军部纪念馆,原国防部部长张爱萍将军为纪念馆题写了馆名匾额。1997年公布为"江苏省爱国主义教育基地"。2007年进行保护性维修。

21. 抗大五分校旧址

位于盐城市亭湖区解放北路盐中巷一号的盐城市初级中学校园内。抗大五分校,全称"抗日军政大学五分校",为民国29年(1940)11月底"新四军苏北军政学校"与"八路军五纵队教导队"合并而成。由陈毅兼校长;赖传珠兼副校长,负责领导和组织工作;专职副校长冯定负责理论教育和教育工作;副校长洪学智负责后勤工作。其他负责人有政治部主任徐立全、教育长谢祥军、副教育长谢云晖、训练部长薛暮桥。教员有江岚、吴蔷、朱讯、姚耐、陶白等。刘少奇曾住在这里,并为学员作报告。民国31年(1942)初,改属新四军三师领导。

旧址原为省立盐城中学教学楼——正北楼。该楼建于民国2年(1913),为两层砖木结构楼房,面阔九间,上下22间,东西长40.6米,进深9.5米。楼梯在楼的东西两端,建筑面积900多平方米。

1982年3月公布为江苏省第三批文物保护单位。1986年,旧址辟为纪念室,楼前立有刘少奇的半身雕像。

22. 郭村战斗指挥部旧址

位于江都市郭村镇郭村社区杨家巷6号。旧址原为郭村几处地方士绅的宅第,民国29年(1940)6月郭村保卫战时,被作为战斗指挥部使用。

司令部旧址　坐落于郭村镇中巷村(老街),地处新郭村河北岸、东进桥桥头。当年为大复仁油坊。民国29年(1940)5月17日,新四军挺进纵队进驻郭村后,管文蔚司令员、叶飞副司令员等驻此办公,设通讯科、侦查科、军法处等;7月3日,陈毅司令员来到郭村后亦住于此。原为五间三厢,均为青砖小瓦房。今存有当年郭村战斗时司令部开会用的桌椅。

政治部旧址　坐落于郭村镇杨家巷。挺纵部队政治部驻于此时,设组织科、宣教科、敌工科、民运科、保卫科、总务处。原为两进两厢,今存有前进三间和后进两间,并存有当年敌弹孔于墙面。

一团指挥所旧址　坐落在郭村镇后巷路,地处老郭村河北岸、老油坊桥桥头,当年为地方士绅李蓝生宅第。新四军驻扎郭村后,乔信明团长、刘先胜政委、廖政国参谋长、张潮夫主任等率一团指挥所驻此办公。原为三间两厢,均为青砖小瓦平房。

参谋处旧址　位于郭村镇东进村五星组,当年为地方士绅沙铸宅第。新四军驻扎郭村后,张藩参谋长等驻于此。原为三间两厢,均为青砖小瓦房。

机要处旧址　与参谋处旧址相邻。今存有两厢,为青砖(内土坯夹墙)小瓦平房,并存有当年敌弹孔于墙面。

中华人民共和国成立后,原司令部旧址房屋因公社建办公楼而拆。现存有政治部旧址与一团指挥所旧址。1982年3月公布为江苏省第三批文物保护单位。

23. "五卅"演讲厅

位于镇江市伯先公园内云台山东麓。民国14年(1925)"五卅"惨案在上海发生后,镇江各界掀起了抵制日货的活动,对藏有日货的奸商进行罚款,得罚金数万元。经各界会商,决定用该款建造"五卅"演讲厅,亦作爱国宣传的场所。该厅于同年8月奠基,次年竣工。

为仿古重檐歇山式建筑,四角上翘,全长28米,宽19米。屋脊两端置吻兽,两山墙有雕花图案,两层四面墙壁有玻璃窗。底层四面有环廊,廊柱高3.7米,廊宽2.2米。厅内正中为讲台,楼上下约500座位。墙基南北两面各有白石题刻一方,上刻"中华民国十四年八月镇江各界纪念五卅惨案建筑此厅永示不忘"。

1982年3月公布为江苏省第三批文物保护单位。

24. 新四军四县联合抗日会议会址

位于镇江市丹徒区宝堰镇东南部的通济河南端,原为民国时期该镇工商界名人张洪年经营的"怡和酒行"行址。民国27年(1938)陈毅在此成立了"镇(江)、句(容)、金(坛)、丹(阳)四县人民抗敌自卫委员会筹委会"。

会址占地面积约4 000平方米,建筑面积约2 668平方米,为徽派传统建筑。原54间8厢,现存34间4厢。建筑以一条宽约3米多的弄堂分为东、西两院,东大院建于民国10年(1921),西大院建于民国16年(1927),自北向南分布后门楼、天井、中门楼、南楼。南门楼东、西拐弯与两院相通,南与厢房相通;门楼上是一座4层楼高的哨楼。旧址四周有围墙,墙高与屋檐高相平。院内地下有地道。

1982年3月公布为江苏省第三批文物保护单位。

25. 黄桥战斗指挥部旧址

位于泰兴市黄桥镇,包括新四军苏北行政委员会旧址、新四军苏北指挥部旧址、黄桥战斗前沿指挥部旧址、支前委员会旧址。1982年3月公布为江苏省第三批文物保护单位。

(1) 新四军苏北行政委员会旧址

位于黄桥镇米巷10号,原丁家花园。系清代园林建筑,园内有多竹堂、小于舟、桂花厅、蝙蝠厅、蝴蝶厅、砖雕石刻、假山鱼池、丹桂翠竹。民国29年(1940)7月至10月,陈毅、陈丕显、管文蔚在此办公和住宿,建立了江苏第一个抗日民主政府——新四军苏北行政委员会。中华人民共和国成立后,为当地人民政府办公地。1980年,修缮其中12间房屋,成立新四军黄桥战役纪念馆。1990年、2000年、2006年先后修缮、扩馆,现保护使用丁家花园旧址房屋48间。著名的地质学家丁文江就出生在这里,也是丁文江故居所在地。

(2) 新四军苏北指挥部旧址

位于黄桥镇南街居委会,分黄河以南。为一栋工字楼,系仿德国式建筑,民国13年(1924)韩士元等人为筹建私立黄桥中学建造。民国29年(1940)秋,为新四军苏北指挥部,陈毅、粟裕等在此开会、办公和住宿,研究制订了"联李、击敌、反韩"的一系列战略方针。黄桥决战前,陈毅在此亲自起草了《告全体指战员书》《告苏北各界人士书》《告江苏省保安第六旅全体官兵书》等一系列布告、通令、传单。

(3) 黄桥战斗前沿指挥部旧址

位于黄桥镇东进中路61号,原系严复兴油坊的会客楼。民国29年(1940)7月至10月,为新四军苏北指挥部第三纵队司令部驻地,司令员陶勇在此办公和住宿。黄桥决战时为前沿指挥所,粟裕于此观察和指挥。

(4) 支前委员会旧址

位于黄桥镇珠巷西首。民国29年(1940)秋,为支前委员会,支前物资集中于此然后转送前线。三间敞厅和门楼是明代建筑,五间两层大楼为清代建筑。1991年,五间清代木结构楼房毁于火灾,后按原样重建,但主体结构系钢筋混凝土。

26. 中共中央华中分局旧址

位于淮安市楚州区东长街63号（楚州中学院内）。1945年10月，中共中央华中分局机关于此建立。

初为建于民国25年（1936）的江苏省立第九中学，主体建筑有教学楼四栋（东楼、中楼、西楼和南楼）、礼堂九间。抗日战争中淮安被日寇侵占后用作日寇驻淮司令部。民国34年（1945）为盐阜师范；同年9月中共中央华中分局于此设立，盐阜师范迁至板闸。中华人民共和国成立后，1950年，盐阜师范迁回，改为江苏省淮安师范学校。20世纪50～70年代，礼堂被改建，西楼、南楼被相继拆除、改建，现存中楼（1号楼、2号楼）与东楼（3号楼）保持原貌。2005年，江苏省淮安师范学校与淮阴师范学院合并，改为楚州中学。

旧址总占地面积844.80平方米，总建筑面积1 599.73平方米，建筑均为二层砖木结构。1号楼，坐北朝南（南偏西15°），建筑面积425.96平方米，东西长25.06米，南北宽8.79米，底层层高3.5米，二层层高3.2米。2号楼，位于1号楼东侧，两楼之间间距3.4米，形制与1号楼相同。3号楼，坐北朝南（南偏西15°），位于2号楼东北方向，建筑面积717.84平方米，东西总长24.47米，南北总宽14.67米，底层层高3.2米，二层层高3.1米。

1987～1988年，淮安师范对中楼和东楼进行了大修，此后多次进行局部维修。1995年4月公布为江苏省第四批文物保护单位。2006年2月，3号楼遭误拆，后于2008年4月完成复建。

27. 总前委、三野司令部旧址

总前委旧址位于丹阳市云阳镇宝塔弄5号，原为建于民国23年（1934）的戴则钧私人住宅，俗称"戴家花园"。总前委是中共中央在淮海战役的代表机关，于民国37年（1948）11月成立，由刘伯承、陈毅、邓小平、粟裕、谭震林组成。刘、邓、陈为常委，邓小平任书记，负责领导华东野战和中原野战军的行动。1949年渡江战役胜利后，4月24日解放上海总前委进驻该宅，总前委主要领导人陈毅、邓小平在此办公和居住，指挥"京、沪、杭"战役；5月26日上海解放后，总前委撤离。该旧址现有二层楼房一栋，建筑面积254平方米，面阔三间11.5米，进深7.2米；门楼一座，院落占地面积约1 344平方米。

三野司令部旧址位于丹阳市云阳镇东门大街46号，原为建于民国21年（1932）的丹阳地方士绅胡尹皆私宅。1949年渡江战役胜利后，第三野战军司令部于4月24日驻此，其主要领导人饶漱石、粟裕、张鼎臣、舒同、唐亮、刘晓等在此办公和居住，指挥解放上海的战斗和接管上海的准备工作；5月26日上海解放后即随总前委撤离。该旧址计有砖木结构平房一进，面阔三间，进深九檩，占地面积134平方米。

两处旧址于1995年4月公布为江苏省第四批文物保护单位。

28. 新四军东进泰州谈判处旧址

位于泰州市迎春西路36号江苏省泰州中学附属初中校园内。原为西山寺，始建于宋，明、清多次修缮。抗日战争期间，国民党鲁苏皖区游击副总指挥部设于此。民国28年至29年（1939～1940），陈毅三赴泰州，与国民党地方实力派李明扬、李长江在此谈判。现存清代殿堂二座。大雄宝殿，面阔五间21.5米，进深11檩17.4米，硬山顶，前有宽21.5米、深3.6米的月台，梁架有一斗九升斗拱装饰。天王殿，面阔五间21.5米，进深七檩12.7米，硬山顶，梁架抬梁式，斗拱一斗六升、一斗九升。1995年4月公布为江苏省第四批文物保护单位。1998年迎春西路拓宽时将天王殿移至大殿西侧，二殿并列而置。现正在进行江苏省泰州中学附属初中改造工程，改造后将恢复两殿前后坐落的原状。

29. 国民党江阴要塞司令部旧址

位于江阴市澄江街道高巷路2号。民国10年（1921）由江阴实业家吴汀鹭建造，民国26年（1937）12月日寇占领江阴后作为日本宪兵司令部，抗战胜利后被国民党部队接收，1947年成为国民党江阴要塞司令部。1949年渡江战役后张爱萍在此组建中国人民解放军华东海军，后为国防科工委23基地军产。

该建筑为中西合璧的楼阁式庭院，占地面积2 805平方米，建筑面积1 248.9平方米。坐北朝南，分前、中、后三进，计有房屋48间。第一进前为花园，南端有栅栏式围墙，正中开栅门，有红砖门柱一对。栅门之南8.75米处有青砖照壁一垛，高3.9米、宽1.15米，正中有"鸿禧"两字，四边镶嵌有回纹型砖雕。第一进为中式平房，面阔7间、进深6

架,硬山式屋脊;其中一间作为过道,月梁、门、桁板以及斗拱、梁托均有人物及缠枝木雕。南廊为平顶,红砖砌成门窗拱圈、廊柱,并嵌砌灰色砖雕。山墙顶部骑马墙呈半圆形,上饰有浮雕。北廊为鹤胫轩,漆包布方柱,磨石柱础雕琢成香篮形状,檐下密布绳连钟型木雕。北有东西轩廊与砖雕门楼相通。门楼高7米、宽11.5米,飞檐翘角。墙身用刨光方砖砌成金钱纹饰,檐下有砖雕斗拱,南北两面墙身上均有人物、禽兽、花卉、修竹等砖雕。墙门与第二进之间为天井,麻石铺地;东西两侧为厢房,各面阔3间,进深4架,有廊与第二进相通。第二进为厅,面阔7间,进深8架,歇山式屋脊。南廊为翻轩,东西山墙顶部骑马墙亦呈半圆形,嵌砌灰色砖雕。第二、第三进之间也是天井;东西两侧为二层楼厢房,各面阔3间,进深四架,红砖砌成门窗拱圈。第三进为西式二层小洋楼,面阔7间,进深10架。东西两侧均有木质楼梯可供上下,二楼西侧另有楼梯直通三楼,楼梯栏杆、栏板均雕刻各种图案。天花板饰有八边形、六边形、四边形等几何图案。山墙顶部骑马墙呈三角形,饰有浮雕。除正厅外,其余室内都有壁炉。四周原有花墙,现除花园东侧围墙仍保持旧观外,其余围墙有所改建。

1995年经大修后成立文保所,现辟为江阴名人馆对外开放。2000年9月增补为江苏省第四批文物保护单位。

30. 励志社旧址

位于南京市中山东路307号。励志社创建于民国18年(1929)1月,其前身为黄埔同学会励志社,社长由蒋介石兼任。社址原在南京黄埔路中央陆军学校内,民国20年(1931)迁此。由范文照、赵深等设计,陆根记营造厂承建。中华人民共和国成立后作为华东军区干部子弟学校,1953年改为中苏友好交际处,后为江苏省委招待所。因为位于中山东路307号,所以人们简称"307"招待所,习称"307"。1990年挂牌为"江苏省钟山宾馆",1997年正式注册为"江苏省会议中心"。现存3座宫殿式3层楼房,钢混结构。

大礼堂 在旧址西部,坐北朝南。建于民国20年(1931),主体钢混结构,梁、檐、椽为木构。高3层,重檐庑殿顶。平面呈方形,建筑面积1 360平方米,可容500人就坐,设有门厅、休息室等服务设施。

1号楼 在大礼堂东南部,坐北朝南。建于民国18年(1929)。砖木结构,建筑面积2 050平方米。中间高3层,庑殿顶;两翼高2层,歇山顶,东西对称,烟色筒瓦屋面,绿色屋脊,入门有门廊,红漆廊柱。在东侧墙基上,刻碑镶嵌蒋介石亲笔题词:"革命革心,立人立己",并有"赠励志社同仁共勉民国十八年志"的字样。此楼设有蒋介石的办公室;二层东头用于接待不属于公务方面的来宾和少数少将以上的官员;三层的301房间,民国36年(1947)蒋经国从苏联归国后曾在此居住一年。

3号楼 在1号楼东北部,坐北朝南。建于民国19年(1930)。砖木结构,建筑面积1 846平方米。中间高3层,歇山顶;两翼高2层,庑殿顶,东西对称。

1991年,被国家建设部、国家文物局评为近代优秀建筑。2002年10月公布为江苏省第五批文物保护单位。

31. 英国驻中华民国大使馆旧址

位于南京市虎踞北路185号。民国24年(1935)6月,英国将驻华公使馆升格为驻华大使馆,馆址因袭未变。馆舍建于20世纪20年代,由英国建筑师设计,占地面积19 333平方米,有西式二层楼房9幢17间、西式平房10幢56间,总建筑面积5 456平方米。中华人民共和国成立后,为苏联专家和留学生招待所,20世纪70年代后改为双门楼宾馆。后因拓宽马路等原因拆除大部分建筑,现仅存一座办公楼和一座住宅楼。

办公楼为英国古典式建筑,正门朝南,2层砖混结构,建筑面积1 765.9平方米。建在高阶平台上,立面为古典柱廊。住宅楼为欧洲乡村别墅式,红砖、红瓦,坐北朝南,高二层,砖木结构,建筑面积1 200平方米。木构架屋顶,覆盖红瓦,圆拱门,入口处为柱式门廊,室内为内廊式。

2002年10月公布为江苏省第五批文物保护单位。

32. 国际联欢社旧址

位于南京市中山北路249号。民国18年(1929),国际联欢社(或称国际联谊社)成立,是中华民国时期中国外交界人士和各国驻华外交使团人员参加的旨在联络国际情感的团体,原在三牌楼将军庙。民国24年(1935),迁于此地,为钢盘筋混凝土结构的3层大楼,占地面积1.13万平方米,由基泰工程司梁衔建筑师设计、裕信营造厂承建。民国35年(1946),由杨廷宝设计、承建此楼的扩建工程,扩建后的总建筑面积为4778平方米,主体为二层、局部三层的钢砖混结构楼。民国36年(1947)8月全部竣工。中华人民共和国成立后,经过修缮改造,1953年由郭沫若题写店名,正式更名为"南京饭店",国家多位领导人曾先后下榻于此。2002年10月公布为江苏省第五批文物保护单位。

33. 法国驻中华民国大使馆旧址

位于南京市高云岭56、56-1号。是国民政府军事委员会办公厅主任、军委会调查局局长贺耀祖于民国26年(1937)以贺贵严化名购地兴建的法式砖混结构花园式楼房。计2幢,一幢为一层(假二层),在56号院内;另一幢为二层(假三层),在56-1院内。原两幢本为一个院子,后因工作需要,现分别隔成两个院子。56-1院内的假三层,坐北朝南,其外部为米黄色水泥廊柱。56号院内的假二层,坐西面东,有门厅及拱形窗廊。两幢楼为用灰色水泥方瓦铺成鱼鳞状的不规则屋顶,均有壁炉和老虎窗采光。总建筑面积1378.5平方米。

2002年10月公布为江苏省第五批文物保护单位。56-1号现由省民政厅培训中心使用;56号为省新闻出版局老干部活动中心使用。现2幢楼房均保护较好。

34. 美国驻中华民国大使馆旧址

位于南京市西康路33号。民国25年(1936)9月,詹森为首任驻华大使,使馆设在上海路82号。抗日战争胜利后,民国35年(1946)7月,司徒雷登继任为大使,馆址迁至现址。该馆址原是汪伪国民政府主席汪精卫的官邸,依山而建,占地面积42375.7平方米,建筑面积9020平方米,建有3幢二层花园式楼房和3幢西式平房。3幢西式楼房大小、形制相同,坐北朝南,均为钢混结构,有地下室,建筑面积均为936平方米,有门廊、阳台、门厅,米黄色拉毛外墙、青瓦、四坡顶屋顶。每幢楼房后面各有1幢西式平房,面积均为96平方米。现存1幢主楼和3幢平房,内部基本维持原貌。今为江苏省老干部活动中心和省级机关招待所。2002年10月公布为江苏省第五批文物保护单位。

35. 苏北抗大九分校旧址

位于启东市海复镇清虎村、启东市东南中学校内。原为张謇创办的通州师范学校第二附属小学,民国27年(1938)南通师范乔迁至此。民国31年(1942)2月,粟裕、季方率新四军一师进驻海复镇并在此创建抗大九分校。旧址占地面积5485.5平方米,坐北朝南,为三进两院,东侧有厢房,房屋共80间。房屋、树木保存尚好。2002年10月公布为江苏省第五批文物保护单位。

36. 丹阳新四军江南指挥部旧址

位于丹阳市界牌镇镇政府西30米处。该建筑原为界牌富户姚德才、乔良才私宅,建于民国23年(1934)春。抗日战争时期,该地租借为新四军江南指挥部。民国29年(1940)10月新四军主力北撤后,在此旧址组建中共京(宁)沪路北特委驻扎地,陈毅、粟裕、谭震林等新四军领导人在此开辟丹北革命根据地,指挥领导扬中、武进、镇丹、澄西5县的抗日战争,直至抗战胜利。为传统木结构楼房,前后两进厢房共14间,建筑面积800余平方米,加上楼层共1300平方米。1999年进行全面修缮,现旧址整体建筑保存较好。2002年就地建立新四军江苏指挥部旧址纪念馆,向社会开放;同年10月公布为江苏省第五批文物保护单位。

37. 中央陆军军官学校旧址

位于南京市后宰门路3号。原为清朝陆军学校旧址,民国16年(1927)黄埔军校自广州迁至现址,蒋介石任校长。民国17年至22年(1928~1933),先后建西式平房62幢、西式洋楼17幢,共1075间,占地面积23499.8平方米。民国35年(1946),新成立的国防部亦设于此。其中最具代表性的建筑有1号楼、大礼堂、憩庐和122号楼。

1号楼 在大礼堂正南方。建于清光绪三十四年(1908),是清政府陆军部所建,民国16年(1927)后为军校办公楼。东西长139米,南北宽11.5米,占地面积1504平方米,中间部分高3层、两侧高2层,屋顶铺水泥平瓦。

大礼堂 位于学校的中央。民国17年建;民国34年(1945)9月9日上午,中国战区侵华日军投降签字仪式在这里举行。坐北朝南,二层钢混结构,占地面积1530平方米。建筑式样受法国文艺复兴时期宫殿式建筑影响,中央入口处门廊前立4根爱奥尼亚式大圆柱,门廊顶部建有钟楼,两侧入口处墙壁之上各装饰4根爱奥尼亚式立柱,其上各建1座塔楼。

憩庐 民国18年(1929)建造,为蒋介石起居、工作的主要场所,亦称总统官邸。占地面积300平方米,为砖木结构,地上2层,地下1层,红砖墙,屋顶覆红板瓦。

122号楼 位于憩庐东北侧。建于民国21年(1932)。为二层砖混结构,南北长59.45米,东西宽57.18米,占地面积3 041平方米,有地下室。

2006年6月被公布为江苏省第六批文物保护单位。

38. 国民政府立法院、监察院旧址

位于南京市湖南路街道裴家桥社区中山北路105号(原门牌号为261号)。始建于民国26年(1937)初,系著名建筑学家童寯设计。

国民政府立法院系国民政府五院之一,成立于民国17年(1928)10月,是中华民国的最高立法机关。办公处初设于白下路273号。抗战前,此处原是国民政府法官训练所。民国27年(1938)3月,梁鸿志建立"中华民国维新政府"后,改为"督办南京市政公署"办公处。民国29年(1940)3月,汪伪政府建立后,改为"南京特别市政府"办公处。民国34年(1945),抗日战争胜利后,国民政府立法院、监察院和行政院迁至今址。1949年初,国民政府立法院随国民政府迁往广州。

总体院落占地面积6 797平方米,建筑面积3 876平方米。主建筑为青砖平瓦二层,3幢218间,坐西朝东,另有附属建筑,共有房屋330间。为中西合璧风格建筑,钢混结构,歇山顶小瓦屋面,两侧附楼为歇山顶,正大门为突出门廊。

该建筑现为南京军区军人俱乐部,2006年6月被公布为第六批省级文物保护单位。

39. 渡江战役总前委旧址

位于铜山县汉王镇东部的北望村,背靠家后山,面朝月牙河。旧址始建于清末,为当地富户郝姓人家的宅院,当地人称之为郝家大院。1949年1月15日~3月21日,中国人民解放军第三野战军、渡江战役总前委、华东局、华东军区将此处作为指挥部,召开一系列重要会议,研究部署渡江战役工作,做出《京沪杭战役预备命令》(于3月20日发往渡江作战前线)。中华人民共和国成立后由华东军区管理;"文化大革命"期间交由铜山县人民政府,并由汉王镇村委会代管,成为北望村委会办公地,现村委会已迁出。

旧址为碉堡式建筑,坐东朝西,背山面水,南北三院并排,共有房屋百余间,皆为青石砌筑。院后为花园,院周围建有3米高的围墙,院门前为南北大道,路两端设有寨门,寨门边建有带城垛的炮楼。现存房屋60余间,占地面积3 500余平方米,建筑面积940余平方米。大院主要房屋梁架斗拱皆饰有彩绘,雕花木板上镂有"喜鹊闹梅""鱼跃龙头"等图案,横梁上绘有"张果老倒骑毛驴""姜太公钓鱼"等民间传说。

2006年6月公布为第六批江苏省文物保护单位。2007年对旧址部分房屋进行抢救与维修。

第二节 重要历史事件及人物活动纪念地

抗日战争时期,江苏留下了大量相关文物遗存。如抗战碉堡、纪念建筑、大屠杀死难同胞丛葬地等,是具有国际意义的文化遗存。

1. 侵华日军南京大屠杀死难同胞丛葬地

民国26年(1937)12月13日,侵华日军占领南京。在之后的6个星期内,对中国同胞进行惨绝人寰的大屠杀,遇难者达30余万人。至今已发现的遇难同胞遇难地及丛葬地有江东门、中山陵西洼子村、挹江门、清凉山、煤炭港、北极阁、中山码头、上新河、鱼雷营、汉中门、普德寺、五台山、正觉寺、花神庙、南京大学、燕子矶、草鞋峡17处,均已立碑以志纪念。

(1)江东门遇难处丛葬地

位于鼓楼区江东门。民国26年(1937)12月16日,侵华日军在江东门将被俘中国军人及逃难人民共2.8万余人,以铅丝缚住手脚,推入河中,用机枪扫射,或盖上柴草,浇以煤油,活活烧死,其中,江东门集市被集体屠杀的军民即达万人。后经当地湖南木材商盛世征、昌开运2人捐款雇工,将其掩埋在两个大坑内,故有"万人坑"之称。中华人民共和国成立后,1985年,抗日战争胜利40周年之际,在万人坑遗址旁建立侵华日军南京大屠杀遇难同胞纪念馆,8月15日落成开幕。

(2)煤炭港遇难处丛葬地

位于下关区北煤炭港。民国26年(1937)12月17日,侵华日军将从各处搜捕来的中国军民和首都电厂工人共3 000余人,押往煤炭港江边。初以机枪扫射,继将余者驱入大仓库内,四周堆积木柴,泼洒汽油,放火燃烧,致均殉难。中华人民共和国成立后,1985年在此处立碑。碑占地面积50平方米,为黑色大理石质,正面楷书"侵华日军南京大屠杀煤炭港遇难同胞纪念碑"。

(3) 西洼子村丛葬地

位于中山陵西洼子村。南京东郊系侵华日军进行大屠杀的主要地区之一,后经崇善堂等慈善团体从事收殓,于中山门外至马群一带共收尸3.3万余具,就地掩埋于荒丘、田野间。后因尚有遗尸,由伪南京市政公署督办高冠吾令卫生局负责收埋遗尸3 000余具,于民国28年(1939)1月葬灵谷寺东,以青砖砌成圆形墓1座,外粉水泥,并立"无主孤魂碑"1方,今墓、碑均已无存,但碑文拓片犹在。中华人民共和国成立后,1985年8月,在东郊南京体育学院北侧重立新碑,水泥砌筑,形状呈长方形,横梁上隶书"侵华日军南京大屠杀遇难同胞东郊丛葬地"。

(4) 上新河遇难处丛葬地

位于鼓楼区上新河。民国28年(1939)12月间,侵华日军在水西门外上新河一带,屠杀军民28 730余人。其中有的被枪击刀劈;对妇女和女童,先强奸而后杀害。劫后,湖南木材商盛世征、昌开运捐款收埋一批遗骸。民国39年(1948)1月至5月,又经南京红十字会在上新河一带收埋死难者遗尸14批,共8 459具。中华人民共和国成立后,1985年,在上新河镇棉花堤建纪念碑,基础为水泥砌筑,正面设踏步可达平台,上立黑色大理石碑,正面楷书"侵华日军南京大屠杀上新河地区遇难同胞纪念碑"。

(5) 汉中门外遇难处丛葬地

位于鼓楼区汉中门外。民国28年(1939)12月15日下午,侵华日军将避难于"国际安全区"之平民和已解除武装的警察2 000余人,每次由两名日军用一长绳从难民中圈出一二百人,驱至汉中门外,用机枪扫射,复以刺刀捅刺,最后在尸堆上架起木柴,浇上汽油焚烧。次年2月11日、18日由南京红十字会收殓,得遗骸1 395具,掩埋于汉中门外之广东公墓及二道埂子一带。中华人民共和国成立后,1985年8月,在汉中门桥旁立纪念碑,碑座为青石质,碑为汉白玉,上边两端抹角成圭形,上端中部浮雕花朵,正面刻楷体"侵华日军南京大屠杀汉中门外遇难同胞纪念碑"。

(6) 鱼雷营遇难处丛葬地

位于下关区上元门外鱼雷营江边,今地属金陵船厂厂区。民国28年(1939)12月15日夜,侵华日军将被抓获之市民和已解除武装之守城官兵9 000余人,押至鱼雷营江边,以4挺机枪扫射,尸积如山,仅殷有余等9人因压在尸堆下,得以幸存。同月,侵华日军又在鱼雷营、宝塔桥一带再次杀害无辜军民3万余人。次年2月由红十字会就地掩埋,仅2月19日至22日即达5 000余具。

(7) 中山码头遇难处

位于下关区中山码头。民国28年(1939)12月16日傍晚,侵华日军将避居于国际安全区(华侨招待所)之难民5 000余人,押解于中山码头沿江边人行道上,用机枪射杀,时难民跳江逃生,侵华日军又以手榴弹投入江中,致尸散江面,江水变红。又在江边尸体上浇上汽油焚烧,并将焦尸推入江中。12月18日,侵华日军又从避居于大方巷之难民中,搜捕青年4 000余人押解至此,复用机枪射杀。在此前后,侵华日军还于毗近之南通路北麦地和九甲圩江边,枪杀难民800余人。中华人民共和国成立后,1985年8月,在中山码头立纪念碑,占地面积150平方米,碑座3级由褐色水泥构架中部,正面沿圆边浮雕一圈花环,中间阳刻"侵华日军南京大屠杀中山码头遇难同胞纪念碑"。

(8) 挹江门丛葬地

位于下关区挹江门。民国28年(1939)12月,侵华日军在挹江门附近屠杀难民。翌年5月,南京慈善堂、红十字会等慈善团体先后6批,收死难者遗骸5 100余具,埋葬于挹江门东城根及附近姜家园、石榴园等地。中华人民共和国成立后,1985年8月,在城北绣球公园内立纪念碑,占地面积2 000平方米,建筑面积40平方米;碑身高57厘米、宽150厘米、长150厘米,为水泥砌筑,碑座2级,碑正面为横长方形,第一行阴刻楷书"侵华日军南京大屠杀遇难同胞"13字,第二行阴刻隶书"挹江门丛葬地纪念碑"9个大字,第三行落款楷书"南京市人民政府"。

(9) 清凉山遇难处丛葬地

位于鼓楼区清凉山。民国28年(1939)12月,1 000余无辜难民在清凉山附近之原吴家巷、韩家桥等地遇难。中华人民共和国成立后,1985年8月,在河海大学校园内立纪念碑。碑为水泥砌筑,3级圆形底座,碑身呈3个人字形,正面竖行阴刻楷书"侵华日军南京大屠杀清凉山遇难同胞纪念碑";碑身上端立1鼎,上阴刻"居安思危"。

(10) 北极阁遇难处丛葬地

位于玄武区北极阁。民国28年(1939)2月,侵华日军在北极阁毗近之处,杀害无辜难民2 000余人。次年1月2日,经南京崇善堂收殓,丛葬于此山之麓及近山之城根等处。中华人民共和国成立后,1985年8月,在鸡鸣寺西侧立纪念碑,碑座花岗石垒砌,碑为弧形墙状,水泥砌筑,上部嵌黑色大理石一块,阴刻隶书"侵华日军南京大屠杀北极阁附近遇难同胞纪念碑"。

(11) 五台山丛葬地

位于鼓楼区五台山。据崇善堂、红十字会等慈善团体掩埋记录:民国28年(1939)12月至次年2月间,曾在此先后4批埋葬同胞尸骨54具。中华人民共和国成立后,1988年7月,在五台山体育场南侧立纪念碑,碑座5级台阶式,青石砌筑,长3.1米,宽2.75米,五级通高0.9米,正面在3至5级间斜放1块未经打磨的青石碑,碑中央竖书"纪念碑"3个字,系当年的幸存者王如贵所书。

(12) 正觉寺遇难处

位于秦淮区武定门。民国28年(1939)12月13日,侵华日军在武定门正觉寺,将该寺僧人慧兆、德才、宽宏、德清、道禅、刘和尚、张五、源凉、黄布堂、晓占、慧璜、慧光、源悟、能空、倡修、广祥、广善17人集体屠杀;与此同时,侵华日军还在中华门外将尼姑真行、灯高、灯光等杀害。中华人民共和国成立后,1987年12月,在武定门新华玻璃厂门前立纪念碑,碑座为青石须弥座,上为横长方形石碑,正面阴刻隶书"侵华日军南京大屠杀正觉寺遇难同胞纪念碑"。

(13) 金陵大学丛葬地

位于鼓楼区南京大学。民国28年(1939)12月,侵华日军占领南京时,留在南京的外国人,为了收容未及撤离的大批难民,以金陵大学(南京大学)等处为中心,在城内设立"国际安全区",占地面积3.86平方千米,内设25个难民收容所,收容难民约25万人,其中原金陵大学校园本身就是较大的难民收容所之一,收容难民多达3万余人。12月26日,侵华日军以办理难民登记为由,将避难于金陵大学图书馆内之2 000余名难民,迫令集中于网球场上(今该地已建地质实验楼)从中搜捕300余名青壮年,驱至五台山及汉中门悉加杀害。金陵大学校园内,也是遇难同胞尸骨埋葬地之一,据当时慈善团体红十字会埋葬资料记载,民国29年(1940)1月至2月间,该会曾先后在金银街原金陵大学农场及阴阳营南秀村埋葬遇难者尸体774具。中华人民共和国成立后,20世纪50年代,南京大学在南秀村建设天文台时,曾掘出这批尸骨。1996年8月,在南京大学校园内立纪念碑,青石质,碑座3.3米、宽0.15米、高1.9米,碑长2.4米、宽0.6米、厚0.1米,碑身上部嵌黑色大理石上阴刻"侵华日军南京大屠杀金陵大学难民收容所及遇难同胞纪念碑",碑中心嵌黑色大理石上楷书碑文记述当年遇难情况。

(14) 草鞋峡遇难处丛葬地

位于下关区草鞋峡。草鞋峡地处和记洋行(今肉联厂)至燕子矶之间,民国28年(1939)12月18日夜,侵华日军将圈禁于幕府山下的难民和被俘中国军人5.7万余人,用布条捆绑,押至该处,用机枪扫射后,复用刺刀乱戳,再浇上煤油,纵火焚烧。中华人民共和国成立后,1985年,于长江边上元门立纪念碑,台基四层,须弥座式碑座,红褐色;方柱形碑身为白色,正面阴刻仿宋体"侵华日军南京大屠杀草鞋峡遇难同胞纪念碑",顶端浮雕一汉白玉花环,碑身为两节八角柱形。

(15) 燕子矶遇难处丛葬地

位于栖霞区燕子矶江滩。民国28年(1939)12月,侵华日军将聚集在燕子矶江边正拟渡江的难民和已解除武装的士兵5万余人,围禁在沙滩上,架起数十挺机枪,疯狂扫射,悉被杀害,江滩尸体遍地,江上漂有尸体。中华人民共和国成立后,1985年5月,在燕子矶公园建亭立纪念碑,亭为钢混结构,碑为混凝土筑,正面楷书"侵华日军南京大屠杀燕子矶江滩遇难同胞纪念碑"。

(16) 普德寺丛葬地

位于雨花台区共青团路。当年普德寺附近尽为荒山野冢。从民国28年(1939)12月22日至次年10月30日,经南京崇善堂、红十字会共12次在此埋葬遇难同胞尸骨9 721具,故称"万人坑"。中华人民共和国成立后,1985年8月,在共青团路立纪念碑,水泥砌筑,上镶横长方形汉白玉1方,上阴刻隶书"侵华日军南京大屠杀遇难同胞普德寺丛葬地纪念碑"。1997年因拓路,碑南移50米。

（17）花神庙遇难处丛葬地

位于雨花台区花神庙。民国28年（1939）12月，侵华日军在凤台乡花神庙一带杀害难民和解除武装的士兵7 000余人，尸体由花匠芮方缘、农民张鸿儒、商人杨广才等人会同红十字会分别掩埋于雨花台下、望江矶及花神庙等处。中华人民共和国成立后，1985年，在花神庙村立纪念碑，正面书"侵华日军南京大屠杀花神庙遇难同胞纪念碑"。

1999年7月以侵华日军南京大屠杀死难同胞遇难处及丛葬地名称增补为江苏省第四批文物保护单位。2006年5月公布为第六批全国重点文物保护单位，更名为侵华日军南京大屠杀死难同胞丛葬地。

2. 天堡城遗址

位于南京市玄武区紫金山第三峰天堡山山巅。由太平军筑于清咸丰三年（1853）春，是用青石依山砌筑的城堡，与山下地堡城上下呼应。太平军据此与清军的江南大营长期对峙，同治三年（1864）正月二十一被清军攻破。清末，曾在此建炮台。辛亥革命时期，浙军夺此要塞后，建纪功塔于此，后毁，现已不存。孙中山改天堡城为"韵珂城"，以纪念为保卫此城而牺牲的杨韵珂烈士。天堡城原南北长37.2米、东西宽62米，原有城门及上、下两层内堡，东、西、南三面均有进出口，现仅存东面的进出口。1982年3月调整公布为江苏省第一、二批文物保护单位。

3. 黄山炮台遗址

位于江阴市澄江街道鹅鼻嘴公园内江边线东侧，鹅山山顶。黄山北临长江，此处江面宽仅1.25千米，素有"江海门户、锁航要塞"之称，黄山炮台是明、清、民国三个历史时期构筑的炮台。

明嘉靖年间为防倭寇在大、小石湾筑炮堤，分布于黄山的小石湾和大石湾的两个江湾内，以三合土构筑。炮台以一间炮室、一间弹药库连成一体，整体呈外弧形。炮室与弹药库后有内走廊，为兵员活动和运送弹药之通道。甬道内间隔数十米筑一蓄水砖井，供冷却炮膛之用。大石湾炮台东西长约400米，仍埋地下。小石湾炮堤三分之二发掘出土，一半修复，一半仍保持残状，剩余三分之一仍埋地下。

清代炮台有3座，分布在黄山东山坡2座，西山坡1座，为两江总督张之洞督建。半圆周混凝土炮台，炮位露天无遮盖，配置法国造克虏伯后膛炮，旁建混凝土被覆式弹药库，东山坡2座炮台横向连在一起，规制与西山相同。

民国炮台有12座，为圆形露天式钢筋混凝土构筑。其中10座由东向西分布于黄山（龙头岗6座、东山顶1座、大馒头山1座、鹅山顶2座）。除大馒头山、鹅山3座炮台外，其余各炮台均附建有专门的钢筋混凝土弹药库，另2座炮台建于离黄山1 000米处的君山之巅，无专用弹药库。除此之外还有钢筋混凝土炮台总台指挥部（已炸毁）、观察所1座、机枪掩体2座，弹药库3间，除总指挥部外，余均保存完整。

黄山炮台1982年3月公布为江苏省第三批文物保护单位，1998年列为江苏省国防教育基地和爱国主义教育基地。

4. 焦山炮台遗址

位于镇江市焦山的东北麓，遥对松寥山，与象山隔江对峙，位置险要，是控制镇江口岸的重要防地。

焦山炮台始建于清道光二十年（1840），基地呈扇形，长77米，宽约55米左右，有暗堡式炮位8个，炮位进深8～12米。建筑材料系用大木、方石为基，以黄泥、石灰、细砂三合土，配以糯米汁用模板层层夯实筑成。另有大的弹药库一座，内层为水泥砂石材料，外层为黄泥石灰材料。1842年7月21日，英侵略者发动了"扬子江战役"，直逼镇江和南京。英侵略军侵入长江，遭到圌山和焦山炮台守军英勇的抵抗和沉重的打击。副都统海龄率领青州兵和旗兵奋力抵抗，猛烈抗击，但因寡不敌众，炮台失守，焦山守军全部壮烈殉国。

1982年3月公布为江苏省第三批文物保护单位。

5. 圌山炮台遗址

位于镇江新区大路镇武桥村五峰山脚下部队油库，占地面积约2 500平方米。圌山关是扼守长江的第二关，成为保卫镇江和南京的门户，遗址依山面江，地势险要，与顺江州的大沙炮台和江都的三江营炮台三足鼎立。该炮台建于清道光二十年（1840）。炮台阵地分两处，保存比较完整的只有靠江边的一组。现存炮台分布有两处，一处位于山脚，凸出江面，现存母堡2口（暗堡式），呈扇形；另一处位于山中部斜坡下滨江处，现存母堡3口（暗堡式），子堡（明台）7口，全长51米，炮室进深12.3米，脊顶高3.7米，堡门宽26米，进深2.88米，子堡护墙全长297米，高1.8米。炮堡均为黄泥石灰质地。道光二十二年（1842）7月中旬，英军发动扬子江战役，舰艇驶近该炮台，"三座共架有二十门大炮的炮台"齐轰,守军重伤敌舰。在这次保卫战中,圌山炮台为抵抗侵略、捍卫民族尊严作出了巨大贡献。该遗址1982年3月公布为江苏省第三批文物保护单位。

6. 苏嘉铁路75号日军炮楼

位于吴江市盛泽镇群铁村(原史家浜村)村西、75号铁路桥东侧之南。民国29年(1938)下半年,侵华日军为保持苏嘉铁路畅通,在沿线架设电网,并在各车站和重要桥梁边上建造碉堡炮楼,驻扎铁道警备队。75号桥炮楼是苏嘉铁路江苏段仅存的一处,曾驻扎一个守桥班。

炮楼南向偏东,由西向东依次为西炮楼、营房、东炮楼,均为清水砖混结构,内部连通,总建筑面积119.4平方米。东炮楼为单层圆形,炮垒直径为4.02米,室内东南、南、西南三面有枪洞,枪洞下砌架设机枪用叠涩平台。营房为矩形单层三开间,坐西朝东,面阔7.03米,进深11.57米,面积81.34平方米,木头地板,夹层有弹药库。营房和东炮楼屋顶连为钢筋混凝土平台,围以雉堞。西炮楼为双层圆形,炮楼直径为4.02米,底层开枪洞两个、楼层开枪洞7个,内装木梯,顶层周围亦砌成堞状。从布局看,西炮楼为看守75号铁路桥,东炮楼为看守苏嘉铁路。

2002～2003年进行维修,并修筑河驳岸、道路和25米旧铁路,现保存完好。2006年6月公布为江苏省第六批文物保护单位。

第三节　名人故(旧)居

在江苏出生或活动的重要近现代人物多,留存大量名人故(旧)居。在江苏大地上,有以孙中山、周恩来、瞿秋白、张太雷、秦邦宪、顾正红等为代表的革命先驱,有宋子文、孔祥熙、李宗仁、孙科等国民党军政要人,有俞樾、阿炳、柳亚子、朱自清、钱钟书、李可染等艺术名家,有祝大椿、盛宣怀、刘国钧、荣德生等民族工商业的代表人物,也有拉贝、赛珍珠等国际友人。

1. 周恩来故居

位于淮安市楚州区驸马巷7号。系清道光年间(1821～1850)的建筑,原为淮安府山阳县人胡干成宅,后周恩来曾祖父周光勋从浙江迁居淮安做师爷时与其二哥周光焘共同购得。光绪二十四年(1898)3月5日周恩来诞生于此,并在此地度过了12年的童年生活。

周恩来故居由东西相连的两个宅院组成,占地面积1 987.4平方米,共有大小房间32间。东宅院临驸马巷,是周恩来祖父住房,有大小房屋20间。其中有周恩来诞生处、读书室、过继母陈氏住宅、乳母蒋江氏住宅、水井和菜地等。由"读书房"向西跨过一道腰门,便是周恩来父母的三间住房,东屋是周恩来诞生的房间,西屋是父亲周劭纲的书房和休息的地方。西宅院临局巷,原是周恩来二伯祖父住房,有房12间,大门南向。现已辟为"周恩来纪念展览陈列室",分"周恩来童年""家世""故乡""怀念""名人字画(周恩来书画苑)""周恩来外祖父字画展"六个展厅。故居北侧建有邓颖超纪念园,后花院内建有周恩来墨迹碑廊。

1976年1月8日周总理逝世后,对周恩来故居作了初步整修。1978年将周恩来故居恢复到周恩来宣统二年(1910)离开时的旧貌,并于1979年3月5日正式对外开放。1982年3月公布为江苏省第三批文物保护单位,1988年1月公布为第三批全国重点文物保护单位。1996年命名为"全国中小学爱国主义教育基地"。2005年确定为"全国百个红色旅游经典景区"。

2. 瞿秋白故居

位于常州市钟楼区、天宁区。瞿秋白(1899～1935),中国共产党早期的主要领导人之一,伟大的马克思主义者,卓越的无产阶级革命家、理论家和宣传家,中国革命文学事业的重要奠基者之一。瞿秋白出生于常州一个没落的士大夫家族,少年时期受到良好的文化熏陶,后旅俄担任特派记者,回国后参加过党的"三大""四大""五大""六大",主持召开"八七"会议,成为中共领袖。曾与鲁迅共同领导左翼文化运动,留下了五百多万字的著作和译著。民国24年(1935)2月,瞿秋白在福建长汀被国民党逮捕,6月18日慷慨就义。

瞿秋白故居包括出生地天香楼和成长地瞿氏宗祠两处。

八桂堂天香楼　位于青果巷历史文化街区中段、青果巷82－84号。八桂堂原为唐荆川八宅之一,因宅内植桂八株而得名,晚清时为瞿秋白叔祖、湖北布政使瞿赓甫府第。清光绪二十五年(1899)1

月29日秋白诞生于八桂堂天香楼二层西室。

瞿氏宗祠　位于延陵西路188号,由瞿秋白叔祖父瞿赓甫等于光绪二十四年(1898)出资建造,瞿秋白一家从民国元年至5年(1912～1916)居住于此。祠屋占地面积2 409平方米,建筑面积1 015平方米,共有平屋四进19间,分东西两院,坐北朝南。西院为正房,主厅现已用作临时展厅。东院为扩充的辅屋,供守祠人居住和祭奠祖先时族人休息之用。东院厢屋为秋白一家居住,由东侧门出入。故居摆设按瞿秋白少年时期好友羊牧之的回忆摆放,展示了瞿秋白生前家庭生活场景。

1982年3月调整公布为江苏省第一、二批文物保护单位。1985年6月18日,秋白英勇就义50周年时,故居经修复后正式对外开放,"瞿秋白同志故居"匾额为茅盾所书。1996年11月公布为第四批全国重点文物保护单位。

3. 薛福成故居建筑群

位于无锡市崇安区健康路北段西侧,又称"钦使第"。薛福成(1838.4.12～1894.7.21),清末无锡籍著名思想家、外交家、资产阶级维新派代表人物。薛氏故居始建于清光绪十六年至二十年(1890～1894)。

薛氏故居占地面积约1.2万余平方米,建筑面积约1万平方米。宅院分中、东、西三条轴线,前窄后宽,略呈"凸"字形。中轴线上由门厅、轿厅、正厅、后堂、转盘楼、后花园组成;东轴线上由西式弹子房、薛仓厅、对照厅、枇杷园、吟风轩、戏台组成;西轴线由传经楼、西花园、佛堂、杂房组成。中轴线前四进面阔均为九开间,第五进、第六进的转盘楼面阔十一开间,为国内现存规模最大的转盘楼,有"中华第一回楼"之称。

薛汇东住宅位于前西溪1-2号。清宣统三年至民国6年(1911～1917),薛福成长子薛南溟建造,作为太湖水泥公司写字楼,后来移作薛南溟次子薛汇东与袁世凯之女袁昭的结婚新居。因袁世凯曾称"洪宪皇帝",故有人称此宅为"驸马府"。中华人民共和国成立后,辟作无锡市总工会、共青团无锡市委、无锡市妇女联合会等机关团体驻地。1999年进行维修保护。薛汇东住宅是无锡尚存不多的西式洋房,也是薛氏名宅的一部分。

薛福成故居建筑群为中国近代社会转型期的江南大型钦赐府第,是江苏省现存最大的近现代官僚地主宅第之一。1995年4月以薛福成故居名称公布为江苏省第四批文物保护单位。2001年6月公布为第五批全国重点文物保护单位,更名为薛福成故居建筑群。

4. 荣氏梅园

位于无锡市西郊的东山和浒山。民国元年(1912),民族工商业家荣宗敬、荣德生昆仲先购东山"小桃园"故址建梅园;越十年,拓址浒山,占地面积约5.4万平方米。立意"为天下布芳馨,植梅花万树;与众人同游乐,开园囿空山"。故倚山饰梅,依势赋景,随机设洗心泉、梅园刻石、紫藤廊亭、太湖石奇峰、天心台、揖蠡亭、荷轩、研泉、香海轩、诵豳堂、留月村、招鹤亭、小罗浮、秋丹阁、豁然洞等,更以建于民国19年(1930)、高18米的念劬塔为点睛之笔,俯领梅海,湖山有情。另建乐农别墅、宗敬别墅、网球场、敦厚堂等,成江南赏梅胜地。1955年,荣毅仁按照父亲荣德生遗愿,将梅园除乐农别墅外献给国家。2002年10月公布为江苏省第五批文物保护单位,2006年5月公布为第六批全国重点文物保护单位。

5. 阿炳故居

位于无锡市崇安区崇安寺街道风雷社区图书馆路30号。此处原是洞虚宫道院内的雷尊殿和火神殿,因阿炳出生于此并长期在此生活,故将此处整体确定为他的故居并加以保护。

阿炳(1893～1950),无锡人,中国著名民间音乐家。8岁随父华清和在洞虚宫三清殿道观出家当道士,法名华彦钧。中年双目失明,流落街头,以卖唱卖艺为生,人称瞎子阿炳。他一生酷爱民族音乐,尤精江南丝竹和道教音乐,在民族器乐的演奏和创作方面均有很深的造诣。现存世作品仅录下《二泉映月》《听松》《寒春风曲》三首二胡独奏曲和《大浪淘沙》《龙船》《昭君出塞》三首琵琶独奏曲。

修复后的阿炳故居建筑分为故居部分和雷尊殿两大块,现存平房九间。故居部分的展览主题分别通过三间民居布置为"简居道观""遗韵流芳"和"清贫乐道"三个展陈主题。"简居道观",主要介绍阿炳的生平起居,复原了阿炳故居的卧室和厨房场景。卧室内布置破旧的竹床、几经修补过的长桌、凳子。屋内堆放的破旧不堪的杂物等陈设都基本按照阿炳生前的原貌布置,从中可以感受到阿炳穷困潦倒的辛酸与坎坷的一生。厨房则基本保持了江南水乡市井人家一般的厨房格局。为突出反映阿炳生活、活动的背景以及阿炳与道教音乐之间的联系，雷尊殿部分的陈设也分为两部分：一间以无锡地区道教音乐演奏的场景艺术还原为主要形式，介绍江南道教音乐演奏方式；同时，收集整理江南道教音乐和江南丝竹音乐的历史沿革及音乐特点、代表作品、相关乐器和服饰等。另一间设置为阿炳音乐赏析厅，在这里，参观者可以通过立柱式试听装置欣赏到不同版本的阿炳音乐作品。厅内还设置了多媒体放映设备和一个小型舞台。在景观设计上，故居内将设置石碑坊、石井圈、石亭等小景点，在雷尊殿前的基柱上安置香炉。同时在招商银行尚未搬迁，三万昌茶馆有待恢复之际，先行营造一个小型的昔时场景——恢复一条旧时的陋巷，通过木电线杆、老式路灯、小铺面，再现当年阿炳所处生活环境与生存氛围。

2002年10月公布为江苏省第五批文物保护单位，2006年5月公布为第六批全国重点文物保护单位。

6. 张太雷旧居

位于常州市和平中路子和里3号。张太雷(1898~1927)，常州人，是中国共产党早期的重要领导人之一，忠诚的共产主义战士，中国共产主义青年团的创始人之一和青年运动卓越领导人，广州起义的主要领导人。民国7年(1918)夏，张太雷与陆静华结婚时借居于此，共居住了7年时间，女儿西屏、西蕾和儿子一阳都出生在这里。2000年就地建张太雷纪念馆。

由张太雷旧居、张太雷生平事迹陈列室和共青团史陈列室三部分组成，全馆建筑面积900平方米，陈展面积500平方米。张太雷旧居是一座二进二路三开间木结构的江南老式民居建筑。房子坐北朝南，第一进为门屋，第二进中堂屋是张太雷全家吃饭的地方，西面厢房是张太雷夫妻的卧室，东面厢房是太雷母亲卧室，再往后是灶间。故居前进门楼上方镶嵌着邓小平亲笔书写的"张太雷故居"金字匾额，天井中央矗立着张太雷的半身汉白玉雕像。张太雷生平事迹陈列展室内有浓缩张太雷光辉的图片、油画、实物等历史资料，西首书画陈列室有聂荣臻、徐向前、张爱萍、王任重、李维汉等老一辈革命家缅怀张太雷题词及全国各地领导人、专家学者纪念张太雷而创作的书画精品。

1982年3月以张太雷故居名称公布为江苏省第三批文物保护单位。1987年按原样维修，现保存完好。同年12月12日，为纪念张太雷就义60周年，张太雷旧居正式对外开放。2005年公布为第三批全国爱国主义教育示范基地。2006年5月公布为第六批全国重点文物保护单位，更名为张太雷旧居。2008年被命名为"共青团中央青运史档案馆江苏青少年研究教育基地"。

7. 俞樾旧居

位于苏州市人民路马医科42号。俞樾(1821~1906)字荫甫，自号曲园居士，浙江德清人。清道光三十年(1850)进士，曾任翰林院编修。后受咸丰皇帝赏识，放任河南学政，被御史曹登庸劾奏"试题割裂经义"，因而罢官。遂移居苏州，潜心学术达四十余载，曾先后主讲苏州紫阳书院、杭州诂经精舍、德清清溪书院、菱湖龙湖书院、上海求志书院等。治学以经学为主，旁及诸子学、史学、训诂学，乃至戏曲、诗词、小说、书法等，可谓博大精深。海内及日本、朝鲜等国向他求学者甚众，尊之为朴学大师。俞樾平生勤奋治学，著作极丰，有《春在堂全书》，近五百卷。

旧居原为大学士潘世恩故宅，俞樾于同治十三年(1874)得友人资助购得此地，亲自规划、构建，作为起居、著述之处。中华人民共和国成立后，1954年，俞樾曾孙、著名学者俞平伯将旧居捐献归公，先后由市文联、戏曲研究所、评弹团、科学之家等单位使用。

旧居占地面积共2 800平方米，宅门悬李鸿章书"德清俞太史著书之庐"横匾。正宅居中，自南而北分五进，其东又建配房若干，与正宅之间以备弄分隔又相互沟通。其西北为亭园部分，呈曲尺形，面积仅200平方米，取老子"曲则全"之意取名"曲园"，对正宅形成半包围格局。正宅门厅和轿厅皆为三间。第三进为全宅的主厅，名"乐知堂"，面阔三间，进深五间，为全宅唯一扁作抬梁式建筑，用料较为粗壮，装饰简洁，是俞樾当年接待贵宾和举行生日祝寿等喜庆活动的场所。第四、五进为内宅，即居住用房，与主厅间以封火山墙相隔，中间以石库门相通；宅均面阔五间，以东西两厢贯通前后，围合内院。"乐知堂"西为"春在堂"，面阔三间，进深四间，堂前有湖石、梧桐，为俞樾当年以文会友和讲学之处。南面为"小竹里馆",为当年俞樾读书处,馆南小院栽竹。"春在堂"北突出一歇山顶小轩,名"认春轩"。轩北杂植花木,叠湖石小山,中有山洞。山洞东北隅为面阔两间的"艮宧",是琴室。循廊西行,有书房三间,名"达斋"。出"达斋"沿廊南行,有一小亭,三面环水,池名"曲池",亭名"曲水"。池东假山上有"回峰阁"与亭相对,假山中原有小门与内宅相通。亭南曲廊通"春在堂"。

1957年整修乐知堂、春在堂、小竹里馆等厅堂及小园。"文化大革命"中,损坏严重,并于其间建三层居民住宅楼一栋。1982年对旧居厅堂建筑维修,至1983年完成了乐知堂、春在堂等主要厅堂的修复工作。1986年由按名人故居进行陈设布置,并于当年10月开放。1989年拆除园内三层住宅楼,修复门厅、轿厅和园中亭、廊、斋、阁等建筑及曲池。1990年继续恢复假山,补栽花木。目前俞樾旧居的厅堂及小园已全面开放,所余两进内宅上房及东侧配房仍为居民使用。旧居基本保持原布局、形式、结构,整体保存较好。

1995年4月以俞樾故居名称公布为江苏省第四批文物保护单位。2006年5月公布为第六批全国重点文物保护单位,更名为俞樾旧居。

8. 柳亚子旧居

位于吴江市汾湖经济开发区黎里社区中心街75号。柳亚子(1887~1958),吴江黎里人,爱国诗人、南社发起人。原名慰高,号安如,改字人权,号亚庐,再改名弃疾,字稼轩,号亚子。1903年加入上海爱国学社。后加入光复会、同盟会。创办并主持南社。民国时曾任孙中山总统府秘书、中国国民党中央监察委员、上海通志馆馆长。抗日战争时期,曾任中国国民党革命委员会中央常务委员兼监察委员会主席、三民主义同志联合会中央常务理事、中国民主同盟中央执行委员。中华人民共和国成立后,任中央人民政府委员、全国人大常委会委员。其诗高歌慷慨,亦工词。著有《磨剑室诗词集》《磨剑室文录》,另有《柳亚子诗词选》行世。

柳亚子故居原系清乾隆时工部尚书周元理的私邸,名"赐福堂"。周元理(1706~1782),字秉中、丙衷。乾隆三年(1738)中举,历任知县、知府等,乾隆三十六年(1771)授山东巡抚,任直隶总督。乾隆四十五年(1780)擢升为工部尚书。因周元理为官兢兢业业连续得到乾隆帝御赐"福"字13个,待其告老回乡后,选出了8个"福"字制成匾额,悬挂在正厅上,故而得名"赐福堂"。另有周元理好友、无锡籍大学士嵇璜(1711~1794)书写"赐福堂"匾额,共计悬挂9个"福"字,所以又称"九福厅"。目前,嵇璜的"赐福堂"匾额已恢复悬挂,乾隆御书"福"字正拟复原。民国11年(1922)秋,柳亚子一家从本镇浒泾桥周寿恩堂迁居于赐福堂,柳亚子以第四进为生活起居楼,第五进为会客、读书、藏书楼。民国16年(1927),柳亚子遭"清党"之难,流亡日本东京,居所交书僮保管。中华人民共和国成立后,1950年柳亚子将全部藏书捐献给国家。1953年或1954年,江苏省博物院拆去了第三进砖刻门楼,现存南京博物院。"文化大革命"期间,大厅上"赐福堂"之匾额、纱帽雀替、扑云、长窗、团龙雕刻、梁架彩绘以及各进砖刻门楼、朱漆贴金箔的栏杆和室内装修,均被破坏。1981年10月作为柳亚子文物陈列室,对外开放。1982年,对前三进房屋进行维修,并在轿厅东侧空地砌筑围墙。1985年,成立柳亚子故居文保所并进行维修,新建大门半轩和柳氏家乘碑廊。1987年5月4日,建立柳亚子纪念馆;同月28日,在此举行纪念柳亚子先生诞辰100周年及柳亚子半身塑像落成剪彩典礼,柳亚子纪念馆正式对外开放。

柳亚子旧居坐北朝南,前后面河,纵深约100米,房屋101间,分布面积3 336.26平方米,保护范围面积3 531.22平方米,建筑占地面积2 249.42平方米,建筑面积2 862平方米。现辟为柳亚子纪念馆1 607.78平方米;占地面积1 024平方米的房屋租给私人使用,另有占地面积约为60平方米的建筑为周家后裔私产。故居前后六进,有门厅、轿厅、敞厅、大厅(又名九福厅)、书厅、花厅(又名内厅)等厅堂建筑。第一进是门厅,第二进茶厅布置为展览的序厅。第三进大厅,旧名"赐福堂",也称九福厅,现用以展览。大厅面阔七间13.7米,进深15.9米,高8.95米,东侧紧接一楼一底厢楼,西侧建有三楼三底,哺鸡筒瓦脊顶,下有飞椽。在高大的屋面之下又安排了一个人字形屋面,外加接上一个船篷轩,造成双层屋面并将整个大厅划分成三个空间。内部人字形屋面及船篷轩正好是大厅的中央部分;船篷轩南安排落地长窗,分割出2.6米宽的走廊;北面沿金柱一线一排屏门,上悬匾额,下挂中堂,屏门后面的空间,俗称"退堂"。第四、五进是生活起居楼和藏书楼,有柳亚子书斋"磨剑室"和"复壁"。柳亚子在此编辑《南社丛刻》,创办《新黎里》报;后因反对蒋介石的反共政策,民国16年(1927)5月8日夜半遭到国民党当局武装搜捕,他藏进了"复壁"之中,才免遭毒手。五进之后有柳氏家谱和碑廊。

柳亚子旧居是一处保存完整的组合古建筑,除了部分用作柳亚子纪念馆外,尚有1 180平方米作为住宅、商铺等用途,安全防范工作难度大,不规范用电、用火,直接威胁古建筑安全,房屋使用现状堪忧。1982年3月以柳亚子故居名称公布为江苏省第三批文物保护单位。2006年5月公布为第六批全国重点文物保护单位,更名为柳亚子旧居。

9. 朱自清旧居

位于扬州老城区安乐巷27号。朱自清(1898~1948),现代散文家、诗人、著名学者和民主战士。字佩弦,扬州人,祖籍绍兴,六岁随父定居扬州。

旧居系晚清建筑,坐北朝南,前后两进,占地面积约700平方米,第一进为朱家租住。旧居房屋大门东向,门堂内上悬江泽民题写的"朱自清故居"横匾。门堂北侧小院,有南向客座两间,是朱自清住过的地方,室内布置保持了原貌。二门内第一进建筑为正宅,三间两厢一对照,堂屋面阔三间,进深七檩,为生活情景复原;第二进布置有《朱自清生平事迹陈列》。

朱自清旧居1992年大修后对外开放;2002年收回安乐巷29号房东住房进行整修,并进行了陈列改造。2002年10月以朱自清故居名称公布为江苏省第五批文物保护单位。2006年5月公布为第六批全国重点文物保护单位,更名为朱自清旧居。

10. 联合抗日座谈会会址

位于海安县宁海北路街58-8号。原为韩公馆,是民国时期两任江苏省省长、著名民主爱国人士韩国钧的故居。韩国钧,字紫石(1857~1942),历任安徽巡按使、湖南巡按使、江苏民政长、江苏省长、全国黄灾救济委员会主任委员等职。抗战期间,受中国共产党抗日统一战线政策之感召,以84岁在野之身,奔走呼吁,主张"团结对外,扫荡敌氛"。并在此地主持召开苏北联合抗日座谈会,支持华中抗战。后因拒任敌伪"江苏省长"之职,在软禁中忧愤而逝,时民国31年(1942)1月23日,享年85岁。

主体建筑部分为韩氏祖产。韩国钧祖父曾拆屋赈民,韩国钧父掌业后家道中落;清光绪三十二年(1906),韩国钧于旧址重建祖屋。民国29年(1940)9月,由陈毅提议召开、韩国钧主持的"联合抗日座谈会"在韩公馆内小花厅举行。中华人民共和国成立后,曾先后用作海安县委、海安县政府、海安县人民医院、海安县人民武装部。1985年秋至1988年初,进行修复、恢复原状。

主体建筑从南到北一列四进,为清末法式,有围墙、廊庑联为一体。主屋为一组完整的晚清建筑。砖木结构,厅、轩、廊、亭俱全。每窗三层,室内铺罗地砖,墙体用木板拼成。檐饰有砖雕35幅,内容为吉祥图案、人物故事等。东北隅为火车车厢式方厅,为西方建筑艺术风格。

现为国家AAA级旅游景区、南通市爱国主义教育基地。海安县博物馆落址于其内,负责日常维护与免费开放工作。1982年3月公布为江苏省第三批文物保护单位。

11. 陈去病故居

位于吴江市同里镇三元街15号。陈去病(1874~1933),字巢南,一字佩忍,别字病倩,号垂虹亭长,吴江同里人。早期同盟会会员,南社创始人之一,近代著名诗人,辛亥革命风云人物。

故居建于清末,其中油坊、百尺楼、下房建于清同治年间(1862~1875),浩歌堂建于民国9年(1920),绿玉青瑶之馆建于民国21年(1932)。中华人民共和国成立后,2002年进行全面整修。故居占地面积1 364平方米,共有房屋42间,为"前坊后宅"的格局。正门为石库门亭,面西临河,有砖刻楣额"孝友旧业"四字。进门为一院落,北侧平屋为陈氏家庙,面阔三间10.15米、深6.7米。转角朝东三间为下房。东侧面对大门坐东朝西是一楼一底的百尺楼,此楼面阔4.4米,进深6.76米,底层北墙上砌嵌二块墓志铭。南侧有一月洞门,门上方砖额"绿玉青瑶之馆"六字,原为杨千里所书,1994年维修时请苏州大学钱仲联教授重题。该馆是五楼五底二厢房的堂楼,坐西面东,中西合璧,为陈氏居室,面宽15.43米、进深6.5米。在百尺楼东部另有坐北朝南平屋五间,其东二间为书房;西三间为浩歌堂,是当年陈去病会客之所,面阔11.73米,进深6.6米。

1995年4月公布为江苏省第四批文物保护单

位。2001年公布为吴江市爱国主义教育基地。

12. 周恩来童年读书处旧址

位于淮安市清河区漕运西路174号。旧址房屋建于清末民初，原为周恩来舅父家宅，后为举人张瑞臣所有。中华人民共和国成立后，先后为清江油厂、清江轻工机械厂。1979年维修，1988年3月5日周恩来诞辰90周年之际，复原陈列并正式对外开放。1998年周恩来诞辰百年之际，恢复私塾馆8间房屋，并修建周恩来雕塑广场。

旧址系砖木结构小瓦平房，青砖灰瓦、木制门窗，坐北朝南。南院为养母陈家房屋，建筑面积200平方米，有周恩来童年私塾馆、陈列室；西院张家14间房屋，建筑面积337平方米，有周恩来的父母居室、乳母居室、养母居室、水井和一株周恩来亲手培植腊梅，当地人敬称为"一品梅"。大门楼上悬挂着原中共中央政治局常委、国务院总理李鹏于1997年12月题写的"周恩来童年读书旧址"匾额。

1995年4月公布为江苏省第四批文物保护单位。

13. 顾正红烈士故居

位于滨海县正红镇正红村。顾正红（1905~1925），出生于獐沟篆河乡（今正红镇正红村）一个贫苦农民家庭。民国10年（1921）苏北遭水灾，逃难到上海，后进入日商内外棉七厂当工人。民国14年（1925）5月，该厂日本资本家撕毁二月罢工时与工人签订的协议，以停工关厂向工人反扑，阴谋破坏成立不久的工会；15日身为共产党员的顾正红带领工人进厂交涉，遭到日本资本家枪杀。这一事件激起全国人民的愤怒，引发了震惊中外的"五卅"反帝爱国运动。故居为一座面阔三间的农舍，坐北朝南，泥墙草屋，木质门窗。长11米，进深4.8米，檐高1.98米，脊高3.95米。20世纪60年代，当地政府为方便顾正红母亲居住，在旁边接建了两间青砖青瓦平房。故居陈列有顾正红生前的大量照片、斗争时期的用具以及生活用品。1995年4月公布为江苏省第四批文物保护单位。

14. 孔祥熙住宅旧址

位于南京市玄武区高楼门80号。孔祥熙（1880~1967），山西太谷人，历任国民政府实业部部长、财政部部长、行政院长、中央银行总裁、中国银行总裁，掌握着国民政府财政大权，是中国官僚资产阶级的典型代表。该住宅民国21年（1932）建成使用，为西班牙风格，二层楼房，砖木结构，占地面积979平方米，有大圆拱窗。现为单位住宅用房。2002年10月公布为江苏省第五批文物保护单位。

15. 宋子文住宅旧址

位于南京市北极阁1号。宋子文（1894~1971），生于上海，与宋庆龄为同胞姐弟，曾任国民政府财政部、外交部部长等职。该建筑由著名建筑学家杨廷宝设计，始建于民国22年（1933），民国35年（1946）竣工。为西方乡村别墅式风格，建筑面积约700平方米，3层钢混结构，依山而筑。黄色外墙，天然毛石基座，仿茅草屋顶与仿客厅木天花梁架。住宅东北数十米处，有1座古典式双层建筑，与住宅以石径相连，是当年蒋介石囚禁爱国将领张学良的地方，俗称"囚张楼"。1949年南京解放后，在住宅西北侧与书房交接处加筑上下两层，上设平台，刘伯承曾居于其中。现为招待所。2002年10月公布为江苏省第五批文物保护单位。

16. 马歇尔公馆旧址

位于南京市宁海路5号。乔治·卡特利特·马歇尔（1880~1959），美国人，民国13年（1924）来华，任美军驻天津第15步兵团执行官、代司令官。民国34年至36年（1945~1947）任驻华特使，以"调处"名义参与国共谈判，失败后返回美国。民国36年（1947）出任美国国务卿，提出"欧洲复兴计划"，或称"马歇尔计划"。1950~1951年任美国国防部部长，1953年获诺贝尔和平奖，1959年在美国去世。

该建筑原名金城银行别墅，民国23年（1934）由建筑师童寯设计，民国25年（1936）兴建。民国26年（1937）1月25日卖给美国代表人，后为中央信托局南京分局办公处；同年12月，日军占领南京后，成为南京安全区国际委员会总部。抗战胜利后，民国34年至36年（1945~1947），马歇尔任驻华特使期间居住于此。1949年南京解放后，成为南京军区首长住宅至今。

占地面积为2 779.8平方米，建筑面积748平方米。有主楼1幢，坐北朝南，仿古二层楼房，砖混结构，飞檐歇山顶，上铺琉璃瓦；另有中式平房6间。楼前有绿地和庭院，院内用红、黑、白三色鹅卵石铺成鹰、狮、白虎和鸟4种图案的小路。

2002年10月公布为江苏省第五批文物保护

单位。

17. 李宗仁公馆旧址

位于南京市傅厚岗30号（原68号）。李宗仁（1891～1969），字德邻，广西临桂县两江镇人，国民党桂系首脑。抗日战争初期曾成功地指挥了台儿庄战役并取得重大胜利，民国37年（1948）任国民党政府副总统、代总统。1949年底去美国，1965年回北京，1969年在北京病逝。

公馆始建于民国23年（1934），原为姚琮私宅。姚琮（1891～1977），江苏苏州人，原国民政府军委会办公厅副主任、首都警察厅厅长，蒋介石的小姜姚冶城的弟弟。抗战爆发后，共产党领导人朱德、叶剑英等人曾在此居住。民国36年（1947）以后，李宗仁、柏文蔚、王叔铭、徐湛、段锡朋、徐悲鸿、蒋碧薇等民国名人曾先后在此居住和生活。

公馆是一处独立院落西式风格别墅，坐北朝南，有1幢主楼及若干附属平房。该主楼为砖混结构，青色墙面，青色瓦面，内为木制楼梯和地板，假三层有老虎窗，另有地下一层，并在墙壁中建有壁炉。旧址占地面积4 473.3平方米；建筑面积原500平方米，现仅余227.1平方米。

今由省级机关第一幼儿园使用。2002年10月公布为江苏省第五批文物保护单位。

18. 汪精卫公馆旧址

位于南京市西康路46号、颐和路38号（同一个院子两个门）。汪精卫（1883～1944），名兆铭，字季新，号精卫，原籍浙江绍兴，生于广东三水。曾为中国同盟会会员，抗日战争爆发后投降日本，民国29年（1940）3月20日在南京成立伪政府，任主席。民国33年（1944）3月，汪精卫遇刺时留在体内的子弹导致后遗症发作，东渡日本接受治疗；同年11月，病死在名古屋帝国大学医院。

该公馆建于民国25年（1936），原为大汉奸褚民谊（汪伪政府外交部部长）的官邸。民国29年至33年（1940～1944）汪精卫任"中华民国国民政府"主席兼行政院院长时受赠此宅后居住于此，时为颐和路34号。抗日战争胜利后由国民党战地服务团接收并一度作为美军军官俱乐部，后阎锡山居住。

占地面积1542.8平方米，共35间，内有三层的西式楼房1幢，另有西式平房10间及车库2间等附属建筑，庭院较小，大门右侧设有警卫室。主楼坐北朝南，采用钢筋混凝土结构和现代建筑风格，绿色釉华瓦屋脊，黑色筒瓦屋面，为中西合璧式，青砖灰墙，钢门钢窗。底层原为大会客厅和办公室；二层中间原为一间小会客厅，周围布置有四间卧室，有露天阳台；三层则作为汪氏子女的卧室。

由南京军区老干部活动中心使用。2002年10月公布为江苏省第五批文物保护单位。

19. 杨廷宝住宅

位于南京市成贤街104号。杨廷宝（1901～1982）是中国著名建筑家、画家和教育家。早年留学法国，20世纪30年代，杨廷宝设计建造了一批具有中国特色的实用性极强的优秀建筑，是中国近现代建筑教育的奠基人之一。20世纪50年代曾任世界建筑协会副主席。此宅是民国35年（1946）10月杨廷宝自行设计建造，占地面积1 000平方米，建筑面积164平方米。主体为西式三开间二层砖混结构，整体造型简洁，经济实用。现保存完好，为杨廷宝后人居住。2002年10月公布为江苏省第五批文物保护单位。

20. 童寯住宅

位于南京市文昌巷。童寯（1900～1983），字伯潜，满族，辽宁沈阳人，著名建筑学家和教育家。民国14年（1925）毕业于北京清华学校（清华大学前身），后即公费留学美国宾夕法尼亚大学建筑系，获硕士学位。民国19年（1930）回国，民国33年（1944）任中央大学教授。南京解放后，历任南京工学院（今东南大学）建筑系教授、建筑研究所副所长、博士研究生导师、中国建筑学会名誉理事等。他一生设计了一百多座优秀而富有个性的建筑，培养了一大批建筑人才。旧居建于民国36年（1947）6月，坐北朝南，现存院落占地面积414平方米，建筑面积133平方米。院落中心为砖木混合结构2层西式楼，英国别墅风格，有阁楼，红色平瓦斜屋面，红砖清水墙面，毛石墙基座，木质门窗。西南为附属用房。2002年10月公布为江苏省第五批文物保护单位。2004年大修，现为童寯后人居住。

21. 孙科公馆旧址

位于南京市中山陵8号，又称廷晖馆。孙科（1891～1973），字连生，号哲生。广东香山县翠亨村人（今中山市南朗镇翠亨村），孙中山长子。曾任中华民国国民政府考试院长、行政院长、立法院长。

中华人民共和国成立后,长期旅居香港、法国、美国等地,1965年由美国至台湾,任台湾"总统府"高级咨议、考试院长,1967年出任东吴大学董事长。1973年9月13日因心脏病病逝于台北,享年82岁。公馆为民国37年(1948)由杨廷宝设计,馥记营造厂承建。占地面积2.52万平方米,建筑面积1 000平方米。主体为2层西式楼房,砖混结构,外观采用西方现代派手法,楼房平面状如风车。今为东苑宾馆。2002年10月公布为江苏省第五批文物保护单位。

22. 荣巷近代建筑群

位于无锡市滨湖区荣巷街道荣巷社区。荣巷方圆约0.5平方千米。明正德初年,荣氏始祖荣清迁至无锡,由他三个儿子各率其家人,于山麓而下迄溪河滨,划片垦荒约66.67公顷,建田园家宅,从而形成了上荣、中荣、下荣三个自然村落。清康熙二十五年(1686)始建荣氏家祠。随着经济的发展,三个自然村连成一片,称为"荣巷"。清末到民国年间,由于荣氏家族以荣宗敬、荣德生为代表的民族工商业家群体迅速崛起,使荣巷演变为街镇,建起了一大批具有时代烙印和乡土特色的建筑群。现荣巷存一条长约380米具有近代风貌的老街、18家店铺和139栋民宅。其建筑类型极为丰富,有一层、二层、三层;有传统的硬山顶平房,也有回楼、过桥楼、洋楼。绝大部分为中西合璧,即外墙采用清水的西式做法,砖雕门楼一应俱有。2002年10月公布为江苏省第五批文物保护单位。

23. 陆定一故居

位于无锡市崇安区崇安寺街道县前西街10号。陆定一(1906～1996),无锡县西漳乡陈家桥老陆巷人,无产阶级革命家。民国14年(1925)加入中国共产党,次年毕业于上海交通大学。民国16年(1927)后,历任团中央、中国工农红军总政治部、八路军总政治部宣传部部长、中共中央宣传部长。1959年任国务院副总理,1962年任中央书记处书记,1965年兼任文化部部长。长期负责党的宣传文教工作,为宣传党的路线、方针、政策,建设和发展党的宣传文化教育事业,推动社会主义革命和社会主义建设倾注了毕生的精力,作出了重大贡献。

故居系其祖父陆蓉第于清光绪末年从他人手中购得,为陆定一青少年时期居住、生活和读书的地方。故居分为东西二路,中隔备弄,东路为主体。原有前后五进,后由于拓宽县前西街,原来建筑内的天井、门厅被拆除,现存三进约1 400平方米旧屋,第三进为转盘楼结构,带有后花园。

建筑基本保持原来面貌,但由于年久失修,部分房屋墙体隐约出现裂缝,高处屋檐的砖墙存在坍塌。2002年10月公布为江苏省第五批文物保护单位。

24. 秦邦宪旧居

位于无锡市崇安区崇安寺街道崇宁路112号内。秦邦宪(1907～1946),字则民,又名博古,无锡人,中国共产党早期主要领导人之一,党的新闻事业重要奠基人和开拓者,曾任中共中央政治局常委、中共中央组织部部长、长江局委员兼组织部部长、南方局常委兼组织部部长、《解放日报》社社长兼新华通讯社社长等职。其译著有《联共党史简明教程》《共产党宣言》等。旧居原为其族叔秦琢如的房屋。民国5年(1916),秦邦宪全家租住在其第四进平房内。现旧居完全保存原状,面阔三间,硬山顶,面积约89平方米,呈晚清江南民居风格。2002年10月公布为江苏省第五批文物保护单位。

25. 钱钟书故居

位于无锡市崇安区新街巷社区新街巷30-1、32号。钱钟书(1910～1998),字默存,号瑰聚,笔名中书君,是中国当代著名学者、文学家,其主要著述有《围城》《人、兽、鬼》《写在人生边上》《七缀集》《管锥编》《钱钟书散文集》《钱钟书论学文选》等。

旧居系钱家祖遗产业——钱绳武堂,为钱钟书少年时读书、成长之处。钱氏故居由钱钟书祖父钱福炯筹建于民国12年(1923),民国15年(1926)钱钟书的叔父钱孙卿于后园西北角添建楼房三楹,之后又接建楼房一楹,因园内有一树盛开的梅花,故名"梅花书屋"。故居大门东侧的三间房,除最东一间是家祠外,其余两间为钱父钱基博教授寒暑假回家期间课子讲学之所,名为"后东塾"。江南钱氏家庭中人才辈出,仅"钱绳武堂"一脉,有文化学术泰斗钱基博、钱钟书父子,也有科学院院士、学者教授钱钟韩、钱钟教、钱钟鲁、钱钟泰,还有著名工商人士钱基厚、钱钟汉父子。

现开放区域占地面积708平方米,建筑面积538平方米。前后共两进,面阔均为七间;中有天井,天井两侧各有侧厢一间;东有备弄,弄底另有厨房、餐室、柴屋数间；后有花园。除小部分被拆毁外，大部分尚保存基本完好。

2002年进行了修复性抢救，并布置了"钱钟书卧室"和"钱绳武堂"，设计了相关的陈列陈设。同年10月公布为江苏省第五批文物保护单位，同时被命名为"无锡市爱国主义教育基地"。

26. 姚桐斌故居

位于无锡市锡山区东港镇黄土塘村老街东端。姚桐斌（1922~1968），冶金学和航天材料专家，"两弹一星"元勋。该故居建于民国36年（1947），中华人民共和国成立后由其侄子居住。故居为三间两层木结构楼房，面阔7.5米，进深7.26米，坐东北朝西南。楼上为房间，楼下为客堂，东南角木楼梯下为灶间。楼前有天井。2002年经修复后建成纪念馆向社会开放，同年10月公布为江苏省第五批文物保护单位。

27. 刘氏兄弟故居

位于江阴市澄江街道西横街49号。刘氏兄弟指文学家、语言学家、文学革命和五四新文化运动先驱刘半农，现代民族音乐开拓者、作曲家刘天华，民族音乐教育家、作曲家刘北茂三兄弟。该建筑由刘氏曾祖刘荣、祖父刘汉始建于清末。中华人民共和国成立后，1989年刘氏三兄弟子女捐献给江阴市人民政府，进行修缮后作为爱国主义教育基地对外开放。

刘氏兄弟故居为一组清末建筑。共两进，坐西朝东。占地面积400余平方米，砖木结构，硬山顶，落地长窗，粉墙黛瓦。各面阔三间9.50米、进深架7.50米、高5米。另有两侧厢，三个天井和一个后院。前天井分为内外两院，内院两侧有花台，为刘氏兄弟父亲刘宝珊手植的两丛红天竺；中天井有两株20世纪90年代初补栽的桂花树，后天井东北角有刘家用水旧井一口及刘天华创作二胡独奏曲《月夜》时所坐石柱础。

2002年10月公布为江苏省第五批文物保护单位。

28. 李可染故居

位于徐州市云龙区广大北巷17号。李可染（1907~1989），中国著名山水画一代宗师。故居建于清光绪三十三年（1907），占地面积260平方米，是一座青砖黛瓦的四合院，李可染曾在此处生活了30年。院门朝北，大门上方为沙孟海题写的"李可染旧居"匾额，门内为影壁墙，南屋为"云龙画屋"，是李可染的出生房屋，西屋为李可染的画室"师牛堂"，北屋为"识缺斋"。故居由李可染及其兄李永平于1984年共同捐献，1985年10月修葺后对外开放。现南屋、西屋、北屋为李可染生平陈列，展出有李可染生活工作照片及部分书画作品；东屋为接待室。2002年10月公布为江苏省第五批文物保护单位。

29. 周恩来少年读书处

位于宝应县城古城区水巷口3号。此处原为周恩来嗣母陈氏父亲陈沅住宅，清光绪三十三年（1907）周恩来9岁时随嗣母陈氏在此居住三个多月，与表哥陈式周同窗共读，受其进步思想影响，并结下深厚友情。

该组建筑由东西两个四合院和门厅组成，大门朝北，房屋共18间，均为硬山顶，占地面积700多平方米，建筑面积500平方米。东院为当年周恩来住宿和学习的地方，由上下堂屋和东侧厨房组成。上堂屋面阔三间11.2米，进深七檩6.2米，高5米，有走廊。下堂屋为读书房，面阔三间10.4米，进深七檩5.2米，高4.2米，有走廊；房内陈设书架、多宝格、书桌和椅等，灯盏和砚台是周恩来旧物。书房对面的东头房是其表哥陈式周的藏书房，内置红木书橱10个，收藏"四书五经"等各类书籍万余册。西院是当年的附属用房，今辟为展览区，陈设"为中华之崛起而读书——周恩来少儿时期学习生活故事"展，分东、中、西三个展厅。

1996年大修，1998年3月对外开放。2002年10月公布为江苏省第五批文物保护单位。

30. 胡笔江故居

位于扬州市邗江区沙头镇胡家墩。胡筠，字笔江，为民国金融界杰出的代表人物之一，历任中南银行、交通银行总经理、董事长之职。抗日战争爆发后，积极为政府谋划战时经济与后方金融。民国27年（1938）因飞机遭日机袭击坠毁身亡。

故居建于民国9年（1920），占地面积4 000平方米，建筑面积约2 165平方米。分南、北两处宅第，南宅第为主建筑。南宅第的西面是主要建筑，前后五进，现存四进（最后一进为十三间小二楼，于20世纪50年代拆除），计28间6厢，面阔七间。依次有门房、大厅、上房、下房。八字大门，大门两旁为水磨方砖贴面门廊，墙上端有高浮雕砖雕，门楣以上是两排浮雕。建筑基础下为石条,上为城砖。东面为生活用房,有私塾教室、花厅、小花园、礼佛堂。北宅第为对称形建筑,分东、西两段,正中以火巷分隔。东段为主要建筑,均是面阔三间、前后两进。西段次要建筑南北布置,为面阔七间,于20世纪80年代被拆除。

2001年对故居进行解危维修。2002年10月公布为江苏省第五批文物保护单位。2007年被公布为"江苏省首批名人故居(纪念馆)、古民居抢救保护工程"首批十大项目之一,并对故居进行了修缮和布展。现基本保存完整。

31. 冷遹旧居

位于镇江市丹徒区黄墟镇东侧。冷遹(1882~1959),原名晓岚,字御秋,别号秋雨,丹徒人。清光绪三十二年(1906)加入同盟会,参加过武昌起义、"二次革命"、护法运动、护国运动,并积极支持中共抗日。中华人民共和国成立后任江苏省副省长、省政协副主席等职务。旧居为花园式庭院建筑,正门朝南,院落宽大。主楼是一幢坐北朝南中西合璧式砖木结构二层楼,建于民国6年(1917),平面呈凹形,建筑面积210平方米,三开间,人字顶,东西长15.6米,南北宽13.5米,高11.4米。主楼后面两侧为厢房,为四间平房,单四坡形小瓦顶。2002年全面整修,同年10月公布为江苏省第五批文物保护单位。2004年在建筑内筹建冷遹纪念馆并于2005年正式对外开放。

32. 赛珍珠旧居

江苏省境内共有赛珍珠旧居两处,一处位于镇江市,一处位于南京市。赛珍珠(Pearl Sydenstricker Buek,1892~1973),美国人,原名珀尔·赛登斯特里克·布克,美国著名女作家,父亲为在华长老会传教士。她出生4个月便被父母带到中国,后在镇江和上海读书。她在中国长大,深受中国传统文化的熏陶,因崇拜清末名妓赛金花而取名赛珍珠。17岁时回到美国进入弗吉尼亚州伦道夫—梅康女子学院学习心理学,毕业后返回中国。民国10年至20年(1921~1931)任金陵大学(南京大学前身)外语系教授,居住于南京赛珍珠旧居。曾著《大地》一书介绍中国,民国27年(1938)获诺贝尔文学奖。

镇江赛珍珠旧居位于镇江市区西北登云山上,是一座具有印度风格的青砖木结构两层楼房,占地面积约400平方米。屋内中轴设楼梯,每层均有会客室、卧室,南北两侧有门或凉台。另有地下室。1992年旧居修葺后作为"镇江市友好交流馆"对外开放,馆内收存、陈列赛珍珠的著作和相关物品、资料及中美友好交往的有意义的展品。2002年10月公布为江苏省第五批文物保护单位。

南京赛珍珠旧居位于南京市鼓楼区汉口路22号、南京大学北园西北侧。旧居始建于民国元年(1912),占地面积约120平方米,总体建筑面积为356平方米。该楼是一幢具有典型西洋风格的小洋楼,坐西面东,砖木结构,地面二层,地下一层,四坡顶,青瓦,楼顶建有老虎窗,大门口建有雨篷,以四根古典风格的圆形立柱支撑。现为南京大学办公所用,基本保持原貌。2006年6月公布为江苏省第六批文物保护单位。

33. 拉贝旧居

位于南京市广州路东口小粉桥1号。约翰·拉贝(John Rabe,1882~1950),德国汉堡人。民国26年(1937),侵华日军占领南京期间,拉贝带领一批国际友人建立南京安全区国际委员会并出任主席,在3.86平方千米的安全区范围内,建立了25个难民收容所,为约25万中国人提供了避难场所。他还将所见所闻以日记和其他文件的形式详实地记述了侵华日军在南京犯下的暴行,被誉为中国的"辛德勒"。次年3月,被召回国,于1950年1月5日逝世。拉贝故居原为金陵大学农学院院长、中国农业改进所所长谢家声以其妻谢汤氏之名申请土地于民国23年(1934)兴建的,后出租给拉贝。整个建筑占地面积1905.2平方米。主体为1栋西式砖瓦结构的2层楼房,建筑面积410平方米;另有附属建筑为6间西式平房,建筑面积240平方米。院内原有一座小型花园,西北侧有一地下防空洞。2006年进行修缮,基本保持原建筑风貌,现为南京大学拉贝纪念馆。2006年6月公布为江苏省第六批文物保护单位。

34. 何应钦公馆旧址

位于南京市汉口路22号、南京大学北园。何应钦(1889~1987),字敬之,贵州兴义人,日本士官学校毕业,国民党陆军一级上将。民国13年(1924)任黄埔军校总教官,参与组建国民党军队。民国24年(1935)7月与日本签订《何梅协定》,使中国北方大片国土沦入日本之手。抗战后历任参谋总长、中国战区陆军司令、联合国军事参谋团中国代表团团长等职。民国30年（1941）与蒋介石策划皖南事变。民国34年（1945）代表中国政府接受日军投降,后支持蒋介石发动内战,任国民党当局国防部长。李宗仁代总统时任行政院长。赴台后任"总统府战略顾问委员会"主任委员等职。1987年逝世于台北,著有《日军侵华八年抗战史》。公馆始建于民国23年（1934）,由著名建筑师沈鹤甫设计,辛峰记营造厂承建,为西式风格别墅。民国26年（1937）12月毁于战火。民国34年（1945）秋,何应钦回南京后在原址又予重建,次年3月竣工。重建后的何公馆坐北朝南,为西班牙式风格,占地面积7782平方米,建筑面积2869平方米,计有二层楼房3幢,三层楼房1幢,四层楼房7幢,另有附属平房。现仅存1幢楼房,高三层,坡屋顶上铺蓝色琉璃筒瓦,拱形门窗,黄墙砖框,建筑面积869平方米。2006年6月公布为江苏省第六批文物保护单位。

35. 祝大椿故居

位于无锡市南长区伯渎港117-127号。祝大椿（1856～1926）,字兰舫,无锡人,是中国近代最早从事民族工商业的代表人物之一。清光绪二十四年（1898）独资创办源昌机器碾米厂,是上海第一家民营企业。是上海商学会、上海商务总会、锡金商务分会、锡金公所、华商纱厂联合会等民族工商业组织的主要发起者,并助建无锡通运桥、通惠桥等。故居建于清末,民国初年改为大椿小学堂,获北洋政府所颁"敬教劝学"匾额。现存建筑有主轴线三进,第一进现为民居,第二、三进在无锡压缩机厂内,均为面阔三间的硬山顶平房；第二进梁架雕有如意云纹,前有船篷廊轩,后为双步廊。东轴线上为转盘楼,三开间两层；西轴线上为面阔六间的平房。2006年6月公布为江苏省第六批文物保护单位。

36. 薛暮桥故居

位于无锡市惠山区玉祁街道礼舍村礼社老街南。薛暮桥（1904～2005）,原名薛雨林,中国现代经济学家,曾任国家统计局局长、国家体改委顾问等职。其故居始建于清代,坐南朝北,原有主体建筑三间三进砖木结构平房,现存第一进二间、第二进三间。2006年6月公布为江苏省第六批文物保护单位。

37. 孙冶方故居

位于无锡市惠山区玉祁街道礼舍村礼社街121号。孙冶方（1908～1983）,原名薛萼果,民国13年（1924）入党,次年任中共无锡党支部第一任支部书记,同年赴苏联莫斯科中山大学学习,毕业后任翻译。民国19年（1930）回国后从事工人运动,参加党的文化、宣传、经济理论工作。中华人民共和国成立后历任国家统计局副局长、社科院经济研究所所长等职,是一位优秀的马克思主义经济学家。

孙冶方故居为清代晚期建筑,坐北朝南,临街而筑,砖木结构,前后五进。轴上自前至后分列五进建筑和一些辅助房,每进建筑皆有院子或天井分隔,每进面阔三间,后二进为"回楼"。门厅临街,置封檐墙用出跳垛头墙分隔三间,正中间做"门头"上置透雕花式及格心,下按"挞式"木框板门,屋顶为两坡硬山顶。大厅面阔三间,木构架采用"圆堂"造,屋顶为两坡硬山顶。坐楼分前楼、后楼,二楼间隔院子的两侧各做楼廊贯通前后成"回楼"形制,俗称"走马楼"。厨房面阔三间,木构架采用"圆堂"造,屋顶竖方形砖砌烟囱。

2006年6月公布为江苏省第六批文物保护单位。

38. 荣德生旧居

位于无锡市崇安区崇安寺街道新街巷社区健康里16号。荣德生（1875～1952）,名宗铨,字德生,号乐农居士,无锡人。与其胞兄宗敬同为中国近代著名的民族工商业家。中华人民共和国成立后,历任中国政协委员、华东军政委员会委员和苏南人民行政公署副主任。旧居原是荣德生长婿李国伟的住宅,建于民国初年,荣德生晚年长期居住于此住宅,直到1952年7月病逝为止。解放前后无锡工商界的不少重要会议、活动都在这里进行。旧居坐北朝南,原有门间、主楼、厨房、餐厅和附房,均围在院墙之内。主楼面阔六间,高两层,仿为西式砖混结构,走廊和楼梯均设在中间。楼前、楼后都是花园。现旧居基本保持原貌。2006年6月公布为江苏省第六批文物保护单位。

39. 赵元任故居

位于常州市天宁区青果巷16弄西侧。赵元任（1892～1982）,字宣重,常州人,国际著名学者、语言学家、音乐家、哲学家,清宣统二年（1910）考取清华官费留学生,先后入美国康乃尔大学、哈佛大学学习数学、物理、哲学和音乐,获物理学学士和哲学博士学位。历任清华国学研究院教授,中央研究院历史研究所语言组主任。民国27年(1938)赴美国讲学,入美国国籍,历任哈佛大学等教授及美国语言学会主席、中央研究院院士、美国东方学会主席等职。故居系其曾祖父赵朗浦(清金华府知府)建于咸丰年间(1851～1861)。光绪三十三年(1907)元任9岁时,随父母由保定护送灵柩回常州后遂居于此,在此度过了童年和少年时代。故居今存回字楼及楼北单层建筑,均坐北朝南,为硬山造砖木结构。1981年,89岁高龄的赵元任回乡时,曾在此休息,由女儿赵新那伴奏风琴,赵元任歌其所谱名曲《教我如何不想他》。次年,赵元任病逝于美国。2006年6月公布为江苏省第六批文物保护单位。

40. 盛宣怀故居

位于常州市钟楼区大马园巷18号、20号。盛宣怀(1844～1916),字杏荪,常州人,晚清洋务运动代表人物之一,中国近代工商业的开拓者和实践者。清同治九年(1870)入李鸿章幕僚,历任轮船招商局会办、督办、天津河间兵备道、华盛纺织总厂督办、中国铁路总公司督办、会办商务大臣、汉冶萍煤铁厂矿公司总经理、邮传部尚书等职。故居是清同治六年(1867)由盛宣怀父盛康与侄盛宇怀共建。坐北朝南,大门原在青果巷北侧,现存大厅5间、花厅4间、楼屋2间及花园、黄石假山等,均为硬山造清代木结构建筑。2006年6月公布为江苏省第六批文物保护单位。

41. 张云鹏旧居

位于镇江市仓巷内。张云鹏(1900～1958)为镇江名中医,出身中医世家,著有《温病辨证十三篇》等著作。故居建于清光绪年间(1875～1908),坐北朝南,硬山顶,青砖小瓦,大七架梁结构,前后四进九间,占地面积近600平方米。其间有庭院、回廊、腰门、亭台、月洞门等,另有大花园,建筑内有多方碑刻。1994年落地重修并恢复原貌。2000年被联合国教科文组织授予亚太地区文化遗产保护杰出项目奖。2006年6月公布为江苏省第六批文物保护单位。

42. 刘国钧故居

位于靖江市生祠镇中街。刘国钧(1887～1978),靖江人,现代著名爱国实业家、文物收藏家。先后开办大纶布厂、广益染织厂,创办大成纺织染股份有限公司并任总经理,对振兴发展民族工业有突出贡献。中华人民共和国成立后曾任江苏省工商联副主席、江苏省副省长、全国工商联副主任委员、全国人大代表等职。故居占地面积2500平方米,建筑面积2100平方米,面阔3间,回廊24间,内存旧居2间,新建有"敬修堂""姜余厅"、回廊等,系仿晚清民居建筑,硬山顶,室内陈列刘国钧生平事迹,两进厅堂之间均有小花园。现保存状况较好。2006年6月公布为江苏省第六批文物保护单位。

第四节　名人墓

在江苏出生或活动的重要近现代人物多,留存大量名人墓。在江苏大地上,有以孙中山、赵伯先、谭延闿、范鸿仙为代表的革命先驱,有民族工商业的领军人物张謇,也有近代刺绣大师沈寿、人民教育家陶行知等近代名人,以及因北伐、侵华战争牺牲的烈士公墓等。

1. 中山陵

位于南京市紫金山茅山南坡。孙中山(1866.11.12～1925.3.12)名文,号逸仙,广东香山县(今中山市)翠亨村人。孙中山在北京逝世后遵其遗愿归葬南京,于民国15年(1926)1月动工兴建;民国18年(1929)春建成主体工程,同年6月1日将孙中山遗体从北京碧云寺迁葬于此;民国22年(1933)基本完工。陵墓由著名建筑师吕彦直设计。建筑平面呈警钟形,是花岗石和钢混结构中西结合式建筑群。陵园总面积近3000公顷,其中墓地面积约8.3公顷。陵墓坐北朝南,海拔158米,平面距离700米,共分10段计392级石阶。自南向北沿中轴线依次为牌坊、甬道、陵门、碑亭、祭堂、墓室等主体建筑,另建有音乐台、光华亭、流徽榭、行健亭、藏经楼、仰止亭、桂林石屋等附属建筑。中华人民共和国成立后,1985年,将原在市中心新街口广场的孙中山铜像迁至藏经楼。

牌坊　博爱坊,四柱三门冲天式石牌坊,全部用福建花岗石砌筑,宽17米,高11米,中置孙中山手迹"博爱"匾额。牌坊后是长442米、宽40米钢混结构的甬道通向陵门。

陵门 面阔26.7米，进深8.87米，高16.5米。辟3拱形门，全部由福建花岗石砌筑，庑殿顶，上覆蓝色琉璃瓦，门额上为孙中山手迹"天下为公"四字。陵门左右有半环形护壁与陵墓围墙相连。

碑亭 面阔12.19米，高17.34米，全部用香港石砌筑，重檐庑殿顶，上覆蓝色琉璃瓦。中立巨碑，通高9米、宽5.34米，福建花岗岩质，正面镌谭延闿书"中华民国十八年六月一日中国国民党葬总理孙先生于此"。碑亭后沿山势有石阶8段，上至大平台；甬道宽33米、长150米；平台中央有1对12.7米高华表；平台前石阶两边各置一仿古铜鼎，高2.3米，口径2米，下有3.3米高石座。

祭堂 面阔27.45米，进深22.55米，高26.21米，仿北京故宫崇楼形式，平面为方形，并于四角各建堡垒式方屋。钢混结构，重檐歇山顶，覆蓝色琉璃瓦。正面为3拱形门，门额上分书"民族""民权""民生"，篆文阴刻；中门上另有孙中山手书"天地正气"匾额，阴刻鎏金；3门均为镂空梅花纹空格紫铜双扉。堂顶作穹隆状，藻井以砌瓷国民党"青天白日满地红"国旗为图案。堂正中有孙中山全身石雕像，高5米，由著名雕塑家保罗阿林斯基用意大利白石雕琢而成，石座四周刻孙中山革命事迹浮雕。祭堂四壁黑色大理石护壁上，阴刻孙中山手书《建国大纲》全文及蒋介石、胡汉民书《总理遗训》《总理遗嘱》及谭延闿书《总理告诫党员演说词》。祭堂内部有青岛黑色大理石圆柱12根，4隐8现，各以白色大理石柱础承载，柱枋均用镶花砌瓷装饰。

墓室 位于祭堂北侧，形如覆釜，直径18米，高11米，顶作穹隆状。门凡3重，刻有孙中山手书"浩气长存"横额及张静江书"孙中山先生之墓"7字。墙外壁以香港石贴面，内壁为奶色人造石，中为钢混结构。大理石铺地。室中央为大理石圹，圆形，直径13米，围以0.88米高大理石栏杆。圹中央设长方形墓穴，孙中山遗体以紫铜棺安葬在深5米的大理石圹之下，外用钢筋混凝土密封；上面是孙中山大理石卧像，系日本雕刻家高琪精刻而成。

铜鼎 位于陵墓广场南。民国22年(1933)由戴季陶与中山大学同学捐建，金陵兵工厂翻砂铸造，重达万斤，高4.26米，腹径1.22米。鼎内藏六角形铜牌，刻戴母黄太夫人手书孝经全文。此鼎安置在八角形石台上，台高2.74米，分3层，下层直径14.63米，中层11.58米，上层3.65米。

1961年3月被公布为第一批全国重点文物保护单位，1982年3月调整公布为江苏省第一、二批文物保护单位。

2. 邓演达墓

位于南京市灵谷寺东。邓演达，广东惠阳人，原为黄埔军校教育长，国民革命军总政治部主任。民国20年(1931)8月17日在上海被捕，11月29日被杀害于南京麒麟门外砂子岗，当地群众将其遗体掩埋在西村附近。中华人民共和国成立后，1954年建墓，1957年将其遗骸迁葬于此。墓园占地面积2800平方米，墓圹设在9个弧形组成的半环状罗城中。墓以花岗石和水泥砌筑，呈半球形，直径9.2米，高4.5米，墓顶置花环。墓前立花岗岩碑，方首刻云纹，须弥座，通高3米，碑阳刻"公元一九五七年十一月，邓演达烈士之墓，何香凝敬题"，阴刻革命简历。墓前甬道有长廊和墓亭两座。1982年3月调整公布为江苏省第一、二批文物保护单位，2001年6月公布归入第一批全国重点文物保护单位中山陵。

3. 廖仲恺、何香凝墓

位于南京市钟山南麓明孝陵西侧。廖仲恺，广东惠阳人，同盟会会员，积极协助孙中山改组国民党。民国13年(1924)，任广东省省长、财政部部长等职。孙中山逝世后，继续坚持"联俄、联共、扶助农工"三大政策，为国民党右派所不容。于次年8月20日，在广州国民党中央党部门前被刺杀。原葬于广州黄花岗，民国24年(1935)6月迁葬于此。何香凝，广东南海人，廖仲恺夫人，早年与廖仲恺一道追随孙中山从事革命活动，廖仲恺遇难后，继续坚持与国民党进行斗争。中华人民共和国成立后，任全国政协副主席、全国人大常委会副委员长等职。1972年在北京逝世，与廖仲恺合葬于此。墓由建筑师吕彦直设计，占地面积约1.3万平方米。墓圹建于平台上，坐北朝南，为圆锥形，底座仿须弥座，高7.4米，直径9.6米。平台前建祭台，两侧立3.4米高华表。祭台后有墓碑，石碑正面阴刻其子廖承志手书"廖仲恺(1877～1925)何香凝(1878～1972)之墓"，碑高4.4米，宽2.14米，厚0.85米，1972年立。碑、祭台为花岗石质，余皆钢混结构。墓前原有碑亭，内置汉白玉石碑8方，镌刻廖生平事迹，胡汉民书，1972年拆下，现存中山陵园管理处。1982年3月调整公布为江苏省第一、二批文物保护单位,2001年6月公布归入第一批全国重点文物保护单位中山陵。

4. 谭延闿墓

位于南京市灵谷寺东。谭延闿,湖南茶陵人,曾任国民政府主席、行政院院长等职,有"近代颜书大家"之称,著述有《组庵诗集》等,为组庵湘菜创始人。民国19年(1930)9月22日病逝于南京,民国政府为其举行国葬。墓由建筑师杨廷宝等人设计,申泰兴记及蔡春记营造厂建造。陵墓长1 400米,建筑分为龙池、广场、祭堂、宝顶、墓园等部分。墓园中部分汉白玉雕祭器、华表等为北京圆明园遗物。"灵谷深松"碑后为龙池,边长5米,围以石栏,池壁镶龙头两个。龙池后是第一道石牌坊,甬道长400米。广场是椭圆形,广场东北为1座四柱三间汉白玉石牌坊。山坡上有1通青石国葬命令碑,上刻"功在党国"。过牌坊即祭堂,重檐歇山顶覆琉璃瓦。墓在水泥平台中央,为内钢混结构,外覆花岗石,直径9.5米,高3.5米。"文化大革命"中被损坏,1981年修复。墓的四角立1对石华表和石狮。2001年6月公布归入第一批全国重点文物保护单位中山陵。

5. 国民革命军阵亡将士公墓

位于南京市钟山南麓灵谷寺。民国17年(1928),国民党中央委员会为北伐阵亡者筹建,民国20年至24年(1931~1935)建成。公墓的主体建筑为国民革命军阵亡将士纪念塔,由建筑师墨菲及董大酉设计。塔为钢筋混凝土结构,苏州花岗石贴面。通高60米,底层直径14米,顶层直径9米。塔作楼阁式,九级八面,每一层都以绿色琉璃瓦作披檐,外有走廊,围以石栏。沿塔柱有螺旋式扶梯,计252级。每层设8个壶门,4隐4现,相间开辟。塔内外壁上均嵌有山东青石碑,镌刻名人题词碑刻。底层前门门额书"灵谷塔"3字,后门额镌"有志竟成"4字。2001年6月公布归入第一批全国重点文物保护单位中山陵。

6. 张謇墓

位于南通市南郊路150号。张謇(1853~1926),字季直,号啬庵,南通人,清末状元,实业家、教育家,还是晚清时期立宪派代表人物。中国棉纺织领域早期的开拓者,上海海洋大学创始人,创办南通博物苑等。

张謇墓原名"啬公墓"。中华人民共和国成立后,1958年5月改名为"南郊公园"。"文化大革命"中遭受破坏,1983年在原地重建,1985年改称为"啬园"。

墓园占地面积约6.67万平方米。墓茔在园北部居中,为坐北朝南的方形陵台,以混凝土筑成,四周设石雕栏杆,外围环植龙柏。墓椁在陵台中央,长3.45米,宽2.1米,高0.58米。墓后为方形墓碑,碑上立张謇全身铜像,高1.98米;碑的正面镶有铜刻"张公啬庵像赞"。墓椁前有墓道、墓阙,阙楣刻"南通张先生墓阙",背面镌墓阙铭,均出自书画家李祯之手。张謇墓陵台左侧约10米处为其子张孝若墓。东南方的一座院落为张氏飨堂。

1995年4月公布为江苏省第四批文物保护单位,2001年6月公布归入为第三批全国重点文物保护单位南通博物苑。

7. 曾水源墓

位于南京市鼓楼区挹江门内戴家巷睦寡妇山。曾水源,广西武宣人,太平天国开国元勋之一。曾任天官正丞相,后因兵败入牢,其弟怨恨远逃,东王杨秀清以为是曾水源唆使,故将其处死,昭雪后为其建墓葬于此。中华人民共和国成立后,于1954年后多次重修。墓系黄土堆积而成,高14米,上立0.95米高墓碑。墓周砌筑1.5米高的圆形围墙,外广植白杨、松柏。墓封土堆用城砖砌成,直径4.2米,封土高1.5米,原碑有创伤5处,右上角残缺。1954年,加汉白玉碑框,配白水泥座,今碑通高1.42米、宽0.93米、厚0.16米。为已发现的太平天国高级将领的唯一墓葬。1982年3月调整公布为江苏省第一、二批文物保护单位。

8. 赵伯先墓

位于镇江市南郊竹林寺东文苑景区内。民国元年(1912)为纪念辛亥革命烈士赵声(伯先)而建。

赵伯先(1881~1911),名声,丹徒大港镇人。同盟会主要领导人之一。宣统三年(1911)春天,和黄兴领导广州起义,失败后因懊丧过度又积劳成疾,于同年4月29日病逝于香港,年仅31岁。遗体葬于香港筲箕公园山顶上。墓碑未用真名,题作"天香阁主人之墓"(天香阁是赵故宅楼名)。辛亥革命成功后,孙中山追赠他为陆军上将军。

赵伯先墓由牌坊、石桥、墓道、坐雕石狮、坟包、陵园和纪念亭构成,四面环水,遍植荷柳,占地面积

3.33公顷。石牌坊为四柱冲天式,上额镌有"浩气长存"四字,石柱上镌有"巨手劈开新世界,雄心恢复旧河山"和"绿竹径回环劲节雅似君正德,黄花岗缥缈忠魂是有故人游"两副对联。石牌坊前有三座石拱桥。墓冢建于圆形台基之上,以四层弧形花岗石块建造,直径为9米,上层封土通高2.7米。墓前置有石供桌平台,两侧有一对石狮,正中立有"大烈士赵伯先之墓"碑。墓前约一里处有一水池,水中央土丘建有纪念亭,亭中置巨碑,镌刻赵声骑马戎像,今该亭位于碧榆园内。

1982年3月调整公布为江苏省第一、二批文物保护单位。

9. 粤军阵亡将士墓

位于南京市建邺区莫愁湖公园内。民国元年(1912)1月,孙中山派出以姚雨平为总司令的粤军北伐,在固镇、宿州、徐州三战皆捷,不仅保卫了辛亥革命政权,且促成宣统皇帝的退位,结束了两千多年的封建统治。3月,姚雨平将粤军北伐阵亡将士遗骸运回南京安葬。抗战中被毁,民国37年(1948)重修。中华人民共和国成立后,1979年再次重修。今墓园占地面积377平方米。墓冢为花岗石砌成,上呈半球形,底边仿须弥座式,直径4米,高约2.6米。墓后建有长达30米的弧形屏墙。墓前有石砌碑塔,高4.6米,平顶,塔身无装饰,须弥底座;塔内嵌碑,碑高2.82米、宽1.65米、厚1米,正面镌刻孙中山手书"建国成仁",碑阴阴刻黄兴所撰墓志,记载了粤军北伐的史实和阵亡将士的功绩。1982年3月公布为江苏省第三批文物保护单位。

10. 陶行知墓

位于南京市晓庄崂山。陶行知(1891~1946),安徽歙县人,近代著名人民教育家、思想家,伟大的民主主义战士、爱国者,中国人民救国会和中国民主同盟的主要领导人之一。民国16年(1927),创办南京市试验乡村师范学校,后改晓庄学校。主编过《乡村教师》《晓庄学校丛书》《儿童科学丛书》等,访问过欧美28个国家,宣传抗日救国,发动华侨捐款兴国。民国27年(1938),任第一届国民参政会参政员。民国35年(1946)7月25日,突发脑溢血在上海逝世,归葬于此。

墓园占地面积2.22万平方米,墓底径8米,高2.8米。墓前台阶7级,墓前有墓碑和牌坊等。墓碑为青石质,碑首刻云纹,高0.6米、宽1.56米、厚0.2米,碑身高2.28米、宽1.5米、厚0.24米,碑座高0.21米、宽2.35米、长1米;碑阳刻沈钧儒题"陶行知先生之墓",下署"中国五十三人民团体公葬"。牌坊高5米、宽4米,横额上刻陶行知书"爱满天下",坊柱上刻郭沫若题陶行知遗教"千教万教教人求真,千学万学学做真人"。

1982年3月公布为江苏省第三批文物保护单位。

11. 驻外使节九烈士墓

位于南京市雨花台区中华门外菊花台西侧山坡上。驻外使节九烈士为民国31年(1942)遭侵华日军逮捕并残害的中国驻菲律宾马尼拉总领事馆总领事杨光泩,领事朱少屏、莫介恩,随习领事萧东明、杨庆寿、姚竹修,主事卢秉枢,甲种学习员王恭炜和驻山打根领事卓还来。抗日战争胜利后,民国36年(1947),九烈士忠骸运回国内,安葬于此,并改菊花台为"忠烈公园"。中华人民共和国成立后,"文化大革命"中遭毁。1982年,按原状重建。墓园由9座墓、墓碑、神道3部分组成,墓区占地面积约100平方米,有两级平台。第一级平台左侧有1钢混平顶圆亭;右侧花台正中竖花岗石碑,高1.9米、宽1.97米,碑阳阴刻填金书28行、每行10字,记载遇害9位烈士情况,末署"外交部长王世杰谨识""中华民国三十六年九月三日"。步22级台阶,到第二平台,九烈士墓呈扇形排列,坐西朝东,均为前有花圃、矮祭台,后有50米长弧形屏墙。墓呈长方形,长2.28米、宽1.56米、高0.11米;墓顶端有坡状墓碑,均为水泥质,碑以隶书刻烈士职衔、姓名。1995年4月公布为江苏省第四批文物保护单位。

12. 航空烈士公墓

位于南京市太平门外紫金山北麓王家湾。民国21年(1932)由国民政府军政部航空署募捐建造。首批葬入辛亥革命时期、北伐战争及"一·二八"淞沪抗战为国捐躯的黄毓金、吴明辉等30余位航空烈士;民国26年(1937),南京沦陷前又有刘粹刚等24名空军抗战烈士葬入;至1948年,又陆续将散布在各地的抗战时期和内战时期的飞行员遗骸迁葬于此;共安葬100余名航空烈士,其中包括4名苏联飞行员和1名美国飞行员。南京沦陷后公墓遭到破坏,后又重修,基本恢复原貌。中华人民共和国成立后,"文化大革命"期间遭到破坏,仅存牌坊。

公墓坐北朝南,依山而筑,占地面积约3.3万平方米。建有牌坊、碑亭、祭堂、东西庑殿、纪念亭以及纪念塔等地面建筑,祭堂后及左右两侧辟为墓地,分左、中、右3区。牌坊高达8.35米,以钢筋混凝土建造,四楹三间,正面上方横额阴刻"航空烈士公墓"六个大字。两侧立柱正面镌刻何应钦题写的挽联一副"捍国骋长空,伟绩光昭青史册;凯旋埋烈骨,丰碑美媲黄花岗";立柱背面横额上有蒋介石题写的"精忠报国"四字及挽联一副"英名万古传飞将,正气千秋壮园魂"。碑亭内置"航空救国"碑一通,这四字是民国12年(1923)孙中山为元帅府航空局"乐士文"号飞机试飞成功题写的。东西庑各有三间,当时是作为各地烈士灵柩运抵后安葬前的暂厝之所。祭堂也为三间,面积有144平方米。纪念塔为方形。

抗日战争胜利40周年(1985)前夕,对航空公墓进行维修,现保存状况较好。2002年10月公布为江苏省第五批文物保护单位。

13. 范鸿仙墓

位于南京市玄武区紫金山东侧五棵松北。范鸿仙,安徽合肥人,曾协助孙中山筹建中华革命党。民国3年(1914),在上海发动讨袁运动被袁世凯派刺客杀害,时年仅32岁。民国25年(1936),国民政府遵孙中山遗训举行国葬。中华人民共和国成立后,"文化大革命"期间被毁,现已修复墓冢。墓原为水泥砌筑,高约1.5米,呈多角形,墓周有栏杆、享殿、碑亭等。1973年5月重新修复,并将葬在汤山坟头的范夫人李真如遗骸迁来合葬。为长方形水泥墓,前有花岗岩质墓碑,上书"范鸿仙、李真如合葬墓",墓地围绕石栏。2002年10月公布为江苏省第五批文物保护单位。

14. 沈寿墓

位于南通市马鞍山东南麓。沈寿(1874～1921),初名云芝,号雪宦,苏州人,近代刺绣大师,"仿真绣"创始人。因慈禧对其所献贺寿绣品极为满意,赐"寿"字,遂易名为"沈寿"。民国3年(1914)张謇在南通创立女红传习所,沈寿应聘,培养了众多人才,逐步形成通绣"细""薄""匀""净"的风格。民国4年(1915),沈寿绣的《耶稣像》,参加美国旧金山"巴拿马—太平洋国际博览会"展出,得一等大奖。其著有《雪宦绣谱》,为中国第一部系统总结苏绣艺术的专著。民国10年(1921)因病卒于南通,张謇将其葬于此。

墓为混凝土制正方底座覆半圆形穹顶冢,底径2.6米,底座边长3.19米,高0.76米。墓前9.5米处有二柱冲天式石阙,宽3.84米、高6.2米,额坊镌张謇楷书"世界美术家吴县沈女之墓阙"。墓后立碑,高2.2米、宽0.92米,碑的阳面为张謇撰"世界美术家吴县沈女士灵表",阴刻沈寿遗像。

现保存完好,2002年10月公布为江苏省第五批文物保护单位。

第五节　烈士墓及纪念设施

在抗日战争及解放战争中,江苏是许多重要战役的发生地,也因此留存大量烈士墓及纪念设施,包括烈士陵园、烈士墓、纪念塔、纪念碑等建筑形式。

1. 雨花台烈士陵园

位于南京市中华门外雨花台。民国16年(1927)至1949年,国民党在此杀害共产党人、爱国志士和人民群众共计约有10万人。中华人民共和国成立后,1949年12月,开始在此兴建烈士陵园。陵园由雨花台主峰中岗、东西炮台山、大炮台山、普德寺后山等5个丘陵山冈组成,占地面积约113万平方米,山冈海拔55～65米。以主峰为中心形成南北向中轴线,自南向北有南大门、广场、纪念馆、纪念桥、革命烈士纪念碑、北殉难处烈士大型雕像、北大门以及西殉难处烈士墓群、东殉难处烈士、纪念亭等。北正门为一对花岗石砌筑的石柱,高11.7米。中岗主峰上有1950年立烈士奠基纪念碑,碑高6.8米、宽1.66米,正面刻毛泽东手书"死难烈士万岁"。北殉难处"革命烈士就义群雕像",高10.03米、宽14.2米,由党的工作者、知识分子、工人、农民、战士、学生等九位烈士形象组成。陵园中心建有雨花台烈士纪念碑和烈士纪念馆,碑在馆北,高42.3米,正面阴刻邓小平手书"雨花台烈士纪念碑"。碑前为1尊青铜雕像,两侧为碑廊。纪念馆为高二层仿古建筑,建筑面积5 900平方米,馆内陈列有在雨花台(包括南京地区)牺牲的邓中夏、恽代英等128位烈士遗物和文献史料1 013件。

1982年3月以雨花台死难烈士陵名称调整公布为江苏省第一、二批文物保护单位。1988年1月公布为第三批全国重点文物保护单位，更名为雨花台烈士陵园。

2. 淮海战役碾庄战斗革命烈士纪念碑

位于新沂市碾庄镇老圩南门外。民国37年（1948）11月，淮海战役开始，华东野战军分三路南下，于11日将黄伯韬兵团包围在徐州以东的碾庄地区，经过八个昼夜的奋战，歼灭敌人十万余人，黄伯韬被当场击毙。碾庄战斗的胜利，为淮海战役的全面胜利奠定了有力的基础。中华人民共和国成立后，1958年秋，建碑以纪念碾庄战役的胜利，1960年2月竣工。

整个陵园占地面积3.75万平方米。纪念碑坐北朝南，高18.5米，为钢筋水泥浇铸。纪念碑正面镌刻有刘少奇亲笔题写的"浩气长存"四个鎏金大字，右侧面是陈毅题写的"淮海战役各先烈的革命精神永垂不朽"，背面是中共邳县县委、县人民委员会撰写的碑文。碑的下方雕刻有四幅浮雕，分别表现了"冲锋、支前、支援、胜利"等内容。纪念碑前面是广场，碑后右侧是277平方米的烈士事迹展览馆，左侧是212平方米的纪念堂，烈士墓位于广场南侧的松柏林中。

1978年对碑体进行了维修，目前保护良好，围墙已拆除，为开放式陵园。1982年3月调整公布为江苏省第一、二批文物保护单位。

3. 盐阜区抗日阵亡将士纪念塔

位于阜宁县芦蒲镇马集村。该塔建于民国32年（1943），是为了纪念抗战时期牺牲于盐阜地区的2 000余名新四军烈士而建。民国36年（1947），塔体遭国民党军队炮击毁坏。中华人民共和国成立后，1959年重修。

整个陵园占地面积2.7公顷。塔高17米，砖混结构。顶端有一新四军战士高擎步枪铁像，正面为刘少奇题写的"浩气长存"铭文，背面为陈毅题写的"国民革命军新编第四军盐阜区抗日阵亡将士纪念塔"，底部是地方名绅杨芷江撰写的碑文。塔的南侧建有纪念亭，有黄克诚等人题词的碑刻。塔东北有4米多高的新四军三师参谋长彭雄、三师八旅旅长田守尧的纪念碑。塔的四周葬有2 000多名烈士遗骨，其中新四军战士有1 500多名。

1982年3月调整公布为江苏省第一、二批文物保护单位。

4. 渡江胜利纪念碑

位于南京市下关区热河路广场。1959年为纪念中国人民解放军渡江胜利和南京解放10周年而建，1979年建成。碑高23.4米，长17米，宽12米，为钢混结构。造型为白色双帆形，双帆勒脚和"一"字形的诗词碑组成"八一"图案；两帆之间悬着一枚直径2.5米的青铜渡江纪念章，章的背面有一横牌，上刻"1949.4.21"为渡江战役开始的日期。碑座为绛紫色船体形，正面由27块绛红色花岗石组成，镶嵌邓小平手书"渡江胜利纪念碑"；两侧镶嵌有大型浮雕，北为"强渡"，南为"欢庆"，为1986年新修建。碑座后部有一米色大理石纪念牌，上面鎏金镌刻毛泽东手迹《七律·人民解放军占领南京》。1982年3月公布为江苏省第三批文物保护单位。

5. 淮海战役烈士纪念塔

位于徐州市泉山区解放路2号凤凰山东麓。1960年为纪念淮海战役胜利而兴建，由世界级建筑大师杨廷宝设计，1965年建成并对外开放。纪念塔坐西向东，高38.15米，为钢筋混凝土空薄壁结构，外壁贴铺灰白色花岗岩。塔由塔帽、塔徽、塔身、塔基等几个部分组成。塔帽装饰着回形石刻花饰；塔徽由五角星照耀下相交的两支步枪和松子绸带组成；塔身为毛泽东亲题的"淮海战役烈士纪念塔"九个鎏金大字；塔基的正面刻有碑文，背面为奠基文；塔基南北两侧分别雕刻着大型浮雕，为人民解放军作战和人民群众支前情景，高2.62米，总长34.5米。塔周设有回廊和角亭，南北两侧回廊内的大理石壁上镶嵌着党和国家领导人的题词以及31 036名淮海战役烈士的英名，西面回廊里有全国最大的陶瓷壁画《决战》。1982年3月公布为江苏省第三批文物保护单位。

6. 王杰烈士墓

位于邳州市运河镇张楼农场内。王杰（1942～1965），山东金乡人，1963年入伍，为中国人民解放军济南部队南部队某部工兵一连班长，1965年7月14日上午，在邳县张楼乡张楼大队指导民兵地雷实习，因炸药突然爆炸，为保护在场的12名民兵而扑向炸药包，不幸壮烈牺牲。1967年兴建了王杰烈士墓，其后又兴建了纪念馆和纪念亭，构成王杰烈士陵园。2008年对陵园进行了重新规划和设计。现陵园占地面积2.67公顷,坐南朝北。烈士墓位于陵园后部,高2米,为水泥圆拱形建筑。墓前竖有青石刻制墓碑,碑高1.8米、宽0.69米,上书"王杰烈士永垂不朽"。墓南侧墙壁上有毛泽东的亲笔题词:"我赞成这样的口号,叫作:一不怕苦,二不怕死。"墓两侧的墙上分别是周恩来、朱德、董必武等题词。保护良好,1982年公布为第三批省级文物保护单位。

7. 抗日山烈士陵园

位于赣榆县班庄镇王洪爽村抗日山(原名马鞍山)南麓。民国30年(1941)春兴建,民国33年(1944)落成。中华人民共和国成立后,1973年续建革命烈士纪念馆,1984年改建陵园正门,1991年维修扩建,现基本保持原貌。

现陵园占地面积21万平方米,分墓区和陵园两部分。墓区建有751座墓,安葬着750余位烈士,墓碑上铭刻着3 576位烈士英名。陵园共10个坡段373级台阶。第三坡段建小沙东海战烈士冢,陈毅、陈士榘题字;第四坡段建波兰记者汉斯、德国共产党员希伯、日本反战同盟金野博等的圆锥形纪念塔;第五坡段为符竹庭的六角石墓,罗荣桓等题词;第六坡段是滨海军区抗战烈士纪念塔,高8.3米,上录彭雄、田守尧等烈士英名和战绩;第七坡段是抗日烈士纪念堂,面积193.5平方米;第八坡段建抗日烈士纪念塔和纪念亭,塔上镌刻烈士英名、抗日五年主要战绩以及二旅政治部的悼文,亭为六角攒尖顶,高7.9米。

1982年公布为江苏省第三批文物保护单位。1989年8月公布为第二批全国重点烈士纪念建筑物保护单位。1990年以来,相继被确定为"江苏省爱国主义教育基地""全民国防教育基地""江苏省青少年教育基地"和"连云港市党员干部教育基地",2003年被授予"全国青少年爱国主义教育基地",2005年入选全国红色旅游路线。

8. 八十二烈士墓

位于淮安市淮阴区刘老庄乡刘老庄村八十二烈士陵园内。民国32年(1943)3月18日,新四军三师四连的八十二位战士,为了掩护当地党政机关及部队的转移和保卫人民群众的生命安全,在刘老庄英勇抗击侵华日军三千余人,因寡不敌众,全部壮烈牺牲。战后,当地人民在烈士牺牲处建墓。民国34年(1945)建砖石墓,后被国民党军队毁坏。中华人民共和国成立后,1955年重建。八十二烈士陵园南北长285米,东西长271米,占地面积5.3公顷。烈士墓塔位于陵园东部,塔高19.43米、宽8米,塔基直径5米,正面为李一氓书"淮阴八十二烈士墓",两侧分别为黄克诚和张爱萍的题词。1982年3月公布为江苏省第三批文物保护单位。

9. 苏中四分区抗日烈士纪念碑

位于东台市三仓镇新五村黄海路西。为纪念在如皋、海安、东台、大丰等沿海地区牺牲的抗日烈士而立,1980年重修,1981年立砖砌纪念碑,2003年再修。整个碑园占地面积3.3万平方米。纪念碑高约2.5米、宽0.7米,上书"苏中四分区抗日烈士纪念碑",落款为"苏中军区第四分区司令员张震东、政委卢胜、副政委兼政治部主任符实坚、专员梁灵光,中国人民'七·七'抗战第八周年纪念日立"。碑立在9.6米高的土墩上,上建亭加以保护。亭坐北朝南,平面呈五角形,重檐木构,琉璃瓦顶,高10米。砖砌纪念碑高20米,正面贴白瓷砖,上嵌陈毅题"立德立功,永垂不朽"八字。1982年3月公布为江苏省第三批文物保护单位。

10. 杨根思烈士祠墓

位于泰兴市根思乡根思村。杨根思烈士陵园占地面积39 102平方米,建筑面积3 640平方米,四面环水。陵园大门为汉阙式斩假石,宽11.7米、高5.4米,门柱中镌刻有金星奖章图案和"1950.11.29"字样,记载着烈士在朝鲜牺牲日期。园内有斩假石卧碑,正面为陈毅题"杨根思烈士碑",背面镌刻有叙述烈士生平事迹的碑铭。陈列室正面悬挂张爱萍亲题"杨根思烈士纪念馆"横匾,介绍了杨根思的成长历程,陈展了烈士的各种遗物和珍贵图片。碑亭中有彭德怀亲题石刻"中国人民的优秀儿子,国际主义的伟大战士,志愿军的模范指挥员——杨根思烈士永垂不朽"。园后为歇山式工字殿纪念堂及圆丘式衣冠冢。1982年3月公布为江苏省第三批文物保护单位。

11. 朱家岗战斗烈士陵园

位于泗洪县曹庙乡朱家岗村南首。陵园坐北面南,占地面积3.33公顷,为纪念抗日战争时期在朱家岗战斗中英勇牺牲的73名烈士所建。始建于民国32年(1943)10月,于同年12月竣工。中华人民共和国成立后,1980年建陵园大门、桥、碑廊等建筑,1996年再次修复并于次年5月竣工。烈士纪念塔高19.42米,塔上刻有刘华清题写的"浩气长存"四个大字,顺塔而上有26级台阶,塔形是两支步枪并列。塔前东西两侧是陈列馆与纪念馆。塔后为73位烈士安葬地,烈士墓西北30米有一座日本反战同盟阵亡士兵墓。大门内有两座护碑长廊,陵园内有淮北日本反战同盟支部立碑一座。1982年3月公布为江苏省第三批文物保护单位。

12. 雪枫烈士陵园

位于泗洪县半城镇西首。民国34年(1945)2月,新四军四师师长彭雪枫将军安葬于此,中华人民共和国成立后于1949年进行重建。陵园坐西面东,占地面积10.47公顷。园内建筑有淮北苏皖解放区抗日阵亡将士纪念塔、彭雪枫烈士墓、碑亭、陈列馆等。纪念塔高8米,由条石砌成;塔顶置新四军战士铜像,高2米;塔基座为正方形,边长14.2米,共七级台阶。塔北侧为彭雪枫烈士墓,砖石水泥结构,墓高约3米,周长55米,呈覆斗状;墓碑镶砌在墓上,上书"彭故师长雪枫之墓"。塔左侧为护碑亭,内有石碑一通,碑高2.1米、厚0.19米、宽1.35米,正面刻有"建修抗日阵亡纪念塔碑记",背面刻有"建修抗日阵亡将士纪念塔工程纪要"。现保存完整,列为泗洪县爱国主义教育基地。1982年3月公布为江苏省第三批文物保护单位。

13. 张应春烈士墓

位于吴江市汾湖镇北库社区黎星村分湖之滨北莲荡滩。张应春(1901～1927),别号秋石,吴江黎里葫芦兜人。民国14年(1925)任国共合作时期的国民党江苏省党部执行委员兼妇女部长,同年秋参加中国共产党,是江苏早期优秀党员和妇女运动领导人之一。次年,任中共江浙区委妇女运动委员会委员及中国济难会全国委员会委员。民国十六年"四·一二"政变,张应春被国民党反动派杀害于南京,年仅27岁。张应春牺牲后,遗体无存,由柳亚子同烈士生前好友和亲属为其在此营建衣冠冢,落成于民国20年(1931)。中华人民共和国成立后,1981年整修并新立纪念碑。1987年4月烈士牺牲60周年之际,在墓地西侧新建张应春烈士纪念室,1992年改为纪念馆。1996年扩展墓地。墓地占地面积7 030平方米。墓高1.5米,直径6米,以花岗石护沿。墓碑为民国原物,楷书阳刻有右任题"呜呼秋石女士纪念之碑"。纪念碑上嵌烈士遗像,碑文楷书阴刻记述烈士生平事迹。纪念馆前立

有汉白玉烈士半身雕像。1995年4月公布为江苏省第四批文物保护单位,同年被命名为吴江市和苏州市的爱国主义教育基地、苏州市"学校德育基地"。

14. 高凤英烈士墓

位于海安县南莫镇青墩村。高凤英(1925～1947),民国33年(1944)参加革命,民国35年(1946)5月加入中国共产党。次年1月14日,在参加伏击姜堰之敌的战斗中,因叛徒告密被捕,英勇就义,当地群众将其安葬于紫石县唐青乡高家垛(今海安县南莫镇高垛村)。中华人民共和国成立后,1965年4月,因农田水利基本建设,迁于沙岗乡张东村二组(现南莫镇青墩村20组)的烈士公墓内。墓为砖混结构,长2.5米、宽1.25米、高0.3米。墓前有墓碑,碑高1.4米、宽0.5米、厚0.07米,上书"高凤英烈士之墓"。墓地周围植有树木。1995年4月公布为江苏省第四批文物保护单位。

15. 苏中七战七捷纪念碑

位于海安县海安镇长江中路街68号。"苏中七战七捷"是指民国35年(1946)夏,在粟裕、谭震林的指挥下,以3万兵力迎击国民党12万正规军,一个半月时间内连打七战、每仗皆捷。纪念碑是1986年6月在纪念苏中七战七捷40周年之际兴建,1986年10月8日奠基并于次年12月15日竣工,1988年5月17日对外开放。整个纪念碑占地面积3 267平方米,建筑面积4 533平方米。纪念碑碑身为一把"刺刀"造型,用墨绿色花岗岩砌成,高27米,上为姬鹏飞题"苏中七战七捷纪念碑"九个大字。碑前开阔地为中空形水泥方块铺成。碑体四周有七个几何形的坑穴、沙地、石阶和七条弧形錾假石挡土墙,墙上镌刻有727字碑文。1995年4月公布为江苏省第四批文物保护单位。

16. 华中鲁迅艺术学院烈士墓

位于建湖县庆丰镇东平村盐(城)建(湖)公路北侧。民国30年(1941)7月24日,华中鲁艺二队师生在建湖县境内的北秦庄遭到日寇突然袭击,著名作家丘东平、戏曲家许晴等二十几位同志遇难,遗体葬在北秦庄东南。中华人民共和国成立后,1984年夏,在现址新建烈士陵园,并将烈士墓迁至此处。1994年增建平房11间,用于烈士事迹陈列。陵园面积3 000多平方米,有丘东平、许晴和烈士集体墓3座,墓前有纪念碑1座,陵园西侧是烈士事

迹陈列室。集体墓居中，长3.6米、宽1.6米、高0.8米。纪念碑高13米，用水泥浇筑而成；碑的上端嵌有金黄色的五角星，下面浇筑一面红旗，红旗从正面延伸至两侧，红旗上镌刻着原苏皖边区政府主席李一氓题写的"华中鲁迅艺术学院殉难烈士纪念碑"；碑两侧各有凤尾琴图案一幅；碑座高1米，为方形，上面是平台，有台阶拾级而上，碑座南面刻有碑文。1995年4月公布为江苏省第四批文物保护单位。

17. 皖南事变三烈士墓

位于南京市雨花台区中华门外望江矶。三烈士系指在民国30年（1941）"皖南事变"中被叛徒暗害的新四军副军长项英、副参谋长周子昆和在茂林战斗中牺牲的政治部主任袁国平。中华人民共和国成立后，1955年迁葬于此，"文化大革命"中遭破坏，后修复。三墓并排，墓是圆丘形，底径6米，高3米，均用花岗石砌筑。墓前立碑，通高2.2米、宽1.01米、厚0.5米，正面刻"项英（周子昆、袁国平）同志之墓"，款题"一九五五年六月十五日""中国人民解放军南京军区立"；碑座为须弥座，高0.78米、宽1.5米，呈马蹄形。项英墓居中，左为袁国平墓，右为周子昆墓。2002年10月公布为江苏省第五批文物保护单位。

18. 新四军联抗部队烈士墓

位于海安县吉庆镇千步村32组，民国33年（1944）为纪念联抗部队在抗日战争中为国捐躯的161名革命英烈而建。"文化大革命"期间受损，1982年重修。1984年国庆之际，新建"联抗历史纪念室"。1991年、2000年再次维修。

烈士墓占地面积3.33公顷，在由南向北的中轴线上主体建筑分布为表门、纪念碑、明理堂、烈士墓。表门为水泥砖混建筑，左右两侧镶嵌黑色花岗石对联"保卫地方国家抛却头颅洒尽热血，效忠民主真理做下榜样留得英名"，正中镶嵌门额"浩气长存"，上方为立体红色五角星图案。纪念碑高16.1米，上为张爱萍题写"新四军联抗烈士纪念碑"十字；碑座四方形，南面镶嵌李俊民撰写的碑铭。明理堂面阔五间21米，进深8.2米，正中上方悬挂黄逸峰题写"明理堂"匾额。烈士墓墓冢高2.1米，封土直径10米，墓前立石碑，碑面铭刻159名烈士姓名。

2002年10月公布为江苏省第五批文物保护单位。

第六节　文化教育医疗建筑及附属物

江苏是全国较早进入教育近代化的省份之一，较早地提出并实施义务教育，并确立了优先发展师范教育的策略和方针。《首都志》有"光绪二十七年，开师范学堂于毗卢寺"的记载，但情况不详。光绪二十八年（1902），实业家、教育家张謇于通州创建通州民立师范学校，开中国建立师范学校之始。此后，如皋公立简易师范学堂、三江师范学堂等师范学校相继创建。清末，江苏高等教育的办学体制比较单一，只有官办学堂和教会大学。中华民国成立后，规定高等教育包括大学院、大学、专门学校和高等师范学校。至抗日战争爆发，江苏省实有高等学校18所，其中国立高校6所，例如中央大学等；省立高校5所，例如江苏蚕丝专科学校等；包括教会大学在内的私立高校7所，例如苏州美术专科学校、东吴大学、金陵大学、金陵女子文理学院等。

此外，中华民国时期文化和医疗等领域亦有大量的相关文物遗存，例如马林医院旧址、南京大华大戏院旧址、江苏省立镇江图书馆等。

1. 国立紫金山天文台旧址

位于南京市紫金山西峰天堡山。民国18年（1929），在山上建立中央研究院天文研究所，开始筹建国立紫金山天文台。民国23年（1934），天文仪器安装完毕，为中国自行设计建造的第一座现代化天文台。中华人民共和国成立后，1950年，改名中国科学院紫金山天文台。主要建筑有天文台本部、子午仪室、赤道仪室、变星仪室等6座。奠基碑文分别为蔡元培、汪精卫、戴季陶、于右任题，天文台牌坊横额为林森题。保存有明清天文仪器，其中有明代复制的浑仪、简仪、圭表，清代复制的天体仪、地平经纬仪。1991年，被国家建设部、国家文物局评为近代优秀建筑。1996年11月公布为第四批全国重点文物保护单位。

2. 金陵大学旧址

金陵大学旧址位于南京市汉口路22号今南京大学校内。金陵大学是美国基督教会在南京创办的一所教会大学。中华人民共和国成立后，改为公立金陵大学,1952年院系调整时在此成立南京大学。校址始建于清光绪十四年(1888),由美国芝加哥帕金斯建筑事务所和美籍建筑师司马及中国著名建筑设计师杨廷宝、齐兆昌设计,全部工程由陈明记营造厂承建。民国10年(1921),该校第一批校舍建成,民国15年(1926)形成规模。今存旧址建筑有北大楼、东大楼、西大楼、东北大楼、礼拜堂、图书馆和学生宿舍等十余幢建筑,总面积26 779.4平方米。均为青砖流水墙、歇山顶覆灰筒瓦建筑,采用北方四合院布局形式,多为不等的二、三层建筑,以砖混结构为主;进深较大、窗户较小,为中国北方官式建筑。

北大楼 位于校园中轴线最北端,建于民国8年(1919),为金陵大学主楼(时称行政楼)。地上2层、地下1层,建筑面积3 473平方米。大楼南立面中部建有1座高5层的正方形塔楼,顶部为传统的十字形歇山顶。该楼为南京大学标志性建筑。

东大楼 位于北大楼东南侧,建于民国2年(1913),时称科学馆。地上3层、地下1层,砖木结构,平面长方形,建筑面积3 905平方米。

西大楼 位于北大楼西南侧,建于民国14年(1925),时称裴义理楼。地上2层、地下1层,砖木结构,平面长方形,建筑面积3 604平方米。

图书馆 位于北大楼的正南方,建于民国25年(1936),杨廷宝设计。地上2层、地下1层,钢混结构。平面十字形,建筑面积2 626平方米。

东北大楼 位于东大楼的南面,建于民国20年(1935)。高4层,卷棚顶,砖混结构,建筑面积1 726.4平方米。

礼拜堂 位于西大楼的南面,建于民国7年(1918)。地上2层,砖木结构,屋顶立跨为歇山顶、附跨为硬山顶。门廊为中华人民共和国成立后的1958年所加。

学生宿舍 位于校内北园,建于民国14年(1925),共4幢,分别名甲乙楼、丙丁楼、戊己庚楼和辛壬楼。砖木结构,卷棚顶;前两楼建筑面积均为755平方米,后两楼均为1 685平方米。今为外语学院办公教学楼。

1991年,被国家建设部、国家文物局评为近代优秀建筑。2002年10月公布为江苏省第五批文物保护单位,2006年5月公布为第六批全国重点文物保护单位。

3. 中央大学旧址

中央大学旧址位于南京市四牌楼2号、今东南大学校内。其前身为三江师范学堂、两江师范学堂、南京高等师范学校、东南大学等。民国10年(1921),南京高等师范学校校长郭秉文创建东南大学;民国17年(1928)5月,改名为国立中央大学。中华人民共和国成立后,1952年院系调整时在此成立南京工学院,1989年改名东南大学。建筑群为南北向对称布局,保存至今的建筑建于20世纪20年代,有体育馆、图书馆、中大院、大礼堂等。其建筑多为西方古典形式,除体育馆为砖木结构,其余为钢混结构。

南大门 由杨廷宝设计,建于民国22年(1933),由三开间的四组方柱和梁枋组成。今为东南大学正门。

大礼堂 位于校园中央,与南大门在同一轴线上。由英国公和洋行设计,新金记康号营造厂承建,民国19年(1930)建,次年竣工。曾作为国民政府第一届国民大会堂使用。中华人民共和国成立后,1965年,在大礼堂东西两翼加建3层教学楼两座,由杨廷宝设计。原大礼堂占地面积2 026平方米,建筑面积4 320平方米;为3层西式建筑,南立面门厅上部立4根爱奥尼亚式圆柱;穹隆顶,高34米,顶部有八边形采光窗;内有观众席3层、2 300座位。新建教学楼与大礼堂对称,占地面积848平方米,建筑面积2 544平方米。今仍为礼堂。

图书馆 位于大礼堂西南侧,江苏督军齐燮元捐资,外国建筑师帕斯卡尔设计,于民国13年(1924)建成。民国22年(1933)经基泰工程司关颂声、朱彬、杨廷宝设计并扩建。地上2层,地下1层,总建筑面积3 813平方米,藏书40余万册。今为办公楼。

生物馆 在大礼堂的东南侧。建于民国18年(1929),李宗侃设计,上海金祥记营造厂承建。中华人民共和国成立后,1957年,杨廷宝设计加建两翼教室。占地面积1 350平方米,建筑面积4 049平方米,立面造型和图书馆相似。今为中大院。

科学馆 美国洛克菲勒基金会捐资,上海东南建筑公司设计,三合兴营造厂承建,民国16年(1927)建成。占地面积1 748平方米,建筑面积5 343平方米。中部4层,两翼3层,地下1层,入口处建有用立柱支撑的雨篷。今为健雄院。

中央大学医学院附属牙科医院　位于校园东北角，建于民国25年(1936)，杨廷宝设计，三合兴营造厂承建。坐西朝东，占地面积1 189平方米，建筑面积3 560平方米。今为金陵院。

体育馆　在校园西北角，民国13年(1924)建成。坐西朝东，高3层。占地面积1 185.16平方米，建筑面积2 316.92平方米。入口门廊西方古典柱式，屋面红色铁皮覆盖。今仍做体育馆。

梅庵　位于校园西北角。民国3年(1914)，为纪念两江师范学堂校长、晚清著名学者、教育家、书画家李瑞清(字梅庵，号清道人)而建，以李瑞清之号取名"梅庵"。为3间茅屋，暗红色的水泥墙壁，门口挂有李瑞清手书的校训木匾，上写"嚼得菜根，做得大事"。民国11年(1922)，南京社会主义青年团第一次全体会议在此召开。民国21年(1932)，茅屋改建为1座西式砖混结构平房，面积210平方米，另有地下室1层。房屋为南北向，通面阔15.50米、进深8.80米；平面布局采用内廊式，有办公室1间、图书室1间、大教室1间、小教室(兼作练琴室)4间；门上悬有著名文史学家柳诒徵于民国26年(1937)手书"梅庵"匾一方，宽约2米，高约0.65米。解放战争时期，这里是中央大学美术系教室和宿舍，也是中国共产党中央大学支部所在地。

1991年，被国家建设部、国家文物局评为近代优秀建筑。2002年10月以国立中央大学旧址名称公布为江苏省第五批文物保护单位。2006年5月公布为第六批全国重点文物保护单位，更名为中央大学旧址。

4. 金陵女子大学旧址

位于南京市宁海路122号。民国4年(1915)9月，金陵女子大学由美国的基督教会、长老会、浸礼会、卫理工会、圣公会、复初会和英国的伦敦会等7个教会开办。校址最早设在南京绣花巷李家花园。民国11年(1922)始建现址校舍，由美国著名建筑师和中国著名建筑师吕彦直共同设计，陈明记营造厂承建，次年建成；民国19年(1930)，改名金陵女子文理学院。中华人民共和国成立后，1951年，并入金陵大学；1952年，在原金陵女子文理学院基础上建立南京师范学院；1985年，又改名为南京师范大学。旧址占地面积28.2万平方米，校舍建筑面积约11万平方米，有文学馆、科学馆、体育馆、图书馆、礼堂、办公楼、学生宿舍楼等，为中国古典宫殿式建筑群，总体布局采用对称式围合，建筑物之间以廊相连。主体建筑除两幢3层楼外，其余均为二层歇山顶建筑，钢筋混凝土结构，屋面覆黑色筒瓦。会议楼建筑面积1 432平方米，科学馆1 541平方米，文学馆1 492平方米，3幢学生宿舍均为1 151平方米，图书馆1 397平方米，大礼堂1 444平方米。2002年10月公布为江苏省第五批文物保护单位，2006年5月公布为第六批全国重点文物保护单位。

5. 中央体育场旧址

位于南京市孝陵卫。此体育场是国民政府为五届全国运动会建造，民国20年(1931)，由基泰工程公司设计，利源建筑公司施工建造，民国22年(1933)竣工。占地面积约1万平方米，主体运动场有500米一圈的跑道。有东、西、南、三面看台，为钢筋混凝土结构，外部水泥粉饰，可容纳60 000多观众。同时还建有武术场、室外篮球、网球、棒球场、游泳池和跑马场等八个赛场，赛场进出口均采用民间牌楼形式。2002年10月公布为江苏省第五批文物保护单位，2006年5月公布为第六批全国重点文物保护单位。

6. 江南水师学堂遗迹

位于南京市中山北路346号。江南水师学堂为清光绪十六年(1890)创建辛亥革命后，江南水师学堂停办。民国元年(1912)更名为海军军官学校。民国13年(1924)后，为国民政府海军部、海军司令部等单位所在地。中华人民共和国成立后，为中国人民解放军海军联校、海军军械学校。旧址占地面积2.93万平方米，坐北朝南，由南向北依次为大门(已拆)、二门、轿厅、提督楼、大庙(民国建)，东侧有二层教员楼、总督楼，西侧有驾驶班、讲堂等。二门于民国年间改建钢混结构，轿厅和提督楼1982年被拆除。1984年，将轿厅、提督楼和部分平房按原样恢复。今为中国人民解放军七二四研究所。1982年3月公布为江苏省第三批文物保护单位。

7. 矿路学堂遗迹

位于南京市中山北路283号和察哈尔路37号。矿路学堂附设于江南陆师学堂内，陆师学堂为两江总督张之洞创设，清光绪二十四年(1898)开办，共办四期，第二期附设矿路学堂。矿路学堂原有建筑分三斋，中斋是大门、礼堂、总办公楼，东西两斋是教室和宿舍,屋后为操场。除总办办公楼和德籍教员楼外,其余均系平房。中华人民共和国成立后,遗存的建筑有教厅、总办办公楼、德籍教员楼、东西斋等。1959年,拆除教厅、东西斋。今中山北路283号尚存德籍教员楼及楼后一排平房;楼坐北朝南,高两层,灰色墙面,青灰瓦面;现为江苏省人防行政处使用。察哈尔路37号存总办办公楼,坐北朝南,高两层,砖木结构,淡蓝色粉饰外墙,四坡顶、大青瓦,建筑面积424平方米;现由南京师范大学附属中学使用,该校将房屋整修后辟为鲁迅纪念室(因鲁迅曾在矿路学堂学习)。1982年3月公布为江苏省第三批文物保护单位。

8. 原国立中央博物院旧址

位于南京市中山东路321号。民国22年(1933)由近代民主革命家、教育家蔡元培倡建。建院伊始即确立"提倡科学研究,辅助公众教育,以适当之陈列展览,图智识之增进"的宗旨。原拟建人文、工艺、自然三馆,由著名建筑家徐敬直设计,建筑学家梁思成、刘敦桢指导。民国25年(1936)动工,民国26年(1937)因战事停建,至民国37年(1948)仅建成人文馆。中华人民共和国成立后更名为南京博物院。

旧址占地面积9万平方米,建筑面积1.7万平方米。其中陈列室面积4 800平方米,文物库房及文物阅览室面积1万余平方米,图书馆库房及阅览室面积约800平方米。主楼共三层(两翼后部二层),1层为库房,2层为陈列室和办公用房,3层为陈列室。人文馆入口大厅为仿辽式大殿,外观仿蓟县独乐寺山门式样,内部则为现代西方建筑风格。为钢筋混凝土仿木结构,屋顶为四阿式,上覆琉璃瓦,柱子参照宋代法式。

国立中央博物院是中国第一座由国家投资兴建的大型综合类博物馆。1991年,被国家建设部、国家文物局评为近代优秀建筑。1995年4月公布为江苏省第四批文物保护单位。

1999年,旧址中轴线西侧新建艺术馆,建筑面积16 750平方米,坐西向东,共2层,11个专题陈列馆。2006年,南京博物院二期改扩建工程启动,拟建成包括历史馆、艺术馆、特展馆、民国馆、数字馆、非遗馆的"一院六馆"格局。建设需要,拟采用悬吊顶升技术将原仿辽式大殿原地整体抬升三米。

9. 丽则女学校址

位于吴江市同里镇新填街235号南濠弄。该校创立于清光绪三十二年(1906)2月,初以退思园为校舍。创办人任传薪(1887～1962),字味之,同里人,退思园第二代园主。他早年参加金松岑创办的同川自治学社和中国教育会同里分会,受蔡元培等在上海创设爱国女学的影响,捐银万元创办同里丽则女学,并亲任校长。民国5年(1916)秋,改为吴江县第一高等女子小学,后易名同里女子小学。中华人民共和国成立后,1964年改为同里镇中心小学。

校址现存西洋式校门、教学楼和国耻纪念碑。教学楼始建于清宣统三年(1911)秋,原为七开间两层建筑,民国5年(1916)加建第三层,总高15.9米、通面阔23.95米、通进深8.8米。为歇山顶砖木结构,清水砖外墙,底层柱廊拱门,二层通长阳台。大楼三层北向有校训题额"诚勤朴爱",为当时教育总长、著名学者、女子教育家傅增湘手迹。国耻纪念碑位于教学楼前,是民国4年(1915)丽则女学师生为反对袁世凯与日本帝国主义签订"二十一条"卖国条约而立。民国26年(1937)"八一三"淞沪抗战爆发后,由无名爱国志士将碑埋入地下。中华人民共和国成立后,1982年出土后重立于教学楼前,并建亭保护。碑呈圭形,高1.75米,正面大书"五月九日国耻纪念之碑",右上角题"民国四年",左下角落款"丽则女学同人勒石";背面镌碑文12行共438字,由国学大师钱基博撰文,秋瑾烈士挚友、女书法家吴芝瑛书。

现校址保存较为完好。1995年4月公布为江苏省第四批文物保护单位。

10. 如皋公立简易师范学堂旧址

位于如皋市如城东南隅。该校由清代进士、翰林院编修沙元炳(后为江苏省议长),在其老师张之洞支持下,于清光绪二十八年(1902)创办,是中国最早的一所公立师范学堂,学堂建筑以日本弘文学院校舍建筑为摹本,以中国传统书院建筑风格为主调,整体布局采取庭院式设计。现存建筑面南背北,全部中式平房,进深4排,每排5间。单体建筑均为木柱石基,红窗朱格,青砖黛瓦,上盖九脊单檐,下铺磨方青砖,中为甬道,偏为厢房,前后设有走廊。"如皋"二字系张謇亲笔,"师范学堂"四字系清光绪三十四年(1906)郑孝胥来校时所题。1995

年4月公布为江苏省第四批文物保护单位。

11. 马林医院旧址

位于南京市中山路321号。清光绪十二年(1886),马林受美国基督教总会的委托,选址在此建教会医院。马林任第一任院长,故称"马林医院"。宣统三年(1911),美国教会办的金陵大学增设医科时划为实习医院。民国3年(1914),正式易名金陵大学鼓楼医院。民国31年(1942),侵华日军接管后改名日本同仁会南京诊疗班鼓楼医院。日本投降后复归美国人接管。中华人民共和国成立后,1951年,改名南京市人民鼓楼医院。今存两幢楼房,总建筑面积约1 500平方米。光绪十八年(1892)初建的二层西式楼房,原作病房,建地上二层、地下一层,面宽31.5米、进深12米,砖木结构,外墙青砖、清水勾缝,墙身用红砖勾勒线脚,圆拱形门窗,四面坡屋顶,上铺水泥平瓦,屋顶设有六个突出的老虎窗,楼南面正中门额镌刻"光绪十八年""AD.1892年"字样。楼的西北角为一幢高二层的民国时期风格的楼房,青砖青瓦,带阁楼、老虎窗采光,内有壁炉,为民国16年(1927)建造。现该处为南京市鼓楼医院。2002年10月公布为江苏省第五批文物保护单位。

12. 汇文书院钟楼

位于南京市中山路169号金陵中学校内。书院是清光绪十四年(1888)美国基督教会创办的教会中学,同年春建钟楼;宣统二年(1910),与宏育书院合并,改称金陵大学附属中学。民国6年(1917)9月因失火烧毁,后由美国教会重建。书院旧址占地面积4.99万平方米,建筑面积3万平方米;原建筑今存钟楼、中楼、西楼、礼拜堂等。书院主体始建时为三层,后改为二层;原三层部分改为阁楼,设有老虎窗、四坡顶、鱼鳞状瓦。钟楼原为五层,后改为四层,顶层中间置放有一口大铜钟;建筑面积642平方米,檐高14.5米,主体平面为矩形,南北向,青砖砌筑,水泥勾缝。该校园内另有汉白玉碑帖3块,一块长0.5米、宽0.2米、厚0.05米,正中刻有"百年树人",左侧刻有小字"民国二十四年春甲戌级植";另两块汉白玉碑均镶嵌在墙上,一块为长1.08米、宽0.6米、厚0.2米,上刻有"青年会堂1902";一块为长0.9米、宽0.6米、厚0.2米,上刻有"考试寝室1893"。2002年10月公布为江苏省第五批文物保护单位。

13. 北极阁气象台旧址

位于南京市北极阁2号。南朝刘宋时,在此建立司天台;明初,徐达将元大都天文仪器运到此处。洪武十八年(1385),扩建观象台,成为钦天监管辖的国家天文台。清康熙八年(1669),将天文仪器运往北京。咸丰三年(1853),北极阁毁于兵火。民国16年(1927),扩建为气象台。为三层六角形钢混结构观测楼,高约14米,底层四周围有6根大圆柱的柱式外廊,台内设旋梯通向每层挑台和顶层平台,基座为石砌高台。气象台北侧为二层图书馆,底层用作地震观察室;图书馆为砖木结构仿古建筑,重檐歇山顶,上层铺烟色筒瓦,叠层铺灰色小黏土瓦,建筑面积570平方米,墙嵌蔡元培所书汉白玉奠基石。气象台与图书馆两侧建圆弧形回廊和两座庙宇式建筑(资料室),平面呈半月形,左右对称歇山顶,青砖小瓦屋面,砖混结构。旧址保存有清康熙年间旷观碑1通,记载康熙南巡登北极阁一事。2002年10月被公布为第五批江苏省文物保护单位。

14. 中央研究院旧址

位于南京市北京东路39号。是国立中央研究院总办事处和地质、历史语言和社会科学3个所的所在地。中央研究院建筑群均为清宫殿式,歇山顶,绿色琉璃瓦屋面,外部面砖贴面,抱厦出山。该建筑为杨廷宝设计。

总办事处大楼 建于民国36年(1947),三层钢混结构,筒瓦,清水墙,梁枋、檐口施有彩画,建筑面积3 000平方米。今为中国科学院南京分院、江苏省科委办公地。

地质研究所 在总办大楼西北方,建于民国20年(1931),民国21年至26年(1932~1937),李四光曾在此主持工作。为二层钢混结构,楼前部建1座亭式门廊,建筑面积1 000平方米。今为南京地质古生物研究所。

历史语言研究所 在总办大楼正北面,建于民国25年(1936),三层钢混结构楼房,南门入口处建仿木构门廊,建筑面积1 700平方米。今为南京地质古生物研究所。

社会科学研究所 在总办大楼东北面,建于民国20年(1931),坐北朝南,三层砖混结构楼房,红砖墙,人字顶。今为南京地质古生物研究所。

今为中国科学院南京分院、中国科学院南京地质古生物研究所、江苏省科委办公地。2002年10月公布为江苏省第五批文物保护单位。

15. 中央医院旧址

位于南京市中山东路305号。民国18年(1929)筹建,时名中央模范军医院。次年改名中央医院进行扩建,民国20年(1931)由杨廷宝设计,民国22年(1933)竣工。建筑主楼为钢筋混凝土平屋顶结构,高四层,面积7 000平方米,有床位275张;为集中式病房楼,设有电梯。外观为平屋顶,浅黄色砖外墙,入口处门廊具有中国传统特色。楼底层西侧为门诊部,东侧为事务部及传染病区,均有独立的出入口;二层为手术部和特、头、二等病房区;三层为妇产科病房,有产房、婴儿室及其附属设施;四层为三等病房,其病室为大通间,每室可设置病床二十五张。中央医院是当时南京规模最大、设备最完善的国立医院。今为南京军区南京总医院。1991年,被国家建设部、国家文物局评为近代优秀建筑。2002年10月公布为第五批江苏省文物保护单位。

16. 南京地质调查所陈列室旧址

位于南京市珠江路700号。南京地质调查所前身为北平地质调查所,民国22年(1933),所长翁文灏等筹划南迁,在南京选址水晶宫(即今址)建陈列馆、大楼和图书馆等,由建筑大师童寯设计,民国24年(1935)8月竣工迁入并改名中央地质调查所。抗日战争时期遭到破坏。中华人民共和国成立后,更名为南京地质陈列馆。建筑主楼为四层德式建筑,建筑面积2 000余平方米,采用对称式构图,红砖饰面,并作出有规律的图案。今为南京地质博物馆。2002年10月公布为江苏省第五批文物保护单位。

17. 南京大华大戏院旧址

位于南京市白下区五老村街道新街口商业街社区中山南路67号。建于民国24年(1935),由著名建筑家杨廷宝设计。开业不久,梅兰芳就在此处演出京剧。中华人民共和国成立初期,称军人电影院。

大华大戏院为中西合璧式建筑,坐东朝西,总长66米,宽33米。平瓦屋面,钢混结构,占地面积2 300平方米,建筑面积3 728平方米。门厅有十二根喷漆红柱承托屋顶;下设售票窗口,上设休息室,供应咖啡等饮料。原放映厅入口建有喷水池。上下层共设1 070个座位,有冷暖设备。建筑立面为对称式,下部分入口大门有3个6层台阶,上有突出的雨篷,中为宽大的招牌幕墙,上部为横向排列的采光高窗。剧场外墙为青砖,内为水磨地面。

现一楼大剧场改为商用,其他内部格局基本未变,二层改为小剧场放电影。2002年10月公布为江苏省第五批文物保护单位。

18. 无锡县图书馆旧址

位于无锡市崇安区图书馆路20号。俗称钟楼民国元年(1912)由侯鸿鉴、丁宝书、秦玉书等12名地方知名人士倡议筹建,同年10月始建;民国3年(1914)年底建成,次年对外开放。历任馆长有顾倬、秦玉书、陈然等。中华人民共和国成立后,改为无锡市图书馆。整个图书馆建筑面积1 300平方米,主体建筑坐北朝南,中西合璧,砖木结构。为五间二层(部分四层),地下室半层,底层阅览室、二楼书库、三楼保藏室、四楼钟室;顶楼为钟室,四面皆有时针、分针计时,每半小时敲响一次。底层壁上存石碑一通,由钱钟书之父、国学大师钱基博撰文、俞复书,详记建设始末。此建筑是中国最早创建的县级公共图书馆之一,也是当时无锡城内最高的标志性建筑。2002年10月公布为江苏省第五批文物保护单位。

19. 东吴大学旧址

位于苏州市城区十梓街东首(苏州大学校本部)。清同治十年(1871),美国基督教监理公会在苏州十全街设立存养书院;光绪五年(1879)迁至天赐庄,并改名博习书院。光绪二十七年(1901),在博习书院基础上建立东吴大学堂,或称东吴大书院,成为美国基督教在中国建立的早期教会大学之一。辛亥革命后改称东吴大学,分设文、理、法三个学院和附中数所。1952年,改组为江苏师范学院。1982年改组为苏州大学,现有校舍规模已较东吴大学时期大为扩展。

东吴大学旧址在苏州大学校本部南部,占地面积约6万平方米,总建筑面积2.1万平方米。校门北向,总平面略呈纵长方形,主要建筑分布在草坪操场的北、西、东三面。现存14栋建筑,其中有:清光绪二十七年(1901)秋开工,二十九年(1903)春落成的钟楼"林堂";宣统元年(1909)秋开工,宣统三年(1911)落成的图书馆"孙堂";民国13年(1924)秋建成的科学馆"葛堂";民国23年(1934)建成的学生宿舍"维格堂";民国24年(1935)建成的学生宿舍"子实堂";民国25年(1936)建成的健身房。北部有一排六幢与校门平行的小楼,陆续建成于清光绪三十三年(1907)至民国8年(1907~1919),曾为高级教职员宿舍。西面有一幢五层楼,为民国25年(1936)建成的女生宿舍。

旧址现布局基本保持完整。2002年10月被公布为第五批江苏省文物保护单位。

20. 苏州美术专科学校旧址

位于苏州市城区人民路沧浪亭东。苏州美术专科学校由画家颜文樑创办于民国11年(1922)夏,初设于海红坊,后借沧浪亭对面正谊书院旧址。民国16年(1927)冬,校董、国画家吴子深出资整修沧浪亭作为校舍。次年十月1日,苏州美术馆正式成立,亦设于沧浪亭内,颜文樑任馆长。后吴子深又捐资,颜文樑筹划,于沧浪亭东侧购得空地两千多平方米,自建新式校舍一座。民国20年(1931)10月奠基,翌年8月落成,美校与美术馆一并迁入新楼。中华人民共和国成立后,1952年,该校与上海美专、山东大学艺术科合并,成立华东艺术专科学校,先迁无锡,再迁南京,改名南京艺术学院。美校旧址由市工人文化宫使用。1995年全面整修。

美校旧址俗称罗马大楼,楼高三层,底层为半地下室。平屋顶,灰白色外墙,南北向。平面对称,面阔九间35米,中间进深16.5米、左右进深10.5米,形成坐北朝南的凸字形。北立面横贯进深2米的柱廊,等距离排列仿古希腊爱奥尼式圆柱14根,上承檐部。

现为苏州美术馆(颜文樑纪念馆),保存现状较好。2002年10月公布为江苏省第五批文物保护单位。

21. 江苏省立镇江图书馆

位于镇江市区解放路17号院内。民国18年(1929),江苏省省会由南京迁至镇江。民国20年(1931)秋,省教育厅筹建省立镇江图书馆;民国24年(1935)1月始建,同年9月竣工,10月迁入并对外开放。民国26年(1937)春,于该楼之南建景贤楼为宿舍。中华人民共和国成立后,初为部队所用,1986年改为市图书馆使用。图书馆占地面积634平方米,总建筑面积1 000平方米。建筑坐西朝东,为两层楼房,中间为三层书库,由钢筋水泥耐火砖砌成,具有防火、防潮、防震功能。2006年6月公布为江苏省第六批文物保护单位。

第七节 金融商贸建筑

1. 扬子饭店旧址

位于南京市下关区宝善街2号。民国3年(1914),扬子饭店由英国人柏耐登设计并主持建造。民国22年(1933)宋庆龄来南京时曾下榻于此。扬子饭店占地面积300平方米,建筑面积2 428.8平方米。建筑主体为三层砖木结构,墙体均用明故宫皇城砖墙砌成,建筑形式为英中世纪城堡式样。该建筑坐北朝南,地上三层,地下一层,面阔34米,进深28米,总计82间,基本保存原有格局及结构。2002年10月公布为江苏省第五批文物保护单位。

2. 首都饭店旧址

位于南京市中山北路178号,为国民政府军政要人及外国经济贸易宾客下榻处。民国21年(1932),由著名建筑设计师童寯设计,大华复记建筑公司的联合成记营造厂建造,次年竣工。抗日战争期间,为侵华日军上海派遣军司令部。中华人民共和国成立后,1989年改名为华江饭店,1996年和2004年进行较大规模修缮,并在大门两边增建长廊。该建筑坐北朝南,钢混结构,西式风格,中间四层,两翼三层,占地面积1 376平方米,建筑面积9 263 201平方米。客房50余间,每间都有浴室,在每层的东南隅还备有特等房间。该建筑保存状况良好,现为南京军区装备部招待所和商务宾馆之用。2002年10月公布为江苏省第五批文物保护单位。

3. 交通银行南京分行旧址

位于南京市中山东路1号。交通银行于清光绪三十三年(1907)由清政府邮传部设立于北京;民国17年(1928),总行由北京迁上海。民国21年(1932),南京分行由缪凯伯设计,次年竣工并营业。该建筑坐北朝南,为西式三层大楼,钢混结构。日伪时期,在屋顶两侧增建一层。整座建筑平面近似正方形,建筑面积约2 867平方米。1991年,被国家建设部、国家文物局评为近代优秀建筑。2002年10月公布为江苏省第五批文物保护单位。

4. 中国国货银行旧址

位于南京市中山路19号。中国国货银行为孔祥熙、宋子文所创设，系官商合办，于民国17年(1928)开始筹备，总行设上海；民国19年(1930)在南京设支行，次年改为分行。民国23年(1934)筹建行址大楼，由著名建筑学家奚福泉设计，民国25年(1936)竣工营业；次年迁往重庆，抗战胜利后重回南京；中华人民共和国成立后停止营业。建筑坐西朝东，占地面积1 920平方米，钢混结构的西式7层大楼，设有地下室一层，建筑面积4 022平方米，门廊建有8根石柱，呈中国传统式的装饰。今为南京市邮政局使用。2002年10月公布为江苏省第五批文物保护单位。

5. 无锡县商会旧址

位于无锡市崇安区通江街道前太平巷。无锡县商会原名锡金商会，始建于清光绪三十一年(1905)。中华人民共和国成立后作为居民居住使用。现存两幢仿西式楼房，始建于民国4年(1915)。两楼形制基本相同，面阔各五间，二层，外墙为青红色相间清水砖，正面有砖雕罗马柱，占地面积1 600平方米，外观式样呈典型的民国早年建筑风格。现基本保持原貌，2002年10月公布为江苏省第五批文物保护单位。

6. 江苏邮政管理局旧址

位于南京市下关区大马路62号。民国7年(1918)由于邮局业务的发展兴建，民国18年(1929)4月更名为江苏邮政管理局。民国27年(1938)被日军占用，民国34年(1945)8月20日恢复使用。该建筑坐北朝南，钢混结构，地上三层，地下二层，立面外廊式，平屋顶，楼顶有一座圆顶双层塔楼。2006年6月公布为江苏省第六批文物保护单位。

7. 中国银行南京分行旧址

位于南京市下关区大马路66号。始建于民国12年(1923)，建筑坐北朝南，三层钢混结构，立面为爱奥尼式柱构图。原建筑面积840平方米，房屋74间。现占地面积1 724平方米，建筑面积2 047平方米。为长江下游水文水资源勘测局用房。2006年6月公布为江苏省第六批文物保护单位。

8. 陵园新村邮局旧址

位于南京市玄武区钟山风景区内。建于20世纪30年代初，民国23年(1934)建成使用。该建筑按照中山陵附近的环境设计建造，当时是专为中山陵提供通信服务的特设网点。民国26年(1937)南京失陷后，房屋被焚毁，抗战胜利后又重建。分为东西厢房和主体建筑。主体建筑为两层仿古式，绿色琉璃重檐攒尖顶，蓝色琉璃斗拱，雀替和梁架上施有彩画描饰，已漫漶不清。一层正面开有一座正门，正门两边各有四座并排的拱形大窗。内部有前后回旋高15米的涵洞，建螺旋式扶梯，可登上二层。院内有一口与灵谷寺景区"八德功水"源于一脉的古井。2006年6月公布为江苏省第六批文物保护单位。

9. 通崇海泰总商会大楼

位于南通市崇川区桃坞路44号。该大楼建于民国9年(1920)，由近代著名建筑师孙支夏设计建造，为南通、海门、崇明、泰兴等地富商共同投资营建的商会办公场所。中华人民共和国成立后为地方首脑机关的办公用房。楼坐北朝南，为二层砖木结构，占地面积2 083.8平方米，建筑面积4 167.6平方米。采用中轴对称布置，以门廊、大厅、会议厅为中轴，四周围以建筑形成两院落，内以回廊相通。大楼为古典主义建筑风格，大门前的廊柱为爱奥尼亚式，东西南檐柱饰以山花形装饰，前楼中部有红色穹隆顶。现建筑状况保护良好，2006年6月公布为江苏省第六批文物保护单位。

10. 镇江商会旧址

位于镇江市润州区伯先路73号。民国18年(1929)由陆小波用北伐军归还镇江商会20万借款中的4万元建造而成。抗日战争期间，商会为日军宪兵队侵占；日军投降后，又改作善后救济总署苏宁分署。该建筑占地面积约1891平方米，中西结合形制，砖木结构三层楼式，青砖叠砌。正门朝南，迎街面东另造一大门楼。南面门楼为西式墙面，砖砌券形门洞，立有8个方形砖柱，门上嵌"镇江商会"、落款为"于右任题"白石横额。建筑内部为中式三进，第一进前为走廊、天井；中为大厅，面阔三间，采用中式隔扇；两旁为厢房，内部多为木立柱式，水磨石子地面，平顶天花。第二进前为平房，后为二层楼。第三进由东大门通道进入，设有楼梯，进入天井为一座三层楼房，有走廊与第二进相通，屋顶为平瓦，坡度较缓。现为镇江工商联办公场所。2006年6月公布为江苏省第六批文物保护单位。

第八节 工业建筑及附属物

随着近代工商业的发展,江苏长江沿江地区涌现出一批饮誉海内外、德高望重、敢于开拓、善于经营的实业家,形成了棉纺织、面粉、缫丝三大工业产业。南通的张謇创办的大生纱厂,带动了以南通地区为核心的苏中、苏北地区民族工商业的发展,至今在南通、盐城等地,仍保存有许多与张謇有关的民族工商业遗产。苏南地区无锡是中国近代民族工商业发祥的重镇之一,工业遗产资源众多,以荣德生为代表的民族工商业者创办了14家面粉厂和9家纺织厂。常州的刘国钧创办了4座大成厂,形成了以常州地区为主的纺织业加工基地。南京、镇江等地一些由西方人投资的企业,如英国人办的和记洋行、南京浦镇车辆厂等,成为江苏工业遗产的另一种类型。

1. 大生纱厂

位于南通市港闸区唐闸街道南市街、古通扬运河和长江交汇处,由中国近代实业家张謇于清光绪二十一年(1895)10月创办。民国28年(1939)3月2日,日本侵略者封占工厂,改名为"江北兴业公司钟渊纺厂江北二厂"。中华人民共和国成立后,在江苏省内率先实现"公私合营"。1966年8月29日,改为国营,更名为"南通第一棉纺织厂"(简称"通棉一厂")。1996年改制成立江苏大生集团有限公司。

大生纱厂占地面积20.4万平方米。现存的历史建筑除了工业建筑(清花间厂房)外,还有教育建筑(实业小学教学楼、纺织专科学校旧址)、标志性建筑物(钟楼)、办公楼(公事厅)、仓储设施、宿舍等,保存现状良好,均为西式或中西合璧式建筑。

钟楼 建于民国4年(1915),原为大生纱厂门楼,为职工上下班报时用。坐西朝东,平面呈长方形,高五层,第五层为钟室,四面有钟盘。

公事厅 建于光绪二十六年(1900),是大生纱厂管理机构的办公楼。楼共二层,砖木结构,坐北朝南。面阔23.8米,进深14米。楼下大厅悬有翁同龢书"枢机之发动乎天地,衣被所及遍我东南"板联,厅内陈设桌椅及木雕魁星像。楼上有房五间,为张謇等人在厂时办公及住宿之处。东西南三面围以走廊,外有木质扶手铁栏杆,柱间以扁铁饰以卷云图案。

专家楼 建于光绪二十三年(1897),供来厂安装机器的英国专家居住。建筑临近公事厅,坐北朝南,为二层砖木结构,建筑面积378平方米。

清花间厂房 建于光绪二十四年(1898),由英国人汤姆氏设计,上海曹协顺营造厂承建。为砖木结构锯齿形厂房,坐西向东,占地面积500平方米。该厂房除外墙整修有所变化外,基本保持原貌。现作生产用房。

南通纺织专门学校旧址 建于民国元年(1912)。前身是张謇于民国元年(1912)创办的"纺织染传习所",同年更名为南通纺织专门学校,成为中国最早的纺织大学。民国16年(1927)改为南通纺织大学,后又改称"南通大学纺织科""南通学院纺织科"等。中华人民共和国成立后,1952年并入华东纺织工学院。旧址现存学生宿舍楼、纺织科图书馆楼各1座。学生宿舍楼建于民国14年(1925),为二层砖木结构,建筑面积1567平方米。图书馆楼建于民国23年(1934),由纺科毕业生捐资建造,为二层砖混结构,建筑面积307平方米。现保存基本完好。

唐闸实业小学教学楼 前身为张謇于光绪三十一年(1905)创办的"唐闸实业公立艺徒预教小学",是进行职工文化教育的小学。民国建立后更名为"实业公立小学校""实业私立国民小学",民国17年(1928)发展为完全小学。现存教学楼建于20世纪30年代,为二层11开间砖混构,平面呈T形,建筑面积1354平方米,建筑风格中西合璧。近年经维修,保存完好。现为港闸区实验小学办公楼。

大生纱厂由江苏大生集团有限公司负责日常管理和使用。自建厂以来一直在原址进行着生产经营,仍基本保持着原有的历史面貌、格局,其留存的历史建筑、设施仍基本保留着原有的功能,是研究中国民族工业发展史的活标本。2006年5月公布归入第三批全国重点文物保护单位南通博物苑。

2. 金陵机器制造局厂房遗迹

位于南京市秦淮区中华门外正学路。金陵机器制造局由洋务派代表人物李鸿章创建于清同治四年(1865),英国工程师设计并主持建造厂房,在中华门外扫帚巷东首西天寺故址上兴建,除建造了机器厂房外,还建有厅房、协屋、披房以及官员住宅等一百余间。次年8月竣工,12月苏州洋炮局移入,由刘佐禹任总办,英国人马格里任督办。后又经多次扩建。民国17年(1928)改称"金陵兵工厂",工厂规模扩大,增建厂房。抗日战争期间,"金陵兵工厂"西迁重庆,抗战结束后迁回南京,改称"六零兵工厂"。

民国时期的厂房存有九处,均为青砖清水墙、人字形屋顶、三角桁架、搭形门窗。建筑风格大致可以分为二大类:一是建于民国24年(1935)的七座二层西式厂房楼群,这组楼群平均高约16米,向南呈"凹"形分布,以相邻墙面计测,厂房之间东西间隔约10米、南北间隔约8米,架空的过街楼把整个楼群串联在一起,从任何一座厂房的楼梯进入二楼后,不需下楼就可以通过过街楼道进入其他任何一座厂房,有效地提高了工作效率。二是建于民国25年(1936)的二幢多跨连续厂房,其房顶上面北开设有锯齿形天窗,避开了太阳光直射辐射,使厂房内光线柔和,利于工人从事机械加工劳动。此外还有教学楼、办公楼、物料库、宿舍楼等民国建筑。

现为南京晨光集团所用。1982年3月公布为江苏省第三批文物保护单位。1991年,被国家建设部、国家文物局评为近代优秀建筑。

3. 东明电气股份有限公司

位于东台市东台城玉带桥南。俗称"老电厂",民国8年(1919),著名实业家张謇将原东台荣泰电气公司承购下来并改名"东明电气",民国27年(1938)更名为东台电厂。原有厂房和木桥已毁于台风,现存办公楼一幢。办公楼两层,面阔12.3米、进深10.45米,周边残留部分宿舍用房,均系硬山顶。1995年4月公布为江苏省第四批文物保护单位。

4. 和记洋行旧址

位于南京市下关区宝塔桥西街168号。清宣统三年(1911),英国伦敦"合众冷藏有限公司"(又名"万国进出口公司")老板韦斯特兄弟派大班马凯司、买办韩永清、罗步洲到南京,在下关金川河两岸一带征地40公顷,筹建"江苏国际出口有限公司",俗称"英商南京和记洋行",简称"和记洋行""和记蛋厂"。民国元年(1912)建成厂房,次年正式开业,下设制蛋厂、杀猪厂、宰牛厂、鸡鸭加工厂、冷气库等。下关宝塔桥地段金川河南岸,东至二仙桥,西至老江口,均为和记洋行所占。和记洋行建筑由姚新记营造厂承建,多为钢筋混凝土结构。大多数保存至今,其中有多座四至六层建筑物、小铁路、码头以及原英国老板住宅楼等,机房内现仍保留前苏联、英国、丹麦等国家的机器。现是南京肉联厂所在地,其原有建筑保存基本完好。2002年10月公布为江苏省第五批文物保护单位。

5. 茂新面粉厂旧址

位于无锡市南长区振新路415号。建筑面积7 300余平方米,占地面积12 123平方米。清光绪二十七年(1901)由近代实业家荣宗敬、荣德生兄弟和朱仲甫等人集资创建。抗日战争时期遭日机轰炸并烧毁,民国35年(1946)重建厂房,旧址所在老厂房至今仍十分坚固,外形保存较好。有自动装卸设备的小麦库房、制粉车间、吊车、码头和荣德生的办公室、沙发等旧物,基本完好。2002年10月公布为江苏省第五批文物保护单位。2005年在茂新面粉厂旧址保留的老建筑基础上筹建无锡(中国)民族工商业博物馆,2007年2月15日筹备工作基本完成并对社会免费开放。

6. 江阴蚕种场

位于江阴市区东南长泾镇泾河北岸、千步石板老街河北街东端尽头,又名"大福蚕种场"。江阴蚕种场以泾河为界分南北两场,由邑人宋楚英、宋楚材兄弟创建,民国17年(1928)建南场(现已无存),民国25年(1936)建北场,河上架木桥作为通途,原总面积1.45万平方米。现占地面积5 050平方米,建筑面积6 700平方米,房屋124间,均为硬山顶砖木结构,以连廊构通。主体建筑为四进,第一进为过道,第二进为平房,第三进和第四进为二层楼,楼下为地下室;西侧有平房三进。主体建筑按照培育蚕种生产流程设计,每间都有木质排风筒,升出屋面部分则用白铁皮做成风口,可随风向转动;地下室有水井,保证用水和夏天降温需要;墙内有壁炉,解决不同季节恒温恒湿问题。2002年10月公布为江苏省第五批文物保护单位。现为长泾镇蚕桑博物馆。

7. 浦口火车站及附属

位于南京市浦口区津浦路30号。清光绪三十四年(1908),英国人主持修建津浦铁路南段;民国3年(1914),浦口火车站竣工并投入使用。一代伟人毛泽东、散文家朱自清《背影》即描述了其送父别情)等在这里留下故事。民国18年(1929),国民政府"奉安大典"在浦口站举行迎灵仪式,孙中山灵柩由专列运此并渡江,为纪念此事在车站广场建"中山停灵台"。抗日战争期间,车站大楼遭到轰炸。中华人民共和国成立后,"文化大革命"中有大火灾等损毁严重。1969年长江大桥通车后,该站客运业务一度中断,20世纪80年代一度恢复又逐步萎缩,直至2004年停止,现专门从事货运。车站配套建筑电报房今作为民居、仓库使用;贵宾楼现为铁路派出所、车站三产公司办公用房。2006年6月公布为江苏省第六批文物保护单位。

8. 振新纱厂旧址

位于无锡市南长区健康路116号。振新纱厂又名振新纺织国棉四厂,由荣宗敬、荣德生、荣瑞馨等人筹建,于清光绪三十二年(1906)建成,次年投产。抗日战争时期焚毁了大部厂房和设备,并于民国27年(1938)占领该厂,抗战胜利后复建。现存中华人民共和国成立前建造的纺部A楼、织部车间共4 200平方米,钢砼结构;仓库3 400平方米,砖木结构;打包间、锅炉房等950平方米。2006年6月公布为江苏省第六批文物保护单位。

9. 永泰丝厂旧址

位于无锡市南长区南长街364号。永泰丝厂为清光绪二十年(1894)由薛南溟、周舜卿合资创办,后由薛氏独资经营。初厂址在上海七浦路,民国15年(1926)5月迁至现址。所产"金双鹿"丝于民国10年(1921)获美国纽约万国博览会金奖。抗日战争时停厂,抗战胜利后复业开工。中华人民共和国成立后,改为公私合营,后再改为地方国营无锡丝织二厂。1958年恢复生产"金双鹿"名牌丝,打进国际贸易市场。现存老厂茧库、办公楼一幢,均在后厂门附近。茧库面阔七间,高两层,红砖清水墙。办公楼面阔五间,高两层一阁,砖混结构,磨矾石地坪,木楼梯,系薛南溟、薛寿萱父子及高级职员办公所用。2006年6月公布为江苏省第六批文物保护单位。

10. 北仓门蚕丝仓库

位于无锡市崇安区北仓门37号,在通运路与县前东路之间,建于民国27年(1938),是抗战期间汪伪政府为控制江、浙、皖乃至长江三角洲所有的蚕丝商贸活动而建造的规模最大的蚕丝仓库,建成后不久即被日军占为粮仓,后来又恢复为蚕丝仓库。该仓库由一幢二层办公楼和两幢三层蚕茧仓库组成,均为坡顶砖木结构,清水外墙。仓库A面宽30米,进深20米;仓库B宽35米,进深20米;办公楼三间宽19米,进深二间12米。建筑群总面积6 000平方米,库房每层高近5米,避光、避风、恒温、恒湿、防鼠、防虫。今保存完好,被改造成了文化创意产业园区——北仓门艺术生活中心。2006年6月公布为江苏省第六批文物保护单位。

第九节 典型风格建筑或构筑物

1. 春在楼

位于苏州市吴中区东山镇松园弄底光明村9号。

春在楼(即雕花大楼),因门面向东,所以取"向阳门第春常在",喻为"春天永在,历年长青"之意而命名。民国11年(1922)由金锡之出资购得金家旧宅北侧土地,其弟金植之请香山工匠建造,至民国14年(1925)竣工。中华人民共和国成立后,1990年对春在楼门楼进行整修,1992恢复原春在楼摆饰。

春在楼占地面积5 500.16平方米,为中西结合仿古砖木结构建筑。楼内有大小房间上百间,四周围是高达21.95米、外黑里白的封火山墙。平面呈多边形,中轴线上主体建筑从东往西依次为照墙、门楼、前楼、中楼、后楼(已毁)。楼面前后构通,俗称"走马楼",又叫"转楼"。门楼高9.25米,细砖雕刻,内容有"八仙庆寿""文王访贤,尧舜禅让""郭子仪庆寿子孙满堂""鹿十景"等。前楼二层,下为客厅,除梁、桁、木椽上全施浮雕各种花卉图案外,厅前长短窗的裙板上也全施雕刻,图案为传统题材,有"二十四孝"故事等;外梁头刻"三国演义"场景"桃园结义"等;栏板为生铁铸造,图案为"蝙蝠捧寿"。二楼柱刻成竹节状,重沿板雕"万福流云"图案。楼北有宽不足10米、长20余米的花园,有假山、水池、曲桥、亭榭、回廊等园艺设施,在围墙上开有用蝴蝶瓦组成的十三扇花窗。楼后有晒台、单檐方亭。

春在楼集砖雕、木雕、石雕为一体,是苏南地区近代民居建筑雕刻艺术承上启下的代表作。春在楼的砖雕门楼、前楼、后楼和花园等建筑均保存完好,门楼上的砖雕原有几处损坏,现已全部修缮恢复。1982年3月以东山地主宅院名称公布为江苏省第三批文物保护单位。2006年5月公布为第六批全国重点文物保护单位，更名为春在楼。

2. 浦镇车辆厂英式建筑

位于南京市浦镇车辆厂山顶花园内。始建于清宣统元年(1909)，原为浦镇车辆工厂英国籍厂长奥斯敦、总工程师韩纳等高级管理人员住宅。民国17年(1928)，蒋介石、冯玉祥曾在此会晤、居住。有英式建筑两幢，占地面积1 500平方米，建筑面积1 323.3平方米，房屋19间，均有长廊并地下室。奥宅坐北朝南，平面为矩形，建筑面积621平方米，前檐高4米，砖墙、铁皮顶、木地板，屋顶立壁炉烟囱。韩宅坐西北朝东南，平面为多边形，建筑面积495平方米，前檐高3.5米，砖墙、瓦顶、水泥地。2002年10月公布为江苏省第五批文物保护单位。

3. 汤山温泉别墅

位于南京市江宁区汤山街道汤山社区温泉路3号。原为国民党元老张静江的私人别墅，始建于民国9年(1920)，后张静江将别墅赠予蒋介石。民国36年(1947)修复后蒋介石、宋美龄常来沐浴，俗称蒋介石温泉别墅。别墅坐北朝南，占地面积3 208平方米，建筑面积160.38平方米，为中西合璧式砖石结构建筑。主楼二层，半地下室式。建筑内设有卧室、办公室、会客室等，地下层为总统池、美龄池、卫士池、随员池等，设有暗道备用。2002年10月公布为江苏省第五批文物保护单位。

4. 小娄巷

位于无锡市崇安区崇安寺街道小娄巷1～60号。小娄巷，古名鸣珂里，又名戴墓巷(因有戴氏墓)，后因与大娄巷(古名楼巷)相对，改名为小娄巷。巷为东西走向，东起崇宁弄，西接新生路，长近里许，是七造并列长廊式建筑。

宋建炎元年(1127)，无锡谈氏始祖谈信(字寿斋)随高宗銮驾南渡，从河南开封落籍无锡，赐建宅第于鸣珂里，即小娄巷。元代著名画家倪云林曾随其兄倪文光(昭奎)读书玄文馆，玄文馆即今小娄巷底的东林中学和崇宁路小学。明代是谈氏家族最兴旺时期。居住在小娄巷的谈泰任南京监察御史，出为四川佥事；其后谈恺又高中进上，官运亨通。从小娄巷口开始，地方官为谈氏建立"绣衣坊、钟秀坊、毓英坊、文献坊、进士第坊、丛桂坊"等九个牌坊。明嘉靖三十年(1551)，谈恺任都察院右都御史、兵部右侍郎，在小娄巷筑"万备堂"。

继而进入小娄巷的，是与谈氏家族有多代紧密姻亲关系的无锡望族秦氏。无锡秦氏在明清两代有三十三名进士，其中有秦鉽、秦蕙田、秦勇均三人列一甲第三，有"一门三探花"之誉。进士中有三人点翰林，入翰林院供职。

现存小娄巷民居中，尚有明代万历状元孙继皋少宰第后裔孙揆均、孙国璋的故居。孙揆均是清末举人，著名诗人和书法家。孙国璋是清末秀才，著名教育家，北京大学世界语教授。

现万备堂和孙继皋少宰第部分遗址尚存，宋代以来的石构件和刻石时有发现；秦毓鎏的佚园保持原有风格，秦毓钧寓所旁的老备弄贯穿南北，从小娄巷到人民路。2002年10月公布为江苏省第五批文物保护单位。

5. 鼋头渚近代园林

位于无锡市滨湖区充山之麓、太湖湖边。民国6年(1917)邑人杨翰西在此购山地60亩筑横云山庄。此后地方士绅及工商界人士陆续建别墅、筑道路、修桥梁，中华人民共和国成立后统称鼋头渚公园。全园有重要景点建筑41处，省、市级文保单位7处，明隆庆元年(1567)至民国35年(1946)石刻、碑刻12处，古树名木48株。地形为丘陵小坂，处太湖、蠡湖间，依山面湖。2002年10月以横云山庄及七十二峰山馆名公布为江苏省第五批文物保护单位，2006年更名为鼋头渚近代园林。

6. 蠡园及渔庄

位于无锡市滨湖区湖滨路南部、蠡湖湖边。蠡湖一名五里湖，民国初年筑堤植柳。民国16年(1927)，工商实业家王禹卿择地2公顷，次年兴建蠡园，历三年而成。民国19年(1930)，王禹卿妻弟陈梅芳在蠡园旁始造新园，取名渔庄，占地面积约4公顷。民国25年(1936)，王禹卿之子王亢元拓地10余亩扩建蠡园，造西班牙式小别墅、舞池、游泳池等西式建筑。中华人民共和国成立后，1952年，续建蠡园"百尺廊"为"千步长廊"，与渔庄相连。2002年10月公布为江苏省第五批文物保护单位。

7. 晓明楼

位于沛县沛城镇沛县初级中学院内，民国12年(1923)由法国传教士修建，因前身是"晓明教会学校"而得名。建筑面积1 458.21平方米，其中地下室面积 400 平方米。楼主体二层,有半地下的地下室,为中西合璧式,砖混结构。平面呈曲尺形,分东西两部分,东楼为歇山屋顶,西楼有围廊,室内为吊顶结构。外墙皆为清水砖墙,门窗、洞口及廊柱均采用拱式清水砖券,三角砖抽屉式檐口飞砖,东楼南立面做木斗栱。

现作为校史博物馆。2002 年 10 月公布为江苏省第五批文物保护单位。

8. 天香小筑

位于苏州市城区人民路苏州图书馆内。民国初年为钱业巨子金姓所有,有宅无园。民国 9 年(1920)归军官苏谦,聘宁波帮匠师增构园林,请邓邦述题"苏庄"门额。民国 20 年(1931)售予洞庭东山人席启荪(上海鼎盛、鼎元、繁康钱庄经理),改称"天香小筑"。后又转售绸缎商黄氏。抗战期间,先后被汪伪省长李士群、汪伪师长徐朴诚占为公馆。抗战胜利后,由吴县政府使用。中华人民共和国成立后成为苏州市党政机关所在地,"文化大革命"中遭破坏,1978 年整修,2001 年大修后成为图书馆的一部分。

天香小筑是一处中西合璧式花园别墅,现占地面积 2 664 平方米(其中园占地面积 1 265 平方米),建筑面积 1 033 平方米。西宅东园布局,朝西大门、轿厅、大厅已拆除。现存建筑坐北朝南,有花厅(鸳鸯厅)、主楼及东西厢楼,均为硬山顶上覆绿琉璃筒瓦。大厅面阔三间、进深十间,南有廊,设鹤胫一支香轩,前后船篷轩。主楼及东西两厢楼为"品"字形。主楼面阔三间,各楼上下以廊相互贯通,廊设挂落,中为略呈方形的庭院,楼有"蕴玉""凉香""真趣"等多处砖刻门额;内部门窗、格扇、屏门雕刻花卉、古钱、鸟兽及王羲之、蔡襄、郑板桥、曾国藩等历代名人书法。园在住宅东侧,平面为横长方形,占地面积 1 000 平方米。园中有假山,山上砌石阶、立六角凉亭,偏东设平台,山周绕以水池,池北有亭廊。旧时园内山石奇形怪状如动物,故俗称百兽园。

天香小筑现布局基本完整,主体建筑保持原样,结构稳定,内装亦基本保存原样,现状较好。花园在维修时略有改动,有少量新建。2002 年 10 月公布为江苏省第五批文物保护单位。

9. 锡金公园旧址

位于无锡市崇安区崇安寺街道崇安寺社区公园路 14 号。曾名为无锡公园,俗称公花园,现名城中公园。锡金公园旧址内有楚春申君黄歇于白水荡所建行宫、东晋王羲之寓所、崇安寺及道观"洞虚宫"局部、明盛冰鏊方塘书院等废址。清光绪三十一年(1905)九月,辟建锡金公园,第二年建成,有龙岗、归云坞及蓼莪、天绘亭,并迁入绣衣峰等。宣统二年(1910)建多寿楼;民国 9 年(1920)建池上草堂并新镌刻怀素《四十二章经》;民国 10 年(1921)建西社;民国 11 年(1922)又建兰荄,其北设天韵社,又建长廊,是年无锡名流为公园题二十四景;民国 16 年(1927)建松崖白塔;民国 19 年(1930)建同庚厅;民国 22 年(1933)建九老阁等。中华人民共和国成立后多次对该园作修葺。1996~1998 年扩充、改善该园绿地,使公园面积增至 3.33 公顷。2006 年 6 月公布为江苏省第六批文物保护单位。

10. 致德堂

位于吴江市震泽镇梅场街 34 号。为震泽富商徐廉青兴建于清宣统二年(1910),落成于民国元年(1912)。

建筑坐南朝北,占地面积 2 115 平方米。主轴前后六进,现存四进,前两进无存。原第一进店面临街,为恒丰泰米行行址,连过街廊棚至荻塘市河。店堂后为第二进,由东、西厢楼组成,西侧为米行账房间,东侧为米仓、起坐间等。第三进为原震源丝经行行址,为二层楼厅,面阔四间 15.54 米、进深 13.49 米,硬山顶。楼厅底层前后设翻轩,两侧厢自成院落。厅内为"鸳鸯厅"格局,步柱为"花篮厅"做法。明间悬"松筠小筑"匾额,系清末翰林钱崇威所题。第四进为正厅,平房,面阔四间 14.92 米、进深 8.34 米,硬山顶,悬清末状元陆润庠手书"致德堂"匾额,是徐氏家人祭祖、团拜、婚礼、寿庆等礼仪活动举行场所。第五进庭院有罗马式门楼、水池、回廊、厢楼等,主体为唯一南向楼厅,名"只可楼"。二层楼房,面阔四间 14.92 米、进深 11.44 米,硬山顶,前后有翻轩,楼上为混凝土阳台。第五、六进之间为花园,园内东西各有一茶亭,东为五边形半亭(已毁),西为卷棚歇山顶半亭,中为花坛。第六进为西洋式建筑,二层楼房,面阔四间 14.92 米、进深 4.46 米,门、窗框装饰巴洛克风格的水刷石浮雕图案,室内有石膏吊顶。

整体保存状况一般。2006 年 6 月公布为江苏省第六批文物保护单位。

11. 赵绘沈绣之楼及林溪精舍

位于南通市崇川区狼山北麓的滴珠岩前、护山河边。

赵绘沈绣之楼系张謇于民国6年(1917)所建,因藏有赵孟頫绘和沈寿绣观音像而得名。张謇在此藏有唐代至近代名家所绘观音像一百余幅,雕刻观音数十尊。楼房坐西朝东,为歇山顶式砖木结构三层楼。楼北侧西配房,称为"天祚山房";南侧为东配房,称"望岩堂",堂后建筑称"语梅楼";楼前有石桥和张謇书"灵山胜地"石坊。

林溪精舍建于民国5年(1916),系张謇在南通所建的最早的避暑别墅,位于赵绘沈绣之楼西。建筑面积168平方米,为东向单层砖木结构洋房,平面呈曲尺状,竹顶棚,上盖青灰小瓦,回廊环绕。屋北有近溪岩石数块,上镌有张謇和吴昌硕手书题记。现用作客房。

2006年6月公布为江苏省第六批文物保护单位。

12. 濠阳小筑

位于南通市崇川区环城南路21号。建筑为张謇旧居,于民国6年(1917)建造。小筑占地面积约1 860平方米,建筑面积约1 200平方米,由一座二层砖木结构楼及多座庭院组成。楼称"曼寿堂",居小庭院的中北部,面阔三间,前有长廊。楼前方和左右两侧有小院落四座,以走廊相通,院内有亭、阁、花台,面对河置漏窗。2003年为纪念张謇诞辰150周年,修葺后辟为张謇纪念馆对外开放。2006年6月公布为江苏省第六批文物保护单位。

13. 鲍庐

位于扬州市汶河街道常府社区甘泉路221号,民国初年镇扬公司董事长卢殿虎所建,为扬州造园名家余继之设计。中华人民共和国成立后一直为机关驻地,后来为扬州雕版印刷博物馆址,现园闲置,但北面部分仍为居民使用。鲍庐因北长南阔,形似葫芦,故名。占地面积约1 600平方米,建筑面积约750平方米,房屋25栋。大门东向,磨砖对缝门楼。园分东、西两部分,东部"鲍庐"园,门上有陈延韡篆书石额,院中地形狭长如曲尺,东南角为一水池,池中有半亭,池北有轩三间,以回廊相连。西部"可栖"园,园内南部有南向花厅,面阔三间9.2米、进深五檩5.8米。花厅南为一庭院,内有湖石假山一组,院西南建一水阁。以回廊相连,廊尽头有角门,额"留余"二字,门内有小巷通厅北小院。北小院有黄石花坛,保存完好。园北为三进住宅,第一进面阔三间10米、进深3.64米,第二进面阔三间10米、进深七檩6米,第三进"明三暗五"通面阔16.32米、进深七檩6.96米,均为硬山顶。住宅后有一进为厨房,古井一口。2006年6月公布为江苏省第六批文物保护单位。

第十节　宗教建筑

1. 金陵刻经处

位于南京市白下区淮海路35号。金陵刻经处是全国唯一的佛教文化学术研究、印刷、出版综合机构,由杨仁山于清同治五年(1866)创办。杨仁山(1837～1911),名文会,安徽石埭人,少佐曾国藩幕府,后放弃仕途,专以讲学、刻经为己任。金陵刻经处开始创办地点先在北极阁,后迁花牌楼(今太平南路)、常府街(申家巷北口东侧),清光绪二十三年(1897)迁杨仁山自建私宅,即现址。刻成木板经版211种1 155卷,共4.7万多块版片,还刻成佛像18种。谭嗣同(杨仁山的弟子)、梁启超都曾在此处研习佛学,谭嗣同《仁学》一书是光绪二十二年(1896)在刻经处完成的。金陵刻经印刷技艺在2006年5月被公布为首批国家级非物质文化遗产。

金陵刻经处原占地面积11 667平方米,房屋132间。今占地面积4 286平方米,建筑面积2 143.1平方米。主要建筑有深柳堂、祇洹精舍、经版房、墓塔。深柳堂1954年重建,面阔三间11.7米、进深九檩8米、高6米,坐北朝南,硬山顶,小瓦屋面,正中悬挂杨仁山画像和赵朴初题写的"深柳堂"匾额。经版房是在原被拆除平房的房基上新建的二层楼房,内藏经版125 318块,通面阔九间(二层18间)34.8米、进深十一檩8.44米、高8.84米,水泥结构,硬山顶,小瓦屋面。墓塔建于民国7年(1918),为六角喇嘛塔,水泥砌筑,塔高8.88米,上刻"杨仁山居士之塔"。塔周围建有花窗围墙,塔院面积165平方米。杨仁山孙女杨步伟卒后于1982年将部分骨灰运回葬在墓塔前,并刻石为记。

1982年3月公布为江苏省第三批文物保护单位。

2. 石鼓路天主教堂

位于南京市建邺区石鼓路110号。清同治七年(1868),法籍耶稣会传教士雷遹俊在罗汉寺旧址建造,同治九年(1870)建成,定名为"圣母无染原罪始胎堂"。民国16年(1927)和"文化大革命"中曾遭破坏,后经修复。为正统拉丁十字式建筑,占地面积561平方米,堂内面积500平方米。入口有哥特式的门廊,其上为唱经楼,堂内设无染始胎圣母像,有清代碑刻4通。1982年3月公布为江苏省第三批文物保护单位。1991年,被国家建设部、国家文物局评为近代优秀建筑。

3. 徐州耶稣圣心堂

位于徐州市云龙区青年东路216号。宣统二年(1910),法国传教士艾赉沃出资、德籍教士建筑师吴若瑟设计并主持修建。教堂以青砖青石构筑,室顶券成穹隆顶,为罗马建筑风格,屋面为中国传统的抬梁式重檐结构。教堂总面积1258平方米,平面呈十字形,由钟楼、音乐楼、礼拜堂、更衣室等部分组成,东西宽25米,南北长52米,屋脊高14.5米;堂前的三脚架高25米,角尖端装有花岗岩石的梅花十字架。礼拜堂东西宽24米,南北宽50米;内有青石柱50根,柱头雕有不同的花草纹饰。1995年4月公布为江苏省第四批文物保护单位。

4. 扬州天主教耶稣圣心堂

位于扬州市广陵区东关街道徐凝门社区北河下街25号。始建于清同治三年(1864),同治十二年(1873)上海法籍神父刘德跃来扬聘请工匠建造。教堂坐西朝东,占地面积2080平方米,建筑面积1302.5平方米。大门为中式水磨砖砌门楼,上嵌石额刻"天主堂"三字,门前为砖砌照壁墙。教堂为中世纪哥特式建筑,两坡顶,高10.05米,屋尖竖铜十字架,上部开圆形和长拱形花窗,正立面有三拱门。教堂两侧有对称的钟楼,高16.65米、面阔12.1米、进深26.1米。堂内立有8根簇柱,两侧沿墙壁有尖拱形大窗,窗户镶嵌彩色玻璃,正中有讲台。堂东南有北向二层神父楼一座,保存完好。1995年4月公布为江苏省第四批文物保护单位。

5. 金陵协和神学院

位于南京市大锏银巷13号。清宣统三年(1911),由美国基督教会、南北长老会、卫理公会等4个宗教教会联合创办,司徒雷登曾在此任教。中华人民共和国成立后,1951年,该院与金陵女子神学院合并。1952年后,华东和北方地区的神学院又并入该院。现为全国唯一的神学院。神学院由3幢主要建筑组成,中央部分的教学楼建筑面积1560平方米,为民国10年(1921)设计,次年竣工。主楼后部有小礼拜堂。2002年10月公布为江苏省第五批文物保护单位。

6. 莫愁路基督教堂

位于南京市白下区朝天宫街道莫愁路390号。原在四根杆子(今省中医院临汉中路一带),建有中华基督教自立会汉中堂,后因扩路,将教堂迁至现址重建。工程由牧师孙希圣主持,工程师陈裕华设计,陈明记营造所承建,民国25年(1936)开工,民国31年(1942)建成。中华人民共和国成立后,1981年大修后开放,2000年再次大修并整体加固。建筑面积1800平方米,为英国都铎风格建筑,平面呈十字形。墙角嵌冯玉祥题写的石碑,碑文3行,内容为"因为那立好了根基的就是耶稣基督。哥林多前书三章十一节"。门楼高17米,面西,楼额题刻"基督教莫愁路堂"。门廊进深4米,廊上有钟楼。圣殿即礼拜堂,砖木结构,南北面阔19米,东西进深33米,拱形顶,堂内有10根人字形柱,屋顶覆以方形水泥瓦。此外还有布道所、宿舍等建筑。2002年10月公布为江苏省第五批文物保护单位。

7. 三里桥天主堂

位于无锡市北塘区三里桥民主街86号。始建于明崇祯十三年(1640),由意籍耶稣会神甫毕方济筹建。清雍正禁教时被废。咸丰三年(1853)修复,太平天国时期(1851~1864)被拆毁。同治三年(1864)再次修复,光绪十七年(1891)又在反洋教斗争中被焚。光绪十八年(1892)法国传教士用清政府赔款在原地重建,奉大圣若瑟为主保,取名"若瑟堂"。光绪二十六年(1900)教堂两侧创办雅纳女学,民国元年(1912)和民国23年(1934)先后创办类思小学和原道中学,为后方便渔民教徒治病于民国37年(1948)开办若瑟医院。中华人民共和国成立后,"文化大革命"中被关闭,用作仓库,钟楼也被拆除。1980年12月25日圣诞节恢复开堂。建筑面积为1350平方米,为砖木结构,平面呈十字形,门窗为哥特式,正面脊顶竖不锈钢大十字架,下面大理石门额刻"天主堂"阴文金字。堂后钟楼长宽各18米、高25米,堂内设跪凳二千余座。2006年

6月公布为江苏省第六批文物保护单位。

8. 宿迁耶稣堂

位于宿迁市宿城区幸福路与黄运路交汇处的西北角。始建于民国14年(1925),为牧师程彭云筹资所建。中华人民共和国成立后,2004年全面维修。建筑式样采用西方传统形式,平面呈十字方形,分上下两层,南向,东西长20.67米,南北深19.37米,建筑面积近400平方米。为砖木结构,外墙是青砖清水砌筑。建筑内部东面建有舞台,中央并南、北和西面为观众席,下层可容400座左右,上层席地而坐可容近200人。2006年6月公布为江苏省第六批文物保护单位。保存较好,现为宿城区宗教局使用。

第十一节 其他近现代重要史迹及代表性建筑

1. 堂子街太平天国壁画

位于南京市汉中门内堂子街106号、108号(原72、74号)。立为王府始建于清咸丰三年(1853),为东王杨秀清属下官员的官衙。坐北朝南,占地面积约2 000平方米,原为六进,第一进已毁,今存五进,每进均面阔三间,进深7檩。自南而北为大厅、二厅、四厅、后檐房,东面为花厅,各进厅堂之间均有天井。每进的东、西、北壁原都有壁画,均是绘在墙壁或板壁上。清同治三年(1864),天京陷落后,壁画大多被毁。现存壁画18幅,全部是着彩壁画,其中大厅墙壁8幅,第二进板壁8幅,第三进板壁2幅。大厅东壁为《鹤寿图》《江防图》《山亭瀑布图》《柳阴骏马图》,西壁为《双鹿灵芝图》《云带环山图》《江天亭立图》,北壁为《孔雀牡丹图》。第二进东壁为《盆栽瓶花图》《鹿鹤同春图》《绶带蟠桃图》《丛林楼阁图》,西壁为《文房四宝图》《鸳鸯荷花图》《狮子戏球图》《茅亭远帆图》。第三进东壁为《鱼藻图》,西壁为《金狮彩球图》。1982年3月以东王府官衙壁画名称调整公布为江苏省第一、二批文物保护单位。1988年1月公布为第三批全国重点文物保护单位,更名为堂子街太平天国壁画。现为太平天国壁画艺术博物馆。

2. 罗廊巷太平天国建筑及壁画

位于南京市罗廊巷17号。立为王府始建于清咸丰三年(1853),为太平天国官衙,坐西朝东,原有三进。1955年10月发现时第一、三两进已改建,今存第二进正厅,为三开间九架瓦平房。大梁和月梁上均有刻花,南、北、西三面墙壁上有壁画,原有10幅。南墙4幅,自东至西,第一幅高、宽各2.15米,微存水草痕;第二幅《三狗图》;第三幅《松鹤图》,高2.57米,宽2.53米;第四幅已漫漶不清,可辨有"正月拾日"及朱书"福"字。西墙2幅,均已漫漶不清。北墙4幅,第一幅绘柳树双禽,另有墨书文字27行;第二幅残存树石痕迹及"李少口"三字;第三幅所绘云龙隐约可辨;第四幅已无存。因发现前保存不善,画面多数比较模糊,今已妥为保护。1982年3月公布为江苏省第三批文物保护单位。

3. 金沙井太平天国建筑

位于南京市三山街金沙井34号、36号、38号。此处原为文人汪士铎故居,清咸丰三年(1853)太平军占领南京时被放火烧毁,后太平军在废墟上重建官邸,传为干王洪仁玕六部官衙之一。太平军失败后,改为城隍庙。后官府又将其一分为二,前两进改作向荣和张国梁的祠堂,有头门三间、享殿三间、房屋两间、走廊二道;后面老屋三重作慈善机构"崇善堂"。抗战胜利后,改为私立崇善小学。中华人民共和国成立后几经改造,基本原貌仍保存完好。建筑坐北朝南,马头白墙,黑色小瓦,纵深53米,现存五进,自南往北为大殿、二厅、三厅、四厅和后檐房,占地面积1 156平方米,建筑面积923.5平方米,计有房60余间。头门左右石柱呈八角形,柱上刻有"三羊开泰""眼前见喜""蝠(福)在眼前""丹凤朝阳""雀(爵)鹿(禄)""喜豹(报)"以及山水花草、暗八仙等。大门石屋尚存中门,门联书"绪衍汉将军、谋贻唐宰相"。大厅三间,其大梁、月梁雕卷叶,檐头刻凤头龙身兽,后堂月梁刻花卉袱锦。二堂五间六架,大梁、月梁刻花。宅内有太平天国时期石碑4通,另二进门前的石鼓上留有镶刻于清同治十年(1871)的碑文;第四进则有清光绪元年(1875)立的石碑,碑面上还有梅启照题写的"崇善堂"三字。1982年3月公布为江苏省第三批文物保护单位。

4. 宜城镇太平天国建筑及壁画

位于宜兴市宜城镇通真观路。清咸丰十年(1860)太平军占领宜兴时成为辅王杨辅清王府。该建筑面北座南,原有建筑四进,其中第四进五间楼房在民国2年(1913)被烧毁。现存建筑共三进，通面阔23米，进深52米。第一进大厅面阔七间21米，进深6架6.4米，中间一间为门厅，南侧有走廊一架；次间东西墙上各有墨绘壁画四幅，每幅高2.21米、宽0.73米，画幅四周饰以深绿色边框，画面底色作粉红色。其东侧一组为山水树木、池塘荷花、山间农舍、腊梅天竹，西侧一组为湖塘春柳、红梅绿柳、山水亭台、老树扶疏。第二进面阔五间19.2米，进深十一架12.4米，中间为正厅三间，东西各有厢房一间，均为硬山顶，两侧山墙为马头封火墙。第三进面阔五间19.2米，进深八架7.02米，硬山顶，其正中一间东西墙上有壁画四幅，每幅画面高0.97米，宽1.65米。其东壁一幅绘村景，由农妇采桑、乡官骑马巡视、荷担行人等人物组成；另一幅绘雪景山水，已模糊不清。西壁两幅分别绘墨笔山水和山水村景，其中大部已剥蚀不清。每进间天井内建高墙，正中设砖雕朝南八字墙门。1982年3月公布为江苏省第三批文物保护单位。

5. 新四军标语

位于宜兴市张渚镇祝陵村。民国35年(1946)农历八月十三日深夜，新四军武工队五男一女，潜入祝陵村沿街住户闵宜大家，在其西墙用红色颜料自右至左写下"要求国民政府取消特务机关，释放爱国政治犯！"两行大字，落款"苏浙新四军"，标语长5.85米、高1.30米。标语产生了巨大的影响，国民党政府追查未果，命闵宜大将标语铲掉。闵宜大用黄泥将标语涂抹，不久后黄泥逐渐脱落，标语重又显现出来。中华人民共和国成立后，人民政府十分重视江苏境内唯一留存至今的新四军标语的保护，安装了保护框。2000年又对标语进行了清洗防霉处理。但由于多年来风雨的侵蚀和自然损坏，标语文字已大部分模糊不清。1982年3月公布为江苏省第三批文物保护单位。

6. 集善桥"太平天国"刻字

位于昆山市花桥镇赵家村。集善桥俗称赵家桥，始建于清乾隆五十二年(1787)，是一座梁式三孔花岗石板桥，南北向跨鸡鸣塘，全长21米，高4米，三孔跨度分别为3.65米、5.75米、3.9米。1976年发现在桥面南侧石板上刻有"太平天国"四字，楷书，自左至右分两行竖写，上面"太""天"两字稍大，下面"平""国"两字略小。应为清咸丰十一年(1861)太平军驻军花桥镇时所刻。现集善桥整体保存较好，但桥面刻石漫漶不清。1982年3月公布为江苏省第三批文物保护单位。

7. 云台山抗日石刻群

位于连云港市云台山一带，共有东陬山、飞来石、万寿山、围屏山、鹿场、徒然洞、东磊等7处抗日石刻。2002年10月公布为江苏省第五批文物保护单位。

表5.1 云台山抗日石刻群主要题刻

名称	位置	篆刻时间	书体	内容
东陬山抗日石刻	连云区徐圩镇东陬山麓藏军洞内	民国27年(1938)	楷书	南侧洞口文曰"日寇犯我海疆，飞机到处逞强，为免袭炸殃及，依山筑室避将"，上款曰"民国廿七年八月吉旦"，下款曰"上校总队长胡文臣题"。北侧洞口刻"藏军洞"3字，无款，应亦为胡文臣题。
飞来石抗日石刻	高公岛乡吕端山顶大桅尖峰"飞来石"南侧壁	民国27年(1938)	行草	文曰"国难当头，吾辈军人当以死赴之；得不死，则亦得后天下之乐而也。邵思三"。款下钤印两方，印文漫漶不辨。
万寿山抗日石刻	宿城乡万寿山南麓	民国27年(1938)	楷书	是民国27年5~6月驻守于此的国民革命军游击第八军军长曾锡珪及其部属冯岳、李志亲等题刻。计3处："保我河山""殷忧启圣，多难兴邦""保卫疆土，复兴中华"，并附年款、名款及跋文，记守土抗日战事。
围屏山抗日石刻	宿城乡大竹园村张楼庄西300米	民国27年(1938)	楷书	文曰"云台山顶雾茫茫，此是抗日大战场。百日争夺暂归去，可恨儿未斩光"，款"一九三八年八月沈阳周从权题"。
鹿场抗日石刻	宿城乡大竹园村上洞庄	民国27年(1938)	楷书	文曰"人心不死，国必不亡"，款具"歧山"。

续 表

名称	位置	篆刻时间	书体	内容
徒然洞抗日题刻	新浦区南城镇东凤凰山徒然洞	民国35年（1946）	楷书	门额题"徒然洞"，上款"三十五年春"，下款"阜宁高卓然题，住持隆引敬勒"。洞石东侧为"古燕国桢高捷"题《观徒然洞偶感》诗一首。西侧为高建华《题徒然洞》文曰"蠢尔倭奴残暴妄动，公理难容徒留此洞"。徒然洞东南约5米处还有武柏年题刻，文曰"题徒然洞。徒作藏身想，倭奴技已穷。一朝同鼠窜，凿洞剩山中。民国卅五年春武柏年"。
东磊抗日题刻	海州区东磊风景区龙王庙下，龙潭涧北侧崖壁	民国27年（1938）	行书	正文：血战连云。 跋文：民国念七年五月，余率所部守备连云，与倭寇血战数昼夜，奉令将墟沟阵地移交某旅，转战老窑，途经东磊，题书数字，以应父老，而为纪念。 落款：李志亲志。

第六章　可移动文物[①]

　　20世纪90年代以来,可移动文物事业获得长足发展,据全国第一次可移动文物普查数据,江苏省国有单位可移动文物收藏量从20世纪80年代末的约80万件(套)扩充为约170万件(套)。江苏省的可移动文物仍大部分由博物馆、纪念馆、图书馆、美术馆、档案馆等国有文物收藏单位及其他收藏机构进行保管维护。其中,博物馆、纪念馆是可移动文物收藏、保管的主力。至2008年底,全省博物馆、纪念馆系统共有可移动文物1 390 254件(套),其中一级品1 920件(套),二级品92 892件(套),三级品442 800件(套)。[②]

　　江苏省可移动文物,可以分为陶器,瓷器,绘画,书法,玉石器,宝石,铜器,金银器及其他金属器,石器、石刻,砖瓦,漆器,竹木器,家具,织绣,甲骨,简牍,古籍善本,碑帖拓本,档案文书,票据及文件,宣传品,雕塑,造像,文具,乐器,武器,钱币,度量衡器,牙骨角器及革命文物等类别。

[①]　本章的可移动文物表是根据江苏省博物馆、纪念馆系统内的一级品收录。
[②]　《江苏文化统计年鉴(2008)》,第337页。

第一节 陶　器

江苏馆藏陶器包括彩陶、彩绘陶、红陶、黑陶、灰陶、釉陶、白陶、紫砂等生活用品和工艺制品，以及陶制冶铸工具等。

整个新石器时代和历史时代早期，陶器始终是人们经常且大量使用的器物，新的考古发现不断丰富着江苏馆藏陶器宝库。泗洪县顺山集遗址出土的陶器是江苏省已发现的时代最早的陶器，夹砂陶釜、陶灶、双耳罐等器物烧制工艺成熟，自身特点鲜明。新石器时代青莲岗遗址的红陶、大汶口文化的黑皮陶、良渚文化的黑陶和彩绘陶精彩纷呈。1960年吴江市梅堰遗址出土的良渚文化漆绘黑陶罐，是江苏迄今发现最早使用漆绘的文物。距今5 000多年的青莲岗遗址中出土的绘彩陶钵、红陶豆、陶釜等一系列红陶器，线条优美，明快悦目，为新石器时代陶器中的精美之作。1966年邳县大墩子遗址出土的陶屋再现了原始社会晚期先民的居室，为研究早期人类生活提供了可靠的实物资料，是中国已发现的最早的陶质明器。除生活用具外，新石器时代的陶质艺术品价值更高、意义更大。南京市浦口区营盘山遗址出土的人面陶塑像被称之为"金陵先祖"。豚形陶壶、猪形陶罐、细夹砂陶怪兽、牛头陶罐、鳖形壶等相继出现，都是典型的仿生造型，有助于了解新石器时代江苏先民的社会生活和精神世界。

印纹硬陶盛行于青铜时代至汉代，质地坚硬、表面拍印几何图案，是该时期江苏地区代表性的陶器种类，尤其盛行于商周时期的江南土墩墓中。器型以瓮、坛、瓿、罐、钵、盂等盛贮器居多，纹饰有弦纹、方格纹、菱形纹、水波纹、回纹填线、堆贴瓣形饰等。1990年发掘的丹徒南岗山14座土墩墓中，印纹硬陶占了随葬品的一半以上。

汉代陶器种类有灰陶、硬陶、釉陶，主要是各种饮食器、贮藏器等容器，也包括其他生活用具，以及专为随葬而制作的明器。釉陶有青釉、褐釉、绿釉等釉色，多见于墓葬明器，如虎子、五联罐、魂瓶等。两汉时期，江苏境内诸侯王陵发现众多，形制较为复杂，随葬品中的陶质明器数量巨大，有着鲜明的时代风格和地域特点。陶质的宅屋、楼阁、车船、井灶、旗亭、台座等，都是馆藏中的精品。

六朝时期，受社会文化发展的影响，陶器造型上出现了宗教元素，在南京、江阴等地都发现了带有宗教色彩的陶谷仓罐。1997年，南京市东善桥"凤凰三年"(274)东吴墓出土的陶堆塑罐内装有谷物，堆贴着15个人像，姿势庄重，似乎在进行某种宗教仪式。

隋唐时期进入釉陶的巅峰期，唐代发展为绚丽多彩的三彩艺术。扬州地区的三彩器物在唐三彩的研究中占有着不可或缺的地位，主要出土于扬州市区的唐代城址和市郊唐墓中以小型的生活器具为主，代表作有唐三彩双系鱼瓶、黄釉搅胎枕、黄釉绿彩龙首壶等。

北宋以后，出现了紫砂陶器。产于宜兴的紫砂陶在明清两代极为兴盛，以鲜明的艺术特色成为中国最负盛名的陶器品种。

表6.1　江苏省国有文物收藏单位重要陶器文物表

文物名称	馆藏地	所属时代	质地	数量	保存情况
新石器时代画漆黑陶杯	南京博物院	新石器时代	陶	1	缺
新石器时代黑皮贯耳陶壶	南京博物院	新石器时代	陶	1	微残
新石器时代彩绘陶钵口沿残片	南京博物院	新石器时代	陶	1	重残
新石器时代崧泽时期镂空圆圈三角纹四足兽形陶器座	南京博物院	新石器时代崧泽时期	陶	1	微残
新石器时代镂空圆圈菱形纹觚式灰陶器座	南京博物院	新石器时代大汶口文化花厅期	陶	1	基本完整
新石器时代镂空彩绘连弧纹圆圈纹陶器座	南京博物院	新石器时代	陶	1	基本完整
新石器时代彩绘花叶纹扁腹陶钵	南京博物院	新石器时代大汶口文化刘林期	陶	1	基本完整
新石器时代陶屋	南京博物院	新石器时代	陶	1	基本完整
新石器时代大汶口文化螺丝形灰陶壶	南京博物院	新石器时代	陶	1	基本完整

续　表

文物名称	馆藏地	所属时代	质地	数量	保存情况
新石器时代良渚文化晚期细刻鸟纹贯耳带盖陶壶	南京博物院	新石器时代	陶	1	微残
新石器时代良渚文化晚期细刻曲折纹带盖贯耳陶壶	南京博物院	新石器时代	陶	1	微残
新石器时代丁字足带盖红陶鼎	南京博物院	新石器时代	陶	1	微残
新石器时代良渚文化黑衣阔流宽把陶杯	南京博物院	新石器时代良渚文化晚期	陶	1	微残
新石器时代三角纹陶罐	南京博物院	新石器时代	陶	1	缺
新石器时代猪形灰陶壶	南京博物院	新石器时代	陶	1	基本完整
新石器时代良渚文化黑皮弦纹贯耳陶壶	南京博物院	新石器时代	陶	1	基本完整
新石器时代良渚文化晚期黑皮提梁陶水壶	南京博物院	新石器时代	陶	1	完整
新石器时代彩绘花叶纹陶盆	南京博物院	新石器时代青莲岗文化刘林期	陶	1	基本完整
新石器时代彩绘八角星纹陶盆	南京博物院	新石器时代大汶口文化刘林期	陶	1	基本完整
新石器时代仿竹器提梁式壶灰陶	南京博物院	新石器时代	陶	1	基本完整
新石器时代彩绘陶口沿残片	南京博物院	新石器时代	陶	1	重残
新石器时代彩绘陶钵口沿残片	南京博物院	新石器时代	陶	2	重残
新石器时代双联罐形红陶鼎	南京博物院	新石器时代	陶	1	基本完整
新石器时代镂空三角圆圈纹尊式红陶器座	南京博物院	新石器时代	陶	1	基本完整
新石器时代猪形陶罐	南京博物院	新石器时代	陶	1	基本完整
新石器时代红褐陶鬶	南京博物院	新石器时代	陶	1	基本完整
新石器时代细夹砂陶怪兽	南京博物院	新石器时代	陶	1	基本完整
新石器时代彩绘花叶纹小口陶壶	南京博物院	新石器时代大汶口文化刘林期	陶	1	基本完整
新石器时代彩绘斜网格纹三系陶背壶	南京博物院	新石器时代	陶	1	基本完整
新石器时代崧泽文化穿孔带柄红陶斧	南京博物院	新石器时代	陶	1	基本完整
新石器时代彩绘陶鼎	南京博物院	新石器时代	陶	1	完整
新石器时代牛头陶罐	南京市博物馆	新石器时代	陶	1	基本完整
新石器时代陶面塑	南京市博物馆	新石器时代	陶	1	基本完整
新石器时代罐形陶豆	南京市博物馆	新石器时代	陶	1	基本完整
新石器时代兽首人身纹陶纺轮	南京市博物馆	新石器时代	陶	1	基本完整
新石器时代彩绘黑陶壶	江阴市博物馆	新石器时代	陶	1	微残
新石器时代马家浜文化中晚期云雷纹陶豆	金坛市博物馆	新石器时代马家浜文化中晚期	陶	1	完整
新石器时代崧泽文化泥质黑陶罐	吴江博物馆	新石器时代崧泽文化	陶	1	基本完整
新石器时代崧泽文化泥质灰陶壶	吴江博物馆	新石器时代崧泽文化	陶	1	微残
新石器时代良渚文化刻划兽面纹陶罐	吴中区文管办	新石器时代	陶	1	微残
新石器时代良渚文化黑皮陶鳖形壶	吴中区文管办	新石器时代	陶	1	微残
新石器时代良渚文化带刻符黑衣陶鱼篓形贯耳	吴中区文管办	新石器时代	陶	1	基本完整
新石器时代良渚文化彩绘陶罐	吴中区文管办	新石器时代	陶	1	完整
新石器时代刻划纹壶	盐城市博物馆	新石器时代	陶	1	基本完整
新石器时代带盖红陶甗	镇江博物馆	新石器时代	陶	1	重残
商代殷刻字灰陶盆	南京博物院	商	陶	1	微残
商代夹砂红陶冶铜炼锅	南京博物院	商	陶	1	微残
西周陶勺	南京博物院	西周	陶	1	缺
西周印纹四兽耳硬陶罐	南京博物院	西周至春秋	陶	1	微残

续表

文物名称	馆藏地	所属时代	质地	数量	保存情况
汉彩绘游鱼陶盆	沛县博物馆	汉	陶	1	基本完整
西汉彩绘陶旗亭	南京博物院	西汉	陶	1	基本完整
西汉双耳带盖釉陶錇	南京博物院	西汉	陶	1	基本完整
西汉青釉水波纹墨书带盖陶锺	仪征博物馆	西汉	陶	1	微残
西汉青釉刻划纹陶虎子	仪征博物馆	西汉	陶	1	基本完整
东汉灰陶水田连水池	南京博物院	东汉	陶	1	微残
东汉陶灶	南京博物院	东汉	陶	1	重残
东汉晚期陶井	南京博物院	东汉	陶	1	基本完整
东汉飞羊乘人陶摇钱树座	南京博物院	东汉	陶	1	微残
东汉佛像陶摇钱树座	南京博物院	东汉	陶	1	微残
东汉刻划篦纹酱釉陶虎子	南京博物院	东汉	陶	1	基本完整
东汉青釉鹿纹陶瓿	南京市博物馆	东汉	陶	1	基本完整
东汉青釉陶虎子	镇江博物馆	东汉	陶	1	基本完整
三国吴褐釉孝子送葬陶魂瓶	南京市博物馆	三国吴	陶	1	基本完整
三国吴褐釉红陶五联罐	南京市博物馆	三国吴	陶	1	基本完整
三国吴青釉飞鸟人物陶堆塑罐	南京博物院	三国吴	陶	1	基本完整
西晋元康七年灰陶镦	南京博物院	西晋	陶	1	基本完整
西晋人物佛像谷仓罐	江阴市博物馆	西晋至三国吴	陶	1	基本完整
东晋灰陶牛车	南京博物院	东晋	陶	1	基本完整
南梁四泉五铢钱陶范首段	南京博物院	南朝梁	陶	1	缺
南朝陶仓	南京博物院	南朝	陶	1	基本完整
南朝陶灯	南京市博物馆	南朝	陶	4	微残
唐代陶坩埚	南京博物院	唐	陶	2	微残
唐代三彩双系陶鱼壶	南京博物院	唐	陶	1	基本完整
唐绿釉波斯陶罐	扬州博物馆	唐	陶	1	微残
唐三彩模帖神兽纹三足陶鍑	扬州唐城遗址博物馆	唐	陶	1	完整
后梁八泉五铢钱陶范中段	南京博物院	后梁	陶	1	缺
北宋琉璃陶楼	镇江博物馆	北宋元祐六年(1091)	陶	1	微残
北宋琉璃水榭	镇江博物馆	北宋元祐六年(1091)	陶	3	微残
北宋琉璃陶凉亭	镇江博物馆	北宋元祐六年(1091)	陶	1	微残
宋建窑匣钵残片	南京博物院	南宋	陶	1	重残
明圣思款桃形紫砂杯	南京博物院	明	陶	1	缺
明大彬款提梁式紫砂壶	南京博物院	明	陶	1	缺
明宜兴窑紫砂提梁壶	南京市博物馆	明	瓷	1	完整
明宜兴窑紫砂提梁壶	南京市博物馆	明	瓷	1	完整
明"大彬"款紫砂壶	锡山文管办	明	陶	1	完整
明"大彬"款紫砂六方壶	扬州博物馆	明	陶	1	微残
清陈荫千款竹节提梁式紫砂壶	南京博物院	清乾隆	陶	1	缺
清水仙花式紫砂壶	南京博物院	清	陶	1	完整

续 表

文物名称	馆藏地	所属时代	质地	数量	保存情况
清大亨款八卦束竹式紫砂壶	南京博物院	清	陶	1	缺
清彭年陈曼生款紫砂壶	南京博物院	清	陶	1	缺
清彭年款仿古井栏紫砂壶	南京博物院	清嘉庆	陶	1	完整
清陈鸣远款瓜形紫砂壶	南京博物院	清	陶	1	缺
清陈鸣远款紫砂方斗杯	苏州博物馆	清	陶	1	完整

第二节 瓷 器

江苏省瓷器馆藏丰富,从商代至西周时期的原始青瓷、东汉至魏晋时的青瓷,到南北朝时期的青瓷、白瓷,隋唐时期的青瓷、白瓷和釉下彩瓷,宋代官窑、钧窑、哥窑、定窑、磁州窑、吉州窑、龙泉窑、景德镇窑,甚至西夏黑釉剔花瓷、金代肖窑瓷器,都不乏精品;元代的龙泉窑、枢府瓷、青花瓷、釉里红,明代成化"斗彩"、万历"五彩"瓷等珍品瓷,清代康熙素三彩、五彩,雍正、乾隆的粉彩、珐琅彩等也珍藏颇多,基本体现了中国瓷器的源远流长的发展历史。

中国的瓷器缘自商周时期的原始瓷,宁镇地区的句容、武进、江阴、无锡、南京等地土墩墓有大量出土。常见器型有豆、碗、罐、尊、簋、盘、钵、盆等,其中的仿青铜原始青瓷器厚重坚致。1993年武进淹城遗址出土的春秋时期原始青瓷鼎,上腹饰曲折纹三道,附耳及堆塑各一对,是吴文化中的特色器。战国时期是原始瓷发展史上的鼎盛时期。2003~2005年,无锡鸿山越国贵族墓地发掘出土的随葬器物中有原始青瓷器581件,代表了当时最高的制瓷工艺水平。

秦汉时期的原始瓷在苏南的一些墓地和遗址中有出土,宜兴丁蜀镇是产地之一。东汉时期出现了成熟的瓷器。黑釉瓷器是东汉时期的创新产品,产地在浙江省上虞一带。1973年,镇江市丹阳市大泊公社东汉永元十三年(101)墓出土的东汉黑釉瓷小罐被称为中国发现最早的有纪年可考的黑釉瓷器。

六朝时期,江苏的瓷业有了很大的发展,青瓷被广泛用于人们生活的各个方面,造型丰富多彩。常见的器型有碗、盏、罐、壶、罍、钟、盆、盘、耳杯、熏炉、灯、唾壶、虎子、双口罐、盂等实用器和灶、井、猪圈、鸡笼、磨、神兽尊、堆塑罐、人物俑等明器。六朝青瓷多见于六朝墓葬,绝大部分集中在南京及其附近地区,约在一千座以上。1983年南京市长岗村M5吴墓出土三国吴褐彩羽人纹青瓷盘口壶,证明江苏在三国时期就已经具备了烧制釉下彩瓷器的先进工艺。1994年泰州市苏北电机厂基建工地出土的莲瓣纹盖罐,2008年镇江市禹山北路三国吴墓出土的龟形瓷水注和八系带盖瓷扁壶,姿态各异,造型生动,都是六朝青瓷中的艺术珍品。

隋代,盛行青釉四系、六系和八系罐,颈与肩部装饰朵花卷叶和莲瓣纹饰。唐代,瓷器品种有青瓷、白瓷、釉下彩瓷等。瓷器的使用更为普及,瓷质的茶具、餐具、酒具、乐器、寝具等器皿伴随着人们的生活。1992年扬州念四桥薛庄出土的白釉褐彩轿车,胎白细腻,满施青白釉,人物、动物及车的显要部位以褐彩点饰。1995年扬州市三元路工地出土的青花花卉纹盘,是原始青花瓷中的佳作,尤为珍贵。唐代瓷器也受到了中外文化交流的影响,如扬州博物馆馆藏的一件唐青釉阿拉伯文扁壶,其造型、铭文和纹样具有浓郁的西亚风情,而壶的产地在中国长沙窑,是一件反映唐代中西文化合璧的重要信物。

宋代,瓷器发展"百花齐放",出自大江南北的定窑、钧窑、磁州窑、龙泉青瓷系、景德镇青白瓷系等窑口的瓷器在江苏都可以找到。1991年,江阴夏港新开河工地出土的七件定窑碗盘,胎、釉及装饰手法具精,纹饰有螭龙、飞凤、牡丹、莲荷等,寓意吉祥,代表了墓主人显赫的身份。

元代的青花瓷和颜色釉,开辟了中国瓷器发展史的新纪元。1950年南京市江宁区明洪武二十五年(1392)黔宁王沐英墓出土的萧何月下追韩信图梅瓶,无论造型、釉色、纹饰及烧造工艺各方面均达到了炉火纯青的地步,体现了景德镇制瓷工匠高超绝伦的技术,代表了元代青花瓷器最高艺术成就。1976年苏州市吴中区通安华山出土的釉里红云龙纹瓷盖罐,装饰别致,发色艳丽,堪称元代釉里红的佼佼者,是国内外罕见的早期釉里红产品。

明代馆藏品中以青花瓷居多,其他各类产品如釉下彩、釉上彩、斗彩、单色釉等也都十分出色。清代,康熙、雍正、乾隆三朝盛世,在瓷器烧制工艺和产量上都达到了历史的最高峰。青花瓷仍是瓷器中的主要产品,又创新了珐琅彩、粉彩、釉下三彩等新品种。藏品见于省内各大博物馆。

表 6.2　江苏省国有文物收藏单位重要瓷器文物表

文物名称	馆藏地	所属时代	质地	数量	保存情况
春秋青釉蟠螭纹原始瓷簋	南京博物院	春秋	瓷	2	缺
春秋青釉拍印连涡纹筒形原始瓷罐	南京博物院	春秋	瓷	1	基本完整
春秋青釉原始瓷尊	南京博物院	西周晚至春秋早期	瓷	1	微残
春秋青瓷变体龙纹双耳罐	常州博物馆	春秋	瓷	1	重残
春秋青瓷簋	常州博物馆	春秋	瓷	1	基本完整
春秋青釉米筛纹原始瓷罐	镇江博物馆	春秋	瓷	1	微残
春秋青釉勾连双勾线"S"形纹原始瓷罐	镇江博物馆	春秋	瓷	1	基本完整
春秋原始青瓷鼎	常州市武进区博物馆	春秋	瓷	1	完整
东汉黑釉瓷小罐	镇江博物馆	东汉永元十三年(101)	瓷	1	基本完整
三国吴青釉瓷提篮	南京博物院	三国吴	瓷	1	微残
三国吴青釉双耳瓷罐	南京博物院	三国吴	瓷	1	重残
三国吴青釉蛙形瓷水盂	南京博物院	三国吴	瓷	1	微残
三国吴青釉堆塑楼阁瓷灶	南京市博物馆	三国吴	瓷	1	基本完整
三国吴青釉堆塑人物楼阙瓷魂瓶	南京市博物馆	三国吴	瓷	2	基本完整
三国吴青灰釉钱纹瓷盖罐	南京市博物馆	三国吴	瓷	2	微残
三国吴青釉螭柄瓷虎子	南京市博物馆	三国吴	瓷	1	基本完整
三国吴青釉瓷车厢	南京市博物馆	三国吴	瓷	2	微残
三国吴青釉瓷碓房	南京市博物馆	三国吴	瓷	3	基本完整
三国吴青釉瓷鸡舍	南京市博物馆	三国吴	瓷	2	基本完整
三国吴青釉瓷牛车	南京市博物馆	三国吴	瓷	2	微残
三国吴青釉瓷牛车	南京市博物馆	三国吴	瓷	2	微残
三国吴青釉瓷羊舍	南京市博物馆	三国吴	瓷	1	基本完整
三国吴青釉瓷羊尊	南京市博物馆	三国吴	瓷	1	基本完整
三国吴青釉瓷支架	南京市博物馆	三国吴	瓷	1	微残
三国吴青釉瓷支架	南京市博物馆	三国吴	瓷	1	基本完整
三国吴青釉堆塑人物楼阁瓷魂瓶	南京市博物馆	三国吴	瓷	1	微残
三国吴青釉佛像纹瓷唾壶	南京市博物馆	三国吴	瓷	1	基本完整
三国吴青釉虎头盘口壶	南京市博物馆	三国吴	瓷	1	基本完整
三国吴青釉釉下彩绘神兽瑞鸟纹瓷盘口壶	南京市博物馆	三国吴	瓷	1	微残
三国吴青釉釉下彩重沿瓷盖罐	南京市博物馆	三国吴	瓷	1	基本完整
三国吴青釉釉下彩绘羽人纹瓷盘口壶	南京市博物馆	三国吴	瓷	2	基本完整
三国吴青釉堆塑人物楼阙瓷罐	南京市博物馆	三国吴	瓷	1	完整
三国吴龙首四系青瓷罐	江宁区博物馆	三国吴	瓷	1	基本完整
三国吴青釉飞鸟百戏堆塑罐	镇江博物馆	三国吴	瓷	1	重残
三国吴上虞窑青釉八系带盖瓷扁壶	镇江博物馆	三国吴	瓷	1	微残
三国吴天玺元年上虞窑青瓷扁壶	镇江博物馆	三国吴	瓷	1	缺

续 表

文物名称	馆藏地	所属时代	质地	数量	保存情况
三国吴越窑青釉鳖形瓷水注	镇江博物馆	三国吴	瓷	1	微残
西晋青釉瓷虎子	南京博物院	西晋	瓷	1	完整
西晋青釉瓷神兽尊	南京博物院	西晋	瓷	1	微残
西晋青釉丁字提梁瓷钵	南京博物院	西晋	瓷	1	微残
西晋青釉虎首双耳瓷罐	南京博物院	西晋	瓷	1	微残
西晋青釉鸡首瓷盘口壶	南京博物院	西晋	瓷	1	微残
西晋青釉鸡首双耳瓷罐	南京博物院	西晋	瓷	1	微残
西晋青釉镂空三角纹熊足瓷香薰	南京博物院	西晋	瓷	1	微残
西晋青釉鸟兽人物瓷堆塑罐	南京博物院	西晋	瓷	1	微残
西晋青釉四耳双鸟纽带盖瓷盂	南京博物院	西晋	瓷	1	微残
西晋青釉熊尊	南京博物院	西晋	瓷	1	微残
西晋青釉印花几何纹洗	南京博物院	西晋	瓷	1	微残
西晋太康六年青釉双系瓷罐	南京博物院	西晋	瓷	1	微残
西晋青黄釉水波纹瓷洗	南京市博物馆	西晋	瓷	1	基本完整
西晋青釉瓷灯	南京市博物馆	西晋	瓷	1	基本完整
西晋青釉瓷香薰	南京市博物馆	西晋	瓷	2	基本完整
西晋青釉堆塑人物楼阙瓷魂瓶	南京市博物馆	西晋	瓷	1	基本完整
西晋青釉虎头形瓷水注	南京市博物馆	西晋	瓷	1	基本完整
西晋青釉刻双翼纹瓷虎子	南京市博物馆	西晋	瓷	1	微残
西晋青釉六系瓷扁壶	南京市博物馆	西晋	瓷	1	基本完整
西晋青釉辟邪形瓷水注	南京市博物馆	西晋	瓷	1	基本完整
西晋青釉网格纹瓷簋	南京市博物馆	西晋	瓷	1	基本完整
西晋青釉鹰形瓷盘口壶	南京市博物馆	西晋	瓷	1	完整
西晋青釉丁字形提梁香薰	常熟博物馆	西晋	瓷	1	完整
西晋青釉菱形纹三丁罐	常熟博物馆	西晋	瓷	1	完整
西晋青釉猪圈	常熟博物馆	西晋	瓷	1	完整
西晋越窑青釉瓷扁壶	吴中区文管办	西晋	瓷	1	完整
西晋越窑青釉瓷簋	吴中区文管办	西晋	瓷	1	完整
西晋越窑青釉瓷楼阁式堆塑罐	吴中区文管办	西晋	瓷	1	完整
西晋越窑青釉瓷楼阁式堆塑罐	吴中区文管办	西晋	瓷	1	微残
西晋越窑青釉瓷鸟兽人物楼阁堆塑罐	吴中区文管办	西晋	瓷	1	完整
西晋越窑青釉瓷牛甗	吴中区文管办	西晋	瓷	1	完整
西晋越窑青釉瓷球形香薰	吴中区文管办	西晋	瓷	1	完整
西晋越窑青釉瓷人物百戏堆塑罐	吴中区文管办	西晋	瓷	1	微残
西晋越窑青釉瓷吐盂	吴中区文管办	西晋	瓷	1	完整
西晋越窑青釉瓷兔形水注	吴中区文管办	西晋	瓷	1	完整
西晋越窑青釉羽翼纹瓷虎子	镇江博物馆	西晋	瓷	1	缺
东晋青釉羊首双覆系瓷盘口壶	南京博物院	东晋	瓷	1	微残
东晋褐釉鸡首壶	南京市博物馆	东晋	瓷	1	基本完整
东晋酱釉瓷香薰	南京市博物馆	东晋	瓷	2	基本完整
东晋青釉瓷盖钵	南京市博物馆	东晋	瓷	1	基本完整

续 表

文物名称	馆藏地	所属时代	质地	数量	保存情况
东晋青釉瓷鸡首壶	南京市博物馆	东晋	瓷	2	基本完整
东晋青釉瓷唾壶	南京市博物馆	东晋	瓷	1	完整
东晋青釉瓷香薰	南京市博物馆	东晋	瓷	1	完整
东晋青釉方形瓷盖壶	南京市博物馆	东晋	瓷	1	基本完整
东晋青釉羊形瓷水注	南京市博物馆	东晋	瓷	1	基本完整
东晋宜兴窑青釉龙首把直流瓷尊	镇江博物馆	东晋	瓷	1	基本完整
东晋越窑青釉羊首盘口瓷壶	镇江博物馆	东晋	瓷	1	基本完整
南朝青釉暗花莲瓣纹鸡首壶	南京博物院	南朝	瓷	1	微残
南朝青釉瓷莲花尊	南京市博物馆	南朝	瓷	1	完整
南朝瓯窑青釉瓷虎子	镇江博物馆	南朝	瓷	1	完整
南朝湘阴窑青釉莲瓣纹盖罐	泰州市博物馆	南朝陈	瓷	1	微残
南朝湘阴窑青釉莲瓣纹十系罐	泰州市博物馆	南朝陈	瓷	1	基本完整
北齐青釉龙柄鸡首盘口瓷壶	徐州博物馆	北朝	瓷	1	基本完整
隋青釉莲瓣纹八系罐	盐城市博物馆	隋	瓷	1	基本完整
唐代青花花卉纹瓷枕残片	南京博物院	唐	瓷	1	重残
唐代长沙窑褐斑双耳瓷壶	南京博物院	唐	瓷	1	微残
唐代长沙窑墨绿釉瓷执壶	南京博物院	唐	瓷	1	微残
唐白釉褐彩人物轿车	扬州博物馆	唐	瓷	1	微残
唐青釉阿拉伯文扁壶	扬州博物馆	唐	瓷	1	重残
唐邢窑白釉执壶	扬州博物馆	唐	瓷	1	完整
唐长沙窑青釉褐彩鸡心纹罐	扬州博物馆	唐	瓷	1	微残
唐长沙窑青釉褐蓝彩云气纹大罐	扬州博物馆	唐	瓷	1	微残
唐长沙窑青釉贴雁纹执壶	扬州博物馆	唐	瓷	1	微残
唐绞胎瓷盘	镇江博物馆	唐	瓷	1	完整
唐巩县窑褐绿彩胶胎裴家花枕	苏州博物馆	唐	瓷	1	微残
唐越窑青瓷皮囊式壶	南通博物苑	唐	瓷	1	基本完整
五代青釉瓷执壶	南京博物院	五代	瓷	1	微残
五代吴白釉花口瓷盘	南京博物院	五代	瓷	1	微残
五代越窑青釉刻花卷草纹镂空香薰	常州博物馆	五代	瓷	2	完整
五代青瓷连座莲花碗	苏州博物馆	五代	瓷	1	微残
五代越窑秘色瓷方形高足套盘	吴中区文管办	五代	瓷	9	基本完整
五代越窑秘色瓷金口碗	吴中区文管办	五代	瓷	1	完整
南唐白釉钵盂	扬州博物馆	五代十国南唐	瓷	1	微残
宋磁州窑白地黑花开光童子雁纹瓷枕	南京博物院	宋	瓷	1	基本完整
宋哥窑青釉瓷盘	南京市博物馆	宋	瓷	1	完整
宋吉州窑卷草纹瓷瓶	南京市博物馆	宋	瓷	1	基本完整
宋白釉梅瓶	江阴市博物馆	宋	瓷	1	基本完整
宋定窑白釉刻花盘	江阴市博物馆	宋	瓷	3	基本完整
宋定窑白釉刻花折腰碗	江阴市博物馆	宋	瓷	1	基本完整
宋定窑白釉葵口碗	江阴市博物馆	宋	瓷	1	微残
宋定窑白釉双凤花纹碗	江阴市博物馆	宋	瓷	1	完整

续 表

文物名称	馆藏地	所属时代	质地	数量	保存情况
宋定窑银扣白釉印花莲瓣纹碗	江阴市博物馆	宋	瓷	1	基本完整
宋钧窑鼓钉圆洗	苏州博物馆	宋	瓷	1	完整
宋景德镇窑影青莲瓣镂空香薰	姜堰市博物馆	宋	瓷	1	完整
宋吉州窑黑釉剪纸贴花双龙纹茶盏	泰州市博物馆	宋	瓷	1	基本完整
北宋酱釉瓷盏托	南京博物院	北宋	瓷	1	重残
北宋磁州窑白地黑花莲荷纹镜盒	南京博物院	北宋	瓷	2	微残
北宋定窑牙白釉划花花卉纹洗	南京博物院	北宋	瓷	1	基本完整
北宋钧窑窑变天青釉鼓式洗	南京博物院	北宋	瓷	1	微残
北宋青釉五嘴盖罐	南京博物院	北宋	瓷	2	缺
北宋耀州窑青釉堆贴盘龙划花莲荷纹瓶	南京博物院	北宋	瓷	1	完整
北宋青白釉暗花瓷瓶	南京市博物馆	北宋	瓷	1	基本完整
北宋青白釉暗花渣斗	常州博物馆	北宋	瓷	1	基本完整
北宋越窑暗花花草纹八角葫芦瓶	常州博物馆	北宋	瓷	1	完整
北宋越窑青釉刻花牡丹纹盖盒	常州博物馆	北宋	瓷	2	完整
北宋紫定梅瓶	金坛市博物馆	北宋	瓷	1	完整
北宋乳白釉柳斗纹罐	宝应博物馆	北宋	瓷	1	完整
北宋耀州窑青釉刻莲瓣纹瓷碗	宝应博物馆	北宋	瓷	1	完整
北宋景德镇窑青白釉瓷梅瓶	镇江博物馆	北宋	瓷	1	基本完整
北宋景德镇窑青白釉注子温碗	镇江博物馆	北宋	瓷	1	微残
北宋熙宁四年定窑酱釉瓷梅瓶	镇江博物馆	北宋	瓷	1	重残
南宋景德镇窑青白釉兽面足瓷炉	南京博物院	南宋	瓷	1	基本完整
南宋吉州窑赭彩菱形纹枕	南京博物院	南宋	瓷	1	微残
南宋景德镇窑青白釉印花狮子绣球纹枕	南京博物院	南宋	瓷	1	基本完整
南宋龙泉窑青釉鬲式炉	南京博物院	南宋	瓷	1	基本完整
南宋白釉镶银口瓷碗	南京市博物馆	南宋	瓷	1	基本完整
南宋定窑白釉鸳鸯纹瓷盘	南京市博物馆	南宋	瓷	1	完整
南宋定窑镶银口白釉划花瓷盘	南京市博物馆	南宋	瓷	2	基本完整
南宋定窑镶银口白釉划花瓷碗	南京市博物馆	南宋	瓷	1	基本完整
南宋定窑镶银口白釉刻划鱼藻纹瓷碗	南京市博物馆	南宋	瓷	1	基本完整
南宋定窑镶银口白釉印花瓷碗	南京市博物馆	南宋	瓷	1	基本完整
南宋定窑镶银口石榴纹瓷碗	南京市博物馆	南宋	瓷	1	基本完整
南宋官窑青釉冰裂纹瓷盘	南京市博物馆	南宋	瓷	6	完整
南宋定窑银包口白釉印凤穿花纹碗	常州博物馆	南宋	瓷	1	完整
南宋景德镇湖田窑影青刻花牡丹纹筒式炉	常州博物馆	南宋	瓷	1	完整
南宋官窑暗花盏	吴中区文管办	南宋	瓷	1	完整
南宋影青菊花纹粉盒	吴中区文管办	南宋	瓷	1	完整
南宋鸡头壶	句容市博物馆	南宋	瓷	1	完整
金代肖窑白釉残瓶	南京博物院	金	瓷	1	重残
西夏墨釉剔花缠枝牡丹纹罐	南通博物苑	西夏	瓷	1	基本完整
元青花缠枝牡丹纹双兽耳盖罐	楚州区博物馆	元	瓷	2	微残
元代龙泉窑青釉堆贴牡丹纹瓷炉	南京博物院	元	瓷	1	完整

续 表

文物名称	馆藏地	所属时代	质地	数量	保存情况
元龙泉窑青釉印花花卉纹罐	南京博物院	元	瓷	1	基本完整
元哥釉细颈瓶	溧水县博物馆	元	瓷	2	完整
元景德镇窑青花云龙纹高足碗	南京市博物馆	元	瓷	1	基本完整
元龙泉窑青瓷荷叶盖罐	溧水县博物馆	元	瓷	2	完整
元龙泉窑青釉瓷罐	南京市博物馆	元	瓷	1	基本完整
元青白釉瓷梅瓶	南京市博物馆	元	瓷	1	完整
元青花印泥盒	溧水县博物馆	元	瓷	2	完整
元铁锈花瓷枕	南京市博物馆	元	瓷	1	基本完整
元景德镇窑影青狮形烛台	吴中区文管办	元	瓷	1	基本完整
元景德镇窑影青象形烛台	吴中区文管办	元	瓷	1	基本完整
元景德镇窑釉里红云龙纹盖罐	吴中区文管办	元	瓷	1	基本完整
元枢府釉暗花双耳扁瓶	南通博物苑	元	瓷	2	基本完整
元枢府釉带盖四足炉	南通博物苑	元	瓷	1	微残
元霁蓝釉白龙纹梅瓶	扬州博物馆	元	瓷	1	完整
元青花月影梅纹蒜头瓷瓶	扬州唐城遗址博物馆	元	瓷	2	完整
元青瓷云龙罐	句容市博物馆	元	瓷	1	完整
元青瓷云龙梅瓶	句容市博物馆	元	瓷	1	完整
元景德镇窑青花云龙纹瓷罐	镇江博物馆	元	瓷	1	完整
元代磁州窑孔雀蓝釉龙纹盖罐	建湖县博物馆	元	瓷	1	微残
元末明初枢府釉梅瓶	南通博物苑	元末明初	瓷	2	基本完整
明景德镇窑青花缠枝牡丹纹瓷梅瓶	南京市博物馆	元末明初	瓷	1	基本完整
明青花萧何追韩信图瓷梅瓶	南京市博物馆	元末明初	瓷	1	基本完整
明龙泉窑暗花瓷瓶	南京市博物馆	明初	瓷	1	基本完整
明代白釉带盖瓷梅瓶	南京博物院	明	瓷	1	完整
明景德镇窑"内府"铭白釉瓷梅瓶	南京市博物馆	明	瓷	1	基本完整
明景德镇窑白釉暗花瓷执壶	南京市博物馆	明	瓷	1	基本完整
明景德镇窑祭蓝釉瓷执壶	南京市博物馆	明	瓷	1	完整
明龙泉窑青釉暗花瓷炉	南京市博物馆	明	瓷	1	基本完整
明龙泉窑青釉暗花瓷盘	南京市博物馆	明	瓷	1	完整
明龙泉窑青釉暗花瓷执壶	南京市博物馆	明	瓷	1	基本完整
明青花凤穿牡丹纹瓷梅瓶	南京市博物馆	明	瓷	1	基本完整
明铁锈花瓷瓶	南京市博物馆	明	瓷	1	基本完整
明青花缠枝花卉纹葵形盘	太仓博物馆	明	瓷	1	完整
明青花缠枝葡萄大盆	苏州博物馆	明	瓷	1	完整
明甜白刻花葡萄花果纹菱花口盘	苏州博物馆	明	瓷	1	完整
明白釉暗刻凤纹梨式壶	扬州博物馆	明	瓷	1	完整
明青花缠枝莲纹菱口盘	扬州博物馆	明	瓷	1	基本完整
明青花一把莲纹盘	扬州博物馆	明	瓷	1	完整
明青花折枝花卉纹菱口盆	扬州博物馆	明	瓷	1	完整
高丽青釉镶嵌花卉纹玉壶春瓶	南京博物院	高丽	瓷	1	微残
高丽青釉镶嵌柳荷图梅瓶	南京博物院	高丽	瓷	1	基本完整

续 表

文物名称	馆藏地	所属时代	质地	数量	保存情况
高丽青釉镶嵌柳叶纹梅瓶	南京博物院	高丽	瓷	1	基本完整
明洪武红彩云龙纹盘残片	南京博物院	明洪武	瓷	1	重残
明洪武龙泉窑青釉执壶	南京博物院	明洪武	瓷	1	微残
明洪武岁寒三友图梅瓶	南京博物院	明洪武	瓷	1	基本完整
明洪武釉里红花卉寿石纹盘	南京博物院	明洪武	瓷	3	微残
明洪武黄地绿龙盘	苏州博物馆	明洪武	瓷	1	完整
明永乐缠枝莲纹菱花口盏托	苏州博物馆	明洪武	瓷	10	完整
明永乐青花缠枝莲纹碗	南京市博物馆	明永乐	瓷	1	基本完整
明永乐青花缠枝莲纹盘	南京博物院	明永乐	瓷	1	基本完整
明永乐青花荔枝纹盘	南京博物院	明永乐	瓷	1	完整
明永乐青花宝轮纹折沿洗	南京博物院	明永乐	瓷	1	微残
明永乐青花云龙纹扁壶	南京博物院	明永乐	瓷	2	基本完整
明永乐景德镇窑青花菱口瓷盘	南京市博物馆	明永乐	瓷	1	完整
明永乐官窑青花菱花口盘	吴中区文管办	明永乐	瓷	1	完整
明永乐景德镇窑青花缠枝牡丹碗	吴中区文管办	明永乐	瓷	1	完整
明永乐青花缠枝牡丹菱口瓷盆	吴江博物馆	明永乐	瓷	1	基本完整
明永乐甜白釉暗刻缠枝花卉纹墩式碗	常熟博物馆	明永乐	瓷	1	完整
明永乐青花缠枝花卉碗	苏州博物馆	明永乐	瓷	1	完整
明永乐青花一把莲大盘	金坛市博物馆	明永乐	瓷	1	完整
明永乐白地青花鸡心底碗	苏州博物馆	明永乐	瓷	1	微残
明宣德款景德镇窑宝石红釉瓷盘	南京市博物馆	明宣德	瓷	1	完整
明宣德款青花云龙纹钵	南京博物院	明宣德	瓷	1	基本完整
明宣德款石榴花纹碗	南京博物院	明宣德	瓷	1	基本完整
明宣德青花寿山福海纹炉	南京博物院	明宣德	瓷	1	完整
明宣德青花一束莲纹盘	南京博物院	明宣德	瓷	1	完整
明宣德仿哥釉梅瓶	南通博物苑	明宣德	瓷	1	微残
明宣德青花一束莲大盘	南通博物苑	明宣德	瓷	1	基本完整
明宣德青花菱口缠枝花卉纹盘	金坛市博物馆	明宣德	瓷	1	完整
明宣德青花岁寒三友盘	金坛市博物馆	明宣德	瓷	1	完整
明宣德景德镇窑青花束莲纹盘	吴中区文管办	明宣德	瓷	1	完整
明宣德款青花缠枝莲花盘	苏州博物馆	明宣德	瓷	1	完整
明宣德款青花缠枝牡丹纹大碗	苏州博物馆	明宣德	瓷	1	完整
明宣德款青花缠枝纹花豆	苏州博物馆	明宣德	瓷	1	微残
明宣德款青花海水白龙盘	苏州博物馆	明宣德	瓷	1	完整
明宣德款青花折枝花果尺盆	苏州博物馆	明宣德	瓷	1	完整
明宣德至正统青花孔雀牡丹纹带盖梅瓶	南京博物院	明宣德至正统	瓷	2	微残
明正统龙泉窑青釉莲瓣纹盖罐	南京博物院	明正统	瓷	2	微残
明正统青花缠枝莲纹瓜棱形盖罐	南京博物院	明正统	瓷	2	基本完整
明正统青花开光杂宝纹瓜棱形盖罐	南京博物院	明正统	瓷	2	微残
明正统青花杂宝纹瓜棱形盖罐	南京博物院	明正统	瓷	6	微残
明成化青花西番莲大盘	金坛市博物馆	明成化	瓷	1	完整

续 表

文物名称	馆藏地	所属时代	质地	数量	保存情况
明成化青花宝相花纹盘	南京博物院	明成化	瓷	2	微残
明成化青花莱菔菜纹盘	南京博物院	明成化	瓷	1	完整
明成化青花松竹梅纹盘	南京博物院	明成化	瓷	1	完整
明成化青花西番莲纹盘	南京博物院	明成化	瓷	1	基本完整
明成化青花喜报多子图盘	南京博物院	明成化	瓷	1	完整
明弘治黄釉绶带耳瓷尊	南京博物院	明弘治	瓷	1	基本完整
明弘治款黄釉碗	南京博物院	明弘治	瓷	1	基本完整
明弘治款黄釉碗	南京博物院	明弘治	瓷	1	微残
明弘治青花绣球狮子山水纹暖碗	南京博物院	明弘治	瓷	1	微残
明正德款景德镇窑白釉绿彩云龙纹瓷盘	南京市博物馆	明正德	瓷	1	基本完整
明正德款青花红绿彩云龙纹碗	南京博物院	明正德	瓷	2	微残
明正德款青花波斯文盘	金坛市博物馆	明正德	瓷	1	完整
明正德釉里红岁寒三友图瓷梅瓶	南京市博物馆	明正德	瓷	1	基本完整
明正德款抹红缠枝牡丹盘	苏州博物馆	明正德	瓷	1	完整
明正德款鲜红白鱼暗花盘	苏州博物馆	明正德	瓷	1	微残
明正德青花缠枝茶花纹宫碗	常熟博物馆	明正德	瓷	1	完整
明正德德化窑白瓷凸花高足篦	苏州博物馆	明正德	瓷	1	完整
明嘉靖款青花鸾凤穿花纹大盘	南京博物院	明嘉靖	瓷	1	微残
明嘉靖款青花鸾凤穿花纹大盘	南京博物院	明嘉靖	瓷	1	基本完整
明嘉靖款青花鱼藻纹瓷盘	南京市博物馆	明嘉靖	瓷	1	基本完整
明嘉靖款青花云龙纹盖罐	南京博物院	明嘉靖	瓷	2	微残
明嘉靖孔雀绿釉瓷盘	南京市博物馆	明嘉靖	瓷	1	基本完整
明隆庆款黄地青花云龙纹卧足碗	南京博物院	明隆庆	瓷	1	微残
明万历款青花双龙纹长方印盒	南京博物院	明万历	瓷	2	微残
明万历款青花折枝花卉纹活环六棱瓶	南京博物院	明万历	瓷	1	微残
明万历款官窑青花缠枝纹印盒	吴中区文管办	明万历	瓷	1	完整
明万历款抹红海水青花飞兽把杯	苏州博物馆	明万历	瓷	1	完整
明万历款青花海水云龙把杯	苏州博物馆	明万历	瓷	1	完整
明万历款五彩鱼藻小碗	苏州博物馆	明万历	瓷	1	完整
明万历白地青花人物花鸟果盒	南通博物苑	明万历	瓷	1	微残
日本江户"吴祥瑞"款青花开光山水纹盘	南京博物院	十七世纪	瓷	1	基本完整
清顺治酱色釉暗刻云龙纹盘	常熟博物馆	清顺治	瓷	1	完整
清顺治款青花天女散花碗	苏州博物馆	清顺治	瓷	1	基本完整
清康熙款斗彩人物纹菱花口花盆	南京博物院	清康熙	瓷	1	微残
清康熙款豆青地五彩花鸟纹花盆	南京博物院	清康熙	瓷	3	基本完整
清康熙款黄地素三彩龙纹盘	南京博物院	清康熙	瓷	2	完整
清康熙款青花芙蓉纹盅	南京博物院	清康熙	瓷	1	完整
清康熙款青花桂花纹盅	南京博物院	清康熙	瓷	1	微残
清康熙款青花荷花纹盅	南京博物院	清康熙	瓷	1	完整
清康熙款青花菊花纹盅	南京博物院	清康熙	瓷	1	完整
清康熙款青花兰花纹盅	南京博物院	清康熙	瓷	1	完整

续表

文物名称	馆藏地	所属时代	质地	数量	保存情况
清康熙款青花梅花纹盅	南京博物院	清康熙	瓷	1	完整
清康熙款青花牡丹纹盅	南京博物院	清康熙	瓷	1	完整
清康熙款青花石榴花纹盅	南京博物院	清康熙	瓷	1	完整
清康熙款青花水仙花纹盅	南京博物院	清康熙	瓷	1	完整
清康熙款青花桃花纹盅	南京博物院	清康熙	瓷	1	完整
清康熙款青花玉兰花纹盅	南京博物院	清康熙	瓷	1	完整
清康熙款青花月季花纹盅	南京博物院	清康熙	瓷	1	完整
清康熙款五彩花鸟纹花盆	南京博物院	清康熙	瓷	1	基本完整
清康熙青花万"寿"纹尊	南京博物院	清康熙	瓷	1	微残
清康熙五彩花鸟纹高足碗	南京博物院	清康熙	瓷	2	完整
清康熙霁红釉太极洗	南通博物苑	清康熙	瓷	1	基本完整
清康熙款斗彩海水龙盆	苏州博物馆	清康熙	瓷	3	微残
清雍正白釉拱花夔龙纹提链香薰	南京博物院	清雍正	瓷	1	缺
清雍正仿青灰哥釉渣斗	南京博物院	清雍正	瓷	1	微残
清雍正款炉钧釉出戟尊	南京博物院	清雍正	瓷	1	基本完整
清雍正款炉钧釉三系瓶	南京博物院	清雍正	瓷	1	完整
清雍正款青花缠枝莲八吉祥纹尊	南京博物院	清雍正	瓷	1	微残
清雍正款青花云龙纹瓶	南京博物院	清雍正	瓷	1	完整
清雍正款斗彩牡丹蝴蝶盘	苏州博物馆	清雍正	瓷	2	微残
清雍正款粉青石榴尊	苏州博物馆	清雍正	瓷	1	完整
清雍正款洒蓝反口石榴尊	苏州博物馆	清雍正	瓷	1	完整
清雍正款釉里红海水龙观音瓶	苏州博物馆	清雍正	瓷	1	微残
清乾隆款粉彩百鹿纹尊	南京博物院	清乾隆	瓷	1	基本完整
清乾隆款粉彩花卉纹墨彩御题诗六角花盆	南京博物院	清乾隆	瓷	1	微残
清乾隆款粉彩松鼠葡萄纹方形尊	南京博物院	清乾隆	瓷	1	微残
清乾隆款粉彩婴戏纹灯笼尊	南京博物院	清乾隆	瓷	1	基本完整
清乾隆款红地珐琅彩西莲纹碗	南京博物院	清乾隆	瓷	1	完整
清乾隆款红地珐琅彩西莲纹碗	南京博物院	清乾隆	瓷	1	完整
清乾隆款霁青釉金彩粉彩乾隆行围图转心瓶	南京博物院	清乾隆	瓷	2	缺
清乾隆款青花缠枝莲纹撇口瓶	南京市博物馆	清乾隆	瓷	1	基本完整
清乾隆款青花折枝花果纹梅瓶	南京市博物馆	清乾隆	瓷	1	基本完整
清乾隆珐琅彩过枝芙蓉花纹盘	常熟博物馆	清乾隆	瓷	1	基本完整
清乾隆仿宣德青花龙凤呈祥纹梅瓶	扬州唐城遗址博物馆	清乾隆	瓷	1	完整
清道光慎德堂制款绿料彩宝相花纹六角形花盆	南京博物院	清道光	瓷	2	微残
清道光慎德堂制款墨彩龙纹海棠形花盆	南京博物院	清道光	瓷	2	基本完整
清光绪"大雅斋"款湖绿地粉彩花鸟纹缸	南京博物院	清光绪	瓷	2	基本完整
清宣统款粉彩花蝶纹玉壶春瓶	南京博物院	清宣统	瓷	2	完整
日本五彩描金花鸟人物纹瓶	南京博物院	近代	瓷	2	基本完整
民国"国民政府"款粉彩万花瓷一套（茶杯1、茶壶2、带托盖碗3、碟4、盖碗1、酱油碟1、芥末碟1、酒杯1、酒壶2、盘3、浅碟1、调羹1、碗1）	南京市博物馆	民国	瓷	1	完整

第三节 绘 画

江苏文化历史悠久、底蕴深厚，馆藏绘画文物主要以大家名作为主，代表了江苏省在中国绘画历史中的主要成就。

唐代是绘画史上的鼎盛时期，早期以道释、人物为主，现藏镇江博物馆的唐佚名佛像立轴，系由敦煌石窟中佚出。唐代传世人物画甚少，佛像尤其鲜见，此唐代佛像画对研究唐代佛教及绘画艺术均有重大价值。

宋代绘画题材广阔，画派并出，山水、花鸟画等在画坛上占有主导地位。现藏南京博物院的宋赵佶《鹡鸰图》，构图精巧，鸟的造型准确，形象生动，为宋代写生花鸟画杰作，具有较高艺术价值。

元代，文人画为画坛主流，继承发展了宋代的写意画，以山水和梅、兰、竹、石为流行题材，注重笔墨情趣，并且将书法融入画法之中。馆藏元代绘画以"元四家"（黄公望、王蒙、吴镇、倪瓒）为代表，现藏南京博物院的《丛篁古木图》是倪瓒的代表作之一，画风"简中寓繁"，对明清文人水墨画影响颇大。

明代文人画仍为主流，风格上求新立异，技法上追求多彩。明代中期名噪江南、影响最巨的画家沈周、唐寅、仇英、文徵明，并称"吴门四大家"，其代表作品有唐寅的《李端端图轴》，是明代人物画的代表作；文徵明的《万壑争流图》，用精致小笔创造磅礴景象，是明代山水画的佳作。徐渭是"写意派"花鸟画的杰出代表，现藏南京博物院的徐渭《杂花图卷》，是中国古代水墨花卉的巅峰之作。

清代绘画因师承和地域关系，产生了众多画派。清初影响较大的"正统派"，以"四王"（王时敏、王鉴、王翚、王原祁）为代表，与吴历、恽寿平并称"清初六大家"，都是江苏籍全国闻名的绘画大家。"四王"在绘画风尚和艺术思想上，直接或间接受董其昌影响，技法功力较深，画风崇尚摹古，但不少作品趋于程式化。

江苏也收藏有明末遗民画家"清初四高僧"（朱耷、石涛、髡残、弘仁）的作品，如朱耷的《山水图册》、石涛的《清凉台图轴》、弘仁的《黄山天都峰图轴》、髡残的《松岩楼阁图轴》等，其中现藏南京博物院的《淮扬洁秋图》是石涛的代表作之一，代表了石涛的绘画成就与水平，也是清代山水画的杰作。

清代龚贤享名南京画坛，与樊圻、吴宏、邹喆、谢荪、叶欣、高岑、胡慥合称"金陵八家"。龚贤的作品多写金陵山水，长于用墨，形成了浑朴中见秀逸的积墨法，不同于清初"四王"所倡导的摹古创作格法。现藏南京博物院的《千岩万壑图》是龚贤的代表作，现代著名画家黄宾虹、李可染都从他的画法中得到了启迪。清代中期，活动于扬州地区的金农、郑燮、黄慎、李鱓、李方膺、汪士慎、罗聘、高翔、边寿民，世称"扬州八怪"，不受"正统派"的束缚，大胆创新，不断为后世画家所传承，现藏南京博物院的李方膺《潇湘风竹图》、金农《玉壶春色图》等，是扬州八怪作品中的精品力作。

近现代绘画以黄宾虹、陈之佛、李可染等为代表。中华人民共和国成立以后，以傅抱石为首的新金陵画派，在新中国画坛再树新碑。

馆藏绘画中还包括大量织绣画。南宋时期，缂丝开始在苏州一带流行并得到发展，后基本集中于苏州陆慕、蠡口、光福一带，一直流传至今。沈子蕃、吴圻都是苏州这一时期的名工巧匠。馆藏缂丝作品有现藏苏州博物馆的宋缂丝凤云图轴，现藏南京博物院的南宋缂丝佛像轴、南宋缂丝月季鹌鹑图等。清代形成四大名绣，苏绣名列其中，具有纹样风格清秀精细、配色文静素雅、绣工细致、针法活泼等特点，皇室享用的大量刺绣品，几乎全出于苏绣艺人之手。近代南通沈寿开创仿真绣，在织绣技艺上达到新高度，现藏南京博物院的沈寿《耶稣像》在1915年美国旧金山举行的"太平洋万国巴拿马博览会"上获一等奖，享誉国际。

表6.3 江苏省国有文物收藏单位重要绘画文物表

文物名称	馆藏地	所属时代	质地	数量	保存情况
唐佛像立轴	镇江博物馆	唐	有机质	1	微残
宋无款桃花鸳鸯图轴	南京博物院	宋	有机质	1	微残
宋代阎次平四季牧牛图卷	南京博物院	宋	有机质	1	微残
宋赵佶鹡鸰图轴	南京博物院	宋	其他	1	微残

续 表

文物名称	馆藏地	所属时代	质地	数量	保存情况
宋夏珪灞桥风雪图轴	南京博物院	宋	有机质	1	微残
宋无款江天楼阁图轴	南京博物院	宋	有机质	1	微残
宋无款莲社图轴	南京博物院	宋	有机质	1	微残
宋夏圭钱塘观潮图纨扇面	苏州博物馆	宋	丝	1	完整
宋无款松下赏月图纨扇面	苏州博物馆	宋	丝	1	完整
宋曼陀罗尼经咒	镇江博物馆	宋	有机质	1	微残
宋缂丝凤云图轴	苏州博物馆	宋	丝	1	微残
南宋无款消夏图	苏州博物馆	南宋	丝	1	完整
金张圭宫苑图立轴	南京市博物馆	金	丝	1	完整
元黄公望水阁清幽图轴	南京博物院	元	其他	1	微残
元黄公望富春大岭图轴	南京博物院	元	其他	1	微残
元吴镇松泉图卷	南京博物院	元	其他	1	微残
元盛懋沧江横笛图轴	南京博物院	元	有机质	1	微残
元李衍修竹树石图轴	南京博物院	元	有机质	1	微残
元倪瓒苔痕树影图轴	无锡博物院	元	纸	1	完整
元王蒙竹石图轴	苏州博物馆	元	纸	1	完整
元赵天裕、柯九思、赵原、顾定之、张绅、吴镇六家墨竹子卷	苏州博物馆	元	纸	1	基本完整
元王渊作秋塘图折页	楚州区博物馆	元	丝	1	基本完整
明文徵明书画折扇	南京博物院	明	其他	1	微残
明文徵明万壑争流图轴	南京博物院	明	其他	1	微残
明"画中九友"扇面册之九邵弥山水图扇面	南京博物院	明	其他	1	微残
明杨补徐枋山水行书屏条	南京博物院	明	有机质	3	微残
明吴彬丛嶂层峦图轴	南京博物院	明	其他	1	微残
明朱谋鹳登阁看山图轴	南京博物院	明	其他	1	微残
明王问荷花图卷	南京博物院	明	其他	1	微残
明朱约佶屈原图轴	南京博物院	明	有机质	1	微残
明仇英松溪横笛图轴	南京博物院	明	有机质	1	微残
明吕纪石榴花双莺图轴	南京博物院	明	有机质	1	微残
明林良秋坡聚禽图轴	南京博物院	明	有机质	1	微残
明胡宗仁送张隆甫归武夷山图轴	南京博物院	明	其他	1	微残
明无款曲水流觞图卷	南京博物院	明	有机质	1	微残
明陆士仁钱贡等江左名胜图册	南京博物院	明	有机质	16	微残
明宋旭娥嵋雪霁图轴	南京博物院	明	有机质	1	微残
明唐寅李端端图轴	南京博物院	明	其他	1	微残
明仇英捣衣图轴	南京博物院	明	其他	1	微残
明项元汴梵林图卷	南京博物院	明	其他	1	微残
明张路鹰兔图轴	南京博物院	明	有机质	1	微残
明关思松风斜照图轴	南京博物院	明	有机质	1	微残
明夏昶满林春雨图轴	南京博物院	明	有机质	1	微残
明郁勋采芝图卷	南京博物院	明	其他	1	微残
明赵龙朱竹图轴	南京博物院	明	其他	1	微残

续表

文物名称	馆藏地	所属时代	质地	数量	保存情况
明唐寅看泉听风图轴	南京博物院	明	有机质	1	微残
明无款胡笳十八拍图卷	南京博物院	明	有机质	1	微残
明董其昌山水图卷	南京博物院	明	其他	1	微残
明徐渭杂花图卷	南京博物院	明	其他	1	微残
明无款观世音像轴	南京博物院	明	有机质	1	微残
明无款列仙图卷	南京博物院	明	其他	1	微残
明蓝英山水图卷	南京博物院	明	有机质	1	微残
明谢时臣豀山揽胜图轴	南京博物院	明	其他	1	微残
明徐渭三友图轴	南京博物院	明	其他	1	微残
明卞文瑜仿古山水册	南京博物院	明	其他	8	微残
明沈周东庄图册	南京博物院	明	其他	30	微残
明陆治天池晚眺图卷	南京博物院	明	其他	1	微残
明沈周落花诗意图卷	南京博物院	明	其他	1	微残
明文嘉莫是龙前后赤壁赋图卷	南京博物院	明	其他	1	微残
明文徵明中庭步月图轴	南京博物院	明	其他	1	微残
明杜大绶幽兰图轴	南京博物院	明	其他	1	微残
明董其昌松溪幽胜图轴	南京博物院	明	其他	1	微残
明倪瓒丛篁古木图轴	南京博物院	明	其他	1	微残
明周之冕群英吐秀图卷	南京博物院	明	其他	1	微残
明杨文聪雁荡八景图册	南京博物院	明	其他	8	微残
明沈士充秋林水阁图轴	南京博物院	明	有机质	1	微残
明殷偕鹰击天鹅图轴	南京博物院	明	有机质	1	微残
明张复阳山水图轴	南京博物院	明	其他	1	微残
明周臣柴门送客图轴	南京博物院	明	其他	1	微残
明沈周溪山秋色图轴	南京博物院	明	其他	1	微残
明陈洪绶吟梅图轴	南京博物院	明	有机质	1	微残
明王偕鹰雀图轴	南京博物院	明	其他	1	微残
明陈芹修篁文石图轴	南京博物院	明	有机质	1	微残
明程嘉燧山水图扇面	南京博物院	明	其他	1	微残
明杨文聪山水图扇面	南京博物院	明	其他	1	微残
明李流芳山水图扇面	南京博物院	明	其他	1	微残
明董其昌山水图扇面	南京博物院	明	其他	1	微残
明杨文聪枯木竹石图轴	南京博物院	明	其他	1	微残
明李因荷花鸳鸯图轴	南京博物院	明	有机质	1	微残
明陈淳牡丹图卷	南京博物院	明	其他	1	微残
明周之冕花卉图册	南京博物院	明	其他	8	微残
明无款肖像图册之王以宁肖像图册页	南京博物院	明	其他	1	微残
明无款肖像图册之陶虎溪肖像图册页	南京博物院	明	其他	1	微残
明无款肖像图册之葛寅亮肖像图册页	南京博物院	明	其他	1	微残
明无款肖像图册之汪生洲肖像图册页	南京博物院	明	其他	1	微残
明无款肖像图册之刘宪宠肖像图册页	南京博物院	明	其他	1	微残

续表

文物名称	馆藏地	所属时代	质地	数量	保存情况
明无款肖像图册之童学颜肖像图册页	南京博物院	明	其他	1	微残
明无款肖像图册之刘伯渊肖像图册页	南京博物院	明	其他	1	微残
明无款肖像图册之何斌肖像图册页	南京博物院	明	其他	1	微残
明无款肖像图册之李日华肖像图册页	南京博物院	明	其他	1	微残
明无款肖像图册之徐惺勿肖像图册页	南京博物院	明	其他	1	微残
明无款肖像图册之徐渭肖像图册页	南京博物院	明	其他	1	微残
明无款肖像图册之罗应斗肖像图册页	南京博物院	明	其他	1	微残
明杨补山水行书屏条	南京博物院	明	有机质	3	微残
明杨补山水图轴	南京博物院	明	有机质	1	微残
明杨补山水图轴	南京博物院	明	有机质	1	微残
明王问联舟渡湖图卷	南京博物院	明	有机质	1	微残
明薛素素吹箫仕女图轴	南京博物院	明	有机质	1	微残
明陈洪绶杂画图册	南京博物院	明	其他	12	微残
清蓝瑛古木文禽图轴	南京博物院	明	其他	1	微残
明林良古木苍鹰立轴	南京市博物馆	明	纸	1	完整
明林良芦雀图轴	南京市博物馆	明	丝	1	基本完整
明唐寅秋林独步图轴	无锡博物院	明	纸	1	完整
明丁云鹏煮茶图轴	无锡博物院	明	纸	1	基本完整
明邵弥积书岩图轴	无锡博物院	明	丝	1	完整
明徐贲峰下醉吟图轴	无锡博物院	明	纸	1	完整
明徐有贞草书词翰卷	无锡博物院	明	纸	1	完整
明谢时臣陶渊明诗意图卷	无锡博物院	明	丝	1	完整
明董其昌岩居图卷	无锡博物院	明	纸	1	完整
明陈洪绶三教图轴	无锡博物院	明	丝	1	完整
明陈淳四季花卉图卷	无锡博物院	明	纸	1	完整
明文震亨白岳游图卷	无锡博物院	明	纸	1	完整
明文徵明蕉石鸣琴图轴	无锡博物院	明	纸	1	基本完整
明宋旭辋川图卷	无锡博物院	明	丝	1	基本完整
明王问孤屿鼓棹图轴	无锡博物院	明	丝	1	基本完整
明恽向董巨遗意图轴	常州博物馆	明	其他	1	完整
明陈洪绶严湛李畹生为何天章作行乐图	苏州博物馆	明	丝	1	完整
明文嘉垂虹亭图	苏州博物馆	明	纸	1	完整
明唐寅农训图轴	苏州博物馆	明	丝	1	完整
明唐寅灌木丛篠图	苏州博物馆	明	丝	1	完整
明陈洪绶扑蝶图金面扇页	苏州博物馆	明	纸	1	完整
明沈周花鸟册	苏州博物馆	明	纸	1	完整
明陆治唐人诗意山水册	苏州博物馆	明	纸	1	完整
明陈章侯山水胡华鬘梅花合册	苏州博物馆	明	纸	1	完整
明戴进归舟图卷	苏州博物馆	明	丝	1	基本完整
明文伯仁石湖草堂图	苏州博物馆	明	纸	1	基本完整
明张釜临顿新居第三图	苏州博物馆	明	纸	1	完整

续表

文物名称	馆藏地	所属时代	质地	数量	保存情况
明周臣桃花源山水轴	苏州博物馆	明	丝	1	完整
明孙枝踏雪访友图轴	苏州博物馆	明	纸	1	完整
明夏昶墨竹图	苏州博物馆	明	纸	1	完整
明刘珏煙水微茫图	苏州博物馆	明	纸	1	完整
明蓝瑛仿大痴山水图轴	苏州博物馆	明	纸	1	完整
明刺绣山水椿树松鹿图	苏州博物馆	明	丝	1	完整
明刺绣山水三星图	苏州博物馆	明	丝	1	完整
明唐寅椿树双雀图轴	吴江博物馆	明	丝	1	微残
明李政作水阁归舟图折页	楚州区博物馆	明	纸	1	基本完整
明李在萱花图折页	楚州区博物馆	明	纸	1	基本完整
明陈宪章作书室清影折页	楚州区博物馆	明	纸	1	基本完整
明夏芷作枯木竹石图	楚州区博物馆	明	纸	1	基本完整
明人作江城送别图折页	楚州区博物馆	明	丝	1	基本完整
明李在作米氏云山图折页	楚州区博物馆	明	纸	1	基本完整
明徐良太白骑鲸图折页	楚州区博物馆	明	纸	1	基本完整
明殷从善作钟馗图折页	楚州区博物馆	明	纸	1	基本完整
明丁文暹作秋树双雀图折页	楚州区博物馆	明	纸	1	基本完整
明樊晖溪山远眺图折页	楚州区博物馆	明	纸	1	基本完整
明黄希毂溪山游赏图折页	楚州区博物馆	明	丝	1	基本完整
明戴浩作秋江唤渡图折页	楚州区博物馆	明	纸	1	基本完整
明夏昶作墨竹图折页	楚州区博物馆	明	纸	1	基本完整
明马轼作秋江鸿雁图折页	楚州区博物馆	明	纸	1	基本完整
明人松屋读书图折页	楚州区博物馆	明	丝	1	基本完整
明何澄云山墨戏图折页	楚州区博物馆	明	纸	1	基本完整
明谢环云山小景折页	楚州区博物馆	明	纸	1	基本完整
明人人马图折页	楚州区博物馆	明	丝	1	基本完整
明人霜林白虎图折页	楚州区博物馆	明	丝	1	基本完整
明李政烟浦渔舟图折页	楚州区博物馆	明	纸	1	基本完整
明九阳道人撷兰图折页	楚州区博物馆	明	纸	1	基本完整
明高鼎墨菊图折页	楚州区博物馆	明	纸	1	基本完整
明陈录墨梅图折页	楚州区博物馆	明	纸	1	基本完整
明沈周枯木鸲鹆图轴	扬州博物馆	明	纸	1	完整
明陈洪绶听吟图轴	扬州博物馆	明	丝	1	基本完整
明谢廷循杏园雅集图手卷	镇江博物馆	明正统二年（1437）	有机质	1	基本完整
明陈道复金焦图周贞庵诗卷	镇江博物馆	明	其他	1	基本完整
明张风人物图轴	泰州市博物馆	明	纸	1	完整
明蓝瑛仿黄鹤山樵山水图轴	泰州市博物馆	明	丝	1	基本完整
明吴彬百道飞泉图轴	泰州市博物馆	明万历	丝	1	完整
明寒梅双雉图轴	泰州市博物馆	明	丝	1	完整
明清丁云鹏原济等山水折扇合锦册	南京博物院	明清	其他	18	微残
明杜堇绿蕉当暑图轴	扬州博物馆	明	纸	1	完整

续 表

文物名称	馆藏地	所属时代	质地	数量	保存情况
明清沈周等22家山水花卉扇面集锦册	南京博物院	明清	其他	24	微残
明代无款天文图扇面	南京博物院	明	其他	1	微残
明代无款地理图扇面	南京博物院	明	其他	1	微残
明无款北京明故宫殿图轴	南京博物院	明	其他	1	微残
明鲍守业刻"诸神礼佛图"	南京博物院	明	有机质	1	微残
明鲍守业刻"华藏庄严世界海图"	南京博物院	明	有机质	1	微残
清王原祁小孤山图轴	常州博物馆	清	其他	1	完整
清马荃花蝶画图	南京博物院	清	其他	1	微残
清陆恢花卉屏条	南京博物院	清	其他	1	基本完整
清恽寿平锦石秋花图轴	南京博物院	清	其他	1	微残
清吴伟业山水图扇面	南京博物院	清	其他	1	微残
清朱耷山水图册	南京博物院	清	其他	22	微残
清吴宏樊圻寇白门像轴	南京博物院	清	其他	1	微残
清龚贤千岩万壑图卷	南京博物院	清	其他	1	微残
清华喦花卉翎毛图屏条之名花共醉图轴	南京博物院	清	有机质	1	微残
清华喦花卉翎毛图屏条之赤城花雨图轴	南京博物院	清	有机质	1	微残
清华喦花卉翎毛图屏条之春水浴洁图轴	南京博物院	清	有机质	1	微残
清陈撰花卉图册	南京博物院	清	其他	12	微残
清任颐幽鸟鸣春图轴	南京博物院	清	其他	1	微残
清徐璋松江邦彦图像册	南京博物院	清	其他	99	微残
清陈卓青山白云图轴	南京博物院	清	有机质	1	微残
清吴历仿古山水册	南京博物院	清	其他	1	微残
清高岑金山寺图轴	南京博物院	清	其他	1	微残
清吴宏吴宾等八家冈陵祝寿图轴	南京博物院	清	有机质	1	微残
清吴宏柘溪草堂图轴	南京博物院	清	有机质	1	微残
清顾鹤庆辋川诗意图册	南京博物院	清	其他	12	微残
清无款仕女图卷	南京博物院	清	有机质	1	微残
清改琦红楼梦人物图稿册	南京博物院	清	其他	30	微残
清弘仁黄山天都峰图轴	南京博物院	清	其他	1	微残
清龚贤岳阳楼图轴	南京博物院	清	有机质	1	微残
清金农牵马图轴	南京博物院	清	其他	1	微残
清禹之鼎查士标乔莱柳阴垂钓图轴	南京博物院	清	其他有机质	1	微残
清禹之鼎乔莱竹林偶聚图肖像轴	南京博物院	清	有机质	1	微残
清禹之鼎顾符稹乔莱平芜独立图肖像轴	南京博物院	清	有机质	1	微残
清禹之鼎顾符稹乔莱濯足图肖像屏条	南京博物院	清	有机质	1	微残
清王鉴溪色棹声图轴	南京博物院	清	其他	1	微残
清王时敏答菊图轴	南京博物院	清	其他	1	微残
清吴伟业等书画合锦册页屏	南京博物院	清	其他	8	微残
清吴历静深秋晓图轴	南京博物院	清	其他	1	微残
清王时敏仿倪仿米山水合卷	南京博物院	清	其他有机质	1	微残
清王原祁西岭飞舫图卷	南京博物院	清	其他	1	微残

续表

文物名称	馆藏地	所属时代	质地	数量	保存情况
清王翚渔庄烟雨图卷	南京博物院	清	其他	1	微残
清王翚仿古山水册	南京博物院	清	其他	8	微残
清闵贞芭蕉图轴	南京博物院	清	其他	1	微残
清袁江海上三山图轴	南京博物院	清	有机质	1	微残
清黄慎品砚图轴	南京博物院	清	其他	1	微残
清华岩钟馗嫁妹图轴	南京博物院	清	有机质	1	微残
清王素山水人物图册	南京博物院	清	其他	10	微残
清张崟春流出峡图轴	南京博物院	清	其他	1	微残
清虞蟾丹枫绝壁图轴	南京博物院	清	其他	1	微残
清吴历竹石图轴	南京博物院	清	其他	1	微残
清原济狂壑晴岚图轴	南京博物院	清	其他	1	微残
清查士标竹暗泉声图轴	南京博物院	清	其他	1	微残
清华冠归舟安隐图轴	南京博物院	清	其他	1	微残
清汪梅鼎问梅诗社图册	南京博物院	清	其他	23	微残
清王鉴浮岚暖翠图轴	南京博物院	清	其他	1	微残
清黄向坚滇南纪程图册	南京博物院	清	其他	9	微残
清杨晋四季山水人物图卷	南京博物院	清	有机质	1	微残
清蓝孟仿高克恭庐山高图轴	南京博物院	清	有机质	1	微残
清赵澄独享万泉图轴	南京博物院	清	有机质	1	微残
清刘度仿李成山水图折扇面	南京博物院	清	其他	1	微残
清高风翰书画合册	南京博物院	清	其他	6	微残
清髡残松岩楼阁图轴	南京博物院	清	其他	1	微残
清石涛清凉台图轴	南京博物院	清	其他	1	微残
清卞文瑜山水图扇面	南京博物院	清	其他	1	微残
清张学曾山水图扇面	南京博物院	清	其他	1	微残
清王鉴山水图扇面	南京博物院	清	其他	1	微残
清王时敏山水图扇面	南京博物院	清	其他	1	微残
清吴宏墨竹图扇面	南京博物院	清	其他	1	微残
清谢荪山水图扇面	南京博物院	清	其他	1	微残
清胡慥山水图扇面	南京博物院	清	其他	1	微残
清叶欣山水图扇面	南京博物院	清	其他	1	微残
清邹喆山水图扇面	南京博物院	清	其他	1	微残
清高岑山水图扇面	南京博物院	清	其他	1	微残
清樊圻山水图扇面	南京博物院	清	其他	1	微残
清龚贤山水图扇面	南京博物院	清	其他	1	微残
清高其佩水中八事图册	南京博物院	清	其他	8	微残
清李方膺潇湘风竹图轴	南京博物院	清	其他	1	微残
清汪士慎花卉图册	南京博物院	清	其他	12	微残
清郑燮荆棘丛兰图卷	南京博物院	清	其他	1	微残
清华岩花卉图屏之金梭掠翠图轴	南京博物院	清	有机质	1	微残
清朱耷水木清华图轴	南京博物院	清	其他	1	微残

续表

文物名称	馆藏地	所属时代	质地	数量	保存情况
清陈枚农村景物图轴	南京博物院	清	其他	1	微残
清袁耀阿房宫图轴	南京博物院	清	有机质	1	微残
清李鱓土墙蝶花图轴	南京博物院	清	其他	1	微残
清薛宣云山胜景图卷	南京博物院	清	有机质	1	微残
清萧云从云台疏树图卷	南京博物院	清	其他	1	微残
清原济淮扬洁秋图轴	南京博物院	清	其他	1	微残
清髡残苍翠凌天图轴	南京博物院	清	其他	1	微残
清高岑等金陵画家山水图册	南京博物院	清	其他	10	微残
清邹喆等金陵画家山水册	南京博物院	清	其他	10	微残
清潘恭寿幽亭秀木图轴	南京博物院	清	其他	1	微残
清金农梅树图轴	南京博物院	清	其他	1	微残
清陆高原行旅图轴	南京博物院	清	其他	1	微残
清邹喆山水册	南京市博物馆	清	丝	10	完整
清高遇牛首烟峦图轴	南京市博物馆	清	丝	1	完整
清马荃花鸟草虫册	南京市博物馆	清	丝	12	基本完整
清戴熙山水设色长题立轴	江阴市博物馆	清	纸	1	基本完整
清邹一桂五君子图轴	无锡博物院	清	纸	1	基本完整
清恽寿平山水图册	无锡博物院	清	纸	10	完整
清华嵒山水图册	无锡博物院	清	纸	16	完整
清禹之鼎白描王原祁肖像图轴	无锡博物院	清	纸	1	完整
清朱耷松鹿图轴	无锡博物院	清	纸	1	完整
清石涛看杏诗意图轴	无锡博物院	清	纸	1	完整
清朱耷杂画册	无锡博物院	清	纸	12	完整
清恽寿平刻露清秀图轴	无锡博物院	清	纸	1	完整
清石涛人马图轴	无锡博物院	清	纸	1	完整
清袁耀枫林煮茗图轴	徐州博物馆	清	有机质	1	基本完整
清朱耷梅花图册	徐州博物馆	清	有机质	1	基本完整
清黄慎伯乐相马图轴	徐州博物馆	清雍正十二年（1734）	有机质	1	基本完整
清袁耀扬州东园图长卷	金坛市博物馆	清	纸	1	完整
清初王翚芳洲图轴	常熟博物馆	清康熙	丝	1	完整
清王翚仿古山水册	常熟博物馆	清	纸	20	完整
清王时敏仿古山水册	常熟博物馆	清	纸	10	完整
清王鉴仿古山水册	常熟博物馆	清	纸	12	完整
清王时敏仿子久山水图轴	常熟博物馆	清	丝	1	基本完整
清沈铨群仙祝寿图轴	常州博物馆	清	纸	1	完整
清朱耷有余图轴	常州博物馆	清	纸	1	完整
清恽寿平苍松翠竹图轴	常州博物馆	清	纸	1	完整
清钱维城湖山早秋图卷	常州博物馆	清	纸	1	完整
清禹之鼎绘王麓台小像图轴	常州博物馆	清	其他	1	完整
清恽寿平山水花卉册	苏州博物馆	清	纸	1	完整
清王翚山水册	苏州博物馆	清	纸	1	完整

续表

文物名称	馆藏地	所属时代	质地	数量	保存情况
清王鉴虞山十景册	苏州博物馆	清	纸	1	完整
清王铎枯兰复花图	苏州博物馆	清	纸	1	完整
清祝昌溪山无尽图卷	苏州博物馆	清	纸	1	完整
清虚谷松鹤中堂	苏州博物馆	清	纸	1	完整
清任颐狸猫竹石图轴	苏州博物馆	清	纸	1	完整
清李鱓芍药图轴	苏州博物馆	清	纸	1	完整
清任颐风尘三侠图轴	苏州博物馆	清	纸	1	完整
清王原祁仿大痴富春大岭图	苏州博物馆	清	纸	1	完整
清黄向坚万里寻亲图轴	苏州博物馆	清	纸	1	完整
清王原祁仿梅道人秋山图	苏州博物馆	清	纸	1	完整
清任颐芭蕉鸡石图轴	苏州博物馆	清	纸	1	完整
清王原祁仿赵大年江乡春晓图轴	苏州博物馆	清	纸	1	完整
清王时敏端阳墨花轴	苏州博物馆	清	纸	1	完整
清王翚水竹幽居图卷	苏州博物馆	清	纸	1	基本完整
清乾隆刺绣群仙祝寿图	苏州博物馆	清乾隆	丝	1	完整
清刺绣罗汉像册	苏州博物馆	清	丝	1	微残
清乾隆缂丝群仙祝寿图	苏州博物馆	清乾隆	丝	1	完整
清露香园绣杏花村	苏州博物馆	清初	丝	1	微残
清刺绣枫树双凤图	苏州博物馆	清	丝	1	微残
清戴本孝设色陶渊明诗意图屏	南通博物苑	清康熙	丝	12	微残
清华嵒设色千手观音图立幅	南通博物苑	清	丝	1	微残
清华浚设色松鼠图立幅	南通博物苑	清乾隆	纸	1	微残
清黄慎墨笔丁有煜像卷	南通博物苑	清乾隆	纸	1	微残
清刺绣无款麻姑像图轴	南通博物苑	清道光	有机质	1	微残
清金农泥金画梅花图轴	徐州博物馆	清乾隆	有机质	1	基本完整
清高其佩山谷看云图轴	扬州博物馆	清康熙	纸	1	完整
清高翔弹指阁图轴	扬州博物馆	清	纸	1	完整
清汪士慎梅花图轴	扬州博物馆	清	纸	1	完整
清禹之鼎摩诘诗意图轴	扬州博物馆	清康熙	纸	1	完整
清邹喆雪景山水图轴	扬州博物馆	清康熙	丝	1	基本完整
清李鱓蔷薇图轴	扬州博物馆	清雍正	纸	1	完整
清黄慎钟进士图轴	扬州博物馆	清雍正	纸	1	基本完整
清郑燮兰竹石图轴	扬州博物馆	清乾隆	纸	1	完整
清戴本孝"陶渊明诗意"图屏条	扬州博物馆	清	丝	12	基本完整
清华嵒听松图立轴	镇江博物馆	清	有机质	1	完整
清禹之鼎兼葭书屋图手卷	镇江博物馆	清	有机质	1	完整
清蓝孟春山诗话图中堂	镇江博物馆	清	有机质	1	基本完整
清张夕庵镇江名胜册页	镇江博物馆	清	其他	12	基本完整
清八大山人花鸟图手卷	镇江博物馆	清	有机质	1	完整
清高其佩山雉图中堂	镇江博物馆	清	其他	1	基本完整
清瘗鹤铭水前拓本	镇江博物馆	清康熙	有机质	1	微残

续 表

文物名称	馆藏地	所属时代	质地	数量	保存情况
清袁江寒山万木图轴	泰州市博物馆	清康熙	丝	1	完整
清罗牧仿董巨山水图轴	泰州市博物馆	清	纸	1	完整
清黄慎春夜宴桃李园图轴	泰州市博物馆	清乾隆	纸	1	完整
清黄慎八仙人物图轴	泰州市博物馆	清雍正	丝	1	完整
清李鱓玉兰海棠图轴	泰州市博物馆	清乾隆	纸	1	完整
清戴本孝名山选胜图轴	泰州市博物馆	清康熙	丝	1	基本完整
清汪士慎梅花题诗手卷	泰州市博物馆	清雍正	纸	1	完整
清汤鹏溪山烟霭图铁画	镇江博物馆	清	铁	1	完整
民国沈寿绣济公图轴	苏州博物馆	民国	丝	1	完整
近代陈蘅恪峡山图轴	南京博物院	近代	其他	1	微残
近代黄宾虹李白诗意图轴	南京博物院	近代	其他	1	微残
近代何香凝画柳亚子题红梅立轴	柳亚子纪念馆	近代	纸	1	基本完整
近代何香凝等绘祝寿图立轴	柳亚子纪念馆	近代	纸	1	基本完整
近代东都谒庙图手卷	柳亚子纪念馆	近代	纸	1	基本完整
现代陈之佛松龄鹤寿图大横幅	南京博物院	现代	其他	1	微残
李可染漓江山水天下殊图	李可染艺术馆	1984年	有机质	1	完整
李可染黄山人字瀑图	李可染艺术馆	1981年	有机质	1	完整
李可染荷塘消夏图	李可染艺术馆	1985年	有机质	1	完整
李可染黄山烟云图	李可染艺术馆	1984年	有机质	1	完整
李可染颐和园扇面殿图	李可染艺术馆	1959年	有机质	1	完整
李可染桂林阳江图	李可染艺术馆	1959年	有机质	1	完整
李可染山顶梯田图	李可染艺术馆	1972年	有机质	1	完整
李可染井冈山图	李可染艺术馆	1993年	有机质	1	完整

第四节 书 法

江苏是书法大省,历史上曾出现了像"书圣"王羲之、"草圣"张旭这样的书法大家。在长期的发展演变中也衍生出相当多的书法流派,为后世留下了非常丰富的书法作品。

目前馆藏国家一级文物级别书法作品横跨唐代至现代。现藏南京博物院的宋《诰题跋卷》,卷后有南宋时人任希夷、李谬,元人赵雍,明人吴宽、张凤翼,清人陆时化、潘奕隽、钱大昕、陆时序等22人题跋,最早署年宋元祐三年(1088),时代久远,弥足珍贵;宋朱熹《与某侍郎草书札卷》,时代久远,又是名人遗墨,弥足珍贵。

明清书法家作品数量最多,其中尤以唐寅、沈周、文徵明、祝允明、张弼、董其昌、朱耷、郑燮、金农等人的书法作品最为珍贵。清朱耷《昼锦堂记》为其晚年书迹之一,体势怪伟,章法飞动,堪称佳品;清郑燮《李商隐诗轴》全幅以实取胜,显得神完气足,无疑为郑氏翰墨中精品。

表6.4 江苏省国有文物收藏单位重要绘画文物表

文物名称	馆藏地	所属时代	质地	数量	保存情况
唐金书妙法莲花经卷一套共七卷	苏州博物馆	唐至五代	纸	7	重残
宋朱熹与某侍郎书札卷	南京博物院	宋	其他	1	微残
宋范正国等范氏唐诰题跋卷	南京博物院	宋	其他	1	重残
宋范氏宋诰题跋卷	南京博物院	宋	其他	1	缺

续表

文物名称	馆藏地	所属时代	质地	数量	保存情况
宋佛说观世音经	江阴市博物馆	宋	纸	9	微残
宋太上老君说常清净经	江阴市博物馆	宋	纸	4	微残
宋金刚般若波罗蜜经	江阴市博物馆	宋	纸	15	微残
宋般若波罗蜜多心经	苏州博物馆	宋	纸	1	微残
宋佛说观世音经	苏州博物馆	宋	纸	1	微残
宋金刚般若波罗蜜经	苏州博物馆	宋	纸	1	微残
宋金光明经一套四册	苏州博物馆	宋	纸	4	微残
宋墨书佛说天地八阳经书卷	苏州博物馆	宋	纸	1	重残
宋木刻妙法莲花经卷一套七卷	苏州博物馆	宋	纸	7	微残
宋拓兰亭叙册	苏州博物馆	宋	纸	1	完整
宋范纯仁元祐诰卷	苏州博物馆	宋	纸	1	完整
北宋木刻梵文大隋求陀罗尼经咒	苏州博物馆	北宋	纸	1	微残
北宋木刻大隋求陀罗尼经咒	苏州博物馆	北宋	铜	1	微残
元维则和尚慧庆寺普说册	南京博物院	元	其他	40	微残
元赵孟頫临兰亭册	苏州博物馆	元	丝	1	完整
元钱良右书吴仲仁游吴中倡和诗卷	苏州博物馆	元	纸	1	完整
元赵孟頫行书临兰亭序卷	无锡博物院	元	纸	1	完整
明汤焕行书轴	南京博物院	明	其他	1	微残
明归庄行书轴	南京博物院	明	其他	1	微残
明文徵明行草书游天平山诗卷	南京博物院	明	其他	1	微残
明姜立纲行书咏易诗折扇面	南京博物院	明	其他	1	微残
明杜堇行书七绝诗折扇面	南京博物院	明	其他	1	微残
明文徵明家信手札册	南京博物院	明	其他	31	微残
明傅山草书轴	南京博物院	明	有机质	1	微残
明陈淳书画合卷	南京博物院	明	其他	1	微残
明万寿祺小楷金刚经卷	南京博物院	明	其他	1	微残
明张瑞图草书轴	南京博物院	明	有机质	1	微残
明王宠行书卷	南京博物院	明	其他	1	微残
明祝允明草书卷	南京博物院	明	其他	1	微残
明侯峒曾草书五言诗轴	南京博物院	明	其他	1	微残
明徐霖草书五律诗轴	南京博物院	明	有机质	1	微残
明代真可周祖行书轴	南京博物院	明	其他	1	微残
明蔡羽草书书说卷	南京博物院	明	其他	1	微残
明王问草书七言古风卷	南京博物院	明	其他	1	微残
明张弼草书轴	南京博物院	明	其他	1	微残
明邵宝行书卷	南京博物院	明	其他	1	微残
明冒襄等偶遂堂诗存册	南京博物院	明	其他	154	微残
明黄道周楷书周顺昌神道碑卷	南京博物院	明	有机质	1	微残
明眭明永行书卷	南京博物院	明	其他	1	微残
明唐寅行书折扇面	南京博物院	明	其他	1	微残
明黄淳耀行书轴	南京博物院	明	其他	1	微残

续表

文物名称	馆藏地	所属时代	质地	数量	保存情况
明陈洪绶行书轴	南京博物院	明	其他	1	微残
明王穀祥陆师道王锡爵王穉登等赠绍谷诗卷	南京博物院	明	其他	1	微残
明文彭行书五律诗轴	南京博物院	明	其他	1	微残
明米万钟草书松林五律诗折扇面	南京博物院	明	其他	1	微残
明顾梦游行书谢灵运诗卷	南京博物院	明	其他	1	微残
明邢侗信札册	南京博物院	明	其他	44	微残
明黄道周草书轴	南京博物院	明	有机质	1	微残
明徐中行写赠宗子相诗卷	南京博物院	明	其他	1	微残
明宋曹狂草轴	南京博物院	明	其他	1	微残
明高攀龙书札手稿卷	南京博物院	明	其他	1	微残
明陈继儒行书轴	南京博物院	明	其他	1	微残
明申时行行书折扇	南京博物院	明	其他	1	微残
明朱元璋行书手谕卷	无锡博物院	明	纸	1	完整
明祝允明草书桃花赋、梅兄请名说卷	无锡博物院	明	纸	1	完整
明邵宝行书自书诗卷	无锡博物院	明	纸	1	完整
明倪元璐家书卷	无锡博物院	明	纸	1	完整
明祝允明草书唐宋词卷	无锡博物院	明	纸	1	完整
明文徵明行书七律诗轴	无锡博物院	明	丝	1	基本完整
明董其昌行书临唐宋各家书翰卷	无锡博物院	明	纸	1	完整
明杨嘉祚草书杜甫丹青引诗卷	无锡博物院	明	纸	1	完整
明文徵明行书七言诗轴	常州博物馆	明	其他	1	基本完整
明孙慎行行书八屏条	常州博物馆	明	其他	8	完整
明黄道周书赵文毅公文集序卷	常熟博物馆	明	纸	1	完整
明邹元标书《赵用贤传》卷	常熟博物馆	明万历三十年（1602）	纸	1	完整
明祝允明兴宁县志稿本	苏州博物馆	明	纸	1	完整
明文徵明尺牍册	苏州博物馆	明	纸	1	完整
明文徵明尺牍	苏州博物馆	明	纸	1	完整
明人二十家词诗	苏州博物馆	明	纸	1	完整
明董其昌为高悬圃临古贴卷	苏州博物馆	明	纸	1	完整
明祝允明行草九憨等诗卷	苏州博物馆	明	纸	1	完整
明唐寅行书七律轴	苏州博物馆	明	纸	1	完整
明陈献章七绝赛兰香轴	苏州博物馆	明	纸	1	完整
明王鏊草书七律轴	苏州博物馆	明	纸	1	完整
明徐渭行草泳墨凤凰台上忆吹箫调轴	苏州博物馆	明	纸	1	完整
明徐渭行草泳剑凤凰台上忆吹箫调轴	苏州博物馆	明	纸	1	完整
明祝允明行草唐诗七绝卷	苏州博物馆	明	纸	1	完整
明王鏊行书诗词卷	苏州博物馆	明	纸	1	完整
明祝允明草书乐志论轴	苏州博物馆	明	纸	1	完整
明沈周行书五律诗轴	苏州博物馆	明	纸	1	完整
明胡端正作行书"竹窗"折页	楚州区博物馆	明	纸	1	基本完整

续表

文物名称	馆藏地	所属时代	质地	数量	保存情况
明文徵明隶书立轴	镇江博物馆	明嘉靖八年（1529）	有机质	1	完整
明杨继盛行书手卷	镇江博物馆	明嘉靖	有机质	1	基本完整
清钱坫篆书轴	南京博物院	清	其他	1	微残
清张惠言篆书七言联	南京博物院	清	其他	2	微残
清郑燮书唐人绝句诗轴	南京博物院	清	其他	1	微残
清邓廷桢书赠林则徐篆书轴	南京博物院	清	其他	1	微残
清王文治行书剪水山房诗序卷	南京博物院	清	其他	1	微残
清梁同书行书七言诗册	南京博物院	清	其他	24	微残
清阮元行书诗卷	南京博物院	清	其他	1	微残
清张纶英楷书轴	南京博物院	清	其他	1	微残
清程正揆行书五律诗轴	南京博物院	清	其他	1	微残
清金农隶书轴	南京博物院	清	有机质	1	微残
清纪映钟行书跋宛叔书折扇面	南京博物院	清	其他	1	微残
清钱名世、查昇等九家书法合锦折扇面	南京博物院	清	其他	1	微残
清朱奔篆书石鼓文等	南京博物院	清	其他	8	微残
清薛雪手札卷	南京博物院	清	其他	1	微残
清薛雪手札卷	南京博物院	清	其他	1	微残
清林则徐行书轴	南京博物院	清	其他	1	微残
清伊秉绶行书横幅	南京博物院	清	其他	1	微残
清康熙露香园绣董其昌书昼锦堂记屏	南通博物苑	清康熙	有机质	12	微残
清永理金笺草书成扇	无锡博物院	清	纸	2	完整
清王铎草书自书诗卷	无锡博物院	清	丝	1	基本完整
清刘墉金笺行书手札	无锡博物院	清	纸	2	完整
清翁同龢行楷四屏条	常熟博物馆	清晚期	纸	4	基本完整
清王时敏尺牍	苏州博物馆	清	纸	1	完整
清傅山草书七绝轴	苏州博物馆	清	丝	1	完整
清高凤翰贺捷诗轴	徐州博物馆	清	有机质	1	基本完整
清郑燮行书"为织文书"轴	扬州博物馆	清乾隆	纸	1	完整
清金农隶书述茶轴	扬州博物馆	清乾隆	纸	1	完整
清黄慎草书五律诗轴	扬州博物馆	清	纸	1	完整
现代林散之草书《论书绝句十三首》	求雨山文化名人纪念馆	1977	其他	1	基本完整
现代高二适草书《兰亭序真伪再驳议》	求雨山文化名人纪念馆	1965	其他	1	基本完整

第五节　玉石器、宝石

江苏玉器的发展历史可以追溯至新石器时代，在漫长的历史发展过程中，玉器按功能可分为礼器、仪仗、工具、生活用具、装饰品和杂器，主要器型有玉琮、玉璧、玉觽、玉环、玉璜、玉佩、玉饰、玉握以及玉摆件、首饰等。

新石器时代，太湖流域的马家浜文化、崧泽文化、良渚文化，宁镇地区的北阴阳营文化等史前文化遗址都出土有玉器。马家浜文化出土玉器60多件，器类有璜、玦、管、坠，质料为石英岩、高岭石、玉髓、萤石等。崧泽文化玉器计有160多件，器类更丰富，有璜、玦、镯、瑗、璧、玲、珠、异形玦等。北阴阳营遗址发现的玉器主要出土于墓葬，总数283

件,材质有玉和玛瑙。良渚文化玉器主要分布在苏州、徐州、常州、无锡等地,器类丰富,典型器有琮、璧、钺、三叉形器和串玉项饰等,所用材质以透闪石、阳起石之类的软玉为主。1977年吴县张陵山墓葬出土的新石器时代玉鷉,是迄今所见良渚文化最早的透雕玉饰,也是最早的玉鷉;1987年新沂市花厅18号大墓出土的新石器时代锥形玉饰,长达35.5厘米,是已知良渚文化最长、最精美的饰纹锥形玉饰件;1994年武进寺墩遗址出土的新石器时代玉钺、玉带钩,十分稀有珍贵。

春秋战国时期玉器主要分布在苏州、无锡等地,以玉佩、玉饰为主。1986年苏州市吴中区严山出土春秋鹦鹉首拱形玉饰,器呈拱形筒瓦状,这种形式在春秋时期玉器中仅此一例,1994年被国家文物局鉴定组定为国宝级文物;无锡鸿山遗址出土了大量东周时期玉器,有玉覆面、白玉飞凤、青玉飞凤、螭凤纹璧形玉佩、双龙管形玉佩、双龙首玉璜、神兽玉管、兽面纹韘形玉佩等,工艺精湛,保存较好。

汉代玉器出土较多,主要分布在宿迁、连云港、淮安、徐州等苏北地区,以及扬州地区,以装饰功能为主,主要器型有玉璧、玉佩、玉带钩、串饰、玉环等,也有玉衣、玉握等丧葬用具。徐州狮子山楚王墓出土的西汉出廓龙凤纹玉戈,是十分罕见的汉代玉戈;出土的西汉透雕双龙纹玉佩,雕琢工艺精湛,晶莹剔透,是不可多得的玉雕珍品;出土的西汉金缕玉衣,是国内出土年代最早、玉片数量最多、玉质最好、制作工艺最精的玉衣,具有极高的历史、艺术和研究价值。

宋元时期,实用装饰玉占主要地位。1970年苏州市吴县灵岩山的清代毕沅墓中出土一件宋代绾发莲瓣玉冠,是宋代玉冠唯一一例;2004年南京市江宁区建中绍兴二十五年(1155)墓出土的南宋牡丹纹玉梳、1988年南京市溧水县南郊元墓出土的元蟠螭纹玉带扣可代表这一时期的琢玉水平;2008年南京市秦淮区长干寺地宫出土北宋蕉叶形扣银水晶盏,为南方地区考古发现中罕见,体现了宋代玉石制作工艺的高超水平。

明清时期是中国玉器的鼎盛时期,追求精雕细琢,仿古玉器层出不穷。清代玉器的用途更加广泛,可分为陈设、器皿、佩饰、册宝、祭器、偶像、文玩、用具、镶嵌等。

表6.5 江苏省国有文物收藏单位重要玉石器、宝石文物表

文物名称	馆藏地	所属时代	质地	数量	保存情况
新石器时代玉璜	南京博物院	新石器时代	玉	1	微残
新石器大汶口文化双孔玉钺	南京博物院	新石器时代	玉	1	完整
新石器大汶口文化有段玉锛	南京博物院	新石器时代	玉	1	完整
新石器青莲岗文化玛瑙璜	南京博物院	新石器时代	玛瑙	1	完整
新石器时代玉玦	南京博物院	新石器时代	玉	1	微残
新石器时代玉璜	南京博物院	新石器时代	玉	1	微残
新石器时代青莲岗文化双孔玉斧	南京博物院	新石器时代	玉	1	微残
新石器时代玉匕首	南京博物院	新石器时代	玉	1	微残
新石器时代良渚文化镂雕玉鷉	南京博物院	新石器时代	玉	1	基本完整
新石器时代蛙形玉蝉	南京博物院	新石器时代	玉	1	基本完整
新石器良渚文化兽面纹镯式玉琮	南京博物院	新石器时代	玉	1	基本完整
新石器时代玉镯	南京博物院	新石器时代	玉	1	微残
新石器良渚文化玉串饰	南京博物院	新石器时代	玉	1	微残
新石器良渚文化六节玉琮	南京博物院	新石器时代	玉	1	基本完整
新石器良渚文化七节玉琮	南京博物院	新石器时代	玉	1	微残
新石器良渚文化六节玉琮	南京博物院	新石器时代	玉	1	微残
新石器时代良渚文化玉璧	南京博物院	新石器时代	玉	1	基本完整
新石器良渚文化兽面纹双节玉琮	南京博物院	新石器时代	玉	1	基本完整
新石器良渚文化四节玉琮	南京博物院	新石器时代	玉	1	微残

续 表

文物名称	馆藏地	所属时代	质地	数量	保存情况
新石器良渚文化十一节玉琮	南京博物院	新石器时代	玉	1	微残
新石器良渚文化十五节玉琮	南京博物院	新石器时代	玉	1	基本完整
新石器良渚文化十三节玉琮	南京博物院	新石器时代	玉	1	微残
新石器良渚文化十三节玉琮	南京博物院	新石器时代	玉	1	微残
新石器良渚文化镯式兽面纹玉琮	南京博物院	新石器时代	玉	1	微残
新石器良渚文化素身玉璧	南京博物院	新石器时代	玉	1	重残
新石器时代良渚文化人兽组合纹玉琮	南京博物院	新石器时代	玉	1	微残
新石器时期猪首形玉饰	南京博物院	新石器时代	玉	1	微残
新石器大汶口文化有段玉锛	南京博物院	新石器时代	玉	1	基本完整
新石器良渚文化玉串饰	南京博物院	新石器时代	玉	1	微残
新石器良渚文化人面纹锥形玉器	南京博物院	新石器时代	玉	1	微残
新石器时代玉瑗	南京博物院	新石器时代	玉	1	完整
新石器良渚文化镯式玉琮	南京博物院	新石器时代	玉	1	基本完整
新石器良渚文化玉人	南京博物院	新石器时代	玉	1	基本完整
新石器时期玉串饰	南京博物院	新石器时代	玉	1	重残
新石器时代兽面纹玉饰件	南京市博物馆	新石器时代	玉	1	完整
新石器时代玛瑙璜	南京市博物馆	新石器时代	玛瑙	1	基本完整
新石器时代玉璜	南京市博物馆	新石器时代	玉	1	基本完整
新石器时代龙形玉饰件	南京市博物馆	新石器时代	玉	1	基本完整
新石器时代良渚文化十二节人面纹玉琮	常州博物馆	新石器时代	玉	1	微残
新石器时代良渚文化人面纹玉琮	常州博物馆	新石器时代	玉	5	微残
新石器时代良渚文化玉钺	常州博物馆	新石器时代	玉	1	微残
新石器时代良渚文化玉带钩	常州市武进区博物馆	新石器时代	玉	1	完整
新石器时代良渚文化十一节兽面纹玉琮	常州市武进区博物馆	新石器时代	玉	1	基本完整
新石器时代良渚文化玉圭	溧阳市文管办	新石器时代	玉	1	完整
新石器时代良渚文化玉璧	常熟博物馆	新石器时代	玉	1	完整
新石器时代良渚文化神兽纹玉琮	常熟博物馆	新石器时代	石	1	基本完整
新石器时代良渚文化玉双龙连体环形佩	常熟博物馆	新石器时代	玉	1	完整
新石器时代良渚文化阳起石软玉钺	吴中区文管办	新石器时代	玉	1	完整
新石器时代良渚文化带刻符玉璧	吴中区文管办	新石器时代	玉	1	完整
新石器时代良渚文化残玉琮	吴中区文管办	新石器时代	玉	1	重残
新石器时代良渚文化穿孔低铁阳起石软玉斧	吴中区文管办	新石器时代	玉	1	完整
新石器时代良渚文化玉杖头	吴中区文管办	新石器时代	玉	1	完整
周琰圭	苏州博物馆	周	玉	1	微残
春秋晚期玉首、玉格	南京博物院	春秋晚期	玉	1	基本完整
春秋浅浮雕蟠虺纹玉璧	吴中区文管办	春秋	玉	1	完整
春秋浅浮雕蟠虺纹玉璧	吴中区文管办	春秋	玉	1	完整
春秋浅浮雕蟠虺纹玉璧	吴中区文管办	春秋	玉	2	完整
春秋浅浮雕蟠虺纹玉环	吴中区文管办	春秋	玉	1	完整
春秋绚索形玉镯	吴中区文管办	春秋	玉	1	完整
春秋蟠虺纹玉璜	吴中区文管办	春秋	玉	1	完整

续表

文物名称	馆藏地	所属时代	质地	数量	保存情况
春秋卷云纹玉璜	吴中区文管办	春秋	玉	1	完整
春秋S纹玉璜	吴中区文管办	春秋	玉	1	完整
春秋虎形玉饰	吴中区文管办	春秋	玉	2	完整
春秋蟠虺纹玉珑	吴中区文管办	春秋	玉	1	完整
春秋蟠虺纹玉觿	吴中区文管办	春秋	玉	1	完整
春秋人首玉觿	吴中区文管办	春秋	玉	1	完整
春秋蟠虺纹长方形玉佩	吴中区文管办	春秋	玉	4	完整
春秋兽面纹长方形玉饰	吴中区文管办	春秋	玉	1	完整
春秋双系拱形起脊玉饰	吴中区文管办	春秋	玉	1	微残
春秋鹦鹉首拱形玉饰	吴中区文管办	春秋	玉	1	完整
春秋变体夔纹玉管	吴中区文管办	春秋	玉	1	完整
春秋夔纹竹节形玉饰	吴中区文管办	春秋	玉	1	完整
春秋夔龙纹白玉璜	扬州博物馆	春秋	玉	1	基本完整
战国青玉龙佩	南京博物院	战国	玉	1	微残
战国双圈白玉杯	南京博物院	战国	玉	1	基本完整
战国连体玉璧	新沂市博物馆	战国	玉	1	完整
战国玉璜	苏州博物馆	战国	玉	1	微残
战国凤纹饰	苏州博物馆	战国	玉	1	完整
战国夔龙纹青玉觿	扬州博物馆	战国	玉	2	基本完整
汉代玉蝉	南京博物院	汉	玉	1	基本完整
汉乳丁纹玉璧	建湖县博物馆	汉	玉	1	微残
西汉带盖银鹰座玉琮	南京博物院	西汉	玉	1	微残
西汉铜泡钉乳丁纹玉璧	南京博物院	西汉	玉	1	微残
西汉玉熊	铜山北洞山汉墓陈列馆	西汉	玉	1	完整
西汉透雕螭龙纹白玉剑珌	徐州博物馆	西汉	玉	1	完整
西汉浮雕龙凤纹韘形玉佩	徐州博物馆	西汉	玉	1	完整
西汉浮雕蟠龙纹玉佩	徐州博物馆	西汉	玉	1	完整
西汉透雕龙凤纹玉环	徐州博物馆	西汉	玉	1	完整
西汉阴线刻双龙首青玉璜	徐州博物馆	西汉	玉	1	完整
西汉金缕玉衣	徐州博物馆	西汉	玉	1	缺
西汉勾连涡纹玉卮	徐州博物馆	西汉	玉	2	完整
西汉雷纹玉环	徐州博物馆	西汉	玉	1	完整
西汉龙凤纹玉璜	徐州博物馆	西汉	玉	1	完整
西汉圆雕和田黄玉握	连云港市博物馆	西汉	玉	2	基本完整
西汉透雕螭纹玉饰	徐州博物馆	西汉	玉	1	基本完整
西汉蝉形白玉琀	扬州博物馆	西汉	玉	1	完整
西汉玉串饰	扬州博物馆	西汉	玉	9	完整
西汉猪形青玉握	扬州市邗江区文物管理委员会办公室	西汉	玉	2	完整
西汉韘形白玉饰	宿迁市博物馆	西汉	玉	1	完整
汉兔形玉带钩	盱眙县博物馆	西汉	玉	1	完整
东汉玉猪	南京博物院	东汉	玉	2	微残

续表

文物名称	馆藏地	所属时代	质地	数量	保存情况
东汉银缕玉衣	南京博物院	东汉	玉	1	微残
东汉刻松绿石子母鸽	南京博物院	东汉	绿松石	1	完整
东汉刻松绿石子母天禄	南京博物院	东汉	绿松石	1	基本完整
东汉虎纽玛瑙印材	南京博物院	东汉	玛瑙	1	微残
东汉玉翁仲	南京博物院	东汉	玉	1	完整
东汉辟邪形玉壶	扬州博物馆	东汉	玉	1	基本完整
东汉"宜子孙"螭凤纹璧形玉佩	扬州博物馆	东汉	玉	1	基本完整
东汉螭龙纹环形玉佩	扬州博物馆	东汉	玉	1	完整
东晋龙凤玉佩	南京博物院	东晋	玉	1	基本完整
东晋玉组佩	南京市博物馆	东晋	玉	7	基本完整
东晋鞢形玉佩	南京市博物馆	东晋	玉	3	基本完整
东晋玉组佩	南京市博物馆	东晋	玉	7	基本完整
东晋玉剑具	南京市博物馆	东晋	玉	4	基本完整
东晋蟠螭纹玉佩	南京市博物馆	东晋	玉	1	基本完整
南朝玉翁仲	南京市博物馆	南朝	玉	1	基本完整
唐青玉圆雕人鹿图佩饰	无锡博物院	唐	玉	1	完整
南唐青玉哀册	南京博物院	五代十国南唐	玉	23	重残
宋代绾发莲瓣玉冠	南京博物院	宋	玉	1	基本完整
宋玛瑙环	南京市博物馆	宋	玛瑙	1	基本完整
南宋莲荷纹玉梳	南京市博物馆	南宋	玉	1	基本完整
南宋莲荷纹玉梳	南京市博物馆	南宋	玉	1	基本完整
南宋玛瑙璧	南京市博物馆	南宋	玛瑙	1	基本完整
南宋镂雕竹节缘龙纹白玉饰片	无锡博物院	南宋	玉	2	基本完整
元蟠螭纹玉带饰	南京市博物馆	元	玉	1	基本完整
元春水玉带扣	无锡博物院	元	玉	2	基本完整
元玉圭	苏州博物馆	元	玉	1	完整
明代雕夔龙青玉贯耳瓶	南京博物院	明	玉	1	微残
明荷叶纹玉碗	南京市博物馆	明	玉	1	基本完整
明梅竹纹碧玉簪	南京市博物馆	明	玉	2	完整
明"乾纲独立"款白玉簪	南京市博物馆	明	玉	1	完整
明龙纹琥珀簪	南京市博物馆	明	琥珀	1	基本完整
明渔翁戏荷琥珀杯	南京市博物馆	明	琥珀	1	基本完整
明白玉带板	南京市博物馆	明	玉	21	基本完整
明狮蛮纹玉带板	南京市博物馆	明	玉	20	基本完整
明洞石灵芝纹玉带板	南京市博物馆	明	玉	20	基本完整
明龙形水晶环	南京市博物馆	明	水晶	1	基本完整
明"瑶池春熟"铭金链琥珀挂件	南京市博物馆	明	琥珀	1	基本完整
明镶金托双龙戏珠纹琥珀饰件	南京市博物馆	明	琥珀	1	基本完整
明双螭耳玉杯	南京市博物馆	明	玉	1	完整
明秋葵纹玉碗	南京市博物馆	明	玉	1	基本完整
明琥珀束发冠金簪	南京市博物馆	明	琥珀	3	基本完整

续表

文物名称	馆藏地	所属时代	质地	数量	保存情况
明镶金托荷鹭形玉饰件	南京市博物馆	明	其他复合质地	1	基本完整
明狮蛮纹琥珀带板	南京市博物馆	明	琥珀	20	基本完整
明秋葵纹玉带	南京市博物馆	明	玉	20	基本完整
明镶金托云龙纹玉带板	南京市博物馆	明	玉	14	基本完整
清代青白玉通天灵芝如意	南京博物院	清	玉	1	完整
清乾隆纪绩嘉诚碧玉册	南京博物院	清乾隆二年(1737)	玉	8	微残
清代翡翠菱	南京博物院	清	玉	1	完整
清乾隆御临王羲之青白玉帖	南京博物院	清乾隆十三年(1748)	玉	4	微残
清乾隆御笔洪范碧玉册	南京博物院	清乾隆十一年(1746)	玉	8	微残
清乾隆御制淮源记描金翡翠册	南京博物院	清乾隆五十年(1785)	玉	1	微残
清乾隆御临兰亭序三种碧玉册	南京博物院	清	玉	8	微残
清乾隆御制七佛塔碑记清玉册	南京博物院	清乾隆	玉	6	微残
清代翡翠朝珠	南京博物院	清	玉	1	微残
清代翡翠朝珠	南京博物院	清	玉	1	基本完整
清白玉大象	苏州博物馆	清乾隆	玉	1	完整
清乾隆白玉双龙耳圆杯	苏州博物馆	清乾隆	玉	2	完整
清乾隆御题金山图玉插牌	镇江博物馆	清乾隆	玉	1	基本完整

第六节　铜器、金银器及其他金属器

新石器时代，中国就已开始铸造青铜器，夏商时期，青铜器铸造技艺逐渐成熟，至西周达到鼎盛。江苏馆藏的古代青铜器主要有以鼎、鬲、甗、簋、豆、簠、盨、敦为主的食器，以觚、爵、斝、角、尊为主的酒器，以盘、匜、缶为主的水器等。江苏出土的青铜器呈现鲜明的地方特色，1982年丹徒大港母子墩西周墓出土的西周提梁带盖青铜卣，其斜直的盖面、小立鸟盖钮、圈点纹作主纹的施饰风格等均具有典型的吴国青铜器特征；1976年丹阳司徒公社铜器窖藏出土的西周夔龙纹青铜鼎，在形制、纹饰上既具有中原风格，又呈现地方特色，当是吴国仿中原之器而铸；1985年丹徒谏壁王家山东周墓出土的春秋素面青铜虎子，是吴国青铜器中古拙朴素、构思精巧的代表器，且是同类器中时代最早的一件。

汉代以后青铜器渐渐走向衰落，但仍有一些青铜质地的器具，如铜镜、铜灯、铜炉等，崇尚实用，更趋朴素轻巧，设计取材与现实生活紧密相联。现藏淮安市博物馆的汉卧式绵羊灯，上身为合盖状，可上下活动，器形在汉代铜灯中较为罕见；徐州羊鬼山陪葬坑出土的西汉大铜鉴，存世稀少，对于研究汉代礼仪提供了实物资料。

冶铁技术在战国得到提高，战国至汉代铁质工具逐渐普及。江苏境内出土了不少春秋至汉代以及六朝时期的铁制器具。1972年南京市六合县程桥2号墓出土的春秋晚期锻制铁条，是迄今所知中国最早的锻制铁块，对研究冶金史具有十分重要的价值。

金银作为贵重金属，一直以来被人们视作珍贵材料，多被用作装饰品或高档容器。春秋战国时期，随着铁制工具的使用，社会生产力有了很大发展，黄金、白银的产量有了明显增长。带钩是春秋晚期开始出现的腰带挂钩，多以青铜铸造，金银制品非常罕见。涟水三里墩出土的交龙金带钩，采用浮雕装饰、镶嵌及錾花工艺，是带钩中的上品。

两汉时期，金银的产量已相当可观。1970年，南京下关区象山M7东晋墓出土的东晋嵌金刚石金指环，是目前所发现的最早的钻石戒指，也是当时中外贸易交往的重要实物资料。1981年邗江县甘泉乡2号汉墓出土了十余件制作精细的小金饰件，从中可以看出当时金银细工工艺已十分成熟。

唐代是中国金银制作的繁荣时期。1983年，丹徒丁卯桥窖藏出土龟负"论语玉烛"酒筹筒、酒令筹、盒、盆、茶托、碟、盘、杯、注子、瓶、熏炉、锅、箸、匕、镯、钗等银器956件,数量之大,品类之多,可称全国之最。所出的涂金龟负"论语玉烛"酒令筹及令旗是一组宴集行令的专用器具,属首次发现,是研究唐代宴饮生活的珍贵资料。

宋代以后金银器制造业有了进一步发展,而且更为商品化、社会化,造型素雅且富有生活气息,如银杯、银盒、银盘等。2008年南京秦淮区宝塔顶长干寺地宫出土的北宋七宝阿育王塔是迄今为止国内发现的体型最大、制作最精美、工艺最复杂的阿育王塔。

表6.6 江苏省国有文物收藏单位重要金属器文物表

文物名称	馆藏地	文物类别	所属时代	质地	数量	保存情况
商代青铜圆鼎	南京博物院	铜器	商	铜	1	重残
商代青铜三羊罍	南京博物院	铜器	商	铜	1	基本完整
商代青铜圆鼎	南京博物院	铜器	商	铜	1	重残
周重环纹四足盨	苏州博物馆	铜器	周	铜	1	基本完整
西周青铜休盘	南京博物院	铜器	西周	铜	1	基本完整
西周雷纹窓鼎	南京博物院	铜器	西周	铜	1	完整
西周青铜箕	南京博物院	铜器	西周	铜	1	基本完整
西周青铜尊	南京博物院	铜器	西周	铜	1	微残
西周青铜牺觥	南京博物院	铜器	西周	铜	1	微残
西周蟠螭纹青铜双耳盘	南京博物院	铜器	西周	铜	1	基本完整
西周蚕纹青铜盉	南京博物院	铜器	西周	铜	1	微残
西周青铜镰	南京博物院	铜器	西周	铜	1	微残
西周夔纹青铜盉	南京博物院	铜器	西周	铜	1	基本完整
西周青铜角状器	南京博物院	铜器	西周	铜	1	微残
西周青铜四凤盘	南京博物院	铜器	西周	铜	1	完整
西周提梁铜卣	南京博物院	铜器	西周	铜	1	基本完整
西周夔纹铜匜	南京市博物馆	铜器	西周	铜	1	基本完整
西周龙纹铜匜	南京市博物馆	铜器	西周晚期	铜	1	基本完整
西周曲窃纹三足青铜鬲	苏州博物馆	铜器	西周	铜	1	完整
西周雷纹铜镇	苏州博物馆	铜器	西周	铜	1	微残
西周兽面纹青铜尊	丹阳市博物馆	铜器	西周	铜	1	基本完整
西周乳丁纹青铜方卣	丹阳市博物馆	铜器	西周	铜	1	基本完整
西周几何纹附耳铜盘	丹阳市博物馆	铜器	西周	铜	1	基本完整
西周"翏生"青铜盨	镇江博物馆	铜器	西周厉王	铜	1	微残
西周变形兽面纹青铜簋	镇江博物馆	铜器	西周	铜	1	完整
西周"白乍宝尊彝"凤鸟纹方座青铜簋	镇江博物馆	铜器	西周	铜	1	微残
西周鸳鸯形三足青铜尊	镇江博物馆	铜器	西周	铜	1	基本完整
西周雷纹青铜鬲	镇江博物馆	铜器	西周	铜	1	重残
西周带盖提梁青铜卣	镇江博物馆	铜器	西周	铜	1	微残
西周卷云形兽面纹鸟盖青铜壶	镇江博物馆	铜器	西周	铜	1	基本完整
西周夔龙纹青铜鼎	镇江博物馆	铜器	西周	铜	1	微残
西周乳丁纹青铜簋	镇江博物馆	铜器	西周	铜	1	基本完整
西周带环纹青铜簋	镇江博物馆	铜器	西周	铜	1	基本完整
西周凤纹青铜尊	镇江博物馆	铜器	西周	铜	1	重残
西周棘刺纹青铜尊	镇江博物馆	铜器	西周	铜	1	微残

续 表

文物名称	馆藏地	文物类别	所属时代	质地	数量	保存情况
西周蟠螭纹三足青铜罍	镇江博物馆	铜器	西周	铜	1	微残
东周人面纹青铜錞于	镇江博物馆	铜器	东周	铜	2	微残
东周素面青铜虎子	镇江博物馆	铜器	东周	铜	1	基本完整
东周提梁带盖青铜盉	镇江博物馆	铜器	东周	铜	1	重残
东周蟠螭纹铜盘	南京市博物馆	铜器	东周	铜	1	基本完整
东周"卫夫人"龙纹三足铜鬲	南京市博物馆	铜器	东周	铜	2	完整
东周蟠螭纹铜鼎	南京市博物馆	铜器	东周	铜	1	基本完整
春秋牛首纹双环耳簋形器	高淳县博物馆	铜器	春秋	铜	1	基本完整
春秋曲纹青铜簋	南京博物院	铜器	春秋	铜	1	微残
春秋蟠虺纹青铜尊	南京博物院	铜器	春秋	铜	1	基本完整
春秋时期青铜鼓环	南京博物院	铜器	春秋	铜	1	基本完整
春秋青铜鸠杖	南京博物院	铜器	春秋	铜	2	重残
春秋时代云纹虎钮青铜錞于	南京博物院	铜器	春秋	铜	1	基本完整
春秋夔纹青铜匜	南京博物院	铜器	春秋早期	铜	1	基本完整
春秋云雷纹青铜尊	南京博物院	铜器	春秋早期	铜	1	完整
春秋蟠螭纹青铜缶及尸祭缶盖	南京博物院	铜器	春秋	铜	1	基本完整
春秋三足青铜匜	南京博物院	铜器	春秋	铜	1	完整
春秋蟠虺纹青铜尊	南京博物院	铜器	春秋	铜	1	完整
春秋蟠虺纹铜簠	南京市博物馆	铜器	春秋	铜	2	基本完整
春秋蟠螭三足提梁盉	苏州博物馆	铜器	春秋	铜	1	微残
春秋四系铜壶	苏州博物馆	铜器	春秋	铜	1	微残
春秋铜鼎	苏州博物馆	铜器	春秋	铜	1	微残
春秋棘刺纹铜尊	吴江博物馆	铜器	春秋	铜	1	微残
春秋楚叔之孙途为之盉	吴中区文管办	铜器	春秋	铜	1	完整
春秋弦纹带流青铜甗	镇江博物馆	铜器	春秋	铜	1	微残
春秋蟠虺纹附耳三足青铜盘	镇江博物馆	铜器	春秋	铜	2	基本完整
春秋吴季生匜	盱眙县博物馆	铜器	春秋	铜	1	微残
战国兽面纹双环耳三足盆	高淳县博物馆	铜器	战国	铜	1	基本完整
战国青铜锤	南京博物院	铜器	战国	铜	1	微残
战国青铜雕花建筑饰件	南京博物院	铜器	战国	铜	1	基本完整
战国错金青铜兽首形车辕头	南京博物院	铜器	战国	铜	1	微残
战国青铜卧鹿	南京博物院	铜器	战国	铜	1	基本完整
战国错金银铜牺尊	南京博物院	铜器	战国	铜	1	基本完整
战国中期刻纹铜瓿	南京博物院	铜器	战国	铜	1	基本完整
战国错金银立鸟镶嵌几何纹青铜壶	南京博物院	铜器	战国	铜	1	基本完整
战国蟠螭纹铜镜	南京博物院	铜器	战国	铜	1	完整
战国青铜瓿	南京博物院	铜器	战国	铜	1	微残
战国青铜簋	南京博物院	铜器	战国	铜	1	微残
战国青铜器豆形灯	南京博物院	铜器	战国	铜	1	基本完整
战国我陵君铜鉴	南京博物院	铜器	战国	铜	1	基本完整
战国错金银铜壶	南京博物院	铜器	战国	铜	1	重残

续表

文物名称	馆藏地	文物类别	所属时代	质地	数量	保存情况
陈璋圆壶(重金络青铜壶)	南京博物院	铜器	战国	铜	1	重残
战国铜敦	邳州博物馆	铜器	战国	铜	1	完整
战国云雷纹三兽足盘	淮安市博物馆	铜器	战国	铜	2	完整
战国蟠螭纹龙型轭首	淮安市博物馆	铜器	战国	铜	2	完整
战国蟠螭纹龙型轭身	淮安市博物馆	铜器	战国	铜	2	完整
战国蟠螭纹轭尾	淮安市博物馆	铜器	战国	铜	2	完整
战国蟠螭纹前栏饰件	淮安市博物馆	铜器	战国	铜	1	完整
战国蟠螭纹车轼	淮安市博物馆	铜器	战国	铜	1	基本完整
战国蟠螭纹旌饰	淮安市博物馆	铜器	战国	铜	1	完整
战国蟠螭纹轸饰	淮安市博物馆	铜器	战国	铜	2	完整
战国蟠螭纹輢饰	淮安市博物馆	铜器	战国	铜	8	完整
战国旌帽	淮安市博物馆	铜器	战国	铜	1	完整
战国蟠螭纹木雕鼓车铜柱首饰	淮安市博物馆	铜器	战国	铜	2	基本完整
战国蟠螭纹木雕鼓车锥形管状铜饰	淮安市博物馆	铜器	战国	铜	1	基本完整
战国蟠螭纹木雕鼓车青铜軎辖	淮安市博物馆	铜器	战国	铜	2	基本完整
汉卧式绵羊灯	淮安市博物馆	铜器	汉	铜	1	基本完整
西汉铜杵	南京博物院	铜器	西汉	铜	1	完整
西汉铜车模型	南京博物院	铜器	西汉	铜	1	微残
西汉鎏金铜薰炉	南京博物院	铜器	西汉	铜	1	微残
西汉铜臼	南京博物院	铜器	西汉	铜	1	完整
西汉铜沐盆	南京博物院	铜器	西汉	铜	1	基本完整
西汉铜镜	南京博物院	铜器	西汉	铜	1	基本完整
西汉错金银铜鼎	南京博物院	铜器	西汉	铜	1	完整
西汉镂空雕龙青铜架	南京博物院	铜器	西汉	铜	1	完整
西汉"赵姬沐盘"铭鎏金铜盘	徐州博物馆	铜器	西汉	铜	1	微残
汉铜灶	扬州博物馆	铜器	西汉	铜	1	完整
西汉铜阳燧	扬州博物馆	铜器	西汉	铜	1	完整
战国云雷纹地连弧纹铜镜	扬州博物馆	铜器	西汉	铜	1	完整
西汉"广陵服食官"铭三足带盖铜鼎	扬州市邗江区文物管理委员会办公室	铜器	西汉	铜	1	基本完整
东汉大司农平合及斗检封	南京博物院	铜器	东汉永平三年(60)	铜	1	基本完整
东汉鸟兽纹铜壶	南京博物院	铜器	东汉	铜	1	基本完整
东汉导烟铜牛灯	南京博物院	铜器	东汉	铜	1	完整
东汉初鎏金铜博山炉	南京博物院	铜器	东汉	铜	1	基本完整
东汉铜圭表	南京博物院	铜器	东汉	铜	1	微残
东汉错金铜带钩	南京博物院	铜器	东汉	铜	1	基本完整
东汉铜雁足长灯	南京博物院	铜器	东汉	铜	1	基本完整
东汉铜雁足短灯	南京博物院	铜器	东汉	铜	1	微残
东汉错金银铜牛灯	南京博物院	铜器	东汉	铜	1	基本完整
三国吴铜耳杯、凸弦纹盘	南京市博物馆	铜器	三国吴	铜	3	基本完整
三国吴"赤乌六年"铭神兽纹铜镜	南京市博物馆	铜器	三国吴	铜	1	基本完整

续 表

文物名称	馆藏地	文物类别	所属时代	质地	数量	保存情况
三国吴"黄武四年"铭神兽纹铜镜	南京市博物馆	铜器	三国吴黄武四年（225）	铜	1	基本完整
西晋佛像飞鸟铜香薰	镇江博物馆	铜器	西晋	铜	1	缺
东晋长柄铜勺	南京市博物馆	铜器	东晋	铜	1	完整
东晋三足三盏铜灯	南京市博物馆	铜器	东晋	铜	1	完整
东晋卷草纹提梁铜方炉	南京市博物馆	铜器	东晋	铜	1	基本完整
南朝人骑兽形铜灯	南京博物院	铜器	南朝	铜	1	基本完整
南朝帷帐铜构件	南京市博物馆	铜器	南朝	铜	5	基本完整
南朝铜虎子	淮安市博物馆	铜器	南朝	铜	1	基本完整
唐代菱花鸳鸯铜镜	南京博物院	铜器	唐	铜	1	完整
唐打马球纹菱花形铜镜	扬州博物馆	铜器	唐	铜	1	基本完整
唐双鸾瑞兽纹铜镜	吴中区文管办	铜器	唐	铜	1	完整
五代铜质大金涂塔	苏州博物馆	铜器	五代	铜	1	微残
宋针刺佛像铜镜	苏州博物馆	铜器	宋	铜	1	微残
元代孔雀牡丹大铜盘	南京博物院	铜器	元	铜	1	完整
明鎏金喇嘛塔	南京博物院	铜器	明	铜	1	微残
明青铜灶	南京博物院	铜器	明	铜	1	完整
明铜门构件	南京市博物馆	铜器	明	铜	10	基本完整
明铜门构件	南京市博物馆	铜器	明	铜	3	基本完整
明铜水闸	南京市博物馆	铜器	明	铜	2	基本完整
清康熙指针式赤道日晷铜仪	南京博物院	铜器	清康熙	铜	1	基本完整
清嘉庆紫铜琉球炉	连云港市博物馆	铜器	清嘉庆	铜	1	基本完整
战国金带钩	南京博物院	金银器	战国	金	1	微残
战国鎏金银带钩	南京博物院	金银器	战国	银	1	完整
西汉兽纹金带扣	徐州博物馆	金银器	西汉	金	5	完整
西汉记重铭文兽纹金带扣	徐州博物馆	金银器	西汉	金	3	完整
西汉记重铭文银鉴	徐州博物馆	金银器	西汉	银	1	完整
东汉品字形金胜饰	南京博物院	金银器	东汉	金	1	基本完整
东汉品字形金胜饰	南京博物院	金银器	东汉	金	1	基本完整
西晋联珠金手镯	南京博物院	金银器	西晋	金	2	完整
东晋蝉纹金珰	南京市博物馆	金银器	东晋	金	2	基本完整
东晋嵌钻石金戒指	南京市博物馆	金银器	东晋	金	1	完整
东晋金佛像牌	镇江博物馆	金银器	东晋	金	1	基本完整
南朝凤纹银钗	镇江博物馆	金银器	南朝	银	1	基本完整
唐錾刻伎乐飞天纹金栉	扬州博物馆	金银器	唐	金	1	基本完整
唐镂空嵌宝石球形金耳坠	扬州博物馆	金银器	唐	金	2	缺
唐大和三年长干寺舍利银椁	镇江博物馆	金银器	唐大和三年（829）	银	1	完整
唐大和三年长干寺舍利金棺	镇江博物馆	金银器	唐大和三年（829）	金	1	完整
唐鎏金双鹦鹉纹莲瓣形带盖银盒	镇江博物馆	金银器	唐	银	1	微残
唐大和三年禅众寺舍利银椁	镇江博物馆	金银器	唐大和三年（829）	银	1	完整

续表

文物名称	馆藏地	文物类别	所属时代	质地	数量	保存情况
唐鎏金双鹦鹉纹带盖银盒	镇江博物馆	金银器	唐	银	4	微残
唐鎏金"论语玉烛"龟形酒筹银筒	镇江博物馆	金银器	唐	银	1	缺
唐涂金论语酒令银筹	镇江博物馆	金银器	唐	银	50	微残
唐鎏金双凤纹带盖大银盒	镇江博物馆	金银器	唐	银	2	微残
唐鎏金鱼化龙纹大银盆	镇江博物馆	金银器	唐	银	1	微残
唐鎏金双凤压花菱形银盘	镇江博物馆	金银器	唐	银	1	微残
唐鎏金鹦鹉纹银碗	镇江博物馆	金银器	唐	银	1	微残
唐鎏金蝴蝶纹银盒、唐鎏金鱼纹银盒、唐鎏金人物银瓶	镇江博物馆	金银器	唐	银	4	微残
唐涂金瓜形银盖	镇江博物馆	金银器	唐	银	4	微残
宋花果形金簪	南京市博物馆	金银器	宋	金	1	完整
宋花果形金簪	南京市博物馆	金银器	宋	金	1	完整
宋凤凰牡丹纹金香囊	南京市博物馆	金银器	宋	金	1	基本完整
宋鎏金压花银杯	南京市博物馆	金银器	宋	银	1	完整
宋银椁	南京市博物馆	金银器	宋	银	4	基本完整
宋金棺	南京市博物馆	金银器	宋	金	4	基本完整
宋银函	南京市博物馆	金银器	宋	银	2	基本完整
宋鎏金小银函	南京市博物馆	金银器	宋	银	2	基本完整
宋鎏金四大天王银净瓶	南京市博物馆	金银器	宋	银	2	基本完整
宋鎏金莲花宝子形香炉	南京市博物馆	金银器	宋	银	1	基本完整
宋刻人物纹三耳银匜	南京市博物馆	金银器	宋	银	1	基本完整
宋鎏金双凤纹银香盒	南京市博物馆	金银器	宋	银	2	基本完整
宋"王仁"银戳记	南京市博物馆	金银器	宋	银	1	基本完整
宋银香薰	南京市博物馆	金银器	宋	银	2	基本完整
宋鎏金凤穿牡丹纹银香盒	南京市博物馆	金银器	宋	银	2	基本完整
宋七宝阿育王塔	南京市博物馆	金银器	宋	银	1	基本完整
宋莲藕金簪	江阴市博物馆	金银器	宋	金	1	微残
宋银莲花托盘	溧阳市文管办	金银器	宋	银	3	完整
宋银莲花盒	溧阳市文管办	金银器	宋	银	2	完整
北宋海清寺阿育王塔鎏金银函	连云港市博物馆	金银器	北宋	金、银	1	基本完整
北宋海清寺阿育王塔银函	连云港市博物馆	金银器	北宋	银	1	基本完整
北宋海清寺阿育王塔银精舍	连云港市博物馆	金银器	北宋	银	1	基本完整
南宋香草纹银瓶	南京市博物馆	金银器	南宋	银	1	基本完整
南宋镶金口刻梅花纹银盂	南京市博物馆	金银器	南宋	银	1	完整
南宋月影梅纹银盘	南京市博物馆	金银器	南宋	银	1	完整
元福禄寿三星鎏金银盒	江阴市博物馆	金银器	元	银	1	微残
元大德八年荷花鸳鸯金香囊	南京博物院	金银器	元	金	1	微残
元代御仙花金带饰	南京博物院	金银器	元	金	1	微残
元代"文王访贤"金饰件	南京博物院	金银器	元	金	1	重残
元代"闻宣造"缠枝莲云纹金盘	南京博物院	金银器	元	金	1	基本完整
元代"元关足色金"刻铭金碗	南京博物院	金银器	元	金	1	基本完整
元代"闻宣造"镀金团花八棱银盒	南京博物院	金银器	元	银	1	缺

续 表

文物名称	馆藏地	文物类别	所属时代	质地	数量	保存情况
元代"闻宣造"铭文葵瓣银盒	南京博物院	金银器	元	银	1	微残
元大德八年"沈二郎造"团花银盒	南京博物院	金银器	元	银	1	基本完整
元御仙花金带饰	南京博物院	金银器	元	金	7	微残
元"邓万四郎"款连生贵子纹高足金杯	无锡博物院	金银器	元	金	1	完整
元"陈铺造"款貘纹海棠形金带扣	无锡博物院	金银器	元	金	3	完整
元"陈铺造"款鎏金莲花形银托盏	无锡博物院	金银器	元	银	2	基本完整
元银匜	苏州博物馆	金银器	元	银	25	完整
元银镜架	苏州博物馆	金银器	元	银	1	微残
元至正乙酉朱碧山造银槎杯	吴中区文管办	金银器	元至正	银	1	基本完整
明金凤钗	南京博物院	金银器	明	金	1	微残
明云凤纹金香囊	南京博物院	金银器	明	金	1	微残
明凤凰金插花	南京博物院	金银器	明	金	1	微残
明洪武三十一年金发簪	南京博物院	金银器	明洪武三十一年（1398）	金	1	基本完整
明金丝发冠	南京博物院	金银器	明	金	1	微残
明金蝉玉叶饰件	南京博物院	金银器	明	金	1	完整
明嵌宝石镶玉金带板	南京市博物馆	金银器	明	金	20	基本完整
明蝴蝶形金饰件	南京市博物馆	金银器	明	金	1	基本完整
明云凤纹金簪	南京市博物馆	金银器	明	金	1	完整
明金制卫生用具	南京市博物馆	金银器	明	金	4	完整
明凤凰形金饰件	南京市博物馆	金银器	明	金	2	完整
明牡丹莲纹金钏	南京市博物馆	金银器	明	金	2	基本完整
明嵌宝石金簪	南京市博物馆	金银器	明	金	1	基本完整
明嵌宝石金簪	南京市博物馆	金银器	明	金	1	基本完整
明嵌宝石金帽饰	南京市博物馆	金银器	明	金	1	完整
明云龙纹金带板	南京市博物馆	金银器	明	金	20	完整
明菊花形金簪	南京市博物馆	金银器	明	金	2	基本完整
明嵌宝石镶玉金佩饰	南京市博物馆	金银器	明	金	1	基本完整
明嵌玛瑙佛手形金簪	南京市博物馆	金银器	明	金	2	基本完整
明牡丹形金簪	南京市博物馆	金银器	明	金	1	基本完整
明嵌宝石蜘蛛形金簪	南京市博物馆	金银器	明	金	1	基本完整
明云纹金冠	南京市博物馆	金银器	明	金	3	基本完整
明镶红宝石金戒指	南京市博物馆	金银器	明	金	5	基本完整
明嵌宝石金镯	南京市博物馆	金银器	明	金	2	基本完整
明嵌宝石金盒	南京市博物馆	金银器	明	金	2	基本完整
明嵌宝石金头面	南京市博物馆	金银器	明	金	6	基本完整
明佛像形金簪	南京市博物馆	金银器	明	金	1	完整
明婴戏莲纹金饰件	南京市博物馆	金银器	明	金	3	完整
明镶红宝石金冠	江宁区博物馆	金银器	明	金	1	完整
明镶宝石金挂件	江宁区博物馆	金银器	明	金	1	完整
明山形楼阁人物金簪	江阴市博物馆	金银器	明	金	1	基本完整
明桃形楼阁人物金簪	江阴市博物馆	金银器	明	金	1	基本完整

续表

文物名称	馆藏地	文物类别	所属时代	质地	数量	保存情况
明艾叶形楼阁人物金簪	江阴市博物馆	金银器	明	金	1	基本完整
明嵌宝石凤凰金头银簪	江阴市博物馆	金银器	明	混合质地	1	基本完整
明鸳鸯戏莲金头银簪	江阴市博物馆	金银器	明	混合质地	1	基本完整
明蝴蝶牡丹金头嵌宝石银簪	江阴市博物馆	金银器	明	混合质地	1	基本完整
明蝴蝶牡丹金头嵌宝石银簪	江阴市博物馆	金银器	明	混合质地	1	基本完整
明金手镯	江阴市博物馆	金银器	明	金	2	基本完整
明五花头凤鸟纹金头银簪	江阴市博物馆	金银器	明	混合质地	1	基本完整
明金丝发罩	无锡博物院	金银器	明	金	1	完整
明镂雕龙纹金带扣与挂饰	常州博物馆	金银器	明	金	4	完整
明嘉靖漆纱珠翠庆云冠	常州市武进区博物馆	金银器	明嘉靖十九年(1540)	混合质地	4	完整
清嘉庆御赐和硕智亲王继福晋佟桂氏金册	南京博物院	金银器	清嘉庆十八年(1813)	金	4	微残
清代御赐和硕智亲王金册	南京博物院	金银器	清嘉庆	金	1	基本完整
清代大威德金坛城	南京博物院	金银器	清	金	1	微残
清光绪金"穆宗毅皇帝发塔"	南京博物院	金银器	清光绪元年(1875)	金	1	完整
清代七级金佛塔	南京博物院	金银器	清	金	1	微残
清代七级金佛塔	南京博物院	金银器	清	金	1	微残
清代金凤冠	南京博物院	金银器	清	金	1	微残
清代嵌宝"奉天诰命"金凤冠	南京博物院	金银器	清乾隆三年(1738)	金	1	微残
春秋时期铁丸	南京博物院	其他金属器	春秋	铁	1	重残
春秋铁条	南京博物院	其他金属器	春秋	铁	1	重残
战国铁镰	南京博物院	其他金属器	战国	铁	1	重残
三国吴铅锡地券	江宁区博物馆	其他金属器	三国吴	混合质地	1	基本完整
三国吴铅地券	南京博物院	其他金属器	三国吴建衡二年(270)	铅	1	重残
宋代铁犁	南京博物院	其他金属器	宋	铁	1	重残
宋代铁犁	南京博物院	其他金属器	宋	铁	1	微残
明末沈存周作铅酒斗	南京博物院	其他金属器	明末	铅	1	微残
清代汤天池作铁画挂屏	南京博物院	其他金属器	清	铁	1	基本完整

第七节 石器、石刻、砖瓦

石器包括历代以石为主要材质的生产工具、生活用具及其他制品。石器盛行于人类历史的初期阶段,江苏省境内发现了多处良渚文化、青莲岗文化和大汶口文化遗址,出土了多件原始社会石器。1976年将徐州市邳县大墩子遗址出土的新石器时代大汶口文化石镐,器形如现代的鹤嘴锄,一端作尖刃,另一端为窄刃,器身中部穿一椭圆孔,造型精巧,甚为罕见;1956年南京北阴阳营遗址出土的新石器时代七孔石刀,显示出纯熟的钻孔技术,是北阴阳营文化的典型性遗物;常州金坛市朱林镇西岗三星村出土的马家浜文化中晚期石钺,器物纹饰完整,较为少见,十分珍贵。

江苏馆藏石刻包括镌刻有文字、图案的碑碣等石制品,包括石质的墓志、碑碣、经幢、题刻、棺椁及画像石等种类。画像石是地下墓室、墓地祠堂、墓阙和庙阙等建筑上雕刻画像的建筑构石,是一种祭祀性丧葬艺术。其艺术成就最突出的是两汉至南北朝时期,精品众多,且分布广、数量多。20世纪,南京、徐州、常州等地多处发现画像石,数量多、价值高,内容包括比武图、纺织图、升仙图、乐舞图、车马图、捕鱼图等,反映了汉代的经济、社会、文化、艺术发展水平。这些画像石分别收藏于南京博物院、徐州汉画像石艺术馆、常州博物馆等。墓志是墓前的伴生品,对研究死者身份、地位有重要的价值。1969年句容县小龙口出土的南朝刘岱石墓志,其中关于刘岱因触犯太守被降职的记载,填补了史料的不足,反映了当时官场斗争的史实。南朝墓志全国出土甚少,且文字漫灭过多,像刘岱石墓志保存如此完好的南齐墓志,更是凤毛麟角。东汉以后,碑碣渐多,有碑颂、碑记,又有墓碑,用以纪事颂德。现藏南京博物院的《东汉校官潘乾碑》,记述溧阳长潘乾的品行和德政,为汉隶成熟期之重要碑刻,也是江苏省现存最早的碑刻之一;现藏镇江博物馆的《南宋刻禹迹图石碑》,以符号和文字配合刻宋代山水及州的形势和位置,对研究中国古代历史地埋的变迁具有十分重要的参考价值,在世界地图史上也是重要的里程碑。

砖瓦类可移动文物包括历代的城砖、画像砖、墓砖、空心砖、砖雕、板瓦、筒瓦、瓦当等。画像砖是用拍印和模印方法制成的图像砖,两汉至南北朝时期,在江苏的广大地区长期盛行。题材内容包括武士、侍女、飞仙纹、龙纹、虎纹等。东晋开始出现大面积拼砌的砖画,如1960年南京西善桥南朝墓出土的南朝"竹林七贤与荣启期"砖画,人物形象生动传神,画中线条自然流畅,洒脱稳健,显现出魏晋时期的绘画艺术成就。20世纪90年代以后,随着大规模城市建设的开展,六朝瓦当开始出土并引起关注。新发现的人面纹瓦当、兽面纹瓦当、莲花纹瓦当等多种类型,刷新了此前的传统瓦当风貌,与同时期北方地区新的瓦当类型共同开启了中国乃至东亚地区瓦当历史的新时代。除瓦当外,南京出土的东晋谢温、高崧及夫人谢氏、温峤、李绰、王仙之、王建之妻刘媚子、王丹虎、王闽之墓志等很多带铭文的名人墓志,对于历史研究具有重要的价值。

表6.7 江苏省国有文物收藏单位重要砖石类文物表

文物名称	馆藏地	文物类别	所属时代	质地	数量	保存情况
新石器时代六孔石刀	南京博物院	石器	新石器时代	石	1	微残
新石器时代七孔石刀	南京博物院	石器	新石器时代	石	1	微残
新石器良渚文化石犁	南京博物院	石器	新石器时代	石	1	微残
新石器良渚文化石锄	南京博物院	石器	新石器时代	石	1	微残
新石器青莲岗文化石锄	南京博物院	石器	新石器时代	石	1	微残
新石器时期环形石钺	南京博物院	石器	新石器时代	石	1	微残
新石器时代带木柄石斧	南京博物院	石器	新石器时代	石	1	重残
新石器时代良渚文化穿孔石斧	南京博物院	石器	新石器时代	石	1	微残
新石器大汶口文化石镐	南京博物院	石器	新石器时代	石	1	微残
新石器时代三孔石斧	南京市博物馆	石器	新石器时代	石	1	基本完整
新石器时代有孔石斧	南京市博物馆	石器	新石器时代	石	2	基本完整
新石器连珠纹有段石锛	新沂市博物馆	石器	新石器时代	石	1	基本完整
新石器时代马家浜文化中晚期石钺	金坛市博物馆	石器	新石器时代	石	1	完整
新石器时代带柄石锛	溧阳市文管办	石器	新石器时代	石	1	微残
新石器时期良渚文化有段石锛	常熟博物馆	石器	新石器时代	石	1	完整
春秋时期石犁	南京博物院	石器	春秋	石	1	微残
汉代狩猎图画像石	邳州博物馆	砖瓦	汉	石	1	完整
汉代舞乐杂技图画像石	邳州博物馆	砖瓦	汉	石	1	基本完整
汉代乐舞车马画像石	睢宁博物馆	砖瓦	汉	石	1	基本完整
汉代弋鸟捕鱼画像石	睢宁博物馆	砖瓦	汉	石	1	基本完整
汉代月宫图画像石	睢宁博物馆	砖瓦	汉	石	1	基本完整

续表

文物名称	馆藏地	文物类别	所属时代	质地	数量	保存情况
东汉校官潘乾碑	南京博物院	石刻	东汉光和四年（181）	石	1	微残
东汉"中殿第二十八"刻石	南京博物院	石刻	东汉	石	1	微残
东汉纺织图画像石	南京博物院	砖瓦	东汉	石	1	微残
东汉永寿元年墓志铭	邳州博物馆	石刻	东汉	石	1	微残
东汉比武图石刻	徐州汉画像石艺术馆	石刻	东汉	石	1	微残
东汉炎帝升仙图石刻	徐州汉画像石艺术馆	石刻	东汉	石	1	基本完整
东汉黄帝升仙图石刻	徐州汉画像石艺术馆	石刻	东汉	石	1	基本完整
东汉纺织图石刻	徐州汉画像石艺术馆	石刻	东汉	石	2	基本完整
东汉力士图石刻	徐州汉画像石艺术馆	石刻	东汉	石	1	基本完整
东汉泗水捞鼎图石刻	徐州汉画像石艺术馆	石刻	东汉	石	1	缺
东汉六博乐舞图石刻	徐州汉画像石艺术馆	石刻	东汉	石	1	基本完整
东汉圆雕石羊石刻	徐州汉画像石艺术馆	石刻	东汉	石	1	基本完整
东汉缉盗荣归图石刻	徐州汉画像石艺术馆	石刻	东汉	石	1	基本完整
东汉大禹治水图石刻	徐州汉画像石艺术馆	石刻	东汉	石	1	基本完整
东汉六博图石刻	徐州汉画像石艺术馆	石刻	东汉	石	1	完整
东汉比武图石刻	徐州汉画像石艺术馆	石刻	东汉	石	1	基本完整
东汉周公辅成王石刻	徐州汉画像石艺术馆	石刻	东汉	石	1	基本完整
东汉黄石公碑石刻	徐州汉画像石艺术馆	石刻	东汉	石	1	重残
东汉武库兰锜图石刻	徐州汉画像石艺术馆	石刻	东汉	石	1	基本完整
三国吴五凤元年"黄甫"砖地券	南京市博物馆	砖瓦	三国吴	陶	1	完整
东吴买地券	江宁区博物馆	砖瓦	东吴	石	2	完整
西晋"元康七年"铭石井阑	仪征博物馆	石刻	西晋元康七年（297）	石	1	基本完整
东晋"虎啸山丘"铭拼镶砖画	南京市博物馆	砖瓦	东晋	陶	3	微残
东晋谢温墓志	南京市博物馆	砖瓦	东晋	陶	1	基本完整
东晋高崧墓志	南京市博物馆	砖瓦	东晋	陶	1	基本完整
东晋高崧夫人谢氏墓志	南京市博物馆	砖瓦	东晋	陶	1	基本完整
东晋温峤墓志	南京市博物馆	砖瓦	东晋	陶	1	基本完整
东晋李缉墓志	南京市博物馆	砖瓦	东晋	陶	1	基本完整
东晋王仙之墓志	南京市博物馆	砖瓦	东晋	陶	1	基本完整
东晋王建之妻刘媚子墓志	南京市博物馆	砖瓦	东晋	陶	1	基本完整
东晋王丹虎墓志	南京市博物馆	砖瓦	东晋	陶	1	基本完整
东晋王闽之墓志	南京市博物馆	砖瓦	东晋	陶	1	基本完整
东晋颜谦妇刘氏墓志	南京市博物馆	砖瓦	东晋永和元年（345）	陶	1	基本完整
东晋夏金虎墓志	南京市博物馆	砖瓦	东晋太元十七年（392）	陶	1	基本完整
东晋"晋散骑侍郎"墓志	江宁区博物馆	石刻	东晋	石	1	重残
东晋张镇墓碑志	南京博物院	石刻	东晋	石	1	微残
东晋谢鲲墓志	南京市博物馆	石刻	东晋泰宁元年（323）	石	1	基本完整

续表

文物名称	馆藏地	文物类别	所属时代	质地	数量	保存情况
东晋王兴之夫妇墓志	南京市博物馆	石刻	东晋永和四年（348）	石	1	基本完整
东晋王建之墓志	南京市博物馆	石刻	东晋	石	1	基本完整
东晋王建之妻刘媚子墓志	南京市博物馆	石刻	东晋	石	1	基本完整
东晋升平元年刘尅砖墓志	镇江博物馆	砖瓦	东晋升平元年（357）	陶	1	基本完整
南齐羽人戏虎砖画	南京博物院	砖瓦	南朝	陶	1	微残
南朝"七贤及荣启期"砖画	南京博物院	砖瓦	南朝	陶	1	基本完整
南朝齐东阳太守夫人王宝玉墓志	南京博物院	石刻	南朝齐	石	1	微残
南朝谢珫墓志	南京市博物馆	砖瓦	南朝	陶	6	基本完整
南朝梁桂阳王萧融墓志	南京市博物馆	石刻	南朝	石	1	微残
南朝梁桂阳王王妃王慕韶墓志	南京市博物馆	石刻	南朝	石	1	基本完整
刘宋明昙憘墓志	南京市博物馆	石刻	南朝刘宋元徽二年（474）	石	1	基本完整
南朝贵族男子出行画像砖	南京市博物馆	砖瓦	南朝	陶	2	基本完整
南朝贵族女子出行画像砖	南京市博物馆	砖瓦	南朝	陶	1	基本完整
南朝虎纹画像砖	常州博物馆	砖瓦	南朝	陶	7	完整
南朝飞仙纹画像砖	常州博物馆	砖瓦	南朝	陶	4	完整
南朝飞仙纹画像砖	常州博物馆	砖瓦	南朝	陶	4	完整
南朝持剑武士画像砖	常州博物馆	砖瓦	南朝	陶	3	完整
南朝双蝴蝶髻侍女画像砖	常州博物馆	砖瓦	南朝	陶	1	完整
南朝托博山炉侍女画像砖	常州博物馆	砖瓦	南朝	陶	1	完整
南朝捧奁侍女画像砖	常州博物馆	砖瓦	南朝	陶	1	完整
南朝双发髻侍女画像砖	常州博物馆	砖瓦	南朝	陶	1	完整
南朝龙纹画像砖	常州博物馆	砖瓦	南朝	陶	7	完整
南朝宋元嘉十六年草字砖	镇江博物馆	砖瓦	南朝刘宋元嘉十六年（439）	陶	2	基本完整
南齐永明五年刘岱石墓志	镇江博物馆	石刻	南朝齐永明五年（487）	石	1	基本完整
北魏元显儁墓志	南京博物院	石刻	北魏延昌二年（513）	石	1	微残
东魏石刻造像碑块	楚州区博物馆	石刻	东魏	石	1	基本完整
南诏"大罗佺四年"铭残瓦	南京博物院	砖瓦	南诏	陶	1	重残
南唐东海徐夫人墓志	南京博物院	石刻	南唐	石	1	微残
宋代邵府君夫人王氏画像石刻	南京博物院	石刻	宋	石	1	重残
宋石函	南京市博物馆	石器	宋	石	6	基本完整
北宋治平三年张奕墓志铭碑	无锡碑刻陈列馆	石刻	北宋治平三年（1066）	石	2	完整
北宋大观元年明阳观额勒牒碑	无锡碑刻陈列馆	石刻	北宋大观元年（1107）	石	1	完整
北宋海清寺阿育王塔石函	连云港市博物馆	石器	北宋	石	1	微残
南宋淳祐三年无锡县学淳祐癸卯续增养士田记碑	无锡碑刻陈列馆	石刻	南宋淳祐三年（1243）	石	1	基本完整
南宋帝王绍运图碑	苏州碑刻博物馆	石刻	南宋淳祐七年（1247）	石	1	完整

续表

文物名称	馆藏地	文物类别	所属时代	质地	数量	保存情况
南宋平江图碑	苏州碑刻博物馆	石刻	南宋绍定二年（1229）	石	1	完整
南宋天文图碑	苏州碑刻博物馆	石刻	南宋淳祐七年（1247）	石	1	完整
南宋地理图碑	苏州碑刻博物馆	石刻	南宋淳祐七年（1247）	石	1	完整
南宋绍兴十二年禹迹图石碑	镇江博物馆	石刻	南宋绍兴十二年（1142）	石	1	微残
元代湿婆神石刻	南京博物院	石刻	元	石	1	完整
元至元三十一年元圣旨碑	无锡碑刻陈列馆	石刻	元至元三十一年（1294）	石	1	完整
明象纹琉璃砖	南京市博物馆	砖瓦	明	陶	1	基本完整
明南京白陶城砖	南京博物院	砖瓦	明洪武十年（1377）	陶	1	缺
明彩釉飞象纹琉璃砖	南京市博物馆	砖瓦	明	陶	1	基本完整
明彩釉飞羊纹琉璃砖	南京市博物馆	砖瓦	明	陶	1	基本完整
明彩釉狮纹琉璃砖	南京市博物馆	砖瓦	明	陶	1	基本完整
明狮纹琉璃砖	南京市博物馆	砖瓦	明	陶	1	基本完整
明彩釉飞天纹琉璃砖	南京市博物馆	砖瓦	明	陶	1	基本完整
明洪武十五年礼部钦依晓示生员卧碑	无锡碑刻陈列馆	石刻	明洪武十五年（1382）	石	1	基本完整
清嘉庆御制三江源描金石插屏	南京博物院	石器	清嘉庆十八年（1813）	石	1	微残
太平天国石雕水池	南京市太平天国历史博物馆	石器	太平天国时期	石	1	基本完整
太平天国安徽当涂县太阳河码头渡船规条碑	南京市太平天国历史博物馆	石刻	太平天国甲寅四年（清咸丰四年，1854）	石	1	重残
江苏常熟太平天国墙头诗砖	南京市太平天国历史博物馆	砖瓦	太平天国时期	陶	1	基本完整
清末南通博物苑石额	南通博物苑	石刻	清光绪	石	1	微残

第八节　漆器、竹木器、家具

在人类历史上，发现并使用天然漆大概是中国人的独创。早在六七千年前的河姆渡文化时代，我们的祖先就已能制造漆器。此后不久，良渚文化的先民们也造出了漆器，现藏南京博物院的新石器良渚文化画漆黑陶罐就是其中的代表。

时至战国，漆器的优良品质越来越被人们所认识、掌握，在许多生活领域逐渐取代了青铜器皿，这一时期江苏出土的漆器有现藏南京博物院的战国彩绘人物黑漆奁，以及现藏吴中区文管办的战国漆木古琴等。

汉代漆器制造量大增，器类比之战国有增有减，但木胎器用料一律比较精薄，成形后外貌美观，器形严密牢实，盒、奁等无不以精巧玲珑取胜。装饰上以彩绘、针刻、沥粉和镶嵌手法绘制出龙凤、花鸟、云气诸种纹样。扬州市仪征县出土的东汉木胎漆虎子，虎作蹲伏状，背有把手可提用，显示了中国东汉时期漆雕工艺的高超水平；现藏盱眙县博物馆的汉云气纹金箔银扣漆奁盒，通体以朱漆绘云气纹，中间镶嵌飞鸟、瑞兽及人形金箔，集中展示了汉代漆器的多种工艺，为汉代漆器代表作之一。

唐代以后，随着青瓷制造技术的成熟，漆器由日常普通用品向工艺品发展，制作技法也日益精尖。宋元以降，漆器形成两类产品，一类以髹朱、黑、酱色为主，光素无纹，造型厚重，多为普通民众所用，无锡、淮安曾有出土；一类精雕细作，分雕漆、金漆、犀皮、螺钿镶嵌几种。1975年金坛南宋周瑀墓出土的南宋"君玉"雕漆镂空团扇，扇柄上镂空雕漆三组对称的如意云头花纹，环绕中间的杆轴可以自由旋转,这种镂空雕漆工艺在以往出土的文物中极为少见,是出土最早而保存又最完善的中国古代雕漆器之一。1978年武进蒋塘南宋墓出土的南宋朱漆戗金莲瓣式人物花卉纹奁、南宋朱漆戗金人物花卉纹长方盒为南宋戗金漆器之上乘佳作,为中国髹漆工艺史填补了空白;出土的南宋黑地戗金细钩填柳塘纹长方漆盒运用攒犀地与戗金工艺相结合的方法制作,巧夺天工,是中国古代漆器中首次发现的这类髹漆工艺技法的实物。

漆工艺品到了明清时期已成较流行的品种,各地形成不少以擅长某种漆艺而著称的造漆中心,扬州螺钿漆器、百宝嵌,苏州金漆器等,盛极一时。乾隆时修《苏州府志》载:"苏州漆器有退光、明光、剔红、剔黑、彩漆多种,制作均甚精美。"扬州百宝嵌漆器,用金、银、宝石、珍珠、珊瑚等珍贵材料,在木质漆器上雕镂镶嵌成山水人物、飞鸟走兽、楼台花卉等图案,很受人们喜爱。现藏南京博物院的明末清初嵌螺钿西厢记纹盘,以各色软螺片精心构图镶嵌,是扬州软螺钿漆器的代表作品。

宋代以后,高型家具及垂足坐完全代替了席地坐的生活方式,这一时期的家具实物存世较少,南京博物院及常州博物馆收藏的宋代木桌椅代表了当时的工艺水平和审美趋势。明代家具讲究简洁朴实,舒展大方,技术水平炉火纯青,构件之间仅凭榫卯即可做到严丝合缝。现藏南京博物院的明代黄花梨画案,整体比例匀称,简约雅致,文化韵味浓郁。

表6.8 江苏省国有文物收藏单位重要漆器、竹木器、家具文物表

文物名称	馆藏地	文物类别	所属时代	质地	数量	保存情况
新石器良渚文化画漆黑陶罐	南京博物院	漆器	新石器时代	陶	1	微残
战国彩绘人物黑漆奁	南京博物院	漆器	战国	其他	1	重残
西汉铜座漆耳杯	南京博物院	漆器	西汉	木	1	重残
汉贴金彩绘漆木仪仗	赣榆县博物馆	漆器	汉	混合质地	1	基本完整
西汉漆耳杯	南京博物院	漆器	西汉	其他	1	微残
西汉漆耳杯	南京博物院	漆器	西汉	其他	1	基本完整
西汉彩绘贴银箔七子漆奁	扬州博物馆	漆器	西汉	漆	8	基本完整
西汉彩绘夔龙纹木胎漆耳杯	扬州博物馆	漆器	西汉	漆	2	微残
西汉针刻云纹漆盖罐	扬州博物馆	漆器	西汉	漆	1	微残
西汉元延三年彩绘云气三熊纹漆盘	扬州市邗江区文物管理委员会办公室	漆器	西汉元延三年(前10)	漆	1	基本完整
东汉"大官"铭漆盘	南京博物院	漆器	东汉	木	1	重残
东汉漆虎子	南京博物院	漆器	东汉	其他	1	完整
宋菱花漆奁	宜兴市文管办	漆器	宋	木	2	完整
宋嵌螺钿黑漆经箱	苏州博物馆	漆器	宋	漆	1	重残
北宋带盖漆罐	南京博物院	漆器	北宋	木	1	微残
北宋带盖漆罐	南京博物院	漆器	北宋	木	1	微残
北宋花瓣形漆盒	常州博物馆	漆器	北宋	其他复合质地	2	完整
北宋王氏墓出土竹胎包银云纹雕漆碗	张家港博物馆	漆器	北宋大观元年(1107)	其他	1	基本完整
南宋素髹花瓣口漆盘	南京博物院	漆器	南宋绍圣元年(1094)	木	1	微残
南宋漆钵	南京博物院	漆器	南宋	木	1	微残
南宋素髹漆盒	南京博物院	漆器	南宋	木	5	微残
南宋宽沿漆盘	南京博物院	漆器	南宋	木	1	完整
南宋敛口漆碗	南京博物院	漆器	南宋	木	1	完整
南宋素髹漆碗	南京博物院	漆器	南宋	木	3	微残
南宋卧底足漆碗	南京博物院	漆器	南宋	木	1	微残

续 表

文物名称	馆藏地	文物类别	所属时代	质地	数量	保存情况
南宋束腰漆碗	南京博物院	漆器	南宋	木	1	完整
南宋钵形漆碗	南京博物院	漆器	南宋	木	2	微残
南宋素髹漆圈足盒	南京博物院	漆器	南宋	木	1	完整
南宋素髹漆托盏	南京博物院	漆器	南宋	木	1	完整
南宋素髹漆盂	南京博物院	漆器	南宋	木	1	完整
南宋素髹漆渣斗	南京博物院	漆器	南宋	木	1	完整
南宋素髹漆盆	南京博物院	漆器	南宋	木	1	完整
南宋素髹漆桶	南京博物院	漆器	南宋	木	1	完整
南宋盘口漆瓶	南京博物院	漆器	南宋	木	1	基本完整
南宋长颈漆瓶	南京博物院	漆器	南宋	木	1	完整
南宋素髹漆镜匣	南京博物院	漆器	南宋	木	1	微残
南宋漆匙	南京博物院	漆器	南宋	木	1	微残
南宋黑地戗金细钩填柳塘纹长方漆盒	常州博物馆	漆器	南宋	其他复合质地	3	基本完整
南宋朱漆戗金人物花卉纹长方漆盒	常州博物馆	漆器	南宋	其他复合质地	3	完整
南宋朱漆戗金莲瓣式人物花卉纹漆奁	常州博物馆	漆器	南宋	其他复合质地	4	完整
南宋花瓣式黑漆奁	常州博物馆	漆器	南宋	其他复合质地	4	基本完整
南朝宋元嘉十六年银包口角盘	镇江博物馆	漆器	南朝刘宋元嘉十六年（439）	无机质	1	基本完整
南宋"君玉"雕漆镂空团扇	镇江博物馆	漆器	南宋	其他	1	微残
元剔犀如意云纹漆盒	常熟博物馆	漆器	元	漆	1	基本完整
元雕漆镶银里如意纹碗	苏州博物馆	漆器	元	漆	2	微残
明方如椿作描金漆盒	南京博物院	漆器	明崇祯十六年（1643）	其他	1	基本完整
明江千里作嵌螺钿西厢记漆盘	南京博物院	漆器	明	其他	1	微残
明七弦漆琴	南京博物院	漆器	明	其他	1	重残
明描金人物漆盒	苏州博物馆	漆器	明	漆	2	重残
清卢葵生作锡胎红漆壶	南京博物院	漆器	清道光十六年（1836）	其他	1	基本完整
清早期嵌螺钿人物仕女漆屏风	南京博物院	漆器	清早期	其他	1	重残
清康熙螺钿嵌玉金扣圆盒	苏州博物馆	漆器	清康熙	漆	1	微残
清康熙螺钿嵌玉金扣腰圆盒	苏州博物馆	漆器	清康熙	漆	1	微残
西汉木刻星象图	南京博物院	竹木器	西汉	木	2	重残
西汉木雕长臂猿	南京博物院	竹木器	西汉	木	1	重残
西汉木屐	南京博物院	竹木器	西汉	木	1	重残
西汉木屐	南京博物院	竹木器	西汉	木	1	重残
三国吴"薛秋"木名刺	南京市博物馆	竹木器	三国吴	木	1	基本完整
唐代木箕	南京博物院	竹木器	唐	木	1	微残
宋银杏木彩绘四大天王像内函	苏州博物馆	竹木器	宋	木	1	重残
宋楠木经箱	苏州博物馆	竹木器	宋	木	1	重残
宋黑漆木质真珠舍利宝幢外函	苏州博物馆	竹木器	宋	木	1	重残
宋银杏木彩绘四大天王像内函	苏州博物馆	竹木器	宋	木	1	重残
元木手杖	常州博物馆	竹木器	元	木	1	完整

续表

文物名称	馆藏地	文物类别	所属时代	质地	数量	保存情况
清檀香木雕百蝠九芝如意	苏州博物馆	竹木器	清	木	1	微残
清杨芝山款西园雅集图核雕	无锡博物院	竹木器	清	其他植物质	1	完整
宋带侍俑供椅	江阴市博物馆	家具	宋	木	1	微残
宋带侍俑供桌	江阴市博物馆	家具	宋	木	1	微残
宋木椅	南京博物院	家具	宋	木	1	重残
宋木桌	南京博物院	家具	宋崇宁三年（1104）	木	1	重残
南宋木桌	常州博物馆	家具	南宋	木	1	基本完整
南宋木椅	常州博物馆	家具	南宋	木	1	基本完整
明万历充菴铭黄花梨画案	南京博物院	家具	明万历二十三年（1595）	木	1	微残

第九节 织 绣

新石器晚期中国已有桑麻的种植，1972年吴县草鞋山遗址出土的新石器时代韧性纤维织物，是中国现已发现的最古老的纺织品实物。该织物以野生葛麻纤维为原料，经密为每厘米10根，纬密为每厘米罗纹部26～28根，地部13～14根，花纹呈山形纹与菱形纹，说明在5 000年以前，我们的祖先已掌握了对麻、葛纤维的纺织方法。

汉代是封建社会的上升发展时期，纺织手工机械已全面发展，出产的丝绸通过"丝绸之路"远销海外。东海县尹湾汉墓出土的西汉长寿绣绨丝衾，经中国苏绣艺术博物馆的初步鉴定为真丝底料、经粗玮细、织纹清晰、辫绣针法，色彩与马王堆绣品类似，有朱红、棕、褐、石黄等，图案描绘细腻，针法走向顺其自然，转折自如，纹饰精致繁多，工整严谨，代表了西汉缂丝、织造的高度工艺技术水平。

两宋以后，织绣手工业重心南移，以江南地区的江苏、浙江两地生产为最盛，织、染、缂、绣的工艺高度成熟。高淳县花山南宋墓出土的宋代纱衣仅重31克，同时出土的丝织品服饰品种丰富、式样精美，从侧面反映了南宋时期江南地区经济包括丝织业在内的繁荣兴旺的情况，以及日渐高超的织造工艺水平。1975年金坛周瑀墓出土的南宋牡丹花罗合领夹衫，是南宋流行的士人便服款式，其光泽、手感、弹性和抗叠性均为过去出土的丝织品所罕见，为研究南宋时期丝织技术的发展提供了珍贵的实物资料。

明清时期，官府在江南地区设三处织造局，专办宫廷和官用丝织品，其中江宁织造、苏州织造位于今江苏地区，织锦工艺达到相当高的水平。云锦是南京地区生产的各种提花丝织锦缎的总称，是一种先练丝、染色，而后加用金银线织造的丝织提花锦缎。清代丝织业是南京最大的手工产业，云锦品种繁多，图案庄重，色彩绚丽，织造鼎盛时仅城内就有3万多台织机，近20万人以此和相关产业为生。

表6.9 江苏省国有文物收藏单位重要织绣文物表

文物名称	馆藏地	所属时代	质地	数量	保存情况
新石器时代韧性纤维织物	南京博物院	新石器时代	棉麻纤维	1	重残
西汉绸帕	南京博物院	西汉	棉麻纤维	1	重残
西汉长寿绣绨丝衾	东海县博物馆	西汉	丝	1	缺
西汉长寿绣丝衾	连云港市博物馆	西汉	丝	1	重残
宋代纱衣	南京市博物馆	宋	丝	1	基本完整
宋描金花叶纹绢帕	南京市博物馆	宋	丝	1	基本完整
宋墨书发愿文绢帕	南京市博物馆	宋	丝	1	基本完整
宋残绣	苏州博物馆	宋	丝	1	重残

续 表

文物名称	馆藏地	所属时代	质地	数量	保存情况
宋残绣	苏州博物馆	宋	丝	1	重残
宋残绣	苏州博物馆	宋	丝	1	重残
南宋缂丝佛像轴	南京博物院	南宋	丝	1	微残
南宋缂丝月季鹌鹑图	南京博物院	南宋	丝	1	重残
南宋牡丹花罗合领夹衫	镇江博物馆	南宋	有机质	1	重残
南宋矩纹纱交领禅衫	镇江博物馆	南宋	有机质	1	重残
元代管仲姬绣观音像轴	南京博物院	元	有机质	1	重残
元丝织绣龙残片	苏州博物馆	元	丝	1	重残
明代棉布	南京博物院	明	棉麻纤维	1	微残
明刺绣花卉翎毛走兽册	南京博物院	明	有机质	10	微残
明嘉靖露香园绣达摩像轴	南京博物院	明嘉靖	有机质	1	微残
明嘉靖露香园绣柳荫洗马图轴	南京博物院	明嘉靖	有机质	1	微残
明露香园绣竹林七贤图轴	南京博物院	明	有机质	1	微残
明缂丝人物卷	南京博物院	明	有机质	1	基本完整
明缂丝西游记图卷	南京博物院	明	有机质	1	基本完整
明刺绣人物册	南京博物院	明	有机质	8	基本完整
明嘉靖勾编网纹叠花贴绣素缎	常州市武进区博物馆	明嘉靖	丝	1	缺
明嘉靖舞凤折枝花缎织金襕残片	常州市武进区博物馆	明嘉靖	丝	1	缺
明驼黄色朵梅纹麒麟补子花缎裙	泰州市博物馆	明嘉靖	丝	1	微残
清缂丝人物花卉册	南京博物院	清	有机质	12	完整
清刺绣人物轴	南京博物院	清	有机质	1	微残
太平天国黄底绣龙马褂	南京市太平天国历史博物馆	太平天国时期	丝	1	基本完整
晚清大红贡缎绣"百子图"壁挂	南京博物院	晚清	有机质	2	微残
民国凌杼绣释迦牟尼佛像	南京博物院	民国	有机质	1	微残
民国凌杼绣看梅图册页	南京博物院	民国	有机质	1	微残
民国沈寿刺绣观音像	南京博物院	民国	有机质	1	微残
民国凌杼绣松溪放艇图册页	南京博物院	民国	有机质	1	微残
民国沈寿刺绣倍克像	南京博物院	民国	有机质	1	完整
民国沈寿刺绣耶稣像	南京博物院	民国	有机质	1	微残
民国沈寿绣古观音像	南通博物苑	民国	有机质	1	微残
民国沈寿绣罗汉屏	南京博物院	民国	有机质	4	基本完整

第十节 甲骨、简牍

本节所收录甲骨、简牍包括殷商骨刻辞、汉代竹简、木牍等。收藏于南京博物院的殷商甲骨大部分为近代传教士明义士所搜集,连云港市博物馆及东海博物馆所藏汉代木简、木牍皆出土于东海县尹湾村的汉墓,这些甲骨简牍对研究中国古代历史文化具有重要的价值。1993年东海尹湾村西汉墓出土的西汉《神乌傅》木简,共21支,全篇六百四十余字,记载了中国最早的四言俗赋。

表 6.10 江苏省国有文物收藏单位重要甲骨、简牍文物表

文物名称	馆藏地	所属时代	质地	数量	保存情况
殷甲骨刻辞	南京博物院	商	有机质	19	微残

续表

文物名称	馆藏地	所属时代	质地	数量	保存情况
商代甲骨刻辞	南京博物院	商	有机质	1	基本完整
西汉东海郡下辖长吏名籍木牍	东海县博物馆	汉	有机质	1	微残
西汉衣物疏木牍	东海县博物馆	西汉	有机质	1	缺
西汉东海郡集簿木牍	连云港市博物馆	西汉	有机质	1	重残
西汉东海郡吏员簿木牍	连云港市博物馆	西汉	有机质	1	缺
西汉东海郡下辖长吏不在署未到官者名籍木牍	连云港市博物馆	西汉	有机质	1	重残
西汉永始四年武库兵车器集簿木牍	连云港市博物馆	西汉永始四年（前13）	有机质	1	基本完整
西汉赠钱名籍木牍	连云港市博物馆	西汉	有机质	1	微残
西汉神龟占木牍	连云港市博物馆	西汉	有机质	1	基本完整
西汉元延元年历谱木牍	连云港市博物馆	西汉元延元年（前12）	有机质	1	重残
西汉元延三年五月历谱木牍	连云港市博物馆	西汉元延三年（前10）	有机质	1	缺
西汉君兄衣物疏木牍	连云港市博物馆	西汉	有机质	1	缺
西汉君兄缯方缇中物疏木牍	连云港市博物馆	西汉	有机质	1	基本完整
西汉名谒8片	连云港市博物馆	西汉	有机质	8	缺
西汉元延二年日记竹简一套58片	连云港市博物馆	西汉元延二年（前11）	有机质	57	缺
西汉刑德行时竹简一套11片	连云港市博物馆	西汉	有机质	27	基本完整
西汉神乌傅竹简一套21片	连云港市博物馆	西汉	有机质	20	基本完整
西汉西郭宝墓木牍	连云港市博物馆	西汉	有机质	5	重残
西汉"先令券书"竹简	扬州博物馆	西汉元始五年（5）	竹	16	微残
汉代"甲渠官"木简	南京博物院	西汉	有机质	1	残
清同治象牙"信函"合符	南京博物院	清同治	有机质	1	微残

第十一节　古籍善本、碑帖拓本、档案文书、票据及文件、宣传品

古籍善本是指历代的写本、印本、稿本和抄本等。江苏现存的古籍善本中以南京博物院馆藏最为丰厚。早年购自甘肃敦煌的北魏《佛说三十七品经写经卷》，是佛教传入中国以后早期的佛教译经，十分珍贵。唐代《老子道德经卷》、宋代《大唐六典注》刻本、南宋《新刊诂训唐柳先生文集》、金《阿毗达摩发智论卷第七"赵城藏经"》、明《坤舆万国全图》等都具备较高的历史学、版本学研究价值。近年来新的考古发现也不断丰富古籍善本保藏。1980年12月江阴夏港镇三元村尚书墩孙四娘子墓出土的北宋《太上老君说常清静经》《佛说观世音经》《金刚般若波罗蜜经》等佛教经典，有明确的纪年。

江苏碑拓拓片珍品主要集中于宋代、清代，涉及史实政令、颂词铭文、诗赋书画等名人墨迹，既是珍贵的史料，又是书法范本，对于研究历史及文字演变等有着十分重要的参考价值。

江苏保存至今的档案文书主要集中在明、清、民国，尤其太平天国时期较多，包括诏谕、文告、公函、契约、舆图、执照、书札、人丁黄册、条约草稿、田亩钱粮簿册等。

票据包括各种税票、发票、单据、考单等。

近代以来，受历史事件发生及广告宣传的影响，出现了一些传单、标语、宣传画、报刊等，也具有较高的收藏价值。

表 6.11　江苏省国有文物收藏单位重要古籍善本、碑帖拓本、档案文书、票据及文件、宣传品文物表

文物名称	馆藏地	文物类别	所属时代	质地	数量	保存情况
北魏佛说三十七品经写经卷	南京博物院	古籍善本	北魏	其他	1	微残
北魏至隋初大乘涅槃经写经卷	南京博物院	古籍善本	北魏至隋初	其他	1	微残
隋大智度经卷第二十二写经卷	南京博物院	古籍善本	隋	其他	1	微残
隋大知论卷第六十七写经卷	南京博物院	古籍善本	隋	其他	1	微残
隋末唐初摩诃般若波罗蜜经卷三十五写经卷	南京博物院	古籍善本	隋末唐初	其他	1	微残
唐写经卷	南京博物院	古籍善本	唐	其他	1	微残
唐妙法莲华经卷第七写经卷	南京博物院	古籍善本	唐	其他	1	微残
唐大般涅槃经卷第三十九写经卷	南京博物院	古籍善本	唐	其他	1	微残
唐大般涅槃经卷第二十二写经卷	南京博物院	古籍善本	唐	其他	1	微残
唐老子道德经写经卷	南京博物院	古籍善本	唐	其他	1	微残
唐春秋后国语写本卷	南京博物院	古籍善本	唐	其他	1	微残
唐佛说阿弥陀经写经卷	南京博物院	古籍善本	唐	其他	1	微残
唐妙法莲华经卷第一写经卷	南京博物院	古籍善本	唐	其他	1	微残
唐妙法莲华经卷第三写经卷	南京博物院	古籍善本	唐	其他	1	微残
唐瑜伽师地论卷第十写经卷	南京博物院	古籍善本	唐	其他	1	微残
唐维吾尔文写经卷	南京博物院	古籍善本	唐	其他有机质	1	微残
唐维吾尔文写经卷	南京博物院	古籍善本	唐	其他	1	微残
唐大乘无量寿经写经卷	南京博物院	古籍善本	唐	其他	1	微残
唐瑜伽师地论卷第十二写经卷	南京博物院	古籍善本	唐贞观八年（634）	其他	1	微残
唐至五代大乘入楞伽经写经卷	南京博物院	古籍善本	唐～五代	其他	1	微残
唐代说一切有部式经写经卷	南京博物院	古籍善本	唐	其他	1	微残
唐三弥底部论卷上写经卷	南京博物院	古籍善本	唐	其他	1	微残
五代宝箧印陀罗尼经卷刻本	南京博物院	古籍善本	五代	其他	1	微残
五代时期宝箧印陀罗尼经卷刻本	南京博物院	古籍善本	五代	其他	1	微残
宋代新刊诂训唐柳先生文集刻本	南京博物院	古籍善本	宋	其他	1	微残
大唐六典注刻本	南京博物院	古籍善本	宋	其他	1	微残
宋代姜望六韬刻本	南京博物院	古籍善本	宋	其他	1	微残
南宋韦苏州集刻本	南京博物院	古籍善本	南宋	其他	1	微残
南宋孟子注疏解经刻本	南京博物院	古籍善本	南宋	其他	1	微残
金赵城藏经刻本阿毗达摩发智论卷第七	南京博物院	古籍善本	金	其他	1	微残
金赵城藏经刻本经律异相卷一套五卷	南京博物院	古籍善本	金	其他	5	微残
元代王充《论衡》刻本	南京博物院	古籍善本	元	其他	1	重残
明施贞石夫妇墓手抄册页	太仓博物馆	古籍善本	明	纸	14	基本完整
明《古今考》卷	太仓博物馆	古籍善本	明	纸	19	基本完整
明《尺牍清裁》卷	太仓博物馆	古籍善本	明	纸	12	基本完整
明《居家必用事类全集》卷	太仓博物馆	古籍善本	明	纸	19	基本完整
清康熙御书心经	南京博物院	古籍善本	清康熙三十六年（1697）	其他	1	微残
宋代拓汉孔宙碑	南京博物院	碑帖拓本	宋	其他有机质	1	基本完整
宋代拓"敕"字本王羲之十七帖	南京博物院	碑帖拓本	宋	其他有机质	1	微残
宋代拓唐孔子庙碑	南京博物院	碑帖拓本	宋	其他有机质	1	完整

续　表

文物名称	馆藏地	文物类别	所属时代	质地	数量	保存情况
宋麓山寺碑拓文	苏州博物馆	碑帖拓本	宋	纸	1	完整
南宋淳祐五年周瑀太学生牒文	镇江博物馆	碑帖拓本	南宋淳祐五年（1245）八月	其他	1	基本完整
清代康熙年间初拓本北魏崔敬邕墓志	南京博物院	碑帖拓本	清康熙	其他有机质	1	基本完整
清代汤若望揭贴	南京博物院	碑帖拓本	清顺治三年（1646）	其他	1	完整
清代李栖凤揭贴	南京博物院	碑帖拓本	清顺治十一年（1654）	其他	1	完整
清代吴三桂揭贴	南京博物院	碑帖拓本	清顺治十七年（1660）	其他	1	基本完整
元代兴化县花家庄田亩勘合	南京博物院	档案文书	元	其他	1	基本完整
明代曹鈇抗倭函牍	南京博物院	档案文书	明嘉靖三十二年（1553）	其他	1	完整
明代兵部咨督师袁崇焕文	南京博物院	档案文书	明崇祯二年（1629）	其他	1	基本完整
明大统历	南京博物院	档案文书	明万历三十四年（1606）	其他	1	基本完整
明代边镇地图卷	南京博物院	档案文书	明	其他	1	重残
明叶绍袠裂帛书卷	南京博物院	档案文书	明	其他	1	微残
明利马窦坤舆万国图横幅	南京博物院	档案文书	明	其他	1	微残
清雍正年沿海全图手卷	南京博物院	档案文书	清雍正	其他	1	微残
清代朱谕	南京博物院	档案文书	清雍正	其他	1	基本完整
清代胡阿何以女换媳书	南京博物院	档案文书	清雍正二年（1724）	其他	1	基本完整
清吴煦档案	南京市太平天国历史博物馆	档案文书	清乾隆二十三年至同治六年（1758~1867）	纸	606	基本完整
清代高大观卖女文契	南京博物院	档案文书	清乾隆四十五年（1780）	其他	1	微残
清代淮扬黄运湖河全图	南京博物院	档案文书	清嘉庆十六年（1811）	其他	1	基本完整
清代邓廷桢行书手札册	南京博物院	档案文书	清	其他	1	完整
清代刘志爵卖身文契	南京博物院	档案文书	清道光六年（1826）九月	其他	1	基本完整
两江总督陶澍为筹议严禁鸦片章程奏稿	南京博物院	档案文书	鸦片战争	其他	1	完整
鸦片战争时期吴淞炮台图	南京博物院	档案文书	鸦片战争	其他	1	微残
太平天国时期九门御林开朝勋臣勋天义兼苏福省文将帅总理民务汪宏建钧谕	南京博物院	档案文书	太平天国时期	其他	1	微残
太平天国官刻印书《英杰归真》	南京市太平天国历史博物馆	档案文书	太平天国时期	纸	1	基本完整
太平天国官刻印书《钦定士阶条例》	南京市太平天国历史博物馆	档案文书	太平天国时期	纸	1	基本完整
太平天国官刻印书《钦定军次实录》	南京市太平天国历史博物馆	档案文书	太平天国时期	纸	1	基本完整
太平天国水师天军主将冀天义程发潘叙奎荡凭	南京市太平天国历史博物馆	档案文书	太平天国时期	纸	1	基本完整
太平天国德天安陈发纳士招贤钧谕	南京市太平天国历史博物馆	档案文书	太平天国时期	纸	1	微残

续 表

文物名称	馆藏地	文物类别	所属时代	质地	数量	保存情况
太平天国忠王李发金匮县黄祠墓祭田凭	南京市太平天国历史博物馆	档案文书	太平天国时期	纸	1	基本完整
太平天国前九圣粮刘发晓谕	南京市太平天国历史博物馆	档案文书	太平天国时期	纸	1	基本完整
太平天国天朝济天义委办锡金在城赋租总局经董薛发布告	南京市太平天国历史博物馆	档案文书	太平天国时期	纸	1	基本完整
太平天国认天义陆顺得发浙江会稽县水家坳乡丁大齐门牌	南京市太平天国历史博物馆	档案文书	太平天国时期	纸	1	基本完整
太平天国钦命国宗提掌军务正任翼府中参旗大军务杨发登云壹贡单	南京市太平天国历史博物馆	档案文书	太平天国时期	纸	1	基本完整
太平天国干王发喧谕	南京市太平天国历史博物馆	档案文书	太平天国时期	纸	1	基本完整
太平天国丙辰六年三月湖北崇阳县监军曾发朱任才通商路凭	南京市太平天国历史博物馆	档案文书	太平天国丙辰六年（清咸丰六年，1856）	棉麻纤维	1	基本完整
太平天国甲寅四年八月殿右拾贰检点发江西省九江郡瑞瑭县胡泽阶门牌	南京市太平天国历史博物馆	档案文书	太平天国甲寅四年（清咸丰四年，1854）	纸	1	微残
太平天国时期为商筹军饷事的禀稿（无年月题）	苏州博物馆	档案文书	清咸丰元年（1851）	纸	1	完整
太平天国时期吴习玖为调用缝纫事给陈弟的公函	苏州博物馆	档案文书	清咸丰元年（1851）	纸	1	微残
太平天国时期花名册	苏州博物馆	档案文书	清咸丰元年（1851）	纸	1	重残
太平天国时期发给勋臣汪油盐转发挥条通知	苏州博物馆	档案文书	清咸丰元年（1851）	纸	1	微残
太平天国时期药方	苏州博物馆	档案文书	清咸丰元年（1851）	纸	1	基本完整
太平天国时期黄三陛为调派部队事给吴习玖的禀帖	苏州博物馆	档案文书	清同治二年（1863）	纸	1	微残
太平天国时期黄得馥为清安事给吴习玖的禀帖	苏州博物馆	档案文书	清同治二年（1863）	纸	1	微残
太平天国时期吴习玖为申报军情事复黄三陛禀稿	苏州博物馆	档案文书	清同治二年（1863）	纸	1	微残
太平天国时期吴习玖为申报军情事复黄三陛禀稿	苏州博物馆	档案文书	清同治二年（1863）	纸	1	微残
太平天国时期吴习玖为添粮米事报谭绍光的禀达	苏州博物馆	档案文书	清同治二年（1863）	纸	1	微残
太平天国时期吉四等十六人联名为商筹军饷事的禀稿	苏州博物馆	档案文书	清同治二年（1863）	纸	1	基本完整
太平天国时期油盐口粮挥条一组(22个)	苏州博物馆	档案文书	清同治二年（1863）	纸	22	重残
清同治年英国军官史密斯日记	南京市太平天国历史博物馆	档案文书	清同治元年至十三年（1862~1874）	纸	27	基本完整
清江南织造部发给金陵织匠领机执照	南京博物院	档案文书	清同治四年（1865）十月初六	其他	1	微残
清代江南布政司李为江宁洪氏在南门沙湾开张另拆丝经行告示	南京博物院	档案文书	清同治八年（1869）	其他	1	完整
清代镇江英美洋行基地分布图	南京博物院	档案文书	清同治、光绪年间	其他	1	微残

续 表

文物名称	馆藏地	文物类别	所属时代	质地	数量	保存情况
清光绪大学士额勒和布代奏刘铎《自强三策》文稿	南京博物院	档案文书	清光绪	其他	1	微残
光绪九年宁波府镇海口海防图	南京博物院	档案文书	清光绪	有机质	1	微残
清代两浙江南盐运使批准设立张和藏号布告	南京博物院	档案文书	清光绪八年（1882）	其他	1	微残
清代李鸿章吏部令薛福成赴宁绍台道任职札	南京博物院	档案文书	清光绪十年（1884）	其他	1	完整
清代朝鲜进士朴定彩绘北宁第七次阵图横幅	南京博物院	档案文书	清光绪十年（1884）二月十六日	其他	1	微残
薛福成亲笔批改中英订立滇缅商界条约草稿	南京博物院	档案文书	清光绪十九年（1893）	其他	1	微残
伍廷芳条陈时务帖	南京博物院	档案文书	清光绪二十一年（1895）	其他	1	重残
清商务部颁发的大照电灯公司执照	镇江博物馆	档案文书	清光绪二十九年（1903）	其他	1	基本完整
清代野人山地滇缅边界报单图轴	南京博物院	档案文书	清光绪十六年至十九年（1890～1893）	其他	1	完整
清代滇缅交界掸人部落野人山地总图轴	南京博物院	档案文书	清光绪十六年至十九年（1890～1893）	其他	1	完整
清末薛福成捐银户部执照	南京博物院	档案文书	清	其他	1	微残
清末薛福成藏札集册	南京博物院	档案文书	清	其他	1	微残
清末南洋第一次劝业会优等文凭	南京博物院	档案文书	清宣统二年（1910）	其他	1	微残
清末南洋劝业念金牌执照	南京博物院	档案文书	清宣统二年（1910）十月十四日	其他	1	微残
清两淮运司所辖通泰海二十三场全图	南京博物院	档案文书	清	其他	1	重残
清末西藏哲孟雄条约草稿	南京博物院	档案文书	清	其他	1	基本完整
清末端方给信成银行协理沈懋昭的照会	南京博物院	档案文书	清末	其他	1	完整
1908年孙中山给愤亚函	南京博物院	档案文书	清光绪三十四年（1908）	其他	1	微残
孙中山致李是男函	南京博物院	档案文书	清宣统元年（1909）	其他	1	基本完整
谢英伯给李是男的信	南京市博物馆	档案文书	清宣统元年（1909）	纸	4	基本完整
孙中山给美国三藩市同盟会同志的信	南京博物院	档案文书	清宣统二年（1910）	其他	1	基本完整
辛亥革命时期孙中山与胡汉民行书横幅	南京博物院	档案文书	辛亥革命	其他	1	微残
辛亥革命黄兴致吴稚晖函	南京博物院	档案文书	辛亥革命	其他	1	微残
辛亥革命黄兴致秦效鲁函	南京博物院	档案文书	辛亥革命	其他	1	微残
辛亥革命黄兴致冯国璋函	南京博物院	档案文书	辛亥革命	其他	1	基本完整
江苏讨袁军临时筹饷处组织草案	南京博物院	档案文书	辛亥革命	其他	1	完整
中华民国军政府沪军都督陈护照	南京博物院	档案文书	辛亥革命	其他	1	微残
辛亥革命孙中山致萱野信	南京博物院	档案文书	辛亥革命	其他	1	微残
辛亥革命沪军都督陈发给沈缦云护照	南京博物院	档案文书	辛亥革命	其他	1	完整
辛亥革命陆海军勋章执照	南京博物院	档案文书	辛亥革命	其他	1	完整

续表

文物名称	馆藏地	文物类别	所属时代	质地	数量	保存情况
江浙联军总司令发给周得禄的辛亥革命证书	南京市博物馆	档案文书	清宣统三年（1911）	纸	1	基本完整
江苏讨袁军总司令部秦毓鎏符号	南京博物院	档案文书	清宣统三年（1911）	有机质	1	微残
孙中山在广州所写手令	南京市博物馆	档案文书	民国	纸	1	完整
孙中山在北京给同盟会女会员的信	南京市博物馆	档案文书	民国元年（1912）	纸	2	完整
中华民国临时大总统委任状	南京博物院	档案文书	民国	其他	1	微残
民国元年投票证	南京博物院	档案文书	民国	其他	1	完整
民国元年江苏都督暂行官制	南京博物院	档案文书	民国元年（1912）	其他	1	完整
江南造币厂给江苏都督的禀文	南京博物院	档案文书	民国元年（1912）	其他	1	完整
民国元年江苏陆军小学校毕业证书	南京博物院	档案文书	民国元年（1912）	其他	1	完整
民国五年江苏体育传习所毕业证书	南京博物院	档案文书	民国5年（1916）	其他	1	完整
民国初年中央女子工艺厂招股简章	南京博物院	档案文书	民国初年	其他	1	基本完整
康有为致谭延闿的信函	南京市博物馆	档案文书	民国5年至9年（1916～1920）	纸	1	基本完整
洪宪元年新旧历对照表轴	南京博物院	档案文书	民国5年（1916）	其他	1	缺
民国早期康有为贺徐世昌就任总统信札及代电	南京博物院	档案文书	民国7年（1918）	其他	1	完整
谭延闿的密电稿	南京市博物馆	档案文书	民国10年（1921）	纸	1	基本完整
1922年孙中山致李是男信	南京博物院	档案文书	民国11年（1922）	其他	1	基本完整
1925年戈公振编《中国图案集》	东台市博物馆	档案文书	民国14年（1925）	纸	1	微残
民国五卅运动时期江淮同乡会发起召开顾正洪烈士追悼会筹备处启事	南京博物院	档案文书	民国14年（1925）6月	其他	1	完整
刘天华《改进操》工尺谱手稿	江阴市博物馆	档案文书	近现代	纸	2	微残
刘天华《闲居吟》五线谱手稿	江阴市博物馆	档案文书	近现代	纸	1	微残
刘天华《光明行》工尺谱手稿	江阴市博物馆	档案文书	近现代	纸	4	微残
刘天华《十面埋伏》工尺谱手稿	江阴市博物馆	档案文书	近现代	纸	6	基本完整
民国时期江苏外县工作计划和农民工作决议案	南京博物院	档案文书	民国17年（1928）	其他	1	微残
陶行知出国考察教育的护照	南京市博物馆	档案文书	20世纪30年代	纸	20	基本完整
1932年戈公振任国联中国专员出国护照	东台市博物馆	档案文书	民国21年（1932）	纸	1	基本完整
1933年戈公振出席国际新闻会议委托书	东台市博物馆	档案文书	民国22年（1933）	纸	1	完整
1933年戈公振出席国际新闻会议简派状	东台市博物馆	档案文书	民国22年（1933）	纸	1	完整
1935年黄炎培书"戈公振先生纪念碑"碑文手稿	东台市博物馆	档案文书	民国24年（1935）	纸	1	基本完整

续 表

文物名称	馆藏地	文物类别	所属时代	质地	数量	保存情况
民国旅行许可证	南京博物院	档案文书	民国 28 年（1939）	其他	1	完整
清代大英工部宝兴局仙女庙分局收据	南京博物院	票据	清	其他有机质	1	完整
太平天国天朝九门御林陈坤书等发黄兴和商凭	南京市太平天国历史博物馆	票据	太平天国时期	纸	1	基本完整
清代镇江关发给美商源记洋行运洋货税单	南京博物院	票据	清光绪二十三年（1897）	其他	1	微残
清代江南陆师学堂考单	南京博物院	票据	清光绪二十八年（1902）	其他	1	完整
五卅运动时无锡后援会汇款收条及复函	无锡博物院	票据	民国 14 年（1925）	纸	12	完整
苏州各界人士反美爱国时印发"本宅不买美货"传单	南京博物院	文件、宣传品	清光绪三十一年（1905）	其他	1	基本完整
1907 年英美烟草公司广告	南京博物院	文件、宣传品	清光绪三十三年（1907）	其他	1	微残
五四时期苏州桃花坞木刻全国学生血心爱国劝告同胞抵制日货宣传画	南京博物院	文件、宣传品	民国 8 年（1919）	其他	1	微残

第十二节 雕塑、造像

秦汉之后，"似是生人"的人俑作为殉葬品开始流行，以陶质、瓷质人俑为主。徐州驮篮山楚王墓出土的西汉彩绘陶绕襟衣女舞俑，舞姿与众不同，手脚动作摆动较大，是现存舞俑中少见的姿势，且保存比较完整，在其他地区未见出土，弥足珍贵。徐州北洞山楚王墓出土的彩绘陶俑是中国迄今为止发现汉代及以前色彩保存最好的彩绘俑群，其形式各异的眉、须，五颜六色的服饰，各不相同的剑鞘纹饰和玉具剑，不同的组带、绶带系结形式等，都超过以往发现的帛画、壁画、木俑和服饰等，极大地丰富了汉代早期的服饰资料，具有极高的历史、文物和艺术价值。2006 年南京市江宁区上坊吴墓出土的三国吴青瓷俑群，一组共十件，包括坐榻俑、抚琴俑、击鼓俑、吹奏俑、侍从俑及胡人俑，造型生动，表情自然，姿态各异，为研究一千多年前南京地区的贵族服饰、发式、生活状态、礼仪习俗提供了实物依据，是六朝青瓷中珍贵的艺术品。铜山县茅村乡内华出土的北朝彩绘陶女立俑，造型细腻，表情生动，衣冠服饰刻化清晰，彩绘保存犹新，器物完整，是现存北朝陶俑中具有代表性的珍品，从科学性和艺术性上，都具有较高的价值。

金银材质的雕塑传世不多，因此十分珍贵。1982 年盱眙县南窑庄西汉窖藏出土一件西汉金兽，通高 10.2 厘米，重 9 千克，含金量 99%，铸造精良，表面锤饰圆形斑纹，形如豹，兽身底面中空内凹，壁上刻有"黄六"二字，是一件十分罕见的汉代黄金重器。

惠山泥人，是一种植根于民间、取材于民间又为群众所喜闻乐见的传统民间工艺，品类众多，样式繁杂。艺人们就地取材，以无锡惠山特有的粘土为原料，经过长期的艺术实践，逐步总结了一套成熟的泥人创作经验，并形成了自己特有的艺术风格。惠山泥人在制作上有"粗货"和"细货"之分，"细货"是以手捏为主的方法来塑造艺术形象，内容大多是以戏曲为主，又被称为"手捏戏文"。现藏南京博物院的清《琵琶记》手捏戏文，是清代晚期无锡著名泥人工艺家陈桂荣的作品，艺术水平十分高超。

江苏馆藏雕塑及造像中有一大部分为佛教文物。淮安市淮安区法院工地出土的东魏石刻造像碑块，在江苏以往未有发现，造型较大，刻工甚精，具有典型时代风格。这一时期在统治中国南方的南朝，佛教也空前兴盛，但遗留下来的佛教造像十分稀少，学术意义较高，南京市博物馆收藏的南朝石菩萨头部残件。两宋时期流行世俗化、人间化的佛教造像，1978 年在常州市委人防工程宋井出土的南宋景德镇窑影青观音坐像，面相端庄安详，体态轻盈，胎质坚致细腻，釉色青如湖水，是中国古代瓷塑作品中十分罕见的艺术精品。现藏苏州博物馆的真珠舍利宝幢,制作于北宋大中祥符六年（1013），是用珍珠等七宝连缀起来的一个存放舍利的容器,选材名贵、工艺精巧,距今已有近千年的历史,十分稀有而珍贵。清代尊崇藏传佛教,现藏南京博物院的清代观音菩萨金立像,为藏传佛教风格,形体较为丰满,面部形象有一定的异域特点,佛身与莲座皆装饰华丽,嵌珍珠宝石,应是清王朝全盛时期由宫廷的能工巧匠制作而成。

表6.12 江苏省国有文物收藏单位重要雕塑、造像文物表

文物名称	馆藏地	所属时代	质地	数量	保存情况
新石器大汶口文化石雕猪头	南京博物院	新石器时代	石	1	微残
商殷朱漆虎饰杠遗痕泥块	南京博物院	商	无机质	1	微残
战国青铜卧鹿	南京博物院	战国	铜	1	基本完整
西汉铜俑	南京博物院	西汉	铜	1	微残
西汉铜马	南京博物院	西汉	铜	2	微残
西汉鎏金铜虎	南京博物院	西汉	铜	2	基本完整
西汉铜戏俑	南京博物院	西汉	铜	1	微残
西汉金兽	南京博物院	西汉	金	1	基本完整
西汉彩绘陶绕襟衣女舞俑	徐州博物馆	西汉	陶	1	微残
东汉陶马	南京博物院	东汉	陶	1	基本完整
东汉跪坐吹笛陶男俑	南京博物院	东汉永元十四年（102）	陶	1	微残
三国吴青釉抚琴瓷俑	南京市博物馆	三国吴	瓷	2	基本完整
三国吴青釉胡人瓷俑	南京市博物馆	三国吴	瓷	1	缺
三国吴青釉击鼓瓷俑	南京市博物馆	三国吴	瓷	1	基本完整
三国吴青釉交手瓷俑	南京市博物馆	三国吴	瓷	1	微残
三国吴青釉立侍瓷俑	南京市博物馆	三国吴	瓷	4	基本完整
三国吴青釉坐榻瓷俑	南京市博物馆	三国吴	瓷	1	基本完整
西晋青釉瓷羊	南京博物院	西晋	瓷	1	微残
西晋青釉瓷独角兽	南京市博物馆	西晋	瓷	1	基本完整
东晋陶牛车及陶俑群	南京市博物馆	东晋	陶	12	完整
东晋胡人陶俑	南京市博物馆	东晋	陶	1	基本完整
南朝刘宋灰陶女俑	南京博物院	南朝	陶	1	基本完整
南朝彩绘灰陶持盾武士俑	南京博物院	南朝	陶	1	重残
南朝石马	南京博物院	南朝	石	1	微残
南朝石马	南京市博物馆	南朝	石	1	基本完整
南朝男石俑	南京市博物馆	南朝	石	1	基本完整
南朝石弟子头	南京市博物馆	南朝	石	1	微残
北朝彩绘陶女立俑	徐州博物馆	北朝	陶	1	微残
北齐彩绘陶骆驼	汉兵马俑博物馆	北齐	陶	1	微残
北朝陶男俑	铜山北洞山汉墓陈列馆	北朝	陶	3	基本完整
北朝陶女俑	铜山北洞山汉墓陈列馆	北朝	陶	1	微残
唐代三彩骆驼	南京博物院	唐	陶	1	微残
唐代彩绘陶天王俑	南京博物院	唐	陶	2	基本完整
唐三彩陶镇墓兽	铜山北洞山汉墓陈列馆	唐	陶	2	完整
唐三彩陶马	铜山北洞山汉墓陈列馆	唐	陶	2	完整

续表

文物名称	馆藏地	所属时代	质地	数量	保存情况
南唐陶女舞俑	南京博物院	南唐保大元年（943）	陶	1	基本完整
南唐人首蛇身陶俑	南京博物院	南唐保大元年（943）	陶	1	基本完整
南唐人首鱼身陶俑	南京博物院	南唐保大元年（943）	陶	1	基本完整
南唐陶男舞俑	南京博物院	南唐保大元年（943）	陶	1	基本完整
宋泥塑童戏像	镇江博物馆	宋	陶	5	重残
宋泥塑童戏像	镇江博物馆	宋	陶	3	微残
北宋釉陶肩舆与舆夫	镇江博物馆	北宋元祐六年（1091）	陶	3	微残
北宋琉璃青龙	镇江博物馆	北宋元祐六年（1091）	琉璃	1	微残
北宋琉璃白虎	镇江博物馆	北宋元祐六年（1091）	琉璃	1	重残
北宋姜黄色釉琉璃朱雀	镇江博物馆	北宋元祐六年（1091）	琉璃	1	微残
北宋陶玄武	镇江博物馆	北宋元祐六年（1091）	陶	1	微残
明广窑褐彩魁星像	苏州博物馆	明	瓷	1	完整
明青白瓷牧童骑牛件	苏州博物馆	明	瓷	1	微残
清少妇哺婴泥塑	苏州博物馆	清	其他无机质	1	微残
清末民国初陈桂荣手捏戏文《琵琶记·卖发》	南京博物院	清末民国初	无机质	1	微残
清末民国初陈桂荣手捏戏文《琵琶记·吃糠》	南京博物院	清末民国初	无机质	1	微残
清末民国初丁阿金手捏戏文《渔家乐·卖书》	南京博物院	清末民国初	无机质	1	微残
清末民国初丁阿金手捏戏文《白蛇传·水斗》	南京博物院	清末民国初	无机质	1	微残
六朝铜佛像	南京市博物馆	六朝	铜	1	微残
南朝石菩萨头部残件	南京市博物馆	南朝	石	1	微残
东魏石刻造像碑块	楚州区博物馆	东魏	石	1	基本完整
宋观音铜像	南京市博物馆	宋	铜	1	基本完整
宋檀龛宝相	苏州博物馆	宋	木	3	重残
宋铜十一面观音	苏州博物馆	宋	铜	1	完整
宋铜十一面观音	苏州博物馆	宋	铜	1	微残
南宋景德镇窑影青观音坐像	常州博物馆	南宋	瓷	1	重残
明代石雕佛像	南京博物院	明	石	1	完整
明释迦牟尼砖模造像	南京博物院	明	陶	1	缺
明代鎏金睡佛	南京博物院	明	铜	1	微残
清代金噶乌龛佛	南京博物院	清	金	1	基本完整
清代观音菩萨金立像	南京博物院	清	金	1	微残
宋真珠舍利宝幢	苏州博物馆	宋	其他复合质地	68	重残

第十三节 文具、乐器、武器

江苏馆藏文具主要包含历代的笔、墨、砚,以及笔筒、笔架、笔洗等其他文房用具。文具是古人写字作画不可或缺的文化用具,不仅拥有实用价值,许多还具有极高的艺术价值和欣赏价值,江苏省馆藏的这些文具,都是难得的精品。书写用具用以随葬,在先秦墓葬中即已常见,新发现的文具多在汉代及两宋文人墓葬中成套出土,并形成了"文房四士(友)"的搭配组合。

毛笔在新石器时代就已出现,战国时期较普遍使用。秦汉时期进一步改进,笔头不仅使用兔毛、羊毛,还采用鹿毛、狸毛、狼毛等材质混合制成。汉代文具在连云港市发现了多件。1985年,在连云港市西郭宝汉墓中,出土一支颇为少见的汉代兔毫毛笔和一方漆壳石砚。1993年,连云港东海县尹湾汉墓出土笔、砚、书刀、砚勺等物,其中笔是两个笔套粘在一起,套内插两支毛笔。1996年,在连云港海州网疃村汉墓的出土遗物中又发现有4只笔套、7把书刀及黑漆石砚1件,其中两只粘在一起的笔套内,经清洗发现有两只角质中空的笔尖,类似硬尖笔。宋代以后,制笔技术趋向软熟、虚锋、散毫,笔头接入笔杆的一端用丝带包裹,便于更换。2006年4月24日常州常宝钢管厂宋墓出土的宋狼毫毛笔,保存十分完整,笔头接入笔杆的一端用丝织物包裹,连接处有松动,弥足珍贵。

墨的使用可上溯至商代或者更早。自汉至唐,多为松烟墨。宋代出现了油烟墨,墨样质朴雅观。1977年,武进南宋墓出土了半枚叶茂实墨,是中国南宋墨的代表作品。1995年宝应县城安宜路北宋墓群出土的"东山贡墨"铭文墨锭,长14.9厘米,墨为牛舌形,为模铸的松烟墨,质料精细,铭文字体遒劲雄健,保存至今,殊为珍贵。明清时期,造墨技术更为发达,到了清代,墨模雕刻艺术达到高峰,题材大都选用风景、花草等图案。苏州博物馆馆藏有著名墨工方于鲁、汪鸿渐、程公瑜、程凤池等的作品。

文献记载中最早的砚见于秦汉时期,历史上砚出现的时间应该更早。秦代砚的形制趋于规范,汉代砚的材质种类增加,唐代砚的式样趋于多样化,宋代更重石砚,尤以端石、歙石为贵。1993年,出土于扬州市仪征化纤白沙二村的宋刻铭紫端砚,砚体端庄,做工规整,砚背上有行书刻铭十二字:"圣宋庚寅岁高阳子春书府记。"1995年和2000年,在宝应县安宜东路宋墓群中出土椭圆形端砚、铭文抄手形歙砚、抄手形澄泥砚、凤形陶砚等8件砚台,为研究中国宋代砚台的形制提供了有价值的资料。

作为置笔的笔筒是主要的文房用具之一。笔筒一般为圆筒状或方形,有瓷、竹、木、漆、玉、象牙、紫砂等质地。笔筒产生的时间较晚,不会早于明嘉靖时期,明末已经普及。南京博物院馆藏的明朱松邻刻松鹤竹笔筒、明濮仲谦刻"八仙"竹笔筒、清周芷岩刻竹石竹笔筒,苏州博物馆馆藏的明竹刻仕女笔筒、清沉香木雕刻渔钓图笔筒、清乾隆云樵制刻字笔筒都是其中的代表作。

中国乐器的发展历史悠久。江苏省近年出土乐器多成套出现于春秋战国时期的贵族墓葬中,种类有钟、磬、句鑃、缶、古琴等。1993年邳州市九女墩三号墩出土铜甬钟、镈钟、钮钟及石磬等乐器。1995年,邳州市九女墩二号墩出土铜编钟、编镈、缶和石磬。2002~2005年间,在无锡鸿山越国贵族墓地已发掘的7座墓葬中,出土青瓷或硬陶质乐器达400余件,主要有编钟、编磬、编句鑃、悬铃、錞于、环首钲、越系圆钟、鼓座、缶等,其数量之多,品种之全,为以往考古发掘所罕见,对于中国音乐史的研究和越国礼乐制度与中原礼乐制度相互关系的研究有着积极的意义。

武器是人们维护生存利益的工具。新石器时代的武器主要为石、骨制品,种类有镞、斧(锛)、钺、匕、矛、戈、球等,有些工具兼具武器和生产的功能。青铜时代是冷兵器的发展阶段。随着青铜冶铸技术的进步,最精锐的兵器以青铜质料的为代表,种类有戈、矛、钺、镞等。1990年,连云港市出土楚国铭文青铜戈,弥补了文献记载的不足。1997年,盱眙东阳老虎山东周墓出土铜戈1件,起首二字隶定为"卅三",是一件具有明确纪年的战国兵器。2003年12月,盱眙黄花塘乡华塘村春秋墓出土青铜戈、青铜剑及铜镞等文物。吴越两国更是以铸剑精良闻名,宁镇地区和太湖流域的墓葬中多有出土。镇江博物馆、南京博物院和苏州博物馆都有馆藏。汉代冶铁工业的发展和炼钢技术的更新使得钢铁兵器成为常规,徐州地区的汉墓中出土了不少的铁剑、铁戟、铁矛、铁刀、斧戟、钩镶等。弩机在古代战争中发挥了重大的作用。战国时期,弩机开始随葬于墓葬之中,并盛行于两汉、魏晋时期。南京象山王氏家族墓地、老虎山颜氏家族墓地、仙鹤观高崧家族墓地都普遍随葬弩机。宋代以后,火药火器制造渐趋成熟。明代,火铳的制造达到了鼎盛时期,多有铭文,为研究当时的兵器生产等提供了珍贵的资料。南京作为明朝初期都城所在,发现有明洪武五年、洪武十年造铜火铳。江苏身处太平天国运动斗争的中心长达12年之久,南京、镇江、苏州等地都发现了太平天国时期的铭文铸造铜炮。

表 6.13 江苏省国有文物收藏单位重要文具、乐器、武器文物表

文物名称	馆藏地	文物类别	所属时代	质地	数量	保存情况
西汉兔毫毛笔	连云港市博物馆	文具	西汉	其他	1	重残
东汉鎏金镶嵌兽形铜盒砚	南京博物院	文具	东汉	铜	1	微残
东晋鎏金异兽衔杯铜砚滴	南京市博物馆	文具	东晋	铜	1	基本完整
宋石抄手砚	常州博物馆	文具	宋熙宁八年(1075)	石	1	微残
宋端石抄手砚	南京博物院	文具	宋	石	1	微残
宋"东山贡墨"铭文墨锭	宝应博物馆	文具	北宋	墨	1	基本完整
宋带柄凤字砚	江阴市博物馆	文具	宋	石	1	基本完整
北宋明道二年三层雕花石印盒	仪征博物馆	文具	北宋明道二年(1033)	石	1	基本完整
北宋"圣宋庚寅岁"铭紫端砚	仪征博物馆	文具	北宋	石	1	完整
南宋毛笔	常州博物馆	文具	南宋	竹	2	微残
明朱松邻刻松鹤竹笔筒	南京博物院	文具	明	竹	1	微残
明濮仲谦刻"八仙"竹笔筒	南京博物院	文具	明	竹	1	微残
明竹刻仕女笔筒	苏州博物馆	文具	明	竹	1	微残
明竹刻钉足山水人物笔筒	苏州博物馆	文具	明	竹	1	完整
明万历方于鲁擎鉴图墨	苏州博物馆	文具	明万历	墨	1	重残
明万历方于鲁夔龙尊墨	苏州博物馆	文具	明万历	墨	1	重残
明万历汪鸿渐潄金家藏墨	苏州博物馆	文具	明万历	墨	1	微残
明万历汪鸿渐海日同生墨	苏州博物馆	文具	明万历	墨	1	微残
明崇祯程公瑜世掌丝纶墨	苏州博物馆	文具	明崇祯	墨	1	微残
清康熙程凤池千岁芝墨	苏州博物馆	文具	清康熙	墨	1	完整
清康熙查克丹宸翰辉煌墨	苏州博物馆	文具	清康熙	墨	8	完整
清雍正无款嵩呼万岁墨	苏州博物馆	文具	清雍正	墨	1	微残
清乾隆紫砂松鼠偷瓜洗子	苏州博物馆	文具	清乾隆	陶	1	完整
清乾隆云樵制刻字笔筒	苏州博物馆	文具	清乾隆	竹	1	微残
清嘉庆程丽仲仿古钱墨	苏州博物馆	文具	清嘉庆	墨	1	完整
清嘉庆程丽仲仿古钱墨	苏州博物馆	文具	清嘉庆	墨	1	完整
清道光雕瓷象牙色人物笔筒	苏州博物馆	文具	清道光	瓷	1	微残
清沉香木雕刻渔钓图笔筒	苏州博物馆	文具	清	木	1	微残
清传是楼款砚	苏州博物馆	文具	清	石	1	微残
清祝人杰卿云墨	苏州博物馆	文具	清	墨	1	完整
清无款紫雪墨	苏州博物馆	文具	清	墨	8	微残
清仿皮雕山水紫砂笔筒	苏州博物馆	文具	清	陶	1	完整
清桂枝歇蝉紫砂摆件	苏州博物馆	文具	清	陶	1	完整
清紫砂干果洗	苏州博物馆	文具	清	陶	1	完整

续 表

文物名称	馆藏地	文物类别	所属时代	质地	数量	保存情况
清彭年款紫砂笔筒	苏州博物馆	文具	清	陶	1	完整
清周颢竹刻羲之爱鹅笔筒	金坛市博物馆	文具	清	竹	1	完整
清阮元摹补《西岳华山庙碑》缺字端砚	扬州博物馆	文具	清	石	1	基本完整
清初顾二娘作端砚	南京博物院	文具	清	石	1	基本完整
清周芷岩刻竹石竹笔筒	南京博物院	文具	清	竹	1	微残
清陈鸣远款笋形紫砂盂	南京博物院	文具	清	陶	1	基本完整
商代青铜兽面纹铙	南京博物院	乐器	商	铜	1	基本完整
西周铜钟	南京市博物馆	乐器	西周	铜	1	基本完整
春秋时期石编磬	南京博物院	乐器	春秋	石	11	重残
春秋时期石编磬	南京博物院	乐器	春秋	石	1	重残
春秋兽面纹甬钟	高淳县博物馆	乐器	春秋	铜	1	完整
春秋蟠龙纹青铜钮钟	南京博物院	乐器	春秋	铜	6	基本完整
春秋蟠龙纹青铜镈钟	南京博物院	乐器	春秋	铜	4	基本完整
春秋青铜编钟	南京博物院	乐器	春秋	铜	9	基本完整
春秋蟠龙纹青铜镈钟	南京博物院	乐器	春秋	铜	1	基本完整
春秋蟠龙纹青铜钮钟	南京博物院	乐器	春秋	铜	1	基本完整
春秋战国石磬	邳州博物馆	乐器	春秋战国	石	13	基本完整
战国素面青铜勾鑃	镇江博物馆	乐器	战国	铜	3	微残
战国素面青铜勾鑃	镇江博物馆	乐器	战国	铜	3	微残
战国素面青铜勾鑃	镇江博物馆	乐器	战国	铜	1	微残
战国漆木古琴	吴中区文管办	乐器	战国	木	1	基本完整
东晋"义熙四年"铭文铜鼓	扬州博物馆	乐器	东晋义熙四年（408）	铜	1	基本完整
西周青铜斧	南京博物院	武器	西周	铜	1	基本完整
西周青铜钺	南京博物院	武器	西周	铜	1	完整
春秋青铜戈	南京博物院	武器	春秋	铜	1	微残
春秋时期青铜剑	南京博物院	武器	春秋	铜	1	基本完整
春秋吴国有铭文青铜矛	南京博物院	武器	春秋	铜	1	基本完整
春秋菱格纹铜剑	南京市博物馆	武器	春秋	铜	1	基本完整
春秋菱形暗花纹青铜矛	镇江博物馆	武器	春秋	铜	3	微残
战国楚铭文青铜戈	连云港市博物馆	武器	楚考烈王二十二年（前241）	铜	1	基本完整
战国直内戈	淮安市博物馆	武器	战国	铜	1	完整
秦铜铍	仪征博物馆	武器	秦	铜	1	微残
秦"十五年寺工"铭铜铍	仪征博物馆	武器	秦王政十五年（前232）	铜	1	微残
西汉永光元年河内黑头剑	仪征博物馆	武器	西汉永光元年（前43）	铁	1	微残
东汉"五十炼"铭钢剑	徐州博物馆	武器	东汉	铁	1	微残
三国吴嘉禾六年铜弩机	镇江博物馆	武器	三国吴嘉禾六年（237）	铜	1	缺
东晋"将军孙侯"铜弩机	南京市博物馆	武器	东晋	铜	1	基本完整
东晋"黄武六年"铭铜弩机	南京市博物馆	武器	东晋	铜	1	基本完整

续表

文物名称	馆藏地	文物类别	所属时代	质地	数量	保存情况
南朝铜弩机	南京市博物馆	武器	南朝	铜	1	基本完整
北魏正始二年铜弩机	南京博物院	武器	北魏正始二年（505）	铜	1	微残
南宋咸淳六年印侍郎铁刀	镇江博物馆	武器	南宋咸淳六年（1270）	铁	1	完整
明洪武五年铜铳	南京博物院	武器	明洪武五年（1372）	铜	1	微残
明洪武十年造铜火铳	南京市博物馆	武器	明洪武十年（1377）	铜	1	完整
太平天国乙荣五年置造贰佰斤铜炮	南京市太平天国历史博物馆	武器	清咸丰五年（1855）	铜	1	基本完整
太平天国辛酉十一年铁炮	镇江博物馆	武器	清咸丰十一年（1861）	铁	1	基本完整
太平天国时期铜炮	苏州博物馆	武器	清同治元年（1862）	铜	1	基本完整
太平天国癸开十三年置造壹佰斤小铜炮	南京市太平天国历史博物馆	武器	清同治二年（1863）	铜	1	基本完整

第十四节 钱币、度量衡器

战国时期，江苏开始流通金属铸币。郢爰是楚国铸行的黄金货币，在江苏省多地已有出土。2007年，大丰市刘庄镇友谊村出土的楚国金币有21块，重量达175.1克。金饼又称饼金，为汉代货币之一。1982年，盱眙县南窑庄窖藏出土战国郢爰11块，西汉金饼、麟趾金、马蹄金25块，是江苏钱币史上的一次重要发现。银锭是指用白银按一定的形状和重量铸造的一种块状物，始自汉代，其他各代皆有铸造，但流通不广。就形制而言，银锭可分为船形、条形、饼形，船形称银锭，条形称银铤，饼形称银饼。1992年兴化市海南乡出土晚唐时期船形田字银锭一组（五件），银锭呈船型，卷沿，色泽灰白。其中四件银锭正面铸"田"字铭文，对研究唐代金银货币的铸铭及其货币流通具有一定的价值。

度量衡是衡量物质大小、容量、重量乃至价值的标准尺度，对规范商品交换、维护社会稳定、保证国家权力等均具有重要意义。秦始皇统一了全国的度量衡制度，制造了一批标准器，在中国历史上产生了深远影响。南京博物院馆藏的秦大騩九斤铜权、铜诏量、铜石权、秦二十六年铁石权，以及东海县博物馆馆藏的秦两诏铜量是全国为数不多的秦代度量器。两汉时期，度量衡制度逐渐完备。江苏各地已经发现有铜尺、骨尺、木尺和竹尺。2002年连云港海州区双龙村1号墓出土西汉彩绘木尺一件，制作精美。

表6.14 江苏省国有文物收藏单位重要钱币、度量衡器文物表

文物名称	馆藏地	文物类别	所属时代	质地	数量	保存情况
春秋郢爰	苏州博物馆	钱币	春秋	金	1	微残
战国郢爰一组	大丰市博物馆	钱币	战国	金	21	微残
战国郢爰一组	南京博物院	钱币	战国	金	11	基本完整
西汉金饼	南京博物院	钱币	西汉	金	11	微残
西汉麟趾金	南京博物院	钱币	西汉	金	6	微残
西汉马蹄金	南京博物院	钱币	西汉	金	9	微残
唐墨书"重伍拾壹两"计重银铤	镇江博物馆	钱币	唐	无机质	2	完整
晚唐田字船形银锭	兴化市博物馆	钱币	晚唐	银	1	基本完整

续 表

文物名称	馆藏地	文物类别	所属时代	质地	数量	保存情况
晚唐船形银锭	兴化市博物馆	钱币	晚唐	银	1	基本完整
晚唐田字船形银锭	兴化市博物馆	钱币	晚唐	银	1	基本完整
晚唐田字船形银锭	兴化市博物馆	钱币	晚唐	银	1	基本完整
晚唐田字船形银锭	兴化市博物馆	钱币	晚唐	银	1	基本完整
宋"景德元宝"铜钱	南京市博物馆	钱币	宋	铜	1	基本完整
北宋"淳化元宝"背刻佛像金币	常熟博物馆	钱币	北宋	金	1	完整
明吉祥金币	江宁区博物馆	钱币	明	金	1	完整
太平天国镇库钱	南京市太平天国历史博物馆	钱币	太平天国时期	铜	1	基本完整
秦大駣九斤铜权	南京博物院	度量衡器	秦始皇二十六年（前221）	铜	1	微残
秦铜诏量	南京博物院	度量衡器	秦	铜	1	微残
秦铜石权	南京博物院	度量衡器	秦	铜	1	微残
秦二十六年铁石权	南京博物院	度量衡器	秦	铁	1	重残
秦两诏铜量	东海县博物馆	度量衡器	秦	无机质	1	微残
汉代骨尺	南京博物院	度量衡器	汉	骨	1	重残
西汉铜量	南京博物院	度量衡器	西汉	铜	1	微残
汉彩绘漆木尺	连云港市博物馆	度量衡器	西汉	有机质	1	基本完整
东汉铜卡尺	扬州市邗江区文物管理委员会办公室	度量衡器	东汉	铜	1	微残
清康熙十八年铜砝码	南京博物院	度量衡器	清康熙十八年(1679)	铜	1	微残

第十五节　牙骨角器

牙骨角器在旧石器时代就已经出现，到了新石器时代，人们常用兽角、兽骨、螺钿等制作生产工具、饰品或容器。1960年在吴江县梅堰镇附近的一处良渚文化遗址中发现的鱼纹骨匕，阴线雕刻繁复的装饰花纹，技法娴熟。1993～1998年，在金坛市三星村遗址发掘出土了大量的骨、角、牙器，骨簪数量多达248件，其中M636出土的骨版在史前遗址中发现较为罕见，保存完整，制作精良。秦汉以后，也有少量牙骨角器精品用于制作饰品、容器等。1993年，在连云港市东海县尹湾汉墓中出土的龙凤牛角饰，反映了汉代骨角器制作的工艺水平。明清时期，象牙、犀角制品原料多来自国外，经过加工之后成为艺林珍品，代表作有扬州博物馆的明仙人乘槎犀牛角杯、南京博物院的清代雕龙犀角杯等。

表6.15　江苏省国有文物收藏单位重要牙骨角器文物表

文物名称	馆藏地	所属时代	质地	数量	保存情况
新石器时代鹿角镐	江阴市博物馆	新石器时代	角	1	基本完整
新石器时代鹿骨匕首	江阴市博物馆	新石器时代	骨	1	基本完整
新石器时代马家浜文化中晚期石钺钺墩	金坛市博物馆	新石器时代马家浜文化中晚期	骨角牙	1	完整
新石器时代马家浜文化中晚期石钺钺饰	金坛市博物馆	新石器时代马家浜文化中晚期	骨角牙	1	基本完整
新石器时代马家浜文化中晚期骨版	金坛市博物馆	新石器时代马家浜文化中晚期	骨	4	完整
新石器时期角镰	南京博物院	新石器时代	角	1	微残
新石器时期青莲岗文化刻花鱼形骨匕	南京博物院	新石器时代	骨	1	基本完整
新石器时期骨鱼镖	南京博物院	新石器时代	骨	1	完整
新石器时期穿孔人头盖骨容器	南京博物院	新石器时期(青莲岗文化)	骨	1	完整

续表

文物名称	馆藏地	所属时代	质地	数量	保存情况
新石器时期青莲岗文化甲觯	南京博物院	新石器时代	骨	1	重残
新石器时期嵌獐牙勾形器	南京博物院	新石器时代	牙	1	基本完整
商代晚期雕花骨柄饰	南京博物院	商晚期	骨	1	重残
殷商蚌钩	南京博物院	商	贝壳	1	微残
殷商蚌饰	南京博物院	商	贝壳	1	微残
东晋象牙唾壶	南京博物院	东晋	牙	1	基本完整
唐代贝雕	南京博物院	唐	贝壳	1	重残
明仙人乘槎犀牛角杯	扬州博物馆	明晚期	角	1	基本完整
清代雕龙犀角杯	南京博物院	清	角	1	微残

第十六节 革命文物

革命文物是指民国10年(1921)中国共产党成立以来与重大历史事件、重要领袖人物、著名革命烈士等有关的实物以及其他具有重要纪念意义、教育意义或者史料价值的实物。包括中国共产党在中央革命根据地、红军长征、抗日战争、解放战争等时期的重要革命纪念物，它们是中国共产党领导下的新民主主义革命光辉历程的重要实物见证。

江苏是新四军东进北上创建抗日民主根据地、苏中七战七捷、淮海战役、渡江战役等重大事件的发生地，也是国共合作、抗战胜利南京受降仪式等活动的开展地区，馆藏革命文物十分丰富，充分反映了江苏在中共党史上的重要地位。馆藏革命文物主要有标语、文告、信函、题词、印信图章、衣物、文具、生产用品、交通工具、通讯工具等，馆藏地点较为集中，主要收藏于南京博物院、镇江博物馆，以及周恩来纪念馆、瞿秋白纪念馆、中共代表团梅园新村纪念馆、新四军江南指挥部纪念馆、黄花塘新四军军部纪念馆、苏皖边区政府旧址纪念馆、淮海战役纪念馆等处。

表6.16 江苏省国有文物收藏单位重要近现代文物表

文物名称	馆藏地	所属时代	质地	数量	保存情况
土地革命时期"打倒土豪劣绅"标语	镇江博物馆	民国16年(1927)	其他	1	缺
土地革命时期陆平乡农民协会印发"打倒土豪劣绅"标语	南京博物院	民国16年(1927)11月	其他	1	完整
土地革命时期陆平乡农民协会印发"农民协会万岁"标语	南京博物院	民国16年(1927)11月	其他	1	完整
土地革命时期陆平乡农民协会印发"打倒贪官污吏"标语	南京博物院	民国16年(1927)11月	其他	1	完整
土地革命时期陆平乡农民协会印发"打倒列强除军阀"标语	南京博物院	民国16年(1927)11月	其他	1	完整
土地革命时期陆平乡农民协会印发"农民革命齐欢唱"标语	南京博物院	民国16年(1927)11月	其他	1	完整
土地革命时期陆平乡农民暴动小队队旗	南京博物院	民国16年(1927)11月1日	有机质	1	基本完整
文献《为目前形势告全体队员书》	周恩来纪念馆	20世纪30年代	纸	1	重残
红十四军二支队五大队四中队三小队队旗	南京博物院	民国19年(1930)	有机质	1	基本完整
土地革命时期南汇泥城暴动张贴标语	南京博物院	民国19年(1930)8月	其他	1	完整
土地革命时期南汇泥城暴动张贴"拥护中国共产党"标语	南京博物院	民国19年(1930)8月	其他	1	基本完整
中共南汇县委给工农兵劳苦群众和一切贫民们的布告	南京博物院	民国19年(1930)8月13日	其他	1	微残

续 表

文物名称	馆藏地	所属时代	质地	数量	保存情况
工农红军第廿二军一师给南汇工农兵店员及劳工布告	南京博物院	民国19年(1930)8月13日	其他	1	微残
中华苏维埃共和国政治保卫局湘赣分局出境护照	南京博物院	民国22年(1933)	其他	1	微残
1933年工农通讯社特讯第一号	南京博物院	民国22年(1933)3月	其他	1	重残
土地革命时期闽浙赣省苏维埃壹圆银币	南京博物院	民国23年(1934)	无机质	1	完整
邓颖超在长征期间使用过的蚊帐	中共代表团梅园新村纪念馆	民国23年(1934)	棉麻纤维	1	完整
抗日战争时期新四军告和平军及一切公务人员书	南京博物院	抗日战争时期	其他	1	微残
台北县政府第一届参政会参政员聘书	南京博物院	抗日战争时期	其他	1	微残
1937年苏皖边区第四行政区专员公署铜印	南京博物院	民国26年(1937)	无机质	1	完整
抗战时期新四军告沦陷区同胞书	南京博物院	民国26年至34年(1937~1945)	其他	1	微残
钟期光上将进入苏南的首枚印章	新四军江南指挥部纪念馆	民国27年(1938)	象牙	1	完整
中国救亡剧团在抗日战争时期给周恩来的信	中共代表团梅园新村纪念馆	民国28年(1939)	纸	2	完整
抗日战争时陈毅、邱东平给汤通庆的题词	镇江博物馆	民国28年(1939)5月27日	其他	1	基本完整
新四军第五支队发给朱二的奖状	南京市博物馆	民国29年(1940)	纸	1	基本完整
抗日战争时期中共华中淮海宿北县委会印章	南京博物院	民国30年至33年(1941~1944)	无机质	1	完整
抗战时期新四军反清乡标语	南京博物院	民国32年至34年(1943~1945)	其他	1	微残
陈毅在黄花塘军部时使用过的雕花大床	黄花塘新四军军部纪念馆	民国32年至34年(1943~1945)	木	1	完整
陈毅在黄花塘军部时使用过的方桌	黄花塘新四军军部纪念馆	民国32年至34年(1943~1945)	木	1	完整
陈毅在黄花塘军部时使用过的皮箱	黄花塘新四军军部纪念馆	民国32年至34年(1943~1945)	皮革	1	完整
新四军战士使用过的纺织机	黄花塘新四军军部纪念馆	民国32年至34年(1943~1945)	木	1	完整
抗战时期新四军六师挺进队司令部号召"江南同胞配合抗战争取自由解放"	南京博物院	民国33年(1944)6月	其他	1	基本完整
抗战胜利《中国战区日本投降签字典礼筹备处》牛角印章	南京博物院	民国34年(1945)	有机质	1	完整
抗战胜利《中国战区日本投降签字典礼筹备处》木质条戳	南京博物院	民国34年(1945)	有机质	1	完整
抗战胜利《中国战区日本投降签字典礼纪念》木质像面圆形章	南京博物院	民国34年(1945)	有机质	1	完整
毛泽东在重庆谈判时发表的书面谈话文稿	中共代表团梅园新村纪念馆	民国34年(1945)	纸	1	基本完整
新四军通告	宜兴市文管办	民国34年(1945)	纸	1	完整
抗战时期新四军溧阳留守处散发的"真正解除人民痛苦"标语	南京博物院	民国34年(1945)5月15日	其他	1	微残
抗战结束时尼米兹元帅在米苏里舰号军舰上签字用金笔	南京博物院	民国34年(1945)9月2日	无机质	1	完整

续 表

文物名称	馆藏地	所属时代	质地	数量	保存情况
抗战胜利中国战区日本投降签字会场挂钟	南京博物院	民国34年(1945)9月9日	有机质	1	微残
抗战胜利后南京举行受降仪式时冈村宁次代表日方在投降签字书上签字时所用文具	南京博物院	民国34年(1945)9月9日	其他无机质	1	微残
抗战胜利南京受降仪式时中方代表何应钦接受日军投降书时签字时所用文具	南京博物院	民国34年(1945)9月9日	其他	1	微残
抗战胜利日军投降中国受降代表签字桌	南京博物院	民国34年(1945)9月9日	有机质	2	微残
抗战胜利日军投降签字桌	南京博物院	民国34年(1945)9月9日	有机质	3	微残
抗战胜利日军投降中国受降代表签字座椅	南京博物院	民国34年(1945)9月9日	有机质	5	微残
抗战胜利日军投降签字座椅	南京博物院	民国34年(1945)9月9日	有机质	5	微残
日寇南京大屠杀概况统计表	南京市博物馆	民国34年(1945)底~1946年2月	纸	9	基本完整
苏皖边区政府委任状	苏皖边区政府旧址纪念馆	民国35年(1946)	纸	1	基本完整
中共代表团在国共南京谈判期间的集体户口卡	中共代表团梅园新村纪念馆	国共南京谈判时期(1946.5~1947.3)	纸	22	完整
中共代表团在国共南京谈判期间的个人户口卡	中共代表团梅园新村纪念馆	国共南京谈判时期(1946.5~1947.3)	纸	87	基本完整
中共代表团在国共南京谈判期间给雷洁琼的请柬	中共代表团梅园新村纪念馆	国共南京谈判时期(1946.5~1947.3)	纸	2	基本完整
周恩来在国共南京谈判期间关于武汉动员区疏散人口实施计划周恩来给陈诚部长的信	中共代表团梅园新村纪念馆	国共南京谈判时期(1946.5~1947.3)	纸	1	基本完整
重庆谈判期间毛泽东、周恩来、朱德在延安机场的合影	中共代表团梅园新村纪念馆	国共南京谈判时期(1946.5~1947.3)	纸	1	完整
周恩来在国共南京谈判期间签名的法币	中共代表团梅园新村纪念馆	国共南京谈判时期(1946.5~1947.3)	纸	1	基本完整
周恩来在国共南京谈判期间写给丘哲(映芙)的信	中共代表团梅园新村纪念馆	国共南京谈判时期(1946.5~1947.3)	纸	1	基本完整
周恩来在国共南京谈判期间使用的棕色小牛皮箱	中共代表团梅园新村纪念馆	国共南京谈判时期(1946.5~1947.3)	皮革	1	基本完整
周恩来在国共南京谈判期间穿的藏青西服上衣	中共代表团梅园新村纪念馆	国共南京谈判时期(1946.5~1947.3)	毛	1	完整
周恩来、邓颖超等人在国共南京谈判期间为鲁明、林冈题写的红绸贺礼	中共代表团梅园新村纪念馆	国共南京谈判时期(1946.5~1947.3)	丝	1	完整
周恩来在国共南京谈判期间赠送给司徒雷登的五彩人物敞口瓶	中共代表团梅园新村纪念馆	国共南京谈判时期(1946.5~1947.3)	瓷	1	基本完整
叶剑英、李克农、徐冰在国共南京谈判期间赠给董必武的铜墨盒	中共代表团梅园新村纪念馆	国共南京谈判时期(1946.5~1947.3)	铜	1	完整
周恩来、董必武等在国共南京谈判期间乘坐的克莱斯勒汽车	中共代表团梅园新村纪念馆	国共南京谈判时期(1946.5~1947.3)	铁	1	完整
周恩来、董必武在国共南京谈判期间乘坐的别尔克汽车	中共代表团梅园新村纪念馆	国共南京谈判时期(1946.5~1947.3)	铁	1	完整
史良在国共南京谈判期间写给闫宝航、高集、浦熙修、叶笃义、马叙伦等先生的信	中共代表团梅园新村纪念馆	国共南京谈判时期(1946.5~1947.3)	纸	1	完整
民主人士在国共南京谈判期间提出的折衷方案	中共代表团梅园新村纪念馆	国共南京谈判时期(1946.5~1947.3)	纸	3	完整
张治中在国共南京谈判期间赠送给董必武的《总理遗教全集》	中共代表团梅园新村纪念馆	国共南京谈判时期(1946.5~1947.3)	纸	1	完整
苏北军区护照	南京博物院	解放战争时期	其他	1	完整

续 表

文物名称	馆藏地	所属时代	质地	数量	保存情况
解放战争时期华野后勤部部长刘瑞龙的日记	淮海战役纪念馆	解放战争时期	纸	1	完整
淮海战役中山东泗水县担运团模范车子连民工范德文、范振德支前时运送军粮的独轮车	淮海战役纪念馆	淮海战役时期	木	1	完整
1948年11月24日中原军区关于加强交通联络、粮弹供给及伤员转运组织保障工作的命令	淮海战役纪念馆	淮海战役时期	纸	1	微残
淮海战役中淮海战役总前委使用的电台	淮海战役纪念馆	淮海战役时期	混合质地	2	完整
淮海战役中山东莱阳县民工、特等功臣唐和恩支前时随身携带的小竹竿	淮海战役纪念馆	淮海战役时期	竹	1	完整
1949年1月11日华野司令部参谋处第四科给华野四纵出具的收到战犯杜聿明的收条	淮海战役纪念馆	1949年1月	纸	1	完整
1949年4月7日陈毅给张克侠的亲笔信	淮海战役纪念馆	1949年4月7日	纸	1	完整
1965年刘伯承为淮海战役烈士的题词	淮海战役纪念馆	1965年	纸	1	完整
1965年陈毅为淮海战役烈士的题词	淮海战役纪念馆	1965年	纸	1	完整
1949年《江苏省人民政府》铜印	南京博物院	1949年12月	无机质	1	完整
1950年《南京市人民政府》铜印	南京博物院	1950年7月	无机质	1	完整
1950年《苏北人民行政公署》铜印	南京博物院	1950年8月	无机质	1	完整
1965年9月20日刘少奇为淮海战役烈士的题词	淮海战役纪念馆	1965年	纸	1	完整
1960年6月4日朱德为淮海战役烈士的题词	淮海战役纪念馆	1960年	纸	1	完整
1965年林彪为淮海战役的题词	淮海战役纪念馆	1965年	纸	1	完整
郭沫若致文保会武仲奇信函	南京市博物馆	1965年	纸	5	完整
西花厅前客厅中堂国画《朝晖》	周恩来纪念馆	1984年	宣纸	1	完整
邓小平给周恩来故居题匾	周恩来故居管理处	1984年12月11日	纸	1	完整
领导人为淮海战役烈士的题词	淮海战役纪念馆	现代	纸	16	基本完整

第十七节 其他

本节包括标本、化石，交通、运输工具，玺印符牌，玻璃器、名人遗物及其他类可移动文物。

表6.17 江苏省国有文物收藏单位其他类重要文物表

文物名称	馆藏地	文物类别	所属时代	质地	数量	保存情况
中更新世纪中期南京直立人Ⅰ号头骨化石	南京市博物馆	标本、化石	中更新世纪中期	化石	1	基本完整
中更新世纪中期南京直立人Ⅱ号头骨化石	南京市博物馆	标本、化石	中更新世纪中期	化石	1	基本完整
新石器时代海龟头骨	南京博物院	标本、化石	新石器时代	骨	1	微残
新石器时代良渚文化水牛头骨	南京博物院	标本、化石	新石器时代	骨	1	重残
新石器时代"刘林人"骨架及附件	南京博物院	标本、化石	新石器时代	骨	1	重残
新石器时代粳稻粒	南京博物院	标本、化石	新石器时代	其他有机质	1	重残
商代杀殉奴隶骨架	南京博物院	标本、化石	商	骨	1	重残
商代杀殉奴隶骨架	南京博物院	标本、化石	商	骨	1	重残

续 表

文物名称	馆藏地	文物类别	所属时代	质地	数量	保存情况
西周粳稻粒	南京博物院	标本、化石	西周	其他有机质	30	重残
新石器时代马家浜文化木桨	常州博物馆	交通、运输工具	新石器时代	木	1	微残
春秋独木舟	常州市武进区博物馆	交通、运输工具	春秋	木	1	重残
战国独木船	南京博物院	交通、运输工具	战国	木	1	重残
战国蟠螭纹木雕鼓车（含车前装饰板、车轼装饰板、左輢装饰板、右輢装饰板、鼓座、车轴、伏兔、辀、建鼓、鼓柱、车门雕花木板、车厢、车轮和车厢雕花板一套16件）	淮安市博物馆	交通、运输工具	战国	木	1	基本完整
西汉阴文鸟虫书"刘犯"玛瑙方印	徐州博物馆	玺印符牌	西汉	玛瑙	1	完整
西汉阴文篆书"刘犯"玛瑙方印	徐州博物馆	玺印符牌	西汉	玛瑙	1	完整
东汉"广陵玉玺"印文龟钮金印	南京博物院	玺印符牌	东汉	金	1	基本完整
东晋"零陵太守章"石印	南京市博物馆	玺印符牌	东晋	石	1	基本完整
东晋"关中侯印"金印	南京市博物馆	玺印符牌	东晋	金	1	基本完整
唐"左鹰扬卫温阳府之印"铭文铜官印	常熟博物馆	玺印符牌	唐	铜	1	基本完整
北宋宣和五年木地券	泰州市博物馆	玺印符牌	北宋宣和五年（1123）	木	1	重残
元龙凤二年管军万户府铜印	镇江博物馆	玺印符牌	韩宋龙凤二年（元至正十六年，1356）	铜	1	完整
元龙凤五年管军总管府铜印	南京博物院	玺印符牌	元	铜	1	微残
明"黔宁王遗记"金牌	南京市博物馆	玺印符牌	明	金	1	完整
明"荡冠将军"银印	南京博物院	玺印符牌	明	银	1	微残
明何震篆刻石章	无锡博物院	玺印符牌	明	石	4	基本完整
清夔龙钮"和硕智亲王宝"金印	南京博物院	玺印符牌	清嘉庆	金	1	基本完整
太平天国"天父天兄天王太平天国开朝勋臣黄敬中"木印	南京博物院	玺印符牌	太平天国时期	木	2	微残
太平天国功勋曾容年腰牌	南京市太平天国历史博物馆	玺印符牌	太平天国时期	木	1	基本完整
民国早期"勿忘五九，还我旅大"木方印	南京博物院	玺印符牌	民国4年至8年（1915～1919）	木	2	完整
东晋玻璃杯	南京市博物馆	玻璃器	东晋	玻璃	1	基本完整
东晋玻璃杯	南京市博物馆	玻璃器	东晋	玻璃	1	基本完整
东晋玻璃罐	南京市博物馆	玻璃器	东晋	玻璃	1	基本完整
东晋玻璃碗	南京市博物馆	玻璃器	东晋	玻璃	1	基本完整
六朝玻璃杯	句容市博物馆	玻璃器	六朝	玻璃	1	基本完整
宋镶银口焦叶形玻璃杯	南京市博物馆	玻璃器	宋	玻璃	1	基本完整
南宋蟠螭纹玻璃璧	南京市博物馆	玻璃器	南宋	玻璃	1	基本完整
谭延闿与战友合影照片	南京市博物馆	音像制品	民国元年（1912）	纸	1	完整
湖南南武军"亮队图"照片	南京市博物馆	音像制品	民国元年（1912）	纸	1	基本完整
谭延闿集国民革命军第二军照片册	南京市博物馆	音像制品	约20世纪20年代	纸	164	基本完整
谭延闿所集广东革命活动照片册	南京市博物馆	音像制品	约20世纪20年代	纸	20	基本完整
鲍罗廷赠谭延闿照片	南京市博物馆	音像制品	民国15年（1926）	纸	1	完整

续表

文物名称	馆藏地	文物类别	所属时代	质地	数量	保存情况
1927年戈公振参加日内瓦国际报界专家会议原件照片	东台市博物馆	音像制品	民国16年(1927)	纸	1	完整
1929年欢迎上海新闻记者东北观察团照片	东台市博物馆	音像制品	民国18年(1929)	纸	1	微残
1929年北平新闻界同仁假欧美同学会欢迎上海记者观察团照片	东台市博物馆	音像制品	民国18年(1929)	纸	1	完整
蒋介石签署伪宪法时使用的文具和纪念照片	南京市博物馆	音像制品	20世纪40年代	混合质地	15	完整
清末徐寿给华若汀的信	南京博物院	名人遗物	清道光十六年至同治五年(1836~1866)	其他	1	完整
清代邓廷桢家书遗墨	南京博物院	名人遗物	清道光十八年(1838)	其他	1	重残
孙中山使用过的镀金怀表	南京市博物馆	名人遗物	清光绪三十年(1904)	其他	1	基本完整
章太炎祭孙文横幅	南京博物院	名人遗物	民国17年(1928)	其他	1	微残
孙中山为诵盘先生题字"是医国手"	南京博物院	名人遗物	民国	其他	1	基本完整
孙中山遗墨"便笺与收据"	南京市博物馆	名人遗物	民国	纸	7	基本完整
孙中山遗墨"奋斗"	南京市博物馆	名人遗物	民国元年(1912)	纸	1	完整
民国孙总理遗像及遗嘱铜墨盒	南京博物院	名人遗物	民国14年(1925)	无机质	1	微残
周恩来用过的剃须刀(带柄架)	周恩来纪念馆	名人遗物	20世纪20年代(刀片为20世纪50年代)	混合质地	3	完整
蒋介石签署文件所用签名章	南京市博物馆	名人遗物	约20世纪40年代	铜	1	完整
沈钧儒"我是中国人"手迹	南京市博物馆	名人遗物	民国31年(1942)1月	纸	1	基本完整
抗战时期闻一多烈士遗稿"字与画"	南京博物院	名人遗物	民国32年(1943)	其他	1	基本完整
陈毅在华中建大考察时使用过的木椅	黄花塘新四军军部纪念馆	名人遗物	民国34年(1945)	木	1	完整
彭康当年使用过的木箱	黄花塘新四军军部纪念馆	名人遗物		木	1	完整
宋美龄在国共南京谈判期间送给邓颖超的羊皮筒子	中共代表团梅园新村纪念馆	名人遗物	国共南京谈判时期(1946.5~1947.3)	毛	1	完整
邓颖超解放初期写给表妹陈绣云的亲笔信	周恩来故居管理处	名人遗物	1949年10月20日	纸	1	微残
周恩来中山装套装(晚礼服)	周恩来纪念馆	名人遗物	20世纪50年代	毛	2	完整
周恩来生前用老花镜	周恩来纪念馆	名人遗物	20世纪50~60年代	混合质地		微残
周恩来出席日内瓦会议穿过的风衣	周恩来纪念馆	名人遗物	1954年	毛	1	基本完整
周恩来用皮箱(钢纸箱)	周恩来纪念馆	名人遗物	1954年	钢纸	1	基本完整
钟期光上将授衔时的礼服	新四军江南指挥部纪念馆	名人遗物	1955年	棉麻纤维	5	完整
周恩来全毛华达呢中山装一套	周恩来纪念馆	名人遗物	20世纪60年代	毛	2	完整
周恩来"文化大革命"中穿过的军大衣	周恩来纪念馆	名人遗物	20世纪60年代	棉麻纤维	1	完整
粟裕将军逝世前穿的汗衫	新四军江南指挥部纪念馆	名人遗物	20世纪80年代	棉麻纤维	1	完整
邓颖超黑呢套装	周恩来纪念馆	名人遗物	20世纪80年代	混合	2	基本完整

续表

文物名称	馆藏地	文物类别	所属时代	质地	数量	保存情况
邓颖超棉衣	周恩来纪念馆	名人遗物	20世纪90年代	棉麻纤维	2	基本完整
柳亚子1939年10月遗嘱：示儿篇	柳亚子纪念馆	名人遗物	近代	纸	1	基本完整
柳亚子1950年10月24日遗嘱	柳亚子纪念馆	名人遗物	近代	纸	2	基本完整
洪宪元年陆军总长王士珍发给靳承惠七等奖状	南京博物院	其他	民国4年(1915)	其他	1	完整
民国"五九国耻"铜杯	南京博物院	其他	民国4年(1915)	铜	1	微残
民国镂花双耳纪念杯	南京博物院	其他	民国9年(1920)	无机质	1	微残
申新三厂使用的英国制二道并条机	无锡博物院	其他	民国11年(1922)	铁	1	完整
民国五卅运动时期纪念品锡山	南京博物院	其他	民国14年(1925)6月	无机质	1	微残
申新三厂使用的英国制二道粗纱机	无锡博物院	其他	民国18年(1929)	铁	1	完整

第七章　物质文化遗产管理

江苏省文物管理工作起步较早。民国4年(1915),成立了南京古物保存所;民国17年(1928)5月,国民政府中央古物保管委员会江苏分会在苏州可园成立;国立中央博物院筹备处于民国22年(1933)成立,负责收藏国有文物。中华人民共和国成立后,苏南文物管理委员会、苏北文物管理委员会相继成立,并于1954年8月合并为江苏省文物管理委员会。此后,南京市、苏州市等市、县相继成立文物管理委员会,苏州市还成立了园林古迹修整委员会。1977年,江苏省文化局在局内增设文物处。至1979年,全省共有省市(地区)两级文物管理委员会8个、文物保管所2家(扬州地区、镇江地区)。1992年,省文物管理委员会办公室自南京博物院迁至省文化厅,与文物处合署办公,核定编制25人,至此,江苏文物行政管理机构基本理顺,文物管理工作步入正轨。2004年12月8日,江苏省文物局正式成立,与省文物管理委员会办公室两块牌子一套班子,履行全省文物保护的行政管理职能。各市、县文物管理机构、团体也日渐建立、健全,工作全面开展,省、市、县(市、区)三级文物行政管理体制基本形成。为加强文物行政管理能力,一些有条件的省辖市陆续组建文物局。1993年,南京市文物局率先成立,之后,苏州、无锡、常州、扬州、淮安等市也先后成立了文物局(或文化遗产局)。2007年6月,常熟市文化局增挂文物局牌子,成为全省第一个设立文物局的县级市。苏州吴中区、吴江市、无锡宜兴市、徐州邳州市和苏州常熟市先后获评"全国文物工作先进县"称号。

江苏是中国博物馆事业的发源地。经过多年努力,逐步建立起以南京博物院为中心,市级馆为骨干,地方、行业馆为特色,民办馆为补充的博物馆事业发展格局。1905年,爱国实业家张謇在南通兴建的中国第一座公共博物馆"南通博物苑",至今已有一百多年的历史。1950年,国立中央博物院筹备处更名为国立南京博物院,此后各市县相继成立了博物馆。20世纪90年代以来,博物馆事业取得长足发展,其中县级博物馆数量增长较多。改革开放以来,江苏的博物馆开始向综合馆网络化、专题馆艺术化、纪念馆品格化方面蓬勃发展。

随着文物事业的发展,考古工作机构建设逐步完善,有省级考古工作机构——江苏省考古研究所,部分地市和博物馆也配备了专门的考古机构。在考古工作发展的同时,相应的学术组织也随之成立。江苏省现有省博物馆学会、省考古学会、吴文化学会、省收藏学会等文博类学术团体,对推进全省的文化遗产保护、研究与利用工作起到了很好的作用。

江苏省文物商店是国营文物事业单位。20世纪90年代后,部分文物商店实行企业化改革,南京市文物商店和无锡市文物商店相继转变为文物公司。改制后的文物公司和文物商店一起承担为博物馆和有关科研机构提供藏品和资料的工作,并通过商业手段保护文物。

中华人民共和国成立后,文物立法工作得到高度重视,江苏省逐步建立起较为完善的文物保护地方性法规体系。1949年5月,南京市军事管制委员会发布《关于保护公共财产、文化机关及名胜古迹的布告》。江苏省人大于1994年颁布了《江苏省实施〈中华人民共和国文物保护法〉办法》;2001年颁布了《江苏省历史文化名城名镇保护条例》,并于2002年3月1日起正式实施;2003年10月颁布《江苏省文物保护条例》。各地根据实际,先后公布了二十多部地方法规,对加强各市的文物保护工作起到了重要作用,有力地推进了全省文物工作法制化进程,收到了明显的效果。

江苏是文化大省,各级地方政府和文物管理部门历来重视文博专业人才的培养。1982年起,国家文物局在扬州市创办培训中心,轮流培训在职文博业务人员,到 1987 年共举办 13 期,江苏受惠最大。除了积极委派人员参与国家文物系统的相关专业培训外,江苏省文物管理部门还多次组织了多个方向的文博专业培训,力求专业性、系统性和可操作性,为提高全省的文物保护管理水平,加强文物工作人才队伍建设,促进文物保护事业快速发展做出了积极的贡献。江苏省高校云集,其中南京大学、南京师范大学、徐州师范大学、南京航空航天大学、南京艺术学院等高校开设了考古学、博物馆学及文物学专业。文博系统多年的人才培养投入,结出了丰硕的果实,收获了大批人才。

第一节 机构团体

一、管理机构

自1992年,省文物管理委员会与文物处合署办公后,江苏省的文物行政管理机构基本理顺,文物管理工作步入正轨。至2008年,全省省级管理机构1个,为2004年成立的江苏省文物管理委员会办公室,与省文物局两块牌子一套班子,履行全省文物保护的行政管理职能。省辖市级文物局(或文物管理委员会)12个,县级市、区和县文物管理委员会办公室(或保护管理所)有42个。2008年统计全省文物保护管理机构共有65个,从业人员348人,其中高级职称22人,中级职称27人。①

本节收录的管理机构为省级和省辖市级文物局(或文物管理委员会),特别收录江苏省县级市中设立的首家文物局——常熟市文物局。

1. 江苏省文物管理委员会办公室(江苏省文物局)

江苏省文物管理委员会办公室是省文物管理委员会常设工作机构,成立于1954年8月。1959年3月,省文物管理委员会迁入南京博物院,与南京博物院合署办公,对内称南京博物院文管部,是南京博物院的一个职能部门,对外用"江苏省文物管理委员会"和"江苏省文物管理委员会办公室"的公章,行使省文物管理委员会的职能。

"文化大革命"期间,文物管理委员会的工作基本陷于停顿。1977年,"文化大革命"结束,江苏省文化局在局内增设文物处,专司全省文物保护行政管理职能。截至1979年,全省共有省、市(地区)两级文物管理委员会8个,文物保管所2家(扬州地区、镇江地区)。

1992年,省文物管理委员会办公室自南京博物院迁至省文化厅,与文物处合署办公,核定编制25人,设综合、文物、博物馆三科。1992~2004年期间,省文物管理委员会组织整理、报请省政府公布了江苏省第四批、第五批省级文物保护单位及扩展项目共285项;组织上报,并由国务院公布了第四批、第五批全国重点文物保护单位江苏24处;由省政府公布了第二批、第三批省级历史文化名城、名镇。组织、协调了多次重大工程的抢救性考古发掘;组织、举办了法制、古建筑培训班;配合修订后的《中华人民共和国文物保护法》的实施,在全省开展了"文物保护法宣传周"系列活动,取得了较好的效果。

2004年12月8日,为全面加强文物保护工作,省政府在省文物管理委员会办公室和省文化厅文物处的基础上组建了省文物局,为省文化厅管理的副厅级事业局,与省文物管理委员会办公室两块牌子一套班子,履行全省文物保护的行政管理职能。江苏省文物局事业编制为25名,设局长1名、副局长1名,处长4名,副处长4名。江苏省文物体系自此开始逐步建立、健全,工作全面开展,省、市、县(市、区)三级文物行政管理体制基本形局成立后,每年召开一次全省文物工作会议。

2. 南京市文物事业管理委员会(南京市文物局)

南京市文物事业管理委员会成立于1949年10月,时称南京市文物保管委员会(简称文保会),是全国最早建立的市级文物管理机构,编制50人。1956年划归市文物局领导。1949年11月,南京市人民政府聘请24名委员组成市文保会。1976年1月,改称南京市革命委员会文保会。1978年,与南京市博物馆等单位分开,归口中共南京市委宣传部。1981年改称南京市文物管理委员会,1983年后与市文化局合署办公。1990年6月,南京市人民政府改聘委员人选,由22名委员组成南京市文物事业管理委员会(简称文管会),委员会下设办公室,具体行使委员会职能,负责南京市文物宣传、保护管理、资料收集、调查研究及规划、维护等工作,并指导全市各博物馆业务工作的开展。

1993年市政府在南京市文物管理委员会办公室的基础上组建了市文物局,为市政府直属副局级机构,由南京市文化局代管。局内设机构为一室三处(市处级),核定行政编制23名。现办公地址在南京市玄武区成贤街43号院内。

南京市文物局直属基层单位有:南京市博物馆、南京市太平天国历史博物馆、中共代表团梅园

---

① 《江苏省文化统计年鉴(2008年度)》,第312页。

新村纪念馆（含八路军办事处纪念馆）、南京民俗博物馆筹建处、江南贡院历史陈列馆、南京文物公司、南京市城墙管理处。

3. 无锡市文物管理委员会办公室（无锡市文化遗产局）

无锡市文物管理委员会办公室成立于1980年，为无锡市文管会常设工作机构，隶属于无锡市文广新局，正科级建制。自成立以来，先后修复了寄畅园、薛福成故居、东林书院、文渊坊、钱钟书故居、二泉书院、阿炳故居等120余处文保单位。成功修复清名桥古运河段、惠山、小娄巷、荣巷、荡口、严家桥历史街区及周新、礼舍等名镇名村等。

2006年8月，另成立无锡市文化遗产局，为全国首个文化遗产局。与无锡市文化广电新闻出版局合署办公，正处级，下设八个处室，有正式职工36人。

4. 徐州市文物管理委员会办公室

1951年，徐州市成立文物管理委员会，副市长兼任文管会主任，委员由文化、科教、工商等部门及社会知名人士组成，办公地点在市南郊云龙山上的放鹤亭内。

1966～1976年"文化大革命"期间，文物管理工作处于瘫痪状态。1982年《中华人民共和国文物保护法》颁布实施后，文物工作得以恢复。1983年11月23日，徐州市第三届文物管理委员会成立，委员24人，同时建立了文物管理委员会办公室，编制5人，隶属市文化局管理，独立办公。1994年，为理顺市文化局和文管会办公室的业务关系，文管会办公室人员合并到市文化局，市文化局下设文物科，科长同时兼任文管办副主任。

5. 常州市文物管理委员会办公室（常州市文物局、常州市文物保护管理中心）

2007年，常州市政府在合并原常州市文化局、常州市广播电视局、常州市新闻出版局的基础上组建了常州市文化广电新闻出版局，主管全市文化艺术、广播影视、新闻出版及著作权工作。在常州文化广电新闻出版局下设文物处（即市文物管理委员会办公室）。

同年10月，常州市文广新局增挂常州市文物局牌子，将常州市文物管理委员会办公室与局文物处合署。另建立常州市文物保护管理中心，下设办公室、项目科、文保科、研究室。

6. 苏州市文物管理委员会办公室（苏州市文物局）

苏州市文物保管委员会成立于1950年7月26日，办公地点最初设在荣社。1977年8月，改称苏州市文物管理委员会。1981年12月，市政府改组市文物管理委员会。1982年4月，正式建立市文物管理委员会办公室，负责处理文管会日常工作，办公地址迁至人民路148号，与市文化局新设立的文物科合署办公。在编专职工作人员5人，办公室主任由市文化局分管局长兼任，副主任3人，其中1人兼任文物科科长。1995年，苏州市文化局各科室改称为处室，文物科改称文物处。2001年6月，苏州市文化局、广播电视局合并，成立苏州市文化广播电视管理局，挂"苏州市文物管理委员会办公室"牌子。

2003年9月，原在苏州市文广局挂牌的"苏州文物管理委员会办公室"更名为苏州市文物局，负责行使文物行政管理和执法职能。局长由文广局局长兼任，分管副局长兼任副局长。同时，文物处仍与文管办合署办公。编制10名。

7. 南通市文物管理委员会办公室（南通市文物局）

1983年6月25日，南通市文物管理委员会成立。同年成立南通市文化局，南通市文物管理委员会划归文化局管理。南通市文化局位于南通市世纪大道6号，为正处级政府部门，下设文物处，文管办办公室与文物处合署办公。南通市文化局负责全市文物工作，指导协调全市文物的管理、保护、抢救和研究、发掘等工作，承担相关历史文化名城的保护工作，指导全市博物馆建设和考古工作。

1990年以来，南通市文化局的文物保护工作取得了许多成绩：成立了南通市文博协会，开通了南通博物苑网站；加强了对博物馆事业的工作；开展了历史文化名城申报工作；参加了市发改委牵头的"关于在唐闸建立工业博览馆"论证工作，提出了快速启动保护唐闸工业遗产的方法；开展了每年的"文化遗产日"的宣传活动。在文物保护单位的修复和保护方面，完成了文峰塔、太平兴国教寺大殿和南通博苑东馆的维修工作。

8. 连云港市文物管理委员会办公室

连云港市文物管理委员会办公室成立于1980年11月12日，原在连云港市博物馆办公，办公室人员由馆内人员兼任。文管会主任由分管文化的副市长兼任,办公室主任由市文化局分管文博的副局长兼任。文管会办公室1987年从博物馆析出,设于连云港市文化局,定编5人,正科级单位,属市文化局管理。

9. 淮安市文物保护管理所(淮安市文物局)

1978年以来,淮安市(淮阴市)的文博机构初步建立起来,1983年,成立了淮阴市文物管理委员会。2002年,成立淮安市文物保护管理所,编制3人,2003年编制增加至5人。2003年,成立了淮安市文物局,增设文物保护管理处,撤销市文物管理委员会办公室。

10. 扬州市文物管理委员会办公室(扬州市文物局、中国大运河申报世界文化遗产办公室)

民国18年(1929),国民政府在扬州成立江苏古物保管委员会江都支会,设委员5人,主任1人,会址设在原扬州府学尊经阁内,为市区最早的文物管理机构。1952年7月建立扬州市文物风景管理委员会。

1954年9月,扬州市文物管理委员会成立,会址设在史公祠内。1958年博物馆建立后,文管会与该馆合署办公。1968年后,工作中断。1975年,市革命委员会发文恢复文管会,仍与博物馆合署办公。1982年,扬州市调整、充实市文管会成员,并成立文管会办公室。1983年、1986年为适应体制改革后市管县的新形势,又先后重建市文管会和办公室,核定办公室编制7人。1993年,扬州市有六个县(市)先后成立了文管会和办公室。2006年,增加编制4人。①

2002年3月,扬州市政府成立扬州市文物局,与文化局合署办公,为市政府工作部门,下设5个内设机构,均为正科级建制。包括人事行政处、文物保护处、博物馆处、技术处和计划财务处。扬州市文物局相继建成了马可·波罗纪念馆等一批有特色、有影响的文化博览场所,一大批历史建筑得到了有效保护和合理利用,已累计建成文博场馆82个。

2007年9月26~28日,由外交部、建设部、文化部和联合国教科文组织等九家部门倡导和支持,扬州市人民政府等承办的"2007 中国·扬州世界运河名城博览会暨运河名城市长论坛"在扬州举行,在扬州东门遗址举行的开幕式上,扬州被国家文物局正式宣布为大运河申报世界遗产牵头城市,并举行了"中国大运河申报世界文化遗产办公室"揭牌仪式,与扬州市文物局实行一套班子两块牌子。

11. 镇江市文物管理委员会办公室

1950年7月,镇江市风景名胜保护委员会成立。1956年10月改称文物管理委员会。"文化大革命"期间,文物管理工作处于瘫痪状态。1985年4月,镇江市文物管理委员会重新恢复,下设办公室。办公地点位于镇江市京口区演军巷16号,有编制6人。

12. 泰州市文物管理委员会办公室(泰州市文物局)

中华人民共和国成立后,泰州市人民委员会设古物保护所管理文物。1955年设立文物管理委员会,1958年成立泰州市博物馆,泰州文物保护工作由市文物管理委员会与博物馆共同负责。

地级市成立后,于1996年12月,泰州市文管办整体上划归市文化局管理,海陵区不设文物管理机构。文化局下设文物管理科,科长1名。1997年11月,成立地市组建后的文物管理委员会,文管会下设办公室,增加事业编制2名,负责日常工作,与文物管理科合署办公,办公地点设在泰州市文化局内。

2001年6月,在市文化局增挂"市文物局"的牌子。

13. 宿迁市文物管理委员会办公室

20世纪50年代,宿迁地区的文物工作由各地的文教局(科)、文化馆等代为管理,80年代后,逐步由各地的图书馆负责管理,各县图书馆配备1~2名专职文博干部,后各地又相继建设了博物馆等专职文物管理部门。2003年,地级宿迁市建立了市文物管理委员会,文物管理委员会办公室设在市文化局。

14. 常熟市文物管理委员会办公室(常熟市文物局)

常熟市文物管理委员会前身为"常熟县文物保管委员会",成立于1950年,是江苏省最早成立的

---

① 《扬州文化志》,江苏文艺出版社,1996年版,第516页。

文物管理机构之一。主要任务是对各区的文物、书画、图书进行整理、定名、分类、造册和办理接收手续。1953年撤销，文物书画上缴省博物馆筹备处，图书上缴南京图书馆。1956年春，重建"常熟市文物保管委员会"，接受了县、市两个财政科及两个文化科库藏的文物、图书，并在人民公园内设"文物成立室"。文物藏品以传世书画、陶瓷、金属、玉石为主。1958年撤市后，改名为"常熟县文物保管委员会"。20世纪70年代初期，文管会和常熟县文化馆、县图书馆合并，建立"革命文化馆领导小组"。1974年，文管会单独建制，改名为"常熟县文物管理委员会"。1983年3月，撤县建市，改名为"常熟市文物管理委员会"。1996年正式归属常熟市文化局。

2007年6月8日，在常熟市文物管理委员会办公室基础上增挂"常熟市文物局"牌子，这是江苏省县级市中设立的首家文物局，是常熟市对文化遗产保护的一次创新。

多年来，常熟市文管办先后实施了"綵衣堂（翁氏故居）""言子专祠""聚沙塔""方塔"等文物古建筑的复原、修复工程。利用自身条件先后筹备建立了"常熟市碑刻博物馆""翁同龢纪念馆""常熟博物馆""常熟市名人馆"等。

表7.1　江苏省各地区文物保护管理机构一览表①

地区	名称
南京市	南京市文物事业管理委员会办公室
	南京市城墙管理处
	南京市玄武区文物管理委员会办公室
	南京市玄武区文物保护管理所
	南京市秦淮区文物管理委员会办公室
	南京市建邺区文物管理委员会办公室
	南京市鼓楼区文物保护管理所
	南京市下关区文物管理委员会办公室
	南京市栖霞区文物管理委员会办公室
	南京市江宁区文物管理委员会办公室
	南京市江宁区南唐二陵文物保护管理所
	南京市江宁区郑和墓园文物保护管理所
	南京市六合区文物保护管理所
	高淳县文物保护管理所

续表

地区	名称
无锡市	无锡市文物管理委员会办公室
	无锡市东林书院文物管理处
	无锡市薛福成故居文物管理处
	无锡市名人故居文物管理处
	无锡市锡山区文物管理委员会办公室
	无锡市新区泰伯庙文物保护所
	江阴市文物管理委员会办公室
	江阴市文庙保护管理所
	江阴市徐霞客故居文物保护管理所
	江阴市国民党要塞司令部旧址文物保护管理所
	宜兴市文物管理委员会办公室
徐州市	徐州市文物管理委员会办公室
	徐州市白集汉墓管理处（贾汪区）
常州市	常州市文物保护管理中心
	常州市武进区文物管理委员会办公室
	溧阳市文物管理委员会办公室
	金坛市文物管理委员会办公室
苏州市	苏州市文物管理委员会办公室
	苏州市市区文物保护管理所
	苏州市吴中区文物管理委员会办公室
	常熟市文物管理委员会办公室
	张家港市文物管理委员会办公室
	太仓市文物管理委员会办公室
	吴江市文物管理委员会办公室
	吴江市同里镇文物保护管理所
	吴江市黎里镇文物保护管理所
	昆山市文物保护管理所
南通市	南通市文物管理委员会办公室
	海安县文物管理委员会办公室
	如皋市文物管理委员会办公室
连云港市	连云港市文物管理委员会办公室
	东海县文物管理办公室
淮安市	淮安市文物保护管理所
	周恩来纪念地管理局（淮安市）
	淮安市楚州区文物管理委员会办公室
	盱眙县文物管理委员会办公室
	盱眙县东阳城遗址文物保护管理所
	盱眙县明祖陵文物管理处

---

① 据《江苏文化统计年鉴（2008年度）》文物保护管理机构基本情况表。

续 表

地区	名称
扬州市	扬州市文物管理委员会办公室
	扬州市邗江区文物管理委员会办公室
	宝应县文物管理委员会办公室
	高邮市文物管理委员会办公室
镇江市	镇江市文物管理委员会办公室
	镇江市丹徒区文物管理委员会办公室
	丹阳市文物管理委员会办公室
	扬中市文物管理委员会办公室
	句容市文物管理委员会办公室
泰州市	泰州市文物管理委员会办公室
宿迁市	宿迁市文物管理委员会办公室
	宿迁市龙王庙行宫文物管理所(宿豫区)

二、考古工作机构

1986年，为全面主持扬州唐城遗址的考古勘探和发掘工作，中国社会科学院、南京博物院、扬州市文化局三方协商联合组建了扬州唐城考古队，归属中国社会科学院汉唐考古研究室。

随着文物战线的发展，江苏省文物事业工作队伍也在不断壮大。截至2008年底，江苏省有省级考古工作机构——江苏省考古研究所，负责江苏境内文物考古调查、发掘、研究工作。部分地市和博物馆配备了专门的考古机构，如南京市博物馆考古部、无锡市文化遗产保护和考古研究所、徐州博物馆考古部、常州博物馆考古部、苏州市考古研究所、连云港市重点文物保护研究所、连云港市博物馆考古部、扬州市文物考古研究所、镇江博物馆考古部等。

1. 江苏省考古研究所

成立于2006年，负责江苏境内文物考古调查、发掘、研究工作，前身为南京博物院考古部。南京博物院的考古工作已延续近80年。抗战期间，南京博物院专家或主持或参与发掘了四川彭山崖墓、河南安阳殷墟、山东龙山文化城址、甘肃宁定阳洼湾齐家墓地，考察了云南苍洱地区文化环境。20世纪50年代初，南京博物院作为华东文物工作队的主要组成，曾在江苏、福建、浙江、安徽、山东等地主持或参与发掘了一批文化遗址和墓葬，曾昭燏、尹焕章、赵青芳等主持发掘的南唐二陵、青莲岗遗址等大批墓葬颇具影响。

1954年后，考古调查和发掘工作以江苏境内为主。主持的昆山赵陵山遗址(1991)、高邮龙虬庄遗址(1993)、扬州唐城遗址(1993)、徐州狮子山西汉楚王陵墓(1995)、扬州宋大城遗址(1995)、金坛三星村遗址(1998)、江阴高城墩遗址(1999)、连云港藤花落遗址(2000)、无锡鸿山越国贵族墓(2004)、句容金坛周代土墩墓群(2005)等被评为"全国十大考古新发现"，藤花落遗址、三星村遗址、句容金坛周代土墩墓群等获得全国田野考古二、三等奖。整理出版的《南京附近考古报告》《华东新石器时代遗址》《南唐二陵》《沂南古画像石墓发掘报告》《北阴阳营》《四川彭山汉代崖墓》等大型发掘报告，尤其是提出的"青莲岗文化""湖熟文化"等考古学文化的命名，都曾在中国考古学界引起较大反响。

江苏省考古研究所延续南京博物院考古工作传统，全面开展田野考古、学术研究、学科建设、文化遗产保护等工作。承担《新石器时代太湖西部和北部的区域文明》等课题，主持南水北调东线工程(江苏段)、西气东输、京沪高速铁路、宁杭高速铁路、沪宁城际铁路大型工程建设中的田野考古调查工作，推进大遗址保护规划工作，推动考古报告、学术研究，致力于江苏地域文明的探索和保护。

2. 南京市博物馆考古部

其前身为1949年成立的南京市文物事业管理委员会下设的文物组，是承担南京市考古调查、勘探、发掘和研究工作的主要部门。1969年南京市博物馆成立，下设考古部，承接原文管会文物组的职能。南京市博物馆考古部人员初期以市属各文化单位年轻学员为主，经文物考古知识培训后充实到考古工作一线。自20世纪70年代起，陆续从全国各高等院校考古学专业引进具有专业知识的本科生、研究生，逐渐担负起野外考古和研究工作任务，发挥越来越大的作用。

南京市博物馆考古部自中华人民共和国成立以来，始终承担着南京市各类主动性、配合性及抢救性考古工作。五十多年来，在南京六朝墓葬、六朝建康城、明代墓葬、城垣、窑址、船厂的发掘、研究和保护方面进行了大量工作，在全国具有重要影响。江苏南京市汤山旧石器时代遗址(1994)、南六朝家族墓地（1998）考古发掘先后获评全国十大考古新发现。南京市博物馆考古部始终依托南京的历史文化资源进行，在汤山古人类化石、六朝墓葬、城址，以及明代功臣墓葬、城垣、造船厂的研究方面取得了较为重要的成果。

3. 无锡市文化遗产保护和考古研究所

成立于2005年，通过引进人才，增强了自身的专业实力，2008年开始正式独立运行。该所具有田野考古团体领队资质，制定详尽的考古工作计划，申请到国家级和省级的重大考古项目，参与并顺利完成了南水北调考古工程的野外发掘任务和京沪高铁沿线考古发掘勘探工作。与无锡市收藏家协会、文管办等单位合作开展了文物收藏鉴定考古知识普及专题活动。积极参与第三次文物普查，并在无锡市惠山区阳山镇发现一处新石器时代遗址——庙墩遗址。出版《从柳湾墓地到河湟地区史前考古学研究》《早期文明与峡江汉墓研究》等多部专著。

4. 徐州博物馆考古部

20世纪80年代初，徐州博物馆考古部成立。徐州地区的考古发掘工作始于1952年王献唐主持发掘铜山茅村汉画像石墓。1959年4月，徐州博物馆组建，虽未单独设立考古部，但陆续派人参加了江苏省文物管理委员会、江苏省文物工作队以及南京博物院在徐州地区主持开展的一些考古工作。

考古部成立后，陆续完成东洞山、狮子山兵马俑、拉犁山、北洞山、驮篮山等大型汉墓进行了考古发掘，同时还发掘清理了韩山、吕梁等各处古墓葬百余座。从20世纪90年代中期至今，考古部基本廓清了徐海地区新石器时代至汉代的文化面貌，尤其是汉代考古取得了令人瞩目的成果，基本构建了徐州汉墓的考古学框架体系，主要表现在配合南京博物院完成狮子山楚王墓的考古发掘，主持完成羊鬼山王后墓陪葬坑的发掘，完成汉代采石场遗址的考古发掘，并陆续清理十余座刘氏宗族墓。此外，完成奎山汉墓群、骆驼山汉墓群、铁刹山汉墓群、新沂高庄汉墓群等多处中小汉墓群的考古发掘及研究工作。城市考古也有重要进展，发掘皇城大厦西汉晚期的钱币窖藏、苏宁广场彭城东城墙遗址、金地商都汉代夯土台基遗址等。

1990～2008年间，徐州博物馆考古部发掘的重要考古项目有邳州梁王城遗址、邳州山头遗址、徐州石户城遗址、荆山墓群、盱眙泗州城遗址、溧水二塘头遗址等。

5. 常州博物馆考古部

设立于1989年3月13日。1996年3月11日，常州博物馆内设机构设置调整为文物部、展览部、自然部等。2007年4月新馆开放，博物馆内设机构设置调整为七部一室，包括考古部、保管部、陈列部、自然部、保卫部、信息部、开放部、办公室。考古部现有4人，其中3名为硕士研究生，1人博士在读，主要从事常州市区范围内的考古调查、勘探、发掘工作。

成立以来，常州博物馆先后参与了淹城春秋遗址、圩墩遗址、邓家村明墓群、新岗新石器时代遗址、句容和金坛周代土墩墓群、明代白氏家族墓等的考古发掘工作，清理出土了陶器、石器、玉器等各类器物。其中，2005年参与的句容、金坛周代土墩墓群的考古发掘获2005年全国十大考古新发现。

6. 苏州市考古研究所

2005年，苏州市取得国家文物局核发的团体领队资质。2007年9月，市编办正式批复同意建立苏州市考古研究所。2008年1月21日，苏州市考古研究所在苏州市干将东路712号张凤翼故居内挂牌成立。

苏州市考古研究所具备国家考古发掘团队资格，承担苏州市域内（包括所辖五市七区）有关文物考古的调查、勘探、发掘、整理、保护研究和宣传工作。苏州市考古研究所在吴文化考古、吴国王陵调查发掘、配合基建进行考古勘探调查、抢救性发掘以及文物修复、学术研究等方面做了大量工作，尤其是在吴文化考古方面取得重大突破。

7. 连云港市重点文物保护研究所

前身为连云港市将军崖岩画文物保护管理所、连云港市孔望山摩崖造像文物保护管理所、连云港市海清寺塔文物保护管理所。1997年11月，为了加强连云港市境内重点文物保护单位保护和研究工作，成立将军崖文保所、孔望山文保所和海清寺塔文保所，分别定编2、2、5人，为副科级单位，其中将军崖文保所、孔望山文保所为全民事业单位，海清寺塔文保所为自收自支事业单位。三所隶属市文化局，由市文管办代管。

2006年,三所合并组建成连云港市重点文物保护研究所,为全额拨款事业单位,核定事业编制6名。主要负责连云港全市的文物保护管理工作。文保所现有工作人员6人,其中正高级1人,副高级1人,中级3人,初级1人。

8. 连云港市博物馆考古部

连云港市博物馆考古部正式成立于1973年5月8日,当时称考古组,是承担连云港市考古调查、清理发掘和研究工作的主要部门。其人员初期是从市博物馆人员中选拔抽调,后来陆续引进了一批国内高校考古专业本科、研究生优秀毕业生。

中华人民共和国成立以来,相继在连云港境内发现了十几处新、旧石器时代遗址,数百座西周至明清古墓葬,近百处新石器时代至明清古石刻、岩画,数十处古建筑。通过科学的发掘和调查,基本掌握了这一地区古文化遗址、遗迹的分布状况,较为全面地了解了这些古代遗存携带的历史信息,而古遗址和古墓葬中出土的大批文物,经过科学的发掘清理、修复保护,极大地充实了馆藏文物的数量和质量。

连云港市博物馆考古部的考古发掘与研究硕果累累。其中藤花落新石器时代遗址被评为2000年度全国十大考古新发现。它是中国迄今为止发现的首例具有内外两重城墙结构的史前城址,是江苏省发现的第一座龙山文化时期城址,对研究文明起源具有重大价值;孔望山遗址的考古发掘,较为清晰的揭示孔望山遗址是中国保存最早的一处道教场所,是中国道教的起源地,对宗教史研究有着重要的意义;2002年7月,海州"双龙汉墓"西汉女尸的发现,举世震惊;另外,孔望山摩崖造像、将军崖岩画也名扬海内外。

9. 扬州市文物考古研究所

扬州市文物考古研究所源于成立于2002年的扬州市文物考古队,编制10人,主要承担扬州全市的考古调查、勘探、发掘和研究工作,2006年增挂"扬州市文物考古研究所"的牌子。

10. 扬州唐城考古队

1986年,为全面主持扬州唐城遗址的考古勘探和发掘工作,中国社会科学院、南京博物院、扬州市文化局三方协商联合组建了扬州唐城考古队,正副队长由三方派员担任,扬州方面派员常驻。中国社会科学院考古研究所所长徐苹芳为首任队长。

自成立以来,唐城考古队一直在开展唐城遗址的考古发掘活动。先以子城为工作对象,从考古调查勘探入手,结合考古发掘,重点确认唐城的四至范围、梳理唐城与前后不同时代池之间的沿革关系。20世纪90年代后,考古队逐步把工作重点转移到了罗城,逐渐厘清扬州唐城的基本布局。经过二十多年坚持不懈、艰苦卓绝的工作,扬州唐城考古队的考古成果先后被列为1993年"全国十大考古新发现"和"八五"期间全国十大考古新发现。

11. 镇江博物馆考古部

镇江的考古工作由镇江博物馆承担,镇江博物馆下设考古部具体负责全市境内的考古工作。1993年,成立镇江古城考古所。

镇江博物馆考古部正式成立于1958年,是承担镇江市考古调查、清理发掘和研究工作的主要部门。1992年成立古城考古所分管城内部分考古任务,至2000年古城考古所并回镇江博物馆考古部,此期间镇江博物馆考古部分管镇江城外部分考古任务。50多年间,新老交替,陆续引进了一批受过高等院校教育,具有专业知识的青年工作人员,逐渐担负起野外考古和研究工作任务,发挥越来越大的作用。镇江博物馆考古部在田野工作方面,普查遍及全市,对镇江市区及辖市区都作了分区、分片的勘察,发现旧新石器、商周、秦汉、六朝、唐宋等为数众多的古文化遗址,其中土墩墓3 134座,此外,还对土墩墓进行了专题调查,积累了较详细的资料,宏观上掌握了全市古遗址、古墓葬的分布及其规律。历年来重要的发现有:旧石器时代莲花洞古人类遗址,新石器时代句容丁沙地遗址,商周龙脉团山遗址、凤凰山遗址、城头山遗址等,汉荆王刘贾墓,六朝铁瓮城、丹阳陵墓及一般六朝墓葬,唐宋罗城城址、墓葬、窖藏、故居、运河、粮仓等。考古部的研究工作,不仅重视考古学发掘报告的整理编写,同时也注重文化序列、分期、类型的分析研究。在旧石器时代古人类洞穴的调查与研究;商周时期湖熟文化的分期、吴文化的探索,土墩墓的综合研究;汉代墓葬的考察,六朝墓葬的综合研究以及镇江铁瓮城、唐宋罗城、津渡、漕运文化的研究等方面,都取得了一定的成果。

三、博物馆[①]

博物馆按类型可分为地方历史综合性博物馆、专题性博物馆、纪念馆和民办博物馆。地方历史综合性博物馆，主要反映省内市级一个地方的历史、艺术和自然状况；专题博物馆，是反映江苏地方特色和文化的主题博物馆；纪念馆，基本上是作为纪念性和对外宣传和进行爱国主义教育的场所；民办博物馆是为了教育、研究、欣赏为目的，由社会力量利用非国有文物、标本、资料等资产依法设立并取得法人资格，向社会开放的非营利性社会服务机构。

至2008年底，江苏全省共有各类博物馆163家，在编职工3 470人，其中具有考古发掘个人领队资格人数26人，具有高级职称者240人，中级职称者525人。各级博物馆藏品1 390 254件(套)。[②]

(一)地方历史综合性博物馆

1. 南京博物院

坐落于南京市紫金山南麓、中山门内北侧、中山东路321号，占地面积70 000余平方米，是中国第一座由国家投资兴建的大型综合类博物馆。现设江苏省考古研究所等6个研究所和典藏部等12个一级部门，另附设国家文物进出境审核江苏管理处、江苏省文物总店。南京博物院是国家一级博物馆，曾获得"全国公共文化设施管理先进单位""全国文化工作先进集体"等称号，为"全国爱国主义教育示范基地"。自1950年更名为南京博物院后至2008年，历任院长分别为徐平羽、曾昭燏、姚迁、梁白泉、徐湖平、龚良。全院有在编人员202名，其中具备中级专业职称的有59人，高级职称的有48人。

筹建之初拟建人文、工艺、自然三馆，1936年动工，1937年因战事停建，至20世纪40年代末仅建成人文馆。人文馆为仿辽式大殿，古朴庄严、雄浑伟岸，是南京标志性历史文化景观，现属省级文物保护单位。1999年在大殿西侧新建的艺术馆则延续了原有建筑形式。2006年启动二期改扩建工程，总建筑面积84 800平方米，展厅面积26 000平方米，遵循"新旧建筑结合，地上地下结合"的改扩建原则，保留以紫金山为背景的天际线以及以大殿为主体的历史馆，同时改造艺术馆，新建特展馆、民国馆、数字馆、非遗馆，形成"一院六馆"格局，预计2013年完工。该馆2008年实现全面免费开放。

南京博物院有各类藏品42万余件(套)，上至旧石器时代，下迄当代，既有全国性的，又有江苏地域性的；既有宫廷传世品，又有考古发掘品，还有一部分来源于社会征集及捐赠，均为历朝历代的珍品佳作。青铜、玉石、陶瓷、金银器皿、竹木牙角、漆器、丝织刺绣、书画、印玺、碑刻造像等文物品类一应俱有，每一品种又自成历史系列，成为数千年中华文明历史发展最为直接的见证。其中，新石器时代"玉串饰"，战国"错金银重络铜壶""郢爰"，西汉"金兽"，东汉"广陵王玺""错银铜牛灯""鎏金镶嵌神兽铜砚盒"，西晋"青瓷神兽尊"，南朝"竹林七贤与荣启期"模印砖画，明代"釉里红岁寒三友纹梅瓶"等为国宝级文物。此外，"扬州八怪""吴门画派""金陵画派"、傅抱石、陈之佛等大家的书画藏品成组成系，别具特色。

南京博物院近80年的发展历程始终坚持以科学研究与公众服务为两极。20世纪30年代，南京博物院学者先后在西南、西北地区开展历史遗迹、民族服饰、手工业、语言和文字、动植物的调查和研究，为中国民族民俗学研究奠定了学术基础。从抗战期间的四川彭山崖墓、河南安阳殷墟、山东龙山文化城址等的考古发掘，到20世纪90年代起十余项"全国十大考古新发现"的取得，坚持探索地域文明与遗产保护相结合。起步于20世纪70年代的文物保护工作，致力于江苏馆藏及地面文物保护，"旧纸张保护技术"等14个项目获各级大奖，"脆弱纸张网膜加固技术"国内领先，"青铜器保护新材料"等研究成果在全国推广。

江苏省博物馆学会、考古学会、民俗学会、吴文化学会挂靠南京博物院，并开展了"长江下游史前文化研究""红楼梦研究""吴文化研究"等活动。学会合办《文博通讯》，在此基础上发展为南京博物院

[①] 本节内容根据《江苏博物馆》一书编辑而成(江苏省文物局主编：《江苏博物馆》，江苏美术出版社出版，2014年)。本节第一、二、三部分收录的博物馆依据的是2008年国家文物局组织的全国博物馆评估定级工作结果，均为江苏省国家一级、二级及三级博物馆，共计32家；第四部分为注册民办博物馆，共计10家。

[②] 《江苏文化统计年鉴(2008年度)》，第337页。

公开发行的《东南文化》杂志,是文博、考古及文化遗产保护领域重要的学术核心期刊。建院以来,南京博物院主持编撰了文博、考古图书百余部,其中20世纪30年代曾昭燏、李济的著述《博物馆学》奠定了中国博物馆学的基础。对外文化交流也是南京博物院拓展文化辐射力的重要途径,早在20世纪50年代,就参与国家组织的文物展览前往苏联、德国等国家展出;改革开放以来,与国际上的学术交流日益增加,多次在美国、法国、日本等国家举办院藏文物展,弘扬民族文化,增进国际交流。

2. 苏州博物馆

现为国家一级博物馆,位于苏州市东北街,是一座地方综合性历史艺术博物馆。1960年元旦成立,馆址太平天国忠王府,占地面积1.1万平方米。2006年10月,世界著名建筑设计大师贝聿铭设计的新馆落成。建筑面积2.65万平方米,展厅面积1万平方米,设有办公室、保管部、开放部、展览设计部、文物保护部、图书馆、信息技术部、民俗部、保卫部、编辑出版部10个部门,以及文物征集委员会和学术委员会。截至2008年,共有在编人员86人。①

苏州博物馆馆藏文物1.7万余件。其中,一级文物236件,二级文物1 146件,三级文物13 667件,珍贵文物数量占到文物收藏总数的一半以上。②重要藏品有五代越窑青瓷莲花碗、真珠舍利宝幢、彩绘四天王像内木函等,还有过云楼后人顾笃琨的子女捐赠的《七君子图》、王蒙《竹石图》、明吴门四家及清代石涛、八大山人、扬州八怪等人作品。此外还收藏有古籍善本720种3 121册,普本28 501种91 754册,是全国古籍重点保护单位。馆藏文物以历年考古出土文物、明清书画、工艺品见长,是苏州地区文物收藏、研究、展示、教育的中心。

苏州博物馆现有"吴地遗珍""吴塔国宝""吴门书画""吴中风雅"四个常设展览,每年举办10多个临时展览,包括文物展和现代艺术展。年接待观众100余万人次。

苏州博物馆以馆藏书画为依托,以"苏裱技艺"传承保护为核心,设有书画装裱修复工作室,是被文化部确定的国家级非物质文化遗产"苏裱技艺"的传承保护单位。博物馆编辑出版《苏州文博》学术刊物以及馆藏文物系列图录10余册。

3. 南通博物苑

现为国家一级博物馆,位于南通市濠河之滨濠南路19号,由张謇于清光绪三十一年(1905)创办,是中国第一座公共博物馆。占地面积约7.2万平方米,园林绿化面积占56.6%。总建筑面积为1.5万平方米,展览面积为6 000平方米。南通博物苑设有办公室、藏品部、社教部、自然部、园林部、保卫部、文保部、研究部8个部室。张謇纪念馆由南通市政府委托博物苑管理。现有在编人员57人,其中专业技术人员47人,高级技术工人4人。

南通博物苑现收藏有历史文物、革命文物、现代文物、自然标本四大类近5万件,分陶瓷器、石器、金属器、书画、碑帖、碑刻、文史资料、工艺品、革命文物等。历史文物以见证地方历史的文物为主,时间跨度自新石器时代直至当代。苑藏越窑青瓷皮囊壶是国宝级文物。自然标本既有反映南通地区动物、植物等自然资源的藏品,又收藏有国内珍贵的岩矿石、化石及珍稀动植物标本。此外,博物苑还珍藏了150余件张謇时期的博物苑藏品。

2005年,在南通博物苑建苑100周年之际,总建筑面积为6 330平方米的新展馆建成,现常年举办南通历史文化与自然资源、苑藏文物精品等专题基本陈列展览。在历史保护建筑中馆举办了碑帖专题展,在南馆复原了张謇时期"天产、历史、美术、教育"四部藏品陈列展览,在濠南别业内还办有"中国早期现代化的先驱——张謇及其故居复原陈列"。每年还通过自主原创、引进联办等方式举办多样专题临时展览;每年举办"小小讲解员"培训、"知南通、爱家乡"巡讲等社教活动;设立"一博讲坛",定期邀请国内文博界专家、学者举办不同主题的学术讲座以丰富公共文化服务。

编辑出版有《博物苑的故事》系列丛书、《南通博物苑2007年度科研课题成果集》《情系博物苑——我与博物苑征文集萃》《南通遗迹传说》等刊物。2002年创办苑刊《博物苑》。

4. 扬州博物馆、扬州中国雕版印刷博物馆

现为国家一级博物馆,位于扬州市文昌路468号,在清代建筑天宁寺内,占地面积5万平方米,建筑面积2.5万平方米,展陈面积1万平方米。扬州

---

① 《江苏省文化统计年鉴(2008年度)》,第362页。
② 《江苏省文化统计年鉴(2008年度)》,第362页。

博物馆成立于1951年，初馆址在史公祠，是扬州地区最大的综合性博物馆；扬州中国雕版印刷博物馆2003年成立，是以古代雕版印刷为主题的专题博物馆。两馆合建，新馆于2005年建成对外开放。博物馆内设办公室、开放部、展览部、保管部、研究室、营销部、物管部、保卫处等8个部门。现有在编工作人员43名，其中有专业技术职称27人，其中高级职称7人，中级职称7人①。

扬州博物馆馆藏各类文物、标本3万余件，其中三级以上珍贵文物2 201件，以战国玉器、青铜器，汉代玉器、漆器铜镜，唐代铜镜、金银器、陶瓷器，宋元瓷器，明清书画、工艺品等最具特色。重要藏品有汉代漆木器、唐代长沙窑褐绿彩荷花纹大罐、元代霁蓝釉白龙纹梅瓶、元代磁州窑褐彩双凤纹大罐、清代"扬州八怪"书画等。扬州中国雕版印刷博物馆馆藏明清时期江浙地区古籍雕版版片10万余片及部分善本书籍。

扬州博物馆设有"广陵潮——扬州古代城市故事展""扬州八怪书画展""扬州明清书画展""国宝展""扬州古代雕刻艺术展"5个基本陈列，扬州中国雕版印刷博物馆设有"中国雕版印刷""扬州雕版印刷"2个基本陈列。其中，扬州中国雕版印刷博物馆陈列在2004～2005年度全国博物馆十大陈列展览精品评选中荣获最佳形式设计奖，"广陵潮——扬州古代城市故事展"在2006～2007年度江苏省博物馆优秀陈列展览评选中荣获陈列展览精品奖。

建馆以来，扬州博物馆围绕扬州地方史、博物馆学、考古学、藏品保护等方面开展了多层次的研究，截至2008年已出版专著25部、图录10本、刊物13本、宣传册8本，发表专业论文450篇。

5. 南京市博物馆

现为国家二级博物馆，前身是中华人民共和国成立初的南京市文物保管委员会，1969年12月成立，馆址初在梅园新村31号，1976年迁至现址朝天宫4号，1978年正式挂牌。总占地面积约5万平方米，设有办公室、保卫科、经营部、考古部、陈列部、保管部、宣教部、研究部8个部门。截至2008年底，在职人数104人。

现藏有近10万件文物，包含考古墓葬发掘品、遗址发掘品、瓷器、陶器、金属器、杂件、书法、绘画、货币、善本书、近代史资料、石刻、雕刻、碑帖，其中南京猿人头骨化石，六朝时期釉下彩盘口壶、青瓷莲花，宋代七宝阿育王塔，元末明初萧何月下追韩信梅瓶，明代釉里红岁寒三友纹梅瓶、金镶玉腰带等为国宝级文物。

1990年以来，南京市博物馆抢救性地对清凉山石头城遗址、明外郭遗址、南朝石刻遗址、棠邑城遗址、南唐二陵遗址、大报恩寺遗址、明故宫遗址等进行了考古发掘，获得了较为重要的资料。

在科学研究方面，整理出版了《故都神韵——南京市博物馆文物精华》《中国六朝青瓷》《金玉满堂——江苏南京出土金银玉珍品集》《学耕文获集——南京市博物馆文选》《南京考古新发现》《博古珍赏——南京市博物馆精品集》《〈龙蟠虎踞〉展览文集》等。

2008年，南京市对朝天宫进行了升级改造。现有的基本展览有"龙蟠虎踞——南京城市史展""玉堂佳器——馆藏精品展""云裳簪影——馆藏宋明服饰展""胜迹千年——朝天宫历史展""圣塔佛光——金陵长干寺地宫出土文物特别展""瓷珍雅集——馆藏元明清瓷器展览"等。

6. 江阴市博物馆

现为国家二级博物馆，创办于1988年，位于江阴市澄江中路128号天华文化中心内，占地面积1.5万平方米，建筑面积1.2万平方米。设有办公室、考古征集部、藏品保管部、科学技术研究部、陈列宣教部、安全保卫部、故居办公室7个部门。现有员工31人，在编人员16人。

现有馆藏文物共计1万多件，其中珍贵文物272件，包括一级文物35件，二、三级文物237件，主要有新石器时代的陶器、玉器，宋元时期的瓷器和漆器，宋元明时期的金银器和明清书画等。共设有江阴古代史馆、陶瓷馆、陶白书画馆、金银玉石馆、青铜器馆、古代石刻馆、古代碑刻馆、明清服饰馆、佛教文物馆、刘氏兄弟业绩馆、自然标本馆、花兴才奇石馆和矿石标本馆等13个专题展馆。除基本陈列外，每年推出临时展览20多个。

从1998年对花山遗址发掘开始，江阴市博物馆先后对高城墩遗址、祁头山遗址、余城遗址、青阳

---

① 《江苏省文化统计年鉴（2008年度）》，第366页。

悟空寺塔基地宫、青阳南楼遗址、周庄曹家墩春秋土墩墓等古遗址古墓葬进行考古发掘,高城墩良渚文化遗址还曾入选"1999年全国十大考古新发现"。江阴市博物馆编辑出版了《江阴文物精华》《暨阳之光》《陶白捐赠文物选集》《高城墩考古发掘报告》《祁头山考古发掘报告》等多种介绍藏品、展览的图录以及专业研究著作。馆办学术刊物《江阴文博》,具有一定影响。

7. 徐州博物馆

现为国家二级博物馆,位于徐州市和平路101号、原乾隆行宫中,占地面积4 000平方米。始建于1959年4月,现占地面积4万平方米,建筑面积2万平方米,陈列面积6 500平方米,是徐州市发掘、保护、陈列、收藏和研究古代文物的综合性博物馆。其前身是成立于1951年的徐州市文物管理委员会和1956年江苏徐州汉画像石保管组,正科级单位,现有在编人员57名。设有办公室、保管部、考古部、群工部、陈列部、资料室、保卫部、设备部、经营部等9个部门。

馆藏文物总数1.8万件,时代跨度自细石器至明清乃至当代艺术品。主要类别有陶瓷器、陶俑、玉石器、金银器、铜铁器、玺印、书画、杂项等。其中尤以汉代文物最具特色,馆藏汉代文物已形成完整体系。馆藏文物主体除书画外,绝大多数为古遗址或古墓葬出土,时代明确,来源清楚。

徐州博物馆基本陈列包括"徐州汉代文物精品展""徐州历史文物陈列""古彭之宝——徐州文物精华展""偶佣华彩——徐州历代陶俑陈列""邓永清捐赠书画展"等,展出各类文物珍品千余件,全面展示了徐州丰富璀璨的历史文化。西汉采石场遗址部分采石坑、土山东汉彭城王墓内展示了考古发掘现场和彭城王墓出土文物。乾隆行宫陈列着"乾隆与徐州史料展"及历代碑刻等。

近年来,先后出版了《徐州北洞山西汉楚王墓》《徐州珍宝》《大汉楚王——徐州西汉楚王陵墓出土文物辑萃》《中国考古迷案》《古彭遗珍》《徐州考古论集》等著作,年均发表学术论文20篇以上。

8. 常州博物馆

现为国家二级博物馆,创建于1958年10月,馆址初在红梅公园红梅阁,1976年10月迁至天宁寺,1983年9月又迁清凉寺。是集收藏、研究、陈列展览于一体的地方综合性博物馆,内设的常州少儿自然博物馆是江苏省唯一一家少儿自然博物馆。新馆址于2007年开放,位于新北区市民广场西侧,建筑面积2万余平方米,展区面积1万平方米。设有办公室、保卫部、信息部、保管部、考古部、陈列部、开放部、自然部8个部室。现有员工58人,在编38人。现有馆藏文物2万余件、自然标本5千余件。其中,国家一级文物51件(套)。良渚文化的玉器、春秋战国的原始青瓷、宋元的漆器与瓷器、明清书画等,都是常州博物馆颇具特色的馆藏文物精品。

馆内有两大基本陈列:"龙腾中吴——常州历史文化陈列"和"神奇的自然美丽的家园——自然资源陈列",其中"自然资源陈列"在2007~2008年度全国博物馆十大陈列展览精品评选中荣获最佳创意奖。另有"谢稚柳艺术馆"和"刘国钧捐献红木家具陈列"两个专题陈列。此外,两个临时展厅每年都举办近20个临时展览。

常州博物馆先后主持和参加了圩墩遗址、寺墩良渚文化遗址、武进淹城遗址、新岗遗址的发掘。2005年参加发掘的"江苏句容·金坛周代土墩墓群"入选2005年全国十大考古新发现。

在科学研究方面,每年在省、市级以上刊物发表论文、作品20多篇。先后编辑出版了《中国漆器全集(魏晋至宋元卷)》《艺苑掇英》《常州文物精华》《常州博物馆50周年典藏丛书》,以及《百年稚柳——纪念谢稚柳诞辰100周年书画特辑》图录、《花鸟逸趣——常州物馆藏花鸟画选粹》图录等多部学术专著,相继举办了"环太湖西北部马家浜时期原始文化学术研讨会""常州博物馆陈列艺术专题研讨会""纪念谢稚柳先生百年诞辰专题研讨会"等一系列学术研讨会。1989年,创办馆刊《常州文博》。

9. 常熟博物馆

现为国家二级博物馆,位于常熟市北门大街1号,下辖常熟古琴艺术馆、王石谷纪念馆。占地面积6 000多平方米,建筑面积5 500平方米,其中博物馆由八个展厅、文物库房、办公楼及辅助用房等设施构成。

常熟博物馆1990年5月成立,2008年5月1日起,率先在苏州地区实行免费开放。馆内设保管部、陈列与技术研究部、考古征集部、宣教部、办公室、保卫部。现有在编职工28人,其中专业技术人员占总数的 95% 以上,高级职称 3 人,中级职称 10 人。①

馆藏各类文物 1.5 万件(组),其中以书画、陶瓷、玉器三大类为主,现有国家一级文物 18 件、二级文物 94 件。基本陈列有"国家历史文化名城——常熟""常熟博物馆藏历代玉器展""常熟博物馆藏瓷器展""常熟博物馆藏文玩雕集展""常熟博物馆藏花鸟册页展"。专题陈列包括"陆抑非书画艺术展""钱延康西画艺术展"。

学术研究方面,撰写出版了《常熟博物馆藏法书集》《常熟博物馆藏瓷》《常熟博物馆藏玉》《新中国出土墓志·江苏常熟卷》,以及新石器时代·神兽纹玉琮《新中国常熟考古资料集成》等专辑,创办有博物馆内部期刊《常熟文博》。

10. 连云港市博物馆

现为国家二级博物馆,其前身是 1958 年成立的新海连市地志文物陈列室,1973 年正式挂牌成立。馆址在新浦东郊苍梧路中段,馆址几次迁移,现馆舍 2006 年投入使用,位于连云港市新浦区朝阳东路 68 号。为正科级单位,馆部下设办公室、保管部(考古部)、陈列部、宣教部、保卫科五个部门,开展陈列展览、文物收藏、文物保护、考古发掘、科学研究、社会教育等多项业务。现有正式职工 30 名。

建筑面积 1.36 万平方米,展陈面积约 5 000 平方米。现有 5 个基本陈列:"文明之光照连云——历史文物精品陈列""彦涵美术作品陈列""千古之谜——凌惠平陈列""情系雷锋车——江苏省新浦汽车总站雷锋车组事迹陈列""西游记文化陈列"。此外,该馆每年举办近 20 个临时展览,

馆藏文物 1 万余件,其中国家一级文物 140 件(套)、二级文物 115 件(套)。简牍、木俑为馆藏特色。重要的藏品有大伊山新石器时代的陶器、大村水库青铜器、尹湾简牍、北朝石刻造像、海清寺塔地宫出土文物、花果山三元宫佛教文物、馆藏故宫交换的明清瓷器、彦涵版画等。

主要的考古发掘有大伊山石棺葬遗址、藤花落遗址、将军崖旧石器遗址、将军崖岩画、孔望山摩崖造像、尹湾汉墓、双龙汉墓等。其中,藤花落遗址被评为"2000 年全国十大考古新发现"。建馆以来,独立或联合出版了多部学术文集,如《连云港市博物馆建馆二十周年纪念文集》《孔望山造像研究》《尹湾汉墓简牍》《彦涵研究》《神乌傅》《连岛境界刻石二种》《连云港孔望山》等。

11. 淮安市博物馆

现为国家二级博物馆,前身是 1959 年 3 月成立的淮阴市展览馆,1961 年成立淮阴市博物馆,后改名为淮安市博物馆。馆址几次迁移,现址位于淮安市健康西路 146-1 号,2006 年改建,现总建筑面积 1.2 万平方米,展陈面积 6 000 平方米,地下一层,地面四层。设办公室、研究保护部、陈列部、征集考古部、保卫科 5 个部门。现有人员 40 人,其中在编人员 30 人。

该馆馆藏品著名的有高庄战国墓刻纹青铜器、青铜马车饰件、双囱原始瓷带盖熏炉、运河村战国墓出土的木雕鼓车,徐悲鸿、张大千、齐白石、潘天寿、李可染及明清时期万寿祺、郑燮等名家书画作品。

淮安市博物馆现以"国家历史文化名城——淮安"大型展览为基本陈列,共分为"人文初开""楚韵汉风""南北锁钥""漕运中枢""盐榷重关""河务关键""英杰辈出"7 个单元,彰显地方文化底蕴,该陈列在 2006~2007 年度江苏省博物馆优秀陈列展览评选中荣获陈列展览精品奖。另有"谢冰岩艺术馆""谢铁骊电影艺术馆""徐伯璞捐赠书画陈列馆""曹子芳捐赠书画陈列馆"和"观众互动馆"等 9 个不同的专题展馆。每年举办十多个临时展览。

该馆主要进行了淮阴高庄战国墓、运河村战国墓、沭阳万北新石器时代遗址、韩信城遗址、淮阴码头明远路明清大运河遗址、清浦南朝宗族墓等墓葬遗址的考古发掘。先后组织出版了《徐伯璞捐赠名家书画作品集》《淮安市馆藏文物精萃》《淮阴高庄战国墓》《淮安市博物馆藏明清书画精品集》《淮安市运河村战国墓》等多部专著。

12. 新沂市博物馆

现为国家三级博物馆,位于新沂市城区南郊大桥西路,始建于 1986 年,占地面积 6 305 平方米,建筑结构为整体三层、局部四层的仿汉风格建筑。主体楼建筑面积约 3 000 平方米,陈列面积为 1 600 平方米。博物馆一楼为办公库房区,二、三楼为陈

---

① 《江苏省文化统计年鉴(2008 年度)》,第 364 页。

列展区。馆内设办公室、技术部、群工部、保卫部4个部门。现有人员12名,在编人员4名。

基本陈列为"新沂古代历史与文化",由三个展厅七个展区组成,并有"民族魂展""反腐倡廉大型教育图片展""科普教育展""海洋生物展"等临时展览。历年来,在各级专业报刊上发表研究文章数十篇。

13. 邳州博物馆

现为国家三级博物馆,位于邳州市运平路,始建于1988年,2003年新馆建成,2005年11月开放。馆占地面积2万平方米、建筑面积1万余平方米。现有人员24人,在编职工20人。馆内设群工部、考古部、保管部、保卫科、财务科、办公室。

馆藏文物5 000余件,可分为青铜器、玉器、陶器、瓷器、石器、骨器、金银器、竹木器、文献档案等类型。展厅面积(包括临时展厅)3 800平方米,陈列分为"古邳文明""长河余音""民俗文化"等部分。展出文物500余件,其中以大墩子彩陶、春秋战国青铜器、汉代虎形石镇、西周铜矛、被誉为"全国象牙化石之王"的大象门齿化石而闻名于世。

开馆以来,多次举办"辉煌邳州图片展""邳州农民画、剪纸暨邳州市第一届民间艺术节大型精品展""苏鲁六市县书画糟品展""海洋生物展""航天模型"等专题和临时展览。

14. 金坛博物馆

现为国家三级博物馆,位于金坛市沿河东路城南风景区愚池公园内,占地面积10万平方米,总建筑面积8 256平方米,前身为金坛市文物管理委员会办公室,2005年7月12日建成开馆,属于综合性地方博物馆。馆内设有办公室、文保科、保卫科、财务科、设备科等部门,现有在编人员17人。由一个主馆五个分馆组成,下辖戴王府文保所、华罗庚纪念馆、段玉裁纪念馆、戴叔伦纪念馆、中共苏皖区一大会址暨抗战历史陈列馆5个分馆。

馆藏文物1万余件,其中一级文物11件,二级文物42件,三级文物129件。藏品大部分为考古发掘所得。

金坛博物馆主体分为上下两层,共计6个展厅,展陈面积约2 000平方米。有金坛历史文化基本陈列,包含"文明晨曦""远古之光——璀璨的三星村文化""巧夺天工——馆藏精美文物展"三个部分。另有专题展"地学科普展——关于我们的地球"和"心香永驻——张律均捐赠文物展"。

学术研究方面,编辑出版了《金坛三星村》《金坛文博》等学术专著。

15. 吴江博物馆

现为国家三级博物馆,位于吴江市笠泽路450号,2000年7月1日对外开放。2008年面向全社会免费开放。占地面积1 216平方米,建筑面积3 653平方米,展出面积1 900平方米。设有馆长室、办公室、保管部、陈列部、宣教部、学术研究部、物业保卫部7个部门。现有职工17人,在编职工12人,其中拥有中级职称的7人。

吴江博物馆馆藏文物4万余件。主要有馆藏的传世陶器、瓷器、青铜器、石器、玉器等,历代书画名家的作品,各类货币1万余件及毛泽东像章等革命文物。

吴江博物馆常年开放"笠泽文明之光——吴江史前文化陈列""吴江古代杰出人物展""吴江近现代杰出人物展""吴江书画藏品展""吴根生钱币陈列""国际友好城市礼品陈列"和"国防教育展"7个固定性展览。

学术研究方面,创办了《吴江文博》季刊和"吴江博物馆"网站,出版有《吴江文物精华》《吴江博物馆藏历代书法作品集》《吴江馆藏南社书法集萃》《吴江新石器时代陶器纹样纹饰集萃》等著作。

16. 仪征博物馆

现为国家三级博物馆,位于仪征市解放西路201号,建筑面积5 520平方米,展厅面积2 000平方米,前身为仪征市文物仓库,2006年1月建成对外开放。博物馆内设办公室、财务室、展教部、保管部、考古部、保卫科等6个部门,现有工作人员22名,其中在编人员8名。

馆藏各类文物、标本5 000余件。其中,三级以上文物近400件。藏品上迄商周时期,经秦汉、唐宋,下至元明清,较全面地反映了仪征地区各个历史时期文化概貌;藏品品种丰富,有陶器、瓷器、金属器、玉石器、石刻、漆木器、书画等。尤以汉代文物最具特色,充分显示了仪征地区汉代文化深厚的内涵。

---

① 《江苏省文化统计年鉴(2008年度)》,第364页。

仪征博物馆设有基本陈列两个:"扬子江畔的明珠——仪征历史陈列"和"泱泱汉风——汉代文物精华陈列"。另有专题陈列"石之缘——雨花石展"。该馆相继在国家、省级专业刊物和网络媒体上发表10余篇考古发掘报告、多篇专业论文和宣传报道,编辑出版了《仪征出土文物集萃》《仪征馆藏铜镜》等学术专著。

17. 兴化市博物馆

现为国家三级博物馆,位于兴化市牌楼北路2号。成立于1958年10月,1991年与郑板桥纪念馆合署办公。2007年增挂"兴化市施耐庵纪念馆"的牌子,同时负责李园、郑板桥故居、刘熙载故居、兴化县署等文物景点的日常管理与对外开放工作。

现有馆舍建于1993年,系仿明清建筑,占地面积5 000平方米,建筑面积3 289.01平方米,展陈面积2 180平方米。馆内设有办公室、征集考古部、陈列部、讲解部、安全保卫部、信息技术部等部门。在编人员16人,专业技术人员13人。馆藏文物3 000余件。其中,国家一级文物5件,二级文物48件(套),三级文物114件(套)。藏品类别有书画、陶器、瓷器、青铜器、玉器等。

该馆拥有5个基本陈列和2个临时展厅。基本陈列为"三绝奇才——郑板桥""楚水流长——兴化简史陈列""施耐庵纪念馆陈列""兴化当代名人成就展"和"王同宝书画收藏陈列"。另外每年不定期举办各类临时展览10个以上。每年免费接待观众超过60万人次。

(二) 专题性博物馆

1. 南京市太平天国历史博物馆

现为国家二级博物馆,位于南京市瞻园路128号,成立于1956年,是唯一的太平天国史题博物馆。馆址瞻园面积2.45万平方米,其中建筑面积9 600平方米。馆藏有一级文物630件(套),其中《钦定士阶条例》《钦定军次实录》《英杰归真》等皆为孤件珍品;29幅壁画和彩画,堪称艺术精品;还有清代原始档案、函札资料2 000余卷宗,图书古籍6 500余册,是中国收藏太平天国文物最多、史料最丰富的专业研究机构。现有在编人员62名。

基本陈列有"太平天国历史陈列展""明中山王徐达文物史料展"及"清江宁布政使衙署文物史料展"。五十多年来,南京市太平天国历史博物馆编纂出版了《太平天国资料汇编》《吴煦档案选编》《太平天国文化》《太平天国壁画全集》等学术专著和资料书籍50余种约1 000多万字,并发表学术论文300多篇约200万字,拥有一支享有较高声誉的专业研究队伍。中国太平国史研究会秘书处常设在馆内。南京市太平天国历史博物馆年参观人数已突破50万人次,已成为太平天国文物中心、陈列中心、信息中心和研究中心。

2. 南京地质博物馆

现为国家二级博物馆,位于南京市珠江路700号,由老馆与新馆组成。老馆即南京地质调查所陈列室旧址,始建于民国24年(1935),为一幢民国时期具有德式风格的红色3层建筑物,现为江苏省文物保护单位。2004年博物馆开始改造、扩建工程,营建新馆。全馆总建筑面积9 800平方米,展厅面积6 000平方米。博物馆现有在编工作人员25人,设有办公室、科普部、科研部、藏品部、展览部、标本交流中心、财务部7个部门。

老馆设置了"地学摇篮""中国石文化""矿产资源""地质环境"4个展厅。藏品数量近2万件,展出各类标本4 000余件,成为涵盖地学各个领域的综合性展馆。南京地质博物馆以地球科学知识为基础,以地学科普为宗旨,是集地学科普与科研为一体的博物馆。

3. 徐州汉兵马俑博物馆

现为国家二级博物馆,位于徐州市兵马俑路1号。1985年5月在徐州市狮子山西苑南侧兵马俑坑发掘的基础上建馆,9月建成,10月1日开放。是以徐州狮子山汉兵马俑坑为主体的遗址性专题博物馆,设有党政办公室、文物部、开放讲解办公室、保卫部、开发部、基建办公室、后勤部、资产运营部、服务公司9个部门。现有在编人员18人。2005年,汉兵马俑博物馆进行改扩建,新建遗址展示大厅及水下兵马俑陈列厅。

新馆建筑面积6 000平方米,展出藏品数4 000件,主要由遗址厅和军事展厅两部分组成。遗址厅主要向观众展示徐州西汉兵马俑主力军阵原貌,军事展厅主要展陈狮子山西汉楚王陵出土的兵器、陶俑、复原祭祀坑等。水下兵马俑陈列厅建筑面积1 000平方米,复原展示了两座淹没于水体的骑兵俑坑。

该馆完成了"徐州狮子山楚王陵出土铁盔甲复原与保护研究"课题,并在各级刊物上发表论文40

余篇,出版专著《中国重大考古发掘记——徐州狮子山楚王陵》《楚汉韵》《狮子山楚王陵》考古图集、《廿五年——徐州汉兵马俑博物馆25周年纪念文集》《楚风汉韵——淮海地区精品汉画像石拓片集》等。年观众参观人数超过100万人次。

4. 徐州汉画像石艺术馆

现为国家二级博物馆,位于徐州市泉山区湖东路,前身是1956年成立的"江苏省徐州汉画像石保管组",1989年10月1日建成,2007年扩建完成并开放。馆址总占地面积2万平方米,建筑面积8 200平方米,展厅面积6 362平方米。分为北馆和南馆,北馆(老馆)为仿汉唐式结构,以大殿为中轴线分为三组院落并以廊房相连,南馆(新馆)为现代建筑。正科级单位,馆内设有办公室、业务部、产业部、宣教部、保卫部,现有员工42人,中高级职称占在编人数的61%。馆藏汉画像石总量1 504块,展出577块,其他文物41件,其中一级文物16件,二级文物22件,三级文物120件。

基本陈列包括"大汉王朝——石上史诗"和"汉石藏珍"。专题陈列为"汉石墨韵——全国汉画像石精品拓片"。该馆科研内容主要集中在本地区汉代文物(画像石)的研究上,主要出版了《徐州汉画像石》《中国画像石全集·江苏卷》《睢宁汉画像石》等专著。在1991年和1992年分别举办了徐州汉画像石学术讨论会和第五次全国汉画学术讨论会。

5. 南京市明城垣史博物馆

现为国家三级博物馆,位于南京城墙台城段解放门8号,所管辖的地界范围城墙长度约为3.4千米,其中包括解放门至太平门段城墙、解放门至玄武门段城墙、神策门瓮城以及南京古城墙修复纪念园。博物馆于1998年5月24日正式对外开放,是收集、展示和研究南京城墙的专题性遗址类博物馆。展陈面积约658平方米,设有办公室、陈列研究部、票务中心、宣教部、神策门瓮城办公室、城墙维修保护科、城墙管理科7个部门,在编工作人员15人。

南京市明城垣史博物馆承担了南京城墙的保护、展示、研究和宣教等多项综合性工作,是全国城市城墙博物馆中规模最大的一座。设有基本陈列"南京城墙""神策门外瓮城史料展""守望名都——南京城墙发展简史展",并适时举办临时性展览,包括"古城新韵""中国的历史文化遗产与南京城墙""南京城墙——我们共同的家园""大书砖文展""城之印记——南京城墙旧影展""明代两京城墙展"等展览。

该馆编辑出版了《南京古城墙保护研究》《南京明城墙》《南京明代城墙》《南京城垣史话》《城垣沧桑》《古城一瞬间》《南京城墙志》《南京城墙砖文》等专著和图集。

6. 南京云锦博物馆

现为国家三级博物馆,位于建邺区茶亭东街240号,设有办公室、技术保护部、陈列展示部、经营管理部、保卫处、后勤保障部等6个部门,编制76人,其中,讲解员21人,行政、技术、后勤人员共55人。四层展馆共计4 000多平方米。由于南京云锦独特的文化艺术价值,2005年被列入中国"第一批国家非物质文化遗产名录"。

南京云锦博物馆共有藏品970余件,其中文物350件,包括中国丝绸发展简介、云锦发展简史,历史文献、图稿,云锦大花楼木织机,工艺展示,宫廷及民间云锦传世珍品等。

基本陈列"南京云锦精品展"位于二层,展厅面积1 000平方米,分为"源远流长的历史""精妙绝伦的工艺""丰厚深邃的内涵""重焕异彩兆未来"四部分。"民族锦陈列展"位于三层,展厅面积1 000平方米。专题陈列"清代卤簿仪仗展"位于东三楼,展厅面积700平方米,演示了清朝卤簿制度的演变。"云锦传统工艺展示厅"位于东四楼,展厅面积400平方米,展示了云锦织造的各个过程。

自2008年向全社会免费开放后,南京云锦博物馆年平均参观人数增至50万人次。

7. 苏州丝绸博物馆

现为国家三级博物馆,1991年正式开馆,位于苏州市人民路2001号。馆区占地面积8 320.7平方米,展陈面积约2 800平方米。苏州丝绸博物馆设有馆长室、办公室、陈列保管部及研究发展部。共有全民事业编制工作人员11名。

设有序厅、古代馆、蚕桑居、织造坊、明清街、姑苏锦苑以及中厅休闲区。其间既有中国与苏州地区丝绸文物的展示,又有奇妙的传统织机操作表演;既有农家蚕房、桑园的自然情趣,又有明清苏州街景店铺的复原,以及学术研究、文化交流、古丝绸文物复制和新产品开发等科研场所。

该馆主要对出土纺织品进行鉴定和保护。其

中包括新疆尼雅出土的汉晋丝织品、内蒙古耶律羽之墓出土的辽代丝织品、江西德安南宋周氏墓的宋代丝织品，以及苏州地区明清墓葬出土的丝织品。同时，与中国国家博物馆合作，开展文物复制项目。先后参与完成的国家文物局项目"古丝绸文物复制研究""青海都兰热水出土唐代织锦复制研究"与"东周纺织织造技术挖掘与展示——以出土纺织品为例"。2006年"苏州宋锦制作技艺"被定为国家级首批非物质文化遗产代表作，推动了该馆实施宋锦保护性研究和技艺传承工作。

8. 中国昆曲博物馆

现为国家三级博物馆，位于苏州市张家巷14号"全晋会馆"内，于2003年11月正式对外开放总建筑面积约3 600平方米，展陈面积1 576平方米，设有办公室、保管研究部、陈列开发部等部门，现有在编职工29人。

基本陈列由"昆曲文物史料展""昆曲江湖脚色行当行头展""戏台寻踪""昆曲古戏台及后台展示""高马得昆曲戏画艺术馆"等部分构成，2003年被评为"全国十大精品陈列"。每周日进行昆剧星期专场演出，已演出超200场。

9. 南通中国珠算博物馆

现为国家三级博物馆，位于南通市濠北路58号，占地面积约2万平方米，建筑面积6 000多平方米。筹建于2001年1月，2004年12月19日正式开放。博物馆内设馆长室、科教部、展览部和事务部。现有管理人员4人，技术人员5人，讲解员4人，其他合同用工10人。馆内设有序厅、珠算史厅、算盘精品厅和紫檀算盘厅。景区部分设有河畔步道、印月潭、心怡榭等休闲设施。

南通中国珠算博物馆在序厅、珠算史厅做专题陈列。珠算史厅设有史海揽要厅、专题选萃厅。通过大量文献资料，集中介绍了珠算的发展历程。

博物馆成立有南通少儿珠心算学校，并以此为基地，积极开展珠心算的普及教育活动。此外，还协助了"珠算"成功列入国家级非物质文化遗产的工作。

10. 扬州汉广陵王墓博物馆

现为国家三级博物馆，位于扬州市平山堂东路98号，是展示广陵王刘胥夫妇"黄肠题凑"式大型木椁墓的专题性博物馆，占地面积3.3万平方米，建筑面积5 500平方米，展陈面积3 260平方米。

1992年建成开放。原名"汉墓博物馆"，1999年更名为"汉广陵王墓博物馆"。博物馆内设办公室、业务部等部门，现有工作人员27名，其中专业技术人员6名。

现有馆藏文物近100件。其中，三级以上文物18件，主要是汉广陵王刘胥夫妇合葬墓中出土的文物。馆藏文物中最重要的是两座"黄肠题凑"木椁墓，规模宏大，用材约1 000立方米，且大多为楠木，均用榫卯相连，结构复杂，制作精良，是汉代"黄肠题凑"式木椁墓的典型代表。

现有4个陈列展厅，包括"广陵王地宫""王后寝宫""广陵潮涌"和"异域同晖"。先后编辑出版了《扬州汉文化研究专辑》《汉陵苑》等专著，录制了《走进汉陵苑》《天山汉墓发掘现场》等宣传纪录片，并在2006年9月，承办了"全国汉文化专题博物馆发展研讨会"。

（三）纪念馆

1. 侵华日军南京大屠杀遇难同胞纪念馆

现为国家一级博物馆，位于南京市水西门大街418号，占地面积约7.4万平方米，建筑面积2.5万平方米，1985年建成开放。场馆平面布局形如"和平之舟"，空间布局为化剑为犁。其建筑外观大气肃穆，设计布局寓意深刻。馆门入口的雕塑广场，由"家破人亡""逃难""冤魂的呐喊"三个序列共12尊雕塑组成。穿过《冤魂的呐喊》主题雕塑，迎面是一堵黑色花岗岩石的"灾难之墙"，上面刻着中、英、日、德、葡萄牙、法、韩等12国文字的"遇难者300 000"。馆藏档案、资料总数1.8万余卷（含特殊载体）、3.8万余件，共计15万多件，其中文物2.5万余件。

史料陈列厅位于"灾难之墙"的正对面，负一层展出基本陈列"人类的浩劫南京大屠杀"，一层展出专题陈列"胜利——1945"。侵华日军南京大屠杀遇难同胞纪念馆先后在国内28座城市举办了32次展览。曾作为纪念抗战胜利60周年中宣部三大展览之一，在中国国家博物馆举办展览，并先后前往美国、丹麦、意大利、法国、俄罗斯、日本、菲律宾等国家的30多座城市举办过展览，外展观众超过100万人次。

2. 中国共产党代表团梅园新村纪念馆

现为国家二级博物馆，位于南京市长江路东端的梅园新村17、30、35号，占地面积4 600平方米，由中共代表团办事处旧址、国共南京谈判史料陈列馆、周恩来铜像、周恩来图书馆等组成。

1946年5月～1947年3月,以周恩来为首的中共代表团进驻梅园新村,与国民党政府进行了长达10个月的谈判斗争。1961年7月办事处旧址初步建成并对内开放。1978年1月,梅园新村纪念馆建成开放。现有一级革命文物24件,二级革命文物93件,三级革命文物337件。设有编辑研究部、宣传教育部、资料陈列部、图书馆、办公室、保卫科等6个部门。现有人员54人,其中专业技术人员34人。1990年新建的中国共产党代表团南京谈判史料陈列馆占地面积2 205平方米,陈列面积1 000平方米。展厅一楼陈列国共谈判史料,二楼展陈中国共产党领导的爱国民主运动。

建馆以来已接待观众1 200多万人次,年均观众50万人次以上,成功举办了60多个富有社会影响力的展览。纪念馆在全国率先成立了周恩来研究会,4次举行学术研讨活动,出版学术书籍10多本,有100多篇论文分别入选国际、全国、省、市学术研讨会并获等级奖,10多人次在全国、省、市级讲解比赛中获得等级奖。

3. 求雨山文化名人纪念馆

现为国家三级博物馆,位于南京市浦口区江浦街道雨山路48号,创建于1988年,下设办公室、会计室、保卫科、书画院。人员编制数8人。由当代书画艺术大师胡小石、林散之、萧娴、高二适四座纪念馆构成。四馆占地面积约4万平方米,建筑面积5 200平方米,文化广场占地面积2.5万平方米,绿化覆盖率达90%以上,馆藏853件大师级书画珍品。

纪念馆包括林散之、胡小石、高二适、萧娴四位书画作品基本陈列展览馆。林散之纪念馆陈列包括《古银杏行》《论书绝句十三首》《江浦春修图》《论书一首》等50余幅书画作品。胡小石纪念馆陈列包括《陈独秀论韵遗墨》及胡小石生平不同时期佳作50余幅。高二适纪念馆陈列包括高二适自作诗两首及同友人来往书信随笔,郭沫若"兰亭论辩"文献资料等50余幅书法作品。萧娴纪念馆陈列包括《书酒风流》《石鼓文节临》等50余件不同时期书法作品。

求雨山文化名人馆负责馆藏艺术作品的养护管理及全区地下文物的收藏与保管工作,在学术研究基础上编辑出版了《金陵四家书画精品集》《馆藏金陵四家书法精品赏析》《胡小石书法文献》《高二适手札》(典藏版),拍摄大型电视专题片《书法圣地求雨山》。

作为爱国主义教育基地、中国书法家协会创作培训基地,求雨山文化名人纪念馆已经实行免费开放并与区内众多文教单位以及驻区部队确立了共建关系,常年举办中国书法金陵论坛以及送文化下乡、送文化进军营活动并开设学生暑期书画培训班,宣教传统文化,充分发挥博物馆的社会服务功能。

4. 苏皖边区政府旧址纪念馆

现为国家三级博物馆,位于淮安市淮海南路30号。1985年成立,记录新四军苏皖边区政府在苏中、苏北、淮南、淮北四大解放区驻节办公的重要历史。

纪念馆设有办公室、资料科、宣传接待科、保卫科4个部门,现有在职职工20人。纪念馆现占地面积1万多平方米,建筑面积约5 000平方米,基本陈列由"苏皖边区革命史陈列""李一氓生平事迹陈列及李一氓骨灰敬撒处""苏皖边区政府主要领导人部分厅局办公场所原状陈列""苏皖边区政府交际处原状陈列""刘瑞龙生平事迹陈列"五部分组成。

纪念馆编辑出版了《苏皖边区史略》《苏皖边区历史画册——人物篇》《苏皖边区画史》《苏皖边区政府研究》会刊等学术专著,多篇论文在省文化理论创新和省文博优秀论文评比中获奖。

5. 史可法纪念馆

现为国家三级博物馆,位于扬州市广储门外街24号,占地面积9 800平方米,建筑面积2 230平方米,展陈面积约710平方米。纪念馆原为史公祠,建于清乾隆年间。内有祠堂、飨堂、方亭等古建筑。1958年扬州博物馆设于此,1987年扬州博物馆迁入新址后,扬州市政府决定建立史可法纪念馆,1988年正式对外开放。纪念馆内设办公室、业务部、群工部等3个部门,现有人员18名,其中专业技术人员4名。

基本陈列"史可法文物史料陈列"系统地介绍了史可法的生平事迹,包括飨堂、遗墨厅、祠堂等3个展厅,陈列展品90余件;2007年,新设"广陵琴派史料陈列"专题展览,展出实物40余件。每年各类临时展览活动8次以上。纪念馆年均接待大中小学生免费参观人数超过2.6万人次。

纪念馆编印出版了《史可法纪念馆》《亮节孤忠史可法》《史可法纪念馆馆藏墨萃》《梅花岭畔共仰千秋》《纪念史可法诞辰四百周年诗词选辑》等书籍。

(四)民办博物馆①

1. 南京长风堂博物馆

位于南京市北京东路22号和平大厦16楼,于2004年7月开馆,举办单位为南京长风堂文化产业有限公司。总面积1 600余平方米,有展厅12个,展厅面积1 500平方米,库存面积200平方米。藏品以名人书札、成扇、青铜器为主,其中书画藏品中有不少精品,其中陆俨少《杜甫诗意百开册》为国宝级藏品。全馆现设馆藏、艺术研究、设计企划、艺术品征集、办公室等部门,有工作人员18人。

2. 南京百家湖博物馆

位于南京市江宁开发区利源中路99号凯旋门,2005年10月开馆。由利源集团创办,成立至今收集了名人字画等艺术品数百件。该馆占地面积320平方米,展厅面积450平方米,库房面积100平方米,免费开放,办馆经费由利源集团自筹。

3. 南京市金陵竹刻艺术博物馆

坐落在南京玄武区富贵山4号,是经江苏省文物局批准、江苏省民政厅登记注册,中国第一家以金陵竹刻为主题的民营性质的民间艺术博物馆。该馆由南京谷子文化艺术发展有限公司投资,总建筑面积约550平方米,展馆面积约450平方米,设有党支部、办公室、创研部、展研部、财务部、培训部等部门。现有职工20人。现有重要藏品365件,其中明清、民国时期230件。

金陵竹刻艺术是中国明清以来竹刻艺术中独树一帜的著名流派,以浅刻、简刻为主要特征,经历代高手前承后继,技艺不断精进,特点愈趋鲜明,享有"大璞不斫""寸竹寸金"之美誉。金陵竹刻艺术已列入"江苏省非物质文化遗产名录",成为政府着力保护的非物质文化遗产项目。

4. 钱振标烈士纪念馆

位于江阴市澄江镇文富村能家村。2003年,由钱振标烈士孙辈亲属修建。占地面积1 000平方米,建筑面积500平方米。正门安放着钱振标烈士的塑像,馆内陈列着钱振标烈士的生平业绩,以及江阴社会各界人士缅怀钱振标烈士的活动图片。

5. 宝壶斋茶具博物馆

位于江阴市澄江西路152号,于2003年开馆。该馆由江阴宝壶斋文化发展有限公司投资创办,总面积600平方米,展示厅面积300平方米,藏品为西晋至现代不同时期、不同材料制成的茶壶2 000多件,其中不乏明清时期及近代制壶大师的作品。

6. 宜兴市陶乐源美术陶瓷博物馆

位于宜兴市丁蜀镇陶都路118号,成立于2005年,它是薛兴荣个人出资筹建,由江苏省文物局批准、在宜兴市民政局注册登记的宜兴市首家民办博物馆。现有工作人员10名。展厅面积1 500平方米,藏品3 650件(套)。基本陈列为陶都五朵金花之美术陶瓷。

7. 徐州圣旨博物馆

位于徐州市龟山景区内,由收藏家周庆明创办,于2000年10月开馆,展出藏品3 000件(套),实际数量10 000余套(件),占地面积28 000平方米,展厅面积9 500平方米,库房面积676平方米,共设有展厅7个。馆舍归属圣旨博物馆。

8. 睢宁县钱币博物馆

位于睢宁县儿童画中心楼内,于2001年5月开馆,该馆由钱币收藏家吴士松创办,展厅面积50平方米,库房面积50平方米。馆藏各类钱币等1万余枚,其中古钱2 696种、纸币425种,其他包括铜圆、纪念币章、银元、像章、镍币等。

9. 戈小兴中外烟标烟具博物馆

位于常州市双塔步行街92号。创建于1998年11月8日,2006年12月被评为国家AA级旅游景区。2008年7月,戈小兴中外烟标烟具博物馆成为国际博物馆协会中国国家委员会、中国博物馆学会、江苏省博物馆学会会员单位。

馆藏有国外187个国家、232个城市不同画面的烟标,以及国内自民国至今1 000多个卷烟厂(包括关停并转的,以及民族资本卷烟工业的烟铺、烟厂、企业等)的烟标,共16万余种;拥有中外烟具五大类6 000余种。其中有像"品海""美丽""大前门"

---

① 据孟强、钱国光:《江苏民营博物馆发展趋势及运行管理研究机制研究》,原载《江苏省文物科研课题成果汇编》(2004~2006),江苏省文物局编,南京师范大学出版社,2010年。

"金鼠""大联珠"、清代铜质刻花水烟壶、清代捏丝珐琅彩鎏金刻花二件组合铜胎旱烟缸、阿拉伯中东地区四百余年历史的传统实用性水烟壶等跨世纪的精品、绝品中外烟标烟具数千种。

10. 古砖瓦博物馆

位于昆山市锦溪镇上塘街丁家大院内,于1996年开放。该馆前身是原打动砖瓦厂的古砖瓦陈列室,藏品主要由原大东砖瓦厂书记龚竹钰收藏,是中国唯一一座以砖瓦为题材的博物馆。展品2 300件,展厅300余平方米,分砖瓦、瓦馆,瓦馆内陈列700余件瓦当和滴水无一雷同;砖馆内展出建筑砖、城墙砖、铭文砖、祭祀砖、门楼雕刻砖唐宋凿榫井砖等。

表7.2　2008年度江苏省博物馆名录

名称	级别	性质	地址
南京博物院	一级	文物	南京市中山东路321号
侵华日军南京大屠杀遇难同胞纪念馆	一级	行业	南京市水西门大街418号
苏州博物馆	一级	文物	苏州市东北街204号
南通博物苑	一级	文物	南通市濠南路3号
扬州博物馆(中国雕版印刷博物馆)	一级	文物	扬州市文昌西路明月湖西侧
南京市博物馆	二级	文物	南京市朝天宫4号
南京市太平天国历史博物馆	二级	文物	南京市秦淮区瞻园路128号
中共代表团南京市梅园新村纪念馆	二级	文物	南京市汉府街18-1号
南京地质博物馆	二级	行业	南京市珠江路700号
江阴市博物馆	二级	文物	江阴市澄江中路128号天华文化中心
徐州博物馆	二级	文物	徐州市和平路101号
徐州汉画像石艺术馆	二级	文物	徐州市湖东路
徐州汉兵马俑博物馆	二级	行业	徐州市东郊狮子山
常州博物馆	二级	文物	常州市龙城大道1288号
常熟博物馆	二级	文物	常熟市北门大街1号
连云港市博物馆	二级	文物	连云港市朝阳东路68号
淮安市博物馆	二级	文物	淮安市健康西路146-1号
南京明城垣史博物馆	三级	文物	南京市解放门8号
南京云锦博物馆	三级	行业	南京市茶亭东街240号
求雨山文化名人纪念馆	三级	文物	南京市浦口区江浦街道雨山路48号
新沂博物馆	三级	文物	新沂市新安镇大桥西路
邳州博物馆	三级	文物	邳州市运平路
金坛博物馆	三级	文物	金坛市金城镇沿河西路66号
苏州丝绸博物馆	三级	行业	苏州市人民路274号
中国昆曲博物馆	三级	文物	苏州市中张家巷14号
吴江博物馆	三级	文物	吴江市松陵镇笠泽路450号
南通中国珠算博物馆	三级	行业	南通市濠北路58号
苏皖边区政府旧址纪念馆	三级	文物	淮安市淮海南路30号
扬州广陵王墓博物馆	三级	文物	扬州市平山堂东路
史可法纪念馆	三级	文物	扬州市广储门外街24号
仪征博物馆	三级	文物	仪征市解放西路
兴化市博物馆	三级	文物	兴化市牌楼北路2号
南京民俗博物馆	无级别	文物	南京市南捕厅19号
江宁区博物馆	无级别	文物	南京市江宁区东山镇竹山林园

续 表

名称	级别	性质	地址
六合区博物馆	无级别	文物	南京市六合区延安路 65 号
雨花台烈士纪念馆	无级别	行业	南京市雨花路 215 号
雨花石博物馆	无级别	行业	南京市雨花路 215 号
南京天文历史博物馆	无级别	行业	南京市紫金山第三峰
颜真卿纪念馆	无级别	行业	南京市广州路 221 号
南京古生物博物馆	无级别	行业	南京市北京东路 39 号
傅抱石纪念馆	无级别	文物	南京市汉口西路 132 号
南京渡江胜利纪念馆	无级别	文物	南京市中山北路 457 号
明孝陵博物馆	无级别	行业	南京市中山陵风景区
孙中山纪念馆	无级别	行业	南京市中山陵风景区
南京条约史料陈列馆	无级别	文物	南京市建宁路 288 号
溧水博物馆	无级别	文物	溧水县永阳镇宝塔路 21 号
无锡博物院	无级别	文物	无锡市钟书路 100 号
无锡市鸿山遗址博物馆	无级别	文物	无锡市新区鸿山镇
无锡市顾毓琇纪念馆	无级别	文物	无锡市学前街 3 号
无锡市民间艺术博物馆	无级别	行业	无锡市惠河路 26 号
无锡中国民族工商业博物馆	无级别	文物	无锡市振新路 415 号
锡剧博物馆	无级别	文物	无锡市长大弄 9 号
无锡泥人博物馆	无级别	文物	无锡市惠山下河塘 8－1 号
高城墩良渚文化遗址陈列馆	无级别	文物	江阴市横土镇高城墩村
徐悲鸿纪念馆	无级别	文物	宜兴市公园路 1 号
尹瘦石艺术馆	无级别	文物	宜兴市公园路 1 号
宜兴陶瓷博物馆	无级别	行业	宜兴市丁山北路 150 号
徐州民俗博物馆	无级别	文物	徐州市户部山崔家巷 2 号
白集汉墓陈列馆	无级别	文物	徐州市贾汪区白集村
龟山汉墓陈列馆	无级别	行业	徐州市九里区龟山汉墓
淮海战役纪念馆	无级别	行业	徐州市解放南路 2 号
丰县博物馆	无级别	文物	丰县解放路 7－9 号
沛县博物馆	无级别	文物	沛县汉城路 1 号
睢宁县博物馆	无级别	文物	睢宁县元府东路
瞿秋白纪念馆	无级别	文物	常州市延陵西路 188 号
张太雷纪念馆	无级别	文物	常州市清凉路子和里 3 号
洪亮吉纪念馆	无级别	文物	常州市延陵东路狮子巷 20 号
武进区博物馆	无级别	文物	常州市武进区武宜路西侧
武进区淹城博物馆	无级别	文物	常州市武进区武宜路西侧
新四军江南指挥部纪念馆	无级别	文物	溧阳市前马镇水西村
苏州民俗博物馆	无级别	文物	苏州市潘儒巷(狮子林旁)
苏州碑刻博物馆	无级别	文物	苏州市人民路 613 号
苏州中医药博物馆	无级别	行业	苏州市景德路 314 号
苏州革命博物馆	无级别	行业	苏州市三香路 1216 号
苏州工艺美术博物馆	无级别	行业	苏州西北街 88 号

续表

名称	级别	性质	地址
苏州刺绣博物馆	无级别	行业	苏州市景德路 274 号
苏州园林博物馆	无级别	行业	苏州市东北街 202 号
吴作人艺术馆	无级别	文物	苏州市定慧寺巷 88 号
常熟美术馆	无级别	文物	常熟市西门大街 117 号
翁同龢纪念馆	无级别	文物	常熟市虞山镇翁家巷门 2 号
庞薰琹美术馆	无级别	文物	常熟市元和路 98 号
常熟古琴艺术馆	无级别	文物	常熟市南赵弄 10 号
常熟碑刻博物馆	无级别	行业	常熟市虞山镇塔后街 7－1 号
张家港博物馆	无级别	文物	张家港市杨舍镇暨阳西路 2 号
昆仑堂美术馆	无级别	文物	昆山市前进中路 109 号
柳亚子纪念馆	无级别	文物	吴江市黎里镇中心街 30 号
太仓博物馆	无级别	文物	太仓市新华西路 57 号
宋文治艺术馆	无级别	文物	太仓市县府东街 6 号
郑和纪念馆	无级别	行业	太仓浏河镇新东街 90 号
吴晓邦舞蹈艺术馆	无级别	行业	太仓市城厢镇东昌路
张謇纪念馆	无级别	文物	南通市环城南路 21 号
南通纺织博物馆	无级别	文物	南通市文峰路 4 号
南通蓝印花布博物馆	无级别	行业	南通市濠东绿苑
南通城市博物馆	无级别	行业	南通市环城南路 1 号
南通中国审计博物馆	无级别	行业	南通市濠北路 518 号
南通市个簃艺术馆	无级别	文物	南通市文峰路 7 号
海安县博物馆	无级别	文物	海安县城宁海路 58－8 号
如皋市博物馆	无级别	文物	如皋市公园路 16 号
连云港市民俗博物馆	无级别	文物	连云港市新浦区新市路 35 号
赣榆县博物馆	无级别	文物	赣榆县华南东路 70 号
赣榆抗日山革命烈士纪念馆	无级别	行业	赣榆抗日山烈士陵园内
东海县博物馆	无级别	文物	东海县利民路 12 号
灌云县博物馆	无级别	文物	灌云县胜利西路（老馆）
李汝珍纪念馆	无级别	文物	灌云县板浦镇东大街 7 号
灌南县博物馆	无级别	文物	灌南县人民西路（老馆）
楚州区博物馆	无级别	文物	淮安市楚州区局巷 1 号
周恩来纪念馆	无级别	行业	淮安市楚州区桃花垠
洪泽湖博物馆	无级别	文物	洪泽县城文化中心大楼
盱眙县博物馆	无级别	文物	盱眙县东方大道 3 号
盱眙县黄花塘新四军军部纪念馆	无级别	文物	盱眙县黄花塘镇黄花塘村
盐城市博物馆	无级别	文物	盐城市建军西路 118 号
新四军纪念馆（盐城）	无级别	文物	盐城市建军东路 159 号
盐城中国海盐博物馆	无级别	文物	盐城市开放大道 1 号
盐都县博物馆	无级别	文物	盐城市盐都新区乾琳路 2 号
阜宁县博物馆	无级别	文物	阜宁县胜利路 90 号
中共华中工委纪念馆	无级别	行业	射阳县城后羿公园内

续 表

名称	级别	性质	地址
建湖县博物馆	无级别	文物	建湖县汇东路189号
东台市博物馆	无级别	文物	东台市明清街8号
大丰市博物馆	无级别	文物	大丰市康平路与飞达路交界处
施耐庵纪念馆	无级别	文物	大丰市白驹镇
朱自清纪念馆	无级别	文物	扬州市文昌中路安乐巷27号
扬州八怪纪念馆	无级别	文物	扬州市驼岭巷18号
唐城遗址博物馆	无级别	文物	扬州市平山堂东路
扬派盆景博物馆	无级别	行业	扬州市友谊路12号
宝应博物馆	无级别	文物	宝应县安宜东路
周恩来少年读书处	无级别	文物	宝应县县城水巷口3号
高邮市博物馆	无级别	文物	高邮市人民路507号
王氏纪念馆	无级别	文物	高邮市西后街中段
龙虬庄遗址博物馆	无级别	文物	高邮市龙虬镇北首
邮驿博物馆(盂城驿)	无级别	文物	高邮市南门大街馆驿巷13号
江都市博物馆	无级别	文物	江都市龙川广场东南侧
镇江博物馆	无级别	文物	镇江市伯先路85号
焦山碑刻博物馆	无级别	文物	镇江市焦山公园内
新四军四县抗敌纪念馆	无级别	文物	镇江市丹徒区宝堰镇东大街82号
丹徒冷遹纪念馆	无级别	文物	镇江市丹徒区黄墟镇老街幸福巷
丹阳市博物馆	无级别	文物	丹阳市丹金路1号
丹阳市总前委旧址纪念馆	无级别	文物	丹阳市宝塔弄5号
茅山新四军纪念馆	无级别	文物	句容市茅山镇
句容市博物馆	无级别	文物	句容市华阳镇人民路68号
泰州市博物馆	无级别	文物	泰州市青年路20号
梅兰芳纪念馆	无级别	文物	泰州市迎春东路90号
泰州科举院试博物馆	无级别	文物	泰州海陵区府前路2号学政试院
中国人民海军诞生地纪念馆	无级别	文物	泰州市高港区白马镇
新四军黄桥战役纪念馆	无级别	文物	泰兴市黄桥镇米巷10号
中共江浙区独立支部纪念馆	无级别	文物	泰兴市横垛镇刁网村
泰兴市博物馆	无级别	文物	泰兴市府前街文化大楼6楼
中安轮遇难烈士纪念馆	无级别	行业	泰兴市陵园路1号
泰兴市革命烈士纪念馆	无级别	行业	泰兴市泰兴镇鼓楼东路66号
宿迁市博物馆	无级别	文物	宿迁市世纪大道92号
宿迁市宿豫区博物馆	无级别	文物	宿迁市皂河龙王庙行宫
宿迁市宿城区博物馆	无级别	文物	宿迁市项王故里内
泗阳县博物馆	无级别	文物	泗阳县运河大道东侧北端
泗洪县博物馆	无级别	文物	泗洪县山河路
南京长风堂博物馆		民办	南京市北京东路22号和平大厦16楼
南京百家湖博物馆		民办	南京市江宁开发区利源中路99号
南京市金陵竹刻艺术博物馆		民办	南京市富贵山4号
宝壶斋茶具博物馆		民办	江阴市澄江西路150-152号

续 表

名称	级别	性质	地址
钱振标烈士纪念馆		民办	江阴市澄江镇文富村能家村
宜兴市陶乐源美术陶瓷博物馆		民办	宜兴市丁蜀镇洛涧村
徐州圣旨博物馆		民办	徐州市九里区龟山汉墓北院
睢宁县钱币博物馆		民办	徐州市睢宁县元府东路75号
戈小兴中外烟标烟具博物馆		民办	常州市西狮子巷17号
古砖瓦博物馆		民办	昆山市锦溪镇上塘街

四、文物商店

文物商店在文物系统中是用市场营销手段为博物馆提供文物的特殊机构。江苏文物商店的发展历程曲折。民国时期全省的古玩珠宝商店72家，中华人民共和国成立后约存55家，经过社会主义改造，改变其纯商业性质为文化事业性质。"文化大革命"期间，文物商店受到摧残，被迫关门停业，人员下放，有的与博物馆或商业局合并。1974年以后，逐步得到恢复。为加强全省文物商店的管理，省文化厅于1980年5月建立了江苏省文物商店。省内市级文物商店中，经营时间较早、规模较大的有南京、苏州、无锡、扬州文物商店，另镇江、常州、南通、徐州、盐城亦先后设有文物商店。截至2008年底，江苏省共有文物商店10家，从业人员270人，其中具有高级职称的18人，中级职称的40人。2008年全省文物商店库存文物943 336件(套)，资产总计133 083万元。①

1. 江苏省文物总店

位于南京市中山东路321号南京博物院内，是具有对外经营权及全省文物商店管理职能的国营文物商店。1980年，在原南京博物院外宾服务部的基础上"江苏文物商店"营业部开业；1981年，经江苏省编制委员会批复正式成立"江苏省文物商店"；1993年，更名为"江苏省文物总店"。除总店外，还在南京市内设有博古轩分店，金陵饭店代销点。

文物总店成立以来，在民间文物征集、鉴定人员培养、科研项目支持等方面发挥重要作用。自成立初期，就以向博物馆(院)和有关科研部门提供优秀藏品视为首要任务，并积极向这些收藏单位无偿提供文物的征集线索。历年来，已提供了近千件文物和文物征集线索供其收藏和征集。同时积极关注和参加国内文物拍卖市场和文物展销会，丰富总店藏品的同时，加强与业内同行的交流。1994年起，先后在北京嘉德、翰海、华辰等拍卖公司拍得夹贮漆彩金天王像、铜漆金关公像、铜鎏金宗客巴像、铜鎏金触地印释迦牟尼坐像、张善孖借得腥风绝壁攀图轴、溥心畬纸本设色山水镜片、王震无量寿佛图轴、谢稚柳花鸟图轴等，提升了藏品精度。

2. 南京文物公司

前身是南京十竹斋。十竹斋是百年老字号，曾以创制精美独特的《十竹斋书画谱》和《十竹斋笺谱》而誉播中外，两谱首用"饾版""拱花"法，开创了彩色套印的新形式，为中国水印复制艺术之初祖，雕版印刷史上的里程碑，被鲁迅誉为"明末清初文人士大夫清玩文化之最高成就"。

400年来，十竹斋几经兴衰，1965年6月1日，在省市领导的关心和支持下，十竹斋再度复业，并与南京文物公司合二为一。合并后的南京文物公司经营历代文物、文房四宝、现代工艺品和书画艺术品。此外，南京文物公司还承担着为国家收藏保管社会流散文物，为博物馆提供藏品的功能，近年来先后向南京太平天国历史博物馆、南京博物院、南京民俗博物馆等提供文物藏品近千件，为国家保护流散文物做出了重大贡献。2000年以来，南京文物公司先后被省、市有关部门评为文化产业发展先进集体、中国第三届京剧艺术节先进集体、江苏省文明单位、南京市文明单位、江苏省文化系统先进集体。

南京文物公司现有在职人员65人，离退休58人，下设管理、经营、研究三大部门，其中管理部门包括办公室、计财科、保管部，经营部门包括十竹斋门市部、十竹斋画廊、聚宝斋古玩店和艺风堂门市

---

① 据《江苏文化统计年鉴(2008年度)》文物商店综合情况表。

部,研究部门为十竹斋艺术研究部。

3. 无锡市文物公司

始创于1961年,是无锡市唯一一所从事文物艺术品交流业务的国有专业机构,属于无锡市文物局领导。1986年,新建大楼地处惠河路口,共有四个营业大厅。当时经理室下设大楼门市部、中山路门市部、办公室、业务组、仓库保管组,共有职工44人。1990年改名为无锡市文物公司。成立五十多年来,在文物购销、艺术品拍卖及为国家收藏、征集社会流散文物,为国有博物院(馆)提供高质量馆藏文物等方面均作出了杰出的贡献。同时,无锡市文物公司经营陶器瓷器、玉器珠宝、金银首饰、字画印章、竹木牙雕、铜器绣花、红木家具等各类文物商品。2008年,无锡市文物公司有工作人员45名,库存文物68 422件(套),资产总计约2 253万元。①

4. 徐州文物商店

位于徐州市户部山权谨牌坊内,创建于1981年,为独立法人企业,是徐州乃至淮海经济区唯一有文物经营权的机构,主要经营古代艺术品、当代艺术品、古典家具、奇石杂项及各类礼品。此外,商店研发了铜熏、刘注印、兽形砚、兽铺首、虎头、玉豹等一批彰显徐州汉文化特色的旅游产品。近年来,积极开展了各项文化艺术交流活动,与国内各省市建立了良好的业务交流和合作关系,多次举办艺术品展销活动。

5. 常州市文物商店

是国家设立的文物事业单位,内部实行企业管理,自收自支。2003年,由原先的延陵西路78号搬迁至新址麻巷公寓3号楼,营业面积460多平方米。常州市文物商店共有艺宝斋和文宝斋两个门市,2008年共有员工13人。

艺宝斋门市常年设立收购部,收购的同时,也免费为顾客提供文物鉴赏服务。自20世纪90年代中后期起,门市收购已不再是文物商店的收购主流,取而代之的是同行之间调拨,更多的则是参与各地举办的各类文物展销,另外一种重要的文物货源补充形式是各地的艺术品拍卖会。除此之外,艺宝斋门市还经营各类文物商品的销售,主要包括古旧玉器、古旧瓷器、古旧字画和近现代名家字画,古旧砚台、印章、竹木牙雕及金银铜杂等。经营方式也由原先的只对外宾及港澳台同胞开放转而面向广大的普通大众,由原先的纯门市销售转而参与各地的文物古玩展销和艺术品拍卖会。20世纪90年代后是常州文物商店成长发展最快的阶段,经济效益,销售收入增长翻了几番,1986年销售收入才37万多元,到2006年全年的销售收入达到了270多万元。

文宝斋专门经营文房四宝——笔墨纸砚等新工艺。2002年,市政府对南大街改造拆迁,文宝斋门市搬迁至延陵西路门市,2003年,一起搬迁至现址麻巷公寓3号楼。

常州市文物商店为常州博物馆提供藏品达上千件,有的藏品为一级文物。改革开放以来,常州市文物商店在本地文物古玩经营领域起到了风向标和发挥了国营主渠道的作用。

6. 苏州文物商店

位于苏州市人民路1208号,创建于1956年,为自收自支的事业单位。营业大楼高六层,建筑面积近5 000平方米。性质为事业单位、企业管理,现在编人员共31人,设有五部一室:书画门市部、瓷杂门市部、电子商务与新品开发部、保管部、财务部与总经理办公室。全店职工80%从事本行业工作达20年以上,其中高级职称4人,中级职称10余人,江苏省价格认证专家库专家2名,苏州市文物鉴定委员会委员8名。

苏州文物商店积极收集流散在社会上的文物,并按门类实现了信息化管理。从新石器时代到近现代的陶瓷器、玉杂件、书法绘画、珠宝饰品等,门类齐全,数量可观。历年提供给苏州博物馆、吴县文管会等单位,共计122件国家一级文物,1 723件二、三级文物。2007年为配合苏州博物馆新馆展览,提供给苏州博物馆一级文物111件,二、三级文物1 700余件,借调文物470件。提供给吴县文管会一级文物7件,吴江文化馆1件,昆山文化馆2件,太仓文化馆1件。

苏州文物商店为博物馆及有关科研单位提供征集的等级文物。每年定期举办全国性的国有文物商店艺术品展销会,同时积极开展电子商务。苏州文物商店长期为苏州的公安、海关、工商、物价等部门提供公共服务,还整理出一套瓷器、玉器的实物教材,供广大收藏爱好者学习。

---

① 《江苏文化统计年鉴(2008年度)》,第386~387页。

7. 南通文物公司

位于南通市人民中路 23 号，创建于 1963 年 7 月。其前身是南通古玩商店，地址在和平中路寺街口（后改为人民中路 92 号），职工 6 人，1963 年划归南通市文化局后组建为国营文物商店。1975 年因城市改造，暂借新华书店人民路门市部（人民中路 98 号）营业，1977 年又迁入人民中路东段 55 号新大楼正式开业。1988 年南通市文物商店外宾门市部作为省文物商店南通分店正式对外宾开放。是国家文物局批准设立的具有文物外销资格的专业商店，也是南通市最大的一家经营古玩书画、工艺礼品、美术画材、文房四宝的商店。多年来运用商业手段广征博集，收购民间流散文物，为中国国家博物馆提供藏品，其中向南通博物苑提供珍贵文物 1 500 余件。

8. 盐城市文物商店

位于盐城市亭湖区浠沧巷 80 号，创建于 1992 年 7 月，为自收自支的事业单位，有工作人员 2 人。

9. 扬州文物商店

位于扬州盐阜西路，创建于 1961 年。其前身是原商业局所属的公私合营扬州珠宝商店，移交给文物局以后，组建为国营文物商店。1983 年春节，新大楼落成，建筑具有传统风格，主体 3 层，连副楼建筑总面积 1 400 平方米。1990 年又建文物仓库 616 平方米及东营业楼 269 平方米。2008 年，扬州文物商店共有从业人员 39 人，其中具有高级职称者 2 人，中级职称者 5 人。

扬州文物商店系全民事业单位，内部实行企业管理。经理室下设收购部、保管部、业务部、人秘股及外宾供应和仿古工艺两门市部。该商店重视向博物馆提供藏品和资料。建店初期就提供过一批乾隆六十年前的文物，其中有"扬州八怪"原作多幅。1979 年以来，共向 9 个文博单位提供藏品和资料千件以上。其中 1982 年向扬州博物院提供元代霁蓝白龙梅瓶和明永乐甜白釉梨式壶等珍品，1986 年向无锡博物馆提供元倪瓒山水画，受到国家文物局和文物总店的表彰。

10. 镇江文物商店

位于镇江市解放路 191 号，始建于 1963 年。经营珠宝玉器、名人字画、砚台印章、瓷铜杂件等古玩商品，属全国同行业老店之一。2008 年销售额达约 176 万元，职工 23 人，资产总额达 360 万元①。多年来，镇江文物商店从民间博集文物，其中不乏稀世珍品，并先后为镇江博物馆提供各类藏品五百余件，其中一、二级藏品 35 件。征集的文物中有多件被故宫博物院选中参加全国流散文物珍品展。任伯年《花鸟册页》入选文化部组织的明清书画精品展。1982 年，受到中国文物总店表彰。1994 年，荣获文化部、人事部颁发的"全国文化先进集体"称号。

五、专业学术团体

江苏省现有江苏省博物馆学会、省考古学会、吴文化学会、省收藏学会、南通文博协会等文博类学术团体，对江苏省的文化遗产保护、利用工作起到了很好的作用。

1. 江苏省历史学会②

成立于 1958 年 7 月，挂靠江苏省社科联。学会主要职责在于组织史学理论和江苏地方史的重点课题研究，联合有关史学团体举办专题学术活动，开展国内和国际的学术研究和信息交流，开展史学知识普及咨询服务，协调和加强史学团体之间的联系。研究方向重点在于具江苏地方特色的历史，如吴文化史、六朝史、太平天国史、明清史、中华民国史，以及重要历史人物和学术流派。学会有单位会员 46 个，理事 54 人，常务理事 21 人，兼职工作人员 2 人，常务理事中具有正高以上职称者 16 人。有内部刊物《江苏史学通讯》。

2. 江苏省中共党史学会③

成立于 1980 年，挂靠南京大学。主要职责在于围绕中共党史研究，召开学术讨论会，交流学术研究成果和教学经验；组织出版学术著作和科研成果；组织开展专项课题调研；促进省内外、国内外相关学者、学术研究的交流和合作。研究方向重点在于江苏省抗日战争史、解放战争史、新时期的江苏历史以及党的建设理论与实践，以及毛泽东思想、邓小平理论及"三个代表"重要思想。学会有单位会员 240 个，个人会员 2 000 人，理事 141 人，常务

---

① 《江苏文化统计年鉴（2008 年度）》，第 387 页。
② 据江苏社科网公布的文史类学会简介。江苏社科网 http://www.js-skl.org.cn/。
③ 据江苏社科网公布的文史类学会简介。江苏社科网 http://www.js-skl.org.cn/。

理事37人,专职工作人员1人,兼职工作人员5人,常务理事中具有正高以上职称者27人。有内部刊物《党史学会简讯》。

3. 江苏省考古学会

成立于1980年9月,挂靠南京博物院。学会是江苏省内博物馆、考古研究机构、高等院校等事业单位及江苏省内对考古爱好者自愿组成的非营利性学术团体,致力于弘扬祖国优秀传统文化,繁荣江苏省考古事业,培养考古学优秀人才。成立初期,学会与江苏省博物馆学会合办的《文博通讯》内部发行,行业反响良好,后发展为核心期刊《东南文化》。此外,还曾发表年会论文选等,促进考古学研究。截至2008年底,学会共有理事42人,会员122人。

4. 江苏省博物馆学会

成立于1980年9月,挂靠南京博物院。学会是省内博物馆、纪念馆、美术馆、展览馆、公园、文物研究机构、高等院校考古文博专业等事业单位及文物爱好者自愿组成的地方性专业学术团体,为非营利性社会组织,致力于弘扬祖国优秀传统文化,繁荣江苏省的博物馆事业和培养博物馆学优秀人才。学会成立以来,除举办年会、理事会等外,还曾出版《博物馆学论文集》《博物馆学概说》《江苏博物馆年鉴》等,促进博物馆学研究。截至2008年底,学会共有70家理事单位,156名会员。

5. 江苏省中国近现代史学会①

成立于1981年6月,挂靠江苏省政协文史委员会。主要职责在于团结全省中国近现代史学工作者,组织中国近现代史学术研讨、交流;组织力量从事中国近现代史相关课题的研究;结合中国近现代史研究进行爱国主义教育等。研究重点在于中国近代、现代史上发生的重大历史事件和重要人物。学会有个人会员300人,理事64人,常务理事14人,常务理事中具有正高以上职称者9人。

6. 江苏省新四军和华中抗日根据地研究会②

成立于1981年11月,挂靠江苏省委党史工办。主要职责在于挖掘、搜集、整理、编纂、研究新四军和华中抗日根据地及其斗争的历史资料,重点是以老新四军战士的亲身经历,为已发表的史料拾遗补阙;编辑、出版关于研究、介绍新四军的书刊;宣传新四军的丰功伟绩,弘扬铁军精神;开展学术研讨和交流。学会有个人会员2300人,截至2004年有理事67人,常务理事21人,常务理事中具有正高以上职称者4人。有专职工作人员1人,兼职工作人员6人。有内部刊物《东进通讯》,与江苏省委党史工办联办刊物《世纪风采》。

7. 江苏省吴文化学会

成立于1981年11月,前身是江苏省吴文化研究会,1990年更名为江苏省吴文化学会,现挂靠南京博物院。学会是江苏省内博物馆、考古研究机构、高等院校等事业单位及江苏省内对吴文化进行研究的学者自愿组成的非营利性学术团体,致力于弘扬祖国优秀传统文化,繁荣江苏省吴文化研究事业,培养吴文化研究优秀人才。学会成立以来,在湖熟文化、土墩墓发掘、城址墓葬发掘等方面研究深入。曾发表内部资料《吴文化资料选辑》三辑,公开出版《吴文化研究论文集》等。截至2008年底,学会共有理事57人,会员109人。

8. 南京太平天国史学会

位于南京市秦淮区瞻园路128号太平天国历史博物馆内。该会于1984年5月11日成立,系南京地区从事太平天国史研究的群众性学术团体。该学会自成立后至1999年,组织省内外专家学者在太平天国历史上的纪念日或学会成立日,就太平天国各种专题举办30多次报告会、座谈会。会员撰稿发表近200篇,出版专著10余本。1989年,学会筹备改组,于1990年在南京成立江苏太平天国史学会。

9. 南京古都学会

位于南京市玄武区成贤街43号院内。1984年8月10日成立,1990年12月与南京历史文化名城研究会合并,是中国古都学会、中国城市科学研究会历史文化名城研究会、南京市社科联团体会员。学会成立后,对秦淮河、南京城墙、鸡鸣寺等文物保护单位开展了调查、研究、论证,组织学术研讨会,撰写论文200余篇。

10. 江苏省民俗学会

成立于1984年8月,现挂靠南京博物院。学会是江苏省内致力于民俗学研究、教学、展示等的学者、专家及民俗爱好者自愿组成的非营利性学术

---

① 据江苏社科网公布的文史类学会简介。江苏社科网 http://www.js-skl.org.cn/。
② 据江苏社科网公布的文史类学会简介。江苏社科网 http://www.js-skl.org.cn/。

团体,致力于弘扬优秀传统民俗文化,积极推动新时代"移风易俗",为社会主义精神文明建设服务。学会成立以来,曾发表内部资料《民俗学论文选》《中国民俗学参考资料》等,促进民俗研究。截至 2008 年底,学会共有理事 81 人,会员 150 人。

11. 江苏省六朝史研究会①

成立于 1985 年 11 月,挂靠江苏省社科院历史研究所。主要职责在于组织协作,制定规划,推动江苏省六朝史及中国古代史研究工作;组织召开省内有关六朝史、中国古代史、江苏地方文史方面的学术研讨会,交流研究成果与经验;开展省际间的学术交流活动,发展与外省有关学术团体、研究机构和专家的友好往来;编辑出版论文集,汇集研究成果。不定期编辑本会会刊,报道相关研究信息与学术活动;承担各级科研规划部门、政府机构的相关研究课题;举办六朝史、中国古代史、江苏地方文史方面的学术讲座,为政府及社会提供相关咨询服务,宣传普及相关知识;开展会员认为需要而又可能开展的其他业务活动。学会有个人会员 178 人,理事 35 人,兼职工作人员 4 人,理事中具有正高以上职称者 22 人。

12. 江苏省太平天国史学会②

成立于 1990 年 5 月,挂靠江苏省政协办公厅。主要职责在于团结全省太平天国史研究者,组织学术交流,举办专题学术报告和研讨,开拓和深化对太平天国史的系统研究,普及太平天国历史知识。学会有个人会员 140 人,理事 41 人,常务理事 11 人,兼职工作人员 2 人,常务理事中具有正高以上职称者 10 人。

13. 江苏省地方志学会③

成立于 1994 年 9 月,挂靠江苏省地方志办公室。主要职责在于围绕地方志及年鉴编纂工作中心,团结全省修志编鉴工作者开展学术研讨活动;进行业务培训,加强修志队伍人才培养;参与或举办志鉴成果评奖和展览活动,加大志鉴成果的宣传。学会有单位会员 61 个,个人会员 430 人,理事 69 人,常务理事 11 人,兼职工作人员 4 人,常务理事中具有正高以上职称者 3 人。出版有省级期刊《江苏地方志》,为双月刊。

14. 江苏省收藏家协会

成立于 1996 年,前身是江苏省民间收藏研究会,2004 年更名为江苏省收藏家协会,挂靠南京博物院。协会是省内收藏家和收藏爱好者自愿组成的具权威性的省级社会团体。下设陶瓷、玉器、铜器、书画、观赏石、烟标火花、书报刊及鉴定等 8 个专业委员会,先后出版《民间收藏大观》《民间藏宝集萃》《江苏民间藏珍》等收藏工具书和图录,办有季刊《江苏收藏》。

15. 江苏省炎黄文化研究会④

成立于 2000 年 7 月,挂靠江苏省政协办公厅。主要职责在于组织会员挖掘、整理、弘扬中华民族优秀文化,以研究江苏地方优秀文化为主,重点研究六朝文化、楚汉文化、吴文化以及古代优秀文化与现代文明建设。学会有单位会员 12 个,个人会员 129 人,理事 129 人,常务理事 49 人,专职工作人员 1 人,兼职工作人员 2 人,常务理事中具有正高以上职称者 17 人。有内部刊物《江苏炎黄文化研究》。

16. 江苏省古陶瓷研究会⑤

成立于 2005 年 4 月,挂靠南京大学文化与自然遗产研究院。主要进行中国古代陶瓷方面的学术研究、咨询服务、专业培训等。学会有个人会员 535 人,理事 48 人,常务理事 18 人,兼职工作人员 6 人,常务理事中具有正高以上职称者 10 人。

17. 南通文博协会

成立于 2005 年 5 月 18 日,下设学术研究委员会、博物馆管理委员会、文物保护委员会、民间收藏委员会和办公室。其成员主要是博物馆工作者、文物爱好者、文物保护单位领导、文物行政部门管理者、民间收藏家等。成立后,南通文博协会积极开展学术交流活动,举办各类专题展览,服务广大社会公众。举办环濠河博物馆群馆长论坛等学术研讨会,编印了《博物馆服务公共文化之探求》论文集。

---

① 据江苏社科网公布的文史类学会简介。江苏社科网 http://www.js-skl.org.cn/。
② 据江苏社科网公布的文史类学会简介。江苏社科网 http://www.js-skl.org.cn/。
③ 据江苏社科网公布的文史类学会简介。江苏社科网 http://www.js-skl.org.cn/。
④ 据江苏社科网公布的文史类学会简介。江苏社科网 http://www.js-skl.org.cn/。
⑤ 据江苏社科网公布的文史类学会简介。江苏社科网 http://www.js-skl.org.cn/。

第二节　法规文件

中华人民共和国成立后,江苏逐步建立起较为完善的文物保护地方性法规体系。依据中央有关文件精神,先后颁布了《关于在基本建设中做好保护文物工作的通知》(1954)、《关于制止乱掘古代墓葬的通知》(1955)、《江苏省保护文物暂行奖惩办法》(1957)等重要的规范性文件,为江苏文物保护事业中的一些重要问题提供了政策依据。但总的来讲,改革开放以前,江苏与全国一样存在着文物工作无法可依、无人执法的不正常状况。1982年,《中华人民共和国文物保护法》颁布实施后,江苏文物工作逐步迈进法制化轨道,在贯彻实施《文物保护法》的同时,制定公布了一系列地方性文物保护法律规章。进入20世纪90年代后,文物事业法律法规逐步具体化、细节化,在文物保护的许多方面都制定了相应的法律法规。

1994年,《江苏省实施〈中华人民共和国文物保护法〉办法》公布实行,这是省人大通过的全省第一部文物保护地方性法规。1997年,又对该法规进行了修正。

2001年,《江苏省历史文化名城名镇保护条例》颁布,并于次年3月1日起实行。这是在国家有关历史文化名城保护法律法规未出台前,江苏省颁布的一部地方性法规。《条例》突出了地方各级政府在保护历史文化名城名镇中的责任,对规划、文物两个行政主管部门的具体职责作了分工,对旅游、公安、园林、民族宗教等相关行政部门在各自职责范围内的有关保护责任也作了规定。《条例》中提出了"历史街区"和"地下文物埋藏区"(或称"重点保护区")的法律语汇,突出强调整体保护以及规划先行的文物保护理念。《条例》将非物质文化遗产的保护作为申报历史文化名城的重要前提,对非物质文化遗产保护起到一定的推动作用。

2003年,《江苏省文物保护条例》公布并于次年1月1日起实施,这是2002年《文物保护法》修订后,全国各省、自治区、直辖市中出台的第一部文物保护地方性法规。该条例是在结合实际情况,总结全省文物保护成功经验的基础上制订的,是江苏省实施《文物保护法》的重要补充。该条例理顺了文物保护体制,强调文物保护工作由政府统一领导、协调,各部门各司其职、相互配合,强化了文物行政部门对涉及文物的工程建设必要的前置审批权,对"历史文化街区""尚未核定公布为文物保护单位的不可移动文物"的保护措施作了程序性的规定。对在施工中故意破坏文物的行为,该条例在要求其依法承担民事责任的同时,规定给予较重的行政处罚,同时对博物馆的设立也规定了一些具体的要求。

2003年,江苏省文物管理委员会出台了《江苏省文物管理委员会委员单位文物保护工作职责》,对省发改委、省财政厅、省公安厅、省工商局、省文化厅(省文物局)等省文物管理委员会22家委员单位的文物保护职能作了合理划分。各市也参照省里做法陆续出台了相关规定,这对协调地方政府各职能部门的关系起到一定的作用。同年10月,省政府办公厅印发了《关于进一步加强文物工作的意见》,提出全面实施文物工作"五纳入",切实做好文物保护的基础性工作,充分发挥文物的作用,大力推进文物法制建设。

2005年《国务院关于加强文化遗产保护的通知》印发后,江苏于2006年12月制订印发了《省政府关于加强文化遗产保护工作的意见》,进一步明确强调了各级政府及相关部门在文化遗产保护工作中的责任。2007年5月,江苏省机构编制委员会办公室、省文化厅、省文物局联合印发了《关于在文化体制改革中加强文化遗产保护行政执行队伍建设的意见》,抓住全省文化体制改革的契机,充实文化遗产保护执法力量,提高执法能力和执法水平。

此外,各地结合地方实际,相继制订了地方性法规、政府规章。南京市先后出台了《南京市文物保护条例》《南京城墙保护管理办法》《南京市地下文物保护管理规定》,无锡市出台了《无锡市文物保护管理办法》《无锡市历史街区保护办法》《无锡市历史文化名城保护办法》等,苏州市出台了《苏州市实施〈中华人民共和国文物保护法〉办法》《苏州市古村落保护办法》《苏州市地下文物保护办法》《苏州市昆曲保护条例》。这些地方法规对加强各市的文物保护工作起到了重要作用。[1]

2006年、2008年,江苏省文物局连续两届获得国家文物局"全国文物行政处罚案卷评比活动组织奖"。

表7.3 1991～2008年江苏省物质文化遗产法规文件一览表

类别	名　　称
省级	《江苏省实施〈中华人民共和国文物保护法〉办法》(1994)
	《江苏省历史文化名城名镇保护条例》(2001)
	《江苏省文物保护条例》(2003)
	《江苏省文物局2005—2007年全省文物行政管理和执法人员法制培训规划纲要》(2005)
	《省政府关于加强文化遗产保护工作的意见》(2006)
	《关于加强历史街区保护工作的意见》(2007)
	《江苏省抢救性考古工作暂行管理办法》(2007)、《关于进一步加强文物工作的意见》(2003)
南京	《南京市文物保护条例》(1989)
	《南京市地下文物保护管理规定》(2000)
	《南京城墙保护管理办法》(2004)
无锡	《无锡市文物保护管理办法》(1997)
	《无锡市历史街区保护办法》(2004)
	《无锡市历史文化名城保护办法》(2006)
	《无锡市宜兴紫砂保护条例》(2007)
	《无锡市工业遗产普查及认定方法(试行)》(2007)
	《无锡市政府关于加强历史文化街区(名镇)保护和利用的实施意见》(2008)
苏州	《苏州市实施〈中华人民共和国文物保护法〉办法》(2005)
	《苏州市古村落保护办法》(2005)
	《苏州市地下文物保护办法》(2006)
	《苏州市昆曲保护条例》(2006)
徐州	《徐州市文物保护管理条例》(1995)
镇江	《镇江市文物保护办法》(1993)

第三节　人才培养

江苏是文化大省,江苏各级地方政府、文管会、博物馆历来就很重视文博专业人才的培养。1982年起,国家文物局在扬州市创办培训中心,轮流培训在职文博业务人员,到1987年共举办13期,其中江苏受惠最大。

除了积极委派人员参与国家文物系统的相关专业培训外,江苏省文物管理部门还多次组织文博专业培训,力求专业性、系统性和可操作性,为提高全省的文物保护管理水平,加强文物工作人才队伍建设,促进文物保护事业快速发展做出了积极的贡献。如南京博物院1991～2008年间先后举办了9个培训班,涉及文物保护、文物鉴定等多个方向;江苏省文化厅等文物系统先后举办了近20个培训班,涵盖文物法制、文物保护、文物管理、文物鉴定、文化遗产保护等各个方面。

另一方面,江苏省高校对于文博专业人才的培养也逐步发展。南京大学于1950年开设了考古学专业,之后又创办了国内第一家文物鉴定本科专业,多年来为江苏省的文物事业培养了大量的人才,还与江苏省文物管理部门合作,举办文化遗产研修班,取得了良好效果。除此之外,南京师范大学、徐州师范大学、南京航空航天大学和南京艺术学院等高校也先后创建文博专业,为江苏省文博系统的专业人才培养做出巨大贡献。

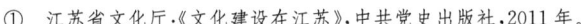

[1]　江苏省文化厅:《文化建设在江苏》,中共党史出版社,2011年。

文博系统多年的人才培养投入,也结出了丰硕的果实,收获了大批人才。截至2008年,江苏省文物业共有从业人员4 188人,其中在编人数2 705人,具有考古发掘个人领队资格的27人,具有文物保护工程职业资格的3人,具有高级职称的291人,中级职称599人。①

一、专业教育

1. 南京大学考古学专业

1950年,南京大学历史系开设了考古学专业。1972年专业复建,1979年起,该系开始招收考古学硕士研究生,1983年获考古学硕士研究生学位授予权。经过几代人几十年努力,已在中国考古、文化遗产学、环境考古和遥感考古、文物学方向形成自身特色和良好教学体系。

南京大学考古学专业由蒋赞初、秦浩、张之恒、戴宁汝等初创,招收四年制本科生、硕士研究生、本科研究生及文物鉴定专升本班,三十多年来为江苏省的文物事业培养了大量人才。该专业在边疆及中西交流考古、区域及城市考古、文化遗产领域皆有建树,在长江流域古洪水、全新世古环境与考古遗址的相互关系等方面的研究中获得了许多重要的成果,创办了国内第一家文物鉴定本科学历的专业(方向),针对国内收藏和鉴定界专业人才匮乏的局面,培养了高级鉴定人才,这一办学方向已经获得国家文物局等行业主管部门领导的高度肯定,对国内文物收藏和鉴赏行业的发展也将起到积极的引导作用。文化遗产是近年发展的一个新方向,主要围绕江苏及国内地域社会需求开展相关的课题研究,现已成为江苏省和南京市文化建设领域重要的决策咨询基地,参与并主要承担了明孝陵申遗、三峡库区后期工作规划的文化规划和旅游规划等对国民经济和文化建设有较大影响的重大项目。在环境考古和遥感考古方向,依托南京大学地理、地质学科的强大实力,合作开展了一系列的研究工作,在长江流域古洪水、全新世古环境与考古遗址的相互关系等方面的研究中获得了许多重要的成果;在文物学方向,创办了国内第一家文物鉴定本科学历的专业(方向),针对国内收藏和鉴定界专业人才匮乏的局面,重点培养高级鉴定人才,这一办学方向已经获得国家文物局等行业主管部门领导的高度肯定,对国内文物收藏和鉴赏行业的发展也将起到积极的引导作用。另外,古建筑研究与保护方面也承担了不少地方课题,为文化传承作出了积极贡献。此外,南京大学还与江苏省文物管理部门合作,举办文化遗产研修班,取得了良好效果。

2. 南京师范大学文物与博物馆系

创建于2000年,2003年获得考古学及博物馆学硕士学位授权;2007年获批"中华人民共和国考古发掘团体资质",为全国师范院校中唯一获此资质的考古发掘机构。

该系已培养毕业的博士生、硕士生五十余名,本科生二百余名。在学术研究上已形成了史前考古、六朝考古和艺术考古三个方面的重点和优势,博物馆学和文博信息化方面的学科建设也颇有成就;其学科方向所显现的整体水平、科研能力在国内同学科中处于先进行列,现已在《考古》《文物》《考古学报》及海外等有影响的专业学术刊物上发表了数十篇论文;分别于2004年、2007年由文物出版社出版了《东亚古物》(A卷)、《东亚古物》(B卷)两本学术文集专刊;承担了有多项国家级、省部级和国际合作等重要科研项目,还承担了诸多配合国家和地方基本建设工程(如三峡水库工程、南水北调工程等)文物保护的考古发掘项目。

3. 徐州师范大学历史文化与旅游学院考古与博物馆学专业

学院前身是江苏师范专科学校史地科,1978年恢复高考招生,是江苏省较早的历史学本科专业之一。1989年开办文博函授班,学制三年。2002年4月更名为社会发展学院,2005年6月校专业调整后,成立历史文化与旅游学院。考古与博物馆学为历史系下设的硕士点之一。

4. 国家文物局扬州培训中心

位于扬州长征路重宁寺内。建于1981年,次年3月正式开班。该中心的任务是培训在职文物专业干部。1981~1983年面向华东六省一市招收学员,1984年起面向全国。1984年由国家文物局拨资迁至重宁寺。培训中心的教学计划及办学经费由国家文物局统筹安排,师资队伍由国家文物局

---

① 《江苏省文化统计年鉴(2008年度)》,第312页。

聘请的文物部门、大学对外系统的专家、学者组成。组织教学及管理人员的配备由江苏省文化厅和扬州市文化局负责。培训中心建立以来，先后举办过"中国通史""博物馆学概论""古建筑测量""古陶瓷鉴定""古书画鉴定""文物摄影"和"陈列艺术设计""古玉器鉴定""古代碑刻传拓技法"等专业班，对象主要是全国各地的文物专业干部。

二、专业培训班

1. 江苏省博物馆系统讲解员培训班

1990年11月上旬至中旬，由南京博物院社会教育部牵头举办全省首届讲解员培训班，在南京博物院总馆由唐云俊、殷志强、戴先玲等授课，来自全省各博物馆约50名讲解员受到了系统的培训。

2004年6月，在南京举办全省博物馆系统讲解员培训班，并进行比赛，来自全省各博物馆纪念馆的讲解员近60人参加了此项活动。9月，在全国举办的"雷锋杯"讲解员比赛中，江苏省获团体三等奖及个人三等奖3个。

2007年10月31日～11月3日，全省博物馆讲解员培训班在南京举办，来自全省文物系统及非文物系统博物馆、纪念馆的57名讲解员参加专业培训。

2. 江苏省古建筑短训班

1996年10月31日～11月8日，由省文管办主管的古建筑短训班在南通举办，戚德耀、方长源、龚良等授课，各博物馆派人参加。1997年12月2日，第二次古建筑短训班在镇江开办，为期十天，刘叙杰、龚良、戚德耀、方长源等人授课，各博物馆派人参加培训。

3. 江苏省文管办主任培训班

2002年10月11日～14日，江苏省文化厅在句容茅山新四军纪念馆举办了全省首届文管办主任培训班。东南大学朱光亚教授等为学员授课。来自全省市县级文物工作第一线的负责人员50多人参加了此次培训。培训内容涉及历史文化名城名镇保护、文化遗产及地面文物保护管理、博物馆现代化建设、依法行政等方面。2004年9月，举办了第二期全省市县级文管办主任培训班。

4. 欧盟"亚洲城市计划——通过修复再造活力"文化遗产保护高级研修班

2003年12月11日～14日，江苏省文化厅与南京大学合作举办第一期欧盟"亚洲城市计划——通过修复再造活力"文化遗产保护高级研修班。聘请意大利文物保护专家及南京大学、东南大学有关专家教授为学员讲课，全省文物系统从事文物保护的行政管理和专业技术人员40余人参加培训。

5. 全省文物保护工程技术与管理培训班

2005年7月11日～19日，省文物局在南京举办了"全省文物保护工程技术与管理培训班"，来自全省13个市的35名文物工作第一线的学员参加了培训。省文化厅、省文物局有关领导出席开班典礼。东南大学、省文物管理委员会办公室的有关专家教授授课，课程涉及文物保护准则的实际运用、中国古代建筑史、江苏传统建筑特点及工艺、江苏近现代建筑的保护、江苏古建筑名称释义、文物保护规划及方案的制作、文物保护工程中常见问题的处理等方面的内容。培训期间，学员们赴山西进行有关古建筑保护的实地考察。

6. 全省文化遗产保护与城市规划建设培训班

2006年12月5日～6日，省文化厅、省建设厅、省文物局在南京举办了"全省文化遗产保护与城市规划建设培训班"。省文化厅、省建设厅等有关方面领导，全省各市、县分管规划、建设和文化（文物）的领导，市、县规划、建设局长和文化（文物）局长等200余人参加了此次培训。

7. 江苏省文物系统文物鉴定培训班

2007年5月22日～30日，在南京博物院举办了"江苏省文物系统文物鉴定培训班"，来自全省文博系统58个单位以及全省海关、拍卖公司等单位的135位学员参加了此次培训。长期在文博系统从事文物鉴定工作的专家、学者杨伯达、张浦生、鲁力、杨震华、李竹、程晓中、霍华、陆建芳等为学员们授课，教学采用理论知识讲授和实物观摩相结合的方式，主要课程有《明清青花瓷器鉴定》《彩绘瓷器鉴定》《单色釉瓷器鉴定》等7门课程和1个玉器讲座。学习结束，考试成绩合格者颁发了结业证书。

8. 全省古籍保护工作培训班

2007～2008年，江苏省文物局举办三期全省古籍保护培训班，皆在南京图书馆举办。参会者为各市文化局社文处分管古籍保护的人员，有关的公共图书馆和博物馆、大专院校、科研单位图书馆等重点古籍收藏单位负责人等，武汉大学、中山大学、南京艺术学院及中国文化遗产研究院、国家图书馆、上海图书馆的教授、专家为学员授课。

表 7.4　1992～2008 年其他专业培训班一览表

年份	培训班
1992	全国文物保护防虫防霉培训班
1993	江苏省古书画保护培训班
1995	全国近现代书画鉴定高级研讨班
2003	全国文物出境责任鉴定员书画专项考核班
2003	古建筑修缮管理培训班
2003	文物保护单位保护规划编制办法培训班
2003	全国重点文物保护单位记录档案备案工作培训班
2003	文物鉴定站长培训班
2004	文物系统安防工作学习班
2004	全国重点文物保护单位记录档案备案工作培训班
2004	文物博物馆事业"十一五"规划编制培训班
2005	南京海关文物培训班
2006	文物保护工程资质管理与资质申报培训班
2006	文物法制及执法骨干培训班
2006	博物馆保管人员培训班
2006	文物安全保卫培训班
2006	文物外事干部培训班
2007	国家文物局陶瓷类文物出境审核鉴定培训班
2008	国家文物局书画类文物出境审核鉴定培训班

第八章 物质文化遗产保护

中国第一次全国文物普查从1956年开始,普查规模较小,操作缺乏规范,未留下统计数据。第二次全国文物普查自1981年秋开始至1985年止,调查规模与规范性与第一次相比有了极大的提升,但受资金、技术等制约,仍存在漏查现象。按照国务院的统一部署,2007年1月起开始了第三次全国文物普查试点工作。江苏省政府于同年7月7日印发《关于做好我省第三次全国文物普查工作的通知》。江苏省各级普查机构在国家文物局的关心指导下,在省委、省政府及各级党委、政府的领导支持下,经全省文物普查人员共同努力,在宣传发动、机构建立、方案制定、普查试点、工作部署、人员培训、队伍组建、实地文物调查、普查验收、误差率检测、普查成果保护等方面做出了大量卓有成效的工作。截至2008年底,全省13个省辖市106个县级行政区域均初步完成野外实地文物调查工作,共调查登记不可移动文物点19 251处,其中复查文物点10 163处,新发现文物点9 088处。文物普查启动率、完成率均为100%,市级行政区域内调查覆盖率为100%,走在全国前列。

江苏考古工作者采用现代考古学方法开展田野考古调查与发掘工作,基本掌握了全省古文化遗址分布规律、发展序列和年代标尺。20世纪90年代以后,江苏省配合南水北调、宁常高速公路、镇溧高速公路、京沪高速铁路、沪宁城际铁路、宁杭城际铁路、西气东输、川气东送等国家大型基本建设工程,组织了大规模的考古调查、勘探和抢救性发掘,有效地抢救保护了一批文物资源,取得了一系列重要的学术成果,例如连云港藤花落遗址,无锡鸿山战国墓,泗阳三庄大青墩汉墓,句容、金坛周代土墩墓群,句容东岗头遗址,江宁上坊孙吴大墓,淮阴高庄战国墓等。江苏省许多田野考古发掘项目不仅规模大,持续时间长,具有重要的学术价值,而且经媒体报道后引起社会各界的广泛关注。截至2008年,江苏考古发掘已有13项先后荣登"全国十大考古新发现"之榜。金坛三星村新石器时期遗址、新沂花厅遗址、高邮龙虬庄新石器时期遗址、昆山赵陵山遗址、中日合作发掘草鞋山遗址的古稻田项目等,均有重大突破,取得了一系列重要的学术成果。

随着江苏省文物保护单位数量的增长,文物保护单位基础工作也在不断规范,并得到逐步加强。为了切实贯彻《文物保护法》关于文物保护单位"四有"工作①的要求,1992年5月,江苏省制定了《江苏省文物保护单位"四有"工作规范》。在省文化厅、省文物局的推动下,全省第一至三批省级以上文物保护单位的"四有"工作已经完成,第五批省级文物保护单位记录档案备案工作已经完成,第六批省级以上文物保护单位记录档案备案工作正在进行。第一至五批全国重点文物保护单位记录档案纸质文本和电子文本制作工作已完成并上报国家文物局,苏州、常州、淮安、镇江等市第六批全国重点文物保护单位记录档案备案工作已经完成。在2005年12月召开的全国文物局长会议暨全国文物工作先进县表彰大会上,江苏省文物局被评为"全国重点文物保护单位记录档案备案工作先进集体"。②

文物保护单位的维修是文物保护工作的重点内容,在整个文物保护工作中占有举足轻重的地位。90年代以前,由于经济方面的原因,加之各地文物保护意识和观念的落后,文物保护工程缺乏制度和规范性规定的约束和指导,对一些重要的修缮工程主要采取由省文物主管部门指派技术人员组织修缮,缺乏对方

---

① "四有"是指划定保护范围、作出标志说明、建立记录档案、设置保护专门机构或者人员。
② 据江苏省文化厅:《文化建设在江苏》,中共党史出版社,2011年,第147页。

案设计、工程施工、竣工验收等必要程序的具体研究审查。通过长期实践,江苏逐步探索出通过专家论证、文物保护工程资质管理和规范工程验收程序等环节,来加强文物维修保护工作管理的工作思路,全省文物保护管理工作更加科学化、规范化、制度化。

省文物局成立后,以重大项目为抓手,推动文物保护工作。2005年及2009年举办两届江苏省文物保护优秀工程评比活动。2007年,省委宣传部、省文化厅、省文物局联手实施了首批"江苏省名人故居(纪念馆)、古民居抢救保护工程"。至2008年,无锡阿炳故居、扬州胡笔江故居、苏州张凤翼故居、高淳吴氏宗祠、徐州李可染故居、东台鲍氏大楼、常州管干贞故居、泰州梅兰芳纪念馆等维修工程项目竣工并通过验收。2008年,启动第二批名人故居、古民居抢救保护工程的前期调查工作。

在可移动文物的维修和保护方面,认真落实"保护为主、抢救第一,合理利用,加强管理"的文物工作方针。规范全省的文物保管工作,按照文化部《博物馆藏品管理办法》的要求,完善了文物藏品制度及相关人员工作守则,把好文物进出库关,完善报批手续,确保文物安全;建立藏品数据库,实现文物藏品信息登记规范化和信息化;提高馆藏文物的修复保护水平。以加强科研、服务公众、科学管理为工作重心,积极应对免费开放形势下文物利用、交流频繁的新情况,开拓博物馆院内外两个展览阵地,文物使用确保规范、高效、顺畅。在2005年12月召开的全国文物局长会议暨全国文物工作先进县表彰大会上,江苏省文物局被评为"全国馆藏一级文物建档备案工作先进集体"。

自1982年国务院公布第一批国家历史文化名城、2003年由建设部(2008年更名为住建部)和国家文物局共同组织评选中国历史文化名镇名村以来,历史文化名城名镇名村已经成为中国文化遗产保护的重要组成部分,日益受到各级政府和社会各界的关注。江苏历史悠久、文化遗产丰富,历史文化名城名镇名村则是其中璀璨的明珠。近年来,江苏高度重视保护、传承和弘扬历史文化,形成了较为完善的历史文化名城、名镇、名村相关法规制度和保护规划体系,保有了全国最多的国家历史文化名城和中国历史文化名镇,修缮和保护了大批历史文化街区,使城镇的文化空间和地域特色得到延续,历史文化与现代文明交相辉映,为城乡建设注入灵魂与活力,为人民留住乡愁记忆。

近年来,江苏物质文化遗产保护工作目标从传统的重保护、轻利用向服务社会、惠及民生方向发展,以满足人民群众日益增长的精神文化需要。随着人们对文化遗产认知的不断提升,一批具有世界级影响力和特色内涵价值的文化遗产进入人们的视野。世界文化遗产和新型文化遗产保护工作是近十余年来江苏省文化遗产保护领域积极尝试的新路径。

第一节 文物调查与考古发掘

江苏考古工作者采用现代考古学方法开展田野考古调查与发掘工作，基本掌握了全省古文化遗址分布规律、发展序列和年代标尺。20世纪90年代以后，江苏省配合南水北调、宁常高速公路、镇溧高速公路、京沪高速铁路、沪宁城际铁路、宁杭城际铁路、西气东输、川气东送等国家大型基本建设工程，组织了大规模的考古调查、勘探和抢救性发掘，有效地抢救保护了一批文物资源，取得了一系列重要的学术成果，例如连云港藤花落遗址、无锡鸿山战国墓、泗阳三庄大青墩汉墓、句容与金坛周代土墩墓群、句容东岗头遗址、江宁上坊孙吴大墓、淮阴高庄战国墓等。江苏省许多田野考古发掘项目不仅规模大，持续时间长，具有重要的学术价值，而且经媒体报道后引起社会各界的强烈关注。截至2008年，江苏考古发掘已有13项荣登"全国十大考古新发现"之榜。金坛三星村新石器时期遗址、新沂花厅遗址、高邮龙虬庄新石器时期遗址、昆山赵陵山遗址、中日合作发掘草鞋山遗址的古稻田项目等，均有重大突破，取得了一系列重要的学术成果。

按照国务院的统一部署，2007年1月起，开始了第三次全国文物普查试点工作。江苏省政府于同年7月7日印发《关于做好我省第三次全国文物普查工作的通知》。江苏省各级普查机构在国家文物局的关心指导下，在省委、省政府及各级党委、政府的领导支持下，经全省文物普查人员共同努力，在宣传发动、机构建立、方案制定、普查试点、工作部署、人员培训、队伍组建、实地文物调查、普查验收、误差率检测、普查成果保护等方面做出了大量卓有成效的工作。截至2008年底，全省13个省辖市106个县级行政区域均初步完成野外实地文物调查工作，共调查登记不可移动文物点19 251处，其中复查文物点10 163处，新发现文物点9 088处。文物普查启动率、完成率均为100%，市级行政区域内调查覆盖率为100%，走在全国前列。

一、1991～2008年江苏考古的新成果①

自1991年至2008年底，在"保护为主、抢救第一、合理利用、加强管理"的方针指引下，在广大考古工作者的不懈努力下，在地方政府的大力支持下，在社会各界的积极配合下，江苏的田野考古工作逐步推进，取得了一系列重要的考古学成果，重大课题研究也取得突破性进展。

（一）旧石器时代

1993年在南京汤山葫芦洞南侧支洞内发现2具头化石和1枚人牙化石，被命名为"南京人"，地质年代为中更新世中期，铀系法测定年代距今约35万年，与北京直立人年代相当，是江苏境内发现的年代最为久远的古人类化石，填补了江苏旧石器时代考古学和古人类学的空白，使江苏的旧石器时代考古取得了突破性进展。2000年在南京汤山葫芦洞附近的驼子洞化石地点发现的哺乳动物化石群，是长江下游早更新世哺乳动物群之一，对于研究长江下游地区的古生物群、古环境和古地理有重要意义。江苏境内还发现过属更新世晚期的智人化石地点，如泗洪下草湾人、丹徒莲花洞人、溧水神仙洞人。

1999～2005年，南京博物院对苏南地区进行广泛的旧石器专题调查，在句容放牛山、金坛和尚墩和曙光等地采集到石核、石片、砍砸器、刮削器、石球、石镐、薄刃斧、雕刻器等石制品等，遗址年代为距今40万～20万年的中更新世中晚期，是建立长江下游古地层年代序列和古环境重建的重要资料。

2004～2006年在连云港将军崖遗址发掘出土1处石铺生活面和2处很可能属于灶坑的遗迹，以及1 500余件石制品，是江苏和山东南部地区已发现的唯一一处跨越旧石器时代晚期和新石器时代早期文化的遗址，是研究中国东部沿海从旧石器时代晚期向新石器时代过渡的宝贵资料。

（二）新石器时代

新石器时代是江苏考古工作的重点。20世纪

---

① 参考邹厚本《江苏考古的回顾与思考》(《考古》2000年第4期)、张敏《20世纪江苏考古工作的回顾与21世纪的展望》(《东南文化》2005年第3期)等文献。

90年代至今,在考古学区、系、类型进一步完善的基础上,更加注重考古学新的理论与方法的探讨与应用,在环境考古、聚落考古、科技考古等方面均取得了较好的进展。

太湖地区发掘的遗址主要有苏州吴中区草鞋山、昆山赵陵山、绰墩,常熟罗墩,无锡彭祖墩、江阴高城墩、祁头山,宜兴骆驼墩、西溪,溧阳神墩,吴江梅堰、龙南,常州武进区寺墩,张家港东山村遗址及常州圩墩等,这些遗址加深了对马家浜文化→崧泽文化→良渚文化谱系的认识。根据骆驼墩、西溪、祁头山、神墩等遗址的考古发掘,提出环太湖西部马家浜时期新的考古学文化类型——"骆驼墩文化类型"。东山村遗址的发掘为重新认识太湖流域的新石器时代文化面貌和社会生产力发展水平提供了重要素材。草鞋山和绰墩等遗址中,发现了距今7 000～6 000之间中国最早的马家浜文化时期的水稻田,以及较完整的农田灌溉系统和水稻植硅石、炭化稻米等,对于研究史前稻作农业和探讨中国稻作农业的起源有着积极的意义。

宁镇地区1997年高淳薛城遗址的考古发掘,发现了距今6 300～5 500之间的房屋基址和氏族墓地,代表了一种新的文化类型,为宁镇、皖南、浙北新石器文化的相互关系的探讨,首次提供了较为系统的资料。地处太湖平原与宁镇丘陵交界区域的金坛三星村遗址,文化内涵复杂,1993～1998年发掘清理出新石器时代墓葬1 001座,出土随葬品4 000余件,随葬品除了精美的玉器和陶器外,还出土两套有完整组合的石钺,以及刻画抽象符号的板状刻纹骨器。

江淮东部最重要的考古发现是高邮龙虬庄遗址,1993～1995年先后进行过四次考古发掘,尤其重视环境考古学的综合研究,在力求重建龙虬庄遗址古环境的基础上,重点探讨了古人类谱系与史前文化交流的关系、动植物群与人类经济生活的关系等问题,拓展了考古学研究的广度与深度。

黄淮地区最重要的考古发现是连云港藤花落遗址,1998～2004年先后进行过四次考古发掘,是江苏省发现的第一座龙山文化时期城址,也是中国发现的首例内外双重城墙结构的史前城址,被列为2000年全国十大考古发现之一,为研究龙山文化区内古城址的分布、龙山文化中心聚落、次中心聚落的分层和探讨国家文明的起源,有着重要意义。

(三) 夏商周时期

1992年在兴化南荡发掘了一处临时性居住遗址,代表了一种跨地域式的文化迁徙的模式,为探讨国家文明诞生前后出现的新的考古学文化模式——"移民文化"提供了资料。1993年,根据高邮周邶墩遗址的考古发掘,提出了"周邶墩文化类型"的命名,周邶墩遗址的考古发掘,对研究殷商时期人类的迁徙和文化的传播具有重要意义。

20世纪20年代在沭阳万北发掘了商代中期至晚期的墓葬5座是在淮河流域首次发现的商代墓葬。1995年,在盐城龙岗清理商代晚期墓葬1座,表明了商王朝的疆域或势力范围有可能到达江淮东部地区。

土墩墓是宁镇地区青铜时代的一种特殊葬俗。通过运用遥感技术对镇江及其周围地区进行普查,共查出土墩墓三千余座,分布范围广且密集,为土墩墓分布的中心区。1991～2008年,通过对镇江丹徒区横山、华山、南岗山、四角墩、大港、薛家村,溧水县和凤乡,金坛连山,苏州真山、鸡笼山,常熟虞山,丹阳导士、河阳,无锡鸿山镇等地的土墩墓群进行了发掘,对其营造方法、文化内涵、性质与年代又有了新的深入认识。其中,丹徒南岗山土墩墓墓葬位于土墩中心位置,一墩一墓和墓坑普遍存在,土墩中除底部中心存在一座墓葬外,其他的器物组可能是建造土墩过程中举行祭祀活动的遗存。溧水和凤土墩墓顶部发现圆形石砌祭台。丹徒华山大笆斗土墩墓形制特殊,墓坑经过精心营建,台上有简易的建筑,可能属于殓葬时的"墓祭"设施。苏州真山主峰大墓凿山为穴,斜坡墓道,墓坑四周有不规则二层台,墓室棺床早年被盗,仅剩重叠的漆皮9层,疑为重停重棺,棺内发现玉面饰、玉贝、玉牌饰和大量的串珠,墓主应是春秋贵族。20世纪90年代,在邳州九女墩发掘春秋时期的大型墓葬3座,墓葬规模宏大,随葬器物有青铜礼器、乐器、车马器等,墓葬有人殉,在出土的青铜乐器上还有铭文曰"攻王之玄孙",推测该墓群可能为徐国王室墓地。2001～2005年,在无锡鸿山镇先后抢救性清理、发掘了7座越国贵族墓葬,分别为老虎墩、老坟墩、曹家坟、邹家墩、杜家坟、万家坟和邱承墩,出土了大量的玉器和青瓷器,尤其是大量仿青铜礼器和乐器的青瓷器。2005年为配合宁常、镇溧高速公路建设对沿线的40座土墩墓进行了抢救性考古发掘，共清理墓葬233座、祭祀器物群（坑）229个及丧葬建筑14座，出土各类遗物3 800余件，这在土墩墓考古的历史上是规模最大的一次，丰富了江南土墩墓的文化内涵，为进一步研究江南土墩墓及青铜时代江南地区的社会结构提供了新资料。

在太湖和长江的主要干流、河道入口处，现地面仍保存不少春秋古城。1991~2008年间经发掘的有江阴佘城、邳州梁王城、丹阳葛城和无锡阖闾城遗址等。佘城城址为长方形，南北长约800米，东西宽约500米，总计面积近40万平方米，规模浩大，城墙有陆门和水门，城外有环壕，城内北隅有一处大型建筑基址。年代为距今约3 500~3 100年的夏商时期。梁王城遗址文化内涵丰富，地层堆积从早到晚依次为大汶口文化、龙山文化、商周时期、春秋战国时期、北朝——宋元时期的文化层，其中最重要的是发现了面积逾1平方公里的春秋战国时期古城址。丹阳葛城是一座西周至春秋时期的吴国大型城址，延续时间较长，保存较好，内涵较丰富，平面呈不规则的长方形，发掘过程中揭露出葛城的三期城墙墙址、城门以及相应的濠沟。位于常州无锡交界处的阖闾城遗址为春秋晚期的吴国古城，经过考古调查和考古勘探，阖闾城遗址包括阖闾大城和东、西小城，大城面积为2.94平方公里；东、西小城发现4座陆门和水门，西城的南区发现有大型建筑群，在阖闾城北面的龙山还发现有长约2公里的石садку。据文献记载推测，阖闾城遗址可能为春秋晚期吴王阖闾的都城。

（四）秦汉—明清时期

西汉时期，今江苏境内分封有楚、荆、吴、江都、广陵、泗水国等诸侯国。1990年在仪征的庙山附近的团山发掘了江都王陵的陪葬墓。泗水国王陵的考古工作开展相对较晚。2002~2003年，大青墩汉墓联合考古队对泗阳县三庄乡的陈墩汉墓、大青墩汉墓进行了抢救性考古发掘，陈墩汉墓共出土青铜器、漆器、玉器、乐器、钱币、印章等文物100件（套），为古泗水国范围内首次发现的保存完好、未被盗掘、陪葬品丰富的王陵区贵族墓。大青墩汉墓为大型土坑外藏椁木椁墓，为汉代泗水王陵。徐州的楚王陵墓调查发掘工作开展最多，以狮子山楚王墓成果最丰富，世纪之交的考古工作也取得一些重要的进展。2004~2005年，徐州博物馆在狮子山楚王墓北羊古山（亦作鬼山、龟山）王后墓的东侧，调查并陆续发现陪葬坑10多座，并发掘了其中的7座。西汉诸侯王陵和列侯王陵的发掘对于研究西汉时期诸侯、列侯国的地理位置、墓葬制度、墓葬结构以及随葬器物的组合等有着重要意义。地方官吏的墓葬以扬州、连云港附近发现较多，其中以1993年发现的东海县尹湾汉墓群最为重要。现已发掘6座，出土文物最为珍贵的是一批简牍，为研究西汉中晚期历史、社会生活、东海郡建置及区域地理等问题提供了翔实的史料。

江苏是六朝考古的重要地区。为了究明六朝建康宫城（一般称为台城）位置，廓清都城布局等重要问题，自2001年5月起，南京市博物馆先后有计划、有重点地在建康城的范围内勘探和发掘了30多个点，发掘面积达20 000平方米，发现了六朝时期的一些重要建筑遗迹，初步确定了六朝建康城的四至、台城和建康宫城的位置、城门和城内道路，出土了一批精美文物，获得了阶段性成果。1998~1999年在清凉山地区开展了野外调查、勘探和试掘工作。一系列考古工作证实现存于清凉山地区的土垣为六朝时期的石头城城垣遗存，其最初建造时间为东吴时期，东晋以后又有加筑，城垣的彻底弃用时间约在五代、北宋时期。1999年、2000年南京钟山六朝坛类建筑遗址的发现，对研究中国早期郊坛礼仪制度有重要作用，为研究六朝时期礼仪文化提供了第一手资料，也为研究六朝至隋唐时代的地坛制度的演变提供了条件。2005~2006年，在南京江宁区上坊孙家坟发掘的大型六朝砖室墓，为已发现的规格最高、随葬器物最为丰富的孙吴宗室墓葬，为了解六朝时期帝王墓葬的墓地选择、墓葬结构、葬俗葬制、随葬器物的组合等提供了珍贵的研究资料。1998年发掘的南京仙鹤观墓高崧家族墓和象山王氏家族墓，都以随葬器物丰富而精美著称，出土的墓志补充了史籍遗网的关于墓主家世的一些重要内容，对于研究东晋世家大族墓地选择、墓葬的排列规律以及六朝时期的佩玉制度，具有重要学术价值。

唐代扬州是当时中国最大的商业城市，扬州唐城遗址也是国内保存最为完好的古城遗址之一。扬州城遗址的考古，在全国城市考古工作中具有重要地位。自1986年起至今，对扬州唐宋城遗址进行了全面的考古勘探,并取得了多项重要考古发现。

明代宝船厂遗址是全国唯一现存的古代造船遗址,而且与郑和下西洋和海上丝绸之路有着极为密切的联系。"六作塘"即六号船坞,2003~2004年,在宝船厂遗址的六作塘中清理出34处船坞台遗迹,并出土各类文物1 500余件,取得了极为重要的考古收获。南京将军山是明黔宁王沐英家族墓地,20世纪80年代之前曾经对沐英夫妇等沐氏家族墓地进行清理发掘,近年来又先后发掘了沐英曾孙沐瓒夫妇、黔国公沐朝弼夫妇、沐英第三子沐昂夫妇、第三代沐斌夫妇等的墓葬,出土了许多极为珍贵的明代早期文物,对于研究明代墓葬形制、葬俗以及工艺水平、科技水平有着重要意义。从2008年开始,南京市博物馆对南京大报恩寺遗址进行全面系统的考古挖掘,先后发现并清理明代大报恩寺的香水河桥、中轴线主干道、天王殿、大殿、观音殿、法堂以及始建于北宋大中祥符四年(1011)的长干寺真身塔地宫等重要遗迹,出土了以七宝阿育王塔、金棺银椁为代表的大批珍贵文物,取得了重要的考古收获。

明清时期,宜兴丁蜀镇是宜均和紫砂的唯一产地。2005年起,南京博物院联合无锡博物馆、宜兴文管办和宜兴陶瓷博物馆对宜兴蜀山窑址进行考古发掘,在蜀山清理了5处窑床遗迹,出土的器物种类繁多,造型各异,款式丰富,为紫砂器的研究与鉴定提供了科学的考古学的标尺。

二、江苏省内全国十大考古新发现与田野考古奖

(一) 江苏省内全国十大考古新发现

自1990年以来,一年一度的"全国十大考古新发现"评选活动,产生了广泛的社会影响,极大地推进了考古学科的发展、考古知识的普及和文物保护意识的培养。截至2008年底,江苏省内昆山赵陵山新石器时代遗址、高邮龙虬庄新石器时代遗址、扬州唐城遗址等共计13处遗址的考古发现与发掘先后获此殊荣[1]。

江阴市高城墩遗址考古发掘

遗址位于今江苏省江阴市石庄乡大坎村高城墩自然村北。为江南地区常见的墩形遗址,现存海拔高度7米。原有总面积近万平方米,现仅存北部2 000平方米。1998年11月至2000年6月,由南京博物院、无锡博物馆、江阴博物馆组成联合考古队,进行了抢救性考古调查和发掘,发掘面积约1 100平方米。发现崧泽时期灰坑1个、良渚文化高台墓地1处、春秋时期灰坑3个,出土遗物近400件。

发掘证明,遗址良渚文化时期的高台墓地,规模较大、布局经严谨规划,营建过程为先在经平整的早期地面上层层夯筑覆土形成基础,再对高台东部进行扩建,陆续进行大规模的燎祭活动,形成红烧土祭祀区;后在整个台面上普遍铺筑厚度1米的土层,将土台整体向北扩建,埋入墓葬;墓地内墓葬按规划陆续埋葬的同时,构筑祭台;最后在高台上平整铺设一层覆土,表明墓地已结束使用。祭台存在内、外两个台面,说明墓地营建至少可以分初建、扩建两个阶段。高台堆积营建的主体年代为良渚文化的早期或略偏晚阶段,高台墓地使用完毕的年代属良渚文化晚期偏早。墓地的14座大、中型墓葬位于祭台西南部,呈人字形向西北、东北方向排列。皆为南北向长方形土坑竖穴墓,大都有棺椁类葬具痕迹。墓葬中出土陶器、玉器、石器、漆器397件。其中琮、璧、钺、锥形器、坠饰、环、管、鼓形珠、隧孔珠等玉器308件。早期墓葬的相对年代接近于良渚文化中期至中期偏晚,距今约4 800~4 600年;晚期墓葬的相对年代为良渚文化中期偏晚到良渚文化晚期偏早,距今约4 600~4 400年。

高城墩遗址是太湖北区良渚遗址群的重要组成部分,证明了太湖西北地区在环太湖文化圈中的重要意义,为良渚文化中期区域等级中心的划分、太湖西北区的等级归属及与良渚文化中心区的关系提供重要资料。2000年5月,高城墩遗址入选"1999年度全国十大考古新发现"。

句容、金坛周代土墩墓群考古发掘

位于宁常、镇溧高速公路沿线。2005年4~9月,配合江苏宁常镇溧高速公路建设,省文物局调

---

[1] 其中,赵陵山良渚文化遗址,高邮龙虬庄遗址,扬州唐城遗址,南京汤山古人类头骨化石地点,徐州狮子山西汉楚王陵,金坛三星村遗址,南京仙鹤观、象山东晋贵族墓地,藤花落龙山时代城址,钟山六朝坛类建筑遗址,无锡鸿山越国贵族墓,无锡阖闾城遗址在前文已有条目内容。此处不再赘述。

动全省和在宁高校120多名专业人员，组成10支考古队，对沿线46座土墩墓进行为期4个半月的抢救性考古发掘。考古发掘的整体工作由南京博物院主持，南京大学、南京师范大学、镇江博物馆、常州博物馆、句容和金坛文管会、博物馆等单位参加发掘。

实际发掘土墩40座，清理墓葬233座、祭祀器物群(坑)229个、丧葬建筑14座，先后出土了以几何印纹陶、原始青瓷器为主的各类文物3800多件，并首次发现船棺葬文化。在土墩墓的发掘中，发现具有江南土墩墓特色的一墩多墓的向心布局结构、墓地界域和堆土掩埋与竖穴土坑墓。

这次考古发掘极大地丰富了江南土墩墓的文化内涵，特别在土墩墓的形制、结构、埋葬、祭祀习俗等诸多方面取得了重要突破，为江南地区青铜时代的社会结构和土著文化，土墩墓的源流、分期与分区，以及土墩墓的保护和利用等重大课题的深入研究提供了翔实的第一手资料。该发掘项目被国内、省内专家和领导誉为"我国基本建设工程中考古工作的样板""江南土墩墓考古的里程碑"。2006年，入选"2005年度全国十大考古新发现"和"2005年全国六项考古重要发现"，2007年被评为"国家田野考古奖二等奖"(一等奖空缺)。

表8.1　江苏省内全国十大考古新发现(1992～2008)

年度	遗址名称	所属时代	发掘地点	发掘单位
1992	赵陵山良渚文化遗址	新石器时代	昆山市张浦镇赵陵区	南京博物院、苏州博物馆、昆山文管会
1993	高邮龙虬庄遗址	新石器时代	高邮市一沟乡龙虬镇	南京博物院
1993	扬州唐城遗址	唐	扬州市老城区蜀岗古城址	中国科学院考古研究所、南京博物院、扬州文化局
1994	南京汤山古人类头骨化石地点	旧石器时代	南京市江宁区汤山镇雷公山葫芦洞	南京市博物馆、北京大学考古系
1995	徐州狮子山西汉楚王陵	西汉	徐州市市郊	南京博物院、徐州汉兵马俑博物馆
1998	金坛三星村遗址	新石器时代	金坛市西岗镇三星村	南京博物院、金坛市文管会
1998	南京仙鹤观、象山东晋贵族墓地	东晋	南京市仙鹤山、象山	南京市博物馆
1999	江阴高城墩遗址	新石器时代	江阴市石庄镇高城墩村	南京博物院、无锡市博物馆、江阴博物馆
2000	藤花落龙山时代城址	新石器时代	连云港市	南京博物院、连云港市文管会、连云港市博物馆
2000	钟山六朝坛类建筑遗址	东晋至南北朝	南京市	南京市文物研究所
2004	无锡鸿山越国贵族墓	春秋、战国	无锡市	南京博物院、无锡市锡山区文管会
2005	句容、金坛周代土墩墓群	西周	句容市	南京博物院考古研究所、镇江博物馆、常州博物馆、句容市博物馆、金坛市博物馆
2008	无锡阖闾城遗址	春秋晚期	无锡市和常州市交界处	无锡市第三次全国文物普查办公室、南京博物院

(二)江苏省获国家文物局"田野考古奖"项目

国家文物局"田野考古奖"评选从1993年开始，为中国考古界的最高奖，每两年评选一次，目的是奖励在田野考古工作中做出突出成绩的单位和个人，要求参选项目具有重要考古价值，发掘过程必须科学、严谨，并对出土的文物或重要遗迹有阶段性研究成果。评选结果分为第一、二和三等奖。截至2008年底，江苏省金坛三星村遗址、藤花落遗址、昆山绰墩遗址、句容与金坛土墩墓群考古发掘项目获得国家文物局"田野考古奖"。

表8.2　江苏省获国家文物局"田野考古奖"项目(1993～2008)

年度	项目名称	发掘单位	所获奖项
1996～1998年度	江苏金坛三星村遗址考古发掘	南京博物院	三等奖
1999～2000年度	江苏藤花落遗址考古发掘	南京博物院、连云港市博物馆、连云港文管所	二等奖
2003～2004年度	江苏昆山绰墩遗址考古发掘	南京博物院、苏州博物馆、昆山文管所	三等奖
2006～2007年度	江苏句容、金坛土墩墓群考古发掘	南京博物院	二等奖

三、江苏省第三次全国文物普查①

2007年4月4日,国务院印发了《关于开展第三次全国文物普查的通知》,决定从2007年4月到2011年12月在全国范围内开展历时5年的第三次全国文物普查。江苏省政府于2007年7月印发了《关于我省第三次全国文物普查工作的通知》,对全省普查工作进行了部署。江苏省第三次全国文物普查的范围是江苏省境内地上、地下、水下的不可移动文物。普查的内容以调查、登录新发现的不可移动文物为重点,尤其注意加强对具有江苏省地方特色的乡土建筑、工业遗产、文化景观、大运河沿线及长江、淮河、洪泽湖等水系沿线不可移动文物的认定登录工作,同时对已登记的不可移动文物进行复查。通过此次普查,了解不可移动文物本体及环境的基本情况及保护现状,尤其是量化指标、保存状况和环境现状的变化情况。

依据国务院普查工作的通知精神和国家普查办的普查安排,江苏省"三普"工作分三个阶段进行。第一阶段:2007年4月～9月,主要任务是制定普查实施方案,组织培训和试点,发布规范和标准;第二阶段:2007年10月～2009年12月,主要任务是以县域为基本单位,实地展开文物调查和信息数据登录工作,普查数据资料边采集、边整理、边审核、边建档;第三阶段:2010年1月～2011年12月,主要任务是进行调查资料的整理、汇总、数据库建设和公布普查成果。

截至2008年底,全省13个省辖市106个县级行政区域均初步完成野外实地文物调查工作,共调查登记不可移动文物点19 251处,其中复查文物点10 163处,新发现文物点9 088处。文物普查启动率、完成率均为100%,市级行政区域内调查覆盖率为100%,走在全国前列。

(一)第一阶段

江苏省人民政府于2007年7月7日成立了全省第三次全国文物普查领导小组,下设办公室,负责协调解决全省第三次全国文物普查中的重大问题。省委党史办、发改委、民政厅、财政厅等部门为普查领导小组成员单位。为加强普查业务指导工作,江苏省普查办成立了全省文物普查专家组,并建立专家分区指导制度。全省各市、县于2007年7月～9月相应成立了普查领导小组、办公室、业务指导专家组和普查队、组。许多地方还结合本地实际,将农业、房管、旅游、园林等部门列为领导小组成员单位。有条件的地区,还专门设立了"第三次全国文物普查"专题网站或网页,及时报道普查新发现和新动态。截至2008年7月31日统计,全省各级普查办专职工作人员724人,一线普查人员1 032人,形成了强大的第三次全国文物普查组织网络。

2007年1月26日,江苏省文物局在镇江召开全省第三次全国文物普查试点工作会议。确定南京市、苏州市吴中区和邳州市为全省文物普查试点单位。试点工作时间为2007年1月～9月。2月初,组织试点单位有关人员赴全国文物普查试点城市浙江省宁波市参观学习。4月份,根据国家文物局印发的《第三次全国文物普查相关标准规范》中有关普查器材配备要求,省文物局为试点单位配发普查器材,并进行现场野外演示。试点期间,南京市白下区共普查各类文物229处,其中复查文物64处、新发现文物104处;苏州市吴中区共普查文物185处,其中新发现各类古建筑132处;邳州市对60多处文物进行了复查。试点工作取得初步成效,为下一阶段的文物普查工作提供了借鉴作用。

2007年5月,国家文物局在河南郑州举办了第三次全国文物普查培训班,江苏省及时派员参加了培训。2007年8月,省普查办在苏州吴中区举办了规模超过百人、为期5天的全省第三次全国文物普查培训班。培训对象为各市文化(文物)局负责文物普查工作的处长或文管办主任、具体参加文物普查的野外调查人员及计算机操作人员。培训内容依据国务院第三次全国文物普查领导小组办公室制定的相关标准技术规范同时结合江苏省实际设置,采用课题教学与野外实习相结合的方式并聘请有关专家开设专题讲座。此后,全省各市的培训工作陆续展开。普查每进入一个新环节、新阶段也都相应组织一次业务培训。普查期间,各类型、各层次培训达20次以上,参加人员累计千人以上。

---

① 据《文化建设在江苏》《江苏省第三次全国文物普查工作报告》《江苏文化年鉴(2008)》《江苏文化年鉴(2009)》、江苏省文化厅网站。

2007年8月28日，江苏省政府召开全省第三次全国文物普查领导小组全体成员第一次会议，省第三次全国文物普查领导小组成员及省文物局各处室负责人参加会议，领导小组成员审议通过了《江苏省第三次全国文物普查实施方案（征求意见稿）》。

2007年9月，江苏召开全省文化遗产保护工作会议，省政府对全省第三次全国文物普查工作进行了动员部署。9月27日，印发《江苏省第三次全国文物普查实施方案》和《江苏省第三次全国文物普查宣传工作方案》。9月底，全省第三次全国文物普查第一阶段工作全面完成。10月，正式进入第二阶段实地调查工作。

（二）第二阶段

2007年9月以来，各地文物普查工作渐次转入实地调查阶段，以县域为基本单位，实地展开文物调查和信息数据登录工作，普查数据资料边采集、边整理、边审核、边建档。

2008年初，江苏省政府将基本完成第三次全国文物普查第二阶段工作列入年度工作目标。全省各级普查机构在确保普查工作进度的同时，加强业务指导和监督检查力度，确保普查质量。

为掌握全省第三次全国文物普查第二阶段工作进展情况，加强各市普查工作经验交流，分析普查工作中存在的困难、问题，推动第二阶段工作向更深层次发展，落实好省政府2008年完成全省第三次全国文物普查第二阶段实地调查工作目标，2008年5月22日～23日，省文物局、省普查办在镇江句容市召开全省第三次全国文物普查现场会。会议听取13个省辖市普查工作情况介绍，对全省实地文物调查工作进一步明确要求。会议期间，全体与会人员赴句容市普查工作现场，实地踏勘城上村遗址及隆昌寺明清古建筑群。专家们对普查队员提出的问题进行现场解答，给予专业技术指导。

2008年11月6日，省政府组织召开第三次全国文物普查领导小组（扩大）电视电话会议，传达国务院第三次全国文物普查领导小组第二次（扩大）会议精神，通报全省文物普查进展情况，研究部署下一阶段工作任务。各省辖市设立分会场，各市普查领导小组全体成员、各县（市、区）分管领导及普查办主任参加分会场会议。

2008年，全省文物普查经费共到位2 348.7万元，其中中央补助70万元，省级财政到位100万元，地级行政区域到位871.3万元，县级行政区域到位1 307.4万元。 为支持苏北等欠发达地区的文物普查工作，省普查办从省级普查专项经费中拨出50万元，支持推动沭阳等25个经济薄弱县（市、区）的文物普查工作。截至2008年底，全省共调查登记不可移动文物点19 251处，其中复查文物点10 163处，新发现文物点9 088处。106个县级行政区域均初步完成野外实地文物调查工作，完成率为100%，市级行政区域内调查覆盖率为100%，走在全国前列。新发现文物点超过1 000处的有苏州市（1 920处）、南京市（1 801处）、常州市（1 059处）。苏州市的第三次全国文物普查野外文物调查11月底全面完成，成为全省第一个完成第二阶段工作的城市，该市吴中区下达经费40万元，调查登记文物点630处，其中新发现文物点391处。截至年末，全省基本完成第三次全国文物普查第二阶段工作各项任务目标。

在众多新发现的不可移动文物中，不乏历史、艺术、科学价值较高的重要发现，一批普查文物价值得到了提升。无锡市阖闾城遗址入选国家文物局"2008年度全国十大考古新发现"，这是考古新发现中唯一普查重新发现成果；苏州志仁里、句容城上村遗址、太仓海运仓遗址入编国家文物局《2008年第三次全国文物普查重要新发现》；镇江全国重点文物保护单位《瘗鹤铭》的水下文物普查获得重要发现，打捞出3块共4个字的原碑石。

（三）其他文物调查工作

除了全国性文物普查工作之外，江苏省内各市、县还依据具体情况，分别展开过若干次的规模大小不同的、目的不一的普查工作，取得了各种成果。例如1992年底至1993年3月，苏州市古城保护办公室和市文管会办公室联合对1983年公布的321处园林古建筑进行复查；1996年，镇江市对境内各级文保单位现状进行了全面调查，调查共发放现状调查表和文物保护单位居民住户登记表近200份；2001年7月，苏州市文管会办公室、市规划局联合对城区古建筑进行新一轮调查，普查范围以古城

---

① 据国家文物局第三次全国文物普查办公室编制《第三次全国文物普查进度汇总表》。

区为主，兼顾高新区（虎丘区）、工业园区，重点复查原 208 处控制保护建筑，划定沈德潜故居等 18 处第四批苏州市文物保护单位保护范围与建设控制地带，同时运用古建筑遗产评估体系，对古建筑遗产进行价值评估；2003 年 7 月，苏州市文管办从市区文物保护管理所、苏州博物馆和苏州碑刻博物馆抽调近 40 名专业人员，组成 3 支普查队，13 个普查组，开展古构筑物专题调查；2004 年 5 月 9 日～6 月 3 日，南京博物院考古研究所对南水北调工程沿线进行文物调查工作。

第二节　不可移动文物的维修和保护

不可移动文物的维修是文物保护工作的重点内容，在整个文物保护工作中占有举足轻重的地位。90 年代以前，由于经济方面的原因，加之各地文物保护意识和观念的落后，文物保护工程缺乏制度和规范性规定的约束和指导，对一些重要的修缮工程主要采取由省文物主管部门指派技术人员组织修缮，缺乏对方案设计、工程施工、竣工验收等必要程序的具体研究审查。通过长期实践，江苏逐步探索出通过专家论证、文物保护工程资质管理和规范工程验收程序等环节，来加强文物维修保护工作管理的工作思路，全省文物保护管理工作更加科学化、规范化、制度化。

随着江苏省文物保护单位数量的增长，文物保护单位基础工作也在不断规范，并得到逐步加强。为了切实贯彻《文物保护法》关于文物保护单位"四有"工作的要求，1992 年 5 月，江苏省制定了《江苏省文物保护单位"四有"工作规范》。在省文化厅、省文物局的推动下，全省第一至三批省级以上文物保护单位的"四有"工作已经完成，第五批省级文物保护单位记录档案备案工作已经完成，第六批省级以上文物保护单位记录档案备案工作正在进行。第一至五批全国重点文物保护单位记录档案纸质文本和电子文本制作工作已完成并上报国家文物局，苏州、常州、淮安、镇江等市第六批全国重点文物保护单位记录档案备案工作已经完成。在 2005 年 12 月召开的全国文物局长会议暨全国文物工作先进县表彰大会上，江苏省文物局被评为"全国重点文物保护单位记录档案备案工作先进集体"。

江苏省文物局成立后，以重大项目为抓手，推动文物保护工作。

一、维修保护工程

2005 年，江苏省开始举办江苏省文物保护优秀工程评比活动，每 4 年进行一次，有设计奖、技术奖、工程组织奖和特殊贡献奖四类奖项，对省内不可移动文物的维修与保护工程方面的佼佼者进行表彰。2007 年，省委宣传部、省文化厅、省文物局联手实施了首批"江苏省名人故居（纪念馆）、古民居抢救保护工程"。至 2008 年，无锡阿炳故居、扬州胡笔江故居、苏州张凤翼故居、高淳吴氏宗祠、徐州李可染故居、东台鲍氏大楼、常州管干贞故居、泰州梅兰芳纪念馆等维修工程项目竣工并通过验收。2008 年，启动第二批名人故居、古民居抢救保护工程的前期调查工作。

1. 南京市南捕厅历史街区保护一期工程[①]

位于南京市南捕厅 15、17、19 号与大板巷 42 号。随着历史发展，原来集中在南京城南门东、门西地区的明清传统民居已所剩无几。其中甘熙故居以其规模最大、形制最完整，在这少数遗存中特征凸显。2001 年，制定了《南捕厅历史街区传统民居维修设计方案》和《南捕厅历史街区传统民居保护规划方案》。[②] 2002 年完成维修设计、工程招标、古建维修、陈列布展等工作。这次维修，保存了南捕厅传统民居的历史信息，加强了建筑群的防火能力，完善了建筑群中的排水与供电问题，并为合理与适当地利用这一建筑遗产（即结合原甘氏生活陈设展示，设立南京民俗博物馆）创造了条件。2006 年 6 月，南京市南捕厅历史街区保护一期工程被评为"首届江苏省文物保护优秀工程设计奖"。

2. 南京市方山定林寺塔纠偏加固工程[③]

位于南京市江宁区方山乡横岭村方山西北麓。该塔为七级八面仿木结构楼阁式砖塔，肉眼观测，塔身明显向北偏西方向倾斜，2001 年塔身倾斜角

---

① 据江苏省文物局编：《首届江苏省文物保护优秀工程评比集萃》，凤凰出版社，2006 年。
② 江苏省文化厅：《江苏文化年鉴（2002）》，中国摄影出版社，2002 年，238 页。
③ 据江苏省文物局编：《首届江苏省文物保护优秀工程评比集萃》，凤凰出版社，2006 年。

度已经发展到7°31′53″。2002年8月，南京市文物局组织对定林寺塔进行地质调查并进行止倾加固设计。为保留定林寺塔"斜而不倒"的特色，以地基加固处理为主，通过对塔基采取挡土、固土和减渗等主要措施，并采用压密注浆或在必要时辅以塔基南侧掏土的办法进行适当纠偏，以达到阻止塔继续倾斜，并对塔身纠倾1°~2°，使塔身倾斜角度控制在5.5°~6.5°。2003年9月，工程通过了由南京市文物局组织的专家验收。2006年6月，南京市方山定林寺塔纠偏加固工程被评为"首届江苏省文物保护优秀工程设计奖"。

3. 南京市童寯住宅维修工程①

位于南京市文昌巷52号。童寯住宅维修工程在2004年10月~2005年1月间实施。通过多方协商后，项目组完善了住宅的排水系统，清除了童寯住宅周边部分违章搭建，并由政府投入，修缮了院墙，更换了文物碑，优化了童寯住宅外部环境。2006年6月，南京市童寯住宅维修工程被评为"首届江苏省文物保护优秀工程组织奖"。

4. 溧水县长乐桥维修工程②

位于溧水县东屏镇长乐村，始建于宋代，现存石桥为明代重修。长乐桥系用当地的火山凝灰岩石料砌筑而成，桥体上部重修时采用了部分青石料，根据现场勘察，部分桥面已零乱缺损，石拱券出现部分残损和脱落，桥身有凹凸不平等严重变形现象，急需进行全面整修。2004年11月，南京市文物局启动了长乐桥的维修工程。按照"不改变文物原状"的原则，项目组对基础、桥体进行整修加固，侧墙剥落部分用条石整修补砌，全部拱圈及桥墩表面嵌缝及整修加固，补配桥面石，加固泊岸，补配兽头、仰天石，修缮金刚墙及分水尖、内外券石、凤凰台，装板地下钉及金刚墙下木桩，清理河床、金刚墙上下淤泥。2006年6月，溧水县长乐桥维修工程被评为"首届江苏省文物保护优秀工程技术奖"。

5. 南京市净觉寺维修工程③

位于南京市三山街升州路28号，现存者大多系清光绪年间所建。由于南京城市建设的发展，净觉寺周边道路与建筑已逐渐抬高，使净觉寺成为低地，雨季排水不畅，对木构建筑保护造成威胁，也对宗教活动的正常开展产生了影响。2005年，南京市伊斯兰教协会研究组织进行维修与环境整治。维修主要涉及大殿、二殿及其所在的内院落。为彻底解决排水及防潮问题，大殿和二殿均抬高约1米，大殿院落抬高0.5米左右，内院设置雨水口及排水管，接至市政排水管网排水。在基础加固和墙体加固上做好防水防潮处理。采用传统黏结材料及粉刷材料。对院落环境进行整饬，扩大大殿与二殿前礼拜空间，提升环境质量。同时，开展专项保护工程，加强建筑的消防、排水、电力和防虫防腐系统。

6. 南京大屠杀死难同胞丛葬地江东门"万人坑"遗址保护工程④

位于南京市江东门。遗骸长期处于水蚀之中，严重影响保存和展陈。遗骸遗址的土层表面布满苔藓，内部松软，强度降低显著，有开裂现象，土层的开裂进而影响到其上附着的遗骸骨质的保护状态。工程由南京博物院实施，首先根据遗骸分布状况、地形特点及复原施工条件，对遗骸及其周围土壤仔细检查，对可能残存的霉菌或苔藓进行清理，对比遗骸原始状况的资料，对遗骸进行粘结和修补；对遗址区土壤进行加固，同时作为一种隔水材料，可以防止苔藓类植物生长，对遗骸进行深层加固保护；对部分修复后表面"变新"的遗骸进行做旧处理；最后用封护材料对遗骸遗址整体进行封护。同时，采取的外围工程保护措施，解决地下水的径向和垂向渗流作用；控制地下水位面毛细水的干扰作用；从建筑结构上营造出更有利于保护的结构空间；做好施工过程中的本体保护及后期使用过程中的长期保护工作。

7. 无锡市薛福成故居建筑群修缮工程⑤

位于无锡市健康路西侧学前街152号。修复工程共包括四个组成部分：故居前四进建筑、转盘楼、东仓厅、后花园。2001年修复工作正式开始，历时两年，于2003年1月1日竣工。该故居的修缮，主要是去掉一些后期改建、添建的不合规范的

---

① 据江苏省文物局编：《首届江苏省文物保护优秀工程评比集萃》，凤凰出版社，2006年。
② 据江苏省文物局编：《首届江苏省文物保护优秀工程评比集萃》，凤凰出版社，2006年。
③ 据江苏省文物局编：《第二届江苏省文物保护优秀工程评比集粹》，大象出版社，2009年。
④ 据江苏省文物局编：《第二届江苏省文物保护优秀工程评比集粹》，大象出版社，2009年。
⑤ 据江苏省文物局编：《首届江苏省文物保护优秀工程评比集萃》，凤凰出版社，2006年。

部构件，恢复其晚清地方风格的原貌。同时，加强其水、电、消防辅助设施以及完善庭园，园林绿化，木结构的防虫、防蚁处理。经过修复，故居的三条轴线的格局除西花园部分，基本得到了恢复，占地面积达1.2万平方米。2006年6月，无锡市薛福成故居建筑群修缮工程被评为"首届江苏省文物保护优秀工程设计奖"与"首届江苏省文物保护优秀工程技术奖"。

8. 无锡市东林书院维修工程①

位于无锡市解放东路867号。燕居庙、三公祠为木构建筑，其大木结构多开裂腐蚀。而三公祠由于地处低洼，因而长期遭受水侵害，糟朽及白蚁虫害严重。2002年开始对东林书院进行修复性施工，2004年6月30日竣工。东林书院经修复后，占地面积由2 500平方米扩大到1.3万平方米，建筑面积约3 100平方米，绿化面积达7 000平方米。为尽可能保持文物古迹原状，项目组清扫瓦顶，局部揭瓦补漏，粉刷墙体，油漆门窗，平整道路，疏通沟渠。东林书院形成分三条轴线的格局，基本再现了明代"藏修息游，砥砺文行"的理想读书讲学之境。2006年6月，无锡市东林书院维修工程被评为"首届江苏省文物保护优秀工程技术奖"。

9. 无锡县商会旧址修缮工程②

位于无锡市崇安区无锡火车站南站前商贸区。2003年，无锡市南长建筑设计研究所制定了无锡县商会旧址维修方案，2005年1月，维修工程竣工。经过十个多月施工，从确保古建筑的安全着手，解决商会原建筑结构上存在的问题，从地基基础、屋面承重体系等多个方面采取扎实措施，消除原来结构上存在的安全隐患，运用现代手段压密注浆，对原本用碎石、乱砖夯实的墙基进行加固。在这次商会旧址维修过程中，公司共动迁居民36户，拆除居民临时搭建建筑1 110.98平方米，拆迁安置费用280.3万元，商会建筑修缮工程费用327万元，共计公司出资607万元。2006年6月，无锡县商会旧址修缮工程被评为"首届江苏省文物保护优秀工程特别贡献奖"。

10. 无锡市阿炳故居维修保护工程③

被列入"江苏省十大名人故居抢救保护工程"，位于无锡图书馆路30号，现在故居尚存原建筑9间。修缮工作从2005年12月正式开始，整个修缮工程共包括4个部分：雷尊殿和附房、阿炳故居、复建三万昌茶馆和室内陈设及室外环境。首先进行雷尊殿的落架大修，对木结构进行了全面的检查和编号和翻新，其次将阿炳最后住的一间房间进行落架修缮，最后拆除了周边银行大楼，并在拆除后的基址上新建三万昌茶馆。茶馆与故居之间形成传统巷弄空间，作为故居的一种延伸，弥补了展陈面积的不足。

11. 无锡市荡口华氏老义庄、植福庵维修保护工程④

位于无锡市锡山区鹅湖镇青荡村。华氏老义庄东侧照壁、隔河照壁已被拆毁，驳岸码头损毁严重，老义庄门厅梁枋与斗拱上分设的彩绘和雕刻被涂料损坏，正厅内历朝历代由官方颁发的匾额被当成木料制成气窗或门板，东、西厢房内的碑刻或被涂上涂料、或被人为刻画。植福庵在"文化大革命"结束时只剩遭到严重破坏的古戏楼和三间大殿。2008年10月，鹅湖镇政府加快推进荡口古镇的保护修复工作。计划3年内重点实施完成4大工程：名居名点、基础建设、设施配套、资源挖掘。充分利用荡口良好的自然环境资源，挖掘荡口镇物质和非物质文化遗产。

12. 江阴市兴国寺塔维修保护工程⑤

位于江阴市区南街和中山南路相交的西侧，为木檐楼阁式。现残存八层，六层以下仍为宋时原物，残毁严重。2005年8月修缮开始，按照文物修缮修旧如旧原则，剔补砖体，先大后小进行施工，历时9个月。根据勘察设计需要，施工单位先混凝土灌注桩、压浆树根桩、砼地梁及压密注浆进行加固，确保残塔能保持现状倾斜程度而不再发展。接着，对严重损坏处、塔体空鼓处等需补砌体必须进行牢固连接，确保塔体整体稳固。再维修外墙，清理塔墙面砖缝。然后，重新预埋铁件安装固定避雷针。最后修缮塔内部。经过四个多月的施工，此次修缮

---

① 据江苏省文物局编：《首届江苏省文物保护优秀工程评比集萃》，凤凰出版社，2006年。
② 据江苏省文物局编：《首届江苏省文物保护优秀工程评比集萃》，凤凰出版社，2006年。
③ 据江苏省文物局编：《第二届江苏省文物保护优秀工程评比集粹》，大象出版社，2009年。
④ 据江苏省文物局编：《第二届江苏省文物保护优秀工程评比集粹》，大象出版社，2009年。
⑤ 据江苏省文物局编：《第二届江苏省文物保护优秀工程评比集粹》，大象出版社，2009年。

工程进展顺利,基本达到了预期目标。

13. 沛县晓明楼维修工程[①]

位于沛县沛城镇沛中路50号。由于年久失修,2003年11月～2004年5月进行了维修。维修工程严格遵守"修旧如旧"的文物修缮原则,对新的石材也进行了剁旧处理;用新的三油二布外覆水泥混合砂浆分粗细两层施工的方法解决屋面漏雨的问题;将地下室泥土掏空,室内墙四周形成内隔离沟,上面再铺水泥板和地板,防止地下水渗水。2005年5月17日进行了正式验收。2006年6月,沛县晓明楼维修工程被评为"首届江苏省文物保护优秀工程组织奖"。

14. 常州市瞿秋白故居维修保护工程[②]

位于常州市青果巷82号。2004年,瞿氏宗祠烽火山墙倒塌,为阻止险情继续发生,常州市文管办拨款30万元及时组织施工队伍进行抢修。维修工程主要是对瞿秋白故居中的"瞿氏宗祠"建筑进行全面维修。包括木构架、门窗及木装修、地面的修复以及砌筑、屋面防水、装饰三个工程。

15. 常州市太平天国护王府遗址修缮工程[③]

位于常州市局前街187号。建筑结构完好,但整个屋面渗水严重,严重风化。室内地面长期潮湿,进而影响建筑木构件和室内陈设。护王府遗址修缮工程于2008年1月开工,2009年1月竣工。在维修中,主要在于更换木质构建,增加防水层,并全面检修排水系统,进行重修油漆,恢复原先部分建筑及构件;重建花园,并重新进行了绿化工程。

16. 苏州市吴江师俭堂修缮工程[④]

位于吴江市震泽镇宝塔街12号。由于年久失修,屋面渗漏严重。2001年7月,震泽镇政府开始对师俭堂的住户进行搬迁、置换。2002年8月,由江苏省计委、省文化厅、吴江市建设局、震泽镇政府共同投资,对师俭堂进行全面修缮。修缮工程先清理拆除违章建筑,拆除损坏建筑。然后进入主体结构的修缮施工,实施项目包括地坪、楼板、屋架、斜撑及牛腿、天棚、屋面、门窗、粉刷与油漆、墙体、防腐防蚁、门楼、排水、照明、消防等。2006年6月,师俭堂修缮工程被评为"首届江苏省文物保护优秀工程设计奖"与"首届江苏省文物保护优秀工程技术奖"。

17. 苏州市凝德堂修缮工程[⑤]

位于苏州市吴中区东山镇翁巷村,为明代晚期建筑。由于年久失修,梁架下沉,屋面漏雨,严重威胁到彩绘的保存。维修工作2003年进行,首先对主体建筑大厅进行了修缮。采用物理的方法,使彩绘现状得到保持。同时,为了防止湿气入侵,复原了大厅的前后门窗、栏杆与木质裙板。屋面揭顶,对原屋面进行翻建,校准了微偏的屋架,同时对所有暴露的大木构件增设了橡塑防水卷材,全面解决防漏问题。复原将军门与垛头、室内隔断门窗、抱厦及前后门窗。采用铁板承托加固及工字条钢镶嵌加固的方法加固糟朽的梁架。疏通下水道以降低梅雨期地下水对大厅彩绘的侵蚀。2006年6月,苏州市凝德堂修缮工程被评为"首届江苏省文物保护优秀工程技术奖"。

18. 苏州市太平天国忠王府遗址维修保护工程[⑥]

位于苏州市东北街204号。文物建筑已有部分单体出现倾斜、漏水、掉色、霉变、脱落,等情况。维修工程自2005～2006年持续十个月,采用了从东路到中路再到西路的维修顺序,重点为东路的东楼、戏厅和西路的西楼,进行了全面的落架大修。其余单体根据各自的情况进行屋面翻修、墙体增补和重新抹灰,原水泥地面改为方砖金砖地面,木构架、木装修进行局部修缮,重新油漆施工等保养性施工。符合了古建筑的传统做法,做到了原样修复。

19. 苏州市张凤翼故居维修保护工程[⑦]

被列入"江苏省十大名人故居抢救保护工程",位于苏州市干将东路712号。2006年开启修复工程,2008年1月21日,通过省市专家的验收,顺利

---

① 据江苏省文物局编:《首届江苏省文物保护优秀工程评比集萃》,凤凰出版社,2006年。
② 据江苏省文物局编:《第二届江苏省文物保护优秀工程评比集粹》,大象出版社,2009年。
③ 据江苏省文物局编:《第二届江苏省文物保护优秀工程评比集粹》,大象出版社,2009年。
④ 据江苏省文物局编:《首届江苏省文物保护优秀工程评比集萃》,凤凰出版社,2006年。
⑤ 据江苏省文物局编:《首届江苏省文物保护优秀工程评比集萃》,凤凰出版社,2006年。
⑥ 据江苏省文物局编:《第二届江苏省文物保护优秀工程评比集粹》,大象出版社,2009年。
⑦ 据江苏省文物局编:《第二届江苏省文物保护优秀工程评比集粹》,大象出版社,2009年。

竣工。在维修中，以前期调查为依据，根据保存现状、残损情况及历史资料，在修复轿厅及东、西厢房等建筑的前提下，整治周边环境。修复轿厅前沿马路围墙砖细门楼，内天井铺设400 mm×600 mm石道板，修复各单体建筑、砖细门楼及配置各类绿化和小品等。

20. 苏州市罗汉院双塔及正殿遗址维修保护工程①

位于苏州市凤凰街定慧寺巷22号。经苏州市测量队多次测试，塔身偏移，有坠落可能，其他存在盖板破裂，刹件受损，刹件固定铁桩和铁钩锈烂严重等情况。在维修中，将损坏无法修复的构件进行更换，而对原锈烂不严重，可以利用的刹件进行修补和防锈处理后继续使用原物。安装刹杆木，按设计角度对其进行纠偏，顺塔体倾斜方向向西北方纠偏归正。修补屋面及剥落的墙面，整修塔的避雷装置。工程历时四个半月，刹件恢复了原来的形制，增加了安全稳定系数；墙体采用涂刷改性剂，增加了3~5倍强度；墙色采用了始建时的色调；改善后的防雷系统增加了古塔防雷的安全性。

21. 常熟市铁琴铜剑楼维修保护及环境整治工程②

位于常熟市古里镇西街，现存第三、第四进，坐北朝南。存在木柱虫蛀、地面返潮、墙体返潮、油漆剥落、院落铺地及室内铺地与传统风貌不符、望砖酥碱、天井长期积水、铺地上长有大面积青苔、电器设备老化等问题。此次维修主要修缮了铁琴铜剑楼，复建瞿宅主体部分；复建瞿宅后花园，改造西面传统民居，迁建徽州会馆；完成景观绿化。根据不改变文物原状原则，项目组修缮了门屋、前后楼，整治院落及周边环境，并实施了防虫、消防、排水、电力和防雷措施，使建筑能够延年益寿。

22. 昆山市秦峰塔维修保护工程③

位于昆山市千灯镇尚书浦西岸。塔为七级四面，砖身木檐楼阁式。建筑及部分构件出现倾斜，脱节，渗漏，脱榫，裂缝，油漆剥落、失光等问题。2005年10月，开始修缮。调整古塔的外檐平座倾斜度，对古塔的各层腰檐及屋面进行揭顶维修。整理加固木栏杆。纠正略向东南方向倾斜偏移的塔刹。修补塔室内外粉刷层。油漆塔室内外的木构件。测试养护原有防雷系统，配套安装照明、消防系统。对原有的木结构进行防腐蚀、防白蚁处理。对塔体进行抗震动力计算分析。鉴于倾斜度和重心偏移的角度，塔体尚未达到需要抑制倾斜度来保证塔体安全的程度，建议保持现状，不做纠偏处理，但在塔体上加设沉降观测点，加强监测。

23. 淮安府署维修工程④

位于淮安市楚州区东门大街与北门大街交会处，该古建筑几次毁于火灾，又多次重修维护。2003年，淮安市楚州区文化局邀请省内古建专家对淮安府署大堂、二堂维修工程进行了方案设计，2003年8月~2004年9月完成大堂、二堂的维修及内部陈设，2004年国庆期间对外开放。维修工程坚持不改变实物原貌的维修原则，注意保护府署承载的历史信息整个工程，精心施工，杜绝了老瓦损坏现象。对拆下来的木构件尽量原位使用。2006年6月，淮安府署维修工程被评为"首届江苏省文物保护优秀工程组织奖"。

24. 淮安市苏皖边区政府旧址维修保护与环境整治工程⑤

位于淮安市淮海南路30号。由于多方面原因，苏皖边区政府旧址周边环境及内部设施比较差，导致其不能充分发挥应有的作用。工程于2005年11月~2007年9月进行，分两期实施。一期重点拆除喜旺大酒店，搬迁天颐医药公司和清浦区三产综合楼（局部），建设陈列馆和原状陈列区的建筑群落以及相应配套设施，优化原交际处及南院建筑的周边环境，同时打开向淮海南路的道口及封闭纪念馆西侧的通道。二期主要完善西花园的建设，同时整治旧址北侧沿西大街的房屋，改建为与边区政府旧址配套的旅游服务区。

25. 东台市鲍氏大楼维修保护工程⑥

位于东台市安丰镇南石桥大街。维修前建筑

---

① 据江苏省文物局编：《第二届江苏省文物保护优秀工程评比集粹》，大象出版社，2009年。
② 据江苏省文物局编：《第二届江苏省文物保护优秀工程评比集粹》，大象出版社，2009年。
③ 据江苏省文物局编：《第二届江苏省文物保护优秀工程评比集粹》，大象出版社，2009年。
④ 据江苏省文物局编：《首届江苏省文物保护优秀工程评比集萃》，凤凰出版社，2006年。
⑤ 据江苏省文物局编：《第二届江苏省文物保护优秀工程评比集粹》，大象出版社，2009年。
⑥ 据江苏省文物局编：《第二届江苏省文物保护优秀工程评比集粹》，大象出版社，2009年。

存在破损、透水、漏水、墙体开裂、虫蛀、室内电线线路老化等问题。修缮工程于2008年10月竣工。①此次维修保护主要拆除无保护价值的建筑物、杂物构件(包括地面、天棚、隔墙、内墙粉刷等)。新增修复窨井下水道、水电(含弱电)、消防等设施。在实际施工中,原有布局、尺度、标高、用材、结构形式、装修、台基踏步及整体风貌保持不变。内院石板铺地、室内铺地方砖、室内外砖细、门窗、外墙等依原样维修,整栋建筑木构部分予以整修并加以油漆,做好排水与消防工作,楼内电线重新设计安装。

26. 扬州市吴道台宅第维修工程②

位于扬州市泰州路45号第一人民医院内。由于历史的原因,建筑常年失修,导致构架倾斜,榫卯脱位,部分屋面坍塌,已成危房。修缮工程于2003年11月~2005年1月实施,分两期实施,一期修缮东部住宅,修缮了测海楼、金鱼池、爱日轩、观音堂等建筑46间;恢复廊14间、亭2座,二期修缮了滋德堂,恢复了原住宅用房27间及大门。吴道台宅第修复后,布置了《吴氏家史陈列》,利用已修缮的部分建筑筹建扬州中医博物馆。2006年6月,扬州市吴道台宅第维修工程被评为"首届江苏省文物保护优秀工程技术奖"和"首届江苏省文物保护优秀工程特别贡献奖"。

27. 扬州市汪姓盐商住宅维修保护工程③

位于扬州市南河下170号。住宅中的门堂及其他建筑均存在严重问题。2007年12月修缮竣工。在维修中,门堂采用揭瓦不落架大修的手法进行修缮,住宅中的其他建筑采用揭瓦落架大修的手法进行修缮。在修缮中,对原有青砖围护墙最大限度地保留其墙体,进行局部修理,并保证整片墙的完整性。依次进行了大木构架的落架与安装、墙体及砖细的修补、木桁条和木椽的安装、瓦屋面防漏、地面铺设、木楼面和木楼梯的加固、更换木装修、粉饰以及完善住宅的避雷、排水、供电、消防、白蚁防治和防腐等修缮工作。

28. 仪征市天宁寺塔维修工程④

位于仪征市真州镇工农南路,现存古塔为明代初期建筑。天宁寺塔年久失修,塔体残损严重。2003年10月工程开始,历经了5个多月,从底层到塔顶,将外墙到内部木构件全部恢复,包括门窗、楼梯、斗拱、楼板等全部内部木构件的恢复,内粉刷、油漆并安装了避雷针和塔内照明,完成了修复方案中的全部项目内容。2006年6月,扬州市仪征天宁寺塔维修工程被评为"首届江苏省文物保护优秀工程技术奖"。

29. 镇江市陶氏建筑群(五柳堂)维修工程⑤

位于镇江市演军巷16号。1992年春发现,被认定为省级文物保护单位。1999年,镇江市文物部门对该建筑群进行修缮,中房集团镇江公司为使该建筑有更加好的环境,主动介入,又进一步协调其与周边建筑的关系,并另行让地200余平方米,使该建筑群的生存环境得到了大大的改善。2006年6月,镇江市陶氏建筑群(五柳堂)维修工程被评为"首届江苏省文物保护优秀工程特别贡献奖"。

30. 镇江市昭关石塔维修工程⑥

位于镇江市云台山北麓五十三坡小码头街观音洞口。中华人民共和国成立后,昭关石塔虽经过几次修治,但塔体依然破旧。为保护石塔,恢复其原貌,2000年,镇江有关部门对石塔予以重修。维修项目组拆除了混凝土支框,全部落架后,重新归安(可用承重架分段托起石构件);黏接断裂构件;检查基础,做必要加固;进深两柱间支顶加固;防渗漏处理;表面污垢清理。

2006年6月,镇江市昭关石塔维修工程被评为"首届江苏省文物保护优秀工程技术奖"。

31. 镇江市赵伯先故居维修保护工程⑦

位于镇江新区大港镇东街石驳山麓西南,砖木结构,前后共四进。故居年久失修,屋面大面积破损,有随时倒塌的危险。修缮保护工程于2005年初至2007年3月进行。遵照"修旧如故"的原则,按建筑原有的形制进行修复,采用先进的施工工艺,确保其使用寿命和质量。同时,周边配套建设

---

① 江苏省文化厅:《江苏文化年鉴·2009年》,广陵书社,2009年,268页。
② 据江苏省文物局编:《首届江苏省文物保护优秀工程评比集萃》,凤凰出版社,2006年。
③ 据江苏省文物局编:《第二届江苏省文物保护优秀工程评比集粹》,大象出版社,2009年。
④ 据江苏省文物局编:《首届江苏省文物保护优秀工程评比集萃》,凤凰出版社,2006年。
⑤ 据江苏省文物局编:《首届江苏省文物保护优秀工程评比集萃》,凤凰出版社,2006年。
⑥ 据江苏省文物局编:《首届江苏省文物保护优秀工程评比集萃》,凤凰出版社,2006年。
⑦ 据江苏省文物局编:《第二届江苏省文物保护优秀工程评比集粹》,大象出版社,2009年。

了公共绿地和小广场,更好地发挥故居应有的观赏作用。

32. 镇江市焦山炮台遗址维修保护工程①

位于镇江市焦山。多年来,由于风吹日晒等自然风化以及人为的破坏,古炮台残蚀十分严重,现存八个炮堡的六个炮堡顶部全部坍塌,夯土墙体也残损不堪。2005年10月开始维修,2007年1月竣工。在维修中,对古炮台三合土进行了检测分析,同时考虑到局部风化和水土流失的因素,按不同配方进行试验,加工三合土,并适当添加石灰或沥青以增加土坯的强度。进行结构上的加固,对坍塌的土方采用适当清理、局部回填、整面夯实、由里向外、由下向上等土工方法,对所坍塌的顶面采取支撑顶,覆原木,把大块土码平,土块之间用米浆封填,然后再覆土层层夯实至所需要的标准。所有夯土工程结束后,采用拍浆方法,使夯土表面形成防水保护膜。

33. 镇江市陆小波故居维修保护工程②

位于镇江市打索街68号,为清代传统民居建筑。由于年久失修,故居破败不堪,亟须大修。工程于2008年7月开始,2009年2月通过验收。维修中,组织住户搬迁,并同时开展陈列布展工作。维修工程按照"修旧如故"的原则,基本恢复旧居原貌。

34. 泰州市口岸雕花楼维修保护工程③

位于泰州市高港区口岸镇。存在建筑周边情况杂乱、违章建筑多、排水情况差、室内地面下沉、柱子倾斜、屋面渗漏浸蚀及虫蛀等问题。维修工程主要进行了木结构的打牮拨正、更换、修复;屋面修复,包括椽子、望砖、防水、瓦屋面铺设及屋脊及墙体的整治工程;室内壁板、门窗及雕花木装修的整治;地面、台阶修复。

35. 宿迁市龙王庙行宫维修及环境整治等工程④

位于宿迁市西北约25千米的皂河镇南首。维修工程于2004年10月开工,2005年6月竣工。该工程从保护龙王庙行宫的历史出发,突出生态景观、传统文化二大要素,分为生态种植区、综合服务区和观光休闲区三大区域。⑤ 2006年6月,宿迁市龙王庙行宫维修及环境整治等工程被评为"首届江苏省文物保护优秀工程特别贡献奖"。

表8.3 首届江苏省文物保护优秀工程评比获奖名单(2005)

奖项	工程项目名称	获奖单位/个人	文物保护单位名称	文物保护单位地点	文物保护单位级别
设计奖	无锡薛福成故居建筑群修缮工程	戚德耀(江苏省古建筑保护专家组成员)	薛福成故居建筑群	无锡市健康路西侧学前街152号	全国重点文物保护单位
	南京南捕厅历史街区保护一期工程	东南大学建筑设计研究院	甘熙故居	南京市南捕厅15、17、19号与大板巷42号	江苏省文物保护单位
	南京方山定林寺塔纠偏加固工程	东南大学工程结构可靠性鉴定与加固技术研究开发中心	定林寺塔	南京市江宁区方山乡横岭村方山西北麓	江苏省文物保护单位
	吴江师俭堂修缮工程	王嘉明、刘延华(均为苏州市文物鉴定委员会委员)	师俭堂	苏州吴江市震泽镇宝塔街12号	江苏省文物保护单位

---

① 据江苏省文物局编:《第二届江苏省文物保护优秀工程评比集粹》,大象出版社,2009年。
② 据江苏省文物局编:《第二届江苏省文物保护优秀工程评比集粹》,大象出版社,2009年。
③ 据江苏省文物局编:《第二届江苏省文物保护优秀工程评比集粹》,大象出版社,2009年。
④ 据江苏省文物局编:《首届江苏省文物保护优秀工程评比集萃》,凤凰出版社,2006年。
⑤ 江苏省文化厅:《江苏文化年鉴(2006)》,中国摄影出版社,2006年,417页。

续表

奖项	工程项目名称	获奖单位/个人	文物保护单位名称	文物保护单位地点	文物保护单位级别
技术奖	溧水长乐桥维修工程	湖北太岳园林古建工程有限公司	长乐桥	溧水县东屏镇长乐村	江苏省文物保护单位
	无锡薛福成故居建筑群修缮工程	无锡市园林古典建筑有限公司	薛福成故居建筑群	无锡市健康路西侧学前街152号	全国重点文物保护单位
	苏州凝德堂修缮工程	苏州太湖古典园林建筑有限公司	凝德堂	苏州市吴中区东山镇翁巷村	江苏省文物保护单位
	吴江师俭堂修缮工程	吴江腾龙建筑集团公司	师俭堂	吴江市震泽镇宝塔街12号	江苏省文物保护单位
	扬州吴道台宅第维修工程	扬州市古典建筑工程公司	吴道台宅第	扬州市泰州路45号市第一人民医院内	江苏省文物保护单位
	仪征天宁寺塔维修工程	金坛市兴业古典建筑园林建设有限公司	仪征天宁寺塔	仪征市真州镇工农南路	江苏省文物保护单位
	镇江昭关石塔维修工程	苏州香山古建有限公司	昭关石塔	镇江市云台山北麓五十三坡小码头街观音洞口	江苏省文物保护单位
工程组织奖	南京童寯住宅维修工程	南京市白下区文化局	童寯住宅	南京市文昌巷52号	江苏省文物保护单位
	无锡东林书院维修工程	无锡东林书院文物管理处	东林书院	无锡市解放东路867号	江苏省文物保护单位
	淮安府署维修工程	淮安市楚州区文化局	淮安府署	淮安市楚州区东门大街与北门大街交会处	江苏省文物保护单位
	沛县晓明楼维修工程	徐州市文物管理委员会办公室	晓明楼	沛县沛城镇沛中路50号	江苏省文物保护单位
特别贡献奖	宿迁龙王庙行宫维修及环境整治等工程	洋河集团、双沟集团	龙王庙行宫、极乐律院、宿迁耶稣堂、显佑伯行宫	宿迁市	龙王庙行宫—全国重点文物保护单位
					极乐律院—江苏省文物保护单位
					宿迁耶稣堂、显佑伯行宫等—宿迁市文物保护单位
	无锡县商会旧址修缮工程	无锡市城市投资发展总公司	无锡县商会旧址	无锡市崇安区前太平巷	江苏省文物保护单位
	扬州吴道台宅第维修工程	扬州市第一人民医院	吴道台宅第	扬州市泰州路45号扬州市第一人民医院内	江苏省文物保护单位
	镇江陶氏建筑群(五柳堂)维修工程	中房集团镇江房地产开发公司	五柳堂	镇江市演军巷16号	江苏省文物保护单位

二、文物保护工程勘察设计及施工资质单位

为加强对全省文物保护工程领域的行业监管力度,省文物局严格把控文物保护资质申报工作。截至2008年底,全省拥有文物保护工程勘察设计资质单位共计29个,其中甲级4个、乙级11个、丙级12个、暂定级2个。文物保护工程施工资质单位共计38个,其中一级8个、二级9个、三级12个、暂定级9个。

表8.4 江苏省文物保护工程勘察设计资质单位(截至2008)

单位名称	性质	级别	业务范围
南京博物院	设计	甲级	古建筑维修保护、古文化遗址古墓葬保护、壁画彩画保护、石窟寺和石刻保护
东南大学建筑设计研究院	设计	甲级	古建筑维修保护、文物保护规划、近现代文物建筑保护
苏州市计成文物建筑研究设计院有限公司	设计	甲级	古建筑维修保护

续表

单位名称	性质	级别	业务范围
南京博物院	设计	甲级	文物保护规划
南京大学城市规划设计研究院	设计	乙级	文物保护规划、古文化遗址与古墓葬保护、古建筑维修保护
南京建筑工程学院建筑设计研究院	设计	乙级	文物保护规划、古建筑维修保护、近现代文物建筑保护
苏州园林设计院有限公司	设计	乙级	文物保护规划、古建筑维修保护
苏州蒯祥古建有限公司	设计	乙级	文物保护规划、古建筑维修保护
苏州市规划设计研究院有限责任公司	设计	乙级	文物保护规划、古建筑维修保护
苏州香山古建园林设计有限公司	设计	乙级	文物保护规划、古建筑维修保护、近现代文物建筑保护
江苏天开景观工程有限公司	设计	乙级	文物保护规划、古建筑维修保护、近现代文物建筑保护
无锡市园林设计研究院有限公司	设计	乙级	文物保护规划、古建筑维修保护
扬州市古宸古典建筑工程有限公司	设计	乙级	文物保护规划、古建筑维修保护
扬州市德华古建筑设计有限公司	设计	乙级	古建筑维修保护
淮安市教育建筑设计研究院有限公司	设计	乙级	古建筑维修保护
南京市园林规划设计院有限责任公司	设计	丙级	古建筑维修保护
江苏省建筑园林设计研究院	设计	丙级	古建筑维修保护
南京市规划设计研究院有限责任公司	设计	丙级	古建筑维修保护
苏州太湖古典园林建筑有限公司	设计	丙级	古建筑维修保护
苏州三川营造有限公司	设计	丙级	古建筑维修保护
苏州市文物古建工程有限公司	设计	丙级	古建筑维修保护
苏州香洲古代建筑设计有限公司	设计	丙级	古建筑维修保护
无锡市城归设计有限责任公司	设计	丙级	古建筑维修保护
南通市建筑设计研究院有限公司	设计	丙级	古建筑维修保护
南通市规划设计院有限公司	设计	丙级	古建筑维修保护
南通市市政工程设计院有限责任公司	设计	丙级	古建筑维修保护
徐州市园林设计院	设计	丙级	古建筑维修保护
常州市一仿古园林装潢有限公司	设计	暂定级	古建筑维修保护
镇江市京口博雅园林景观与建筑事务所	设计	暂定级	古建筑维修保护

表8.5 江苏省文物保护工程施工资质单位（截至2008）

单位名称	城市	性质	级别	业务范围
南京博物院	南京	施工	一级	石窟寺和石刻保护、壁画保护、古文化遗址古墓葬保护
苏州园林发展股份有限公司	苏州	施工	一级	古建筑维修保护
苏州香山古建集团公司	苏州	施工	一级	古建筑维修保护、近现代文物建筑保护
常熟古建园林建设集团有限公司	苏州	施工	一级	古建筑维修保护
金坛市兴业古典建筑有限公司	常州	施工	一级	古建筑维修保护
无锡市园林古典建筑有限公司	无锡	施工	一级	古建筑维修保护
苏州计成文物建筑工程有限公司	苏州	施工	一级	古建筑维修保护、近现代文物建筑保护
江苏天开景观工程有限公司	常州	施工	一级	古建筑维修保护
江苏省古典建筑园林建设公司	南京	施工	二级	古建筑维修保护
南京园林建设总公司	南京	施工	二级	古建筑维修保护、近现代文物建筑保护

续表

单位名称	城市	性质	级别	业务范围
苏州市思成古代建筑工程有限公司	苏州	施工	二级	古建筑维修保护、近现代文物建筑保护
苏州蒯祥古建有限公司	苏州	施工	二级	古建筑维修保护
苏州太湖古典园林建筑有限公司	苏州	施工	二级	古建筑维修保护
宜兴市太湖防渗加固修缮工程有限公司	无锡	施工	二级	文物建筑防渗加固
扬州市古宸古典建筑工程有限公司	扬州	施工	二级	古建筑维修保护
扬州古典园林建设公司	扬州	施工	二级	古建筑维修保护
南通濠河建设工程公司	南通	施工	二级	古建筑维修保护
南京中山园林建设(集团)有限公司	南京	施工	三级	古建筑维修保护
苏州市文物古建筑工程有限公司	苏州	施工	三级	古建筑维修保护
镇江市揽秀文物古建筑修建有限公司	镇江	施工	三级	古建筑维修保护
常州天一仿古园林装潢有限公司	常州	施工	三级	古建筑维修保护
江都市古典园林建设有限公司	扬州	施工	三级	古建筑维修保护
扬州重光古典园林建设有限公司	扬州	施工	三级	古建筑维修保护
南通市第八建筑安装工程公司	南通	施工	三级	古建筑维修保护
通州建总园林古建筑工程有限公司	南通	施工	三级	古建筑维修保护
泰州市古典园林建设工程有限公司	泰州	施工	三级	古建筑维修保护
江苏龙光建设工程有限公司	盐城	施工	三级	古建筑维修保护
江苏长安建设集团有限公司	徐州	施工	三级	古建筑维修保护
连云港市园林建设工程公司	连云港	施工	三级	古建筑维修保护
苏州吴都古典园林建筑有限公司	苏州	施工	暂定级	古建筑维修保护
太仓市政工程有限公司	苏州	施工	暂定级	古建筑维修保护
江苏天润工程建设有限公司	扬州	施工	暂定级	古建筑维修保护
宝应县园林绿化工程公司	扬州	施工	暂定级	古建筑维修保护
泰州市伟业古园林建筑有限公司	泰州	施工	暂定级	古建筑维修保护
南通市紫石古典园林建筑工程有限公司	南通	施工	暂定级	古建筑维修保护
淮安市楚州区园林古建有限公司	淮安	施工	暂定级	古建筑维修保护
江苏大洋建设工程有限公司	盐城	施工	暂定级	古建筑维修保护
徐州清源园林工程有限公司	徐州	施工	暂定级	古建筑维修保护

第三节 可移动文物的收藏、保管与修复

在可移动文物的保护方面，认真落实"保护为主、抢救第一、合理利用、加强管理"的文物工作方针。规范江苏省的文物保管工作，按照文化部《博物馆藏品管理办法》的要求，完善了文物藏品制度及相关人员工作守则，把好文物进出库关，完善报批手续，确保文物安全；建立藏品数据库，实现文物藏品信息登记规范化和信息化；提高馆藏文物的修复保护水平。以加强科研、服务公众、科学管理为工作重心，积极应对免费开放形势下文物利用、交流频繁的新情况，开拓博物馆院内外两个展览阵地，文物使用确保规范、高效、顺畅。

一、藏品数量及类别

可移动文物是国家宝贵的科学、文化财富，是文物收藏单位各项业务活动的基础。全省文物业保管的藏品，至2008年共达237.255 9万件(套)，

其中一级品 1 991 件(套)，二级品 93 383 件(套)，三级品 443 816 件(套)。① 其中南京博物院有一级文物 1 062 件，在全国博物馆中名列第四。

这些可移动文物时间跨度自旧石器时期直至当代，包括新石器时代的历史遗存和解放战争时期的革命文物，见证着江苏地区政治、经济、文化发展的历史。藏量较多、较成体系的是书画类藏品，以明清书画为大宗，诸如吴门画派、虞山画派、金陵八家、扬州八怪、京江画派和海上画派的作品等，收藏比较齐全。收藏较为丰富的陶瓷器，从新石器时代开始，经过印纹陶、原始瓷、六朝青瓷，到明清紫砂，皆数量丰富。其余收藏较多还有金属类、史料类、玉石类、图籍类、符印类等。革命文物主要为20世纪20年代至40年代反映江苏地区武装斗争的实物和资料。现代文物主要为反映社会主义建设时期江苏地区科、教、文、卫、艺术等方面的实物及文献资料。

南京博物院作为民国时期国立中央博物院的传承者，收藏了较多的宫廷旧藏，即原属热河、奉天两个行宫的用物，系全国范围内系统收藏明清皇家宫廷文物的三大博物院之一。宫廷文物在数量和质量上，仅次于北京故宫和台北故宫。其中包括大量明清官窑瓷器，以及古物陈列所南迁图书 1 100 箱，共计约 3 000 部，约 4 万册，内中宋元明善本不一而足，而清代殿版书籍尤为难得。

中华人民共和国成立以前全国考古发掘品，除台北故宫以外，主要收藏在南京博物院。有来源于民国时期中央研究院的文物，如尹达、梁思永民国 25 年(1936)在山东日照发掘的黑陶器，董作宾、李济民国 17 年(1928)开始在河南安阳殷墟的发掘品。20 世纪 40 年代，南京博物院在四川彭山发掘东汉崖墓的所得物。民国 33 年至 34 年间(1944~1945)，由夏鼐主持，在敦煌发掘唐墓所得墓志和陶俑等。

二、藏品征集

藏品征集的主要途径是：一、通过社会调查，以接受捐赠、移交、拨交、馆际交换及收购等方式，征集流散在社会上的文物标本；二、通过考古发掘和配合农田水利、基建工程清理古文化遗址、古墓葬，获得埋藏在地下的历史遗存文物；三、通过野外考察采集标本。2008 年，考古出土文物及标本数 288 件(套)，从有关部门接收文物数 3 620 件(套)，藏品征集数 10 043 件(套)。② 征集收购流散在社会上的流散文物以及接受捐赠，是一种重要的征集藏品途径。例如，五十多年来，镇江博物馆通过废品回收、银行收购(出土的金银、钱币等)、文物商店收购等多种渠道，征集拣选文物数千件(不含古钱币)；建馆以来，陆小波、唐寿民、唐嵩山、罗雁峰、袁佐良、严惠宇等镇江籍知名人士共 200 多人次捐赠了大批书画、古籍图书、货币、青铜器等文物逾万件。连云港市博物馆征集陈广彪珍藏多年的 3 千多个种类的古钱币近万枚，并以此筹建了钱币馆；征集纪效芳海洋生物标本，以之为基础组织了海珍品展览。1994 年，邓永清将其毕生收藏的 212 件明清书画珍品悉数捐赠家乡徐州博物馆，成为该馆接受最多的捐赠，也是最珍贵的一批书画藏品。1994 年，句容市开发区派出所展开的集中打击文物犯罪工作中，收缴各类文物近 500 件，以汉代墓葬出土文物为主，全部移交句容市博物馆收藏。2007 年，傅抱石家属捐赠一批作品入南京博物院保管收藏。

三、藏品整理

文物藏品的消毒、接收、登记、编目、分类、统计、建档、核查、清点、排库、上架、藏品囊匣制作以及旧藏整理、藏品信息化等。

藏品档案是藏品在征集、鉴定、登记、管理、保护、研究、使用等一系列活动中的真实记录，它既是围绕着藏品而建立的数据系统，又是藏品的历史、科学、艺术价值在实际工作中的具体体现。登记编目人员每年整理登记新收的文物，来源包括专门征集部门收购的文物、社会各界捐赠的文物、考古出土品以及保管部门旧藏整理的文物等。

进入 21 世纪，随着信息化设备以及网络的普及，文物藏品信息登记规范化和信息化逐渐进入了大家的视野。南京博物院从 20 世纪 80 年代就开始了藏品的信息化工作。国家文物局 2001 年发布

---

① 据《江苏省文化统计年鉴(2008 年度)》文物业综合情况表。
② 据《江苏省文化统计年鉴(2008 年度)》文物业综合情况表。

了《博物馆藏品信息指标体系规范(试行)》《博物馆藏品二维影像拍摄技术规范(试行)》，此后各市按照省文化厅要求，陆续建立起内容详细的博物馆馆藏在账文物电子档案、馆藏文物数据库平台等。三级以上文物建立电子档案，对于充分利用藏品资源，查阅提取文物资料提供了方便，推动了文物藏品保管工作科学化、制度化、规范化。馆藏文物信息化工作将会成为博物馆文物管理工作中必不可少的组成部分，数据的建成与平台的应用会将信息化工作的成果渗透到博物馆各个业务流程当中。

四、藏品保管

2008年，全省文物库房面积约6.7万平方米。① 如南京博物院保管部设有考古品库、瓷器库(官窑瓷器库和历代瓷器库)、书画库、青铜器库、佛像库、钟表库、文献库、善本书库、近现代实物库、丝毛棉麻库、竹木漆器牙角库、玉石库、陶泥库、拓片库、一级品库，将民族文物和外国文物按质地分入各个库房。

库房内文物按质地进行分类保管及环境控制。库房的保管设备包括箱、柜、架、盒等，对文物起到防尘、防光、隔潮、防虫霉的作用。环境控制方面，通过大型通风设备和温湿度调节设备对文物库房内的空气、温湿度、光照、空气污染物、有害生物等可能影响文物保存的因素进行监测和调节，为文物提供一个良好的保存环境。文物保管人员必须做好文物库房的整洁和安全工作，对库房进行日常维护和管理，检查和初步控制文物保存环境等，积极探索文物科学保管和保护。

在库房管理方面，严格按照文物保护管理规定，制定了一系列规范化的管理制度，如文物库房工作人员管理制度；藏品账册、档案、卡片管理制度；文物出入库审批手续制度；文物修复、保护管理制度；文物库房安全制度等。

针对文物出库利用频繁，安全压力加大的现状，制定一系列文物安全制度和措施，并狠抓过程管理和细节落实，在文物提取、出库、点交、包装、装车、运输、修复、照相、扫描、拓片、观摩、布展、撤展以及退库等工作环节中，要求库房文物保管人员全程参与，密切配合，做到人物随行，部门领导严加监督，最大限度地保证文物的安全。藏品展示区域是安防系统的重点防护部位，馆内外均有监控设施，整个系统24小时不间断防护，确保展区的安全。

五、日常性保养及文物修复

文物保管人员定期对文物进行高温消毒、低温消毒或药物消毒，同时加强温湿度控制和通风换气来抑制生物危害的发生，必要时使用杀菌剂及驱虫剂。定时观察藏品的变化，及时上报需修复保护的文物、藏品总数及增减数字，由文保部门实施修复、装裱等技术文保。已经开展的有书画、善本书、写经、大藏经夹板、东巴文书籍、文献档案、陶瓷、漆器等藏品的修复装裱、科学保护等。为了更好地保护文物，各博物馆逐年加大库房硬件设施的投入，例如购置包括可组合式多用橱柜、恒温恒湿系统、中央空调排风系统等大量优质器材设备。

现今博物馆藏品管理的发展趋势，是越来越强调文物为社会服务。近年来，南京博物院将科学研究和服务公众作为工作的两极。保管部围绕这一思路积极开展各项工作，完善库房管理，规范工作流程，加大藏品服务科研、服务社会的力度。立足科研，努力提升学术水平，逐步提高工作能力。以信息化建设为突破口，加强藏品档案建设，积极开展馆藏文物的整理研究。为全院业务工作、学术研究、各相关单位及个人提供观摩、复制、扫描、拓片、拍摄、仿真制作等工作，取得了良好的社会效益和经济效益。藏品为社会科研服务，提供文物资料用于出版。每年为科研出版、筹备展览、文物复制及拍记录宣传片等每年提供文物达1 000余件。

第四节 历史文化名城名镇名村

"历史文化名城"是指保存文物特别丰富、历史建筑集中成片、保留着传统格局和历史风貌、具有重大历史文化价值和革命意义的城市，1982年由国务院公布第一批国家历史文化名城。"中国历史文化名镇名村"，是由建设部和国家文物局从2003

---

① 据《江苏省文化统计年鉴(2008年度)》文物业综合情况表。

年起共同组织评选的,保存文物特别丰富且具有重大历史价值或纪念意义的、能较完整地反映一些历史时期传统风貌和地方民族特色的镇和村。江苏历史悠久、文化遗产丰富,保有了全国最多的国家历史文化名城和中国历史文化名镇。截至 2008 年底,全省有国家历史文化名城 8 座:南京、扬州、苏州、徐州、镇江、淮安、常熟、无锡。中国历史文化名镇 14 座:甪直、周庄、同里、溱潼、黄桥、沙溪、木渎、淳溪、千灯、安丰、锦溪、邵伯、余东、沙家浜。中国历史文化名村 2 处:陆巷村、明月湾村。省级历史文化名城 7 座:高邮、泰州、常州、江阴、兴化、无锡、宜兴。省级历史文化名镇 21 座:甪直、周庄、同里、东山、西山、光福、木渎、震泽、沙溪、丁蜀、千灯、黄桥、荡口、淳溪、安丰、邵伯、沙家浜。江苏省历史文化名村 4 座:陆巷村、明月湾村、严家桥村和九里村。此外,还有江苏省历史文化保护区 3 处:无锡古运河历史文化保护区、南通濠河历史文化保护区、大丰草堰镇古盐运集散地保护区。

国家级历史文化名城南京是中国八大古都之一,今存城址为明初所建,周长 35.267 千米,城墙因地势而筑,平面呈不规则形状,今尚存 25.091 千米。明南京城以其独特的不规则城市布局在中国都城建设史上占有重要地位。南京地上、地下文物十分丰富,以湖熟命名的湖熟文化遗址遍布于秦淮河两岸达 300 处之多;南朝陵墓石刻以其雄伟的气魄,傲视于世;宏伟的明孝陵已列入世界文化遗产名录。扬州是古代漕运的枢纽之地,经济繁荣,在唐代有"扬州富庶甲天下,时人称扬一益二"之美誉。扬州唐城的发掘,再现了沉睡千余年前"东南大都会"的雄姿。扬州城北部蜀冈是当时的子城即衙城,其南的罗城是商业区和居住区。扬州文物古迹众多,隋炀帝陵和史可法祠、墓,记载着历史沧桑;鉴真纪念堂与普哈丁墓则见证了古代中外文化交流的历史佳话。苏州是典型的江南水乡城市,水陆并行的双棋盘格局,独具特色。刻于南宋的《平江图碑》上面所标的街、河、桥、庙,在今老城区尚有部分仍然存在,弥足珍贵。苏州古园林,以拙政园、留园、网师园、环秀山庄、沧浪亭、狮子林、艺圃、耦园等为代表,凝聚了深厚的中国传统文化,是园林艺术的精华所在,被列入《世界遗产名录》。徐州是自古兵家必争的军事战略要地,黄河的多次泛滥冲刷,使徐州城屡建屡毁,现仅户部山尚存部分古街区,还有冲不走的汉楚王墓群。徐州在西汉曾是诸侯国的都城,十二代楚王死后皆葬于此,气势雄伟的楚王墓,其神工鬼斧之宏伟构筑,令人惊叹不已。镇江为古代军事重镇,位于古楼岗的铁瓮城始筑于东吴时期,是江苏现存六朝时期保存较完整的城址之一。大运河的开凿带动了镇江的城市发展,它一面临江,三面环山,山水相连,形势险要,风光绮丽。山上寺庙别具特色,金山全山遍布寺庙,人称"寺裹山",焦山上寺庙隐于山林之中称之"山裹寺",故镇江有"城市山林"之誉;焦山摩崖题刻及碑林,字字展现了书法艺术之魅力。淮安城(今淮安市楚州区境内)构造独特,它是由老城、新城通过夹城连接而成,三城并列,甚为罕见,今虽已毁,尚有遗迹可寻。淮安也是古代漕运的重要枢纽,现有漕总督署和康熙、乾隆南巡驻跸的行宫及有关水利工程的御碑等遗存。一代伟人周恩来诞生于淮安,如今的周恩来故居及纪念馆,瞻仰者络绎不绝。常熟是一座江南水乡城市,古城布局独特,城西北有青翠若屏的虞山伸入,人称"十里青山半入城",北濒长江,南临昆承湖,前后河港七条,状若琴弦,有"琴川"之称。常熟有"文化之邦"的美誉,众多文物古迹,都和中国历史上的文化名人相关,如言子、黄公望、王石谷、翁同龢等。无锡自古就是鱼米之乡,素有布码头、钱码头、窑码头、丝都、米市之称,无锡是吴文化、近代民族工商业和乡镇企业的发祥地。

江苏省内的历史文化名镇大多集中分布在太湖周围地区,均为水乡集镇,历史悠久、风景如画、经济富庶。这些古镇大多有数百年历史,如甪直古镇在汉唐时已有隐居贤士及庙宇,宋代已有集市。周庄镇为南宋始建,至今保留着明清时形成的传统的古镇风貌。它们地处水网地区,集镇的产生和发展都依托于水,镇内道随水行,因水成市、因水成街、因水成景,保留了江南传统民居"人家尽枕河"的景观。沿河所见一片粉墙黛瓦,临水建屋,前街后河,石板路、石拱桥,人们仍然以船代步。这些古镇文物古迹众多,甪直保圣寺罗汉塑像是全国重点文物保护单位,同里镇的退思园被列入世界文化遗产名录。这些古镇传统工商业发达,丝绸、苏绣、木雕、牙雕、琢玉等工艺全国闻名。丁蜀镇是历史悠久的陶瓷之都,尤以紫砂器精品闻名于世。

国家级历史文化名村陆巷村位于苏州市吴中区东山镇,是一座保存较为完整的明清古村落。村内曾有数以百计的厅堂宅第,现保存较好的有明代所建的遂高堂、会老堂、晚三堂、熙春堂、双桂堂、明代古井等古迹三十余处。村中一条长达一里的明代古街,建有明清古牌坊"探花、会元、解元"三座。古村名人辈出,是明代正德年间宰相王鏊的故里。近代,从陆巷村走出的院士和教授达六十多位,是全国村级之最,是著名的教授之乡、院士故里。明月湾村位于苏州市吴中区金庭镇,相传因吴王和西施在此地赏月而得名。现存20多处清代乾隆年间的古建筑,村中有一条长1 146米的石板街,由4 568块花岗条石铺成,上可行人,下为排水沟,当地居民称之为棋盘街。村内还有一个清乾隆二十一年(1756)筑的石码头及一株千年古香樟。

表 8.6 江苏省国家级历史文化名城、名镇、名村名单(截至 2008)

属性	城、镇、村名称	公布时间与批次
中国历史文化名城	南京市	1982 年 2 月 8 日公布(第一批)
	扬州市	
	苏州市	
	镇江市	1986 年 12 月 8 日公布(第二批)
	徐州市	
	淮安市	
	常熟市	
	无锡市	2007 年 9 月 15 日(增补)
中国历史文化名镇	昆山市周庄镇	2003 年 10 月 8 日公布(第一批)
	吴江市同里镇	
	苏州市吴中区角直镇	
	苏州市吴中区木渎镇	2005 年 9 月 16 日公布(第二批)
	太仓市沙溪镇	
	姜堰市溱潼镇	
	泰兴市黄桥镇	
	高淳县淳溪镇	2007 年 5 月 31 日公布(第三批)
	昆山市千灯镇	
	东台市安丰镇	
	昆山市锦溪镇	2008 年 10 月 14 日公布(第四批)
	江都市邵伯镇	
	海门市余东镇	
	常熟市沙家浜镇	
中国历史文化名村	苏州市吴中区东山镇陆巷村	2007 年 5 月 31 日公布(第三批)
	苏州市吴中区西山镇明月湾村	

表 8.7 江苏省级历史文化名城、名镇、名村名单(截至 2008)

属性	城、镇、村名称	公布时间与批次
江苏省历史文化名城	高邮市	1995 年公布(第一批)
	泰州市	
	常州市	2001 年公布(第二批)
	兴化市	
	江阴市	
	无锡市	2005 年公布(增补)
	宜兴市	2008 年公布(增补)

续　表

属性	城、镇、村名称	公布时间与批次
江苏省历史文化名镇	苏州吴中区东山镇	1995年公布（第一批）
	苏州吴中区甪直镇	
	昆山市周庄镇	
	吴江市同里镇	
	苏州吴中区西山镇	2001年公布（第二批）
	苏州吴中区光福镇	
	苏州吴中区木渎镇	
	吴江市震泽镇	
	太仓市沙溪镇	
	宜兴市丁蜀镇	
	昆山市千灯镇	2004年1月18日公布（第三批）
	泰兴市黄桥镇	
	无锡锡山区荡口镇（现为鹅湖镇）	
	高淳县淳溪镇	2006年12月26日公布（第四批）
	东台市安丰镇	
	江都市邵伯镇	
	常熟市沙家浜镇	
	吴江市汾湖镇	2008年4月30日公布（增补）
	海门市余东镇	
	昆山市锦溪镇	
	姜堰市溱潼镇	
江苏省历史文化名村	苏州市吴中区西山镇明月湾村	2006年12月26日公布
	苏州市吴中区东山镇陆巷村	
	无锡市锡山区羊尖镇严家桥村	
	丹阳市延陵镇九里村	
江苏省历史文化保护区	无锡古运河历史文化保护区	1995年公布（第一批）
	南通濠河历史文化保护区	
	大丰市草堰镇古盐运集散地保护区	2001年公布（第二批）

第五节　世界文化遗产申报和管理工作

世界遗产是指被联合国教科文组织和世界遗产委员会确认的人类罕见的、目前无法替代的财富，是全人类公认的具有突出意义和普遍价值的文物古迹及自然景观。1972年，联合国教科文组织在巴黎通过了《保护世界文化和自然遗产公约》，成立联合国教科文组织世界遗产委员会，其宗旨在于促进各国和各国人民之间的合作，为合理保护和恢复全人类共同的遗产作出积极的贡献。中国于1985年加入《保护世界文化和自然遗产公约》，积极参与世界遗产的申报。

江苏拥有众多世界级的文化遗产，通过加强保护并申报世界文化遗产，可以达到更好地保护文物的目的。多年来，在世界文化遗产申报和保护方面取得了诸多成绩，积极探索多省市联合申报世界文化遗产的新模式。1997年，拙政园、留园、网师园和环秀山庄作为"苏州古典园林"的代表被列为世界文化遗产，实现江苏"申遗"零的突破。2000年11月30日，沧浪亭、狮子林、耦园、艺圃和退思园作为"苏州古典园林"的扩展项目被列入《世界文化遗产名录》。2003年7月3日，南京明孝陵作为"明清皇家陵寝"的扩展项目进入世界文化遗产行列。

2004年6月28日,第28届世界遗产大会在苏州召开,这是中国第一次承办这一国际会议。会议决定由世界遗产中心与中国合作在苏州设立世界遗产研究和培训机构,这是亚太地区首次设立类似的机构。

2006年年底,中国大运河(江苏段)、明清城墙(南京城墙)、瘦西湖及扬州历史城区、江南水乡古镇(周庄、甪直)、苏州古典园林扩展项目(历史街区)5个项目被列入国家文物局《中国世界文化遗产预备名单》。2007年9月,扬州市被国家文物局确定为中国大运河联合申报世界文化遗产牵头城市。

为做好全省世界文化遗产工作,加强对世界文化遗产地的保护和管理,2007年召开了"江苏省世界文化遗产地保护工作会议",进一步强化相关工作。

1. 苏州古典园林

苏州古典园林是对苏州山水园林建筑的统称。作为苏州古典园林杰出代表的拙政园、留园、网师园、环秀山庄、沧浪亭、狮子林、艺圃、耦园及退思园,产生于苏州私家园林发展的鼎盛时期,以其意境深远、构筑精致、艺术高雅、文化内涵丰富而成为苏州众多古典园林的典范和代表。

1997年,拙政园、留园、网师园和环秀山庄作为"苏州古典园林"的代表被列入《世界遗产名录》,实现江苏"申遗"零的突破。2000年11月30日,沧浪亭、狮子林、耦园、艺圃和退思园作为"苏州古典园林"的扩展项目被列入《世界遗产名录》。世界遗产委员会对苏州古典园林作出如此评价:"没有哪些园林比历史名城苏州的四大园林更能体现出中国古典园林设计的理想品质。咫尺之内再造乾坤,苏州园林被公认是实现这一设计思想的典范。这些建造于16~18世纪的园林,以其精雕细琢的设计,折射出中国文化中取法自然而又超越自然的深邃意境"。

2005年起,为了更好地保护苏州园林这一世界遗产,参照世界遗产有关标准和中国文物保护的有关法规和要求,苏州市启动了古典园林动态信息和监测预警系统。该系统覆盖了苏州古典园林保护的各个方面,共分为两大部分,其中主体部分为六类,即建筑类、构筑物类、陈设类、植物类、环境类、控制地带;附属部分为五类,即客流量、安全措施、规章制度、人员技术能力和文献资料。

2. 明孝陵

明孝陵依照风水理论,精心选址,将数量众多的建筑物巧妙地安置于地上、地下,它是人类改变自然的产物,布局严谨,规模宏大,建筑华美,工艺精细,代表了中国封建社会最高的丧葬制度,体现了传统的建筑和装饰思想,阐释了封建中国持续五百余年的世界观与权力观。2003年7月,作为"明清皇家陵寝"扩展项目被列入《世界遗产名录》,包含的遗产点有明孝陵、徐达墓、李文忠墓、吴良墓、吴桢墓、常遇春墓、仇成墓。

申遗成功后,为保护和弘扬遗产价值,中山陵园管理局作为文物管理部门,不断加强对遗产周边环境的改造,恢复明孝陵完整的历史空间和周边环境。2006年,对翁仲路神道进行整修和环境整治,恢复了明陵神道的历史风貌。2006~2007年,对棂星门遗址进行发掘后,制定棂星门重建方案,经国家文物局、江苏省文物局分别批准后完成施工。2005~2007年,对内红门进行加顶保护,修复了方城明楼之前的升仙桥,重建了孝陵殿御道两侧的神帛炉,重建了金水桥后东西两侧以及文武方门内东、西两侧的合计四座井亭。由于明楼墙体缺少有效遮护,受风雨长期侵蚀影响,出现了局部坍塌,墙面剥落的情况,2008年6月,经国家文物局批准,对明孝陵方城明楼实施了加顶保护工程。

为展示、传播明孝陵的历史文化价值和精神内涵,于2003年正式成立明孝陵博物馆,其主要职责是宣传展示世界文化遗产明孝陵,收藏明代文物及相关史料,研究明代历史和文化。2008年,明孝陵博物馆新馆建成,建筑面积约5 000平方米,以"大明孝陵"作为基本陈列。

3. 中国大运河(江苏段)

中国大运河位于中国中东部,地跨北京、天津、河北、山东、江苏、浙江、河南和安徽8个省级行政区,沟通了海河、黄河、淮河、长江、钱塘江五大水系,全长1 000千米,历经两千余年的持续发展与演变,直到今天仍发挥着重要的交通与水利功能,是世界水利水运工程史上的伟大创造。大运河见证了中国历史上已消逝的一个特殊的制度体系和文化传统——漕运的形成、发展、衰落的过程以及由此产生的深远影响。

2006年12月国家文物局将大运河列入《中国

世界文化遗产预备名单》①，国务院将大运河申遗纳入政府的工作日程。2007年9月，国家文物局确定扬州为大运河申遗的牵头城市，标志着大运河申遗进入实际操作阶段。2008年大运河沿线35个城市成立大运河申遗联盟。

中国大运河江苏段全长约700千米，里程居各省段之首。运河沿线的徐州、淮安、扬州、镇江、无锡、苏州等六座城市均为国家历史文化名城。自2006年国务院将京杭大运河公布为全国重点文物保护单位，并作出中国大运河申报世界文化遗产部署以来，江苏省各级政府和相关部门高度重视大运河遗产保护工作，建立相应管理机制，落实相关责任部门，以大运河申遗为契机，结合南水北调工程建设，加强了运河遗产的保护。重点实施了运河沿线重点文物抢救保护、保护规划编制、环境整治及文化展示等工作，取得了卓有成效的阶段性成果。2007年，江苏率先开展了大运河遗产保护和规划编制探索工作，起草了《大运河（江苏段）保护规划编制要求》，为江苏大运河规划编制工作提供了有力先行条件。各地方政府和部门还针对一些重要的遗产点段，专门编制保护方案或专项规划，如扬州宝应段和江都段环境整治方案等、淮安清口水利枢纽保护规划、洪泽湖大堤保护方案等，为规划的落实和推进创造条件。全省实施了一大批运河沿线的文物古迹维修保护及历史街区整治工程，如淮安市总督漕运公署遗址维修保护工程、扬州市重宁寺维修保护工程等。2008年，江苏省文物局在无锡召开中国大运河（江苏段）遗产保护规划第一阶段编制工作会议，标志着江苏省大运河遗产保护规划第一阶段编制工作正式启动。

4. 南京城墙

"中国明清城墙"是指建成于中国明清时代（1368～1911），现分布于江苏省、陕西省、湖北省、浙江省、安徽省、辽宁省的兼具军事防御、抗洪防灾和空间规划等各种功能的城市体系性构筑物，包括南京城墙、西安城墙、荆州城墙、襄阳城墙、临海台州府城墙、寿县城墙、兴城城墙及凤阳明中都皇城城墙。2006年12月，"中国明清城墙"被列入《中国世界文化遗产预备名单》。

"中国明清城墙"南京城墙遗产保护区面积为607.99平方千米，缓冲区面积为299.77平方千米。现存基本完好城墙段落23.399千米和城墙遗迹（指城墙内外壁砖石已剥落而墙芯犹存的城墙段落）1.692千米，完好率占原始长度的71.15%（南京明墙城墙原始长度35.267千米）。明代护城河保存长度达31.159千米，仍然是今日南京城市水系的重要组成部分。南京城墙在继承中国古代筑城传统思想的同时，创造性地将自然界的山水与城池结合起来，完美解决了城市发展中的保护旧城与发展新城的矛盾，在中国城市规划和城墙建造史上占有重要地位。南京城墙集中体现了中国数千年筑城经验，除了设计布局之外，墙体本身在地基的技术处理、建材的选用、砌筑的技术、墙体与河道的关系等诸多项目上，传统的筑城技术和方法在南京城墙营造中得到充分利用、借鉴和发展，体现出当年建造者的精湛技艺和独具匠心，是中国筑城史上具有代表性的杰出范例。

南京颁布了保护南京城墙的专项法规和保护规划，经过多年建设，城墙的面貌得到了恢复，周边环境得到显著改善，荣获建设部颁发的"2004最佳人居环境范例奖"。南京明城墙已成为南京现代城市格局和市民文化生活中的一个重要组成部分，是南京城市中体量最大、极具古都特色、最为生动的"城市名片"，也是南京人记忆深处的"乡愁"。

5. 江南水乡古镇

江南水乡古镇地处长江中下游平原，属亚热带季风气候，降雨丰沛，河网密布，有"水乡泽国""鱼米之乡"的称号。江苏境内的周庄和甪直、同里等就是其中的典型代表。同里于1998年列入《中国世界文化遗产预备名单》；周庄和甪直于1998年、2006年两次列入《中国世界文化遗产预备名单》。

江南水乡古镇是农耕时代的聚落遗产，是同一自然环境、地域形态和文化类型的产物，具有独特的空间布局、建筑风格和文化传统，具有突出的普遍价值。周庄、甪直、同里等古镇是在江南地区经济和文化鼎盛的时期（13～16世纪）发展而成的具有经济、居住、生产等多功能的城镇。它们由于格局独特、风貌完好、文化深厚、民风淳朴，成为江南水乡众多城镇的典范和代表。

---

① 当时称为"京杭大运河"。2008年3月，国家文物局召开了"大运河保护与申遗工作会议暨大运河保护规划编制研讨会"。会议建立大运河申遗城市联盟，并将"京杭大运河申遗"改称为"中国的大运河申遗"。

同里镇位于苏州吴江市境东北部。旧称"富土",唐初改为"铜里",宋时将旧名拆字为"同里"。四五千年前的新石器时代,当时已有先人在此聚居。宋代建镇,设巡检司。古镇四周有五湖环抱,镇内由三条市河及14条支流纵横分割成七个圩。镇内现存明清、民国建筑约占全镇建筑面积的十分之六,较完整的古石桥近20座。古镇保护区面积0.87平方千米。1995年被列为江苏省历史文化名镇,2003年被列为中国历史名镇。根据《江苏省政府对吴江市同里历史文化名镇保护规划的批复》同里镇的历史镇区保护范围为:东至肖家浜、西至南荒圩、西至南板桥、北至后港,面积约54公顷。三桥历史文化街区保护范围为:以太平桥、吉利桥、长庆桥为核心,东至嘉荫堂、南至闵家湾、西至广仁桥、北至石皮弄,面积4.6公顷。同里保护规划的重点在于保护好镇域及古镇周边五湖环绕、圩岛河网交织的自然风景,历史镇区的"九圩"空间借口、古镇街巷肌理、传统风貌一级各级文物保护单位、历史建筑、古树名木等物质和非物质文化遗存。同时,推进历史镇区周边区域保护和整治工作,优化调整用地布局,完善交通和市政设施,不断提升空间品质和人居环境。

角直镇位于苏州市吴中区。原名为甫里,因镇西有"甫里塘"而得名。后因镇东有直港,通向六处,水流形有酷如"角"字,故改名为"角直"。古镇内主要街道10条,有古街古巷69条,保存比较完整的明清建筑8万多平方米,其中,萧宅、赵宅、沈宅等商贾豪门宅第,建筑考究,雕刻精细。古镇区1.04平方千米。2003年公布为中国历史文化名镇。据《江苏省政府关于苏州市角直历史文化名镇保护规划的批复》,角直历史镇区的保护范围为:东至育才路中段、正阳桥一线,南至南昌桥、吉家浜、石家湾一线,西至马公河,北至金桩浜、思安浜、凌家溇一线,面积61.9公顷(其中,角直镇辖区面积56.7公顷,昆山市张浦镇辖区面积5.2公顷)。历史文化街区保护范围为:以东市河、南市河、西市河、中市河、西汇河两侧街空间与建筑院落为主,纵深20~100米,东至东市河正阳桥,南至南市河南昌桥以南,西至西市河环壁桥、西汇河永宁桥,面积15公顷(其中,角直镇辖区面积13.5公顷,昆山市张浦镇辖区面积1.5公顷)。规划的重点在于保护历史镇区河街并行的空间格局、主要河道、传统街巷和古桥梁,加强滨水空间、桥头空间和沿街沿河界面的风貌控制。同时控制历史镇区新建建筑高度、体量和色彩,努力延续和彰显传统风貌。加强公共服务和公用设施建设,提升人居环境质量。

周庄镇位于昆山市西南隅,旧名贞丰里。周庄镇内外湖荡环抱,河港纵横,依河成街,桥街相连,是典型的江南水乡。镇域总面积39.05平方千米。1995年公布为江苏省历史文化名镇,2003年公布为国家历史文化名镇。1986年,周庄镇编制了《周庄总体规划及古镇保护规划》,明确提出"保护古镇、建设新区、开辟旅游、发展经济"的十六字方针;1997年,在周庄被评为江苏省历史文化名镇后,《周庄古镇区保护规划》(1997)出台,对古镇的现状提出了新的评价,并提出对沿河沿街等重点地段进行整治;1999年周庄镇再次编制了的《周庄镇总体规划》,重点在促进古镇的保护和引导新镇区的发展方向;2002年的《周庄镇古镇区重点地段整治规划(2002年)》,划定了单个文物点、古镇区、古镇区外围建设的控制范围,区分了古镇的四个分类功能区。2004年,周庄镇编制了《"系水之桥"——周庄镇概念规划》,针对周庄古镇区进行了专项保护规划。《"系水之桥"——周庄镇概念规划(2004年)》确定从历史遗存、保留水系、古树名木、人物典故和民俗文化五个方面进行保护,力求保持"江南典型水乡之镇""明清繁华贸易之镇""文人雅士寄寓之镇""民风淳朴生活之镇"的特色。

6. 瘦西湖及扬州历史城区

扬州瘦西湖及扬州历史城区位于扬州西北郊,遗产区面积148.5公顷。该景观依托瘦西湖及扬州北郊自然冈阜蜀冈,在全长约4.5千米的带状水体两岸及湖北端蜀冈上建设园林、寺庙和其他文化景观要素,形成园林景观。2006年12月,"瘦西湖及扬州历史城区"被列入《中国世界文化遗产预备名单》。

遗产构成主要包括瘦西湖水体、沿岸平地土阜、湖中岛屿和蜀冈台地等自然地形,以及扬州古城遗址区。

瘦西湖古称砲山河、保障河、保障湖,是从清代扬州城北垣绵延至北郊蜀冈的狭长水体,总长约4.5千米,宽度约13~116米。瘦西湖水源于城西诸山,水道沿用历代扬州城护城河,并经人工疏浚、凿通,在清乾隆年间(1736~1795)形成一条连贯的细长又富曲折变化的线形水体。水体两岸因有历代城垣遗存及浚河淤土的堆积,地形多土阜隆起。盐商及盐务官员即利用土阜及湖水间的隙地,建造背"山"面水的园林。或于水中筑土为山,如小金山;或于水中筑堤,划割水面,如净香园;或沿河再筑夹河,如石壁流淙。这些人为的改造使湖面张弛变化,极富节奏;加之土阜的高低错落,为沿湖园林景观的建设创造了绝佳的自然地形条件,使景观整体成为充分利用自然地形的设计经典。

蜀冈位于明清扬州城北2.5千米,是长江下游冲积平原北缘的自然台地,分东、中、西三峰,以东峰最高,相对高度22米。蜀冈因宋欧阳修在此建平山堂,成为扬州北郊一处著名的文化胜地。清初在此重建或新建平山堂及西园、大明寺、观音寺等文化景观要素,成为北郊湖上景观的一个富有导向性及标志性的终点。

扬州古城保留着自汉代以来的历代城市遗址,唐子城遗址为国内仅有的唐代地面城垣遗址,宋三城遗址中保留有国内仅存的宋代双瓮城遗址,明清古城中更是古迹丰富,文物众多。老城区总体保护范围为20平方千米左右。

由于该项目的遗产范围与大运河扬州段遗产区有所重合,瘦西湖、个园、天宁寺、重宁寺、北护城河等遗产元素已列入大运河遗产点。因此,扬州按世界遗产的标准和要求,先行做好瘦西湖文化景观的保护管理工作,包括编制保护规划纲要、实施保护工程,以及加强日常保护管理等。

第六节　新型文化遗产保护

2005年12月国务院发出《关于加强文化遗产保护的通知》,全新的"文化遗产"理念开始指导中国的文物保护事业,第三次全国文物普查也是在该理念指导下开展工作,中国文化遗产保护领域逐步从"文物"向"文化遗产"进行历史性转型。文化遗产的内涵和外延都在不断扩展,从重视古遗址、古墓葬、古建筑等年代久远的遗迹,向20世纪遗产、当代遗产延伸,新型文化遗产如大遗址、工业遗产、水利遗产、农业遗产、老字号、传统民居、乡土建筑、红色文化遗迹、线性遗产、文化景观、水下遗产等成为关注和保护的对象。

一、大遗址及考古遗址公园

大遗址是中国近年来从遗产保护和管理工作角度提出的一个重要概念。"大遗址"主要包括反映中国古代历史各个发展阶段涉及政治、宗教、军事、科技、工业、农业、建筑、交通、水利等方面历史文化信息,具有规模宏大、价值重大、影响深远的大型聚落、城址、宫室、陵寝、墓葬等遗址、遗址群。① 大遗址结构复杂、地域广阔、遗存丰富、历史信息量大,能比较全面地反映一个区域当时的经济发展情况、人民生活水平以及相互之间的社会关系,具有不可再生和不可替代的价值与地位。考古遗址公园是指以重要考古遗址及其背景环境为主体,进行古遗址保护和展示专门园区,它以保护遗址和服务考古为首要目的,通过遗址展示和文物展览揭示遗址的内涵、价值,推动科研、教育和旅游观光,是方便群众休闲和健体的公益性公共活动地域空间。

江苏省地处中国东南部,历史文化资源丰富,大遗址众多,文化内涵丰富;但同时高温多湿,地下水位高的自然条件也使得遗址病害类型多,遗址保护刻不容缓;此外,由于所处地域经济发达、土地短缺、人口密度大、城市化进程快,社会发展与遗址状况波动直接,受自然和人为双重因素的影响较大。

从20世纪90年代开始,江苏省各地已对遗址保护工作的重要性产生了一定的认识,并着手进行考古调查勘探,编制考古遗址公园的规划。如明祖陵遗址保护、淹城遗址保护,淹城遗址保护利用总体规划在1996年6月17日获得了国家文物局的批复,原则同意该保护规划。另外,扬州唐子城城墙遗址的保护利用,也有一定程度的思考。2006年《"十一五"期间大遗址保护总体规划》颁布实施,江苏省扬州城遗址、鸿山墓地被列入100处重要大遗址保护名录。2008年4月10日,无锡鸿山遗址博物馆、吴文化博物馆隆重举行落成典礼,同时"南京博物院大遗址保护研究中心"在鸿山遗址挂牌。4月12日,在无锡召开的全国大遗址保护现场会上,无锡在大遗址保护方面的实践和探索被作为先

---

① 国家文物局、财政部《"十一五"期间大遗址保护总体规划》。

进经验向全国推广。

在大遗址保护和可持续发展方面,江苏省积极进行了实践和探索,受遗址周边环境影响,主要有以下几种保护模式:一是对分布于现有城市内的遗址多采用城市遗址公园的形式,将遗址保护与建立城市休闲绿地相结合,典型的有扬州城遗址、南京城墙遗址、南京明故宫遗址、镇江铁瓮城遗址、徐州汉墓遗址、漕运总督遗址等。二是对分布于城郊、乡镇的遗址多采用主题景观园区的形式,将遗址保护与新农村建设相结合,带动当地旅游产业发展,典型的有无锡鸿山遗址和武进淹城遗址等。

1. 鸿山遗址大遗址

鸿山遗址位于江苏省无锡市新区鸿山镇东部,是春秋战国时期长江下游吴越文化的墓葬类遗址。鸿山遗址发现于2003年,经国家文物局批准,江苏省考古研究所和无锡市锡山区文物管理委员会组成考古队,于2003年3月~2005年5月对开发区范围内的土墩进行抢救性考古发掘。据考古勘探和遥感测定,遗址分布范围7.5平方千米,内有108个墩,初步勘测确定有春秋战国时期大型土台、土墩51座。在已挖掘的7座墓葬中,共出土珍贵文物2 300余件。其中特大型墓葬邱承墩出土礼器、乐器、玉器共1 100余件珍贵文物。入选"2004年度全国十大考古新发现"、第六批全国重点文物保护单位、"十一五"期间100处国家重点保护大遗址,具有重要的文物、考古、历史和社会价值。

鸿山遗址被发现以后,得到了无锡市委、市政府的高度重视。本着"高起点规划、高标准保护、高水平设计、高效率建设"的宗旨,委托国内名家和权威机构,相继开展了总体保护规划、遗址博物馆建筑及周边景观、博物馆展览工程、湿地生态保护、鸿山遗址本体保护等方面的设计和施工。将采取遗址本体保护、历史环境修复、生态环境建设和观赏农业为一体的"遗址公园"方式保护利用,公园由遗址现场、遗址博物馆和遗址背景环境组成,其中遗址主体和博物馆保护建设总投资预计超过5亿元。2008年4月10日,中国吴文化博物馆、鸿山遗址博物馆两馆正式落成,成为鸿山遗址保护、展示以及吴文化研究的重要基地。

鸿山遗址的发现、保护和开发是吴越文化研究的一次重大突破,有助于全面了解吴国、越国的政治、经济和文化面貌,也为研究战国早期的吴越地区陶瓷史、音乐史和工艺美术史,提供了珍贵的实物资料,同时也体现了中央到地方在大遗址保护方面的先进理念,对经济发达地区大遗址保护具有重要的启发意义,成为中国大遗址保护的典范。

2. 扬州城大遗址

扬州是有着两千五百年历史的文化名城,自公元前486年吴王夫差在蜀冈上筑邗城开始,先后历经了汉、隋唐、宋、明清等几个重要时期,积淀了深厚的历史文化底蕴,留存下来大量反映各个时期政治、经济、文化、教育、宗教、军事、交通、水利等方面的文化遗产。扬州城遗址位于今扬州老城区及西北郊,先后入选"1993年度全国十大考古新发现"、"八五"期间"全国十大考古新发现"、第四批全国重点文物保护单位、"十一五"期间100处国家重点保护大遗址,具有突出的文物、考古、历史和社会价值。

多年来,扬州城在大遗址保护方面不断探索,采取另建新城和整体保护旧城的战略,避免了旧城改造对历史文化名城的毁灭性破坏。通过20世纪70年代以来的考古钻探、发掘、调查,基本搞清楚了扬州城遗址的范围、城市布局和道路系统,对扬州城的筑城时代及历代叠压关系有了一定了解。

以田野考古工作为基础,扬州有计划、有目的地对各个遗址进行了保护与利用。其一,制定相关法律、法规、条例,如《扬州城遗址保护管理条例》,编制了《扬州城遗址保护规划》。扬州市扬州城遗址的保护、修复、展示面积达4.5平方千米,包括宋大城遗址城门发掘、宋代夹城和堡城发掘、隋唐扬州城考古发掘、唐子城维修保护、邗城和广陵城调查发掘、明清城保护、水系整治和城池轮廓线绿化工程等,投资4.9亿元,"十一五"期间完成前期筹建工作。其二,对重要遗址实施保护,如在宋大城西门遗址建立了遗址博物馆,对唐宋城东门遗址、宋大城北门水门遗址等做了复原展示,对唐罗城西门遗址做了保护展示,将宋夹城遗址建设成为考古遗址公园。通过这些保护展示措施,较好地实现了文化遗产与历史真实、生态环境、休闲绿地的结合,也使得这些遗址成为市民旅游、休闲的好去处。此外,还对东关街与东圈门古街区进行保护性开发。

3. 淹城大遗址

淹城系春秋古城遗址,位于江苏省常州市武进区湖塘镇境内,西北距常州兰陵7千米。淹城遗址是目前中国保存最为完整的春秋时期的地面城池遗址,被称为"中国江南第一城"。淹城东西长850米,南北宽750米,总面积约65万平方米。

学术界对淹城遗址的关注及调查工作自1936年已开始,正式的考古发掘工作开始于1986年。1988年1月被列为全国重点文物保护单位。至1991年,先后进行了五次正式的考古发掘。

随着武进撤县设市,淹城的保护、修复显得更为迫切和重要。1996年5月,南京博物院主持编制了《淹城遗址保护利用总体规划》,提出以吴越史迹为导线,充分利用考古手段和成果,逐步恢复淹城三城三河形制,展示春秋淹城古文化风貌。整治环境,合理利用,使淹城遗址成为集科学、文化、旅游于一体的春秋古文化游览胜地。规划期限分为三期:一期规划(1996~2000),要求考古弄清淹城的历史情况,并开始展示区建设的基础工作。二期规划(2001~2005),完成展示区重点项目的建设以及部分旅游配套设施,开展淹城遗址的环境保护配套工程。三期规划(2006~2010)全面完成淹城遗址的保护、复原工作,完成淹城遗址的环境保护配套工程的建设。1996年6月17日,该规划通过国家文物局的审批。

2007年3月,常州市武进区人民政府再次委托南京博物院对该规划进行修编。规划编制已十余年,淹城原属的武进县级市已纳入常州市主城区成为武进区,经济高速发展,城市化进程迅猛,土地资源短缺,使得处在城市包围内的淹城遗址环境日益恶化,城市发展威胁到遗址安全,急需保护规划来协调保护与发展的关系。规划面积约218公顷。

在规划的修编过程中,审视现代城市发展与大遗址保护之间的一致性与矛盾性,权衡保护与利用的关系,尊重地方的社会经济、文化发展需求。力求在规划中把遗产保护与地方发展、生态环境相结合,合理协调文物保护、利用与社会发展三者之间的关系。规划根据现状制定保护措施,制定规划目标:保护淹城遗址本体内的所有遗迹,逐步恢复淹城"三城三河"形制;保护淹城及其周边的环境;充分利用考古手段和成果,展示春秋淹城的古文化风貌和吴地民俗;利用四条主干道内的建设控制地带建设遗址公园,为公众服务。2008年11月规划方案通过国家文物局的审批。

二、工业遗产

根据国际工业遗产保护协会于2003年通过的《下塔吉尔宪章》,工业遗产是指具有历史价值、技术价值、社会意义、建筑或科研价值的工业文化遗存。包括建筑物和机械、车间、磨坊、工厂、矿山以及相关的加工提炼场地、仓库和店铺、生产、传输和使用能源的场所、交通基础设施,除此之外,还有与工业生产相关的其他社会活动场所,如住房供给、宗教崇拜或者教育。工业遗产关注的主要历史时期是自18世纪后半叶工业革命以来至今,但仍包含前工业时期和工业萌芽期的活动。

江苏是中国近代民族工商业的萌芽地之一,19世纪末至20世纪中叶,在江苏的无锡、南通、常州、苏州、扬州、镇江、南京等地,形成了棉纺织、面粉、缫丝、机器制造等工业产业类型。其中,遗留的具有历史价值、技术价值、社会意义、建筑或科研价值的近现代工业文化遗存,包括建筑物和机械、车间、磨坊、工厂、矿山以及相关的加工提炼场地、仓库和店铺等,以及与之相关的其他社会活动场所,构成了江苏省工业遗产体系。

江苏省的工业遗产保护与研究工作在全国中开展较早。2006年4月18日,由中国古迹遗址保护协会、江苏省文物局和无锡市人民政府主办的中国工业遗产保护论坛在无锡举行,在会议中形成了关于工业遗产保护的行业共识性文件——《中国工业遗产保护——无锡建议》,并于同年6月2日由国家文物局正式颁布。《无锡建议》根据中国工业遗产保护的现状,吸收了其他国家工业遗产保护的先进理念和科学内涵,对中国工业遗产的保护内容、面临的威胁、实现的途径和责任、目标、前景等,都作了精辟的阐述。

在江苏省的十三个县市中,无锡市、南京市、南通市和常州市的工业遗产保护与利用工作开展的较为突出。无锡是近代中国民族工商业重要发祥地之一,拥有丰富的工业遗产。近年来,无锡在工业遗产的保护和合理利用方面做出了积极有益的探索。通过举办工业遗产保护论坛、印发《无锡市工业遗产普查及认定办法(试行)》,对工业遗产采取抢救保护与开发利用相结合的原则,因地制宜挖掘工业遗产的现实价值,既注重与城市整体脉络相协调，又要注重再利用和可持续发展。通过工业遗产功能置换，改建为专业博物馆、主题文化公园、社区历史陈列馆、文化艺术创意中心等，或作原生态保护，如无锡的民国时茂新面粉厂厂房被改造成民族工商业博物馆，北仓门蚕丝仓库被改造成生活艺术中心。2007年6月8日和2008年10月8日，无锡市陆续公布了两批无锡工业遗产保护名录，规划了工业遗产的保护工作。南通市积极推进"唐闸历史工业城镇"保护和整体申报世界文化遗产。2007年，常州市出台《工业遗产保护与利用规划》，科学保护、利用和管理工业遗产。江苏省的文化遗产保护、利用和管理工作正逐步推进、完善。

表 8.8　江苏省代表性工业遗产

类型	名　称
矿冶类	徐州韩桥煤矿旧址
陶瓷类（含窑址）	宜兴窑址、蜀山窑群、祝甸窑址、黄龙山紫砂泥矿井、牛场窑群
纺织类	大生纱厂、南通大生第三纺织公司旧址、江阴蚕种场、振新纱厂旧址、永泰丝厂旧址、大成三厂旧址、恒源畅厂旧址、镇江合作蚕种场旧址
食品仓储类	茂新面粉厂旧址、和记洋行旧址、汤沟酒窖、洋河酒厂地下酒窖、五丰面粉厂旧址、扬州麦粉厂旧址、北仓门蚕丝仓库、新毛粮仓
军工制造类	春雷造船厂船坞、金陵兵工厂旧址、戚机厂旧址
市政交通类	江苏邮政管理局旧址、陵园新村邮局旧址、南京邮电局旧址、浦口火车站旧址、东明电气股份有限公司、连云港火车站旧址

三、水利与农业遗产

水利遗产是指人们在与水接触的过程中创造出的与水相关的历史文化遗迹，尤其是各类水利工程与设施遗迹，这些水利工程与设施是中国古代人民在长期的生产实践中因地制宜创造出来的，涉及日常生活、农田灌溉、防洪防旱、城市供水与排水、航运漕运等诸多领域。

农业遗产是人们在农事活动中创造出的历史文化遗迹，包括遗址类农业文化遗产、物种类农业文化遗产、工程类农业文化遗产、技术类农业文化遗产、工具类农业文化遗产、文献类农业文化遗产、特产类农业文化遗产、景观类农业文化遗产、聚落类农业文化遗产、民俗类农业文化遗产。

由于农业与水利的密切相关性，农业工程遗产与水利遗产在某些领域相互重合。

1. 江苏省水利遗产

江苏跨江滨海，水网密布，湖泊众多，其中太湖和洪泽湖位列全国五大淡水湖，长江、淮河横越东西，中国大运河（江苏段）纵贯南北，水利遗产丰富。春秋战国时期，吴王夫差在江苏扬州开凿"邗沟"，隋炀帝时开凿大运河，沟通了五大水系，进一步繁荣了江苏的漕运事业，并塑造了徐州、扬州、苏州等一批沿河历史文化名城。大运河是世界上历程最长、工程最大的古代运河，也是最古老的运河之一，在江苏境内，徐州、苏州、淮安、宿迁、常州等地留有大运河的遗址和水系；胭脂河天生桥是明洪武年间开凿的沟通南京与两浙地区漕运的人工河胭脂河而劈成的天然石桥，在中国乃至世界都为独一无二，也是明时水利建设中罕见的奇景；洪泽湖大堤始建于东汉建安年间，原先只有高家堰15千米，而最终于清朝乾隆年间形成了30千米长，其筑堤成库规划和直立条式防浪墙坝工程技术代表了当时世界的最高水平；黄泗浦码头是唐宋时期遗留的港口型遗址，其丰富的码头、仓库、作坊、商铺、民居、寺庙、道路等遗迹在全国同时期的其他遗址中十分少见，也是研究中日交流、海上丝绸之路重要的文化遗址；向阳渠是中华人民共和国成立以来中国人民自己修建的著名水利工程。

表 8.9　江苏省代表性水利遗产

类型	名　称
运河	大运河（江苏段）、邗沟、锡澄运河、吴江运河古纤道
河闸	大丰草堰石闸、如皋城东水关遗址、仪征东门水门遗址、淮阴双金闸、洪泽高良涧进水闸、三河闸、二河闸
桥梁	溧水胭脂河天生桥

续 表

类型	名 称
堤坝	洪泽湖大堤
渡口码头	宿迁御码头遗址、张家港黄泗浦码头遗址、江都邵伯运河码头
灌溉设施	铜山向阳渠、高淳水阳江水埠

2. 江苏省农业遗产

江苏作为中国农业的发祥地之一,农业文明源远流长,拥有7 000多年的农耕历史,作为历史上著名的鱼米之乡,农业文化的积淀已经融入了各个时期人们的生产生活中,形成了独特而丰富的农业遗产。江苏已发现的5 000年以上的稻作遗址就达到20多处,其中,张家港东山村遗址发现了7 000多年前的稻米,苏州草鞋山遗址发现了初具规模的6 000多年前的水稻田遗址。江苏历史上农业文明高度发达,高邮龙虬庄文化、南京北阴阳营文化、苏州草鞋山文化、宋代水田农业和明清基塘农业分别代表了不同时期中国农业文明发展的最高水平。农业文化景观多样,兴化垛田、沭阳古栗林、无锡雪浪山古茶园、太湖网箱养鱼和珍珠养殖景观、苏州东山桔林等既具备农业文化研究价值,又具有很高的景观价值。

从20世纪50年代起,江苏考古工作者先后发掘了一批具有江苏地域特征的史前农业文化遗址,出土了一大批反映不同时期农耕文化的文物,推动了江苏农业文明的研究。有些地方政府则根据具体需要,出台了农业文化遗产保护专项规划方案,如淮安2004年制定了《洪泽湖大堤典型堤段维修保护利用方案》,2007年编制了《洪泽湖大堤——周桥大塘、头坝遗址、蒋坝石工尾保护及维修方案》等。南京农业大学2004年创建了中国高校第一个系统收藏、研究和展示中国农业历史与文化的中华农业文明博物馆,收藏有古代农业生产工具1 000余件、原版古农书346部3 000余册,以及丰富的古代农作物、动物标本、国内和国外各类土壤标本等,也为展示江苏农业文化遗产提供了一个重要的舞台。从2007年10月至2009年底,江苏省用了两年多的时间开展了实地文物调查工作,共调查不可移动文物2万余处,其中就有900余处农业文化遗产,包括遗址类、聚落类、工程类等多种类型。①

表8.10 江苏省代表性农业遗产

类型	名 称
遗址类	高邮龙虬庄遗址、南京北阴阳营遗址、苏州草鞋山遗址、金坛三星村遗址、连云港藤花落遗址、邳州大墩子遗址、张家港东山村遗址
工程类	邗沟、淮安高家堰、淮阴水利枢纽、范公堤、南京水阳江水利遗址、洪泽三河闸、洪泽二河闸、洪泽高良涧进水闸、沭阳古栗林、铜山向阳渠
景观类	兴化垛田、沭阳古栗林、无锡雪浪山古茶园、太湖网箱养鱼和珍珠养殖景观、苏州东山桔林、泰兴银杏栽培系统、高邮湖泊湿地农业系统、无锡阳山水蜜桃栽培系统
聚落类	昆山周庄镇、吴江同里镇、苏州明月湾村、苏州陆巷古村、无锡严家桥村、丹阳九里村、无锡礼社村
工具类	洪泽湖渔具、太湖稻作农具、苏州养蚕工具
技术类	苏北代田法、里下河垛田、稻田水温调节法、苏南盐泡贮茧法、苏南稻田养鸭治虫、江苏沿海畎浴土技术
文献类	(宋)秦观《蚕书》、(宋)单锷《吴中水利书》、(宋)陈旉《陈旉农书》、(宋)沈括《本朝茶书》、(宋)王观《扬州芍药谱》、(明)徐光启《农政全书》、(明)王磐《野菜谱》
物种类	淮猪、太湖猪、苏北海子水牛、湖羊、海门山羊、狼山鸡、高邮鸭、太湖鹅、中华蜜蜂、晚粳老来青、金坛糯
特产类	无锡水蜜桃、宜兴百合、如皋白圆萝卜、宝应荷藕、阳澄湖大闸蟹、盱眙龙虾、南京盐水鸭、沛县狗肉、洞庭碧螺春、吴江丝绸、镇江香醋
民俗类	苏州吴歌、溱潼会船、洪泽湖渔俗、太湖稻俗、苏州养蚕习俗、甪直水乡妇女稻作服饰、东坝大马灯、南通童子灯

---

① 王思明、李明主编《江苏农业文化遗产调查研究》,中国农业科学技术出版社,2011年10月版。

四、红色文化遗迹

红色文化遗迹是指中国共产党从诞生前后开始至 1949 年中华人民共和国成立前后共 28 年的历史阶段内创造并保存下来的文化遗迹,包括革命遗址遗迹、革命纪念场馆、革命纪念物、相关档案文献及其所承载的革命精神。科学地保护与开发红色文化遗迹,对于发挥红色文化遗迹价值与功能,加强革命传统教育,增强全国人民特别是青少年的爱国情感,弘扬和培育民族精神,带动革命老区经济社会协调发展,具有重要的现实意义和深远的历史意义。

江苏是中国共产党最早建立组织并开展革命活动的地区之一,红色文化遗迹十分丰富。国民革命时期,中国共产党领导的工人运动主要集中在南京、无锡、苏州等城市地区;抗日战争时期,江苏是侵华日军进攻和占领的重点地区,不仅有大量日军屠杀、战争罪行的罪证,更有中共领导江苏人民反抗外敌、救亡图存的历史记忆;国共合作时期,中共在国民政府首都南京有办事处、出版物基地等设施;解放战争时期,在江苏发生的苏中战役、淮海战役、渡江战役,均有文化遗存见证革命的历史。

从空间分布看,江苏红色文化遗迹遍布全省 13 个市,这既是江苏人民不屈不挠斗争精神的具体表征,更是江苏人民对红色文化遗迹普遍认同并加以保护的直接结果。从红色文化遗迹的构成类型看,江苏省主要有近现代重要历史事件和重要机构旧址、军事建筑及设施、烈士墓及纪念设施、名人故旧居、文化教育建筑及附属物、近现代重要史迹、展示演示场馆、革命文物、文献资料等基本类型。

江苏省的红色文化遗迹得到了较好的保护和利用,形成了一批各类国家、省、市级爱国主义教育示范基地、文物保护单位和红色旅游经典景区。截至 2008 年,江苏红色文化遗迹中有全国爱国主义教育示范基地 16 个、全国重点烈士纪念建筑物保护单位 4 处以及多处代表性红色文化遗迹。2004 年 12 月印发的《2004～2010 年全国红色旅游发展规划纲要》中提出《全国红色旅游经典景区名录》,即重点打造 100 个左右的"红色旅游经典景区",江苏省列入红色旅游景点 13 处。

表 8.11 江苏省全国爱国主义教育示范基地(截至 2008)

批次	公布时间	名称
第一批	1997.6.11	中山陵、周恩来纪念馆(故居)、新四军纪念馆、侵华日军南京大屠杀遇难同胞纪念馆、雨花台烈士陵园、淮海战役烈士纪念塔(馆)、《南京条约》史料陈列馆(中英《南京条约》签约旧址)
第二批	2001.6.12	梅园新村纪念馆、沙家浜革命历史纪念馆、茅山新四军纪念馆、南京博物院
第三批	2005.11.21	泰兴黄桥革命历史纪念地(新四军黄桥战役革命历史纪念塔、新四军苏北指挥部旧址、新四军第三纵队司令部旧址、粟裕部分骨灰安放处等)、赣榆抗日山烈士陵园、常州"三杰"纪念地(常州"三杰"纪念馆、瞿秋白故居、张太雷故居、恽代英纪念广场)、苏中七战七捷纪念馆、顾炎武纪念馆

表 8.12 江苏省全国重点烈士纪念建筑物保护单位(截至 2008)

批次	公布时间	名称	所在地
第一批	1986.10.28	淮海战役烈士纪念塔	徐州市
第二批	1989.8.31	抗日山烈士陵园	赣榆县
第三批	1996.4.12	常州烈士陵园	常州市
第四批	2001.5.17	镇江市烈士陵园	镇江市

表 8.13 《全国红色旅游经典景区名录》江苏部分

名称	包含景点
南京市红色旅游系列景区(点)	梅园新村纪念馆
	雨花台烈士陵园
	侵华日军南京大屠杀遇难同胞纪念馆
	渡江胜利纪念馆

续表

名称	包含景点
江苏新四军红色旅游系列景区(点)	句容市茅山新四军纪念馆
	盐城市新四军重建纪念馆
	泰兴市黄桥战役纪念馆
	常熟市沙家浜革命历史纪念馆
徐州市红色旅游景区(点)	淮海战役纪念馆
南通市红色旅游景区(点)	海安县苏中七战七捷纪念馆
淮安市红色旅游系列景区(点)	周恩来纪念馆和故居
	黄花塘新四军军部旧址
	新安旅行团革命历史陈列馆

据调查，江苏各市分布着近300处红色旅游资源。主要包括五个方面：一是中国共产党成立初期在党领导下早期的土地革命、工农红军革命活动地遗址、史迹和人物事迹；二是抗日战争时期中国共产党领导的新四军、八路军抗日活动地遗址、史迹和人物事迹；三是解放战争时期淮海战役、渡江战役的战场遗址、史迹和人物事迹以及解放上海战役的前线指挥地、史迹和人物事迹；四是中国共产党倡导和支持统一战线旗帜下建立的反法西斯国际国内统一战线的革命活动地、史迹和人物事迹；五是日本侵略者、汪伪政权和国民党反动派政权遗留的重大历史罪证、见证地、史实和人物资料。这些正面和反面的历史史实，都是极其珍贵的文化遗产，是进行生动的革命传统教育的不可替代的教材，是具有多种功能和价值的旅游资源，也是具有中国特色的专题旅游资源。

近年来，历届江苏省委、省政府都十分关心和支持红色旅游资源的保护与红色旅游景点的建设，通过保护和利用红色文化遗迹，加强和改进新时期爱国主义教育，推动江苏革命老区经济社会协调发展，培育发展旅游业新的增长点。自2008年起，江苏省各地一大批红色旅游景区免费开放，不仅带来游客的成倍增长，也拉动了各地旅游产业和其他服务业的大发展，实现了很好的社会效益和经济效益。

表8.14 江苏省代表性红色文化遗迹

类型	名称	所在地
名人故、旧居	周恩来故居	淮安市
	瞿秋白故居	常州市
	张太雷旧居	常州市
	秦邦宪旧居	无锡市
	周恩来童年读书处旧址	淮安市
	顾正红烈士故居	滨海县
	周恩来少年读书处	宝应县
	陆定一故居	无锡市
	周培源故居	宜兴市
	张闻天旧居	无锡市
	吴晓邦故居	太仓市
烈士墓及纪念设施	雨花台烈士陵园	南京市
	侵华日军南京大屠杀死难同胞丛葬地	南京市
	渡江胜利纪念碑	南京市
	盐阜区抗日阵亡将士纪念塔	阜宁县
	淮海战役碾庄战斗革命烈士纪念碑	邳州市
	抗日山烈士陵园	赣榆县

续 表

类型	名称	所在地
烈士墓及纪念设施	朱家岗战斗烈士墓	泗洪县
	雪枫烈士陵园	泗洪县
	苏中四分区抗日烈士纪念碑	东台市
	八十二烈士墓	淮安市
	杨根思烈士祠墓	泰兴市
	淮海战役纪念建筑群(烈士纪念塔、纪念馆)	徐州市
	王杰烈士墓	邳州市
	苏中七战七捷纪念碑	海安县
	张应春烈士墓	吴江市
	华中鲁迅艺术学院烈士墓	建湖县
	高凤英烈士墓	海安县
	航空烈士公墓	南京市
	新四军联抗部队烈士墓	海安县
	皖南事变三烈士墓	南京市
	苏南抗战胜利纪念碑	句容市
重要历史事件和重要机构旧址	新四军重建军部旧址	盐城市
	苏皖边区政府旧址	淮安市
	人民海军诞生地	泰州市
	韩公馆(联合抗日座谈会会址)	海安县
	新四军江南指挥旧址	溧阳市
	黄桥战斗旧址	泰兴市
	两浦铁路工人"二七"大罢工指挥所旧址	南京市
	"五卅"演讲厅	镇江市
	八路军驻京办事处旧址	南京市
	新四军一支队司令部旧址	高淳县
	新四军四县联合抗日会议会址	丹徒县
	苏北第一届参政会会址	海安县
	郭村战斗指挥部旧址	江都市
	新四军军部旧址	盱眙县
	宿北大战前沿指挥所旧址	新沂市
	华东野战军渡江战役指挥部旧址	姜堰市
	新四军东进泰州谈判处旧址	泰州市
	中共中央华中分局旧址	淮安市
	总前委、三野司令部旧址	丹阳市
	新四军江南指挥部旧址	丹阳市
	渡江战役总前委旧址	铜山县
	横山县抗日民主政府旧址	南京市
	中国人民解放军华东野战军前委指挥部和第三野战军成立旧址	徐州市
军事建筑及设施	黄山炮台旧址	江阴市
文化教育建筑及附属物	抗大五分校旧址	盐城市
	苏北抗大九分校旧址	启东市

续 表

类型	名称	所在地
文化教育建筑及附属物	华中雪枫大学旧址	高邮市
	培根师范旧址	扬中市
近现代重要史迹	新四军标语	宜兴市
	云台山抗日石刻群	连云港市

五、线性文化遗产

线性文化遗产是近年来国际上新兴的文化遗产保护领域之一，由"文化线路"衍生并拓展而来，主要是指在拥有特殊文化资源集合的线形或带状区域内的物质和非物质的文化遗产族群，其形式和内容多样，如河流峡谷、运河、道路、铁路公路线等线形遗址或遗迹。它们大多代表了早期人类的政治、经济和文化交流路线，具有重要的历史、文化、艺术、科学价值。[①]

江苏省地域广阔，境内江河纵横，重山复岭，自古以来，为满足经济和社会发展的需求，沿着陆路、水路和其他交通线路形成了丰富的具有漕运、邮驿、商贸、宗教、迁徙等特定功能的线路主体及其附属设施，以及相关历史环境和景观、可移动文物、非物质文化遗产等，即所谓线性文化遗产。江苏境内线性文化遗产丰富，主要有大运河、佛教传播线路、海陆丝绸之路、郑和七下西洋线路、康乾下江南线路、明清黄河故道、淮盐运销线路等古代贸易线路、古代道路交通线及古代沿海堤防线等遗产内容。[②]

1. 大运河

大运河是中国南北经济的大动脉，又是沟通南北文化的通道，是中国自古以来的大一统思想与观念的印证，并作为庞大农业帝国的生命线，对国家大一统局面的形成和巩固起到了重要的作用。中国大运河通过对沿线风俗传统、生活方式的塑造，与运河沿线广大地区的人民产生了深刻的情感关联，成为沿河人们共同认可的"母亲河"。沿河兴起的城镇街区及其各类建筑，有码头、仓库、船闸、桥梁、堤坝等形成了中国乃至全世界范围内罕见的大型线型文化遗产。大运河江苏段全长约700千米，里程居各省段之首，沿线有邵伯码头、双金闸、宝带桥、洪泽湖大堤等各类文化遗产点。

2. 佛教传播线路

佛教传播线路主要包括佛教南传线路和唐代鉴真东渡日本传播佛教线路。江苏省佛教遗迹遍布，其中以南京、徐州、苏州、扬州、镇江等地最为集中。唐代，鉴真大和尚东渡日本传授佛教，先后六次才渡江渡海成功，在张家港、扬州、镇江等地均留下了文化遗迹。

3. 海陆丝绸之路

江苏在历史上与海陆两条丝绸之路有着密切的联系。这里生产的丝绸在世界经济大流通中扮演了极其重要的角色。扬州、苏州、连云港、南京等港口城市都是历史上海上丝绸之路的重要节点。

4. 郑和七下西洋线路

明代，郑和率领庞大船队七下西洋，从东南亚、印度洋，最远到达红海和非洲东海岸，遍访30多个国家和地区。南京龙江是郑和下西洋的造船基地，船只从南京龙江船厂下水，在苏州太仓刘家港集结，满载京城国库之藏，然后顺长江而下，开启海上航程。在这条文化线路中留下了如龙江宝船厂遗址、静海寺、净觉寺、天妃宫及天妃宫碑、郑和府邸旧址、大报恩寺遗址、郑和墓、洪保墓、浡泥国王墓、明故宫遗址、太仓浏河天妃宫遗迹等文化遗存。

5. 康乾下江南线路

清代，康熙、乾隆二帝曾分别六次、七次到江浙一带南巡，史称康熙南巡、乾隆下江南。至今在江苏的许多地方还流传着二帝南巡的佳话，留下了许多历史遗迹。如苏州的虎丘、淮安的清晏园和码头镇、扬州平山堂的西苑与碑刻、扬州天宁寺及南巡记碑、宿迁的皂河镇龙王庙行宫等。

6. 明清黄河故道

黄河故道是南宋建炎二年(1128)到清咸丰五

---

① 单霁翔：《大型线性文化遗产保护初论：突破与压力》，《南方文物》2006年第3期。刘庆余《中国线性文化遗产的有效保护与合理利用》，Proceedings of 2013 International Conference on Education and Teaching(ICET 2013) Volume 24。

② 章建华：《江苏文化线路遗产及其保护》，《东南文化》2009年第10期。

年（1855）黄河在夺淮入海过程中形成的一条最具代表性的典型河道，蜿蜒于豫、鲁、皖、苏四省。江苏省境内黄河故道涉及徐州、淮安、盐城、宿迁等地，保存着古城镇、闸坝堤防、官署、宅园、寺庙、园林、碑刻等多种文化遗产。

7. 淮盐运销线路

明清时期，以扬州为中心，由运盐河、大运河、长江、淮河及其支流构建的盐商活动线路，是一条淮盐运销江苏、安徽、江西、湖南、湖北、河南的交通线路，也是一条重要的古代区域贸易和文化交流互惠之路。

此外，无锡宜兴的贡茶古道，徐州的徐宁驿道、柳泉古驿道、前官山驿道、大山驿道、任山驿道，常州的烈帝庙古纤道、松岭古道、古官道，苏州的植里古道，连云港的塔山古道、园林古道等，都是古代由于交通需要而留下的文化线路，具有重要的历史价值和科学价值。其中，塔山古道是江苏省首次发现的唯一有确切纪年的古道。

第九章　物质文化遗产研究与合理利用

江苏省依托高等院校和科研单位的人才优势,自20世纪90年代至今,在文化遗产的科学研究与合理利用方面,取得了丰硕的成果。江苏省文物局成立以来,坚持以科学发展观为指导,十分重视文物科研工作,将之作为促进全省文物保护事业可持续发展、培养人才队伍的重要基础工作来抓,每年设立专项研究课题10项左右,逐年增加文物科研经费,课题研究范围涉及物质文化遗产研究的各个方面,定期编辑出版文物科研系列丛书、科研成果汇编,加强对文物科研成果的推广和应用支持。2007年,省文物局组织开展全省文博优秀论文评选活动,评选并出版文博优秀论文集,苏州、南京、无锡等市获论文评选优秀组织奖。省文物局组织评审各地上报科研课题47项,其中上报国家文物局13项,有1项被国家立为"指南针"计划。

博物馆陈列方面,江苏省各馆在举办、引进陈列展览时,注重对展览科学性和艺术性的发掘,不断增强展览的吸引力、感染力。在全国博物馆十大陈列展览精品评选中,南京市博物馆的《六朝风采》、南京博物院的《历史艺术馆陈列》、南京市太平天国历史博物馆的《太平天国历史陈列》和侵华日军南京大屠杀遇难同胞纪念馆的《人类的浩劫——侵华日军南京大屠杀史实展》,先后被评为"全国十大精品陈列展览";南京博物院的《泗水王陵考古展》、扬州博物馆的《中国雕版印刷陈列》获最佳形式设计奖;苏州中国昆曲博物馆的《中国昆曲博物馆陈列》获最佳制作奖。江苏馆藏文物巡展是江苏省文物局开展陈列展览及社会服务的创新和探索。

重视传统工艺与新技术材料的结合,重视新技术和新材料的应用,一直是江苏文物保护工作的传统,并由此形成了自身的优势和特点。尤其是纸张及其他纤维质地文物系列保护技术、石刻保护修复技术、金属系列化学保护修复技术、传统工艺和现代科技结合的研究等取得了一系列成果。历年来对南京郊区六朝石刻的保护,盱眙明祖陵的保护,无锡薛福成故居、南通天宁寺、宿迁龙王庙行宫、常熟綵衣堂等的维修工程等取得成效。

20世纪90年代以来,数字信息技术发展迅猛,文物工作顺应潮流,积极开发和运用新技术,取得了一系列的研究成果,如"苏南建筑遗产评估体系""开发藏品信息管理系统""大遗址保护虚拟现实技术系统""馆藏档案建设与信息化管理研究""江苏省数字博物馆系统"等,将科技有效利用于文物工作中。此外,江苏省文博系统紧扣时代趋势,全面推进信息化,省文物局与13个省辖市博物馆签订基层网站建设责任书,文博信息化建设进展顺利。制定《江苏省文博信息网络建设实施方案》,由省文博信息网、南京博物院和各市信息网络基层站点构成的江苏省文博信息网络已基本形成并初具规模,为进一步开展全省文博信息化工作奠定了基础。

在国家不断推进文化体制改革,大力发展公益性文化事业和经营性文化产业,不断扩大对外文化交流的同时,社会各界日益认识到,文化遗产既是宝贵的文化资源,又是重要的经济资源,保护和利用好文化遗产资源,对江苏经济社会发展具有重要影响。江苏省全面贯彻"保护为主、抢救第一、合理利用、加强管理"的文物工作方针,积极探索文物利用的新形式、新途径;鼓励具有市场前景的文化遗产资源,在政策支持下与产业和市场相结合,参与创造物质财富和精神财富,实现文化遗产的有效传承和可持续发展;鼓励和支持文化遗产相关的文化事业和文化产业(如文化旅游业及由旅游业带动的相关产业)以及相关行业(如传媒业、出版业、艺术品拍卖业、园林景观业、建筑业、房地产业等)的发展。

江苏省600多处旅游区(点)中,约70%是文化遗产,在中山陵、瘦西湖等366个国家级旅游区(点)中,文化资源占80%以上,地域文化和历史文化是江苏旅游的主要资源。南京、苏州、镇江、扬州、徐州、淮安、常熟和无锡8个国家级历史文化名城,以吴文化、六朝文化、楚汉文化、明文化和民国文化为主的文物景点,是省内最受欢迎的旅游地。文化遗产旅游已成为江苏旅游经济的重要支柱。江苏省积极探索开展文物保护单位、大遗址、国家考古遗址公园、工业遗产、文化景观、历史文化名镇(名村)等文化遗产的综合利用工作,支持建设具有文化遗产特色的文化创意产业园区和发展具有文化遗产特色的文化产业。2008年,江苏省先后对南京江宁湖熟镇杨柳村古建筑群民俗文化园建设、宜兴陶祖圣境扩建工程、常州天宁宝塔佛教文化旅游开发、苏州平江历史街区保护、昆山锦溪"民间收藏博物馆群"文化旅游开发、洪泽湖水文化风情区建设、季子庙风景区精品文化旅游项目开发等与文化遗产相关的旅游产业项目发放了文化产业引导资金。

第一节　研究成果与学术活动

江苏省物质文化遗产的研究成果主要体现在考古发掘报告和学术论著、文物图录以及期刊、丛刊、集刊、课题等方面。以南京博物院为例,自2006年起,南京博物院每年编辑一部《南京博物院》,全面反映年度全院工作情况;编辑一部以年度生肖为主题的展览汇编,汇集该院全年举办的展览展出成果;出版考古发掘报告和学术论著30余部,如《四川彭山汉代崖墓》《北阴阳营——新石器时代及商周时期发掘报告》《龙虬庄——江淮东部新石器时代遗址发掘报告》《鸿山越墓发掘报告》《南京人化石地点(1993~1994)》《南京驼子洞早更新世哺乳动物群》等;出版文物图录100余部;主办的《东南文化》杂志1996、1999年被评为第一、二届江苏双十佳期刊,之后又被评为"华东地区优秀期刊""中文社会科学引文索引(CSSCI)来源期刊""中国人文社会科学引文数据库(CHSSCD)来源期刊""中文核心期刊"。

此外,江苏省还出版了《尹湾汉墓简牍》《六朝考古》《江苏省志·文物志》《江苏文物古迹通览》《中国文物地图集·江苏分册》《中国古城墙保护研究》等一系列考古发掘报告和综合类专著,以及《常州文物精华》《南京文物精华》《南通博物苑文物精华》《常州博物馆50周年典藏丛书》等文物图录。各级地方主办的《无锡文博》《苏州文博》《苏州文物》《南通博物苑2006年论文集》《博物苑》《南通博物苑百年苑庆纪念文集》等期刊文集也是地方物质文化遗产工作的重要研究成果。

物质文化遗产的学术活动方面,江苏省先后开展了"长江文化""徐淮夷文化""长江下游史前文化""良渚文化与古代文明进程""吴文化""江苏原始聚落形态""史前古国古城""名城名镇保护"等专题学术研究活动,取得了丰硕的科研成果。研究呈现出一些新的发展轨迹,一是涉及学科不断丰富,文化遗产学、考古学、文物学、博物馆学、建筑学、社会学、地理学、历史学、民族学等多学科交叉研究不断扩展;二是研究内涵不断丰富,特别是国务院2005年12月颁布《关于加强文化遗产保护的通知》[①]以来,江苏省关于物质文化遗产的研究对象增加了对大遗址、水利遗产、工业遗产、乡土建筑、农业遗产、文化景观等新的遗产类型和遗址博物馆、生态博物馆、社区博物馆等新型博物馆的关注和研究;三是研究的视角不断延伸,除了原有的对古遗址、博物馆和文物的研究外,主要集中在地域文明和文化序列的探索、文化遗产基础理论研究、文化遗产的保护和利用问题的研究、国内外遗产保护案例的研究、文化遗产保护利用中先进技术的研究、城市发展与文化遗产保护关系与实践研究、文化遗产发展路径研究、世界文化遗产研究等多个方面。

一、考古发掘报告

1.《四川彭山汉代崖墓》

为南京博物院专刊乙种之七,1991年出版。民国30年至31年(1941~1942),中央研究院川康古迹考察团对四川彭山县江口附近崖墓区进行规模较大的发掘,先后参加崖墓发掘的有吴金鼎、夏鼐、曾昭燏、高去寻、陈明达、王介忱、赵青芳等,曾编辑整理出原始资料。1983年由赵青芳主持,谷建祥具体负责进行报告的编写。全书共分四节:一、引言;二、墓葬形制;三、随葬品;四、结束语。插图177幅,彩色图版11幅,单色图版78幅,拓片97幅,附表5份。

2.《北阴阳营——新石器时代及商周时期发掘报告》

南京博物院编,1993年出版。由赵青芳、尹焕章、罗宗真、纪仲庆、张正祥、黎忠义分别执笔,罗宗真总纂成报告初稿,纪仲庆修改定稿,赵青芳审定。全书约13万字,图版和插图150余幅,并附英文提要。报告全面系统地介绍了四次发掘的重要收获,分述遗址新石器时代、商代和西周时期文化遗存,并运用地层学、类型学方法,结合其他自然科学的手段,分述遗址新石器时代、商代和西周时期文化遗存,进行了年代、分期、内涵、性质、经济生活、社会形态以及艺术宗教等意识形态方面的分析

---

① 这是首次在国家文件中使用"文化遗产"的概念,并且对其内涵给予界定,突破了原有的"文物"概念,强调更全面和系统地关注文化遗产。

研究。

3.《龙虬庄——江淮东部新石器时代遗址发掘报告》

龙虬庄遗址考古队编著,1999年出版。为国家哲学社会科学基金资助项目。全书84万字,彩版12版,黑白版88版,插图、附表近600幅。主编张敏,副主编李则斌、韩明芳、李国耀。该书2002年获第三届"中国环境考古优秀专著奖",是一部内涵丰富、研究深入并体现考古学发展新途径的发掘报告。材料明晰、厚实、学术意义重大,体现出了发掘的细致与科学性;总结出江淮东部地区史前文化的特征和时空定位;展示了多学科综合研究的成果。

4.《鸿山越墓发掘报告》

南京博物院、江苏省考古研究所、无锡市锡山区文物管理委员会编著,2007年5月出版。主编张敏,副主编费伶伢、李则斌、邹忆军,张敏执笔。报告配套三本图册:《鸿山越墓出土礼器》《鸿山越墓出土玉器》《鸿山越墓出土乐器》。该书展示了鸿山越墓的考古发掘成果,为学术界增添了新的研究内容。

二、学术论著

1.《六朝考古》

罗宗真著,1994年出版。该书以墓葬和随葬遗物为重点,对地上文物如城址、窑址、宗教建筑、地面石刻等,有较详细的阐述,使读者可以了解六朝考古的全貌。获1997年江苏省哲学社会科学优秀成果二等奖。

2.《南京人化石地点(1993~1994)》

魏正瑾等统稿,1996年出版。书中对汤山这一古人类化石地点的地质构造、地理环境、地层堆积作了详细的阐述;对发现的直立人头骨化石作了全面的介绍和科学的复原;对出土的古动物化石作了系统的统计与分类、鉴定;对南京直立人的时代、年龄、性别、性质、重要意义及价值等问题都作了科学的研究。该书获得第三届夏鼐考古学研究成果奖二等奖。

3.《尹湾汉墓简牍》

连云港市博物馆、中国文物研究所主编,1999年出版。该书收录了尹湾汉墓出土的全部木牍和竹简,以及国内27位学者有关尹湾简牍研究的专论。

4.《南京驼子洞早更新世哺乳动物群》

南京博物院、江苏省考古研究所编著,2007年出版,房迎三、董为执笔,是研究南京驼子洞发掘出土的哺乳动物群的学术专著。

表9.1 1991~2008年南京博物院出版的发掘报告与学术论著

书名	作者	出版社	出版时间
《四川彭山汉代崖墓》	南京博物院	文物出版社	1991
《中国丧葬礼俗》	徐吉军、贺云翱等	浙江人民出版社	1991
《宜兴紫砂》	梁白泉编	文物出版社	1991
《宜兴紫砂陶艺》	姚迁等编著	台北:南天书局有限公司	1992
《北阴阳营:新石器时代及商周时期遗址发掘报告》	南京博物院	文物出版社	1993
《南京博物院建院60周年纪念文集(1933~1993)》	南京博物院	南京博物院	1993
《六朝考古》	罗宗真	南京大学出版社	1994
《江南水乡的民俗与旅游》	徐艺乙等编著	旅游教育出版社	1996
《历史与文化》	贺云翱著	中国人事出版社	1996
《我们的昨天》	南京博物院	南京博物院	1996
《东方文明之光——良渚文化发现60周年纪念文集(1936~1996)》	徐湖平主编	海南国际新闻出版中心	1996
《通古达今之路:宁沪高速公路(江苏段)考古发掘报告文集》	南京博物院	南京博物院《东南文化》编辑部	1996
六朝文化国际学术研讨会暨中国魏晋南北朝史学会第六届年会(1998年9月6~10日·南京)	大会筹备委员编	南京博物院东南文化杂志社	1998
《胡小石研究》	南京博物院	南京博物院东南文化杂志社	1999
《龙虬庄:江淮东部新石器时代遗址发掘报告》	龙虬庄遗址考古队(张敏主编)	科学出版社	1999

续表

书名	作者	出版社	出版时间
《民俗美术》	南京博物院	南京博物院	1999
《吴地古代聚落》	林留根	河海大学出版社	1999
《魏晋南北朝文化》	罗宗真	学林出版社、上海科技教育出版社	2000
《江苏考古五十年》	南京博物院（邹厚本主编）	南京出版社	2000
《东方文明之韵——吴文化国际学术研讨会论文集》	徐湖平主编	岭南美术出版社	2000
《博物馆人丛语：宋伯胤博物馆学论著选》	宋伯胤	陕西人民出版社	2002
《花厅：新石器时代墓地发掘报告》	南京博物院	文物出版社	2003
《金陵佛寺大观》	杨小苑等	方志出版社	2003
《唐代墓志》	袁道俊编著	上海人民美术出版社	2003
《南京博物院文物博物馆考古文集》	南京博物院	文物出版社	2003
《陶瓷述古》	霍华	上海文化出版社	2004
《长江下游的徐舒与吴越》	毛颖、张敏	湖北教育出版社	2005
《姚迁纪念文集》	南京博物院	文物出版社	2005
《中国考古大发现》	龚良	山东画报出版社	2006
《光的艺术》	陈同乐	文物出版社	2006
《鸿山越墓发掘报告》	南京博物院、江苏省考古研究所、无锡市锡山区文物管理委员会编著（张敏主编）	文物出版社	2007
《南京驼子洞早更新世哺乳动物群》	南京博物院、江苏省考古研究所	科学出版社	2007
《祁头山：太湖西北部新石器时代考古报告之一》	南京博物院、无锡市博物馆、江阴博物馆	文物出版社	2007
《传统与现代：意大利在建筑和城市修复中的经验》	ShiraBrand、EugenioMartera编，南京博物院译	东南大学出版社	2007
《傅抱石信息资料1》	南京博物院	南京博物院	2008
《古代家具30讲》	杨海涛	荣宝斋出版社	2008
《胡小石书法文献》	南京博物院（龚良、倪明主编）	荣宝斋出版社	2008
《南京名人故居史话》	杨小苑等合著	南京出版社	2008
《古代丝织品的病害及其防治研究》	奚三彩著	河海大学出版社	2008

三、图录著作

1. 《南京文物精华》

由南京市文化局、南京市文物局主编，2000年出版，是一部全面反映南京历代文化遗产及南京文物事业成就的大型图录。全书分"建筑编"和"器物编"两集："建筑编"收录各类遗存150处，展示了各个朝代不同的建筑风格和文化景观；"器物编"收录各类精美文物300余件，集中反映了不同器类的造型、艺术特色和物质文化成就。辅以多位专家对文物相关价值及内涵的文字阐述，图文并茂，集学术性、资料性与知识性于一身。

2. 《南通博物苑文物精华》

南通博物苑编，2005年出版，是南通博物苑为苑庆100周年而编纂的一本图书。从苑藏品中遴选了120件（组）文物汇集而成，书中收录的文物有精美绝伦的艺术品，也有具有特定的历史价值、科学价值和具有南通地域特色的文物，还有明清时期的书画精品，图片数量有145副，附以图版说明。

3. 《人文江苏——江苏省全国重点文物保护单位图集》

王慧芬主编，2007年出版，在第二次全省优秀档案编研成果评选中获得一等奖。

4. 《中国文物地图集·江苏分册》

由国家文物局主编，江苏省文化厅、江苏省文物局编纂,2008年出版,是一部大型文物地图工具书。其编纂工作启动于1987年。全书集江苏省不可移动文物之大成,分为上、下两册,由概述、图版、文物单位简介和索引四大部分组成,共1290页,188万字,196幅图版。上册全面展示了江苏文物的分布情况和特点,下册对江苏全境的古遗址、古墓群、古建筑、石窟寺及古碑刻、近现代重要史迹及代表性建筑等七大类不可移动文物作出全面而概括的介绍。此书的出版是对江苏省考古文物成就的一次全面回顾与总结。

5.《常州博物馆50周年典藏丛书》

常州博物馆编,2008年建馆50周年时出版。丛书一套五册,包括《绘画》《书法》《瓷器》《玉器·画像砖》《漆木·金银器》。

表9.2 1991～2008年南京博物院出版图录著作

书名	作者	出版单位	出版时间
《中国南方早期佛教艺术展》	南京博物院等	南京博物院	1991
《南京博物院藏宝录》	南京博物院	上海文艺出版社、香港三联书店	1992
《华夏瑰宝》	南京博物院	台北艺术图书公司、江苏省出版总社	1993
《佛教初传南方之路文物图录》	贺云翱等编	文物出版社	1993
《中国书迹大观(第三卷)·南京博物院》	南京博物院	文物出版社	1993
《清瓷萃珍》	南京博物院、香港中文大学文物馆	香港中文大学文物馆	1995
《朱明遗萃:南京明故宫出土陶瓷》	梁白泉、张浦生主编	香港中文大学	1996
《碑帖(中国收藏小百科丛书)》	王继安	山东科学技术出版社	1997
《古代名画(中国收藏小百科丛书)》	郑旗	山东科学技术出版社	1997
《古代书画》	鲁力	中国书店	1997
《古代书迹(中国收藏小百科丛书)》	王继安	山东科学技术出版社	1997
《古籍版本(中国收藏小百科丛书)》	朱学波	山东科学技术出版社	1997
《古玉(中国收藏小百科丛书)》	马久喜	山东科学技术出版社	1997
《木版年画(中国收藏小百科丛书)》	徐艺乙、陈健	山东科学技术出版社	1997
《南京博物院藏明清扇面书画集》	南京博物院	人民美术出版社	1997
《青瓷(中国收藏小百科丛书)》	程晓中	山东科学技术出版社	1997
《篆刻(中国收藏小百科丛书)》	惠蓝	山东科学技术出版社	1997
《当代名画(中国收藏小百科丛书)》	郑旗	山东科学技术出版社	1998
《翡翠(中国收藏小百科丛书)》	马九喜、陈健	山东科学技术出版社	1998
《古代灯具(中国收藏小百科丛书)》	孙建君、高丰	山东科学技术出版社	1998
《古钱币(中国收藏小百科丛书)》	杨海涛	山东科学技术出版社	1998
《绘画(南京博物院珍藏系列)》	鲁力	上海古籍出版社	1998
《旅游门卷(中国收藏小百科丛书)》	郭礼典、杨海涛	山东科学技术出版社	1998
《民间剪纸(中国收藏小百科丛书)》	徐艺乙	山东科学技术出版社	1998
《明清瓷器(文物收藏知识丛书)》	程晓中	贵州人民出版社	1998
《玉器(文物收藏知识丛书)》	陈江	贵州人民出版社	1998
《明式家具(中国收藏小百科丛书)》	濮安国	山东科学技术出版社	1998
《清宫瓷器(南京博物院珍藏系列)》	程晓中	上海古籍出版社	1998
《青花瓷(中国收藏小百科丛书)》	程晓中	山东科学技术出版社	1998
《青铜器(南京博物院珍藏系列)》	张敏	上海古籍出版社	1998
《扇面书画(中国收藏小百科)》	鲁力	山东科学技术出版社	1998
《书画鉴真》	鲁力	上海文化出版社	1998

续 表

书名	作者	出版单位	出版时间
《吴越文化:中国的灵秀与江南水乡》	梁白泉、徐湖平主编	上海远东出版社、香港商务印书馆	1998
《紫砂(南京博物院珍藏系列)》	曹者祉	上海古籍出版社	1998
《紫砂壶(中国收藏小百科丛书)》	陈江	山东科学技术出版社	1998
《彩陶(南京博物院珍藏系列)》	谷建祥	上海古籍出版社	1999
《陈之佛画集》	南京博物院、南京王朝文化艺术公司	(香港)王朝文化艺术有限公司	1999
《东方神韵:南京博物院艺术陈列馆》	南京博物院	南京博物院	1999
《古代青铜器》	南京博物院	南京博物院	1999
《古代珍宝》	南京博物院	南京博物院	1999
《江南锦绣》	南京博物院	南京博物院	1999
《金银器(南京博物院珍藏系列)》	韦正	上海古籍出版社	1999
《六朝青瓷(南京博物院珍藏系列)》	周玫	上海古籍出版社	1999
《明清瓷器》	南京博物院	南京博物院	1999
《书法(南京博物院珍藏系列)》	李澜	上海古籍出版社	1999
《图说南博(院藏珍品)》	南京博物院	南京博物院	1999
《织绣(南京博物院珍藏系列)》	胡卫民	上海古籍出版社	1999
《中国古代绘画(院藏珍品)》	南京博物院	南京博物院	1999
《中国古代漆器(院藏珍品)》	南京博物院	南京博物院	1999
《中国古代陶艺》	南京博物院	南京博物院	1999
《古玉菁华:南京博物院玉器馆展品选萃》	殷志强编著	南京博物院	2000
《江苏馆藏文物精华》	徐湖平主编	南京出版社	2000
《明代山水画集》	南京博物院(徐湖平、刘建平主编)	天津人民美术出版社	2000
《南京博物院珍藏古代花鸟画(明信片)》	徐湖平、郑旗主编	江苏美术出版社	2000
《南京博物院珍藏古代山水画(明信片)》	徐湖平、郑旗主编	江苏美术出版社	2000
《物华天宝:南京博物院珍藏》	徐湖平主编	伦敦出版有限公司	2000
《中国古代玉器》	殷志强编著	上海文化出版社	2000
《民间收藏大观》	徐湖平主编	江苏古籍出版社	2001
《白瓷(三彩文库)》	叶晓妤(南京博物院组织编撰)	时事出版社	2002
《宝庆竹刻(三彩文库)》	胡彬彬(南京博物院组织编撰)	时事出版社	2002
《古茶器(三彩文库)》	孙仲威(南京博物院组织编撰)	时事出版社	2002
《古代铜镜(三彩文库)》	朱建新(南京博物院组织编撰)	时事出版社	2002
《古砚(三彩文库)》	陆判(南京博物院组织编撰)	时事出版社	2002
《漆器(三彩文库)》	杨晓秋、黄海涛(南京博物院组织编撰)	时事出版社	2002
《象牙雕刻(三彩文库)》	万新华(南京博物院组织编撰)	时事出版社	2002
《信步与回眸:苏天赐艺术历程油画展》	南京博物院、广东美术馆	(香港)王朝文化艺术出版社	2002
《雪域瑰宝:西藏文物精华展》	南京博物院	(香港)王朝文化艺术有限公司	2002
《中国邮票》	杨海涛	辽宁画报出版社	2002
《缤纷的花卉:桃乐茜·肯尼迪水彩画作品集》	南京博物院	南京博物院	2002
《古代名画赏析(南京博物院珍藏系列)》	郑旗	天津人民美术出版社	2003
《古代铭刻书法(南京博物院珍藏系列)》	庄天明等	天津人民美术出版社	2003
《明清肖像画(南京博物院珍藏系列)》	徐湖平主编	天津人民美术出版社	2003

续 表

书名	作者	出版单位	出版时间
《南京博物院日本书画文库展》	南京博物院、日本国际书道文化交流协会编	南京博物院	2003
《泗水王陵出土西汉木雕(南京博物院珍藏系列)》	庄天明、吴为山编撰	天津人民美术出版社	2003
《宋伯胤说陶瓷》	宋伯胤	上海古籍出版社	2003
《台湾龚钦龙藏越王剑暨商周青铜兵器》	南京博物院	南京出版社	2003
《张华清油画集》	南京博物院编,张丹、张涛译	上海人民美术出版社	2003
《中国清代官窑瓷器:宫廷珍藏》	南京博物院	上海文化出版社	2003
《泗水王陵考古(南京博物院建院70周年特展)》	南京博物院	(香港)王朝文化艺术有限公司	2003
《欧豪年半世纪水墨创作展》	南京博物院主办、欧豪年半世纪水墨创作展筹备组	(香港)王朝艺术出版有限公司	2003
《新疆行:两岸画家新疆写生作品展》	南京博物院、南京大学艺术研究院、江苏省海峡两岸关系研究所编	南京博物院	2003
《金坛三星村出土文物精华》	王根富主编	南京出版社	2004
《砂壶汇赏》	南京博物院成阳基金	(香港)王朝文化艺术出版社	2004
《漆器鉴赏收藏》	杨海涛	天津人民出版社	2005
《江苏国宝展》	南京博物院	南京博物院	2005
《傅抱石速写稿》	南京博物院	南京博物院	2006
《傅抱石印章》	南京博物院	南京博物院	2006
《江南遗珠:江苏传统工艺汇展》	南京博物院	南京博物院	2006
《南朝陵墓雕刻艺术》	南京博物院	文物出版社	2006
《古代绘画选(南京博物院藏、庞莱臣旧藏、庞增和捐献)》	徐湖平主编	文物出版社	2006
《陈之佛家属捐赠:南京博物院藏陈之佛工笔花鸟》	南京博物院	荣宝斋出版社	2006
《书画》	鲁力	人民美术出版社	2006
《中国画画世界(巴西、古巴卷)》	南京博物院	江苏美术出版社	2006
《中国出土玉器全集·江苏卷》	张敏编	科学出版社	2005
《南京博物院征集文物(2006~2011)》	南京博物院征集部编	南京博物院	2006~2011
《金色江南:江苏古代金器》	南京博物院(龚良主编)	江苏美术出版社	2008
《瓷苑珍品:南京博物院藏清代皇家御用瓷器展览图录》	广东省博物馆、南京博物院	岭南美术出版社	2007
《傅抱石写生画稿》	南京博物院(庄天明、曹清主编)	荣宝斋出版社	2007
《傅抱石著述手稿(影印本)》	南京博物院(庄天明、万新华主编)	荣宝斋出版社	2007
《傅抱石篆刻印论》	南京博物院(万新华、张蔚星主编)	荣宝斋出版社	2007
《傅氏兄妹中国画展》	南京博物院	南京博物院	2007
《贺兰山下的遥远记忆:西夏文物特展》	南京博物院	南京博物院	2007
《鸿山越墓出土乐器》	南京博物院、江苏省考古研究所、无锡市锡山区文物管理委员会编著(张敏编)	文物出版社	2007
《鸿山越墓出土礼器》	南京博物院、江苏省考古研究所、无锡市锡山区文物管理委员会编著(张敏编)	文物出版社	2007
《鸿山越墓出土玉器》	南京博物院、江苏省考古研究所、无锡市锡山区文物管理委员会编著(张敏主编)	文物出版社	2007
《紫砂收藏入门百科》	宋伯胤、吴光荣、黄健亮	吉林出版集团有限责任公司	2007

续表

书名	作者	出版单位	出版时间
《手捏戏文·泥土神韵：喻湘涟、王南山捐赠南京博物院惠山泥人作品集》	南京博物院	荣宝斋出版社	2008
《宋伯胤说紫砂》	宋伯胤	西泠印社出版社	2008
《中国出土瓷器全集·江苏卷》	张敏编	科学出版社	2008
《中国画画世界（法国、西班牙、希腊卷）》	南京博物院（徐湖平、庄天明主编）	江苏美术出版社	2008
《中国艺术品收藏鉴赏全集·紫砂（典藏版）》	宋伯胤、吴光荣、黄健	吉林出版集团有限责任公司	2008
《紫玉暗香：2008南京博物院紫砂珍品联展》	南京博物院、台湾成阳艺术文化基金会编	江苏文艺出版社	2008
《大师家传国粹西渐——陈之佛李有光陈修范李璋工笔花鸟画》	南京博物院	南京博物院	2008
《大越遗珍——鸿山越墓文物菁华》	南京博物院、江苏省考古研究所（张敏编）	文物出版社	2008
《江苏鸿山越国贵族墓出土文物选展》	南京博物院、大钟寺古钟博物馆编	南京博物院	2008
《恰如灯下故人》	霍华	北京大学出版社	2008

四、期刊、丛刊、集刊、课题

1.《东南文化》

创刊于1985年，双月刊，国内统一刊号CN32-1096，开本为16开，南京博物院主办，主要发表考古学、博物馆学、历史学、民俗学、艺术学等学科前沿研究成果。《东南文化》前身是创办于1975年的《文博通讯》，2002年起，《东南文化》创办增刊《陈列艺术》年刊，着力打造陈列艺术理论研究和案例剖析平台。

1975～1984年，《文博通讯》为内部刊物，不定期发行，共58期；1985年起，《东南文化》正式创刊，并在全国发行。1985～1987年，以书代刊，每年一辑，总第59～61期；1987～1994年，双月刊，常见两期合刊，总第62～106期；1995～1998年，季刊，总第107～122期；1999年，双月刊，总第123～128期；2000～2003年，月刊，单月为学术版，双月为艺术鉴赏版，总129～176期；2004～2008年，双月刊，总177～207期。

1999年，《东南文化》由中国学术期刊综合评价数据库、中国期刊网、中国学术期刊（光盘版）全文收录，收录期限为1994～2002年，被认定为中国人文社会科学引文数据库（CHSSCD）来源期刊；2000年，被认定为中文社会科学引文索引来源期刊（CSSCI-1998）；2003年，被中国期刊全文数据库（CJFD）全文收录；2004年，入选《中文核心期刊要目总览》；2005年，被中文科技期刊数据库全文收录。

《东南文化》始终坚持站在学术前沿，强调学术性、资料性与可读性的统一，及时关注重大课题研究，利用刊物优势，发挥平台作用，发表了大量在学术界颇具影响力的文章，有效推进重大课题研究向纵深发展。先后被评为江苏省双十佳期刊、江苏省期刊方阵双效期刊、华东地区优秀期刊等。

2.《南京博物院集刊》

创刊于1979年，内部资料，1987年第9辑后停刊，2007年第10辑起复刊，由南京博物院《东南文化》编辑部负责编辑出版工作，文物出版社出版。该刊主要刊登南京博物院职工在考古发掘、文物保护、艺术研究、管理发展中取得的学术成果，旨在搭建学术交流平台，提升理论研究水平。

3.《无锡文博》

创刊于1989年3月25日，原名《无锡博物馆通讯》，由原无锡市博物馆主办，1990年改名《无锡文博》。现由无锡博物院和无锡市文物交流中心联合主办，季刊，内部出版，每期发行1 200册。常设栏目有关注、专题、考古、遗产、历史、文化、品鉴、艺谭、博物馆、随笔、资讯。刊物以宣传国家文博政策、促进学术研究交流、弘扬优秀传统文化、推动文博事业发展为宗旨，立足于无锡丰厚的历史文化积淀，为无锡地区文博工作者提供展示研究成果的阵地，同时为全国各兄弟单位及其他相关单位的领导和专业人士打造文化交流的平台，具有学术性强、传播及时、资料正确可靠的特点。

4.《苏州文博》

《苏州文博》创刊于1988年，原名《苏州博物馆通讯》，由苏州市文化局主办，苏州博物馆承办，属不定期内部刊物。1989年6月更名为《苏州文博通讯》。1992年正式改名《苏州文博》，每年发行四期，每期2 000册，除国内各兄弟博物馆内部赠阅交流外，还和部分高校、科研单位以及海外文博机构建立较为密切的学术联系。常设栏目有：文物与考古、园林名胜、精品鉴赏、博物馆学研究、工作交流、吴文化研究等。1999年底停刊，共出版期刊39期（2007年底又复刊），由苏州博物馆、苏州博物馆协会主办，新增馆长论坛、数字博物馆、公众服务、古籍整理、姑苏文史等栏目。

5.《苏州文物》

《苏州文物》创刊于1988年，由苏州市文化局、苏州市文物管理委员会主办，苏州市文物研究所编辑出版，谢孝思、凡一担任顾问，为不定期内部刊物。以城区为主，覆盖张家港、常熟、昆山、太仓、吴县和吴江等6县，内容涉及文物古建筑修复、考古和博物馆馆藏文物保护。常设栏目有：胜迹今昔、古寺名居、水城桥梁、考古记实、文物鉴赏、古籍碑刻、革命文物等。1993年底停刊，前后共出期刊7期。

6.《南通博物苑2006年论文集》

《南通博物苑2006年论文集》，王栋云主编，广陵书社，2007年版。此论文集主要集中了南通博物苑工作人员在2006年一年中的工作总结、工作思路和体会，共包括25位工作人员的41篇文章，主要内容有博物馆管理研究、博物馆基础研究、博物馆应用研究、张謇研究、自然园林研究及其其他一些心得体会，共22万字，比较完整地展现了南通博物苑工作人员在2006年一年中的研究成果。

7.《博物苑》

南通博物苑苑刊《博物苑》于2002年创刊，为半年期期刊，每一期都出版一定数量的学术论文。《博物苑》是由南通博物苑主办，以博物馆学、文物学及地方历史、自然为主要内容的综合性读物。刊物以促进本地文博事业的发展为宗旨，以雅俗共赏、兼具一定的学术性和史料性为办刊方针，立足本苑，面向全市，也以此与全国兄弟博物馆进行业务和信息交流。

8.《南通博物苑百年苑庆纪念文集》

《南通博物苑百年苑庆纪念文集》，南通博物苑编，文物出版社，2005年版。2005年是南通博物苑百年华诞之年。这本纪念文集共收集与南通博物苑相关的文章66篇，绝大多数作者为南通博物苑在职或者已经退休的工作人员，其中也不乏一些知名的大家，如两院院士吴良镛、知名博物馆学专家苏东海等。其内容主要是追述张謇创立中国第一座博物馆——南通博物苑，及其由此带来的意义及关于博物馆管理、博物馆服务、博物馆社会教育、博物馆陈列、博物馆藏品管理、博物馆自然资源等相关内容。

五、重要学术活动

1. 早期佛教造像南传系统中日学术研讨会

1991年11月26日，早期佛教造像南传系统中日学术研讨会在南京博物院院长梁白泉的主持下在宁召开。日本龙谷大学、名古屋大学的上山大峻、谷川道雄、山田明尔、宫治昭、木田知生、入泽崇等著名专家和国内学者共80余人出席会议，提交论文30多篇。代表们分析了现今已发现的中国南方地区的佛教造像，力主早期中国佛教的传入应是由南方而来，有可能早于北方丝绸之路的佛教传入。此说虽然过去一直有人提出过，但是缺少详细的论证。所以，这次会议的召开，从材料和观点上都得到了进一步的补充，有着深远的意义，被认为是填补了中国佛教史和佛教艺术史的一些空白，有利于推动中国佛教艺术的产生和发展的研究。会议论文分期刊载在《东南文化》。

2. 高邮龙虬庄遗址暨江淮地区古文化研讨会

1997年9月22日～24日，由江苏省文化厅、南京博物院、高邮市人民政府举办的高邮龙虬庄遗址暨江淮地区古文化研讨会在高邮召开。黄景略、张忠培、郑笑梅、高广仁、邵望平等来自国家文物局、社会科学院考古研究所及苏鲁豫皖沪浙等省市的考古学、历史学的专家学者30多人参加了会议。与会的专家学者实地考察了龙虬庄、唐王墩2处遗址，对遗址出土的文化遗物进行了观摩讨论，确认在南至长江，北至废黄河（淮河），西至京杭大运河，东濒黄海的江淮东部地区，距今6 500～5 500年前的新石器时代存在着一支独特的原始文化类型，可考虑定名为龙虬庄文化。龙虬庄遗址所代表的文化类型为江淮东部地区的代表。与会代表还对稻作农业经济区的范围、环境及对考古学文化的影响、海岸线变迁等学术问题进行了有益的交流,对龙虬庄遗址发掘所采用各学科联合的办法给予了高度的肯定,并对以后这一地区的工作提出了要求,对遗址的保护提出了可行性的建议。

3. 中国—欧洲历史城市市长国际会议

1998年4月7日～9日在苏州召开。参加这次会议的有中国15个城市、欧洲9个城市的市长或代表。会议着重研究历史城市与社会经济发展之间的相互协调问题,强调一切发展必须是一种从历史延续过来的发展,是一种持续性的发展,并以此为原则探索各种保护方法和途径。会议发表了《保护和发展历史城市国际合作苏州宣言》(简称《苏州宣言》)。

4. 东海尹湾汉墓简牍国际学术讨论会

1993年春,东海县温泉镇尹湾村发掘的西汉后期墓葬中,出土了一批竹简,经过整理和初步研究,这批竹简共计有17种,是中国迄今发现最早的一批郡级行政文书档案,为研究汉代上计制度、行政建置、吏员设置、官吏迁除、国家盐铁生产、国家兵器制造与贮存以及户口、垦田等,提供了珍贵的第一手资料,具有重要的史料价值。

1998年8月20日～22日,"东海尹湾汉墓简牍学术研讨会"在连云港市举行,来自中国大陆及香港、台湾地区的近40名专家学者出席了会议。专家学者们从不同角度,分别就尹湾简牍的释文、尹湾简牍对于校订补正史籍的价值、尹湾汉简所反映的西汉时期的武备建设、东海郡的建置沿革、西汉政治制度史等问题进行了讨论。专家们一致认为,尹湾汉墓简牍对于秦汉的政治史、经济史、官制史、档案史、军事史、数术史、文学史、书法史、文字史、简牍史乃至古籍整理、历史地理等学科的研究,都提供了既古老又新鲜的珍贵史料。

5. 甲骨文与商代文明国际学术研讨会

1999年4月1日～5日在南京举行,来自美国、日本、意大利等国的专家学者和中国大陆以及台湾、香港、澳门地区的专家学者70余人共聚一堂,进行学术交流,总结了100年来甲骨文研究的丰硕成果,商讨了下一世纪甲骨文与商代文明研究的发展大计。与此同时,"海内外甲骨文书艺展"在南京与淮安两地举行。

6. 中国古城墙科学保护研讨会

2001年11月21日～23日在南京召开。来自全国60余名文物保护专家学者出席了会议。会议交流总结了多年来古城墙保护维修的经验,组织召开了"中国古城墙保护专家论坛",变封闭研讨模式为面向社会的开放式研讨形式。讨论并原则通过了《中国古城墙保护准则》,并提交国家文物主管部门批准后作为《中国文物古迹保护准则》的一项专业准则,作为中国开展古城墙保护维修工作的统一规范。①

7. 六朝货币与铸钱工艺学术研讨会

2003年11月18日～20日在南京市召开,参会代表50余人,分别来自中国钱币学会、北京科技大学、南京大学、上海博物馆、厦门大学、中国科技大学等单位。会议收到学术论文37篇,举行了3场主题报告和28场大会发言,围绕六朝时期的钱币铸造工艺、钱币学研究以及钱币与历史的关系等专题展开了积极的研讨,取得了较为引人注目的成果。

8. 首届世界文化遗产论坛中国明清皇家陵寝专题学术研讨会

2004年3月5日在南京召开。经过一天的会议交流,一天的参观考察,于3月7日结束。来自全国8省2市的代表共70人,提交论文35篇。研讨会上,交流了各文化遗产单位的情况和经验,提高了对保护世界文化遗产意义的认识。在省志办工作的省社科院研究员季士家应邀出席会议,并提交《明孝陵历史地位论》论文。

9. 第28届世界遗产大会

2004年6月28日～7月7日在苏州市召开,是中国首次承办世界遗产方面的国际会议。来自世界177个国家的700多位政府间以及非政府组织的代表参加了会议。

会议内容主要包括:讨论和审议世界各国新申报的世界遗产项目;世界遗产基金的使用情况以及有关世界遗产保护管理中的问题。会议共审议50多项议案,举办3个展览,介绍世界和中国文化遗产保护状况。中国提出了"世界文化遗产是人类共

---

① 张仲杰,《南京年鉴2001》

同财富""保护世界文化遗产,促进相互发展"等大会主题口号。会议完成了对48项提名列入世界遗产名录的审议,批准其中34项成为新的世界遗产项目。新的世界遗产项目中包括中国唯一的独立申报的世界遗产项目:位于吉林和辽宁两省的高句丽王城、王陵及贵族墓葬。至此,中国列入世界遗产名录的项目达30个。此外,中国申报的两个扩展项目——明清皇宫的扩展项目清沈阳故宫和明清皇家陵寝的扩展项目清盛京三陵也顺利通过审议,成为新的世界遗产地。

10. 淮河流域古代社会文明化进程学术研讨会

2004年10月19日～22日,在徐州举行。来自中国社会科学院考古研究所、南京博物院等9所国内文物考古研究所,以及山东大学、南京大学等8所大学的70多位专家学者出席了会议。

会议的主要议题是讨论淮河流域古代社会的文明化进程。与会代表就"淮河流域与黄河流域、长江流域史前文化的相互关系及相互作用"、"徐夷、淮夷文化在夏商周时期的历史进程与历史作用"等问题进行讨论。代表们认为,淮河流域的古文化表现出特有的多元性、过渡性和开放性,是华夏文明的源头之一。

11. 中国文化遗产保护无锡论坛

"中国文化遗产保护论坛",是旨在推动文化遗产的认定、调查和保护,研究和解决文化遗产保护面临的矛盾和问题,实现经济建设与文化遗产保护可持续发展的高规格主题论坛。该论坛自2006年以来落户无锡,由国家文物局主办,江苏省文物局和无锡市政府承办、中国古迹遗址保护协会协办。自2006年以来,先后围绕工业遗产、乡土建筑、20世纪遗产等重大主题进行探讨,一直引领着中国文化遗产保护理论和实践的发展方向,为推动中国文化遗产保护管理整体水平的提高做出了积极贡献。在无锡论坛上,相继诞生了《中国工业遗产保护——无锡建议》《中国乡土建筑保护——无锡倡议》《关于保护20世纪遗产无锡建议》等文化遗产保护的纲领性文件,对全国的文化遗产保护事业起到了极大的推动作用。

12. "转型期的敦煌学:继承与发展"国际学术研讨会

2006年9月7日～11日在南京师范大学召开。会议期间,世界著名敦煌学家,日本龙谷大学前校长上山大峻教授、日本京都大学名誉教授竺沙雅章、美国宾夕法尼亚大学教授梅维恒、德国科学院吐鲁番研究所所长茨默教授、俄罗斯科学院东方学研究所所长波波娃教授、哈萨克斯坦凯纳尔大学教授克拉拉等;中国敦煌学界著名学者,如敦煌研究院院长樊锦诗研究员、武汉大学教授朱雷、北京大学教授荣新江、台湾成功大学教授王三庆、复旦大学教授张涌泉、兰州大学教授郑炳林、中国社会科学院研究员黄正建等学者均前来参会。

13. 中国数字博物馆论坛

2007年1月,由南京博物院和中国博物馆学会博物馆数字化专业委员会联合举办的"中国数字博物馆论坛暨中国博物馆学会博物馆数字化专业委员会2006年会"是中国博物馆界首次举办的专门以数字博物馆为专题的学术研讨会,主题是"数字博物馆建设"和"多媒体展览陈列的应用",会议代表116名。国家文物局博物馆司领导以及中国国家博物馆、故宫博物院等国内数十家国内大中型博物馆、高校、研究所的专家和领导参加了会议。南京广电集团新闻中心安排了名为"数字时空、经典文化"的直播节目,会议期间举办了信息产品应用展览,组织了参观、游览,并为代表发放了论文集、资料和纪念品。

14. 中—意石质文物保护与监控学术研讨会

2007年12月2日～6日,由南京博物院文保所与中国科学院自然史研究所共同举办的"中—意石质文物保护与监控学术研讨会"在南京召开。来自意大利及中国的专家学者就各自的研究内容进行了交流与磋商。龚良院长与意大利文化参赞科松进行了亲切的交谈,万俐副所长和徐飞副研究员在会上进行了演讲。

15. 环太湖西北部马家浜时期古文化学术研讨会

2007年12月15日,江苏省考古研究所承办的"环太湖西北部马家浜时期古文化学术研讨会"在常州博物馆举行。来自中国社会科学院考古研究所、故宫博物院、中国国家博物馆、上海博物馆、浙江省文物考古研究所、安徽省文物考古研究所、山东省文物考古研究所、北京大学、山东大学、复旦大学、上海大学、安徽大学、中国科技大学、南京师范大学、文物出版社、中国文物报社、苏州博物馆、嘉兴博物馆等单位的20余名专家、教授出席此次研讨会。开幕式由江苏省考古研究所张敏所长主持，常州市文化局副局长荣凯元、江苏省文物局博物馆处副处长李民昌、原故宫博物院院长、考古专家张忠培先后在会议上致辞。南京博物院倪明副院长也参加了会议。江苏省考古研究所张敏、林留根、陆建芳、田名利等分别介绍了锡山彭祖墩、宜兴骆驼墩、江阴祁头山、宜兴西溪、溧阳神墩等遗址的内容，与会专家对重新全面认识马家浜时期的文化分区、内涵、分期和类型等进行了热烈的讨论。

为配合此次学术研讨会的召开，江苏省文化厅、常州市政府给予了大力支持，在常州博物馆特设"环太湖西北部马家浜时期原始文化遗址展览"，对此时期的原始文化给以更直接的了解与认识。

16. 六朝建康都城学术研讨会

2008年6月14日～15日在南京举行，来自国家文物局专家组及省内外的有关专家50余人参加研讨会。韩国、德国、美国等国外专家与会介绍国外相关研究最新成果。研讨会对六朝建康都城城址等若干重大问题进行讨论并形成初步共识。

17. 宜兴蜀山窑址考古成果研讨会

2008年9月16日～17日，宜兴蜀山窑址考古成果研讨会在南京召开。参加研讨会的有国内外及港台地区考古界和古陶瓷界专家30余人，耿宝昌、权奎山、王莉英、栗建安等著名专家参加了会议，并在大会上作了发言。

研讨会上，蜀山窑窑址发掘队队长杭涛介绍了蜀山窑2005～2007年的发掘情况，代表们参观了蜀山窑出土的紫砂和宜钧标本，并就紫砂和蜀山窑的发掘展开了热烈讨论，倪明副院长作了总结发言。专家们一致认为，这次蜀山窑发掘是对宜兴紫砂的第一次科学考古发掘，意义重大，共发掘出土了8条龙窑（均已残），3万余件紫砂、宜钧标本，收获颇丰，为紫砂研究和古陶瓷的窑址考古提供了不可多得的第一手宝贵资料。

18. 阖闾城遗址专家论证会

2008年9月16日～17日，"阖闾城遗址专家论证会"在无锡召开。此次论证会的主要内容是论证由南京博物院负责进行的阖闾城遗址考古调查所取得的阶段性成果。参加阖闾城遗址论证会的领导和专家有国家文物局副局长童明康，考古处处长阎亚林，江苏省文物局综合处副处长苏同林，博物馆处副处长李民昌，文保处副处长束有春和国家文物局黄景略，北京大学李伯谦，中国社会科学院考古研究所徐光冀、刘庆柱，中国建筑设计院历史建筑研究所陈同滨，南京博物院邹厚本，浙江省文物考古研究所曹锦炎、陈元甫，河南省文物考古研究所杨育彬，湖北省文物考古研究所陈振裕，上海博物馆宋建，南京大学范毓周，中央民族大学杨楠等考古学、历史学和文物保护规划的专家。

与会专家考察了阖闾城遗址和龙山石城遗址，听取了阖闾城遗址考古队队长张敏作的《阖闾城遗址考古复查工作汇报》，并就阖闾城遗址的现状、阖闾城遗址的保护和阖闾城遗址考古调查工作等进行了论证。会议认为：1. 阖闾城遗址的考古复查工作认真细致，并采用了多种科学方法进行考古复查，彻底了解阖闾城遗址的年代、布局和周边遗迹的相互关系；2. 阖闾城遗址考古复查最重要的成果之一是发现并确认了阖闾大城，完整地复原了阖闾城遗址；3. 阖闾城遗址考古复查另一重要成果是发现并确认了龙山石城和胥山湾，完整地复原了阖闾城遗址的防御体系；4. 根据考古复查的结果，阖闾城遗址有郭有城，有完整的防御体系，符合春秋时期都城的建制，因此初步认定阖闾城遗址为公元前515年～公元前496年之间春秋时期一代吴王阖闾的都城。

19. 丹阳吴国古城（葛城、神墩）遗址考古发掘成果专家论证会

2008年10月10日～11日，南京博物院与丹阳市人民政府共同举办了丹阳吴国古城（葛城、神墩）遗址考古发掘成果专家论证会。南京博物院龚良、倪明、邹厚本、张敏、林留根等领导和专家以及南京大学与镇江市历史、文物、考古专家参加了论证会。会上，领队李则斌对发掘情况进行了汇报。通过专家论证，一致认为葛城遗址时代自西周沿用至春秋，是江苏迄今为止发现的商周时期年代最早的城址。神墩遗址是一处人工堆筑的大型土墩，推测其为一处从西周前期一直延续到战国早期的祭祀场所，其存续时间与葛城古城址相互对应。结合地理位置等相关迹象分析，它应为广义上葛城古城址的组成部分。

此次发掘由南京博物院考古研究所与丹阳市文化局组成联合考古队，于2007年11月～2008年11月间，对葛城、珥城、神墩遗址进行了考古调查、

勘探并对葛城遗址和神墩遗址进行了发掘。

第二节 陈列展览与宣传工作

物质文化遗产研究与利用工作中,博物馆是重要阵地。陈列展览是博物馆一项非常重要的工作,是博物馆对外的窗口,是与观众沟通的桥梁、联系社会的纽带,也是实现其社会功能的主要途径。江苏省各馆在举办、引进陈列展览时,注重对展览科学性和艺术性的发掘,不断增强展览的吸引力、感染力,涌现出数量众多的高水平、有特色的展览。

基本陈列、专题展览和临时展览互为补充,构成博物馆的陈列体系,从多角度、多侧面向广大观众揭示历史文物的丰富文化内涵。基本陈列体现着博物馆的收藏系列和办馆水平,投入资金多,展览时间长。如南京博物院1989~1999年开设的《长江下游五千年文明展》、1999~2008年开设的古代艺术陈列,侵华日军南京大屠杀遇难同胞纪念馆《人类的浩劫——侵华日军南京大屠杀史实展》,扬州博物馆《广陵潮——扬州古代城市故事展》等。专题展览的展期比基本陈列短,一般1~5年不等,是基本陈列的重要补充,体现着馆藏特色,如常州博物馆的专题展览《谢稚柳艺术馆》和《刘国钧先生捐献红木家具陈列》等。临时展览的展期不长,灵活多样,内容丰富,是博物馆吸引观众的重要手段,也是博物馆举办最多的展览类型和工作量聚集点。1991~2008年间,南京博物院举办了近60场临时展览,各地市博物馆也积极举办形式和内容多样的临时展览,如1991年常州博物馆《没有共产党就没有新中国——南京博物院藏近代文物展》、1995年南通博物苑《纪念反法西斯战争胜利五十周年和抗日战争胜利五十周年图片展》等。

自1981年3月《中国南京博物院艺术展》赴日本展出之后,苏州、无锡、扬州、徐州等博物馆也纷纷走出国门。据不完全统计,三十多年间,江苏文博系统的出国文物展览和学术研讨交流活动近百次。频繁地出国文物展览和学术交流,让世界了解中国、了解江苏的同时,也让文博工作者了解了世界、开阔了眼界、拓宽了思路,有利于促进文物事业的发展[①]。

中国博物馆界从1997年开始的、一直持续至今的"全国博物馆十大陈列展览精品"评选活动,是中国博物馆展览陈列评价的重要甚至唯一的渠道,获奖展览基本代表了国内博物馆陈列展览的最高水平,先进的陈列技术、科学的布展方式、人性化的方案设计和对文物内涵的阐释都是评价的重要指标。从1997年举办至2008年共八届,江苏省几乎每年都有荣誉斩获。其中,南京市博物馆的《六朝风采》、南京博物院的《历史艺术馆陈列》、南京市太平天国历史博物馆的《太平天国历史陈列》和侵华日军南京大屠杀遇难同胞纪念馆《人类的浩劫——侵华日军南京大屠杀史实展》,先后被评为"全国十大精品陈列展览";南京博物院的《泗水王陵考古展》、扬州博物馆的《中国雕版印刷陈列》获最佳形式设计奖;苏州中国昆曲博物馆的《中国昆曲博物馆陈列》获最佳制作奖;常州博物馆的《神奇的自然美丽的家园——常州博物馆自然资源陈列》获最佳创意奖。

江苏省的各级博物馆积极开展社会教育活动。博物馆通过开展纪念活动、丰富和完善社会教育活动以及免费开放部分公共博物馆和纪念馆的方式,达到服务公众、宣传教育的目的。由江苏省文物局策划组织的馆藏文物巡展活动,通过政府主导、财政支持、责任明确、内容丰富、延伸服务等具体做法,形成了创新型的临时展览组织方式,扩大了文物资源的社会开放度、提高了藏品的利用率,达到了为社会大众提供精神文化产品、宣传江苏地域文化特色,发挥博物馆作为公益性文化单位的社会服务作用,成为文物系统服务社会的重要文化品牌活动项目。

2004年2月,中共中央、国务院印发《关于进一步加强和改进未成年人思想道德建设的若干意见》,要求公益性文化设施加大开放力度,向未成年人等社会群体免费开放。2008年3月26日,江苏省委宣传部、江苏省财政厅等14个部委厅局,联合发出《关于全省公共博物馆、纪念馆和爱国主义教育基地免费开放的通知》。

中国文化文物系统的博物馆、纪念馆是由政府财政拨款建设的重要的公共文化资源,是中国历史

---

① 江苏省文化厅:《文化建设在江苏》,中共党史出版社,2011年,第129~130页。

文化遗产的重要载体。2008年1月23日，中共中央宣传部、财政部、文化部、国家文物局联合印发了《关于全国博物馆、纪念馆免费开放的通知》。随之，在中国博物馆界掀起了免费开放的"风暴"。5月5日，江苏省内一百多家博物馆、纪念馆相继对社会公众免费开放。

此项举措不仅体现了文化发展在社会变革中的重要地位，彰显了博物馆独特的文化魅力，更说明了博物馆自身的发展理念有了一个新的转变。以往，中国博物馆界习惯把博物馆概括为具有研究、教育、收藏三重性质，这也逐渐造成了重研究轻普及、重教育轻服务、重收藏轻展示的现状。随着社会的不断进步，文化的不断发展，当今的博物馆开始逐渐将自身的发展与公众的需求联系在一起，"服务于社会"已成为业内的共识，"公益""服务"逐渐成为博物馆事业的工作重心。然而，面对公众日益增长的文化需求，博物馆旧有的服务模式已不能完全适应新形势的发展，因此服务工作中的各个环节急需注入新鲜血液。

一、基本陈列

1. 南京博物院

1989～1999　长江下游五千年文明　1989年9月在南京博物院开展，展览从历史的创造者、古代文明之光和向近代文明过渡三个部分，全面展现上下五千年间包括苏、皖、沪、浙、赣四省一市在内的长江下游地区的发展历程。展览共展出实物1 664件(套)，其中长江下游地区文物1 463件(套)，一级文物59件(套)，40％的文物为首次展出。

展览主体部分包括凝聚人类之美的玉石器、文明的发端青铜器、髹漆出东南、举世闻名的陶瓷文化、传播文明的交通工具、"衣被天下"的纺织刺绣、精细美味的江南饮食、玄妙虚幻的佛道神灵、依水临河的江南建筑9个专题。前4个专题为单项器物陈列，后5个专题综合衣、食、住、行、宗教，陈列形式总体精巧朴素，布局上层层推进，3个复原陈列置于后半部分，突出重点。陈列基本色彩为绿色，另用米褐、深灰、土黄间隔。检索式文物说明牌文字为中英文对照。

《长江下游五千年文明》展首创区域文明史陈列，立意、命题新颖；采用专题陈列结构全面而有侧重地体现文明史，这种"二重陈列法"在国内尚不多见；恪守以实物为主的陈列语言推测方式，更具说服力；层层推进的布局手法，适当以若干模拟陈列至于陈列高潮地段，效果良好。虽然也有序厅安排不理想、重点展品缺少必要辅助材料和说明等不足之处，但该基本陈列在当时还是具有不少创新之处，国内其他兄弟博物馆纷纷学习效仿。

1999～2008　古代艺术陈列　1999年9月26日，作为江苏省建设文化大省六大标志性工程之一的南京博物院艺术陈列馆开馆，建筑面积1.7万平方米，展厅面积7 600平方米，仿辽式建筑风格，与已有历史馆一致。10月1日，艺术馆基本陈列《古代艺术陈列》正式向公众开放。展厅分2层11个专题陈列馆，其中谢子好珍宝馆、邵逸夫玉器陈列馆、漆器陈列馆、徐展堂瓷器陈列馆、织绣陈列馆、陶器陈列馆、青铜器陈列馆、民俗美术陈列馆、书画陈列馆等9个专题馆为基本陈列，现代艺术陈列馆、陈之佛艺术陈列馆等2个专题馆为历史展览。展览共展出文物5 000余件，采用现代陈列艺术理念，辅以现代场景复原，既有场景复原，又有高科技模拟，充分展示了南京博物院的藏品优势和艺术特色，在1999～2000年度全国博物馆十大陈列展览精品评选中荣获精品奖。

9个基本陈列专题馆介绍如下：

谢子好珍宝馆　展厅为圆形布局，居于整个艺术馆的中心，展品多为一级文物和国宝级文物，包括玉、金、银、铜、瓷等品类，其中良渚时期的玉杯玉琮、东汉独具环保设计理念的铜牛灯、明代的鎏金喇嘛塔、清代的金坛城和翡翠朝珠等尤其夺目。展览集历代文物之精华，是中华传统文化成就的集中体现。该馆为香港知名人士谢兆邦捐资修建，以其父谢子好命名。

邵逸夫玉器陈列馆　以时代为线，展出600余件精美玉器，包括新石器时代的玉礼器和玉饰、汉代的银缕玉衣、六朝的龙凤玉佩、明代的金蝉玉叶和明清宫廷陈设玉、日用玉、仿古玉等珍贵文物。展览复原武进寺墩3号墓和昆山赵陵山遗址77号墓新石器时代"玉敛葬"场景，这种玉器陈列方式为全国首例，具有重要的文物观赏价值和学术价值。

漆器陈列馆　展览分汉代、宋代和明清三部分，分别代表中国古代漆艺发展的三个高峰。江南地区髹漆工艺最具特色，此次展出的100余件漆器浓缩了中国千年来漆器工艺的精华,其中汉代漆器均为考古发掘品。展品中有纹饰精美的汉代七子奁,光泽如新的南宋朱漆圆盒,更有明清宫廷制作、使用的嵌螺钿、雕漆、百宝嵌、黑漆描金漆器等,精巧别致。其中汉代彩绘宫闱燕居图樽、清代雕红漆皇帝宝座和山水人物纹大圆盒,技法细腻,令人叹为观止。

徐展堂瓷器陈列馆　展出的近600件的官窑珍品,从明洪、永乐、宣德、正统、成化、弘治、正德、嘉靖、隆庆、万历、崇祯,到清顺治、康熙、雍正、乾隆,有青花、釉里红、五彩、斗彩、粉彩、单色釉瓷等多品种,琳琅满目。其中明洪武釉里红岁寒三友纹梅瓶,是现存世界上唯一一件带盖且完整的洪武釉里红梅瓶,是举世罕见的孤品。该馆为香港收藏家、实业家徐展堂赞助修建,故以徐展堂命名。

织绣陈列馆　展览分丝绸、刺绣、缂丝、服饰四部分,展示江南地区高超的织绣水平。其中青色冰梅纹库锦匹料为江宁织造供品,青色缎地上用金线织出冰裂纹和梅花纹图案,缎首有"金陵涂东元玉记库金"字样,是南京云锦的代表作;明代顾绣的"竹林七贤图"是苏绣的代表作;清代青缎绣花女衣洁雅脱俗,独具江南风韵。

陶器陈列馆　展览展出南京博物院藏新石器时代到明代的近100件陶艺珍品,其中绝大多数南京博物院历年考古发掘的出土品。展品中新石器时代猪形陶罐、陶豆,汉代、唐代的陶俑生活气息浓厚;南朝"竹林七贤及荣启期"模印砖画,体量大,制作精,画面人物形神兼备,线条飘逸生动,是难得的反映六朝人物风尚的珍品;明朝大报恩寺塔琉璃拱门色彩鲜艳,造型独特,具有极高的艺术和历史价值。

青铜器陈列馆　陈列以春秋战国时期吴越地区的青铜器为典型,展品包括食器、酒器、水器、乐器等,展现江南地区青铜器简洁、明快、秀丽的地方特色。其中1980年出土于江苏邗江甘泉山二号墓的东汉铜牛灯是体现南方青铜铸造工艺的杰作,通体错银,图案华丽,精巧的设计体现汉代的环保理念。此外,西周早期凤鸟纹觇觥、夔纹三足匜等都是难得一见的珍品。

民俗美术陈列馆　展览主要分为八个部分。一是民间服饰:江苏水乡服装、银饰工艺、蓝印花布;二是生活用品:民间糕饼模、旱烟具、水烟袋、灯具、暖具、扇子;三是生产工具:农具、木作工具、纺织工具、木版印刷工具;四是皮影面具:皮影、面具;五是娱乐用品:风筝、民间玩具、民间乐器;六是祭祀用品:纸马、社火脸谱、纳西族木牌、纸幡;七是节令装饰:桃花坞年画、民间剪纸、无锡泥人;八是民间雕塑:苏州砖雕、民间石雕、竹雕木刻等。展览内容丰富、色彩华丽,体现浓浓的民俗风情。

书画陈列馆　展出的中国历代绘画作品堪称一部浓缩的中国绘画史。上迄宋徽宗赵佶的院体画,下至明清时代的著名画派——吴门画派、扬州八怪、金陵八家等作品应有尽有。其中最具代表性的作品有:宋赵佶鹡鸰图轴、元黄公望富春大岭图轴、元倪瓒丛篁古木图轴、元吴镇松泉图卷、明周臣柴门送客图轴、明仇英松溪横笛图轴、明徐渭三友图轴、明董其昌松溪幽胜图轴、明陈洪绶咏梅图轴、清龚贤夏山过雨图轴、清朱耷山水通景屏条等。

2. 侵华日军南京大屠杀遇难同胞纪念馆

人类的浩劫——侵华日军南京大屠杀史实展陈列面积5 700平方米,分为"南京沦陷前的中国形势""日军从上海攻向南京""日军入侵南京与中国守军南京保卫战""日军在南京的大屠杀""日军在南京奸淫与掠夺""日军在南京焚烧与破坏""国际安全区不安全""日军毁尸灭迹与慈善团体掩埋尸体""对制造难进大屠杀的日本战犯审判""南京大屠杀的历史见证""前事不忘后事之师"等11个部分,从15万件藏品中精心挑选,并展出各类历史照片3 500多张,各种文物3 300余件。以编历史故事的形式,编写了100多个人物故事,40多个历史事件故事,把枯燥的历史陈列变为鲜活感人并易于记住的一种方式,在2007～2008年度全国博物馆十大陈列展览精品评选中荣获精品奖。该展览对外开放以来,社会效益显著,月接待观众量最高达62万人次,日接待观众量最高达10万人次。为了更好地服务观众,该馆配备了12种语言导览器、提供5种语言讲解和手语讲解服务,并有1 000多名志愿者到馆服务。

3. 苏州博物馆

吴地遗珍　主要由四部分组成。第一部分"晨光熹微"主要展陈史前陶器、玉器,第二部分"争伯春秋"主要展陈春秋青铜器、玉器,第三部分"锦绣江南"主要展陈自汉迄唐的陶瓷青铜器,第四部分

"都会流韵"主要展陈元娘娘墓、明王锡爵墓随葬品。

吴塔国宝 突出展示了苏州两座标志性佛塔虎丘云岩寺塔和盘门瑞光寺塔内发现的国宝级佛教文物,分"宝藏虎丘:虎丘云岩寺塔佛教文物"和"塔放瑞光:瑞光寺塔佛教文物"南北两个展室,仿八角形砖塔的展室格局和主次分明的布局形式直观再现了文物保存原貌,充溢着庄严圣洁的宗教情怀。

吴中风雅 陈列的大都是明清工艺类文物。展陈由九部分组成,第一部分"书斋长物"为明书斋陈设,第二部分"陶冶之珍"展陈瓷器,第三部分"攻玉巧技"主要展陈玉器,第四部分"雕镂神工"主要展陈"竹木牙角器",第五部分"文房雅室"展陈文具,第六部分"闲情偶寄"展陈"赏玩杂件",第七部分"迎神纳财"展陈民俗小摆设,第八部分"锦绣浮生"主要展陈织绣服饰,第九部分"草堂墨戏"为宋画斋展陈。

吴门书画 苏州博物馆自1960年成立以来,四十多年搜集、庋藏了大量传世书画精品,尤其以吴派及吴派源流诸子、四王吴恽及其源流诸子、扬州画派诸子等作品为精品。苏州博物馆遴选其中部分典藏,列以卷、轴、册等装潢形式,于吴门书画厅分期分批予以展示,使观众窥见明清书画的各种流派的艺术风格,从此可以连缀出明清书画艺术发展的基本脉络。

4. 南通博物苑

中国博物馆事业百年展 2005年9月,南通博物苑建苑100周年,国家文物局在南通市隆重举行了"中国博物馆事业百年庆典暨南通博物苑一百周年"系列活动,并在南通博物苑保护建筑北馆内举办了《中国博物馆事业百年展》。该展览由中华人民共和国文化部、江苏省人民政府、国家文物局主办,中国博物馆学会、中国农业博物馆、南通博物苑承办。该陈列由"前言""维新图强南通创基""民国建立文博初兴""人民中国事业新生""改革开放兴旺发达""以人为本服务社会""结语"组成,展示了百年前,在张謇的推动下,中国博物馆事业的起步,以及此后百年博物馆事业的发展。

跋涉百年——南通博物苑苑史掠影 从2005年9月开始在南馆陈列。该陈列由"前言""创始篇""磨难篇""新生篇"组成,讲述了南通博物苑的百年历史。

人文江海——南通地域文化陈列 2005年9月开始在新展馆陈列。南通襟江带海,孕育了长江入海口独特的区域文化——江海文化。距今近六千年前,伴随华夏文明的滥觞,这里也升起了一缕绚丽的人文曙光。历经数千年的沧海桑田,南通人民用智慧和勤劳谱写了辉煌的历史篇章。该陈列结合文物和史料,展现了江海文化的深厚积淀,揭示南通人民开拓进取、包容开放的文化性格,并以此弘扬民族主义、爱国主义的崇高精神。

天产物华——南通市自然资源陈列 2005年开始在新展馆陈列。南通市地处长江入海口与黄金海岸线交汇处的江海平原上,濒江临海,气候温和,土壤肥沃,水网密布,海涂辽阔。在这片土地上栖有国家重点保护珍稀动物和众多的生物种群,蕴藏着丰富的自然资源。南通博物苑传承了张謇的办苑宗旨,历年来收集珍藏了各类动物、植物、矿物标本,本陈列以展示南通地区自然资源为主,同时还展出了苑藏国家珍稀动物标本。

鸿宝名器——苑藏工艺珍品展 2005年开始在新展馆陈列。张謇当年即以"私家之收辑""公诸天下",同时还亲拟启事向社会征集文物。民国3年(1914),博物苑汇编《南通博物苑品目》,著录天产、历史、美术、教育四部文物、标本2 973件(套)。建苑之初,张謇曾为博物苑碑拓陈列室——中馆题写了匾额:"中国金石至博,私人财力式微,搜采准的务其大者,不能及全国也,以江苏为断,不能得原物也,以拓本为断。"道出了他对文物征集要抓住要点,量力而行、实事求是的主张。中华人民共和国成立后,博物苑传承张謇文物征集的思想,立足本地、面向国内外博访广征。同时得到社会各界的关心与厚爱,征集、获赠文物和自然标本计四万余件。博物苑精选苑藏中具有较高艺术价值、历史价值,及具本地特色的文物举办工艺珍品展。

腾飞之龙——恐龙专题展 《腾飞之龙——恐龙专题展》是南通博物苑的基本陈列之一,自2005年9月开始在博物苑新展馆陈列。该陈列以生物演变史为背景,按照时间顺序,加之情景演绎,重点突出恐龙从生存、繁衍、演化直至毁灭的演变过程。

表 9.3　1991~2008 年南通博物苑基本陈列

名称	陈列起始时间	陈列展馆
《张謇文物史料陈列》	1991.11	南通博物苑濠南别业
《南通博物苑苑史陈列》	1993.10	南通博物苑西馆
《南通历史文物陈列》	1999.8	南通博物苑南馆
《开拓者的足迹——张謇在南通的业绩》	1999.12	南通博物苑濠南别业
《妈祖文化陈列》	2002.2	南通博物苑中馆
《崇尚科学关爱自然——苑藏自然标本陈列》	2003.1	南通博物苑北馆
《中国早期现代化的先驱——张謇》《濠阳小筑故居陈列》	2003.6	张謇纪念馆
《人文江海——南通地域文化陈列》	2005.9	南通博物苑新展馆
《天产物华——南通市自然资源陈列》	2005.9	南通博物苑新展馆
《腾飞之龙——恐龙专题展》	2005.9	南通博物苑新展馆
《艺苑撷英——苑藏精品书画展》	2005.9	南通博物苑新展馆
《鸿宝名器——苑藏工艺珍品展》	2005.9	南通博物苑新展馆
《中国博物馆事业发展百年历史展》	2005.9	南通博物苑北馆
《跋涉百年——南通博物苑苑史掠影》	2005.9	南通博物苑南馆
《中国现代化的先驱——张謇、张謇故居复原陈列》	2006.9	南通博物苑濠南别业
《南通范氏诗文世家陈列》	2008.4	南通博物苑南通范氏诗文世家陈列馆

5. 扬州博物馆

广陵潮——扬州古代城市故事展　陈列面积 2 300 平方米,展线长度 580 米,陈列文物 856 件,以春秋邗城、汉广陵城、唐城、宋城和明清城的城市故事,简洁明快地勾勒出扬州历史发展的主线,也映衬着中国历史发展的大势。在陈列内容设计上采用信息组团、分级传播的最新设计理念。整个展览以江、河、海为依托,以汉、唐、清三个时期为突出点,以扬州历史上五大城池为主线,构成一个结构明晰的和谐整体。展览分五大单元,每个单元各有侧重。分级说明言简意赅,平实无华。展览运用色彩基调和一定的线性关系,鲜明而准确地阐释主题。整个陈列将柳树色彩元素作为基本调子,表现"绿杨城廓是扬州"的文化特征。用古楠木色作为辅助色调,寓意扬州历史的深厚底蕴。展厅平、立面长短弧线与直线的有机结合,象征扬州历史连绵不断,充满无限生机和活力。展览虽没有刻意寻求造型元素和艺术符号来强化主题,但由形、色、光构成的整个艺术空间,始终充满着扬州文化特有的品质和风格。该展览在 2006~2007 年度江苏省博物馆优秀陈列展览评选中荣获陈列展览精品奖。

6. 南京市博物馆

六朝风采　于 1997 年 11 月开始展陈,展馆以南京市博物馆所在地朝天宫古建筑群中的一座主要建筑——大成殿改造而成。展厅总面积 1 000 余平方米,总展线 207 米,共展出各类文物 500 余件,各类图版、照片 100 余件,复制品 20 余件。整个陈列分为"序厅""经济与生活""科学与技术""思想与文化"等四个部分。该展览是国内最具代表性的展示六朝文物、介绍六朝文化的专题陈列。在 1997~1998 年度全国博物馆十大精品陈列展览精品评选中荣获精品奖,持续开放时间长达 12 年。

虎踞龙蟠——南京历史文化陈列　于 2006 年 4 月开始展陈。该展览展现了 35 万年前至 20 世纪南京的发展史,是南京地区规模最大的一次集中展示南京历史变迁的通史陈列。展览以"爱家乡、爱南京"为主题,共分为"远古文明兴起""六代弘基豪华""唐宋衰而复振""明清江山一统""古都龙腾虎跃"等五大部分,用 800 件文物和 1 000 幅图表及大量多媒体设备,展现了南京的历史文化发展脉络,在 2004~2005 年度全国博物馆十大陈列展览精品评选中荣获提名奖。

7. 南京市太平天国历史博物馆

太平天国历史陈列　陈列置于原清江宁布政使衙署的古建筑大殿内,展陈面积约 1 200 余平方米。整个陈列由"简史陈列"和"专题陈列"两大部分组成,前者分为金田起义、建都天京、北伐西征、天京事变、挺进苏浙及保卫天京等六个单元,简明扼要地梳理了太平天国农民运动的兴衰成败;后者分为军事、经济、艺术、对外关系与历史影响等五个版块,系统展示和分析了太平天国农民运动的经验教训及其对近代中国所产生的深远影响。该陈列共展出各类太平天国、晚清及西方文物、图版、复制件等400余件,全面、客观、真实地再现了19世纪中叶波澜壮阔的农民运动,是全国最系统、最丰富的太平天国专史陈列。在2000~2001年度全国博物馆十大陈列展览精品评选中荣获精品奖。

8. 徐州博物馆

徐州汉代文物精品展 展出汉代精品文物近二百件,表现了徐州汉代丰富的文化遗存以及楚王、彭城王陵墓的现状,重要文物尤以玉器、铜器、金银器、陶器、琉璃器、铁器等为代表,体现了鲜明的时代风貌和地域特色。

徐州历史文物陈列 该陈列以历史为线索,串联徐州自新石器时代、秦汉、魏晋南北朝乃至唐宋元明清各个时期的文物组合,较全面地介绍了徐州的历史,展示了徐州考古发掘、保管征集、科学研究以及陈列展览的丰硕成果。

古彭之宝——徐州文物精华展 展览由"徐淮初曦""汉室遗珍""史河流韵"三个部分五个展厅组成,通过400多件珍贵文物的展出,展现徐州鲜明的时代风格和地方特色,在2000~2001年度全国博物馆十大陈列展览精品评选中荣获提名奖。

俑偶华彩——徐州历代陶俑陈列 陶俑是中国古代造型艺术中的一个重要内容。展览分为汉代陶俑、魏晋南北朝俑、隋唐宋明陶俑三个单元,展示了徐州出土的历代陶俑,体现了各个时代的陶俑特征及艺术风格。

邓永清捐赠书画展 展出邓永清捐赠的部分书画珍品。其中重要作品有,明代万年少的《寿鹿图》、高其佩的指画、扬州画派郑板桥的《竹图》、金农的《金粉梅图》、黄慎的巨幅《相马图》、徐悲鸿的《骏马图》等。

9. 常州博物馆

龙腾中吴——常州历史文化陈列 该陈列以常州古代历史为脉络,以常州文物精品为特色,彰显地方文化底蕴,采用新颖的信息定位设计理念,通过信息组团透视文化内涵,突显人文常州的独特魅力。整个陈列分为五部分:"史前常州""延陵季子——先秦时代的常州""齐梁故里——秦汉六朝时期的常州""中吴要辅——隋唐宋元时期的常州""儒风蔚然——明清之际的常州"。陈列面积1 500平方米,展品1 288件。该陈列在2006~2007年度江苏省博物馆优秀陈列展览评选中荣获陈列展览精品奖。

神奇的自然美丽的家园——常州自然资源陈列 该陈列分四大版块:"序·地球生命进化的故事""纷繁多样的自然生物""形形色色的动物世界""秀丽多姿的故乡大地"。陈列中设有"动物眼里看世界""我与老虎来赛跑""虚拟蝴蝶谷""电子翻书"等多项与观众互动项目,集知识性、趣味性、互动性于一体。陈列面积1 000平方米,展出的动植物和化石标本共计421种645件,通过丰富的展品展示,激发广大中小学生和青少年观众了解和探索自然奥秘的热情,热爱家乡、保护环境的意识,在2007~2008年度全国博物馆十大陈列展览精品评选中荣获最佳创意奖。

10. 连云港市博物馆

文明之光照连云——历史文物精品陈列 根据连云港市博物馆馆藏文物和半个世纪以来这一地区的考古发现情况,陈列划分为洪荒郁洲、三代文明、秦汉雄风、唐宋风采、明清神韵五个部分。每部分各有一、两个历史亮点作为展示重点,使整个陈列既重点突出又脉络清晰。

彦涵美术作品陈列 以彦涵创作的《百万雄师过大江》大型浮雕作为开场画幕,整个展览分为艺术生涯、战斗年华、苦难岁月、焕发青春、彦涵年表、艺海集珍、艺术成就、教育教学、出版作品、艺术评价、成果奖励几个部分,以时间为序,穿插彦涵在各个时期创作的作品,详尽而又高度概括地总结了彦涵的历史生平和艺术心路。

千古之谜——凌惠平 汉代女尸"凌惠平"出土于海州区双龙村花园路的双龙汉墓3号棺,距今已有两千年的历史。该陈列馆以双龙汉墓的47件文物为主线,以汉代古尸"凌惠平"的展示为核心,扩之以本地出土的77件其他汉代精品文物的分类陈列,展示了连云港汉代时期的风土人情和人们的衣食住行。利用高出地面的亚克力材料棺体和外围透明弧形保护罩展示古尸。在展厅设计上,注重采用双龙汉墓和汉代文化元素。在展示方法上,使用了影像和多媒体手段,充分利用场景复原的展示方法,复原了凌惠平做女红、双龙汉墓发掘和汉代家居等三个真实场景。

11. 淮安市博物馆

国家历史文化名城——淮安 共分为人文初开、楚韵汉风、南北锁钥、漕运中枢、盐榷重关、河务关键、英杰辈出七个单元,展厅面积5 000多平方米,其中以高庄战国墓出土的战国青铜器成组陈列、运河村战国墓的原状陈列展示、千年河下古镇的街景复原、"水漫泗州城"的动态呈现等为主要亮点,展示了淮安深厚的历史文化底蕴和悠久灿烂的历史文化魅力。该陈列在2006~2007年度江苏省博物馆优秀陈列展览评选中荣获陈列展览精品奖。

12. 中国共产党代表团梅园新村纪念馆

梅园风范 以国共南京谈判史为线索,以革命的理想、信念教育和弘扬梅园风范为主题,以专题陈列为构架,运用声、光、电等现代化的陈列展示手段,通过200多幅(件)珍贵历史照片、一级文物,体现了政治性、历史性、艺术性的有机结合,充分凸现了革命纪念场馆的存史育人的社会教育功能,成为纪念场馆陈列展览的精品工程。

13. 南京市明城垣史博物馆

南京城墙 通过近百幅城墙历史图片资料、各具特色的城墙砖文及南京城墙模型,系统地介绍了南京城墙的历史沿革、建造特点以及保护现状,集中展示了南京城墙历史文化遗产的价值。陈列面积152平方米,展出城墙珍贵文物8件。

神策门历史陈列展 以神策门及外瓮城的历史为主要展示内容,以火炮、礌石实物、清代绘图、复印件、照片等为展示手段,介绍了神策门在冷兵器时期的防御功能与作用。陈列面积77平方米,展出藏品8件。

守护名都——南京城墙发展简史展 全面系统地展示了南京城墙的发展历程,反映了南京这座城市深厚的历史文化底蕴。展览还利用了南京城墙最新的考古调查发掘和研究成果,展出了在安徽繁昌、湖北武汉、江西分宜、湖南岳阳、江苏南京等五个省境内发现的明城砖窑址材料;展出了南京城墙附近出土的守城礌石、明代三眼火铳;以及在湖南省岳阳市发现的明城砖"甲首"宗谱及城砖拓片等珍贵实物和图片资料。

14. 南京云锦博物馆

南京云锦精品展 展厅面积1 000平方米。分为源远流长的历史、精妙绝伦的工艺、丰厚深邃的内涵、重焕异彩兆未来四部分,展示云锦的悠久历史、云锦文物及相关实物。

15. 金坛市博物馆

基本陈列 以历史时期文物为主题,展出各历史时期文物精品一千余件。"序厅"单元重点展现了金坛的历史地理沿革、历代文化名人与全市51处文物保护单位相关情况;"文明晨曦"部分展出金坛地区出土的新、旧石器时代的部分器物,生动地呈现了金坛地区石器时代农业生产与生活;"巧夺天工——馆藏精美文物展"单元展出馆藏各历史时期铜器、玉器、金银器、陶器等精品文物,反映了古代灿烂的文化艺术成就。

16. 中国昆曲博物馆

基本陈列 包括昆曲艺品及戏文木雕、石刻展——展出著名艺术家的昆曲艺术精品及江浙一带民间古建筑中的各种戏文木雕、石雕;昆曲场面展——展示昆曲的古老乐器;昆曲古戏台及后台展——展示清代精美绝伦的全晋会馆古戏台及传统戏班演出后台的陈设;昆曲江湖脚色行当行头展——展现昆曲的脚色行当和传统服饰;昆曲文物史料展——展示昆曲历史和重要人物,以及许多珍贵的文物及资料;戏台寻踪展——展示精美的昆曲古典戏台,侧面表现昆曲发展、演变的过程;兰苑书香展——以明式书斋的形式,展出昆曲珍贵的传奇刻本和抄本;马得昆曲戏画艺术展——展示中国著名戏曲人物画家高马得一生的昆曲戏文画精品。此外,设有昆曲音像视听中心,可以欣赏到众多珍贵的昆曲音像资料。该陈列在2003~2004年度全国博物馆十大陈列展览精品评选中荣获精品奖。

17. 仪征博物馆

扬子江畔的明珠——仪征历史陈列 展示面积635.72平方米,分为上古岁月、封建年华、人文荟萃三个部分。陈列以仪征的历史发展为脉络,展出从西周到民国400多件(套)馆藏文物和标本,辅以模拟的场景再现、多媒体技术的引用、简洁的辅助图版,展现了一幅仪征古代文明的历史长卷,彰显了仪征悠久灿烂的历史。

18. 无锡博物院

吴风锡韵——无锡城市故事 该陈列以时间

为线,重点展示了新石器时代晚期开始,无锡这片濒临太湖的土地几个重要的活跃时期。分为"滨湖的丘陵高墩——史前文化的无锡""泰伯奔吴与吴越文化——先秦时期的无锡""濒临太湖的一颗明珠——秦汉至宋元时期的无锡""运河环保的繁庶之城——明清时期的无锡""民族工商业的摇篮——走向近代的无锡"等五个单元。展览面积约1 500平方米,展出文物300余件。展示有马家洪文化以及良渚文化诸多遗存,对历史进程产生重大影响的吴文化;唐宋时期农业经济的发达,以及明清时期商业经济的发展,尤其是近代以来的百年繁华。用故事场景和多媒体辅助展示手段带出文物的叙事性展览给观众带来沉浸式参观体验。

古墓奇珍——元代钱裕墓出土文物展 钱裕墓是1958年南泉和雪浪公社在军嶂山共建幸福水库时取土发现的,是一个石顶砖砌并列两穴的夫妻合葬墓,随葬品包括金器、银器、玉器、水晶、玛瑙、琥珀、丝绸服饰、漆器、纸币、木、核器和铜镜等共154件,具有较大的历史价值、科学价值和工艺美术价值。展览分为"金银器""漆器""丝织品""玉器""纸币""木器及铜镜"等部分,全面展示钱裕墓随葬器物,让观众更直观地了解元时期的珍贵实物及社会生活。

泥塑雅韵——惠山泥人艺术展 惠山泥人是被列为国家非物质文化遗产的优秀民族传统工艺。展览展示了数位泥塑大师的代表性作品;通过展板内容和实物讲述了惠山泥人在明清时代之发展、在清末之复兴、民国时期的状况、中华人民共和国成立后的发展和现状及其他地方泥人艺术概览。

紫玉金砂——紫砂艺术展 展览从"陶都宜兴"讲起,展出新石器时代及至历史时期的陶瓷实物,说明宜兴数千年的陶瓷生产与发展;"紫砂产品的原料和成型工艺",展出紫泥、绿泥、红泥等泥原料及紫砂成型和制作所使用的工具;"紫砂历代精品",展出馆藏的明、清、民国、当代紫砂精品;"紫砂壶与茶文化、茶具文化",通过场景复原、茶具及紫砂壶等实物讲述茶文化、茶具文化与紫砂壶的诞生及发展之间的相互关系。

肩负民族复兴希望的无锡人 在风雷激荡的革命斗争和波澜壮阔的社会主义建设中,有无数无锡籍仁人志士肩负起了民族复兴的历史使命,用青春和热血抒写了中华民族的壮丽诗篇。展览选出多位无锡籍的杰出人物,有陈翰笙、陆定一、王昆仑、蒋南翔、潘汉年、秦邦宪、姚桐斌、孙冶方、钱俊瑞、周培源、王选、薛暮桥、荣毅仁等,通过实物和场景复原讲述他们为民族复兴所作出的重大贡献。

血与火的城市记忆——无锡革命简史 展览真实展示了无锡人民在中国共产党领导下进行新民主主义革命的艰难曲折历程,生动再现出从五四运动直至无锡解放的壮丽历史画卷。展览分为"党的创建和大革命时期(1919~1927)""土地革命战争时期(1927~1937)""抗日战争时期(1937~1945)""全国解放战争时期(1945~1949)"。

翰墨飘香——书画艺术展馆 无锡书画风气之盛,自魏晋始,于元明清达到高潮,至今未见衰势。一方面,历代无锡籍书画名家层出不穷。另一方面,锡邑私人书画收藏蔚然成风,他们所藏真迹精品也成为无锡博物院书画藏品的重要组成部分。近代以来,一批无锡籍书画家敢于突破当时囿见,勇开风气之先,通过各种创造性的努力,将中国画的传统与时代特征紧密相连,在近现代画坛独树一帜,形成了非常鲜明的地域特色。展馆分为"传统""创新"两个篇章,由华绎之藏画馆、陶心华藏画馆、周培源 王蒂澂藏画馆、杨令茀书画陈列馆和钱松喦藏画室、徐风艺术馆、陶寿伯书画馆、方召麐画陈列馆、钱紫绮绘画馆、华之宁绘画馆等专题展区组成。主要展示锡邑收藏家所藏古代书画珍品、近代无锡籍书画家的传统书画功底及创作实践作品。

19. 镇江博物馆

古吴神韵——镇江出土吴国青铜器精品展
该展览展厅面积236平方米,集中展示了考古发掘出土的从西周到春秋时期吴国青铜器精品135件,主要有礼器、兵器、乐器、车马器以及农耕生产工具等,从中可以领略吴国青铜文化的基本内涵和高超的青铜冶铸技术。空间设计打破传统的"屏风"序的设计格局,将重点文物参与其中,构成了主题式景框,形成多个参观的视角。通透的空间层次,吸引观众去观看,从而调动观众的情绪,形成空间视觉上的一种暗示。以白色为主要色调,借助灯光设计所产生的微妙的光影变化来营造静态空间动态化的效果。展出文物包括青铜凤纹尊、青铜人面纹錞于、青铜伯簋、青铜鸳鸯形尊、青铜鸟盖壶、青铜鼎等。迄今为止,80%的吴国青铜器均出土于镇江地区,充分证明了镇江是吴文化的重要发源地。

炉火纯青——馆藏历代陶瓷器精品展 展厅面积456平方米,集中展示历代具有代表性和不同品种的珍品186件(套),从新石器时代晚期到清代,其中以两周时期的几何印纹陶、六朝青瓷、清代官窑瓷器为大宗,观众既可以欣赏到唐宋时期的名窑如越窑、景德镇窑、吉州窑的精品瓷器,又能一睹清代皇家用瓷的尊贵、典雅。展示设计通过场景式置入设计烘托展示主题,传递心理体验,色调以灰色为主。

银黄溢彩——馆藏古代金银器精品展 展厅面积232平方米,集中展出了该馆收藏的金、银制品,以装饰品为主,另有相当丰富的生活用品和货币。无论是小件的装饰品,抑或是大件的生活用品,制作规整,工艺技术精湛,是不可多得的艺术珍品,共225件(套)。制作工艺和艺术风格代表了当时金银细工的水平和总体特色,体现了镇江地区古代金银工艺发展的辉煌历程。展示设计通过时空虚构与景观复原增强情境体验,色调以金色为主。

意匠天工——馆藏古代工艺精品展 展厅面积224平方米,集中展示了该馆四十余年来收藏的古代工艺精品84件(套),内容包括漆器、牙雕、金属、紫砂工艺、玉石杂件等,种类繁多、工艺精巧,基本上体现了中国古代工艺品制作的技术水平和艺术风貌。运用多元设计,带来多元体验。

20. 宿迁博物馆

淮泗汤汤楚汉泱泱 展览分为两个部分,第一部分为历史文化展,重点展示汉代泗水王陵神秘而有特色的泗水王国文化;第二部分展出宿迁地区民间生产、生活、工艺、节庆等方面的民情风俗,重点展示宿迁作为"名酒之乡"的特有产品及酒礼、酒俗、酒具等。

二、专题展览

1. 南京博物院

江苏省首届文化艺术精品展 展览由中共江苏省委宣传部、省文化厅、省文学艺术节联合会共同主办,江苏弘业国际集团爱涛艺术馆、南京博物院承办,2002年4月30日~5月12日在北京中华世纪坛展出,5月18日~25日在南京博物院展出。展览分"吴韵汉风""巧夺天工""繁华锦绣"三个主题,月亮门、花格窗、小桥流水、江南民居等极具江南特色的展陈风格配合声光电等现代化科技手段,使整个精品展显示出浓郁的江南水乡氛围和现代化气息。展览期间,有身着以丝绸、云锦、蓝印花布等江南特色面料制作的时装的演艺人员,在苏州园林风格的小型舞台上走秀;有二胡、古筝、箫、琵琶、扬琴、埙等为主的江南丝竹乐演奏,营造一种江南水乡秀婉清丽的艺术氛围。展览对促进江苏文化走向全国、走向世界,对继承和弘扬中华民族优秀文化艺术具有重要意义,在2001~2002年度全国博物馆十大陈列展览精品评选中荣获提名奖。

走进泗水王国——泗阳三庄汉墓揭秘展 2002年12月31日,《走进泗水王国——泗阳三庄汉墓揭秘》展在南京博物院开幕,展览集中展示2002年11月南京博物院发掘的泗阳三庄汉墓的考古成果。出土的青铜器、漆器、玉器、乐器、釉陶器、钱币等约100件(套),揭开了古泗水国神秘面纱的一角,为研究汉代封国和汉代历史文化提供了珍贵的实物资料。

殷商国粹——南京博物院藏甲骨文珍品展 2004年7月10日,《殷商国粹——南京博物院藏甲骨文珍品展》在南京博物院展出。展览展出1 500余片甲骨文,部分字迹清晰,内容包括商周天文、历法、军事、政治等。其中刻有"殷高祖王亥之事""王征伐方""殷人十日为一旬"等文字的甲骨形制较大,刻工精美,记载内容完整,具有重要的历史价值和学术价值。南京博物院藏有甲骨文3 000余片,如此大规模的甲骨文展览为历年罕见。展览向大众普及甲骨文知识,是弘扬和展示中华文化的良好尝试。

钟灵毓秀——故宫博物院·南京博物院珍藏钟表展 2006年6月中国第一个文化遗产日期间,南京博物院举办了《钟灵毓秀——故宫博物院·南京博物院珍藏钟表展》。展览于6月10日开幕,共展出40余件中外机械钟表,其中包括来自故宫博物院的20件珍品。展品中有来自英国、法国、瑞士的西洋钟,也有清宫做钟处及广州、苏州等地仿造或新造的机械钟。西洋钟工艺精致,色彩华丽,既是实用器,又是工艺美术品,反映了欧洲钟表造型艺术、装饰艺术和机械构造工艺等方面的高超水平;中国制造钟表借鉴欧洲工艺融入中国元素,是中西合璧的钟表艺术珍品。这些展品代表17~19世纪世界钟表制作的最高成就，是公众领略宫廷文化及钟表艺术的良好窗口。

大越雄风——鸿山越国贵族墓精品展 2007年6月8日~11月1日，《大越雄风——鸿山越国贵族墓精品展》在南京博物院展出。展览展出的青瓷礼器、乐器、玉器等精品均为南京博物院主持发掘的战国时期鸿山越国贵族墓的考古出土文物。2003~2004年间，南京博物院对该墓葬进行了考古发掘，出土随葬器物2 000余件，其中玉器近40件，乐器400余件，青瓷乐器中既有成套的仿中原青铜乐器的编钟、甬钟、镈、磬、句鑃、錞于、钲，还有史料中有记载但现实中从未发现过的缶，以及从未有过记载的悬铃。此外，首次发现的温酒器和冰酒器以及配饰琉璃釉盘蛇玲珑球形器，都具有十分重要的历史、艺术和学术价值。该发掘项目被评为2004年度"全国十大考古新发现"。

南京博物院"镇院之宝"特展 2007年11月19日~12月9日，《南京博物院"镇院之宝"特展》在南京博物院现代艺术馆开展，展览展出观众参与评出的18件南京博物院"镇院之宝"，吸引大批市民前来参观。南京博物院院藏文物42万余件，其中国家一级文物1 062件，结合年代、类型等各种要素，专家从中选出42件"镇馆之宝"入围文物，在向社会广泛宣传下，最终公众投票选出包括明洪武釉里红岁寒三友纹带盖梅瓶、西晋青瓷神兽尊、徐渭《杂花图卷》等在内的18件"镇馆之宝"。

金色江南——江苏古代金器特展 2008年6月14日~7月31日，《金色江南——江苏古代金器特展》在南京博物院展出。展览共展出100余件江苏金器珍品，包括南京市博物馆藏12件明代沐氏家族墓出土金器、无锡博物院藏9件以明代钱裕墓出土金器代表的首饰、江阴博物馆藏11件宋代金器、武进博物馆藏5件贵族墓出土金器及镇江博物馆藏7件唐代金银器。展览依战国、汉、两晋、唐、宋、元、明、清的时代顺序，展出江南最具特色的金器，从精湛工艺与艺术神韵，全面展示江南金器艺术。

南京博物院藏金陵八家书画展 2008年8月5日~9月7日，《南京博物院藏金陵八家书画展》在南京博物院现代艺术馆开幕。展览展出南京博物院藏"金陵八家"的45件书画精品，包括龚贤《千岩万壑卷》《秋江渔舍图》《溪山烟树图》《夏山过雨图》，高岑《凤台秋月图》，樊圻《春山策杖图》《雪景山水图》，吴宏《柘溪草堂图》，邹喆《云恋水村图》。这些画中所呈现出的静美之韵和自然生气，是画家思想感情的集中体现，对后世的创作影响深远。

表9.4　1991~2008年南京博物院举办专题展览一览表

名称	开展时间
文物与考古成果展	
没有共产党就没有新中国——院藏近代文物巡回展	1990.1
苏州刺绣缂丝精品展	1991.4
江苏省革命史文物展	1991.6
南京云锦、天鹅绒毯、扎染珍品展	1992.1
陶瓷艺术精品展	1992.5
江苏考古陈列	1996.5
中国共产党七十五周年文物资料展	1996.7
江苏"八五期间"十大考古成果展	1997.1
江阴地区文物精品展	1999.4
梨园寻踪——手捏戏文精品展	2000.9
院藏民间艺术文物精品展	2001.5
院藏儿童题材文物展	2001.5
穿越千年——江苏十大考古成果展	2001.12
湘南民间木雕艺术展	2002.3
江苏省首届文化艺术精品展	2002.5
把镜悦容、展扇风流——院藏历代镜子、扇子精品展	2002.8
六朝遗珠文物专题展	2002.8
走进泗水国——泗阳三庄汉墓揭秘展	2002.12
南京博物院藏云锦文物展	2003.1
泗水王陵考古成果展	2003.1
江苏省馆藏文物精品展	2003.1
南京云锦陈列艺术展	2003.1
南京博物院藏日本工艺精品展览	2004.4
经典回顾——南京博物院藏18、19世纪西洋钟展	2004.4
湖南民间木雕精品展	2004.4
手捏戏文民间泥塑艺术展	2004.4
姑苏女红民间刺绣藏品展	2004.4
天上纹样人间绣——云锦艺术展	2004.4
殷商国粹——南京博物院藏甲骨文珍品展	2004.7
砂壶汇赏全国展	2004.9
江苏国宝展	2005.11
江南遗珠——江苏传统工艺展	2006.6
故宫南京博物院西洋钟表联展	2006.6

续表

名称	开展时间
天下第一家皇家文物展	2006.9
流光焕彩——南京博物院藏历代金银器珍品展	2006.9
贺兰山下的遥远回忆——西夏文物特展	2007.1
清宫遗珍——南京博物院藏清代宫廷文物展	2007.1
福寿康宁吉庆如意——南京博物院藏吉祥文物展	2007.2
大越雄风——鸿山越国贵族墓精品展	2007.6
瓷苑珍品——南京博物院藏清代皇家御用器展	2007.9
南京博物院"镇院之宝"特展	2007.11
慈禧太后御用瓷器展	2007.12
奇珍拾萃 溢彩流光——南京博物院珍品展	2007.12
走进皇家——大清文物珍品展	2007.12
梨园物语——南京博物院藏戏剧文物展	2008.1
金色江南——江苏古代金器特展	2008.6
南京博物院藏清宫典藏系列·美食美器——清宫食用器皿展	2008.7
紫玉暗香——2008年南京博物院紫砂珍品联展	2008.9
南京博物院藏清宫典藏系列·走进佛前——清宫宗教用品展	2008.11
书画展	
周南平画展	1991.1
千载功绩翰墨香——建党七十周年老干部书画展	1991.6
日本高木大宇先生书法展览	1991.8
徐思德、徐石桥海峡两岸兄弟书画展	1991.9
明清书画精品展	1992.4
台北故宫博物院书画复制品展	1992.6
中国南京市日本国三岛市第二届书法展	1992.8
书画名品展	1992.8
台北东海大学美术系师生作品联展	1992.8
齐白石画展	1992.9
李齐画展	1992.11
段忠勇、师树林中国画作品展	1991.12
黄宾虹画展	1993.2
刘汉人人物画展	1996.5
刘国钧捐赠书画展	1997.12
胡小石书法展	1999.7
德国画家帕尔特·海姆艺术展	2000.2
日本书画文库展	2000.7
石鲁艺术回顾展	2000.9
德籍华裔艺术家杨起个人巡回画展	2000.11
南京军区政委廖祖岐收藏书画作品展	2000.12
南京博物院藏傅抱石画展	2001.1

续表

名称	开展时间
伟大的人民艺术家——齐白石绘画、书法、篆刻作品展	2001.1
美籍华裔画家孟昌明画展	2001.1
日本二玄社复制的台北故宫珍藏书画作品展	2001.4
江苏省中国书协会员作品展	2001.4
福中电脑杯苏皖硬笔书法联展	2001.5
李亚当代书画回顾展	2001.6
日本爱知县第三届教师书法展	2001.8
金陵画派作品展	2001.9
明代山水画展	2001.11
刘迅油画展	2001.11
江苏画刊明星画展	2001.12
中国标准草书学社书法展	2002.1
韩国画家林颂羲画展	2002.2
苏天赐油画作品展	2002.2
南京博物院藏明代花鸟画展	2002.2
南京博物院藏清宫八骏图展	2002.2
黄山缘——中美十四家书画家联展	2002.5
储云书画展	2002.5
版画家伍必端回顾展	2002.6
美国著名女画家桃乐茜·肯尼迪水彩画展	2002.8
陈之佛花鸟画展	2002.9
姚伯齐焦墨三峡作品展	2002.9
庄午18岁绘画作品展	2002.11
徐明华油画艺术回顾展	2002.11
曹清自选作品展	2002.11
大师的苦旅——董欣宾艺术人生回顾展	2002.12
江苏画刊21世纪优秀艺术家年度邀请展	2002.12
南京博物院院藏明清书法系列展览	2002.12
南京博物院珍藏庞增和捐献古代绘画展	2003.1
画我心中的文物——江苏少儿美术大赛优秀作品展	2003.1
柳学健花鸟画展	2003.1
首届海内外华人书画展	2003.1
二十世纪江苏四大画家特展（吕凤子、刘海粟、陈之佛、傅抱石）	2003.4
台湾画家欧豪年半世纪水墨画展	2003.4
当代江苏画派名家九人作品汇报展	2003.11
赵钲画猴迎春特展	2004.1
清代山水画展	2004.3
"书夹子"民间木版画展	2004.4
万水千山总是情——徐培晨国画猿猴全国巡回展	2004.5

续表

名称	开展时间
百猫图画展	2004.8
韩国李相淳壁画研究作品展	2004.8
其命唯新——傅抱石百年诞辰作品展	2004.9
张凡山水画展	2004.9
印象光色的东方之路——张华清油画展	2004.9
桑作楷书法展	2004.11
战争与和平——戈雅与国际儿童绘画作品展	2004.12
第六届中国体育美术作品展	2005.1
南京四老花鸟画展	2005.1
金陵画鸡人——施正东画展	2005.6
南京博物院藏清代花鸟画展	2005.9
钱松喦绘画精品展	2005.11
翰墨精华——中国当代50名家书画展	2005.12
海内外十人画展	2006.1
傅抱石画展	2006.1
南京军区纪念红军长征胜利70周年美术书法作品展	2006.1
2006年中国百家金陵油画展	2006.1
中国水墨文献展	2006.1
庄天明巴西古巴人物肖像画展	2006.1
流风遗韵——林一鹤油画风景画展	2006.1
中国百家金陵画展	2006.1
中国画画世界	2006.1
甲骨文书法展	2006.1
朱传富山水画展	2006.4
精神之旅——六人画展	2006.5
实验油画展	2006.5
睢宁儿童画展	2006.5
东南大学2006艺术系毕业生作品展	2006.6
王憨山遗作展	2006.6
黄纯尧艺术作品回顾展	2006.6
江浙沪老干部摄影书画展	2006.6
纪念宋庆龄中华妇女书画展	2006.8
南京博物院藏书画展	2006.9
"永远的雪梅"书画展	2006.9
江山行——江苏画展	2006.9
"学术空间"江苏画展	2006.9
长三角风情油画艺术大展·文化江南	2006.9
毛羽南超视觉绘画探索	2006.9
天阜书院画展	2006.11
秦宣夫画展	2006.11
红军万岁——南京军区联勤部书画展	2006.11

续表

名称	开展时间
江苏省第一个五个一工程书画摄影展	2006.11
陆凤彬书法展	2006.12
傅抱石亲属捐赠傅抱石绘画印章著作手稿特展	2007.1
傅氏兄妹书画展	2007.1
艺术的阳光——石齐作品展	2007.4
姚瑗画展	2007.4
实践的力量——中国当代版画文献展	2007.4
刘春杰版画个展	2007.4
觉有情——星云大师墨迹世界巡回展	2007.5
江苏历代书画名家精品展	2007.6
南京军区书画展	2007.7
德国新表现主义大师——马尔克斯·吕沛兹作品展	2007.8
东瀛誉归——徐湖平中国画展	2007.9
德国新莱比西画派作品展	2007.11
江苏省级机关事业单位退休老干部"喜迎十七大召开、共庆祖国华诞"书画展	2007.11
江南如画——第二届风景油画展	2007.12
走向本体——当代江苏油画16人巡展	2008.1
春色如许——许宏泉画展	2008.1
人民心中的丰碑——纪念周恩来同志诞辰110周年江苏书法名家作品邀请展	2008.3
第二届"中国画画世界"（法国 西班牙 希腊）作品展	2008.3
大师家传·国粹西渐——陈之佛、李有光、陈修范、李璋三代人工笔画展	2008.4
实践的力量——第二届中国当代版画文献展	2008.5
南京博物院藏陈之佛画展	2008.5
精劲秀逸、独树一帜——清四僧书画作品展	2008.6
南京博物院藏金陵八家书画展	2008.8
纪念改革开放30周年暨迎奥运全省老干部书画摄影展	2008.8
造化魂奇——侯北人山水画展	2008.11
六朝风骨——萧和、徐建明、李路平中国书画展	2008.11
芬兰博物馆油画展	2008.11
纪念胡小石诞辰120周年书法展	2008.12
中国画画世界第三届画展（英国行）	2008.12
"中华松魂"画展	2008.12
南京博物院藏名家经典系列·扬州八怪作品展	2008.12
工艺品展	
苏州刺绣缂丝精品展	1991.4
南京云锦、天鹅绒毯、扎染珍品展	1992.1
屠羽根雕艺术珍品展	2001.4
湘南民间木雕艺术展	2002.3

续表

名称	开展时间
南京云锦陈列艺术展	2003.1
国际剪纸艺术展	2004.4
江苏风采——江苏省工艺美术精品展览	2004.4
南京博物院藏日本工艺精品展览	2004.4
经典回顾——南京博物院藏18、19世纪西洋钟展	2004.4
湖南民间木雕精品展	2004.4
手捏戏文民间泥塑艺术展	2004.4
姑苏女红民间刺绣藏品展	2004.4
国际风筝艺术展	2004.4
景泰蓝工艺画展	2004.4
屠羽根雕艺术展	2004.4
江苏民间奇石收藏展	2004.4
天上纹样人间绣——云锦艺术展	2004.4
陈之佛父女乱针绣展	2004.8
砂壶汇赏全国展	2004.9
吴小楣体育陶俑展	2005.9
江南遗珠——江苏传统工艺汇展	2006.6
钟灵毓秀——故宫博物院、南京博物院珍藏钟表展	2006.6
屠羽根雕展	2006.9
景德镇近现代瓷艺展	2006.11
金色江南——江苏古代金器特展	2008.6
近现代景德镇雕塑瓷精品展	2008.8
紫玉暗香——2008南京博物院紫砂珍品联展	2008.9

2. 常州博物馆

谢稚柳艺术馆 陈列面积500平方米，通过167件展品，分四部分展示常州籍著名鉴定家、书画家谢稚柳的艺术生涯和艺术成就。

刘国钧先生捐献红木家具陈列 陈列面积500平方米，展出红木家具51件。通过展陈中国著名爱国实业家刘国钧捐献的整套红木家具，再现近现代江南地区民居的生活场景。

3. 南京市太平天国历史博物馆

明中山王徐达文物史料展 陈列面积385平方米。由于该陈列置于徐达家庙遗址延安殿内，因此展览便分为两个部分。一层复原祭祀场景，配以描绘徐达一生功绩的壁画，营造庄重肃穆的氛围；二层布置相关的文物陈列，推出展板52张，文物及复制、仿制品17件。该陈列以元末明初历史进程为主要脉络，全景展示徐达戎马一生的倥偬岁月。

清江宁布政使衙署文物史料展 陈列面积370余平方米，置于瞻园明志楼内。瞻园作为清布政使衙署的200余年间，清政府先后任命了147任布政使在此为官施政，他们中又出了60多位巡抚和20多位总督、尚书，4位钦差大臣和4位大学士。著名的民族英雄林则徐、"天下第一清官"施世纶、军机大臣梁国治、近代教育家李瑞清等都曾在此留下印痕足迹。展览通过120余件珍贵的文物、文献和图片，勾勒出一幅幅清代官场的鲜活剪影。

4. 淮安市博物馆

谢冰岩艺术馆 陈列面积150平方米，陈列分为谢冰岩"生前部分遗物、场景站立塑像、书法作品和文字图片资料"几个部分，真实展示了一名老共产党人、书法家的光辉一生和寄情艺术的高尚情怀。

谢铁骊电影艺术馆 陈列面积150平方米，是展示著名电影艺术家谢铁骊艺术成就的专题展馆，展览分为"谢王之家、硝烟文艺、从影生涯、学术交流、参政议政、外事活动、友好往来、领导关怀"八个部分，通过图文、实物、声像，从不同侧面展示了一代文化名人丰富多彩的艺术世界。

徐伯璞捐赠书画陈列馆 陈列面积150平方米。1984年5月25日，世纪老人、著名书画收藏家、书画家徐伯璞将平生精心珍藏的110幅近现代名家书画作品无偿捐赠给淮安市博物馆，其中包括于右任的《八页家书》《草书四屏》、张大千的《山水图轴》、徐悲鸿的《立马图》《柳鹊图》、傅抱石的《川中山水图》、潘天寿的《佛寿无量图》《风竹图》、吕凤子的《金陵怀古图》《仕女图》、胡小石的《七言大对》《橘颂书轴》、林风眠的《红梅图》、李可染的《牧牛图》《渔翁图》等。

曹子芳捐赠书画陈列馆 陈列面积150平方米。曹子芳将他一生精心收藏的85幅书画精品，无偿地捐献给了淮安市博物馆。其中包括原华东局书记魏文伯和著名学者、语言学家、原北大教授王力的墨宝，还有亚明、宋文治、唐云、沈子丞、朱屺瞻、沙曼翁、肖娴、武中奇、费新我、尉天池、吴木、黄养辉等国内近现代众多书画名家的作品。

5. 南京云锦博物馆

民族织锦陈列展 陈列面积1 000平方米，展示了中国少数民族的各种织锦机具和实物，以及民族服饰、生活用品等。

云锦传统工艺展示厅 陈列面积400平方米。展示了云锦织造的各个过程，从意匠图到编花本到装机再到上机织造,完整地向游客讲述了云锦复杂的织造工艺。

6. 金坛市博物馆

远古之光——璀璨的三星村文化　展示三星村遗址考古发掘出土的玉、石、陶、骨四类器物,反映距今5 500～6 500年前金坛地区的文化风貌。1985年文物普查时发现的西岗三星村遗址,出土各类文物4 000多件,其中有国内同期文物中最大的玉玦,有国内所见时代最早、最完整的钺,考古成果被评为"1998年全国十大考古新发现",填补了中国新石器时代文化研究区域的空白。

地学科普展——关于我们的地球　由"认识地球""矿产资源""穿越地质时代的旅行""金坛的地质矿产"四个板块组成。是面向中小学生的科普专题展,以各类地质标本为载体,展开科普教育。

心香永驻——张律均捐赠文物展　展出张律均捐赠精品文物。1978年,张律均将自己收藏的136件珍贵文物无偿捐赠给金坛博物馆。其中明宣德款青花岁寒三友盘、明正德款青花波斯文盘、清界画大师袁耀的《扬州东园图》等7件为国家一级文物,22件为国家二级文物,其余为三级文物。

7. 仪征博物馆

泱泱汉风——汉代文物精华陈列　陈列面积372.28平方米,展出汉代文物精品80余件(套),有铜器、玉器、釉陶器、漆木器等,反映了汉文化的深厚内涵和令人叹为观止的艺术成就。

石之缘——雨花石展　陈列面积189.52平方米,开设于2006年,是仪征博物馆依托仪征本地特色的雨花石资源而设的特色专题展览。该展览与仪征市雨花石协会合办,一年一更新,展出雨花石精品184枚,使参观者从中领略"天赐国宝,中华一绝"的雨花石风采。

表9.5　江苏省获"全国博物馆十大陈列展览精品"陈列一览表(截至2008)

年度及届次	陈列名称	获奖单位	所获奖项
1997～1998年度第一届	六朝风采	南京市博物馆	精品奖
1999～2000年度第三届	艺术陈列馆陈列	南京博物院	精品奖
2000～2001年度第四届	太平天国历史陈列	南京市太平天国历史博物馆	精品奖
2000～2001年度第四届	古彭之宝——徐州文物精华展	徐州博物馆	提名奖
2001～2002年度第五届	江苏省首届文化艺术精品展	南京博物院、江苏省爱涛艺术精品有限公司	提名奖
2001～2002年度第五届	南京大学考古与艺术博物馆精品展	南京大学历史系(南京大学考古与艺术博物馆)	提名奖
2003～2004年度第六届	泗水王陵考古展	南京博物院	最佳形式设计奖
2003～2004年度第六届	中国昆曲博物馆陈列	中国昆曲博物馆	最佳制作奖
2004～2005年度第七届	中国雕版印刷陈列	扬州中国雕版印刷博物馆	最佳形式设计奖
2004～2005年度第七届	龙盘虎踞——南京历史文化陈列	南京市博物馆	提名奖
2007～2008年度第八届	人类的浩劫——侵华日军南京大屠杀史实展	侵华日军南京大屠杀遇难同胞纪念馆	精品奖
2007～2008年度第八届	神奇的自然美丽的家园——常州博物馆自然资源陈列	常州博物馆	最佳创意奖

三、临时展览

1. 人民的胜利——江苏纪念抗日战争胜利60周年大型史料展

2005年8月15日～9月15日,《人民的胜利——江苏纪念抗日战争胜利60周年大型史料展》在南京博物院开展,展览由中共江苏省委宣传部、中共江苏省委党史工办、江苏省文化厅主办,南京博物院承办。展览展陈面积2 000平方米,布展照片280余幅,陈列文物335件(组),其中国家一级文物20余件,日本受降时的桌椅为当时原件,具有较高的史料价值。展览以江苏大地上的抗日战争为主线,分"筑起我们新的长城""到敌人后方去""解放区的天是明朗的天""走向胜利""以史为鉴面向未来"5部分,内置百团大战、台儿庄战役、水上游击队、新四军军部、日本受降签字仪式等几大场景,用丰富的史料真实再现中国人民同日本侵略者进行英勇斗争的光辉历程,是对广大人民群众特别是青少年进行爱国主义教育的生动教材。

2. 历史的回顾——江苏省馆藏精品系列巡回展

2007年,江苏省文物局启动《历史的回顾——江苏省馆藏精品系列巡回展》,包括《江苏史前文明展》《吴国青铜器展》《两汉文明展》《六朝青瓷展》《历代书画名家作品展》《江苏考古成果展》等系列项目,分期、分批在全省各市(含部分县)博物馆巡回展览,旨在集中全省文物精品,宣传地域文化特色。其中,《六朝青瓷展》由南京市博物馆承办,展示了该馆藏的三国、东晋、南朝时期的青瓷精品;《江苏历代书画名家精品展》由南京博物院、苏州博物馆、常熟博物馆承办,系统展示了江苏历史上各主要艺术流派名家的书画精品和代表作;《大越雄风——鸿山越国贵族墓精品展》由南京博物院承办,首次展出了无锡鸿山越国贵族墓出土的精品文物;《大风歌——两汉文明展》由徐州博物馆承办,展示了江苏考古出土的汉代珍贵文物和汉代文明。2007年,以上展览在南通、南京等地巡回展出。2008年,《吴国青铜器展》和《大风歌——两汉文明展》在徐州、南通、常州、江阴等地巡回展出,获得了基层博物馆和社会大众的广泛好评,成为江苏文博服务社会、服务大众的品牌活动,在全国产生了较大的影响。

3. 手捏戏文·泥土神韵——喻湘涟、王南仙捐赠南京博物院惠山泥人特展

2008年2月27日～4月25日,《手捏戏文·泥土神韵——喻湘涟、王南仙捐赠南京博物院惠山泥人特展》在南京博物院民俗馆展出。喻湘涟和王南仙是首批非物质文化遗产项目无锡惠山泥人的代表性传承人,自20世纪80年代始,先后四次向南京博物院捐赠作品,1987年捐赠《霸王别姬》《十五贯》等戏文泥塑6件组;1989年捐赠现代昆剧《打金枝》《活捉张三郎》等戏文泥塑9件组;2001年捐赠彩塑"团阿福";2002年捐赠《红灯记》《沙家浜》《奇袭白虎团》等革命样板戏题材的手捏戏文8件组;2008年捐赠54套(184件)手捏戏文作品,即此次展览展出作品。两位大师的捐赠,丰富了南京博物院戏文泥塑收藏。

表9.6 1991～2008年南京博物院举办主要临时展览

名称	开展时间
征集与捐赠文物展	
周培源、王蒂澂捐献古代书画展	1991.1
姚士英捐赠文物展	1991.12
刘国钧捐赠书画展	1997.12
南京博物院藏庞增和捐献古代绘画展	2003.1
傅抱石家属捐赠傅抱石绘画、印章、著作、手稿特展	2007.1
南京博物院征集文物展	2007.12
南京博物院征集书画展	2007.12
手捏戏文·泥土神韵——喻湘涟、王南仙捐赠南京博物院惠山泥人特展	2008.2
其他临时展览	
江苏中日友好城市交流图片展	1991.6
江苏革命史文物展	1991.7
中国南方早期佛教艺术展	1991.11
天下第一家——西安展	1992.2
美国著名摄影家阿苔尔作品展	1992.4
一代伟人毛泽东——纪念毛泽东诞辰100周年纪念展	1993.1
读楼藏品展	1995.1
我们的昨天——祖国的历史、民族、文化展	1996.5
全国旅游门券收藏品展	1997.5
天赐瑰宝、奇石神韵——大型雨花石珍品展览	1999.4
呼吁和平、反对战争——北约轰炸南联盟纪实展	1999.6
为了共和国的诞生——革命英烈事迹展	2000.3
我们新疆好地方大型文化展	2000.4
石鲁艺术回顾展	2000.9
屠羽根雕艺术珍品展	2001.4
没有共产党就没有新中国——建党八十周年大型图片展	2001.7
江苏首届文化艺术精品展	2002.5
白日梦——中国当代艺术展	2002.11
江苏文物保护成果展	2003.1
江苏民间收藏精品展	2003.1
万国博物馆图片资料展	2003.1
中国文身艺术展	2003.3
人与自然——何远波人体摄影展	2003.4
国际剪纸艺术展	2004.4
江苏风采——江苏省工艺美术精品展览	2004.4
国际风筝艺术展	2004.4
景泰蓝工艺画展	2004.4
屠羽根雕艺术展	2004.4

续表

名称	开展时间
江苏民间奇石收藏展	2004.4
陈之拂父女乱针绣展	2004.8
岁月留痕——六朝陵墓石刻图片展	2005.4
第二届中国艺术三年展	2005.6
人民的胜利——江苏纪念抗战胜利60周年大型史料展	2005.8
和谐的魅力——创意摄影展	2005.9
吴小楣体育陶俑展	2005.9
江苏绝技展	2005.11
南京军区政治部纪念红军长征胜利70周年摄影作品展	2006.1
智能语音机器人科普展	2006.4
澳门回归摄影展	2006.4
嘉恒拍卖会预展	2006.6
南京博物院二期工程方案展示	2006.9
屠羽根雕展	2006.9

续表

名称	开展时间
江苏嘉恒2006秋季拍卖会预展	2006.11
景德镇近现代瓷艺展	2006.11
同是故乡——外国人在江苏摄影展	2006.12
分形意象——当代艺术展	2007.1
黑峰浪漫禅艺术展	2007.4
江苏省首届知识产权及发展先进文化展	2007.11
手捏戏文·泥土神韵——喻湘涟、王南仙捐赠南京博物院惠山泥人特展	2008.2
毛泽东瓷、景德镇雕塑瓷展	2008.8
南京三年展	2008.9
我的宝石王——王亚彬个展	2008.9
辉煌三十年，魅力长三角——上海、江苏、浙江机关干部摄影展	2008.11
失重——中国南京、美国佛罗里达国际当代艺术双城展	2008.11

表9.7 各市博物馆举办的临时展览（部分）

展览时间	举办方	名称
1991	常州博物馆	《没有共产党就没有新中国——南京博物院藏近代文物展》 《江苏省年画、宣传画、连环画展、中国文物界名人书画展》
	南通博物苑	《苑藏书画珍品展》 《民俗品物展》
	连云港市博物馆	《纪念辛亥革命80周年书画展》
1992	常州博物馆	《当代名人书画邀请展》 《毛泽东像章收藏展》 《常州首届妇女书法展》
	南通博物苑	《张绪武、张柔武捐赠书画展》 《苑藏艺术珍品展》 《张謇手迹展》
	连云港市博物馆	《台湾故宫古代书画复制品展览》
1993	常州博物馆	《当代原始人掠影展》 《常州画院迎春书画作品展》
	南通博物苑	《张謇文物史料》 《海洋世界专题展》
	连云港市博物馆	《中国钱币展览》 《纪念建馆20周年征集名家书画展》 《纪念建馆20周年博物馆事业20年回顾展》
	扬州博物馆	《扬州八怪精品展》
1994	常州博物馆	《常州文物精品展》
	南通博物苑	《孙中山与宋庆龄》
	淮阴市博物馆（淮安市博物馆）	《"我们的总设计师——邓小平"大型图片展》 《创建卫生城市图片展》

续 表

展览时间	举办方	名称
1995	常州博物馆	《明代古尸及随葬文物展》 《侵华日军南京大屠杀史料展》
	南通博物苑	《纪念反法西斯战争胜利五十周年和抗日战争胜利五十周年图片展》 《苑藏文物珍品展》 《张謇手迹展》
	扬州博物馆	《馆藏文物精华展》
1996	常州博物馆	《常州市第九届百花邮展》 《馆藏明代楹联展》 《常州地区的蝴蝶与蛾类》 《当代名家书画展》
	南通博物苑	《三·一八斗争文物史料展》 《爱鸟护鸟鸟类标本展》 《南通博物苑藏明清书画展》
	连云港市博物馆	《人民的好总理——周恩来》
1997	常州博物馆	《馆藏古代书画精品暨〈艺苑掇英〉常州博物馆专辑作品展》
	南通博物苑	《一国两制、百年梦圆——97香港回归展》 《南通历代书画精品展》 《纪念李方膺诞辰三百周年苑藏作品特展》
	连云港市博物馆	《迎香港回归大型图片展》
	镇江博物馆	《"135"工程考古成果汇报展》
1998	常州博物馆	《珍爱生命——禁毒教育展》 《常州名人书画展》 《常州市首届青少年书法大展》 《合肥市书法展》
1998	南通博物苑	《苑藏文物精品展》 《"共和国主席刘少奇"大型图片展》 《"纪念中国人民银行成立暨人民币发行50周年——钱币珍品展"》 《扬州八怪作品展》
	淮阴市博物馆（淮安市博物馆）	《珍爱生命、拒绝毒品——全国禁毒大型图片展》
	镇江博物馆	《吴文化青铜器精品展》 《京江画派书法精品展》
1999	常州博物馆	《常州名家书画展》 《甘肃博物馆赴常书画精品展》 《常州博物馆馆藏书画精品展》 《海洋珍稀贝壳展》 《澳门回归祖国图片展》
	南通博物苑	《苑藏雕刻品展》 《甘作垦荒牛，一生勤耕耘——纪念昆虫学家尤其伟百年诞辰一百周年展》 《苑藏扇面珍品展》 《江海风云——南通革命文物史料展》
	连云港市博物馆	《迎澳门回归大型图片展》
2000	常州博物馆	《中草药标本展》 《汤氏画展》 《常州文物精品联展》
	南通博物苑	《南通中学校友画家省亲画展》 《美国泽西市美术摄影作品展》 《顾云熬九十华诞中国画展》 《南通市美术精品展》
	连云港市博物馆	《东方瑰宝——尹湾简牍展》
	镇江博物馆	《"京口神韵"文物精品展》

续　表

展览时间	举办方	名称
2001	常州博物馆	《探秘非洲摄影图片展》 《江苏省青年书法篆刻精品展》 《洪丕谟书画展》
	南通博物苑	《江海风雷——纪念中国共产党建党80周年南通革命文物史料展》 《南通博物苑藏历代绣观音像艺术特展》
	镇江博物馆	《优秀共产党员风采展》
2002	常州博物馆	《省首届农民艺术节常州地区综艺展》 《拯救地球、保护家园大型环保展》 《馆藏扇面精品展》 《刘国钧先生捐献书画精品展》
	南通博物苑	《南通博物苑藏扇面书画展》 《金沧江遗物遗作展》
	连云港市博物馆	《彦涵生平美术作品回顾展》 《光辉的历程——中共一大至十五大图片展》
	淮安市博物馆	《淮安文物精品展》
2003	常州博物馆	《宣德炉精品展》 《世界珍稀蝴蝶展》 《百年航空展》 《走进常州先民的神秘生活——新岗遗址发掘汇报展》
	南通博物苑	《世纪回眸——中国近代第一城图片史料展》 《台胞卢介民收藏书画暨李谷声、邢炎如书画展》
	连云港市博物馆	《双龙汉墓考古成果展》
	淮安市博物馆	《周恩来炭精肖像画展》 《中华微缩景观展》 《世界珍稀品种蝴蝶展》
	扬州博物馆	《寒英馆书画收藏精品展》
2004	南京市博物馆	《俄罗斯艺术精品——雅罗斯拉夫艺术博物馆馆藏油画与雕塑文物展》 《意大利贝利尼博物馆文艺复兴美术藏品展》暨《公元15—16世纪佛罗伦萨贵族服饰展》
	常州博物馆	《东海水晶科普展》 《世界观赏昆虫展》 《跨越时空——明代传奇古尸展》
	南通博物苑	《佛教造像艺术展》 《股票珍品展》 《南通市第二届社区艺术节综艺展》 《尤无曲国画艺术九十年回顾展》
	连云港市博物馆	《纪念邓小平诞辰一百周年美术作品展》
	淮安市博物馆	《"纪念邓颖超同志诞辰100周年"书画作品展》 《"运河情缘"——苏常扬淮四市书画联展》 《淮安·马鞍山两市政协书画展》 《"一切为了人民"——纪念人民代表大会制度建立五十周年书画展》
2005	南京市博物馆	《沐英家族墓文物特别展》
	徐州博物馆	《丝路瑰宝——宁夏固原出土文物精品展》 《朱振庚画展》 《李可染画展》
	常州博物馆	《常用中草药标本展》 《吉祥鸟——孔雀文化展》 《艺术大师方召麐博士书画展》 《馆藏常州名家书画展》
	南通博物苑	《启东版画展》 《中国博物馆事业发展百年展》
	连云港市博物馆	《延安精神永放光芒》暨《光辉的历程——连云港革命斗争史略》大型图片展览

续 表

展览时间	举办方	名称
2006	南京市博物馆	《阿拉伯艺术展》
	南通博物苑	《谢克东同志捐赠书画回顾》 《南通书法国画研究院作品展》 《苑藏近代书画作品》 《画坛三友——尤无曲、顾永恺耿颂九山水画展》 《耿颂九山水画作品展》 《家有珍藏——首届南通民间收藏展》 《史白、徐惊百烈士遗作展》 《天下第一家——南京博物院藏清代宫廷文物》 《尤文绚书画作品》 《丛球山装裱艺术展览》
	连云港市博物馆	《故宫博物院藏清代宫廷珍宝展》 《中日书法艺术展》
	扬州博物馆	《走近"神五""神六"大型航天展览》 《明清书画集粹——海上澄远楼收藏特展》
2007	南京市博物馆	《南京上坊孙吴墓出土文物特别展》 《大风歌——两汉文明展》 《藏龙卧虎——南京考古新发现展》
	徐州博物馆	《彭城文荟——徐州乡贤书画展》
	常州博物馆	《常州文物精品展》 《六朝青瓷展》 《金与玉——大明王朝贵族饰品展》 《常州市纪念唐荆川诞辰五百周年书画展》 《环太湖西部马家浜时期考古发掘汇报展》
	苏州博物馆	《清代苏州府状元书笺特展》 《悲鸿南归——徐悲鸿绘画作品苏州特展》 《盛世江南家有宝藏——苏州市民间收藏甄品特展》 《水墨诗文——冯骥才苏州公益画展》 《至于素朴——冷冰川艺术展系列之苏州》 《托之豪翰——明吴中书法四大家作品典藏展》 《蝴蝶梦子归魂——周瘦鹃先生收藏书画捐赠纪念展》 《秋景丽——辽博藏齐白石绘画精品苏州特展》 《石渠宝笈唐风宋韵——辽博书画苏州特展》 《石言志——李岚清篆刻艺术展》 《绚丽·华贵·至尊——香港张宗宪先生珍藏宫廷御制掐丝珐琅器特展》
2007	南通博物苑	《南通博物苑藏彩瓷珍品展》 《南通博物苑藏历代绘绣观音像艺术展》 《乌克兰油画名家作品展》 《六朝青瓷展》 《国家宝藏——自然矿石标本珍品展》 《江风海韵——南通历史文化掠影展》 《南通博物苑藏明清书法作品展》 《纪念王个簃诞辰110周年书画展》
	连云港市博物馆	《改革开放总设计师——邓小平大型图片展》 《"感悟大师"系列展》《中美岩画艺术展》
	淮安市博物馆	《天下第一家——清代宫廷文物展》 《周总理故乡一枝梅——章农书画作品晋京展回乡汇报展》 《家有宝物 与您共享——第二届淮安市文物收藏展》 《科普嘉年华——大型科普知识展》
	扬州博物馆	《流淌的文明——大运河文化遗产特展》 《今月照古人——扬州蚕桑汉墓考古成果汇报展》
	镇江博物馆	《江苏历代书画名家作品展》 《赵文元晋京美术作品回乡展》 《江苏名碑石刻拓本展》

续 表

展览时间	举办方	名称
2008	无锡博物院	《李岚清篆刻艺术展》 《悲鸿故乡行——徐悲鸿经典作品无锡特展》 《无锡市纪念改革开放30周年美术书法作品展》 《第七届全国刻字艺术展》暨《第十二届国际刻字艺术交流大展》
	徐州博物馆	《吴国青铜器展》
	常州博物馆	《中国当代著名书法家——张玉亮书画作品巡回展》 《大风歌——两汉文明展》 《金色江南——江苏古代金器特展》 《常州馆藏书画精品展》
	南通博物苑	《十二生肖文物展》 《南通博物苑藏文物精品展》 《吴国青铜器展》 《耿颂九山水画回顾展》 《夏天·艺术在中国——美国威廉帕特森大学丛志远教授版画作品展》 《南通市迎奥运体育邮集暨体育珍品展》 《一代风华——南通籍当代艺术家邀请展》 《江海遗韵——南通书画、篆刻名家作品回顾展》 《上海市文史馆藏书画名家精品展》 《张謇书法展》
	连云港市博物馆	《歌颂改革开放、喜迎北京奥运大型收藏精品展》 《文明的旗帜——连云港雷锋车事迹图片展》 《揭示大自然的奥秘——恐龙、化石、蝴蝶展览》
	扬州博物馆	《运河凝聚的光彩——扬州馆藏陶瓷精品展》

四、出国、出境展览

1.《永恒的中国》文物展览

1992年3月,中国文物交流中心在澳大利亚举办《永恒的中国》文物展览,从镇江博物馆内选调唐代金银器"鎏金摩羯纹银盒"等4件馆藏文物参展。

2. 中国的金银器、玻璃器展

1992年4月25日～11月8日,为纪念中日邦交正常化20周年,中国文物交流中心在日本东京、神户、冈山、福冈、大阪举办《中国的金银器、玻璃器展》,从镇江博物馆内选调丁卯桥出土的唐代窖藏金银器鎏金银酒筹、鎏金双鸾纹菱形银盒等11套29件馆藏文物参展。

3. 中国历史名城扬州二千年文物精华展

1993年11月3日～12月19日,扬州博物馆在日本全国五大美术馆之一的磐城市立美术馆举办了《中国历史名城扬州二千年文物精华展》。这次展览共展出扬州博物馆馆藏文物精品150余件。日本新闻媒介做了大量的宣传报道,展览期间共接待日本观众2万人次。这是扬州博物馆在国外首次举办的文物展览。

4. 古代扬子江至宝展

1994年,由镇江市和日本津市联合主办的《古代扬子江至宝展》在日本津市展出,绚丽多姿的展品反映了镇江悠久的历史文化风貌。10件吴文化青铜器集中而典型地反映了吴文化青铜器的风格和特色,对研究古代吴国的历史文化具有重要的科学价值;14套(件)唐代金银器皿在展览中具有重要位置。展览期间,日本的专家学者、政府官员、教师学生、工人、农民、职员、中国留学生、华人后裔在内的观众前往参观。

5. 中国古代人与神展览

1995年7月,南京市博物馆参加国家文物交流中心在德、英、挪威、丹麦举办的《中国古代人与神展览》,江泽民总书记赴德国出席展览开幕式。

6. 南通博物苑藏明清书画展

1996年4月16日～22日,《南通博物苑藏明清书画展》在日本东京举行,由日中友好会馆、中华全国工商业联合会主办,南通博物苑承办。

7. 兴盛的汉王朝特展

1999年4月～11月间,中国河北省文物局、中国社科院考古研究所和扬州市文化局在日本联合举办《兴盛的汉王朝》文物特展,扬州博物馆提供汉代文物珍品辟邪白玉壶、宜子孙青玉璧、白玉璜、青玉猪形握、玉串饰、彩绘漆耳杯等9件。

8. 扬州八怪书画珍品展

1999年6月30日～8月8日,在台北历史博物馆"国家画廊"展出。展览由南京博物院、扬州博物馆、苏州博物馆和镇江博物馆联合举办,共展出"扬州八怪"等11位画家的书画珍品88件。

9. 皇权:南京博物院精品展

2002年6月8日,《皇权:南京博物院精品展》在美国加利福尼亚州橙县圣塔安娜市的宝尔博物馆开幕。展览展出文物119件(组),主要包括中华人民共和国成立以来江苏的考古出土品和南京博物院藏历代宫廷文物,命名"皇权"是因为展品中除宋元明清皇室贵族收藏或使用文物外,考古出土品也主要来自新石器时代氏族酋长和商周两汉皇家墓地。展品中有新石器时代大汶口文化的彩陶钵、彩陶盆,良渚文化的玉琮、玉璧,东周时期的青铜器,西汉的金币,东汉的银缕玉衣,唐朝的三彩,六朝的陶俑,还有宋代的官窑瓷器、刺绣,以及明清宫廷皇家所用瓷器、玉器、漆器、宗教礼器,基本上代表了南京博物院馆藏文物的特点和优势,反映出江苏深厚的文化底蕴,涵盖了中华五千年辉煌的文明渊源。

10. 龙的天空——中国古代皇家天文展

2004年7月～2006年11月,南京博物院组织的《龙的天空——中国古代皇家天文展》赴美国路易斯安那州、佛罗里达州、弗吉尼亚州三地博物馆巡展。展览展出文物24件,以科技动态的手法展示南京博物院稀有史前文物及相关复制品,将中国古代天文的灿烂历史直观地展现给美国观众。此次展览从一个新的视角向美国人民介绍中国,并加深了双方在科技领域的交流,为推动中美两国间的更深一步的交流起到积极作用。展览期间,南京博物院还与美国数字博物馆建立良好合作关系。

11. 景德镇千年展

2006年10月21日～2007年6月17日,应日本朝日新闻社邀请,南京博物院赴日举办《景德镇千年展》,以纪念江西景德镇瓷窑开窑一千年。展览通过23件(组)文物,展示中国古代文明精华,追溯中国瓷器对日本瓷器发展影响的历史渊源,促进了中日两国文化交流以及人民之间的友好往来。展览于2006年10月21日开始在日本国岐阜县现代陶艺美术馆举行,后陆续赴茨城县陶艺美术馆、山口县立荻美术馆、东京市涉谷区立松涛美术馆巡展。

12. 南京城墙图片展

2006年11月8日～21日,由南京市文化(文物)局组团在意大利卢卡市举办《南京城墙图片展》。期间,团员们还参加国际城墙学术研讨会,考察意大利卢卡城。

13. 金与玉——徐州历代文物珍品展

2007年3月31日～11月1日,徐州市文化局在奥地利雷欧本市举办《金与玉——徐州历代文物珍品展》,参展文物116件(套),包括金缕玉衣、镶玉漆棺、龙纹玉璜、金带扣、彩绘陶俑等10件一级文物。

14. 像应神全——明清人物肖像画特展

2008年9月5日～11月16日,《像应神全——明清人物肖像画展》在澳门艺术博物馆展出。展览展出南京博物院藏60件明、清两朝人物画、肖像画,部分为首次展出。展览分名士写真、人物传神、行乐故事、佛道神话四个主题,包括明朝沈周、文徵明、唐寅、仇英、曾鲸、陈洪绶,以及清朝的金农、禹之鼎及任颐等名家之作。展览由中国澳门艺术博物馆联同中国文物交流中心、南京博物院、浙江省博物馆、澳门基金会、旅游局及澳门日报等机构合办,属多家单位首度合作。

15. 悠久的大地与人间的浪漫——大三国志展

2008年5月2日～2009年4月15日,《悠久的大地与人间的浪漫——大三国志展》在日本东京富士美术馆开展。南京博物院藏6套13件文物参展。展览除在东京展出外,还分赴北海道、神户、福冈、香川、名古屋、群马等多地巡展。展览汇集中国11个省市34家文物机构收藏的250余件珍贵文物,从政治、经济、军事、文化、生活、宗教等方面再现中国三国时代的历史风貌。首次确立"历史与传说"并行的展览模式,融合正史与演义、历史与文学、三国与明清、古代文物与近代艺术、中国与日本的双重性,被称为是"文物展览的一次革命"。

表 9.8　南京博物院出国、出境文物展（1991～2008）

名　称	展览时间	展览地点
江南的文物	1991	日本
《红楼梦》艺术展	1993	中国香港
清瓷萃珍	1995	中国香港
江南的至宝	1996	日本
南京博物院艺术珍品展	1996	中国澳门
中国秘宝展	1999	日本
扬州八怪书画珍品展	1999	中国台湾
扬州八怪书画精品展	2000	中国澳门
梨园寻踪——手捏戏文精品展	2000	中国澳门
皇权——南京博物院精品展	2002	美国
南京博物院藏明代瓷器精品展	2003	日本
河山在目——傅抱石百年纪念画展	2003	中国澳门
故山青——南京博物院藏金陵画派山水画展	2003	美国
中国江苏文物精品展	2004	法国
龙的天空——中国古代皇家天文展	2006	美国
景德镇千年展	2006	日本
孙中山纪念馆展览	2006	中国香港
中国国宝巡回展	2007	韩国
古代肖像画	2007	意大利
紫砂壶展	2007	中国澳门
悠久的大地与人间的浪漫——大三国志展	2008	日本
中国：从汉风到唐韵	2008	意大利
秦兵马俑和丝绸之路展	2008	意大利
像应神全——明清人物肖像画特展	2008	中国澳门

五、宣传活动

1. 重要纪念活动

江苏省文物节　自 2003 年开始举办，活动集艺术性、学术性、群众性和服务性于一体，通过举办展览、开展文物为民活动、图书出版及举办演出活动等形式，全面展示江苏文化大省的历史文化内涵。

2003 年 10 月 18 日～24 日，首届江苏省文物节暨南京博物院 70 周年庆典活动成功举办，遵循"保护与发展，传承与创新"的宗旨，举办"国际博物馆馆长论坛"、文物保护学术报告及文物鉴赏讲座等系列活动，推出《江苏文化遗产保护成果展》《江苏出土文物精品暨馆藏文物精华展》《泗水王陵展》《世界和平村及万国博物馆图片资料展》等七个展览项目。2005 年 11 月 17 日，第二届江苏省文物节于南京博物院开幕，活动主题为"文化遗产保护与公众服务"。2007 年 6 月 9 日，"第二个文化遗产日暨第三届江苏省文物节"系列活动在南京图书馆开幕，活动主题是"保护文化遗产，构建和谐社会"。江苏省文物节通过系列活动，集中展示了全省文物保护事业取得的新成就，进一步扩大了全省文物事业在社会各界的影响。

文化遗产日　自 2006 年起，每年六月的第二个星期六为中国的"文化遗产日"。江苏省积极响应国务院加强文化遗产保护工作的号召，精心策划"文化遗产日"活动。

2006 年 6 月 10 日，"中国第一个文化遗产日江苏省系列活动"开幕仪式在南京博物院举行。通过举办文化遗产保护成果展《江南遗珠——江苏传统工艺汇展》《钟灵毓秀——故宫博物院、南京博物院珍藏钟表展》，举行"首届江苏省文物保护优秀工程评比"表彰，组织开展文物保护法律咨询和文物藏品义务鉴定活动等，收到了良好的社会反响。

2007 年 6 月 9 日，"第二个文化遗产日暨第三届江苏省文物节"活动开幕。期间，组织了包括专题文艺演出，组织新闻媒体采访团赴南京、苏州、常州、扬州、徐州专访文化遗产保护成果，发行文化遗产相关图书，举办文化遗产知识讲座，开展陈列展览等系列活动。扬州博物馆被国家文物局授予"文化遗产日组织奖"。

2008 年 6 月 14 日，第三个中国文化遗产日江苏省系列活动开幕式在南京博物院举行。省领导为《中国文物地图集·江苏分册》首发式揭绸，同时为《江苏省文化遗产摄影大展》《金色江南——江苏古代金器特展》《"探寻六朝建康城"考古成果展》《南京博物院藏名家经典清四僧作品展》四个专题展览揭幕。活动期间，在南京市举行了"六朝建康都城学术研讨会"，来自国家文物局专家组及省内外的有关专家参加；召开了《中国文物地图集·江苏分册》编纂工作总结表彰会。

国际博物馆日　国际博物馆协会于 1977 年确定 5 月 18 日为"国际博物馆日"，并从 1992 年开始，每年确定一个主题，号召全世界的博物馆围绕当年的主题开展活动。中国自 1983 年正式加入国际博物馆协会，从 1997 年开始，国家文物局和中国博物馆学会决定在全国范围内开展纪念国际博物馆日活动。江苏省积极参与"国际博物馆日"活动，主要包括免费开放博物馆参观，举办文博相关知识讲座，组织中小学生参与博物馆知识学习，邀请媒体进行博物馆知识宣传，以及开办各种临时展览等。各地市的博物馆，在"国际博物馆日"当天纷纷实行免费开放参观，吸引市民感受博物馆的魅力，体会文化遗产的价值。2008年的"国际博物馆日"期间，南京博物院推出"感受中国古代优秀艺术遗产"的主题活动，把宣讲送进校园，分别到南京市的中小学开展宣传教育活动。

2. 社会教育活动

教育和服务是博物馆的基本职能。社会教育活动是博物馆各项工作中最贴近公众、最直接服务于公众的部分，职能为宣传教育，服务公众。陈列讲解是辅助公众参观的重要手段，而举办社会服务活动则是传播博物馆文化的良好途径。

1991~2008年，是博物馆社会教育工作的整体转型和全面发展期，江苏省的各级博物馆都在积极开展社会教育活动。一是开展请进来的社教活动。和社区、小学、中学和大专院校联系，开展"文物专题讲解""学生素质教育课堂""爱心教育驿站讲解"等主题活动，使宣教形式更加多样化、社会化。二是实施宣讲进校园主题活动。博物馆专业教育人员走进中小学校，通过课件演示、文物复制品展示和趣味互动等形式，宣传优秀民族文化。三是丰富学生假期生活。结合学生寒暑假，开展博物馆主题的夏（冬）令营活动。通过一系列有趣的活动让学生在玩乐中增长知识，在实践中收获成长，丰富孩子们的假期生活。

以南京博物院为例，1987年，原有群工部与陈列部合并，更名为社会教育部，体现了更加注重博物馆社会教育工作的理念。同年10月，南京博物院派员参加国家文物局举办的博物馆群众教育部主任培训班，培训班讨论并通过了《博物馆群众教育部准职责（草案）》，为博物馆社会教育工作的开展进一步指明了方向。1988年9月，中国博物馆学会成立了社会教育专业委员会。同年，江苏也成立了江苏省博物馆社会教育专业委员会，作为主任委员单位，南京博物院紧跟时代发展步伐，积极开展各种形式的社会教育活动，很好地起到了引领和示范作用。2004年4月，中央八部委联合发文，要求公益性文化场所逐步加大向社会免费开放，南京博物院开始对部分观众免费开放。

新形势下，中央提出推动文化大发展、大繁荣的目标，江苏也提出努力建设文化强省的目标。南京博物院以科学研究与公众服务为工作的两极，特别是在公众服务方面，既是对传统的继承，更反映了新时期的理念的转变。公众教育和服务活动更加注重公益性效果，重视公众的参与性。2008年春节大年初二起，南京博物院正式永久免费向公众开放，当年参观量为65万人次，较2007年增加了60%。免费开放后，南京博物院积极探索和扩展服务范围和受众，针对盲人等特殊人群推出手语讲解、触摸讲解等；实行"请进来和走出去"方针，一方面组织观众走进博物馆参观，另一方面社教人员走进学校、社区、军营举办讲座等活动，宣传博物馆文化，弘扬传统文化。

南京市博物馆建设了一支中英文讲解人员和志愿者服务的专业队伍，有一套中、英、日、韩文语音讲解系统，可以满足国内外观众的讲解需要。在做好参观引导及讲解服务的同时，共建了教育基地、实习基地，广泛开展社会活动，每年的夏令营更是吸引了很多学生参加。

南京市博物馆十分重视社会教育工作，常年着力于讲解队伍的建设、积极发挥博物馆的窗口作用。一是加强教育培训、提升业务水平，重视培养有专长且经验丰富的讲解员，并定期开展针对讲解员的业务培训和考核，提升讲解员队伍的整体综合素质；二是发挥教育基地作用、提高社会影响力。作为爱国主义教育基地，认真贯彻落实中共中央《爱国主义教育实施纲要》，同时与60多所学校共建教育基地，送展览进学校、进社区、进军营；与多个媒体签订协议挂牌实践基地，共同举办小记者活动，让孩子了解博物馆。此外每年与社区举办夏令营，让民工子女和贫困学生走进博物馆；三是加强志愿者的管理，稳定志愿者队伍，让志愿者在博物馆提供的社会服务平台上展示自己的才能。

中国共产党代表团梅园新村纪念馆开展了夏令营、冬令营等教育活动。

徐州博物馆从2006年起，配合每年文化遗产日、文化遗产月、国际博物馆日等举行相关宣教活动。徐州博物馆作为中国两汉文化重要的展示景区，曾经被众多海内外媒体报道，并拍成多部专题片,具有较高社会影响力。

淮安市博物馆于2007年淮扬菜美食文化节期间,邀请南京博物院文物专家,举办专场《文物鉴赏知识讲座》。

南京市明城垣史博物馆通过开展夏令营等活动,推进和落实各种形式的社会普教育义务。2001年,南京明城垣史博物馆被正式列为江苏省爱国主义教育基地。博物馆积极开展与社区、学校、部队的共建活动。

仪征博物馆利用寒暑假等假期,推出剪纸培训班、夏令营等社会教育活动,吸引更多的青少年走进博物馆,使博物馆成为青少年的第二课堂和假日乐园。此外,还利用纪念日开展社会公益活动等,到社区、乡镇、学校开展流动展,将博物馆的展览送到大众身边。

3. 博物馆免费开放

2004年2月,中共中央、国务院印发《关于进一步加强和改进未成年人思想道德建设的若干意见》,要求公益性文化设施加大开放力度,向未成年人等社会群体免费开放。2008年1月23日,中共中央宣传部、财政部、文化部、国家文物局联合印发《关于全国博物馆纪念馆免费开放的通知》。2008年初,江苏省文化厅在全国率先提出省级三大文化场馆——南京博物院、南京图书馆、江苏省美术馆永久性免费开放。随后,苏州、常州、镇江、扬州、南通、连云港等市级综合博物馆,仪征等县级博物馆,苏州戏曲博物馆、苏州碑刻博物馆等专题馆,以及南通地区的所有博物馆均实现免费开放。至2008年底,全省有174家公共博物馆、纪念馆和爱国主义教育基地免费开放。其中文化、文物系统管理博物馆、纪念馆有82家,数量之多、范围之广、力度之大,在全国处于领先地位。部分尚不能实行全部免费开放的各类文物建筑和遗址类博物馆,则实行低票价,对未成年人、老年人、现役军人、残疾人等社会群体实行免费或优惠参观,加大门票的减免力度,扩大优惠范围。

省文物局会同省委宣传部、省财政厅制定《江苏省公共博物馆、纪念馆和爱国主义教育基地免费开放专项资金管理办法》,为免费开放持久有效运行提供制度保证。174家文化场馆中,除11家被列入全国免费开放名单由中央财政补贴外,省财政设立专项资金,补助免费开放重点单位的门票收入减少部分、运转经费增量部分以及重大维修等所需经费,对免费开放取得良好社会效果的市、县(市、区)给予奖励。观众调查显示,免费开放后,博物馆的参观量大幅提升。[①] 博物馆免费开放是公共文化服务领域的一项重要惠民政策。这一政策不仅对满足广大民众的精神文化需求、保障其基本文化权益具有十分重要的意义,也对推动博物馆事业的全面发展起到了显著作用。

表9.9 江苏省公共博物馆、纪念馆和爱国主义教育基地第一批免费开放名单(共174家)

属性	名称
省直	南京博物院、江苏省科学技术馆、南京体育学院"世界冠军园"、江苏省档案馆、南京大学校史馆、中华农业文明博物馆、苏通大桥展览馆
南京市	侵华日军南京大屠杀遇难同胞纪念馆、静海寺《南京条约》史料陈列馆、中共代表团梅园新村纪念馆、雨花台烈士陵园、南京市规划建设展览馆、南京云锦博物馆、南京市档案馆、南京国防园、南京市江宁区档案馆
无锡市	无锡市革命烈士陵园、无锡市芦村污水处理中心、江阴鹅鼻嘴公园、江阴天华文化中心、宜兴徐悲鸿纪念馆、张闻天旧居、无锡碑刻陈列馆、无锡中国民族工商业博物馆、锡剧博物馆、泥人博物馆、新四军六师纪念馆、安阳书院、无锡县革命运动纪念馆、文渊坊文物保护小区、无锡民间蓝印花布博物馆
徐州市	淮海战役烈士纪念塔(馆)、徐州博物馆、徐州市档案馆、碾庄战役烈士陵园、王杰烈士事迹陈列馆、"百将团"团史陈列馆、徐州市庄印芳拥军事迹陈列馆、王杰烈士陵园、小萝卜头纪念馆、睢宁县儿童画活动中心
常州市	常州"三杰"纪念地(常州"三杰"纪念馆、瞿秋白故居、张太雷故居、恽代英纪念广场)、常州市革命烈士陵园、常州市档案馆、金坛市华罗庚纪念馆、陆军预备役通信团团史馆、常州花山国防教育训练中心、武进革命烈士陵园、常州博物馆、瞿秋白纪念馆
苏州市	沙家浜革命历史纪念馆、顾炎武故居、苏州博物馆、苏州革命博物馆、苏州市碑刻博物馆、苏州民俗博物馆、苏州市档案馆、苏州籍两院院士风采展览馆、苏州横山烈士陵园、东渡苑、常熟市档案馆、常熟市博物馆、郑和纪念馆、昆山市昆仑堂美术馆、苏州工业园区展示厅、苏州戏曲博物馆

---

① 牟国义主编:《江苏年鉴2009》。

续 表

属性	名称
南通市	苏中七战七捷纪念馆、南通市钟秀山烈士陵园、如皋烈士陵园、南通博物苑、启东市东南中学、中共南通独立支部纪念地、如东县烈士陵园、海门张謇纪念馆、马塘革命烈士纪念馆(含吴亚鲁纪念室)、启东市烈士陵园、南通市档案馆、南通市城市博物馆、中国南通珠算博物馆、角斜红旗民兵团史绩陈列馆、中国体育博物馆南通馆、南通个移艺术馆、中国人民解放军南通分区军史馆、南通风筝博物馆、中华灵芝文化馆、海安博物馆、如皋博物馆、通州石港爱国主义教育纪念馆、海门市科技馆
连云港市	赣榆抗日山烈士陵园、连云港市博物馆、连云港市革命纪念馆、连云港国防教育基地、海州地区早期党组织活动基地、新浦汽车总站"雷锋车"荣誉室、东海安峰山烈士陵园、江苏省田湾核电站会展中心、灌云县烈士陵园、灌南县烈士陵园(纪念馆)、连云港市民俗博物馆、灌南县博物馆、灌云县博物馆、东海县博物馆、赣榆县博物馆
淮安市	周恩来纪念馆(故居)、周恩来童年读书处、刘老庄八十二烈士陵园、新安旅行团革命历史陈列馆、苏皖边区政府旧址纪念馆、涟水战役纪念馆、黄花塘新四军军部纪念馆、关天培祠堂、盱眙铁山寺科普园、淮安水利枢纽工程、车桥战役烈士陵园、淮安市博物馆
盐城市	新四军纪念馆、盐城市泰山庙新四军军部旧址、盐城市博物馆、射阳县华中工委纪念馆、阜宁县盐阜区抗日阵亡将士纪念馆(塔)、东台市三仓烈士陵园、盐城市陆公祠管理处、建湖县华中鲁艺抗日烈士陵园、大丰市烈士陵园
扬州市	扬州革命烈士陵园、侵华日军万福桥大屠杀遇难同胞纪念碑、苏中公学纪念碑、扬州双博馆(扬州博物馆、扬州中国雕版印刷博物馆)、江都水利枢纽工程、扬州市档案馆、宝应县烈士陵园、江都市烈士陵园、扬州中学树人堂、扬州水文化博物馆、宝应县博物馆、江都市博物馆、仪征博物馆
镇江市	茅山新四军纪念馆、镇江市烈士陵园、韦岗战斗胜利纪念碑、镇江伯先公园、梦溪园、丹阳总前委旧址纪念馆、丹阳革命陈列馆、句容市博物馆、镇江博物馆、镇江市民间文化艺术馆、丹阳博物馆、冷遹纪念馆、新四军四县抗敌总会纪念馆
泰州市	泰兴黄桥革命历史纪念地(新四军黄桥战役纪念馆)、新四军黄桥战役烈士纪念塔、新四军苏北指挥部旧址、新四军第三纵队司令部旧址、粟裕部分骨灰安放处)、杨根思烈士陵园、泰州市革命烈士纪念馆、兴化市博物馆(郑板桥纪念馆)、新四军苏北指挥部旧址曲江楼、中共江浙区泰兴独立支部旧址纪念馆、泰兴市江堤达标建设工程、靖江市烈士陵园、姜堰市革命烈士陵园、姜堰市博物馆
宿迁市	宿北大战纪念馆、雪枫墓园、爱国烈士陵园、泗洪烈士陵园、双沟惨案纪念馆、沭阳青少年广场、沭阳县烈士陵园、中国杨树博物馆、来瑞将军纪念馆、小蔡集烈士陵园、泗洪县博物馆

第三节 现代科学理论与技术的应用

物质文化遗产保护中现代科学理论与技术的应用广泛,主要分为文物保护及修复技术、数字化技术研究与应用、信息化建设三个方面。

文物保护及修复技术方面,重视传统工艺与新技术材料的结合,重视新技术和新材料的应用,一直是江苏文物保护工作的传统,并由此形成了自身的优势和特点。江苏省文物保护科技研究一直走在全国前列并屡获殊荣。如"旧纸张保护技术"项目获文化部1981~1982年度文化科技进步一等奖,"复方中草药杀虫剂"项目获文化部1989年度文化科技进步四等奖,"明代针灸铜人复制技术"项目获国家文物局1990年度文化科技进步三等奖,"青铜文物保护技术"项目获国家文物局1996年度文化科技进步二等奖,1998年度国家科技进步三等奖等。其中,南京博物院作为江苏省文博单位的领军者,承接了诸多重要专题研究,如江苏省科技厅"新型饱水木质文物脱水加固剂的研究"、浙江杭州文庙大成殿彩绘保护工程"彩绘文物保护新技术研究"、省科技厅课题"残损纸质文物保护用纸及修复工艺的研究"和"整本图书脱酸技术的研究"等,均取得了出色的成果。

20世纪90年代以来,数字信息技术发展迅猛,文物工作顺应潮流,积极开发和运用新技术,推进文物工作的进展。在这方面,江苏省取得了一系列的研究成果,如"苏南建筑遗产评估体系""开发藏品信息管理系统""大遗址保护虚拟现实技术系统""馆藏档案建设与信息化管理研究""江苏省数字博物馆系统"等,将科技有效利用于文物工作中。此外,江苏省文博系统紧扣时代趋势,全面推进信息化,开通了"江苏文博信息网""南京博物院网站""中国文物保护学术交流网"等网站。

一、文物保护及修复技术

1. 新型饱水木质文物脱水加固剂的研究

1997年,南京博物院承担了江苏省科技厅"新型饱水木质文物脱水加固剂的研究",该课题是南京博物院针对全省木质文物急需保护向省科技厅申请的科研项目。该项目以乙二醛、尿素为主要原料,以乙醇、聚乙烯醇等多元醇为该改性剂合成的一种用于饱水木质文物的脱水加固材料。该项目还重点研究了金属离子对木材变色的作用及处理方法。经该技术处理的木质文物吸湿性显著降低，收缩率得到控制，强度得到提高，文物色泽得到很好的恢复，在实践中取得了较好的应用效果。

2. 青铜器文物的保护与修复

青铜器文物的保护与修复是文保所传统优势项目，并不断持续发展。2000年11月，文保所和技术部成功复制吴王、越王青铜剑，并经专家进行鉴定，获得通过。2005年，与上海博物馆共同完成的《吴国青铜文物铸造技术的研究》课题获得国家文物局科技创新二等奖。该课题通过对吴国青铜技术的总体考察，系统而全面地对吴国青铜器的熔铸质量、器底特征、浇筑系统、垫片、连接技术、铸造纹饰技术、复合范技术、复合金属技术、锤炼和线刻技术、装饰技术进行分析，同时对吴国青铜的合金成分和金相组织分析比对，指明合金成分的不同和铸造质量的高低对青铜文物的腐蚀有重要影响。课题深化了吴国青铜器的铸造工艺、青铜剑首同心圆制作技术的研究及吴越绳纹类礼器成型技术研究。

3. 彩绘文物保护新技术研究

从2007年起，南京博物院文保所承担了浙江杭州文庙大成殿彩绘保护工程，该工程需要清除二十多年前为了保护彩绘而在其表面涂覆的附着在彩绘表面的清漆、生漆和腻子的覆盖层。这一保护彩绘的技术在世界范围内尚属首次发明，使得大规模去除彩绘表面清漆、生漆等覆盖层成为可能。彩绘修复是在隔离膜层上完成的，隔离材料具有保护和隔离双重作用，不仅对彩绘起到保护作用，而且能较好地解决保存残损彩绘与彩绘展示之间的矛盾，使得彩绘修复具有可持续性。这种修复理念具有科学性与新颖性，适合在彩绘保护中得到更好的应用与推广。该保护技术在2008年的南通文庙彩绘保护修复工程中得到了很好的应用。

4. 纸质文物保护用纸及修复工艺的研究

纸质文物保护课题分别于2007年和2008年申报省科技厅课题"残损纸质文物保护用纸及修复工艺的研究"和"整本图书脱酸技术的研究"，并成功立项。"残损纸质文物保护用纸及修复工艺的研究"课题组先后调研江浙皖地区的有代表性的传统造纸工厂及作坊，对各地的造纸原料、工艺、制作流程等进行了实地考察与调研，在此基础上研制成功了可在实验室进行生产加工的造纸机设备，该设备可满足纸质文物修复用纸的需要。"整本图书脱酸技术的研究"课题是根据国内外脱酸技术的发展趋势，以解决近现代文献酸化为目标，在已有技术研究积累的基础上，开展创新研究。

"残损纸质文物保护用纸及修复工艺的研究"课题采用自制的仿制纸进行了残损纸质文物的修复研究，效果良好，能够弥补原先商品修复用纸的不足，具有良好的应用价值，并将产生良好的社会效益和经济效益，是对古代发明创造的传统工艺的科学化研究，为传统工艺的发掘、传承、发扬起到了积极的作用。

"整本图书脱酸技术的研究"课题采用真空浸渍技术解决了脱酸液在整本图书中的渗透性及在纸张中均匀分布的问题，缩短了渗透时间。结合微波、真空的优点，提供一种可对纸质文物进行干燥，并能有效防止干燥皱缩、变形的问题，同时采用多种手段，研制成功了确保纸质文物安全的微波真空干燥设备。在国际上首次解决了采用水溶液法对整本图书进行脱酸处理的技术。

表9.10　江苏文物保护科技研究获得荣誉

项目名称	所获荣誉
"旧纸张保护技术"项目	获文化部1981~1982年度文化科技进步一等奖
"纸张脱酸"项目	获文化部1983~1984年文化科技成果三等奖
"南朝萧融墓石辟邪修复技术"项目	1988年获省文化厅文化科技进步三等奖
"复方中草药杀虫剂"项目	1989年获省文化厅文化科技进步二等奖；获文化部1989年度文化科技进步四等奖
"NMF——防霉防虫剂"项目	1989年获省文化厅文化科技进步一等奖
"红外电视在文物检测中应用研究"项目	1989年获省文化厅文化科技进步一等奖
"明代针灸铜人复制技术"项目	1990年获省文化厅文化科技进步二等奖；国家文物局1990年度文化科技进步三等奖

续 表

项目名称	所获荣誉
"无锡惠山寺石经幢修复"项目	1990年获省文化厅文化科技进步四等奖
"纸张气相脱酸扩试研究"项目	1990年获省文化厅文化科技进步一等奖； 获国家文物局1990年度文化科技进步二等奖； 1991年获国家科技进步三等奖
"复制清道光二十七年万斤大炮及炮车"项目	1990年获省文化厅文化科技进步二等奖； 获文化部1990年度文化科技进步三等奖
"TJ-I脱胶剂研制"项目	获文化部1990年度文化科技进步三等奖
"化学加固轩辕宫梁架"项目	1995年获文化厅文化科技进步四等奖
"武进淹城春秋时期独木舟修复技术"项目	1998年获省文化厅文化科技进步四等奖
"紫金山天文台简仪、浑仪修复防护"项目	1994年获省文化厅文化科技进步一等奖； 获国家文物局文化科技进步三等奖
"图书整体加固技术"项目	获文化部1993年度文化科技进步三等奖
"青铜文物保护技术"项目	获国家文物局1996年度文化科技进步二等奖； 获1998年度国家科技进步三等奖
"新型文物古建筑白蚁防治剂的研究"项目	获国家文物局1998年度文化科技进步三等奖
"苏南建筑遗产评估体系"项目	获国家文物局文化科技进步三等奖； 获国家文物局文化科技创新二等奖
"吴越青铜技术研究"项目	获国家文物局文化科技创新二等奖
"饱水漆木器脱水定型技术"项目	获全国科技大会奖
"苏州瑞光塔出土宋代经卷保存现状的研究"项目	获国家档案局科技进步三等奖
"ATM成膜机理研究"项目	2000年江苏自然科学基金评议等级为良
"吴国青铜器铸造技术的研究"项目	获国家文物局2005年度文化科技创新二等奖

表9.11 2002～2008年江苏省文物科研结项课题立项清单

课题名称	承担单位	负责人
淮阴高庄战国墓青铜舆饰的修复和研究	淮安市博物馆	孙玉军
现代纳米微粒改善传统装裱糨糊性能的研究	南京博物院、南京工业大学	李晓华
博物馆社会教育及公众服务方法对策研究	镇江博物馆	肖梦龙
江苏历史文化名镇(村)保护与利用战略研究	河海大学信息研究所	谢友宁
中共代表团在梅园	中共代表团梅园新村纪念馆	颜鸣
南通近代城市建设研究	南通市文化局	赵明远
镇江市在三国时的地位暨铁瓮城的价值与保护	镇江市文物管理委员会办公室	王玉国
江苏省世界遗产保护体系建立的调查与研究	南京大学文化与自然遗产研究所	贺云翱
江苏近代建筑文化遗产研究	东南大学建筑学院	刘先觉
江苏省文化遗产对经济社会发展的贡献	江苏省文物局、南京大学文化与自然遗产研究所	王慧芬、龚良、贺云翱
江苏省大遗址保护规划与利用模式研究	东南大学	朱光亚
六朝都会	镇江市文物局	王玉国
江苏省文物保护单位的指标体系和评估标准	南京工业大学	汪永平
江苏省沿海古代草煎盐业遗存整理与保护	南京师范大学、江苏省农林厅	黄曙生
南京明城墙保护与抢救性维修研究	南京市文物局	杨新华
市场经济条件下建构国有文物商店体制、机制探微	南京市文物公司	陈卫国
江苏省红色旅游与文物保护开发的互动发展研究	南京工业大学	董敏

续表

课题名称	承担单位	负责人
南京高淳花山宋墓出土丝绸服饰保护与研究	南京市博物馆	顾苏宁
计算机技术在纸质文物修复与复制中应用研究	南京市太平天国历史博物馆	易家胜
淮安运河村战国墓出土鼓车复原研究	淮安市文物局	王剑
文物违法案件中行政处罚和刑事处罚衔接研究	苏州大学	于晓琪
馆藏档案建设与信息化管理	南京博物院	张小朋
江苏民营博物馆发展趋势及运行管理机制研究	徐州市文管办	孟强
江苏田野石质文物的新型保护材料应用研究		奚三彩
中国近代建筑保护技术研究		周琦

表9.12　1991~2008年南京博物院承担省级及以上文物保护科研课题

立项	课题名称	课题单位	负责人	结项
1995	青铜文物保护新技术	国家文物局	万俐	1996
1997	新型饱水木质文物脱水加固剂的研究	江苏省科技厅	张金萍	2001
2002	新型古建筑白蚁防治剂研究	国家文物局	奚三彩	2003
2000	文物胶片资料长期保存新技术——分子筛新材料研究报告	国家文物局	奚三彩	2003
2001	古代丝织品的病害及其防治研究	科技部	奚三彩	2004
2001	南宋经折加固材料与修复工艺研究	国家文物局	万俐	2003
2003	青铜病害防护	科技部	万俐	2004
2004	木材劣化机理和新型木质文物保护方法的研究	国家文物局	张金萍	2005
2004	新型多功能古建筑防火剂研制	国家文物局	龚德才	2006
2004	脆弱青铜器加固	江苏省科技厅	万俐	2004
2005	出土漆木器脱水加固技术的研究	国家文物局	张金萍	2007
2005	全国馆藏文物腐蚀调查研究	财政部	龚德才	2007
2006	古代纺织品修复规范	国家文物局	奚三彩	2009
2006	江苏田野石质文物的新型保护材料应用研究	江苏省文物局	奚三彩	2009
2007	馆藏纸质文物保护修复方案编写规范	国家文物局	奚三彩	2009
2007	馆藏纸质文物病害分类及图示规范	国家文物局	张金萍	2009
2007	馆藏纸质文物保护修复档案记录规范	国家文物局	万俐	2009
2007	残损纸质文物保护用纸及修复工艺的研究	江苏省科技厅	万俐	2010
2008	整本图书脱酸技术的研究	江苏省科技厅	张金萍	2010

表9.13　江苏省首批可移动文物技术保护设计、修复资质单位及业务范围一览表（截至2008）

单位名称	资质等级	业务范围
南京博物院	设计甲级	玉、石器、陶器、瓷器、铜器、金银器、壁画、饱水漆木器、干燥漆木器、石刻砖瓦、书法绘画、古砚、墨、甲骨、玺印符牌、钱币、牙骨角器、竹木雕、家具、织绣、古籍善本、碑帖拓本、文件、宣传品、档案文书类文物技术保护设计、文物保存微环境控制技术保护。
南京博物院	修复一级	玉、石器、陶器、瓷器、铜器、金银器、壁画、饱水漆木器、干燥漆木器、石刻砖瓦、书法绘画、古砚、墨、甲骨、玺印符牌、钱币、牙骨角器、竹木雕、家具、织绣、古籍善本、碑帖拓本、文件、宣传品、档案文书类文物修复、文物保存微环境控制技术保护。
南京云锦研究所有限公司	设计甲级	织绣类文物技术保护设计。
南京云锦研究所有限公司	修复一级	织绣类文物修复。

续 表

单位名称	资质等级	业务范围
南京市博物馆	设计乙级	织绣、石刻砖瓦类文物技术保护设计。
	修复二级	陶器、瓷器、铜器、铁器、金银器、干燥漆木器、织绣、石刻砖瓦类文物修复。
徐州博物馆	设计乙级	玉、石器、陶器、瓷器、铜器、铁器、石刻砖瓦、玺印符牌、钱币、玻璃、琉璃、牙骨角器、竹木雕、碑帖拓本类文物技术保护设计。
	修复二级	玉、石器、陶器、瓷器、铜器、铁器、石刻砖瓦、钱币、金银器、牙骨角器、竹木雕、碑帖拓本、玻璃类文物修复。
苏州博物馆	修复二级	玉、石器、陶器、铜器、铁器、书法绘画、钱币、碑帖拓本、文件、宣传品、档案文书类文物修复。

二、数字化技术研究与应用

1. 苏南建筑遗产评估体系

1996年下半年起，苏州市文管会办公室与东南大学合作开展苏南建筑遗产评估研究，借助计算机应用技术，通过对建筑遗产的量化评估，为城市建设中的历史建筑保护作出科学、合理判断。1997年5月，选择苏州第20号街坊和太仓沙溪古镇为案例，邀请苏州市建委、规划、园林等部门专业人员组成评估工作小组，进行尝试性模拟评估。通过对大量历史建筑的现状调查测评，同年11月，形成苏州建筑遗产评估体系框架及评估操作软件。2000年，"苏南建筑遗产评估体系以及应用研究"被国家文物局列为文物保护科研课题。2003年，文物、建设、规划、园林等部门专业人员组成评估工作小组，对拙政园历史文化街区、虎丘席场弄历史地段的建筑遗产进行综合性价值评估，形成第二版评估软件系统。2005年，该课题通过国家文物局结项验收，并荣获国家"文物保护科学和技术创新"二等奖。2006年～2007年，进一步扩大应用范围，先后对平江、怡园、山塘街、阊门等4个历史文化街区内的建筑进行评估，评估单元达2 100余处，并形成第三版评估软件。2008年5月，《苏州历史文化街区建筑评估系列丛书》正式出版，首批上市的有《苏州平江历史文化街区建筑评估》和《苏州阊门历史文化街区建筑评估》两个单行本。

2. 开发藏品信息管理系统

国家文物局2001年发布了《博物馆藏品信息指标体系规范（试行）》《博物馆藏品二维影像拍摄技术规范（试行）》。2002年，南京博物院信息中心开始根据以上规范规划、设计、开发针对博物馆馆藏文物管理工作的藏品信息管理软件，2004年该软件系统开始初步成形，进入数据测试阶段。

"南京博物院藏品信息管理系统"是一套以馆藏文物日常管理与维护为中心，通过划分不同的录入权限与管理权限实现信息管理与信息服务协同工作的文物数字化管理平台。该系统软件功能与保管部工作流程结合紧密，涉及数据采集、文物管理、信息查询、单据输出等多项环节，可完成文物基本信息录入、文物管理信息录入、文物智能化查询、档案输出等功能。该系统的建设完成，实现了南京博物院文物保管人员对文物信息的全面管理，同时规范了文物数据，提高文物管理效率与质量。

3. 大遗址保护虚拟现实技术系统

2002年，由南京博物院提出、信息中心承接的"虚拟现实在考古大遗址保护中的应用研究"课题方案通过了国家科技部、国家文物局的评审，列入了国家科技部制订的文博行业中五项"十五"重点科技攻关课题之一。"大遗址保护虚拟现实技术系统"是一套根据考古发现、发掘的资料，对出土的遗迹遗物进行地层学与类型学研究，寻求它们的内在联系和发展演变规律，以此复原当时的历史面貌，并通过多媒体计算机虚拟现实技术处理考古发现、发掘的结果，展示考古发现、发掘过程的虚拟多媒体演示系统。

南京博物院整合考古和信息研究的力量于2004年攻克了虚拟现实技术中的难关，初步完成了自有知识产权的三维显示引擎的设计、开发，展示了掌握三维引擎技术在考古等相关领域中应用的广阔前景。

4. 南水北调东线考古地理信息系统软件

是江苏省2004年的重点考古工作，关系到中国重大水利基础建设。2006年，建设中的田野考古工作基本完成，取得了大量的考古资源和数据。为了更有效率地利用这些数据，南京博物院信息中心向江苏省文物局申请开发这项软件,并得到了批准。

该软件通过基础地理信息平台来承载田野考古数据,系统内置的全江苏省地图达到了1∶10 000的大比例尺寸,所有的地点均可测量距离,并有高程、经纬度数据。同时允许用户在图中标识自己的地点数据。系统还内置了142处南水北调东线考古点的地理信息,并附录了包含编号、文物点名称、时代、隶属、地理坐标、高程、总建筑面积、总占地面积、涉及建筑面积、涉及占地面积、工程影响、文物保护级别、价值级别、保护方法、备注等信息,为考古专业人员提供了一套可行的田野考古软件。

5. 馆藏档案建设与信息化管理研究

是江苏省文物局2007年科研课题。通过该课题的研究,南京博物院信息中心探索了以省级为单位统一管理个博物馆藏品资源的途径,通过一定的技术手段既满足了各馆长期以来所形成的藏品管理模式的差异性,又保证了对藏品资源的共享要求,为今后各馆藏品资源的数字化交流、共享准备了技术条件。

6. 江苏省数字博物馆系统

2007年,南京博物院开始启动二期改造项目,而"江苏省数字博物馆"为其中的重点项目。

数字博物馆是利用现代信息技术全面展示、诠释文物所蕴涵的历史文化发展、变迁、交融的场所,是超大规模的、跨库检索的、分布式的数字化信息资源库,是计算机科学、管理学、传播学以及文物博物馆学等学科相结合的信息服务系统。

江苏省数字博物馆项目主要功能是搭建江苏省行政区域内的文化遗产——资源信息数据库和展示宣传平台这个系统的使用者由政府相关行业管理者、文博行业从业者、社会文博行业爱好者和社会一般观众四个部分组成。

"江苏省数字博物馆系统"结构可以概括为——"三个基本目标和四大基础应用",即:建设文化遗产资源的数据采集、存储、加工、传输基础平台、信息管理平台和展示服务平台为三大目标,以及功能齐全的文化遗产数据加工和交换中心、一个文化遗产基础数据库群、一个开放的文化遗产信息网络管理应用体系、一个统一的文化遗产信息综合展示和服务体系为四个基础应用。"江苏省数字博物馆"是一项大型的社会文化基础建设项目,是网络体系下的新型博物馆。

三、信息化建设

20世纪90年代以来,信息和网络技术取得飞跃发展,江苏省文博系统信息化工作也在时代发展形势下得到了推进。2005年,江苏省文物局与各地市文博主管领导签署了信息化建设合约,要求各地以江苏省文博信息网为依托,建立起地区性的文博信息网络体系。至2008年底,江苏省文博信息网已经完成了第一期的建设工作,全省各地市的主要博物馆已和省文博信息网连接,形成了信息集团化的优势。

1. 江苏省文博信息网

江苏省文博信息网是江苏省文物局主管、南京博物院主办,由公众服务平台、内部办公系统平台、科研平台3部分组成的网络信息系统。2005年正式开通,域名为www.jsmuseum.com,备案号为苏ICP备05009726。

江苏省文博信息网是为全省各骨干博物馆建立的统一的藏品管理信息系统和网络软硬件平台,并在Internet网络环境中建设起以藏品管理信息系统为基础的各骨干博物馆的统一网站。从而将全省的文物资源统一整合,实现共享,创建网络虚拟数字博物馆,促进各博物馆间藏品资料的交流和使用,实现远程移动办公,提高实体展览的水平,提升民众对博物馆的兴趣,开拓文博信息化产业。它是江苏省文博系统数字博物馆和电子政务建设的实用工具,为文博信息化的深入发展奠定基础。

江苏省文博信息网现有工作人员6人,高级职称和中级职称各1人,其余为初级职称。

2. 南京博物院网站

1999年12月,南京博物院网站域名注册成功。2000年6月,南京博物院网站开通,成为中国最早开通的公益博物馆网站之一。初期建成的南京博物院网站以介绍、展示性的图片与文字为主。随着网站的开通,信息中心本着"立足南博,服务社会"的宗旨,不断对网站内容进行扩充,在广泛涉猎文博各领域的信息资源的同时,力求凭借南京博物院历史悠久、集藏丰富的优势,发掘出更为优秀的网络服务模式。

3. 中国文物保护学术交流网

2000年9月,南京博物院信息中心与南京博物院文物保护研究所合作，共同推出中国首家关于中国文物保护学术的专题网站"中国文物保护学术交流网"。

4. 无锡博物院网

开通于2008年，设有锡博概览、最新动态、文史展览、科技展览、特色影院、院藏珍品、特色服务、学术期刊、服务指南、社会教育等栏目，集中展示和宣传吴地人文、城市历史，发布展览信息等。网站首页显著位置设有博物院360°全景虚拟展示栏目，集教育和引导、观赏娱乐、参与互动为一体。

5. 常州博物馆网

网站开设有常州博物馆概况、陈列展览、馆藏精品、自然博物、学术园地、文化古迹、人文常州、鉴赏交流、电子商务及新闻发布等大栏目。积极面向公众，宣传常州文博概况、文化瑰宝和相关资讯信息，介绍龙城常州2500年悠久历史文明，同时利用博物馆鉴赏论坛增加与公众的互动、沟通、交流。

6. 苏州博物馆网

网站搭建于2006年，是一个集馆藏、参观指南、沟通论坛、展览活动告知、参观预约等功能的社会平台。苏州博物馆网站通过互联网，与公众零距离、跨越时空地展现历史、文化沉淀的风貌，并根据信息化进程，不断完善功能、展示及沟通内容，具有丰富的内涵及互动性。截至2008年，博物馆在线参观人数已达近230万人，在线交流的人数达2万余人，通过预约平台至现场的人数近4万人，成为推动和促进新时代精神文化的聚集地。

7. 扬州双博馆网

网站开通于2006年10月，主办单位扬州博物馆，网站的基本功能有扬州博物馆基本情况介绍、临展及活动预告等，并无偿提供馆藏精品文物资料及相关学术成果。扬州博物馆网站内容的发布及更新由扬州博物馆开放部负责。

大事年表[1]

1991 年

1 月　徐州博物馆发掘铜山后楼山西汉墓,此墓为北洞山楚王墓的陪葬墓。

△　南京市太平天国历史博物馆《太平天国历史文物展》在北京正阳门展出。同时南京《八路军驻京办事处旧址陈列》赴京参加全国 20 个八路军、新四军纪念馆联展。

△　为纪念太平天国金田起义 140 周年,南京市委宣传部、市文化局、中国太平天国史研究会在南京市太平天国历史博物馆举行学术座谈会。

3 月　江苏省文化厅、财政厅转发国家文物局《关于颁发〈考古调查、勘探、发掘经费预算管理办法的通知〉的通知》。

△　南京市博物馆发掘江浦县牛头岗新石器时代至西周时期遗址,对滁河流域古文化面貌的认识,具有重要价值。

5 月　由国家文物局主持的《苏鲁豫皖考古座谈会》在安徽省合肥市召开,江苏省代表在会上就这一研究课题进展情况作了汇报。

6 月　苏州博物馆、吴江文管会第二次发掘龙南遗址。

10 月　南京博物院、苏州博物馆和昆山市文管会第二次发掘昆山赵陵新石器时代遗址,发现重要良渚文化墓地祭祀现象。

△　南京博物院、常州博物馆和金坛文管会发掘金坛连山土墩墓群,对土墩墓的营造方法和埋葬习俗提供了新资料。

△　由南京市太平天国历史博物馆组织、罗尔纲主编的《太平天国文物》精装本,由江苏人民出版社出版。

11 月 26 日　早期佛教造像南传系统中日学术研讨会在南京召开。

11 月　中国社会科学院考古所邀请江苏、浙江、上海考古学者参加中国文明起源问题研讨会,江苏介绍新沂花厅和昆山赵陵山遗址的重要发现。会后《考古》发表了各位学者的发言。

1992 年

3 月　沪宁高速公路(江苏段)进行全面调查勘探,并编制考古发掘项目及预算报告。

△　南京博物院、江苏省农业科学院与日本宫崎大学农学部就合作研究苏州草鞋山遗址古稻田,达成协议并签字。11 月,南京博物院、苏州博物馆、吴县市文管会、江苏省农科院专业人员组成考古队试掘草鞋山遗址古稻田。

5 月　徐州博物馆发掘西汉皇族刘婞墓。

7 月　国家文物局委派文物保护专家来南京,指导完成堂子街太平天国壁画加固修复工程和南朝墓石刻化学灌浆加固保护工程。

9 月　沪宁高速公路建设指挥部拨专项经费进行考古发掘。江苏省文化厅发文《关于沪宁高速公路(江苏段)抢救性考古发掘工作有关管理规定的意见》。

10 月　南京博物院、扬州博物馆发掘兴化南荡新石器时代遗址。

11 月　苏州博物馆对浒关真山墓地进行抢救性发掘,次年 4 月完成。

△　侵华日军南京大屠杀遇难同胞纪念馆与首都博物馆在北京联合举办《侵华日军南京大屠杀暴行史料展览》。

12 月　新四军一支队司令部旧址三期维修工程完成,历时 4 年维修工程全面竣工。

---

[1]　1991 年前大事年表,参见首轮《江苏省志·文物志》。

1993 年

2月　连云港市博物馆、东海县博物馆联合发掘尹湾汉墓。

3月　配合沪宁高速公路建设，发掘武进乌墩、丹阳三城巷、泰山溢洪河和大夫墩等遗址和墓葬。

△　南京市江宁县汤山镇雷公山葫芦洞发现古人类头骨化石。12月，经国家文物局批准，南京市博物馆和北京大学考古系联合进行考古发掘。

4月　南京博物院、扬州博物馆等单位发掘高邮龙虬庄遗址。

△　南京博物院建院60周年，《江苏考古陈列》正式对外展出。

5月　苏州博物馆、常熟博物馆对常熟练塘罗墩良渚文化遗址进行第一次发掘。

7月　镇江市发现唐代润州木构下水道。

9月　南京博物院配合南京禄口机场建设进行考古调查。

△　南京市文物局成立，是江苏首个省辖级文物局。

△　中国文物研究所专家来南京指导栖霞寺舍利塔加固补缺工程。

10月　南京博物院第一次发掘金坛三星村遗址，经多年陆续进行。

11月23日~29日　"《早期佛教初传中国南方之路》中日学术讨论会"在日本京都龙谷大学举行。南京博物院院长梁白泉、副研究员唐云俊、《东南文化》编辑部主任束有春等作为中方代表参加。

是年　南京市朝天宫古建筑群维修工程全部竣工，并全面开放。

△　赵陵山良渚文化遗址入选"1992年度全国十大考古新发现"。

1994 年

1月　南京博物院发掘武进寺墩遗址。

3月　徐州博物馆发掘簸箕山刘埶墓，该墓对研究西汉中央政权对皇族参与叛乱者死后的丧葬规格提供了材料。

4月22日　《江苏省实施〈中华人民共和国文物保护法〉办法》公布实行，这是省人大通过的全省第一部文物保护地方性法规。

4月　南京市博物馆发掘铁心桥东晋孙寔墓。

5月　苏州博物馆第一次发掘吴江桃源马家浜文化遗址。1996年12月第二次发掘。

9月16日~10月16日　为配合"1994国际文物古迹旅游年"和"9.27世界旅游日"，南京市举办"金陵文物旅游月"活动。南京市博物馆举办明代朝拜天子礼仪表演、《古代文物精品系列展》《南京城市发展史》等展览。

10月　南京市文物局调查栖霞山仙佛崖，并作统计、记录、照相和绘图。

△　南京市博物馆参加由中国文物交流中心与新加坡文物馆共同主办的《宋、元、明文物展》。

11月　著名考古学家、原南京博物院副院长、江苏省考古学会理事长赵青芳逝世。

12月　南京博物院罗宗真著《六朝考古》由南京大学出版社出版。

是年　高邮龙虬庄遗址、扬州唐城遗址入选"1993年度全国十大考古新发现"。

△　镇江市和日本津市联合主办的《古代扬子江至宝展》在日本津市展出。

1995 年

4月　南京博物院与徐州汉兵马俑馆发掘狮子山西汉楚王墓结束。

△　江苏省人民政府公布第四批省级文物保护单位112处。

6月　扬州博物馆发掘胡场西汉木椁墓群，出土大量珍贵漆器。

7月　南京市博物馆参加国家文物交流中心在德、英、挪威、丹麦举办的《中国古代人与神展览》，江泽民总书记赴德国出席展览开幕式。

8月　南京市文物局组团护送浡泥国王墓神道碑复制品至文莱苏丹国家历史中心陈列展览。

10月　中日合作项目苏州草鞋山古稻田发掘取得进展，国家文物局考古专家组成员严文明教授到工地检查。

12月　盐城市文管会、东台市文化局发掘东台开庄新石器时代遗址。

是年　南京汤山古人类头骨化石地点入选"1994年度全国十大考古新发现"。

△　江苏省人民政府公布第一批省级历史文化名城名镇和历史文化保护区。

1996 年

3月　南京博物院、连云港市博物馆、文管会试掘藤花落遗址。

4月16日～22日　日中友好会馆、中华全国工商业联合会主办，南通博物苑承办的《南通博物苑藏明清书画展》在日本东京举行。

5月　南京博物院发掘邳州九女墩春秋墓座，出土一组铭文自命"攻王之玄孙"编钟、编磬等礼乐器。

△　南京市梅园新村纪念馆举行集会，纪念中共和平谈判代表团进驻梅园新村50周年。

△　苏州博物馆发掘吴江桃源广福新石器时代遗址。

△　徐州博物馆发掘邳州梁王城遗址，清理新石器时代、春秋墓葬18座。

6月　由南京市政府、市政协、市委统战部、市文化局、市文物局主办，南京市博物馆、梅园新村纪念馆联合承办的"迎接97香港回归祖国展"在朝天宫开展。

7月　徐州博物馆清理西汉早期皇族成员刘和墓，出土的银缕玉衣为中国发现最早的玉衣。

9月　《东方文明之光——良渚文化发现60周年纪念文集》由南京博物院主编出版。

△　为纪念太平天国金田起义145周年和南京市太平天国历史博物馆建馆40周年，举办纪念活动。

10月　《南京人化石地点》一书由文物出版社出版。

11月　中日合作研究项目《中国草鞋山遗址古代水田稻作学术讨论会》在日本宫崎市召开，中方考古学、农学家和全体合作研究组成员参加。

△　国务院公布第四批全国重点文物保护单位名单，其中江苏省11处、扩展项目1个。

是年　徐州狮子山西汉楚王陵入选"1995年度全国十大考古新发现"。

1997 年

1月　镇江市古城考古所发掘宋代"泥孩儿"作坊遗址。

11月　南京市博物馆发掘高淳县薛城新石器时代遗址，可能代表"古芜湖"之滨、山地与沼泽地交界区的一个新的文化类型。

△　扬州唐城考古队发现唐代排水渠，并出土大量晚唐日用陶瓷。

△　镇江博物馆配合谏壁大港区开发建设发掘西周、汉、六朝及宋墓。

△　仪征市刘集发现秦代墓葬。

1998 年

2月　镇江市古城考古所在市区医政路发现萧梁时期铸钱遗迹。

3月　南京市博物馆在马群白龙山发掘萧宏家族墓。

△　南京博物院考古钻探明祖陵，探明祖陵总体布局。

5月24日　南京市明城垣史博物馆建成，总投资800万元的明城垣史博物馆暨南京古城墙修复纪念园建成开放。

6月　南京市博物馆发掘东郊仙鹤山东晋侍中高崧及其夫人墓，出土青瓷器、玉器和墓志等珍贵文物。

7月　涟水县宋代妙通塔地宫出土金棺、银椁等珍贵文物。

9月　南京市博物馆的《六朝风采》展在1997～1998年度全国博物馆十大陈列展览精品评选中荣获精品奖，这是全国首届陈列展览艺术的最高奖项。

10月　苏州博物馆、昆山文管会对昆山正仪黄宦山、绰墩遗址抢救性发掘。

12月　南京市文物局、中山陵园管理局等单位对明孝陵进行考古探测。

△　南京博物院、无锡市博物馆和江阴市博物馆发掘花山遗址。

△　南京博物院公布中日合作研究成果："日本弥生时期渡来人亦起源于中国江南地区，长江流域居民2000年前已来到日本"。

△　新沂市博物馆抢救性发掘小徐庄新石器时代遗址。

1999 年

5月　南京市博物馆在东郊吕家山麓发现东晋李氏家族墓地。

△　南京市博物馆在象山东晋王氏家族墓地发掘出土王仚之、王建之等墓葬。该馆曾于20世

纪60~70年代发掘该家族墓地的7座墓葬,至此王彬家族一系墓葬排列基本全貌清晰。

6月　苏州博物馆钱公麟等著《东周真山墓地》由文物出版社出版。

7月　苏州博物馆配合苏嘉杭高速公路苏州段考古调查与发掘。

△　侵华日军南京大屠杀死难同胞遇难处及丛葬地增补为第四批省级文物保护单位。

8月　"尹湾汉墓简牍国际学术讨论会"在连云港市召开。

△　南京市文物研究所在紫金山发现六朝祭祀遗存。

9月10日~13日　由国家文物局和中国博物馆学会组织的"龙华杯"讲解比赛在上海举行,来自广东、江苏、浙江、福建、湖北、江西、上海、重庆6省2市代表队约40名选手参加了比赛。由南京博物院、南京市博物馆、南京市太平天国历史博物馆、镇江博物馆分派的4名选手组成的江苏代表队,获团体第一名。南京市博物馆宋燕和南京市太平天国历史博物馆芦晓莲获个人一等奖。

9月　《龙虬庄——江淮东部新石器时代遗址发掘报告》由科学出版社出版。

10月　金坛三星村遗址,南京仙鹤观、象山东晋贵族墓地入选"1998年度全国十大考古新发现"。

11月　南京市文物研究所在雨花台铁心桥清理发掘五代杨吴宣懿皇后墓。

12月　南京博物院在句容春城放牛山发现一处旧石器地点。

2000年

5月　江阴高城墩遗址入选"1999年度全国十大考古新发现"。

△　南京博物院网站开通,成为中国最早开通的公益博物馆网站之一。

8月1日　由南京市博物馆与北京大学考古系联合编写的《南京人化石地点》一书被评为"第三届夏鼐考古学成果奖"二等奖。

9月　镇江古城墙遗址、国民党江阴要塞司令部旧址增补为第四批省级文物保护单位。

△　南京博物院信息中心与南京博物院文物保护研究所合作,共同推出中国首家关于中国文物保护学术的专题网站"中国文物保护学术交流网"。

10月18日　苏州博物馆和昆山市文物管理所对绰墩遗址进行第三次考古发掘。绰墩遗址内涵丰富,保存较完整,被国家文物局评为2000年中国重要考古发现。

10月~11月　中国首座六朝时代陵阙建筑遗存在南京出土。为配合南京市栖霞区仙新公路的建设施工,南京市文物研究所对位于尧化门北家边梁代某王陵石刻埋藏区进行了抢救性考古发掘,并在地下两米多深处发现一座距今约1500年的陵阙建筑遗存。

11月21日~23日　"中国古城墙科学保护研讨会"在南京召开,会议由国家文物局文物保护司主办,江苏省文管办和南京市文物局联合承办。

11月30日　在澳大利亚凯恩斯召开的联合国教科文组织第24届世界遗产委员会会议上,苏州的沧浪亭、狮子林、艺圃、耦园及退思园作为"苏州古典园林"扩展项目列入《世界遗产名录》。

11月　《南京文物精华》由上海人民美术出版社出版。该书是一部全面反映南京历代文化遗产及南京文物事业成就的大型图录。

是年　张云鹏故居被联合国教科文组织授予亚太地区文化遗产保护杰出项目奖,这是联合国首届评选中国大陆唯一获得此殊荣的古建筑。

△　南京市文物研究所与中山陵园管理局文物处联合对钟山六朝坛类建筑遗址进行考古发掘。

△　南京博物院的《历史艺术馆陈列》在1999~2000年度全国博物馆十大陈列展览精品评选中荣获精品奖。

2001年

2月19日　江苏省人民政府公布第二批省级历史文化名城名镇和历史文化保护区。

4月3日　江苏省优秀博物馆评选揭晓,南京博物院等17家博物馆获优秀博物馆荣誉称号。

5月　省文物主管部门完成南通博物苑、淹城遗址、南京城墙、重宁寺、龙王庙行宫等一批全国重点文物保护单位、省级文物保护单位维修方案审核工作,并上报国家文物局。

6月6日　省文物主管部门组织有关古建筑专家在省文化厅召开《玄武湖隧道穿越南京城墙方案》论证会。

6月16日　南京市太平天国历史博物馆《太平

天国历史陈列》在2000～2001年度全国博物馆十大陈列展览精品评选中荣获精品奖,徐州博物馆的《古彭之宝》获提名奖。

6月25日 国务院公布第五批全国重点文物保护单位名单,其中江苏省13处、扩展项目3个。

7月26日 连云港藤花落龙山时代城址、南京市钟山六朝坛类建筑遗址入选"2000年度全国十大考古新发现"。同年冬,连云港藤花落龙山时代城址还获国家文物局"田野考古奖"二等奖(一等奖缺)。

8月15日 国家文物局举行龙门石窟、明—清皇家陵寝、大昭寺、苏州古典园林世界遗产证书颁发仪式,江苏省文化厅纪检组长王世华及厅文物处负责人出席仪式领取苏州古典园林世界遗产证书。

8月23日～26日 国家文物局在延安举办全国"延安杯"讲解员邀请赛,江苏省代表队获团体二等奖,省文化厅获组织奖。

8月 全省共申报国家文物局研究课题21项,其中3项课题获得立项。

9月 为迎接第六届世界华商大会在南京召开,省文化厅(省文物局)编辑、出版《江苏文物旅游地图册》,以旅游地图的形式,介绍全省各地的文物古迹精华和重要文物景点,宣传近年来全省文物事业的发展成果。

12月18日～21日 由国家文物局主办、江苏省文化厅(省文物局)承办的"全国考古工作汇报会"在南京召开。

2002年

1月6日 周恩来纪念馆建馆10周年纪念活动在淮安市楚州区举行。

1月19日 省级机关第六次党的工作会议授予周恩来纪念馆"省级文明单位标兵"称号,授予南京博物院等五家文化单位"省级文明单位"称号。这是文化厅系统首次申报该项称号并被表彰,文化厅受表彰单位数居省级机关各厅局之首。

2月5日 省文物保护专家组成立。

2月26日～28日 全省文物管理委员会委员会议暨全省文物工作会议在南京召开。省文物管理委员会委员、省文物保护专家组成员及各市文物管理部门负责人出席会议。

3月1日 《江苏省历史文化名城名镇保护条例》开始施行。该条例加大对全省历史文化名城、名镇和历史文化保护区的保护力度,并开创性地规定文物行政主管部门在城市建设中的两项前置审批权。

3月8日 省文化厅代表江苏省与意大利托斯卡纳大区政府国际事务部联合向欧盟"亚洲城市建设计划"申请的历史文化遗产保护项目获欧盟理事会正式批准,冠名为"通过修复再创活力"。

4月5日 省文物局与西藏自治区文物局、南京博物院共同主办的《雪域瑰宝——西藏文物精华展》在南京开幕。

4月30日～5月12日 江苏省首届文化艺术精品展在北京举办。中共中央政治局常委、国务院副总理李岚清,中共中央政治局委员、中国社会科学院院长李铁映等参观展览。展览分"吴韵汉风""巧夺天工""繁花锦绣"三部分,展出文物珍宝100余件、工艺精品300余件。5月18日～25日,该展览于南京9所高校百年校庆之际在南京展出。

5月14日～20日 江苏孙中山纪念地代表团一行12人赴台湾,参加"国父纪念馆"30周年馆庆暨《海峡两岸孙中山纪念地史迹艺术展》活动及交流访问。

6月8日 《南京博物院文物精品展》在美国加州橙县圣塔安娜市宝尔博物馆展出。

10月11日～14日 省文化厅第一期文管办主任培训班在句容茅山举行。

10月21日～23日 应国家文物局邀请,以朝鲜国家一级博物馆——朝鲜革命博物馆副馆长金在福为团长的朝鲜革命博物馆代表团一行来江苏,参观南京博物院、梅园新村纪念馆,考察了解江苏省博物馆管理水平和发展趋势。

10月28日～11月3日 全省开展"文物保护法宣传周"系列活动。举办《江苏省文物保护工作知识竞答》《地球村》访谈节目,播放《江苏文化之旅》《古韵流芳——江苏历史名城》电视片等。

10月 江苏省人民政府公布第五批省级文物保护单位163处,另有扩展项目7处。

2003年

1月9日 省文物局召开南京狮子山——绣球公园连接方案、方山定林寺塔维修方案论证会,会议原则同意方山定林寺塔维修方案,对狮子山——

绣球公园连接方案提出修改意见。

3月23日　由美国大都会博物馆馆长菲力普·德·孟特伯勒率领的工作小组考察南京博物院、南京市博物馆，为《走向盛唐》大型中国文物展遴选参展文物。

4月15日　江苏省第一至第四批全国重点文物保护单位的首批"四有"记录档案，送往中国文物研究所入藏。

5月22日　按照国家文物局要求，省文化厅成立全国重点文物保护单位记录档案备案工作领导小组和项目实施小组。

7月3日　在巴黎召开的联合国教科文组织第27届世界遗产大会通过审议，南京明孝陵作为"明清皇家陵寝"扩展项目被正式列入世界文化遗产。

7月11日～14日　由国家文物局、中国文物研究所组织的全国重点文物保护单位记录档案相关标准研讨会在南京召开。

8月21日～24日　尼日利亚国家博物馆与文物委员会主任欧姆托索·埃鲁耶米博士率代表团访问江苏，参观世界遗产明孝陵、南京博物院、南京云锦研究所及苏州有关文博单位。

10月8日　昆山市周庄镇、苏州市吴江市同里镇、苏州市吴中区甪直镇入选第一批中国历史文化名镇。

10月17日　江苏省人民政府在南京召开江苏省文物工作会议。

10月18日～24日　由省文化厅、省广播电视总台、中国文物报社联合主办的首届江苏省文物节暨南京博物院70周年庆典活动在南京博物院举行。

10月25日　江苏省第十届人民代表大会常务委员会第六次会议审议通过《江苏省文物保护条例》。条例于2004年1月1日起施行。这是自2002年《文物保护法》修订后，全国各省、自治区、直辖市出台的第一部文物保护地方性法规。

10月　江苏省政府办公厅印发了《关于进一步加强文物工作的意见》。

11月17日～19日　加拿大文明博物馆馆长维克多·拉比诺维奇博士一行来南京考察访问。

11月22日～23日　缅甸文化部考古局副局长吴吞佐率缅甸博物馆、考古代表团来江苏参观访问。

是年　南京博物院、江苏省爱涛艺术精品有限公司的《江苏省首届文化艺术精品展》、南京大学历史系的《南京大学考古与艺术博物馆精品展》在2001～2002年度全国博物馆十大陈列展览精品评选中荣获提名奖。

△　江苏省文物管理委员会出台《江苏省文物管理委员会委员单位文物保护工作职责》。

2004年

1月18日　江苏省人民政府公布第三批省级历史文化名镇。

2月5日　《无锡市历史街区保护办法》正式施行，是全国首部历史街区保护法规。

3月10日　2004年中国南京世界历史文化名城博览会组委会在上海召开专场新闻发布会，省文化厅副厅长王慧芬在会上对"名城会"开幕式、文化名人论坛、国际民间艺术展览等情况作新闻发布。

5月10日　《江南文人思想与中国园林艺术——中国江苏文物精品展》在法国上塞纳省布伦市的阿尔贝卡博物馆隆重开幕，展出从江苏6家博物馆遴选出的27件(套)文物精品。

5月27日　省政协召开全省博物馆事业发展情况通报会，省文化厅副厅长王慧芬在会上作《关于我省博物馆事业发展的情况汇报》专题发言。

5月28日～30日　国家文物局局长单霁翔、两院院士吴良镛视察南通，指导南通市文物保护、南通博物苑百年庆典筹备工作及南通"中国近代第一城"的保护与发展。

6月28日　联合国教科文组织第28届世界遗产委员会会议在苏州开幕。在会议召开的10天中，苏州市举办演出、展览、展示等大型文化活动30余个(次)。

7月　南京博物院组织《龙的天空——中国古代皇家天文展》赴美国展出，至2006年11月，分别赴路易斯安那州、佛罗里达州、弗吉尼亚州三地博物馆巡展，展出文物24件。

9月4日～8日　江苏代表队参加国家文物局主办的全国"雷锋杯"博物馆讲解比赛，获团体三等奖和个人三等奖。

10月19日　江苏省第六批全国重点文物保护单位申报材料评审会审议确定，全省81处文物单位申报第六批全国重点文物保护单位。

12月8日　江苏省文物局成立大会暨江苏省文物保护座谈会在南京召开。

2005年

2月22日　江苏省文物局发布《江苏省文物局2005—2007年全省文物行政管理和执法人员法制培训规划纲要》。

4月17日　无锡鸿山越国贵族墓入选"2004年度全国十大考古新发现"。

4月18日　扬州中国雕版印刷博物馆、扬州博物馆新馆在扬州市隆重举行落成典礼。

4月26日～29日　"江苏省文物行政管理和执法干部培训班"在镇江市举行。

4月　为纪念郑和下西洋600周年，南京市博物馆举办《宝船·西洋·郑和》专题陈列，将近年来南京中保村明代宝船厂遗址发掘成果向公众汇报。

5月18日　国家文物局、中国文物报社组织的第六届全国博物馆十大陈列展览精品评选结果揭晓，南京博物院的《泗水王陵考古展》获最佳形式设计奖，中国昆曲博物馆的《中国昆曲博物馆陈列》获最佳制作奖。

6月20日　苏州市委、市政府召开全市文化遗产保护工作会议。国家文物局局长单霁翔在会上作题为《城市化加速进程中文化遗产的保护》专题讲座。

6月28日～7月2日　国家文物局专项督察组对江苏省文物行政执法工作进行检查，并对南京博物院、明孝陵、扬州博物馆、个园、何园及拙政园等6个单位进行文物行政执法专项督察。

8月15日　由省委宣传部、省委党史工办、省文化厅主办，南京博物院承办的《人民的胜利——江苏纪念抗日战争胜利60周年大型史料展》在南京博物院隆重开幕。

9月13日～17日　全国政协副主席张思卿率领调研组，在江苏进行"南水北调工程中的文物保护"专项调研。

9月16日　苏州市吴中区木渎镇、太仓市沙溪镇、姜堰市溱潼镇、泰兴市黄桥镇入选第二批中国历史文化名镇。

9月24日　由文化部、国家文物局和省政府联合主办，省文化厅、南通市政府、省文物局等单位承办的"南通博物苑一百年暨中国博物馆事业发展百年纪念大会"在南通举行。

10月14日　时值瞿秋白英勇就义70周年，胡锦涛总书记在常州参观瞿秋白纪念馆。

11月17日　第二届江苏省文物节在南京博物院隆重开幕。

12月18日～19日　全国文物局长会议暨全国文物先进县表彰会议在四川成都召开，江苏省宜兴市获得"全国文物工作先进县"称号，省文物局被评为"全国重点文物保护单位记录档案备案工作先进集体""全国馆藏一级文物建档备案工作先进集体"。

是年　无锡市增补为江苏省历史文化名城。

2006年

4月18日　中国古迹遗址保护协会、江苏省文物局、无锡市政府联合举办的中国工业遗产保护论坛暨无锡工业遗产保护展在无锡市举行。会议讨论并初步拟定了关于工业遗产保护的行业共识性文件——《中国工业遗产保护——无锡建议》，并于同年6月2日由国家文物局正式颁布。

5月9日　句容、金坛周代土墩墓群发掘入选2005年度"全国十大考古新发现"。

5月10日～18日　应台湾财团法人沈春池文教基金会的邀请，无锡、常州、镇江、扬州、南通、淮安等市组成的江苏省文博专业人士代表团由省文化厅副厅长、省文物局局长王慧芬带领，赴台湾进行为期10天的博物馆、纪念馆考察交流活动。

5月25日　国务院公布第六批全国重点文物保护单位，其中江苏省66处、扩展项目44个。

6月5日　江苏省人民政府公布第六批省级文物保护单位104处，另有扩展项目1处。

6月10日　由省文化厅、省文物局主办的中国第一个文化遗产日江苏省系列活动开幕仪式在南京博物院举行。

8月15日～17日　省文物局举办"江苏省文物保护工程资质管理与资质申报培训班"，来自全省文物系统及部分从事文物保护工程的140余名学员参加了培训。

8月　无锡市文化遗产局成立，为全国首个文化遗产局。

9月15日　省文物局召开第一期文物行政处罚案卷评审会，常州、南京、镇江、苏州、扬州和盐城市分别获得一、二、三等奖。

10月21日　应日本朝日新闻社邀请,南京博物院《景德镇千年展》在日本国岐阜县现代陶艺美术馆展出,展览23件(组)文物,以纪念江西景德镇瓷窑开窑一千年。此后至2007年6月,陆续赴茨城县陶艺美术馆、山口县立荻美术馆、东京市涉谷区立松涛美术馆巡展。

11月8日～21日　南京市文化(文物)局组团在意大利卢卡市举办《南京城墙图片展》。期间,团员们还参加国际城墙学术研讨会,考察意大利卢卡城。

11月27日　国家文物局2006年全国文物法制培训班暨文物行政处罚案卷评比颁奖大会在福建省福州市召开,江苏省参加评比的文物行政处罚案卷获2个二等奖(一等奖空缺)、1个三等奖,江苏省文物局获组织奖。

12月5日～6日　由省文化厅、省建设厅、省文物局联合举办的全省文化遗产保护与城市规划建设培训班在南京举行。

12月11日～13日　省文物局在常熟召开全省博物馆工作会议。

12月14日～15日　省文物局在南京举办首次全省文物外事干部培训班,全省各市文化(文物)局、南京博物院负责文物外事工作的领导及有关人员参加培训。

12月26日　江苏省人民政府公布第四批省级历史文化名镇,并公布第一批省级历史文化名村。

12月　在2005年《国务院关于加强文化遗产保护的通知》印发基础上,江苏省制订印发了《省政府关于加强文化遗产保护工作的意见》。

2007年

1月6日　由省人民政府主办、省文化厅承办的傅抱石作品捐赠系列活动在南京博物院举行。傅抱石子女捐赠的傅抱石写生画稿290幅、论文手稿86件(套)、常用印章71枚由南京博物院收藏。

1月26日　省文物局在镇江召开全省第三次全国文物普查试点工作会议。南京市、苏州市吴中区和徐州市邳州市为全省文物普查试点单位。

2月2日　省文物局会同省建设厅召开全省名城名镇保护工作座谈会。

3月31日～11月1日　徐州市文化局在奥地利雷欧本市举办《金与玉——徐州历代文物珍品展》,参展文物116件(套),包括金缕玉衣、镶玉漆棺、龙纹玉磺、金带扣、彩绘陶俑等10件一级文物。

4月10日　无锡市文化遗产保护基金会成立暨公募大会在湖滨饭店举行。这是全国首个文化遗产保护基金会。

4月11日　"中国文化遗产保护无锡论坛——乡土文物建筑保护"在无锡举行。会议通过了关于保护乡土建筑的《无锡倡议》。

4月29日　"历史的回顾——江苏省馆藏文物精品巡回展览"的首展《六朝青瓷展》在南通博物苑揭开帷幕。省文物局举办的全省馆藏精品文物巡回展览中,《六朝青瓷展》《江苏历代书画名家精品展》《大风歌——两汉文明展》《吴国青铜器展》等陆续在南通、南京、镇江、常州、连云港等地展出。

5月13日　由南京博物院、台湾佛光山文教基金会、台湾佛光缘美术馆主办的《觉有情——星云大师墨迹世界巡回展》在南京开幕,共展出星云大师墨迹、手稿、印鉴等217件。

5月14日　省机构编制委员会办公室、省文化厅、省文物局联合印发《关于在文化体制改革中加强文化遗产行政执法队伍建设的意见》。

5月18日　第七届(2005～2006年度)全国博物馆十大陈列展览精品评选活动在西安揭晓,扬州双博馆的《中国雕版印刷陈列》获最佳形式设计奖,南京市博物馆的《龙蟠虎踞——南京历史文化陈列》获提名奖。

5月31日　南京市高淳县淳溪镇、昆山市千灯镇、东台市安丰镇、苏州市吴中区东山镇陆巷村、苏州市吴中区西山镇明月湾村入选第三批中国历史文化名镇(村)。

6月8日　由省文化厅、省文物局、南京博物院主办的"鸿山越墓文物精品展首展暨《鸿山越墓》首发式"在南京博物院举行。

△　人事部、文化部、国家文物局在北京人民大会堂召开全国文化遗产保护工作表彰大会。苏州市文物局和江苏省考古研究所所长张敏被人事部、国家文物局表彰为全国文物系统先进集体和先进个人,无锡市文化遗产局和徐州、常州、连云港的3人被国家文物局表彰为全国文化遗产保护工作先进集体和先进个人。

△　常熟市文化局增挂文物局牌子,常熟市成

为江苏省第一个设立文物局的县级市。

6月9日　"第二个文化遗产日暨第三届江苏省文物节"活动开幕仪式在南京图书馆举行。

7月15日　江苏省政府办公厅转发了省建设厅、省文物局《关于加强历史文化街区保护工作意见的通知》。

7月16日　省文物局印发《江苏省抢救性考古工作暂行管理办法》。

7月26日　全省大运河保护规划编制及名人故居(纪念馆)、古民居保护抢救工程会议在扬州召开。

8月15日　江苏省第三次全国文物普查领导小组办公室成立。省文化厅副厅长、省文物局局长王慧芬兼任办公室主任,省文物局副局长刘谨胜兼任办公室副主任。

8月28日　省政府召开江苏省第三次全国文物普查领导小组全体成员第一次会议。领导小组成员审议《江苏省第三次全国文物普查实施方案(征求意见稿)》。

9月3日　"江苏省名人故居(纪念馆)、古民居抢救保护工程"启动仪式在南通如皋市集贤里民居广场举行。由省委宣传部、省文化厅、省文物局启动的该保护工程,确定10个保护工程项目,是年底完成无锡阿炳故居、徐州李可染故居、苏州张凤翼故居、高淳吴氏宗祠、扬州胡笔江故居等5个维修项目。

9月13日　"江苏句容金坛土墩墓群"获国家文物局"田野考古奖"二等奖(一等奖空缺)。

9月15日　国务院批准无锡市列为国家历史文化名城。

9月26日~28日　由外交部、建设部、文化部和联合国教科文组织等九家部门倡导和支持,扬州市人民政府等承办的"2007中国·扬州世界运河名城博览会暨运河名城市长论坛"在扬州举行,来自中外38座运河城市的市长和300多名嘉宾出席活动。扬州被国家文物局正式宣布为大运河申报世界遗产牵头城市,"中国大运河申报世界文化遗产办公室"揭牌。

9月26日　江苏召开全省文化遗产保护工作会议,省政府对全省第三次全国文物普查工作进行了动员部署。9月27日,印发《江苏省第三次全国文物普查实施方案》和《江苏省第三次全国文物普查宣传工作方案》。

10月15日　无锡革命陈列馆、原无锡市博物馆和无锡科普馆"三馆合一"组建成立无锡博物院。

12月20日~21日　全国文物局长会议和全国文物工作先进县表彰大会在北京召开。江苏省常熟市荣获"全国文物工作先进县"称号。

2008年

1月11日　省文物局"创新文化遗产保护行政执法机构建设"项目获"2007年度全省政府法制工作创新奖"。

△　由省文物局主办的"江苏省博物馆优秀陈列展览评选活动"评选结果揭晓。《龙蟠虎踞——南京历史文化陈列》等8个陈列展览获精品奖,《金陵风韵——民俗系列展示》等4个陈列展览获内容创意优秀奖,《江苏工艺美术精品展》等4个陈列展览获形式设计优秀奖,《南京云锦及历代丝绸文物复制精品展》等5个陈列展览获综合效益优秀奖。

2月3日　江苏省委宣传文化工作领导小组召开了"全省博物馆纪念馆和爱国主义教育基地免费开放工作电视电话会议"。

2月6日　南京博物院率先向社会免费开放。

3月24日~26日　由国家文物局主办、江苏省文物局和扬州市人民政府承办的"大运河保护与申遗工作会议暨大运河保护规划编制研讨会"在大运河申遗牵头城市扬州召开。会议通过了《大运河联合申遗办公室工作职能》《大运河申报世界遗产工作方案》和《大运河保护与申遗联盟筹建方案》等实施性文件,并形成了《大运河保护与申遗扬州共识》。

4月10日　鸿山遗址博物馆、吴文化博物馆落成典礼在无锡新区鸿山镇举行,"南京博物院大遗址保护研究中心"挂牌。

4月30日　增补吴江市汾湖镇、海门市余东镇、昆山市锦溪镇、姜堰市溱潼镇为江苏省历史文化名镇。

5月5日　省委、省政府公布江苏省首批免费开放的174家公共博物馆、纪念馆和爱国主义教育基地名单。

5月16日　国家文物局发布首批国家一级博物馆(共83家)名单,南京博物院、侵华日军南京大屠杀遇难同胞纪念馆、苏州博物馆、南通博物苑、扬州博物馆入选。

6月14日　第三个"中国文化遗产日"江苏省系列活动开幕式在南京博物院举行。《中国文物地图集·江苏分册》首发,南京市文物局等6个单位获"《中国文物地图集·江苏分册》编纂工作组织奖",杨新华等50位同志被评为"《中国文物地图集·江苏分册》编纂工作先进个人"。

9月16日～10月16日　由南京博物院和台湾成阳艺术文化基金会合作主办的《紫玉暗香——2008·南京博物院紫砂珍品联展》在南京博物院艺术馆举行。

10月14日　昆山市锦溪镇、扬州市江都市邵伯镇、海门市余东镇、常熟市沙家浜镇入选第四批中国历史文化名镇。

10月28日～29日　全国文物工作先进县县(市)长论坛在常熟举行。

是年　宜兴市增补为江苏省历史文化名城。

附 录

一、重要文献辑存

江苏省历史文化名城名镇保护条例

(2001年12月27日江苏省第九届人民代表大会常务委员会第二十七次会议通过)

第一章 总则

第一条 为加强对历史文化名城、名镇和历史文化保护区的保护,继承优秀历史文化遗产,促进社会主义物质文明与精神文明建设,根据有关法律、法规,结合本省实际,制定本条例。

第二条 本省行政区域内历史文化名城、名镇和历史文化保护区的保护,适用本条例。

本条例所称历史文化名城,是指经国务院或者省人民政府批准并公布的保存文物古迹特别丰富、具有重要历史文化价值或者革命纪念意义的城市。

本条例所称历史文化名镇,是指经省人民政府批准并公布的保存文物古迹较为丰富、具有重要历史文化价值的建制镇和集镇。

本条例所称历史文化保护区,是指经省人民政府批准并公布的文物古迹比较集中,能够比较完整地反映一定历史时期的传统风貌和地方、民族特色的街区、建筑群、村落、水系等。

第三条 历史文化名城、名镇和历史文化保护区的保护内容主要是:

(一)城镇整体空间环境,包括古城格局、整体风貌、城镇空间环境等;

(二)历史街区和地下文物埋藏区;

(三)有历史、艺术、科学价值的古文化遗址、古墓葬、古建筑、石窟寺、石刻、近代现代重要史迹和代表性建筑,以及有历史价值的古树名木、水系、村落、地貌遗迹等;

(四)城镇历史演变、建制沿革以及特有的传统文艺、传统工艺、传统产业及民风民俗等口述及其他非物质文化遗产。

第四条 历史文化名城、名镇和历史文化保护区的保护,必须坚持统筹规划、有效保护、合理利用、科学管理的原则,正确处理保护与利用、继承与发展以及文物保护与经济建设、社会发展的关系。

历史文化名城、名镇和历史文化保护区内的文物保护,应当坚持保护为主、抢救第一的方针。

第五条 省人民政府和历史文化名城、名镇及历史文化保护区所在地的人民政府,统一领导和协调本行政区域内的历史文化名城、名镇和历史文化保护区的保护工作,将保护工作纳入国民经济和社会发展规划,并安排专项保护经费。

第六条 县级以上地方人民政府城市规划行政主管部门,主管本行政区域内历史文化名城、名镇和历史文化保护区的规划工作。

县级以上地方人民政府文物行政主管部门,主管本行政区域内历史文化名城、名镇和历史文化保护区的文物保护工作。

建设、文化、旅游、公安、园林、民族宗教等行政管理部门,在各自的职责范围内,做好历史文化名城、名镇和历史文化保护区的有关保护工作。

第七条 任何单位和个人都有依法保护历史文化名城、名镇和历史文化保护区的义务,并有权检举、控告和制止破坏、损害历史文化名城、名镇和历史文化保护区的行为。

第八条 对在历史文化名城、名镇和历史文化保护区保护工作中做出显著成绩的单位和个人,由人民政府或者城市规划行政主管部门、文物行政主管部门给予表彰、奖励。

第二章 申报与确定

第九条 省级历史文化名城,应当同时具备下列条件:

(一)古代区域性政治、经济或者文化中心,建城历史在明代或者明代以前,目前仍保存着丰富的地上、地下历史文化遗迹或者实物遗存,口述及其他非物质文化遗产丰富,具有重要的历史、艺术、科学价值;或者近代发生过重要历史事件,对近代历史产生过重要影响。

(二)城市传统风貌与格局具有特色,并具有代表古城风貌的历史街区。历史街区必须有一定的规模,且连成一片,至少要有一条以上的古街,其两侧古建筑仍为原物。

(三)文物古迹特别丰富,在市区或者近郊区的各级文物保护单位必须有十处以上,其中必须有省级以上文物保护单位四处以上,且文物古迹的保护与合理利用对城市的性质、布局、发展具有重要影响。

第十条 省级历史文化名镇,应当同时具备下列条件:

(一)城镇建成历史在清代或者清代以前,镇区传统风貌与格局具有特色,历史街区保存较为完整并有一定规模,其两侧古建筑基本为原物,具有较高历史文化价值。

(二)文物古迹较为丰富,保存完好。历史延续较为完整,具有特色鲜明的口述及其他非物质文化遗产。镇区的各级文物保护单位必须有五处以上,其中必须有省级以上文物保护单位。

(三)现存文物古迹、历史街区主要分布在镇区或者近郊区,对该镇的性质、布局、发展具有重要影响。

第十一条 省级历史文化保护区,应当同时具备下列条件:

(一)文物古迹比较集中,具有一定规模;

(二)区域内的建筑等要素能体现一定历史时期的传统风貌,建筑群体具有一定规模,历史建筑基本为原物;

(三)具有鲜明的地方、民族特色。

第十二条 省级历史文化名城、名镇和历史文化保护区由市、县(市)人民政府向省人民政府申报,县(市)申报的,应当经所在地设区的市人民政府同意。具体申报材料由省文物行政主管部门接收,经省城市规划行政主管部门、省文物行政主管部门共同组织专家审核同意后,报省人民政府核准公布。

省级历史文化名镇、历史文化保护区的申报,必要时也可以直接由省城市规划行政主管部门、省文物行政主管部门联合提出,报省人民政府核准公布。

省级历史文化名城、名镇和历史文化保护区因情况发生变化,不再符合本条例规定条件的,由省文物行政主管部门、省规划行政主管部门共同报省人民政府核准予以撤销,并向社会公布。

第十三条 国家历史文化名城的申报、确定和撤销,按照国家有关规定执行。

第三章 保护规划

第十四条 历史文化名城、名镇和历史文化保护区经核准公布后,其所在地县级以上人民政府应当在两年内组织编制完成历史文化名城、名镇和历史文化保护区保护规划,作为城镇总体规划的重要组成部分。

地方各级人民政府制定历史文化名城、名镇和历史文化保护区保护规划时,应当事先由城市规划行政主管部门会同文物行政主管部门商定对本行政区域内文物保护单位的保护措施,纳入保护规划。

第十五条 历史文化名城、名镇和历史文化保护区所在地人民政府,应当组织文物等行政主管部门对保护范围内的地下文物埋藏情况进行普查,划定不宜安排大中型建设项目的地下文物埋藏区,其经费由同级人民政府统筹解决。

第十六条 编制历史文化名城、名镇和历史文化保护区保护规划,应当遵循以下原则:

(一)保护和延续历史文化的风貌特点,继承发扬传统特色文化,从城镇整体风貌上确定城镇功能的改善、用地布局的调整、空间形态的保护等;

(二)根据历史文化遗存的性质、形态、分布和空间环境等特点,确定保护原则和工作重点,挖掘和研究传统文化内涵,保护和利用人文资源;

(三)从总体上采取规划措施,以利于保护和利用历史文化遗产,促进经济和社会协调发展,适应城镇居民现代生活和工作环境的需要。

第十七条 编制历史文化名城、名镇保护规划,应当根据构成历史风貌的因素及现状,划定重点保护区。

前款所称重点保护区,是指历史街区和已探明的能体现城市发展脉络、遗存保存丰富的地下文物埋藏区。

地方各级人民政府应当在历史文化名城、名镇和历史文化保护区保护规划中,确定需要保护的文物保护单位以外的具有历史、科学、艺术价值的建筑物、构筑物及其他设施。

第十八条　编制历史文化名城、名镇和历史文化保护区保护规划,应当向社会公布,广泛征求专家、学者和社会公众以及有关部门的意见,进行科学论证。必要时,可以召开听证会。

第十九条　国家历史文化名城的保护规划,按照国家有关规定审批。

编制城镇总体规划时,应当同时编制省级历史文化名城、名镇的保护规划,随城镇总体规划同时报省人民政府审批。

已有城镇总体规划,其后单独编制的省级历史文化名城、名镇和历史文化保护区的保护规划,由所在地市、县(市)人民政府报省人民政府审批,县(市)申报的,应当经所在地设区的市人民政府转报。

历史文化名城、名镇和历史文化保护区保护规划在报批前,须经所在地同级人民代表大会或者其常务委员会审查同意。

第二十条　历史文化名城、名镇和历史文化保护区所在地县级以上人民政府根据社会经济发展和保护的需要,对保护规划进行局部调整的,须报同级人民代表大会常务委员会和原批准机关备案。但有下列情形之一的,须报原批准机关审批:

(一)涉及影响历史文化名城、名镇发展方向和总体布局调整的;

(二)改变原规划确定的原则、整体风貌以及重点保护区的保护范围和保护内容的。

第二十一条　历史文化名城、名镇和历史文化保护区所在地人民政府应当依据已批准的保护规划,组织编制控制性详细规划,提出保护和建设的具体实施方案。

第二十二条　历史文化名城、名镇和历史文化保护区保护规划一经批准,所在地市、县(市)人民政府应当予以公布,并组织实施。

第四章　保护措施

第二十三条　历史文化名城、名镇和历史文化保护区内的土地利用和各项建设,必须符合保护规划的规定。

第二十四条　历史文化名城、名镇和历史文化保护区范围内的建设项目,设计单位必须按照城市规划行政主管部门根据保护规划提出的规划设计要求进行设计。

施工单位必须按照城市规划行政主管部门核发的建设工程规划许可证所规定的要求进行施工,并切实保护文物古迹及其周围的古树名木、水系、地貌,不得造成污染和破坏。

施工单位在施工过程中发现地上、地下文物时,应当立即停止施工,保护现场,并及时向文物行政主管部门报告。

在历史文化名城、名镇的重点保护区内安排建设项目时,有关部门应当事先征得文物行政主管部门的同意。

第二十五条　旧城改造和新区建设不得影响历史文化名城、名镇和历史文化保护区的传统风貌和格局,不得破坏历史街区的完整。

第二十六条　保护规划确定保护的建筑物、构筑物及其他设施不得擅自迁移或者拆除,因建设工程特别需要而必须对文物保护单位进行迁移、拆除的,应当依照《中华人民共和国文物保护法》的规定报批;确需迁移、拆除文物保护单位以外的建筑物、构筑物及其他设施的,应当事先征得同级文物行政主管部门的同意。

对保护规划确定保护的建筑物、构筑物及其他设施进行维修的,应当保持其原状风貌,不得任意改建、扩建。

第二十七条　在历史文化名城、名镇和历史文化保护区内,建设项目的性质、布局、高度、体量、建筑风格、色调等,必须服从保护规划确定的保护要求,并与周围环境、风貌相协调。

第二十八条　文物保护单位的保护范围内不得进行其他工程建设或者爆破、钻探、挖掘等作业,如有特殊需要,必须保证文物保护单位的安全并经原公布的人民政府批准,公布该文物保护单位的人民政府在批准前应当征得上一级人民政府文物行政主管部门同意。在全国重点文物保护单位的保护范围内进行工程建设或者爆破、钻探、挖掘等作业的,必须经省、自治区、直辖市人民政府批准,省、自治区、直辖市人民政府在批准前应当征得国务院文物行政主管部门同意。

在文物保护单位周围的建设控制地带内的建设工程,不得破坏文物保护单位的历史风貌,不得进行可能影响文物保护单位安全及其环境的活动。

建设工程设计方案应当根据文物保护单位的级别征得相应文物行政主管部门同意后,报城市规划行政主管部门批准。

历史文化名城、名镇和历史文化保护区范围内的建设工程,应当避开地下文物古迹。

第二十九条　历史文化名城、名镇和历史文化保护区内的文物古迹,必须加以保护,及时修缮。

被核定为文物保护单位的革命遗址、纪念建筑物、古墓葬、古建筑、石刻(包括建筑物的附属物)等,在进行修缮、保养和迁移时必须遵守不改变文物原状的原则,其设计施工方案应当根据文物保护单位的级别经相应的文物行政主管部门同意后实施。

第三十条　有文物保护单位的参观游览场所,应当从门票收入中提取一定比例用于文物保护。

文物保护单位的管理部门应当采取有效的保护措施,保证文物的安全。对客流量较大的文物保护单位必要时可以对游览人数予以限制。

参观游览者应当遵守文物保护法律、法规及文物保护单位的有关管理制度,爱护文物及其设施,不得刻划、涂污或者损坏。

第三十一条　历史文化名城、名镇和历史文化保护区所在地人民政府,应当采取措施支持历史街区的保护和改造,有计划、可持续地利用所保护的历史街区、建筑物等,不得超负荷使用。

有关部门应当有计划、有重点地对保护规划确定保护的建筑物、构筑物及历史地段进行维护和整治,改善设施与环境,对保护规划确定保护的濒危建筑物、构筑物及历史地段,及时组织抢修和整治。

第三十二条　历史文化名城、名镇和历史文化保护区所在地人民政府应当组织力量,整顿流散文物市场,防止珍贵文物流失。

第三十三条　历史文化名城、名镇和历史文化保护区所在地人民政府应当组织力量,加强对当地的历史沿革、风物特产、传统地名、环境风貌、民风民俗等口述及其他非物质文化遗产的搜集、整理、研究和保护利用。

历史文化名城、名镇和历史文化保护区所在地人民政府应当鼓励社会力量对流散在民间的传统文化艺术进行挖掘和整理,扶持教育研究机构培养有关专业人才以及名老艺人传徒、授艺。

文化、经贸等有关部门应当扶持具有地方特色的民间传统工艺和民间手艺的整理和研究,保护、利用和发展传统工艺。

第三十四条　历史文化名城、名镇和历史文化保护区所在地人民政府应当采取措施,有效治理废水、废气、固体废弃物的污染以及噪声、振动等公害,改善环境质量。

对严重污染环境、危及文物安全、破坏环境风貌的单位,当地人民政府应当依法责令其限期治理、转产或者搬迁。

第三十五条　在历史文化名城、名镇的重点保护区范围内,禁止下列行为:

(一)修建损害传统风貌的建筑物、构筑物和其他设施;

(二)损毁保护规划确定保护的建筑物、构筑物及其他设施;

(三)进行危及文物古迹安全的建设以及改变文物古迹周围地形地貌的爆破、挖沙、取土等活动;

(四)占用或者破坏保护规划确定保护的道路街巷、园林绿地、河湖水系;

(五)对保护规划确定保护的建筑物、构筑物进行改变原风貌的维修或者装饰;

(六)设置破坏或者影响风貌的广告、标牌、招贴、小品;

(七)法律、法规禁止的其他行为。

第三十六条　历史文化名城、名镇和历史文化保护区所在地人民政府,应当鼓励社会力量捐资或者通过其他多种形式筹集资金,支持历史文化名城、名镇和历史文化保护区的保护。

第三十七条　城市规划行政主管部门应当会同同级文物行政主管部门定期对历史文化名城、名镇和历史文化保护区的保护工作进行检查,及时处理违反本条例的行为,对严重违反保护规划的情况必须及时向同级人民政府和上级主管部门报告。

第五章　法律责任

第三十八条　违反本条例规定,擅自改变或者不执行历史文化名城、名镇和历史保护区保护规划的,对有关负责人和直接责任人员由其所在单位或者上级主管机关给予行政处分。

第三十九条　违反本条例规定批准建设项目的,其批准行为无效,由批准机关的上级机关责令原批准机关予以变更或者撤销,对有关负责人由其上级主管机关给予行政处分；对直接责任人员由其所在单位给予行政处分。

第四十条 违反本条例第二十四条第二款规定，未按照建设工程规划许可证规定的要求进行施工的，由城市规划行政主管部门责令停止施工，并可处以土建工程造价的百分之三以上百分之十五以下的罚款。

违反本条例第二十四条第三款规定，在施工中发现地上、地下文物时仍进行施工，不保护现场的，由文物行政主管部门予以制止，责令停止破坏行为，限期采取补救措施，并可处以五千元以上五万元以下的罚款。造成文物损坏的，按照《中华人民共和国文物保护法》的规定予以处罚。

第四十一条 擅自迁移、拆除文物保护单位，或者在迁移文物保护单位时改变文物原状，尚不构成犯罪的，由文物行政主管部门依照国家有关法律、法规的规定予以处罚；构成犯罪的，依法追究刑事责任。

违反本条例第二十六条规定，擅自迁移、拆除或者改建、扩建保护规划确定保护的文物保护单位以外的建筑物、构筑物及其他设施的，由城市规划行政主管部门责令限期改正，并可处以五千元以上二万元以下的罚款，情节严重的，处以三万元以上十万元以下的罚款。

第四十二条 违反本条例第三十五条规定的，由文物、规划等有关部门在各自的职责范围内依照国家有关法律、法规的规定予以处罚。

第四十三条 行政机关及其工作人员玩忽职守、滥用职权、徇私舞弊，致使历史实物遗存、传统景观风貌遭受破坏的，由其所在单位或者上级主管机关给予行政处分；构成犯罪的，依法追究刑事责任。

第六章 附则

第四十四条 本条例自2002年3月1日起施行。

江苏省文物保护条例

(2003年10月25日江苏省第十届人民代表大会常务委员会第六次会议通过)

第一章 总则

第一条 为加强对文物的保护和管理，继承优秀历史文化遗产，根据《中华人民共和国文物保护法》等有关法律、行政法规，结合本省实际，制定本条例。

第二条 本省行政区域内文物和具有科学价值的古脊椎动物化石、古人类化石的保护、利用和管理，适用本条例。

第三条 地方各级人民政府负责本行政区域内的文物保护工作，并将其纳入经济和社会发展计划。

县级以上地方人民政府承担文物保护工作的部门（以下简称文物行政部门）对本行政区域内的文物保护实施监督管理。

其他有关部门在各自的职责范围内，共同做好文物保护的有关工作。

第四条 文物保护经费由地方各级人民政府列入同级财政预算，随着财政收入的增长而增加，并专款专用。

城市维护费中用于文物维修的费用按照国家和省有关规定执行。

鼓励公民、法人和其他组织对文物保护事业进行捐赠。对文物保护事业进行捐赠的公民、法人和其他组织，按照国家有关规定享受减税、免税的优惠待遇。

第五条 文物行政部门和教育、科技、新闻出版、广播电视行政部门，应当做好文物保护的宣传教育工作。

所有单位和个人都有依法保护文物的义务，并有权检举、控告和制止破坏文物的行为。

对文物保护事业作出突出贡献的单位和个人，由地方各级人民政府、文物行政部门和其他有关部门给予表彰和奖励。

第二章 不可移动文物

第六条 省文物行政部门在市、县级文物保护单位中选择具有重要历史、艺术、科学价值的确定为省级文物保护单位，或者直接确定为省级文物保护单位，报省人民政府核定公布，并报国务院备案。

市、县级文物保护单位，分别由市、县级文物行政部门确定，报同级人民政府核定公布，并报省人民政府备案。

尚未核定公布为文物保护单位的不可移动文物，由县级文物行政部门组织调查和初步审核后，对其名称、类别、位置、范围等事项予以登记和公布，报上一级文物行政部门备案，并在三个月内作出标志说明，一年内建立记录档案。

第七条 省规划行政部门会同省文物行政部

门组织划定历史文化街区报省人民政府核定公布。

历史文化街区所在地的县级以上地方人民政府应当根据历史文化街区保护的需要,组织编制专门的保护规划,并纳入城市总体规划。规划行政部门、文物行政部门应当按照国家和省有关规定协商确定历史文化街区的保护措施。

在历史文化名城中的历史文化街区内进行工程建设,有关行政部门应当事先征得文物行政部门的同意。在其他城市中的历史文化街区内进行工程建设,有关行政部门应当事先征求文物行政部门的意见。

历史文化街区的布局、环境、历史风貌等遭到严重破坏,不符合规定条件的,由省规划行政部门、文物行政部门报省人民政府核准撤销,并予以公布。

第八条　有关地方各级人民政府应当加强对本行政区域内的世界文化遗产的保护,按照世界文化遗产保护国际公约和国家有关规定制定保护规划和专项保护管理规定,并公布施行。

第九条　全国重点文物保护单位、省级文物保护单位的保护范围由市、县级文物行政部门会同规划行政部门提出初步意见,经省文物行政部门会同规划行政部门划定后报省人民政府批准公布。其中,全国重点文物保护单位的保护范围,报国务院文物行政部门备案。

市、县级文物保护单位的保护范围由市、县级文物行政部门会同规划行政部门划定,报同级人民政府批准公布,并报上一级文物行政部门备案。

第十条　全国重点文物保护单位、省级文物保护单位的建设控制地带,经省人民政府批准,由市、县级文物行政部门会同规划行政部门提出初步意见,经省文物行政部门会同规划行政部门划定后,予以公布。

市、县级文物保护单位的建设控制地带,经省人民政府批准,由市、县级文物行政部门会同规划行政部门划定后,予以公布。

文物保护单位需要划定建设控制地带的,应当自文物保护单位核定公布之日起两年内划定公布。

第十一条　全国重点文物保护单位、省级文物保护单位应当自核定公布之日起两年内,由所在地县级以上规划行政部门会同文物行政部门商定保护措施,纳入城乡建设规划。

第十二条　在文物保护单位的建设控制地带内进行建设工程,建设工程项目应当与文物保护单位的周边环境、历史风貌相协调,不得破坏文物保护单位的历史风貌;工程设计方案应当根据文物保护单位的级别,经相应的文物行政部门同意后,报规划行政部门批准。

第十三条　在城镇房屋拆迁过程中,发现尚未登记公布的不可移动文物及其附属物,拆迁实施人必须立即停止施工,保护现场,并及时报告当地文物行政部门。文物行政部门接到报告后,应当在二十四小时内赶到现场,并在三日内提出处理意见。确有特殊情况的,应当在情况许可时立即赶到现场,并在七日内提出处理意见。

第十四条　建设工程选址,应当尽可能避开不可移动文物;对文物保护单位应当尽可能实施原址保护。

文物保护单位因特殊情况确实无法实施原址保护,需要迁移异地保护的,应当报省人民政府批准。迁移省级文物保护单位的,批准前须征得国务院文物行政部门同意。迁移全国重点文物保护单位,须由省人民政府报国务院批准。尚未核定公布为文物保护单位的不可移动文物,需要迁移异地保护的,应当事先征得文物行政部门的同意;需要拆除的,应当事先征得省文物行政部门同意。

对需要迁移异地保护的不可移动文物,建设单位应当事先制定科学的迁移保护方案,落实移建地址和经费,做好测绘、文字记录和摄像等资料工作。移建工程应当与不可移动文物迁移同步进行,并由文物行政部门组织专家进行验收。

第十五条　经与非国有不可移动文物的所有人协商一致,县级以上地方人民政府可以置换或者购买该不可移动文物。

非国有不可移动文物面临损毁危险,所有人不具备修缮能力的,当地人民政府应当给予帮助;所有人具备修缮能力而拒不履行修缮义务的,县级以上地方人民政府可以予以抢救修缮,所需费用由所有人负担。

第十六条　文物的保养维护工程、抢险加固工程、修缮工程、保护性设施建设工程、迁移工程等文物保护工程应当由具有相应资质的单位承担。

第十七条　文物保护工程中的修缮工程、保护性设施建设工程、迁移工程实行招投标和工程监理。

文物保护工程施工应当按照文物行政部门批准的修缮计划和工程设计方案进行。如需变更已批准的修缮计划和工程设计方案中的重要内容，必须经原申报机关报审批机关批准。

第十八条　文物保护工程竣工后，项目的审批机关视工程项目的实际情况成立验收小组或者委托有关单位，组织竣工验收。

第三章　地下文物

第十九条　根据本地区历史发展沿革及地下文物分布的状况，市、县级人民政府可以组织文物等行政部门经过勘查核实后划定地下文物埋藏区，并予以公布。

土地使用权出让涉及地下文物埋藏区，有关行政部门在办理相关批准手续前，应当征求同级文物行政部门的意见。

第二十条　在地下文物埋藏区内进行工程建设，建设单位在取得建设项目选址意见书后，应当向省文物行政部门或者其委托的设区的市文物行政部门申请考古调查、勘探。文物行政部门应当组织从事考古发掘的单位进行考古调查、勘探。

在地下文物埋藏区以外占地面积五万平方米以上的建设工程应当按照前款规定的程序申请考古调查、勘探。文物行政部门应当组织从事考古发掘的单位在工程范围内有可能埋藏文物的地方进行考古调查、勘探。

考古调查、勘探结束，从事考古发掘的单位应当在三十日内出具考古调查、勘探报告。

第二十一条　任何单位和个人在建设工程或者生产活动中，发现地下文物，应当立即停止施工，并及时向文物行政部门报告。文物行政部门接到报告后，如无特殊情况，应当在二十四小时内赶到现场，并在七日内提出处理意见。文物行政部门提出需要进行考古发掘意见的，在考古发掘结束前，不得擅自在考古发掘区域内继续施工或者进行生产活动。施工单位或者生产单位应当指定专人保护现场，建设单位应当予以支持配合。当地公安机关应当协助做好现场的安全保卫工作。

在地下文物发现现场，任何单位和个人不得阻挠文物行政部门和考古发掘单位的工作人员进行调查和考古发掘。

考古发掘工作结束后，组织发掘工作的文物行政部门应当立即将处理意见书面通知建设单位，可以恢复施工的应当立即通知其恢复施工。

第二十二条　因配合建设工程而进行的考古调查勘探和抢救性考古发掘，省文物行政部门可以委托有条件的设区的市文物行政部门组织相关考古发掘单位进行。

第二十三条　因进行基本建设和生产建设需要进行考古调查、勘探、发掘的，所需经费应当列入建设工程预算，并由建设单位支付。具体办法按照国家有关规定执行。

第二十四条　考古调查、勘探、发掘工作结束后，考古发掘单位应当在三十日内，将结项报告和出土文物清单，上报批准考古勘探、发掘的文物行政部门。进行考古发掘的，应当在三年内完成考古发掘报告。

考古发掘中的重要发现，未经省文物行政部门同意，不得向外公布。

第四章　馆藏文物和民间收藏文物

第二十五条　博物馆、纪念馆、陈列馆和其他文物收藏单位应当具备下列条件：

（一）有固定的场所、库房；

（二）有必要的经费来源；

（三）有一定数量的藏品；

（四）有与文物收藏主要任务相适应的专业技术人员；

（五）有符合规定的安全、消防设施，并达到风险等级安全防护标准；

（六）法律、法规规定的其他条件。

第二十六条　设立博物馆以及具有博物馆性质的纪念馆、陈列馆等文物收藏单位，应当经文物行政部门核准。文物行政部门自接到申请书之日起两个月内，组织专家进行评审，对符合条件的予以核准，不符合条件的书面回复并告知理由。

博物馆及具有博物馆性质的纪念馆、陈列馆等文物收藏单位的核准事项变更，应当自变更之日起三十日内到文物行政部门办理变更手续。

第二十七条　一、二级文物应当由省文物行政部门组织专家评审确定，其中一级文物报国务院文物行政部门确认；三级文物应当由省文物行政部门或者其委托的设区的市文物行政部门组织专家评审确定。

第二十八条　文物收藏单位可以根据其收藏的性质和任务搜集藏品。

凡不具备收藏珍贵文物条件的国有文物收藏单位，其收藏的珍贵文物，文物行政部门可以指定具备条件的国有文物收藏单位代藏。文物收藏单位与代藏单位的权利义务由双方协商确定。

第二十九条　鼓励设立非国有文物收藏单位。依法设立的非国有文物收藏单位应当将其文物收藏清单报主管的文物行政部门备案；其中，珍贵文物收藏情况如有变动，应当及时报告原备案的文物行政部门。

第三十条　国有文物收藏单位法定代表人离任时必须办理藏品移交手续，并由主管的文物行政部门作出书面检查结论。

第三十一条　文物商店可以由省文物行政部门或者其委托的设区的市文物行政部门批准设立，并到工商行政管理部门办理营业执照。

经营文物拍卖的拍卖企业应当经省文物行政部门审核，报国务院文物行政部门取得文物拍卖许可证，并到工商行政管理部门办理登记手续。

文物收藏单位以外的公民、法人和其他组织可以收藏通过合法方式取得的文物，其收藏的文物可以依法流通，但法律、行政法规规定禁止买卖的除外。文物行政部门应当对文物市场加强监督和管理。

第三十二条　文物商店经省文物行政部门审核允许销售的文物应当按照国家有关规定作出记录，并在销售后报省文物行政部门备案。

第五章　文物利用

第三十三条　文物利用坚持可持续利用的原则，弘扬优秀传统文化，改善城乡人居环境，推动社会经济发展。

第三十四条　地方各级人民政府应当合理利用本地区文物资源，形成地缘文化特质和区域品牌特征，并应用于商业、贸易、旅游、交通等领域，同时采取各种方式鼓励支持社会各方面参与文物的保护和利用。

文物行政部门应当向社会提供必要的信息、指导和服务，并对文物利用进行指导和监督。

第三十五条　国有文物保护单位应当尽可能向社会开放。有文物保护单位的参观游览场所，应当从门票收入中提取一定比例用于文物保护。

博物馆应当向老年人、残疾人优惠开放，向学生免费、定期免费或者优惠低收费开放。

第三十六条　复制、拓印文物按照国家有关规定办理审批手续。文物复制品应当有明确标识。

第三十七条　利用文物保护单位或者馆藏珍贵文物进行营利性、资料性电影电视拍摄的，拍摄单位应当提前三十日向所在地文物行政部门提出申请。陈列的文物不得系统拍摄，也不得提离陈列位置拍摄。

国内新闻单位确因新闻采访需要拍摄考古发掘现场的，应当征得省文物行政部门批准，专题类、直播类拍摄活动应当由省文物行政部门报请国务院文物行政部门批准。

申请拍摄文物的单位应当具备国家规定的条件，并采取必要措施确保文物的安全，服从文物行政部门监督管理，支付因拍摄文物而产生的合理费用。

第三十八条　利用珍贵文物举办流动展览或者利用文物举办大型活动的，应当报展览地县级以上文物行政部门备案，并按照有关规定向公安机关提出申请，接受文物部门、公安机关的检查、监督、指导。

第六章　法律责任

第三十九条　违反本条例第十三条规定发现不可移动文物及其附属物后仍继续施工、不保护现场，或者违反本条例第二十一条规定擅自在考古发掘区域内继续施工或者进行生产活动的，文物行政部门应当予以制止，限期采取补救措施；造成严重后果的，处以五万元以上五十万元以下的罚款。

第四十条　违反本条例第十七条第二款规定，擅自变更已批准的修缮计划和工程设计方案中的重要内容进行施工的，由文物行政部门责令改正，造成严重后果的，处以五万元以上五十万元以下的罚款。

第四十一条　违反本条例第二十条规定，未经考古调查、勘探进行工程建设的，由文物行政部门责令改正，造成严重后果的，处以五万元以上五十万元以下的罚款。

第四十二条　违反本条例规定，造成文物灭失、损毁的，依法承担民事责任；构成违反治安管理行为的，由公安机关给予治安管理处罚；构成犯罪的，依法追究刑事责任。

第四十三条　违反本条例有关规定，依法应当由规划、建设、工商、公安等部门处罚的，由相关部门按照法律、法规的规定处罚。

第四十四条　地方各级人民政府及有关部门不履行文物保护和管理职责的，由上级人民政府责令改正，并可以通报批评；对直接负责的主管人员和其他直接责任人员依法给予行政处分。

文物行政部门和其他有关部门的工作人员玩忽职守、滥用职权、徇私舞弊的,由其所在单位或者上级主管机关给予行政处分;构成犯罪的,依法追究刑事责任。

第七章 附则

第四十五条 本条例自 2004 年 1 月 1 日起施行。1994 年 4 月 22 日江苏省第八届人民代表大会常务委员会第七次会议通过的《江苏省实施〈中华人民共和国文物保护法〉办法》同时废止。

二、文物保护单位名录

(一) 江苏省全国重点文物保护单位名单

第一批(1961 年 3 月公布)

序号	名称	时代	地址	类别	备注
1	太平天国忠王府遗址	1860～1863 年	苏州市	革命遗址及革命纪念建筑物	
2	中山陵	1929 年	南京市	革命遗址及革命纪念建筑物	
3	苏州云岩寺塔	五代	苏州市	古建筑及历史纪念建筑物	
4	拙政园	明、清	苏州市	古建筑及历史纪念建筑物	
5	留园	清代	苏州市	古建筑及历史纪念建筑物	
6	苏州文庙内宋代石刻	南宋	苏州市	石刻及其他	包括:1. 天文图碑;2. 平江图碑;3. 帝王绍运图碑;4. 地理图碑。
7	保圣寺罗汉塑像	北宋	苏州市吴中区	石刻及其他	旧传为唐杨惠之塑。
8	明孝陵	明代	南京市	古墓葬	

第二批(1982 年 2 月公布)

序号	名称	时代	地址	类别	备注
1	太平天国天王府遗址	1853～1864 年	南京市	革命遗址及革命纪念建筑物	
2	玄妙观三清殿	宋代	苏州市	古建筑及历史纪念建筑物	
3	网师园	清代	苏州市	古建筑及历史纪念建筑物	

第三批(1988 年 1 月公布)

序号	名称	时代	地址	类别	备注
1	堂子街太平天国壁画	1853～1864 年	南京市	革命遗址及革命纪念建筑物	
2	周恩来故居	1898～1910 年	淮安市	革命遗址及革命纪念建筑物	
3	雨花台烈士陵园	1927～1949 年	南京市	革命遗址及革命纪念建筑物	

续 表

序号	名称	时代	地址	类别	备注
4	孔望山摩崖造像	东汉	连云港市	石窟寺	
5	南京城墙	明代	南京市	古建筑	
6	寄畅园	明至清	无锡市	古建筑及历史纪念建筑物	
7	环秀山庄	明至清	苏州市	古建筑及历史纪念建筑物	
8	何园	清代	扬州市	古建筑及历史纪念建筑物	
9	个园	清代	扬州市	古建筑及历史纪念建筑物	
10	南通博物苑	清代	南通市	古建筑及历史纪念建筑物	
11	栖霞寺舍利塔	五代	南京市	古建筑及历史纪念建筑物	
12	瑞光塔	北宋	苏州市	古建筑及历史纪念建筑物	
13	将军崖岩画	新石器时代	连云港市	石刻及其他	
14	南京南朝陵墓石刻	南朝	南京市	石刻及其他	包括：1. 宋武帝刘裕初宁陵石刻；2. 张家库萧融墓石刻；3. 梁建安敏侯萧正立墓石刻；4. 梁安成康王萧秀墓石刻；5. 梁始兴忠武王萧憺墓石刻；6. 梁吴平忠侯萧景墓石刻；7. 梁鄱阳忠烈王萧恢墓石刻；8. 梁临川靖惠王萧宏墓石刻；9. 北家边萧伟墓石刻；10. 梁新渝宽侯萧暎墓石刻；11. 陈武帝陈霸先万安陵墓石刻；12. 陈文帝陈蒨永宁墓石刻；13. 徐家村石刻；14. 侯村失考墓石刻；15. 宋墅失考墓石刻；16. 耿岗失考墓石刻；17. 方旗庙失考墓石刻。
15	丹阳南朝陵墓石刻	南朝	丹阳市	石刻及其他	包括：1. 陵口陵墓石刻；2. 齐宣帝萧承之永安陵石刻；3. 齐武帝萧赜景安陵石刻；4. 齐景帝萧道生修安陵石刻；5. 齐明帝萧鸾兴安陵石刻；6. 梁文帝萧顺之建陵石刻；7. 梁武帝萧衍修陵石刻；8. 梁简文帝萧纲庄陵石刻；9. 金家村陵墓石刻；10. 水经山村陵墓石刻。
16	焦山碑林	南朝至清	镇江市	石刻及其他	
17	淹城遗址	东周	常州市武进区	古遗址	
18	南唐二陵	五代	南京市江宁区	古墓葬	

第四批（1996年11月公布）

序号	名称	时代	地址	类别	备注
1	扬州城遗址	隋至宋	扬州市	古遗址	
2	大伊山石棺墓	新石器时代	灌云县	古墓葬	
3	汉楚王墓群	汉代	徐州市、铜山县	古墓葬	包括：1. 楚王山汉楚王墓群；2. 狮子山楚王墓及陪葬兵马俑坑；3. 北洞山汉楚王墓；4. 小龟山汉楚王墓；5. 驮篮山楚王墓；6. 东洞山楚王墓；7. 南洞山汉楚王墓；8. 卧牛山汉楚王墓。

续 表

序号	名称	时代	地址	类别	备注
4	明祖陵	明代	盱眙县	古墓葬	
5	罗汉院双塔及正殿遗址	北宋	苏州市	古建筑	
6	綵衣堂	明代	常熟市	古建筑	
7	盂城驿	清代	高邮市	古建筑	
8	瞿秋白故居	清代	常州市	近现代重要史迹及代表性建筑	
9	镇江英国领事馆旧址	1889~1890年	镇江市	近现代重要史迹及代表性建筑	
10	国立紫金山天文台旧址	1931年	南京市	近现代重要史迹及代表性建筑	
11	中国共产党代表团办事处旧址（梅园新村）	1946~1947年	南京市	近现代重要史迹及代表性建筑	

与现有全国重点文物保护单位合并的项目

序号	名称	时代	地址	备注
1	梁南康简王萧绩墓石刻	南朝	句容市	归入第三批全国重点文物保护单位"丹阳南朝陵墓石刻"。

第五批（2001年6月公布）

序号	名称	时代	地址	类别	备注
1	龙虬庄遗址	新石器时代	高邮市	古遗址	
2	普哈丁墓	宋代	扬州市	古墓葬	
3	浡泥国王墓	明代	南京市	古墓葬	
4	徐霞客故居及晴山堂石刻	明代	江阴市	古建筑	
5	退思园	清代	吴江市	古建筑	
6	宝带桥	明代	苏州市	古建筑	
7	耦园	清代	苏州市	古建筑	
8	龙王庙行宫	清代	宿迁市宿豫区	古建筑	
9	水绘园	清代	如皋市	古建筑	
10	国山碑	三国	宜兴市	石窟寺及石刻	
11	千佛崖石窟及明征君碑	六朝、唐	南京市	石窟寺及石刻	
12	薛福成故居建筑群	清代	无锡市	近现代重要史迹及代表性建筑	
13	原国民政府旧址	1912~1949年	南京市	近现代重要史迹及代表性建筑	包括：1. 中山北路252、254号原国民政府行政院旧址；2. 中山北路32号原国民政府外交部旧址；3. 中山北路303、305号原国民政府交通部旧址；4. 北京东路41、43号原国民政府考试院旧址；5. 中山门外小红山原国民政府主席官邸旧址；6. 中山北路309号原国民党中央党史史料院陈列馆、中央监察委员会旧址；7. 湖南路10号临时政府参议院旧址；8. 中山北路101号原国民政府最高法院旧址。

与现有全国重点文物保护单位合并的项目

序号	名称	时代	地址	备注
1	苏州文庙	明代	苏州市	与第一批全国重点文物保护单位苏州文庙内宋代石刻合并。更名称"苏州文庙及石刻"。
2	廖仲恺、何香凝墓,邓演达墓、谭延闿墓、国民革命军阵亡将士公墓	1931～1935年	南京市	归入第一批全国重点文物保护单位中山陵。
3	张謇墓	1926年	南通市	归入第三批全国重点文物保护单位南通博物苑。

第六批(2006年5月公布)

序号	名称	时代	地址	类别	备注
1	南京人化石地点	旧石器时代	南京市	古遗址	
2	藤花落遗址	新石器时代	连云港市	古遗址	
3	大墩子遗址	新石器时代	邳州市	古遗址	
4	花厅遗址	新石器时代	新沂市	古遗址	
5	三星村遗址	新石器时代	金坛市	古遗址	
6	骆驼墩遗址	新石器时代	宜兴市	古遗址	
7	青墩遗址	新石器时代	海安县	古遗址	
8	绰墩遗址	新石器时代至周	昆山市	古遗址	
9	天目山遗址	周	姜堰市	古遗址	
10	宜兴窑址	晋至清	宜兴市	古遗址	包括:1.涧㴖龙窑遗址;2.小窑墩遗址;3.真武殿窑群;4.筱王村窑群;5.前墅龙窑遗址;6.前进窑址。
11	钟山建筑遗址	南北朝	南京市	古遗址	
12	明故宫遗址	明	南京市	古遗址	
13	龙江船厂遗址	明	南京市	古遗址	
14	鸿山墓群	周	无锡市	古墓葬	
15	徐州墓群	汉	徐州市、铜山县	古墓葬	包括:1.白集汉墓;2.茅村汉墓;3.拉犁山汉墓。
16	象山王氏家族墓地	晋	南京市	古墓葬	
17	洪泽湖大堤	汉至清	淮安市、洪泽县	古建筑	
18	泰伯庙和墓	明至清	无锡市	古建筑	
19	沧浪亭	元至清	苏州市	古建筑	
20	惠山镇祠堂	南北朝至民国	无锡市	古建筑	
21	南通天宁寺	宋	南通市	古建筑	
22	崇教兴福寺塔	宋	常熟市	古建筑	
23	海清寺塔	宋	连云港市	古建筑	
24	紫金庵罗汉塑像	宋至明	苏州市	古建筑	
25	报恩寺塔	宋至清	苏州市	古建筑	
26	太仓石拱桥	元	太仓市	古建筑	包括:1.皋桥;2.州桥;3.周泾桥;4.金鸡桥;5.井亭桥。
27	盘门	元	苏州市	古建筑	
28	狮子林	元	苏州市	古建筑	
29	轩辕宫正殿	元	苏州市	古建筑	
30	寂鉴寺石殿	元	苏州市	古建筑	

续 表

序号	名称	时代	地址	类别	备注
31	昭关石塔	元	镇江市	古建筑	
32	户部山古建筑群	明至民国	徐州市	古建筑	
33	瞻园	明至清	南京市	古建筑	
34	泰州城隍庙	明至清	泰州市	古建筑	
35	东林书院	明至清	无锡市	古建筑	
36	昭嗣堂	明至清	无锡市	古建筑	
37	赵用贤宅	明	常熟市	古建筑	
38	张溥宅第	明	太仓市	古建筑	
39	东山民居	明	苏州市	古建筑	包括：1. 明善堂；2. 怀荫堂；3. 凝德堂。
40	艺圃	明	苏州市	古建筑	
41	全晋会馆	清	苏州市	古建筑	
42	淮安府衙	清	淮安市	古建筑	
43	师俭堂	清	吴江市	古建筑	
44	莲花桥和白塔	清	扬州市	古建筑	
45	吴氏宅第	清	扬州市	古建筑	
46	扬州大明寺	清	扬州市	古建筑	包括大明寺及鉴真纪念堂。
47	小盘谷	清	扬州市	古建筑	
48	高邮当铺	清	高邮市	古建筑	
49	甘熙宅第	清	南京市	古建筑	
50	京杭大运河	春秋至清	北京市、天津市、河北省、山东省、江苏省、浙江省	古建筑	
51	天下第二泉庭院及石刻	唐至清	无锡市	石窟寺及石刻	
52	俞樾旧居	清	苏州市	近现代重要史迹及代表性建筑	
53	阿炳故居	清	无锡市	近现代重要史迹及代表性建筑	
54	中央体育场旧址	民国	南京市	近现代重要史迹及代表性建筑	
55	国民大会堂旧址	民国	南京市	近现代重要史迹及代表性建筑	
56	中央大学旧址	民国	南京市	近现代重要史迹及代表性建筑	
57	金陵大学旧址	民国	南京市	近现代重要史迹及代表性建筑	
58	金陵女子大学旧址	民国	南京市	近现代重要史迹及代表性建筑	
59	春在楼	民国	苏州市	近现代重要史迹及代表性建筑	
60	荣氏梅园	民国	无锡市	近现代重要史迹及代表性建筑	
61	张太雷旧居	1918~1925年	常州市	近现代重要史迹及代表性建筑	
62	柳亚子旧居	1922~1937年	吴江市	近现代重要史迹及代表性建筑	

续 表

序号	名称	时代	地址	类别	备注
63	朱自清旧居	1930~1946年	扬州市	近现代重要史迹及代表性建筑	
64	侵华日军南京大屠杀死难同胞丛葬地	1937年	南京市	近现代重要史迹及代表性建筑	
65	新四军重建军部旧址	1941~1945年	盐城市	近现代重要史迹及代表性建筑	
66	苏皖边区政府旧址	1945~1949年	淮安市	近现代重要史迹及代表性建筑	
67	人民海军诞生地	1949年	泰州市	近现代重要史迹及代表性建筑	

与现有全国重点文物保护单位合并的项目

序号	名称	时代	地址	备注
1	御码头遗址	清	宿迁市	归入第五批全国重点文物保护单位龙王庙行宫。
2	徐州汉代采石场遗址	汉	徐州市	归入第四批全国重点文物保护单位汉楚王墓群。
3	明功臣墓	明	南京市	归入第一批全国重点文物保护单位明孝陵。
4	大生纱厂	1895年	南通市	归入第三批全国重点文物保护单位南通博物苑。

（二）江苏省文物保护单位名单

第一、二批（1982年3月调整公布）

（一）近现代历史遗迹及革命纪念建筑物（15处）

序号	名称	时代	地址	备注
1	天王府遗址	太平天国（1853~1864）	南京市	1982年以"太平天国天王府遗址"名称公布为第二批全国重点文物保护单位。
2	东王府官衙壁画	太平天国	南京市	1988年以"堂子街太平天国壁画"名称公布为第三批全国重点文物保护单位。
3	天堡城遗址	太平天国	南京市	
4	曾水源墓	太平天国（1859）	南京市	
5	忠王府遗址	太平天国（1860）	苏州市	1961年以"太平天国忠王府遗址"名称公布为第一批全国重点文物保护单位，1965年撤销，1981年恢复。
6	瞿秋白故居	1899年	常州市	1996年公布为第四批全国重点文物保护单位。
7	赵伯先墓	1912年	镇江市	
8	孙中山临时大总统府原址	1912年	南京市	包括宣誓厅、办公室、起居室等。
9	廖仲恺、何香凝墓	1925、1972年	南京市	2001年归入第一全国重点文物保护单位"中山陵"。
10	雨花台死难烈士陵	1927~1949年	南京市	1988年以"雨花台烈士陵园"名称公布为第三批全国重点文物保护单位。
11	中山陵	1929年	南京市	1961年公布为第一批全国重点文物保护单位。
12	邓演达墓	1931年	南京市	1965年迁现址。2001年归入第一批全国重点文物保护单位"中山陵"。

续 表

序号	名称	时代	地址	备注
13	盐阜区抗日阵亡将士纪念塔	1943年	阜宁县	
14	中国共产党代表团办事处原址	1946~1947年	南京市	1996年以"中国共产党代表团办事处旧址"名称公布为第四批全国重点文物保护单位。
15	淮海战役碾庄战斗革命烈士纪念碑	1960年	邳州市	

（二）古建筑及历史纪念建筑物（34处）

序号	名称	时代	地址	备注
1	石头城遗址	东汉建安十七年（212）	南京市	1988年作为"南京城墙"部分公布为第三批全国重点文物保护单位。
2	文通塔	唐景龙二年（708）	淮安市楚州区	原淮安市内。
3	海春轩塔	唐代	东台市	
4	栖霞寺舍利塔	五代重建	南京市	1988年公布为第三批全国重点文物保护单位。
5	云岩寺塔	五代周显德六年（959）	苏州市	1961年以"苏州云岩寺塔"名称公布为第一批全国重点文物保护单位。
6	罗汉院双塔及正殿遗迹	北宋太平兴国七年（982）	苏州市	1996年公布为第四批全国重点文物保护单位。
7	秦峰塔	北宋大中祥符元年（1008）	昆山市	
8	瑞光寺塔	北宋大中祥符二年（1009）	苏州市	1988年以"瑞光塔"名称公布为第三批全国重点文物保护单位。
9	海清寺塔	北宋天圣元年（1023）	连云港市	2006年公布为第六批全国重点文物保护单位。
10	铁塔	北宋元丰元年（1078）	镇江市	
11	瑞云峰	北宋宣和年间（1119~1125）	苏州市	
12	崇教兴福寺塔	南宋建炎四年（1130）	常熟市	2006年公布为第六批全国重点文物保护单位。
13	报恩寺塔	南宋绍兴年间（1131~1162）	苏州市	2006年公布为第六批全国重点文物保护单位。
14	保圣寺塔	南宋绍兴四年（1134）	高淳县	
15	玄妙观三清殿	南宋淳熙六年（1179）	苏州市	包括附属建筑物。1982年公布为第二批全国重点文物保护单位。
16	万佛石塔	元大德十年（1306）	苏州市吴中区	
17	轩辕宫正殿	元至元四年（1338）	苏州市吴中区	2006年公布为第六批全国重点文物保护单位。
18	寂鉴寺石殿、佛龛及造像	元至正十七至二十三年（1357~1363）	苏州市吴中区	2006年以"寂鉴寺石殿"名称公布为第六批全国重点文物保护单位。
19	聚宝门	五代始建,明代扩建	南京市	1988年作为"南京城墙"部分公布为第三批全国重点文物保护单位。
20	鼓楼	明代	南京市	
21	明故宫遗迹	明代	南京市	2006年以"明故宫遗址"名称公布为第六批全国重点文物保护单位。
22	镇国寺塔	宋、明	高邮市	

续 表

序号	名称	时代	地址	备注
23	城隍庙工字殿	明洪武三年(1370)	苏州市	包括"苏郡城河三横四直图说"碑,清嘉庆二年(1797)立。
24	灵谷寺无梁殿	明洪武十四年(1381)	南京市	
25	天宁寺	明宣德年间重建(1426～1435)	南通市	2006年以"南通天宁寺"名称公布为第六批全国重点文物保护单位。
26	宝带桥	明正统年间重建(1436～1449)	苏州市吴中区	石塔为宋代遗物。2001年公布为第五批全国重点文物保护单位。
27	慈云寺塔	明万历五年(1577)	吴江市	
28	隆昌寺无梁殿、铜殿	明万历三十三年(1605)	句容市	
29	开元寺无梁殿	明万历四十六年(1618)	苏州市	
30	太平兴国教寺大殿	明重建	南通市	
31	朝天宫	明、清	南京市	
32	东林书院	明、清	无锡市	2006年公布为第六批全国重点文物保护单位。
33	莲花桥	清乾隆二十二年(1757)	扬州市	2006年作为"莲花桥和白塔"部分公布为第六批全国重点文物保护单位。
34	船厅	清末	兴化市	

(三) 石刻及其他(42处)

序号	名称	时代	地址	备注
1	孔望山摩崖造像	东汉	连云港市	包括石雕、龙洞题刻。1988年公布为第三批全国重点文物保护单位。
2	国山碑	三国(吴)	宜兴市	2001年公布为第五批全国重点文物保护单位。
3	千佛崖	南朝	南京市	2001年作为"千佛崖石窟及明征君碑"部分公布为第五批全国重点文物保护单位。
4	宋武帝刘裕初宁陵石刻	南朝(422)	南京市江宁区	1988年作为"南京南朝陵墓石刻"部分公布为第三批全国重点文物保护单位。
5	梁安成康王萧秀墓石刻	南朝(518)	南京市	同上
6	梁始兴忠武王萧憺墓石刻	南朝(522)	南京市	同上
7	梁吴平忠侯萧景墓石刻	南朝(523)	南京	同上
8	梁鄱阳忠烈王萧恢墓石刻	南朝(526)	南京市	同上
9	梁临川靖惠王萧宏墓石刻	南朝(526)	南京	同上
10	梁新渝宽侯萧暎墓石刻	南朝(544)	南京	同上
11	梁建安敏侯萧正立墓石刻	南朝(548)	南京江宁区	同上
12	陈武帝陈霸先万安陵墓石刻	南朝(559)	南京江宁区	同上
13	陈文帝陈蒨永宁陵石刻	南朝(566)	南京市	同上
14	齐宣帝萧承之永安陵石刻	南朝(447)	丹阳市	1988年作为"丹阳南朝陵墓石刻"部分公布为第三批全国重点文物保护单位。
15	齐武帝萧赜景安陵石刻	南朝(493)	丹阳市	同上
16	齐景帝萧道生修安陵石刻	南朝(494)	丹阳市	同上
17	齐明帝萧鸾兴安陵石刻	南朝(498)	丹阳市	同上
18	梁文帝萧顺之建陵石刻	南朝(502)	丹阳市	同上

续表

序号	名称	时代	地址	备注
19	梁武帝萧衍修陵石刻	南朝(549)	丹阳市	同上
20	梁简文帝萧纲庄陵石刻	南朝(551)	丹阳市	同上
21	陵口陵墓石刻	南朝	丹阳市	同上
22	水经山村陵墓石刻	南朝	丹阳市	同上
23	梁南康简王萧绩墓石刻	南朝(529)	句容市	1996年归入第三批全国重点文物保护单位"丹阳南朝陵墓石刻"。
24	焦山摩崖题记及石刻	六朝至唐宋	镇江市	1988年以"焦山碑林"名称公布为第三批全国重点文物保护单位。
25	明征君碑	唐上元三年(676)	南京	2001年作为"千佛崖石窟及明征君碑"部分公布为第五批全国重点文物保护单位。
26	惠山寺石经幢	唐乾符三年(876)、宋熙宁三年(1070)	无锡市	
27	铜钟	唐中和三年(883)	丹阳市	
28	保圣寺罗汉塑像	宋代	苏州市吴中区	包括天王殿及保圣寺经幢。1961年公布为第一批全国重点文物保护单位。
29	第一山题刻	宋代	盱眙县	
30	文庙及宋代石刻	明、南宋绍定二年(1229)及淳祐七年(1247)	苏州市	1961年以"苏州文庙内宋代石刻"名称公布为第一批全国重点文物保护单位。2001年,"苏州文庙"与全国重点文物保护单位"苏州文庙内宋代石刻"合并称以"苏州文庙及石刻"。
31	紫金庵罗汉塑像	南宋或明	苏州市吴中区	2006年公布为第六批全国重点文物保护单位。
32	大风歌碑	元大德十年(1306)	沛县	
33	张士诚纪功碑	元末	苏州市	
34	铜钟	明洪武二十一年(1388)	南京	
35	阳山碑材	明永乐三年至四年(1405~1406)	南京江宁区	
36	天妃宫碑	明永乐十四年(1416)	南京市	
37	大报恩寺碑	明永乐二十二年(1424)	南京市	
38	抚台平倭碑	明嘉靖三十七年(1558)	南通市	
39	淳化阁帖石刻	明万历四十三年(1615)	溧阳市	
40	晴山堂石刻	明代	江阴市	2001年以"徐霞客故居及晴山堂石刻"名称公布为第五批全国重点文物保护单位。
41	楞严经石刻	明代末年	苏州市吴中区	
42	心经碑	清嘉庆三年(1798)	江阴市	

(四)古墓葬(32处)

序号	名称	时代	地址	备注
1	泰伯墓	周代	无锡市	2006年作为"泰伯庙和墓"部分公布为第六批全国重点文物保护单位。
2	仲雍墓	周代	常熟市	

续 表

序号	名称	时代	地址	备注
3	言子墓	周代	常熟市	
4	茅村汉画像石墓	汉代	铜山县	2006年作为"徐州墓群"部分公布为第六批全国重点文物保护单位。
5	楚王山古墓葬群	汉代	铜山县	1996年作为"汉楚王墓群"部分公布为第四批全国重点文物保护单位。
6	竹墩、祭墩、奋墩	汉代	宝应县	汉代墓葬群,俗称"九里一千墩"。
7	南唐二陵	南唐	南京市江宁区	1988年公布为第三批全国重点文物保护单位。
8	王德墓	宋代	南京市	
9	宗泽墓	南宋	镇江市	
10	韩世忠墓碑	南宋	苏州市吴中区	
11	普哈丁墓及阿拉伯人墓碑	宋、元	扬州市	2001年以"普哈丁墓"名称公布为第五批全国重点文物保护单位。
12	黄公望墓	元代	常熟市	
13	施耐庵墓	明代	兴化市	
14	常遇春墓	明代	南京市	2003年7月,作为"明清皇家陵寝"扩展项目的一部分与明孝陵共同列入世界文化遗产。2006年5月,作为"明功臣墓"的一部分公布归入第一批全国重点文物保护单位明孝陵。
15	明孝陵	明洪武十四年至十六年（1381~1383）	南京市	1961年公布为第一批全国重点文物保护单位,2003年作为"明清皇家陵寝"扩展项目列入世界文化遗产。
16	邓愈墓	明代	南京市	2006年5月,作为"明功臣墓"的一部分公布归入第一批全国重点文物保护单位明孝陵。
17	李文忠墓	明代	南京市	2003年7月,作为"明清皇家陵寝"扩展项目的一部分与明孝陵共同列入世界文化遗产。2006年5月,作为"明功臣墓"的一部分公布归入第一批全国重点文物保护单位明孝陵。
18	徐达墓	明代	南京市	2003年7月,作为"明清皇家陵寝"扩展项目的一部分与明孝陵共同列入世界文化遗产。2006年5月,作为"明功臣墓"的一部分公布归入第一批全国重点文物保护单位明孝陵。
19	沈周墓	明代	苏州市相城区	
20	文徵明墓	明代	苏州市相城区	
21	王铁墓	明代	常熟市	
22	唐荆川墓	明嘉靖三十九年（1560）	常州市	
23	曹顶墓	明代	南通市	
24	唐寅墓	明代	苏州市	
25	葛成墓	明代	苏州市	
26	瞿式耜墓	明代	常熟市	
27	五人墓	明天启六年（1626）	苏州市	
28	史可法祠墓	清代	扬州市	
29	王石谷墓	清代	常熟市	

续 表

序号	名称	时代	地址	备注
30	关天培祠墓	清代	淮安市楚州区	
31	邓廷桢墓	清代	南京市	
32	翁同龢墓	清代	常熟市	

（五）古遗址（5处）

序号	名称	时代	地址	备注
1	青莲岗遗址	新石器时代	淮安市楚州区	
2	淹城遗址	西周	常州市武进区	1988年公布为第三批全国重点文物保护单位。
3	阖闾城遗址	周敬王六年（前514）	无锡市、常州市武进区	
4	越城遗址	春秋	苏州市	
5	扬州古城遗址	汉至宋	扬州市	1996年以"扬州城遗址"名称被公布为第四批全国文物重点保护单位。

第三批（1982年3月公布）

（一）近现代历史遗迹及革命纪念馆建筑物（47处）

序号	名称	时代	地址	备注
1	焦山炮台遗址	清道光二十年（1840）	镇江市	
2	圌山炮台遗址	清道光二十年（1840）	镇江市丹徒区	
3	罗廊巷太平天国建筑及壁画	太平天国	南京市	
4	天朝总圣库、英王府遗址	太平天国	南京市	
5	金沙井太平天国建筑	太平天国	南京市	
6	宜城镇太平天国建筑及壁画	太平天国	宜兴市	
7	戴王府遗址	太平天国	金坛市	
8	护王府遗址	太平天国	常州市	
9	集善桥"太平天国"刻字	太平天国	昆山市	桥建于清乾隆年间。
10	金陵刻经处	清同治五年（1866）	南京市	
11	金陵机器制造局厂房遗迹	清同治、光绪年间	南京市	
12	镇江英国领事馆旧址	1889~1890年	镇江市	1996年公布为第四批全国重点文物保护单位。
13	江南水师学堂遗迹	1890年	南京市	
14	矿路学堂遗迹	清光绪年间	南京市	
15	南通博物苑	清光绪三十一年（1905）	南通市	1988年公布为第三批全国重点文物保护单位。
16	天主教堂	清末	南京市	
17	柳亚子故居	清末	吴江市	2006年以"柳亚子旧居"名称公布为第六批全国重点文物保护单位。
18	周恩来故居	1898~1910年	淮安市楚州区	1988年公布为第三批全国重点文物保护单位。
19	粤军阵亡将士墓	1912年	南京市	
20	张太雷故居	1918年	常州市	2006年以"张太雷旧居"名称公布为第六批全国重点文物保护单位。

续 表

序号	名称	时代	地址	备注
21	两浦铁路工人"二七"大罢工指挥所旧址	1923年	南京市	
22	"五卅"演讲厅	1925年	镇江市	
23	八路军驻京办事处旧址	1937年	南京市	
24	新四军一支队司令部旧址	1938年	高淳县	
25	新四军四县联合抗日会议会址	1938年	镇江市丹徒区	
26	新四军江南指挥部旧址	1939年	溧阳市	1979年地震后按原貌修建。
27	黄桥战斗指挥部旧址	1940年	泰兴市	包括：新四军苏北指挥部；苏北行政委员会；黄桥战斗前沿指挥部；支前委员会等。
28	联合抗日座谈会会址	1940年	海安县	
29	苏北第一届参政会会址	1940年	海安县	
30	郭村战斗指挥部旧址	1940年	江都市	包括：新四军挺进纵队指挥部；参谋部；政治部等。
31	抗大五分校旧址	1940~1943年	盐城市	
32	抗日山烈士陵园	1941~1943年	赣榆县	
33	新四军军部旧址	1942~1945年	盱眙县	1973年重修。
34	朱家岗战斗烈士墓	1943年	泗洪县	
35	新四军标语	1945年	宜兴市	
36	雪枫烈士陵园	1945年	洪泽县	
37	苏中四分区抗日烈士纪念碑	1945年	东台市	1965年重修。
38	苏皖边区政府旧址	1945年	淮安市	2006年公布为第六批全国重点文物保护单位。
39	陶行知墓	1946年	南京市	
40	宿北大战前沿指挥所旧址	1946年	新沂市	
41	八十二烈士墓	1946年	淮安市淮阴区	1960年重修。
42	华东野战军渡江战役指挥部旧址	1949年	姜堰市	2006年以"人民海军诞生地"名称公布为第六批全国重点文物保护单位。
43	黄山炮台遗址	1949年	江阴市	
44	杨根思烈士祠墓	1955年	泰兴市	
45	淮海战役烈士纪念塔	1965年	徐州市	
46	王杰烈士墓	1965年	邳州市	
47	渡江胜利纪念碑	1979年	南京市	

（二）古建筑及历史纪念建筑物（59处）

序号	名称	时代	地址	备注
1	大明寺遗址及鉴真纪念堂	唐代、1973年	扬州市	2006年以"扬州大明寺"名称公布为第六批全国重点文物保护单位。
2	龙窑遗址	唐代	宜兴市	2006年作为"宜兴窑址"部分公布为第六批全国重点文物保护单位。
3	楞伽寺塔	北宋太平兴国三年（978）	苏州市	
4	月塔	宋代	涟水县	
5	定林寺塔	南宋	南京市江宁区	

续 表

序号	名称	时代	地址	备注
6	城河石拱桥	元天历二年(1329) 元统二年(1334)	太仓市	包括：周泾桥；州桥；皋桥。2006年作为"太仓石拱桥"部分公布为第六批全国重点文物保护单位。
7	盘门	元至正十一年(1351)	苏州市	2006年公布为第六批全国重点文物保护单位。
8	南京城墙	明初	南京市	1988年公布为第三批全国重点文物保护单位。
9	七桥瓮	明代	南京市	
10	言子祠	明代	常熟市	包括文庙戟门。
11	惠山寺金莲桥	宋建、明天顺四年(1460)重建	无锡市	
12	唐荆川宅	明弘治至正德年间(1488～1521)	常州市	
13	真武庙大殿	明弘治八年(1495)	江都市	
14	铁铃关	明嘉靖三十六年(1557)	苏州市	
15	昭关石塔	元建，明万历十年(1582)重建	镇江市	2006年公布为第六批全国重点文物保护单位。
16	文庙大成殿	明重建	如皋市	
17	泰伯庙	明代	无锡市	2006年作为"泰伯庙和墓"部分公布为第六批全国重点文物保护单位。
18	西方寺大殿	明代	扬州市	
19	楠木厅及石雕艺术品	明代	苏州市吴中区	
20	绍德堂	明代	同上	
21	明善堂	明代	同上	2006年作为"东山民居"部分公布为第六批全国重点文物保护单位。
22	熙庆堂	明代	同上	1986年拆除。
23	怀荫堂	明代	同上	2006年作为"东山民居"部分公布为第六批全国重点文物保护单位。
24	瑞蔼堂	明代	同上	
25	凝德堂	明代	同上	2006年作为"东山民居"部分公布为第六批全国重点文物保护单位。
26	丁古角明代住宅	明代	南通市	
27	关帝庙巷明清住宅	明、清	南通市	
28	綵衣堂	明、清	常熟市	1996年公布为第四批全国重点文物保护单位。
29	税东街明清住宅	明、清	泰州市	
30	前北岸明代楠木厅	明代	常州市	
31	沧浪亭	北宋中叶建，清康熙重建	苏州市	2000年作为"苏州古典园林"部分增补为世界文化遗产，2006年公布为第六批全国重点文物保护单位。
32	寄畅园	明正德中叶建，清康熙重建	无锡市	1988年公布为第三批全国重点文物保护单位。
33	拙政园	明正德年间(1506～1521)始建，清初改建	苏州市	1961年公布为第一批全国重点文物保护单位。1997年作为"苏州古典园林"部分列为世界文化遗产。
34	瞻园	明、清、1962年重修	南京市	包括东王府、夏官付丞相衙遗址。2006年公布为第六批全国重点文物保护单位。

续　表

序号	名称	时代	地址	备注
35	清凉寺	清康熙年间（1662～1722）	常州市	
36	龙王庙行宫	清康熙、乾隆	宿迁市宿豫区	2001年公布为第五批全国重点文物保护单位。
37	环秀山庄	清乾隆	苏州市	包括汪氏义庄。1988年公布为第三批全国重点文物保护单位。1997年作为"苏州古典园林"部分列为世界文化遗产。
38	燕园	清代	常熟市	
39	小盘谷	清乾隆、嘉庆	扬州市	2006年公布为第六批全国重点文物保护单位。
40	网师园	清乾隆	苏州市	1982年公布为第二批全国重点文物保护单位。1997年作为"苏州古典园林"部分列为世界文化遗产。
41	狮子林	元末至正二年(1342)建，清中叶至1918年后改建	苏州市	2000年作为"苏州古典园林"部分增补为世界文化遗产，2006年公布为第六批全国重点文物保护单位。
42	个园	清嘉庆、道光	扬州市	1988年公布为第三批全国重点文物保护单位。
43	天宁寺	清同治年间（1862～1874）	扬州市	
44	横塘驿站	清同治十三年(1874)	苏州市	
45	怡园	清同治、光绪	苏州市	
46	退思园	清同治、光绪	吴江市	包括住宅。2000年作为"苏州古典园林"部分增补为世界文化遗产。2001年公布为第五批全国重点文物保护单位。
47	留园	明嘉靖建，清光绪初重建	苏州市	1961年公布为第一批全国重点文物保护单位。1997年作为"苏州古典园林"部分列为世界文化遗产。
48	近园	清代	常州市	
49	戒幢律寺	清同治、光绪重建	苏州市	俗称西园。
50	何园	清光绪年间（1875～1908）	扬州市	1988年公布为第三批全国重点文物保护单位。
51	日涉园	明建，清重修	泰州市	
52	寒山寺	清光绪重建	苏州市	包括江村桥、枫桥。
53	同里镇	明、清	吴江市	1995年列为第一批省级历史文化名镇，2003年列为第一批中国历史文化名镇。
54	诸公井亭	清	苏州市吴中区	
55	全晋会馆	清代末年	苏州市	包括戏台、大门两旁吹鼓亭各一及桂花厅、楠木厅。2006年公布为第六批全国重点文物保护单位。
56	东坝戏台	清末	高淳县	
57	天宁寺	清末	常州市	包括日晷。
58	东山地主宅院	1922～1924年	苏州市吴中区	2006年以"春在楼"名称公布为第六批全国重点文物保护单位。
59	沧溪戏台	清末，1948年重建	高淳县	

（三）石刻及其他（17处）

序号	名称	时代	地址	备注
1	将军崖岩画	约当夏代	连云港市	1988年公布为第三批全国重点文物保护单位。
2	金家村陵墓石刻	南朝	丹阳市	1988年作为"丹阳南朝陵墓石刻"部分列为第三批全国重点文物保护单位。
3	张家库陵墓石刻	南朝	南京栖霞区	即"张家库萧融墓石刻",1988年作为"南京南朝陵墓石刻"部分列为第三批全国重点文物保护单位。
4	徐家村陵墓石刻	南朝	南京市	1988年作为"南京南朝陵墓石刻"部分列为第三批全国重点文物保护单位。
5	北家边陵墓石刻	南朝	南京市	即"北家边萧伟墓石刻",1988年作为"南京南朝陵墓石刻"部分列为第三批全国重点文物保护单位。
6	东海郁林观东岩壁纪摩崖题刻	唐开元七年（719）	连云港市	
7	延陵季子碑	唐大历十四年（779）重刻	丹阳市	
8	周王庙及碑刻	唐至清	宜兴市	
9	铜钟	南唐	泰州市	
10	定林寺摩崖题刻	宋乾道元年（1165）	南京市	
11	铜钟	金代	淮安市楚州区	
12	古天文仪器	明正统二年至七年（1437~1442）	南京市	
13	平倭冢记碑	明嘉靖三十八年（1559）	海安县	
14	石棚山摩崖题名石刻	明、清	连云港市	
15	贡院碑刻	明、清	南京市	
16	寨山摩崖题字	清康熙七年（1668）	邳州市	
17	铁牛	清康熙四十年（1701）	洪泽县	

（四）古墓葬（8处）

序号	名称	时代	地址	备注
1	双孤堆古墓葬	汉代	睢宁县	
2	天山汉墓	汉代	高邮市	
3	土山汉墓	东汉	徐州市	
4	明祖陵	明洪武十九年（1386）	盱眙县	1996年公布为第四批全国重点文物保护单位。
5	浡泥国王墓	明永乐八年（1410）	南京市	2001年公布为第五批全国重点文物保护单位。
6	蒯祥墓	明代	苏州市吴中区	
7	刘智墓	清康熙年间（1662~1722）	南京市	
8	王锡阐墓	清代	吴江市	

（五）古遗址（4处）

序号	名称	时代	地址	备注
1	大墩子遗址	新石器时代	邳州市	2006年公布为第六批全国重点文物保护单位。

续 表

序号	名称	时代	地址	备注
2	圩墩遗址	新石器时代	常州市	
3	断山墩遗址	新石器时代	镇江市丹徒区	
4	东阳城遗址	秦、汉	盱眙县	

第四批（1995 年 4 月公布）

（一）近现代历史遗迹及革命纪念建筑物（19 处）

序号	名称	时代	地址	备注
1	扬州天主教耶稣圣心堂	1864 年	扬州市	
2	陈去病故居	1872 年	吴江市	
3	如皋公立简易师范学堂旧址	1902 年	如皋市	
4	通州天生港大达轮步公司旧址	1904 年	南通市	同年 5、6 月间被拆。
5	周恩来童年读书处旧址	1904 年	淮安市	
6	顾正红烈士故居	1905 年	滨海县	
7	徐州耶稣圣心堂	1906 年	徐州市	
8	丽则女学校址	1906 年	吴江市	
9	东明电气股份有限公司	1917 年	东台市	
10	张应春烈士墓	1931 年	吴江市	
11	原国立中央博物院旧址	1936 年	南京市	今南京博物院。
12	新四军东进泰州谈判处旧址	1939 年	泰州市	
13	新四军重建军部旧址	1941 年	盐城市	2006 年公布为第六批全国重点文物保护单位。
14	华中鲁迅艺术学院烈士墓	1941 年	建湖县	
15	中共中央华中分局旧址	1945～1946 年	淮安市楚州区	
16	高凤英烈士墓	1947 年	海安县	
17	驻外使节九烈士墓	1947 年	南京市	
18	总前委、三野司令部旧址	1949 年	丹阳市	
19	苏中七战七捷纪念碑	1986 年	海安县	

（二）古建筑（共 50 处）

序号	名称	时代	地址	备注
1	大觉寺桥	宋代	苏州市吴中区	包括香花桥。
2	本善桥	宋代	金坛市	
3	东庙桥	宋代	吴江市	
4	思本桥	宋代	吴江市	
5	光福寺塔	宋代	苏州市吴中区	
6	兴国寺塔	宋、明	江阴市	
7	聚沙塔	宋、明	常熟市	
8	范文正公忠烈庙及天平山庄	宋、明、清	苏州市	包括范坟。
9	兴福寺	宋、明、清	常熟市	
10	井亭桥、金鸡桥	元代	太仓市	2006 年作为"太仓石拱桥"部分公布为第六批全国重点文物保护单位。

续 表

序号	名称	时代	地址	备注
11	运河古纤道	元、明	吴江市	
12	胭脂河天生桥	明代	溧水县	
13	仙鹤寺	明代	扬州市	
14	浏河天妃宫	明代	太仓市	
15	玉燕堂	明代	昆山市	
16	南山寺大雄宝殿	明代	泰州市	
17	徐大宗祠楠木厅	明代	宜兴市	
18	昭嗣堂	明代	无锡市锡山区	2006年公布为第六批全国重点文物保护单位。
19	王鏊祠	明代	苏州市	
20	赵用贤宅	明代	常熟市	2006年公布为第六批全国重点文物保护单位。
21	艺圃	明代	苏州市	2000年作为"苏州古典园林"部分增补列为世界文化遗产，2006年公布为第六批全国重点文物保护单位。
22	崇儒祠	明代	泰州市	
23	盂城驿	明代	高邮市	1996年公布为第四批全国重点文物保护单位。
24	张溥故居	明代	太仓市	2006年以"张溥宅第"名称公布为第六批全国重点文物保护单位。
25	管干贞故居	明代	常州市	
26	草堰石闸	明代	大丰市	
27	张家祠堂正厅	明代	句容市	
28	富安明代住宅	明代	东台市	
29	泰州明代住宅	明代	泰州市	包括宫宅、汪宅、王宅。
30	泰州城隍庙	明代	泰州市	2006年公布为第六批全国重点文物保护单位。
31	五柳堂	明、清	镇江市	
32	文昌阁	明、清	宜兴市	
33	耦园	清代	苏州市	2000年作为"苏州古典园林"部分增补列为世界文化遗产。2001年公布为第五批全国重点文物保护单位。
34	水绘园	清代	如皋市	2001年公布为第五批全国重点文物保护单位。
35	敬业堂	清代	昆山市	
36	冯道立宅	清代	东台市	含务本堂水龙会所。
37	重宁寺	清代	扬州市	
38	文游台	清代	高邮市	
39	甘熙故居	清代	南京市	2006年以"甘熙宅第"名称公布为第六批全国重点文物保护单位。
40	先蚕祠	清代	吴江市	
41	鲍氏大楼	清代	东台市	
42	江阴文庙	清代	江阴市	
43	师俭堂	清代	吴江市	2006年公布为第六批全国重点文物保护单位。

续表

序号	名称	时代	地址	备注
44	张中丞庙	清代	无锡市	
45	俞樾故居	清代	苏州市	2006年以"俞樾旧居"名称公布为第六批全国重点文物保护单位。
46	薛福成故居	清代	无锡市	2001年以"薛福成故居建筑群"名称公布为第五批全国重点文物保护单位。
47	宋曹宅	清代	盐城市	
48	六合文庙	清代	南京市六合区	
49	未园	1923年	常州市	
50	陆秀夫祠	明，1984年重修	盐城市	

（三）石刻及其他（17处）

序号	名称	时代	地址	备注
1	东连岛东海琅琊郡界域刻石	西汉	连云港市	
2	刘志洲山石刻苑囿图	汉代	连云港市	
3	云龙山摩崖造像	北魏至唐宋	徐州市	
4	烂石陇南朝佚名墓石刻	南朝	丹阳市	
5	伊芦山六神台佛教造像	唐代	灌云县	
6	白虎山摩崖题刻	唐宋金元	连云港市	
7	狼山天祚崖题刻	五代	南通市	
8	太平兴国石经幢	宋代	常州市	
9	林屋山摩崖题刻	宋代	苏州市吴中区	
10	刘志洲山宋金交战战场遗迹	宋、金	连云港市	
11	大伊山梅花鹿岩画	元代	灌云县	
12	《点易台铭》四面碑	明代	无锡市	
13	钟楼观音画像碑	明代	靖江市	
14	柱史坊	明代	泰州市	
15	"天下第二泉"庭院及石刻	明、清	无锡市	2006年公布为第六批全国重点文物保护单位。
16	襟江书院记及四体《千字文》石刻	清代	泰兴市	
17	小王山摩崖题刻	1927～1937年	苏州市吴中区	

（四）古墓葬（13处）

序号	名称	时代	地址	备注
1	西汉楚王墓群	西汉	徐州市、铜山县	含驮篮山、小龟山、北洞山、东洞山、段山、狮子山。1996年以"汉楚王墓群"名称公布为第四批全国重点文物保护单位。
2	拉犁山东汉墓	东汉	徐州市	2006年作为"徐州墓群"部分公布为第六批全国重点文物保护单位。
3	田舍村隋墓	隋代	常州市武进区	
4	隋炀帝陵	隋代	扬州市邗江区	
5	倪瓒墓	元代	无锡市锡山区	
6	申时行墓	明代	苏州市石湖	
7	恽南田墓	清代	常州市武进区	
8	顾炎武墓	清代	昆山市	

续 表

序号	名称	时代	地址	备注
9	徐灵胎墓	清代	吴江市	
10	琉球国京都通事郑文英墓	清代	淮安市淮阴区	
11	郑燮墓	清代	兴化市	
12	杨泗洪墓	清代	宿迁市	
13	张謇墓	1926年	南通市	2001年归入第三批全国重点文物保护单位"南通博物苑"。

（五）古遗址（13处）

序号	名称	时代	地址	备注
1	汤山葫芦洞古人类化石地点	旧石器时代早期	南京市江宁区	2006年以"南京人化石地点"名称公布为第六批全国重点文物保护单位。
2	三山岛遗址及哺乳动物化石地点	旧石器时代晚期	苏州市吴中区	
3	大贤庄遗址	旧石器时代晚期	东海县	
4	草鞋山遗址	新石器时代	苏州市	
5	龙虬庄遗址	新石器时代	高邮市	2001年公布为第五批全国重点文物保护单位。
6	东山村遗址	新石器时代	张家港市	
7	赵陵山遗址	新石器时代	昆山市	
8	大伊山石棺葬遗址	新石器时代	灌云县	1996年以"大伊山石棺墓"名称公布为第四批全国重点文物保护单位。
9	花厅遗址	新石器时代	新沂市	2006年公布为第六批全国重点文物保护单位。
10	寺墩遗址	新石器时代	武进区	
11	龙南村落遗址	新石器时代	吴江市	
12	固城遗址	汉代	高淳县	
13	曲阳城遗址	汉代	东海县	

（六）扩展项目（3处）

序号	名称	时代	地址	备注
1	侵华日军南京大屠杀死难同胞遇难处及丛葬地	1937年	南京市	1999年7月增补为第四批省级文物保护单位。2006年以"侵华日军南京大屠杀死难同胞丛葬地"名称公布为第六批全国重点文物保护单位。
2	镇江古城墙遗址	三国、东晋	镇江市	含：三国铁瓮城古城墙遗址、东晋花山湾古城墙遗址。2000年9月增补为第四批省级文物保护单位。
3	国民党江阴要塞司令部旧址	1947年	江阴市	2000年9月增补为第四批省级文物保护单位。

第五批（2002年10月公布）

（一）古遗址（25处）

序号	名称	时代	地址	备注
1	绰墩遗址	新石器	昆山市	2006年公布为第六批全国重点文物保护单位。
2	彭祖墩遗址	新石器	无锡市锡山区	

续 表

序号	名称	时代	地址	备注
3	祁头山遗址	新石器	江阴市	
4	西溪遗址	新石器	宜兴市	
5	三星村遗址	新石器	金坛市	2006年公布为第六批全国重点文物保护单位。
6	薛城遗址	新石器	高淳县	
7	牛头岗遗址	新石器	南京市浦口区	
8	单塘河遗址	新石器至商周	姜堰市	
9	开庄遗址	新石器	东台市	
10	青墩遗址	新石器	海安县	2006年公布为第六批全国重点文物保护单位。
11	梁王城遗址	新石器至南北朝	邳州市	
12	小徐庄遗址	新石器	新沂市	
13	藤花落遗址	新石器	连云港市	2006年公布为第六批全国重点文物保护单位。
14	佘城遗址	夏末至商周	江阴市	
15	天目山遗址	周代	姜堰市	2006年公布为第六批全国重点文物保护单位。
16	南城遗址	春秋时代	高淳县	
17	石户城遗址	战国至汉代	铜山县	
18	小窑墩窑址	晋代	宜兴市	2006年作为"宜兴窑址"部分公布为第六批全国重点文物保护单位。
19	钟山坛类建筑遗存	六朝	南京市玄武区	2006年以"钟山建筑遗址"名称公布为第六批全国重点文物保护单位。
20	真武殿窑群	唐至宋	宜兴市	2006年作为"宜兴窑址"部分公布为第六批全国重点文物保护单位。
21	筱王村窑群	宋至明	宜兴市	同上。
22	龙江宝船厂遗址	明代	南京市鼓楼区	2006年以"龙江船厂遗址"名称公布为第六批全国重点文物保护单位。
23	窑岗村琉璃窑窑址	明代	南京市雨花区	
24	前墅窑址遗址	明、清	宜兴市	2006年作为"宜兴窑址"部分公布为第六批全国重点文物保护单位。
25	总督漕运公署遗址	明、清	淮安市楚州区	

（二）古墓葬（16处）

序号	名称	时代	地址	备注
1	漂母墓	汉代	淮安淮阴区	
2	庙山汉墓	汉代	仪征市	
3	三庄墓群	汉代	泗阳县	
4	草堰口墓群	汉代	建湖县	
5	尹湾汉墓	汉代	东海县	
6	白集汉画像石墓	汉代	徐州市贾汪区	2006年作为"徐州墓群"部分公布为第六批全国重点文物保护单位。
7	仙鹤观六朝墓地	东晋	南京市栖霞区	
8	象山王氏家族墓地	东晋	南京市下关区	2006年公布为第六批全国重点文物保护单位。

续表

序号	名称	时代	地址	备注
9	秦观墓	南宋	无锡市惠山区	
10	合剌普华墓	元代	溧阳市	
11	将军山明功臣墓地	明代	南京市江宁区	
12	宋瑛墓	明代	溧水县乌山乡	
13	郑和墓	明代	南京市江宁区	
14	段玉裁墓	清代	金坛市	
15	阎尔梅(古古)墓	清代	沛县	
16	钱谦益·柳如是墓	清代	常熟市	

（三）古建筑（53处）

序号	名称	时代	地址	备注
1	洪泽湖大堤	东汉至明清	淮安市淮阴区	2006年公布为第六批全国重点文物保护单位。
2	栖霞寺	南齐	南京市栖霞区	
3	朦胧塔	明代	建湖县	
4	斜塘土地庙及永安桥	南宋、明	苏州市	
5	镇淮楼	南宋	淮安市楚州区	
6	庄城桥	南宋	金坛市	
7	灭渡桥	元至明清	苏州市	
8	钟楼、谯楼	1914年、元代	南通市	
9	栖贤巷门	明代	苏州市	
10	五峰园	明代	苏州市	
11	涵村店铺	明代	苏州市	
12	王锡爵故居及赵孟頫书法碑	明代、元代	太仓市	
13	兴化城墙	明代	兴化市	
14	仪征天宁寺塔	明代	仪征市	
15	牛首山弘觉寺塔及摩崖石刻	明代	南京市江宁区	
16	长乐桥	明代	溧水县	
17	蒲塘桥	明代	溧水县	
18	永寿寺塔	明代	溧水县	
19	惠山古镇祠堂群	明代至民国	无锡市惠山区	2006年以"惠山镇祠堂"名称公布为第六批全国重点文物保护单位。
20	淮安府署	明、清	淮安市楚州区	2006年以"淮安府衙"名称公布为第六批全国重点文物保护单位。
21	狼山广教禅寺	明、清	南通市	
22	无锡县城隍庙旧址	明至清	无锡市崇安区	
23	荡口华氏建筑群	明、清	无锡市锡山区	
24	北山寺大殿及卓锡泉	明、清	泰州市海陵区	
25	黄桥民居群	明、清	泰兴市	
26	高邮城墙及奎楼	宋至清	高邮市	
27	仪征鼓楼	明、清	仪征市	
28	极乐律院	明、清	宿迁市	
29	净觉寺	明、清	南京市白下区	

续 表

序号	名称	时代	地址	备注
30	杨柳村民居群	明、清	南京市江宁区	
31	锦绣堂	清代	苏州市	
32	织造署旧址	清代	苏州市	
33	耕乐堂	清代	吴江市	
34	沙溪雕花厅	清代	太仓市	
35	双桥及沿河建筑	清代	昆山市	
36	清江文庙	清代	淮安市清浦区	
37	适园	清代	江阴市	
38	东坡书院	清代	宜兴市	
39	口岸雕花楼	清代	泰州市高港区	
40	学政试院	清代	泰州市海陵区	
41	上池斋药店	清代	兴化市	
42	汪氏小苑	清代	扬州市	
43	汪氏盐商住宅	清代	扬州市	
44	绿杨旅社	清代	扬州市	
45	阮家祠、墓	清代	扬州市	
46	吴道台宅第	清代	扬州市	2006年以"吴氏宅第"名称公布为第六批全国重点文物保护单位。
47	朱自清故居	清代	扬州市	2006年以"朱自清旧居"名称公布为第六批全国重点文物保护单位。
48	高邮当铺	清代	高邮市	2006年公布为第六批全国重点文物保护单位。
49	秦淮民居群	清代	南京市秦淮区	
50	淳溪老街	清代	南京市高淳县	
51	户部山民居群	清代至民国	徐州市	2006年以"户部山古建筑群"名称公布为第六批全国重点文物保护单位。
52	清名桥及沿河建筑	清代至民国	无锡市南长区	
53	周氏住宅	清代至民国	泰州市海陵区	

（四）石刻（3处）

序号	名称	时代	地址	备注
1	龙洞摩崖石刻群	宋、金、明	连云港市海州区	
2	龙祠摩崖石刻群	宋、金、元	连云港市海州区	
3	林则徐税务告示碑	清代	泰州市	

（五）近现代重要史迹及代表性建筑（66处）

序号	名称	时代	地址	备注
1	马林医院旧址	清光绪十二年（1886）	南京市鼓楼区	
2	汇文书院钟楼	清光绪十四年（1888）	南京市鼓楼区	
3	东吴大学旧址	清光绪二十七年（1901）、民国	苏州大学	
4	李可染故居	清光绪三十三年（1907）	徐州市	

续表

序号	名称	时代	地址	备注
5	周恩来少年读书处	清光绪三十三年(1907)	宝应县	
6	浦镇车辆厂英式建筑	清宣统元年(1909)	南京市浦口区	
7	荣巷近代建筑群	晚清民国	无锡市滨湖区	
8	小娄巷	晚清民国	无锡市崇安区	
9	陆定一故居	清末民初	无锡市崇安区	
10	阿炳故居	清末民初	无锡市崇安区	2006年公布为第六批全国重点文物保护单位。
11	刘氏兄弟故居	清末	江阴市	
12	无锡县商会旧址	清末	无锡市崇安区	
13	赛珍珠旧居	1911年	镇江市润州区	
14	荣氏梅园	1912年	无锡市	2006年公布为第六批全国重点文物保护单位。
15	无锡县图书馆旧址	1912年	无锡市崇安区	
16	金陵大学旧址	1913年	南京市鼓楼区	2006年公布为第六批全国重点文物保护单位。
17	扬子饭店旧址	1914年	南京市下关区	
18	和记洋行旧址	1915年	南京市下关区	
19	秦邦宪故居	1916~1921年	无锡市崇安区	
20	冷遹旧居	1917年	镇江市丹徒区	
21	横云山庄及七十二峰山馆	1917年	无锡市	
22	汤山温泉别墅	1920年	南京市江宁区	
23	胡笔江故居	1920年	扬州市邗江区	
24	金陵协和神学院	1921年	南京市鼓楼区	
25	沈寿墓	1921年	南通市	
26	金陵女子大学旧址	1922年	南京市鼓楼区	2006年公布为第六批全国重点文物保护单位。
27	国立中央大学旧址	1922年	南京市玄武区	2006年以"中央大学旧址"名称公布为第六批全国重点文物保护单位。
28	钱钟书故居	1923年	无锡市崇安区	
29	晓明楼	1923年	沛县	
30	蠡园及渔庄	1927年	无锡市	
31	北极阁气象台旧址	1927年	南京市玄武区	
32	江阴蚕种场	1928年	江阴市	
33	苏州美术专科学校旧址	1930年	苏州市	
34	中央研究院旧址	1931年	南京市玄武区	
35	中央体育场旧址	1931年	南京市玄武区	2006年公布为第六批全国重点文物保护单位。
36	励志社旧址	1931年	南京市玄武区	
37	中央医院旧址	1931年	南京市玄武区	
38	首都饭店旧址	1932年	南京市鼓楼区	
39	航空烈士公墓	1932年	南京市玄武区	
40	交通银行南京分行旧址	1933年	南京市玄武区	
41	天香小筑	1935年	苏州市	

续 表

序号	名称	时代	地址	备注
42	国民大会堂旧址	1935 年	南京市玄武区	2006年公布为第六批全国重点文物保护单位。
43	南京地质调查所陈列室旧址	1935 年	南京市玄武区	
44	南京大华大戏院旧址	1935 年	南京市白下区	
45	中国国货银行旧址	1935 年	南京市鼓楼区	
46	莫愁路基督教堂	1936 年	南京市建邺区	
47	范鸿仙墓	1936 年	南京市玄武区	
48	国际联欢社旧址	1936 年	南京市鼓楼区	
49	法国驻中华民国大使馆旧址	1937 年	南京市鼓楼区	
50	云台山抗日石刻群	1938 年	连云港市	
51	汪精卫公馆旧址	1938 年	南京市鼓楼区	
52	新四军江南指挥部旧址	1939~1940 年	丹阳市	
53	苏北抗大九分校旧址	1942 年	启东市	
54	新四军联抗部队烈士墓	1943 年	海安县	
55	马歇尔公馆旧址	1945 年	南京市鼓楼区	
56	茂新面粉厂	1946 年	无锡市南长区	
57	美国驻中华民国大使馆旧址	1946 年	南京市鼓楼区	
58	英国驻中华民国大使馆旧址	1946 年	南京市鼓楼区	
59	宋子文住宅旧址	1946 年	南京市玄武区	
60	孔祥熙住宅旧址	1946 年	南京市玄武区	
61	杨廷宝住宅	1946 年	南京市玄武区	
62	童寯住宅	1947 年	南京市白下区	
63	姚桐斌故居	1947 年	无锡市锡山区	
64	李宗仁公馆旧址	1948 年	南京市鼓楼区	
65	孙科公馆旧址	1948 年	南京市玄武区	
66	皖南事变三烈士墓	1955 年	南京市雨花区	

(六)扩展项目(7处)

序号	名称	时代	地址	备注
1	白塔、吹台	清代	扬州市	归入第一、二批省级文物保护单位"莲花桥"。2006年作为"莲花桥和白塔"部分公布为第六批全国重点文物保护单位。
2	苏马湾东海琅琊郡界域刻石	秦汉	连云港市连云区	归入第四批省级文物保护单位"东连岛东海琅琊郡界域刻石"。
3	郁林观石刻群	唐、宋、明、清、现代	连云港市海州区	归入第三批省级文物保护单位"东海郁林观东岩壁纪摩崖题刻",更名称为"郁林观石刻群"。
4	江南贡院	宋至明清	南京市秦淮区	归入第三批省级文物保护单位"贡院碑刻",更名称为"江南贡院"。
5	惠山寺庙园林	宋至清	无锡市	归入第三批省级文物保护单位"金莲桥",更名称为"惠山寺庙园林"。
6	二泉书院	明至清	无锡市	归入第四批省级文物保护单位"点易台铭四面碑",更名称为"二泉书院"。
7	李园	清代	兴化市	归入第一、二批省级文物保护单位"船厅",更名称为"李园"。

第六批（2006年6月公布）

（一）古遗址（14处）

序号	名称	时代	地址	备注
1	中华曙猿化石地点	中始新世	溧阳市	
2	九里山白云洞古生物化石地点	中更新世	徐州市九里区	
3	桃花涧遗址	旧石器时代	连云港市海州区	含将军崖遗址。
4	周邶墩遗址	新石器时代	高邮市	
5	晓店青墩遗址	新石器时代至秦、汉	宿迁市宿豫区	
6	青墩庙遗址	新石器时代至汉代	赣榆县	含苏青墩遗址。
7	盐仓城遗址	新石器时代至汉代	赣榆县	含庙台子遗址。
8	陈集神墩遗址	西周、春秋	仪征市	
9	香山石室土墩群	春秋	张家港市	
10	龟山遗址	唐至清	洪泽县	含龟山石刻。
11	孔望山古城遗址	宋代	连云港市海州区	
12	如皋城东水关遗址	明代	如皋市	
13	陆慕御窑址	清代	苏州市相城区	
14	祝甸窑址	清、民国	昆山市	

（二）古墓葬（8处）

序号	名称	时代	地址	备注
1	烟墩山墓地	西周	镇江市京口区	
2	甘泉山汉墓群	汉代	扬州市邗江区	
3	四高僧墓	唐至宋	常熟市	
4	吴承恩墓	明代	淮安市楚州区	
5	瞿景淳墓	明代	常熟市	
6	大浮秦氏墓群	明、清	无锡市滨湖区	
7	秦金墓	明代	无锡市滨湖区	
8	史贻直墓	清代	溧阳市	

（三）古建筑（48处）

序号	名称	时代	地址	备注
1	甲辰巷砖塔	宋代	苏州市沧浪区	
2	香花桥	宋代	吴江市	
3	无锡县学旧址	明、清	无锡市崇安区	含碑刻。
4	塔山古道	金代	连云港市海州区	
5	垂虹桥遗迹	元、明、清	吴江市	
6	胥门	元代	苏州市沧浪区	
7	白家桥	元代	铜山县	
8	文起堂	明代	苏州市平江区	
9	务本堂	明代	苏州市吴中区	
10	严讷宅	明代	常熟市	

续 表

序号	名称	时代	地址	备注
11	惠荫园	明、清	苏州市平江区	
12	朱氏宅	明、清	姜堰市	
13	土山关帝庙	明、清	邳州市	
14	赵信隆酱园店	明、清	新沂市	
15	文峰塔	明代	扬州市广陵区	
16	净土寺塔	明代	高邮市	
17	宜兴古桥梁	明、清	宜兴市	包括：1. 菱溪桥；2. 大浦桥；3. 东仓桥；4. 新桥；5. 步龙桥；6. 永安桥；7. 扶风桥；8. 阳溪桥；9. 鲸塘桥；10. 福田桥。
18	集贤里民居	明、清	如皋市	
19	白蒲镇民居	明、清	如皋市	
20	宿迁孔庙大成殿	明、清	宿迁市宿城区	
21	瓮堂	明代	南京市秦淮区	
22	三公祠	明代	无锡市锡山区	含步弓石刻。
23	常州戏楼群	清代	常州市武进区、新北区、天宁区、钟楼区	包括：1. 万绥东岳庙戏楼；2. 礼嘉烈帝庙戏楼；3. 顺庄戏楼；4. 西夏墅梅村戏楼；5. 阳湖县城隍庙戏楼；6. 杨氏家庭戏楼。
24	卫道观前潘宅	清代	苏州市平江区	
25	大石头巷吴宅	清代	苏州市平江区	
26	潘世恩宅	清代	苏州市平江区	
27	江苏巡抚衙门旧址	清代	苏州市沧浪区	
28	江苏按察使署旧址	清代	苏州市沧浪区	
29	吴门桥	清代	苏州市沧浪区	
30	吴云宅园	清代	苏州市平江区	
31	赵园·曾园	清代	常熟市	
32	铁琴铜剑楼	清代	常熟市	
33	吴江文庙	清代	吴江市	
34	余家当铺	清代	昆山市	
35	榜眼府	清代	张家港市	
36	魁星阁	清代	靖江市	
37	山西会馆	清代	徐州市云龙区	
38	徐海道署	清代	徐州市泉山区	
39	丰县文庙大成殿	清代	丰县	
40	逸圃	清代	扬州市广陵区	
41	岭南会馆	清代	扬州市广陵区	
42	扬州盐商住宅	清代	扬州市广陵区	含周宅、廖宅、贾宅。
43	菱塘清真寺	清代	高邮市	
44	邵伯运河码头及铁牛	清代	江都市	
45	植福庵	清代	无锡市锡山区	含戏楼及殿堂。
46	安阳书院旧址	清代	无锡市惠山区	
47	扬名大桥	清代	无锡市滨湖区	
48	刘家垅万寿台戏楼	清代	高淳县	

（四）石窟寺及石刻（2处）

序号	名称	时代	地址	备注
1	华阳洞摩崖石刻	唐、宋至民国	句容市	
2	张公洞石刻	唐至民国	宜兴市	

（五）近现代重要史迹及代表性建筑（32处）

序号	名称	时代	地址	备注
1	祝大椿故居	清咸丰六年(1856)	无锡市南长区	
2	薛暮桥故居	清代晚期	无锡市惠山区	
3	孙冶方故居	清代晚期	无锡市惠山区	
4	盛宣怀故居	清光绪十年(1884)	常州市钟楼区	
5	刘国钧故居	清光绪十三年(1887)	靖江市	
6	赵元任故居	清光绪十八年(1892)	常州市天宁区	
7	三里桥天主堂	清光绪十八年(1892)	无锡市北塘区	
8	振新纱厂旧址	1905年	无锡市崇安区	
9	锡金公园旧址	1905年	无锡市崇安区	
10	致德堂	清宣统二年(1910)	吴江市	
11	匏庐	民国	扬州市广陵区	
12	张云鹏旧居	民国	镇江市京口区	
13	浦口火车站及附属	1914年	南京市浦口区	
14	赵绘沈绣之楼及林溪精舍	1917年	南通市崇川区	
15	濠阳小筑	1917年	南通市崇川区	
16	江苏邮政管理局旧址	1918年	南京市下关区	
17	通崇海泰总商会大楼	1920年	南通市崇川区	
18	南京赛珍珠旧居	1921年	南京市鼓楼区	
19	中国银行南京分行旧址	1923年	南京市下关区	
20	永泰丝厂旧址	1925年	无锡市南长区	含薛南溟旧居。
21	宿迁耶稣堂	1925年	宿迁市宿城区	
22	荣德生旧居	1927年	无锡市滨湖区	
23	中央陆军军官学校旧址	1928～1933年	南京市玄武区	
24	镇江商会旧址	1929年	镇江市润州区	
25	江苏省立镇江图书馆	1931年	镇江市京口区	
26	国民政府立法院、监察院旧址	1935年	南京市鼓楼区	
27	拉贝旧居	1937年	南京市鼓楼区	
28	苏嘉铁路75号日军炮楼	1938年	吴江市	
29	北仓门蚕丝仓库	1938年	无锡市崇安区	
30	陵园新村邮局旧址	1945年	南京市玄武区	
31	何应钦公馆旧址	1946年	南京市鼓楼区	
32	渡江战役总前委旧址	1949年	铜山县	

（六）扩展项目（1处）

序号	名称	时代	地址	备注
1	鼋头渚近代园林	1916～1936年	无锡市滨湖区	与第五批省级文物保护单位"横云山庄及七十二峰山馆"合并。

非物质文化遗产篇

概 述

一

中国非物质文化遗产资源丰富，但"非物质文化遗产"这一学术概念则是由国外传入的。20世纪以来，随着学术界对非物质文化遗产认识的深化，联合国教科文组织基于国际性合作，通过了《保护世界文化和自然遗产公约》。该《公约》在"文化遗产"的界定上还比较模糊，第一次将风俗习惯、行为规范、组织形式等人与社会交互的精神产品列入保护范围。1982年，联合国教科文组织成立保护民俗专家委员会，并在这一机构下设置了"非物质遗产处"，联合国教科文组织也在随后的工作中，将"非物质遗产"的概念进一步具体化。2003年，联合国教科文组织第32届大会正式通过了《保护非物质文化遗产公约》，这是迄今为止联合国有关非物质文化遗产保护最重要的法律文件，标志着"非物质文化遗产"这一概念正式形成。

随着昆曲和古琴艺术先后进入联合国教科文组织评选的人类口头与非物质遗产代表作名录，中国也于2004年成为《保护非物质文化遗产公约》的第六个签约国。虽然保留了"非物质文化遗产"这一概念，但中国并未沿用联合国教科文组织对这一概念的解释，而是根据中国非物质文化遗产的具体情况，对这一概念的实质进行了进一步的讨论与丰富，以弥补这一概念在名称上的不足之处。2005年，国务院办公厅正式颁布了《关于加强我国非物质文化遗产保护工作的意见》，该文件将非物质文化遗产定义为"非物质文化遗产是各民族人民世代相承的，与群众生活密切相关的各种传统文化表现形式和文化空间"，并规定"非物质文化遗产所涵盖的范围包括：（1）口头传统，包括作为文化载体的语言；（2）传统表演艺术；（3）民俗活动、礼仪、节庆；（4）有关自然界和宇宙的民间传统知识和实践；（5）传统手工艺技能；（6）与上述表现形式相关的文化空间"。2007年，《中国非物质文化遗产普查手册》进一步将文化空间的概念解释为"定期举行传统文化活动或集中展现传统文化形式的场所，兼具空间性和时间性"，并详细规定了学科分类以及相应代码，至此，中国关于"非物质文化遗产"的概念基本成型，但学术界对这一概念内涵及外延持续讨论至今，一系列讨论也从侧面反映了学术界对非物质文化遗产日益重视的情况。

非物质文化遗产是一个内涵丰富的文化事象体系，从不同角度来看，非物质文化遗产有着不同的特征，其特征也随着时代的发展而不断丰富演变。由于人具有社会性，因此作为人类文化的非物质文化遗产，在其创造过程中就具有明显的集体属性，是人类集体智慧的结晶。此外，非物质文化遗产在传播过程中也有着集体性的特点。非物质文化遗产与物质文化遗产最明显的区别在于其动态性，或称为活态性。作为精神遗产，非物质文化遗产是随着社会发展不断发展变化的，其每一次流传过程，都是一次再创造的过程，每一种可见的非物质文化遗产都不是其原初形式，同样也不可能是其最终形式。根据产生与传播的范围，非物质文化遗产还可以具备地域性、民族性、本土性等特征，其流传与传播也显示非遗具有传承性、传播性等特征。部分非物质文化遗产在流传过程中，非遗的表现形式、内容等都有可能发生变化，但其本质较为固定，也体现出非物质文化遗产具有变异性与稳定性等特征。

非物质文化遗产的突出价值在于它物质背后的知识、经验、精神、技能和技术，它是一种必须依托人本身而存在，以声音、形象和技艺为表现手段，以身口相传为主要传承方式的活态文化遗产，其价值主要发生并作用于与人类的互动上。非物质文化遗产对人类的价值包括认知价值、美学价值、文化价值、时代价值等。研究非物质文化遗产，既可以获取历史的、民俗的、文学的知识，又可以获得审美享受。此外，非物质文化遗产也可以作为维系一个民族的内在精神纽带，其内在精神，在今天依旧能够发挥经济价值与社会价值。因此，保护、传承、弘扬非物质文化遗产是非常必要的。

二

江苏独特的自然地理条件与悠久的历史文化使得江苏的非物质文化遗产丰富多彩，又弥足珍贵。其中，江苏省的"昆曲"与"古琴艺术"是首批被联合国列入"人类口头与非物质遗产代表作"的两个项目，这在全国绝无仅有。截至2009年底，江苏省的世界级非物质文化遗产共有6项。总体上看，江苏省的非物质文化遗产具有以下特色：第一，包含着丰厚的地域历史内涵；第二，体现了强烈的水文化特色；第三，体现了区域农业特色；第四，反映了江苏传统文化与全国其他地区的文化关联性，是江苏文化具有多样共生特点的重要见证；第五，重视知识与生产实践相结合；第六，许多非物质文化遗产项目具有鲜明的民间性、生活性和广泛的群众参与性，展现了江苏先民乐观向上的生活态度和苦中有乐的生活情趣。

十一五以来，江苏按照"保护为主、抢救第一、合理利用、传承发展"的保护方针和"政府主导、社会参与、明确职责、形成合力；长远规划、分步实施、点面结合、讲求实效"的原则，全面开展非物质文化遗产保护工作。

江苏非物质文化遗产保护主要分为两个阶段，一是从1978年到2003年的民族民间文化保护阶段，二是从2004年至今的非物质文化遗产保护阶段。第一阶段，因"非物质文化遗产"的概念尚未提出，江苏非物质文化遗产保护的实际工作内容主要是开展民族民间文化保护，对民间文艺资料进行收集、整理，对传统工艺美术进行挖掘和扶持，结合开展群众文化活动和创建文化先进县对优秀民间文艺进行传承和创新。2004年2月，江苏按照文化部的要求，开始实施江苏省民族民间文化保护工程。保护工程从建立健全组织领导机构和有效的工作网络与运行管理机制做起，制定法律法规和一系列有关文件，落实保护工程专项资金，开展试点工作。

在保护工程实施过程中，省和各地举办了全省民族民间文化保护工作培训班、申报国家级非物质文化遗产代表作培训班、非物质文化遗产普查工作培训班等各类培训班，培养业务骨干，逐步建立起一支具有较高水平和较强专业能力的保护工作队伍。按照文化部的统一部署，深入全面地开展非物质文化遗产普查。广泛开展非物质文化遗产研究和学术交流，整理、出版相关资料和书籍，建立档案资料库。建立和完善国家、省、市、县四级非物质文化遗产名录体系。探索建立保护传承人制度。对项目实施科学保护。规划和建设非物质文化遗产展馆和传承基地。大力开展非物质文化遗产宣传展示活动。保护工程实施以来，非物质文化遗产保护日渐深入人心，一批濒危的非物质文化遗产项目得到抢救，数量巨大的非物质文化遗产资源得到收集和整理，非物质文化遗产传承人得到有效保护，非物质文化遗产项目得到发展和传承。

三

江苏省非物质文化遗产保护工作取得了丰硕的成果。首先，建立了较为完善的非物质文化遗产保护工作机构和保护工作机制。2004年7月起，江苏全面启动非物质文化遗产保护工作，建立整套的保护工作机制。到2008年，省文化厅已成立了非物质文化遗产处、省非物质文化遗产保护中心，各市、县非物质文化遗产保护机构也逐步建立和完善，淮安、宿迁市文化部门增设了非物质文化遗产处，成立了非物质文化遗产保护中心，苏州、无锡、镇江、徐州、淮安、连云港、宿迁等市正式成立了非物质文化遗产保护中心。其他各市、县的文化部门也都设置了非物质文化遗产保护机构，配备了专兼职的保护工作人员。第二，江苏省的立法工作领先全国。江苏于2005年1月在全国率先启动非物质文化遗产保护地方立法，2006年通过《江苏省非物质文化遗产保护条例》，同时，各地也积极加强法规建设，如苏州市颁布实施了《昆曲保护条例》，无锡市颁布了《无锡市宜兴紫砂保护条例》《梁祝文化遗产保护规划》等。第三，积极开展资源普查工作。2006年起，全省大力实施非物质文化遗产普查工作并专门制定了《江苏省非物质文化遗产普查方案》以及配套的非物质文化遗产普查工作体系，积极开展普查工作。第四,名录建设形成体系。江苏的昆曲、古琴艺术、云锦织造技艺、雕版印刷、剪纸、传统木结构营造技艺、传统桑蚕丝织技艺和端午节等8个项目入选联合国教科文组织"人类非物质文化遗产代表作名录",入选数量居全国各省、市之首。全省入选第一批和第二批国家级非物质文化遗产名录项目88个,入选数量名列全国各省、市前茅。全省已建立起完整的国家、省、市、县四级非物质文化遗产名录体系。第五,传承人的认定工作取得实效。江苏在全国率先制定实施《江苏省非物质文化遗产代表性传承人命名与资助暂行办法》,开展代表性传承人命名工作。2007年6月5日,文化部命名首批国家级非物质文化遗产传承人,江苏有23人入选,总数居全国各省、市第一。第六,项目保护整体推进。江苏省在开展非物质文化遗产保护,优先保护国家级非物质文化遗产项目及濒危项目,充分尊重非物质文化遗产项目的生存方式、个性和特点,针对不同项目,分别采取不同的保护措施,改善了非物质文化遗产项目的生存环境并激发和增加非物质文化遗产项目内在的生命力,促进非物质文化遗产项目全面传承与发展。和过去相比,许多非遗项目的传承情况都有了很大起色。第七,展馆建设成绩喜人。江苏省十分重视非物质文化遗产展馆建设,在政府主导和社会参与下,先后建成开放了大量非物质文化遗产专题博物馆,如南京市云锦博物馆、苏州市江南丝竹馆等。这些非物质文化遗产博物馆集收藏、研究、传习、展示于一体,成为非遗传承的重要基地。第八,理论研究深入开展。江苏省积极开展非物质文化遗产研究,举办了大量关于非物质文化遗产的高层次论坛,涌现了大批理论成果,并编撰和出版了《江苏省第一批国家级非物质文化遗产要览》等一大批有关非物质文化遗产的书籍。此外还编辑出版了大量非物质文化遗产的相关文献、音像资料。第九,"非遗"宣传新意迭出。江苏省在非物质文化遗产宣传方面敢于创新,表现为积极办好"三类活动"。一是定期定点举办专题性节庆活动,如中国昆剧艺术节、中国苏州评弹艺术节、中国古琴艺术节等。二是每年一度的"文化遗产日"系列活动。三是积极支持传统民俗活动,如秦淮灯会、溱潼会船、白茆山歌会、宜兴观蝶节等。除此之外,全省还抓住各种重大机会,向全国和世界展示和推介江苏非物质文化遗产并产生了广泛、深远的影响。

四

江苏省非物质文化遗产保护工作,不仅彰显了江苏优秀传统文化的内涵和价值,延续了江苏人文脉络,其采取的一系列工作与取得的成果也为全国的非物质文化遗产相关工作提供了值得借鉴的经验。第一,率先立法,将非物质文化遗产保护纳入法制化轨道。立法保护是非物质文化遗产的根本保护。江苏于2005年1月在全国率先启动非物质文化遗产保护地方立法。《江苏省非物质文化遗产保护条例》于2006年9月27日经江苏省十届人大常委会第25次会议通过,于2006年11月1日起施行。通过立法,以及不断完善政策、法规,将全省非物质文化遗产保护纳入法制化轨道。第二,尊重规律,对非物质文化遗产实施科学保护。保护非物质文化遗产,需要有正确、科学的思路。江苏根据非物质文化遗产的特点和非物质文化遗产保护的规律,坚持"保护为主、抢救第一、合理利用、传承发展"的方针,坚持"政府主导、社会参与,明确职责、形成合力;长远规划、分步实施,点面结合,讲求实效"的工作原则,确立"以国家级项目保护为重点,以濒危项目抢救为优先,以代表性传承人保护为核心,以文化传承发展为目标,在保障上求力度,在机制上求创新,在传承上求延续,在发展上求突破"的保护工作思路。全省按照这一思路,因类制宜,因项而宜,积极采取多种有效措施,对非物质文化遗产实施科学保护,因而收到了较好的效果。第三,扎实工作,推动非物质文化遗产保护不断走向深入。非物质文化遗产保护是一项长期的过程。全省文化工作者立足当前,着眼长远,抓住非物质文化遗产保护的各个方面、各个环节,勇于实践,敢于探索,追求创新,扎实工作,步步推进,使非物质文化遗产保护不断走向深入。

第一章　民间文学

民间文学是一种大众化的文学形式,集口头性、传承性、集体性、变异性、意识形态性和批判性于一体,其流传主体是广大民众。

江苏省民间文学资源丰富,且分布广泛。主要形式有传说、民间故事、说唱文学、谜语,以及谚语、神话、歌谣等。其内容涉及时政、事理、修养、社会、生活、自然、生产等多个领域,源远流长,内涵深刻,并在流传发展中孕育了不同的地方特色:苏南地区河网密布,稻作传统悠久,民间文学颇具雅洁生动、清丽委婉的吴文化风韵;苏北受齐鲁文化影响,民间文学敦厚勇武、豪放简约。江苏地区的民间文学兼容了南北特色,呈现出俚敏俗趣的特点,同时,江苏省民间文学展示了江苏劳动人民共同拥有的勤劳、善良、勇敢、睿智、乐观向上等品质,体现了中华民族传统的道德情操和伦理观念。

民间文学具有娱乐、教化、认识生活、优化社会等功能,反映了人民大众的心理轨迹和社会发展的脉络,进而证实普通民众是人类历史的创造者。保护和传承民间文学,对认识中华民族的历史与现状、探索民族的未来具有重要意义。

当前,由于生产生活方式的变迁,民间文学面临流失的危险,各相关部门及单位正积极开展对民间文学的保护、传承与利用工作。

第一节 传 说

江苏省的各项传说历史悠久，流传广泛，内容涵盖政治、经济、文化宗教、社会生活等诸多方面，体现了中华民族的优秀文化传统、江苏鲜明的地域特色和江苏人民对幸福生活的追求向往，具备文学、历史、宗教、民俗等多重价值。其中"白蛇传传说""梁祝传说""董永传说"3项入选第一批国家级非物质文化遗产名录。

1. 白蛇传传说

"白蛇传传说"是中国四大民间传说之一，以镇江为中心并流传于浙江杭州市、四川峨眉山市、河南鹤壁市等地。初唐时，镇江出现了白蛇传的原始传说，后经宋至清不断增补修改而最终形成。

"白蛇传传说"流传之初讲述了白蛇变为少女欺骗残害男性的故事，后来逐渐演变为白蛇在西湖断桥对许仙一见钟情，变化为女子白素贞与许仙成婚，被高僧法海识破，与法海大战于镇江金山寺，战败被镇压于雷峰塔下的爱情悲剧。白蛇传故事的发展反映了唐宋以来中国不同历史时期的社会思想以及中华民族深层文化心理上的变迁，对中国乃至世界民间文学的发展有着重要贡献，为文艺创作提供了主题和素材。由其改编的曲艺、戏剧作品广泛流传国内外，常演不衰。

2006年5月20日，由镇江市申报的"白蛇传传说"被列入第一批国家级非物质文化遗产名录，2007年3月24日，被列入第一批省级非物质文化遗产名录。

2. 梁祝传说

"梁祝传说"是中国四大民间传说之一，江苏无锡宜兴地区是其发源地之一。

故事讲述了女子祝英台女扮男装求学时，与同窗好友梁山伯相爱，遭家庭反对后双双殉情化蝶的爱情悲剧。"梁祝传说"最初由说唱艺人以春调、道情等形式在民间传播，唐以后流传形式逐渐丰富，包括记录了相关故事的古籍、方志，故事相关的遗迹、建筑，文人创作的话本、小说、诗词曲赋等文学作品，民间艺人创作演出的地方戏曲以及近现代的音乐、舞蹈、电影、电视、广播等。"梁祝传说"是中国民间文学的瑰宝，歌颂了封建社会下男女争取婚姻自主的抗争精神，为历代文艺创作提供了主题和素材。梁祝传说在世界范围内，特别是华人文化圈内影响广泛，各种艺术形式的"梁祝传说"在中西方文化交流中，起到了极大的作用，得到了高度的评价。

2006年5月20日，由宜兴市申报的"梁祝传说"被列入第一批国家级非物质文化遗产名录，2007年3月24日，被列入第一批省级非物质文化遗产名录。

3. 董永传说（东台市的"董永传说"、金坛市的"董永传说"）

"董永传说"可追溯至汉魏，主要发源与流传地包括东台市西溪古镇和金坛市直溪镇董永村。

"董永传说"讲述了一个孝感天地的天人情缘的故事，大意为董永家境贫困，不得已卖身葬父，感动天上织女下凡嫁给董永，为其织绢还债，最终两人过上了幸福的生活。传说根据起源流传地区不同，内容也有细微差别。

（1）东台市的"董永传说"

东台市的"董永传说"有两个版本，一是据清嘉庆《东台县志》载："董永，西溪镇人。父亡，贫无以葬，从人贷钱一万，以身作佣。父葬后，道遇一妇人求为永妻，永与俱诣钱主，令织绢三百匹以偿，甫一月毕，辞永去曰：'我天上织女也，缘君至孝，天帝命我代为织绢。'言讫，凌空去。"二是据清代刘积兰《彭城堂笔记》记载：西汉时，山东农家女名张七妹逃荒至东台西溪，因同情董永卖身葬父，就嫁给了他并种桑养蚕织绢偿债，后因操劳过度死去，乡亲们附会她是七仙女下凡以表怀念。在流传中，东台"董永传说"又加入了董永受皇封做官，七仙女把与董永生的儿子送回人间，取名董仲舒。董仲舒在相士指点下找到母亲，在董永故居为父守孝三年，最终升天成为"鹤神"的故事。

（2）金坛市的"董永传说"

金坛市的"董永传说"讲述了孝子董永和七仙女及其子鹤生的传说。在金坛市境内，其相关的遗存、遗迹和实物多达40多处（件），包括董永庙，董永携子仰望七仙女的望仙桥，董永与七仙女定情的老槐树等。距老槐树东南约两公里的傅家村，相传为当年董永卖身抵债的傅员外家故地，而董永村西的茅山顶宫也立有与董永有关的碑文，金坛历来也流传有很多咏叹董永的诗词。不同版本和外传的

"董永与七仙女"传说故事,在该地民间流传较广的多达数十个,并有若干相关的延伸。

"董永传说"是二十四孝之一,体现了中国儒家传统的孝道观念,体现了大众对幸福生活的追求,其主题也反映了中华民族的传统美德,与社会主义道德风尚相适应,具有现实意义。此外,"董永传说"采用了现实主义和浪漫主义相结合的创作方法。体现了民间传说由口耳相传向文字传播的转化,反映了孝道思想依附民间文学传播的情况。

2006年5月20日,由东台市申报的"董永传说"被列入第一批国家级非物质文化遗产名录;2007年3月24日,由东台市申报的"董永传说"、由金坛市申报的"董永传说"被列入第一批省级非物质文化遗产名录;2008年6月7日,由金坛市申报的"董永传说"被列入国家级非物质文化遗产扩展名录。

4.《华山畿》和华山畿传说

《华山畿》是南朝著名的爱情民歌集,现存25首。"华山畿传说"的发源地在镇江市姚桥镇华山。

华山畿传说描绘了一位秀才投宿华山村客店时与店家小姐一见钟情,求婚遭拒后郁郁而终,灵车行至华山畿客店门前止步不行。店家女见状,出门歌《华山畿》一曲,曲毕棺木应声而开,女子纵身入棺殉情而死。时人将两人合葬,取名"神女冢"。《华山畿》是民间文学的瑰宝,被收录在南朝宋《乐府诗集》与元代《至顺镇江志》中,并为文艺创作提供了素材,被改编成戏剧、诗歌、故事等多种艺术形式广为传颂。

2007年3月24日,由镇江市新区申报的"《华山畿》和华山畿传说"被列入第一批省级非物质文化遗产名录。

5. 韩信传说

韩信(? ~前196)是中国古代伟大的军事家,汉代重要历史人物。"韩信传说"即由韩信的生平衍生出的传说故事,淮安地区胯下桥、漂母墓等遗址见证了韩信传说在淮安的发展流传。

"韩信传说"是以韩信的戎马一生为基本素材衍生出来的传说故事,包括"漂母施饭""胯下桥""萧何月下追韩信""漂母与瓜盅""十万兵卒兜土修筑漂母墓"的传说等。"韩信传说"几乎包罗了韩信一生的经历,寄寓了人们对这位伟大历史人物的赞佩和尊崇之情,具有深厚的群众基础和极高的文学价值。由韩信的传说衍生出了许多以韩信为主人公的戏剧、影视、民间文艺等文学艺术作品。这些都是中华民族宝贵的精神财富和文化遗产。

2007年3月24日由淮安市淮安区申报的"韩信传说"被列入第一批省级非物质文化遗产名录。

6. 达摩传说

"达摩传说"主要流传于南京市六合区的长芦地区,源于禅宗初祖达摩在华从事的佛教活动。

达摩于梁武帝普通年间到达广州,因与梁武帝观念不合而北上,途经北江,没有渡江的工具,遂将一束苇草置于江面,踏蹑而渡。因此留下"达摩一苇渡江,栾巴喷酒灭火"的传说。达摩"一苇渡江"后在长芦寺布道、传经,各地僧尼前来朝觐,使长芦寺的香火格外旺盛,名声远播,鼎盛时,有僧侣1 700多人,长芦寺成为当时佛教禅宗的发祥地和佛教活动的重要场所。"达摩传说"具有本土色彩与地方特色,故事短小明快,富有想象力和哲理,可以借此管窥古人的活动状况与古代的文化空间。"达摩传说"对民俗文化、佛教文化、历史文化均具有重要价值。

2009年6月20日,由南京市六合区申报的"达摩传说"被列入第二批省级非物质文化遗产名录。

7. 卞和献玉传说

"卞和献玉传说"主要流传于南京市高淳县桠溪镇及周边地区,传说与当地地名关联紧密,亲近贴切。

传说采用高淳方言口耳相传。春秋时,住在荆山脚下的卞和在望玉山上发现了宝玉,先后送给楚厉王、楚武王,两代楚王不识宝贝,砍去了卞和两足。楚文王登基后,卞和又将宝玉献上。楚文王命人将该玉雕制成璧,命名为"和氏璧"以表彰卞和,并赐大夫之禄,以养终身。故望玉山又名状元山,卞和也成了"献宝状元"之祖。卞和死后,卞家村人把他安葬在状元山下,立碑纪念,后人及村民每年清明前来祭祀,并把卞和奉为财神,因其跛足故称"坐宝财神"。"卞和献玉传说"流传广泛,具有地域特征及历史文化价值,对保护当地自然环境亦有一定的促进作用。

2009年6月20日,由南京市高淳县申报的"卞和献玉传说"被列入第二批省级非物质文化遗产名录。

8. 九里山古战场传说

"九里山古战场传说"起源并流传于徐州市,相传自传说时代起,这里就已是兵家必争之地,这也是"九里山古战场传说"的直接渊源。

相传这里曾发生过包括舜帝征服异族、周公东征、晋楚争夺彭城、刘项彭城决战、韩信十面埋伏、南北朝彭城拉锯战、朱棣九里山伏击战等重要战役。这些战役为后世的诗歌、小说等文学创作提供了素材与主题,在流传中,这些战争故事也与当地传说歌谣、风景古迹等相融合,形成独具地方特色的民间文学,亦与当地的名胜古迹相互印证。此外,传说对于地方史志的编纂与古战场遗址的研究也具有一定的参考价值。

2009年6月20日,由徐州市九里区申报的"九里山古战场传说"被列入第二批省级非物质文化遗产名录。

9. 彭祖传说

"彭祖传说"以彭祖故里徐州市铜山县大彭镇为中心,主要流传于铜山县、贾汪区、沛县、睢宁县、邳州市,安徽省灵璧县、萧县等,相传起源于《尚书》出现后。

彭祖是中国最著名的健康长寿养生家、烹饪家,据传寿长840岁。传说阴间有一位夜游神来阳间巡察,发现彭祖已经活了800多岁,便上报阎王。阎王宣召判官查阅生死簿,最后从夹缝发现了记录彭祖生平的纸卷,便知是判官舞弊。原来判官是彭祖的外甥,幼年丧母,蒙彭祖收养长大,当上判官后为了报答舅舅的养育之恩,便把舅舅的名字卷成纸条藏在了夹缝中,后因公务太忙忘记,纸条便藏了近千年。阎王念其孝心,便从宽处理了他,仍然命他为判官。这就是传说中彭祖活到840岁的原因。

2009年6月20日,由徐州市申报的"彭祖传说"被列入第二批省级非物质文化遗产名录。

10. 刘邦传说

"刘邦传说"流传于汉高祖刘邦的故乡徐州沛县,源于汉高祖刘邦的事迹,经历代提炼加工而成。

"刘邦传说"涵盖了刘邦从出生到当上皇帝的传奇一生,从不同的角度反映了刘邦的性格、用人智慧和军事谋略。传说大致可分两类:一是野史传说,如"刘邦出世""马歇着为何抬起一条腿""蝼蛄救命""鼋汁狗肉"等;二是正史记载,"斩蛇起义""约法三章""分我杯羹""四面楚歌"等,这一部分与史料记载相比内容丰富且口语化。"刘邦传说"短小精悍、结构巧妙、语言丰富、人物生动、形象逼真、内容引人入胜,具有文学价值和历史价值,其中体现了中华民族的优秀文化传统,具有现实教育意义。

2009年6月20日,由丰县、沛县联合申报的"刘邦传说"被列入第二批省级非物质文化遗产名录。

11. 张道陵传说

"张道陵传说"起源于其出生地——今徐州市丰县宋楼镇,源于汉代张道陵的事迹。

相传张道陵为拯救百姓,决心修道布道,备受人们尊崇。传说题材丰富,包括风物传说、地名传说、人物传说、习俗传说等。风物传说有"玄帝与张道陵""黑水潭联姻得宝""张道陵疏渠退污洪""张道陵是蜀地制盐业的祖师""张天师青城山战鬼降巫";地名传说有"药盒子的由来""龙虎山炼丹";人物传说以张道陵及其家人、乡亲等的事迹为主,有"张老汉巧占天门穴""张天师降生的传说""张道陵出世的传说""张道陵是神童""张道陵与黑水圣母的不解情缘""张天师捉妖""孙夫人法坛退妖水"等;习俗传说主要阐述了张道陵与一些习俗的起源的故事,有"桃木——驱鬼辟邪的灵物""镇妖符归根""张道陵与虎头鞋、虎头帽的渊源""白虎来黑虎走""抬辇求雨""泰山石敢当""孙夫人打坐修炼的蒲团流传于世""明镜高悬辟宅邪"等。传说符合中华民族的传统美德,也与当今构建和谐社会的理念相符,具有思想价值与现实意义。同时,传说体现了民间文学的集体创作过程,具有群众性和传承性,富有民族特色与社会价值。其内容涉及范围广,具有人类学、民族学、民俗学研究价值。作为道教文化的组成部分,"张道陵传说"在海内外道教文化圈中也有影响。因此,政府采取了一系列措施予以保护。

2009年6月20日,由徐州市丰县申报的"张道陵传说"被列入第二批省级非物质文化遗产名录。

12. 寒山拾得传说(和合二仙传说、寒山寺钟声传说、迎唐僧传说)

"寒山拾得传说"初始流传于苏州城乡及无锡、上海、杭州等周边城市,后沿大运河逐渐远播各地直至日本,自唐迄今,经久不息。

寒山、拾得都是唐代高僧,寒山有诗僧、怪僧之名,曾隐居在浙江天台山寒岩,因名寒山。两人曾一同在天台国清寺当厨僧,情同手足,常一起吟诗作对,探讨佛学,后人将他们的诗汇编成《寒山子集》三卷。两人于唐贞观年间由天台山迁至苏州妙利普明塔院任住持,此院遂改名为寒山寺。时人珍视二人友情,便把他俩推崇为和睦友爱之神。

(1) 和合二仙传说

相传寒山、拾得原是兄弟,因同时爱恋一个姑娘而生隙,后相继出家于同一寺庙。师傅分赠他们荷花与果盒,寄寓"和合"之意,从此兄弟俩和好如初。也有说他俩原居北方,虽为异姓,却亲如兄弟。二人同时爱上一个女子却互不知晓,待到临近婚期才真相大白。于是善良的寒山便弃家出走,来到苏州枫桥镇,削发为僧。拾得知其用心也舍下恋人,到处寻觅寒山,听说寒山在苏州枫桥,便折了一支盛开的荷花前去会面。寒山见拾得到来,急忙相迎,捧着盛放斋饭的圆盒也来不及放下。两人相见,不禁大喜,于是拾得也当了僧人。苏州老百姓称他们为"和(荷)合(盒)二仙"。至清雍正十一年(1733)御封他俩为"和圣""合圣","和合二仙传说"从此名扬天下。

(2) 寒山寺钟声传说

一日,寒山寺门前河道上漂来一口大钟,这大钟已修炼千年,要漂到西方去朝佛。寒山叫小和尚捞上来,挂在钟楼内。在敲钟时,大钟很不愿意,发出"懊恼来!"的声音,所以苏州人有句谚语:"寒山寺的钟声——懊恼来!"另一传说是,寒山叫拾得去捞钟,拾得用竹竿一撑,跳到了大钟内,大钟没有捞上岸,顺流漂到了日本,拾得就在日本念佛传经。寒山想念拾得,就仿照漂去的大钟铸了一口,挂于钟楼。钟声响起,传到了日本,拾得听到了,也敲响大钟,两边钟声相应,称为"和合之音"。"寒山寺钟声传说"传播着中日友谊。

(3) 迎唐僧传说

相传寒山知道唐僧从西天取经回来,要经过苏州上空,所以特意将庙门向西而开,诚心迎接唐僧师徒四人,目前寒山寺寒拾殿的屋脊上还塑有唐僧取经的塑像,这也是为了纪念他们。

"寒山拾得传说"对苏州民俗影响深远。民间将其视为夫妻和合之神进行膜拜,婚礼厅堂内都要挂"和合二仙"神像,祝祷百年好合,白头到老。和合二仙传说也是苏州民间工艺的重要题材,在桃花坞年画、砖雕、核雕、剪纸、玉佩上面出现,被苏州民间视为吉祥物。"寒山拾得传说"的影响不仅遍及全国各地,也影响了海外华人圈,成为中华民俗学、宗教学、心理学、社会学和美术学等研究的重要素材,具有科学价值。

2009年6月20日,由苏州市申报的"寒山拾得传说"被列入第二批省级非物质文化遗产名录。

13. 花果山传说

"花果山传说"流传于连云港市云台山(今统称为花果山)及其周边地区。传说来源于《禹贡》的相关记载,在流传中逐渐丰富。

传说包括"石猴出世""石猴锁龙""如意金箍棒"等一系列关于石猴的传说故事。"花果山传说"中的石猴具备了猴、人、神的三种属性,体现了花果山地区的风土人情与地域特色,表达了云台山人民对自然的认识和征服自然的愿望。花果山传说保存了连云港地区的乡土文化与方言口语的精华,具有文学价值和民俗价值,为文学艺术创作提供了素材,其中最为著名的是明代小说家吴承恩吸收传说内容创作的神话小说《西游记》。

2009年6月20日,由连云港市申报的"花果山传说"被列入第二批省级非物质文化遗产名录。

14. 东海孝妇传说

"东海孝妇传说"源于《汉书·于定国传》中记载的孝妇事迹,经历代创作增补而丰富,在连云港地区流传。

东海孝妇是中国孝文化的代表人物。传说讲述了东海孝妇丧夫亡子后独自孝敬婆母,却被太守冤杀,导致郡中枯旱三年的故事。在流传中又加入了"车载十丈竹竿,以悬五幡,立誓于众曰:'青若有罪,愿杀,血当顺下;青若枉死,血当逆流。'"等情节,让故事更富感染力。"东海孝妇传说"体现了中华民族传统道德中的慈孝思想,反映了民意诉求,孝妇也被尊奉为民间神祇。"东海孝妇传说"具有民俗、文学艺术、宗教学等多重价值。

2009年6月20日,由连云港市申报的"东海孝妇传说"被列入第二批省级非物质文化遗产名录。

15. 徐福传说

"徐福传说"可追溯至汉代,源于徐福出海、徐福造船等事件,流传于连云港市赣榆县全境,在核心区域金山镇徐福村及周边镇、村有相关遗迹留存。

徐福是见于史书的第一位航海家，"徐福传说"包括"徐福东渡""徐福河""留福村的由来""秦始皇与绣针女"等30多个传说故事。其中"徐福东渡"的传说影响最大：秦始皇统一中国后，梦想长生不老，赣榆方士徐福主动要求出海寻找仙药，携带三千童男童女及百工和各种工具与粮食种子作为献礼，先后三次东渡，最终漂洋过海到扶桑。相传徐福在日本传播了农耕、锻冶、制盐等技术，推进了日本社会的发展，日本尊徐福为"司农耕神""医药之神"等。"徐福传说"融民俗、艺术和宗教为一体，体现了赣榆的历史文化底蕴，具有文学价值、历史价值以及社会研究价值。此外，"徐福传说"在海外影响广泛，在当代中日和中韩文化交流中作用重大。政府采取了一系列措施对其进行保护。

2009年6月20日，由赣榆县申报的"徐福传说"被列入第二批省级非物质文化遗产名录。

16. 巫支祁传说

"巫支祁传说"流传于淮河流域，可以追溯至汉代，经后世演绎丰富形成现今的面貌。

"巫支祁传说"是大禹治水时锁镇淮河水怪的神话故事。巫支祁最初形象是龟形水神，后演变为近似人形的水猿。相传大禹治水时，遇见淮水神人巫支祁，形若猿猴，缩鼻高额，金目雪牙，臂力过人。禹用铁锁锁住其颈，鼻穿金铃，锁在龟山脚下，"淮水乃安"。"巫支祁传说"反映了淮安人民在河网密布的地区抗争水灾的历程，也为历代的文学创作提供了素材。其中，孙悟空被镇压五行山下的故事与巫支祁传说相似，可见这一传说对于塑造《西游记》中孙悟空的形象起到了重要作用。

2009年6月20日，由洪泽县申报的"巫支祁传说"被列入第二批省级非物质文化遗产名录。

17. 水漫泗州城传说

"水漫泗州城传说"发端于宿迁市泗洪县半城镇及洪泽湖湖区，流传于淮安市洪泽县、盱眙县等地，可追溯至清康熙年间。

清康熙十九年(1680)黄河夺汴入淮，导致泗州城全部被淹没。泗州城难民逃难至半城镇的过程中，将灾情与大禹、巫支祁等地方神话故事以及朱元璋等历史人物相结合附会，形成了一系列与水灾相关的传说故事，并经由半城镇镇民传播开去。"水漫泗州城传说"体现了科学时代到来前人们对自然灾害的认知，也反映了人们对泗州城的怀念，表达了人们向往美好生活的心愿，折射出湖区百姓的思想感情和审美取向，具有艺术价值和社会价值。

2009年6月20日，由洪泽县、盱眙县联合申报的"水漫泗州城传说"被列入第二批省级非物质文化遗产名录。

18. 沈拱山传说

"沈拱山传说"可追溯至清朝咸丰年间，在流传中加工丰富而形成，流传于盐城等沈拱山生前活动的区域。

沈拱山(1790～1855)生于农家，幼年丧父，和母亲相依为命。幼年时才智过人，不久考取秀才。沈拱山秉性刚直，看到政府黑暗昏庸，便弃仕耕读。沈拱山胸怀正义，仗义为民，被百姓称为"布衣青天"，因此得罪了很多官员，以致被县官逮捕。沈拱山据理力争，县官无法将他定罪，只能将他关押起来。最后，沈拱山在狱中遇害而死，享年65岁，葬于沈家墩。"沈拱山传说"与农民生活相关，具有乡土气息，影响深远广泛。此外，传说也为文艺创作提供了素材。

2009年6月20日，由盐城市盐都区申报的"沈拱山传说"被列入第二批省级非物质文化遗产名录。

19. 施耐庵与《水浒》传说

"施耐庵与《水浒》传说"自元末明初以来流传于苏北里下河地区。施耐庵晚年隐居白驹，往来于昭阳、缸顾、施家桥之间，潜心撰著《水浒传》，因此当地流传着许多相关故事与历史遗迹。

传说内容包括施耐庵的生平及文学创作活动。施耐庵(1296～1371)，元末明初文学家，生于兴化一个船民家庭，学识广博，才华横溢。早年曾中进士，因仕途不顺辞官，参加元末张士诚起义。后张士诚居功自傲，疏远忠良，施耐庵辞官而去，作《秋江送别》套曲赠予同僚鲁渊、刘亮等人。此后，施耐庵浪迹江湖，靠行医任教为生，其间与弟子罗贯中一起进行写作并搜集、整理宋江起义相关故事。朱元璋登基后缉捕张士诚部属，施耐庵征求顾逊的意见，在白驹隐居不出，专心创作《水浒传》。

2009年6月20日，由兴化市、大丰市联合申报的"施耐庵与《水浒》传说"被列入第二批省级非物质文化遗产名录。

20. 隋炀帝传说

"隋炀帝传说"主要流传于扬州,来源于史实,经后世加工而成,反映了隋炀帝的暴虐荒淫。

主要有三类:一是"开运河"的故事,其中影响最大、流传最广的当属"麻胡子"的故事,说的是隋炀帝开运河下扬州时,麻叔谋当监工,每天都要吃蒸熟的小孩;二是"看琼花"的故事,传说中隋炀帝开运河是为了看琼花;三是隋炀帝在扬州时的生活与死后下葬的故事,主要有"迷楼"和"雷塘"的故事。"迷楼"是说炀帝行宫深幽曲折,人入其中难以寻找出路,迷楼由此而得名。"雷塘"是说隋炀帝下葬时突然雷电交加,三葬三击而暴尸,雷击之处成为水塘,故名"雷塘"。此外,还有他梦中受到菩萨和师父的训斥,有所悔悟,遂舍宫敕造禅智寺的故事,以及"真假隋炀帝"的故事,即隋炀帝的卫士与皇帝相像,于是谋害了皇帝冒名顶替,荒淫无道,被大臣们发现身份后躲到扬州,被追至扬州的大臣诛杀。"隋炀帝传说"描绘了扬州百姓许多生产、生活情景,为研究扬州社会形态、历史文化、民风民俗等提供了资料,丰富了扬州文化的内涵,也是运河文化的重要组成部分。

2009年6月20日,由扬州市邗江区申报的"隋炀帝传说"被列入第二批省级非物质文化遗产名录。

21. 露筋娘娘传说

"露筋娘娘传说"集中流传于扬州的江都、邗江、高邮以及泰州的兴化等大运河沿线及江淮流域县市。早在唐代即有关于露筋地名与传说的文献记载,北宋时向贞女文化方向演化。

"露筋娘娘传说"是贞女文化的代表,可分三类:一是关于露筋的来历和"露筋娘娘传说"的起源;二是露筋娘娘从贞女到运河船民保护神的转变;三是露筋娘娘与历代文人、官员之间人神感应的故事。相传唐代时有姑嫂二人到高邮走亲戚,行至运河大堤邵伯与高邮间某地时,因天黑,嫂嫂在一个单身汉的家中借宿。小姑系未婚女子,不便和陌生男子共居一室,坚持在门外荒地上过夜。夏天酷热,蚊虫成阵,次日早上嫂子发现小姑已经被蚊子叮死,血被吸干,连筋骨都露了出来。当地人建了一座"露筋祠"作为纪念,并将此地称作"露筋",宋代文人欧阳修、米芾等曾为此写诗作文凭吊。随着运河文化的发展,露筋娘娘也被作为水运和运河船民的保护神祭祀。"露筋娘娘传说"体现了明清时代的道德标准、民俗风情,反映了人们战胜洪水等天灾的信念和期望。同时,传说也有助于了解运河原生态风貌。

2009年6月20日,由江都市申报的"露筋娘娘传说"被列入第二批省级非物质文化遗产名录。

第二节 民间故事

江苏省民间故事类非物质文化遗产结合了当地的历史故事与地方特色,体现了人民群众对幸福生活的追求与中华民族的文化传统。作为文学的一种,它具备独特的文学价值,同时,其记载的内容也具有历史价值、社会价值、民俗价值,需要保护、传承、发扬。

1. 伍子胥故事

"伍子胥故事"流传于南京市高淳县固城镇及周边地区,记载于《史记》中。

该故事情节以"浣纱女舍身灭口"为主,采用高淳方言讲述。相传公元前528年左右,楚平王听信谗言,将大将伍奢全家抄斩,唯伍子胥幸免于难。他逃入吴国,在今高淳固城沙滩头村附近迷路,见一女子在河边浆纱,便上前问路。浣纱女得知伍子胥乃忠良之后,便以浆纱米汤让其充饥,并为他指明前往吴国的道路。行走片刻,伍子胥回望,见浣纱女立在原地,心中起疑,便折回身来。浣纱女知其担心自己泄密,便转身投溪,舍生取义。数年后,伍子胥带兵伐楚,胜利而还。经过当年浣纱女舍身的溪边,便将楚宫内缴获的三斗三升"金豆子"撒在溪中,此地因而得名"黄金港",相传后来固城一带常出土祭奠浣纱女的金豆子。据记载,唐朝诗人李白游历高淳时,被浣纱女的义举所感动,为浣纱女的纪念碑撰写了碑文。"伍子胥故事"体现了固城的历史与中国传统道德观,是固城地区文化旅游的亮点,深受群众喜爱。高淳县将该故事收入《高淳民间故事集成》。

2009年6月20日,由南京市高淳县申报的"伍子胥故事"被列入第二批省级非物质文化遗产名录。

2. 项羽故事

"项羽故事"主要流传于南京市浦口地区。秦末刘邦、项羽合力灭秦后分道扬镳,最终刘邦取得胜利。公元前202年,项羽经垓下之战败走浦口,至乌江自刎,"项羽传说"包含项羽的21个故事即源于该历史事件。

21个故事对应21处地点:瓢儿井、点将台、饮马池、高望、兰花塘、红绣鞋、失姬桥、胭脂井、魂落铺、九头亡、勒马想、霸王泉、驻马河、滚马滩、霸王庙、御祭庵、鬼门关、晾甲庙、下马石、霸王鞭、四马山(又名四溃山)。这些地名有的沿用至今,有的已被谐音字替代,有的地点尚存,有的则由于历史变迁或近代改造被毁。全国有关项羽的传说甚多,而浦口地区的故事有史料佐证。"项羽故事"表达了对项羽英雄人格的崇敬以及"不以成败论英雄"的观念,对研究当地民风、民情、民俗具有重要价值。同时,随着流传与加工神化,该传说已成为重要的艺术及文化资源。

2009年6月20日,由南京市浦口区申报的"项羽故事"被列入第二批省级非物质文化遗产名录。

3. 崔致远与双女坟的故事

该故事流传于南京市高淳县固城镇及其周边地区。唐时即有文字提及,宋代、清代亦有相关文学作品问世。

据《高淳县志》记载,高淳县东南境花山下有一荒冢,墓中埋葬了一对因婚姻不能遂愿而自杀的同胞姊妹,故称为"双女坟"。"崔致远与双女坟"讲述了唐时新罗学者崔致远任溧水县(今高淳)县尉时,听闻传说前往凭吊并赋诗,当夜梦中见双女前来致谢的故事。该故事反映了唐代社会的政治、文化和封建礼教,体现了中国传统道德观,传达了用情以真、劝人为善、寓教于乐的理念,并反映了中韩交流的历史。崔致远与双女坟的故事也是当今中韩文化交流的桥梁,为固城地区的文化开发增添了亮点,具有人文价值。崔致远与双女坟的故事被编入《高淳文史资料》第十四辑专刊《双女坟与崔致远》和《高淳民间故事集成》。

2009年6月20日,由南京市高淳县申报的"崔致远与双女坟的故事"被列入第二批省级非物质文化遗产名录。

第三节　说唱文学

说唱文学是讲唱表演所使用的底本。江苏省的说唱文学与方言结合,呈现出鲜明的地域特色。说唱文学主要以口耳相传的方式传播,具有一定的娱乐性,群众基础广泛。说唱文学兼具文学价值、艺术价值、民俗价值、历史价值、社会价值等,是民间文学的重要组成部分。其中"吴歌"与"靖江讲经宝卷"皆入选国家级非物质文化遗产名录。

1. 吴歌(河阳山歌、白茆山歌、芦墟山歌、双凤山歌、胜浦山歌)

"吴歌"是吴语地区民歌的统称,起源于吴地人民生活及渔猎、农耕生产过程中,可上溯至《楚辞》记载,经后世增补形成。

"吴歌"俗称为"山歌",以方言吟唱,具有吴地特色,常熟白茆、太仓双凤等地每逢节日会举行赛歌会。"吴歌"题材广泛,可分为劳动歌、时政歌、仪式歌、情歌、生活歌、历史传说歌、儿歌、长篇叙事歌等。"吴歌"没有乐器伴奏,演唱方式有个人清唱、两人对唱和多人合唱等。"吴歌"善用比喻、比拟、排比铺陈和环回反复等艺术手法并大量使用双关偕语与叠句、衬词等。"吴歌"体裁丰富,既有长、短体式,又有四至七言式,一般分为大山歌与小山歌。小山歌结构简单,以独唱、对唱为主要演唱方式,盛行于农村,流传最为普遍,体量短小,以四句为主,每句字数一般不超过十字。音乐上以平腔唱法为主,曲调柔和朴实,唱词口语化,节律均衡规整。长篇叙事歌和套头山歌以小山歌为基本单位,结构庞大、段落众多,文学特色与音乐风格都与小山歌相似。大山歌是指体制复杂,由集体组合轮唱的"吴歌"形式,一般由领唱、接唱、帮唱、和唱四部分组成,多用于耘稻、建筑等集体劳作或上梁等仪式。大山歌题材以劳动和仪式为主,声腔极高,又称"喊山歌"或"响山歌",节奏自由,旋律变化大,适合于抒情咏叹。在文学艺术方面,"吴歌"被曲艺与文学作品吸收借鉴,在内容方面,"吴歌"反映了社会风貌,具有历史价值,对历史学、社会学、文艺学、语言学和民俗学等学科均有学术意义。"吴歌"影响深广,也是中外文化交流的纽带,是世界文学艺术中的经典。

由于地域差异,苏州各地的"吴歌"各具风格。

(1) 河阳山歌

"河阳山歌"盛行于张家港市南部,以河阳山地区为中心,可追溯至明代。"河阳山歌"内容丰富,题材广泛,保留了远古民歌的特征。同时,农民歌手保留了大量"河阳山歌"的原始传抄本,为山歌的传承与研究提供了文字资料。"河阳山歌"有明晰传承谱系的歌手共计三代,代表性传承人有尹丽芬等。

(2) 白茆山歌

"白茆山歌"盛行于常熟境内白茆塘流域,题材有劳动歌、时政歌、节令歌、地名歌、历史传说歌和情歌等,以劳动歌和情歌最为丰富,多为三、四句的"短歌"。山歌曲调丰富柔丽,旋律典雅古朴,其中"三邀三环"最具代表性。白茆有"对歌"传统,百姓常在白茆塘两岸举行山歌会,唱山歌在当地盛行。

(3) 芦墟山歌

"芦墟山歌"是指吴江境内以芦墟为中心的汾湖流域的山歌,类型多样、内容丰富、曲调多变。其中长篇叙事吴歌最为集中,版本完整,艺术水准高,以取材于汾湖湖畔真实事件的《五姑娘》最具代表性,它的发现打破了"汉族无长歌"的定论。20世纪80年代,工作人员在芦墟采录了大量的山歌并发现了100多位歌手,这种在同一镇出现大量歌手与作品的现象被命名为"芦墟现象"。"芦墟山歌"的传承谱系可追溯到清代咸丰年的"山歌王"杨其昌。目前,芦墟山歌的代表性传承人有杨文英等。

(4) 双凤山歌

"双凤山歌"流传于太仓市西部的双凤地区,以劳动山歌、情歌和历史传说歌最为突出。"双凤山歌"的歌词、曲调丰富,音域适中嘹亮,易传唱,部分曲调与昆曲有渊源。旧时双凤盛行对歌、赛歌,影响极大。"双凤山歌"歌手目前有五代明晰的传承谱系,代表性传承人有徐士龙等。

(5) 胜浦山歌

"胜浦山歌"流行于苏州东郊胜浦镇。胜浦山歌内容丰富,形式多样,以四、七字句的"小山歌"为主,也有部分"大山歌"与"长篇叙事歌",曲调优美委婉。"胜浦山歌"具有群众基础,颇受文化工作者保护与关注,目前传承谱系明晰的歌手计有三代。

2006年5月20日,由苏州市申报的"吴歌"被列入第一批国家级非物质文化遗产名录;2007年3月24日被列入第一批省级非物质文化遗产名录;2008年,由无锡市申报的"吴歌"被列入国家级非物质文化遗产扩展名录;2009年6月20日,"河阳山歌""白茆山歌""芦墟山歌""双凤山歌""胜浦山歌",被列入省级非物质文化遗产扩展名录。

2. 宝卷(靖江宝卷、同里宣卷、河阳宝卷、锦溪宣卷、胜浦宣卷、常州宣卷)

"宝卷"主要分布在苏锡常和浙江北部一带,以苏州市吴江同里、张家港河阳和昆山锦溪、苏州胜浦、常州市等地区最为集中。宝卷起源于唐代"佛经俗讲",经中晚唐发展至宋元形成"宝卷"。苏州地区的宋代木刻本《大乘香山宝卷》或为"吴地宝卷"最早的文本。

"宝卷"的内容可分为神道故事、妇女修行故事、民间传说故事、俗文学传统故事、道教经义和童话。卷本有三种式样,一是"全唱本",即全是唱词;二是"全讲本",只讲不唱;三是"讲唱本",有唱有讲。表演多讲唱结合,唱词简朴,皆为七言句,以吴地方言押韵。"宝卷"宣唱有两种形式,即"木鱼宣卷"和"丝弦宣卷"。"木鱼宣卷"一般是两人搭档,在桌子东西两旁相对就坐。东首为"上手",桌上放醒木、折扇、经盏、木鱼等物;西边为"下手",一边击打磬子,一边附和"上手",并加唱"南无阿弥陀佛"。"丝弦宣卷"增加了丝弦乐器,6至8人表演。"宣卷"是当地重要的民俗活动,百姓做寿、婚嫁、佛道节日、庙会等都有宣卷表演。"宝卷"浓缩了佛教与民歌的音乐精华,故事具有群众基础,艺术价值高。"宝卷"也为苏州弹词提供了素材,是研究弹词的重要资料。

(1) 靖江宝卷

"靖江宝卷"是源于唐宋"变文""说经"的民间讲唱文学,最迟明代传入并流行于靖江及周边吴方言区。

"靖江宝卷"分为"圣卷""草卷"和"科仪卷"。"圣卷"最富特色,是以因果报应、行善积德为主题的神佛故事;"草卷"记述了历史传说、民间故事;"科仪卷"则用于仪式。宝卷旧有文本100余种,现存各类印本、抄本、口头唱词约90余种。"靖江宝卷"具备文学性与地方特色,反映了民间生活传统,群众基础广泛。"靖江宝卷"在海内外影响广泛,被称为"人类口头文学的活化石",具有历史学、民俗学、宗教学、民间文学的研究价值。"靖江宝卷"以吴地方言"老岸话"讲唱(讲经)传承传播,内容融合了民间传说、歌谣和风俗,散文叙事为主,结合韵文诗歌。目前讲唱"靖江宝卷"的民间艺人有120余人,每年做会在3 000场以上。

(2) 同里宣卷

"同里宣卷"以吴江同里为流传,清代同治、光绪年间逐步兴盛,后经波折,流传至今。

"同里宣卷"主要分"许派""徐派"两种,曲调均为自创。"许派"以许维钧为首,以苏州方言夹杂本地方言表演,曲调部分吸收"苏州滩簧",脚本语言讲究韵律,文风及表演细腻典雅,深受城市听众欢迎。"徐派"以徐银桥为代表,说表用同里及吴江方言,内容通俗易懂,表演自由风趣,深受农民喜欢。此外尚有"棣萼社"吴仲和(1902~1963)的"吴派"和"咏梅社"褚凤梅(1909~1989)的"褚派"。吴派风格介于许徐之间,褚派则通俗风趣。"同里宣卷"早期都是"木鱼宣卷",后发展成"丝弦宣卷"。内容上,除传统佛道经文故事与民间传说、小说神话外,20世纪70年代后还出现现代题材的作品。

(3) 河阳宝卷

"河阳宝卷"以张家港凤凰镇为中心流传。可追溯至宋代,民国时期最为频繁,现存200余卷,宣唱曲调有10多种,大多来自河阳山歌。

(4) 锦溪宣卷

"锦溪宣卷"明代盛行,清代活跃,近代普及,经波折流传至今,影响广泛。

"锦溪宣卷"的唱词规整押韵,具有乡土气息和民间色彩。唱腔兼有抒情和叙事的特点,起腔和收腔都有帮腔伴唱。其"清板"可长可短,上句自由处理,下句落音规整,可容纳较长的情节延展。"锦溪宣卷"的唱表模拟苏州话,兼有说、表、唱、念,曲调吸收了苏南民间小调和"苏州滩簧"。主唱、伴唱和伴奏之间不断分离、合成,富有音乐性。

(5) 胜浦宣卷

"胜浦宣卷"流传于胜浦镇及周边农村,来源于佛教音乐、戏曲与民歌。内容多为劝人为善、祈求国泰民安的民间传说与历史故事。用本地方言宣唱,曲调丰富。现存宣卷底本有100余种。目前"胜浦宣卷"表演活跃,主要传承人有归金宗、花俊德、顾传金等。

(6) 常州宣卷

"常州宣卷"流传于常州市天宁、武进、钟楼、新北区,是家族、师徒间传授的民间曲艺。"常州宣卷"按内容可以分为神佛修行类、说唱故事类、科仪类三种,"常州宣卷"旧版卷本现存200多种。"常州宣卷"活动主要有两种形式,一是娱乐表演,二是作为佛事的组成部分。后者主要在长辈做寿、祭祖求子、新房落成、拜佛了愿的仪式中进行。"常州宣卷"用常州方言说唱、吟诵,每句一般为七个字,前六字为一拍,第七字为一拍,全句共四拍。说唱时,一人宣唱,数人应和,每宣唱二句,众人颂合:"南无佛,阿弥陀佛。"其主宣、主唱者为女性,打破了女子不抛头露面的传统观念。"常州宣卷"演唱曲调有南方调、挂金锁、平调等,内容多为本地原创素材,兼具历史性与地方性,反映了常州人的生活,记录了江南民俗风情和社会变迁,具有民俗研究价值。其"劝善"的主基调对和谐社会的构建起促进作用。同时,"常州宣卷"为"常州滩簧""常州道情""常州唱春"以及"锡剧"提供了题材资源。

2007年3月24日,由靖江市申报的"靖江宝卷"被列入第一批省级非物质文化遗产名录;2008年6月7日,被列入国家级非物质文化遗产扩展名录;2009年6月20日,由吴江市、昆山市、张家港市、苏州工业园区和常州市天宁区联合申报的同属"宝(宣)卷"范畴的"同里宣卷""河阳宝卷""锦溪宣卷""胜浦宣卷""常州宣卷"均被列入省级非物质文化遗产扩展名录。

3. 姐儿溜

"姐儿溜"流行于连云港市东海境内,以东海县李埝乡、山左口乡最为盛行,相传来源于宋代黄淮水灾,清代以后传唱越发广泛。

"姐儿溜"相传是一位称为"马姐儿"的人创作,当地俗称蝉为"姐儿溜"并视其为马姐儿的化身。"姐儿溜"现有传唱曲调200余个,包括[嚏哩落][姐儿溜][满江红]等,其中最具代表的属长行歌谣的是《房四姐》。歌谣讲述了村姑房四姐被婆家虐待,经过艰辛努力苦尽甘来的故事。"姐儿溜"思想鲜明,人物生动,通过矛盾冲突展现人性,兼具写实与浪漫色彩,体现了人民在艰苦生活中的精神追求,是民间文学之宝。中华人民共和国成立后受到了较好的保护。

2009年6月20日,由东海县申报的"姐儿溜"被列入第二批省级非物质文化遗产名录。

第四节 谜 语

1. 海虞谜语

"海虞谜语"流传于今常熟市。明清以来兴盛,出现大量名家与著作,后发展历经曲折,通过师徒相授、谜语组织互动、学校教学、猜谜活动等形式传承至今。

"海虞谜语"可分为民间谜语与灯谜两大类。民间谜语形式多样,包括"山歌谜""俚谚谜""歇后语谜"等;灯谜也称"文义谜",较为深奥,主要以书面形式在文人中流传,后逐步传至社会,每逢元宵佳节,将谜面写在灯上,或写在彩纸上,供游人射猜。此外还有"画谜""印章谜""诗谜""词谜"和"对联谜"等。谜语猜制有会意法、象形法、增损离合法、别解法、排除法、综合法、组字法和拟人法等。每一种方法,又有多种形式,如会意法就有正面会意法、反面会意法、侧面会意法、夹击会意法、分段会意法、计算会意法、补贴会意法、剔除会意法、增减会意法、抵消会意法等。海虞谜语的格式有上千种,最常用的有即卷帘、上楼、遥对、蕉心、虾须、燕尾、碎锦、摘遍、粉底和梨花等十种。"海虞谜语"反映了不同历史时期的风貌,具有历史文化价值。同时"海虞谜语"作为语言艺术,有着地方风格和"精、新、巧、雅、趣"的特点,具有文学价值。常熟市已采取诸多手段保护弘扬"海虞谜语"。

2009年6月20日,由常熟市申报的"海虞谜语"被列入第二批省级非物质文化遗产名录。

2. 竹西谜语

"竹西谜语"主要分布在扬州市区及高邮市、宝应县等运河沿线和两淮地区。其历史可追溯到南北朝,明末清初出现了由扬州人搜录整理并命名的"广陵十八格",被后人誉为谜格之正宗。同时,下层知识分子中出现了由盐商赞助的灯谜社团,以明末的广社和清嘉庆时的"竹西春社"最具影响力。清光绪至民国年间又有"竹西后社"开始了谜语历史与理论的研究。"竹西谜语"的传承方式多为师徒传承和家族传承,并在谜会中相互交流与学习。

"竹西谜语"谜格丰富,以"新赋格"和"昭阳格"为大宗,多以扬州乡土风情为谜底,并根据谜面信息以土语方言的谐音先猜成一个过渡(中介)的谜面或谜底,然后再以中介谜底的谐音猜出所需谜底,因而以谜面谜底出人意料、反差巨大而著称。清中叶以后谜语以会意为主,巧用汉语文字的形、音、义的歧义来探索谜底,追求谜作的"典、浅、显",题材更为广阔。其后又有"画谜"和"动作谜"的发明,谜趣更为浓郁。"竹西谜语"追求谜格与谜艺手法的创新,谜作清新、自然、流畅、构思独特,典雅而不晦涩。内容题材广泛丰富,能够提高人们阅读和求知的兴趣,锻炼逻辑思维和推理能力。此外,"竹西谜语"还具地方特色、文学价值、艺术价值和民俗价值。改革开放以来,政府为保护弘扬"竹西谜语",成立了灯谜协会并于节日期间举办地方文史谜会、报刊灯谜大赛以及美食、园林、节电等诸多专场谜会。1983年"五一"节举办了由华东地区六省八市计120余位知名谜人参加的"竹西题谜会"。

2009年6月20日,由扬州市申报的"竹西谜语"被列入第二批省级非物质文化遗产名录。

附:南通范氏世家诗文

"南通范氏世家诗文"起源流传于江苏南通以及范氏后人所游历的地区,源于明清至现当代南通范氏族人的诗词作品,从明至今传承400余年,先后出现过三个高峰,即明末范凤翼时期、清末范伯子时期和当代范曾时期。

范氏是南通世家大族,从明代嘉靖年间的范应龙到当代范曾共13代,代代擅吟咏,大师辈出,现存诗8 000余首(篇),是中国文学史上的亮点,也是诗文世家传承的典型代表。除时代背景、历史条件、师承关系、文化氛围等因素外,家学渊源是"范氏诗文世家"的重要成因。中国传统社会以家族为本位,古典诗词的创作往往带有家族传承的特征,包括父子相继、选择塾师、姻亲师友间易子而教等传习模式,强调对先代文化精神的忠实延续。"诗文世家"的文化风骨对后世的文风传承有着决定性的影响。范氏家族坚持沿袭家学传统,表现出传承的韧度,对于进一步认识"世家"的基本特征与文化价值,重新评估"家学""师承"的重要性,及至弥补目前教育体制与学术传承的某些不足,皆有深刻的启发性。

2009年6月20日,由南通市申报的"南通范氏世家诗文"被列入第二批省级非物质文化遗产名录。

第二章 传统音乐

　　传统音乐是在特定的区域内,以独特的技艺风格和稳定的表现形式存活于民族之间的音乐,具有深厚悠久的历史传统和清晰的传承脉络,是当地民众音乐审美趣味的重要载体。

　　据第一次全国非物质文化遗产普查统计,江苏省传统音乐类资源有1 524项,占普查总数的5.5%。按类别可分为民歌、吟唱音乐、民间器乐、宗教音乐等。民歌在传统音乐项目中占有较大比例,此外还有劳动号子等。江苏传统音乐因地缘关系体现出丰富的特点:一是体现出江苏人灵动内敛、包容和顺、清雅细腻的文化品性;二是种类繁多,地域特色明显;三是宗教音乐各具特色,以道教音乐内容最为丰富。

　　传统音乐具有很高的艺术价值、文化价值和德育价值。全省传统音乐资源虽然较为丰富,但除古琴艺术和道教音乐这类音乐外,大部分是劳动者在劳动过程中口头创作并互相传唱的,未能系统地进行整理记录并进行流传,大量民间音乐面临消失的危机,亟待进一步加强保护和研究。

第一节 民 歌

江苏自古繁华，且山清水秀，人们安居乐业。因此，江苏民歌以欢快、活泼，歌唱美好生活为主题的歌曲比较多，体现了江南地区的地方文化特色。江苏民歌按体裁形式被分为山歌、小调、风俗歌、儿歌等。苏北民歌唱腔大多比较高亢，节奏较自由。歌词口语化，朴素、简洁、明快、生动，演唱多为男女对唱或一唱众帮等形式。苏南民歌则以丝竹乐器伴奏，因受到浙、沪等长江音乐文化和吴越方言润腔特点的影响，多曲风朴素，曲调结构窄小，旋律级进回环、精细柔和，构成吴越音乐的典型地方色彩。

1. 海门山歌

"海门山歌"流布于南通市海门地区，传播范围还包括启东、通州、崇明、张家港和盐城地区的沿海区域。海门山歌属于吴歌向苏北衍生、发展出的一个分支，可追溯到唐代，盛于清代后期，民国时期，经管剑阁与丁仲皋等人采录精选并辑成歌集。

"海门山歌"语言生动、情趣盎然，其音乐清纯甜美，悠扬婉转。在音乐的表达形式上有山歌调、对花调、佛祈调、游湖调等。演唱形式有独唱、对唱、合唱等，唱词多用海门方言，唱起来朗朗上口，容易记忆。按其特征可分为两大类：一类是抒情山歌，称为"短山歌"。这类山歌大多是人们在劳动或休息时随口编唱的即兴山歌，歌词有四句六句或八句不等，句式以七字句为主；另一类是叙事山歌，称为"长山歌"。歌词长达数十句乃至数百句，叙事完整，人物生动，感情丰富。"海门山歌"题材涉及社会的各个方面，包括歌颂劳动的《打夯山歌》《淘米山歌》等以及歌唱爱情的，如《郎姐有意缺条桥》《小阿姐看中摇船郎》等，情歌数量最为丰富。海门山歌反映了海门的自然风光、民俗风情和生活情趣，是研究海门民俗文化的珍贵资料，同时具有审美价值。海门市通过实施扎实有效的保护工作，使"海门山歌"的传承、发展和艺术的普及率逐年提高，山歌作品的品质不断优化，成为深受人民喜爱的民间艺术。

2007 年 3 月 24 日，由海门市申报的"海门山歌"被列入第一批省级非物质文化遗产名录；2008 年 6 月 7 日被列入第二批国家级非物质文化遗产名录。

2. 扬州民歌（高邮民歌、胥浦农歌）

"扬州民歌"分布于扬州及其周边地区，明清时期最为繁荣，中华人民共和国成立后得到较系统的收集整理。

"扬州民歌"由劳动号子和民间小调结合而成，大多数以五声音阶征调式和宫调式为主，亦有六声和七声音阶调式。曲式结构多为"上下句"或"起、承、转、合"式的单乐段，旋律流畅，结构规整，极具艺术感染力。"扬州民歌"善于运用润腔与衬词衬腔，演唱时"夹说夹唱"，使歌曲生动活泼，富于弹性，表现出欢快、流利、活泼的风格。小调中多使用润腔，以其流动感体现出"水音"的波动，既能刻画优美的意境、表现细微情绪，又能弥补演唱者技巧的不足。此外，在号子中使用润腔可增加小调韵律，使得高亢起伏的旋律变得柔和缠绵，增强号子的艺术性。歌词内容包括记述劳动、感叹生活艰辛、"赞古人""唱花名"等，亦有对纯真爱情的歌颂和向往，多根据时间、环境、情感的不同即兴编词，有时也会用锣鼓乐器伴奏，使之更具节律动感。受自然环境、风土人情、地域方言、文化底蕴和民间风俗的影响，"扬州民歌"形成了"融汇南北、兼济刚柔"的总体风格，其贴近生活的创作手法及"以情带声，声情并茂"的演唱特征彰显出不竭生命活力。它具有艺术欣赏价值，也承载着丰富的文化内涵，与其他民间艺术品种有着相互影响的共生关系，不仅是当地人民群众精神生活的重要组成部分，其代表作品《茉莉花》《杨柳青》等，更是享誉世界的名篇。

（1）高邮民歌

"高邮民歌"是苏北里下河地区一种世代承袭的民间歌曲，主要分布在高邮镇、车逻镇、八桥镇、马棚镇、界首镇、临泽镇、天山镇、送桥镇、龙虬镇、菱塘回族乡（江苏省唯一少数民族乡镇）等地。高邮民歌词曲可上溯到古代"驱傩"时的仪式歌，成型于隋唐两宋时期，清代至民国时期发展至顶峰。

"高邮民歌"大都是民间即兴之作，依据既有曲调，套用固定的格式填词来唱出眼前的情景。曲调有四十多种，音乐构成以五声音阶和加清角或变宫的六声音阶为主，常有四、五、六度的大跳。民歌中衬腔、衬词较多，衬腔如"咿呀咳子哟啊哟"，衬词

"哎啦子"等,地方特色浓郁。结构形式以七字四句、七字二、三句居多,也有上下句结构和三句体结构。其内容广泛,包括劳动号子、生活小调、情歌、时政歌、风俗仪式歌及宗教歌、儿歌等,演唱形式包括"对歌"等,具有"甜美、爽朗、俏皮、灵变、丰富"的特征。高邮民歌融合了里下河稻作文化、宗教文化、水文化等多种元素,反映了江淮东部农业、牧业、渔业等经济形态及其生产活动,既体现出里下河地区俏皮灵敏、泼辣诙谐的民风,又折射出高邮人民的精神面貌和思想情感,具有艺术学、社会学、人类学、民俗学研究价值。中华人民共和国成立以来,"高邮民歌"的收集、整理工作就一直受到相关部门的重视。

（2）胥浦农歌

"胥浦农歌"流传于扬州仪征市胥浦地区。胥浦为古真州通南京的商旅必经之地,在多种生产方式并存、农工商集聚、人文历史悠久等条件的推动下,"胥浦农歌"于晚清正式形成。

胥浦地区是长江南北农业生产、文化交流集合点,因而与劳动联系紧密并兼具南、北方的音域特征。"胥浦农歌"的演唱形式包括栽秧号子、车水号子、民间小调三类。栽秧号子是农家五月栽秧时的田间大合唱,或为一人领唱众人相和,或为隔田对歌,其曲调以五声音阶构成,旋律进行曲折,同时结合运用四、五、六、八甚至九度的大跳,婉转隽美又高亢爽直,代表作有《小妹子》《山歌好唱口难开》等;车水号子多为车水时年轻力壮的男劳动力随着锣鼓的点子所唱,曲调较为单调,口语化唱词一般以即兴为主,生动活泼,粗放风趣,代表作品为《上大人》;民间小调与礼仪风俗有关,多带有花船等表演,曲调热闹诙谐又妙趣横生,如《端三盘》等。"胥浦农歌"演唱中掺有大量胥浦地区方言,胥浦地区由于文化交流构成复杂,方言中多含舌齿尖音,如"呀"音中含"喂"音,"哎、嗨、嗯、嗬"音中含"呲"音,"侬、哎、嗨、哟"中含"略"音,增加了"胥浦农歌"的抒情、激昂和高亢的成分,歌词内容包括田间劳动、爱情、历史、社会生活、风俗礼仪等方面。胥浦农歌质朴、自然、纯洁并富有社会生活气息,是当地社会形态、思想意识、文化艺术思维的再现,反映了南北文化交流融合的历程。其曲调雅俗共赏,既为老百姓所喜闻乐见,又为艺术创作提供灵感,具有传承活力。对"胥浦农歌"的发掘研究工作从未间断,研究者深入胥浦村庄录制、整理了一大批农歌曲目曲调,其中《叫我唱来我不难》《小妹子》《山歌好唱口难开》收录在1998年出版的《中国民间歌曲集成·江苏卷》。

2007年3月24日,由高邮市申报的"高邮民歌"被列入第一批省级非物质文化遗产名录;2008年6月7日被列入第二批国家级非物质文化遗产名录;2009年6月20日,扬州市、仪征市联合申报的"胥浦农歌"被列入省级非物质文化遗产扩展名录。

3. 薅草锣鼓（金湖秧歌）

"金湖秧歌"是淮安市金湖及周边地区广大劳动人民在插秧劳动中集体创作出来的田歌,是里下河地区民歌的典型代表。它形成于明代,发展于清代,成熟于清末至民国时期。

"金湖秧歌"的演唱形式分"秧号子""锣鼓秧歌""打鼓唱唱"三种:"秧号子"为单人唱的短歌;"锣鼓秧歌"是专职锣鼓师傅演唱的长篇叙事曲,一人敲锣,一人打鼓主唱;最突出的当属"打鼓唱唱",一人或多人唱《格冬代》,俗称"打鼓",一人接唱,称之为"唱唱"。其曲调以"四句头""五句半""串十字""抢八句"为主,风格别致、演唱方式独特、唱词内容丰富,旋律委婉柔润,五声音阶商、羽调式色彩独特,清新悦耳,尤其是多重调式、调性的转换运用对于丰富民族音乐作曲技法的具有重要的借鉴意义。此外,"金湖秧歌"还是里下河地区的农耕文化、稻作文化、水文化与宗教文化等元素的集合体,对于研究里下河地区风土人情和生产生活状况具有参考价值。金湖秧歌曾因人们生活生产方式转变而濒临灭绝,后金湖县政府及时开展挖掘、整理和保护工作,使其得以延续。金湖秧歌在里下河地区乃至江苏省内外有深远的影响,它多次被搬上舞台,先后参加上海世博会、长三角区域民歌展示等重大展示活动,与韩国固城郡开展友好文化交流,根据秧号子《格冬代》改编的交响音画曾赴维也纳金色音乐大厅演出,为中外文化交流做出积极贡献。

2007年3月24日,由金湖县申报的"金湖秧歌"被列入第一批省级非物质文化遗产名录。

4. 高淳民歌

"高淳民歌"流布于南京市高淳地区,源自汉代吴歌。明代高淳音乐家李茂英编写了《木铎余音》

《南湖五种曲》，对高淳民歌进行研究和整理。中华人民共和国成立以后，先后有路行、叶林、田宝玉、肖翰芝等中央和省内的音乐工作者到高淳采风，编创了《五月栽秧》等著名曲目。

高淳自古以来就有"出门山歌进门戏"的习俗，"高淳民歌"按内容划分，有田歌、牧歌、劳动号子、仪式歌、时政歌、情歌、春歌、儿歌、历史传说歌等九类；按地形划分，有山区、圩区两种类型。以五声调式构成旋律，演唱形式上以民间小调为主，以3、6、ī组成骨干音，构成音乐结构上的变化。"高淳民歌"大多来自田野，人们在劳动过程中和劳动之余，即兴演唱，愉悦身心。它是劳动人民在自己亲身经历过的事物的基础上，通过自由想象，把情感形象带入其中，从而达到情真意切、声情并茂的效果。尤其是劳动号子，节奏欢快，一唱众和，既可以缓解体力疲劳，又可以增强劳动的合力，提高干活效率。高淳民歌源远流长，具有浓厚的生活气息，涉及内容广泛，对研究社会学、民俗学、语言学具有重要的参考价值。由于当今流行歌曲的冲击，年轻人兴趣发生转移，尤其是许多民间歌手年事已高，有的相继去世，"高淳民歌"面临后继乏人的危险境地，亟待有效的保护。

2009年6月20日，由南京市高淳县申报的"高淳民歌"被列入第二批省级非物质文化遗产名录。

5. 南闸民歌

"南闸民歌"流传于淮安市楚州区南闸镇一带，是白马湖地区民歌的缩影和代表。"南闸民歌"在唐朝时就已名闻遐迩，明清时期得到进一步发展，清朝末年到民国初年内涵被进一步丰富。

"南闸民歌"融合了淮剧音乐、民间小调、民间传统的"唉乐"祭祀表演、各类劳动号子以及地方风俗、民俗知识等而形成。按照歌词的起源年代和时代特点，"南闸民歌"分为三种类型：一是传统民歌，主要反映家乡农民的情感生活，无政治色彩，包括以中长篇为主的叙事类以及旋律优美且具水乡风情的小调类两种；二是革命历史民歌，记述了从抗战到中华人民共和国成立初期土改庆翻身的历史；三是新民歌，主要是1958年新民歌运动后群众文化宣传所创作演唱的流行民歌作品。"南闸民歌"的艺术特色主要表现在三点：一是具有地域特色，某些民歌仅限于在白马湖北岸一带传唱；二是吸收了外来的民间小调，旋律优美，具有乡土韵味，大部分歌词都具有口语特征，加之多种修辞手法，形象生动；三是"面广量大"，有些乡镇的民歌数量可达到上千首，各个村庄几乎都有民歌手。经挖掘整理，初步统计"南闸民歌"有各种曲调156种，可供填词或已被填词的约85种，其中用［四季游春］调填词的词式就有16首，音调接近的约有20种，其他类型的约50种。南闸民歌总量大，保存情况基本完好，有较高的艺术价值。

2009年6月20日，由淮安市楚州区申报的"南闸民歌"被列入第二批省级非物质文化遗产名录。

第二节　劳动号子

劳动号子简称"号子"，号子是直接伴随体力劳动，并和劳动节奏密切配合的民歌。它产生于劳动过程中，直接为生产劳动服务，真实地反映劳动状况和劳动者的精神面貌，其音乐形象粗犷豪迈、坚实有力，是某些体力劳动中不可缺少的有机部分。号子可以分为栽秧号子、车水号子、赶牛号子、打场号子、挑担号子、打硪打夯号子、搬运号子、渔民船工号子、排筏号子等。江苏的劳动号子主要流传于盐城市、宿迁市、淮安市、扬州市、泰州市、南通市和南京市等广大地区，苏南地区极少分布。号子是与生产活动直接联系的一种口头即兴创作，曲调比较简单，节奏强而有力，有领有合，顿挫分明。内容根据劳动特点随意发挥，既有实用性，又有艺术价值。

1. 吕四渔民号子

"吕四渔民号子"是中国南黄海领域渔民的劳动号子，主要流传于长江中下游的江北一带，包括启东市吕四港镇、海门市北部、如东县以及大丰市的部分地区，兴盛于明清时期。

"吕四渔民号子"依据渔民出海捕鱼劳作过程中的不同场景，分为"出海篇""打鱼篇""接潮篇""归港篇"等，是一种即兴填词、灵活多变的演唱方式，在音乐旋律基本不变的情况下，演唱者可以根据场景、感受等进行自由发挥，是一种在海捕过程中用以协调劳动节奏和抒发情感的音乐表现手段。"吕四渔民号子"以当地方言"四甲话"（也称"通东话"，是吴方言的延伸）为主，具有吴方言与江淮方言交叉融合的特征,明显区别于启东南部沙地的劳动号子。演唱方式以男女高音为主,有领唱、齐唱、对唱、独唱等多种形式。其中"点水号子"音高声远,余音久回,是"吕四渔民号子"的经典之作。出港前,渔捞长站在船的右舷,用竹篙测量水深,并唱响"点水号子",把实际数据直接上报给船老大。"吕四渔民号子"完整记录传统海洋捕捞作业全程,目前已整理出对草、拢绳、接潮、扯篷、起锚、测水、摇橹、盘车、拉网等40多种长短不一的号子,有着高亢嘹亮、深情悠远、节奏铿锵、音律委婉等诸多的风格特征,既具有艺术价值与史料价值,也是当地民俗乡风、生活情趣和地域特色的集中体现。

2007年3月24日,由启东市申报的"吕四渔民号子"被列入第一批省级非物质文化遗产名录。

2. 邵伯秧号子

"邵伯秧号子"流布于扬州市江都区,与栽秧劳作相伴而生,是当地稻作文化重要的组成部分,历史久远,可追溯至汉代。

每到插秧时节,妇女们面朝水田背朝天,借栽秧号子表述心声,解乏助兴。伴随着劳动力的流动和婚姻嫁娶等因素,邵伯秧号子兼收并蓄,积累了丰富的演唱曲调和演唱内容。其中有表达男女爱情,如怨如诉,还有与历史知识相关的内容。表演形式上有齐唱、独唱、对唱等,一般是"一人唱众人和",有民歌谓之"号子一打声气开,顺风刮到九条街,兴化高邮穿城过,扬州邵伯传过来",每年正月十九观音会,青年男女都要在运河两岸对歌竞赛。在千百年间的流传中,"邵伯秧号子"形成了相对固定的演唱曲调、演唱形式和丰富的演唱内容。它融山歌、小调的特点于一体,集抒情性与叙事性于一体。由于曲调优美,中华人民共和国成立以来,一些简朴的秧号子经专业改编后焕发新生,从田间走上舞台。1997年,《拔根芦柴花》《一根丝线牵过河》《沙耥子撂在外》等9首邵伯秧号子被收入《中国民间歌曲集成·江苏卷》。为传承、保护、研究"邵伯秧号子",2001年成立了甘棠民歌民乐队,并将秧号子加入中小学音乐课,重新激发人们对秧号子的传唱热情。邵伯秧号子正在新的空间场所展示出她的独特魅力。

2007年3月24日,由江都市申报的"邵伯秧号子"被列入第一批省级非物质文化遗产名录。

3. 南乡田歌

"南乡田歌"流行于镇江市丹徒地区,与史前稻耕文化有很深的渊源,是农民在田间劳作时的劳动歌。

根据劳动内容,"南乡田歌"可分为"耕田嘞嘞""插秧田歌""打麦号子""耥草田歌""车水号子"等几种,涵括传统歌谣、即兴创作和新民歌,以即兴创作为主,音乐风格淳朴、生动。演唱形式大多以领唱与合唱为主,田歌的曲体,一般是两句体、四句体或多句体的乐段结构,除领、合形式的部分曲目为规整性节奏外,其他大多为自由、松散的节奏节拍。"南乡田歌"具有丰厚的文化积淀,代表和体现了江南水乡的文化特征。它的音调高亢嘹亮,是劳动人民自己的艺术创造,既抒发愁情、解除疲劳,又能陶冶性情,因此代代相传,流传甚广。"南乡田歌"多以口传心记的方式进行传唱流播,艺人孙阿英从小跟着祖辈们在田头生产劳动,学会了许多田间劳动山歌,并把田歌一直传承到了艺术舞台上,在首届江、浙、沪吴歌大赛上荣获女歌王称号。丹徒南乡上党海燕村田歌队在江苏省第二届农民艺术节和长三角地区"嘴上功夫"大赛上荣获金奖。随着农村城市化进程的推进,"南乡田歌"赖以生存的载体正逐渐消失,丹徒区相关政府部门正采取措施抢救这一地区瑰宝。

2007年3月24日,由镇江市丹徒区申报的"南乡田歌"被列入第一批省级非物质文化遗产名录。

4. 茅山号子

"茅山号子"流行于兴化茅山地区,来源于古代先民的劳动生活,自远古至先秦时期,"茅山号子"受吴歌楚调的影响较多,东晋时期,劳动号子又受北方中原文化的浸润。

"茅山号子"演唱形式为一人领唱、多人搭腔,演唱时行腔稳健、咬字有力、吐音清晰、富有弹性,演唱内容多涉及农家生活、男女爱情,也有歌颂古代忠贤孝士的。按照演唱者性别,"茅山号子"可分为男青壮年号子和女青壮年号子,按音乐结构可分为长号子、短号子,依据所表现的劳动形式可分为"车水号子""栽秧号子""薅草号子""挑担号子""碾场号子""攒把号子""牛车号子"等。其中"栽秧号子"在"茅山号子"中独占鳌头,俗称"小妹妹"。刚柔相济是"茅山号子"融合南北方音乐风格的主要特点,它以舒缓平实的音调旋律、明快有力的音乐节奏、快慢自由的演唱速度、分合有致的歌唱形式，形成了高低协调、咏叹自如独有的演唱风格，加之浓郁的方言特色，真正体现出了民歌独到的风韵神采。

2009年6月20日，由兴化市申报的"茅山号子"被列入第二批省级非物质文化遗产名录。

第三节　吟唱音乐

吟唱是对汉语诗文的传统诵读与演唱方式，历史悠久。吟唱遵循传统的规则，对古诗、词等进行即兴诵读与演唱，不用任何器具，且不主张使用乐谱。吟唱音乐在调式和旋法等方面都具有江南民间音乐特点，其内容广泛，既有男女离别之情，也有历史题材，民间故事等。江苏的吟唱音乐是中国古代诗歌吟唱形式流传于今的重要见证，它不仅展现了历史上文人阶层吟诵音乐的风貌，也很好地保存了古代方言的音韵特色与古老的小曲、"集曲"等，保存了当地历史文化事象，具有历史价值和现实意义。

吟诵调（常州吟诵）

"常州吟诵"是流传于常州地区的吟诵调子，"吟诵"就是用乐音"读"古典诗词文章。有史料可据的常州吟诵历史可追溯到战国时期的吴吟，经唐宋发展，明清走向繁盛并延续至今。

"常州吟诵"主要包括吟诗的音调（包括吟七律、七绝、五律、五绝等"近体诗"的音调和吟"诗经""乐府""楚辞"、杂言诗等"古体诗"的音调），吟词的音调以及吟文言文的音调，此外，还有旧时学生读书和家庭妇女闲时说故事的音调等。吟诵不用任何器具，无需任何制品，口头即兴发挥，无谱，且不主张使用乐谱。吟诵音乐的风格各有不同，但在调式和旋律等方面都具有江南民间音乐特点。吟诵主要采用常州方言，注重字声（平仄）与旋律、节奏的关系，其基本规律为"平长仄短""平低仄高""平直仄曲"。其传播、传承途径主要为师生相传与家庭教育，方式为口传心授。吟诵内容丰富、风格多样，其总体水平之高，为国内所罕见。"常州吟诵"是中国古代诗歌吟唱形式流传于今的重要见证，它不仅展现了历史上文人阶层吟诵音乐的风貌，也很好地保存了吴语的音韵特色，为了解中古时期南方诗歌的演唱特点提供了重要的参考依据，具有很高的历史与文化价值。"常州吟诵"的代表性人物赵元任、周有光、屠岸等，均系中国文化界"大家"级人物，他们的吟诵各有其宗。赵元任是以音乐为视角对吟诵进行理论研究的第一人，他亲自进行吟诵录音，记写《静夜思》《枫桥夜泊》《长恨歌》《江城子》等古典诗词名篇的吟诵乐谱，用"常州吟诵"的音调创作《瓶花》《听雨》等歌曲，发表相关专论和《常州吟诗的乐调17例》等著作，使"常州吟诵"闻名国内外。目前"常州吟诵"已录制成600余首（篇）录音录像材料，发表了30余篇相关论文，出版了《古韵今调》《吟诵音乐》《赵元任程曦吟诵遗音录》等"常州吟诵"系列丛书。

2007年3月24日，由常州市申报的"常州吟诵"被列入第一批省级非物质文化遗产名录；2008年6月7日被列入第二批国家级非物质文化遗产名录。

第四节　传统器乐

江苏省传统器乐既尊重传统，又能秉持开放的理念，灵活多变。器乐在演奏上多重视技巧，强调节奏，同时吸收了民间音乐及曲艺的元素，兼具艺术感染力及娱乐效果，广受群众欢迎。江苏省传统器乐是美学特质、文化底蕴与地域特色的集中体现，对民族音乐史，对戏曲、音乐、民俗和群众文化等各学科都有重大的研究价值。

1. 古琴艺术（虞山琴派、广陵琴派、金陵琴派、梅庵琴派）

中国古琴艺术历史久远，"古琴艺术"于春秋战国时期便已风行，至唐、宋渐显出地域风格与流派特征。"古琴艺术"在流传中集结琴谱百余种，琴曲达三千多首，尚有大量关于琴家、琴论、琴制、琴艺等文献存世，遗存之丰为中国乐器文献之最。

"古琴艺术"对于中国的音乐史、美学史和社会文化史有很重要的影响，其独特的记谱方式保留了千余年的古代音乐资料。在琴学理念上倡导和崇尚开放性思维，尊重传统而又不为之所局限。演奏上重视技巧，强调节奏，注意吸收民间音乐元素，有极强的感染力。音乐风格流畅且灵活多变，雄健质朴又不失柔美,其演奏注重内涵,具有浓郁的书卷气。古琴艺术是中国古代精致文化的载体,集中体现儒家"中正平和"、道家"天人合一"和释家"本心顿悟"等哲学思想,具极高美学特质与浑厚文化底蕴。

(1) 虞山琴派

"虞山琴派"是中国古琴艺术的重要流派之一,主要活动在常熟周边包括苏州各县区。它起源于明代,由严天池开创、徐青山拓展,诞生以来就有"人人自诩虞山、家家源说琴川"的说法。

"虞山琴派"崇尚"音必当正律,重音而轻辞",其特点可概括为清、微、淡、远四字。"虞山琴派"追求气韵生动和琴乐的精神本质,融合了儒家"中和之音"和道家"大音希声"的音乐观,使动美与静美交相辉映,形成"博大和平,清微淡远"的琴风。300多年来,"虞山琴派"不仅催生影响了"广陵琴派""梅庵琴派"和日本古琴音乐,也深深影响了"岭南派""闽派"和"川派"等流派的审美思想。近代,吴景略等虞山派古琴大师为古琴的发展作出了杰出贡献。2004年常熟市分别被江苏省文化厅和国际民间艺术节组织亚太分会命名为"古琴艺术之乡"。

(2) 广陵琴派

"广陵琴派"活动于扬州市及周边地区,明末清初徐常遇编著《澄鉴堂琴谱》以及康熙年间徐琪编著的《五知斋琴谱》,标志着"广陵琴派"风格臻于成熟。

"广陵琴派"以"轻松脆滑、高洁清虚、幽奇古淡、中和疾徐"为美学标准,崇尚"清微淡远"的同时,追求"洒脱、畅扬"的情趣。演奏中"重而不虚,轻而不鄙,疾而不促,缓而不弛,若吟若揉,圆而无碍,以绰以注,定而或伸,行逦曲折,疏而实密,抑扬起伏,断而复联",形成了"音随意走,意与妙和"的风格。"广陵琴派"兼容性与独特性并存,传承性与开拓性并举,经清初迄今近400年11代之薪火传承,脉络清晰,英才辈出,于中国琴坛罕见。"广陵琴派"在中国音乐史、美术史、社会文化史、思想史上具有多方面的影响,具有独特的地域文化特色。作为扬州文化的重要代表,扬州市政府和文化主管部门制订了切实可行的保护计划,1984年广陵琴社复社,1985年起全国第三次古琴打谱学术经验交流会在扬州召开,此后还相继成立了广陵琴派史料陈列馆和华夏琴筝艺术博物馆,一代新琴人正在成长。

(3) 金陵琴派

"金陵琴派"是中国古琴艺术的重要流派之一,流布于南京市及周边地区。它产生于明末清初,庄臻凤主张琴人在演技上应强调突出个性特点,标志着"金陵琴派"的风格特点最终形成。清末民初,黄勉之创办金陵琴社。王心葵、徐元白等人在1934年创立青溪琴社,活跃了当时南京的琴艺活动。20世纪30年代以后,"金陵琴派"有了较大的发展。

"金陵琴派"注重曲、歌并重的传统,强调服从内容表现的需要,既肯定琴乐有"音出自然,不喜以文拘之"的一面,也不否定琴乐有"原取文谐音,岂可舍文而就音"的一面。同时,"金陵琴派"又兼取众家之长,体现出融合南北风韵、诸派意趣而又自成一体的格调。明末清初以来,"金陵琴派"改变了中国古琴发展历程中只有琴歌而无琴曲的形式。同时还吸收了长久以来宫廷、官府所倡导的清和雅正等风韵特质,在演奏表现上则秉持古韵之遗,进一步地丰富了中国古琴艺术演奏语言,促进了古琴艺术的全面发展。"金陵琴派"作为金陵传统文化艺术的瑰宝,一直伴随着文人士大夫抚琴雅集诗会等活动形式而存在。

(4) 梅庵琴派

"梅庵琴派"是近现代极有影响的古琴流派之一,它产生于山东,后流传到南通、镇江、上海、浙江、合肥、福建、台湾及香港等地。"梅庵琴派"源于清代中晚期,形成于1917年以后,开创者为山东诸城王宾鲁(字燕卿)。

第一代传人徐立孙、邵大苏整理和订述了先师残稿《龙吟馆谱》,易名为《梅庵琴谱》,于1931年付梓印行,自此奠定了"梅庵琴派"在近代琴学界的地位。该琴谱是琴学史上的一部重要著作,对琴学研究有着重要价值。自问世以来,先后被海内外多次重印、影印、翻印,不同版本达七八种之多。1986年,"梅庵琴派"第二代传人刘景韶在镇江成立了"梦溪琴社",他师从徐立孙学习古琴,尽得《梅庵琴谱》所刊十四曲。"梅庵琴派"的艺术特点,一是在演奏上重视技巧和节奏,强调音乐的旋律之美,特别是首创琴谱点拍、标明节奏的做法,便于习琴者快速掌握乐曲节奏,使得该琴谱得以广泛流传。二是强调指法处理上要服从琴曲的内容要求,同一指法在不同的乐曲中用法完全不同,关键在于深入领会,融会贯通。三是注意吸取有着极强感染力的民间音乐素材,并有多首琴曲为历代琴谱所未见,如琴人必学的《关山月》一曲仅见于此谱,《秋夜长》《玉楼春晓》《长门怨》等也备受称道。"梅庵琴派"体现了20世纪的部分文化生态,丰富了古琴乃至音乐艺术,是中国近代音乐史发展的一个亮点。

2003年11月7日,中国申报的古琴艺术入选联合国教科文组织第二批"人类口头和非物质遗产代表作"(2008年11月更名设立"人类非物质文化遗产代表作名录");2007年3月24日,由常熟市申报的"虞山琴派",由扬州市申报的"广陵琴派",由南京市申报的"金陵琴派",由南通市、镇江市申报的"梅庵琴派"被列入第一批省级非物质文化遗产名录;2008年6月7日均被列入国家级非物质文化遗产扩展名录。

2. 江南丝竹

"江南丝竹"是以丝弦乐器和竹管乐器为主组成的器乐演奏形式,源自"清商乐",俗称"细八派""清音",一度曾称"国乐",中华人民共和国成立以后正式定名为"江南丝竹"。"江南丝竹"分布在苏州古城区和常熟、张家港、太仓、昆山、吴江、吴中、相城、江阴等地,尤以太仓城乡最为繁荣。明嘉靖、隆庆年间出现丝竹乐队,清末民初更盛,抗战期间渐趋衰落。

"江南丝竹"有坐乐、行乐两种形式,乐队三、五人至十余人不等,有箫、琵琶和二胡三件乐器即可演奏。所用乐器有丝弦、竹管和打击三大类。丝弦类有二胡、中胡、大胡、琵琶、扬琴和阮。还有两种为太仓所创,一是明代杨六所创制的提琴,二是张野塘根据三弦改制而成的弦子,又称曲弦或三弦,音色独特,穿透力强。竹管类有曲笛、箫、笙,打击类有檀板、板鼓、小堂鼓、和小木鱼、小铵、碰铃(又叫"星")等。"江南丝竹"具有"小、轻、细、雅"的特征,意为乐队编制小且灵活,乐曲较短且轻盈明快、精细优雅。传统代表曲目有《三六》《行街》《欢乐歌》《慢六板》《中花六板》《慢三六》《云庆》和《四合如意》,也被称为"八大曲",一些昆曲曲牌也在演奏中发展、衍变成了独立的丝竹乐曲。"江南丝竹"传承以"心传口授"为主,历史上的苏州城乡曾有过许多丝竹班社,清代晚期的一些堂名班社也兼奏"江南丝竹"。"江南丝竹"的产生和延绵,对民族音乐史,对戏曲、音乐、民俗和群众文化等各学科都有重大的研究价值。2004年太仓市被命名为"江苏省特色文化(江南丝竹)之乡"。2004年苏州市恢复组建的吴平国乐团,多次赴中央电视台和日本冲绳等地交流演出。

2006年5月20日,由太仓市申报的"江南丝竹"被列入第一批国家级非物质文化遗产名录,2007年3月24日,被列入第一批省级非物质文化遗产名录。2009年由省演艺集团和江阴市联合申报的"江南丝竹"被列入省级非物质文化遗产扩展名录。

3. 海州五大宫调

五大宫调是以[鹂调][南调][波扬][叠落]和[软平]五大曲调为主要代表的一种宫调牌子曲演唱形式。"海州五大宫调"(又称海州宫调牌子曲)流传于连云港市海州区及周边地区,它起源于明代,成熟于清代,延续至今。

"海州五大宫调"因流传区域方音的不同,形成南、北两个流派。南派以连云港市的板浦为中心,辐射至海州、新浦、伊山、扬集等地,演唱以淮扬语言为主要特色,唱腔委婉细腻;北派以连云港市的赣榆为中心,向西传到东海县一带,唱腔较为粗犷。海州宫调按曲牌体式区分,可分为"大调"和"小调"两类:大调中以[软平][叠落][鹂调][南调]和[波扬]五大宫调为代表,还有[满江红]和[码头调]两只大调曲牌,曲调委婉细腻,节奏舒缓,演唱时字少腔多,一唱三叹,唱词典雅华丽,多用于抒情。唱词内容多为文人的仕途艰辛与夫妻的离愁别绪;"小调"曲牌约有100多首,节奏明快、字多腔少,长于叙事。海州宫调既可单独演唱,也可连缀成套曲,按曲式体裁可划分为单曲体和联曲体,单曲体由单支曲牌结构而成,联曲体(套曲)由多支曲牌连缀而成,以叙事见长。此外,还有一种将若干曲牌中的部分乐句抽出连缀组合的结构形式,被称之为"集曲",腔调转换自如,唱词基本搬用于原曲牌,连接后分段转韵,内容统一。"海州五大宫调"积蕴颇厚,完整保存了一些明代的小曲、"集曲",反映了历史文化事象,具有历史价值、社会价值、艺术价值与应用、研究价值。连云港市已制定了相应的保护机制,以传承、发展此项艺术。

2006年5月20日,由连云港市申报的"海州五大宫调"被列入第一批国家级非物质文化遗产名录,2007年3月24日,被列入第一批省级非物质文化遗产名录。

4. 泓口丝弦

"泓口丝弦"主要流传于溧阳市溧城镇,是一种古老的民间器乐演奏形式。清光绪年间,泓口村王炳荣收集当地民间古老音乐,编成10个曲牌在本村传授,这些曲目被称为"泓口丝弦",流传至今。王炳荣首创用丝弦笙鼓乐器演奏,又使之有了江南水乡乐声清雅的音乐形态。

"泓口丝弦"原有《雄鹰》《春燕》《落叶》《昭君》《花园》《楼台》《寄生草》《红琴》《八板》《倒板》《深宫小夜曲》等十个曲目,如今只剩下前六曲。这六支曲目各自独立成章,但演奏均按曲牌的顺序而进,演奏一遍需22分钟,可循环往复。乐器有笛、箫、笙、唢呐、二胡、中胡、四胡、月琴、三弦、琵琶等,并配有一组小型打击乐器。笛、二胡为主奏乐器,唢呐只吹开头和结尾,曲牌之间和部分曲牌中杂以锣鼓间奏。乐队人数和乐器配备无定规,皆视能者多少而定。最多用过18支笛、6支箫、4把笙及40余件拉、弹乐器。演奏以庙会及重大庆典活动为主。每年的正月十五、二月初八、三月十五、八月十五最盛。演奏多在列队行走中进行,二人一排,鱼贯而行。乐师身着长衫,头戴礼帽,乐器上披红扎彩,夜间演奏还在乐器上配上小电珠,彩灯闪烁,流光溢彩,弦乐飘转,视觉上、听觉上都给人以美好的享受。溧阳素有"接锣鼓,请丝弦"之俗,丝弦乐师备受尊重,皆称作"丝弦先生",非请不至。

2009年6月20日,由溧阳市申报的"泓口丝弦"被列入第二批省级非物质文化遗产名录。

第五节 民间鼓吹

江苏省"民间鼓吹"历史悠久,多为宫廷音乐或军乐结合民间音乐而形成,曲牌丰富,既有套曲,也有单曲演奏。多使用打击乐与管乐,演奏方式丰富独特,节奏鲜明。表演主要是独奏或合奏,亦有融唱、奏为一体者,常在婚丧等民间礼仪场合演出。江苏省"民间鼓吹"风格多样,或古朴典雅,或高亢粗犷,或细腻柔婉,同时充满了地域特色。它承载了江苏省的文化传统与民间习俗,具有审美价值与历史、社会价值,需要保护和弘扬。

1. 十番音乐(楚州十番锣鼓、邵伯锣鼓小牌子、辛庄十番音乐)

(1) 楚州十番锣鼓

"楚州十番锣鼓"主要在淮安市楚州区一带流传,是清代晚期形成的民间吹打乐种。清道光年间由孙育卿将宫廷昆曲音乐结合当地的民间吹打乐创制而成。清朝末年,"楚州十番锣鼓"渐渐销声匿迹,抗日战争爆发后几近绝迹。

"楚州十番锣鼓"的演奏分为文场和武场。文场乐器包括两支曲笛(领奏)、两支箫、两支竹管、两盘笙、两面琵琶、两把三弦、两把硬弓、两把软弓共16件;武场乐器有班鼓、板、堂鼓、大锣、皮镲、小锣、木鱼、碰铃、堂锣、号筒共10件。丝竹乐器的配置为笛、对箫、对笙、对琵琶等双管编制,打击乐配置为10件,声效从高到低、层次清晰,一面2.8尺低音大锣和一支低音独特的号筒,不时发出"乌、亚、打、一"的节奏音效。"楚州十番锣鼓"可以上街走动演奏,通常设一个八人抬行大彩棚承载乐器的道具,既解决了乐器不好携带的问题,也给整个演奏队伍增添了气势。"楚州十番锣鼓"的打击乐点子、演奏方式独特,锣鼓节奏型呈现为序列结构,唱词多选自昆曲唱段,风格古朴典雅。它融唱、奏为一体,丝竹乐段中与锣鼓乐段相间而成套曲,也可单支曲演奏,拆分组合自由,乐曲结尾大都以锣鼓收场。此外,还有少量的器乐吹打小牌子。楚州区委区政府十分重视它的抢救工作,已由区文化部门组织专业人员作抢救性发掘整理,搜集整理了《金盘捞月》《咏花》等10多部曲目,并组成10多人的民间表演队伍,使"楚州十番锣鼓"得到有效保护和传承。

(2) 邵伯锣鼓小牌子

"邵伯锣鼓小牌子"流布于江都邵伯镇及其毗邻地区,它形成、发展于明清时期,源自道教民间社火活动,其中"新春锣鼓"和"邵伯长锣"是"邵伯锣鼓小牌子"的雏形。

"邵伯锣鼓小牌子"原用于祷祀,也就是迎神赛会唱台戏,时有佛门弟子、道教传人参加演奏,使用乐器包括丝竹、云锣、七星锣、小汪子、小铙等。唱台戏的乐队人员往往又是锣鼓小牌子的人马,演奏的效果庄重典雅。锣的种类包括声音脆亮、高亢激扬的京锣,形体小且轻的小汪锣,小茶碗口大小的低音锣"小凹子"等,按分谱配合轮番上阵,气势宏大,扣人心弦。分谱配合被"邵伯锣鼓小牌子"吸收后,使器乐合成逐步臻于完善,从而推动了小牌子的普及与发展。锣鼓小牌子曲调主要来源于明清俗曲,扬州清曲、民歌小调等在邵伯一带盛行。特别是扬州清曲的曲牌,特色打击乐及道教音乐等,都对"邵伯锣鼓小牌子"在乐队编制、乐器运用、曲牌演奏、表演形式的定型产生过重要影响。20世纪30年代,翟、程五兄弟传承了祖辈说唱"六书""吹打闹台"的技艺,吸引了30多名器乐爱好者组成"同福会音乐班",参加活动人员来自各个行业,乐班将劳动者作业之声也融入乐曲。

(3) 辛庄十番音乐

"辛庄十番音乐"流布于苏州,盛行于明末清初,主要由演唱昆曲的堂名班社演奏,较有代表性的班社包括"合和堂""春和堂"等。

十番音乐,包括十番锣鼓和十番吹打,是演唱昆曲戏文前后演奏的乐种,特点是锣鼓段、锣鼓牌子与丝竹乐段交替或重叠进行。使用的乐器有曲笛、笙、唢呐、长尖、曲弦、提琴等管弦乐器,大锣、汤锣、马锣、春锣、七冒、戏锣、云锣、大小齐钹、双磬、单堂、单皮、小木鱼、绰板等打击乐器。规模较大时增加箫、管、双清、琵琶、二胡、南方板胡等丝竹乐器和兴锣、汪锣、点鼓等。根据所用乐器,可分为"清锣鼓"和"丝竹锣鼓"两大类。清锣鼓,俗称"素锣鼓",只用打击乐演奏,又可细分为粗锣鼓(用绰板、小木鱼、单堂、单皮、大锣、戏锣和大小齐钹等)、细锣鼓(加用马锣、春锣、七冒、双磬、汤锣和扑钹)。丝竹锣鼓,俗称"荤锣鼓",兼用丝竹乐器演奏,又可细分为笛吹锣鼓(以曲笛为主奏,锣鼓以粗锣鼓为主)、笙吹锣鼓(以笙为主奏,锣鼓以细锣鼓为主)、粗细丝竹锣鼓(俗称"鸳鸯拍","粗"指大、小唢呐及曲笛,"细"指笙吹锣鼓的乐器编制。其丝竹乐段由粗、细丝竹更番演奏。锣鼓部分有用细锣鼓者,有用粗锣鼓者)。十番锣鼓乐队以12人为"全堂"。演奏形式为坐乐,用两张方桌,丝竹乐器置桌上,锣鼓架放桌后。桌子竖放于厅堂,乐手围坐左、右、后三侧,前端扎绣着"堂名"名称的桌帏,面对厅堂大门者为上首。十番吹打在堂名演出时亦为坐奏,称"堂名先生",乐手、乐器的位置与十番锣鼓演奏一样。也有以行乐或立奏方式进行的,称"吹鼓手",只奏"粗吹",最少4人,即大唢呐两人,单堂兼小齐钹1人,汤锣1人。堂名有供自己演出的乐舆,其中设有桌椅,供演出乐手围坐。演奏的所有乐器也置放在这个乐舆内。乐舆拆散后可装入箱内,用肩挑运,故常以担为单位,一个堂名班子亦可称为一担堂名。辛庄十番锣鼓类作品有《粗旺》《喜元宵》《万花灯》《下西风》《大如意》《香袋》和《十八拍》等;十番吹打类的有《将军令》《普天乐》《山坡羊》《傍妆台》《水龙吟》《一枝花》《春日景和》《雁儿落》和《一机锦》等。"辛庄十番音乐"与昆曲相扶相依,保存有大量南北曲曲牌。其乐器配置精致多变,演奏风格细腻,艺术表现力丰富,具有很高的文化艺术价值。它主要由民间的"堂名"乐班演奏,为婚丧喜庆仪式提供服务,是吴地民俗活动的重要组成部分,具有较高的学术研究价值。前辈艺人创造的独特谐音字记谱法(锣鼓谱),不仅表达了不同的乐器,而且能表达不同的击法,具有独到的使用与研究价值。进入现代以来,"辛庄十番音乐"整体呈现濒危状态。目前主要传承集体有"春和堂""中和堂"两个班社。

2007年3月24日,由淮安市楚州区申报的"楚州十番锣鼓"、由江都市申报的"邵伯锣鼓小牌子"均被列入第一批省级非物质文化遗产名录;2008年6月7日被列入国家级非物质文化遗产扩展名录。2009年6月20日,由常熟市申报的"辛庄十番音乐"被列入省级非物质文化遗产扩展名录。

2. 留左吹打乐

"留左吹打乐"发源于南京市六合区长芦地区,它的产生与古代屯兵驻营有着密切的关系,可以追溯到隋唐时期,宋明时期得到发展,清朝以后成为纯民间的鼓乐。

六合长芦地区曾是军营驻扎地,军乐与当地民乐糅合,逐步形成具有固定乐律、风格独特的"留左吹打乐"。传统的打击乐曲目有《点将上位》《杀四门》《单枪》《双枪》《三锤半》《三波子》《迎军归》等。清代中期以后,经过不断变革,已成为纯民间的鼓舞民乐,传统的"忠勇曲"演变为"忠孝曲",并加入管弦乐器,形成传承下来的大曲、小曲,目前有传人六代。"留左吹打乐"在民族打击乐史上具有重要的研究价值,是军风、民俗的历史记忆。在历史更迭中,几兴几衰,不断演变,延续至今。目前原始的全套曲谱已失传,依靠老艺人回顾整理,现今已部分恢复,但仍旧难以完全达到原始面貌,有待于进一步挖掘、整理并加强保护和利用。

2007年3月24日,由南京市六合区申报的"留左吹打乐"被列入第一批省级非物质文化遗产名录。

3. 鼓吹乐(徐州鼓吹乐、海州鼓吹乐)

(1) 徐州鼓吹乐

"徐州鼓吹乐"主要流布于徐州市及周边地区,它发源于明朝,兴旺于清朝中叶后,流传至今。

"徐州鼓吹乐"以唢呐为主要演奏乐器,明代时走进徐州民间。唢呐音色高亢明亮、粗犷奔放,擅长烘托大喜大悲的气氛。唢呐经改制后音域扩大,有高音、中音、低音,表现力更加丰富。演奏时根据乐曲需要采用"变指翻调""循环换气""花舌音""嗽音""滑音""吐音"等技法,或通过气息的控制奏出沉郁柔美的箫音。各派门徒,都身怀绝技,如"呲牙笛""卡戏"等,有时在演奏过程中还穿插"口中喷火""口拽彩条"等绝活,充分显现了徐州唢呐独特的艺术魅力。徐州唢呐演奏的代表性曲牌可概括为:"摇金、凡调、三令、四来。""摇金""凡调""三令"旋律雄壮豪迈,声势宏大,给人以庄严之感,"四来"曲调则悠扬欢快。民间婚宴嫁娶、年节庙会等喜庆场合,多奏《大小开门》,丧殡辞灵等哀痛仪式,则多用《抱台》《大棺调》等悲凉之曲。"徐州鼓吹乐"还常用于戏曲、歌舞伴奏。戏曲表演到金戈铁马的场面时,其声势振荡山河,而表演秧歌、花船、高跷、跑驴等舞蹈时,则欢快诙谐、妙趣横生。在鼓吹乐队的组合中,唢呐领奏,常伴以笙、梆子、大锣、云锣、小锣、堂鼓等击打乐器,具有强烈的民间娱乐色彩。徐州有无数职业、半职业或自娱性质的唢呐班子,凡遇到婚丧喜庆、祭祀活动,便搭班演出。在演奏活动基础上,通过历代艺人不断融合、交流、吸收,唢呐演奏既有南方的柔婉细腻之气,又有北方的粗犷豪迈之风,形成了自己独有的艺术特色,具有极高的使用和审美价值,广受人民群众的喜爱。2007年起,徐州市通过设立专项保护资金、制定保护规划、召开研讨会、组织对外交流、拍摄专题片、建立档案库等手段,全面系统地将"徐州鼓吹乐"的历史资料和现实活动情况记录下来,妥善保存和加以利用。徐州文化馆成立了"徐州唢呐活动中心",培养新一代的传承人,并积极组织参加国家、省、市级各类演奏大赛。

(2) 海州鼓吹乐

"海州鼓吹乐"是流布于连云港地区的一种民间鼓吹乐,它产生于明代,清代十分普及,康熙末年东海县安峰镇的许家班名噪一时。迄今该镇有16个鼓吹乐班,其中9个是许家的后代或传人。

民间鼓吹乐是中国北方比较流行的一种民间乐种,以唢呐或管子主奏,所用乐器分大件和小件两类。唢呐称大件,为木制双簧乐器,由哨片、芯子、管体和铜碗等组成。伴奏乐器和打击乐器为小件,前者常用笙、笛等,后者有鼓、钹、木鱼、大低音锣等。"海州鼓吹乐"历史悠久,曲牌丰富,包括传统曲牌[山坡羊][寄生草]等200多首,灌云县下车乡艺人杨家岭至今仍保存着一本手抄工尺谱。此外,"海州鼓吹乐"技术精湛,艺人不仅善于吹奏大号及中、小唢呐,艺人还能用嘴巴或鼻孔同时吹奏两支唢呐,称之为"和合唢呐"。赣榆县赣马镇的吴少云是该镇鼓吹乐班的四代传人,他演奏的"大号"和"和合唢呐"技巧娴熟,气满音润,堪称一绝。民间鼓吹乐深入连云港地区群众生活的各个方面,无论是婚庆丧葬,老人过寿或儿童过生日,都要请鼓吹乐班来吹奏,尤其是丧葬仪式,至今必不可少。民间鼓吹乐还用于庙会等祭祀仪式和民间的节庆活动,因其音质明亮,多用于广场的文艺活动演奏。

2009年6月20日,由徐州市申报的"徐州鼓吹乐"、由连云港市申报的"海州鼓吹乐"均被列入第二批省级非物质文化遗产名录。

4. 锣鼓乐(陆家锣鼓、戴埠太平锣鼓、天岗锣鼓)

(1) 陆家锣鼓

"陆家锣鼓"发源于南通市港闸区,相传清朝嘉庆初年从苏州移居到现南通港闸地区的陆胜富喜爱敲锣打鼓,移居港闸后经常演奏苏州锣鼓,后发展为"陆家锣鼓"。

"陆家锣鼓"是由多种乐器组成、多声部合成的锣鼓打击乐,也是苏南十番粗锣鼓和江海文化融合的产物,兼具水乡与平原风情。其锣鼓曲牌众多,有[鱼泊水][蛇脱壳][八哥洗澡][黄海啸][闯五关][全堡塔][一枝花][五谷丰登]等。锣鼓乐器配置有小板鼓、手鼓、中鼓、大鼓、头锣、二锣、大钹、板钹、小呵、堂锣、银碗、木鱼、竹板、小碰铃多种乐器,演奏时各响其音,节奏感强,音色多样,可变性强。"陆家锣鼓"既可以敲打出音响高强粗犷的曲子,也可以敲打出精细悦耳、饱含情感的曲子,是民间打击乐器中极富表现力的乐种,可演奏出节律不同、风采各异的锣鼓曲谱。

(2) 戴埠太平锣鼓

"戴埠太平锣鼓"主要流传于溧阳市戴埠镇一带。源于太平天国侍王李世贤驻守戴埠时,军队传授给当地百姓并广泛流传的太平军乐。

太平锣鼓不仅是太平军出征的战鼓,也是逢年过节、喜庆节日的乐鼓。"戴埠太平锣鼓"属于民间十番粗锣鼓种类之一,全套乐器有30多件,由大锣鼓组和小锣鼓组构成,间以"招军"(铜制长喇叭)吹奏。大锣鼓组以大鼓、大锣、铙拔为基本乐器组成,共有6套曲,表现"备马""操练""出征""激战""奏捷""同庆"等6个情节,节奏浑厚壮烈。小锣鼓组以高音鼓、京锣、小锣、大钗、小钗、小月锣、板鼓、木鱼、撞铃等乐器组成,有[下音][上音][双节谷][一五七][雨夹雪]等锣鼓曲牌构成,节奏明快、生动活泼。大、小锣鼓高低轻重穿插,时而"招军"嘹亮,体现了威武雄壮、喜气洋洋的艺术特色,具有较高的艺术审美价值。"戴埠太平锣鼓"是目前所知太平军锣鼓中唯一的现存实例,为研究太平天国的官制、军制,以及从军乐到民乐的演化、发展,提供了实例。为保护这一音乐形式,南京太平天国历史博物馆经调查,制作了乐谱记录并由上海音乐学院专家在戴埠录像录音。戴埠中心小学也设置了"太平锣鼓"课程培养太平锣鼓乐手,并建立了一支相当规模的小学生太平锣鼓队伍。1989年,太平锣鼓被收入《中国民间器乐集成·江苏卷》。

(3) 天岗锣鼓

"天岗锣鼓"原名"天井锣鼓",相传明代时发源于泗洪县并在泗洪县有关乡村、安徽五河县等洪泽湖畔和淮河中游地区流传。其命名相传与刘邦有关。

"天岗锣鼓"经过多代民间艺人的编制、挖掘、整理,现已具有[常锣片][小七点][雁落沙滩][十八番][凤凰三点头][满堂锣]等十多个固定锣鼓牌子。"天岗锣鼓"演奏时边打边舞,演奏者持各种道具,可以蹦打、跳打、滚打、躺打,有时采用引领式和呼应式的表现手法,既清晰流畅,又激越轩昂,疏密有致。其中大铙可左右旋、上下旋、转圈旋,场面多变,犹如一曲歌伴舞,引人入胜。演奏中还有战旗助阵,表现出战无不胜、无坚不摧的气概。"天岗锣鼓"以团队表演为主,少则二三十人,多则一二百人,热情奔放,气势恢宏,高潮起伏跌宕,节奏明快,动作优美,给人强烈的视听冲击。"天岗锣鼓"传承久远,它的存在和展示,为研究中国鼓文化的形成与民俗之间的关系提供了"活态"依据,有着很高的历史价值。"天岗锣鼓"演奏具有自己独到的风格特色,表现力丰富,视听效果强烈,有文化艺术价值。"天岗锣鼓"当前的存续状况比较良好,在苏皖边界、周边县市及沿淮河中下游地区具有相当的影响。

2009年6月20日,由南通市港闸区申报的"陆家锣鼓"、由溧阳市申报的"戴埠太平锣鼓"、由宿迁市泗洪县申报的"天岗锣鼓"均被列入第二批省级非物质文化遗产名录。

第六节 宗教音乐

江苏省的宗教音乐分为道教音乐和佛教音乐两种,道教音乐居多。江苏省道教音乐流派多样,吸收了大量的民间音乐曲牌,兼受地方曲艺的影响,使用乐器丰富,唱奏技巧繁多,风格多古朴、典雅、秀逸。佛教音乐则以声乐唱诵为主,器乐为辅,音乐带有一定的民间特色。宗教音乐与宗教相伴而生,历史悠久,多在宗教仪式中演出,亦有少数在民间俗礼中表演。宗教音乐反映了人们的自然观、宇宙观以及对真善美的追求,兼具历史价值、艺术价值、社会价值与民俗价值,需要加以保护弘扬。

1. 道教音乐(苏州玄妙观道教音乐、无锡道教音乐、泰州道教音乐、茅山道教音乐、乾元观道教音乐)

(1) 苏州玄妙观道教音乐

以玄妙观为代表的苏州道教音乐,为正一派道教音乐,活动范围主要在苏州城区和常熟、吴江、昆山、太仓等县(市)乡镇,影响涉及上海、无锡等周边地区。其历史可追溯至西晋,明清时期空前活跃。

"苏州玄妙观道教音乐"分器乐、声乐两大部分。器乐部分,主要有笛曲、鼓段和二者连缀而成的套曲。笛曲在"曹谱"中有《钧天妙乐》42首(包括小笛曲、中笛曲、大笛曲等)、《古韵成规》27首和《霓裳雅韵》27首(又称新笛曲),还有"曹谱"以外的[迎仙客]等笛曲数十首。鼓段有"慢鼓段""中鼓段""快鼓段"等。套曲有发擂吹打(序曲)、头套吹打(饭前吹打)、二套吹打、夜式吹打和凡鼓段,以及一些无鼓段的套曲等,今存有近20套。声乐部分主要是经韵唱腔,也叫"韵腔",包括"赞""颂""偈""诰""咒""符"等诸种形式。演唱的方式有:咏唱式,是韵腔中旋律最美、唱腔最多的部分,常用于"赞""颂",如《斗姥赞》《王母赞》等;念唱式,用于"诰",如《灵官诰》《殷师诰》等;诵念式,用于"符""咒",如《玉清符》《化坛卷帘符》等。其中韵腔夹以道白,类似戏曲中的韵白,无韵腔的经韵,有"表""偈"。苏州道教音乐历史悠久,它继承了古代"巫以歌舞降神"的传统,1 000多年来,薪火相传,保留了诸多古代音乐遗存,具有很高的历史文化价值。其在长期的形成发展过程中,受到了吴地戏曲、曲艺和民歌的影响,融入了昆曲、十番音乐和吴歌元素,具有典雅、委婉、细腻、飘逸的特点,在全国道教音乐中独树一帜。另外,苏州道教音乐主要运用在道教斋醮法事中,也是宗教学、民俗学、社会学的重要研究资料,具有较高的科学价值。

(2) 无锡道教音乐

"无锡道教音乐"流布于无锡及周边地区,起源可追溯到南北朝时期,兴盛于唐宋时期,明清以来,持续发展。

无锡道辈传承谱系属天师、西河,且传承道脉非常清晰,绵延至今。因此,所作斋醮科仪,均为天师派祖庭龙虎山的模式,兼收上清派祖庭茅山特式与无锡地域民俗、风土人情,形成了具有明显地域方言特色的无锡道教科仪。无锡道教音乐的基本内容可分为三类:一是腔口(声乐),即道教登坛法师演唱的部分。按照斋事内容场合的不同,所用声乐体裁有赞颂、步虚、咒、道、朗念等格式,有独唱、一唱众合、齐唱等多种形式;二是梵音(器乐),清净纯洁之音乐,在苏南正一派道教中,是指用于道教斋醮仪式场合,以板鼓、丝竹、乐器演奏的独立乐种;三是锣鼓(器乐),亦称十番锣鼓,是无锡道教音乐中有别于梵音的另一门独立乐种。锣鼓虽然用于做道场,但是在乐器配置、套路整合、演奏风格与斋事用法方面均不相同。无锡道教音乐历史悠久,地方特色浓郁,规模宏大,套路精到,影响远及海内外,是中国民族音乐,宗教音乐艺术园地中的一朵奇葩。因此,保护和传承"无锡道教音乐"就是保护中华优秀民族宗教文化。目前,无锡道教音乐表演群体均由散居道士组成,队伍规模较大,约三百人。其受众大多是宗教信仰者,百姓遇婚丧喜庆、选址镇宅、护佑祈福都有相应的道教斋醮科仪,广受欢迎。

(3) 泰州道教音乐

"泰州道教音乐"主要流布于泰州市,源于古代巫术崇拜活动,可追溯到晋代,宋代达到鼎盛,晚清衰微。

"泰州道教音乐"是道教活动的重要表现形式,是与斋醮法事、演道过程融为一体的艺术。除继承传统的道教祭祀音乐外,还汲取有古代诗词音乐与昆曲音乐中的曲牌,以及苏北民间流传的俚曲小调,具有浓郁的地域特色,形成自己独到的风格特征,并涌现出众多著名乐师。其演奏形式分为行奏和坐奏两种。声乐为道教的经韵,一般用于"赞""偈""颂"的唱法。演奏乐器为传统乐器,吹奏类有曲笛、笙、箫;拉弹类有提琴(二弦)、曲弦(三弦)、琵琶;打击乐类有单皮鼓、手鼓、磬子、钲子、大小翁钹、锣、云锣、木鱼、铃主、绰板、金钟玉磬;近代吹奏乐器有大、小唢呐、长笛,拉弹类增加二胡、板胡。道教在泰州流传较早、影响广泛,使得"泰州道教音乐"具有浓厚的宫廷雅乐风格,继承并保存了汉以来历代宫廷音乐的部分乐曲,除继承了帝王庙堂仪典音乐、祀礼音乐外,还融合了教坊音乐、诗词音乐等音乐元素,结构完整、旋律珊丽。其主要演奏笛曲、鼓段和两者连缀而成的套曲或曲牌。"泰州道教音乐"内涵厚积,雅化民,对社会生活有着广泛的影响。它结构完整,曲调音韵古朴,韵腔静穆悠远,吹打活泼生动,具有民间地域风格。

(4) 茅山道教音乐

"茅山道教音乐"流传于镇江句容及周边地区,相传南朝时期由茅山上清派传人陶弘景创立,是上清派的道教活动的内容之一。至清朝时期,茅山道教斋醮科仪活动更加频繁。

"茅山道教音乐"主要用于斋醮仪式和玄门日诵。斋醮仪式有放焰口和打醮两种,包括阴阳两者,阴者是子孙后人对已故亲人追思怀念的一种特殊的表达方式,阳者则是为在世亲人的寿辰庆贺、祝福及其他重大庆典时所作的仪式,俗称做道场。通常一场仪式需要十到二十多个道士参加,时间长短视规模大小确定,最长达三四小时。仪式开始后,先由锣鼓开场,再奏道乐曲牌,曲牌依斋醮的意图与哀喜情绪确定,常用曲牌有[玉芙蓉][老八板][万年欢][天生牌][三皈依][小救苦]等。"茅山道教音乐"在吸收宫廷音乐、全真派音乐基础上，又融入江南吴歌民间音乐，形成了茅山派独有的道教音乐体系。茅山道乐中的"道白"，仍保留着明代南京官话语音，与苏南其他地区的道教音乐有着明显的地域性区别。道教音乐是中国固有的、本土化的宗教文化，是中国传统文化的重要组成部分，在中国的哲学、伦理学、文学艺术、医药学、养生学领域具有深远影响，也影响了儒学和佛教的发展流变。因此，茅山道乐堪称是中国古代音乐的活化石。目前，茅山道院对"茅山道教音乐"的整体资料进行了系统的收集整理，一批年轻道士也已熟悉经忏科仪音乐的诵念唱奏，富有茅山特色的道教音乐得到了有效的保护和有序的承传，道乐团经常开展道乐展示活动，多次参加全国道教音乐汇演。

（5）乾元观道教音乐

乾元观位于句容、金坛两市交界茅山东北的青龙山，系江苏省唯一的坤道院。"乾元观道教音乐"流布于句容、金坛，影响区域为苏州、无锡、常州、南京及上海、浙江等周边多个省市，在中国台湾、香港、澳门和新加坡等地也声名远扬。

"乾元观道教音乐"以传统古朴的经韵为主，与吹奏器乐、弹拨器乐相结合，配以打击器乐，用吴地金坛标准方言语音唱诵，表演者均为观中的坤道。相关乐器包括吹奏乐、弦乐和打击乐三大部分：吹奏乐有笙、箫、笛、唢呐等；弦乐有三弦、琵琶、扬琴、古筝、二胡、中胡、低音大胡等；打击乐有大鼓、堂鼓、板鼓、手鼓、大锣、底锣（呆锣）、当锣（月锣）、十音锣、老钹、撞铃、摇铃、引磬、大磬、手磬、木鱼等。其音乐主要用于道观斋醮科仪，分经韵和曲牌两大类。选用经韵和曲牌随阴阳的不同情绪而分为庄严凝重、悲苦哀伤、喜庆欢乐等，并有快、慢、中三种节奏的区分。词曲内容除了少量描写自然景观之外，多是以第一人称抒发情感，主要取材于历代仙真修道传奇、修炼意境和敬天法祖等中国传统的思想意识。至今，乾元观道团保留了传统的、不同类别的曲目300多首，其音乐风格和声调旋律等，明显区别于全国各地其他道教音乐，唱诵中的咬字、吐音、做韵地域特色明显。代表性作品中，庄严凝重的有《倒卷帘》，悲苦哀丧的有《悲叹韵》，喜庆欢乐的有《香花送》《白鹤飞》《万年欢》，常用的有《单吊挂》《香讃》《老八板》《文辞》，快节奏的有《碧步玉》《快中请》《五供养》等。乾元观道教音乐系全真龙门派，其经韵乐仪以全真十方正韵为主，既有适量的正一派道教音乐成分，又融入了江南丝竹和江南戏曲音乐元素，以及江南"道情""送春""啷当"等表现形式，以古朴典雅、舒缓缠绵、清丽委婉的风格形成了自己的特色，深受民众喜爱。"乾元观道教音乐"传播活动的区域广泛，其独特的中华道教音乐魅力在海内外形成了很高的美誉度。

2006年5月20日，由苏州市申报的"苏州玄妙观道教音乐"被列入第一批国家级非物质文化遗产名录；2007年3月24日，由苏州市申报的"苏州玄妙观道教音乐"、由无锡市申报的"无锡道教音乐"均被列入第一批省级非物质文化遗产名录；2008年6月7日，"无锡道教音乐"被列入第二批国家级非物质文化遗产名录；2009年6月20日，由泰州市申报的"泰州道教音乐"、由句容市申报的"茅山道教音乐"、由金坛市申报的"乾元观道教音乐"均被列入省级非物质文化遗产扩展名录。

2. 佛教音乐（天宁寺梵呗唱诵）

"天宁寺梵呗唱诵"在常州天宁寺及全国相关的寺院均有流行分布。"梵呗"是佛教活动中赞颂佛菩萨的经韵形式。相传，天宁寺梵呗始于南北朝时期，齐文宣王萧子良确定了哀婉为主的风格特点。梁武帝萧衍笃信佛教，使得江南吴地成为南方梵呗之滥觞。唐代，南北梵呗产生差异。20世纪40年代，每年有僧徒由天宁寺佛学院结业后分赴各地，使天宁寺梵呗遍传国内外。"文化大革命"期间，天宁寺梵呗唱诵水平曾一度下滑。改革开放后，法事活动逐渐恢复正常。

常州天宁寺是"禅宗四大丛林"之一。当前"天宁寺梵呗唱诵"仍然基本上保留着传统风貌，保持着汉传佛教梵呗唱诵的领军地位。唱诵一般配合法事活动进行，基本上以"纯声乐"的演唱方式，只用法器（打击乐器）伴奏，不用笙管丝弦。梵呗主体部分按文辞体裁分为"赞"与"经"两大类："赞"为诗歌体，押句尾韵，以类似唱歌的方式表演，称作"唱赞"，旋律性强，包括《戒定香赞》《弥陀大赞》等八大赞，《阿穆伽》《祝伽篮》等四大祝延及百余首小赞。唱赞速度缓慢，严格遵循一板三眼节拍，节奏沉稳，使用五声音阶，常用旋宫犯调手法进行调性色彩变换，旋律优美，庄严肃穆，音域宽广；"经"为散文体，无韵，运用乐音有节律地诵读，称作"诵经"，不强调旋律性，包括《心经》《阿弥陀经》等。诵经时速度较快,音域狭窄,常形成自发的、具有民族特点的多声部。此外,梵呗还包括音乐形态介于"唱赞"与"诵经"之间的"偈"(《祝愿偈》《普贤警众偈》等)"咒"(《大悲咒》《楞严咒》等)"真言"(《铃杵真言》《上师三宝真言》等)和"礼佛号"等。唱诵时方丈着袈裟,僧人着一般僧衣,用磬、引磬、忏钟、铛子、铪子、鼓、木鱼等"法器"伴奏,其演唱技巧既保留着南方梵呗以哀婉为主的风格特点,又具有佛教音乐的鲜明特色和江南民间音乐风味。唱诵词句有本为据,曲调无谱,以师徒口传心授方式传承。

2007年3月24日,由常州市申报的"天宁寺梵呗唱诵"被列入第一批省级非物质文化遗产名录,2008年6月7日被列入第二批国家级非物质文化遗产名录。

第三章　传统舞蹈

传统舞蹈是一种把舞蹈表现形式和民俗文化空间联系在一起的舞蹈类型，伴随着各种民俗事象开展，通过表演者的肢体动作，渲染着民俗活动的氛围，表现着民俗事象的内涵。按照民俗舞蹈的主要功能，可以分为习俗舞蹈、祭祀信仰舞蹈、岁时节令舞蹈三大类。

据第一次全国非物质文化遗产普查统计，江苏共有传统舞蹈945项，占普查总数的3.4%，其中南京、无锡和连云港的数量最多，其他地区数量较少且较为平均。截至2009年，江苏列入国家级非物质文化遗产的传统舞蹈有3项，分别为"东坝大马灯""邳州跑竹马""骆山大龙"；省级非物质文化遗产包括"睢宁落子舞""男欢女喜"等。

近年来，一些传统舞蹈经过挖掘创新，已经走出江苏省，走上国际舞台，如南京六合区的《解表》、高淳县的《花扇舞》和《大马灯》、栖霞区的《龙舞》、溧水县的《跳当当》等在全国乃至国际舞坛都曾获得殊荣；海安花鼓于2001年获国家文化部"群星奖"金奖。另一方面，舞蹈的濒危情况在各类非物质文化遗产中是十分突出的，整体上呈现严重萎缩现象，从相关史志对民间舞蹈的记述来看，很多已经失传，如今保存下来的不少也濒临失传。

第一节 习俗舞蹈

习俗舞蹈反映了普通民众的生活和生产。江苏省是农业大省,自然资源丰富,水系发达,劳动人民在日常生活、农业劳作和从事渔业生产的过程中,针对不同的生存环境创造出丰富多彩、形式多样的舞蹈,来表达对生活的热爱和对丰收的喜悦。

1. 麻雀蹦

"麻雀蹦"流传于南京市江宁区秣陵街道、淳化街道、湖熟镇一带,因其以摹拟秋收后麻雀在稻场上欢蹦啄食的情态,边击鼓边舞蹈而得名。该舞相传发源于明末方山陶家庄,故又名"方山大鼓",发展成熟并兴盛于太平天国时期。

"麻雀蹦"表演时一般用10面大鼓、10面大锣,辅之以伞、旗、幡等。表演者边鼓边舞,欢蹦雀跃。麻雀蹦中的鼓和锣,既是舞蹈道具,又是伴奏乐器。鼓声浑厚,鼓点简洁生动,锣音清脆,节奏稳健有力。鼓手击鼓时均成马步姿态,贴鼓半蹲,昂首挺胸,横握鼓槌,上下来回滚动点擦击鼓。这样击鼓不仅便于跳跃,移动自如,且鼓声特别浑厚动听。整个舞蹈以"七五三"节奏为贯穿全舞的基本动作和鼓点,共有展翅、啄稻、亮翅、抱窝等部分。鼓点明快朴实,动作舒展大方,刚健有力,给人一种欢快奋进之感。"麻雀蹦"具有鲜明的战斗气质,是江宁民众的情感产物,反映了农民渴望社会安宁、丰衣足食的美好愿望。"麻雀蹦"久盛未衰,得益于其广泛的群众基础以及不断丰富的文化内涵。"麻雀蹦"对于研究传统民间文化等有较高的价值,值得保护传承。"麻雀蹦"的表现形式独特,舞蹈语汇以摹拟麻雀的各种情态及动作为主,被载入《中国民族民间舞蹈集成·江苏卷》。

2007年3月24日,由南京市江宁区申报的"麻雀蹦"被列入第一批省级非物质文化遗产名录。

2. 睢宁落子舞

落子,又称"莲花落""莲花乐"。历史可追溯到明嘉靖年间,流传于徐州东部睢宁县境内古下邳一带。

"睢宁落子舞"表演时由一名英俊男子手持花伞领舞,两名白衣男子打连厢或舞动霸王鞭;两名红衣女子打竹板和耍红散巾;五名男女演员分别以跑跳步、搓跳步、踩寸子等变化多端的步法不断变化队形,舞动有序,高潮迭起。其舞姿造型美、动作幅度大、节奏感极强、表现力明快。落子舞有文、武落子之分。文落子又叫小架落子,舞蹈动作幅度小,表演文雅、细腻,以古下邳象山村艺人卢修田为代表。武落子,又叫大架落子,舞蹈动作幅度大,表演热烈、奔放、粗犷,以睢城镇骑路村艺人刘宝才、刘宝顺为代表。两种不同风格的落子舞所表现的思想情感,均以庆贺丰收成果、渴求国泰民安、憧憬幸福美好未来为主题,反映了先民们健康、快乐的人生观。中华人民共和国成立后一直活跃在省、市舞台上的获奖节目有《大落子》《闹洞房》《庆丰收》《激情落子》等。"睢宁落子舞"不仅具有较高的观赏性和审美价值,又具有丰富的思想内涵和特定地域的审美理念,是中国民间舞蹈文化宝库中的独特财富,也是中华民族丰富的文化遗产中的重要组成部分。

2007年3月24日,由睢宁县申报的"睢宁落子舞"被列入第一批省级非物质文化遗产名录。

3. 谈庄秧歌灯

"谈庄秧歌灯"相传起源于清咸丰年间,主要流传于金坛谈庄村及周边。

"谈庄秧歌灯"的表演者共13人,身份、服饰及脸谱形态均模仿古代戏剧中的角色,如"张生""莺莺""浪子""红娘""万先生""渔婆"等。秧歌灯中人物表演的重场部分是"浪子游春"。"浪子游春"由"红娘"与"浪子"二人配对表演,其内容取自《西厢记》以及根据其改编的《红娘纪事》。13个角色每人左手挑一盏形状各异的彩灯,右手拿一把扇子,做"打连湘"或"翻腕花"动作。扇子是花式各异的折扇。灯是以竹篾和纱布扎制而成,形状图案依角色而各异。人物按照戏剧传说中的规定情境进行演唱,边唱边舞,其余角色则在原地配合或呼应。每表演完一对,再以锣鼓串连接应上下,结构互相连贯又相对独立,犹如一挂"葫芦串"。"谈庄秧歌灯"既有源于古代戏剧人物表演的成分,也广泛吸收民歌、时令小调、曲艺等元素,还有从外地民间吹打、演唱中直接移入的成分,长期并存,各自发展,具有曲目生成的多源性和本土与外来的共存性。"谈庄秧歌灯"演唱的基本曲调、声腔充满浓郁的江南水乡风味,调式抒情悦耳。其配对表演、队形变化及相关道具有规律,均以"圆"状为主,舞蹈动作轻柔文雅,舒缓秀气,同时讲究表情,表演时演员沉浸在规定情境中,含蓄儒雅、脉脉传神、惟妙惟肖,具有较高的观赏性。1988年,谈庄秧歌灯被收入《中国民族民间舞蹈集成·江苏卷》。

2007年3月24日,由金坛市申报的"谈庄秧歌灯"被列入第一批省级非物质文化遗产名录。

4. 滚灯

"滚灯"的历史悠久,是集舞蹈、杂技、体育为一体的运动,也是显示村坊实力的竞技表演。"滚灯"可追溯到北宋,流传于江苏、浙江和上海等地,尤其在太仓的双凤镇、沙溪镇和璜泾镇等地盛行。

"滚灯"是由一里一外套在一起的两只球体组成。外球直径约1米,用13根宽约3厘米、厚约1厘米的毛竹片扎成,表演者的双手可插入竹片间的空隙把球抓牢。内球直径约60厘米,用宽约2厘米、厚约0.6厘米的竹片编成,外面蒙布,缀有小铜铃,中间可插蜡烛,以倒环装置保持蜡烛的水平状态,表演时通过滚动外球摇响铜铃并配合演员的各种造型及动作带动观众的情绪。滚灯队一般由童子1人和帮手7人组成,童子高冠束发,上着杏黄色窄袖短衫,下身蓝裤,腰束红带,脚穿白布袜,布筋草鞋,手握红缨枪,踩在灯上,一边舞枪,一边踩动灯球滚动前进。帮手上穿白色对襟蜈蚣扣衫,下着镶蓝边灯笼裤,脚蹬布制短靴,在滚灯周围配合做各种造型动作。由于滚灯较重,耍球的技巧要求高,体力消耗大,所以帮手必须由身强力壮的男子担任。童子由少年扮演,需有武术的基本功。"滚灯"演出用大小锣、大小钹及鼓等打击乐器伴奏。出场时奏[急急风],节奏变化不多,速度随动作即兴掌握。"滚灯"对江南杂技、舞蹈等文艺形式影响较大,对苏南地区抗倭史、民俗史等都有一定的学术参考价值。

2007年3月24日,由太仓市申报的"滚灯"被列入第一批省级非物质文化遗产名录。

5. 茶花担舞

"茶花担舞"流传于江阴市利港镇,源于苏南庙会仪仗队伍中表演的挑茶担。

"茶花担舞"由8人演出,塑造了诚实淳朴、纯洁可爱、幽默调皮、活泼天真的采茶姑娘形象。其中主人公金花的舞蹈采用了传统民间舞蹈中的小碎步、晃身、挑担换肩等动作,其他姑娘则采用茶担换肩、持圆扇、团扇晃手、云手转身推扇等动作,使整个舞蹈形体丰富、气氛热烈。舞蹈道具为每人一副扁担、茶壶、花篮。茶壶、花篮都用竹篾扎成骨架,外以色布包蒙而成,舞蹈服饰则为颜色鲜亮艳丽的对襟绸缎上衣、中式裤和布鞋。茶花担舞的音乐早先只用[打牙调]曲调作为全舞的伴奏,后又增用了利港地区流行的[江南山歌][十杯酒][三月姑娘]等民歌,以辽阔优美的山歌音调,将金花和姑娘们引向山明水秀的田野境地,继而以柔美的曲调和鲜明轻快的节奏,表现姑娘们一路上的愉快心情,刻画了姑娘们可爱的形象和内心活动。"茶花担舞"在传承发展中还融入了生产、爱情、友谊等方面的内容,拓展了舞蹈的表现面,增添了生活情趣,加之江南丝竹和民歌音乐的烘托,对于现代歌舞创作具有很好的参考价值。

2009年6月20日,由江阴市申报的"茶花担舞"被列入第二批省级非物质文化遗产名录。

6. 渔篮虾鼓舞

"渔篮虾鼓舞"自晚清开始盛行,流传于江阴市华士镇一带。

"渔篮虾鼓舞"由三人边走边歌舞,表演属于两旦一丑的"三小"形式。扮演姐妹俩的舞者手持由竹篾、彩纸制作并装饰花纸流苏,内部点上蜡烛的渔篮、虾鼓。姐姐身着蓝色绣花袄裤、大红绣花肚兜,腰系粉红色围裙;妹妹身着粉红色绣花边上衣、桃红色绣花中式裤、大红色肚兜、白色围裙。两姐妹唱苏南小调并起舞。丑角身着灰色长衫、白色灯笼裤、粉绿色描金帽、深绿色腰带、黑色靴子,手持小折扇,以逗趣为主,配合对唱。歌词中有传统的部分,也有即兴创作的部分,灵活的变通加强了表演性与艺术效果。渔篮虾鼓的动作韵律和风格来自江南水乡渔民的劳动,舞蹈动作模仿船民的行动,从而形成"欲动先出胯,迈步微微颤"的舞蹈风格,以轻松活泼、优美抒情表现了江南鱼米之乡的渔家情趣和生活气息。每年农历二月、农闲时节,镇上举行庙会、行会,常有渔篮虾鼓队的演出。"渔篮虾鼓舞"是本乡人民渔捞生活的反映,体现了江南民风民俗,展现了山清水秀、景色迷人的鱼米之乡迷人风光,具有强烈的地域特色。

2009年6月20日,由江阴市申报的"渔篮虾鼓舞"被列入第二批省级非物质文化遗产名录。

7. 睢宁龙虎斗

"睢宁龙虎斗"可追溯到明代,主要流传于苏北睢宁地区,是具有祭祀性质的民间舞蹈。睢宁龙虎斗演员有12人,其中舞龙9人、舞虎2人、镇虎1人。表演者均是舞技高超、体力较强健的青壮年,具有机智灵活的表演技巧和默契的配合能力。演出开始时,镇虎人翻着各式"跟头"登台亮相,再做"飞脚""蹦腿""扫堂""旋子"等动作,引龙、虎上场做出"瓦罩"等各式托举,再各按套路进行格斗,招数主要有"盘龙""啃中节""跳五节""并蛟""八卦""晒翅""出筋""别翅""长龙告驾""小游回家""白龙打颤""海底捞沙""九连灯""九连环""三七肘""找九节""圈尾""勾尾""群虎""压尾""凤尾""大五穿""群珠""龙吐痰""龙虎斗""犀牛望月""啃七节小游""地八卦""地波""天波""瓦罩""独龙过江""猛虎拦路""蛟龙出水""八仙过海"等。龙虎斗舞蹈队形变化多端,龙虎相斗时舞动有序、高潮迭起,具有舞姿造型美、动作幅度大、节奏感强、表现力明快等特点。有时还做出各种托举、滚翻等技巧,既蕴含浓郁的乡土气息,又表现出典型的地域特征、丰富的舞艺特征、独特的音乐特征及鲜明的时代特征。据全国民族民间舞蹈普查证明,全国有各种各样的舞龙形式,唯独睢宁出现龙虎相斗的舞蹈。"睢宁龙虎斗"在不同时代民间文化汇演、调演中,荣获多种奖项。20世纪80年代初,该舞被编入《中国民族民间舞蹈集成》和《中华舞蹈志》。

2009年6月20日,由睢宁县申报的"睢宁龙虎斗"被列入第二批省级非物质文化遗产名录。

8. 睢宁云牌舞

"睢宁云牌舞"可追溯到清代康熙年间,流行于徐州东南黄河两岸。

"睢宁云牌舞"是由地方扇子舞演变而来。早期是由8~16位女童手拿云牌,不断地变化队形,以表现秋天的夜晚明月上升、云彩飘动的情景,后又将不同的云图组成吉祥文字,以突出舞蹈主题。舞蹈的过程表现了空中"浮云""淌云""穿花云""接云""挫云"等景观,由乌云到风云,由风云到浮云,由浮云到卷云,由卷云到雨云,直至暴风骤雨,继而雨后天晴,再由小磨云到大磨云,蹲云到巧云,最终叠成"天下太平"四字。该舞主要反映了劳动人民渴望"天下太平",祈盼安居乐业、生活富裕的心情。"睢宁云牌舞"世代传承有序,早年该舞以自娱自乐为主,每年的春节前后和四月初八下邳羊山庙会是其表演活动的主要时间段。"睢宁云牌舞"在吸取各地民族舞蹈的基础上不断创新发展,活跃在徐州大地及周边地区的舞台上,深受广大观众欢迎。

2009年6月20日,由睢宁县申报的"睢宁云牌舞"被列入第二批省级非物质文化遗产名录。

9. 千灯跳板茶

"千灯跳板茶"相传出现于清朝末期,流行于昆山市千灯镇,是用于婚礼场面向新人、亲戚敬献美茶的一种仪式。

"千灯跳板茶"的表演者大多是年轻男性,要具备刚柔相济的腰功,翻弯自如的手功,既需要身体柔韧的协调性,又需要笑容可掬的亲和力。表演者双手各托一只直径约20厘米的红漆木质茶盘,围绕盘底挂有黄色小流苏,盘中各放有一只高10厘米左右,有托底、有茶盖的五彩茶碗,内泡有优质茶水。表演时双手悬托茶盘,翻转起舞。舞蹈动作主要是三拜九叩,行礼献茶,起舞时茶杯纹丝不动,茶水点滴不泼,通过茶盘的高低翻动和前后旋转,让观赏者享受到男方家庭给予女方家庭的隆重礼仪。表演过程大致维持在十分钟左右,一般没有伴奏音乐,使观众在凝神、屏息的惊奇、赞叹中获得美的享受。千灯跳板茶是苏南水乡婚礼习俗中一项独具风格的表演仪式,与水乡婚俗密切相连,对了解水乡生活形态、民俗传统和地域文化具有一定的研究价值。1988年出版的《中国民族民间舞蹈集成·江苏卷》对《茶盘舞》进行了精细的采录,该舞蹈的"脚本"也先后被收入《中国民族民间舞蹈集成·江苏卷》和苏州市的《舞蹈志》,产生了更广泛的影响。

2009年6月20日,由昆山市申报的"千灯跳板茶"被列入第二批省级非物质文化遗产名录。

10. 花鼓(海安花鼓、浒澪花鼓、浒浦花鼓、泰兴花鼓)

(1) 海安花鼓

"海安花鼓"是以花鼓(或花鼓灯)为道具,兼具北方"薅鼓"特色和南方"秧歌"特色的民间舞蹈,又称"角斜花鼓",流传于江苏海安县角斜、旧场、李堡、西场等东部地区。

"海安花鼓"原先只有"打场子",亦称"闹场",是纯粹的歌舞表演。传承与发展过程中为迎合观众掺入杂剧,增加了部分说唱戏曲艺术。花鼓于每当年节或乡村庙会和迎神香火会演出,其中,农历正月到二月二灯期规模最大。演出时先由狮灯、马灯、龙灯闹场,锣鼓大作,再由花鼓出场,打开表演场地,群众即围坐观看。"海安花鼓"主要人物有三个,女角称"红娘子",男角称"上手",丑角过去称"骚鞑子",另有花鼓队。表演顺序为"头唱""莲湘""粮船""荷花"。舞蹈动作大多是从农民生产和日常生活当中提炼发展出来的,如"风摆柳"脱胎于风吹杨柳的姿态,"撬荷花"源自于荷花开放的姿态,"三步两搭桥(颠三步)""蝴蝶绕花芯"等可以在插秧、收割、担物中寻觅其踪迹。伴奏音乐运用当地的民间小调,如[花鼓调][穿心调][挂金索][莲湘调]等,曲调与唱词自成一体,具有浓郁的江南小调风味。中华人民共和国成立以来,"海安花鼓"经过文化馆人的挖掘整理,多次出现在省和全国文艺展演和大赛之中。

(2)浒澪花鼓

"浒澪花鼓"又称"下洋花鼓",是一种融歌、舞、戏为一体的民间表演艺术。相传自清雍正、乾隆年间开始在如东县西北部地区的浒澪、栟茶、河口等乡镇,以及海安县的旧场、角斜地区流行,至今已有300年历史。

"浒澪花鼓"的演出分"内场"和"外场"两部分,"内场"为室内坐唱的堂歌,"外场"是广场演出的歌舞小戏。外场开始先是打花鼓,出场的主要人物有小旦(红娘子)、小生(上手)、小丑(鞑子),还有和尚、渔翁穿插其间说笑逗趣。花鼓打完后接着"打莲湘"跑场子,再接着是表演"撬荷花",红娘子骑在上手肩上做荷花梗,八个女孩骑在八个男青年的肩上作花瓣,舞蹈队形如同荷花开放,使表演达到高潮,最后表演花鼓小戏。外场结束后转入内场唱堂会,先为主人唱[奉敬调],继而唱各种流行小调,歌词内容有唱古人,唱爱情,唱风光或唱艺人自身经历等。"浒澪花鼓"曲调质朴、流畅、优美、动听,与当地方言水乳交融。曲调中反复运用同音,多处上行下行地跳进,造成了热烈诙谐的情趣。"上手"角色以多变的手法敲击、抛击云锣与整个乐队配合,此起彼落,增强了音乐的表现力,起到了烘托舞蹈的作用。"浒澪花鼓"从民间小调发展到载歌载舞,再延伸到戏曲舞台。这种先有音乐,再到舞蹈,最后到戏剧的传承发展格局,是"浒澪花鼓"在演变过程中区别于中国其他花鼓的一个显著艺术特征。"浒澪花鼓"已被编入1988年出版的《中国民族民间舞蹈集成·江苏卷》。

(3)浒浦花鼓

"浒浦花鼓"原称"打花鼓",流传于常熟浒浦镇。20世纪初,浒浦民众以苏北花鼓为基础,结合当地的"龙灯舞""跑灯舞"和"麒麟舞"等传统民间舞蹈,创造出了"浒浦花鼓"。

"浒浦花鼓"边唱边舞,唱词以古代人物和传说故事为主,因兼具曲艺说唱特点,故又称"曲艺花鼓"。"浒浦花鼓"常在渔船出海、返航以及乡间年节、满月祝寿等喜庆场合演出,届时还会根据不同场合现编祝颂唱词。伴奏乐器有二胡、笛子、琵琶和扬琴等,乐曲通俗,便于叙事和即兴发挥,开场及中间的小锣节奏变化丰富,增添了表现情趣。演员人数三至六人无定,基本角色有"花鼓大哥""花鼓百挑"和"花鼓娘子"。四人表演时加一个"花鼓妈妈",五人花鼓再加一"顽童",六人花鼓中则有两个"花鼓娘子"。过去女角均由男子扮演。"花鼓大哥"左手小锣,右手锣片,负责引路领唱。"花鼓百挑"手持莲湘,起串联、打逗、制造气氛的作用。"花鼓娘子"左手持鼓,右手执帕,与"花鼓大哥"配合动作,具有江南民间舞蹈中"颠颤"的特点,这是区别于苏北、安徽花鼓最重要的特征之一。"花鼓妈妈"手抓手帕,也起挑逗打趣作用,动作比"花鼓娘子"更夸张。"顽童"手执小扇,穿插其间,动作夸张,活泼顽皮。"浒浦花鼓"将苏北豪放与苏南娇柔融于一体,展现江南渔港人民的生活状况,表达了他们独特的情感,具有一定的历史文化价值。

(4)泰兴花鼓

"泰兴花鼓"可追溯到明末清初,成熟于清代中后期,由当地农民在田间耕作休息时击鼓演唱的形式发展而来,主要流传于泰兴市一带。

"泰兴花鼓"以红灯、莲湘、竹板、镗锣等为道具,通常由6人表演,男女各半,俗称"六人花鼓",此外亦可由2人、4人、8人、12人表演。因表演道具中有插上蜡烛的红灯,花鼓表演可以在晚上进行,故"泰兴花鼓"又叫"夜花灯"。舞步和动作幅度大且灵活、风趣。其动作特征是"晃头、挺脖、扭腰、摆胯、膝屈、脚颤、手灵",舞步有"喜鹊登梅""玉兔拜月""雪花盖顶""游龙戏珠""金猴爬杆""螳臂挡车""枯树盘根"等,其中的"颠三步"和"喜鹊登梅步"为"泰兴花鼓"所独有。唱词采用泰兴方言,朴实亲切,通俗易懂,一般都是祝愿风调雨顺、国泰民安、五谷丰登、六畜兴旺,或夸赞古人的内容。演出形式为边跳边唱,热烈欢快,感染力强。曲调有[花鼓调］［跨金索］［倒花篮］三种，具有浓郁的苏北民间小调的风味。

2007年3月24日，由海安县申报的"海安花鼓"、由如东县申报的"浒澪花鼓"被列入第一批省级非物质文化遗产名录；2009年6月20日，由常熟市申报的"浒浦花鼓"、由泰兴市申报的"泰兴花鼓"被列入省级非物质文化遗产扩展名录。

11. 花船舞（大兴旱船、灌云花船）

花船舞又名"旱船"，历史悠久，传说在两汉时期，山东、赣榆沿海一带已出现，多出现于沿海渔民的节庆活动中，是一种以舞为主、说唱为辅的自娱自乐民间舞蹈形式。花船表演的人物关系比较简单，在舞蹈动作上以跑为主，注重情节。以夸张的"划船""撬船"等为主要表演动作，气氛活跃，妙趣横生，有着较强的娱乐性。长期以来，跑旱船广泛盛行于庙会、乡会等民俗节日活动，反映民间生活，娱乐人民大众，形成了一种稳固的娱乐形式，并流传至今。

（1）大兴旱船

"大兴旱船"的历史可追溯至清朝，流传于全宿迁市，主要集中在宿豫区。原为民间大旱之年祭祀求雨的一种形式，后逐渐演变为庙会、乡会、民俗节日群众自娱的广场舞蹈节目。

"大兴旱船"的表演形式以旱船伴舞为主，说唱为辅。主要道具是旱船，长约2米，宽约0.8米，高约1.5米，为竹竿、竹篾制成，用绸布围起，船顶、船头饰以绸花。表演套路为"开船""荡船""浅穿""四门斗""三叩首"。基本舞步有"十字步""碎步""垫步""弓箭步""趾步""矮步""挪步"等。舞蹈伴奏的乐器有大鼓、大锣、大铙、小钹、小镲子等，点式有［急急风］［慢长锣］［游西湖］［太平春］［醉八仙］［青果湖］［双富贵］等；伴唱乐器有二胡、四胡、竹板、小瓷碟等；演唱曲调有［淮红调］，曲牌有［四季游春］［虞美佳人］［小五更］［八段锦］［扣百子］等。现今"大兴旱船"的表演在内容和形式上有了很大的创新，节目内容紧紧围绕时代发展的主题，歌颂好人好事新风尚，抨击社会上的丑陋恶习，激励社会进步，形式上也从过去的一条船表演发展到十余条船同时登场。"大兴旱船"表演在历次市县区民间艺术表演中均获大奖。大兴镇17个村居都有旱船艺人从事业余演艺活动，全镇有业余旱船骨干人员30人。

（2）灌云花船

连云港人把花船表演称作"玩花船"。灌云花船主要流传于灌云县，从灌云地方文献中可知在清代就有花船表演。

灌云花船的特色之一是表演花船剧，一旦一丑相互戏谑，角色跳进跳出，诙谐有趣。花船剧中唱腔用民间小调，如［十劝郎］［谈媒］［卖饺子］［补缸］等。说唱使用灌云方言土语，乡土气息浓郁。伴奏主要用正、反弓二胡各一把，以及三弦、四胡。有时丑角还用俏皮的语言将拉胡琴的人请到船边，在各种行船动作中随船边走边拉进行伴奏。花船没有舞台要求，多在门前场地，由旦角顶船走圆场，请观众向外圈退出一个可供表演的圆场即可，四面台口，叫作"打场子"。常演剧目有《王妈说媒》《小秃闹房》《王婆骂鸡》等。花船表演早期多为艺人自由组合，或由家庭、亲戚组成家庭班子，最为著名的有邵家班、陆家班。中华人民共和国成立以后，各个乡村都有花船表演，在宣传党的方针政策、国内外大事和先进人物中发挥了重要作用。每到重大节日，各行各业都有花船上街表演，人数多达上千人。

2009年6月20日，由宿迁市宿豫区申报的"大兴旱船"、由灌云县申报的"灌云花船"均被列入第二批省级非物质文化遗产名录。

12. 莲湘（姜堰滚莲湘、如皋莲湘、洪武花棍舞）

"莲湘"，是一种许多民族和地方都喜爱的历史悠久的传统民间舞蹈形式。"莲湘"的产生，比较可信的说法是因为明末清初时期，因战事频繁，人们居无定所，被迫靠乞讨为生，并随身携带一根竹竿，用于打狗。有时打狗，竹竿会打在地上，发出清脆悦耳的响声，后发展为将打狗竹竿两端刻槽，在槽内装上3～5枚铜钱，用铁钉将铜钱串住，摇动或敲打时发出响声。乞讨时摇动或敲打竹竿，并伴以民间小调和舞蹈，最终形成了一种固定的舞蹈形式，即莲湘，至今已有300余年历史。

（1）姜堰滚莲湘

"姜堰滚莲湘"起源于姜堰马庄一带的龙舞，已有200多年的历史，代表作品有《杨柳青》《丰收莲湘》《打起莲湘走四方》等。

"姜堰滚莲湘"由一名男子手执莲湘进行滚动击打表演，全舞分为"上八盘""下八盘"。根据不同的姿势，每八盘分别有不同的名称，如向前叫"前八盘"，向后叫"后八盘"。两个动作之间有时用莲湘击地动作来连接。滚莲湘的动作模拟了龙的形态，如"龙出水""龙戏水""龙腾跃""龙翻身"等，有很强的寓意。"姜堰滚莲湘"最大的特点在于"滚"字，一是棍在身上滚，舞者手执莲湘，在身上不同部位滚击敲打，使得莲湘在身上的各部位滚动流转，二是人在地上滚，表演者边打莲湘边在地上作各种翻滚动作。舞蹈动作既雅致秀美、柔媚纤细，又刚劲质朴、热情豪放。它形式自由，变化较多，道具灵巧轻便，可配以本地流行的民间小调进行即兴表演，深为广大群众喜爱。"姜堰滚莲湘"舞蹈动作丰富多彩，带有水乡人"龙"文化的崇拜意识，具有较高的历史文化价值，是能够增进人与人之间的感情，促进社会和谐的民间舞蹈。

(2) 如皋莲湘

"如皋莲湘"可追溯到清朝，是一种手执莲湘棒打出有节奏声响的舞蹈，在如皋地区广泛流传。

"如皋莲湘"具有打法多，动作、节奏、队形变化多，造型美等特点。有行进的打法，有原地的打法，还有对打、转打、蹲打、跳打等。棒可以在人体的上下左右前后各个方位打，可以在人体的脚、腿、腰、臂等部位打。主要动作有"拔棍""拔棍扭断腰""勾脚碾步""棒打里外拐""单棒打双雁""双棒打篱笆""棒打十二棍""双棒三、三、七""双棒绕钟"等。多种打法配以队形变化，使莲湘表演灵活多样，刚柔并济，此起彼伏，眼花缭乱，高潮迭起。再配以说唱、呼喊等，形成了既可在舞台上演出，又可列队过街表演的独特莲湘群舞。"如皋莲湘"的服饰极富特色，表演者头扎两个小髻于耳上，髻上插朵黄色花朵；身穿中式大襟缎上衣，系红腰带，衣裤配以深色图案花边，队伍中着桃红、翠绿者各一半（如16人即各8套）；脚穿圆口系带彩鞋，鞋面与服饰同色。"如皋莲湘"使用的道具为长130厘米的青竹，距青竹棒头10多厘米处掏空嵌铜钱数枚，击打时能发出响声，棒身涂以红、白两色油漆，棒头棒尾用红绸、绿绸包裹。"如皋莲湘"因风格独特，被收入1988年出版的《中国民族民间舞蹈集成·江苏卷》。

(3) 洪武花棍舞

"洪武花棍舞"是长期活跃于泗洪县境内及淮河沿岸，具有鲜明地方特色的传统民间舞蹈，相传起源于洪武年间。

"洪武花棍舞"的道具主要为"花棍"。花棍系用细木棍、细竹竿或干透的荆条制作而成，竿长80～100厘米，直径2.5～3厘米，在距两端5～10厘米处各嵌入四五个小铜钱或小铜钵，当摇动花棍时，铜钱撞击孔壁发出响声。花棍表面着红、黄、蓝等色彩，棍两端系扎彩色绸布，以作装饰，每个演员手持两根棍，根据内容可分可合，服饰以短衫为主，束腰带，戴头巾，体现牧童特征。洪武花棍舞内容可分四部分：第一部分，展示上肢，并双棍交叉打；第二部分，展示躯干，打背花；第三部分，展示下肢，双棍从腿下交叉穿打、下蹲、盘打、跳跃、打连环；第四部分，组字造型。演员人数不受限制，道具简单易做，表演展示时不需固定音乐，可用歌谣伴奏，也可口头朗诵诗歌伴奏，具有"舞"和"操"的共同特征。舞蹈节奏明快、动作幅度大、舞姿优美，深受人民大众的欢迎。"洪武花棍舞"表演形式独特，用木棍敲击人体各部位，舒展洒脱，用音乐或歌谣伴奏，旋律流畅，跌宕有致，具有较高的艺术价值。

2009年6月20日，由姜堰市申报的"姜堰滚莲湘"、由如皋市申报的"如皋莲湘"、由宿迁市泗洪县申报的"洪武花棍舞"均被列入第二批省级非物质文化遗产名录。

第二节　祭祀信仰舞蹈

祭祀信仰舞蹈反映了人们对美好生活的向往和追求，具体体现在各种祭祀、祈祷神灵赐福的舞蹈中。先民在农业生产过程中，多以舞蹈的形式取悦神灵，以求消除水灾、旱灾、虫害、杂草等灾害，确保丰收。此外，每当破土开荒、播种、插秧、收割、谷物进仓之时，也会在一系列祭祀活动中表演舞蹈。

1. 龙舞（骆山大龙、栖霞龙舞、长芦抬龙、直溪巨龙、段龙舞、沙沟板凳龙舞、太平龙灯）

"龙舞"是中华民族在节庆中表达喜悦和祝福时最常见的文化传统项目之一，流传年代久远，民族特色鲜明，文化底蕴深厚。它来源于汉代的"鱼龙漫衍"之戏，在四季的祈雨祭祀中，春舞青龙，夏舞赤龙和黄龙，秋舞白龙，冬舞黑龙，每条龙都有数丈长，每次5～9条龙同舞，经过后世创新发展，现在民间的"龙舞"不仅有很高的技巧性而且表演形式越来越丰富多彩。

(1) 骆山大龙

"骆山大龙"主要流传于溧水县骆山村一带，相传由明代骆山村进士杨培庵传入。

舞龙活动一般从头年的腊月二十四起草,至来年正月十八落草,历时25天,一般多在骆山村邻近的石臼湖湖滩上进行,表演环节较多,分工明确。起草时,先放玛咪炮(地炮)召集全村百姓。起草以后要给白龙开光,先放号炮三响,紧跟着鞭炮与锣鼓喇叭齐鸣。之后要摆香案,安放香炉,插蜡烛,焚香,叩拜祷告,以示请神接神。接下来,给白龙挂红,取一尺红布悬挂于龙首,有祝福和祈福的意思,这时就可以开始正式舞龙了。舞龙主要分为"跳珠""跳龙""跳云"三部分。跳珠即由掌珠人在前面引导龙首前行,跳龙即由掌珠人手持火红龙珠挑逗诱引,大龙在掌珠人的引导下进行高低起伏的舞蹈,其阵式有巨龙摆尾、一字长蛇阵、盘旋阵等,跳云即由66名8至12岁男童身着彩衣、彩帽、绣鞋,每人手持两块绘有云彩的云板,在龙身四周围起的空场中表演,表演分为"图阵"和"字阵"两种。"骆山大龙"的龙身体巨大,长近百米,头宽2.2米、高2.3米,每节龙身长2.8米,一共24节,号称"江南第一龙",龙身里点蜡烛,且分配专人进行换蜡、放炮、伴奏等工作,其与众不同之处是无龙尾。"骆山大龙"保留有一整套仪式和程序,反映出了先民们对于大自然的认知。龙舞活动期间相互走亲戚、赏龙灯、喝年酒等,具有典型的苏南民间特色和浓郁的民俗文化气息。"骆山大龙"独特的表演形式及龙道具扎制、彩绘、刺绣工艺等,都是数百年来传承下来的,对于了解古人的审美观以及古代风俗具有较高的价值。此外,"骆山大龙"多在社会安定、生活富足时兴盛,故对研究特定历史阶段苏南农村经济、文化现象具有一定的价值。"骆山大龙"于2005年、2006年恢复表演活动,经当地政府组织相关的研究、整理等工作,"骆山大龙"的知名度日益提高。

(2)栖霞龙舞

"栖霞龙舞"流传于南京市栖霞区,相传源于元宵节玩龙灯的习俗。

"栖霞龙舞"的形态十分丰富,动作既有滚、盘、腾、游、窜等基本动作,也有跳、卧、交、绞、旋等难度动作,队形上则有独舞、对龙、四龙、大小龙、手龙、鼓龙、组合群龙舞,还能做高难度动作的表演。"栖霞龙舞"还保留着最原始的龙舞形态之一——柴龙,系用竹篾编制的节节圆筒组成的龙身和龙头、龙尾,用木板固定,用木销相接,串成长龙,造型古朴,演员众多,展开有40米,是南京地区的"民俗活化石"之一。"栖霞龙舞"注重体现民族性和时代感,无论在舞蹈结构、舞蹈语汇、舞蹈造型还是服装道具、鼓乐效果等诸方面皆具强烈的民族性和鲜明时代感。龙舞的动作生动活泼,注重跑阵势;龙舞的伴奏音乐地域特点突出,锣鼓乐节奏变化丰富,具有鲜明的特色。20世纪80年代,南京市栖霞区进一步在全区普及龙舞艺术,除保留了传统的"柴龙舞"形式外,又发展了能适宜在白天玩耍的"布龙舞"形式。此外,栖霞区还形成了一支制作龙舞道具的队伍,先后为市内外及海外华人社团制作过60余条龙舞道具。20世纪90年代以来,"栖霞龙舞"不断适应社会发展需要,先后为国际、国家以及省市级各类庆典活动演出上百场,特别是编排的广场群龙舞,以雄浑的气势、壮丽的场面赢得观众的喜爱。

(3)长芦抬龙

"长芦抬龙"主要流传于高淳县淳溪镇,相传是与北宋杨家将有关的民间表演活动。

"长芦抬龙"原称"板龙",因其龙头、龙身、龙尾下均有木板托置而得名。龙身木体分块连成24节,龙身每节直径0.8米左右,每节长约2米。龙头高达3米,龙尾高跷约2米,头、身、尾连接有转环孔装置提把,全龙每条长约60米。每节龙身须由6到8人更替抬舞。一般是以"三龙"或"五龙"出动,忌出"双龙"。龙的造型极为讲究:黄龙头饰二冠,鼻形卷书式;白龙头饰三冠,鼻形笔架式;红龙头饰一高冠,鼻形印信式。各龙头头部均用绸绫缝糊,且工艺精细。舞龙者的装束亦讲究分色协调,随龙三色分别着装,头扎英雄巾及采用鱼鳞裹腿,穿绣花布轻便鞋,表演者包括盘舞、仪仗、吹打乐队等,约需千人左右。"长芦抬龙"规模巨大,享有"龙中之冠"的美称,有势大、形美、声茂、律严的特点。"长芦抬龙"的制作采用民间工艺,龙头高大,龙身较长,威武雄壮,龙头绘有戏剧人物增强感染力,配打击乐产生强烈的音响效果,体现了民间文化的艺术价值。长芦抬龙不仅极大地丰富了当地人民群众的文化生活,而且对族群的团结和社会的和谐起到很大的促进作用。现已被编入《中华舞蹈志·江苏卷》。

(4)直溪巨龙

"直溪巨龙"相传起源于明代,流传于江苏省金坛市直溪镇巨村，因源于巨村，且龙形巨大而得名。

"直溪巨龙"最早以稻草扎制而成，将稻草按龙体粗细捆扎延连相接，草捆中分若干节插入木棍，制成便于自由弯曲的龙身、龙头和龙尾，长约15米左右，可由七八个人舞动，随工艺有所进化逐步改为以竹篾扎制，骨架外裹以龙鳞状的布皮和蜡烛灯饰等，龙身可达100节，全场200多米，需100多人协同表演。表演共有18个环节，由巨龙旗号前导，大锣大鼓鸣进，舞龙队擎龙列阵，跟随"引球"先"双打招"入场，首先进行"游龙""八卦阵""翻小花""翻大花""舞三步"，以步法和手摆身舞辅助结合表现巨龙游动的情景，然后以"跪舞""坐舞""过仙桥""罗汉盘龙""空中探花"几个环节表现巨龙活泼好动的习性和灵活矫健的身姿，再接着以"躺舞""开荷花"表演出龙在荷花丛中的嬉戏憨态，并以龙身的甩动变化依次摆出"天下太平"四个大字，最后，以"老龙脱壳"和"长龙翻身"两环的表演将气氛推向高潮，寓意辞旧迎新，国强民富。整场表演结合跳、钻、游、叠、戏、盘等动作技巧，环环相扣，十分紧凑。舞者动作矫健，舞姿变化多端，艺技娴熟，所有舞蹈动作都在龙的游动中进行，增强了艺术效果。由于龙身巨大且造型逼真，动作灵活且速度快，锣鼓伴奏铿锵有力，整场表演既气势磅礴又富有江南地方特色。因巨龙的表演体力消耗大，表演者多选择身强体壮的男性，在表演过程中往往需两三班人马接替。表演者最初没有统一穿戴，民国后期开始讲究服饰，现统一穿清末年间服式的彩衣彩裤，腰扎彩带，头戴英雄帽或头扎英雄结。

（5）段龙舞

"段龙舞"起源流传于江阴市申港地区，20世纪40年代最为流行。

段龙又名彩龙，也称脱节龙灯，样式丰富、色彩缤纷，以品种来分有草龙、苍龙、布龙、长龙、段龙等，以颜色来分有吴家店的黄龙、周家店的白龙、小沙上的青龙等，一般在喜庆节日和庙会活动中表演。"段龙舞"的道具龙包括"龙头""龙尾"及"龙身"等部分，龙身一般为7节、9节、11节、13节，均为单数。龙头用竹篾制成，外蒙白布彩绘，龙身每节都扎成榔头形，后飘9尺长的橘黄色绸布，不舞时节节分开，起舞时绸布飘动，段段相连。龙身上装有电珠，夜间起舞时亮光闪闪，犹如流星。"段龙舞"的舞蹈动作十分丰富，有"行进舞""原地舞""弓步舞""坐姿舞""侧身舞""后仰舞""半卧仰天舞"等。其中舞珠者由男青年担任，舞龙者由女青年担任，男青年手执龙珠指引着整个舞队的舞蹈。舞珠动作讲究稳与奇，须力道遒劲，扎实沉稳，以起到指挥舞队的中心作用。同时，舞珠的动作中糅合了很多杂技动作，如倒立旋转、地蹦等，使表演跌宕起伏，引人入胜。"段龙舞"以打击乐器伴奏，乐队由京鼓、大鼓、京锣、大锣、小锣、低音锣、京钹、大钹等组成，演出中根据情绪和动态，变化锣鼓点子。1950年，新中国第一支"段龙舞"队伍在申港成立并于1956年获得演出奖项，此后申港对"段龙舞"艺术进行了保护与传承发扬工作，"段龙舞"被编入1988年出版的《中国民族民间舞蹈集成·江苏卷》。目前，"段龙舞"已成为申港的一个传统特色文化品牌，同时作为江阴市的特色民间文艺展现在全国人民面前。

（6）沙沟板凳龙舞

"沙沟板凳龙舞"主要流传于兴化市，源于东岳庙会的游行祭祀活动，经沙沟镇民间扎纸艺人李兆龙推动形成。

"沙沟板凳龙舞"多在庙会上演出。演出者按五、七、九个人为一组，各持一"拜香凳"，凳面上糊一层白纸，上面贴有红、黄、青、蓝等色彩的鳞形纸片，形成一长条形态各异的"板凳龙"。为了表演方便，在"拜香凳"两只脚中间加了一根横撑，以便单手高举。在出会队伍的排列上，若人少则组成"独龙腾空""二龙抢珠"的造型，若人多则组成"五龙闹海""九龙会聚"等造型。随着时代的发展，为使表演更艺术化，将小凳改较大的凳子，由庙会祭祀活动改为舞台表演，有时也在大型庆祝活动上表演。龙的制作也由当初的简陋粗糙向现代精绘细制转换，彩绘上增加了色彩变化，有白龙、金龙、青龙等造型区分，使龙的形象更丰富，神态更逼真。板凳龙是沙沟古镇深厚文化底蕴的结晶，具有浓厚的地域文化色彩和独特的水乡风情。

（7）太平龙灯

"太平龙灯"主要流传于常州市新北区罗溪镇。相传清代顺治年间，依八卦阵中文王卦为阵势始创，以祈求天下太平，风调雨顺，民生安康。

"太平龙灯"与东晋谢家有渊源，舞蹈队员均是罗溪镇谢氏家族后代。舞蹈队形以八卦阵为主阵势，舞队队员均穿带有八卦图案白色舞衣，效仿淝水之战时士兵的白色战袍,表演时阵势气派,变化多端,奥妙无穷,形成了独特的表演艺术风格。"太平龙灯"一般在正月初一至元宵节活动,演出时需60余人,其中舞龙者9人。龙灯全长12.6米,分为九节,每节可点蜡烛,龙头、两只眼睛、两只角上共点五盏灯,龙尾也有五盏灯一字排开。舞龙时,前有督旗,十六角绣球开道引路,一路锣鼓喧天,旗帜招展,浩浩荡荡。到达表演地后,按"序幕""进阵""舞龙""阵式"四个步骤进行,随着"八卦阵""梅花阵""一字长蛇阵""月牙阵""蝴蝶阵"等阵式的不断变化,产生出不同的表演效果,十分精彩。"太平龙灯"体现了人民祈求国泰民安的思想,反映了当地人民的生活习俗和信仰,在艺术上融构思美、造型美、体型美、技巧美、舞姿美为一体,体现了当地人非凡的组织能力、凝聚力和团结精神,丰富了人们的精神文化生活。

2007年3月24日,由南京市溧水县申报的"骆山大龙"被列入第一批省级非物质文化遗产名录,2008年6月7日被列入国家级非物质文化遗产扩展名录。2009年6月20日,由南京市栖霞区申报的"栖霞龙舞"、由南京市高淳县申报的"长芦抬龙"、由金坛市申报的"直溪巨龙"、由江阴市申报的"段龙舞"、由兴化市申报的"沙沟板凳龙舞"、由常州市新北区申报的"太平龙灯"均被列入省级非物质文化遗产扩展名录。

2. 男欢女喜

"男欢女喜"可追溯到元末明初,盛行于清乾隆年间,是宜兴地区独具特色的民间传统舞蹈。

"男欢女喜"为假面持扇双人舞,其中"男欢"与"女喜"二角又称"男㑘"与"女莽",故该舞又有"踩莽""调莽"之名。表演过程中,男、女双膝始终保持微屈,各地在舞姿和动律方面又有不同程度的改变和发展,最终形成各具特色的"上盘""中盘""下盘"三种流派和七十二套独特的扇子功和七十二套独特的舞步。道具的使用上,男女二角各执一把黑色纸折扇,女角还执彩色手帕一条。男角使用的扇子较大,女角纸扇较短,无字画。此外,男女两角皆戴面具、系脚铃,这在汉民族舞蹈中较罕见。舞蹈以史实或民间传说为基础,通过带有宗教色彩的表现形式,反映出人们祈求降福与驱避灾疫的愿望。舞蹈表演内容丰富,基本节目除了《钥匙头》外,还有《荡湖船》《采桑》《买胭脂》《打店》《点灯》《送茶》《男困女困》《开窗望月》《打神》《花蝴蝶》等十个传统节目,既带有一定的戏曲特点,又展示了服饰的美观和独特。"男欢女喜"体现了自然美与人文美的和谐统一,历史悠久,地方特色鲜明,表演内涵丰富,展现出太湖地区传统文化的魅力,成为历史变革的有力见证。1988年,"男欢女喜"被编入《中国民族民间舞蹈集成·江苏卷》。

2007年3月24日,由宜兴市申报的"男欢女喜"被列入第一批省级非物质文化遗产名录。

3. 钟馗戏蝠

"钟馗戏蝠"灯舞起源于清代中前期,流传于江苏如东县岔河、掘港一带,主要在传统灯会上表演。

"钟馗戏蝠"融灯彩、木偶、杂技、舞蹈为一体。钟馗系大型灯彩,身高六尺有余,上罩华盖伞,其头、身用铅丝、竹篾扎制而成,面、前胸用薄绸糊成,呈半透明状,里面点灯。钟馗身着大红官衣、围肩、玉带、红裤、厚底马靴、尖纱官帽,脸谱庄重,双目圆睁,威风凛然。小鬼甲乙身材较小,银白色道箍衣、墨绿底镶银边彩肩、卡片、墨绿色灯笼裤,薄底靴、白布袜,脸谱滑稽,与钟馗形成高与矮、大与小、庄与谐的强烈对比。表演时由一个扮作小鬼的人在灯偶身后操纵,另有四人扮作蝙蝠,围绕钟馗翻飞嬉戏。舞蹈语汇丰富,分"舞蝠""戏蝠""扑蝠""降蝠"等,四只蝙蝠翻飞腾挪,动作难度大。表演至高潮时,钟馗双目放光,腹中灯亮,喻钟馗心明眼亮、以正压邪,且"蝠"与"福"同音,喻消灾降福。舞蹈的音乐伴奏以打击乐为主,套用戏曲锣鼓点子,有时也用民间艺人自编的曲子配合唢呐曲牌演奏。"钟馗戏蝠"在表现形式、表演风格上均有独特之处,人偶同台,人偶合一,既是舞蹈,又是杂技和灯彩,想象丰富,寓意深刻。因其独特的思想内涵和较高的文化艺术价值,被收录《中华舞蹈志·江苏卷》。

2007年3月24日,由如东县申报的"钟馗戏蝠"被列入第一批省级非物质文化遗产名录。

4. 傩舞(跳幡神、跳娘娘、跳马伕、高淳跳五猖)

(1)跳幡神

"跳幡神"相传起源于元末明初,主要流传于古胥河岸边的溧阳市社渚镇及周边地区,源于百姓祭祀江南治水英雄张渤的民俗。

"跳幡神"以"起傩""行傩""演傩""圆傩"四个程序表现驱邪逐疫、感恩天地、祈盼丰收、祝福平安的主题。整套舞蹈动作简朴、粗犷、奔放、有力,其中最出彩的是"演傩"仪式。"演傩"分为上、下半场:上半场在鼓声和唢呐声的奏鸣里,八匹小竹马追逐撒欢,角力嬉戏,接着是"开路神""压阵神""报信神"上场,作大刀舞,间以吼声;下半场,五路猖神(青、白、红、黑、黄)暨东、南、西、北、中表演,每位猖神分别着五色靠旗,嘴中念念有词,似唱如吟,动作简朴,同时唢呐高奏,鞭炮齐鸣。锣鼓渐快的同时五路猖神越跳越欢,在周围众神与村民百姓阵阵呼唤声中,"演傩"仪式结束。跳幡神是一种集传统舞蹈、民族服饰、民间雕刻为一体的民俗文化活动;也是集宗教、祭祀、民俗和舞蹈艺术于一身的复合文化体。它舞蹈狂放,服饰艳丽,雕刻夸张,表达了人们对神的崇拜,具有较高的艺术审美价值,也为人们研究古老的傩舞在苏南地区的形成和演进,提供了民族学、民俗发生学等方面的研究实例。至今,"跳幡神"还留存有八个明朝时期的面具,具有历史文化价值。跳幡神被收入1988年出版的《中国民族民间舞蹈集成·江苏卷》。

(2) 跳娘娘

"跳娘娘"是流行于扬州西北山区香火会中的一种祭祀性舞蹈,与上古时代的傩礼祭祀活动一脉相承,盛行于清代。

"跳娘娘"源于香火戏,是香火戏艺人对凤凰图腾崇拜的艺术反映。"跳娘娘"的表演形式是由香童扮作"娘娘神"或"二郎神",在简洁的锣鼓伴奏下,手持特制单面小鼓,身着"凤冠、霞披、百褶裙",击鼓而舞,舞毕而歌。表演时先唱"开坛词",然后按"启告""上香""子孙娘娘临坛""扫地娘娘临坛"的顺序表演。舞蹈动作多以凤鸟形态取名,故又名"凤舞"。"舞不离鼓,鼓不离手"是"跳娘娘"舞蹈的基本动律,击鼓的动作要求是"花香鼓,绕又晃,左鼓又签不相让,眼神随着鼓儿走,鼓如生在腰眼上,签跳鼓扣腕不僵,签签打在鼓中央",同时要求动作"扭颈收颔头不倒""腰扭胯摆、肩摇膝颤"。舞蹈用锣、鼓、铙、钹四件打击乐器伴奏,与表演者动作节奏和手中花香鼓的鼓点变化紧密结合。"跳娘娘"具有原始宗教仪式性特征,是古人用来消灾祈福的手段,其动作中至今还保留着一些神秘色彩,崇敬与庄重贯穿始终。"跳娘娘"与当地农村重要的习俗活动相伴而行,与农民们的生产、生活紧密关联,为研究民风民俗,乃至宗教礼仪都提供了珍贵的历史资料和鲜活的文化记忆。岁时节令的民间习俗也为"跳娘娘"的流传、发展提供了前提条件。20世纪80年代,"跳娘娘"经收集、整理后编入《中国民族民间舞蹈集成·江苏卷》。

(3) 跳马伕

"跳马伕"俗称"烧马伕香",是南通市如东县一带流传的在迎神赛会期间专为祭祀"都天王爷"张巡的男子集体舞蹈,可追溯到明末清初时期。

"跳马伕"人数不限,舞蹈动作没有固定的顺序,队形变化因地制宜,时间长短视迎神赛会的具体情况而定。动作队形的变化由"马伕头"(有经验的老马伕)手执令旗指挥。基本动作有"前马伕步""横马伕步""马步前跳""转身跳""左右踹腿跳""转身踹腿跳""跺步踹腿跳""荡步跳""甩臂跳""横步跳""搭腰跳""左纵马跳""右纵马跳""小跑跳""跪步""绕扦跳""纵马举扦跳"等。烧马夫香时常伴有木鱼声,后来采用纯打击乐民间演奏形式,节奏稳健,刚劲有力,准确地塑造了马伕粗犷、剽悍的人物形象。主要乐器有大鼓、排鼓、大钹、镲、铜鼓、散锣、木鱼、梆子、发号等。该舞蹈庄严凝重,粗犷热烈,动作沉而不懈,梗而不僵。烧香还愿者扮成马伕与马,跳跃在都天菩萨的辕前驾后,表达对神灵结草衔环、执辔效劳的心愿及对英烈们不屈精神的崇敬之情。20世纪80年代"跳马伕"被收入《中国民族民间舞蹈集成·江苏卷》。

(4) 高淳跳五猖

"高淳跳五猖"是古代举行神灵出巡活动的祭祀舞蹈,可以追溯到西周,原为古代宫廷傩舞,流入民间后演化成跳五猖舞蹈。明代跳五猖在今高淳桠溪镇一带流传,至今仍然保留原始古朴的风貌。

"五猖"即东、西、南、北、中(分别对应青、赤、白、黑、黄)五方之神,跳五猖意在降妖除魔,保五方平安。"高淳跳五猖"的表演威严、雄壮,五猖神的表演者着神袍与猖神面具,另有土地、城隍、僧、道、武士等多人。五猖神手执双刀,作巡视状出场,朝拜四方,舒臂抬腿,做出各种舞蹈动作,碎步穿插,布列各种阵形。黄面猖神居中,青、赤、白、黑猖神围聚收场。跳五猖舞蹈动作粗犷奔放,伴有仪仗队、旗幡队,音乐曲牌用民间小调,配乐用锣鼓打击乐器及唢呐、长喇叭等吹奏乐器,场面十分壮观,极具震撼性。"高淳跳五猖"是汉民族民间保存完好的傩舞,是舞蹈的雏形,反映了先民们的信仰习俗和审美心理,以及对于美好生活的祈盼。它的活态传承为研究高淳乃至江南地区的历史、政治、社会、人文、宗教等具有重要的参考价值。20世纪80年代该舞被收入《中国民族民间舞蹈集成·江苏卷》,后又编入《中华舞蹈志·江苏卷》。

2007年3月24日,由溧阳市申报的"跳幡神"、由扬州市邗江区申报的"跳娘娘"、由如东县申报的"跳马伕"均被列入第一批省级非物质文化遗产名录;2009年6月20日,由南京市高淳县申报的"高淳跳五猖"被列入省级非物质文化遗产扩展名录。

第三节 岁时节令舞蹈

在民间节日习俗的活动中,民间歌舞技艺与节日欢乐气氛相结合,既富有浓厚的生活情趣,又能反映民俗节令的特色。民俗活动为民间舞蹈提供的这种表演时机和表演环境,不仅促进了民间歌舞的发展与繁盛,而且也使民俗活动本身增添了内容和活力。

1. 竹马（东坝大马灯、邳州跑竹马、淮阴马头灯舞、湾北小马灯舞、南辰跑马灯舞、蒋塘马灯舞）

（1）东坝大马灯

"东坝大马灯"主要流传于江苏省高淳县东坝镇东坝村,相传其灵感源自汉代"骆驼载乐"的艺术形式。

"东坝大马灯"体型庞大,造型逼真,表演生动而气势磅礴,极具观赏性。马灯先用竹子制作骨架,再用各色绒布蒙制马皮,并饰以马鞍、缰绳、铜铃等。一般由七匹"马"组成,每匹"马"由两人扮演,前面一人顶起"马架"扮马头,后面一人曲身,钻入"马腹"作为马身。在乐队的配合下,模仿真马的动作奔跑、腾跃。随后,扮演刘备、关羽、张飞等三国人物的小演员飞身跃马,马队交替布阵,最后按"天下太平"四字的笔画走阵收场。由于大马灯必须有较多的固定人员参加,因此表演者都是东坝村村民,多为老少三代同台表演,经传承和发展,"东坝大马灯"逐步形成百姓喜闻乐见的传统舞蹈。"东坝大马灯"具有重要的历史价值和人文价值,在内容上体现了高淳人民崇尚"忠义"的思想和改天换地的龙马精神,表达着对"天下太平"和谐社会的追求向往,蕴涵着中国的传统道德理念。1978年改革开放以来,高淳县加强了对东坝大马灯的保护,在保持原生态的基础上对音乐、舞美等方面作了进一步的规范。

（2）邳州跑竹马

"邳州跑竹马"又称"竹马舞""竹马会",起源流传于邳州市,清代时最为盛行。

竹马以竹篾、五彩纸、彩绸扎糊而成。驾马者将竹马系于腰间,后跟随一执旗马童,二人为一对,五对为一组。领骑的金兀术扮演者跨麒麟,着铠甲、豹衣、彩裤,戴髯口,马童身着兵卒服饰,背插刀剑,擎彩色龙凤旗随马而舞。首演时,五匹马按照设计的跑马路线,配合音乐锣鼓策马跑阵。跑竹马舞蹈以"跑"贯穿始终,跑中见阵、阵中见情,有"喝马起跑""催马小跑""放马轻跑""纵马快跑""鞭马疾跑""勒马倒跑""呼马停跑"等动作要领,力求"跑出姿态、跑出阵势,跑出气势"。"邳州跑竹马"经演绎创造,融入了打击乐、唢呐及歌唱等伴奏形式,逐渐形成载歌载舞、气氛热烈的地方民间舞蹈,并在传承发展中派生出了多种不同的风格和流派。1988年"邳州跑竹马"被收入《中国民族民间舞蹈集成·江苏卷》。

（3）淮阴马头灯舞

"淮阴马头灯舞"流传于淮安市淮阴区及其周边地区。其起源据传和韩信有关,清末民初盛行。

"淮阴马头灯舞"也叫"走马灯",至少需要24人才可演出,演员须精力充沛、动作有力、步伐铿锵、队列整齐、节奏感强。马头灯舞动作以走为主,即演员列单纵队伴着锣鼓节奏出场,步法有走步、侧步、跨步、退步、踮步、踏步等。演出可分为行进表演和定点表演,行进表演以"龙摆尾""穿花风""蜕蛇皮""铁链扣""别笆门"等五节为主,将队列有机组合,在行进中交替进行;定点表演则选定广场进行表演,演出"拜锣鼓""王昭君""双剪股""盘四柱""合龙门"等桥段,也可辅以行进表演的形式。"淮阴马头灯舞"道具主要为马和灯,有的表演还要配备马鞭。马用竹篾扎内筋,外附布质马皮,马腰留洞,将马系于演员腰带上。灯分四盏特制高杆灯和多盏小灯笼两种,现在多用灯泡代替内置的蜡烛。表演所用道具轻便,易于操作,服装包括古代军服、古代女装以及头饰。伴奏主要是打击乐器,有两班锣鼓,也有在马脖上系响铃,演员手执马鞭上也可以装置如莲花落一类的响器。演员一手摆动马头,另一手拿马鞭,和着锣鼓节奏以壮声势,协调步伐以及增强表演节奏。

(4) 湾北小马灯舞

"湾北小马灯舞"又称"串马灯""跑马灯",其起源与古代驻军有一定的关联。主要流传于南京市六合区。

"湾北小马灯舞"表演形式分"闹场"和"静场"两种。"闹场"有三个套路:奔腾式,套链子,串8字。"静场"是在舞台式的场地表演,其套路是以"数字"连演成趣,如"一马当先""二马窜宫"等。明清以后只传承了"闹场"的三个套路,"静场"套路已失传。马背上的人物则以古装戏剧如《三国》《水浒》《西游记》《白蛇传》等人物为主。"湾北小马灯舞"传承未断,沿革有序。这一古老的民间灯舞和它的起源故事,传达了古代军民联谊的信息,也是古代民俗民风的活记忆。小马灯舞的独特表演和欢腾、奔放、活跃的风格,很受百姓欢迎。

(5) 南辰跑马灯舞

"南辰跑马灯舞"起源并流传于连云港市东海县,其起源与宋辽战事有关。

"南辰跑马灯舞"是一种充溢着阳刚之气的汉族民间舞蹈,演出时分为祭祀、大场、小场三个部分。"祭祀"的目的是保佑出征将士早日凯旋,以及祈求百姓丰衣足食、国泰民安,在演出开始前,所有演员在村中长者引导下,列队至村口,燃放鞭炮、烧火纸,口诵祭词,祭拜祖先和上苍。"大场"为舞蹈的核心,表演内容为宋辽交战双方布阵和破阵、进攻和抵抗、胜利和败逃的场面,共有十三种阵势。共17人参演,均为男性,分为五组,每组马、灯、卒各一,最后跟一灯和一传令兵。表演时,前四组骑马者男扮女装,后跟随一辽兵主帅,表演形式以跑马为主,随着整体队形变换,跑出各种阵势,体现出抗击外寇、保家卫国、不甘于屈服的民族精神。"小场"的表演形式多样,内容为杨门女将凯旋后百姓欢悦喜庆的场面。有"挑花挑""花鞭舞""扭秧歌""丢丢老爷舞""扑蝴蝶""担瑕儿挑(旧时铜锅)""红公嘴大大喜""划旱船""小放牛""老媒婆"等多种民间舞蹈形式,各唱各调,一派欢乐场面。"南辰跑马灯舞"独具艺术特色,它演绎了宋代杨门女将抗击外敌的故事,保留了古朴的祭祀风俗,又是一种综合性的艺术。"大场"用跑马来显示激烈的战斗场景,而"小场"则用多种具有地方特色的舞蹈形式组成。"南辰跑马灯舞"在东海县代代相传,常在乡镇组织排练和演出。

(6) 蒋塘马灯舞

"蒋塘马灯舞"主要流传于溧阳市社渚镇等地区,相传源于中原移民们纪念宋代杨家将与明末农民起义军的祭祀活动。

"蒋塘马灯舞"的表演队列有十匹神马,各自配有神将、马童、护卫者、执事人、旗鼓铳手等。十位神将均有特定的角色名称、战袍、木雕面具等,其余表演人员身着黄衣。"蒋塘马灯舞"表演时分上、下两场。上半场表现杨家将率众抗击敌军、浴血奋战的场面。令旗指挥十匹神马包围敌军,踩着鼓点围场转圈,先小圈后大圈,先慢走后快跑,直至跳跃飞腾,象征正在包围一座城池。然后是力杀四门,攻破敌城,最后全歼敌军。十位战神手握刀枪剑戟,在神马护卫中奋力刺杀。下半场表演军民共庆胜利的喜悦场景,十匹神马兴高采烈,十位神将欢欣鼓舞,逐次排列出"天、下、太、平"阵图,祝福万民安居乐业。"蒋塘马灯舞"为研究中原舞蹈文化和江南舞蹈文化的交互融合、演进提供了民族学、民俗发生学等方面的实例。此外,作为一种集舞蹈、服饰、美术为一体的民俗文化品种,也具有比较高的艺术审美价值。

2007年3月24日,由高淳县申报的"东坝大马灯"、由邳州市申报的"邳州跑竹马"等均被列入第一批省级非物质文化遗产名录,2008年6月7日被列入第二批国家级非物质文化遗产名录;2009年6月20日,由淮安市淮阴区申报的"淮阴马头灯舞"、由南京市六合区申报的"湾北小马灯舞"、由东海县申报的"南辰跑马灯舞"、由溧阳市申报的"蒋塘马灯舞"均被列入省级非物质文化遗产扩展名录。

2. 狮舞(江浦手狮、铜山高台狮子舞、丹阳九狮舞)

(1) 江浦手狮

"江浦手狮"流传于南京市江浦县永宁街道,其起源相传与太平天国驻军有关,后作为节日庆典和祭祀民俗被驻地乡民继承下来。

"江浦手狮"道具独特,用竹片扎成雏形后,以麻布和彩丝装裱成狮子模样,再在前胸和小腹下撑以两根木竹棒作为舞狮者的手柄。表演套路亦有别于其他狮舞,可由单人、二人或几十人演出,表演者穿戴黄巾或白巾、马甲、红腰带、黄色灯笼裤、黄布靴,扮作太平军战士。表演者双手紧握手狮手柄,狮头统一在右,在鼓点的指挥下,或上下甩动,呈"∞"形或编队穿梭打斗,动作包括"狮子点头""就地翻滚""二狮抢球""八狮子串井""蛟狮盘柱"等。"江浦手狮"经过挖掘整理,在原有基础上增加女子及儿童手狮,在道具、编排、舞曲、内容等方面均表现出时代特征,极大地丰富了"江浦手狮"的表现力。20世纪80年代末,当地政府对其采取了一系列保护措施,在农村、学校、机关、企业、军营等对江浦手狮舞进行了编排移植,使这一项目得到了有效的传承与保护,形成了男子手狮舞、女子手狮舞、狮虎双雄、儿童手狮舞等多支表演队伍。

(2) 铜山高台狮子舞

"铜山高台狮子舞"源于宋代即出现的舞狮习俗,20世纪60年代,沈庄艺人沈庆年等将高台舞狮发展创新,形成今天独具特色的"铜山高台狮子舞"。

"铜山高台狮子舞"最惊险、难度最大动作是在三张桌子高度的"高台"上表演,因此被称为高台狮子,技艺高超,动作细腻,情态可掬。动作文武兼有,以"武"为主。"文"有搔痒、理毛、张望、打招等,"武"有跳越、跌打、翻滚、登高等。整套狮子舞分为"地滚""高台"两部分。表演时的腾、闪、跃、扑、滚引人入胜,特别是在叠起的6张方桌上(3张桌子高度)的活灵活现地表演,把兽王喜怒哀乐、咆哮嘶鸣,逗乐打趣的情态表现得淋漓尽致。该舞蹈技术难度高,动作惊险,造型逼真,活泼有趣,充分表现出了狮子威武、勇猛、矫健的形态。以往每逢年节,舞狮队都要走村串户表演,烘托节日气氛,为当地群众所乐见。现在"铜山高台狮子舞"已成为当地群众最喜爱的民间传统表演艺术,并被收入1988年出版的《中国民族民间舞蹈集成·江苏卷》。

(3) 丹阳九狮舞

"丹阳九狮舞"流传于丹阳市后巷镇,可追溯到明代。每逢庙会、新年、正月十五元宵节或是其他喜庆节日,九狮舞都要出场表演一番,渲染喜庆气氛。

"丹阳九狮舞"早期的道具比较简单,九只狮子仅用竹篾片和纸简单制作而成。"丹阳九狮舞"的表演形式为一人执彩球,九人舞狮。"九"是中华民族喜闻乐见的吉祥数字,九狮共舞,表演别具一格。执球者随着锣声鼓点,口吹哨子,手挥彩球,进、退、沉、盘、逗,引得狮子翻、滚、跳、跃,雄姿勃发,千姿百态。舞狮的队形也随之不断变化,六节段落的顺序依次为"狮子抱球""九连环""元宝舞""四角挽结""五瓣棉花桃心""乌龙摆尾",加之激越的鼓点、明快的节奏、澎湃的气势、奇特的舞姿,使舞者、观者无不豪情奔放,欢欣鼓舞。

2007年3月24日,由南京市浦口区申报的"江浦手狮"被列入第一批省级非物质文化遗产名录;2009年6月20日,由南京市江宁区申报的"铜山高台狮子舞"、由丹阳市申报的"丹阳九狮舞"均被列入省级非物质文化遗产扩展名录。

3. 凤羽龙

"凤羽龙"起源并流传于无锡市惠山区,源于人们鸡毛制作成的龙用来祈祷风调雨顺、五谷丰登的活动。

"凤羽龙"全长23米,共15节,因龙是用公鸡毛缝制而成,故有"鸡凤同宗"之说,又因凤与龙又都是吉祥的象征,于是誉名"凤羽龙",蕴含着"阴(凤)阳(龙)调和"之意。"凤羽龙"表演者为18人,其中1人舞夜明珠,1人舞龙头,11人舞龙身,5人敲锣打鼓、吹唢呐;其表演套路造型有"跪舞""卧舞""游龙""龙船""拆旗舞""套头舞""慢八字舞""龙打展""龙脱壳""龙脱衣""龙抢珠""抽地滚""高盘塔""串锁条""三角城""卷心梅花""金龙盘珠""孔雀开屏""蜈蚣脱壳""首尾腾身""八仙过海"等40多种。音乐伴奏采用打击乐,有大鼓、锣、钹、水镲。每次表演先由锣鼓闹场,然后才出龙。鼓点一般采用[急急风][七击头][散点]等。由于龙身较重,故表演中需要两档人员更换上场,队员由本村的青壮年男性担任。无锡洛社凤羽龙以独特的制作工艺、精湛的舞龙技艺,在江南地区颇负盛名,是民间传统艺术中的一朵奇葩。

2007年3月24日,由无锡市惠山区申报的"凤羽龙"被列入第一批省级非物质文化遗产名录。

4. 高跷(沛桥高跷)

"沛桥高跷"主要流传于高淳县及周边地区,源自清末农历三月、五月、七月庙会上的表演项目。

"沛桥高跷"由沛桥村民演出,一般高跷队由十几人组成,常常老少三代同台表演。表演者分别化妆成生、旦、净、末、丑诸角,依戏文表演。"沛桥高跷"向以表演见长,属典型的南派风格,演出基本分为跑阵和乐队两大部分。行走演出时锣鼓在前面开道,踩跷人在跷上手挥着手帕、扇子、鱼网、兵器等道具,往返回复,做出种种舞姿,技艺高超者还能表演出跌扑、翻滚、劈叉等惊险动作。高跷以两根长85厘米左右的木跷杆做成,中间钉耳,上装踏板,演员将脚置于踏板上,再用绳子将跷杆紧缚于双腿,然后立起行走舞蹈,极具观赏性。演出分4场36个曲目,包括《桃园结义》《打渔杀家》《摘石榴》《施公案》《刘海砍樵》《三请樊梨花》《白蛇传》《千里送京娘》《穆桂英挂帅》等。"沛桥高跷"的产生和发展,表达了人民群众对和谐社会的向往。此外,对历史、政治、社会等方面的研究也有着重要的参考价值。在创作上,戏剧人物形象逼真、表演生动,配以打击乐产生强烈的音响效果,突显了民间艺术的魅力。

2009年6月20日,由南京市高淳县申报的"沛桥高跷"被列入第二批省级非物质文化遗产名录。

5. 龙吟车

"龙吟车"又称"林灵车""辚辚车",其起源相传与唐玄宗李隆基有关。主要流传于高淳县,属民间集体舞蹈。

"龙吟车"以车命名,车为高大的木结构,总重量可达500多公斤。车身高3.3米,车上装有龙形木雕,长43厘米,龙形雕刻精美,昂首伸爪,曲身翘尾,神态生动。独轮装置在车身下,直径1.43米,车轮中轴为小轮盘,直径40厘米,外车轮能在推动旋转时带动内小车轮发出碰磨吱嘎声。车身两侧立有两护杆,长7.84米。车上竖八面布质长旗,俗称"蜈蚣旗",每面旗高达8.7米。整个表演队伍长约500米,参加表演人数达千人以上,沿村巡游。"龙吟车"把唐代的民间传说与艺术表演结合在一起,造型独特,在江南地区比较少见。1988年,在当地政府的抢救保护下,中断40年的"龙吟车"巡游再次兴起。近年来,村里成立了保护组织,组建了表演队伍,制订了相关保护计划。同时当地政府还认真地做好传承人的保护工作。

2009年6月20日,由南京市高淳县申报的"龙吟车"被列入第二批省级非物质文化遗产名录。

6. 灯舞(万绥猴灯、指前鱼灯、新沂七巧灯)

(1)万绥猴灯

"万绥猴灯"主要流行于常州市新北区孟河镇等地,是一种以模仿猿猴动作表现样式的民间舞蹈,可追溯到清朝。

"万绥猴灯"多在逢年过节和庙会时表演。猴灯队伍一般有几十人,戴猴面具、穿猴衣。前面由猴王和魁星领路,一面12平方米的督旗和八面舞旗开道。在锣鼓的伴奏下,演员手持叉棍,表演猴子的各种表情和动作,待气氛高涨,再表演整套程序,依次为"序幕""单猴""双猴""三猴""五猴""台猴""单棍""双棍""谢幕"。舞蹈主要动作有"魁星戏猿猴""穿阵""舞势""翻筋斗""滚绣球""竖蜻蜓""金鸡独立""钻圈""单杠""双杠""倒挂金龙""搭台角""老鹰磨翅""野鸡叉天""童子拜观音"等,全套动作可持续表演几小时。"万绥猴灯"融传统面具舞、武术、杂技等元素为一体,在艺术上具有很高的审美性和娱乐性,还有强身健体的实用性功能。"万绥猴灯"表演贴近生活,深受群众喜爱,在当地家喻户晓、妇孺皆知,年轻人也都自觉习之。它不仅是民俗节日中的重要表演节目,也是当地人民文化生活中不可分割的组成部分。随着政府对非物质文化遗产保护意识的加强,猴灯传习所、陈列展示馆等相继建立,该项目得以有序传承。

(2)指前鱼灯

"指前鱼灯"主要流传于金坛市指前镇,源于旧时长荡湖附近渔民的取兆讨吉习俗。

"指前鱼灯"多在春节、庙会和喜庆场合演出,或应邀到户主家中表演。如有求子者,表演者用雌雄两只鱼灯挂在主人房帐内,并在床上打滚翻跟头,以求户主心想事成。鱼灯形状有鲤鱼、鲫鱼、鲢鱼、青鱼、草鱼和龟、蟹、虾、蚌等渔家常食用的品种,鲤鱼等鳞类鱼制成两截,头前、尾后水平固定于表演者腰前后,龟等贝壳类鱼灯则制成盔甲形披裹,以求"鱼人合一"。鱼灯起初用竹篾制作,后改为用铁丝,鱼灯的装饰灯最早是小蜡烛,后来改为将电池灯珠以线连接遍布全身,表演时揿亮灯珠使鱼身发光。鱼灯的表演者多是十几岁的男孩,女角色也由男孩装扮,均着古代戏服、化戏剧舞台妆,渔婆们打扮成古戏中的"媒婆",均手提花篮。演出时先放三记响铳集合人群并"串阵"。"串阵"时,一条横幅、一杆号旗、两杆幡旗、两只高灯和四把带灯大伞在前,三班大锣大鼓一前一后呈三角形开路上场。接着以"鲤鱼"为首,12条"鱼"偕12个"渔婆"和"龟""虾""蟹""蚌"等水族依次跟上。随后是两只彩船,中间一人舞船,前面一人撑篙,后面一人划桨或摇橹,此外还有四个兹巴、四个掷火篮(流星球)、两条硬纸制成的小龙。鱼灯队形不断变化并串舞成"梅花阵",之后鱼灯队摆出"风调雨顺""国泰民安"字并歌唱当地的民间小调,歌词需即兴自编。接着是"走连贯",所有鱼灯面对面从各自的右侧方向与前面的人相接,"花步绕串"走过每一盏鱼灯。表演结束时,龙、幡旗、横幅和火流星先走,接着是鱼类水族,锣鼓、兹巴、大伞、高灯分前中后三段随队伍离场。整个演出约需1个小时。"指前鱼灯"是当地人民群众在长期生产和生活中,顺应自然而创造并传延的娱乐活动,其表演程式和艺术内容独树一帜。"指前鱼灯"的表演造型生动,扮相逼真,舞姿优美,活泼俏皮,颇有情趣,具有较高的艺术观赏性和审美价值。

(3)新沂七巧灯

"新沂七巧灯"可追溯到清光绪年间。主要流传于新沂市唐店镇下属村镇。

"新沂七巧灯"的特点在于"灯舞"与"字舞"合一,旧时于每年春节后的"香会"表演。表演由舞狮子开场,七名舞者手持正方形、菱形、三角形等立体几何形状的灯,在锣鼓声中按照"绕场""唱'转堂'""锣鼓伴舞""摆字"的顺序进行表演,摆出几个字或几种图形,就得几次反复,直到该段结束。所摆的字有"天下太平""金木水火土"等,要求迅速、灵活、对称、完整。在"拆"与"摆"的过程中,往往配上与表现内容相关的唱词,曲调采用江淮一带的小调如[杨十杯][十杯酒][花棍调]等。目前保留下来的节目仅存《天下太平》《金木水火土》《十二月》《小茶壶》等,歌唱内容多涉历史,以颂扬古人、赞美自然、讲述本地风土人情及名人轶事为主。"七巧灯"的台步、队形都要受灯和摆字的制约,因此持灯的舞者须动作协调,保持头正、身直、步子动作稳健,一拍一步踩得稳且要富于节奏感,头摆动时,将肩膀晃动,同时将灯端平,摆字时彼此紧靠,保持结构的紧凑。该舞不以欢腾跳跃的大幅度动作取胜,而以其特有的风雅庄重、静美壮观赢得观众。1998年"新沂七巧灯"被收入进《中华舞蹈志·江苏卷》。

2009年6月20日,由常州市新北区申报的"万绥猴灯"、由金坛市申报的"指前鱼灯"、由新沂市申报的"新沂七巧灯"均被列入第二批省级非物质文化遗产名录。

7. 宝堰双推车

"宝堰双推车"流行于镇江市宝堰镇一带,是当地传统庙会和庆典中的传承舞目。

"宝堰双推车"表演的是迎亲现场,舞蹈特点是"舞不离车,二车紧随",生动活泼,诙谐风趣。在迎亲的过程中,新郎拉车,新娘坐车,车夫推车,表演夸张,间有"头顶帽子"等穿插表演。此外舞队以民乐班相伴,有说有唱,逗趣嬉戏。舞蹈中使用的双推车道具是用两根竹竿或长棍扎成车架,"车轮"两边分别扎制架子,用花布流苏装饰,中间画上车轮,车前上方有一双着绣花鞋的假小脚。表演时三人一组,一般两组以上同台表演。扮演新娘的女子穿着新衣,擦胭脂,手拿绣花手绢,站在花车中央,配合花车前端的假足,营造出新娘坐在车内的视觉效果。行进时,新娘在花车里前进后退,表现新娘特有的娇羞。新郎扎红花,在前方拉车。车夫是表演的主角,扮演者着大褂、戴草帽,在推车前进的同时,作梗阻止各自相望的新娘与新郎,或将各车新娘调包,有很强的喜剧效果。"宝堰双推车"用夸张的肢体语言和生动的情节内容,表现了富于喜剧性的民间婚俗,具有浓郁的乡土气息和地方特色。"宝堰双推车"优美、鲜明的音乐旋律,是丹徒南乡农民的艺术创造,其特有的地域文化特征具有一定的审美价值。

2009年6月20日,由镇江市丹徒区申报的"宝堰双推车"被列入第二批省级非物质文化遗产名录。

第四章　传统戏剧

中国的传统戏剧是指在历史上产生,并以活态形式传承至今的代言体表演艺术形式。它既包括影响涉及全国,具有典型代表性的如以昆曲、京剧等为代表的全国性戏剧品种。也包括由各地民间艺术综合发育而成的众多的地方性剧种。这些产生于中国本土的传统戏剧形式有一个约定俗成的专用称谓,即中国戏曲。

江苏素称戏剧大省,剧种繁多,源远流长,积淀丰厚。据第一次全国非物质文化遗产普查统计,江苏共有传统戏剧品种323项,占普查总数的1.2%。如按剧种发源地和流行区域进行分类,大致可分三种。一种是土生土长的江苏地方剧种,包括昆剧、扬剧、淮剧、苏剧、锡剧、阳腔目连戏、淮海戏、童子戏等;一种是发源地有所争议而在江苏不同区域和江苏周边省市一些地区共同流行的剧种,包括柳琴戏、梆子戏、泗州戏、滑稽戏等;一种是可确认发源于外地但在江苏省内较广泛区域流行的剧种,包括京剧、吕剧等。如果以音乐结构分类的话,全省传统戏剧也可分为三大类,即"曲牌体"和"板腔体"及"曲牌、板腔综合体"。由于音乐结构的不同,"曲牌体"与"板腔体"的唱词结构体式当然也就不同。江苏省纯粹的"曲牌体"剧种惟"昆曲"是,纯"板腔体"剧种除皮黄系的京剧外,尚有淮剧及拉魂腔系的淮海戏、柳琴戏、泗州戏,及梆子戏等,而在省内本土原生且具有较大影响的扬剧、锡剧、苏剧,以及本属"曲牌体""高腔"系的"阳腔目连戏""童子戏"等,经过长期的演变,已形成了"曲牌、板腔"综合性音乐结构,应归入曲牌、板腔综合体"剧种了。

在江苏省的传统戏剧中,昆曲早在2001年5月就被联合国教科文组织批准列入第一批"人类口头和非物质遗产代表作"名录;截至2009年,苏剧、扬剧、淮剧、锡剧、淮海戏、童子戏、徐州梆子、柳琴戏等8项被列入国家级非物质文化遗产代表性项目名录;阳腔目连戏等被列入江苏省省级非物质文化遗产代表性项目名录。

中华人民共和国成立以来,江苏省各地在保护和传承传统戏剧方面做了大量扎实的工作。包括收集、挖掘各剧种传统戏藏本、艺人口述记录本和回忆录等,至20世纪60年代初先后铅印或油印传统剧目数千个,为加工或改编传统剧目提供了珍贵的资料。省文化主管部门和省戏剧家协会多次联合举办戏剧理论与作品的专题研讨,对江苏省的戏剧研究、戏剧保护及戏剧创作起到了重要的促进作用。自非物质文化遗产保护工作开展以来,江苏省已着手建立各级"代表性项目名录"和"代表性传承人"机制等,强有力地推动了全省传统戏剧的保护和发展,为江苏省传承和保护乃至改革创新传统戏剧发挥了重要的作用。

第一节 "曲牌体"剧种

江苏省"曲牌体"剧种仅有昆曲一项。昆曲是中国现存最古老的剧种，也是世界三大古典戏剧类型中中国戏剧的代表。昆曲表演考究，将歌唱、舞蹈、道白、器乐演奏等有机结合，表现风格写意，演出行当分工明确且专业化，演出剧目、曲目古老且丰富。"昆曲"号称中国"百戏之祖"，不仅在流传中吸收了各地地方特色，形成不同流派，还奠定了中国戏曲的艺术表现体系，深刻影响了中国传统戏剧的发展，对中国戏剧文化发展具有重要的意义，需要采取积极措施进行保护与传承。

昆曲

又称"昆剧""昆腔""昆山腔"，是中国现存最古老的剧种，源自宋代南戏与元杂剧，至今已有600多年历史。"昆曲"于元朝末期产生在苏州昆山一带，明清蓬勃兴盛，作品、表演日趋成熟，行当与产业完善，出现了专业的表演者，并以苏州为中心扩展到长江以南和钱塘江以北各地乃至进入北京，成为全国性大剧种。昆曲在流传中与各地方言、戏曲声腔相融合，形成"北昆""湘昆""川昆""晋昆"和"徽昆"等地方流派。清代中叶昆曲逐渐衰落，中华人民共和国成立后复兴。

"昆曲"是世界三大古典戏剧中的中国戏曲代表性剧种。在表演方面，昆曲以载歌载舞为长，唱念多配有抒发心理或是诠释词义的身段动作，具体由"歌""舞""介""白"四个基本艺术要素组成。"歌"是指"昆曲"的音乐唱腔，根据每支曲牌固定的主腔和结音，歌者须运用"昆曲"特有的腔格准确表达平、上、去、入各类字声，达到字正腔圆。伴奏乐器分为拉弦乐、吹管乐、弹拨乐和打击乐等四部分，曲笛为主，另配有箫、笙、琵琶、阮、鼓板小锣和大锣等。"舞"，一般指的是身段，即舞蹈化了的人物动作。"介"即"科介"，北曲为"科"，南曲为"介"，实质是一种舞台提示，用来对角色心理、动作、表情等进行表达，如"行介"就是表示这一角色的行走，"坐介"则表达角色的就坐。"白"则指非唱腔部分的人物语言，讲究抑扬顿挫，旋律感很强。"昆曲"表演以"家门"即"行当"分类，家门分"生""旦""净""末""丑"五大类，派生20个小类。各个行当都有各自的动作程序，典型的程序被抽象成"身""眼""手""步""法"等基本功，乃至延伸到不同的穿戴、化妆和道具等方面。音乐方面，"昆曲"属于严格意义上的"曲牌体"，惯以"套曲"形式出现，使用的曲牌约有千种以上。"昆曲"音乐融北曲和弋阳、海盐等南曲诸腔于一体，通过提炼、改革，使音乐布局更多变化，演唱技巧更加讲究，乐队配器更为齐全。唱词多以传奇文本为载体，融诗词赋赞于一炉，唱词按曲牌声韵格律填写，既有全本剧，也有折子戏。现存辑录折子戏的曲谱集有《纳书楹曲谱》《遏云阁谱》《六也曲谱》《昆曲大全》等多部。《琵琶记》《荆钗记》《拜月亭》《牡丹亭》《长生殿》等名剧都有全谱或接近全本的"工尺谱"存世。目前演出较多的剧目尚有100出左右，如《西厢记》中的《佳期》《拷红》，《宝剑记》中的《夜奔》，《烂柯山》中的《痴梦》，《牡丹亭》中的《游园》《惊梦》等。"昆曲"充分体现了中国戏曲的特质，把音乐、舞蹈、文学、绘画、杂技、武术等合于一体，表现上突出"意""趣""神""色"等写意手法，强调时间、空间、自然现象、人物动作和物体的虚拟性，形成了中国戏曲独特的艺术表现体系，是中国传统文化表演艺术中的珍品。同时，"昆曲"在继承中创新了自身的艺术风格，奠定了中国戏曲艺术体系的基础，造就了中国戏曲的总体风貌，号称"百戏之祖"，是中国戏剧文化发展的重要学术研究对象，具有文学艺术价值与科学价值。江苏省政府和苏州市政府已通过制定政策法规、建立博物馆、定期举办艺术节、资金扶持等手段促进"昆曲"的保护与传承。

2001年5月18日，"昆曲"被联合国教科文组织列入人类口头和非物质遗产代表作（2008年11月更名为"人类非物质文化遗产代表作名录"）；2006年5月20日，由江苏省申报的"昆曲"被列入第一批国家级非物质文化遗产名录；2007年3月24日由江苏省文化厅申报的"昆曲"被列入第一批省级非物质文化遗产名录。

第二节 "板腔体"剧种

"板腔体"或称"板式变化体"，与"曲牌体"是完全不同的另一种中国传统戏剧音乐结构体式。一般以对称的上下句作为唱腔的基本单位，在此基础上,按照一定的变体原则,演变为各种不同板式如"慢板""快板""散板""原板"等。

1. 徐州梆子

"徐州梆子"因以枣木梆子为击节乐器,曲调节奏由一副鼓板和梆子来指挥而得名,当地群众又称为"大戏"。流行于江苏北部已三四百年,是具有鲜明地方特色的"梆子戏"剧种之一。

"徐州梆子"的表演继承了中国古代戏曲"以歌舞演故事"的传统,艺术特色鲜明。表演程式将文学、音乐、舞蹈与技艺融于一体,以虚为主,虚实结合,强调感情真实。徐州梆子的音乐属板式变化体,以慢板、流水、二八、非板四大板为主,音乐曲牌丰富,约三百余种,程式规范严谨,节奏强烈,技巧性高,具有淳厚、朴素、明朗的地域特色。声腔主要由陕西、山西梆子衍化而来,在调式、旋律节奏以及语言音韵和演唱风格上,都体现了徐州方言介于中州语系与吴越语系之间的特征,既有中原音韵的厚重,又有吴越音韵的轻柔,具有明显的地方特色。"徐州梆子"具有较高的观赏性、审美性、思想内涵、审美理念及历史文化研究价值,是戏剧文化宝库中的独特财富。"徐州梆子"深受人民群众喜爱,曾有几次辉煌和兴旺时期。但是近年来,由于受到现代多元文化的冲击和观众审美情趣的转移,"徐州梆子"处于经费紧张、人员流失、后继乏人的濒危状态,亟待保护和扶持。

2007年3月24日,由徐州市申报的"徐州梆子戏"被列入第一批省级非物质文化遗产名录;2008年6月7日,"徐州梆子"被列入第二批国家级非物质文化遗产名录。

2. 淮海戏

"淮海戏"源于"拉魂腔",是江苏地方戏曲声腔。因以三弦伴奏,又称"三括调"。清代发端于连云港的海州、沭阳吴集一带,源自艺人讨取食物时演唱的"打门头词",清中后期进一步发展,出现戏班并分角色演出,抗战期间基本形成并起到重要的宣传作用。中华人民共和国成立后正式得名"淮海戏"并兴盛一时,现流布于苏北宿迁市、淮安市、连云港市、徐州市、盐城市部分地区及安徽的皖东北一带。

"淮海戏"传统剧目号称有"32大本,64单出"。传统剧目的题材侧重于历史事件和民间故事,内容大都体现了反封建反压迫及弘扬传统美德的思想。此外还有《柴米河畔》《三星路》《反内战》等配合党的中心工作及宣传抗日而编写的现代剧。"淮海戏"使用乐器以三弦为主,辅以高胡、琵琶等。"淮海戏"唱腔属"板腔体",男女角唱腔同位而不同腔。女主角唱腔最初为[二泛子],后为[好风光]。男唱腔最初为[金凤调],后吸收京剧[西皮]特点形成[东方调]。"淮海戏"用地方方言演唱,语言朴实,表演灵活,生动有趣,具有浓郁的乡土味,不但能适应舞台演出,亦能"摆地摊",在街头、乡村演出。

2007年3月24日,由淮安市、连云港市、沭阳县联合申报的"淮海戏"被列入第一批省级非物质文化遗产名录;2008年6月7日,由淮安市、连云港市联合申报的"淮海戏"被列入第二批国家级非物质文化遗产名录。

3. 淮剧

原名"江淮戏",是江苏古老的地方剧种,起源于苏北盐城市及扬州宝应县一带,流行于上海、南京、苏州、无锡、常州、泰州、淮安,以及安徽、浙江部分地区。相传清代时发源于劳动号子,民国时期上海建立起第一个"淮剧"戏院,中华人民共和国成立以后始称"淮剧"。

"淮剧"基于"门叹词"(又称"门谈词""门弹词")这一曾流行于苏北城乡沿门卖唱的民间曲艺发展而成。初为一人击板而歌,继而为二人对唱,后与香火戏结合而组成"三伙子"(清代名"火班",又叫"呵大咳"),后又吸收了淮安流行的"秧田工鼓调",逐渐形成为"江北小戏",演出一些对子戏、三小戏。在与徽班合演时,又吸取了徽剧中剧本、器乐曲牌、唱腔、表演等而发展成熟,行当齐全,文武兼备,称"江北大戏"。"淮剧"由方言念唱,音乐豪放高亢,铿锵遒劲,主要曲调有[淮调][拉调][自由调],经过历代艺人的改革、创新与发展,积累了深厚的艺术底蕴,形成了鲜明的地方特色。经过几代艺人的传承与创新,"淮剧"不仅积累了大量的优秀传统剧目,还编演了大量的新剧目,创立新的唱腔,取得了令人瞩目的成绩。许多优秀中青年淮剧演员都因参与现代戏的创作演出,获得了戏曲演员最高奖"梅花奖"。

2007年3月24日,由盐城市申报的"淮剧"被列入第一批省级非物质文化遗产名录;2008年8月7日,被列入第二批国家级非物质文化遗产名录;2009年6月20日,由泰州市、淮安市联合申报的

"淮剧"被列入省级非物质文化遗产扩展名录。

4. 柳琴戏

"柳琴戏"分布于苏北、鲁南、皖北、豫东的广大地域,相传源于自明末清初以来灾民群体行乞时说唱的"吉利话",并在清代时吸收民间小调、农民号子、民间曲艺及歌舞元素等最终形成。

江苏"柳琴戏"以基本腔为基础、以色彩腔为调节、以民歌小调为补充组成唱腔和唱段,虽为"板腔体"剧种,却留有联曲体音乐的痕迹。其声腔中至今仍存有五声音阶和七声音阶两种成分,形成了它既有北方音乐火爆激越,又有南方音乐古朴秀雅的特殊声腔风格。作为拉魂腔系的一支,"柳琴戏"在女腔腔尾常有上行七度大跳的拉腔,独具听觉魅力。"柳琴戏"有自己的角色行当,如"大生""小生""小头""二脚梁子"、老头、老拐、勾脚等。这些行当的划分都是前辈艺人根据剧目的要求,不断从世间男女老少行为百态中提炼出来的。"柳琴戏"还从生活中提炼出来一整套身段、步法及舞台调度方式与格局。"柳琴戏"有大小300余出剧目,200多个"篇子",剧目多从生活趣闻、民间故事、章回小说中改编积累,以生活喜剧为多,另有一部分以忠孝爱国、惩恶扬善为内容的大戏和连台本戏,具有质朴率真、幽默乐观的剧种风格,悲剧很少。"柳琴戏"的内容多是艺人的生活体验,因此故事内容具有"农民化"色彩。"柳琴戏"作为江苏省徐州地区的代表性剧种,以农民的审美视角观照生活,形成浓郁的地方特色,有着较高的观赏性,丰富的思想内涵和特定区域的审美观念,有明显的历史、文化研究价值和艺术欣赏价值,深受群众喜爱。宿迁市宿豫区皂河镇龙王庙行宫柳琴戏团是"柳琴戏"代表性团体,使该地"柳琴戏"走上了规范化发展的道路,其表演屡屡在省、市级汇演中获奖。2008年9月,宿迁市人民政府将宿豫区公布为"宿迁市传统文化项目传承点",为"江苏柳琴戏"的传承与发展作出了贡献。

2007年3月24日,徐州市、宿迁市宿豫区、泗洪县联合申报的"江苏柳琴戏"被列入第一批省级非物质文化遗产名录;2008年6月7日,由徐州市申报的"柳琴戏"被列入国家级非物质文化遗产扩展名录。

5. 京剧

江苏"京剧"以荀派艺术最具特色。荀派"京剧"表演艺术在"四大名旦"中独树一帜,由"京剧"表演艺术家荀慧生所创立,并以此命名,流传于淮安地区。

荀派"京剧"以花旦及与花旦相近的花衫的妩媚柔美为主要表演特色,所演剧目多为关心社会下层人物生活的内容,其中影响较大的包括《丹青引》(荀慧生即以此剧而获得四大名旦之誉)《绣褥记》《金玉奴》《红楼二尤》《勘玉钏》《红娘》等,所塑造的妇女形象也多为受压迫、受侮辱的类型,如红楼二尤、金玉奴、霍小玉、杜十娘、林慧娘、韩玉姐、晴雯、红娘、春兰等。剧中人虽多属社会下层,但在舞台上突出表现的是这些女人所特有的柔美、俏媚的气质和性格特征。其声腔格调柔婉,必要时也有刚强的收放对比。为表现下层人物,念白京韵相掺,这也为"京剧"向现代戏过渡提供了便利。荀派"京剧"的手眼身袖步更是与其他艺术流派有所区别,如为表现花旦的俏媚神情,荀派独创有斜身侧颈、垂首晃肩、咬唇衔帕、绢巾横膝、兰花反指等身段程序。荀派"京剧"是中国"京剧"艺术的重要组成部分,既体现了中国传统的审美意识,又反映了雅文化在中国社会中的变化历程,其文学性、艺术性已达到传统表演艺术的高峰,对于"京剧"乃至中国戏曲的发展具有极大的推动作用。

2009年6月20日,由江苏省演艺集团、淮安市申报的"京剧"被列入第二批省级非物质文化遗产名录。

6. 泗州戏

"泗州戏"与柳琴戏同宗,属于"拉魂腔"系,起源于宿迁市泗洪县上塘镇,在安徽省宿州市、泗县、五河县等地均有流传。相传清代时,民间艺人收集整理民歌与劳动号子等,形成"拉魂腔"。后因黄河泛滥,泗州百姓多逃难至洪泽湖并传唱"拉魂腔"。中华人民共和国成立后,"拉魂腔"的这一支正式定名为"泗州戏",并成立了泗洪县泗州戏剧团。

"泗州戏"的白口、唱腔、表演风格与当地的生活语言、风土人情紧密相连。其唱腔婉转华丽、优美动听、节奏复杂、变化多端,不受条框约束,有似唱非唱,似说非说之特点。主要唱腔有[高腔][射腔][衣吰腔][雷得调][叶里藏花]等。女腔丰富,在每段唱腔结尾处,用小嗓翻高八度拉腔,男腔豪放,加入衬词拖后腔,具有拉人魂魄之魅力。伴奏以弹拨乐为主,过去是两根弦的大琵琶,现在是四根弦的柳琴伴奏,其以弹拨乐做戏曲主弦的特色,在全国的戏曲中少见。板式常用的有[慢板][二行板][数板][垛板][紧板][连板][死板]等。道白使用苏北方言,角色行当主要有大生、老生、二头、小头、丑等。"泗州戏"传统大戏分为三类:一是本剧种的传统大戏,有《大观书》《四告》等多部;二是吸收移植的大戏,有《双玉蝉》《十二寡妇征西》等多部;三是利用幕表制说戏方法,由艺人即兴编出来的连台大戏等多部。"泗州戏"是特色鲜明的戏曲种类,由于吸收了大量民间的"压花场""花灯""旱船""跑驴"等舞蹈表演形式,因而其表演热情、明快、朴实,贴近生活,乡土情趣浓烈。特别是"泗州戏"诞生于南北文化交汇处,受苏皖地区、长江北部和黄淮文化的熏陶滋养,形成了独自的剧种风格,无论是剧本、唱腔、表演都给人带来特殊的审美享受。

2009年6月20日,由宿迁市泗洪县申报的"泗州戏"被列入第二批省级非物质文化遗产名录。

7. 丰县四平调

"丰县四平调"是由古老的"丰县花鼓"衍化而成的地方剧种。"丰县花鼓"源自宫廷,后流入民间。"丰县四平调"集戏曲、曲艺、舞蹈于一身,后以戏曲形式登台演出,时称"干砸梆",1935年始称"四平调",经不断进化发展最终成熟为地方剧种。

"丰县四平调"具有鲜明的艺术特色和强烈的艺术表现力。其声腔之女声质朴而不失委婉与俏丽,男声高亢豪放又兼具柔和;表演本色而细腻,充满生活气息;程序规范严谨,擅长以大段唱腔来塑造人物,把剧情推向高潮;行当分工精细,"生""旦""净""丑"特色鲜明;剧目题材丰富,既有传统的代表性剧目,又有新创的现代戏,剧目内容反映社会各个层面。"丰县四平调"总体上体现了强烈的大众化特征,具有广泛的群众基础。"丰县四平调"曾涌现出一批优秀演员和获奖的优秀剧目,但受诸多因素的影响和制约,后继乏人,大量具有代表性的剧目及表演艺术面临人去艺绝的濒危状态,现状堪忧,亟待抢救与保护。

2009年6月20日,由丰县四平调剧团申报的"丰县四平调"被列入第二批省级非物质文化遗产名录。

第三节 "曲牌、板腔综合体式"剧种

"曲牌、板腔综合体式"是在发展中形成的曲牌体与板腔体相结合的剧种。根据唱词长短配以不同的曲调。江苏省"曲牌、板腔综合体式"剧种历史悠久,多是吸收民间小调与地方曲艺结合而成。其使用的乐器包括拉弦乐、吹管乐、弹拨乐和打击乐等,唱词较通俗,剧目富有乡土气息,对研究民间音乐的发展流变与民俗文化具有重要的意义。

1. 苏剧

"苏剧"前身是"苏州滩簧",简称"苏滩",由"花鼓滩簧"与"南词""昆曲"合流衍变而成,可追溯至明代,盛行于清代中后叶,20世纪后正式形成。"苏剧"流行于苏州地区各市县,又涉上海、无锡等江浙沪一带。

"苏剧"遵循中国戏曲"以歌舞演故事"的基本模式。行当有"生""旦""净""末""丑"五大类,表演以虚拟、写意为主,但兼具写实手法。其语言通俗,唱句以七言或五言为多,用苏白,但传统剧目常因袭"昆曲"的"苏州·中州音"。"苏剧"乐队分为拉弦乐、吹管乐、弹拨乐和打击乐四大类。弦乐以二胡为主,另有三弦、琵琶、扬琴、月琴等;管乐有笛、箫、唢呐等;打击乐有喜板、锣、铙和钹等。主要曲调为[太平调],常用曲调有[弦索调][迷魂调][费伽调][柴调][南方调][二美调][流水板]等。另有一部分曲调来自昆曲曲牌,也有一些曲调来自苏州民歌、小调。其中[太平调]是苏剧的主体曲调,运用最多。[太平调]按戏曲行当又有[老生调][老外调][小生调][花旦调][老旦调]和[副丑调]之分。"苏剧"常演的保留剧目有《花魁记》《十五贯》《快嘴李翠莲》《春香传》和《狸猫换太子》等,折子戏有《醉归》《闹学》《断桥》《合钵》《岳雷招亲》《出猎》《回猎》和《窦公送子》等,其中以《醉归》最著名。"苏剧"历史悠久,与昆曲等诸多地方戏剧曲艺关系密切,并与"苏州评弹"互相渗透,具有很高的历史文化价值与艺术价值,也是研究江南戏曲艺术史的重要依据。

2006年5月20日,由苏州市申报的"苏剧"被列入第一批国家级非物质文化遗产名录;2007年3月24日被列入第一批省级非物质文化遗产名录。

2. 扬剧

"扬剧"是江苏省最具地域特色的主要剧种之一,清初称"扬州梆子",后称"花鼓戏""香火戏"或"维扬戏",吸收"扬州清曲"及当地一些民歌小调发展而成,中华人民共和国成立后始定名为"扬剧"。"扬剧"流传于扬州市所辖邗江区、广陵区、江都市、高邮市、仪征市、宝应县等,以及南京市、镇江市、泰州市、淮安市、上海市,此外安徽省的天长、滁州、来安等地也有流传。"扬剧"在传承上有科班形式的师徒传承和家族传承两种传承方式。其中以"金派""高派""华派"为代表。

"扬剧"是由"曲牌体"走向"板腔体"的剧种。其唱腔由"花鼓戏""香火戏""扬州清曲"的相关曲牌组成,唱腔曲牌有100多种,常用的有20多种,其中"扬州清曲"曲牌丰富多彩,唱腔优美动听,更具戏剧性,因而成为"扬剧"的主要唱腔。目前舞台演出中经常使用的有[梳妆台][补缸][数板][剪剪花][鲜花调][跌断桥][银纽丝]等。其中以[梳妆台]最具代表性,用得最为广泛。现"曲牌体"有向"板腔体"衍化的趋势。"扬剧"的角色行当有"生""旦""净""丑"的区别,在唱腔上仍只分男、女腔,各行当的表演艺术多从"昆曲""京剧"吸收而来,同时保持"花鼓戏"朴素、活泼的特色和生活气息,丑角尤为突出。传统剧目有300多个,绝大多数是采用幕表形式演出的传说故事剧,中华人民共和国成立后,又创作、整理、改编了大量优秀剧目,并获得相关奖项。目前,江苏省内有大量"扬剧"表演团体。"扬剧"的优秀剧目达到了内容与形式的高度统一,不仅具有艺术审美意义,而且具有风土乡情、人文历史等方面的研究价值。"扬剧"的形成和发展,对研究中国地方戏曲史也有着很好的实证价值。

2006年5月20日,由扬州市申报的"扬剧"被列入第一批国家级非物质文化遗产名录;2007年3月24日,由扬州市、镇江市、江苏省演艺集团联合申报的"扬剧"被列入第一批省级非物质文化遗产名录;2008年6月7日,由江苏省演艺集团扬剧团、镇江市申报的"扬剧"被列入国家级非物质文化遗产扩展名录。

3. 锡剧(南京锡剧、无锡锡剧、常州锡剧、苏州锡剧)

"锡剧"发源于江苏省无锡、常州地区,是历经"常锡滩簧调""对子戏""小同场戏""大同场戏"等阶段逐渐发展完善起来的江苏主要地方剧种。"锡剧"先后称"常锡新戏""常锡文戏""常锡剧",直至1954年"华东区戏曲观摩演出大会"后正式定名为"锡剧"。

"锡剧"采用苏南吴语,生动质朴,唱腔字多腔少,叙事性强;唱词口语化,通俗易懂。"锡剧"剧目内容丰富,贴近实际,音乐抒情优美、悦耳动听,具有秀丽的江南水乡风格。"锡剧"的音乐属于"曲牌、板腔综合体",并有男、女分腔的显著特点。"锡剧"依曲牌行腔,使用的主要曲牌为[簧调],逐渐吸收了[铃铃调][大陆调][迷魂调][三角板][高拔子]等江南地区流行的不同的戏曲说唱曲调,以及[紫竹调][九连环][四季调]等江南民歌小调,音乐唱腔绵长细腻、清丽婉转,富有江南水乡情趣,彰显了叙事"吴歌"的特色。"锡剧"分为"姚(澄)派""王(兰英)派""沈(佩华)派""王(彬彬)派""梅(兰珍)派""王(汉清)派""吴(雅童)派"等,与"越剧""黄梅戏"并称为华东三大剧种。"锡剧"植根于苏南吴语区农村,具地域特征及民间色彩,艺术价值高。其作品从特定的角度反映了苏南地区的历史文化、社会生活,具有人文研究价值。当前的"锡剧"具备优秀的队伍、繁荣的剧目、广泛的观众,发展形势良好。"锡剧"这一局面的形成,是在省内的无锡、常州、南京、苏州等地的共同努力下相辅相成地发展起来的。

(1) 南京锡剧

"南京锡剧"的传承与发展依托于南京的江苏省锡剧团,省锡剧团是"锡剧"的代表性剧团,也是锡剧界唯一的全民所有制艺术团体。省锡剧团承袭了锡剧前辈卓越的艺术成就,该团著名编剧俞介君早在1921年就由美国胜利唱机公司灌制"锡剧"第一张唱片,许多优秀演员都从该团成名,至今已有五代演员的传承关系。省锡剧团在作品建设上也卓有成就。整理挖掘的传统戏,新编新创的古装、现代剧共计有大小剧目100多出。如摄制成戏曲艺术片的《双推磨》《庵堂相会》《庵堂认母》《双珠凤》等影响深远,《走上新路》《红楼梦》《红色的种子》《救风尘》《拔兰花》及近来新创的新版《珍珠塔》《红色恋人》《七月雨》等剧广受欢迎并多次获奖。该团足迹遍及全国,既多次为中央领导演出,也为工人、农民、普通市民、知识分子、机关干部和部队官兵演出。这些都为"锡剧"的普及与发展作出了贡献。历年来，演艺集团艺档室已投入大量人力物力，收集整理了"锡剧"资料达250卷；挖掘、整理、修改了大批濒临失传剧目，并已完成了复排，重现舞台。

（2）无锡锡剧

无锡是"锡剧"发祥地之一，相传起源于清代中期。由无锡东北乡流行的"吴歌"等山歌与道情、唱春等相结合演变为滩簧，后于清末民国，在上海等城市上演并录制唱片，逐步成熟并发展为成熟的地方剧种。

"无锡锡剧"表演以"小生""花旦"为主，以［簧调］作基本曲调，以后又创作和改编引进了［大陆板］［铃铃调］［三角板］［迷魂调］［高拨子］［南方调］等数十种曲调，属曲牌联结和板式变化的综合性音乐体制，主要伴奏乐器有二胡、琵琶、笛子和打击乐器等。1953年以后，"无锡锡剧"废除了"幕表制"，实行"剧本制"，整理和创作了一批优秀剧目，同时改进和提高了音乐唱腔与舞台呈现。"无锡锡剧"表演艺术家王彬彬的"彬彬腔"和梅兰珍的"梅派花腔"，是"锡剧"界公认的两大流派唱腔，二人曾共同赴日演出并拍摄电影。"无锡锡剧"拥有《双推磨》《庵堂相会》《拔兰花》《珍珠塔》《孟丽君》《双珠凤》等优秀传统剧目，又有《红花曲》《当家人》《瞎子阿炳》《青蛇传》《爱河滔滔》《阿二接妻》等优秀创作剧目。2007年，《江南雨》获第10届中国戏剧节优秀剧目奖。从2007年起，无锡市在无锡文化艺校开设了"锡剧"班，由政府出资扶持传承"锡剧"艺术。现无锡市专业表演团体包括无锡市锡剧院及周边剧团，无锡市锡剧院拥有一批锡剧项目各级代表性传承人和国家一级演（职）员、二级演（职）员和中国戏剧梅花奖、上海戏剧白玉兰奖等国家和省级舞台艺术奖项的名角和新秀，具有厚实的保护传承"锡剧"艺术的实力。此外还建成并开放了无锡市锡剧博物院，为收藏、展示、交流、观赏"锡剧"艺术奠定了良好基础。"锡剧"的保护、传承和发展，对于弘扬传统艺术，彰显地方特色文化，发挥其在爱国主义教育和社会主义精神文明建设中的独特作用具有十分重要的意义。

（3）常州锡剧

常州是"锡剧"的主要诞生地之一，作为"锡剧"初始阶段的"常州滩簧"，是在"常州山歌小调""宣卷""唱春"等基础上，吸收"苏南采茶灯舞"和"凤阳花鼓"部分表演元素发展完善起来的。清末，"常州滩簧"祖师高林福和徒弟白秋鸿对"常州弹簧"韵脚脚本作了整理，为"常州锡剧"发展奠定基础。民国初年，"常州滩簧"宗师王嘉大创作了一批经典剧目，对"常州锡剧"影响深远。此外，王嘉大在培养传人方面贡献卓著，周甫艺、李如祥、杨企雯、王兰英、王彬彬、梅兰珍、吴雅童、王汉清、沈素珍等名家皆师出其门。中华人民共和国成立以后，"常州锡剧"在剧目创作上取得了非常丰硕的成果，常州市锡剧团有《珍珠塔》《双珠凤》《红楼夜审》《攀弓带》等经典剧目，曾进京演出，周恩来总理、朱德元帅观看演出并与演职员合影留念。《红楼夜审》和《烟村三月》等被拍成戏曲电影，《烟村三月》入选省舞台艺术精品工程，《夕照青果巷》代表江苏参加全国地方戏曲南方会演，《天涯歌女》《卿卿如晤》获省"五个一工程"奖。目前，"常州锡剧"的保护与传承工作成效卓著。

（4）苏州锡剧

苏州地区的常熟是"锡剧"起源、发展、观演的重镇。20世纪早期，苏州开设北局戏院上演"苏锡文戏"，各路戏班每年都在这里举行大会串，杨家班是其中代表。民国时期苏州成立"苏锡文戏研究会"，20世纪50年代初归入"锡剧"范畴。在"锡剧"形成过程中，曾经大量吸收了"苏州滩簧"的曲调。就其声腔而言，它和"苏剧"可以称为"姐妹剧种"。因此，流行于苏州地区称为"苏锡文戏"。"苏锡文戏"甚至可以用苏州方言念唱。当代"锡剧"唱腔中仍旧保留了许多"苏州滩簧"的曲调、曲牌，如［弦索调］［太平调］［迷魂调］［陈调］和［柴调］等。"苏州锡剧"在声腔中揉入苏州地方元素后，使唱腔更加柔媚糯软，用腔和韵脚更为考究，更为清晰动听。苏州各地还十分重视"锡剧"的原创。常熟先后创编了《红色小战士》《柳如是》《龙凤合同》《常青藤》《叫化鸡传奇》《阴阳灯》《多情的芦荡》《谢方正进京》《杨乃武出狱》《常德盛》等剧目。张家港则先后创编有《要塞新雷》《双桥联姻》《星河情》等10数个剧目，同时移植改编演出了《天雨花》《梁山伯与祝英台》《珍珠塔》等一大批优秀传统剧目。为了传承"锡剧"与推动艺术革新，苏州市相关部门采取了举办讲习班等措施。

2007年3月24日由无锡市、常州市、江苏省演艺集团联合申报的"锡剧"被列入第一批省级非物质文化遗产名录;2008年6月7日,由江苏省演艺集团锡剧团、无锡市、常州市联合申报的"锡剧"被列入第二批国家级非物质文化遗产名录。

4. 童子戏（通州童子戏、海州童子戏）

"童子戏"是中国傩文化的重要分支,源于古老的"以舞降神"的巫觋演唱,由唐朝传统祭祀舞蹈演变而来,清代中叶与方言、文化、风俗、民情相交融逐渐形成。目前流传于连云港市和南通市的通州等地。

"童子戏"是江苏省群众基础深厚的传统戏曲剧种,是一门多功能、多学种的传统民间艺术形式,堪称中国传统戏曲艺术中的"活化石"。它和人类学、艺术学、民俗文化学、社会宗教学等都有着密不可分的关系,是研究中国傩、傩舞、傩戏的重要资料。

（1）通州童子戏

"通州童子戏"现今主要分布在江苏省南通市部分地区,包括通州市中西部及周边的如东市、如皋市等。民国年间,已由单纯的家庭祭祀、祈福消灾向民间戏剧活动发展,代表人物有戴等姑娘与朱莲子等。"通州童子戏"与南通当地的方言、文化、风俗、民情相交融,逐渐形成了具有鲜明地方色彩的传统戏剧。"通州童子戏"唱的是俚曲小调,唱腔高亢清亮,如泣如诉,主要有[铃板腔][点鼓腔][圣腔][书腔][喜腔]。唱词句式多为老百姓熟悉喜爱的七字句、十字句。乐队清一色使用打击乐,有大鼓、锣、闹钵、手鼓等,无丝弦乐器伴奏。童子可分"文童子""武童子"两种,"文童子"以念唱为主,"武童子"的表演形式融杂技、气功为一体,惊险刺激。"通州童子戏"的传承主要有师徒相授及家族传承两种。"通州童子戏"不仅在当地受到欢迎,还参与国外的亚洲民俗文化演出,成为中外文化交流的友好使者。

（2）海州童子戏

"海州童子戏"流传于江苏省连云港市,与古代傩舞颇有渊源,清代渐渐衍变为具有戏曲形态的"海州童子戏"。

"海州童子戏"的演出,至今仍保留了充满神秘色彩的傩祭仪式。如"烧猪""牛栏会"等,都有一系列的"设坛""请亡""踩门八字""安坐""过桥""升文""送圣"等关目。"童子戏"在乡间被视为正宗的"大戏",无论角色行当,还是服饰道具,一应俱全。

它的传统剧目有近百个,一类源于当地民间传说,如《李迎春出家》《洪山捉妖》等;另一类多从"徽剧""京剧"中移植衍变而来,如《举狮观画》《吴汉三杀》等。它的演出形式别具一格,每到演出场地,都将许多牛车轮子竖起,排列成方形,上面盖土垫平,观众三面看戏,艺人称之为"车台"。"海州童子戏"的演出,还保留了"含铲""砍刀""咬鸡""口吐白丈"等特技。"海州童子戏"属"曲牌体"的"高腔系统",它的唱腔有"九腔十八调"之称。省级代表性传承人曹秀芝尚能背诵数十出"童子戏"传统剧目,还能表演"砍刀""咬鸡"等"童子戏"特技。"海州童子戏"包含着人类学、艺术学、民俗文化学、社会学等诸多文化内蕴。

2007年3月24日,由通州市、连云港市新浦区联合申报的"童子戏"被列入第一批省级非物质文化遗产名录。2008年6月7日,由通州市申报的"童子戏"被列入第二批国家级非物质文化遗产名录。

5. 阳腔目连戏

"阳腔目连戏"是南京高淳地区的古老剧种,又叫"太平戏",由做法事发展成舞台演出。相传起源于元代,明代出现剧本《目连救母劝善戏文》,与高淳地方习俗、方言、风情融合而形成,盛行于清代,出现抄本《阳腔目连戏》。高淳还有木偶演出的目连戏,称为"小目连",其剧本声腔与真人演的相同。

"阳腔目连戏"的行当为"生""旦""净""丑""末""外"。此外,尚有"武行",专演"武场"。"武场"吸收了民间武术杂技,难度很大。按唱腔划分,目连戏有[东路腔][西路腔]之分。[西路腔]又名[南陵腔],[东路腔]又名[水阳腔],简称[阳腔]。江苏"阳腔目连戏"属[东路腔],它的最大特点是"一唱众和,锣鼓击节,不被管弦"。"阳腔目连戏"在演出过程中与地方习俗相结合,掺杂各种祭祀仪式。在唱腔上,结合高淳[高腔],并吸收[道士腔]和宋元杂剧中的戏曲声腔,形成自成体系的[阳腔],曲牌达140多种。在音乐上,吸收了大量高淳民歌,采用高淳方言,并运用帮腔形式,具有浓郁的地方特色。高淳"阳腔目连戏"在宋元杂剧的基础上,汲取道佛音乐和地方民歌而发展起来,既体现了文人创作,也反映了民间的智慧,其中的[高腔]和[高拨子]分别被"徽剧""京剧"所吸收。高淳"阳腔目连戏"反映了江南地区的社会风尚、生活习俗、宗教信仰和道德伦理,保存和传承"阳腔目连戏"对研究中国民间风俗、文化艺术、传统道德、宗教信仰和社会制度具有重要价值。

2007年3月24日,由高淳县申报的"阳腔目连戏"被列入第一批省级非物质文化遗产名录。

6. 香火戏(金湖香火戏)

"香火戏"流布甚广,收入江苏省"非遗"名录的是"金湖香火戏",又称"香火会""香火神会",源于古代的"乡人傩",流行于淮安市金湖县一带。

"香火戏"是集祭祀、信仰、娱乐、教化为一体初始性戏剧形式,从业人员称"香火"或"童子"。"香火""童子"常主持民间的神会和庙会并进行"香火戏"表演。金湖的"香火神会"名目繁多,大致可分为村落举办的神会、行业举办的神会、家庭举办的神会、"香火""童子"自行举办的神会等。村落举办的香火神会有"青苗会",也叫"土地会",还有"圩神会"。各个行业也会举办香火神会,如渔民秋捕之前要做"大王会",瓦木匠要做"鲁班会",商人小业主要做"血财会",养牛户春上要做"牛栏会",医生要做"药王会"等。家族做香火神会一般在秋后或冬闲之时,如"家谱会""安宅会"。"香火""童子"自办的神会叫作"升纲神会"。"金湖香火戏"是民间祭祀和民间戏剧综合体,它结合了说唱、舞蹈、戏谑杂耍等表演艺术,以及剪纸、绘画、民间工艺等造型艺术,是一种不可多得的"活在民间"的俗文化。"金湖香火戏"现存有唱词手抄本以及《三曹对案》等"参军戏"蓝本。香火戏中的说唱韵文为研究明清小说如《西游记》《封神传》等提供了资料,对民俗研究也有着重要价值。其中的一些关目,如《消灾》《转竹招魂》等,对楚辞的研究,特别是对《天问》《大招》《招魂》的研究具有极其重要的价值。

2009年6月20日,由金湖县申报的"香火戏(金湖香火戏)"被列入第二批省级非物质文化遗产名录。

第四节 "傀儡戏"与民间小戏剧种

1. 木偶戏(杖头木偶戏)

"杖头木偶戏"是流传于江苏省扬州、泰州、南通及其周边地区的"木偶戏"的一种,不同地域的"杖头木偶戏"各具特色,在长期的传承与发展中显露出迷人光彩。

"杖头木偶戏"俗称"三根棒",主要使用木偶及操纵木偶相关器具如"命棍""手扦"等进行表演。演出时需用围帐遮挡表演者,"人偶同台"演出则例外。常用乐器配置有二胡、中胡、琵琶、笙、箫、唢呐等,还有一些特色乐器如碰铃、击碟、木鱼、磬等。传统的杖头木偶表演通常模仿真人的动作与生活细节,如跳跃、翻身、转身等,并用特技木偶来完成腾空、翻越、打斗等特殊动作。"杖头木偶戏"极具浪漫主义色彩,夸张而富有美感,生动活泼,方寸之地,演绎万千气象,给观众拓展出无限思维空间。"杖头木偶戏"表演技艺性强又极具综合性和亲和力,艺术风格刚柔并济、细腻传神,广受群众欢迎,在中国乃至国际偶坛享有声誉。研究它的源流脉络和发展变化,有着重要的历史、文化和艺术价值。

(1)扬州杖头木偶戏

扬州是中国木偶戏的发祥地,被誉为"江苏木偶之乡"。从清代起,扬州"木偶戏"先后吸收了昆、徽、京诸多剧种表演之长,经过几代老艺人长期的不懈努力,结合杖头木偶特点,融会贯通,形成了"扬州杖头木偶"戏操纵表演的独特风格。除了操作表演外,木偶造型与制作也是"扬州杖头木偶戏"艺术的重要内容。在造型艺术、装置艺术、表演操纵艺术、特技运用等多方面表现出的丰富性与多样性,使"扬州杖头木偶戏"的艺术品格有了很大提升。如今的扬州木偶剧团,一方面忠实继承传统,使传统杖头木偶艺术的精华部分很好地承袭下来,另一方面加强创新,涌现了一批题材广泛,形式丰富多彩,音乐配置依据剧目和形式变化而变化的新编剧目如《徐策跑城》《嫦娥奔月》《琼花仙子》《三个和尚新传》《白雪公主》等。这些代表性作品,使古老的"扬州杖头木偶戏"艺术形成了"刚柔相济,细腻传神"的艺术风格,成为区别于兄弟剧团的显著标志。"扬州杖头木偶戏"传统的继承方式大多为家族传承和师徒传承,中华人民共和国成立后主要以剧团招收学员和艺术学校培训来传承发展,培养了一批在传统的基础上更注重特技的创新的艺术家,使"扬州杖头木偶戏"技艺在海内外广受欢迎。

(2)泰兴杖头木偶戏

"泰兴杖头木偶戏"是中国木偶戏戏剧表演形

式中独具个性和魅力的艺术种类之一。表演时,一根棒支撑木偶头部,另外两根棒操控其双手。木偶全长 0.36 米至 1.2 米不等,部分木偶面部眼、耳、鼻、口可动,两手能持兵器、桨板、手帕、扇子等道具,操纵灵活自如,表演夸张而富有美感。"泰兴杖头木偶戏"表演最讲究的是"三功",即"举功""捻功"和"步功"。"举功"即举木偶的功夫,讲究稳、平、正;"捻功"在木偶做出摇头点头、招手摆手等细微动作时使用,讲究准确、细腻、传神;"步功"在木偶做出进退、骑马、冲锋等大幅度运动时使用,讲究迅捷有序、夸张洒脱。此外,表演中还注重借鉴戏曲演员的水袖、碎步、亮相、鹞子翻身等表演程式。"泰兴杖头木偶戏"初始唱腔为"徽调",后改为"京剧"。演出剧目丰富。在保留剧目中,既有古典传统剧目、神话剧目,也有少量现代戏。深受群众喜爱的剧目有《穆桂英挂帅》《杨六郎点兵》《辕门斩子》《徐策跑城》等。其传承均系祖传,最真实地保留了"杖头木偶"这一融雕刻艺术和表演艺术于一体的综合艺术特性。

（3）如皋杖头木偶戏

如皋也是江苏省"杖头木偶戏"主要的流行地区之一。"杖头木偶戏"在如皋的流传可追溯到元末明初,清朝至民国繁盛,此时如皋的戏班已发展到 100 多个,有着十分深厚的群众基础。"如皋杖头木偶戏"道具制作精湛,操作巧妙,表演浪漫。除以"杖头木偶"表演为主外,还常以"皮影""布袋"和"提线木偶"配合表演,表演形式丰富多彩,形成了别具一格的艺术风格,是江苏省乃至全国木偶艺术中最具地方特色的种类之一。"如皋杖头木偶戏"在全省"木偶戏"构成中具有重要的地位。对当地社会的历史人文很有研究价值,尤其是对木偶艺术发展等领域的研究具有很好的实证意义。

2007 年 3 月 24 日,由扬州市、泰兴市、如皋市联合申报的"杖头木偶戏"被列入第一批省级非物质文化遗产名录;2008 年 6 月 7 日,由扬州市申报的"杖头木偶戏"被列入国家级非物质文化遗产扩展名录;2009 年 6 月 20 日,由江苏省演艺集团申报的"杖头木偶戏"被列入省级非物质文化遗产扩展名录。

2. 滑稽戏（苏州滑稽戏）

滑稽戏起源于苏州,现主要流行于苏州、上海及其周边地区,其原始形态在先秦已经萌芽。20 世纪初,苏州籍作家徐半梅首创"趣剧",20 年代中叶,苏州籍艺人王无能根据民间音乐与曲艺创造了独脚戏(又名"滑稽"),最终形成独立的"滑稽戏"剧种。20 世纪 40 年代苏州曾举行滑稽大会串,现代表性团体为苏州市滑稽剧团。

传统的"苏州滑稽戏"以"苏州滩簧（后滩）"的唱腔和苏南的民歌小调组成基本声腔系统,以"滑稽"为基本元素。"苏州滑稽戏"的表现方法主要是说、噱、做、唱。"说",作为叙述故事、推进情节、揭示心理的主要手段,同时又用以铺设和释放"包袱"引爆笑点。"噱",是逗笑的代称,是滑稽的主要方法。"噱"以"包袱"方式预设在滑稽戏剧结构之中,通过艺人的释解("抖包袱")而触发笑点,高质量的噱头也能用于塑造人物性格。"做",是表演的总称。"滑稽戏"表演的特殊性在于它既不是话剧式的生活仿真,又不是戏曲式的写意,必要时常常借助于形体,即通过肢体动作的夸张与变形传递人物的喜怒哀乐。"唱",同样以尽可能引爆笑场为指向,是"说"与"做"之外的一种艺术手段。"苏式滑稽"流派风格,独树一帜,苏州方言是"苏式滑稽"的母体语言,利用吴地方言俗语的幽默,以及利用外地方言与吴方言之间的差异造成的误会,连续不断地引爆观众笑声,并在笑声中叙述故事、塑造人物,铸就了它独特的戏剧特色。

2009 年 6 月 20 日,由苏州市申报的"苏州滑稽戏"被列入第二批省级非物质文化遗产名录。

第五章　曲　艺

　　曲艺是以第三人称的语式为主、第一人称的语式为辅来"说唱"故事的表演艺术。它的表演形式丰富多样,题材贴近日常生活,为群众所喜闻乐见。据第一次全国非物质文化遗产普查统计,江苏共有曲艺492项,截至2009年,江苏曲艺有国家级非物质文化遗产6项,分别为"苏州评弹""扬州评话""扬州清曲""扬州弹词""徐州琴书""南京白局";省级非物质文化遗产包括"工鼓锣""苏北大鼓"等。

　　江苏曲艺融入了地方文化元素和语言特征,有着鲜明的地域性。苏南地区多流行弹词类曲艺,柔美、秀丽、婉转;北方方言区的曲艺,质朴、刚劲、粗犷;江淮方言区则南北所长兼有。江苏曲艺大多历史悠久,在各个不同的历史阶段出现了许多典型的作品和代表性艺人,十分丰富地反映了江苏各地民众的生活和时代的印迹,具有不可替代的人文价值和艺术价值。

　　近年来,江苏各级政府加大了对曲艺项目保护与发展的力度,为江苏曲艺的振兴提供了难得的机遇。一方面,四级非物质文化遗产名录的建立及保护措施的不断强化,使江苏曲艺项目的保护工作有了抓手,得到了保障;另一方面,中国曲艺"牡丹奖"评比落户江苏,省委宣传部又专门批准设立了与之相对应的江苏曲艺最高奖"芦花奖",每两年评选一次。种种有效措施使江苏曲艺的保护与发展呈现出崭新的面貌。

第一节 说唱类曲种

江苏省说唱类曲种包括"苏州评弹""丹阳啷当"以及"常州唱春",表演多以单口自弹自说自唱为主,兼有对口或多人,以弦乐器和锣鼓等伴奏,采用地方方言,说唱结合。曲调吸收民间音乐,内容与日常生活、地方习俗、时令节日相关联,广受群众欢迎,对研究古代音乐、语言、民俗等具有重要的价值。

1. 苏州评弹(苏州评话、苏州弹词)

"苏州评弹"是"苏州评话"和"苏州弹词"的合称,俗称"苏州说书",即运用苏州方言进行的说唱。它发源于苏州,流传于苏州、上海、南京、无锡、常州、杭州、嘉兴、宁波、湖州、绍兴等吴方言区。"苏州评弹"可追溯到唐宋时代,清中期趋于成熟,清后期发展至顶峰。

"苏州评话"只说不唱,俗称"大书",是用苏州方言讲故事的口头语言艺术。有"表""白""赋赞""挂""韵白"几种形式。"表"即第一人称表述,"白"即第三人称表述,"赋赞"即场景的描述和烘托人物心理及性格特征,"挂"即书中人物出场时的自我介绍,"韵白"是情节铺叙或承上启下的衔接。通常为一人表演,注重说、噱、口技和起角色,同时借助醒木、折扇和手帕等道具来制造气氛或塑造形象,表演时讲究"精、气、神"。"苏州评话"书目丰富,内容多以演义、公案、武侠等为主。"苏州弹词"既说又唱,俗称"小书"。通常为二人双档,亦有单档或三人档,操三弦、琵琶自弹自唱。"苏州弹词"以说表为主,讲究语音、语气和语调的变化运用,注重用词精确生动,结合书目,形成不同的流派说功,有24种流派唱腔。唱词是诗赞体,七字句居多,其格律直接继承七言诗,讲究精炼、形象和抒情。内容大多以爱情故事及一般社会人事为主。"苏州评弹"确立了以"说、噱、弹、唱、演"为主要手段的表演体系。运用说白、做功、口技和弹唱等手段来交代情节、塑造人物。时空转换方便,大到千军万马、前朝后代,小到复杂心理、一闪之念。"苏州评弹"注重理(贯通)、味(耐思)、趣(解颐)、细(典雅)和技(功夫),还强调"关子",制造悬念。评弹书目中保存着历史知识、传统道德和民风民俗等,折射着民众的传统道德观念及生活理想,具有语言学、民俗学、社会学和伦理学等诸多学科的研究价值。

2006年5月20日由苏州市申报的"苏州评弹(苏州评话、苏州弹词)"被列入第一批国家级非物质文化遗产名录,2007年3月24日被列入第一批省级非物质文化遗产名录;2009年6月20日由江苏省演艺集团申报的"苏州评弹(苏州评话、苏州弹词)"被列入省级非物质文化遗产扩展名录。

2. 丹阳啷当

"啷当",全称"瞽目啷当",俗称"啷当说唱"。它分布于丹阳、金坛、丹徒及武进部分地区,起源于清嘉庆年间,流行于光绪年间,清末时"啷当"演唱在丹阳农村已成习俗。

"丹阳啷当"演唱者多为年轻盲女,怀抱"书弦"或"皮琴"(类似六弦琴),侍童持鼓沿途演奏至门前。开头先说几句吉利话,接着便唱[啷当调],内容皆为奉承讨好之词。应人点唱,才唱[滩头]。"丹阳啷当"的特点是说唱结合,以唱为主,有单口、对口、群口、走唱、坐唱,又以单口坐唱为主。唱腔统称[啷当调],板式组成有[吟板][正板][行板][数板][急板][凳板][叫板]等唱腔系列。每种板式有固定的竹板竹鼓敲击"板头"导入唱腔。演唱者按曲目内容和表演需要确定板式,曲目内容大都是说唱戏曲故事和民间传奇。伴奏乐器沿用竹鼓,艺人称其为"的笃"。演奏技艺分"的笃滚弹"诸法,运用形式有全击、间击、点击、抽击等数种。语言为丹阳乡音,允许模仿各地方言。"丹阳啷当"作为丹阳地方曲种,承载着丹阳地区从古至今多方面的历史文化信息,演绎着流传民间的历史文化和社会的传奇故事,作为地方曲艺品种,对古丹阳的民间音乐、民间语言、民间生活习俗具有不可替代的研究价值。

2009年6月20日,由丹阳市申报的"丹阳啷当"被列入第二批省级非物质文化遗产名录。

第二节 评书类曲种

江苏省评书类曲种包括"扬州评话"与"南京评话",皆是用当地方言讲评故事的曲艺。其故事涉及内容广泛,涵盖了传说、历史、杂闻、生产生活等诸多方面。表演形式多为单人,充分利用声音、语言、表情、动作等，夹评夹议，并辅以折扇、醒目等道具，使故事生动活现。江苏省评书类曲种既富有艺术感染力，深得群众喜爱，又体现了历史文化与民俗风情等，具有研究价值。

1. 扬州评话

"扬州评话"，流行于苏中、苏北和南京、镇江、上海等地，是用扬州方言讲评故事的曲艺项目。它兴起于明末清初，清乾隆年间达到顶峰，民国后逐渐萧条，中华人民共和国成立以后重新得到发展。

"扬州评话"的表演多为一人，只说不唱，偶有二人对白或说中夹唱者，以发挥语言功能。常用一人、一桌、一扇、一醒木的方式，及"口、手、身、步、神"等技巧进行表演，把复杂的人物故事加以艺术渲染。语体分"官白""私白"，又称"说""表"两类。"官白"用于区别和表现角色，摹拟不同地区不同人物的语言；"私白"使用扬州方言，夹评夹议，用于叙事，表达人物的内心活动。传统表演动作多虚拟，幅度小，一般身子不偏出书台桌角，两足不露出书台桌围。"扬州评话"以说表细腻，动作传神，着意刻画人物为特色，特别适于塑造生动鲜明的艺术形象。有的书目为集中刻画主要人物，在原著的基础上用"以人串书，一线到底"的结构，扩展情节，增添细节，精心刻画主要人物。同时运用各种演示动作和技巧，以眼神的运用为重，强调寓神于情，以此形成本曲种特有的艺术表现手法。"扬州评话"的表演还包括特技的运用，常对书中主要人物的形体、声腔等按照他们的身份、个性给予夸张和渲染，非常讲究语言技巧和"码头话"（即"倒口"）口技的运用。"扬州评话"具有地方特色，描绘了扬州的风俗习惯。叙述多插科打诨，幽默风趣，能够满足听众的娱乐需求，具有社会效益。"扬州评话"目前存续状况良好，在传承、传播和发扬方面均稳定而有序。

2006年5月20日，由扬州市申报的"扬州评话"被列入第一批国家级非物质文化遗产名录，2007年3月24日被列入第一批省级非物质文化遗产名录；2009年6月20日，由江苏省演艺集团、镇江市申报的"扬州评话"被列入省级非物质文化遗产扩展名录。

2. 南京评话

"南京评话"与"扬州评话""苏州评话"并称为江苏民间传统说书艺术三大流派。相传在明代南京就有艺人进行说书活动，乾隆时期形成行会组织"三皇会"并延续到20世纪中叶。

"南京评话"包括"说"与"评"两个基本方面，内容涉及面广，包括神话传说、民间故事、历史事件、轶闻趣事和现实生活等。它通常讲究事理的逻辑性、哲理性，力求以通俗易懂的语言真实生动地再现典型环境中的典型人物与典型情节。其基本形式为单人表演（行话称为"单档"），通常只说不唱，靠说表、噱头、手面、眼神等表演功夫折服听众，演出道具仅有一把折扇、一方醒木、一块方帕。艺人借用折扇等来模拟各种物件，起到辅助表演的作用，并根据故事情节发展需要，以不同的方式敲击醒木产生不同声音，以吸引听众。叙述通常采用南京方言或南京官话，并穿插赞美自然、慨叹历史的诗词歌赋等，以求"活灵活现"。此外，评话艺人还擅长模仿各色音响的"口技"。通过以上方式和技巧，"南京评话"艺人的表演具有"全凭一张嘴，满台风雷吼"的艺术魅力。南京评话传统曲目中保留了大量的历史典故、风俗民情和方言俚语，对南京及其他相关地区的历史文化、人文景观以及民风民俗等，具有十分重要的研究价值。

2009年6月20日，由南京市秦淮区申报的"南京评话"被列入第二批省级非物质文化遗产名录。

第三节　鼓曲类曲种

鼓曲类曲种在省内流布广泛，包括弹词、清曲、琴书、道情等诸多门类。表演方式主要是说、弹、唱等，既有单人表演，也有对口表演或多人表演等。音乐大多来自地方俗曲，亦有源自仙道歌曲、劳动号子等，节奏有板有眼，唱词多讲究格韵，内容以传说故事和日常生活为主。此外，鼓曲类曲种演出自由，不受场地限制，传递着独具特色的地方精神文化，具有强烈的民间性、艺术价值与历史、民俗研究价值。

1. 扬州清曲

"扬州清曲"又称"小曲""小调"，主要分布于扬州地区、江淮流域，还流布于淞沪、湖广、云川等地。其渊源可上溯到唐宋年间，源自古老的民歌，承接了元明以来的俗曲，兼容了优秀曲牌，逐步形成具有鲜明地方特色的民间曲艺，近200年中出现了黎派、钟派、周派、王派、马派、陈派等，可谓名家辈出，流派纷呈。

"扬州清曲"系坐唱类曲艺,演出样式轻便、简洁、朴实,演出时不化妆,亦无表演动作。多数曲目只唱不说,部分曲目有唱有说或说多唱少,有代言,有旁叙。演唱者一、二人至七、八人不等,以四胡、二胡、琵琶和檀板等乐器伴奏,也有辅以碟盘、酒杯击节。演唱人数不论多寡,必须每人操一种乐器伴奏,这种"手口相应"的表现技巧,呈现出中国曲艺独有的外部艺术特征。清曲为曲牌体,曲牌据统计有140多种,代表性曲牌有[软平][叠调][黎调][南调][波扬][鲜花调][梳妆台][剪靛花]等,单曲与联曲(套曲)并存,既能抒情又能叙述长篇故事,丰富个性,联套技巧高超。全曲只用一支曲牌的为单支曲,俗称"单片子",用多支曲牌连缀而成的称联曲,亦称套曲,代表作有"三国""水浒""红楼"系列等。其调式有宫、商、徵、羽等,板式有一板三眼、一板四眼、一板七眼,另有少数曲牌无板无眼。"扬州清曲"曲目丰富,约有600个,曲词内容包含社会生活、男女爱情、历史故事、寓言神话、风景事物等方面,唱词的句式多为七字句或十字句,字数可增减,句数随曲牌增减,少则两句,多则十几句,遣词造句富有文采,多借鉴传统诗词或引入古代佳句。一韵到底或偶句押韵。清曲的唱奏组织方式颇具特色,一般由爱好者(俗称"玩友")集结,随时随地自娱自唱,幽默风趣,"科口"曲目独树一帜。"扬州清曲"反映了社会底层民众的生活,具有强烈的民间性、群众性和地域性特征,也对国内其他曲种、剧种产生了影响。"扬州清曲"多由艺人口传心授、口耳相传,亟需保护弘扬。

2006年5月20日,由扬州市申报的"扬州清曲"被列入第一批国家级非物质文化遗产名录,2007年3月24日,被列入第一批省级非物质文化遗产名录;2009年6月20日,由镇江市申报的"扬州清曲"被列入省级非物质文化遗产扩展名录。

2. 南京白局

"南京白局"可追溯到明代织锦工人劳作时自唱的小曲,清代晚期盛行。

"白局"意为"受请不受物",白唱不卖钱。"南京白局"曲牌以明清俗曲、民歌小调为基本来源,曲调来源广泛,丰富多彩,从六朝的"吴歌""西曲"到明清的民间俗曲,从南京本土的[南京调][鲜花调]到淮北的[泗州调],太湖之畔的[夸夸调(无锡景)]等,兼收并蓄。演出有单口、对口、群口、彩唱等多种形式,多以坐唱为主,演唱语言采用南京方言。伴奏采用简单的乐器,如二胡、琵琶、月琴、笛子、箫、笙、板鼓、枙板、筷碟、酒盅等乐器,道具简便且不受场地限制,室内、室外、田间、地头都可摆局演唱。除演唱传统的曲目外,也常常将新闻、趣事作为演唱内容,代表曲目有《打议员》《机房苦》《王老头配茶壶盖》等。"南京白局"历史悠久,保留着明清两代大江南北、秦淮两岸民间俗曲的古朴色彩,为研究明清俗曲和说唱音乐形式的发展提供了可靠资料。"南京白局"传统曲目中还保留了大量的方言俚语与风俗民情,内容与大众生活联系紧密,对研究南京地区的历史文化、人文景观以及民风民俗等,具有十分重要的参考价值。"南京白局"主要依靠艺人世代口口相传而得以保存。近年来,南京市有关部门出版了相关书籍,建立相应完善的信息资料库,并成立了"南京白局"新传人传习基地,培养了一批年青的白局传人。

2007年3月24日,由南京秦淮区申报的"南京白局"被列入第一批省级非物质文化遗产名录,2008年6月7日,被列入第二批国家级非物质文化遗产名录。

3. 徐州琴书

"徐州琴书"源于明代小曲,发源于徐州并流行于苏北、鲁南、皖北、豫东地区,这一曲艺项目的形成得益于明代曲作家、演唱家陈铎的推动,并于1957年9月正式得名"徐州琴书"。

"徐州琴书"表演形式轻便,不受演出场地的限制,技巧、内容丰富,唱腔优美,曲调多样,演唱风格既具有南方曲艺的优美、秀丽,又具有北方曲艺的粗犷、激昂,书(曲)目繁多,演唱语言是徐州的方言土语,富有乡土气息,其代表作品包括《王天保下苏州》《张庭秀赶考》《李双喜借年》《雷公同投亲》《打蛮船》《刘公案》《包公案》《施公案》《八美图》《白玉楼》《九死还阳传》等长篇曲目,以及《马前泼水》《猪八戒拱地》《刘二姐算卦》《游西湖》《水漫金山》《陈妙常追舟》《十八相送》《红楼梦》《西厢记》《小姑贤》《借驴》《红姐上船》《反正话》等短篇曲目。徐州琴书内容以生活、伦理、社会公德、惩恶扬善故事为主,体现了人民群众的喜怒哀乐,贴近生活,富有群众基础,寄托了人们的希望和理想。

2007年3月24日,由徐州市申报的"徐州琴书"被列入第一批省级非物质文化遗产名录，2008年6月7日，被列入第二批国家级非物质文化遗产名录；2009年6月20日，由宿迁市宿城区、涟水县申报的"徐州琴书"被列入省级非物质文化遗产扩展名录。

4. 扬州弹词

"扬州弹词"相传形成于明代，明末清初说书家柳敬亭被尊奉为"扬州弹词"鼻祖与先驱，至清道光咸丰年间，表演形式更加丰富。

"扬州弹词"的表演以说表为主，弹唱为辅，细腻传神。其艺术特色可以概括为"表""肖""巧""袅"四个字。其书目内容以武侠历史故事和爱情故事为主，又称"大书"和"小书"。在表演上，"大书"注重艺术形象的塑造，节奏稍快；"小书"工于对人物心理的刻画，情节较缓，更加讲究字正腔圆，语调韵味，演示动作幅度更小，注重面部表情。"扬州弹词"初为单档一人表演，唱时自弹三弦伴奏，亦称"弦词"。后发展为二人对口双档并加琵琶伴奏，又称"对白弦词"。双档表演时，演员分坐书台左右，相互配合，以表现不同角色，上手演员侧重叙述，下手演员则唱曲。说表多用扬州方言，起角色时也用外地"码头话"，以区别和刻画人物。表演者登台校准弦音后，常先弹奏一曲或弹唱"开篇"一首，然后再进入正书。在音乐方面，扬州弹词常用曲牌有[三七梨花][琐南枝][沉水][海曲][道情]等，以羽调和商调居多，曲调朴实典雅，古色古香，多年来少有变化。伴奏时上、下协调默契，三弦弹骨架音，疏放雅朴，琵琶则润密多变，跌宕绮丽。唱词有代言体和叙事体，一般为三字句或七字句，可适当增减字，多为偶句押韵，经常上演的传统书目有《玉蜻蜓》《珍珠塔》《双金锭》《落金扇》《刁刘氏》《双珠凤》《双剪发》《白蛇传》等，另有《黄金印》《金瓶梅》《二度梅》《倭袍记》《大红袍》《天宝图》《麒麟豹》等内容失传的书目。

2007年3月24日，由扬州市申报的"扬州弹词"被列入第一批省级非物质文化遗产名录，2008年6月7日被列入第二批国家级非物质文化遗产名录。

5. 苏北大鼓

据《中国曲艺志》记载，"苏北大鼓"于清朝中叶（1796年前后）形成于宿迁和徐州的睢宁一带，同治年间广为流行，现流布于宿迁、徐州、淮安、连云港和皖东北、鲁东南的广大地区，流传方式多以师承和家传为主。

"苏北大鼓"俗称"唱大书"，是以宿迁地区方言为基础的鼓书曲艺形式，系一人表演。演出使用一面大鼓、两块铜或钢制月牙板，有说有唱。说白讲究喝、顿、缓、急，上下句对称。唱腔浑厚，有[回龙调][慢赶牛][快流水]等调式。唱词严谨，有十字句、七字句、五字句、三字句，十字和七字称"牌"，五字称"锦"，三字称"赞"。苏北大鼓讲究悬念的设置，行话叫"抓扣夺帽快"，常采用"空枪头""无影鞭""系马桩"和"飞扣"等表现手法，以使情节大扣套小扣，使听众始终置身于悬念之中。"苏北大鼓"书目丰富，以长篇为主，多为艺人口头创作，在演唱过程中锤炼而成。其代表书目有《高怀德兵下河东》《五梅七枪反唐传》《无艳春秋》等。

2007年3月24日，由宿迁市宿城区申报的"苏北大鼓"被列入第一批省级非物质文化遗产名录；2009年6月20日由赣榆县、睢宁县申报的"苏北大鼓"被列入省级非物质文化遗产扩展名录。

6. 工鼓锣

又名"公鼓锣"，源自江苏北部淮海地区，又称"淮海鼓锣"，分布于江苏北部沭阳、灌南、灌云、涟水、泗阳、东海、连云港、淮安、响水等地。明末清初基本形成，清嘉庆年间得到快速发展并形成东汪门、西汪门、郯门和方门四大门派，深受当地群众的喜爱。

"工鼓锣"表演方便、形式独特、唱腔优美、说表自如，乐器为一鼓一锣，左手敲锣，右手敲鼓，有开场锣、唱腔锣、收场锣之规。唱腔与道白采用沭阳方言，将京剧、淮海戏、地方小调等曲调融入鼓锣唱腔之中。说唱讲究唇齿音分明，语言易懂。唱调分[浮调]和[老工调]。唱词讲究押韵，句式分四种，三字为"赞"、五字为"垛"、七字为"韵"、十字为"清"。"工鼓锣"演出剧目的内容大多来自淮海地区的民间传说和故事，包括《封神演义》《东周列国》《西汉》《东汉》《说唐演义》等100多部。旧时艺人多为男性，唱词多口传，后出现了少数"工鼓锣"女艺人，进一步增强了"工鼓锣"的表现力和娱乐性。"工鼓锣"贴近实际生活，深受当地群众欢迎，又承载着淮海地区从古至今多方面的历史、文化信息，具有艺术价值。此外，有些曲目保留了五个入声韵类，对研究汉语言的分布和衍变具有重要价值。

2007年3月24日，由涟水县、沭阳县、灌云县联合申报的"工鼓锣"被列入第一批省级非物质文化遗产名录。

7. 徐州坠子

"徐州坠子"又名"东乡坠子书",即指产生并流传于徐州市铜山县东部10多个乡镇的说唱艺术,起初源自清初盲人的卖艺演唱活动,在东乡人民中十分普及,并在流传中吸收民风、民俗、民歌,逐渐形成固定模式。

坠子又称"唱丝弦",在古朴的"凤阳歌(四句腔)"的基础上,揉进了一些当地民歌、劳动号子、妇女哀叹甚至啼哭的声腔成分,十分贴近群众,具有乡土气息。"徐州坠子"说唱时,以一把丝弦和一套脚踩梆(由铁锤、木杆、梆子、引绳、踩板组成)进行伴奏自行唱。这种盲艺人单人独骥、独往独来的卖艺方式,被称作"单托膀儿干活"。除卖艺外,每逢庙会,坠子艺人都要前往表演,先演奏一段拿手的"闹台曲",招揽听众并显示其艺术水平,待听众数量达到一定规模后,再选定书目开唱,其中最受群众欢迎的书目包括《打蛮船》等。"徐州坠子"的传承以艺人口口相传为主。如今,"徐州坠子"处于濒危状态,特别是演唱"坠子书"的绝活,因无传人,已成绝响。

2009年6月20日,由丰县申报的"徐州坠子"被列入第二批省级非物质文化遗产名录。

8. 小热昏

常州"小热昏"伴随着清代常州梨膏糖的生成历史而诞生,源自叫卖梨膏糖时商贩说唱本地新闻的活动。由于说唱内容大多是当时社会黑暗现象以及贪官豪绅家中的丑闻,为免遭迫害和麻烦,艺人自我戏谑地将该艺术形式取名为"小热昏"。除常州,"小热昏"遍及苏北盐城、海门、南通及浙、皖等地。

"小热昏"艺人多在城市的船埠、车站、菜场,农村的集市、庙会、场院上表演,锣鼓铿锵,人声高亢清脆,内容生动风趣,说白滑稽幽默,唱词通俗易懂,唱腔又是百姓熟悉的民歌小调,故而深得广大民众的喜爱。演唱程序主要有"开场""卖口""唱曲""卖糖""唱篇""送客"。演唱的曲调主要包括[青年曲][梨膏糖调][柳青娘调][宣卷调][大补缸][小放牛][花鼓调]等民间小调,以及"常州滩簧"等地方戏曲曲艺的曲调,常用作品篇目、曲目达60余种。常州"小热昏"的演唱篇目、曲目及表演特色,完好地保存了大量的历史文化信息,记录了江南地区的民俗风情和社会时尚变迁,是研究江南社会史、民俗史的不可多得的珍贵资料。在传播和发展中,常州"小热昏"的许多短篇段子被逐渐移植或改编成独脚戏、滑稽小段等节目。从苏南民间艺术发展史来看,"小热昏"应是"常州道情""常州唱春""独脚戏""滑稽戏"形成的源头。

2009年6月20日,由常州市申报的"小热昏"被列入第二批省级非物质文化遗产名录。

9. 扬州道情

"道情"源于道教的仙歌道曲,后衍化为民间曲艺的一个种类。明时,"道曲""道歌"传入扬州,清代与扬州方言结合,成为独立的地方曲种。

"扬州道情"是南方诗赞体道情的一个分支,继承了道教音乐的诗乐特征,又吸收了苏北地区民歌小调,委婉而活泼。常用曲牌有20多支,其中[耍孩儿][浪淘沙][步步高]等部分曲牌与"扬州清曲"曲牌同名,曲调也大体相似。"扬州道情"演唱多为一人,多表演于商铺、轮渡或街市空地,俗称"踩街"或"地摊"。流动演出以短篇为主,曲目唱词多由艺人根据季节或节日等情况选唱,曲目以劝世、祝福、祝寿居多,也有唱神仙、才子佳人、英雄好汉的。书场演出道情的艺人多说唱中、长篇,主要书目有《珍珠塔》《白蛇传》《青蛇传》《白牡丹》《白鹤传》《落金扇》《二度梅》《封神榜》等,多数改编自弹词,内容大致相似。表演以唱为主,以说为辅,说唱并重,也有只唱不说的情况。演唱时通常戴道冠、穿道服。表演时使用的乐器仅有两种,一为渔鼓,系约2尺长的竹筒上面蒙上鼓皮制成,亦称道筒;一为简板,由两片约3~4尺长的竹片制成,也称拍板。以渔鼓和简板击打的节奏作为唱句过门,通常是简板打板,渔鼓打眼,有一板三眼、一板两眼、一板一眼等各种打法,节奏快慢变化多端,不用其他乐器伴奏。"扬州道情"具有很高的艺术价值,它与"扬州清曲""扬州评话""扬州弹词"统称为扬州曲苑"四株奇葩",彰显出鲜明的地域文化特色,也为研究扬州道教音乐发展史提供了资料。"扬州道情"的唱词中包含着大量的历史文化信息,具有历史文化、民俗文化研究价值。目前"扬州道情"的保护与传承、传播主要由扬州市扬剧研究所负责,研究所以演出《板桥道情》为主,深受广大观众的喜爱。

2009年6月20日,由扬州市申报的"扬州道情"被列入第二批省级非物质文化遗产名录。

第六章 传统美术

传统美术是广大民众在农耕社会、手工业时代创造,以欣赏、装饰、点缀生活环境为目的,并世代流传的各种视觉造型艺术。传统美术主要由民间美术、文人美术、宫廷美术和宗教美术构成。传统美术是在一定历史条件下人们追求物质和精神享受的产物,既具有造型艺术的一般特质,又体现了实用和审美的统一。

江苏省的传统美术历史悠久,并在发展过程中形成了自身的特点:一是门类齐全,品种繁多;二是因地而异,特色鲜明,艺术取材当地,也体现着地方特色;三是工艺精湛,价值突出,能够反映江苏经济、社会、文化等方面的发展状况;四是阶层清晰,层次分明。皇家、文人、宗教、民间所流传的不同美术作品无不反映其阶层特点。

江苏传统美术植根于广大人民群众的生活中,并发生、发展、传播,渗透在人们的衣食住行等各个方面,运用最通俗的艺术语言和最大众化的色彩、造型、图案、形象,表达广大民众的理想、愿望与信仰,具有醇厚、质朴、积极乐观的感情色彩,散发着浓郁的乡土气息,是民族和区域传统文化的精华,值得大力保护。

第一节 绘画类

江苏传统绘画历史悠久,形式多样,材料与题材丰富,多以神写形,形神兼备。江苏省传统绘画有着鲜明的地方特色,苏南地区绘画构图丰满,色彩鲜艳明快,精雕细琢,运笔细腻。苏北地区绘画色差反差大,视觉冲击力强,造型粗犷,用笔狂放,不拘小节。绘画可见于家具、建筑、门窗等,既起装饰作用,又具有实用性,具有历史、文化、经济等价值,影响广及海内外各地。

1. 桃花坞木版年画

"桃花坞木版年画"又称"姑苏版",分布在苏州城北桃花坞一带,故称"桃花坞年画"。它源于明代,盛于清康熙、乾隆年间。鸦片战争后,受西方"石印"年画影响日渐萧条。后来发展虽几经波折,但一直得以保护与延续。

"桃花坞木版年画"工艺源于宋代的雕版印刷工艺,其刻版技术和套色印刷工艺,继承了明代"一版一色"的套印方法。一幅年画作品,从构思创稿到完成,须经过画稿、刻版和套印三道主要工序,有的还需人工着色、敷粉、扫金、扫银和装裱等,有些精致的年画作品一天只能套印二三十幅,内容包括神像年画、故事戏文年画、农事年画、节令风俗年画、风景年画、花卉装饰年画、飞禽走兽年画、时事新闻年画、喜庆吉利、娃娃年画,以及装饰年画。其尺幅规格多样,有全张(整张)、对开、三开、四开、八开和十二开不等。另有"中堂""屏条""斗方"之类,其式样有横式、竖式。除门画成对及戏文故事分上下两幅外,一般均为单幅。"桃花坞木版年画"构图丰满,色彩鲜艳明快,有江南民间艺术特色。中华人民共和国成立后,设计人员融进了时代气息和艺术个性,创作内容、形式和技法皆有新意的年画,在国际上有广泛影响,特别是对日本的"浮世绘"的形成和发展产生了很大影响。随着时代的变迁,如今从事设计木刻、印刷等工作的人屈指可数。为保护和传承这一传统技艺,苏州市文广新局于2006年组建苏州桃花坞木刻年画博物馆。

2006年5月20日,由苏州市申报的"桃花坞木版年画"被列入第一批国家级非物质文化遗产名录,2007年3月24日,被列入第一批省级非物质文化遗产名录。

2. 无锡纸马

"无锡纸马"主要以江阴东乡的华士镇镇西巷路里自然村为代表,其历史可溯至宋代,是江南民间祭祀活动的产物。清代远销北京并进入宫廷,成为皇家用品,后一度式微。近年来经纸马艺人陶揆均再度发掘后重现光彩。

"无锡纸马"印绘结合的制作方法十分独特。在手工木板印刷的墨稿之上加以彩绘,还使用类似印戳的"小印板"戳印,以毛笔勾点装饰。"无锡纸马"的制作共有板印、彩绘、印五官、染酒色、加花、点睛白、敲花、题文字等八个步骤,用笔简练随意,形象生动,用色鲜艳,造型传神,脸部开相细腻,印绘鲜明协调,艺术风格独具地方特色。制成的马可分为"粗张""细张""定制纸马""精制大纸马"四个品类。"无锡纸马"多以道佛之神和民间俗神为描绘对象,普遍用于民间信仰活动和礼俗庆典,江阴的祭祀文化、道教文化和佛教文化发达,为纸马艺术提供了生存空间和发展土壤,其中以江阴东乡华士符家道士制作的纸马与"赵氏纸马"最负盛名。"无锡纸马"制作考究,形式语言独辟蹊径,在印刷、彩绘的过程中形成了具有浓郁乡土特色的艺术形象,形式感强烈且具有独特的神秘色彩,以其独特的艺术个性影响显著,为艺术创作提供了灵感。纸马蕴含着宗教、风俗和艺术因素,是民众的心灵寄托和夙愿祈求的载体,广泛应用于民俗生活,代表性品类包括"镇宅""待宴""念佛""到场"四类,主要作品有"十殿阎罗""接引菩萨""观音菩萨""姜太公""关帝""灶神"等。

2007年3月24日,由无锡市申报的"无锡纸马"被列入第一批省级非物质文化遗产名录。

3. 邳州年画

"邳州年画"分布于邳州,随京杭大运河沿线流传至咖口、官湖、邳城、四户、港上、窑湾、土山等古镇及苏、鲁、豫、皖等地。它源于邳州民间绘画、雕刻画,兴于唐代,成熟于宋代,明清时迅速发展,清中后期达到鼎盛。自20世纪50年代起受到当地民众及相关部门的广泛关注。

"邳州年画"的绘画形式和技法多种多样,有手绘、半印半绘、木版手工印刷、机器印刷、刻纸彩绘等。绘制材料有纸张、板、墙、家具、器物等。题材内容涉猎广泛,早期作品以神、佛像居多,如门神、神仙、佛、道、家堂祖谱、春牛图、春贴、咒符等，主要用于民俗年节、吉祥纳福、祭祀神灵、镇邪驱疫、宗教信仰、娱乐游戏等。近现代的"邳州年画"题材不断扩展，表现民风民俗、劳动生活场景的内容不断增多，更贴近现实，反映了人们对美好生活的向往。"诗画结合"是"邳州年画"的表现特色之一，它在传承与发展的过程中不断提高，画风自成一体，具有淳朴厚重、生动泼辣、简练夸张、色彩鲜艳浓烈、反差大、视觉冲击力强、造型粗犷、用笔狂放、不拘小节等特征，充满乡土气息和时代感，在中国美术史、民俗史上均占有重要地位。目前，"邳州年画"濒临消亡，对"邳州年画"实施抢救性保护迫在眉睫。

2007年3月24日，由邳州市申报的"邳州年画"被列入第一批省级非物质文化遗产名录。

4. 江都漆画

"江都漆画"流行于江都地区，是传统绘画艺术和古老髹漆技艺完美结合而形成的工艺美术，也是江都民间艺人以漆作画的一种独特艺术。

"江都漆画"以画为主，漆艺为辅，体现了"绘""做"结合的特征。艺人既要运用各种彩漆描绘图画，又要用髹漆技艺使画面具有独特意境，称为"绘制漆画"。漆画继承了古代彩绘漆画的各种传统技法，包括彩绘、雕漆、刻漆、百宝镶嵌、金银平脱、平磨螺钿、彩勾刀、描金贴箔，髹漆、磨漆等，同时巧妙地应用了工笔画、水墨画、油画、水粉画等多种绘画技法。"江都漆画"有五种制作技艺：一是镶嵌漆画技艺，即应用百宝镶嵌、金银镶嵌、螺钿镶嵌、骨石镶嵌、蛋壳镶嵌、珐琅镶嵌等多种镶嵌艺术，配合描金彩绘手法，制作有镶嵌特色的漆画；二是雕填漆画技艺，即应用传统雕漆工艺，制作各种色调的漆画，主要有剔红、剔黑、剔蓝、剔绿和剔彩等；三是刻漆漆画技艺，即运用传统刻漆技法，在漆地上刻出精致的线条，铲去不必要的部分，着上色彩，贴上金箔；四是螺钿漆画技艺，即应用镶嵌螺钿的技法制作纹质齐平的漆画，统称"平磨螺钿漆画"。螺钿有软硬之分，硬螺钿黑白分明，富于装饰性；软螺钿（亦称"薄螺钿"）色泽丰富，或红、或绿、或黄、或蓝，人称"活动的色彩"；五是彩绘漆画技艺，即应用传统国画（水墨画）手法，结合运用髹漆、锚金彩绘等艺术，制作具有国画风格的磨漆画。"江都漆画"的制作采用了两种独特技法：一是"铺砂法"，即在镶嵌、堆漆之后将清洗过筛后的细砂在空白处或所需处，根据细密分布的不同要求进行铺洒，然后贴上金箔，再根据作画的艺术要求进行反复渲染，待干后进行镶嵌、髹漆、研磨、罩漆、推光；二是"冲染法"，是"江都漆画"艺人为了适应各种流派画法的表现而摸索出的。运用此法可以绘制出流动而虚幻、朦胧、抽象的色彩，使漆画虚实相间，生动有致，厚重中透着灵气。"江都漆画"强调艺术创造和欣赏性，打破传统漆画的程式性，将不同品种、不同工序的艺术重新组合，灵活应用在平面上，以表达艺人的思想和情感，更加贴近生活，更具时代特征。

2007年3月24日，由江都市申报的"江都漆画"被列入第一批省级非物质文化遗产名录。

5. 玻璃雕绘画

"玻璃雕绘画"流行于清乾隆、嘉庆年间，即在玻璃上用油彩、水粉、国画颜料等绘制图画，利用玻璃的透明性，在着色的另一面观赏。

"玻璃雕绘画"结合了传统的绘画艺术和工艺玻璃雕技术，以玻璃为原料，运用传统的手工砂雕玻璃技术和手工喷绘技术，使雕出的线条流利舒畅、刚柔自如，雕出的块面层次分明，且具立体感，使花、鸟、虫、鱼等传统绘画的艺术效果在玻璃上展现。绘画的工艺流程主要包括裁划、贴膜、描绘、刻制、喷砂雕刻、清洗、贴膜刻画、调配颜料以及喷绘着色等，即操作时把即时贴覆盖在玻璃上，在描绘画稿后，用美工刀将即时贴按图刻画，并开始高速喷雕，经清洗画面后，再以即时贴覆之，然后用美工刀依雕刻纹样刻出，经喷涂色彩后完成。作画颜料为专用玻璃涂料，具有良好的透明性、流平性、色彩鲜艳、表现力强，具晶莹剔透之效果。设色则完全用喷枪经手工喷染完成，技术和艺术密切结合，作品不但形似绘画原作，且呈现出在纸（绢）上所作传统绘画所达不到的艺术效果，设色匀净细腻、绚丽多彩。"玻璃雕绘画"大多用于民间建筑的室内装饰，如门饰、窗帘、隔断、壁画、屏风等，如遇婚寿喜庆、商店开张志禧，人们常以"玻璃画"为贺礼，该礼俗一直延续至20世纪70年代。它具有极高的实用价值、艺术价值和欣赏价值，值得加以挖掘、保护和传承。

2007年3月24日，由镇江市申报的"玻璃雕绘画"被列入第一批省级非物质文化遗产名录。

第二节 工艺类

江苏省工艺类传统美术历史悠久、内容丰富，包括剪纸、刺绣、民间绣活，以及香包、草编、竹编、剪贴、梳篦等制作技艺，各具民间特色，覆盖了百姓生活的方方面面，是江苏地区劳动人民智慧的结晶。工艺类传统美术作品受邀参加国内外各种文化交流活动。工艺类传统美术有很高的艺术价值、收藏价值，对此，江苏省各级政府正采取积极措施与手段予以传承和保护。

1. 剪纸（扬州剪纸、南京剪纸、金坛刻纸、宜兴刻纸、徐州剪纸）

（1）扬州剪纸

"扬州剪纸"主要分布在扬州市广陵区、邗江区、江都区，流布于扬州市内的仪征市、高邮市、宝应县等其他区域。其起源可追溯到唐宋时期，明清时结合绘画与"扬州刺绣"形成"扬州花样"，流传至今，经久不衰。

"扬州剪纸"是以剪刀为工具，在手抄宣纸或色纸上剪出花纹图案，用于装点生活或配合其他民俗活动的民间艺术，因其"秀丽、灵动、柔美、典雅"的艺术风格，成为南方剪纸的杰出代表。它题材广泛，有人物花卉、鸟兽虫鱼、奇山异景、名胜古迹等，尤以四时花卉见长。其线条清秀流畅、构图精巧雅致、形象夸张简洁、技法巧妙、求变求新，从而形成了扬州剪纸特有的"剪味纸感"。现代"扬州剪纸"已从实用性的花样转入富有装饰性的主题性创作，有"圆如秋月、尖如麦芒、方如青砖、缺如锯齿、线如胡须"等剪纸要诀，是宝贵的创作经验。2005年以来，扬州市不断加大对"扬州剪纸"保存、传承、传播工作的力度，初步理清了"扬州剪纸"的历史发展脉络，收集整理了一大批相关资料、实物存档保存。2007年，建设了集保护、传承、研究、展示与收藏等多项功能为一体的综合性保护基地。

（2）南京剪纸

"南京剪纸"主要流行于江苏省南京及其周边地区，它流行于明代，民国时期盛行，当时夫子庙的"上海"和"皇后"花样花线店、鱼市街的"腾厚记"香烛纸马店等，都是南京较为有名的制作、销售剪刻纸的店铺。20世纪50年代，南京民间剪纸生产合作社和民间工艺厂先后成立，制作剪纸并出口外销。

"南京剪纸"融北方剪纸的粗放和南方剪纸的细腻为一体，花中有花，题中有题，粗中有细，拙中见灵，艺术形式优美异常。旧时南京剪纸的传统品种主要包括"喜花""斗香花""门笺"和包括"鞋花"在内的刺绣花样等，其中的"斗香花"刻纸在全国独一无二，一种花纹一次刻成，但可以逗拼而呈现出七种不同色彩，充分体现出"南京剪纸"的独特风格，丰富了中国民间艺术的宝库。在南京剪纸发展的过程中，产生了中国近现代剪纸史上两位杰出的艺术家。一位是张吉根，人称"神剪张"，是南京剪纸艺术的集大成者，身怀绝技又善于创新；另一位是胡家芝，年已过百，仍能操剪创作，为最高寿的剪纸艺人。这两位剪纸老艺人不用画稿，全凭心中构思，运剪又运纸，线条流畅，连绵不断，还创造了"花中套花"的构图方式，并以"题中有题"象征隐喻的手法表现主题，极大地提高了民间剪纸的美学价值。

（3）徐州剪纸

"徐州剪纸"分布于徐州各县（市）区，集中在邳州市大部分乡镇、新沂市合沟镇、沛县敬安镇和云龙区、泉山区。可追溯至汉代，并流传至今。

"徐州剪纸"表现内容有历史人物、神话传说、戏剧人物、动植物、花鸟鱼虫、生活场景、田园风光等；表现形式有鞋面花、窗花、顶棚花、盆花、枕花、帐花、灯花等，以及套色刻纸，主要作品为门吊子，又称"门笺"。它的技法主要有"锯齿型"和"月牙型"两种。"锯齿型"利用锯齿的长短、疏密、曲直、刚柔、钝锐的变化，结合不同物象特征，表现其质感、量感、结构等。如剪植物时，柔和锯齿纹可表现它的花果，坚硬的锯齿纹可表现树叶和茎的针刺、毛绒；剪动物时，细密锯齿纹可表现绒毛，刚健锯齿纹可表现鬃毛，圆实半弧形锯齿纹可表现禽鸟、鱼虫的羽毛和鳞；剪人物时，跳动的锯齿纹可表现眉毛、胡子、头发，修长丰润的锯齿纹可表现小孩的肌肤。"月牙型"刀法是以阴剪为主，表现人物的衣纹，根据不同物象特征，可长可短，可宽可窄，可曲可直，能剪出各种不同的类型。"锯齿型"和"月牙型"两种刀法也常在同一张剪纸中交错运用，以使层次更加分明和富有变化。此外，技法还有诸如花朵、涡纹、云纹和水纹等。"徐州剪纸"兼具北方剪纸粗犷、质朴、雄壮、豪迈大气的特点和南方剪纸圆润秀丽、纤巧精细的风格。它反映了地域特有的人文品格，有艺术、人文和历史价值，是研究徐州艺术史、民俗史的资料。徐州市及各县（市）、区高度重视这一民间艺术，采取了规划保护、试点保护、财政支持、专设展厅、出版作品、举办主题活动、资助传承人等措施加以重点保护。

（4）宜兴刻纸

"宜兴刻纸"发源于宜兴西部的水西村，它的起源可以追溯到唐代，明清时期发展越加隆盛，成为"青稻灯"上的一种装饰品，民国时期依然繁荣，并从灯笼蔓延到鞋花、窗花，后来用作镜框挂屏和装裱条幅等，逐渐发展成为如今的"宜兴刻纸"形式。

"宜兴刻纸"是流行于江南地区的一种民间刻剪纸艺术，题材有喜娃、寿星、八仙、钟馗和花鸟虫鱼等，具有刻中有画，线线相连，注重写实，尤其擅长人物肖像等特点。起刻前先画好黑白底稿，运用阴刻阳雕的手法形成点线面的组合，线条流畅多变，纤细秀丽，每根线条都互相联系但又自为一体，产生万刻不断的线条结构。作品善于运用"锦堂"（围绕边框和中心景物的线条）和"花框"（装饰作品的四边图案），每一幅作品都是根据刻画内容单独设计，给作品瑰丽多彩的纹样装饰。宜兴刻纸的艺术特征为"清、透、明"。"清"就是作品题材清新活泼，富有生活气息；"透"是强调技术的娴熟、老练；"明"指图案所反映的思想内涵明白浅显，表现了当地人民群众的社会习俗、文化特色、人文风情。

（5）金坛刻纸

"金坛刻纸"明清时流行于金坛民间，源于传统剪纸，为民间剪纸的一个派系，是以纸张为材料、刻刀为主要工具的一种镂空的平面造型艺术。起初为带有镂空图纹或象形字纹的纸质贴挂物，多为门笺、喜笺、花笺，贴挂在门楣、梁沿、篷架、神龛和船头仓尾等处，意为驱鬼祛邪、祈福迎祥。

与传统剪纸相比，"金坛刻纸"具有手法创新、构图繁茂、幅式灵活的特点，常采用填彩、点彩、衬彩等综合手法，表现细腻丰富。首倡叠层表现手法，利用宣纸半透的效果映衬人物体形线条，层次对比效果甚好。构图既简洁，也讲究丰富和繁茂，作品具有更强的整体感和大气势。传统剪纸因受剪制工具的局限，作品以小幅居多，而"金坛刻纸"中大幅、巨幅者尽可以根据题材内容的需要自由选定。"金坛刻纸"题材内容广泛，能够多侧面、多角度生动展现古代、近代、现代江南的社会生活和民间风俗，具有浓郁的时代色彩，成为独具江南特色的民间工艺美术。"金坛刻纸"在不断创新发展的历程中，突破了传统的技法和构图，在材质、作品表现形式、内容及技法等诸方面形成了鲜明的特色和创造性，给人以典雅的艺术享受。"金坛刻纸"至今已有600多个品种、数以万计的作品在国内外报刊上发表或参加省级、国家级展览，各类艺术大赛或比赛中入选、获奖的作品逾千件，还有50多件作品被国内外美术馆收藏。2008年北京奥运会开幕前，国际奥委会主席萨马兰奇还特别致函，对金坛民间艺人们为奥运创作的刻纸长卷作品给予了高度赞扬。金坛先后于1993年12月和2008年10月，两度被文化部命名为"中国民间艺术（刻纸）之乡"。

2006年5月20日，由扬州市申报的"剪纸"被列入第一批国家级非物质文化遗产名录；2007年3月24日，由扬州市申报的"扬州剪纸"、由南京市申报的"南京剪纸"、由徐州市申报的"徐州剪纸"、由宜兴市申报的"宜兴刻纸"、由金坛市申报的"金坛刻纸"均被列入第一批省级非物质文化遗产名录；2008年6月7日，"南京剪纸""徐州剪纸""金坛刻纸"被列入国家级非物质文化遗产扩展名录。

2. 刺绣（苏绣、无锡精微绣、南通仿真绣、乱针绣、扬州刺绣、上党挑花、东台发绣）

（1）苏绣

"苏绣"为中国四大名绣之一，又称"苏州刺绣""苏州平绣""苏州绣"。其流传以苏州为中心，遍及江苏全境。"苏绣"可追溯到春秋战国时期，宋代集聚式发展，元代成为贡品，明清时期商品化，辉煌一时。后虽几经波折，但仍经久不衰。

"苏绣"分为闺阁绣和商品绣两类。闺阁绣以国画为绣稿，要求绣工精工细绣，既有熟练的绣技，又善于绘画书法。商品绣是较为大众化的产品，绣稿出于民间工匠之手，作为普通装饰和日用品。"苏绣"按刺绣生产方式分有手绣、缝纫机绣、电脑绣；按针法分有齐针绣、套针绣、乱针绣、双面绣、双面异色绣、彩锦绣等，以"平、光、齐、匀、和、顺、细、密"为特点；按刺绣材料分有丝线绣、绒线绣、发绣等。手工刺绣工艺程序依次为选择绣稿、定料开料、上绷、勾绷（将花样复制描绘在绷上）、配线、刺绣、落绷、揭渍（去污渍）、装裱。20世纪70年代后，"苏绣"精品畅销海外，技艺也有了新突破，针法从10多种发展到40多种，其中"双面异色绣""双面异色异样异针（双面三异）绣"，成为"苏绣"史上新的里程碑。至20世纪末，镇湖绣品街崛起，镇湖也因此成为全国著名的"中国民间艺术之乡"，"苏绣"进入了新的发展时期。

（2）无锡精微绣

"无锡精微绣"简称"锡绣"，流布于无锡全市，最早见于清道光年间刺绣家丁佩的专著《绣谱》中。清代"无锡精微绣"技法成熟并推向市场，名闻天下，民国后，绣品走向海外，进入全盛时期。

"无锡精微绣"以折枝花果、吉祥图案为主要题材，主要采用双面绣法，有"戳纱绣（回文彩锦绣）""挑花绣""堆纱绣""列针绣"等针法。精微绣以绣工精湛、绣品面积小巧著称，寸人豆马，形神毕肖。"无锡精微绣"的前身是"女红"，清末，李佩黻、李韵和妯娌创办"锡山绣工传习会"并开设传习所，李氏妯娌的丈夫华文川、华文汇兄弟，主张以画入绣，创"填色稀铺法""轮廓切马鬃法"等，使中国传统绘画中的大面积烘染和远景在绣品上再现。民国时期，"锡绣"代表人物华璂的风景绣以西洋绘画为稿本，运用独特的列针法、琐和针法，绣线用多色绞合，通过数百种色线呈现明暗层次和天地万物中的自然光彩，是为"乱针绣"之先导。她强调"新绣法通于画理"，提出"其要在合光线"，准确把握透视。1959年，无锡市工艺美术研究所"锡绣"研究组系统整理了锡绣的百余种传统针法，并于1981年创制"精微绣"，迎来了"锡绣"艺术史上的第二个鼎盛期。"无锡精微绣"的艺术特色主要表现在卷幅微小、构思巧妙、绣技精湛。代表作品《丝绸之路》，其精微处已无画稿，是艺人"心手合一"的绝技，令人叹为观止。今天的"锡绣"已经和绘画一样，成为了一种历史传承的技艺。

（3）南通仿真绣

"南通仿真绣"主要流布于南通地区，由清末沈寿首创，又称"沈绣"。因其在传统苏绣基础上，融汇西洋油画、摄影的光影技法，故而又有"美术绣"之称。

"南通仿真绣"首创旋针、虚实针表现物体的肌理，用丰富多彩的丝线调和色彩，使作品的色调柔和自然。它取材于西洋油画的人物肖像、风景等，尤以人物绣著称，其针法变化多端，尤其是五官刺绣极为传神，也最能体现仿真绣的风格特征和高超技艺。"仿真绣"的出现，是以中国书画为绣稿的传统刺绣的创新，为传统刺绣的发展开辟了一条新路。"仿真绣"创始人沈寿述著《雪宧绣谱》，将其创制的"仿真绣"及其刺绣艺术从实践经验提升到理性认识高度，系统、完整地阐述了刺绣艺术理论，也为"仿真绣"得以继承、发展、创新奠定了理论基础。受其"以新意运旧法"艺术思想的影响和启发，她的弟子又创制了"双面绣""双面异色绣""双面异色异形绣""彩锦绣"等新的绣种，将传统平绣推向了现代平绣，也较大地影响了人们对刺绣艺术的审美取向。"仿真绣"也因此得以在中华人民共和国成立后得到继承和发扬，并成为具有南通地方特色的刺绣艺术，进而成为中国刺绣艺术的重要组成部分。

（4）乱针绣

"乱针绣"又称"正则绣""常州乱针绣"，流布于江苏及全国各地。"乱针绣"脱胎于宋代常州晋陵绢制作中的绣艺，经清末民初李仁的针画像真绣和沈寿的仿真绣之进化，由刺绣大师杨守玉创制于20世纪30年代，被誉为当今中国第五大名绣。

"乱针绣"的创作步骤为：设计构图，多使用专门的画稿或名家的国画、油画、摄影作品；选用底料，主要有毛料、丝绸、纱、尼龙绡、细竹廉等；稀针铺底，即按轮廓与色块绣一层底色；密针做细，以突出主体部位的轮廓与明暗过渡；加色造型，即是分层加色，疏密堆砌的多层次精细加工。基本针法有大乱针和小乱针，可细分为"竖形交叉针""横形交叉针""树梢针""十字针""拉毛针""绒线针""松叠针""飘长针""结子针""滚针"等数十种针法。"劈丝"工艺为"乱针绣"中独特的工艺之一，与传统刺绣的区别在于粗线打底后，层层叠加的丝线一层比一层细，最细时达到四十八分之一。"乱针绣"突破了传统刺绣的"密接其针、排比其线"的绣法，把油画的色彩和素描的衬影法运用于绣面，将画理与绣理有机结合，以针代笔，以线代色，采用纵横交叉、疏密重叠、分层加色等灵活多变的技法，表达艺人的思想感情和艺术个性，展示作品的线条美和画面的质感美。绣面远看似画非画，明暗相衬，层次分明。"乱针绣"的针法、色彩和"劈丝"技法等在工艺上有创新价值，同时又将画理与绣理有机结合，体现作品的光色透视效果，审美价值高。

(5) 扬州刺绣

"扬州刺绣"简称"扬绣",主要流布于扬州市及周边地区,源于汉代,兴于唐宋,盛于明清。

"扬绣"擅长水墨写意绣,多采用名家字画为底本,运用各种针法技巧,将画理与绣理融于一体,使所绣作品呈现出俊逸的笔墨神韵,绣画难分。扬绣体现刺绣针法美与丝线美的质感与特性,彰显刺绣艺术的独特性,使作品具有不同于绘画艺术的独特魅力。"扬绣"包括设计绣稿、上绷配线、刺绣、装裱等工序;针法有"齐针""平套针""散套针""旋针""接针""滚针"等。针法的选择也多有讲究,起针落针"平、匀、齐、密";线条排列,疏密得当;皮皮相迭,针针相嵌,镶色和顺,丝理自然。"扬绣"劈丝精细,针法缜密,名人名作、画面清雅、色泽调和、浓淡相宜,丝缕和顺,转折自然,皮头均匀,疏密得当,技法灵活,针法活泼,虚实结合、空灵透晰,绣面光洁,服帖如画,从而形成了扬派刺绣的独特风格。至今,"扬绣"已有庙堂刺绣、民间刺绣、宫廷刺绣、艺术刺绣等大量作品,作品折射出特定时期人们的审美观念、价值取向以及民俗风情、地域文化等。扬州水墨写意绣更是将刺绣由装饰性向艺术性发展,提升了刺绣作品的文化品位,使传统技艺产生了质的飞跃。传统技艺与传统美术的融合为扬绣的传承发展开拓了更广阔的空间和前景,也为其他工艺美术提供了借鉴。此外,"扬绣"将自身融入于扬州文化之中,不仅彰显出扬州文化的厚重和精致,也为人们研究扬州文化的构成及其发展特性提供了资料依据。

(6) 上党挑花

"上党挑花"主要集中在镇江市丹徒南乡,大约已流传一二百年。明清以来,"上党挑花"成为丹徒南乡农村妇女日常习作之事,是评价妇女才干的主要条件之一。

挑花是刺绣的一种,又称"十字针""十字花",即在平布上依纱眼用绣花针挑上"十字形",以此为骨架,填置上多种花纹。挑花的图案布局严谨,在对称中求变化,有菱形、对角形、正梯形,一般在白布或浅蓝布上,挑上各种立体感强的图案,其色彩一般以大红、桃红、淡黄等为主色调。作品绝大部分为生活用品,如帐帘、枕套、床单、围腰、鞋垫、荷包等,图案大多具有吉祥福瑞之象征涵义,如蝙蝠(福)、桃(寿)、桂花(贵)、芙蓉(富)、莲子(连)、鱼(余)等,广具群众性。从业者大多为农村妇女,手艺代代相传,她们将挑花作为感受周围事物、追求美好生活的一种表达方式。"上党挑花"中的各种图案也记录了水乡妇女的传统礼俗和祈盼,寄托了"真"与"美"的情思,对研究江南妇女服饰具有重要价值。

(7) 东台发绣

"东台发绣"流布于今东台市东台镇(唐时为海陵西溪镇)和浙江温州,源于唐代以来女子用发丝在丝绢上绣佛像以膜拜或绣成信物赠送情人的行为,南宋时进入宫廷,元末明初出现动物、山水等表现题材。

"东台发绣"多用本地少女30厘米以上长度的头发作为原料,要求光亮、柔软、耐折、伸张力强。发绣艺人们在继承传统针法的基础上,拓展成"滚、旋、缠、套、施、乱、虚、实"等30多种针法,灵活表现作品的浓淡、干湿、远近、深浅等笔意。近年来,发绣艺人们又在"双勾"工艺的基础上,发展了"晕色"手法,用国画色彩衬底,然后进行彩发刺绣,不仅增强了作品感染力,也达到"色中有墨、墨中有色"之效果,给人以稳健、秀丽、雅洁、苍润的艺术效果。"东台发绣"经不断传承和开拓创新,已由当初的墨绣发展为润色绣、双面绣和双面异色绣,手法及表现力更加丰富,并发展出名人绣、胎毛绣、夫妻结发绣等个性化的定制作品,深受人们喜爱。"东台发绣"具有"平、齐、细、密、匀、顺、和、光"八大特点,加上用材之奇、耐腐防蛀、永不褪色等优点,畅销国内外。发绣长卷《姑苏繁华图》是目前全国最长、面积最大的发绣精品,该长卷有人物4 600余人,房屋建筑2 140余栋,桥梁40余座,客货船、竹筏300余只,商号招牌300余块,堪称"中华传统文化艺术一绝"。

2006年5月20日,由苏州市申报的"苏绣"被列入第一批国家级非物质文化遗产名录;2007年3月24日,由苏州市申报的"苏绣",由无锡市申报的"无锡精微绣",由南通市申报的"南通仿真绣",由常州市钟楼区、丹阳市申报的"乱针绣",由扬州市申报的"扬州刺绣",由镇江市丹徒区申报的"上党挑花"均被列入第一批省级非物质文化遗产名录;2008年6月7日,"无锡精微绣""南通仿真绣"被列入第一批国家级非物质文化遗产扩展名录;2009年6月20日,由东台市申报的"东台发绣"被列入第一批省级非物质文化遗产扩展名录。

3. 常州梳篦

"常州梳篦"主要集中常州西门、南门一带（即今常州市钟楼区域），起源于东晋，完善于唐宋，兴盛于明清并成为宫廷御用品，故称"宫梳名篦"。

"常州梳篦"制品包括篦箕和木梳两个品种，制篦原料主要是"阴山竹"、牛骨和生漆等，木梳用料则以黄杨、枣木、石楠树木为主。制作梳篦的工具各有30多种，制作精品工艺梳和精品篦箕，需艺人手工在梳背和篦梁上完成"雕花""描花""刻花""烫花""嵌式"五种工艺。梳篦制作需经过28道和72道半工序，木梳的制作包括"选料""拉舵""打屯头""拆板""煮坯""码板档""翻板档""推头""推板""齐口""划样""开齿""撞梳""刹面过口""剔齿割尖""倒叉""方梳""砂梳""刷灰""锯背""刨背""绞背""刮光""钩线""扦节""磨梳""烫梳""光梳"等。篦箕从原料到成品须经"编楂""胶工""挫草""彩绘"等工序。常州梳篦具有篦齿纯熟、疏密合度；梁子胶合、永不脱落；式样玲珑、花纹雅致三大优点。品种包括柄梳、月亮梳、圆背梳、鱼背梳、鱼梳、蝴蝶梳、竹节梳等实用梳系列；四大美女梳、红楼十二钗梳、五代仕女梳、双龙戏珠梳、蝴蝶梳、龙凤梳、京剧脸谱梳、十二生肖梳等工艺梳系列；相拼梳系列与实用梳系列重合（包括嵌式的长寿梳），以及各式精品篦箕。这些梳篦集雕刻、彩绘、烫制工艺和戏曲人物形象、民间传说、自然生态画面等于一身，兼具实用性、欣赏性和保健功能，深受中外人士的喜爱。

2007年3月24日，由常州市钟楼区申报的"常州梳篦"被列入第一批省级非物质文化遗产名录，2008年6月7日，被列入第二批国家级非物质文化遗产名录。

4. 香包（徐州香包）

"徐州香包"流布于徐州各县（市）、区，其中主要集中在徐州市泉山区、鼓楼区。香包自汉代流传至今，曾作为未成年的男女佩戴物、爱情信物、流行饰品、端午节赠品等。

"徐州香包"是集吉祥题材、如意造型、精配中药、手工缝制于一体的工艺品。它系纯手工制作，制作流程主要有配制中草药（18种中草药研磨混合而成）、刺绣图案、下板型、添加中草药与棉心、手工缝制、缝锁边缘、添加饰品、包装等。图案内容以喜庆吉祥题材为主，包括十二生肖、吉鸟祥兽、佳卉奇果、百子仙童、爱情寿翁、龙凤呈祥、鸳鸯戏水、松鹤延年、喜鹊闹梅等，现又产生了结合时代特征的卡通娃娃等图案，均由民间艺人手工绣制而成，其造型多样，有心形、圆形、菱形、元宝形、蝴蝶形、花瓶形、水滴形、长方形、人物娃娃等，形状敦实淳朴，色彩对比强烈，造型立体，栩栩如生。香包寄托着人们祈求祥瑞、辟邪纳福、丰衣足食的愿望，载着艺人的思想，具有不可复制性及收藏价值、文化价值等。又有驱蚊防潮、净化空气、预防疾病、装饰房间等实用价值。近年来，徐州市采取了征集艺人的代表性作品、收集、整理并保存香包原始资料、建立工作室、出版系列丛书、设立香包展厅、举办香包艺人培训班、组织艺人参会展示等一系列措施，推动了徐州香包的保护、传承和发展。

2007年3月24日，由徐州市申报的"徐州香包工艺"被列入第一批省级非物质文化遗产名录，2008年6月7日，"香包（徐州香包）"被列入国家级非物质文化遗产扩展名录。

5. 南京十竹斋饾彩拱花技艺

"南京十竹斋饾彩拱花技艺"流布于南京地区，由明末书画家、刻书家胡正言在南京创制而成。它是在继承传统套印技术"彩色印刷"的基础上发展起来的。

"饾版""拱花"是两种印刷技法，体现在雕版上刻制精良，印刷上"穷工极变"，对表现原稿的正侧顺逆的用笔、表现对象的结构特征等尤其得心应手，丰富了水印木刻以骨为主或骨、块相结合的表现手法，对印纸的湿度和上色上水的适度，以及刷印的轻重缓急等把握上更加成熟可控，画面的表现力也由此大幅提升。其贡献类似印刷术中的活字印刷，不仅是版画艺术表现手法的大突破，也是印刷技术的重大发明。"拱花"艺术完全脱离了对传统绘画复制的局限，进入了创作版画的新境界，成为中国传统雕版水印复制技艺的杰出代表。1987年，南京文物公司成立"十竹斋研究部"，组织海内外十竹斋研究专家50多人召开专题研讨会，同时还举办十竹斋水印木版及年画、书画展，以尽力抢救、保护和传承这一传统技艺。

2007年3月24日，由南京市申报的"南京十竹斋饾彩拱花技艺"被列入第一批省级非物质文化遗产名录。

6. 民间绣活（盐城老虎鞋、邳州绣花鞋）

（1）盐城老虎鞋

"盐城老虎鞋"是一种虎形童鞋，广泛流传于盐城市区和周边盐都、东台、大丰、射阳、建湖、亭湖及兴化、宝应等地，盛行于明清直至民国时期。

"盐城老虎鞋"均由手工缝制，小巧玲珑、细腻精美、结实耐用。"老虎"的胡须一般用红色或黄色丝线，采取夸张和抽象的手法，胡须短而密集，色彩浓烈，迎合人们企求喜庆、祥和的愿望；"老虎"的眼睛过去由手工缝制，后改用塑料纽扣或塑料小圆球配件，使之更加有立体感；"老虎"的耳朵布料多采用对比色，使之呈现农民画风味；"虎头"的绒毛多为黄色或白色，"虎尾"绒毛充当鞋拔，小巧有力。"老虎"的眼睛、耳朵、胡须、尾巴浑然一体，搭配巧妙，栩栩如生。鞋面布料色彩偏黄或偏红，花纹选择不拘一格，但求神似，不求形似。鞋口有圆形，也有葫芦形，虎头配以两侧花纹鞋帮，鞋帮上绣龙凤呈祥或八卦太极等图案，象征婴幼儿一生"万事如意""吉庆平安"。鞋底镶有五层骨布，上绣有"卍"字等图案，均由手工彩线钉纳。盐城老虎鞋可以搭配虎帽、虎袖、虎枕等穿戴使用，具有较高的实用价值、观赏价值、美学价值、民俗价值和收藏价值。

（2）邳州绣花鞋

"邳州绣花鞋"流传于徐州市邳州及周边地区，春秋战国时期已被广泛使用，唐宋以来，造型及缝制工艺越发精巧，明清时发展达到鼎盛。20世纪90年代起，绣花鞋成为艺术收藏品、高档穿着用品。

绣花鞋是集艺术欣赏和实用为一体的民间工艺品，邳州艺人将南北方绣艺针法与本地民间绘画、剪纸等造型艺术结合，创造了独具地方特色的"邳州绣花鞋"。"邳州绣花鞋"由艺人将自纺桑蚕丝染色成各色花线，用绣针把象征吉祥祝福的图案纹样缝绣在棉布、绸缎鞋面上。纹样布局有独绣鞋头花，也有两片鞋帮对称和不对称的刺绣花纹布局，使用最多的是鞋头花与两侧鞋帮花组合刺绣的纹样结构。针法包括"针绣（纳绣）""直针绣""绢绣""辫绣""补绣""挑花绣""扣针绣"等，花纹造型简练、古朴大方、色彩强烈。鞋底用千层布以麻线纳成，鞋款有船形、蚌壳形、平口、圆口、搭扣、休闲拖鞋等。按年龄分为童鞋、姑娘鞋、出嫁鞋、中年妇女鞋、老年寿鞋、送老鞋等，根据谐音寓意，不同年龄段采用不同花纹图案，如：童鞋多用虎头、狮子、狗头、猪头等威猛辟邪纹样；姑娘鞋多选用花、草、鱼、鸟等欢快吉祥的单一纹样；出嫁鞋多采用鸳鸯荷花、凤凰牡丹、石榴开花组合纹样；中年妇女鞋采用龙凤呈祥、喜鹊闹梅、茶花腊梅组合纹样；老年鞋采用吉祥祝福的八仙祝寿，福、禄、寿、喜等组合纹样；送老鞋则采用崇敬祈祷的仙桥荷花、过奈河等纹样。"邳州绣花鞋"在传承发展中不断吸取各艺术门类的营养，演变、创新、发展，具有艺术欣赏和使用价值，其工艺也对中国刺绣艺术发展有影响。

2007年3月24日，由盐城市盐都区申报的"盐城老虎鞋"被列入第一批省级非物质文化遗产名录；2009年6月20日，由邳州市申报的"邳州绣花鞋"被列入省级非物质文化遗产扩展名录。

7. 扬中竹编

"扬中竹编"流布于镇江扬中市，原系民间实用器，民国初年逐渐转向艺术化发展并蜚声国际。

竹编工艺有一套严密精细的流程，包括选材、断料、剖竹、抽宽、刮篾、拉丝、染色、编织、装饰九环节。首先选用三年生毛竹、淡竹、燕竹、榉竹、慈竹、黄石竹、紫竹、水竹、刚竹、畚箕竹、斑竹等，尤以四川眉县产慈竹为佳，再根据产品尺寸用锯子进行断料，依照产品要求确定篾的宽度和厚度再施刀剖竹，辅以抽宽、刮篾等手段控制篾子的宽度、厚度和光度，将达到要求的篾用扣刀拉成篾丝并放进到染缸染上所需要的颜色，然后晾干。编织要依据产品构图，采用"蛇皮纹""蒙七（一根间一根）"的编织方法完成，并用硬纸板固定竹编背面，配上镜框作为装饰。20世纪90年代，竹编艺人耿月新对竹编题材及技法大胆革新，以纯工艺品制作为主，开辟了"扬中竹编"新时代，提升了竹编的文化品位和审美价值。其竹编呈现细腻、新巧、清新、高雅等特征，"创新"与"摹仿"相结合，采用"均衡"和"对称"的形式结构，使作品自然、质朴而又精妙，契合了大众的审美需求。同时，他把艺术的视角延伸至更广泛的领域，不仅提升了竹编本身的文化品位，也在更高层次上使内容与形式达到了和谐统一。

2007年3月24日，由扬中市申报的"扬中竹编"被列入第一批省级非物质文化遗产名录。

8. 常州掐丝珐琅画

"常州掐丝珐琅画"主要流布于常州市，起源于清乾隆年间，为常州黄氏家族始创。至清末，发展到顶峰。"掐丝珐琅画"源于元代中国式的"掐丝珐琅"工艺,是在金属胎掐丝珐琅器制作的基础上创制而成。

"常州掐丝珐琅画"制作的基本材料有特制的紫铜丝、白芨汁和各种珐琅彩釉料,制作器具和工具主要有镊子、煤炉、电炉、画笔、托架、砂纸、油石、砂石等。其工艺要经过图案设计、落料、成型、掐丝、焊丝、点蓝、上底色、粗磨、补色、细磨、再补色、再细磨、上光、磨光、镀金等工序。制作技艺原理来自"景泰蓝"传统工艺的"母胎"。景泰蓝亦称"铜胎掐丝珐琅",是中国著名的传统工艺品。"常州掐丝珐琅画"作品画面图案包括风景、人物、花鸟等,显示了题材、素材的广泛性和丰富性,为"常州掐丝珐琅画"所独有。同时其画面清晰逼真、色彩丰富饱满、风格古朴典雅,是一种集装饰、艺术欣赏、收藏功能于一体的传统工艺美术。

2009年6月20日,由常州市武进区申报的"常州掐丝珐琅画"被列入第二批省级非物质文化遗产名录。

9. 麦秆剪贴(大丰麦秆剪贴)

"大丰麦秆剪贴"主要流布于盐城大丰市南阳镇、大中镇。它源于隋唐,流行于明清,是中国民间剪贴画的一种。

"大丰麦秆剪贴"是以麦秆为原料,利用麦秆的自然色彩,以各型剪刀、刻刀、弯头镊子、烙铁、拉毛刀等工具,把麦秆刮平刻细,贴制成麦秆画的传统民间美术。"大丰麦秆剪贴"最大的特点就是运用麦秆的本色,使作品产生强烈的立体感。其工艺流程有设计画稿、分解图纸、选择麦秆、加工染色、贴分解图、熨烫压平、剪贴组装、烙烫装裱等。剪贴题材包括天地风雨、花鸟虫鱼、人物风景、花卉动物等。作品远观近看,或古朴典雅,或高贵华丽,或栩栩如生,或意趣盎然,具有较高的历史、艺术和经济等方面价值。近年来,大丰市文广新局先后在市文化馆建立"大丰麦秆剪贴"资料库,在大丰市文化馆、南阳镇文化站建立"大丰麦秆剪贴"精品陈列室;市特殊教育学校还专设"麦秆剪贴技艺"课程,以传承"大丰麦秆剪贴"这项非物质文化遗产。

2009年6月20日,由大丰市申报的"麦秆剪贴(大丰麦秆剪贴)"被列入第二批省级非物质文化遗产名录。

第三节 雕刻类

江苏省雕刻类传统美术历史悠久。按照材质不同,雕刻作品可以分为玉雕、石雕、核雕、竹刻、象牙雕刻、木雕,石雕最为经典,其构图饱满、造型古朴、图案简雅,作品广泛流传于全国各地。此外,核雕是微雕技艺的集中体现,竹刻具有江南特色,木雕与象牙雕刻题材广泛。江苏省雕刻类传统美术工艺精细,造型隽秀,在国内具有代表性,具有不可替代的历史、文化、艺术价值。

1. 玉雕(扬州玉雕、苏州玉雕)

(1) 扬州玉雕

"扬州玉雕"主要分布于扬州市广陵区和邗江区。其发展经历了汉、唐、清三个繁荣时期,清乾隆时达到鼎盛。清代扬州设有玉局,大量承办宫廷玉器,后经历起伏传承至今。

"扬州玉雕"素有因材设计、度势造型、琢工精细、玲珑剔透的特殊风格。产品有人物、花卉、炉瓶、山子雕、饰品等五大类共300多个品种。"扬州玉雕"重雕工,擅长将"阴线刻""深浮雕""浅浮雕""立体圆雕""镂空雕"等多种雕刻手法融于一体,"山子雕"和"练子活"技法更是独具一格。"扬州玉雕"讲究外部雕刻,造型庄重,线条清劲,花纹纤细雅朴。大型产品往往是"浓中见清",小型产品则是"纤中见厚",充分体现了扬州琢玉"大件细出、小件大做、挺中见秀、浓中见清"的传统手法,富有地方特色。"扬州玉雕"画纹制作多浅刻,工艺讲求胎薄体平,玉碗、玉杯等雕成后,可浮在水上,人称"水上漂",甚至有的作品在阳光下可隔层见人。此外,扬州玉雕艺人还创作出一种"不规则薄胎玉器",能将质地较次的玉料加以利用。

(2) 苏州玉雕

"苏州玉雕"分布在苏州阊门内的专诸巷、天库前、周王庙弄、宝林寺、王枢密巷、石塔头回龙阁、梵门桥弄、学士街、剪金桥巷等地。"苏州玉雕"可追溯到六七千年前,春秋时期玉雕技艺已经得到发展,宋明时期形成行业,至清朝发展到顶峰。中华人民共和国成立后,"苏州玉雕"再次繁荣。

"苏州玉雕"以"苏作"著称,主要工艺流程有选料、开料、设计、雕刻、抛光等,技法有浮雕、圆雕、镂雕、阴阳细刻等。制作多随形设计，即不同类别的玉雕作品运用不同的雕刻技法。作品常以中小件为主，主要有炉瓶、人物、花鸟走兽、山子雕、挂饰件等，选材名贵，雕刻精细，造型隽秀，寓意深邃，具"空、飘、细、巧"之特点。"苏州玉雕"是中国玉雕的重要流派之一，在中国玉雕史上占有重要的地位，其鲜明的地域特色和创作艺术风格为全国同行所公认，苏州也因此成为全国玉雕从业人员聚集之地。在精品佳作不断出现的同时，也涌现了一批国家级、省级、市级工艺美术大师、传承人、名人、民间工艺家和中高级工艺美术师，引领和推动了"苏州玉雕"的传承与发展。

2006年5月20日，由扬州市申报的"扬州玉雕"被列入第一批国家级非物质文化遗产名录；2007年3月24日，"扬州玉雕"、由苏州市申报的"苏州玉雕"被列入第一批省级非物质文化遗产名录；2008年6月7日，"苏州玉雕"被列入第二批国家级非物质文化遗产名录。

2. 石雕（金山石雕、藏书澄泥石雕、铜山石刻）

（1）金山石雕

"金山石雕"分布于苏州市吴中区，以苏州金山花岗石雕刻而得名。其可追溯到晋代，元代出现了做细加工工艺，明清时期金山石雕成为独立行业，中华人民共和国成立以后成立了苏州石料公司，盛行至今。

"金山石雕"题材有佛像、历史名人、飞禽走兽等几大类数十个品种，尤以雕刻百兽之王狮子出名。作品原以桥梁、陵墓工程及建筑装饰雕刻为主，如建于唐代的宝带桥、清代盘门的吴门桥，民国时期的横塘彩云桥、南京中山陵，中华人民共和国成立后参与建造的人民英雄纪念碑、人民大会堂、南京邓演达墓、五台山体育馆、上海中苏友好大厦等。20世纪80年代后，"金山石雕"艺术品逐步增多，代表作品有石狮、石马、石灯、观音等，深受海内外人士的青睐。"金山石雕"主要工序有"选料""出坯""粗做""定型""做细（錾细、做线条）""磨光"等。其绝技有六：一是劈石，即在巨石上选择一个平面，作几个"库子"，放上"胀钐"，一锤下去，即可齐刷刷一断为二；二是左右开弓，即民国时期金山石匠盛水大，能左右手分别握锤，右手雕凿雄狮，左手雕凿雌狮，达到雌雄狮一模一样的效果；三是"冰梅纹"石墙砌筑，不留拼接加工痕迹；四是"断柱接柱"；五是石拱桥建筑，不用任何支架，拱形石材拼接严合；六是摩崖石刻和碑刻，以钢凿代笔，接刀处不留斧凿痕。"金山石雕"构图饱满、线条流畅、形式感强，从单件的石制品到建房造屋、道路桥梁、公园陵墓、寺庙道院建筑及其造像等，都深受社会各界高度评价。

（2）藏书澄泥石雕

"藏书澄泥石雕"分布在苏州城西藏书镇东部山蕻村，起初为采用灵岩山太湖水域澄泥页岩制作的砚瓦和砚台，称"山蕻村砚"，亦称"灵岩石砚"。其可追溯到三国，衰落于近代，复兴于20世纪70年代中期。

"藏书澄泥石雕"的品种有砚台、石雕茶壶、动物、植物及各类石雕屏风等，尤其是石壶，蜚声海内外。其中，石壶雕刻则先是挖刻打圆，再用圆钐把壶磨制成型，其工序与制砚相仿。近代开发的澄泥石壶，将澄泥砚雕刻工艺与陶壶的设计制作技巧相结合，运用深浅浮雕、镂刻等技法，创作了树桩壶、盘龙壶、提梁壶、八仙壶、竹节壶等百余种新品。"藏书澄泥石雕"采用天然岩石中的"鳝鱼黄""蟹壳青""虾头红"等石料，这类石质细腻、坚而不脆、润而不滑，具有发墨快、贮水数日不干等特点。其制作有"出糙坯"和"做熟货"两大工序。"出糙坯"包括锯坯前准备、锯坯、劈坯、凿坯和铲坯五个步骤，"做熟货"有划轮廓、制砚池、制砚堂、雕花式、磨滑五个步骤。制成的砚台造型古朴，图案简雅，线条挺括，刻工考究，无论是古朴的九棱砚、古瓶砚、长方回纹砚、香瓜含露砚，还是仿真的古钱砚、蘑菇砚、竹节砚、树桩砚、九龟荷叶砚、兰亭砚、蟹砚、牧牛砚等，均体现了文化内涵深厚、技艺精工细作的"苏作"特色。

（3）铜山石刻

"铜山石刻"主要分布在徐州市铜山区汉王镇。汉王镇储藏着大理石等20多种优质石材，为"铜山石刻"艺术发展提供了有利条件。其可追溯到汉代，发展至今。

"铜山石刻"制作主要有碑文和石刻制作。碑文制作流程为采石、楔石下料、装线、磨石、刷石、复字、刻字，石刻制作流程为采石、楔石下料、整石、绘图、雕刻。主要题材分为大小两方面，大的方面有大型碑材、大型雕塑、大型壁刻等，小的方面则有建石头房、刻石头用具、砌石头门楼、修石桥、刻石碑、雕石头艺术品等。"铜山石刻"惯以洗练、古朴的艺术手法来表现作品，具有形式多样、题材广泛、构图饱满、造型夸张、线条简练、质朴生动的艺术特征。"铜山石刻"从"汉代三绝"到各个历史时期的公、民用建筑，再到今天的人民大会堂、人民英雄纪念碑、淮海人民英雄纪念塔等大型石刻艺术作品，无不体现其存在，对研究徐州及周边地区从汉代以来各朝的社会发展、人文历史、民俗风情、意识形态等都具有重要的历史、艺术和经济价值。

2007年3月24日，由苏州市吴中区申报的"金山石雕"、由苏州市吴中区申报的"藏书澄泥石雕"被列入第一批省级非物质文化遗产名录；2009年6月20日，由徐州市铜山区申报的"铜山石刻"被列入江苏省级非物质文化遗产扩展名录。

3. 核雕（光福核雕、云渡桃雕）

（1）光福核雕

核雕是以橄榄核为材料的微雕技艺。"光福核雕"主要分布于苏州市吴中区光福镇、香山村、舟山村，可追溯到明代，民国时期"光福核雕"艺人殷根福于1930年前后在上海老城隍庙开设"永兴斋"，开创了橄榄核雕罗汉头像，逐渐形成了殷氏核雕技艺。

"光福核雕"以广东乌坑橄榄核为材料，以"浅刻""浮雕""圆雕""透雕"等技法制作，造型活泼、题材丰富、形象生动，以"精、细、奇、巧"的"苏派"风格闻名全国，并在全国核雕界处于领先的地位。其品种繁多，按形式可分为珠串式，即把多个核雕穿成一串；坠件式，即以单粒核雕为主，以及摆件式等三个系列；题材内容则可分为吉祥如意、神仙人物、民间民俗故事、山水园林四个系列。目前，在苏州香山街道的舟山村及其周边村镇，几乎家家户户制作核雕，从业人数已近万人，吸引了来自北京、天津等全国多地客户纷至沓来购买核雕，呈现出良好的发展趋势；同时也涌现了一批国家级、省级、市级传承人、工艺美术大师、名人、民间工艺家和高中级工艺美术师等。

（2）云渡桃雕

"云渡桃雕"是以桃核为原料雕刻各种工艺美术品的传统技艺，流传于江苏省泗阳县临河镇云渡村及其周边地区。桃雕技艺可追溯到明代，泗阳大规模种植桃树，桃雕来源于当地人把桃核雕刻成各种动物（十二生肖）的习惯，经世代相传，雕刻种类不断增多，雕刻技法也日臻精湛，形成了如今的"云渡桃雕"。

"云渡桃雕"的雕刻技法有"浮雕"和"镂雕"两种，形式有粗雕、中雕和精雕三大类。粗雕只具大致轮廓即可，作品则多为十二生肖、桃篮、桃锁等小挂件；中雕作品线条分明，局部镂空，作品多为十八罗汉、十二生肖手串等；精雕则达到玲珑剔透，花鸟、人物等形象逼真，作品多为单粒摆件，如核舟、八仙过海、玉川品茶、司马光砸缸等。"云渡桃雕"是传统民俗中最本源、最具文化象征的传统习俗之一。它依附于民间生存形态的文化传统，是民间文化传承的重要载体。因桃在当地具有"避邪纳福"的文化内涵，故"云渡桃雕"除具有较高的观赏、收藏价值外，还广泛地应用于婴儿配饰、男女手串、家庭装饰等方面。"云渡桃雕"艺人在雕刻技艺上也精益求精，涌现出一大批工艺名匠和名人，他们的作品曾多次参加各类艺术展览并获奖。临河镇也因此先后3次被文化部命名为"中国民间（桃雕）艺术之乡"。

2007年3月24日，由苏州市吴中区申报的"光福核雕"被列入第一批省级非物质文化遗产名录，2008年6月7日，被列入第二批国家级非物质文化遗产名录；2009年6月20日，由宿迁市泗阳县申报的"云渡桃雕"被列入省级非物质文化遗产扩展名录。

4. 竹刻（无锡留青竹刻、常州留青竹刻、金陵竹刻、扬州竹刻）

（1）无锡留青竹刻

"无锡留青竹刻"是分布在江苏无锡地区的竹刻技艺。明代张希黄创立留青浅刻山水技法，民国时期最为辉煌，以张瑞芝、张契之父女为代表人物，其创立的竹刻艺坊"双契轩"名扬江、浙、沪。

"无锡留青竹刻"是由实用竹制品脱胎而来，以文人雅士、书画艺术家为主要受众，刻于镇纸、臂搁、扇骨、挂屏、台屏、笔筒、香筒、抱对等表面。民国时期，张瑞芝、张契之父女以金石文字、泉币瓦当、铜镜鼎彝为题材，刻制扇骨、臂搁等，将金石的残缺锈蚀之状表现得惟妙惟肖。"无锡留青竹刻"的主要技法有阴文浅刻、毛雕、留青浅刻、薄地阳文、浅浮雕、高浮雕、透雕和圆雕等，其设计和制作理念是主张以画法刻竹，挂屏、臂搁可看作中国书画中的立轴；扇骨、镇纸可看作屏条；而笔筒图样展开来,则可看作手卷或通景屏一类。以刀代笔,似在绢帛宣纸上挥毫,纵横自如,是竹上的书法、绘画和雕塑,融书画、诗文、印章于一体,充溢着中国传统艺术所追求的书卷气和金石味。"无锡留青竹刻"以清淡雅致、天然本色渲染文化氛围,寄寓传统文化情操,是江南竹文化之精华,有传承价值。目前无锡留青竹刻的传人是乔锦洪。

(2) 常州留青竹刻

"常州留青竹刻"可追溯到唐代,竹刻大家包括明末常州府江阴人张希黄、清代周之礼和清末徐孝穆等。及至近现代,人称"延陵派"的常州留青竹刻艺术依然人才辈出。

"常州留青竹刻"的制作工具包括四棱尖刀、单坡斜口刀、单坡平口刀、圆口刀、大弧度圆口刀及劈刀、木锉、圆凿、平凿、铲刀、刮刀等不同规格的刻刀以及砂纸等。画具主要有不同规格的炭笔、铁笔、毛笔、铅笔、圆珠笔等。作品题材有山水画、花鸟画、人物画、书法等。其制作过程有整形、构思画稿或选择画稿、描图、修改、切边、铲底等步骤。表现形式主要有工艺台屏、工艺挂屏、工艺笔筒、和臂搁、摆件、壁挂、插屏等。常州留青竹刻一般采用3年左右的"阴山竹",且以严冬时节的为佳,竹材需粗大、厚实。竹刻艺人通过浅刻、浮雕等技法,利用薄薄的竹青和衬托竹青的红色竹肌,巧施全留、少留、多留、不留的刀下技艺,使作品呈现层次、明暗、浓淡且具立体感的艺术效果。"常州留青竹刻"具有较高的观赏价值,还可用作高级馈赠礼品,以及作为珍贵收藏品等。"常州留青竹刻"现有以徐素白、白士风为代表的两大流派。

(3) 金陵竹刻

"金陵竹刻"流布于南京地区,是南京著名的传统工艺美术品种之一。它起源于明代中期,时与"嘉定竹刻"并列为中国竹刻艺坛两大流派。明代,李耀和濮仲谦是"金陵竹刻"的代表人物。李耀是"金陵竹刻"先驱,濮仲谦在吸收李耀扇骨雕刻特征的基础上,创立以简、浅为特色的"金陵竹刻"流派。

"金陵竹刻"以"留青"为特色,即用竹材表面的一层青筠雕刻花纹,然后铲除图纹以外的竹青,露出下层的竹肌作地。因留下表皮一层,故又称"皮雕"。竹材需用深山陈年老竹,并要经防霉防蛀工艺处理。雕成后,底面光润,竹筠洁如玉,竹肌有丝纹。又因竹筠色浅,年久呈微黄;竹肌年愈久,色愈深,"金陵竹刻"充分利用了这种质地和色泽变化上的差异,分出层次,使花纹达到从深至浅,自然退晕的艺术效果。"金陵竹刻"因形取势,擅竹刻书法,增添了文人气息。金陵竹刻独特的"留青"浅刻工艺特色,与嘉定等地的"高、深、透"竹刻及其他地区的翻簧竹刻等风格迥异,且历史悠久,闻名全国。而目前从事创作和制作的传承人已越来越少,加之不少传承人已迈入老龄,致使"金陵竹刻"面临濒危境地,若不及时保护,恐技艺失传后将难以恢复。

(4) 扬州竹刻

"扬州竹刻"流布于扬州地区。其可追溯到西汉早期,清代受金陵派影响,以浅刻为特色。

"扬州竹刻"是用刀将书画浅刻于竹之表面,使雕刻与书画艺术相结合的传统美术。刀具的使用是其主要特征,刻刀关系到制作者能否顺利进行雕刻乃至关系到作品成败。一件竹雕作品往往需多种形状的刻刀才能完成,由此,选刀、用刀成为重中之重。其技艺分雕、刻两种,雕有皮雕、根雕,刻有浅刻、深刻之分。"扬州竹刻"以平面阴文雕刻为主,在竹面上,以自选三棱刀或四棱刀单刀直入,以腕、指配合的轻重缓急体现笔划的粗细,刀锋中正,刀力匀称,刻画线条流畅有力,刀刀连绵,一刀到底,落墨而毕,使雕刻作品呈现书画艺术之美。作为用竹材创作的雕刻艺术作品,"扬州竹刻"所追求的创作意境和所具有的文化内涵,以及散发出的艺术魅力,是若干代人的辛勤劳动和智慧结晶,是扬州传统文化的重要组成部分。现代竹刻艺术传承人不断开拓、创新竹刻技艺,使得这一宝贵的传统技艺延续至今,在全国占有重要位置。

2007年3月24日,由无锡市申报的"无锡留青竹刻"、由常州市天宁区申报的"常州留青竹刻"被列入第一批省级非物质文化遗产名录,2008年6月7日,被列入第一批国家级非物质文化遗产扩展名录;2009年6月20日,由南京市申报的"金陵竹刻"、由扬州市申报的"扬州竹刻"被列入第一批省级非物质文化遗产扩展名录。

5. 象牙雕刻(南京仿古牙雕、扬州牙刻、常州象牙浅刻)

(1) 南京仿古牙雕

"南京仿古牙雕"是南京市工艺美术三宝之一,也是全国四大著名牙雕之一。它诞生于20世纪30年代,1957年,牙雕艺人孙遇祥、沈正明等成立南京象牙雕刻社(后改名为"南京工艺雕刻试验工厂"),并于1959年研究复制古代象牙雕刻,从此形成以仿古作旧为主要特色的南京牙雕风格。1978年,"南京仿古牙雕"入主全国四大著名牙雕。

"南京仿古牙雕"摆件分大件、中件和小件三类。大件和中件牙雕作品,多以历史故事和民间传说为题材,以人物、走兽、山石、树木组成;小件牙雕有仿古人物、瑞兽、花果和仿古炉鼎熏等,尤以仿唐马最为突出。"南京仿古牙雕"以仿古为特色,融南北两派风格为一体,既有体现北派特色的圆雕人物作品,也有呈现南派特征的透雕、深浮雕和龙舟制品,丰富了中国牙雕艺术宝库的种类。其在全国首创的仿古作旧工艺,于1983年被国家定为部级保密项目。"南京仿古牙雕"文化底蕴深厚,艺术价值高。南京牙雕艺人接连创作了许多艺术成就突出的大型作品,影响海内外。20世纪60年代至80年代末,大量出口的仿古牙雕制品为国家创造了巨额外汇,是当年南京工艺美术行业主要出口品种之一。1990年,国际贸易公约《全面禁止非洲象牙及其制品国际贸易修正案》正式生效,南京象牙雕刻停产,南京牙雕设计师和艺人几乎全部改行,现在仅有少量艺人坚守。

(2)扬州牙刻

"扬州牙刻"是以刻刀为主要工具,采用浅刻、微刻技法将书画镌刻于象牙之上的一种传统技艺,其可追溯到清嘉庆年间,发展于咸丰、同治年间,开创了中国象牙浅刻艺术之先河。清光绪年间,于啸轩创造了微刻技艺,能于方寸牙板之内刻数千字。牙刻传人黄汉侯开创扬州浅刻缩临技艺,现代传人陈苏平在象牙上微刻五十五万字的《三国演义》。

"扬州牙刻"以刀痕再现笔墨意趣,神韵超出方寸之外。牙刻艺人在象牙上书画,横竖点捺、皴擦烘染、干湿肥瘦、意随刀至,一刻而就,落墨而毕,以细微见功力,笔法有致,刀到之处浓淡粗细、阴阳向背均有体有势。由于象牙微刻字迹很小,刀尖的转动不能笔笔窥见,施艺者常以腕力把握为主目力为次,以自身扎实的书法、绘画功底,用铁笔再现书画水墨韵味。牙刻的刀具式样各异,并随雕刻艺人的艺术创造而不断发展:刻字时用四菱刀,刻小字用圆口刀,刻画线条用圆柱刀、斜口刀,刻远山、云雾用鱼脊背刀、括刀等。同时用刀似笔,有临、回、拉、挑、提等六刀法,微刻小字用揉刀等法,以及采用多种艺术表现手段,进而形成独具扬州地方特色的牙刻,具有较高的艺术观赏价值和收藏价值。由于"扬州牙刻"技艺从业人员既要有书法、绘画基础,又要有雕刻技术,加之经济效益低,不少艺人都已改行,技艺面临着"人散艺绝"的濒危境地,亟待予以抢救和保护。

(3)常州象牙浅刻

"常州象牙浅刻"流行于常州武进地区。它始于明代,繁盛于清代,曾被招为宫廷"牙作",为"江南派"之代表,晚清出现一批名家。

"常州象牙浅刻"的技术特色在于牙雕浅刻刀法运用。与江南地域人文相融合,结合书画艺术的表现形式,是"常州象牙浅刻"独特的艺术特征。以金属平刀、钩刀为工具,在象牙器具表面作毫米深浅的阴线刻画与刮琢,再用毛笔舔水墨、颜料对凹处进行填染而形成画面。作品以人文历史、山水花鸟、名家书画为主要题材,并伴有赋诗题款。牙刻载体多为象牙笔筒、书镇、印章、挂件、鼻烟壶、台屏等文房珍玩。作品风格早期着重以线条刻画,清气高古;后逐步演变,注重点线面结合,多层次刻画,注重水墨意境,融入文化特质,在全国象牙雕刻领域中独树一帜。"常州象牙浅刻"现存的优秀代表作有《文姬归汉》《鼻烟壶》《回眸》《三国演义》《水浒人物108将》《玉楼醉春图》《清明上河图》《江山万里图》等。

2009年6月20日,由南京市申报的"南京仿古牙雕"、由扬州市申报的"扬州牙刻"、由常州市武进区申报的"常州象牙浅刻"被列入第二批省级非物质文化遗产名录。

6. 虞山派篆刻艺术

常熟虞山篆刻的渊源可追溯到元代缪贞,明代以戈汕为最著。清初代表人物有沈和、林皋和王瑾,林皋为最著,开创一代印风,称为"虞山印派"。之后,虞山派又吸收浙派之长,尚古朴之气,力矫妩媚之失,这时期的代表性人物有严源、毛琛、翁苞封等。晚清时,虞山派产生了最具代表性的人物赵石及其学生邓散木。邓散木为当代印坛上的大家,与齐白石齐名,有"北齐南邓"之称。此外,虞山篆刻的高手还有庞裁。中华人民共和国成立后,其子庞士龙承其业,收拾残印,辑成《兰石轩印草劫余集》两册,并于1987年组织成立了"虞山印社"。

"虞山派篆刻"取材多以石材为主,还有牙、玉、竹、木之类，兼及玛瑙、水晶、铜者。其传统技法有篆法、章法、刀法、边款，常见之于治砚铭、刻碑等。其中篆法字形结构上紧下宽，如宝塔形和梯形，富有层次，又稳如泰山，字源取法石鼓文，字法以大篆为主，大小篆结合，融魏晋以前各种金石文字和秦汉印为一体。虞山印派具有苍老古朴、沉稳凝重、清新秀丽的艺术风格。其章法疏密相间、虚实相生，离合承应、节奏有度，揖让变化、盘错有致，剥触古趣、巧拙互见。边栏粗细残破以稳重取势，底边处理特别厚重，以与印文呼应，使全印更为持重、平稳；边款也形成了一套兼书法、图画、诗文之美的边款美学。

2009年6月20日，由常熟市申报的"虞山派篆刻艺术"被列入第二批省级非物质文化遗产名录。

第四节　造型艺术类

造型艺术类传统美术是塑造形象的手工艺术，江苏省造型艺术类传统美术以泥塑、糖人贡、灯彩、纸塑狮子头、戏剧脸谱、吹糖人等为代表。它们艺术造型独特、题材丰富，具有鲜明的民族民间色彩和浓郁的乡土风俗气息。其题材包括人物、神话故事、历史传说、花鸟动物等，手法有捏制、雕刻、烧制、绘画、刺绣等。它们蕴含着当地民间特色，与民俗紧紧结合在一起，具有很高的文化、艺术和实用价值，值得加以保护和传承。

1. 泥塑（惠山泥人、苏州泥塑、沛县泥模、徐州泥塑）

（1）惠山泥人

"惠山泥人"发源于无锡惠山古镇祠堂群中。其起源可追溯到南北朝时期，兴盛于明清至近现代，是无锡传统的民间艺术和特产。至20世纪初，惠山古镇已有百余家泥人店，四五十家泥人作坊。中华人民共和国成立后又先后成立了"无锡市惠山泥人厂"和"无锡市泥人研究所"。

"惠山泥人"有"粗货"和"细货"两大类。"粗货"又称"耍货"，类似于儿童玩具，用模具压制，以喜庆吉祥为题材，造型简洁，但大胆夸张、圆浑拙朴，代表作品有《大阿福》《寿星》《蚕猫》《和合》《泥春牛》等；"细货"又称"手捏泥人"，完全靠手捏，以戏曲题材为主，故又称"手捏戏文"，使用惠山脚下水稻田三尺深处的黑泥制作而成，是名副其实的"惠山泥人"。其制作工艺复杂，有搓、揉、挑、捏、印、拍、剪、色、压、贴、镶、划、扳、插、推、揩、糊、装等"手捏十八法"，能将戏曲人物和情节最生动传神的瞬间动态凝固定格，主题鲜明突出，使人一看便能联想到剧情。代表作品有《蟠桃大会》《凤仪亭》《霸王别姬》《盗仙草》《貂蝉拜月》等。"惠山泥人"讲究彩绘，有"三分塑七分彩"之说，色彩强烈显眼。现代"惠山泥人"作品又加入了京剧脸谱、人物动物、实用玩具（带温度计或者卷笔刀之类）等几类，这些作品小巧玲珑，是访亲问友的最好礼品。"惠山泥人"以独特的艺术造型、丰富的题材、鲜明的民族民间色彩和浓郁的江南乡土风俗气息，称誉海内外，著名艺人辈出，传世精品已作为文物入藏博物馆。

（2）苏州泥塑

"苏州泥塑"分布于苏州市古城虎丘、山塘、甪直一带。其历史可追溯至唐代，辉煌于宋代至明清时代，清末逐渐衰落，20世纪70年代后期得以复活。

"苏州泥塑"泥材取于虎丘周边的粘土，叫"滋泥"。这种泥土黑、细、粘，适宜捏泥塑小品。"苏州泥塑"可分两大类：一类为庙宇寺观的大型佛像，如四大金刚佛像、天尊仙等；另一类为虎丘泥人，如泥婴、泥美人、不倒翁、戏文、花果、鱼虫和兽禽等。二者在制作工艺上有所不同，泥塑神佛像的制作工艺流程为钉骨架、配泥、上泥、装金，以其图案丰富、高雅细腻而著称，尤其是彩绘泥塑特点鲜明：一是运用国画与书法的线条作为造型手段，富有抽象性和概括性；二是表现技法多样，有圆雕、浮雕、悬雕、线刻、彩绘、贴金等；三是色彩明亮。虎丘泥人的制作工艺流程则是备料、捏头像、配做身子、捏手足、合身子、干燥、彩绘或配衣饰等，俗称"捏相""苏捏"。"苏捏"分"捏相"和"耍货"。"捏相"亦称"塑真"，其法创于唐时杨惠之。捏相者面对求像者，照其面色取一丸泥，手弄之，谈笑间，即捏成像，后来发展为泥捏戏剧人物和剧情；"耍货"为孩童玩物，取材源于宋代的民间雕塑小品。至清末，"捏相"技艺失传。1958年，苏州市工艺美术局寻访民间泥塑老艺人，恢复泥捏戏文。但因无人传承，"苏捏"几度面临消亡。直到20世纪70年代后期，苏州泥塑"捏相"绝技才复活。

（3）沛县泥模

"沛县泥模"流传于鲁南苏北的微山湖一带。

它可追溯到明末清初,经民间艺人们的世代相传至今。

"沛县泥模"造型主要分为人物和动物两大类,其中人物多取自中国传统戏曲、神话传说塑造的形象,且多为群众所熟知。泥模的制作分为几个步骤:首先是取泥,泥是地下深层次的粘泥,沛县人称"胶泥";其次是刻制"模仁",又叫"托子",即取一小块胶泥,捏制成所要制作内容的基本形状,放通风阴凉处,等到坯子半干不湿的时候,或依照纸上图像,或依据心里的图像,用刀、锥等小工具,由粗到细,由大到小慢慢雕刻,使泥坯渐渐成为艺人心中的人物、动物或者其他内容的半浮雕作品;其三是待模仁定型后,放到风凉处,待其从外到里干透后,把模仁放到土窑里或锅底下、煤炉里烧制成陶器作品,这时模仁做成;其四,有了模仁,再取胶泥,依照模仁大小,拍捏成相应的泥片,贴包到模仁上,按严贴实后,用小弓弦刮去毛边,慢慢取下泥片,这时泥片成为半成品泥模,再把泥模放到风凉处,也待其从外到里干透后,放到小土窑或锅底、煤炉中去烧,等达到一定温度后,再让其慢慢冷却,这时泥模的烧制工艺全部完成。当然,也可把模仁、泥模放在一起烧制。"沛县泥模"有历史、文化、经济价值和收藏价值,但该艺术面临老艺人年事已高,后继乏人的状况,泥模工艺的历史资料和作品亟待整理抢救。

(4)徐州泥塑

"徐州泥塑"始于明代,至今已有400多年的历史,在传统社会,泥塑是当地儿童的玩具之一,故又称"孩模",主要分布在徐州市的鼓楼区琵琶社区、八里社区、下淀社区。

"徐州泥塑"是一种古老而又常见的民间手工技艺。它以泥土为原料,以手工捏制成人物、动物形象,或素或彩。作品朴实、直观、真实,贴近人们的生活,适宜长时间收藏和把玩。泥塑作品精绘无毒、漆色柔和、庄重雅致,富有趣味性、观赏性和现实生活感,可用于室内装饰,或用于民间馈赠,亦或作为儿童玩具。随着经济社会的发展,人们的生活方式发生了巨大变化,现代玩具和娱乐方式的多样化,为人们提供了更多的选择,泥塑作品已经不再为世人所钟爱,并逐渐退出了人们的生活,"徐州泥塑"正面临失传,亟待采取措施加以保护。

2006年5月20日,由无锡市申报的"惠山泥人"被列入第一批国家级非物质文物遗产代表性项目名录;2007年3月24日,由无锡市申报的"惠山泥人"、由苏州市申报的"苏州泥塑"、由徐州市沛县申报的"沛县泥模"被列入第一批省级非物质文化遗产名录;2008年6月7日,"苏州泥塑"被列入国家级非物质文化遗产扩展名录;2009年6月20日,由徐州市申报的"徐州泥塑"被列入省级非物质文化遗产扩展名录。

2. 盆景技艺(扬派盆景技艺、苏派盆景技艺、如皋盆景技艺)

(1)扬派盆景技艺

"扬派盆景技艺"起源于泰州市,流布于扬州市,其历史可追溯至六朝时期,成熟于清代,享誉于当代。"扬派盆景"得益于扬州文化,又将自身融入于扬州文化之中,成为一门独特的高雅艺术。"扬派盆景"是中国盆景"五大流派"之一。它融"诗、书、画、技"为一体,堪称"中国盆景艺术代表作"。

"扬派盆景"以树木为主要材料,树种选择要具备叶片细小、抗逆性强、萌发力强、寿命长等条件,突出粗干曲枝露根特色并自幼培养、攀扎。其主要棕法有"扬棕""底棕""逼棕""挥棕""拌棕""平棕""套棕""吊棕""下棕"等九种,此外还有三种扎片法,即"实技法""大披毛""小披毛"。制作中使用的主要工具为剪刀、木锯、棕梳、撬棍、棕绳、棕线等。"扬派盆景"传统造型主要有"提根式""疙瘩式""过桥式""垂崖式"。其中,关键的是造型技巧,主要为"巧云式",以树桩寓意为山,将小枝条、叶片剪扎成一个个"云片",每个"云片"仅一层叶片的厚度,整盆盆景有云绕山峰之美感。"扬派盆景"是艺术与技术、技艺与文化的结合,具有"层次分明、严整平稳"的风格和"一寸三弯"的剪扎技艺,既端庄大气,又工笔细描,飘逸、清秀、古雅、写意,装饰性强,意境深远。它通过艺术处理和精心培育,能在盆钵之中塑造出源于自然的形象美和高于自然的意境美,寄托了作者的审美情趣和人生感悟,记录了一定时期的社会风貌。此外,"扬派盆景"是"活"的文物,艺术魅力的周期最长达到数百年,这离不开运用"扬派盆景技艺"进行养护管理和再创作,这在人类艺术史上也是独一无二的。当代"扬派盆景"在继承传统的基础上,呈现多元化的发展态势,众多代表作品都曾在国内、国际顶级展览和比赛中获得大奖,在中国乃至世界盆景界独树一帜。

(2) 苏派盆景技艺

"苏派盆景"流布于苏州,可追溯至明代,清代产业化,近代在艺术上更加专业化、理论化,现已建立专门的盆景园予以收藏展示。

"苏派盆景"是中国盆景五大流派之一,以树桩盆景为主,依其表现形式又可分为"单干式""双干式""丛林式""悬崖式""卧干式""斜干式"等,依其栽培形式又可分为合栽盆景、独本盆景、树石盆景。树桩盆景以树木为主要材料,常见的树木品种有松柏类、雀梅、榆树、黄杨、三角枫、榔木、紫薇、石榴、银杏等。其制作过程包括选桩、挖掘、整形、养坯、栽盆、选芽、养护、攀扎、修剪、养片、翻盆等。不同树种需使用不同的攀扎技艺和修剪方法:以幼苗加工培养的盆景,其主干和枝条都要攀扎,称为"全扎法";以古桩培育的盆景,只需将枝条略加绑扎,称为"半扎法"。树桩盆景的传统造型多为规则型的"六台三托一顶"式,培育方法自幼苗开始,但成型速度较慢,且易产生雷同现象,现代则以自然为美,吸取明清苏州盆景的精华,注重师法自然而又高于自然,讲究诗情画意,逐步形成"粗扎细剪,剪扎并用""以剪为主,以扎为辅"的技法和清秀古雅的艺术特色。"苏派盆景"还包括水石盆景,其石种有斧劈石、黄石、英石、钟乳石、砂积石、千层石、龟纹石等。"苏派盆景技艺"深受"吴门画派"的影响,将文人意识与园艺家的创作思路结合,将盆景技艺与地域审美有机统一,使苏州的盆景在国内外独树一帜。在盆钵之中塑造源于自然而又高于自然的意境美。

(3) 如皋盆景技艺

"如皋盆景技艺"可追溯到北宋,发展于明清,成熟于20世纪末。

"如皋盆景"以本土所生小叶罗汉松为最佳材料,经过上盆、蟠扎、排片等工序,再经过长时间的"技压"和"养护",形成"S"状的造型艺术品,俗称"两弯半",主杆左边三片,右边三片,背面三片,互生有致。其造型特点主要表现在巧"拙根"、蟠"骨架"、绣"云片"。"如皋盆景"陈设方式也很独特,常见者互成一对,或以3、5、7、9等不同奇数组合。"如皋盆景"代表作有古柏盆景"蛟龙穿云"、两弯半罗汉松"高龙腾飞"及大型五针松"仓复南山"等,80年代以来多次在国内外荣获大奖,也常被用于中南海、毛主席纪念堂等重要场所。近年来,如皋每年都有近10万盆盆景销往荷兰、法国等10多个国家和地区,已成为华东地区最大的花木盆景出口基地。

2007年3月24日,由扬州市、泰州市申报的"扬派盆景技艺"被列入第一批省级非物质文化遗产名录,2008年6月7日,被列入第二批国家级非物质文化遗产名录;2009年6月20日,由苏州市申报的"苏派盆景技艺"、由如皋市申报的"如皋盆景技艺"被列入省级非物质文化遗产扩展名录。

3. 灯彩(苏州灯彩、扬州灯彩、秦淮灯彩)

(1) 苏州灯彩

"苏州灯彩"又称"苏灯",可追溯至南北朝,盛于唐宋,明清更加丰富,后曲折流传至今。1956年先后多次举办"苏州灯展","苏灯"名扬国内外。20世纪80年代以来,"苏州灯彩"将影视和舞台艺术、光、电、声等融入灯彩制作。进入21世纪后,以"苏州灯彩"技艺制作的"水上游船",被称为"流动灯彩"。

"苏州灯彩"以丝绸、纸张、竹木和铅丝等为主要材料,以"扎、糊、剪、绘"等工艺制作,将"扎糊""剪纸""绘画"和"装饰"等融为一体;以亭、台、楼、阁为主要造型,结合中国山水画、花鸟画和人物画,加上五彩缤纷的套色剪纸,构成"苏州灯彩"的艺术特征。制成品有挂灯、座灯、壁灯、大型艺术灯彩和人物灯彩组景五大类120多种。其中最具巧思的属"走马灯",它将动与静、亮与美和谐地融于一体,且造型优美、结构巧妙、色彩鲜艳、装饰华美,以"精、细、美、雅"享誉中外。"苏州灯彩"融合了历代灯彩的造型、美术和色彩等多种工艺,成为具有鲜明"吴文化"特色的艺术品,具有很高的文化、艺术和实用价值,值得加以保护和传承。

(2) 扬州灯彩

"扬州灯彩"流布于扬州地区,其源头可追溯到汉代,繁盛于明清。

"灯彩"也称"花灯",是人们在喜庆节日(如元宵节)寓意"吉祥"的装饰品。"扬州灯彩"种类多样、构思独特、灯面精美、制作考究,在造型、制作、风格上均有独到之处。"扬州灯彩"式样繁多,具有"灵巧、秀美、活泼"的艺术特征,工艺上除彩扎、剪纸、裱糊、刺绣外,还很注重书画、诗文的配制,具有浓厚的人文气息。"扬州灯彩"以小巧玲珑见长,色彩艳而不俗,主要有玩灯和彩灯两大类。玩灯是孩童手中娱玩的花灯,大致有3种:一是提在手上玩的提灯,有西瓜灯、莲藕灯、荷花灯、小红灯等;二是举着玩的挑灯,有龙灯、蛤蟆灯、蝴蝶灯及西游记人物灯、八仙人物灯等;三是拖着玩的拉灯,有兔子灯、麒麟灯、马灯及船灯等。1992年,扬州举办了"扬州灯会",以传统的"精、巧、细、活"绝技,结合现代声、光、电技术,给灯会增添魅力。以牛、羊角加工制成的角明灯(琉璃灯),以竹簧为架并裱糊各式纱、绢的宫灯,以及走马灯等,均为"扬州灯彩"技艺的经典。"扬州灯彩"具有浓郁鲜明的地方文化特色,"扬州灯彩"的历史渊源、形式内容及其艺术特征等文化内涵,对于研究中国民俗学、民艺学等人文社会科学等均有重要的价值。

(3) 秦淮灯彩

"秦淮灯彩"主要分布于秦淮河流域,其源头可追溯至南朝宫廷,隋唐时在民间广为流传,明朝时发展到顶峰,一直影响至今。

"秦淮灯彩"的制作材料主要有竹簧、纸、布、颜料及蜡烛。制作工具为劈竹裁纸的刀具和制作纸花的模具。制作程序为:先将竹子劈开,加工成长扁形簧丝,以簧丝编扎灯架,再以纸线、麻线或铁丝将其固定,然后将裁剪好的红、黄、蓝各色纸、布粘贴在灯架上,最后加以描绘点缀,插上蜡烛。花灯一般为悬挂或手提式,也有底座上配有用砖头或木头做成可在地上拖行的。灯彩外形以仿照动物、花卉及吉祥物等形状制作,如兔子灯、金鱼灯、狮子灯、蛤蟆灯、荷花灯、元宝灯等。今句容"秦淮灯彩"花灯制作方法在传统技艺的基础上有所改变,所用的材料更宽泛,技术更现代,灯的外形式样更丰富、更富于想象力。"秦淮灯彩"具有取材方便、制作工具简单、工艺简便、风格拙朴、内涵丰富等特征。它历史悠久,是劳动人民在岁底年初为乐团圆,庆丰收,贺新春,祈盼来年风调雨顺、生活美好而制作的。"秦淮灯彩"充分表达了劳动人民的喜悦心情与热爱生活、向往美好的迫切愿望,彰显了传统文化包含的历史、文学、艺术和人文科学价值。

(4) 徐州花灯

"徐州花灯"分布于铜山、邳州、贾汪区、鼓楼区等,鼓楼区丰财街道集中分布着花灯扎制店铺。每年农历正月十五"元宵节",又被称为"灯节",是展览、观赏花灯的重大节日。

"徐州花灯"的制作有扎、糊、画、亮四道程序。做花灯的工具有十几种,包括剪刀、美工刀、钳子、酒精等。徐州鼓楼区的花灯至今仍保留着地方特色,采用当地产的芦苇或竹子来扎制各种花灯的骨架,再用糨糊贴上纸,然后用颜料彩绘,最后用彩色剪纸装饰其上。"徐州花灯"主要以家庭方式传承,当代花灯艺人在继承花灯传统扎制方式的基础上,不断探索、研究、观摩学习、大胆创新,形成了独特的花灯扎制风格,将汉画像融入花灯艺术,汲取"秦淮花灯"和"自贡花灯"之精华,结合铁艺技术制造出独具特色且具欣赏、收藏价值的花灯,为世人所称道。随着人们生活方式的变化和外来文化的影响,"徐州花灯"扎制工艺已面临传承危机,亟待政府采取措施加以保护。

2007年3月24日,由苏州市申报的"苏州灯彩"、由扬州市申报的"扬州灯彩"、由南京市、句容市申报的"秦淮灯彩"被列入第一批省级非物质文化遗产名录;2008年6月7日,"苏州灯彩""秦淮灯彩"被列入国家级非物质文化遗产扩展名录;2009年6月20日,由徐州市鼓楼区申报的"徐州花灯"被列入省级非物质文化遗产扩展名录。

4. 彩扎(邳州纸塑狮子头)

"邳州纸塑狮子头"流行于邳州及周边接壤的鲁、豫、皖地区,明清时纸塑狮子头就已经产生并被广泛应用。

"邳州纸塑狮子头"是一种集雕塑、裱糊、扎制、绘画于一体的综合造型艺术。它主要用于民间舞狮表演,与邳州民间泥塑、民间绘画、民间舞蹈等民间艺术根脉相连,共生共荣。为适应舞蹈套路、动作编排的要求,狮子头面具又有大、中、小等各种不同型号,造型夸张,形象活泼,色彩鲜艳,对比强烈,用色借鉴了传统木版年画,图案仿拟了戏剧花脸脸谱。不同于南方狮头面具所具有的文秀、细腻风格,"邳州纸塑狮子头"带有苏北塑艺的粗犷、豪放的地方工艺特色,且兼具诙谐幽默,具有较高的艺术欣赏价值。它的传承与发展深受政府和文化部门的关注,采取了一系列保护措施,如深入探究"邳州纸塑狮子头"的文化内涵,积极组织参加各种民间艺术展览、展示,扩大其应用范围等。

2007年3月24日,由邳州市申报的"邳州纸塑狮子头"被列入第一批省级非物质文化遗产名录,2008年6月7日,被列入第二批国家级非物质文化遗产名录。

5. 糖塑（丰县糖人贡）

"丰县糖人贡"俗称"贡品"，是以优质白糖为原料，用模具注塑的民间糖塑艺术，常用于传统丧葬祭祀礼仪。它主要分布于徐州市丰县境内及苏、鲁、豫、皖接壤地区，可追溯至清中期，距今已有300多年的历史。

"丰县糖人贡"为纯手工制作，需两人以上协作配合。其制作过程分"模具制作"和"糖人贡制作"两部分。"糖人贡制作"的主要工序有浸泡模具、化浆、注模、脱模、绘彩等；制作的主要工具和原料为大铁锅、煤炉、水缸、木案、束子、铜锅、木铲、毛笔、木质模具、白糖、食用色素等。糖人贡从题材上可分为人物、古代建筑模型、动物及果品、生活及祭祀用具四大类。这些贡品又可分别组成32件套糖人贡、24件套糖人贡、6大件糖人贡等，按照亲疏远近在殡葬祭祀活动中以相应的礼仪使用。因其原料为食用白糖，故可食用，以致传统礼仪中有"抢贡"这一环节。"丰县糖人贡"造型古朴优美，形象生动传神，通体雪白、润泽如玉、晶莹透亮，用食用色素略加描绘，点缀其间，更显纯净艳丽、质朴不失典雅、意趣天成。其与传统的丧葬祭祀活动密切相关，是传统孝道在民间的体现，对研究中国古代丧葬祭祀礼仪、民风民俗具有较高的价值。随着社会发展，丧葬习俗不断简化，糖人贡艺术生存空间越来越狭窄，加上用途单一，用量减少，使得糖人贡销量甚微，也导致糖人贡面临消失。

2007年3月24日，由徐州市丰县申报的"丰县糖人贡"被列入第一批省级非物质文化遗产名录，2008年6月7日，被列入第二批国家级非物质文化遗产名录。

6. 戏剧脸谱

"戏曲脸谱"是一种流布于全国的传统戏剧化妆艺术，与古代图腾一脉相承，并沿袭春秋的傩祭、汉唐的代面、宋元的涂面等，最终成型于明、清时期。

"戏剧脸谱"用写实和象征相结合的艺术夸张手法，色彩变化有致，勾画精巧，鲜明地点化出戏剧人物的身份面貌和个性特征，将其统一在舞台美术的整体之内。其中，南京的"戏剧脸谱"多用勾、抹、涂、揉的手法，全靠一支生花妙笔，无论是贴金敷银，或是勾画油彩，全凭艺人对脸谱的烂熟于心，笔随心运，制作出来的脸谱工艺品光彩夺目，加上吸收了金陵古寺庙中神像雕塑的特点，更为人们所青睐。如今，"戏剧脸谱"逐渐形成了一种独立于舞台表演之外的装饰性图案艺术，其色彩、线条、造型能令人产生想象，特别是脸谱由平面趋于立体，由简单趋于复杂，不断的演变、发展，成为人们喜爱的民族艺术，具有很高的历史、艺术和实用价值。南京艺人由脸部化妆转向泥头脸谱绘画，进而发展到玻璃钢、宣纸等绘画。其作品继承了中国古代传统脸谱的技法，并将写实、变形、夸张等多种手法相结合，装饰与实用相结合，制作出"京剧脸谱"。其中"手工宣纸脱胎京剧脸谱"有别于其他脸谱，制作上采用宣纸脱胎，融汇雕塑、绘画、镂刻、彩扎、裱糊、脱胎等多种技艺，在继承传统工艺脸谱基础上又一次创新，同时把舞台专业谱式准确勾画技巧用在其中。

2009年6月20日，由南京市白下区申报的"戏剧脸谱"被列入第二批省级非物质文化遗产名录。

7. 丰县吹糖人

"丰县吹糖人"广泛分布于徐州各地区，但主要集中于丰县、沛县，在丰县境内则主要分布于常店镇侯老家村和于楼庄。相传，在唐以前就有此民间手工技艺，清代传入丰县。

吹糖人，行话称"捧虚"，意为"一本万利"的买卖。吹糖人是以糖稀为原料，先后经麦芽糖稀制作（以大米、大麦为主要原料，将大米加入适量清水煮成比干饭稀、比稀饭稠的糊状）、糖稀制作（取麦芽糖稀盛入锅中，慢火加热待水分收干至黏稠状）过程后，将黏稠糖稀放入专用器皿中，加入各种食用色素制成。制作工艺以口吹手捏为主，其次为模印造型和吹捏与模印相结合。口吹手捏需熟练掌握糖稀温度，吹制用气及捏制手法，一般需有多年的经验积累；模印造型要求形象逼真、生动传神，如人物造型（神话、现代人物）、动物、植物以及少年儿童喜爱的各种玩具模型等。"丰县吹糖人"制作工艺奇特，作品造型生动逼真、形神兼备、质朴可爱、惟妙惟肖，具有浓厚的生活气息和独特的艺术魅力。经过艺人们传承与实践，"丰县吹糖人"艺术造型更加丰富，作品广受人们喜爱，对丰富社区群众生活、传承传统文化发挥了重要作用。

2009年6月20日，由徐州市丰县申报的"丰县吹糖人"被列入第二批省级非物质文化遗产名录。

第七章　传统技艺与传统医药

传统技艺是广大人民群众在长期生产劳动和生活实践中，共同创造、积累、传承的具有较高技巧性、艺术性的技术与技能，其内容丰富，种类繁多，是中国文化艺术宝库中最重要的财富。江苏省传统技艺资源丰富，宜兴紫砂陶制作技艺、南京云锦木机妆花手工织造技艺等被收录在国家级非物质文化遗产名录中。江苏省传统技艺价值丰厚，各类技艺中都蕴含着重要的历史价值、文化价值、艺术价值、经济价值和实用价值，都曾为人们的生产生活发挥过重要作用，其中许多仍在当今的社会生产和日常生活中被广泛应用、存续状况良好。但随着当前城市化进程的加速，也有部分传统技艺程度不同地受到了冲击。如有些过分追求经济效益，致使其生存环境发生了变化，生存土壤受到了破坏；有些因行俗繁多，拘泥师传，技艺保守，劳作艰苦，而致使一些传统技艺后继乏人；有些处于生存困难、项目濒危、面临失传的情况下。这些都亟待进一步加以切实研究和有效保护。

传统医药是相对于现代医学而言的，它出现在现代医学之前，是与古代社会文化密切相关的医学实践，且因不同国家和地区文化传统的差别而显示出多样性，具有非常重要的科学价值、文化价值、历史价值和实用价值。

江苏省传统医药项目较多，主要内容有各种中医生命与疾病认知方法、中医诊法、中医传统制剂方法、中药炮制技术、针灸、中医正骨疗法等，涉及内科、外科、妇科、儿科等多个传统医学领域。其中以各种中医传统制剂方法、中药炮制技术居多，如被列入国家级非物质文化遗产代表性项目名录的"雷允上六神丸制作技艺"等。

近年来，江苏省为传统医药的保护与传承做了很多努力，如做好传统医药项目的各级申报工作、设立中医中药展览馆、鼓励各地整理编撰中医药书籍、做好传承人的保护工作等，确保了江苏省大部分传统医药项目得到很好的保护、传承与发展。

第一节 烧 造

1. 宜兴紫砂陶制作技艺

"宜兴紫砂陶制作技艺"分布于"陶都"宜兴市丁蜀镇方圆约15千米区域内,这一技艺形成于北宋,盛于明清,由于特定的制陶原料与特殊的手工技艺,形成了独有的传统技艺,并享誉海内外。

宜兴紫砂陶制作所用的原料,产于宜兴市丁蜀镇黄龙山及附近地区,是一种含铁量较大的"粘土—石英—云母"系材料,包括紫泥、团山泥(本山绿泥)、红泥(朱砂泥)三种,统称为紫砂泥。紫砂泥料具有独特的团粒结构特征和双重气孔结构,透气、保温性能良好。紫砂泥料的处理和配比有严格的要求,包括将块体岩石状的紫砂原料分选、摊晒风化、粉碎、过筛、加水搅拌、除水沉淀、踩练或捶练、切块、陈腐备用等工序,以控制原料精细程度,排除泥料中杂质和空气,增加泥料可塑性,这一工艺流程需历时数月至数十年。宜兴紫砂陶制作分成型、装饰、烧成等工序。其制作有"打身筒"和"镶身筒"两种方法。"打身筒"即是将泥片卷成圆形身筒后慢慢拍打,使之与设计造型吻合,待干燥到一定程度,分别装上壶把、壶嘴,配上壶盖,再光身筒(刮压修整坯体);"镶身筒"即是将泥片用泥浆镶接成与设计造型一致的壶身,基本成型后,再修理毛坯。紫砂陶烧成温度在1 050 ℃～1 200 ℃左右。工艺流程为坯体晾干、装入匣体、入窑、焙烧。宜兴紫砂器具推崇素面,内外不施釉,其装饰技艺主要有陶刻、镶嵌、彩釉、泥绘、绞泥、描金、浮雕、铺砂、印板等手法,其中最具代表性的是陶刻。紫砂陶刻以文字为主,也有花鸟、山水和人物刻画;表现形式有阳刻、阴刻、着色刻。宜兴紫砂陶原料稀有、工艺造型复杂、文化表现丰富、实用范围广,具有艺术价值。装饰技艺融诗文、金石、书画和篆刻艺术为一体,具有中国特色,堪称文化遗产中的"活化石",对研究中国传统陶艺内涵及其文化历史具有重要的实证价值。中华人民共和国成立以来,紫砂陶生产虽也曾有阶段性的起落,但总体为名家辈出、新人涌现、行业发达、市场兴旺,呈现良好的发展态势。

2006年5月20日,由宜兴市申报的"宜兴紫砂陶制作技艺"被列入第一批国家级非物质文化遗产名录,2007年3月24日被列入第一批省级非物质文化遗产名录。

2. 苏州御窑金砖制作技艺

金砖产自苏州陆墓(后改"慕")御窑村,又称"御窑金砖",其流传可追溯至明代,嘉靖时期达到全盛,曲折流传至今。

"御窑金砖"的烧制工序多达20余道,环环紧扣。其主要工艺有选泥、练泥、制坯、装窑、烧窑、窨水,并在生产过程中有一整套完整而严格的质量跟踪体系,以保证金砖制作的质量。金砖制作工序中,除打磨、切削,其余工序均沿袭数百年传统工艺。一块金砖从制作到出窑需要大半年时间,产量有限。"御窑金砖"黛青光滑,古朴坚实,敲击时有金属般的铿锵之声,以"御窑金砖"铺地不仅可以防止地下湿气上升,提升舒适度,还可将宫殿的雄伟壮丽凸显出来,具有实用价值和观赏价值。同时,金砖光润耐磨,愈擦愈亮,经历百年光滑如新,是明清以来皇家建筑和全国重点文物建筑修复的指定专用材料,具有突出的历史文化价值。其制作技艺经历代制砖人的经验积累,形成了一整套制作规范和操作工艺,体现了较高的科学价值。目前御窑生产的金砖和各类古建筑砖瓦、构件远销海外,成为中外交流的重要载体。

2006年5月20日,由苏州市申报的"苏州御窑金砖制作技艺"被列入第一批国家级非物质文化遗产名录,2007年3月24日被列入第一批省级非物质文化遗产名录。

3. 宜兴均陶制作技艺

"宜兴均陶制作技艺"是在宜兴古代日用陶器基础上发展演变过来的技艺,主要分布于宜兴市丁蜀镇及其附近地区,明清时期达到鼎盛并远销海外。

"宜兴均陶制作技艺"主要以陶土和釉料为原料,陶土按性质、性能可分为甲泥、嫩泥和白泥三大类,釉料包含窑汗、泥浆等。制作工艺流程包括原料(泥料和釉料)加工、成型、装饰及烧成等。"原料加工"即指泥料经摊晒、粉碎、搅拌、沉淀等工序练成熟泥,以及釉料经粉碎、淘漂、研磨后按一定比例配制;"成型工艺"即传统均陶采用的手工成型技艺,宋代使用"泥条盘筑法",民国时期开始应用"泥片镶接法";"施釉工艺"有浇釉、荡釉、涂釉等方法;"堆花工艺"是均陶独特的装饰手段,以陶坯作纸,以泥代墨,以大拇指为笔,堆贴出浅浮雕图案;"烧成工艺"即将陶器放入"龙窑"经高温氧化焰一次烧成。均陶之美首在釉色,釉面醇厚清雅,并在烧制过程中产生奇异的窑变现象,斑斓璀璨、五彩缤纷,窑汗使釉层带有乳浊感。"堆花装饰技艺"是均陶独特的装饰手段,具有浅浮雕效果,后发展出以指代笔的塑造技艺,丰富了均陶的艺术表现形式。均陶产品种类繁多,尤以日用粗陶为主,融实用性与艺术性于一体,既是实用品又是工艺品,造型浑朴端重、古雅可爱,保持了纯手工陶瓷的情趣与魅力,具有材质的天然美、工艺的技巧美、风格的朴素美。"宜兴均陶制作技艺"是宜兴地区历代陶工的独特创造,是宜兴先民在千百年的制陶实践活动中创造的技艺,其釉料成分、釉料配比、成型方法、烧窑火候、釉色变化经验等,都蕴含了丰富的科学原理,值得深入研究,具有重要的历史价值、科学价值和文化价值。

2009年6月20日,由宜兴市申报的"宜兴均陶制作技艺"被列入江苏省第二批非物质文化遗产代表性项目名录。

4. 溱潼砖瓦制作技艺

"溱潼砖瓦制作技艺"的历史可追溯至秦汉时期,起源并流传于姜堰市溱潼镇。

"溱潼砖瓦"制作所用原料为溱潼地区特有的湖底黑粘土,以手工制作为主,从取泥到烧成成品,前后共有40多道工序,主要有取泥、制坯、烧窑三大程序。砖瓦制作工艺考究,烧出的砖瓦色呈"绿豆青",敲击声如"镗锣响",可谓"瓦缶胜金玉"。溱潼制作的瓦当、砖雕图案精美,形象生动,古朴典雅,这也从多角度反映了里下河地区不同时期的民俗文化,以及人们对生活的热爱和对未来的美好憧憬,彰显出溱潼丰厚的历史文化底蕴,具有丰富的历史文化价值。砖窑砌制过程中衍生的原生态民歌《窑工号子》,更是叙述了窑工们在劳动中的每个细节,凸显了窑工们的勤劳和智慧,透露出浓厚的民间文化乡土气息。为保护这一技艺,溱潼镇开设了溱潼风情馆,展示各个时期砖瓦、砖雕、泥塑、制作工具、砖瓦契约等,保存"溱潼砖瓦制作技艺"历史、文化方面的内容,同时支持对只做传统砖瓦的"刘氏家窑"进行生产性保护,以更好地延续"溱潼砖瓦制作技艺"。

2009年6月20日,由姜堰市申报的"溱潼砖瓦制作技艺"被列入第二批省级非物质文化遗产名录。

第二节 建筑、家具及髹漆

江苏的建筑、家具及髹漆包括传统造园技艺、家具制作技艺和扬州漆器髹饰技艺等,与江苏的城市特征、风貌紧密相连。

1. 传统造园技艺(香山帮传统建筑营造技艺、扬州园林营造技艺)

(1)香山帮传统建筑营造技艺

"香山帮"是对以苏州市吴中区胥口镇香山地区为核心的、建筑营造工匠群体的一个特定称谓,包括木匠、泥水匠、石匠、漆匠、堆灰匠、雕塑匠、叠山匠、彩绘匠等。其营造技艺可追溯到春秋战国时期,明清时期"香山帮"参与建造北京紫禁城,并在苏州等地建造大量园林,标志着这一技艺达到鼎盛。

"香山帮"建筑布局灵变、结构紧凑、制造精巧、特色鲜明。而最能体现"香山帮传统建筑营造技艺"特点的首推艳丽多姿的园林建筑。园林平面布局讲究无规则的奇缺美,园径设置讲究曲折幽深,情趣盎然。风景设置讲究曲折而富有变化,建筑物与山、池、树、石组合,主体突出又灵活多变,能够让人们在狭小的天地里,寻访到大自然山水的情趣。其次是奇巧的梁架结构,明清时期的民间宅院的梁架,多系穿斗或抬梁混合硬山做法,而寺庙殿宇,多属抬梁歇山式,寺庙建筑,叠山理水,兼具园林建筑风格。再次为精美灵变的腰檐转角,以及朴实典雅的房屋装饰等。香山帮工匠建造的园林和寺庙是实用与审美相结合的艺术,"香山帮传统建筑营造技艺"具有深厚历史文化底蕴和很高的艺术价值。目前,"香山帮"已先后对苏州网师园、山塘街玉函堂、拙政园及狮子林、耦园、怡园等古典园林建筑进行了修复,并承建了美国纽约明轩、波特兰市兰苏园、加拿大温哥华逸园等古典建筑等。

(2)扬州园林营造技艺

"扬州园林营造技艺"可追溯到西汉,兴盛于隋唐,成熟于宋明并于明代出现第一部专著《园冶》,鼎盛于清代。它是以建筑为表现形式,结合叠石,辅以植物及理水,科学配置,精心组合,构建最宜人居环境的综合景观技艺。

"扬州园林营造技艺"融汇南北,自成一格,雄伟中寓明秀,繁华中见雅致。其堂庑廊亭的高敞挺拔,假山奇石的沉厚苍古,花墙窗棂的玲珑透漏,综合形成了地域的建筑艺术特色。扬州筑园擅作"旱园水做",造出山溪、瀑布、河流、海涛等景观,船舫、桥梁、水榭、池岸等临水建筑,使人产生"无水似有水,水在意中"的感受。扬州园林在花木的配置上,注重品种、形姿、色彩、寓意以及与其他景观的关联,并追求精致,园林中的复道回廊,或直或曲,或高或低,或离或合,因地赋形,依物成状,形成一条串联的立体通道,游客徜徉园内可无虞日晒雨淋,将建筑的功能与艺术魅力发挥到极致。"扬州园林营造技艺"尤以叠石技艺巧夺天工。扬派叠石讲究"中空外奇",或挑法造险,或飘法求动,洞内或置石床、石凳、石桌,或引水、布桥,造景别有洞天,可游、可观、可居,空透处深不可测,突兀处险象万千。最具代表性的当属扬州个园的"四季假山",春山宜游、夏山宜看、秋山宜登、冬山宜居,更是将扬派叠石推向了新的高峰。

2006年5月20日,由苏州市申报的"香山帮传统建筑营造技艺"被列入第一批国家级非物质文化遗产名录,2007年3月24日,被列入第一批省级非物质文化遗产名录;2009年6月20日,由扬州市申报的"扬州园林营造技艺",被列入省级非物质文化遗产扩展名录。

2. 家具制作技艺(明式家具制作技艺、精细木作技艺)

(1) 明式家具制作技艺

"明式家具"是指以苏州地区为中心的江南能工巧匠们用紫檀木、酸枝木、杞梓木、花梨木等优质木材制作硬木家具的一种技艺。其源自宋元家具,万历年间产业化,清代分工进一步细化,曲折流传,20世纪六七十年代后为适应需求进一步创新,并远销海外。

明式家具有"简约、精巧、雅致、舒适"的特征。其中"榉木明式家具"是苏州一大地方特色,具有"结构严谨、线条流畅、工艺精良、漆泽柔和"的技艺特点。"明式家具制作技艺"主要分设计、木工、雕刻、漆工等工序。家具木构采用多达200多种的传统榫卯结构,具备很好的牢固度,增加了使用寿命。漆工采用传统生漆工艺,表面光滑明亮,手感光润。家具的品种主要有天然几、贡桌、八仙桌、圈椅、官帽椅、灯挂椅、靠背椅、花架、香几、博古架、书架、琴桌、书桌、画案、茶几、罗汉床、橱柜、方凳、鼓凳等。明式家具造型清秀、比例匀称、线条明晰,彰显了文化内涵和艺术气质。其结构和装饰部件,充分反映了天然材质的特性。此外,明式家具设计充分结合人体功能,将完美性、合理性、装饰性、实用性融于一体,给人以舒适、高雅之感。加之取材名贵,可长久保存,因此具有颇高的使用价值和收藏价值。目前苏州地区从事明式家具生产的企业近四五百家,主要集中在吴中区和常熟市。

(2) 精细木作技艺

以手工制作木器的技艺简称为"木作技艺",其分布较广,江南、江北皆有。"精细木作技艺"可以追溯到汉晋时期,唐代普及,明代受文人与皇室影响,技艺水平提升,形成专门类别"精细木作",清代末期,因红木类硬木的大量使用,此类工艺逐渐被民间称谓"红木工艺",并延续至今。

"精细木作技艺"的核心在"精细",木器制作追求造型练精巧,雕刻雅致精美,技艺水平精湛,榫卯结构精准。"精细木作技艺"共有四个主要环节,一是选材,因红木木材类别与材种繁多,每种材料的比重、纹理、毛孔、收缩率差异较大,因而了解材质、掌握个性、因材施艺十分重要;二是木作,要求木工具备高超的技巧,能够靠经验、感觉、水平进行精细加工制作;三是雕刻要体现精微、细致的要领;四是打磨,打磨后平面如镜、弧形圆滑、凹凸有致、图案及造型不变形。目前,江苏多个机构和单位,对精细木作制品的结构造型、材质树种、制作工艺、装帧纹饰以及制作工具等进行了调研与分析,并建立了相应的档案信息库。同时,先后采取了系列措施,如系统研究精确测绘方法技术、制作规律及保存方法技术,并制定了《红木家具精细制作工艺标准》、建立了生产性传承保护基地,将各种工艺保存在生产过程当中。在传承中以师带徒的方式进行保护性传承和利用,形成了科学化的传承体系与方式。这些在一定程度上推动了"精细木作技艺"的良性传承与发展。

2006年5月20日,由苏州市申报的"明式家具制作技艺"被列入第一批国家级非物质文化遗产名录;2007年3月24日,由苏州市申报的"明式家具制作技艺"、由江苏省工艺美术行业协会申报的"精细木作技艺"被列入第一批省级非物质文化遗产名录。

3. 扬州漆器髹饰技艺

"扬州漆器髹饰技艺"发端于战国时期,广泛应用于两汉,至唐代,夹苎脱胎乾漆造像、金银平脱、螺钿镶嵌等各类工艺已相当成熟,漆器被列为扬州24种贡品之一,明清两代发展鼎盛,扬州成为全国漆器制作中心并延续至今。"扬州漆器髹饰技艺"分布于扬州市及周边区域。

扬州漆器制作主要有九大门类:"点螺工艺""雕漆嵌玉工艺""平磨螺钿工艺""楠木雕漆砂砚工艺""雕漆工艺""刻漆工艺""彩绘工艺""骨石镶嵌工艺""磨漆画工艺",前四者为扬州髹漆技艺的经典。"点螺工艺"为国家重点保护的高档工艺,"点"是技法,"螺"为材料。该工艺选用自然色彩的夜光螺等材料,精制成薄如蝉翼、细若秋毫的螺片,再经髹漆工艺,使点螺漆器具有图案精致、色彩绮丽的艺术风格。"雕漆嵌玉工艺"为扬州独有的名贵漆器品种,先在器物上髹涂百层及几百层大漆,再按设计好的画稿在器物平面上雕刻,最后镶嵌上雕刻好的各种题材的玉石,作品具有纹样精美、立体感强等艺术特点。"平磨螺钿工艺"选用优质的珍珠贝等材料,裁成片状,按设计好图案,平整地镶嵌于漆器表面,后进行打磨而成,作品光亮如镜、高雅素洁。"楠木雕漆砂砚工艺"选上好楠木雕成砚体,用金刚砂等材料布填砚池,以点螺漆器制作等方式制成砚盒,兼具实用和欣赏功能。"扬州漆器髹饰技艺"与扬州古城的文化积淀、历史渊源、人文风貌等都有着密切的关联,具有突出的历史价值、文化价值、经济价值。

2006年5月20日,由扬州市申报的"扬州漆器髹饰技艺",被列入第一批国家级非物质文化遗产名录,2007年3月24日,被列入第一批省级非物质文化遗产名录。

第三节 织染缝纫

织染缝纫包括南京云锦木机妆花手工织造技艺、宋锦织造技艺、苏州缂丝织造技艺、漳缎织造技艺、蓝印花布印染技艺、色织土布技艺和常熟花边制作技艺。体现了江南名城的文脉底蕴和劳动人民的勤劳聪慧。

1. 南京云锦木机妆花手工织造技艺

"南京云锦木机妆花手工织造技艺"可追溯到东晋南朝时期,元代时产生加金织锦技艺,明清时期专设织造局生产御用品,云锦的生产规模和工艺创新盛况达到鼎盛。"南京云锦木机妆花手工织造技艺"主要分布于南京地区。

云锦织造为传统的花楼机织制,首先要根据设计的图案制作"花本",织造时将制作好的"花本"挂在木机上,一人在花楼机上专门提花,一人在花楼机下穿梭织制,两人协调配合织成。手工织造的云锦,主要品种有"织金""库锦""库缎""妆花"四大类。前三类可用现代机器生产,惟"妆花"的"挖花盘织""逐花异色"等特有的创作要求与制作工艺,至今尚不能被现代机器所替代。"妆花"也称"妆花缎",是云锦织造技艺最为复杂、最为精美的品种,色彩一般分六至九色,最多可达十八色。由于妆花需在织造的同时进行自由配色,因此可以在锦面同一排的同一图案上织出不同的色彩,这种效果是其他任何通梭织造所无法达到的。南京云锦工艺浓缩了中国丝织工艺的历史、文化和技艺,继承和体现了中国丝织工艺的精华,已有1 500多年的手工织造历史,是中国织锦工艺的"活化石"。

2006年5月,由南京市申报的"南京云锦木机妆花手工织造技艺"被列入第一批国家级非物质文化遗产名录,2007年3月24日,被列入第一批省级非物质文化遗产名录;2009年6月20日,由江苏汉唐织锦科技有限公司申报的"南京云锦木机妆花手工织造技艺"被列入省级非物质文化遗产扩展名录;2009年9月,"云锦织造技艺"被联合国教科文组织列入第四批人类非物质文化遗产代表作名录。

2. 宋锦织造技艺

"宋锦"是结合秦汉与唐代织造特色,于宋代形成和发展起来的织锦,因其发源于苏州,故又称"苏州宋锦"。"宋锦"色彩柔和典雅、艳而不火,纹样复杂多变、繁而不乱,具沉静有序的美感,历史上与"四川蜀锦""南京云锦"并称为中国传统的三大名锦。

"宋锦"传统制作工序繁多,准备工作到正式织造有20余道工序,如挑花、结本、引线、穿综、穿筘和上机织造等。织造结构上,采用经线和纬线联合显花的组织结构。图案设计上,以几何型为骨架,配以各种动物、花卉纹样,形成自然的空间分割、直曲对比,再配以古朴浑厚、淡雅的色调,古色古香,风格浓郁。在织物制作上,采用"彩抛换色"的独特工艺。制成的宋锦可分为"重锦""细锦"和"匣锦"。"重锦"又称"大锦",花作退晕,金勾轮廓,是"宋锦"中最名贵的品种;"细锦"在四方、六方、八方连续骨式内添加小花,分别称四达锦、六达锦、八达锦;"匣锦"最薄,颜色素净,又称"小锦"。"宋锦"用途广泛,可用作服饰、被面、靠垫和锦匣装裱等。"宋锦织造技艺"不仅是中国丝绸传统技艺杰出的代表,更是苏州历史文化名城优秀丝绸传统文化的凝结,其在织物结构、工艺技术、生产技艺上富于创新,具有历史价值、艺术价值与科学价值。

2006年5月20日,由苏州市申报的"宋锦织造技艺"被列入第一批国家级非物质文化遗产名录,2007年3月24日,被列入第一批省级非物质文化遗产名录;2009年9月,"宋锦织造技艺"作为中国蚕桑丝织技艺的重要组成部分,被联合国教科文组织列入第四批人类非物质文化遗产代表作名录。

3. 苏州缂丝织造技艺

"缂丝"又名"刻丝""克丝"。"苏州缂丝织造技艺"主要分布在苏州及其周边地区。南宋苏州缂丝生产已具一定规模,盛名全国。明代苏州缂丝已自成风格,成为御用龙袍的主要材料。清代缂丝采用缂、绘相结合,别具一格,其成品被传至日本。

"苏州缂丝织造技艺"以真丝为原料,生丝为经,各色熟丝为纬。经丝贯通,纬丝装梭并依照图案轮廓、色价变化,穿经丝、按色价手工织就,织法也称"通经断纬"。"苏州缂丝织造技艺"主要使用古老的木机,及若干装有各色纬线的竹制的梭子和拨子,有"落经线""牵经线""套筘""弯结""嵌后轴经""拖经面""嵌前轴经""捎经面""挑交""打翻头""箸踏脚棒""拦经面""画样""摇线""修毛头"等15个步骤,以及"结、掼、勾、戗、绕、盘梭、子母经、押样梭、押帘梭、芦菲片、笃门闩、削梭、木梳戗、凤尾戗"等16种技法。制成的缂丝以制作精良、浑朴高雅、艳中且秀的特点,在丝织品中被列为最高级品,在世界上享有盛誉。同时由于经得起摸、擦、揉、搓、洗,又获得"千年不坏艺术织品"之誉称。"苏州缂丝织造技艺"体现了苏州传统文化特色,历代缂丝精品中蕴含着丰富的文化信息,具有一定的文献研究价值,以及相应的艺术与科学价值。在现代纺织机械化程度高、变革速度快、劳动成本低等的冲击下,苏州传统手工缂丝织造因制作周期长、技艺要求高,劳动成本贵而缺乏市场竞争力,技艺濒临消亡,从事这一行业大多为中老年人,青年制作技艺传人较少,其发展前景堪忧。为此,苏州政府及相关部门采取了一系列措施,加强了对"苏州缂丝织造技艺"的保护和传承。

2006年5月20日,由苏州市申报的"苏州缂丝织造技艺"被列入第一批国家级非物质文化遗产名录,2007年3月24日,被列入第一批省级非物质文化遗产名录;2009年9月,"苏州缂丝织造技艺"被联合国教科文组织列入第四批人类非物质文化遗产代表作名录。

4. 蓝印花布印染技艺(南通蓝印花布印染技艺、邳州蓝印花布印染技艺)

(1)南通蓝印花布印染技艺

"南通蓝印花布印染技艺"起源于明代中后期,目前,南通、通州、启东还有部分家庭染制作坊,传承了蓝印花布的印染技艺。

"南通蓝印花布印染技艺"制作流程包括刻花版、刮浆、染色、刮白等。首先用自裱的纸版或牛皮纸浸泡桐油,晾干后裁成所需要版面的大小,将设计草图裱在花版上或将老花版花纹替下,以刀代笔将所绘纹样刻成花版,并做准花纹的接版。再用黄豆粉、石灰粉按1∶0.7的比例加水调制而成的防染浆断染,调浆需厚薄(黏稠)适中,刮浆需用力均匀。接下来将刮上浆的坯布放在清水中浸泡,待浆料发软后下缸染色,20分钟后将布取出氧化、透风30分钟左右,不断转动布面使其靛蓝氧化还原均匀,并根据面料和气候调整下缸和氧化的时间,一般反复染色6至8次。待布染好晒干后,"吃"酸固色,经清洗后,把灰浆布绷在支架上,用刀倾斜45°刮去灰浆,进行二次"吃"酸固色,后清洗2至3次使之蓝白分明。"南通蓝印花布"全部由手工完成,图案具有淳朴、粗犷、明快的风格,且耐磨、耐脏又透气、吸汗,主要制作被面、包袱、头巾等生活用品,深受群众喜爱,是江苏重要的手工艺品。蓝印花布体现了中华民族文化中独具特色的乡土文化,具有文化价值、艺术审美价值和情感价值。1996年成立了南通蓝印花布艺术馆,2006被批准授予"中国蓝印花布艺术传承基地",用于保护、传承和发展"南通蓝印花布印染技艺"。

（2）邳州蓝印花布印染技艺

"邳州蓝印花布印染技艺"历史悠久，主要分布于邳州地区。

"邳州蓝印花布"主要以纯棉布为基布，取黄豆粉、石灰粉混合为防染剂，用天然植物靛蓝为染料，由手工印染，印染工艺精致细腻，染色牢度较强，具有染色不退、耐洗耐晒、耐磨耐脏、吸汗透气、纹样愈洗愈明的显著特征。"邳州蓝印花布"纹样丰富，造型古朴豪放，色彩清新明丽，题材大多取自传统吉庆图案，具浓郁的乡俗民情，较符合当地民众的审美情趣及欣赏习惯。多姿多彩的蓝印花布，给人们增添了生活的美感和乐趣，因而深受民众喜爱。近些年来，徐州市人民政府及有关部门加大了对"邳州蓝印花布印染技艺"的保护力度，命名项目的传承人，给予政策的扶持，为技艺的传承注入了活力。

2006年5月20日，由南通蓝印花布馆申报的"南通蓝印花布印染技艺"被列入第一批国家级非物质文化遗产名录，2007年3月24日，被列入第一批省级非物质文化遗产名录；2009年6月20日，由邳州市申报的"邳州蓝印花布印染技艺"被列入省级非物质文化遗产扩展名录。

5. 常熟花边制作技艺

"花边"原是欧洲的一种手工艺，19世纪传入到中国沿海地区，由季根仙借鉴并创制，流传于常熟市碧溪镇等老产区。

"常熟花边"的工艺可分为四类："雕绣类""影绣类""贴布类""手编品与绣花混合类"。"雕绣类"是先在底料上绣出各式各样的图案，然后将底料需镂空的部位剪去，形成虚实对比，使图案具有立体感；"影绣类"是在半透明的薄型底料绣制各种图案（又名"托地"），结合包针、掺针、切针或贴花等各种工艺，形成的花纹细腻雅致，隐约含蓄；"贴布类"是先用色布或薄纱按图案剪成各种形状贴在底料上，然后用相应针法绣制；"手编品与绣花混合类"中手编制品有万缕丝、勾针和菲力等，万缕丝俗称"纸头上花边"，绣工精美细巧，大多用于绣花产品上的点缀或圈子形镶边大套。常熟花边为"手捏雕绣"，以"雕"见长，通过"雕扣"产生艺术效果，通过"抽丝"针法，丰富镂空层次，通过"包针""游茎""打子"等针法描绘花卉纹样，具有浮雕效果。构图一般采用左右对称或四面对称形式，"借地"为常熟花边的构图特点。目前，常熟花边制作针法已达60多种，花边图案8 000多个，构图造型追求"淡雅高洁"的风格。其中，以实用为主的花边产品桌布、窗帘、沙发巾、服饰和床上用品等，均体现了实用与艺术的完美结合。现在，政府及相关部门正逐渐采取相应措施加以保护和传承制作技艺，使"常熟花边制作技艺"能够健康传承下去。

2007年3月24日，由常熟市申报的"常熟花边制作技艺"被列入第一批省级非物质文化遗产名录。

6. 天鹅绒织造技艺

天鹅绒又名"漳绒"，明代由福建漳州传至江苏并形成独特工艺，明清两代最为鼎盛，主要分布于南京、丹阳、苏州等地区。

天鹅绒分为"花天鹅绒"和"素天鹅绒"两个品种，"花天鹅绒"是指将部分绒圈按花纹割断成绒毛，使之与未断的线圈联同构成纹样，"素天鹅绒"表面全为绒圈。一般天鹅绒用蚕丝作原料或作经线，以棉纱作纬线，再以桑蚕丝（或人造丝）起绒圈。每织四根绒线便织入一根起绒杆（即细铁丝），后用割刀沿铁丝剖割，即成毛绒。织造时，最初均采用木机，将地经和绒经分张于织机上，一人在花架上提花，另一人在机坑内脚踩综框，一手掷梭，一手握住筘帽，叩击纬线，两人配合织造；最后在织成十几厘米的坯布上，用特制的割绒刀，将蒙于起绒杆上的绒圈割断，使绒毛挺立。现今的织造工具改用花机笼头代替人工提花，用刀片笼头代替脚踩综框，用丝织机代替掷梭和打纬，但仍保留了传统织造工艺。制成的天鹅绒因采用"蚕丝"为原料，故缎面光泽、艳丽、柔和，绒毛挺立、丰满且富有弹性，久压不倒，且层次分明，立体感强，享有"中华奇绝，东方瑰宝"之美誉。

2007年3月24日，由南京市、丹阳市联合申报的"天鹅绒织造技艺"被列入第一批省级非物质文化遗产名录。

7. 色织土布技艺（南通色织土布技艺、沛县色织土布技艺）

（1）南通色织土布技艺

"南通色织土布技艺"主要集中在通州以及如东、如皋沿海沿江一带。南通土布织造可追溯至明初，至20世纪60年代及70年代初达到工艺巅峰。

"南通色织土布技艺"主要有"轧花、弹花、搓条、纺纱、戽纱、染纱、浆洗、络筒、整经、上机、织造"

等多道工序,各工序具体又细分为若干流程。"整经"工序包括"排桩、套筒、牵经、捉高(起绞打丝)、挽经、印箱、落轴"等,"上机"工序包括"穿综、嵌筘、挂综、调机"等,"挂综"之综片少则2叶,多则4至16叶,且芽叶与里叶相互搭配分组以控制开合起花,形成复杂的花纹,综片之间的搭配组合可多达32组、64组。经染色织成的土布,色牢度高、经洗耐晒,且具有健肤、防霉蛀的环保功效。色织土布的色彩多样,多以蓝、白或蓝、白、黑为基础色,简单质朴、淳厚庄重的韵味。除基础色以外,还使用以红、绿为主的高纯度、高彩饰色纱,在使用五种及五种以上色彩来织造土布时,织造方法使用提花织锦。南通土布的图案纹样丰富,大体可分为四类,即芦纹系列、条纹系列、格子系列和提花织锦系列。"南通色织土布技艺"中的"染色、摇筒、牵经、络纬、穿棕、嵌筘"等工序,一直保留了较原始的方法,是传承中国古代手工织造技艺的宝贵历史遗存。

(2)沛县色织土布技艺

"沛县色织土布技艺"主要分布在微山湖一带的沛县龙固镇、五段镇、杨屯镇、魏庙镇、胡寨镇等。

"沛县色织土布"主要材料有麻、苘纤维、蚕丝和棉花纺线。织造工序有纺线、染线、倒线、牵纱、装扣、上机扎综、试织与挑织。织造采用"通经断纬"的方法,以手工挑换纬纱和以木棱、竹扣打织而成,即纺织中的"挖棱"工艺,经线在布面上贯通而不间断,各色纬线仅仅于图案花纹需要处与经线交织,每一纬向的粗色纬挑挖完成后即错综过纬、打纬,如此循环完成织造。色织土布以土红、靛青等色彩的棉为经线和底纬,以八彩丝、棉线为花纬。色织土布常用于缝制床上用品、盖裙、披肩以及衣服等。沛县土布受外来文化影响小,纹样地域特色浓厚,是沛县沿湖地区历史文化、地理环境、宗教信仰和审美情趣等因素的载体。"沛县色织土布技艺"体现了湖区人崇尚自然,在长期生产实践中用智慧来美化生活的秉性,充满了浓厚的艺术魅力。

2009年6月20日,由南通市申报的"南通色织土布技艺"、由徐州沛县申报的"沛县色织土布技艺"被列入第二批省级非物质文化遗产名录。

第四节 金属工艺

金属工艺包括南京金箔锻制技艺、真金线制作技艺和江都金银细工制作技艺等。

1. 南京金箔锻制技艺

"南京金箔锻制技艺"可追溯至东吴和东晋时期,源于庙宇、佛像等的贴金技术,现今主要分布在南京栖霞区龙潭街道和江宁区东山镇。

南京金箔锻制工艺独特,技艺精湛。锻制系用黄金,经倒条、下条、拍叶、做捻子、沾捻子、打开子、装家生、打了戏、出具、切箔等工序锤炼制作而成。其中,打开子(打泊)是难度和强度最大的工序,两人分上、下手的上万次捶打,将一块"金疙瘩"打成厚度仅有0.1微米左右的金箔,薄如蝉翼,软似绸缎,经科学测算,943张金箔只有1毫米厚,1万张金箔最低仅重125克。此外,锻制过程中使用金片包裹隔离的"乌金纸"辅助工料也十分关键,该纸表面极为油亮,锤打时将之夹入金片,既能抗反复锤打,又能最大限度地使黄金产生延展性。南京金箔产品应用广泛,历史上曾将金箔制成金线装饰皇家贵族的服饰,如金线为材料织成的云锦。现多用于装饰药品、食品、化妆品以及贴饰装潢庙宇、佛像、建筑物、家具和工艺品等。南京金箔色泽纯正,厚薄均匀,经久不变,其锻制技艺更完整地保存了中国数千年的金箔制作技艺,具有较高的历史价值、文化价值、科学价值和实用价值。

2006年5月20日,由南京市申报的"南京金箔锻制技艺"被列入第一批国家级非物质文化遗产名录,2007年3月24日,被列入第一批省级非物质文化遗产名录。

2. 金银细工制作技艺(南京金银细工制作技艺、江都金银细工制作技艺)

金银器制作工艺中的精细制作工艺,简称"金银细工制作技艺",是中国优秀的传统金属手工艺。"金银细工制作技艺"可追溯至两汉,兴盛于唐宋,辉煌于明清,流传于南京市、江都市等。

(1)南京金银细工制作技艺

"南京金银细工制作技艺"以南京宝庆银楼为代表。南京宝庆银楼创建于清嘉庆年间,从事传统金银饰品(摆件)工艺已有近200年历史。南京宝庆银楼"金银细工制作技艺"主要包括绘图、雕塑、翻模、拼装、焊接、绘錾、研光、景泰蓝、镶嵌、装配等10多道工艺流程,其制作工具主要分为雕塑、制模、拼装、焊接、雕錾、表面处理、印记7个大类。宝庆银楼"金银细工制作技艺"从工艺上继承和光大了古代江南金银制品特色,风格上又糅合了北派技艺,加上金银原料熔炼技艺,造型上富有时代气息,形成了南京"金银细工制作技艺"的特有风格和特征。南京宝庆银楼"金银细工制作技艺"对追溯古代金银工艺历史、探索制作技艺细节、反映古代金银工艺成就和工艺特点、研究中国金银工艺文化和社会意义都具有重要的历史价值。南京"金银细工制作技艺"代表作有《十八罗汉》《八仙过海》《唐僧取经》《三马拉车》《唐皇马》等,具有很高的艺术审美价值与经济实用价值。由于诸多因素影响,宝庆金银摆件产量日渐减少,优秀人才匮乏,传统工艺濒临失传,需要加强保护,以便传承、发展这一传统工艺。

（2）江都金银细工制作技艺

"江都金银细工制作技艺"全面传承了中国古代金银器的制作工艺。在制作过程中,主要采用了雕、錾、镂、披、镶嵌、砑光、烧蓝、镀金等等制作法。"江都金银细工制作技艺"的熔炼技法、錾花技艺、表面光亮处理等工艺,均沿袭古代。其中,熔炼炉用的是古老原始的银匠炉,用焊枪或喷灯熔炼,盛金银的器具是用耐火泥制作的坩埚,浇铸金银条块是用手工制作的铁皮油槽,鼓风则是用手拉风箱。熔炼技术火候掌握全凭艺师经验,艺师适时添加硼砂调节熔炼氧化的程度,确保金银材料炼匀炼透,在制成片材和拉成细丝后,不出现砂眼、跷皮、断裂和起泡等;錾花技艺是实镶工艺中难度最大的一种,使用独特的雕錾工具结合高超的技法,雕錾出精美的纹饰;表面光亮处理技术传承了唐代扬州铜镜的砑光工艺,可做到器表无细痕,像镜面一样光亮。"江都金银细工制作技艺"是中国南方金银细工技艺的杰出代表,具有高难度、高智慧等技术特征,雕錾匀称、细密繁复。代表作品有《九龙盘》《浑天仪底座》《嫦娥奔月》《金龙烟斗》《伎乐飞天》等。

2007年3月24日,由南京市、江都市申报的"传统金银饰品工艺"被列入第一批省级非物质文化遗产名录;2008年6月7日,由南京市、江都市申报的"金银细工制作技艺"被列入第二批国家级非物质文化遗产名录。

3. 真金线制作技艺

南京真金线制作可追溯到元代,随着云锦织造盛行,主要分布于南京龙潭街道一带。

南京"传统金线制作技艺"复杂,要经过打纸、做粉、背金、担金、熏金、砑金、切金、检验包装、做芯线、搓线、摇线等十几道工序。金线制作分为真金和纯银两种材质。用真金材料制线又分为"片金"和"捻金"两种方法:片金也叫"扁金"或"缕金",即把真金制成的金箔粘托在薄纸上,然后切成极细的细条成线,多用于织金锦;捻金也叫"圆金",即先将金箔粘托在纸上,再切成极窄的长条,然后和丝线或棉纱线捻合绞结在一起而成线,多用于缂丝、刺绣,也可用于织金锦。由于黄金比较昂贵,故也有用纯银替代真金制作金线,即以纯银锻制成银箔,然后经过适当的"烟熏",使银箔产生金黄的、如真金箔的色质,再以上述真金线制作之同样方式,加工制成的"金"线,行内俗称"淡金线",或"黄银金线"。南京传统真金线制作技艺,有着深厚的人文内涵和艺术魅力。历史上,传统真金线曾作为云锦、缂丝、纺织及服饰的装饰材料广泛使用,推进了对金箔材料的广泛使用。目前,国内仅南京金线金箔厂尚保留传统真金线制作工艺,主要用于云锦、缂丝的织金、少数民族服饰及戏剧服装上的刺绣。

2009年6月20日,由南京市申报的"真金线制作技艺"被列入第二批省级非物质文化遗产名录。

第五节 编织扎制

编织扎制包括风筝制作技艺、朴席制作技艺和柳编制作技艺等。

1. 风筝制作技艺（南通板鹞风筝、徐州风筝、沙洲风筝）

（1）南通板鹞风筝

"南通板鹞风筝"可追溯到北宋年间。主要分布于南通市港闸区、崇川区等及通州市的部分乡镇。

"南通板鹞风筝"因其造型如同一块平板而名,"大者丈余,小者尺盈"。其形状分为正方形、长方形、六角形和八角形,以一个长方形和一个正方形组合而成的六角板鹞为多。也有多个图形组成的"七联星""九联星""十九联星"等。手绘图案多为工笔重彩,内容有"八仙""凤戏牡丹"戏曲故事等。其独具魅力之处即其"哨口",多者达数千,"得风则鸣,其声随风抑扬",有"空中交响乐"之美誉。"哨口"的制作材料以葫芦和竹子为多,也有用果壳、蛋壳、蚕茧和鹅毛管等材料制成。南通板鹞风筝融扎裱造型、配色绘画、音律设计、"哨口"雕刻等工艺于一体,具有用料考究、工艺精准、整体协调性能和驭风性能优越等特点。"南通板鹞风筝"是南通地区最具代表性的民间工艺品之一。目前,南通已建立了板鹞风筝博物馆、板鹞风筝艺术馆,成立了南通市风筝协会,拥有十余支风筝放飞队,在许多学校开设了风筝制作课,并组织市民们在广场、田间开展放飞活动。"南通板鹞风筝"在国内外享有较高声誉。南通的李港乡被文化部命名为"全国风筝之乡"。"南通板鹞风筝"曾多次走出国门,并多次在各类国际比赛中获奖。

（2）徐州风筝

"徐州风筝"制作技艺可追溯到汉代,技艺主要分布于徐州市。

"徐州风筝"制作考究,选料精细,工艺精湛细腻,造型生动形象,又能与传统的绘画密切结合,注重工艺技巧和审美趣味。在继承传统技艺的同时,更吸收了外来风筝技艺的精华,兼备南北两大流派的风格和特点。在造型上主要有人物、动物、植物、器物以及几何形体等。在构造上有硬翅式、软翅式、长串式多种,如硬翅风筝为两翼用两根竹子构架并与下半部相连,最为常见；软翅风筝的翅膀只有上面一根竹子架构,下沿由面料构成,可随风摇曳,动物造型的风筝多为软翅式；长串风筝由许多叶片连缀而成,凌空飞舞时气势壮观。图案大多表现喜庆吉祥的题材。近年来,由于城市空间日渐紧缩,徐州风筝也出现适合城市广场放飞的"微型风筝",最小的可放入火柴盒里保存,其制作工艺更为精细,非常适宜儿童放飞取乐。"徐州风筝"制作是传统的民间工艺,风筝放飞是一项有利于身心健康的娱乐性体育运动,因此,"徐州风筝"已成为一项新兴的体育竞赛项目,受徐州人们的喜爱。1989年3月,风筝制作爱好者组成了徐州市风筝协会,广大会员在传统制作技能的基础上,精心研制,形成了具有独特体系的风筝制作技能,在国内外享有较高的声誉。

（3）沙洲风筝

"沙洲风筝"制作技艺可追溯到清朝,主要流传于张家港市。

"沙洲风筝"主要为哨口板式类,根据造型的不同分为九串菱、七星、八角、六角等。"沙洲风筝"的制作包括面身制作、哨口制作和拼装合成三个环节。面身制作,即为风筝的骨架扎制与筝面的裱糊、彩绘。骨架扎制所用材料多为毛竹、纱线、铁丝等,筝面的裱糊所用材料多为纸张、棉布、丝绸等,彩绘多为具有吉祥寓意的故事图案。哨口制作是根据材质不同,制作成蚕茧哨口、桂圆哨口、竹筒哨口、核桃哨口、葫芦哨口等,各种哨口因音色、音阶的不同分别为排箫哨口、哒子哨口、嗡声哨口；拼装合成是把裱制好的风筝"面身"与制作好的"哨子",按设计进行组合。"沙洲风筝"制作集木匠、篾匠、雕匠、漆匠、裁缝工于一体,集传统手工扎制技艺与民间美术、音乐于一身,是综合艺术的结晶。沙洲哨口板式风筝体形大、分量重,放飞时声音洪亮,气势磅礴,飞升上百米高空而不坠落,给人带来身心的愉悦和精神的享受。近年来,随着社会生活的日益富裕,人们在风筝的制作上越来越讲究时尚性、艺术性和趣味性。据统计,目前沙洲哨口板式风筝有1000多只,每年的春季和秋季,各式的风筝都纷纷升空亮相。

2006年5月20日,由南通市申报的"南通板鹞风筝"被列入第一批国家级非物质文化遗产名录,2007年3月24日,被列入第一批省级非物质文化遗产名录；2009年6月20日,由徐州市申报的"徐州风筝"、由张家港市申报的"沙洲风筝"被列入省级非物质文化遗产扩展名录。

2. 朴席制作技艺

"朴席制作技艺"可追溯到唐代,主要分布于江苏扬州仪征市朴席镇。

朴席以选草严格、麻筋结实、织工考究、编排紧密、席面光洁、经久耐用而形成特色,制作原料主要是当地特有的席草,此外还包括黄草、苏草、金丝草、蒲草、龙须草、马蔺草、蒯草、荞草、竹壳、箬壳、稻草等。凡草茎光滑、节少、质细、柔韧,有较强的拉力和耐折性的天然草料均适于编织。朴席的最大特色是烘排技艺,全国独有。烘排技艺的熟练程度决定席子质量的高低。朴席的每道工序都很讲究"均匀"二字。选草粗细均匀,摇筋条干均匀,扣筋松紧均匀,掌扣疏密均匀,烘排推排均匀等。这些独特而严谨的工序,成就了朴席所特有的品质和知名度。随着经济技术的发展,经济利益的驱动,绝大部分织席户放弃了原来劳动强度大、耗费时间长、利润微薄的手工织席。朴席传统手工制作技艺正面临后继无人、失传消亡的危险。

2009年6月20日,由扬州市经济开发区、仪征市联合申报的"朴席制作技艺"被列入第二批省级非物质文化遗产名录。

3. 柳编技艺

柳编起源于江苏连云港市赣榆县,主要流布于的塔山镇、青口镇等区域。

柳编使用赣榆县的特产杞柳制作,生产过程大体分为选料、上色、浸泡、编织、熏蒸、晾晒、刷漆等七个环节,全部手工完成。柳编工艺的主要技法有平编、纹编、勒编、砌编、缠边五种,染色有红、橙、黄、绿、青、蓝、紫七大色系30多个色种。柳编制品的种类繁多,在内销方面有席、筐、篓、簸箕、笆斗、柳条箱、笤笋、花篮、笊篱、食盘等多种类型。外销方面,有洗衣筐、花盆套、野餐食具筐、吊篮、灯罩、狗窝、猫窝、鸟巢等多个品种。赣榆县柳编制作技艺精湛、品类众多、造型美观,以显工显艺为基本特征,曾先后开发了彩色柳编、贝雕柳编、腻雕柳编以及柳板结合、柳木结合、柳与金属结合等一系列新的制品,满足了市场的不同需求。尤其,发明的柳制品的染色工艺,使柳编由原来的单一本色发展成为多个色系,增加了柳编制品的美观,也是对中国柳编发展的突出贡献。赣榆柳编技艺在长期的传承中,保持了地方传统文化和特色。如坚持多种工艺、材料、手段的运用,追求造型设计和制作技艺的结合,体现实用性与审美性的统一,形成了自己的艺术特色;注重利用韧性植物的特点,追求色泽、肌理的天然,体现淳朴、憨厚、真诚的品性,形成了自己的文化风格,具有一定的历史价值、文化价值。目前,该项目传承与发展状况良好。

2009年6月20日,由连云港市赣榆县申报的"柳编技艺"被列入第二批省级非物质文化遗产名录。

第六节 工具和器械制作

工具和器械制作类包括八桅立式大风车制作技艺、传统木船制造技艺和渔具制作技艺。江苏跨江滨海,平原辽阔,湖泊众多,水网密布,许多传统技艺都与水文化密切相关,这些技艺傍水而生、因水发达。

1. 传统木船制造技艺(兴化木船制造工艺、洪泽湖木船制造技艺)

(1)兴化木船制造工艺

"兴化木船制造工艺",主要流布于兴化市竹泓镇。技艺可追溯到宋代,清朝末年至近代成熟并兴盛。

兴化木船主要选用天然的老龄杉木,材质结实、有韧性,所造之船吃水浅、浮力大、能载重、轻巧灵敏而且坚固耐用。木船制作工艺共有选料、备料、断料、配料、破板、分板、拼板、投船、打麻、油船共9道工序,均为手工操作。首先,圆木木料备好后,依船体结构、尺寸进行断料和配料,船体一般由船底、船帮和横梁组合成船头、中舱和船艄三段体,依船的大小断料。随后进行破板,先用墨斗和划齿按需要的厚度划线、弹线,后架码拉锯破板。破板后,再用粗刨、细刨将锯面刨光,并按需要的长、宽、厚、角度做成板材进行拼板。拼板时,须先人工打好钉眼,再用掺钉拼接成船帮、船底和隔舱板,船体整合之后方可投船。投船一般是先将中舱底板与前后隔舱板连接,然后用麻绳、扒箍、拉夹、盘头、走趋、尖头刹等工具将船头和船艄拉紧,与前后、当浪板连接,间用"爬头钉""扁头钉"等咬紧木头,并用各种锔加固结合部,然后打麻、填灰,该工序又分为辗灰、填灰、捻灰、打麻、封口等五步。最后用桐油对船体进行油漆,以上底油、罩面油、打晒油进行油船防腐,保证船体经久耐用。新船油漆待桐油完全干透后就可以下水,下水时船工在船颈头披红、挂绿、插金花,当浪板上还要刻福字、雕龙眼,小船要点烛、焚香、放鞭炮,大船则要"六只眼"(猪头、雄鸡、鲤鱼)敬菩萨。全镇现有专业木船制作手艺人80余人,60余户,年产各类小木船近4000条。

(2)洪泽湖木船制造技艺

"洪泽湖木船制造技艺"主要分布于洪泽湖及其周边区域。

"洪泽湖木船制造技艺"工序复杂。首先需选油性耐腐的柏木、沙木、松木等作船板材料,以及结实耐用的桑、槐、榆树等杂木作船梁材料,经钉船底,上前、中、后三道船梁,上站和大拉,上骨口和压板,上前后挡浪板,上杆堂和大川,上船铺头、铺尾板和锁附板,上附件,捻船,油船等工序。其中上附件有造巴(桨桩插座)、造头(桨桩)、船舵、帆座,捻船是用油泥堵塞船缝,以防渗水,油船是整体保护船体,避免受湖水侵蚀。此外,通常在船制成后,会有一个下水仪式,即"挂红"(在船头钉红布)并互致喜庆吉祥之语。"洪泽湖木船制造技艺"具有较高的文化价值、历史价值和科学价值。木船制造过程中反映的禁忌、信仰等,是兼具南北特征的"洪泽湖文化"的重要组成部分,对研究当地民俗风情提供了重要参考,也为研究当地政治、经济、文化以及造船史、捕捞运输史等提供了重要的参考资料。洪泽湖木船制造技艺融合了力学、数学、几何学等科学知识,是洪泽湖地区劳动人民智慧的结晶,为当今的造船技术提供了科学指导。

2007年3月24日,由兴化市申报的"兴化木船制造工艺"被列入第一批省级非物质文化遗产名录;2009年6月20日,由洪泽县申报的"洪泽湖木船制造技艺"被列入省级非物质文化遗产扩展名录。

2. 八桅立式大风车制作技艺

八桅立式大风车,又称"翻水车",主要流布于盐城市,是一种由风力驱动的灌溉机械,起源可追溯到三国时期。

八桅立式大风车的构造原理十分复杂,它是由木制的车网、车轴、齿轮、槽桶、桅子等108个部件组成,整个车身最高度为8米左右,外围周长为45米左右,内围桅子周长为33米左右,车网周长为10米左右。由风力带动平齿轮、立轴和风帆等组成进行回转运动,旋转的轮轴带动磨或水车,以实现齿轮的啮合与分离,起离合器的作用,从而达到磨麦或取水灌溉的目的,各个部件之间连接得紧密,稍有偏差就难以转动风车。八桅立式大风车是对脚踏水车的一次重大的技术改进,利用的是自然能源风力,对农业发展起到了重要作用。现盐城市民俗动态博物馆内保存的八桅大风车,是较为完整的一部风车,也是世上仅存的一部。因此,需对该技艺进行挖掘研究、记录整理、立档造册,资料保存,以防止技艺失传。

2009年6月20日,由盐城市盐都区申报的"八桅立式大风车制作技艺"被列入第二批省级非物质文化遗产名录。

3. 洪泽湖渔具制作技艺

"洪泽湖渔具制作技艺"主要分布在洪泽县、盱眙县等洪泽湖沿边地区,历史悠久。

渔具制作技艺是洪泽湖渔民文化的重要组成部分。洪泽湖渔具制作技艺种类繁多,包括船、网、钩、箥箔、笼篮、揣把、投刺等各类渔具的制作,据统计现有80种以上。其中网类渔具包括拖网类10种、围网类2种、刺网类5种、敷网类4种、掩网类4种、抄网类3种、张网类1种、地拉网类3种;钩类渔具包括空钩类3种、钩类6种、卡钩类3种;此外,还有其他各种渔具,包括箥箔类7种、笼篮类7种、揣把类4种、投刺类4种、杂项类4种、船具类10种等。洪泽湖渔具制作要遵循不捕鱼苗的基本原则,体现了合理利用与保护自然资源的"天人合一"理念。"洪泽湖渔具制作技艺"具有较高的实用价值、文化价值和科学价值。受渔业生产的现代化的影响,洪泽湖传统渔具制作技艺传承乏人,亟待采取措施对该技艺加以适当的保护。

2009年6月20日,由淮安市洪泽县申报的"洪泽湖渔具制作技艺"被列入第二批省级非物质文化遗产名录。

第七节 农畜产品加工技艺(饮食类)

农畜产品加工技艺类,包括扬州富春茶点制作技艺、醋酿技艺、酿造酒酿造技艺、配制酒酿造技艺、蒸馏酒酿造技艺、晒盐技艺、绿茶制作技艺、糕团制作技艺、糕点制作技艺、董糖制作技艺、豆腐制品制作技艺、酱菜制作技艺、汤面制作技艺、汤包制作技艺等项目,体现了江苏的物阜民康,农业、渔业、牧业的兴旺发达,带来了江苏饮食文化的兴盛。

1. 醋酿技艺(镇江恒顺香醋酿制技艺、汪恕有滴醋酿制技艺)

(1)镇江恒顺香醋酿制技艺

"镇江恒顺香醋酿制技艺",始于清道光年间,由镇江丹徒人朱兆怀创制,主要分布于镇江地区。

镇江恒顺香醋酿制对原料的选求极其讲究,需选用江浙优质糯米,加入自制麦曲糖化发酵成米酒后,采用"固态分层发酵"工艺酿制,即在酒液中加入麸皮、稻糠拌成固态并接种,每天分层翻动一次,进行降温、透氧醋化发酵。经20多天醋醅成熟后,加米色进行淋醋。生醋煎煮后在陶罐中经长时间露天存放,最后酿成酸而不涩,香而微甜,色浓味鲜,愈存愈醇的恒顺香醋。镇江恒顺香醋质量优良,久享盛誉,据食醋类的研究报告显示,氨基酸含量较高,有助抑制人体老化、预防各种老年疾病。作为调味品,香醋常用于拌冷盘、溜素菜、烹鱼肉、炖鸡鸭,以提味增香,去腥解腻,开胃生津。镇江恒顺香醋采用的"固态分层发酵"工艺,是鲜有的沿用至今的传统酿造工艺,代表了中国酿造技术的传统智慧和最高水平,在中国酿醋行业里独树一帜。近年来,镇江市建立了恒顺醋文化博物馆,并且专辟场地,用于更好地保护、传承和发展手工做醋的传统酿醋生产技艺。

(2) 汪恕有滴醋酿制技艺

"汪恕有滴醋酿制技艺"发源于连云港市海州区,清康熙年间由汪一愉始创,滴醋厂今位于江苏省连云港市板浦镇,其产品分布于连云港市全境及周边市区。

汪恕有滴醋酿造以优质高粱为主料,辅以麸皮、小麦、豌豆等,采用固态发酵方法人工翻醅并淋醋,成醋装入陶罐露天存放半年以上出厂。每道工序的火候、存放时间都凭手试、眼观、鼻闻来把握,酿成的醋具有色泽清纯、酸度适中、口味芳香浓郁的特点,常用于烹饪,以滴为计,故被称为滴醋,"汪恕有滴醋"也因此成为固定的产品名称沿用至今。产品经国家、省、市质检部门检验,各项指标均高于国家标准,先后获"江苏省优质食品""农业部优质产品"称号和亚太国际贸易博览会金奖。同时,为提高产量,汪恕有滴醋厂已引进机械设备,但少量优质滴醋仍保留传统技艺,即靠手试鼻闻,凭感觉和经验掌握各道工序的火候。现"汪恕有滴醋厂"致力于创新,研制开发了新的滴醋品类。

2006年5月20日,由镇江市申报的"镇江恒顺香醋酿制技艺"被列入第一批国家级非物质文化遗产名录,2007年3月24日,被列入第一批省级非物质文化遗产名录;2009年6月20日,由连云港市申报的"汪恕有滴醋酿制技艺"被列入省级非物质文化遗产扩展名录。

2. 酿造酒酿造技艺(封缸酒酿造技艺、汤沟酒酿造技艺、玉祁双套酒酿造技艺)

(1) 封缸酒酿造技艺

"封缸酒酿造技艺",可追溯到秦汉时期,技艺主要分布于丹阳市、金坛市。

丹阳封缸酒酿造的具体工艺流程包括糯米过筛、泡米、搭米、冲洗、蒸饭、淋饭、入缸、加药拌饭、搭窝、来酿、加米白酒、开耙、养醅、榨酒、淀清、封陈等。以当地所产的粒大、均匀、洁白、性粘、味香的优质糯米为原料,再取水质清甜、含多种无机盐类矿物质的玉乳泉水,配以特制酒药,用麦曲作糖化发酵剂,经低温糖化发酵。酿造中,当糖分达到高峰时,兑加50度以上的小曲米酒后,立即严密封闭缸口。养醅一定时间后,抽出60%的精液,再进行压榨,二者按比例勾配定量灌坛,再严密封口贮存2~3年即成。金坛封缸酒是以地产"标米"和茅山泉水(今为城南钱资荡水)为主要原料,按照民间传统秘方精心酿制而成。其酿制工艺精湛,因流传数百年而形成了独特的地域风格。封缸酒色泽金碧自然,不加色素,澄清明澈,酒性中和,醇稠如蜜,馥郁芳香。封缸酒酿造工艺独特,且酿作成本较低,具有广泛的群众基础,值得加以保护和传承。

(2) 汤沟酒酿造技艺

"汤沟酒酿造技艺"可追溯至北宋,盛于明末清初,主要流布于连云港市灌南县汤沟镇。

汤沟酒依托汤沟古镇的优质糯高粱和独特地域生态环境,由酿酒大师撷取古镇"香泉"之水,以始建于明代的300多年黄泥老窖(著名历史文化遗产,为江苏省文物保护单位)、特选的优质原辅料,采用代代相传的独特工艺,结合高科技,经陶坛窖藏5年老熟而成。汤沟酒源自水谷清华,香气幽雅、醇厚谐调、绵甜爽净,饮后令人回味悠长。其酒体丰满完美,不可易地仿制。汤沟酒与历代传承的酿酒工艺密不可分,其酿造技艺独特,配料讲究,是研究中国酿酒技术及工艺不可多得的实物例证,具有重要的历史文化价值、经济价值和科学价值,值得加以保护和传承。

(3) 玉祁双套酒酿造技艺

"玉祁双套酒酿造技艺"由清嘉庆年间新乔人刘沿丰首创,技艺主要分布于无锡市。

"双套酒"即用陈年黄酒代替醅水,不加生水,以酒酿酒。玉祁双套的原汁原味,源自传统而独特的酿造工艺——野生酵母"大酵法"。这种手工老法技艺酿造讲究,从浸米、蒸饭、开耙,到露天堆醅发酵、落缸、榨酒、煎酒,每道工序都精益求精。麦曲头道工艺不粉碎,米饭要酥而不烂,米浆水要采用上等精白糯米浸泡20余天再煮沸撇沫提炼,制成培养基,再接入采集并经试验的野生酵母,从小陶土缸盆到中盆再到大盆,分级培养成"大酵头",

投入大缸发酵,生产工序要经过大小30余道,是全国黄酒酿造行业里沿用至今的唯一传统酿造工艺。它不同于其他一般黄酒酿造用酒药的惯例,而是采用煎熬的米浆水作为"培养基"来培养采集的"野生酵母菌"。培养采用连续发酵、浆水煎熬的大酵法酿造方法,要经过"扳酵头""练酵头""扩大培养酵头"等系列技艺。"大酵法"酿造技艺全国独一无二,在黄酒酿造行业沿用至今,是中国甜黄酒最优手工技艺的代表,是黄酒手工技艺的精华,在国内乃至世界酿酒行业中表现突出。

2007年3月24日,由丹阳市、金坛市联合申报的"封缸酒传统酿造技艺"、由连云港市灌南县申报的"汤沟酒酿造技艺"被列入第一批省级非物质文化遗产名录;2008年6月7日,"封缸酒传统酿造技艺"被列入第二批国家级非物质文化遗产名录;2009年6月20日,由无锡市申报的"玉祁双套酒酿造技艺"被列入省级非物质文化遗产扩展名录。

3. 扬州富春茶点制作技艺

"扬州富春茶点制作技艺"来源于扬州百年老店富春茶社,1994年至1998年,富春茶社先后注册了富春品牌系列商标。

富春茶点制作技艺,分为富春魁龙珠茶制作技艺和富春点心制作技艺。富春魁龙珠茶制作技艺是一种具有独创性、"三茶合一"的传统技艺。该茶取安徽魁针之色、富春花园培育的珠兰之香和浙江龙井之味,按特定比例窨制而成。色泽清澈,清香四溢,味美醇和,经久耐泡,解渴去腻,堪称"茶中珍品"。富春点心制作技艺是以发酵法为主,兼用水调、油酥、米粉以及其他面团,结合各种馅心,经"搓、包、提、捏、卷"等手法成形,制作各式点心的技艺。富春点心工艺精湛,造型雅致,味不雷同,馅心品种随季节变更,清鲜与甘甜相配,荤腥与蔬素组合,蓬松与柔韧相辅,酥脆与绵软对成,营养全面,口感美好,富有回味,被誉为"中国名点""天下一品"。常年供应的点心品种有青菜包、鲜肉包、洗沙包、干菜包、三丁包、千层油糕、翡翠烧卖、糯米烧卖、笋肉蒸饺等。筵席点心有双麻酥饼、萱花酥、动物船点、瓜果粉点、各式糕团等。富春茶点制作技艺是文化与技艺相结合、传承与创新相结合的典范。目前富春茶点制作技艺项目存续状况良好,兼具经济效益和社会效益,传承、传播和发扬均稳定而有序。

2007年3月24日,由扬州市申报的"扬州富春茶点制作技艺"被列入第一批省级非物质文化遗产名录;2008年6月7日,由扬州市申报的"富春茶点制作技艺"被列入第二批国家级非物质文化遗产名录。

4. 南京板鸭、盐水鸭制作技艺

"南京板鸭、盐水鸭制作技艺"可追溯到明代,发源于南京市江宁区湖熟镇,主要分布在现南京市江宁区湖熟镇及周边乡镇和南京市区。

南京板鸭、盐水鸭制作工艺独特,从选料制作至成熟,有一套传统方法和要求。制作板鸭要求"鸭要肥,喂稻谷,炒盐腌,清卤复,烘得干,焐得足,皮白、肉红、骨头酥"。所用之鸭,体长身宽,胸部、两腿肌肉饱满,两腋有核桃肉,宰杀前用稻谷催肥。腌制用炒盐加速鸭肉脱脂氧化,以复卤强化鸭肉滋味的形成,以低温煮制增强鲜味,同时要控制腌制、复卤、煮制的温度和时间以及卤水的波美度、清浊度等。加工过程中只添加生姜、八角、葱、天然香辛料。这样制成的板鸭、盐水鸭食起来鲜、香、嫩、滑、爽,回味无穷,久食不厌。科学合理的制作工艺使得南京板鸭、盐水鸭具有较高的脂质氧化降解、滋味氨基酸含量、小肽含量以及风味核苷酸含量,也使南京板鸭、盐水鸭具有较高的经济价值。板鸭是"江苏三宝"与"南京四大名产"之一,清宣统二年(1910),韩复兴板鸭在南洋劝业会上获得金奖,闻名遐迩。据南京鸭业协会调查,南京年平均产销板鸭、盐水鸭约4 500万只。"板鸭""盐水鸭"已成为南京的"城市名片"和独有的"南京味道",值得对该制作技艺加以保护、传承和发展。

2007年3月24日,由南京市江宁区申报的"南京板鸭、盐水鸭制作技艺"被列入第一批省级非物质文化遗产名录。

5. 三凤桥酱排骨烹制技艺

"三凤桥酱排骨烹制技艺",相传清代由三凤桥肉庄的前身慎余肉庄创制,主要流传于无锡市。

"三凤桥酱排骨烹制技艺"采用优质猪肋排、草排,在依次经剁切、腌制、焯水三道工序后,配以代代相传的老汁、香料包等天然调料,运用独特的烧制方法,在锅内置笼圈用旺(武)火、微(文)火焖煮,烧制出的排骨色泽酱红、油而不腻、骨酥肉烂、香气浓郁、滋味醇真、甜咸适中,成为无锡地区饮食文化的特色代表之一。如今,三凤桥肉庄十分注重对三凤桥酱排骨传统烹制技艺的传承、保护和发展，包括完善企业标准、协助制订行业标准、对商标进行立体式保护、加大市场的监管等。同时，不断改进烹制技艺，确保质量和口味，将传统配方与现代生产工艺完美结合，建立现代化工厂，发展机械化流水线生产与现代营销模式等，显示了强大的经济价值和科学研究价值。

2007年3月24日，由无锡市申报的"三凤桥酱排骨烹制技艺"被列入第一批省级非物质文化遗产名录。

6. 素食烹制技艺（绿柳居素食烹制技艺）

"绿柳居素食烹制技艺"，相传由绿柳居菜馆始创于清宣统三年（1911），主要分布于南京市。

绿柳居的素菜、素点上承六朝余绪，下应时令风尚，吸纳宫廷、民间和寺院素食的制作精华，以用料广泛、选料精细、做工考究、花色繁多、烹调方法多样、形态逼真而著称。注重"以素托荤"，口味独特，具有"鲜、嫩、烫、脆、香"之特色，更有"水八仙""旱八仙"等南京的时尚野蔬。其代表为绿柳素菜包。包子皮系用精制面粉经酵母发酵，馅系用江南特有的矮脚黄青菜、香菇、笋、豆腐干、芝麻、金针菇等几十种材料精制而成。包子外皮如凝脂，松软有劲，馅心碧绿，略香微甜。此外，象形菜的制作，尤其是由绿柳居传人研制的全素宴会是其重要特色，用豆腐皮、面筋、腐竹及中药调料制作的鸡、鸭等状菜品，从形象到质地都非常逼真。"绿柳居"不仅是一座百年老店，更是以其餐饮载体形式融合中国传统节日而流传至今的文化符号，其素食制作工艺独特且精湛，既具有文化价值、民族价值、社会价值，又顺应了当今人们营养、健康、美味的饮食需求。目前，南京市成立了绿柳居非物质文化遗产工作小组，建立了绿柳居素食菜有批发中心，并投入巨资在汤山基地建立绿柳食品配送加工厂，采取有力措施促使"绿柳居素食烹制技艺"不断传承和发展。

2009年6月20日，由南京市申报的"绿柳居素食烹制技艺"被列入第二批省级非物质文化遗产名录。

7. 清真菜烹制技艺（马祥兴清真菜烹制技艺）

"马祥兴清真菜烹制技艺"起源并流传于南京，相传清道光年间由回民马思发创立，随马祥兴菜馆发展而声名远播。

"马祥兴清真菜烹制技艺"，在继承穆斯林传统技法的基础上，融入地域特色，巧妙地将江南丰富的鸡、鸭、鱼、虾等地产资源开发利用，创造性地将北方回食与江南民情相融合，在保留清真本色的同时，使色、香、味、形地域化，形成真正具有南京特色的回民清真菜系。"马祥兴清真菜烹制技艺"，选料严谨，工艺精巧，形态逼真，火候精到，口味独特，器皿恰当，凝结着历代厨师的心血和智慧。其中，第三代传人马德铭创制的美人肝、松鼠鱼、凤尾虾、蛋烧卖等"四大名菜"，以及红烧牛筋、锅贴干贝、凤尾鸭舌、煨鸭掌等几十道新菜久负盛名，初步形成了马祥兴清真系列菜谱。挖掘、整理、完善该技艺，有利于传承和繁衍清真菜烹制技艺，推进清真餐饮业的发展和繁荣。南京市政府正积极实施扶持民族企业政策，进一步促进了马祥兴清真菜烹制技艺的保护、传承与发展。

2009年6月20日，由南京市鼓楼区申报的"马祥兴清真菜烹制技艺"被列入第二批省级非物质文化遗产名录。

8. 刘长兴面点制作技艺

"刘长兴面点制作技艺"由面点摊贩刘国发创立，主要流布于南京市，现拥有包括一家中心厨房在内的12家连锁店。

"刘长兴面点制作技艺"包括制面、制馅、擀皮包制、制面卤、制面浇、制汤、制油酥等工序。刘长兴面点主要有：薄皮蟹黄小笼包子、五仁馒头、大肉面、鳝鱼面和熏鱼面等。其中最为著名的是薄皮小笼包子，一改一般酵面制皮易捅破的缺点，在缩小包子体积的同时保留了多汁的口感。面条面身质白光滑紧密，入锅经煮不烂，出锅爽滑筋道，加入自调面卤，味浓鲜香，色、香、味俱全，营养丰富。刘长兴面点制作技艺在传统生产工艺基础上通过几代人近百年的努力，形成以传承工艺生产的食品近百种，既丰富了市场，也满足了群众生活需求，是具有金陵特色的面点制作技艺代表，值得加以保护和发展。如今，刘长兴面点已成为市、区政府重点扶持和向外推荐的地方特色风味之一，政府进一步采取一系列措施对刘长兴面点制作技艺进行保护和传承，以不断弘扬这一百年技艺。

2009年6月20日，由南京市申报的"刘长兴面点制作技艺"被列入第二批省级非物质文化遗产名录。

9. 绿茶制作技艺（苏州洞庭碧螺春制作技艺、连云港云雾茶制作技艺、南京雨花茶制作技艺）

（1）苏州洞庭碧螺春制作技艺

碧螺春据推测可追溯到清代，也称"碧萝春"，俗名"佛动心"，为成品绿茶，产于江苏省苏州市吴中区太湖洞庭山，系中国十大名茶之一。

碧螺春因茶叶色泽嫩绿，似碧玉，芽叶卷曲，状如螺而得名。碧螺春集形美、色艳、香浓和味醇于一身，被誉为"四绝"盖世的"天下第一茶"。此外，洞庭碧螺春还有"一嫩三鲜"之称，嫩指芽叶嫩，鲜指色、香、味俱佳。太湖洞庭东西两山生态环境适宜茶叶生产，碧螺春茶在采摘时间、天气、地点上均要求严格，需每年春分前后至谷雨后采摘，一般是在凌晨五点到早上九点采摘，下午三点之前需拣剔完毕，并于当天晚上炒制完成。炒制包括杀青、揉捻、搓团显毫、烘干四道工序，且在一锅内完成，全程约40分钟。春分至清明前采制的碧螺春，称为"明前茶"，质量最为名贵，为茶中极品；一芽一叶初展，芽长不到两厘米，叶形卷如雀舌者，称之"雀舌"；而清明后谷雨前采制的称为"雨前茶"，茶滋味鲜浓且耐泡，为茶中上品。"苏州洞庭碧螺春制作技艺"通常以家庭传承为主，部分以师授徒的形式传承，具有较好的经济效益与社会效益。

（2）连云港云雾茶制作技艺

"连云港云雾茶制作技艺"发源于连云港北宿城乡大竹园村，主要流布于宿城乡各村及南云台山和中云台山等地。山上酸性土壤丰厚，常在云雾笼罩之下润泽温和，非常适宜茶叶生长。

云雾茶制作技艺精湛。焙炒时要节制锅温，抓、焙、搓、翻，全凭手上功夫。制成的茶叶大小匀整，锋毫无损，色泽绿润。云雾茶的品尝方法也有讲究。沏茶时，先倒半杯开水，水温在80℃～90℃之间，放置茶叶，茶叶雾时舒展，翠似新叶。须臾，加二遍水。品茶，滋味醇厚，沁人心脾。每次续水，以杯中尚有四分之一剩水时为佳。虽多次冲泡，仍醇香绵绵。1921年云台树艺公司生产的云雾茶以其出色的品质获南洋劝业会奖，2001年获得中国国际茶叶博览会金奖、第九届"中茶杯"全国名优茶评比金奖。

（3）南京雨花茶制作技艺

"南京雨花茶制作技艺"主要分布于南京市江宁区，可追溯到唐代，开创了中国炒青型针形类绿茶制作技艺之先河。

雨花茶制作技艺流程复杂，包括采摘、萎凋、杀青、揉捻、整形干燥、精制（筛分）、烘焙等7道工序。其中，整形干燥是形成其独特外形最为关键的工序，制成的茶形似松针、条索紧细圆直、锋苗挺秀、色泽润绿、白毫隐露，经沸水冲泡后，芽叶直立，上下沉浮，犹如翡翠。雨花茶香气浓郁，汤色清亮，滋味鲜醇，现已成为农业部茶叶科学研究所、浙江大学、湖南农大等高校茶学系针型类茶的教学样本和研究样本。1959年，被农业部茶叶科学研究所认定为"全国名茶"。后于1981年起，又先后六次被商业部评为"全国名茶"，并在历届"中茶杯"全国名茶评比及江苏省"陆羽杯"名优茶评比中均被评为特等奖。政府已加大对该技艺的保护投入力度，建立健全管理机构，以保护茶农的生产积极性，使雨花茶制作技艺能更好地传承与发展。

2009年6月20日，由苏州市吴中区申报的"苏州洞庭碧螺春制作技艺"、由连云港市申报的"连云港云雾茶制作技艺"、由南京市江宁区申报的"南京雨花茶制作技艺"被列入第二批省级非物质文化遗产名录。

10. 沛县鼋汁狗肉烹制技艺

"沛县鼋汁狗肉烹制技艺"可追溯到秦末，相传由樊哙发明，发源于现徐州市沛县地区。

"沛县鼋汁狗肉烹制技艺"有三大环节：一是屠狗，即采用活狗现杀，保持狗肉的鲜美；二是采用传统的秘方进行烧制，肉鲜味美、咸淡适宜、韧而脱骨、烂而不腻、醇香可口；三是与河中老鼋同锅秘制，使用千年老汤。近年来，为更好地保护和传承这一技艺，徐州沛县先后成立肉制品公司，采用现代化与传统技艺相结合的生产工艺，进行规模生产，满足了人们的日常食用需求。

2009年6月20日，由徐州市沛县申报的"沛县鼋汁狗肉烹制技艺"被列入第二批省级非物质文化遗产名录。

11. 豆腐制品制作技艺（苏式卤汁豆腐干制作技艺、界首茶干制作技艺、横山桥百叶制作技艺）

（1）苏式卤汁豆腐干制作技艺

"苏式卤汁豆腐干制作技艺"由原籍仪征的祝季中始创于民国年间，主要分布于苏州市。

卤汁豆腐干使用传统技法精心制作而成，卤汁丰富。将精选的大豆经清洗、浸泡、制浆、煮浆、凝固成型、压榨、切片、油炸、卤制、包装、杀菌、冷却等多道环节,最终包装成型。其中,油炸和卤制是技术含量最高的关键环节,直接影响着成品的口味。加工时,不仅要求白胚含水量适度,还要保证油片的氽发,白胚厚薄要均匀,且经过划小后的块形需整齐。配方和烧煮也十分讲究,烧煮过程中要不停翻拌,使油片吃卤均匀,出锅冷却时也要不停翻拌,使所有卤汁全部吃进成品中,以形成吃口透味、外表光亮的效果。制成的卤汁豆腐干兼具苏州卤菜和蜜饯两大风味特色,既可作为茶食、休闲小吃,又可作为餐桌上的冷盆,是苏州传统茶食小吃中的佳品。

（2）界首茶干制作技艺

"界首茶干制作技艺"由陈西楼始创,可追溯到明清,主要流传于高邮市界首镇。

"界首茶干制作技艺"的代表陈西楼五香茶干,呈扁圆形,色泽酱红,肉细嫩黄,颇似鸡脯,清香可口,味美香醇。茶干以黄豆为主要原料,辅以大茴、小茴、花椒、莳萝、丁香、山柰、桂皮、香叶、酱油、白糖、食盐等。首先浸泡黄豆并经过去杂清洗、磨浆、滤浆、复滤、烧浆、点浆、脱水、灌包、轻压、紧包、压干、剥干、漂白、浇清油、分筛晾干、氽油上色等多道工序制成。再经质检分级、真空包装、消毒灭菌等工序后包装入库。其中最关键的程序是灌包,即用专制的铜勺在大缸里舀出"豆腐脑"填入小蒲包,旋紧蒲包后放在木板上,一块木板上大概可以放80个小蒲包,每10板为一叠,加力压制,将豆腐脑中的水分挤出,茶干初步成型后将蒲包剥去,再进行提白去味、熬煮入味。界首茶干在清乾隆时期被列为贡品。1929年,界首茶干参加杭州西湖博览会展销,荣获金奖。因传统的界首茶干系纯手工制作,工艺复杂考究,劳动强度大,很多年轻人不愿意传承该技艺,茶干制作技艺传承陷入后继乏人困境,亟待采取相关措施加以解决。

（3）横山桥百叶制作技艺

"横山桥百叶制作技艺"可追溯到清乾隆年间,主要分布在常州市武进区横山桥镇及周边乡镇。

制作百叶所需工具包括石磨、百页盒子、淘箩、压杠、土灶、白坯布、布筛、石膏、水桶、水缸等,原料需选用蛋白质含量高,出浆率高的优质黄豆,用干净的河水浸泡以增加韧性,继而进行磨浆、沥浆、煮浆等几道工序,再经横山百叶制作的核心工序"点花",最后经手工浇铸和压榨,一张厚薄适度、清香四溢的百页便制作而成。每道工序均要掌控好用时长短,用料、数量、火候等要素也直接决定着百叶的口感质量。目前,横山百页已成为常州市名优产品,并被载入《中国名菜大典·江苏卷》。

2009年6月20日,由苏州市申报的"苏式卤汁豆腐干制作技艺"、由高邮市申报的"界首茶干制作技艺"、由常州市申报的"横山桥百叶制作技艺"被列入第二批省级非物质文化遗产名录。

12. 酱菜制作技艺（三和四美酱菜制作技艺、常州萝卜干腌制技艺）

（1）三和四美酱菜制作技艺

"三和四美酱菜制作技艺"源于汉代,主要分布于扬州及周边地区。

"三和四美酱菜制作技艺"极其讲究材料的收购季节和品种规格。科学选择采摘时间,如采乳黄瓜必须是清晨,瓜上带花,每斤需在25条以上。制作工艺十分复杂,主要有制曲、选料、腌制、切制、拔水、酱制、配卤等工序。其中腌制时每隔12小时翻缸一次；在酱制的10多天中,每天翻缸捻袋,使菜坯充分吸收酱中的营养及风味。制成的酱菜既保持瓜果蔬菜的清香味,又有浓郁的酱香味,甜咸适中、色泽明亮、外形美观,具有独特的扬州风味并享誉中外。三和四美酱菜坚持传统工艺,充分利用大自然的阳光露水,天然发酵,浑然天成,符合当代绿色环保观念。唐代,鉴真曾将酱菜制作技艺传入日本,日本将鉴真传授制作的酱菜称为"奈良渍"。民国年间,扬州市区酱园达70多家,以三和、四美两家最有影响力。后扬州市区酱业主体企业改制为扬州三和四美酱菜有限公司。目前,三和四美酱菜畅销国内各地,还远销日本、美国、菲律宾、新加坡、马来西亚和港澳地区。但因三和四美酱菜生产为手工操作,工艺复杂考究,且劳动强度大,一些年轻人因此不愿意从事该项工作,致使技艺传承陷入后继乏人之险境。

（2）常州萝卜干腌制技艺

"常州萝卜干腌制技艺"可追溯至宋代,主要流传于当时怀南乡、怀北乡（今北港、五星、新闸一带）,明清时期被列为贡品。

常州萝卜干腌制选用常州红萝卜为主要材料,配以小茴香、甘草、桂皮、丁香、等多种香料炒熟搅拌,经选料、切片、初腌、上料、翻身、成品装坛等多道程序制作而成。制作中,辅以清洗水池、菜刀、砧板、晾晒芦匾、陶制大缸等工具。腌制成的萝卜干外形瓢状、色泽金黄、细嚼无渣、纤细脆嫩、咸甜适口,具有降血脂、降血压、消炎、开胃、清热、生津、防暑、破气、化痰、止咳和消油腻等功效。常州萝卜干以咸中微甜、纤细脆嫩、馨香诱人的口味而享誉海内外,是一种独具常州地方风味的传统土特产品,不仅是人们佐餐的小菜,还是馈赠佳品。

2009年6月20日,由扬州市申报的"三和四美酱菜制作技艺"、由常州市申报的"常州萝卜干腌制技艺"被列入第二批省级非物质文化遗产名录。

13. 常州梨膏糖制作技艺

"常州梨膏糖制作技艺"可追溯到唐代,盛于明初,流传于常州地区及杭州、上海、苏州等地区。

常州梨膏糖制作选料讲究,工艺精细,以冰糖、梨汁为主要原料,配以甘草、麦芽、桔梗等10余种天然中草药,经武火熬制、文火熬膏、打冷板、浇模等工序制成。即先把水、糖、梨汁与碾成粉的10余种中药搅成一团,用武火熬15分钟,再用文火熬约15~18分钟,熬时需瞅准火候,边搅拌边投下不经熬的其他中药和蜂蜜。待锅内滚烫的药膏从小泡到大泡,再至冒烟时熄火,让梨膏在锅里自然冷却一二分钟,再用尺把长的青竹片搅拌,看准锅里梨膏糖颜色的变化,待由浅黄变为红褐色时浇模,即把打好冷板的梨膏糖,从高处向下浇,浇出形状待冷却后,用方尺划出一个个上规格的长方形。梨膏糖制作技艺是历代老艺人与制作者集体智慧和创造力的结晶。常州梨膏糖是一种休闲、养生的健康零食,目前"常州梨膏糖制作技艺"获得了较好的保护与传承。

2009年6月20日,由常州市申报的"常州梨膏糖制作技艺"被列入第二批省级非物质文化遗产名录。

14. 糕点制作技艺(稻香村苏式月饼制作技艺、叶受和苏式糕点制作技艺、西亭脆饼制作技艺)

(1) 稻香村苏式月饼制作技艺

"稻香村苏式月饼制作技艺"相传起源于清代,在清光绪年间进入鼎盛,主要分布于苏州市。

"稻香村苏式月饼制作技艺"是在继承传统苏式月饼制作秘方的基础上,综合考虑用料、时间、温度、气候等条件,经制酥皮、包馅、成型和焙烤等工艺加工而成的。制成的月饼在糕点中属于包馅类品种,采用酥皮包馅,产品表面有品名红印,底部有方形垫肚纸。品种有甜、咸或烤、烙类,有"酥油皮、重糖重油重馅、奶白(羽白)色"三大特点。成品酥层清晰,甜月饼馅料多用玫瑰花、桂花、核桃仁、瓜子仁、松子仁、芝麻仁等配制,咸月饼馅料多用火腿、猪腿肉、虾仁、猪油、青葱等配制。皮酥以小麦粉、绵白糖、饴糖、油脂调制而成,并用当地盛产的玫瑰花、桂花着色调香。苏式月饼所使用的酥皮,要先做面皮,再做酥,然后将酥包入面皮中,称为"包酥"。包酥讲究快、匀、薄。包馅时,收口要收紧,边转边收,俗称"虎口"。包馅要紧而圆,重量准确,皮子要厚薄均匀,大小适中。此外,月饼的传统烘烤有两种方法:一种是使用庙炉,需使用炭基火;另一种是使用吊炉,其原理和现在的新式电烤炉类似,真正传统的苏式月饼制作,最讲究的还是要用吊炉。2006年,稻香村被商务部审定为筛选后的首批"中华老字号"。目前,苏州稻香村食品有限公司优化整合各方资源,汇聚业内精英,在苏州工业园区新建了一座国内管理先进、设施一流的现代化、开放式的食品工厂,使苏州稻香村苏式月饼进入一个新的发展时期。

(2) 叶受和苏式糕点制作技艺

叶受和原名"叶受和茶食糖果号",由浙江慈溪富绅叶鸿年于清光绪十一年(1885)创立,取名"叶受和",意在"和气生财",主要分布于苏州市。

叶受和苏式糕点有炉货、水锅、油锅、片糕、油面、糖货、印板等七大类共几十个品种,以"精细优质、清香爽口"著称。其中别具一格的叶受和苏式月饼,融入宁式风格,品种有甜、咸、宫月三大类,其制作工艺严谨、选料讲究,呈天然色香。如咸月饼有火腿猪油、葱猪油、鲜肉月饼等,多现烤现卖,新鲜、肥嫩、松酥。宫饼以叠饼形式呈现,单只的叫宫月,有5只、7只、9只、10只为一幢的,整幢叫"幢月"。此外,叶受和的松子枣泥麻饼,枣泥细腻、松仁肥嫩,散发着玫瑰的芬芳;巧果色泽金黄、黑麻镶嵌,薄似布帛,肥松香脆、甜中带咸,食而不厌;生糕具有消食、开胃、健脾、保健等功能,属苏式糕点印板类产品,造型小巧、花纹美观、香甜清雅;椒盐桃片,甜咸适中、松脆可口。叶受和还先后研发出嵌入彩色福、禄、寿三星与《西游记》《空城计》等戏文图案的特制云片糕,首创了虾子鲞鱼和开口笑等品种,设计了精制玫瑰酒、玫瑰酱、虾子酱油、醒酒梅等各色佐品。其独特的茶食风味，浸润着苏城的往日情怀，见证着苏州饮食文化发展的历史，具有重要的历史文化价值，对研究苏州饮食民俗文化具有重要意义。

(3) 西亭脆饼制作技艺

"西亭脆饼制作技艺"，始于清光绪六年(1880)，流传于南通通州市西亭镇，由镇江人冷纯溪首创。

西亭脆饼选料考究，手工制作，以精白面粉、优质白砂糖、纯质棉清油、纯白脱皮芝麻为主要原料，以水、油、面调制的嫩酵，包以干油糖酥，开坯撖制成型后洒上芝麻，用传统的小明炉微火烤黄，精工制成，从原料到成品共有28道工艺。脆饼约15 cm×4 cm大，有十八层之多，酥而不焦、香甜可口，以其独特的松脆口感而久负盛名。西亭脆饼作为一种传统产品，扎根于江海饮食文化的土壤，对其传承和保护，既有历史意义，也有现实意义。现已从最初的小作坊生产发展到企业化生产，将最先建立的南通西亭脆饼厂改为南通西亭脆饼有限公司。西亭脆饼在保持百年传统的基础上，近年来结合现代消费群体的个性化需求，还研发了奶油、橘子、椒盐、桂花、葱油等十多种风味各异的产品，成为南通的传统名特优产品，曾荣获国家金奖等荣誉称号。

2009年6月20日，由苏州市申报的"稻香村苏式月饼制作技艺"、由苏州市申报的"叶受和苏式糕点制作技艺"、由通州市申报的"西亭脆饼制作技艺"被列入第二批省级非物质文化遗产名录。

15. 汤面制作技艺（昆山奥灶面制作技艺、镇江锅盖面制作技艺）

(1) 昆山奥灶面制作技艺

"昆山奥灶面制作技艺"可追溯至清咸丰末年，主要流传于沪宁沿线城市。

奥灶面的制作具有鲜明的地域特色，注重"五热一体，小料冲汤"，讲究"原汁原味香头浓"。"五热"是指面热、汤热、油热、浇头热、碗热。奥灶面的老汤以红油和鸡骨架、虾皮、鳝骨、螺蛳、青鱼鳞片等配以佐料熬制而成，配方独特。熬制好的老汤浓而不腻，淡而不薄，味道鲜美异常，可循环使用。加料前，要煮沸面碗，以确保上桌时面的温度。接着按顺序进行加料，并采用小汤冲的办法，以保持原汁原味。红油是余过爆鱼的菜油，又称"老油"，呈咖啡色，酱香扑鼻，久食不厌。爆鱼浇头用青鱼制作成，需盛放在瓷盘里，卤鸭浇头则要用"昆山大麻鸭"做老汤烹煮，食之肥而不腻。所用的工具如灶头、灶具要兼备下面、温浇头、烫碗、加红油等多种功能。龙须面用上好的精白面和水加工而成，下锅时要紧下快捞，使之软硬适度，细腻柔顺，吃口滑爽。昆山奥灶面馆的制作技艺蕴含了丰富的地方饮食文化特色，奥灶面馆在保持传统特色的基础上，推出了奥灶方便面、奥灶酱渍肉、奥灶鸡腿等系列产品，为奥灶馆赢得了市场，也推动了奥灶馆新的发展。

(2) 镇江锅盖面制作技艺

"镇江锅盖面制作技艺"，源于清乾隆年间，主要流传于镇江市。

镇江锅盖面风味独特，经跳面、下面、拌头等工序制作而成。其中跳面技艺十分独特，即用手工揉面成团，放置在案板上，用一竹杠，一端固定于案板，人坐在竹杠另一端，上下颠跳，将面团打压成极薄的面皮，切成面条。下面，则是在面条入大锅后，用一只小白木锅盖压在面汤上，即所谓"面锅里煮锅盖"。这样使面条透气，易于清除浮沫，保持面汤不浑浊，不粘结，不散乱，不会煮烂。拌头，即是与下好的锅盖面搅拌一起的食料，如猪里脊肉、猪肝、牛肉、长鱼、鸡蛋、鲜笋、青椒、川芎、小青菜等。最后，用一种特别熬制的调料加入汤头中，以使面条口味鲜美。整个制作过程较为原始、粗犷、简单，但却有很强的观赏性，可以让人们了解到传统工艺制作的整个过程。锅盖面价格低廉、营养丰富，现做现吃，是典型的绿色食品。

2009年6月20日，由昆山市申报的"昆山奥灶面制作技艺"、由镇江市申报的"镇江锅盖面制作技艺"被列入第二批省级非物质文化遗产名录。

16. 糕团制作技艺（黄天源苏式糕团制作技艺）

"黄天源苏式糕团制作技艺"始创于清代道光元年(1821)，主要流传于今苏州市。黄天源糕团店现位于市中心观前街，是江浙沪一带糕团品种最多、生产规模最大、驰名中外的百年老字号糕团名店，有"中华独一家，名扬东南亚"之誉。

黄天源糕团在配方、用料和工艺上都十分讲究，包括配粉、拌粉、掺水、静置、夹粉、蒸制、揉制、拍糕、成形等十几道工序。糕团制作有两种方法：一是先熟后成形，即制作时先用细粳、糯粉配镶，蒸熟后经过揉揿,使蒸熟的糕粉粘合在一起,这样制成的糕点韧性大、入口软糯,如桂花糖年糕、马蹄糕、卷心糕、花糕、百果蜜糕等;二是先成形后成熟,即制作前将粉放入特制的模具内成形,蒸熟后无需揉揿,这类糕大都以粗粳、糯粉配镶,具韧性小、松软、遇水易溶、易消化等特征,常被人们以"松糕"相称,如五色小圆松、松子黄千糕、黄松糕、白松糕、定胜糕等。制成的糕均以天然植物为色素,色泽丰富又环保健康。黄天源苏式糕团以香、甜、细、腻著称,其中桂花糖年糕、五色小圆子、猪油年糕、八宝饭,被誉为"四大名旦"。近年来,黄天源适应苏州人讲究时令的传统,一年四季都有适时花色品种推出,如营养滋补的螺旋藻夹糕、紫苏蜜糕、珍拉糕、草莓拉糕、杞子拉糕、茯苓糕、银耳糕、芡实糕等,品种达200多种,且每天有60余款品种应市。

2009年6月20日,由苏州市申报的"黄天源苏式糕团制作技艺"被列入第二批省级非物质文化遗产名录。

17. 采芝斋苏式糖果制作技艺

"采芝斋苏式糖果制作技艺"主要分布于苏州市,于清同治九年(1870)由金荫芝始创,因独特的口感与功用而声名远扬。

采芝斋苏式糖果制作选料特别讲究。脆性糖类的制作,需选用特级白砂糖、淀粉糖浆和优质果仁。其中松仁要选用东北兴安岭和长白山林区的松子,先敲击剥壳,后加温烘烤、脱衣,再逐粒摘帽、剔次。软性糖类的制作,需选用玫瑰、桂花作为辅料,配用吴县种植的鲜艳厚瓣、香味浓郁的花料,经盐卤制的清水玫瑰花和桂花,并选用特级白砂糖、优质葡萄糖浆、绿豆淀粉、果料等。还可根据品种的滋味和色彩需要,配制鲜山楂肉、黑枣肉、桂圆肉等。砂性糖类的制作,选用东北兴安岭和长白山林区松子的松仁、优质白砂糖和淀粉糖浆,经过果仁烘烤,白砂糖加水熬煮,拌糖返砂,再经熬煮拌糖拌砂地反复操作。熬糖温度先高后低,逐渐下降。特性糖类的制作,则选用肉厚个大的黑枣,去皮去壳,隔水反复蒸制,枣肉内嵌入优质松仁。采芝斋苏式糖果不仅香甜润喉,还具有一定的食疗作用。采芝斋苏式糖果制作技艺代表性传承人全面掌握了苏式糖果四大系列120多个品种的制作技术,成功改良了贝母贡糖,研发了姜汁暖胃糖等。如今,采芝斋的苏式糖果在江、浙、沪、京等地广受欢迎,并远销日本和东南亚各国及中国香港、澳门等地区,被誉为"中国糖",对弘扬中国优秀传统文化具有重要意义。

2009年6月20日,由苏州市申报的"采芝斋苏式糖果制作技艺"被列入第二批省级非物质文化遗产名录。

18. 陆稿荐苏式卤菜制作技艺

"陆稿荐苏式卤菜制作技艺",相传清康熙年间由陆稿荐始创,技艺主要流布于苏州市。

陆稿荐的招牌卤菜包括五香酱肉、秘制酱鸭、酒焖汁肉和进呈糖蹄等。五香酱肉又称"苏州酱肉",相传自"东坡肉"演变而来,以咸甜相宜、软糯鲜香而著称。制作时以太湖产的猪肉为原料,烹制后皮薄金黄、膘白肉红、咸淡适中、鲜美宜人,食之可谓满口生香。秘制酱鸭呈琥珀色,甜中带咸,味鲜肉嫩,是苏州人酒桌上常见的佐酒佳肴。制作时以肥嫩皮白、重约4~5斤的苏州娄门大鸭和太湖鸭为原料,烹制后皮红香甜、肥嫩而味美,食之齿颊留香。酒焖汁肉即酱汁肉,系用红曲米着色,具有"色泽桃红、甜而不腻、酥而不烂、入口而化"的特点。"进呈糖膀"是陆稿荐卤菜中的一绝,传说是为乾隆下江南时特别精心烹制而得名。制作时要经腌制、沸水氽及旺火、中火等多个步骤。陆稿荐苏式卤菜继承了苏式卤菜独特的香、糯、酥、甜风味,色、香、味、形俱佳,被誉为"苏帮卤菜第一灶",且四季时令,各有特色,成为吴地美食文化中的亮点,具有重要的历史文化价值,也为研究吴地民俗文化提供了实物资料。当今,"陆稿荐苏式卤菜制作技艺"代表性传承人有祁招宏,深得苏式卤菜制作技艺的真传,制作的菜品保持了苏帮卤菜香、糯、酥、甜风味的传统特色。

2009年6月20日,由苏州市申报的"陆稿荐苏式卤菜制作技艺"被列入第二批省级非物质文化遗产名录。

19. 常熟叫化鸡制作技艺

"常熟叫化鸡制作技艺",又名"王四酒家叫化鸡制作技艺",由王四酒家创始人王祖康(王四)首创,流传于常熟市。

常熟叫化鸡制作工艺特殊。选用3~4斤散放养的新草鸡,鸡身外贴网络油,内料须上等火腿、松蕈、虾仁等物,配以丁香等香料,采用泥烤法煨制。其制作流程为:将鸡活杀去毛,翅下开一小洞去除肚杂,倒挂吹干,沥净水分,用菜油、料酒、精盐、葱姜腌渍,再将香菇、火腿、鲜肉和干贝、开洋、冬笋丁等均匀地从鸡翅下开的小洞填入鸡肚内,用鸡头把小洞堵住。将丁香等天然香料粉铺在荷叶上做底,放上高温纸,再摊开新鲜的小荷叶,放姜片、葱段,将鸡置于其上,紧包鸡身,用细草绳捆扎呈枕形,然后用泥糊作茧状,再用松木煨烘,控制炉温与湿度。因为在烹调过程中密封性好,传热慢,所以成品鸡原形完整。食用时敲开泥壳,荷叶随壳脱落。松枝、丁香和荷叶飘散出诱人的清香。趁热在色泽棕红、油润光亮的叫化鸡上淋入香麻油,配以葱白,佐以秘制蘸酱,入口酥烂肥嫩,风味独特。目前,常熟叫化鸡主要品种有传统泥煨全鸡、传统泥煨蹄髈叫化鸡等,已被商务部命名为"中华老字号"。

2009年6月20日,由常熟市申报的"常熟叫化鸡制作技艺"被列入第二批省级非物质文化遗产名录。

20. 董糖制作技艺(如皋董糖制作技艺、秦邮董糖制作技艺)

(1) 如皋董糖制作技艺

"如皋董糖制作技艺",相传由"秦淮八艳"中的董小婉始创,发源于南通如皋市如城镇,现已流传至南通地区各县市乃至盐城市、东台市、泰州市、扬州市及苏南地区。

如皋董糖制作以饴糖、芝麻粉、大麦焦屑为主要原料,辅以桂花、西瓜膏等。其制作工序为:将饴糖加热熬制成膏,俗称"糖骨"。待糖骨冷却后,用响子碾压成纸状薄片,将焦屑、芝麻粉均匀洒之,再卷压成形,用刀切成寸许方块,最后外用红、绿彩纸包裹。制成的"如皋董糖",一寸见方,色白微黄,层次分明,剖面可见旋状纹理,中心呈丹凤眼状,食之酥软甜香,回味无穷。作为纯手工的董糖制作技艺,其各道工序至今都无法用现代机器替代。如皋董糖原料中的大麦焦屑,具有祛暑气、吸油腻、健脾胃之功效,加之创始人董小婉还精晓食谱茶经,使董糖更为增色,具有历史文化价值、饮食文化价值和一定的保健价值。

(2) 秦邮董糖制作技艺

"秦邮董糖制作技艺",相传是明永乐年间进士董璘为孝敬母亲而始创,主要流传于高邮市。清代秦邮董糖被列为贡品,声名远扬,成为广受百姓喜爱的食物。

秦邮董糖的原料依托高邮独特的水土条件而产出,主要有芝麻、面粉、大麦等。将半制成品加工的芝麻去皮熟制,加入熟制面粉、精制绵糖、糯米加工饴糖,按配比拌和(即碾碎过筛),再经糖芯合制(即反复折叠)、压紧切块、包装称重等步骤,装盒验收后入库。制成的秦邮董糖呈长方块形、深黄色,每块叠成六十四层,厚薄均匀,层次分明,酥松柔绵,清香甘甜,味美可口,营养方便,老少皆宜,践行了儒家"食不厌精"的饮食文化传统。秦邮董糖以其精良的研制工艺和深厚的文化底蕴风靡全国,既是历代诗词名家的嗜食佳品和诗词咏唱的对象,也是高邮人民智慧的结晶,承载了浓厚的人情、乡情,因之成礼,形成民俗。该技艺曾经在南洋劝业会、首届中国食品博览会和西湖国际食品博览会上获奖。现已认定项目代表性传承人并实施相关扶持措施,以保证该技艺的可持续发展。

2009年6月20日,由如皋市申报的"如皋董糖制作技艺"、由高邮市申报的"秦邮董糖制作技艺"被列入第二批省级非物质文化遗产名录。

21. 晒盐技艺(盐城海盐晒制技艺、连云港淮盐晒制技艺)

(1) 盐城海盐晒制技艺

"盐城海盐晒制技艺",主要流传于盐城市。最早在战国时期就有制盐的记载,南北朝境内有盐亭123所,唐代已有"盐监"管理制盐,宋代盐场增多并专设盐仓,明清时期成为经济支撑,并出现盐业集镇和城市,兴盛一时。至今,盐城仍是江苏最重要的海盐产地。

"盐城海盐晒制技艺"经历了煮海为盐、晒灰淋卤煎盐的转变,明末清初逐步过渡到砖池晒盐、泥池滩晒成盐,每个阶段都有其独特的生产制作技艺。其中,泥池滩晒阶段有八卦滩晒盐、对口滩晒盐。20世纪60年代率先使用的塑苫晒盐工艺在全国海盐区得到推广并不断改进。随着滩晒工艺的日渐成熟,海盐生产的规模和产量日渐壮大。

(2) 连云港淮盐晒制技艺

"连云港淮盐晒制技艺"可追溯到汉代,主要分布于北起连云港市赣榆县、市区、灌云县、灌南县至盐城响水、射阳等东部沿海地区。

晒盐工艺是手工技艺中较为特别的一种,它的存在形态与一般的非物质文化形态不同,其产品与人们的日常生活和工业生产密切相关。它以海水作为基本原料,并利用海边滩涂及其咸泥(或人工制作掺杂的灰土),结合日光和风力蒸发,通过淋、泼等手工制成盐卤,再通过火煎或日晒、风能等自然结晶成原盐。整个工序有10余道,均为纯手工操作。数百年来,随着滩地形式不断发生变化,淮盐晒制技艺也发展有怀中抱子式盐田、盘香转式盐田、珍珠卷帘式盐田、双电灯式盐田、八卦式盐田、沙帽翅式盐田、大浦新式盐田等多种,但晒制技艺主要集中在修滩、制卤、结晶、收盐四大工序,特别是制卤技艺中的走水、看卤花等环节,全凭领滩手的经验。目前,淮盐是生活中的必需品和工业生产中的重要原料,淮盐制作技艺具有重要的历史文化价值、工艺价值、经济价值和科学技术价值。

2009年6月20日,由盐城市申报的"盐城海盐晒制技艺"、由连云港市申报的"连云港淮盐晒制技艺"被列入第二批省级非物质文化遗产名录。

22. 汤包制作技艺(楚州文楼汤包制作技艺、靖江蟹黄汤包制作技艺)

(1)楚州文楼汤包制作技艺

"楚州文楼汤包制作技艺"相传清嘉庆年间由淮安文楼饭店创制,位于淮安市楚州区内。

文楼汤包制作技艺选料考究,制作方面号称"三绝":一是面皮薄如纸,透亮明澈;二是馅料丰富,由蟹黄、老母鸡汤、鸡丁、肉皮、肉块、虾米、香料、绍酒拌制而成;三是馅汁鲜美,将制成的汤馅冷却凝固,再将凝固的汤馅捏入包内,入笼中蒸后即成馅汁。制作面皮时,在白面中加入适量食碱与水,经反复推叠,待面有筋后搓成条子,摘成小剂子,用小面杖擀成极薄的直径约5寸的圆面皮。接着在面皮内包入馅芯,左手夹住,右手推揉,使馅子紧密,摘去剂头,包成腰圆形,包子口则捏成菊花形,留有缝隙,露出馅芯。最后将汤包放入笼内,在沸水锅上蒸熟,火候需恰到好处。待汤包出笼时,用右手五指分开,卡住汤包四周,用左手端碟,右手将包子轻轻拎起,左手随即用碟子托住,手指动作需快而协调。最后,将汤包入碟,加辅料香醋、香菜、姜丝,吸而食之,鲜美可口,别有风味。文楼蟹黄汤包颇具地域特色,对淮扬菜系的发展和饮食文化的研究具有一定的参考价值。但因其技艺独特,一直以来靠家族式和师徒传承式延续。现该技艺仅有数十人掌握,亟需采取相关措施加以解决。

(2)靖江蟹黄汤包制作技艺

"靖江蟹黄汤包制作技艺",主要分布在靖江市城区和古镇西来及周边地区。

靖江蟹黄汤包制作工艺繁复,要求皮薄如纸、汤足如泉、形如玉菊、味道鲜美、不溢不破。其主要原料有高筋面粉、野生老母鸡、猪皮、猪膀骨、猪腿肉、野生河蟹等。制作工序有30多道,主要的熬汤、制馅、擀皮、包馅等技艺都须专业汤包师才能完成。工序全程须环环扣紧。一个汤包店每天供应数百或近千笼汤包,要求更加严格,口味须纯正如一。蒸熟的汤包雪白晶莹,汁多味美。靖江蟹黄汤包吃法独特,入盘时要"轻轻地提、慢慢地移,先开窗,再喝汤,然后皮子、姜丝一扫光"。中华人民共和国成立前,靖江较有名气的蟹黄汤包有双妹汤包、白娘娘汤包、民众茶社汤包、吴永兴汤包、姚老王汤包与公正和汤包等。中华人民共和国成立后特别是改革开放以来,靖江蟹黄汤包先后在市、省级乃至国家级食品展销会上获得金奖和最佳传统名点称号。

2009年6月20日,由淮安市楚州区申报的"楚州文楼汤包制作技艺"、由靖江市申报的"靖江蟹黄汤包制作技艺"被列入第二批省级非物质文化遗产名录。

23. 淮安茶馓制作技艺

"淮安茶馓制作技艺"可追溯到明代,清代兴盛,主要分布于淮安市。

淮安茶馓制作分开条、搓条、盘炸等多道工序。首先,将面粉放入面缸内,根据不同季节加入清水,每500克面粉,春秋季用温水450克,冬季用温水500克,夏季用凉水350克,加入精盐或白糖,拌匀揉成团,并反复揣揉3次,接着,用湿布盖好面团饧约30分钟,将饧好的面团搓成粗条,盘入一个抹有芝麻油的缸内,每盘一层,淋上一些芝麻油,再饧约1小时后,取出面条,搓成毛笔杆粗细的条,依法再盘入缸内。炒锅上火,放入芝麻油烧至八成热,将缸内的面条在左手上绕约十圈,用右手绷开约25厘米长,再插入两根长竹筷,双手各执1根竹筷,将面条绷至约30厘米长时,下入油锅,手拿着在油锅中摆动几下后,迅速将两根筷子交错着叠在一起,使面条错叠成扇形,抽出筷子,炸至色呈金黄,捞出沥油即成。茶馓的形状有梳子形、篦子形、扇子形、菊花形、葫芦形、宝塔形等,味甘咸、性温,有利大小便、润肠、温中益气之功用。淮安茶馓制作技艺是中国传统面食制作技艺和饮食文化的一个重要组成部分，承载了悠远的历史记忆，有着浓郁的地方特色。然而，由于受到城镇化建设和市场化冲击，传承群体日益萎缩，不复当年盛况，仅有岳家茶馓、淮安食品厂等仍坚持该项技艺的保护和传承，应加大对该项技艺的保护和传承力度。

2009年6月20日，由淮安市申报的"淮安茶馓制作技艺"被列入第二批省级非物质文化遗产名录。

24. 平桥豆腐制作技艺

"平桥豆腐制作技艺"主要流传于淮安市平桥镇，相传起源于清初并存续至今。

平桥豆腐的用料与制作讲究，所用原料包括嫩豆腐、水发海参、虾米、熟鸡脯肉、蘑菇、干贝、鸡汤、葱、姜、绍酒、盐、淀粉、麻油、青蒜和高汤等。豆腐必须为盐卤点浆而成，且要求质地细嫩，若用石膏所点豆腐则无平桥豆腐之风味。先将整块豆腐放入冷水锅中煮至微沸，去除豆腥黄浆水并捞出后片成雀舌形，放入热鸡汤中，反复套过两次。再将鸡脯肉、蘑菇、海参均切成豆腐大小的片。虾米洗净，用温水泡透，干贝洗净，去除老筋，入碗内，加葱姜、绍酒、水，上笼蒸透取出。将炒锅烧热，放油，投入配料、高汤、干贝汁，烧沸后将豆腐捞入锅中，加精盐、绍酒、味精，沸后用淀粉勾芡，淋入麻油，豆腐出锅盛入碗中，撒上青蒜末即成。豆腐制成后，其白如纯玉，细如凝脂，质地柔嫩。一碗上好的平桥豆腐做成后，不见热气，但十分烫嘴，其形、色、味皆与众不同，食而不腻，回味无穷。平桥豆腐曾进入过清代宫廷食谱，1949年开国大典时上过"开国第一宴"。在淮扬菜中，平桥豆腐是不可或缺的一部分。"平桥豆腐制作技艺"是传统饮食技艺的传承延绵，对研究当地百姓的生产生活方式具有一定的参考价值。

2009年6月20日，由淮安市楚州区申报的"平桥豆腐制作技艺"被列入第二批省级非物质文化遗产名录。

25. 配制酒酿造技艺（东台陈皮酒酿造技艺）

"东台陈皮酒酿造技艺"分布于盐城东台市东台镇，可追溯到清代。它是采用"淋饭法"，沿承传统米酒酿造程序，辅以多类中草药浸制而成的滋补型黄酒的手工技艺。

陈皮酒酿造技艺用料、做工讲究。以东台地区生产的优质麻筋糯米及本地特有的天水、河水、井水（按一定的比例兑成）为原料，辅以陈皮、黄芪、党参、当归、肉桂、丹参、红花、木瓜等16种滋补药物。制作采用淋饭法，经浸渍、蒸饭、淋饭落缸、拌曲搭窝等14道工序。在制酒过程中，根据不同的气候条件，操作者需及时判断并执行相应的程序，如糖化、加粮酒、发酵、开耙几道工序的时长，均需经验丰富的工作人员来决定。加药浸泡是生产中最关键的环节，需要在压榨、杀菌后，加入由秘方管理者事先按一定比例配置好的中药袋，封缸贮存，陈酿一年即为成品。成品色橙黄、绵润甜爽、香味独特，经科学检测，酒内含丰富的糖类、有机酸、氨基酸和维生素等，具有补气养血、益肝强肾、祛风散寒、舒筋活络、理气开胃、壮筋健体之功效。如今，江苏省东台市天成酒业有限公司，仍沿用传统工艺生产陈皮酒，从原料加工到成品出厂所有工序，均由手工完成，保证了陈皮酒生产工艺的完整性及产品的质感，在国内外酒业中产生了重要影响。

2009年6月20日，由东台市申报的"东台陈皮酒酿造技艺"被列入第二批省级非物质文化遗产名录。

26. 宝应捶藕和鹅毛雪片制作技艺

"宝应捶藕和鹅毛雪片制作技艺"，流传于具有"中国荷藕之乡"之称的江苏省扬州市宝应县。捶藕技艺可追溯至唐代，明代宝应捶藕成为御膳，"鹅毛雪片"是宝应藕粉的专称，清代为皇室贡品，历史上被称为古运河上的"三元及第"之一，闻名天下。

宝应捶藕制作技艺要求严格，包括煮、浸、炸、蒸、勾芡等多种烹饪手法。其中煮藕时间、切片大小、油炸火候、勾芡运用等都有严格的要求。特别是藕片的捶拍既要粉入藕骨，又要不失藕形，以使松脆的藕质既酥软又有韧性。"鹅毛雪片"的制作需"捣藕于石臼中，以布滤其汁，及其澄清，取下淀之粉晒干之"，技巧极难掌握，尤其是刀削藕粉，既要薄如蝉翼，粉片齐整，又要保证全部工序在当日完成。宝应捶藕和鹅毛雪片制作技艺是专业技师的撑门招牌，世代相传，是中国"淮扬菜"藕菜系列当家之作，不仅入选"国菜"，还曾走出国门，享誉海外。"鹅毛雪片"则是藕粉中之极品，并于1915年在江苏省第一次地方物品展览会上获三等奖。它们都是宝应"藕乡文化"的重要载体，融入了民风民俗。地方政府以此为平台，每年举办"中国宝应荷藕节"。目前藕粉技术遭受工业化生产的冲击，亟待相关部门和社会群体加以关注和采取措施，保护和发展该传统技艺。

2009年6月20日，由扬州市宝应县申报的"宝应捶藕和鹅毛雪片制作技艺"被列入第二批省级非物质文化遗产名录。

27. 扬州炒饭制作技艺

"扬州炒饭制作技艺"，流传于扬州及其周边地区，其渊源可追溯到隋代民间的"碎金饭"，清嘉庆年间，扬州太守伊秉绶和其麦姓家厨借鉴扬州"面有浇头"的做法，对"碎金饭"加以改进，形成了"扬州炒饭"并流传至今。

扬州炒饭制作工艺复杂，包括煮饭、配制、炒制等。煮饭要求"颗粒分明，入口软糯"，须做到"四要"，即米好、善淘、善用火工、相水。配制用料极为讲究，鸡肉选取鸡腿，火腿用南腿，虾仁用湖虾，笋用鲜笋的笋尖，鸡蛋用草鸡蛋，青豆选色泽翠绿的鲜青豆。入锅先后要三次，使饭香、蛋香、配菜香。炒制时需急炒与翻炒结合，动作敏捷娴熟，才能使炒出的饭既烫又不焦黄。扬州炒饭"色、香、味、型"俱佳，诸味融和，精炼光润，鲜香爽口，成为中国美食之代表，并享誉世界。"扬州炒饭制作技艺"源远流长，积淀深厚，具有审美、文化和科学价值，同时，与该技艺相关的逸闻掌故等，也具有较高历史价值，有助于研究扬州炒饭文化史、扬州饮食史等。

2009年6月20日，由扬州市申报的"扬州炒饭制作技艺"被列入第二批省级非物质文化遗产名录。

28. 镇江肴肉制作技艺

"镇江肴肉制作技艺"历史悠久，主要分布于镇江市。

镇江肴肉制作流程十分讲究，有选料、洗蹄、去毛、剔骨、洒硝水、腌制、浸泡、换水、去涩味、加香料和煮沸等工序。选料严格，需选用3~4斤左右的新鲜猪前蹄，因猪前蹄脂肪少、瘦肉多、韧性足。将鲜猪蹄破开，去毛除骨，洗刷干净，用铁杆戳松，再将皮面和肉面擦上一遍细盐，放入缸内腌制，每只蹄约用盐150~200克，洒食用硝水50克左右。通常春、秋两季腌3天，夏季腌1天，冬天腌7天，腌好后起缸，先用冷水洗泡，再加少许明矾水洗刷干净，使肉质洁白鲜嫩，便可下锅烧煮。烧煮时，以10只生蹄为一锅，放入已沉淀清的原卤3公斤、盐1.5公斤、水6公斤，煮沸后除去浮沫，再加入花椒200克、茴香200克，姜、葱各25克（共装入布袋内），绍酒250克，白糖200克等调味品，用旺火烧开，翻身一次，改用文火继续烧煮，使锅内水卤保持在95℃左右，约焖煮2~3个小时，最后取出装入盒内，撇去锅中油层，将酱汁浇在蹄上。将猪蹄2只一对叠起，压20分钟，翻换一下位置，再压1小时左右，经冷却后即成水晶肴肉。镇江肴肉以口感酥嫩、色泽鲜艳、卤冻晶莹而闻名全国，成为唯一专属镇江的传统名菜肴。1963年，镇江肴肉被"中国菜谱"收录。目前，"镇江肴肉制作技艺"传承状态良好，基本保留了传统技艺的制作过程。

2009年6月20日，由镇江市申报的"镇江肴肉制作技艺"被列入第二批省级非物质文化遗产名录。

29. 黄桥烧饼制作技艺

黄桥烧饼可追溯到明清时期，起源并流传于江苏省泰兴市黄桥镇。

黄桥烧饼的主要原料是面粉、猪油、花生油、芝麻。面粉须选用中筋，芝麻去皮的同时需保留色泽与形状。黄桥烧饼制作技艺独特，揣酵（和面）要根据温度采取不同方法，兑碱也要因时而定，飘碱面起泡，否则粘牙。主要流程包括发酵、擦酥、包馅、压制、撒芝麻、烘烤等。馅和酥分别用猪油和花生油拌面粉擦酥，贴在特制的桶炉中烤熟。烧饼出炉，不焦不糊，不油不腻，形、色、香、味俱佳，适合各地消费者的口味。黄桥烧饼延续了古代烧饼制作法，保持了香甜两面黄、外撒芝麻内擦酥的传统特色，并在花色品种上不断改进，从一般的擦酥烧饼、麻饼、包脆等大路品种扩展到葱油、肉松、鸡丁、香肠、白糖、桔饼、桂花、细沙、枣泥、虾仁等20多个不同馅的品种。1949年10月，黄桥烧饼入选开国大典的国宴，并曾荣获江苏省食品博览会金奖。

2009年6月20日，由泰兴市申报的"黄桥烧饼制作技艺"被列入第二批省级非物质文化遗产名录。

30. 靖江肉脯制作技艺

"靖江肉脯制作技艺"主要流布于靖江及周边地区，1936年由三友美味食品厂始创，该企业于2003年改制为"靖江双鱼食品有限公司"。

靖江肉脯制作以新鲜猪后腿纯瘦肉为原料，选料讲究，配方独特，经10多道工序精细加工而成。

制成的肉脯形方正、色棕红,透明映亮、流辉溢彩,口味甜中带咸、咸而发鲜,兼有鱼、肉两者之味美。靖江肉脯风味独特,营养丰富,含有高蛋白质、氨基酸等营养成分,在常温下保存可达6个月以上,且携带方便,是旅游休闲、馈赠亲友、老少皆宜的理想食品。1994年以来,靖江肉脯连续荣获"江苏名牌产品"称号;2007年,被评为江苏人最喜爱的品牌之一。目前,靖江肉脯已畅销全国各地,远销日本、俄罗斯、东南亚各国及港澳等10多个国家和地区,深受消费者喜爱。

2009年6月20日,由靖江市申报的"靖江肉脯制作技艺"被列入第二批省级非物质文化遗产名录。

31. 蒸馏酒酿造技艺(洋河酒酿造技艺、双沟大曲酒酿造技艺、高沟酒酿造技艺)

(1) 洋河酒酿造技艺

"洋河酒酿造技艺"可追溯到唐代,发展于明清时期。产地主要分布在江苏省宿迁市洋河镇。

"洋河酒酿造技艺"独特,在继承和发展中不断完善,至今仍完整延用。酿制工艺材料均取自本地,以高粱为主要原料,稻壳为辅料,中高温曲为糖化、发酵剂和生香剂。洋河酒通过老窖固态发酵、低温入池、缓慢发酵、续叉配料、清蒸混吊、分层蒸馏、量质接酒、分等贮存、陶坛长期陈化老熟、精心勾调等传统工艺,并结合现代科技精制而成。其中制曲工艺以小麦、大麦、豌豆为原料,按7∶2∶1比例,由人工踩制,曲房内自然接种,发酵顶火温度约为60 ℃~63 ℃,并经约60天的发酵和4~6个月的长期储存,方能制成。"洋河酒酿造技艺"具有不可替代性和不可复制性,且酿制成的酒具有地域特色,独树一帜,消费前景广。1915年,洋河大曲获巴拿马万国博览会金质奖章;1979年,洋河大曲在全国第三届评酒会上跻身于中国八大名酒行列,并三次蝉联国家名酒称号。洋河大曲的"甜、绵、软、净、香"五大特色独创浓香型白酒先河,成为"江淮派"中国浓香型白酒的正宗代表。

(2) 双沟大曲酒酿造技艺

"双沟大曲酒酿造技艺"可追溯到隋唐时期,盛于明清,产地主要分布于宿迁市双沟镇。

双沟大曲酒传统酿造技艺精湛,有200多道工序。以优质小麦、大麦、豌豆为制曲原料,人工踩曲,形状如砖,重于曲坯排列,工艺严谨。以优质红高粱为酿酒原料,高温大曲为糖化发酵剂,地穴式泥筑老窖池为发酵容器,采用传统"老五甑"工艺,即固态低温缓慢长期发酵、续渣配料、混蒸混烧、缓气蒸馏、量质分段摘酒等方式发酵,遵循"稳、准、细、净、均、透、适、勤、低、严"十个标准操作酿得原酒,再经分级贮存老熟、精心勾兑、包装、检验合格即可上市。双沟大曲酒具有色清透明、窖香浓郁幽雅、口味醇甜绵软、酒体丰满协调、回味爽净悠长的特色,被白酒专家认定为"黄淮流派"之典范,成为浓香型蒸馏酒典型代表之一。双沟大曲酒酿制过程以手工技艺为主,经师傅口传心授而代代相传,对研究民间蒸馏酒发展史具有重要意义。如今,"双沟大曲酒酿造技艺"得到了较好的保护、传承与发展。

(3) 高沟酒酿造技艺

"高沟酒酿造技艺"可追溯到西汉,兴盛于明清。主要分布在淮安市涟水县高沟镇。

"高沟酒酿造技艺"是以高粱、豌豆、大麦、小麦、为原料,采用传统的"老五甑"蒸馏酒酿法酿制酒的一种技艺。高沟酒在原料、制曲、酿造等方面,都有着严格的规定和要求。选用高粱时,要求颗粒饱满,粒状均匀,无虫蛀霉变,杂质含量在0.5%以下,酿酒用水选用地下水。高粱磨碎后,要求夏季4~6瓣,其他季节6~8瓣,粉面不超过20%,表面皮膜破裂,淀粉颗粒暴露。配料后,经过蒸煮,淀粉粒急剧吸水膨胀,体积迅速增大,淀粉链松弛展开,并有相当一部分淀粉变成糊精和糖,有利于蒸煮糊化。大麦、小麦、豌豆是酿制高沟酒所用的重要原料,恰当配比,使酒黏度适中,营养丰富,又有麦类和豌豆的香味。经过高温蒸煮的稻壳,是酿酒的辅料,主要起到疏松酒醅、利于蒸馏的作用。高沟酒酿造技艺所用高温曲,须在夏季由人工踩制,以供一年使用。制曲一般经粉碎、配料、踩制、培养、入库等工序,其中培养要经上霉、潮火、大火、后火、出房等阶段,高温曲需温度60 ℃,培养周期45天。酿酒时将曲块、原料粉碎与发酵池内挖出的酒醅按比例配成两个"大楂"、一个"小楂",计三楂"粮楂",加一甑"回楂",一甑"扔糟",共"五甑"。高沟酒具有续楂配料、低温慢发酵、酒质好、产量高等特色,口感清洌,入喉醇香,回味久长。1995年,高沟特曲酒被认定为"国家浓香型白酒实物标准"。

2009年6月20日,由宿迁市申报的"洋河酒酿造技艺"、由宿迁市申报的"双沟大曲酒酿造技艺"、由淮安市涟水县申报的"高沟酒酿造技艺"被列入省级非物质文化遗产扩展名录。

第八节　造纸、印刷及书画工艺类

造纸、印刷及书画工艺类，主要包括雕版印刷技艺、金陵刻经技艺、苏州碑刻技艺等，展现了江苏省深厚的文化底蕴。

1. 金陵刻经印刷技艺

"金陵刻经印刷技艺"可追溯到清同治年间。南京是中国近代宗教哲学的兴盛地，无数先贤在此学习佛学，其中，杨仁山居士、妙空法师等创办了金陵刻经处，始创金陵刻经技艺。目前该技艺由南京市金陵刻经处传承。

"金陵刻经印刷技艺"保持了中国古代传统的"木刻水印技艺"，有刻版、印刷及装订三个环节，包括写样、上样、雕刻、放板、上墨、复纸、擦压、揭纸、分页、折页、撮齐、捆扎压实、数书、齐栏、串纸捻、贴封面封底、切书、打眼、订书、贴书签条、贴函套签条等20余道工序，每道工序均留有传统口诀。刻经印刷选本精严、内容纯正、校勘严谨、版式疏朗、字大悦目、刻印考究、纸墨精良，成品经本称"金陵本"，清末以来在国内经书出版界中占有重要地位。金陵刻经处具有重要的历史价值，不仅完整地保存了中国古老的木刻水印技艺之精髓，还收藏了大批珍贵的佛经版，为研究中国佛教文化史提供了重要实物资料。同时，金陵刻经处既是世界上规模最大的收藏汉文木刻经像版的宝库，又是中国木版雕刻、水墨印刷汉文佛教经典的唯一机构，蜚声海内外，在弘扬民族文化、促进中外文化交流方面发挥着重要作用。1982年，金陵刻经处被列为江苏省级文物保护单位。

2006年5月20日，由南京市申报的"金陵刻经印刷技艺"被列入第一批国家级非物质文化遗产名录，2007年3月24日，被列入第一批省级非物质文化遗产名录。

2. 雕版印刷技艺

中国"雕版印刷技艺"以扬州为代表，从某种意义上说，也可称为"扬州雕版印刷技艺"。扬州雕版印刷"肇始于隋，行于唐世，扩于五代，精于宋人，盛于明清"。宋明时期，扬州雕版印刷跃居中国刻书名区之一，清末民初，扬州"杭集扬帮"成为传承雕版印刷技艺的主力。

雕版印刷是运用刀具在木板上雕刻文字或图案，再用墨、纸、绢等材料刷印、装订成册页或书籍的一种特殊技艺。"扬州雕版印刷技艺"大致可分为写样、雕刻、刷印、装订四个阶段，其中以雕刻和刷印为核心技艺，每个阶段又可细分为备料、制作、完善等若干道工序，各道工序都十分考究，不乏绝技，单是刻字的刀法就有数百种之多，视字型、材质不同而灵活多变、因势利导。雕版所用的材料多为梨木、枣木等，需纤维匀细、耐用度高、易于奏刀、释墨均匀，板片要锯成约2厘米厚，经浸泡、干燥、刨面、打磨等处理，制成表面平滑的版材。写样需先用毛笔在极薄的"花格纸"上按设计的版式书文绘图，再将定样的字迹图画清晰地雕刻在版上，工匠右手运刀、左手拢刀，先"发刀"刻墨线，再贴墨线"挑刀"刻出V型凹槽，最后辅以"打空""拉线"等操作，剔除墨迹外的空白部分，形成"凸"起的图文。再将校定的版片固定于印台，用棕刷蘸专用松烟墨、国画颜料等涂于版面，再铺纸其上，左手控纸、右手持擦匀拭纸背，将版片上的文图刷印于纸面。装订采用"粘""编""折"等技巧，即将印好的印张按卷轴装、旋风装、经折装、蝴蝶装、包背装和线装等不同装帧方式装订成册。

"雕版印刷技艺"开创了人类复印技术的先河，承载了难以计量的历史文化信息，在世界文化传播史上意义重大。清代扬州钦命刻印的《全唐诗》是中国雕版印刷的代表作。该技艺至今仍保存着完整的形态，其中饾版印刷等经典技艺，造化神奇，即使现代印刷技术也无法仿效，被誉为"神功之作"。扬州的雕版印刷工艺文化地位崇高、历史悠久、工艺独特、影响深远，它深深扎根于扬州地方的传统文化之中，能够体现中国的文化创造性、文化特质和文化价值。

2006年5月20日，由扬州市申报的"雕版印刷技艺"被列入第一批国家级非物质文化遗产名录，2007年3月24日，被列入第一批省级非物质文化遗产名录。

3. 苏州碑刻技艺

"苏州碑刻技艺"可追溯到汉代，明清时期成为苏州文化的一大特色，是一种用墨把石刻和古器物上的文字及花纹拓在纸上的技术，主要流传于苏州市。

"苏州碑刻技艺"的首要特点是书法精湛,且一般出于名家手笔,形制多样,内容涵盖中国历代名家书法,正草隶篆书体齐全。碑刻工艺包括七道工序,即确定书迹、选配石材、油纸双钩、书丹上石、刻石、拓碑、细心收拾。其中碑拓技艺主要有擦墨拓、扑墨拓两大类,并恢复了几近失传的"蝉翼拓"法。拓碑工序清理器物、上纸、上墨、揭取四步,首先要用清水洗去石面上的灰尘、泥土与油物,再将拓纸紧贴到器物上,用拓包把墨打印到纸上去,拓好后揭取拓片。"苏州碑刻技艺"能够复制古代书迹,是中华历史文化的重要载体,也是传承历史文化的桥梁,对研究历代书法、史实,以及了解风土人情、文章词翰、文字源流等,起到了重要的作用。同时,碑刻技艺也具备颇高的历史文化价值、科学价值、艺术价值等。

2007年3月24日,由苏州市申报的"苏州碑刻技艺"被列入第一批省级非物质文化遗产名录。

4. 常州龙泉印泥制作技艺

"常州龙泉印泥制作技艺"主要流传于常州市钟楼区,可追溯到清康熙年间。

龙泉印泥制作技艺主要有选料、调制原料、轧印浆、调制印泥、静伏和分装等流程。对原料的品种、产地都有明确的规定,如需广东佛山的朱砂、福建闽东山区的艾草、山东的蓖麻油,同时,对原料的细微度、添加的时间及比例也有特殊要求。调制原料包括抽捡、捶打、捣揉等多道工序。将朱砂、朱磦、犀黄、珍珠等矿料和原料在碾槽、石钵里研磨成符合印浆要求的粉末,再用滤网分筛后加印油融合调制印浆,再将膏状的印浆着力反复搅拌,并按量添加艾绒纤维,使其充分吸收印浆,均匀调制成印泥。将调成的印泥静伏、分装,即按相应容量把印泥分装在瓷缸或玉盆内,置于荫凉处,后按不同规格将成品印泥装入瓷盒内。制作工艺精细,如熬制三油既要掌握比例含量,又要把握火候和熬制时间,搅拌在艾绒放入膏状印浆时,既要持续搅拌,又要把握方向,防止"逆向"搅拌。制成的印泥遇冬不凝固,逢夏不渗油,芳香四溢,永不褪色。朱砂印泥色泽鲜红带紫,沉静雅致;朱磦印泥则红中显黄,清逸发亮;藕丝印泥色泽纯正自然,泥质细腻厚重,所钤印文立体感强,渗透性、黏着性皆佳,即便宣纸被火烧过,印迹依然清晰可见。"常州龙泉印泥制作技艺"具有工艺价值和文化价值,被作为地方特色文化代表参与文化交流活动,在弘扬中华传统艺术和增进中外文化交流中发挥了重要作用。常州龙泉印泥与杭州西泠印泥、福建漳州八宝印泥,被称为"中国三大印泥瑰宝",享誉华夏书画界。

2009年6月20日,由常州市申报的"常州龙泉印泥制作技艺"被列入第二批省级非物质文化遗产名录。

5. 装裱技艺(苏州装裱技艺、扬州装裱技艺)

(1) 苏州装裱技艺

苏裱,又称"吴装",可追溯到宋元,兴盛于明嘉靖万历年间,主要流传于苏州市。

苏裱分为红帮、行帮和仿古装池。红帮裱式较为简易,行帮专裱普通书画,而仿古装池最具特色,即装裱修复旧书画,除须具备新书画装裱的要素外,还须增加漂洗、揭画芯、补画芯、刮口子、上胶矾和全色、贴直条、隐补、接笔等工序。在长期的发展过程中,苏裱形成了"选料精良,配色素雅,装研熨帖,裱工精佳"的特征。苏州装裱与书画高度结合,使中华传统文化得以延续和拓展。通过装裱,新书画作品能够张挂欣赏,破损的古旧字画能够恢复原貌,从而使传统书画艺术得以被欣赏、抢救和保护,也有利于提高作品收藏价值。目前,苏州书画装裱修复技艺传承正面临后继乏人的境况,亟需相关部门加以关注。

(2) 扬州装裱技艺

"扬州装裱技艺"在明末清初时已逐渐形成自己独特风格,主要流传于扬州市。

扬派装裱技艺用糊如水、轻浆重排、镶缝平正、挺直牢实、拼花相应、宽窄统一、转边整齐,尤其擅长装裱、整理古旧书画,既不损毁原作,还使修复残缺不露痕迹,整旧如旧,还原风貌,甚至能局部用笔体现出原作精神,模仿如真。历代名家在实践的基础上不断研究和总结,形成了较为完整的理论体系。明万历年间的装裱工艺家周嘉冑著《装潢志》,成为中国首部全面而系统地阐述书画装裱工艺的著作,不仅在当时的装裱业产生重大影响,也对后世的装裱具有重要指导意义。扬派装裱技艺历经数百年的发展,使众多书画作品得以保存、收藏和展示。其中的"揭裱"工艺,更是将传统装裱技艺发挥到极致,使一些损坏的艺术作品得以保存,彰显出历代装裱艺人非凡的文化创造力,具有珍贵的艺术价值和工艺价值。如今，扬州工艺厂和民间装裱师也为传承保护传统技艺做出了不懈努力。

2009年6月20日，由苏州市申报的"苏州装裱技艺"、由扬州市申报的"扬州装裱技艺"被列入第二批省级非物质文化遗产名录。

6. 姜思序堂国画颜料制作技艺

"姜思序堂国画颜料制作技艺"于清乾隆年间由苏州颜料店铺"思序堂"创制，技艺主要流布于苏州市。

姜思序堂国画颜料制作原料包括矿物性原料、植物性原料、动物性原料及含金银在内的贵金属矿物几大类，制作技艺精良。其中膏状颜料需通过选料、粉碎、研磨、下膏、革脚、煎色、晾干、成型、干燥、称量、包装和盖章等工序，粉状颜料需通过进料、粉碎、研磨、下胶、沉淀漂洗、干燥、称量、包装和盖章等工序，传统书画印泥需经炼油、漂油、选料、配料、搅拌、研磨、捶打、称量和光平等工序。制成的国画颜料品种繁多，其中，膏状类颜料有特级花青膏、轻胶花青膏、轻膏、赭石膏、牡丹红膏和胭脂膏；粉状类颜料有特级头青、二青、三青、四青、头绿、二绿、三绿和四绿、漂净铅粉、漂兆蛤粉、特级朱砂粉和顶上朱砂粉等；书画印泥有珍珠印泥、八宝印泥、朱膘印泥、丹朱印泥、芝兰印泥、象牙黑印泥和古色印泥等。苏州姜思序堂国画颜料具有色彩鲜明、纯泽光润、细芳轻尘、入水即化、与墨相融、着纸能和、装裱不脱、经久不褪的特征，是中国传统国画颜料中的杰出代表。国画颜料的艺术价值和实用价值大多体现在明清以来中国画画家的作品中，许多流传至今的画作仍然色彩明亮、多裱不脱，证明了姜思序堂国画颜料的优良品质。由于原料储量限制与市场局限性，传统国画颜料工艺亟需采取措施保护传承。

2009年6月20日，由苏州市申报的"姜思序堂国画颜料制作技艺"被列入第二批省级非物质文化遗产名录。

7. 扬州毛笔制作技艺

"扬州毛笔制作技艺"源于扬州市，历史悠久，以其麻胎作衬而独树一帜。

扬州毛笔制作取材天然，工艺复杂，全凭手感、舌感和目测制作。其特点为麻胎作衬，以狼毫、兔尖（兔背之毫）为主料，地产孔麻为辅料制成。制笔使用的笔杆材质有竹、楠木、海梅、牛角、玉、象牙、瓷、雕漆、景泰蓝等，辅助用料有松香、米土、明矾、硫磺、蚕丝线、带顶石、洋铅漆、修笔胶等。制作大体分为水盆、装套、旱作三个环节，包括选料、嘶毛、梳毛、腌毛、上毛、齐毫、压毫、拈毫、整毫、制麻衬、贴衬、拈衬、圆笔、盖毛、扎笔、选笔杆、平头、绞孔、置头、修笔、刻字等120多道工序。成品笔具有"尖、齐、圆、健"四大特点。其品种繁多，分国画笔、书法笔及高中低档等五大类1 600多个品种。扬州毛笔中的麻胎制作是区别于其他流派毛笔的最显著特征，也是最繁难之处，须经过选、绕、煮、洗、断、刷、切、梳、分、夹、煎、对、圆、扎、下线、涂底等10余道工序，方能达到熟、匀、通、透的效果。贴衬和拈衬时又须根据笔的种类、规格、档次不同而灵活掌握，特殊技艺乃艺人长期积累的经验。制作麻胎水笔强调"大煎大圆""麻轻功重"，若"捏手"功夫深浅不同，效果则天壤之别。江都国画厂作为唯一保存着扬州毛笔完整制作技艺的单位，近年来多次为党和国家领导人精制专用笔。"龙川"牌毛笔多次荣获国家金奖和国际金奖，被誉为"国之宝"。生产的国画、书法毛笔已发展到五大类1 600多个品种，成为亚洲重要的生产基地。

2009年6月20日，由扬州市申报的"扬州毛笔制作技艺"被列入第二批省级非物质文化遗产名录。

8. 蔡集手抄草纸制作技艺

"蔡集手抄草纸制作技艺"相传始创于清代，源于蔡伦传统古法造纸技艺，主要流传于宿迁市宿豫区蔡集镇。

"蔡集手抄草纸制作技艺"是以树皮、麻头、破布、麦草、蒲花为主要原料，分别制成皮料浆、草浆，混合成不同的比例，抄成不同纸张的制作工艺，共包括16个环节、102道工序。首先制作树皮，包括砍条剥皮、浸泡、腌沤、踩洗、碱蒸、洗涤、切碎、捣浆成纤维料浆等工序。草料制作过程包括选草、砍草、捣草、浸泡、堆积、洗涤、日晒成草坯及蒸煮漂白制成草纤维浆料等工序。再将草纤维和树皮纤维根据纸张需求按一定的比例混合、打匀、制浆，将混合浆加入一定的水配合制纸，再经竹帘抄纸、晾纸、揭纸等步骤制成成品。该技艺主要靠口传心授流传，产品无毒、无污染，被广泛用于书写、果品包装、鞭炮用纸以及民间节庆、婚丧嫁娶、祭祀等。20世纪90年代后期，受现代造纸业冲击，手抄草纸从业人员与产量逐年减少，需采取措施保护传承。

2009年6月20日，由宿迁市申报的"蔡集手抄草纸制作技艺"被列入第二批省级非物质文化遗产名录。

第九节 其他传统技艺

1. 剧装戏具制作技艺

"剧装戏具"是戏剧的伴生物。苏州剧装戏具制作主要分布在苏州市区和近郊,以市区的阊门内西中市及专诸巷、吴趋坊等地为中心。相传唐代时,剧装戏具的制作和品类就已日渐完备,南宋时期,南北戏曲的交流推动了剧装戏具制作的发展,明代随昆曲的发展进一步兴盛,苏州也成为当时全国剧装戏具制作中心。

剧装戏具品种繁多,有戏衣、戏帽(包括软巾、硬盔)、"口面"(含胡须、头套、头饰)、刀枪和靴鞋等类,全部品种达1 000多种,其中戏衣378种、戏帽276种、戏靴41种、髯口24种、头面55种、刀枪276种、头饰光片类产品23种。戏衣制作分开料、绘画设计、配色、刺绣和成合五道工序,现又增加手绘、烫金和珠绣等工艺。戏帽分为硬盔与巾帽。硬盔制作有剪样、做坯、沥粉、贴金、点翠、装配和绒球等工序;巾帽制作有开料、绘画、配色、刺绣和合成等多道工序。戏靴制作包括剪样、贴坯、制底、扎底、做帮、绱靴、排楦和刷粉等工序。刀枪制作有开料、制坯、雕花、车木、装配、贴箔和上漆等工序。口面包括髯口、网巾、云帚和马鞭等工序。苏州剧装戏具制作工艺细致精良,图案淡雅秀丽,不仅为剧团、文艺团体提供服装道具,也为少数民族提供服装及装饰用品,甚至为舞狮、舞龙灯等民间舞蹈提供服装道具。剧装戏具与民族传统文化紧密相连,具有重要的历史、文化、艺术价值。目前,苏州剧装戏具合作公司除生产传统戏衣外,还制作影视剧、歌舞剧服饰和历代仿古服饰,传承与发展状况良好。

2006年5月20日,由苏州市申报的"剧装戏具制作技艺"被列入第一批国家级非物质文化遗产名录,2007年3月24日,被列入第一批省级非物质文化遗产名录。

2. 制扇技艺(苏州制扇技艺、金陵折扇制作技艺、高淳羽毛扇制作技艺)

(1)苏州制扇技艺

"苏州制扇技艺"主要流布于苏州城郊,可追溯至南宋,明代兴盛,后曲折流传,中华人民共和国成立后通过设厂再度兴盛,产品远销海外。

苏州制扇主要为折扇、檀香扇和绢宫扇三大类,统称"苏扇"。其中,折扇由"竹骨"和"扇面"配套而成,以安徽、浙江两地产的毛竹为原料,经开片、煮、劈、刮、拖、倒、烘、打磨、雕刻或髹漆等58道工序制成。扇面大多以棉料、宣纸裱成;檀香扇以名贵的檀香木材为原料,制作技艺独特,尤其以制扇的"四花"工艺著称,即拉花、烫花(又称烙画)、画花、雕花;绢宫扇以丝绸绢面、竹、象牙、玳瑁等配套而成,造型除圆形外,还有六角、八角、鸡心、宫灯、金钟、海棠、燕尾和凤尾等多种造型,品种分高、中、低三档,高档的选料精良,制作尤为精致。苏州制扇技艺精良、品种繁多,经过历代能工巧匠的辛勤耕耘,已形成了自身特有的地方风格,把扇骨的造型艺术与扇面绘画、缕雕等扇面制作绝技融为一体,而且与文学、戏曲、文化、舞蹈和园林等艺术内容紧密结合,成为人们喜爱的杯袖雅物和收藏珍品。近年,政府及有关部门加大了对制扇技艺的保护力度,采取多种方式给予支持与扶持,以促进技艺的传承发展。

(2)金陵折扇制作技艺

"金陵折扇制作技艺"主要流布于南京市栖霞区,盛于明代。

金陵折扇的制作共分制扇骨、做扇面、穿扇面三大工序。制扇骨是其中最重要的环节,包括选料、断料、劈料、浸泡、磨制、"拿火"等43道工序。首先,挑选朝阳生长且生长期在6~8年的竹子,煮出含蛋白与糖分的浆水以防虫,煮好后长时间静置,再进行"刀边",即削出所需造型的扇边。为使扇子口紧,能够固定,还要经过"拿火"工序,即将扇边烤轧成弧形,直至两头薄、中间鼓,经过打磨提光,再雕刻图案,最终制成扇骨。在制扇鼎盛时期也曾使用象牙、玳瑁、鸡翅木、紫檀木等材料制作扇骨。扇面制作则需经过选料、开料、裱面、沿边、收摺等多道工序,一般采用花纹清晰的绵料宣纸,上胶矾裱制而成。扇面讲究厚薄均匀,平正牢韧,久用不裂。制好的扇面可加上字画,高档的还可配贴观赏性的云母片和金箔等,极具艺术魅力。穿扇面则是将扇骨与扇面相结合的最后一道工序。金陵折扇集中了雕刻艺术、镶嵌艺术、书画镌刻艺术为一体,凸现了地方艺术特色与文化内涵,具有较高的历史文化价值和艺术审美价值。如今，随着扇子的实用功能弱化，市场逐渐萎缩，从业人员流失严重，金陵折扇制作存在后劲不足的状况，因而，保护与传承的任务仍然艰巨。

（3）高淳羽毛扇制作技艺

"高淳羽毛扇制作技艺"主要流传于高淳县，历史悠久，羽毛扇在明代曾被列为贡品。

羽毛扇制作主要原材料是动物的羽毛，附属材料还有扇柄，菊花饼、绒毛、铜帽等。羽毛又分野禽毛和家禽毛，野禽毛有雕毛、鹰毛、天鹅毛、鹭鸶毛、仙鹤毛、雁毛等，其中雕鹰类羽毛最为贵重，因这类鸟羽不仅色泽艳丽，而且毛质坚硬，经久耐用，过去制作"贡扇"一般都采用此类羽毛。家禽毛主要是鹅毛。取各类动物羽毛后，经配料、洗刷、修剪、戳扣、装柄、缝线等几道主要工序，再辅以钉菊花柄、裁绒毛、画花等必要的装饰，最终制作而成。制成的扇子花式繁多，按形状分有全圆形、半圆形、宝剑形、桃子形、石榴形、佛手形、掌形、鸡心形、花瓶形等。圆形羽毛扇包括用鹅毛制作的"汉光月""圆光月"等，也有用雁毛制作的"黑雁圆""雁小圆"等；长形羽毛扇包括用雕毛制作的"雕宝剑""雕平月"等，也有用雁毛制作的"雁平月"等。此外，同是用鹅毛制作的半圆形羽毛扇，因为所用毛料的生长部位不同，品种也不同，例如用梢翅做的有"梢平月""梢中汉月"，用刀翎做的有"刀平月""刀汉月"等。羽毛扇因其原料独特，制作精良，造型优美而广受喜爱，它既是夏令解暑驱蚊的佳品，又可供作装饰之用，兼具实用性和观赏性，具备历史价值和艺术价值。近年来，高淳县已对羽毛扇进行普查，收集整理了民间资料，寻访民间艺人，并对该项目的音像图文资料进行建档。在高淳老街等地开设了专门的高淳羽毛扇制作与销售柜台，供游客欣赏和购买。在省、市有关新闻媒体上进行宣传，提升高淳羽毛扇的知名度。

2006年5月20日，由苏州市申报的"制扇技艺"被列入第一批国家级非物质文化遗产名录，2007年3月24日，被列入第一批省级非物质文化遗产名录；2009年6月20日，由南京市栖霞区申报的"金陵折扇制作技艺"、由高淳县申报的"高淳羽毛扇制作技艺"被列入省级非物质文化遗产扩展名录。

3. 绒花制作技艺

"绒花制作技艺"主要分布于扬州及周边地区，渊源可追溯到唐代，明清兴盛，民国时期进一步创新。

扬州绒花多以优质蚕丝为原料，经染色加工，使用简易工具，运用捻丝、脱脂、染色、钩条、传粘，铺于细细铜丝之间，搓成粗细不等的绒条，然后对各色绒条进行连接、造型、围卷、装配、修剪等一系列繁杂的加工而成。其工艺经历了"绕绒花""刮绒花""滚绒花"三个发展阶段，技艺日趋精湛。造型艺术是扬州绒花的核心技艺，艺人以概括和夸张的手法，集中而简练地刻画各种花卉、禽鸟的主要特征，赋形传神，可谓以简胜繁、以少胜多、以小胜大。所制绒花艳而不俗，美而不骄，当前成为充满时代气息的高档艺术品，观赏性强，具有较高的艺术价值。技艺用材巧妙、立意新颖、地方特色浓厚，在国际、国内都具有社会影响。此外，在历史发展的不同时期，扬州绒花也折射出不同年代的审美理念和价值取向，为历史文化的研究提供了实例。

2007年3月24日，由南京市、扬州市联合申报的"绒花制作技艺"被列入第一批省级非物质文化遗产名录。

4. 民族乐器制作技艺（苏州民族乐器制作技艺）

"苏州民族乐器制作技艺"主要流传于苏州市，起源可追溯到春秋时期，明清时期兴盛并流传至今。

苏州民族乐器可分为四大类：拉弦乐器、弹拨乐器、吹管乐器和打击乐器。拉弦乐器如二胡、板胡、京胡等，弹拨乐器如琵琶、三弦、古琴等，吹管乐器如笛、箫、唢呐等，打击乐器如鼓、锣、钹等，品类齐全。乐器制作精良，全部为手工制作，制作工序繁多，一般都经开料、配料、木工、雕刻、漆工、镶嵌、校音等多道程序。其中，响铜乐器还需经选料、熔炼、制片、成型、拷音、车刮和定音等多道程序的配合。传统鼓乐器的鼓身多用椿木、杨木或柳木，经车旋制作而成，鼓皮采用"水牛皮"制作，且需是牛的脊背皮。苏州民族乐器以其优美的造型、精良的工艺、甜润的音色、精确的音准，长期受到全国专业乐团、音乐学院、广大音乐爱好者的青睐，特别是其代表作品二胡、阮、古筝、琵琶与恢复失传的箜篌、编钟等。此外，冠以"苏"字的"苏笛""苏箫""苏锣""苏鼓"等也闻名遐迩。"苏州民族乐器制作技艺"是一门独特、系统的手工技艺，集历史、文化、艺术、科学价值于一体,既创造了丰富多彩的民族乐器,成为日常文化生活不可或缺的重要组成部分,又保存了丰富而鲜活的历史文化记忆,广受全国乃至东南亚地区民众的欢迎。近年来,苏州市政府加强了对传统工艺的保护与扶持力度,积极采取对策,帮助进行宣传与推介,推动了民族乐器制作技艺的传承与发展。

2007年3月24日,由苏州市申报的"苏州民族乐器制作技艺"被列入第一批省级非物质文化遗产名录,2008年6月7日,被列入第二批国家级非物质文化遗产名录。

5. 扬州通草花制作技艺

"扬州通草花制作技艺"可追溯到清初,20世纪80年代通过开办扬州制花厂达到全盛。

通草花是以中药材通草为原料制作而成的装饰品,其制作大致有切片、裱草、剪花、捏花瓣、粘瓣、塑型、着色等几道工序。首先,将通草的内茎取出,截成段并理直晒干,再切成犹如纸片状的大片并裱平,后用剪刀将通草片根据大小需要剪成花瓣的形状,每片花瓣用球棒依用力的轻重压出各种瓣型,所有花卉的叶片也均由通草剪切捏压而成。然后将大小花瓣叶子粘贴在由纸浆包裹塑造的植物枝干上,以写实雕塑方法塑造出真花的形态并染色,染色后的通草花几可乱真。通草花的品种有牡丹、杜鹃、春桃、菊花、腊梅、月季等几十种。由于制作难度大、价格高等原因,加之受现代鲜花、假花产业的冲击,通草花面临失去市场需求的危机,需加以扶持和抢救。

2007年3月24日,由扬州市申报的"扬州通草花制作技艺"被列入第一批省级非物质文化遗产名录。

6. 陆慕蟋蟀盆制作技艺

蟋蟀,旧时称"促织",历史上是人们入秋消遣清玩的宠物。蟋蟀盆的起源可追溯至唐代,南宋时期,陆慕蟋蟀盆被列为贡品,明宣德时期得益于斗蟋蟀的风气达到鼎盛,清代技艺进一步发展。现"陆慕蟋蟀盆制作技艺"主要流布于苏州市相城区。

"陆慕蟋蟀盆制作技艺"继承了传统的制作手法,从选泥料到制成品需要108道工序,主要的工序有选泥取泥、浸泡除杂、搅拌筛滤、采浆储存、练泥锻锭、搓泥压模、修刮打光、压章粘底、锯槽配盖、刻纹印花、做光烘干、装窑焙烧、出窑浸水、研磨雕刻,最后上色、抛光,才为成品。陆慕蟋蟀盆具有做工精细、造型美观、线条圆润、刻画相宜、色泽和谐和包浆丰厚的特征,以密封、温润、透气、吸水性良好,被誉为蟋蟀盆的"南盆"的代表。"陆慕蟋蟀盆制作技艺",经过历代能工巧匠的辛勤创造,形成了一套完整而又严格的工艺流程和精密的工艺操作方法。盆上精雕细刻书画、图案,成为一件古朴凝重、充满书卷韵味的雅玩工艺品,具有艺术价值、收藏价值和实用价值。近年来,受泥源枯涸、获利微薄等因素影响,陆慕蟋蟀盆制作遭遇困境,亟需采取相关措施进行保护传承。

2009年6月20日,由苏州市相城区申报的"陆慕蟋蟀盆制作技艺"被列入第二批省级非物质文化遗产名录。

第十节 传统医药

1. 中医传统制剂方法(雷允上六神丸制作技艺)

苏州雷允上六神丸制药技艺起源于清朝,并发展至今。雷允上(1696~1779),清中期吴中名医,清雍正年间在苏州阊门开设"诵芬堂药铺",并因修合的丸丹膏散疗效灵验而声誉鹊起,被人们习惯地称为"雷允上诵芬堂",或"雷允上"。

清同治年间,雷允上后裔雷滋蕃研发了新药"六神丸"。该药是治疗温病的良药,既可内服,又可外治。对时令温邪、疫毒、烂喉、丹痧、喉风、喉痈、单双乳蛾、对口疔痈、发背、肠痈、腹痛、乳岩及一切无名肿毒等感染性疾病均有疗效。六神丸状如芥子,圆整光亮,仅需服用小剂量,就可立即见效。在六神丸生产过程中,雷允上对丸药大小控制严格。从起丸模开始,层层加大至成形,精确控制。丸药粒径约2 mm至4 mm,包衣前潮丸重每850粒/钱,包衣后干丸重每1 000粒/钱(十六两制),丸重差异在±7%之内。此外,打光工艺独特,表面色黑光亮,经久如新,全部经手工成形。"六神丸"微丸是原创性中药剂型,配方选用了多种动物性、矿物性药材,并且包含多种有毒性中药,但配方独特,既保留毒性药材中的有效治疗成分,又降低了对人体的毒副作用,是中医药利用毒性药物,提高临床治疗效果的代表性品种,对中医药的研究有指导性科学研究价值。"六神丸"的配方及制作技艺仅在家族内世代相传,中华人民共和国成立后,雷氏后人将"六神丸"秘方捐献给国家,六神丸制作技艺转变成师承相传,沿袭至今。由于材料的缺乏与西药的冲击等,六神丸制作技艺目前正面临着生存危机,亟需采取有效措施加以保护和传承。

2007年3月24日,由苏州市申报的"苏州雷允上六神丸制药技艺"被列入第一批省级非物质文化遗产名录;2008年6月7日,由苏州市申报的"雷允上六神丸制作技艺"日被列入国家级非物质文化遗产扩展名录。

2. 唐老一正斋膏药制作技艺

"唐老一正斋膏药制作技艺"首创于清康熙初年,闻名全国,享誉海内外。相传清康熙年间,河道总督陈鹏年用一正膏治好了河工们的跌打损伤、筋骨疼痛、关节炎等症,故民间兴起"嫁闺女,以一正膏(俗称镇江膏药)作陪嫁"之风俗。鸦片战争后,英国人将其大量销往中国香港、东南亚等地区,膏药因而闻名海内外。

"唐老一正膏"系祖传手工秘制,亦称"万应灵膏",由麝香、血竭、乳香、没药、穿山甲等80余种天然名贵中药精制而成,具有祛风止痛,化痞除瘀,舒筋活血,消散顺气等功效。药膏为黑色光亮之膏剂,香气宜人,久存疗效不减,常温下呈固体,35℃以上呈棉软体,有粘性,紧贴病患处即可发挥显著疗效,且不会脱落。历代名人(清康熙年间河道总督陈鹏年、乾隆探花王文治、道光状元李承霖、同治江南大主考王纹绾、同治臬台勒方奇等)都曾给"唐老一正斋"赐匾,以表彰其治病救人的高尚品德。此外,自清康熙至同治年间,历经七代人的打假诉讼,在同治八年(1869)节奉督、抚、臬、道、府、县立碑《奉宪勒石永禁》——即中华禁假第一碑,保护了"一正膏"的专利。

2007年3月24日,由镇江市申报的"唐老一正斋膏药制作技艺"被列入第一批省级非物质文化遗产名录。

3. 致和堂膏滋药制作技艺

"致和堂膏滋药制作技艺"始于清代,光绪十六年(1890),江阴名医柳宝诒开设"致和堂"药店,制作膏滋药来调理虚劳病及温热病后阴伤或营阴不复者。处方严谨而不拘泥,制膏药材讲究,注重药物炮制,用药精准。

致和堂膏滋药在传承和发展过程中形成了独有的特色:一是膏方因人而异,品种多样;二是选用古代经典方、陈方,特别是柳宝诒的经典处方,适当加以调整充实;三是绝大多数为当代名中医经过诊断开出的处方,膏方的配药、用量,严格按照进补者的实际情况,结合进补者所在地区,年龄、体质及病情等不同情况合理配制。膏方采用上等药材,不少是直接从产地购进的,以确保药材纯真。用药分量上做到足斤足两,保证有足够的药效;四是严格采用传统的工艺流程,膏方的制作要经过药料浸泡、煎煮、浓缩、收膏、存放等几道特定的程序和严格的操作过程,原料加工采用传统工艺,操作全凭经验掌握。每道制作过程都由经验丰富的老医师严格检查监督,确保膏滋药的质量。致和堂自开设至今,从未间断应用传统制作工艺制作膏滋药。1956年公私合营,"致和堂"改名为红旗门市部,1980年恢复致和堂原名。多年来,经过师徒相传,不断涌现出了一批全面掌握膏滋药熬制工艺的高手,江苏大众医药连锁有限公司有50多家药店始终保持着传统工艺制作膏滋药的特色。

2009年6月20日,由江阴市申报的"致和堂膏滋药制作技艺"被列入第二批省级非物质文化遗产名录。

4. 季德胜蛇药制作技艺

"季德胜蛇药制作技艺"主要分布于江苏省南通市,自清康熙年间流传至今。它是由季德胜在继承季家六代祖传秘方,即医治蛇毒技术的基础上,结合自身实践经验研制而成的著名蛇药。1954年,季德胜将蛇药秘方献给政府,之后该药成为国家拥有的秘制蛇药。

该药原为不规则的手工药品,由于带有较重的腥味,口服较为麻烦,后在季德胜和医药科技人员的摸索和改进下,通过改进工艺,进一步科学配制,严谨组方,药被制成蛇药片剂。药片不仅在医治毒蛇、毒虫叮咬等方面具有神奇的疗效,而且具备抗病毒、镇痛及有关医疗保健方面的功效。在药片工业化生产以前,该药的销售仅遍布中国南方城乡,直到工业化生产后,蛇药才逐步进入海外市场,尤其在热带丛林遍布毒蛇、毒虫出没无常的东南亚诸国深受欢迎。"文化大革命"后,中国人民解放军将"季德胜蛇药片"作为战争备用药储备,该药在部队中的使用量也随着增大。2007年7月,解放军总后卫生部正式将"季德胜蛇药片"定为军队特需药品。2002年9月,南通中药厂与南通制药总厂制剂部分变更成立"南通精华制药(股份)有限公司",新企业花巨资建设符合国家GMP规范、自动化程度更高的中药制剂生产线,使得季德胜蛇药制作技艺得到了更好地传承与发展,该蛇药产销量连年放大,成为扬名中外的独家中药古方名品。

2009年6月20日,由南通市申报的"季德胜蛇药制作技艺"被列入第二批省级非物质文化遗产名录。

6. 王氏保赤丸制作技艺

王氏保赤丸原名"王氏万应保赤丸",是清道光年间王胪卿为治疗小儿腹疾、喘症等常见小儿病症,根据祖上九世秘传配方配制而成的小儿良药。其后人开办中药铺,此丸被作为药品面世。1957年,王氏传人王绵之将祖传秘方献给国家,自此"王氏保赤丸"成为国家秘药。

"王氏万应保赤丸"针对小儿特点,加工成微丸制剂细如"菜籽",便于婴幼儿服用。此药主要成分有巴豆霜、川贝母、川黄连、制南星等多种名贵中药材,色泽金黄或朱红。王氏保赤丸对小儿胃肠疾病及呼吸道炎症疗效显著,具有消热化痰、抗菌消炎、补脾益胃的功效,性质平和,孕妇不忌,无任何副作用。小儿常服之可起到有助消化、祛除惊风、促进发育的作用。"王氏保赤丸"被指定由南通制药厂投入生产,作为国内独家产品,"王氏保赤丸"也成为该企业建厂初期的起家产品和重点经营品种,对推动企业的成长和发展壮大作出了重大贡献。药片投产后,在确保质量、改进工艺的同时,产销量得到了极大提高,产品畅销全国,取得了良好的经济效益和社会效益。2002年9月,南通中药厂与南通制药总厂制剂部分重组而成的"南通精华制药有限公司"投资建立了具备现代化功能的中药制剂生产线,使"王氏保赤丸"作为传统国优名品中药的发展前景得到了显著拓展,产销率逐年上升,成为企业生产经营主要的国内独家品牌。

2009年6月20日,由南通市申报的"王氏保赤丸制作技艺"被列入第二批省级非物质文化遗产名录。

7. 五妙水仙膏制作技艺

"五妙水仙膏制作技艺"由灌南县周赵勤首创,最早流布于灌南县新安镇,后逐渐流传到灌南县所有乡镇及全国各地,现在已流传到美国、比利时。

五妙水仙膏为治疗皮肤病的特效药。清代张山人将医术传给女婿周金和并在周家世代相传。周赵勤善于治疗皮肤病,创制了治疗皮肤病的古方。周赵勤之孙周达春发现治疗皮肤病的古方存在不足,对古方成分进行调整改进,完成"五妙水仙膏"的研制。此药由五种中药配制,主治五种皮肤病,有五种有效的治疗方法,故称之为"五妙水仙膏"。1980年10月,该药通过省级鉴定,正式命名为"五妙水仙膏"。该药主治病症包括绝对适应证:皮肤肿瘤、病毒性皮肤性、神经性皮炎(局限性肥厚者)、结节性痒疹、化脓性痈疾及溃疡、皮肤及淋巴腺结核、窦道及瘘管、鸡眼、肉芽肿、外科痔疾、痔闱等引起的刀口久不愈合症;相对适应证:皮肤肿瘤、红色扁平苔癣、胼胝、外科痈疾、慢性骨髓炎、烫伤、烧伤、慢性湿疹、掌跖角化病、盘状红斑性狼疮、痤疮、酒渣鼻、汗管角化症。该药具有使用组织蛋白发生凝固性坏死作用,使血管闭塞,组织萎缩、体积缩小;能溶解角质,对增生性病理组织有腐蚀作用;对神经末梢有刺激作用,能扩张血管,改善血液循环,进而软坚、消肿,促进组织新生,加速创口愈合。这一作用要根据病损情况选择膏或药液,恰当使用,才能达到相应的效果。此外,五妙水仙膏还具有杀菌、消炎、止血、止痒、镇痛等作用。1997年载入《中国药典》一书,2001年获国家专利。

2009年6月20日,由连云港市灌南县申报的"五妙水仙膏制作技艺"被列入第二批省级非物质文化遗产名录。

第八章　传统体育、游艺与杂技

　　传统体育是指经过世代传承，反映特定群体文化和个体创造，以身体活动为媒介，以强身健体、娱乐身心为目的，有一定规则并带有竞技性的社会文体活动；游艺主要表现为民间的传统自娱游戏；杂技是一种技艺表演，主要体现为具有一定难度和超常体能的肢体活动。传统体育、游艺与杂技都源自人们的文化艺术创造，具有自身的游戏规则和艺术特点，带有鲜明的地域色彩，因地域的差异而又有不同的规则。

　　江苏省的传统体育、游艺与杂技历史悠久，涵盖了赛力、竞技、室内游戏、庭院游戏、智能游戏、助兴游戏、博弈游戏和杂耍杂艺等，并在流传与发展过程中形成了自身特点：一是具有浓厚的生产、生活气息。江苏省的各种游戏文化脱胎于生产活动，并丰富了人民群众的日常生活；二是体现了江苏人民的聪明睿智。传统体育、游艺与杂技中包含了许多智力游艺与竞技项目，其设计蕴含了丰富的科学道理；三是具有娱乐性。传统体育、游艺与杂技项目着重于人的身心需要和情感愿望的满足，以自娱自乐、消遣和游戏的方式出现；四是具有很好的健身性，对改善百姓体质，提高人民的身体健康水平起着积极的作用。

　　江苏省的传统体育、游艺与杂技项目与家庭、社会生活、生产劳动紧密结合，表现形式丰富新颖，既丰富了人民群众的日常生活，又对强身健体、愉悦身心有很大裨益。因此，相关部门采取措施对其进行了保护和传承。

第一节　传统体育类

江苏省的传统体育历史悠久、项目众多、内容丰富。江苏传统体育的构成主要包括以武术武艺、养生导引气功、民俗体育等。它们植根于生活，集体育、娱乐于一体，对提高人民的身体健康水平，丰富大众的现代娱乐方式有着积极作用。因此，江苏省的民间体育文化遗产值得保护与传承。

1. 沛县武术

"沛县武术"主要分布在徐州市沛县并在整个苏北地区流传。它源于秦汉，明末至民国最为兴盛。

清末民初时，"沛县武术"初步形成了梅花拳李振亭、大洪拳张福顺、二洪拳田培祥、少林拳徐兴武、西阳掌丁修国等不同流派。为显示武艺，各派曾在本县多次举行比赛，每次都有邻近省、县武林高手参加，场面甚为热闹，影响颇大。其中最壮观的一次是1923年举办的比武大会，历时7天，观众达15万人次。几百名拳师表演的石担、拿字石、耍样刀均受到观众赞赏。1937年抗日战争爆发后，在日本帝国主义的暴行下，武术受到限制和禁止，仅本县警备队才能练习武术。为挽救民族危亡，许多武林志士纷纷走上抗日战场，奋勇杀敌。1943年，心意六合拳师的李克俭，在日伪政府组织的比武大会上，与日本著名柔道师交手，打败了日本大力士，大灭倭寇的威风，长了中国人民的志气，赢得家乡人民的称赞。更有一些武林豪杰，如黄克敬、黄克俭，在抗日战场上壮烈牺牲，为沛县武术史写下了可歌可泣的篇章。

2007年3月24日，徐州市沛县申报的"沛县武术"被列入第一批省级非物质文化遗产名录。

2. 殷巷石锁赛力

"殷巷石锁赛力"，主要分布在南京市江宁殷巷地区。可追溯到唐代，盛行于清末至民国初年并延续至今。石锁是中国民间一种传统的习武健身器械。相传，楚霸王项羽和唐王李世民就经常以练习石锁、石担子来强身健体。宋朝岳飞也用石锁、石担子来训练士兵。

殷巷石锁既保留了以大石锁练力量的玩法，又保留了小石锁的花色动作。盛行时，殷巷石锁有"霸王举鼎""观音托掌""二郎担山""猴儿戴帽""仙人背纤""怀中抱月""大开四门"等几十种套路，目前仅存10余种。现存的石锁有多种，重量、大小均不一，从40多斤到120多斤。玩石锁的关键是掌握其中的技巧要领，将力量和技巧巧妙结合，这样玩起来才有收放自如、一气呵成之感。殷巷石锁简单、易学，植根于民间，深受群众喜爱。在南京市江宁区政府的支持下，以老艺人王道泉为首的石锁艺人成立了殷巷石锁协会。后南京市江宁区东善桥、龙都等地也相继成立石锁协会，并与上海、苏州等多个地区的石锁协会、石锁爱好者展开交流，以提高技艺，进而更好地保护和弘扬石锁文化。

2009年6月20日，南京市江宁区申报的"殷巷石锁赛力"被列入第二批省级非物质文化遗产名录。

3. 彭祖导引养生术

"彭祖导引养生术"主要分布于以徐州为中心的苏、鲁、豫、皖接壤地区及浙、闽、赣、川、中国台湾以及东南亚等地。相传由黄帝时的彭祖始创。

"彭祖导引养生术"内容丰富、风格独特，是一种以吐纳导引为主的养生运动。内容包括导引养生十二桩、导引养生拳、导引养生剑、刀、棍、枪、长短单双器械、徒手对搏、器械对搏、彭祖逍遥杖、彭祖方竹竿、彭祖大彭鞭等。其主要特点是将动作趟子与拳术器械相结合，形成导引悟拳、拳示导引等，简易精美，以动制静。其中，导引养生桩最为精湛，其动作简洁、功效神奇、动静兼炼、刚柔相济、快慢相间、以动制静、内外双修，练时可随心而动。彭祖导引养生术传承谱系分为彭氏族人和历代对彭祖导引养生学有贡献的大家。彭祖养生术是原始社会后期集体育医疗、保健、养生于一身的一种方法，是中华养生文化的重要组成部分，指导了后世的养生之道，解决了武术中的疑难问题。近年来，为使彭祖导引养生术这个具有历史、文化、科学价值的非物质文化遗产得到有效保护，徐州市先后采取了系列措施，如建立保护制度和保护体系，发掘彭祖导引养生术的历史文化底蕴等。

2009年6月20日，徐州市申报的"彭祖导引养生术"被列入第二批省级非物质文化遗产名录。

4. 阳湖拳

"阳湖拳"，原名常州南拳，起源于道家武术，始于清初并流传至今。主要分布于常州市武进区及周边,包括金坛、溧阳、宜兴、江阴、无锡、苏州、南京、上海、苏北沿江及浙北、福建等纵横约5万平方千米的广大地区,并外传至日本。

"阳湖拳"集"南拳北腿"之长,独创了具有"南北兼收,拳腿并重,原地旋翻,幅度颇小,快速勇猛,精悍灵巧,近身短打,进多退少"的武术风格,共计有500多种套路、36种器械,并以地域区分为阳湖派、横山派、紫阳派、西山派、茅山派等五大流派。与其他拳种比较,阳湖拳的特点明显:一是幅度很小,二是拳架低矮,三是快速勇猛,四是边练边唱,五是拳路短套,六是手步迥异。阳湖拳有复合单练、复合群打、连打行打、功夫绝技等套路特点。此外,还有用于不同场合的套路,如对练、对打套路、群战套路等。原有500多个套路的阳湖拳,现仅存近100个套路,其传承方式基本为家传、师传、个别传授、集体传授、学校式传授等。1984年,常州市成立民间传统武术挖掘整理小组调查有关"阳湖拳"的溯源和现状。为避免与广东、福建的"南拳"产生歧义,挖掘整理小组将"常州南拳"正式命名为"阳湖拳",定为江苏省重点拳种。1991年,常州市阳湖拳研究会成立。

2009年6月20日,常州市武进区申报的"阳湖拳"被列入第二批省级非物质文化遗产名录。

第二节　杂技类

杂技是包括各种体能和技巧的表演艺术。江苏省杂技历史悠久,民族风格浓郁,享誉海内外。盐城市建湖杂技是江苏省杂技的代表,源远流长,与河北吴桥、山东聊城并称为中国杂技艺术的发祥地。杂技内容丰富,形式多样,技艺精湛,具有极高的审美价值,为丰富人民的文化生活作出了贡献。江苏省的杂技起源、发展于民间,充分体现了劳动大众的艺术鉴赏特点,是历史文化及乡风民情的艺术载体。相关部门已采取措施对杂技艺术进行保护、传承、创新。

建湖杂技

"建湖杂技"由建湖"十八团"杂技发展而来,主要流传于以建湖县庆丰镇18个自然村为轴心的黄沙港流域,是中国杂技的三大发祥地之一。其起源可溯至汉晋的"百戏",明末清初已在全国盛行并流传至海外的新加坡、印度尼西亚等国家。

历经两千多年的衰荣发展,"建湖杂技"的表演内容和艺术形式日渐丰富生动,含柔术类、平衡类、杂耍类、高空类、滑稽类、仿声(口技)类、古彩戏法类、气功类、马术类、驯兽类等十个类别,行当齐全、样式丰富、表演生动。其总体艺术特征是柔美而不失刚劲,融高难度动作与轻松活泼的表演为一体。既有深厚的传统,又善于学习和借鉴兄弟艺术,融会贯通,创新发展,最终形成了在形式、内容及风格上独具特色的中国南派杂技艺术。建湖县政府十分重视杂技的保护传承,其工作内容包括建设建湖杂技艺术中心,完善江苏省杂技培训中心的教学设施,筹划全国杂技博物馆、杂技大世界、杂技文化产业园区的建设等。

2007年3月24日,盐城市建湖县申报的"建湖'十八团'杂技"被列入第一批省级非物质文化遗产名录;2008年6月7日,由盐城市建湖县申报的"建湖杂技"被列入第二批国家级非物质文化遗产名录。

第九章 民 俗

　　民俗是民间习俗文化的简称,是指一个民族或一个社会群体在长期的生产实践和社会生活中逐渐形成并世代相传、较为稳定的文化事项,包括民间流行的风尚、习俗,包括岁时节令、民俗信仰、人生礼俗等。

　　江苏省的民俗历史悠久,内涵丰富,具有地域性、多样性、包容性三大特征。首先,江苏省的民俗事项源自江苏省与众不同的自然环境,以及独特自然环境所造就的社会环境,这使得江苏省的民俗文化具有鲜明的地域性特征;第二,江苏省内地域特征复杂,产业门类、生活方式丰富多样,包含"吴文化""楚文化""汉文化"等不同的文化区域,这使得江苏省内的民俗事项数量多、差别大,呈现出多样性的特点;第三,一方面,省内各地区尽管有着种种差异,但长期处于同一行政区域当中,地理位置接近,民俗之间也普遍出现了互相传播、互相吸收的情形。另一方面,江苏省位于南北交界的重要地带,省内民俗也常与齐鲁民俗、徽州民俗交流影响。因此,江苏的民俗呈现出兼收并蓄的包容性特征。

　　江苏省民俗在数千年的历史中,不断演变与发展,具有深刻的历史价值、社会价值。民俗文化是中华民族维系的纽带,发掘与弘扬江苏省民俗文化,对增强江苏人民的文化认同感有着重要意义。因此,江苏省各级政府制定相应的保护规划与措施,力求保护好、传承好江苏的民俗类非物质文化遗产。

第一节　岁时节令类

岁时节令是指在历史发展过程中逐渐形成的岁时、岁事、时节、时令等事项。江苏省各地岁时节令相差不大，但也体现了一定的地域性特点。如洪泽湖地区端午节要食用洪泽湖特产烹饪的八鲜粥，还要挂艾、戴蒲，并在幼童身上系两根红带，一根串粽子、菱角等，放水里让鱼食，以除灾祛难；另一根系一个亚腰葫芦保平安，显示了鲜明的湖区文化特色。岁时节令与生产及文化密切结合，具有颇高的历史价值、文化价值和现实价值。如今，在各地政府及民间机构的努力下，江苏省岁时节令得到了很好的保护、传承和发展。

1. 端午节（苏州端午习俗）

"苏州端午习俗"与春秋吴国名将伍子胥有关，甚至可溯及古代的龙图腾崇拜。主要流传于苏州及江浙太湖流域吴越故地。

其中，龙舟竞渡是苏州端午节中主要的民俗事项，胥江、葑门觅渡桥以及常熟尚湖等地区至今仍保留了该项目。吃粽子也是苏州端午习俗中的重要内容，此外，祛毒也是苏州端午节习俗中的内容之一。端午节当日，"截蒲为剑，割蓬作鞭，副以桃梗、蒜头，悬于床户，皆以祛鬼"。妇女用菖蒲、艾草浸水洗脸、洗发或烧汤沐浴，以期避邪驱鬼；孩子们穿戴虎头帽、虎衣、虎头鞋，额上顶着一个用雄黄酒写成的"王"字；屋内厅堂中会挂钟馗像，用苍术、白芷等烟熏厅室；妇女和姑娘们制香包分发家人挂于身上等。这些传统习惯，说明了自古以来人们就重视在端午节时除害灭病，祈求平安健康。苏州端午习俗历史悠久、全民参与、久盛不衰，内容极为丰富，集中展示了苏州地区非常有特色的民俗传统和历史文化传承。近年来，苏州市政府制定了相应保护规划，以更好地推动端午习俗的保护和传承。

2006年5月20日，苏州市申报的"苏州端午习俗"被列入第一批国家级非物质文化遗产名录，2007年3月24日，被列入第一批省级非物质文化遗产名录；2009年9月30日，被列入第四批人类非物质文化遗产代表作名录。

2. 灯会（秦淮灯会、古胥门元宵灯会）

灯会是中国一种古老的民俗文化，流布地域甚广。一般指春节前后至元宵节时，由官方举办的大型灯饰展览活动，并常附带有一些民俗活动，极具传统性和地方特色。

（1）秦淮灯会

"秦淮灯会"主要分布在南京城南内秦淮河流域，近年来主要集中在夫子庙地区，并逐步向东水关及中华门瓮城两个方向扩展。秦淮灯会可以追溯至南朝时期，明代即有"秦淮灯火（彩）甲天下"的美誉。因政治、经济等多方因素的影响，其发展几经起伏。

"秦淮灯会"上灯景、灯市相互融合。每年花灯达50万盏以上，加上新开辟的五华里秦淮河水上游览线两岸几十座大型灯组，再现了万盏花灯映秦淮的盛景，成为南京民间文化和民俗活动的重要品牌。灯会期间，海内外游人可达500万～600万人。人们通过扎灯、张灯、赏灯、玩灯、闹灯等形式，营造出"万星烂天衢，广庭翻人潮"，"天人合一，人神同乐"的美好意境，表达出人们对美好生活的愿望与追求，亦有相声、魔术、皮影戏、民间艺术现场制作等表演活动。"秦淮灯会"是研究南京地区历史人文发展的重要素材，具有重要的文化、社会和经济效益。"秦淮灯会"自恢复举办以来，得到了政府的大力支持，已成为南京城市的一大文化名片。

（2）古胥门元宵灯会

"古胥门元宵灯会"主要分布于苏州市沧浪区。宋代，苏州灯会就闻名全国，至明清时，规模空前。

"古胥门元宵灯会"是苏州传统灯会的典型代表，含有灯彩制作、猜灯谜、放焰火、舞龙灯、走马锣鼓、吃元宵和"走三桥"等民俗活动。苏州灯彩制作，工艺繁复。按形制，可分为提灯、挂灯和摆灯；按质料，可分为无骨灯、珠子灯、罗帛灯、栅子灯和夹纱灯等；按造型，有亭台、鸟兽和瓜果等之分。灯身集剪纸、绘画及排须、流苏等多种工艺于一体。值得一提的是，苏州灯彩之妙在于其造型优美、灯饰华丽、色彩鲜艳、花样奇特，极具创新之意。舞龙灯又称龙舞，苏州传统的龙灯有7、9、11和13节之分，巨口大眼，形神兼备。舞动时，头逐珠转，身随势旋，撼人心弦。"古胥门元宵灯会"保持较好的原真性，具有较高的历史文化价值，对苏州工艺美术史、谜学史等的研究也有重要价值，应加以保护和传承。但"古胥门元宵灯会"正面临渐趋弱化的困境。为此，苏州市地方部门制定了相应的保护规划,努力保护和传承好这一非物质文化遗产项目。

2006年5月20日,由南京市申报的"秦淮灯会"被列入第一批国家级非物质文化遗产名录,2007年3月26日,被列入第一批省级非物质文化遗产名录;2009年6月20日,苏州市沧浪区申报的"古胥门元宵灯会"被列入省级非物质文化遗产扩展名录。

3. 清明节(溱潼会船)

清明节是中国重要的传统节日之一,清明节前后进行扫墓祭祖和踏青郊游是中国独特的风俗习惯。清明节不仅是人们祭奠祖先、缅怀先烈的节日,也是中华民族认祖归宗的纽带。

"溱潼会船"是清明节期间举办的特大型水上民俗活动,主要分布于泰州市姜堰溱潼镇及周边村庄,始于宋朝,发展于明清时期,兴盛于民国至中华人民共和国成立后,沉寂于"文化大革命"时期,改革开放后得以恢复,1990年后发扬光大,传承至今。

相传"溱潼会船"是为祭祀南宋名将岳飞及溱湖阵亡的义民张荣、贾虎。溱潼会船包括选船、试水、铺船、祭祀、赴会竞赛及水上文艺表演、送头篙、酒会和唱夜戏等活动。会船前需试水、铺船等,到了清明当天或前一天,各户祭祀自己的祖宗,清明第二天祭祀阵亡将士和无名坟墓。祭祀后,会船一路扬锣赶赴溱潼,途中与其他会船相遇时要争赛或互放爆竹以示友谊。赛船是船会的高潮,数船对齐后开始鸣锣,水手划竹篙行船比赛,如有胜者,就扬锣三声停篙住桨。赛船结束后,有送头篙、酒会、演戏等活动。溱潼会船反映了稻作文化区域的典型民俗,从1991年起至2008年,姜堰市政府已连续举办18届溱潼会船节。1998年,溱潼会船节被国家旅游局列入中国十大传统民俗风情旅游节。

2007年3月24日,由泰州姜堰市申报的"溱潼会船"被列入第一批省级非物质文化遗产名录,2008年6月7日被列入国家级非物质文化遗产扩展名录。

4. 七夕节(太仓七夕习俗)

"太仓七夕习俗",主要分布在苏州太仓市城厢镇一带。"太仓七夕习俗"可追溯到南宋时期。

七夕节在每年的农历七月初七,它源于牛郎织女的爱情传说。女子期望从织女处乞得智慧和纺织巧艺,故七夕节又称"乞巧节"。"太仓七夕节"的主要活动是乞巧会(青苗会)。人们在织女庙举行祭祀仪式,包括吹打、斋筵、祭祀、念经、解粮,每三年还要开一次光,年轻女子在当天要前往庙中乞巧,或祈祷能配得佳偶,此外还有拜双星、观星斗、看巧云、笃(丢)巧以及吃巧果、吃兰花豆、用凤仙花染指甲、用槿树叶洗头等民间习俗。当日,商人在庙场上出售小吃、衣服、玩具及祭祀用品等,此外还有艺人进行各类杂耍表演活动。"太仓七夕习俗"讴歌了辛勤的劳动和纯洁的爱情,颂扬妇女的聪明才智,也是村民休闲娱乐的节日,太仓市人民政府制定了一系列规划对其进行保护。

2009年6月20日,苏州太仓市申报的"太仓七夕习俗"被列入第二批省级非物质文化遗产名录。

第二节 民间信俗类

江苏省民俗信仰内容丰富,主要以庙会、俗神信仰、巫术禁忌为主。其中庙会占民间信俗类资源的一半以上,群众基础广泛,常与集市贸易活动相结合,兼具商业性、文化性和娱乐性。俗神信仰和巫术禁忌历史悠久,与宗教相比更具民间特色,其典型特征是把民间神灵和宗教神灵进行反复筛选、淘汰、组合,构成一个繁复的神灵信仰体系,带有一定的迷信色彩。民间信俗寄托了人们对吉祥平安、生活幸福的期盼,为民众带来精神上的安慰,也对江苏省民俗文化和民俗历史的研究提供了素材。

1. 庙会(妈祖庙会、苏州轧神仙庙会、泰伯庙会、惠山庙会、皂河龙王庙会、子房山庙会、华山庙会、九里季子庙会、薛城花台会、南京祠山庙会)

庙会是民间宗教节日及岁时举行的祭神、娱乐和购物等系列活动的总称。

(1)妈祖庙会

南京"妈祖庙会"流传于南京地区,自明初流传至今。

每年农历三月二十三妈祖诞生日前后,民众齐集于下关静海寺与天妃宫祭祀妈祖。庙会的主要内容包括谒祖进香、祈福三献礼大典、行迎神礼、行初献礼、行亚献礼、行送神礼等。此外还有高跷、大幡、中幡、宝辇、捉灯捉炉、接香会、大殿会、单双伞秧歌、飞叉、十不闲、清驾会、五虎打箱、庄寿八仙、鹤龄跷、宝鼎会、莲花落、太狮会、门幡、什锦杂耍、杂技争雄、百花斗艳、爬杆等民间艺术表演以及剪纸、空竹、绳结、雕刻等手工艺品以及农副产品、常用农具、日用杂品的买卖交易活动。妈祖庙会表达了对妈祖精神的诠释和礼赞，彰显了民间文化的亲和性及包容性，对于弘扬妈祖民俗文化、丰富南京的文化内涵、加强海内外特别是海峡两岸交流产生了积极影响。对研究江南地区的妈祖信仰习俗具有较高的史料价值，还具有较高的艺术审美价值。

（2）苏州轧神仙庙会

"苏州轧神仙庙会"可追溯至南宋，盛行于清与民国。该习俗产生于苏州，流布于杭州、嘉兴、湖州等地区和沪宁沿线。

"轧神仙"是农历四月十四吕洞宾生日前后，以苏州阊门神仙庙为中心进行的民俗活动。"轧"有挤来挤去之意。传说吕洞宾会在当日化身到凡间点化世人，神仙庙内外遇到的每一个人都可能是吕仙的化身，人们在进香的人群里挤来挤去，以求"轧"到神仙沾上仙气。当天上午，神仙庙大殿上要举行打神醮活动。苏州中医将吕洞宾视为祖师，故穷人或患有顽疾的病人可在庙会期间前往神仙庙内仙方店寻签问病。庙会也是苏州每年一度的花会，仙诞前夕，当地人剪万年青扔弃门口，供人践踏，以带走霉运。或买之新植，意取"旧运不去，新运不来"。庙会上出售的商品都冠以"神仙"二字，如神仙茶、神仙花等。"苏州轧神仙庙会"体现了民众的审美理想和民俗心理，具有地方特色及文化、艺术价值，是研究当时社会状态、民间生活和手工业、商业发展状况以及江南地区道教文化发展不可多得的材料。

（3）泰伯庙会

"泰伯庙会"始源于无锡市新区梅村镇，可追溯至东汉，明代起融合了儒释道三教习俗，主要流传于无锡、苏州、常州。

相传泰伯是句吴古国的创始人和吴文化的奠基人，因此每年正月初九泰伯生日时，当地百姓及其后裔宗亲十二姓氏（吴、周、蔡、江、汪、柯、辛、翁、曹、洪、方、龚）会前往泰伯庙祭泰伯，包括献袍、供品、香烛、鲜花、点食、帛塔、牲、茶、酒、饭、化纸元宝等祭祀形式，以缅怀泰伯开发江南的丰功伟绩。保留了江南以道、佛、儒信仰为特点的传统民间文化，为江南地区民俗学研究提供了依据。

（4）惠山庙会

"惠山庙会"可追溯至明代，兴盛于清末，历经曲折，1994年恢复。该习俗盛行于无锡。

"惠山庙会"属民间的老爷信仰，其举办地在无锡城西的锡惠山麓。相传，农历三月二十八为东岳大帝黄飞虎生日，当日，人们会将无锡城区东西南北四个方向共8座神庙里供奉的"老爷"神像抬往惠山东岳行庙，俗称"出老爷大会"，出会的仪程包括会首、冲锋、手旗、伞、行牌、戏文、锣鼓、文武官员、神轿等。巡游过程中，队伍会表演荡湖船、打莲湘、八宝箱、拖竹片、大头娃娃、高跷杂技、龙灯狮舞、轮车抬阁、肉身灯、吐火焰等节目。到达目的地，将神像按名望依次排列在东岳老爷神像前，并表演固定的仪程和节目，称"八庙朝东岳"，以庆贺东岳大帝神诞。1994年恢复举办时，无锡市锡惠公园管理处曾对"惠山庙会"进行改良，使其更符合当代审美，庙会期间表演队伍超过千人，观看群众可达30万人次，盛况空前。"惠山庙会"体现了民间信俗活动顽强的生命力，是研究社会经济、民间风俗、工农商学等状况以及道教俗神世界的重要资料。

（5）皂河龙王庙会

"皂河龙王庙会"流传于宿迁市宿豫区皂河镇，起源于明代，清代名声大振。

庙会地点是在皂河镇南端供奉水神的"草堂庙"，人们届时参加祭祀活动，称为"赶会"。活动包括祭祀水神、文化展示、商品贸易。庙会为期3天，包括初八焰火日、初九正祭日、初十朝山日。焰火日晚人们在龙王庙西侧龙潭广场燃放烟花爆竹作为庙会的开始，次日在龙王殿的月台广场设祭台，放置香、烛、供果，演奏祭祀曲并上台叩头祭拜。随后进行"四山盛会"半朝銮驾仪仗队的游庙活动，这也是庙会最主要的环节。朝山日举行"五会朝山"文艺表演，将庙会推向高潮。庙会期间，民间艺人和南北商贩集聚皂河，展演各类文艺节目，贩售日杂百货。龙王庙会集祭祀、文化展示、商品贸易为一体，加之优越的地理环境，具有强大的感召力，是当地民俗文化的一大盛会。

（6）子房山庙会

"子房山庙会"会址在徐州子房山，流传于徐州乃至豫东皖北鲁南等，可追溯至明代，发展和兴盛于清代与民国年间。

"子房山庙会"历时3天,以农历五月十九为正会。内容和形式多样,包括子房老爷出巡、赶集逛会、入市交易、朝山烧香、磕头、拜佛、观文艺表演、集市商贸活动、卜卦占算运筹占验祈丰年等。其中"子房老爷出巡"是最为隆重的仪式。"子房山庙会"在徐州历史上为八大庙会之首,也是徐州历史上最为悠久的庙会。子房山庙会习俗融儒家思想、宗教文化、民俗文化、民间曲艺为一体,具有重要的民俗文化研究价值。每年参与人数近百万,受到广大民众喜爱。

(7) 华山庙会

"华山庙会"起源镇江华山村,明清时随集镇的出现而兴起并流传至今。华山村共有5个庙会,分别是正月十五开门集、二月初八香会、三月十五农具集、七月十七农具集、十月十五关门集等。相传当年张勃随大禹治水驻扎华山村,殚精竭虑,不幸中毒身亡,村民为纪念张勃特建张王庙,香火常年不断,"华山庙会"因此成名。

正月十五是开门集,又逢元宵节,当日庙会活动包括烧香拜佛、商品买卖以及摆酒席招待亲朋好友等。关门集在当地也叫"嫁妆集",嫁女儿的人家都会在这天到华山庙会上买嫁妆。"华山庙会"融宗教、经济、文化为一体,广具群众基础。在五个庙会中,开门集、农具集和关门集规模较大,人流量都在2万~3万人以上,而另外两个规模较小,人流量为万人之余。随着时代的发展,庙会交易常引起严重的交通拥堵,故2006年底,政府决定取消二月初八、三月十五的庙会,仅保留开门集、关门集及农具集三个庙会以传承民俗文化。

(8) 九里季子庙会

"九里季子庙会"起源并流传于镇江丹阳市延陵镇,历经唐、宋、明、清时期,规模与影响力不断扩大,民国时期正式将农历三月初六定为"九里季子庙会"。

"九里季子庙会"是为纪念吴季子祭日而设的祭祀活动。每年正月十五元宵节当天12时半,随着三声铳响,由12位青壮年抬着吴季札嘉贤大帝(季子)和杨、李两位守殿将军的神位开始巡街,神桌前摆放着宰杀的整猪、整羊和鲜果等供品,神桌后是用红绸披顶的红木神牌,上书"延陵君子吴季子之神位",其后是一面5米见方的杏黄旗,用黑绸绣"钦赐嘉贤大帝昭德侯"字样,随后是红色大宝盖伞、龙凤大旗及色彩鲜艳的大小彩旗,最后由响声激烈的锣鼓队殿后。巡游约持续3小时,巡游结束后农副产品交易活动开始。"九里季子庙会"祭祀活动正规,范围广,规模大,堪称江南庙会之首。九里庙会与茅山道观共同组成了"上茅山、回九里"的传统习俗,表达了"上茅山求功,回九里修德"的功德圆满之意。"九里季子庙会"影响范围广,是江南民俗文化的重要起点之一,具有历史文化和社会价值。目前,九里季子庙成为丹阳市爱国主义教育基地,九里村被评为江苏省历史文化名村。

(9) 薛城花台会

"薛城花台会"始兴于清康熙年间,是南京市高淳县薛城村的节日民俗,流传于苏州、无锡、常州、皖南等地。

相传,康熙皇帝曾将金銮殿的模型赐予山东聊城一邢姓官员的母亲,该官员在薛城的族属在薛城村仿造金銮殿搭建花台,并于农历三月十八邀班唱戏庆贺,此为花台会的由来。花台会为期3至5天,首先要用木料搭建临时花台,占地面积约210平方米,台面宽13米、进深16米。台沿口围有半米多高的栏杆,悬挂戏剧人物彩图,中间塑福、禄、寿三星泥像。台中所立四柱均有浮雕金花盘绕,台顶是一幅幅彩画排吊,台口上方用纸扎镂空彩屏拼联,绘有双龙戏珠、十二月花神等图案,称"五彩架"。在花台会期间,村民聘请剧团唱戏,同时举办土特产物资交流会等其他民俗活动。花台会期间,当地村民还会设宴款待亲友,处处充满节庆氛围。"薛城花台会"集艺术性、观赏性、娱乐性、群众性、经济性等于一体,也反映了中华民族忠孝节义的美德及天地人和的理念。

(10) 南京祠山庙会

"南京祠山庙会"主要流传于南京市高淳、溧水一带,其中以溧水蒲塘桥、高淳桠溪镇两地的祠山庙会最具代表性。庙会起始于西汉,鼎盛于明代,此后规模进一步扩大并为庙会建立了专门的祠山庙。

"南京祠山庙会"是为祭祀治水英雄祠山大帝张渤设立的,一般自农历三月二十五开始,二十七结束。参加活动者分为五队:第一队开道,扮小丑,挥舞扇子,耍火流星;第二队由若干盛妆少女挑花篮表演;第三队由24个小伙子抛叉,有"传叉""拜四门""高空抛接"等传统套路表演,惊险刺激;第四队为高跷表演，表演者以传统人物造型亮相，如三国时的刘备、关羽、张飞，《西游记》中的唐僧师徒4人，《八仙过海》中的八仙等，是整个活动的高潮；第五队由村民抬着祠山大帝出行，后面跟着若干组色彩不同、大小不一的花伞队伍。在出会过程中，行经之地的各家各户都要摆设香案，恭迎菩萨。晚上还要看大戏。周边村镇的人们也会选择此时走亲访友，烧香拜神，并进行种子、农具生产、生活资料方面的交易活动。庙会中有关拜神祈福等系列仪式，体现了人类对自然、社会和自身的认知及对美好生活的希求。保护、传承"南京祠山庙会"对了解当地的民俗文化具有重要价值。

2007年3月24日，由南京市下关区申报的"妈祖庙会"被列入第一批省级非物质文化遗产名录；2009年6月20日，由苏州市金阊区申报的"轧神仙庙会"、由无锡市申报的"泰伯庙会"、由无锡市申报的"惠山庙会"、由宿迁市宿豫区申报的"皂河龙王庙会"、由徐州市云龙区申报的"子房山庙会"、由镇江市新区申报的"华山庙会"、由丹阳市申报的"九里季子庙会"、由南京市高淳申报的"薛城花台会"、由南京市溧水申报的"南京祠山庙会"被列入省级非物质文化遗产名录扩展项目名录。

2. 金山寺水陆法会

"金山寺水陆法会"源于镇江市金山寺，起始于宋代，兴盛于元明时期，衰落于清晚期。它以镇江金山江天禅寺为核心区域，向邻近的南京、苏州、无锡、上海和浙、皖、湘、冀等地辐射，现活动范围已扩大到中国港澳台及东南亚地区。

水陆法会是中国一种佛教经忏法事。"金山寺水陆法会"长则49天，短则7天，参加的僧人最多可多达1 000人，同时有很多参加的信徒和观礼群众。法会一般要请法师讲经说法，运用书腔、道腔、梵腔，有诵、有阅、有唱、有直白。仪式音乐是法会仪式重要组成部分，多为吟唱，兼有器乐。吟唱又分为唱给佛听的"法事音乐"和唱给人听的"民间佛曲"。赞、偈等佛乐曲调古朴、庄严、舒缓，旋律多以级进，无大起伏。民间佛曲用于弘法、劝善、度亡，曲牌的音乐色彩、风格、情趣以及唱颂的形式多样。音乐风格上有些与民间戏曲音乐相似，形式上有独唱，领唱和齐唱结合，还有齐唱、轮唱。法会仪式音乐融合了南北朝以后各朝的音乐成分。法会具有宗教价值以及音乐、绘画、语言、仪式等艺术价值。

不仅吸引了各地游客，还积极向外交流，弘扬"水陆法会文化"。

2007年3月24日，镇江市申报的"金山寺水陆法会"被列入第一批省级非物质文化遗产名录。

3. 宜兴观蝶节

"宜兴观蝶节"发源于宜兴市，可追溯到唐代以前，历经曲折形成，源于梁祝传说。

观蝶节又叫"蝴蝶节""双蝶节"，宜兴祝英台墓周围乡民自古即有于农历三月廿八自发到祝英台读书处碧鲜庵祭祀之习俗，后演变成一年一度的"观蝶节"。当日，人们穿上节日盛装，在鼓乐声中排队前往碧鲜庵。队伍分成八小队：第一队为领会，由手擎蝴蝶旗的旗手开路，两边各有八旗手护卫；第二队为蝶仙，由男女装扮成蝶仙边舞边进；第三队为神队；第四队是三十六行；第五队是武术队；第六队为城隍；第七队为十殿；第八队为许愿队。当天，还有众多善男信女前去烧香许愿。观蝶节寄寓了人们对自由与爱情的向往。宜兴观蝶节不仅具有民俗价值，还被广泛记载在涉及宜兴历史文化的古籍等史志中，具有历史价值。此外，与观蝶节相关的诗词使得观蝶节具备了文学价值。因此，政府也采取了措施对其进行保护推广。

2009年6月20日，无锡宜兴市申报的"宜兴观蝶节"被列入第二批省级非物质文化遗产名录。

第三节　人生礼俗类

洪泽湖渔家婚嫁礼俗

流传于洪泽湖周边地区。习俗可追溯至清朝乾隆年间，源于渔民们部落式的渔帮生活。

渔帮多内部通婚。在渔家婚俗中，订婚时使用的媒人帖子称"三界合同书"，即写有男女生辰、双方家长与媒人姓名的大红喜帖，也用作订婚的凭证；聘礼称"水礼"，包括首饰、衣服、食品三大类；"轿船"相当于陆上的迎亲花轿，一般选用小篷船或小筏子，船前扎彩门，船帮、舵把装饰红布和彩球。婚礼当日卯时迎新娘"过船"（上轿船），旭日初升时，新郎新娘入洞房。洞房结束后进行"回船"礼俗，相当于回门，新婚夫妇偕娘家作陪的全福奶奶回家探望父母亲友并在娘家吃早中饭，随后在正午时赶到婆家，以期今后生活"如日中天"。结婚当天晚宴上还有"双打鱼"的习俗,相当于婚后会亲。将新娘的父母和主要亲属请回家,设酒席招待。席间双方亲家要同时动手分别将一对大鲤鱼的划水(鳍)上最大的刺剔出来。酒席上宾客多以喜酒令助兴,包括手巾令、跑堂令、箸(筷)子令、调羹(汤勺)令、酒壶令、茶令、行酒令、吃鱼令、谢厨令、敬客令等。宾客多夫妻结对赴宴,并携带菜肴以示祝福。此外,婚姻当日新人忌见孕妇,否则会导致新娘四年不孕。"洪泽湖渔民婚嫁礼俗"见证了渔民生产、生活的发展历史,也为研究淮河流域和洪泽湖地区婚嫁礼俗文化、近现代民俗现象提供了重要材料。

2009年6月20日,由淮安市洪泽县申报的"洪泽湖渔家婚嫁礼俗"被列入第二批省级非物质文化遗产名录。

第四节 生产商贸及消费习俗类

江苏省生产消费习俗历史悠久,直接起源于人们的生产活动与日常生活,包括生产、服务行业与服饰等。江苏省生产消费习俗一方面体现了实用性与艺术性的结合,在满足劳动与日常需求的同时体现出对生活情趣的追求;另一方面,体现了劳动人民对丰衣足食的幸福生活的追求。江苏省生产消费习俗在传承中发展,具有审美价值、历史价值、民俗价值,体现了地域特色,需要保护与发扬。

1. 水乡妇女服饰(苏州甪直水乡妇女服饰、胜浦水乡妇女服饰)

"水乡妇女服饰"以苏州甪直和胜浦最具特色。服装以三角包头、大襟纽襻拼接衣裤,配以绣襕裙、束腰带、绣花鞋、胸兜、卷膀。其制作采用拼接、滚边、纽襻、带饰、刺绣等多种技艺,原料、色彩、式样、制作工艺以及穿戴方式罕见。水乡妇女服饰适应了水乡妇女的劳动需要,结合了实用性和艺术性,反映了水乡民众的审美观念与吴地传统服饰文化的传承和积淀,体现了人民的聪明才智,表现出江南水乡民俗文化的特色。

(1) 苏州甪直水乡妇女服饰

"苏州甪直水乡妇女服饰"主要流布于以苏州市吴中区甪直镇为中心的区域,包括周边的胜浦、唯亭、斜塘、车坊,还有昆山周庄、陈墓等地区。

"苏州甪直水乡妇女服饰"随季节、年龄和礼仪需要的不同而变化显著。服饰体系包括髻髻头、包头、大襟衣、裤子、卷膀、肚兜、襕裙、襕腰、鞋履等。妇女均梳盘头并戴深浅双色三角包头巾,穿宽腰、宽袖口袖底的长上衣。其中,青年妇女的上衣多用花布,中年的多用深浅土林布,一般用两色花布拼接的接衫。裤子裆部宽大,裤裆用蓝或黑色土林布拼接,直到裤脚,脚管较小,里面用花布或浅色布贴边。腰部服饰由裙、腰头和穿腰组成。裙束在上衫外面,一般是两幅布前后叠压做成,两侧多折裥,用丝线绣裥。裙用浅色布或花布在正面滚边,背面贴边,可以两面穿着。系裙的腰带很长,在腰间绕一周后,至腰部挽结。腰头是束在裙外面的围裙,用两种颜色的布分三块拼成,两边用纽扣与穿腰相连接。穿腰是与腰头相联的腰带,上绣各种图案花纹。小腿上裹一块梯形的包布,称为卷膀。劳动时穿草鞋,平时穿"扳趾头"或"猪拱头"绣花鞋。水乡妇女服饰是适应稻作生产需要和满足审美追求的产物,在汉民族服饰中独树一帜。服饰在用料、裁剪、缝纫和装饰等方面极其讲究。拼接、滚边、纽襻、绣花都应用巧妙,具有特殊的审美价值,集实用与美观于一体,对当代服饰设计与生产有着重要的借鉴意义。如今,传统水乡妇女服饰濒临消失,有些绝活难以得到传承。2005年起,甪直镇制定一系列措施并设立文化实验基地进行保护与传承"苏州甪直水乡妇女服饰"。

(2) 胜浦水乡妇女服饰

"胜浦水乡妇女服饰"已有近5000年的历史。胜浦地处偏僻,一直处于农耕社会较封闭状态,胜浦地区妇女服饰得以相沿成习、相承流传。

"胜浦水乡妇女服饰"主要包括头梳髻髻头,扎包头,上身穿大襟衣,拼接衫,下身穿拼接中长裤,腰束襕裙、襕腰,腿裹卷膀,脚穿船形绣花鞋。髻髻头即"头髻",位于脑后,呈椭圆形。包头则是扎在头上,其形状呈梯形,底角为30度,用黑色直贡呢(也有黑绸纱)做主体,两端用月白、浅蓝、湖蓝等颜色的两块三角形布拼接,边缘用对比性强的异色布滚边,俗称"滚线香"。包头扎(俗称"戴"或"包"),扎在头上用来拢发、遮阳、避露、挡虫、御寒、保洁。大襟衣有布衫、加衫之分。布衫贴身穿,加衫穿在外面。有的在加衫上再穿一件大襟马夹。青年妇女一般用碎花形布制成布衫和加衫,即将大襟左半幅至肚脐、肩膀至肘部和袖口一段等部位用一块异色布，以及大襟右半幅至下半部、肘部至袖口一段本色布拼接而成的衣衫称拼接衫。拼接衫破了可以局部更换，既实用又美观。裤子则为宽腰且拼接，一般用蓝底印花土布和上青色布做本身和腿幅、全黑布作裤裆、3寸宽的白布作裤腰拼接而成。两侧制上两条六七寸长的裤带。裤腰宽大，裤脚管短而肥，孕妇也可穿着。卷膀类似"绑腿"。因裤子较短，裸露的小臂处由用花布或色布缝成的两块几乎是正方形的布片裹住、扎紧，俗称"卷膀"。肚兜是用一块1尺见方的花布或色布制成，即将上端一角剪成弧形，沿弧形缉上一块2寸宽的单色布作外贴边，贴边四周绣上花纹；弧形的两端制上一条红头绳，形成环形（讲究的用银链条）套在头颈上；中间两角再缝制两条带，在背腰部系住，使肚兜呈菱形状紧贴在胸前，遮住双乳。褶裙用于束在腰部，类似现代的短裙，具有增加腰部力度、御寒、遮盖等作用。褶腰，也称褶腰头，用于束在褶裙外面，具有护腰、保洁和装饰作用，仅1尺见方，两边用异色布拼接，另接2寸宽的腰，腰的两边接上6寸长、2寸宽，绣有精致、艳丽图案花纹的宽带（俗称"穿腰"）。鞋履为妇女常穿的绣花鞋。绣花鞋有"扳趾头"和"猪拱头"之分，"扳趾头"鞋鞋底前端尖而上翘，而"猪拱头"鞋鞋底前端不翘，鞋头外拱；鞋帮由两片合成，布料为青蓝土布，头部结合处用五彩丝线缉成花纹，俗称"锁梁"；鞋跟装有"鞋叶拔"，头部鞋面用五彩绢丝线对称绣着各种图案花样。绣花鞋造型别致、色彩鲜艳、针工细腻、花样古朴，中华人民共和国成立后，绣花鞋逐渐消失。胜浦水乡妇女服饰具有实用性、装饰性和经济性，是水乡妇女长期智慧积累和劳动实践的结晶，凝结着水乡妇女的智慧、情感，以及勤俭的美德和审美情趣，集实用和美观于一体，值得加以保护、传承。

2006年5月20日，由苏州市申报的"甪直水乡妇女服饰"被列入第一批国家级非物质文化遗产名录，2007年3月24日，被列入第一批省级非物质文化遗产名录；2009年6月20日，由苏州市工业园区申报的"胜浦水乡妇女服饰"被列入省级非物质文化遗产扩展名录。

2. 扬州"三把刀"

起源流传于扬州地区的"三把刀"技术可追溯到春秋时期，兴盛于汉唐至明清，是以厨刀、修脚刀和剃头刀为代表的扬州饮食、沐浴、美发三个行业的总称。

"三把刀"是扬州特有的地域文化。扬州菜名厨辈出，名菜迭现，名宴荟萃；扬州沐浴"汤饱气圆"；扬州修脚、擦背由技而医，由医而艺，盛名远扬；扬州美发技艺精湛，以精修细剪，操作细腻，刀法轻柔而著称。"三把刀"技艺诞生于民众的生活需求，融入了民风习俗并随社会进步而升华创新，是民俗文化与地域文化的代表，体现了扬州人对唯美、唯精、唯真、唯雅生活境界的追求，具有文化渗透力和艺术感染力。扬州"三把刀"见证了扬州历史，具备民众性、民族性、地域性、时代性等特征，有重要的历史文化、人文研究和社会价值。"三把刀"技艺至今仍保持着可持续发展的强劲态势，是古城的一项支柱产业，有经济、科学等现实价值。因此，政府陆续采取多种手段予以保护、传承、发扬。

2007年3月24日，由扬州市申报的"扬州'三把刀'"被列入第一批省级非物质文化遗产名录。

3. 柚山放灯节

"柚山放灯节"流传于常州市金坛长荡湖地区，以金坛市儒林镇柚山村最具代表性。它始于明末清初，源于对"火"的崇拜。

"柚山放灯节"有超度孤魂野鬼与逝去亲友，保佑太平之意。放灯节分"放河灯"和"放旱灯"两类，一般3年轮换一类以示诚意。河灯较简易轻便，有荷花状、小船状、飞禽走兽状，通常以竹篾扎骨蒙透光纸，配上硬纸板、木片或泡沫为底座，内点半截蜡烛。放灯的地点在河湖等水边，放灯过程大约3个小时，由一条船头悬"怪头王"灯的龙船在前，船上鸣锣鼓，其余灯船跟随其后，于柚山河至长荡湖东侧自西向东行驶，妇女们许愿并将点上蜡烛的灯放入水中。当放灯船到达终点"山下桥"时，将大船头的"怪头王"灯烧掉，守在岸边的村民敲锣打鼓、燃放烟花爆竹迎接。旱灯做法讲究，品种较多，有瓜灯、方灯、龙灯、猴灯、兔灯、牛灯、鱼灯等，用竹篾扎骨蒙透光纸，或用铁皮或用铁丝成框插上挡风玻璃，再安上手柄或支杆，内点蜡烛或灯泡，一般做成后可反复使用，各家基本按照男性的人口数备灯。放旱灯时，通常由家中男性携灯围绕全村田野转一遍，男人不在家的或男孩年龄太小，则由他人代劳。放灯节具有江南水乡特色，对研究江南民间的风俗与农耕文化均具有参考价值，因此当地政府采取措施对其进行保护与弘扬。

2009年6月20日，由常州市金坛市申报的"柚山放灯节"被列入第二批省级非物质文化遗产名录。

4. 海州湾渔俗

"海州湾渔俗"流布在连云港市及周边沿海地区，源于渔民的生产、生活、社会习俗和习惯。连云港市近海区域为海州湾渔场，因此这些习惯、习俗统称为"海州湾渔俗"。

海州湾的地理位置和海上生产的特殊性造就了这里以海上生产、生活为主线，渔民风俗习惯融合上古渔民风俗与后世新风俗，个性鲜明，海洋文化浓郁。"海州湾渔俗"大致可分为生产习俗、社会习俗、生活习俗和信仰习俗四大类。在生产实践中，渔民形成了顺从性强、实用性强、避驱忌讳多、吉利彩话多、信仰崇拜多等特征。渔民认为不吉祥的话和事，绝对不说不做。开口讲究"彩字"，如取鱼叫"取彩"，馈赠叫"彩头"，船上作业叫"唱号子"等。海上劳动时，为了自娱自乐，提升劳动情绪，起篷、起锚、拔缆、点水、抛锚、打桩、张网、拿鱼等，都要喊号子，并形成摇缆号子、开网号子、打桩号子、拔锚号子、推关号子、起锚号子、拔篷号子、撑船号子等，多为一人领唱，众人和唱。"海州湾渔俗"具有整个海州湾及南至东海北达渤海的渔家风俗共性，为研究沿海渔民生产、生活情况提供了重要依据。当地政府采取了相关措施对该习俗加以保护，如赣榆设立渔民文化展馆、拍摄海州湾渔民风俗、申报非物质文化遗产等。

2009年6月20日，由连云港市申报的"海州湾渔俗"被列入第二批省级非物质文化遗产名录。

第五节　其　他

抬阁（芯子、铁枝、飘色）（金坛抬阁、东山台阁）

"抬阁"，又称"台阁"，似一座抬在肩上的戏台。庙会时由身强力壮的成人抬着在街上巡游，孩童则在上面扮演民间喜闻乐见的戏剧人物造型，是一种高空杂技表演和戏文相结合的古老民间艺术。

（1）金坛抬阁

"金坛抬阁"，主要流传于常州市金坛金城镇及周边地区。它兴起于明朝，相传起源于庆祝戚继光抗倭胜利，后历经民初、抗战时期和中华人民共和国成立前后三个发展阶段。

"金坛抬阁"是一种融戏剧造型和杂技娱乐表演为一体的大型民俗活动。其间，由5至7名10岁以下的童男童女装扮成古装戏剧人物造型，悬立在若干层方形阁架上，在庙会出会时，由16人抬着并配之于吹打器乐出行。兴盛时，金坛曾有城隍庙、忠佑祠庙、河西庙、李王庙、八蜡庙、殿值祠、河东庙等7支抬阁同时出行。"阁"的制作是以木桩和插销为"骨"，以"桩"载人，分层连体固定，由高至下分五层为顶桩、二桩、三桩、四桩和末桩，上下高达两丈五尺。"阁"为六尺长、五尺宽的长方形座架，有四条腿的长方底座，以木杆为支架，装饰有假山、曲桥、栏杆、花卉、绿荫和亭台，造型典雅。"金坛抬阁"与传统戏剧结合紧密，其仪俗、内容、造型和规模以及使用的吹打器乐，都具有江南地域特征。"金坛抬阁"不仅具有相关学术研究价值，也是海峡两岸和海外华人乡情联谊的重要纽带。金坛市相关部门已采取多种手段，于2007年成功复活金坛抬阁并对其进行保护传承。

（2）东山台阁

苏州市吴中区"东山台阁"起源于南宋时人们南渡期间从中原带到江苏的民间艺术，清代融入地方特色并盛行。

吴中地区每到清明前后，全镇72个自然村都会出一次台阁，俗称"三月会"，创作的台阁有百多种。"东山台阁"所需的道具、轿座、服装均由当地工匠裁缝制成，孩童演员与抬台阁的人员也是本地村民，演出舞台是古镇的大街小巷，村民为主要观众。表演的内容大多是民间广泛流传的传统戏剧故事。一般每只台阁上有两个4~8岁的孩童演出，分置两层，男在下，女在上。在下者立在1米见方的中空木质座子上，按剧情手持相应道具；在上者则一脚踏在道具上。两位演员都身穿彩色戏装，表演兼具戏剧与杂技特色，观赏性强。4名壮汉抬着台阁缓步行走，台阁前面由无情叉和锣鼓开道；台阁旁边有两人手执鸳鸯叉，时时维护台阁上小演员的安全。此外，"东山台阁"的装法直接关系到演出的成败。民间艺人根据剧情以其变幻无穷的道具贯穿于台阁的安装和表演之中，凭借台阁的道具、行装和小演员的表演技巧与其他台阁竞争。"东山台阁"承载着中华民间信俗、民俗文化的众多信息,对传统戏剧的传承起到了积极的作用,也为研究中国民间艺术史、中国戏剧发展史和江南民俗文化提供了依据,具有重要的历史文化价值、艺术价值和学术价值。2002年来,东山镇人民政府积极制订发展规划,实施相关措施保护传承"东山台阁"。

2007年3月24日,常州市金坛申报的"金坛抬阁"被列入第一批省级非物质文化遗产名录,2008年6月7日,被列入第二批国家级非物质文化遗产名录;2009年6月20日,苏州市吴中区申报的"东山台阁"被列入省级非物质文化遗产扩展名录。

第十章　非物质文化遗产保护与传承

江苏按照"保护为主、抢救第一、合理利用、传承发展"的保护方针和"政府主导、社会参与,明确职责、形成合力,长远规划、分步实施,点面结合、讲求实效"的原则,全面开展非物质文化遗产保护,保护工作不断深入。2006年11月,江苏省在全国率先制定并实施《江苏省非物质文化遗产保护条例》。至2008年底,初步构建起了一套较为完整的非物质文化遗产保护体系;培育和建立起了一支具有较高业务水平和专业技能的保护工作队伍;扎实全面地开展和完成了非物质文化遗产普查工作;建立起了完整的国家、省、市、县四级非物质文化遗产名录体系;先后规划和建设了一批非物质文化遗产保护场所;举办了一系列关于非物质文化遗产保护的论坛和讲座以及"江苏绝技展""中国故事·人文江苏"等一系列非物质文化遗产展示活动;非物质文化遗产名录项目得到了有效保护和传承。江苏非物质文化遗产保护不仅在立法、普查、传承人保护、项目保护、展馆建设、宣传展示等方面走在全国前列,而且,通过开展非物质文化遗产保护,彰显了江苏优秀传统文化的内涵和价值,唤起了全社会的广泛关注和广大人民群众的积极参与,对延续江苏人文脉络,促进江苏和谐发展、科学发展起到了重要作用。

江苏非物质文化遗产保护主要分为两个阶段。1978～2003年,为民族民间文化保护阶段。这一阶段,因为"非物质文化遗产"的概念尚未提出,江苏省开展的民族民间文化保护,实质上也是对非物质文化遗产的保护。江苏省对民族民间文化资料进行收集、整理,对传统工艺美术进行挖掘和扶持,结合开展群众文化活动和创建文化先进县的工作,对优秀民间文艺进行传承和保护。1993年,省政府颁布了《江苏省传统工艺美术保护条例》,先后两次公布了45个特种工艺美术保护品种。自1996年起,江苏在全国率先进行"民间艺术之乡"的评选命名工作,此项活动结合文化先进县的创建同时展开。到2003年,全省共建成73个民间艺术之乡,其中有33个县(市、区)乡镇被文化部命名为"中国民间艺术之乡",56个县(市、区)被省文化厅命名为"江苏民间艺术之乡",一些优秀的民间艺术在舞台和生活中重现生机,得以保护和传承。

2004～2008年,进入非物质文化遗产保护阶段。2004年2月,江苏省按照文化部的要求,开始实施江苏省民族民间文化保护工程。随着中国加入联合国《保护非物质文化遗产公约》,江苏省的民族民间文化保护工程由保护民族民间文化扩展到保护所有的非物质文化遗产。江苏省建立了组织领导机构,并逐步健全完善了运行管理机制与工作网络,制定了法律法规和相关文件,落实保护工程专项资金,开展试点工作。在保护工程实施过程中,省和各地举办了全省民族民间文化保护工作培训班、申报国家级非物质文化遗产代表作培训班、非物质文化遗产普查工作培训班等各类培训班等,培养业务骨干,逐步建立起一支具有较高水平和较强专业能力的保护工作队伍。按照文化部的统一部署,全面深入地开展非物质文化遗产普查;广泛开展非物质文化遗产研究和学术交流;整理、出版相关资料和书籍,建立档案资料库;建立和完善国家、省、市、县四级非物质文化遗产名录体系;探索建立保护传承人制度;对项目实施科学保护;规划和建设非物质文化遗产展馆和传承基地;大力开展非物质文化遗产宣传展示活动。保护工程实施以来,非物质文化遗产保护深入人心,一批濒危的非物质文化遗产项目得到抢救,大量非物质文化遗产资源得到收集和整理,非物质文化遗产传承人得到有效保护,非物质文化遗产项目得到传承和发展。相当一部分非物质文化遗产重回现实生活,在社会发展中发挥着越来越重要的作用。

第一节　法规与机制建设

为保护传承非物质文化遗产，江苏省进行了一系列法规与机制的建设工作。

2004年7月21日，以在南京召开的江苏省民族民间文化保护工程工作会议为标志，江苏省全面启动了非物质文化遗产保护工作。省里成立了由省文化厅、省财政厅、省文联分管领导和有关处室负责人以及省内专家代表组成的省保护工程领导小组，成立了省民族民间文化保护工程专家评审委员会，建立了非物质文化遗产保护厅际联席会议制度。

2005年，江苏省13个省辖市的民族民间文化保护工程组织领导机构、专家咨询机构和市级中心相继建立，形成省、市两级工作网络，按照文化部关于"先行试点，分步实施"的原则，积极开展试点工作，抢救一批濒危项目。省文化厅对全省13个专业项目试点和1个综合性试点单位分别下达了10~30万元的启动资金，并为各市保护工程中心配备了约3万元的器材，并定期出版江苏省民族民间文化(非物质文化遗产)保护工程《工作简报》。

2006年江苏省十届人大常委会第25次会议通过《江苏省非物质文化遗产保护条例》(以下简称条例)，并于同年施行。

2007年江苏省文化厅增设了非物质文化遗产处，编制上与社文处合一，但独立运行。同时，成立了江苏省非物质文化遗产保护中心，与江苏省文化馆"一套班子，两块牌子"。各市、县非物质文化遗产保护机构也逐步建立和完善。

表10.1　1993~2008年江苏省非物质文化遗产政策法规一览表

地区	名　称
江苏省	《江苏省传统工艺美术保护暂行条例》(1993)
	《江苏省传统工艺美术保护暂行条例(修正)》(1997)
	《关于实施江苏省保护和振兴昆曲艺术工程的通知》(2004)
	《江苏省关于实施民族民间文化保护工程的通知》(2004)
	《江苏省民族民间文化保护专项补助经费使用管理办法》(2004)
	《江苏省人民政府关于加强文化遗产保护工作的意见》(2006)
	《江苏省非物质文化遗产保护条例》(2006)
	《江苏省非物质文化遗产代表作申报评定暂行办法》(2006)
	《江苏省非物质文化遗产代表性传承人命名与资助暂行办法》(2006)
	《江苏省非物质文化遗产征集与管理办法》(2007)
南京	《南京市文化局、南京市财政局关于实施民族民间文化保护工程的通知》(2004)
无锡	《无锡市传统工艺美术保护条例(修正)》(1997)
	《宜兴市梁祝文化遗产保护规划》(2003)
	《无锡市文化局、无锡市财政局关于实施民族民间文化保护工程的通知》(2005)
	《无锡市宜兴紫砂保护条例》(2006)
	《无锡惠山泥人传承扶持办法》(2007)
	《无锡市宜兴紫砂陶工艺保护和发展条例》(2007)
常州	《常州市文化局、常州市财政局关于实施民族民间文化保护工程的通知》(2005)
苏州	《苏州市保护、继承、弘扬昆曲遗产工作十年规划纲要》(2004)
	《苏州市民族民间传统文化保护办法》(2004)
	《苏州市民族民间传统文化保护专项资金管理办法》(2004)
	《苏州市传统工艺美术保护办法》(2004)
	《中国民族民间文化保护工程苏州市综合性试点总体实施方案》(2004)
	《苏州市文化局、苏州市财政局关于实施民族民间文化保护工程的通知》(2005)
	《苏州市昆曲保护条例》(2006)

续 表

地区	名 称
	《关于苏州评弹艺术传承发展工程的实施意见》(2006)
	《关于建立苏州评弹艺术传承人制度的实施意见》(2007)
	《苏州评弹艺术工作十年规划纲要》(2007)
南通	《南通市文化局、南通市财政局关于实施民族民间文化保护工程的通知》(2004)
连云港	《连云港市文化局、连云港市财政局关于实施民族民间文化保护工程的通知》(2005)
	《连云港市非物质文化遗产保护工作管理办法》(2008)
淮安	《淮安市文化局、淮安市财政局关于实施民族民间文化保护工程的通知》(2005)
扬州	《扬州市文化局、扬州市财政局关于实施民族民间文化保护工程的通知》(2004)
	《扬州市非物质文化遗产代表作申报评定暂行办法》(2007)
镇江	《镇江市文化局、镇江市财政局关于实施民族民间文化保护工程的通知》(2004)
泰州	《泰州市文化局 泰州市财政局关于实施民族民间文化保护工程的通知》(2004)
	《靖江非物质文化遗产——做会讲经十年保护计划》(2005)

表 10.2　2004～2008 年江苏省民族民间文化保护工程试点项目一览表

地区	试点项目名称	试点项目性质(级别)
苏州	苏州市民族民间传统文化	结合性试点(国家级)
南京	南京白局	专业性试点(省级)
无锡	无锡手捏泥人	专业性试点(省级)
无锡	宜兴手工紫砂陶艺	专业性试点(省级)
徐州	睢宁落子舞	专业性试点(省级)
常州	常州手绘梳篦	专业性试点(省级)
南通	南通板鹞风筝制作技艺	专业性试点(省级)
连云港	海州五大宫调	专业性试点(省级)
淮安	金湖秧歌	专业性试点(省级)
盐城	东台发绣	专业性试点(省级)
扬州	扬州清曲	专业性试点(省级)
镇江	以《白蛇传》为代表的镇江口述文学	专业性试点(省级)
泰州	溱潼会船	专业性试点(省级)
宿迁	云渡桃雕	专业性试点(省级)

表 10.3　江苏省各级非物质文化遗产保护工作机构情况一览表

地区	保护工作部门	保护中心
江苏省	江苏省文化厅社会文化处(非物质文化遗产处)	江苏省文化馆(江苏省非物质文化遗产保护中心)
南京	南京市文化局社会文化处	南京市群众艺术馆(南京市非物质文化遗产中心)
无锡	无锡市文化广电新闻出版局文化艺术处	无锡市非物质文化遗产保护中心
徐州	徐州市文化广电新闻出版局社会文化处	徐州文化馆(徐州市非物质文化遗产保护中心)
常州	常州市文化广电新闻出版局社会文化处	常州文化馆(常州市非物质文化遗产中心)
苏州	苏州市文化广电新闻出版局社会文化处(非物质文化遗产处)	苏州市文化研究中心(苏州市民族民间文化保护管理办公室)
南通		南通市文化馆(南通市非物质文化遗产保护中心)
连云港	连云港市文化局非物质文化遗产处	连云港市艺术研究所(连云港市非物质文化遗产保护中心)

续表

地区	保护工作部门	保护中心
淮安	淮安市文化广电新闻出版局社会文化处(非物质文化遗产处)	淮安市文化馆(淮安市非物质文化遗产保护中心)
盐城	盐城市文化局社会文化处	盐城市文化馆
扬州	扬州市文化局社会文化处	扬州市文化馆(扬州市非物质文化遗产中心)
镇江	镇江市文化局文化艺术处	镇江民间文化艺术馆
泰州	泰州市文化局文化处	泰州市文化馆(泰州市非物质文化遗产保护中心)
宿迁		宿迁市文化馆(宿迁市非物质文化遗产保护中心)

说明：表格内容统计时间截至2008年12月31日。

第二节　非物质文化遗产普查工作

2006年起，江苏省实施了非物质文化遗产普查工作。在文化部的统一组织和指导下，按照"全面性、真实性"的原则，江苏省文化厅根据普查工作的目标任务和要求，结合本省普查工作实际，把"家底清、现状明、记录全、质量高"作为普查工作的方向，坚持"全面、真实、科学"的原则，对省内非物质文化遗产的项目表现形式、传承脉络和生存现状进行了调查，并保留了文字、图片和音像记录。

一、工作机制及队伍建设

2006年，江苏省成立了专门的普查工作领导小组，制定了《江苏省非物质文化遗产普查方案》（以下简称《方案》）。

2006年至2008年，根据《方案》规定，各市、县(市、区)普查工作的经费由当地财政支出，各地文化部门根据国务院办公厅的《关于加强我国非物质文化遗产保护工作的意见》，向当地财政部门申请专款。江苏省文化厅共安排600余万元专项经费用于基层普查工作，三年普查期间全省合计投入普查经费2 750.69万元，另有电脑1 029台、录音笔531支、照相机860只、摄像机299台等。以有力的财政与设备支持保障工作的顺利进行。

普查期间，江苏省根据《方案》要求建立省、市民族民间文化保护工程领导小组，统一部署工作。各市、县(市、区)成立专门的普查工作领导小组，确定普查实施单位，并从文化馆、文化站以及图书馆、博物馆、艺术研究机构等抽调骨干，组成专门的普查班子。同时，责成各市民族民间文化保护工程领导小组办公室负责所在市普查资料汇总，省民族民间文化保护工程领导小组办公室负责对全省普查资料进行汇总。各地文化部门除了组织和抽调文化系统的专门人才从事普查工作外，还广泛吸纳教育、商贸、宗教、中医药、工艺美术等系统的专家，以及老干部、老教师、老文化站长、民间老艺人等"四老"人员参加，从而组织和建立起一支专兼职相结合的普查工作队伍。

2004年起，为配合全省民族民间文化保护工程，江苏省文化厅举办每年一次的非物质文化遗产培训班，根据非遗普查工作的具体要求，对普查人员加强培训，培训班积极配合文化部的工作要求，邀请了国内著名的非物质文化遗产保护工作专家针对的是非遗普查工作的理念、方法、流程、规范等共性问题开展讲座，各市也举办培训班对调查中的实际操作进行培训。截至2008年底，全省各地共计组织934期培训班，25 488人次接受了培训，为普查工作能够迅速、有效、全面的开展做出了重大贡献。

为保证普查工作的科学规范，江苏省民族民间文化保护工程领导小组还根据分类别成立了多个专家指导组，对全省普查工作进行分类指导、咨询、检查与验收。各市民族民间文化保护工程领导小组也根据当地情况，组织专业人员成立相应的普查工作专家指导组，负责指导本地区的普查工作。

表10.4 江苏省非物质文化遗产普查相关会议及培训工作一览表

培训时间	培训名称	培训内容	参加人员
2005.1.10～2005.1.12	苏州市民族民间文化保护工程第一期培训班（管理类）	开展普查、建立机构、建设一批基地、制定法规规章、完善投入运作机制、设立专项基金；国家级专家乌丙安、方李莉授课	全市、区文化主管部门的分管局长、社文科长、文化馆长、图书馆长和项目负责人
2006.4.24～2006.4.26	江苏省非物质文化遗产普查工作培训班	中国文联研究员刘锡诚、中国国家博物馆研究员宋兆麟和南京艺术学院教授徐艺乙，就非遗普查工作的方法和操作流程作专题讲座	全省各市文化局、市民族民间文化保护工程中心同志60余人
2006.5.12	扬州市非物质文化遗产普查工作培训班	对全市非物质文化遗产保护工作进行部署；刘锡诚、宋兆麟、徐艺乙3位专家授课	全市各县(市)、区的文化馆长、文化站长，专职普查人员等
2006.5.24～2006.5.25	徐州市非物质文化遗产普查工作培训班	传达省非物质文化遗产保护工作会议精神，公布《徐州市民族民间文化保护工程机构及成员名单》《徐州市非物质文化遗产普查方案》，部署全市非遗普查工作，省有关专家进行辅导授课	全市各县(市)、区的文化局分管局长、文化科长，文化馆长，部分镇文化站长，专职普查人员及市保护中心办公室全体人员近100人
2006.6.15～2006.6.22	镇江市非物质文化遗产普查培训班	就非物质文化遗产普查、申报工作进行培训	镇江市各辖市、区非遗保护工作人员
2006.6.23	泰州市非物质文化遗产普查工作会议	传达省文化厅的非遗普查会议精神及要求，部署开展全市非遗普查工作	泰州市各市(区)文化局分管局长、文艺科长、文化馆长、保护工程中心负责人
2006.6.27～2006.6.29	常州市非物质文化遗产培训班	部署非物质文化遗产普查工作及首批省级非物质文化遗产名录申报工作，省、市非物质文化遗产保护专家授课	各辖市区的文化局分管局长、文化科长，文化馆长及部分文化站站长，市保护中心等40余人
2006.6	宿迁市非遗普查工作培训班	根据文化部、省文化厅的要求，指导培训全市开展非遗普查工作	宿迁市及各县区文化局分管局长、文化科长、文化馆长非遗保护工作人员
2006.7.14	淮安市非物质文化遗产保护工作会议及培训班	传达省文化厅的非遗普查会议精神及要求，部署全市非遗申报、普查工作并进行培训	淮安市各县(区)文化局分管局长、文化科长及县(区)文化馆长及非遗保护工作人员
2006.11	盐城市非遗普查工作培训班	有关专家集中就非遗普查的标准和要求进行授课培训辅导	盐城市及各县、市、区文化局、文化馆非遗工作人员
2007.4	宿迁市非遗普查工作培训班	针对普查中遇到的问题有针对性地进行业务培训辅导	宿迁市及各县区非遗保护工作人员
2007.5	无锡市举办非遗保护工作培训班	省非遗保护专家进行授课，对普查、申报工作进行业务培训辅导	无锡各市、区非遗保护工作人员、文化站长
2007.6	南通市非物质文化遗产普查工作推进(培训)会	省非遗保护专家就非遗普查工作进行现场指导、授课	全市(县市区)文化局社文处、市文化馆、各县(市、区)文化局及文化馆非遗保护负责人
2007.7.12～2007.7.13	常州市非物质文化遗产普查工作培训班	省文化厅非遗处、省非遗保护专家授课	各辖市、区文化局文化科(社文科)科长，文化馆长，市级首批非遗名录的申报单位、保护单位工作人员
2007.7	苏州市非物质文化遗产普查工作(第二期)培训班	国家保护工程专家委员会委员进行授课，针对有关问题进行了2个专题案例讲解	全市、区文化部门的分管局长、社文科长、文化馆长、图书馆长和非遗项目负责人共170多人
2007.9.28～2007.9.29	全省非物质文化遗产普查工作推进会	传达全国非物质文化遗产保护工作会议精神，总结交流全省非遗普查工作情况，部署下一阶段的工作任务并进行专题辅导	各市文化局分管局长、社文处长、省、市非遗保护中心主任和部分县市文化局长、保护中心主任
2008.6	苏州市非物质文化遗产保护、普查工作(第三期)培训班	邀请3位国家级非遗保护专家就民间文学、工艺美术、民俗等项目进行专项培训	全市、区文化主管部门的分管局长、社文科长、文化馆长、项目负责人等
2008.10.13～2008.10.15	全省非物质文化遗产普查工作现场会及业务培训	总结全省非物质文化遗产普查工作情况，结合传达全国非物质文化遗产保护工作会议精神，部署非遗普查工作阶段主要任务；国家级非遗保护专家进行辅导授课	省文化厅、徐州市、邳州市领导及各市文化局分管局长、社文处长、非遗保护中心主任、部分县(市)文化负责人等

二、普查过程及成果

2007年~2008年,江苏省文化厅通过召开会议推进全省非物质文化遗产普查工作。会上,各市、县总结了普查经验,强调了普查工作的原则和标准。依据全省"统一部署,分级负责,以县为主"的普查工作责任制和"自下而上查报信息,自上而下指导采录,上下联动实施普查"的工作机制,建立了非遗主要传承人登记册、非遗重要实物登记册、非遗档案资料库(室)和报送非遗资料汇编、非遗资源项目清单、非遗普查总结报告、非遗普查工作统计报表,作为县(市、区)完成普查工作的前提和必要条件。

2008年12月,江苏省文化厅组织四个督导组先后分赴13个市的22县(市、区)对普查工作进行了督导,解决基层工作中的问题。非遗普查工作人员对民间艺人及社区民众进行访谈,同时注意收集文本、图像、视频资料、实物资料等,并使用规范化的表格登记相应的内容。普查期间,全省各地利用报纸、广播、电视、政府网站等媒体对普查工作进行了广泛的宣传,通过设立咨询处、公布热线电话、发放线索表、公开收购普查线索以及调查、座谈、走访等形式,动员全社会参与。

到2008年底,全省基本高质量完成普查工作。全省共动员11 800余人参与普查,走访对象85 900余人,调查、记录非遗项目27 000余项,汇编非遗资料达187卷(册),收集非遗实物33 200余件,录制音像资料2 900余盘(盒)。全省106个县(市、区)和3个经济开发区全部汇编出版了普查资料。通过普查,全面摸清了江苏境内非物质文化遗产资源的种类、数量、分布状况、生存环境、保护传承现状,真正落实了"家底清、现状明、记录全、质量高"的要求。

江苏省此次非物质文化遗产普查项目共计27 960项,范围涵盖17个一类项目,54个二类项目。其中民间文学12 274项,传统音乐1 524项,传统舞蹈945项,戏曲323项,曲艺492项,杂技108项,传统美术1 052项,传统技艺2 875项,生产商贸习俗977项,消费习俗802项,人生礼仪1 340项,岁时节令1 176项,民间信俗1 414项,民间知识755项,游艺、传统体育与竞技969项,传统医药827项,其他107项(见图一)。

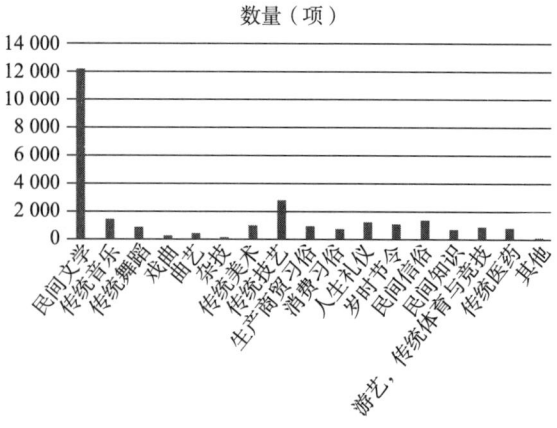

图一 全省各类非物质文化遗产资源数量分布图示

全省非遗资源从行政区域数量的分布来看,由高到低依次为连云港5 331项;淮安3 135项;苏州2 938项;无锡2 670项;泰州2 075项;南京2 004项;宿迁1 896项;徐州1 867项;南通1 793项;镇江1 266项;常州1 228项;扬州955项;盐城802项(见图二、图三)。

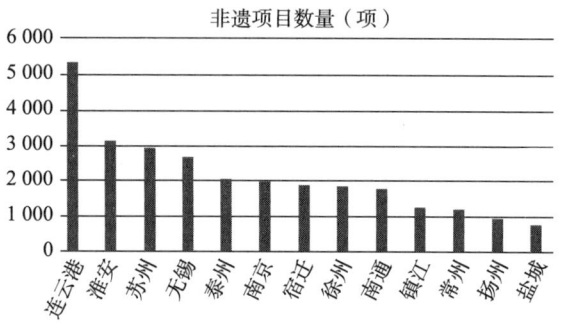

图二 全省各市非物质文化遗产资源数量的分布图示

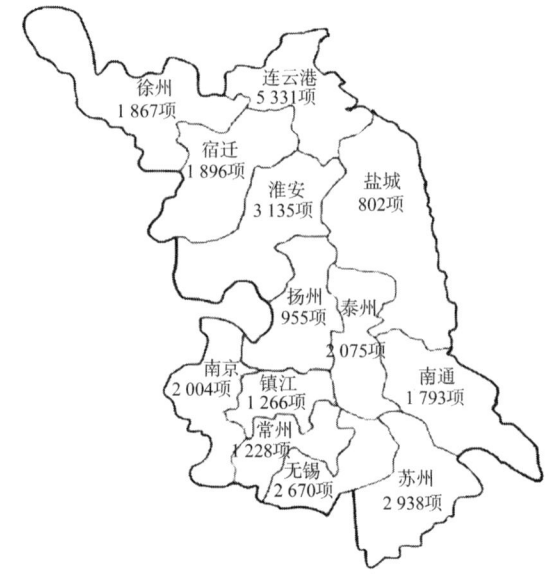

图三 非物质文化遗产资源在全省行政区划图上的分布图示

第三节　代表性项目保护

江苏省按照文化部部署,于2005年开展国家级非物质文化遗产代表性项目的申报工作。全省各地区组建了申报工作班子,根据《国家级非物质文化遗产代表作申报评定暂行办法》,认真研究、写好申报文本,组织相关人员参加了在北京举办的国家级非物质文化遗产代表作申报工作培训班,并在南京市举办了"江苏省申报国家级非物质文化遗产代表作培训班"

2006年,国务院公布了第一批国家级非物质文化遗产名录,其中江苏入选37项;同时,江苏省根据《文化部关于加快建立我国非物质文化遗产名录体系的通知》开展第一批省级非物质文化遗产代表作的申报评审工作,建立省级非物质文化遗产名录,制定了《江苏省非物质文化遗产代表作申报评定暂行办法》《江苏省非物质文化遗产保护工作厅际联席会议制度》《江苏省非物质文化遗产名录评审工作规则(试行)》等相关文件,还建立了江苏省非物质文化遗产专家库。2007年,江苏省人民政府公布了江苏省第一批省级非物质文化遗产名录,123个项目入选。2008年,国务院公布了第二批国家级非物质文化遗产名录和国家级非物质文化遗产扩展名录,江苏新增国家级非物质文化遗产54项。至2008年底,全省入选第一批和第二批国家级非物质文化遗产名录项目91项,入选数量名列全国各省、市、区前茅。此外,江苏还有昆曲(2001)、古琴艺术(2003)两个项目入选了联合国教科文组织的人类非物质文化遗产代表作名录。截至2009年底,在省级以下非物质文化遗产代表性项目名录的申报工作中,全省共公布市级非遗名录817项,县(市、区)级非遗名录2 029项,基本建立起完整的国家、省、市、县(市、区)四级非物质文化遗产名录体系。

在开展非物质文化遗产保护时,全省重点并优先保护国家级非物质文化遗产项目及濒危项目,充分尊重非物质文化遗产项目的生存方式、个性和特点,致力于改善非物质文化遗产项目的生存环境,激发和增加非物质文化遗产项目内在的生命力,全面传承发展非物质文化遗产项目,针对不同项目采取不同的保护措施。全省91项国家级项目的保护工作都取得了比较好的成效。

表10.5　江苏省非物质文化遗产保护相关会议及培训工作一览表

培训时间	培训名称	培训内容	参加人员
2005.6.16~2005.6.18	江苏省申报国家级非物质文化遗产代表作名录培训班	中国艺术研究院田青教授、南京艺术学院徐艺乙教授就申报项目文本制作、申报工作程序等进行授课	全省辖市社文处长、省直及各市拟申报国家级非遗代表作的项目单位负责人共40多人
2005.11.8~2005.11.10	常州市民族民间文化保护工作培训班	省级有关工作专家就关于非物质文化遗产保护工作的问题授课	市文化馆馆长、市中心工作人员;各辖市、区文化局(教育文体局)分管局长;各辖市、区文化馆馆长等
2005.11	宿迁市非物质文化遗产传承与保护讲座暨"云渡核雕"技艺培训班	中央美术学院李振球教授作"云渡核雕"雕刻艺术的传承与发展专题讲座	泗阳核雕民间艺人、村镇干部和市县文化部门相关人员
2005.12	南通市民族民间文化保护工程推进会暨业务培训班	对全市民族民间文化保护工程相关工作进行总结和回顾,并对下阶段民族民间文化保护工作进行部署,就保护工程业务进行培训	南通市文化局、财政局、民族民间文化保护工程中心负责人,各县(市)、区人民政府分管领导、财政局、文化局、文化馆等有关方面的负责人
2006.2.14	常州市民族民间文化保护工作培训班	针对常州市11个试点项目申报文本的制作、统一规范格式、项目的传承人、传承谱系、保障机制,保护计划,历史发展等内容进行指导和辅导	常州市文化局、市民族民间文化保护中心、辖市、区文化局、文化馆及项目单位负责人
2006.5	苏州市非物质文化遗产申报工作培训班	国家级、省级、市级非遗项目申报工作及相关要求	全市非遗保护工作人员及有关项目单位负责人和传承人
2007.3.20~2007.3.21	全省非物质文化遗产工作会议暨第二批国家级非遗代表作名录申报工作培训班	文化部社会文化司巡视员周小璞、中国艺术研究院非遗数据库管理中心主任王路等专家授课;部署培训全省第二批国家级非遗名录申报工作,推进非遗普查数据库建设	全省各市文化局分管局长、社文处长、文化馆长、保护中心主任及有关单位工作人员90余人

续表

培训时间	培训名称	培训内容	参加人员
2007.4.26	连云港市非遗保护工作会议暨培训班	布置年度全市非遗保护工作并进行业务培训	全市各县区非遗保护工作人员及相关项目传承保护单位
2007.6.9～2007.6.10	江苏省非物质文化遗产保护知识公益讲座	国家级非遗保护工作专家委员会乌丙安、刘魁立专家做关于非遗保护知识讲座	全省非遗保护工作人员、志愿者约200人
2007.11.6～2007.11.7	"海州五大宫调"研讨会暨非遗保护工作讲座	国家级非遗名录项目"海州五大宫调"的保护与传承研讨，国家非遗保护中心专家就非遗保护工作举办辅导讲座	省有关专家、学者，连云港市各县区非遗保护工作人员及项目传承保护单位传承人
2007.12.3	宿迁市非遗代表性名录申报培训班	非物质文化遗产概论，非遗名录项目采集内容、信息及工作方法、申报书制作等	宿迁市及各县区非遗保护工作人员、乡镇文化中心主任、各行业协会负责人等
2008.3.9	沭阳县级非物质文化遗产代表性名录、传承人申报工作培训班	对非遗传承人申报工作的意义，申报工作程序、要求、范围、条件等专题培训	申报单位、行业协会负责人、民间老艺人及乡镇文化中心主任等

第四节　代表性传承人保护

2006年，江苏在全国率先制定实施《江苏省非物质文化遗产代表性传承人命名与资助暂行办法》，开展代表性传承人命名工作。把加强对年事已高、掌握特殊传统技艺传承人的抢救性保护列为保护工作的重点之一，积极探索有效的传承机制，通过保护非遗传承人，带动非遗项目的抢救与保护。

一、国家、省、市、县级代表性传承人名录申报工作

建立起市级、县(市、区)级代表性传承人名录，开始逐步形成国家、省、市、县(市、区)四级非物质文化遗产代表性传承人名录的保护体系。除国家级、省级传承人的保护工作外，江苏各地在保护传承人方面也作了很好的探索和尝试，结合实际采取保护传承人的措施，改善了传承人生存状况，促进了传承活动的开展。

据江苏省文化厅提供的资料，2007年2月7日，江苏省文化厅对第一批31名省级非物质文化遗产代表性传承人进行了命名和拜师仪式；2007年6月5日，文化部命名首批国家级非物质文化遗产传承人，江苏有23人入选；2008年1月26日，文化部公布了第二批国家级非物质文化遗产项目代表性传承人名单，江苏14人入选；2008年11月27日，江苏省文化厅印发通知，命名第二批江苏省非物质文化遗产代表性传承人217人。

表10.6　国家、省、市、县(市、区)四级非物质文化遗产代表性传承人数量一览表　　单位：人

地区	国家级代表性传承人	省级代表性传承人	市级代表性传承人	县(市、区)级代表性传承人
江苏省	43	213	459	502
南京	1	29	0	132
苏州	18	55	134	31
无锡	10	22	256	203
常州	0	16	0	0
镇江	0	7	0	0
南通	2	8	37	37
泰州	0	2	0	0
扬州	10	39	0	0
盐城	0	6	32	55
淮安	0	5	0	0
宿迁	0	2		

续表

地 区	国家级代表性传承人	省级代表性传承人	市级代表性传承人	县(市、区)级代表性传承人
徐州	0	17	0	44
连云港	2	5	0	0

说明：表格内数据统计时间截至2008年12月31日。

二、传承人及其传承、传播活动

每年举办的民族节庆活动、"文化遗产日"活动、传统民俗活动以及出国（境）交流活动，为传承人提供展示交流平台，推介宣传他们的价值和成就，在全社会营造爱护非物质文化遗产、尊重传承人的良好氛围。

江苏省非物质文化遗产代表性传承人的传承主要有家族传承、师徒授艺、企业集体培训、大师工作室或社会各类培训班授艺、专业院校教学等多种方式。江苏省以"创机制、传绝技、出人才、有发展"为目标，推动非物质文化遗产代表性传承人"师带徒"传承，同时探索与现代教学体系相结合的人才培育机制，如建设专业院校、职业学校，把传承人引进学校授课传艺，通过职业化教育，发现并定向培养接班人等。

代表性传承人对非物质文化遗产保护的贡献还体现在非物质文化遗产项目的传播活动上，代表性传承人以现场表演、展示技艺，既可体现全省非物质文化遗产保护工作的成果，也能促进非遗项目的传播。

三、传承场所

江苏省各地利用文化馆、民俗博物馆等场馆设立非物质文化遗产展示传习场所。同时，全省文化馆、博物馆或文物保护单位等公共文化设施，积极为传承人开辟多种形式的活动场所，包括设置大师工作室、传习所、展室、培训班等，为传承人创作、展示、演示、传习等提供了必要的保障，增强传承人传习非遗的责任感、使命感，使非物质文化遗产得以延续繁荣。

表10.7 江苏省各地主要非物质文化遗产传承场所一览表

地区	传承项目	类别	传承场所名称	级别
南京	南京市非物质文化遗产	综合类	南京市民俗博物馆	未定级
	南京白局	曲艺	南京云锦研究所股份有限公司	
			秦淮区文化馆	
			南京市北京东路小学分校红太阳小学	
	南京云锦织造技艺	传统技艺	南京云锦研究所股份有限公司	
	南京板鸭、盐水鸭制作技艺	传统技艺	南京樱桃鸭业有限公司	
	南京金箔锻制技艺	传统技艺	南京金线金箔总厂	
			南京金陵金箔股份有限公司	
	江苏酒家京苏大菜烹制技艺	传统技艺	江苏酒家	
	马祥兴清真菜烹制技艺	传统技艺	南京清真马祥兴菜馆	
	麻雀蹦	传统舞蹈	江宁区文化馆	
	骆山大龙	传统舞蹈	溧水区文化馆	
	留左吹打乐	传统音乐	六合区长芦街道文化体育服务中心	
	江浦手狮	传统舞蹈	浦口区文化馆	
	张氏接骨传承保护基地	传统医药	南京浦口张浦/张文龙/张文象中医医院	
	古琴艺术·金陵琴派	传统音乐	秦淮区文化馆	
	安乐园清真小吃烹制技艺	传统技艺	南京清真安乐园菜馆	

续表

地区	传承项目	类 别	传承场所名称	级 别
南京	金银细工制作技艺	传统技艺	南京宝庆首饰总公司	未定级
	绿柳居素菜烹饪技艺	传统技艺	南京清真绿柳居菜馆	
	秦淮(夫子庙)传统风味小吃制作技艺	传统技艺	奇芳阁酒楼	
	秦淮(夫子庙)传统风味小吃制作技艺	传统技艺	永和园酒楼	
	金陵刻经印刷技艺	传统技艺	金陵刻经处	
	丁氏痔科	传统医药	南京市中医院	
	南京市非物质文化遗产	综合类	南京市考棚小学(秦淮少儿非物质文化遗产传习实验基地)	
	南京市非物质文化遗产	综合类	秦淮区文化馆(东水艺苑社区非物质文化遗产传承保护展示基地)	
	金陵竹刻	传统美术	金陵竹刻艺术博物馆	
	南京剪纸	传统美术	南京市工艺美术总公司	
	苏作小木家具制作技艺	传统技艺	南京观朴艺术博物馆	
	鸡鸣寺素食制作技艺	传统技艺	南京鸡鸣寺	
	高淳村俗文化	民俗	高淳区村俗文化生态保护实验区	
无锡	宜兴紫砂陶制作技艺	传统技艺	宜兴长乐陶庄	未定级
常州	常州吟诵	传统音乐	常州市文化馆	未定级
	乱针绣	传统美术	常州燕秀轩文化创意有限公司	
	金坛刻纸	传统美术	金坛剪刻纸文化发展有限公司	
苏州	昆曲	传统戏剧	苏州昆曲传习所	未定级
	桃花坞木刻年画	传统美术	苏州桃花坞木刻年画博物馆	国家级传承保护单位
			苏州桃花坞木刻年画社	未定级
	苏州评弹	传统戏剧	苏州市评弹团	省级传承示范基地
	滑稽戏	传统戏剧	苏州市滑稽剧团	
	古琴艺术	传统音乐	常熟古琴艺术馆	
南通	南通蓝印花布印染技艺	传统技艺	南通蓝印花布博物馆	市级传承基地
			通州市二甲镇正兴染坊	
	南通板鹞风筝制作技艺	传统技艺	南通风筝博物馆	
			南通板鹞风筝艺术博物馆	
			南通宝如板鹞风筝珍藏馆	
			通州市刘桥镇	
			通州市五接镇	
	南通仿真绣	传统美术	南通博物苑	
			南通纺织职业技术学院	
			南通天香绣工艺品有限公司	
			南通市沈寿艺术馆	
	古琴艺术·梅庵琴派	传统音乐	南通梅庵琴社	
	海门山歌	传统音乐	海门山歌剧团	
	吕四渔民号子	传统音乐	启东市吕四镇	
	十番锣鼓	传统音乐		

续 表

地区	传承项目	类别	传承场所名称	级别
南通	评弹北调	曲艺	启东市评弹团	市级传承基地
	西亭脆饼制作技艺	传统技艺	南通西亭脆饼有限公司	
	杖头木偶戏	传统戏剧	如皋市木偶艺术团	
	如皋盆景造型技艺	传统技艺	如皋市如派盆景研究所	
	如皋董糖制作技艺	传统技艺	南通麒麟阁食品厂	
	南通土布染织工艺	传统技艺	南通无限广告装璜有限公司	
连云港	海州五大宫调	传统音乐	连云港师专海州五大宫调研究所	市级传承单位
			连云港市淮海剧团海州五大宫调传习所	
			海州区文化馆海州五大宫调传唱点	
			新浦区以赵绍康、刘长兰两位省级代表性传承人牵头的海州五大宫调小曲堂	
淮安	淮海戏	传统戏剧	江苏省淮海剧团	未定级
	京剧	传统戏剧	江苏省长荣京剧院	
	淮剧	传统戏剧	淮安市淮剧团	
	楚州十番锣鼓	传统音乐	淮安市淮安区文化馆	
盐城	淮剧	传统戏剧	江苏省淮剧团	未定级
			盐城市淮剧团	
			射阳县淮剧团	
			滨海县淮剧团	
			阜宁县淮剧团	
			建湖县淮剧团	
	建湖"十八团"杂技	传统体育、游艺与杂技	盐城市杂技团	
			冠华杂技团	
	大丰麦秆剪贴	传统美术	麦秆剪贴艺术展所	
	八桅立式大风车制作技艺	传统技艺	盐都区民俗动态博物馆	
	东台陈皮酒酿造技艺	传统技艺	东台市天成酒业有限公司	
	阜宁大糕制作技艺	传统技艺	盐城市苏香食品有限公司	
	海盐晒制技艺	传统技艺	中国海盐博物馆	
	东台发绣	传统美术	东台发绣艺术馆	
扬州	古琴艺术·广陵琴派	传统音乐	广陵琴派史料陈列馆古琴传习所	市级传承基地
	富春茶点制作技艺	传统技艺	富春茶点制作技艺传习所	
	雕版印刷技艺	传统技艺	雕版印刷技艺传习所	
	扬州清曲	曲艺	扬州清曲传习所	
镇江	以白蛇传传说为代表的口述文学	民间文学、传统音乐	镇江金山公园旅行社(故事、歌谣、谚语类)、镇江蒋乔文化站(说唱艺术类)、孙阿英谷娃艺术团(田歌表演类)、丹徒上党海燕村(田歌表演类)	市级传承基地
	以扬剧为代表的戏剧曲艺	传统戏剧、曲艺	镇江康盛剧社(戏剧曲艺类)	
	以泥塑为代表的传统美术	传统美术	镇江市香江花城小学(泥塑技艺类)、镇江市桃花坞小学(剪纸手工类)、句容市东昌中心校(剪纸手工类)、丹阳市云阳第二小学(谷物画手工类)	
	以舞龙为代表的传统舞蹈	传统舞蹈	镇江市京口区解放路小学(舞龙表演类)	

续表

地区	传承项目	类别	传承场所名称	级别
泰州	许氏正骨疗法	传统医药	泰州市许钜材骨伤研究所	市级传承基地
	淮剧	传统戏剧	泰州市淮剧团淮剧传承基地	
	扬派盆景技艺	传统美术	泰州盆景研发中心	
	靖江蟹黄汤包制作技艺	传统技艺	靖江蟹黄汤包培训中心	县级传承基地
	靖江宝卷	民间文学	靖江市宝卷研究会	
	泰兴花鼓	传统舞蹈	泰兴花鼓传习基地	
	黄桥烧饼制作技艺	传统技艺	泰兴黄桥烧饼协会	
	泰州干丝制作技艺	传统技艺	泰州干丝制作培训中心	
	传统木船制造技艺	传统技艺	兴化竹泓木船制造技艺研究所	
	姜堰滚莲湘	传统舞蹈	姜堰滚莲湘传习所	
	兴化板凳龙舞	传统舞蹈	兴化沙沟板凳龙舞培训中心	
宿迁	淮海戏	传统戏剧	沭阳县淮海剧团	市级传承点
	沭阳烙画	传统美术	沭阳县汤征烙画院	
	云渡桃雕	传统美术	泗阳县临河镇云渡村	
	天岗锣鼓	传统音乐	泗洪县天岗湖乡	
	泗州戏	传统戏剧	泗洪县泗州戏剧团	
	淮红调	传统戏剧	宿豫区文化馆	
	柳琴戏	传统戏剧	宿豫区皂河龙王庙行宫柳琴剧团	
	霸王锣鼓	传统音乐	宿城区幸福街道办事处	
	苏北大鼓	曲艺	宿城区文化馆	
	苗庄舞狮	传统舞蹈	宿迁市骆马湖示范区	

说明：表格内容统计时间截至2008年12月31日。

四、保护方法及成效

江苏各地依据《国家级非物质文化遗产保护与管理暂行办法》(2006)、《江苏省非物质文化遗产保护条例》(2006)及相关法律、法规、政策性文件，结合本地实际，对非物质文化遗产代表性项目采取了抢救性保护、记忆性保护、生产性保护及区域性整体保护。

2006年以来，江苏省及各市建立健全了非物质文化遗产传承机制，制定政策法规，对代表性传承人进行命名与资助。2006年，江苏省公布了《江苏省非物质文化遗产代表性传承人命名与资助暂行办法》，并率先命名了31名省级传承人。同时，江苏省组织举办了传承人"师带徒"仪式，进行宣传和报道，并根据各个传承人的带徒计划，给予每人1万～3万元的资助。此外，各市也在此期间开展了各层级的命名与资助工作，扶持和鼓励代表性传承人撰写个人技艺资料、带徒授艺、建立个人工作室等。此外，江苏省和各市政府设立专项资金，主动开展对非物质文化遗产代表性传承人的调查研究，整理资料建档保存，汇编后出版书籍刊物、音像制品等，同时建立场馆作为传承基地邀请代表性传承人开展传承、传播活动。在进行研究的同时，江苏省及各市也积极引导代表性传承人走生产性保护、学校教学相结合的传承保护模式。生产性保护是非物质文化遗产探索性的保护方式，也是对传承人技艺、技能最有力的保护方法，其措施包括与学校合作开办培训班、开展规模性生产、成立公司进行经营、建立示范性基地等。

第五节 信息化建设

随着科技的进步和计算机技术的飞速发展，信息化建设成为非物质文化遗产保护工作中的重要内容。江苏省各地充分认识到信息化建设在非遗保护工作中的重要作用，通过加强非遗数据库硬件即数据存储备份系统和非遗门户网站建设,将数字信息技术应用于非物质文化遗产的抢救与保护,借助数字摄影、电子信息、多媒体、宽带网络等技术,建立了以计算机网络为基础的综合型数字系统,实现对非物质文化遗产的保护、传承与发扬。

表 10.8　江苏省非物质文化遗产信息化建设一览表

地　区	纸质资料	电子文档、多媒体资料	网站及数字化建设
江苏省级中心	江苏省民族民间文化(非遗)保护工程《工作简报》17 期		江苏非物质文化遗产
南京	卷宗 92 个,文件 762 件,照片 400 张	光盘 DVD221 张	
苏州			苏州非物质文化遗产信息网 中国评弹网 环球昆曲在线
无锡			宜兴陶协网
常州	卷宗 25 个,照片 700 张,图书 30 册	光盘 DVD150 张	常州非物质文化遗产网
镇江	卷宗 1 320 个,文件 4 320 本(份),照片 800 张	光盘 230 张,录像带 30 盒	镇江民间文化艺术馆网站
南通	文件 62 件	光盘 80 张、磁带 10 本、数码照片 5G	
泰州	卷宗 45 个,文件 232 件,照片 610 张	光盘 DVD190 张	
扬州	纸质文件 780 份,照片 800 张	光盘 DVD107 张	中国扬州曲艺网 中国剪纸博物馆
盐城	卷宗 40 个,文件 230 份,普查资料 482 万字,资料汇编 10 册	录像 520 小时,录音 427 小时,照片 6 000 多张,音像资料 232 盒	
淮安	卷宗 35 个,文件 2 件,照片 300 张	光盘 DVD40 张	淮安非物质文化遗产网
宿迁	普查文字记录约 700 万字,非遗普查资源汇编 16 册,档案 300 余卷	录音记录达 1 315.82 小时,摄像记录达 510.74 小时,音像资料 734 盒(盘),拍摄照片近 7 624 张	
徐州	卷宗 100 个,纸质文件 123 件,照片 10 000 张	DVD 光盘 100 张,DV 带 79 盒	
连云港	图书 15 册,资料 300 万字	光盘 200 张	连云港市非遗网

说明:表格内容统计时间截至 2008 年 12 月 31 日。

第十一章　非物质文化遗产教育传播

　　非物质文化遗产包含了丰富的历史文化知识、科学知识、民间智慧以及审美价值等,其教育功能对提高民族文化素质、推动民族文化创新,具有不可替代的重要作用。非物质文化遗产的传播是促使非物质文化遗产真正渗入群众生活,提高群众的非物质文化遗产保护意识的重要途径。非物质文化遗产教育传播是一项长期和动态的工程。江苏省各地通过举办非物质文化遗产普查工作培训班等,逐步建立起一支具有较高水平和较强专业能力的保护工作队伍;通过建设非物质文化遗产专业、职业院校,推动非物质文化遗产定向传承;通过广泛开展非物质文化遗产的宣传和普及教育活动,建立富有魅力的展示平台展示保护成果,扩大社会影响。

第一节 教育推广

2005年3月,国务院办印发《关于加强我国非物质遗产保护工作的意见》,提出"要积极开展非物质文化遗产传播与展示","教育部门和各级各类学校要逐步将优秀的,体现民族精神和民族特色的非物质文化遗产内容编入有关教材,开展教学"。为了使江苏非物质文化遗产得以活态传承,全省各级政府采取了有力措施,加强了专业院校、职业学校建设,特别重视把传承人引进学校授课传艺,通过职业化教育,发现并定向培养接班人。

江苏省戏剧学校

江苏省戏剧学校位于南京市长白街334号。学校创建于1956年,初期开设京剧、昆剧、锡剧、扬剧等戏曲表演专业,后增设话剧、舞蹈、编剧、导演、戏曲音乐伴奏、声乐、舞台美术等专业。学校历史悠久、底蕴深厚、秉持传统、薪火相继,以"立足本行,精办戏曲,服务社会,科学发展"的办学思想和"知行并重、德艺双馨"的教育理念,培育优秀艺术人才。1992年起,学校面向社会招收初中毕业生;1998年学校与有关院校联办大专学历教育,初步形成了多层次、多形式的办学模式。是国家级重点中等职业学校、江苏省四星级中等职业学校、江苏省高水平示范性中等职业学校,是江苏培养艺术表演人才和文化管理人才的主要基地,也是非物质文化遗产传统戏剧传承人的成长摇篮。

扬州文化艺术学校

扬州文化艺术学校位于扬州市四望亭路433号,始建于1958年,是经省政府批准建立的国办全日制艺术类普通中等专业学校,建校已有六十多年历史,现为国家级重点中等职业学校(艺术类)、中国戏曲教育联盟成员学校,建校以来先后开设扬剧表演、曲艺表演(评话、弹词)、木偶与皮影表演及制作(木偶表演方向)等专业。

苏州评弹学校

苏州评弹学校位于苏州市姑苏区三香路985号,是1962年由名誉校长陈云建议创办、国家文化部出资扶持、江苏省人民政府批准成立的省属中等专业艺术学校,是全国唯一培养评弹艺术表演人才的"摇篮",现被国家教育部授予"国家级重点中等职业学校"称号。学校现设省级示范专业——评弹表演专业(五年制高职、三年制中职)。

扬州玉器学校

扬州玉器厂于1965年创办扬州玉器学校。在办学过程中,以扎实的美术基本功训练、厚重的传统工艺修养培养、传统扬州玉雕工艺的传承三结合的培养模式,为企业和社会输送了大批玉雕技艺人才。从2007年开始,扬州玉器学校与扬州商务高等职业学校联合办学招生,开设宝玉石鉴定与加工(五年制)和宝玉石加工与营销(三年制)两个专业。

盐城市戏剧学校(盐城鲁迅艺术学校)

盐城市戏剧学校位于盐城市城区文港北路9号。1984年10月,江苏省人民政府批准盐城市艺术学校为中等专业学校,承担淮剧接班人培养教育任务,列入国家招生和分配计划。1985年5月,江苏省人民政府批复同意盐城市艺术学校改名为盐城戏剧学校,属中等专业教育,淮剧专业列入江苏省中专招生计划,学制五年。1993年3月,经江苏省人民政府批准,盐城市戏剧学校恢复盐城鲁迅艺术学校校名,为全日制中等艺术专科学校,并新增了杂技专业,教学地点设在杂技之乡——建湖县。学校积极推动淮剧进校园活动,利用盐城鲁迅艺术学校等阵地培养了大量的淮剧艺术人才。

苏州桃花坞木刻年画社

2002年5月18日,桃花坞木刻年画社正式划转至苏州工艺美术职业技术学院,学院位于苏州市虎丘区致能大道189号,由生产经营型转成了科研教育型。学院利用教学优势创办了桃花坞木刻年画研修班,先后培养了五批20多人新一代的桃花坞年画接班人。学员毕业后,先后分配到苏州桃花坞木刻年画社和苏州桃花坞木刻年画博物馆工作,从事桃花坞年画的绘画创作、刻版、印刷等,促进了非物质文化遗产项目的保护、传承,发挥了积极作用。

扬州清曲传习所

2006年2月,扬州市广陵区文化局与扬州文化艺术学校达成合作意向,联手成立"扬州清曲传习所",组织、协调扬州清曲的传承、培训工作,共同打造扬州清曲培训基地。

苏州工艺美术职业技术学院"刺绣大专班"

2006年苏州市镇湖街道与苏州工艺美术职业技术学院合作开设"刺绣大专班"。由苏州工艺美术职业技术学院每年在镇湖定向招收30名左右有初中以上文化水平的绣娘到工艺美术职业技术学院学习,为苏绣技艺的传承、发展和创新打下坚实的人才基础。

苏州昆曲传习所

苏州昆曲传习所,地址在苏州市校场桥路。2007年,苏州市从民族民间文化保护专项资金中拨出50万元,用于恢复昆曲传习所陈列布展。2008年,又拨出130万元,用于昆曲传习所遗址的维修工程。使之成为一个专门从事昆曲传承、交流、培养新一代昆曲演员的场所。多年来,该所经常组织昆曲演员进院校、进社区演出,传播传统昆曲艺术。

江苏省宜兴紫砂工艺厂

宜兴紫砂工艺厂位于宜兴市丁蜀镇东坡路2号,自建厂以来,建立艺徒培训中心(车间级建制),每年招收3—4班,由带班老师进行为期三年的徒工培训,实行淘汰制。安排紫砂工艺老艺人作为辅导人,对学生进行传承教育培养。同时采取家族式的传承培养,即父、母亲带子女或亲戚,徒工毕业合格人员充实到成型车间,从事紫砂计件制生产性工作。再从成型车间人员中,经考核择优选送进入紫砂研究所进行创作设计培养,并从事创作设计及生产性任务工作。

无锡工艺职业技术学院

该院的陶瓷学院始创于1958年,已有五十多年的办学历史和经验,现有陶瓷艺术设计、雕塑艺术设计、旅游工艺品设计与制作、材料工程技术等专业,已培养数千余名专业技术人员,其中包括中国工艺美术大师、研究员、教授、一级美术师等专家和设计人员。现有国家级实训基地一个,省级实训基地一个,省级工程中心一个,省级特色专业两个,省重点建设专业群一个,省级精品课程三门,省人才培养模式创新基地一个。该院是中国陶瓷工业协会职工培训基地和江苏省陶瓷行业陶瓷工艺培训基地。

宜兴丁蜀成人文化技术学校

宜兴丁蜀成人文化技术学校创建于1965年,以"传承紫砂传统工艺、弘扬紫砂传统文化"为己任,是全国唯一开设陶瓷艺术设计专业——传统紫砂工艺方向的学校。学校依托陶都宜兴数千年的悠久历史,丰富的陶瓷资源和浓厚的文化氛围,致力于"宜兴紫砂陶制作技艺"的传承保护与创新,融传统师徒式的口传心授于现代学校职业教育中,打造特色鲜明的陶瓷艺术设计专业人才培养模式;学校已培养出了3 000余名包括中国工艺美术大师、研究员、教授在内的高级艺术人才。

第二节 展示展演

在非物质文化遗产宣传方面,着力以政府为主导,积极办好"三类活动"。一是定期定点举办专题性节庆活动,如中国昆剧艺术节、中国苏州评弹艺术节、中国古琴艺术节、国际戏剧节、江苏曲艺节和戏剧节、吴文化节等。二是做好每年一度的"文化遗产日"系列活动。三是开展好各地的传统民俗活动,如秦淮灯会、溱潼会船、白茆山歌会、宜兴观蝶节等。除此之外,全省还抓住各种重大机会,向全国和世界展示和推介江苏非物质文化遗产。

秦淮灯会(金陵灯会)

秦淮灯会(金陵灯会)亦称南京夫子庙灯会,是中国南京地区的传统习俗,现指每年春节至元宵节期间南京夫子庙举办的大型灯彩展览会。1985年起,南京市秦淮区政府在每年的春节和元宵节期间,于夫子庙大成殿和明德堂组织大型灯会。目前秦淮灯会已成为中国最著名的灯会活动之一。

夫子庙文化庙会

自2001年以来,南京每年举办夫子庙文化庙会。庙会展示了南京的非物质文化遗产,特别是秦淮民俗、民间艺术保护成果,为旅游交易会创造了文化环境。每届庙会期间进行10余场文艺专场演,包括外地文艺团队的民间艺术表演。此外,夫子庙地区各旅游景点还举办了民间工艺绝技展演、风筝表演、"秦淮风光"书画摄影展、精品图书展等诸多系列活动。

苏州端午节

苏州市于每年农历五月初五端午节期间举办民俗文化活动,包括龙舟赛、舞龙、舞狮、包粽子、准备驱毒辟邪用品等。苏州端午节具备传承性、时节性、综合性、地方性等特征,是苏州的民俗文化品牌。

溱潼会船

溱潼会船是江苏省泰州市的汉族民俗文化活动,自1991年起,姜堰市政府每年举办溱潼会船节,展示民俗风情。

镇江"端午金山脚下'白蛇'民间传承活动"

2005年6月11日,镇江举办"端午金山脚下'白蛇'民间传承活动"。来自镇江市蒋桥镇的说唱表演民间艺人和镇江市的戏剧表演艺术家、民间艺术家、民间歌手等30多人,用原生态说唱再现了《白蛇传》故事中与镇江有关的经典片段。

中国(苏州)民族民间文化艺术展示周

2005年7月5日,"中国非物质文化遗产保护·苏州论坛"在苏州开幕。会议期间举办了中国(苏州)民族民间文化艺术展示周。其中,由苏州市文化部门、市文联主办,苏州市民间文艺家协会筹办"中国(苏州)民间工艺荟萃展"。苏州市45门类300余件作品参展,25位民间艺人现场进行技艺表演。

第二届江苏省文物节——江苏绝技展

2005年11月17日至30日,江苏省文化厅在南京博物院历史馆举办了《第二届江苏省文物节——江苏绝技展》。南京云锦、金线金箔、金陵刻经、秦淮灯会、苏州刺绣、无锡泥人、宜兴紫砂、扬州剪纸、南通蓝印花布等200多个非物质文化遗产项目都参加了此次活动。

《乡音金陵》南京市民族民间文艺汇报演出

2006年1月,在南京市在小红花剧场举办《乡音金陵》南京市民族民间文艺汇报演出,展演了南京市以《南京白局》为主的民间民俗艺术的保护成果,包括《机房苦》《采芦蒿》等南京白局传统段子以及《南京吃喝》《老南京小南京》等南京白话民俗节目。

江苏组团参加《中国非物质文化遗产保护成果展》

2006年2月,江苏省文化厅、省民族民间文化保护工程省中心组织相关单位参加由文化部在中国国家博物馆主办的《中国非物质文化遗产保护成果展》。展览分为"中央展厅"和"地方展厅",江苏在"中央展厅"陈设大型云锦织机、清代龙船灯和凤船灯、南通板鹞风筝等展品,在"地方展厅"陈列苏州桃花坞年画《曹操大宴铜雀台》、东台发绣《姑苏繁华图》、扬州剪纸《梅兰竹菊》、金坛刻纸《捕鱼图》、常州手绘梳篦、宜兴紫砂等展品。其间,中国工艺美术大师、著名的泥塑艺术家喻湘莲和王南仙现场演示塑彩制作技艺。

南京市《金陵民俗》投入拍摄

由南京市民族民间文化保护工程中心与南京电视台联合摄制的百集系列专题片《金陵民俗》,于2006年3月投入拍摄,影片反映了南京民俗的文化内涵。此外,南京市民族民间文化保护工程中心还配合中央电视台十套拍摄纪录片《金陵刻经》,以纪实的手法讲述金陵刻经的历史渊源、文化精髓及传统木刻水墨印刷技艺。

"海州五大宫调"在连云港元宵文化活动上展演

2006年农历正月十五上午,海州宫祠民乐团在连云港庆元宵推介演示会上表演《鲜花调》、集曲《俏人儿我的心肝》、[南调]《从南飞来一群雁》等海州五大宫调经典曲目。

无锡市举办吴文化节非物质文化遗产民间工艺展

2006年4月11日至20日,中国(无锡)吴文化节期间,由无锡市文化局、无锡市文联在无锡市博物馆举办了《吴地风韵》大型展览活动,展示了以惠山泥人、宜兴紫砂为代表的50多项传统工艺美术精品,展示了无锡市开展非遗普查的综合成果,是一次全市非物质文化遗产保护工作的集中展示。

中国玉石雕精品博览会

2006年4月17日至21日,为保护、传承、发展国家级非物质文化遗产项目——玉雕、石雕艺术,推进全国性的技艺交流,由中国工艺美术协会、扬州市人民政府共同主办,扬州工艺美术集团有限公司、扬州玉器厂承办的中国玉石雕精品博览会在扬州举行。博览会期间还同时进行"百花玉缘杯"中国玉石雕精品奖评选活动,由专家在300多件作品中评选出156件金、银、铜、优等奖项。

第一个"文化遗产日"系列庆祝活动

2006年6月10日上午,由省文化厅、省文物局主办,省文化馆、省民族民间文化保护工程中心承办的"中国第一个文化遗产日江苏省系列活动"开幕仪式在南京博物院举行。本次活动有文化遗产保护成果展、江苏传统工艺汇展、非遗系统音乐、舞蹈项目广场展演、举办《文化遗产保护知识讲座》、文化遗产保护志愿者行动万人签名等多项活动。作为系列活动重要内容之一,省民族民间文化保护工程中心还策划、制作了《守护精神家园》电视专题片,该片于6月9日、10日在江苏卫视"江南"栏目播出。

南京市 2006年6月9日上午，由南京市文化局（文物局）主办，南京博物馆协会、南京民族民间文化保护工程中心及各区县文化局承办的南京·中国第一个文化遗产日开幕式及演出活动在南京朝天宫广场举行。开幕式及演出活动结束后，市、区有关领导和广大群众观看了在朝天宫举办的南京市非物质文化遗产保护成果展。

扬州市 2006年6月10日，在扬州东门遗址广场展示、展演了扬州漆器髹漆技艺、雕版印刷技艺、扬州剪纸、扬州清曲、扬州评话、扬剧等国家级非物质文化遗产项目。

盐城市 2006年6月10日，盐城市举行了中国第一个"文化遗产日"暨新四军重建军部旧址被批准为全国重点文物保护单位活动仪式。举行市领导、市民为纪念第一个"文化遗产日"签名活动。

镇江市 镇江民间文化艺术馆于2006年6月10日、11日两天向社会免费开放，为前来参观的市民详细介绍了镇江市目前非物质文化遗产保护的现状，并邀请民间艺人进行现场表演。

泰州市 2006年6月10日，泰州市滨河广场举行了以"保护文化遗产，守护精神家园"为主题的第一个中国"文化遗产日"系列活动，现场展演了面塑、叶雕、五彩羽毛面具、兴化板桥道情、泰兴木偶、世泽木雕等技艺。

连云港市 2006年6月10日上午，连云港市苍梧广场举行了庆祝"文化遗产日"系列活动，包括"海州五大宫调"展演、大型签名活动、文物鉴定鉴赏、非物质文化遗产知识咨询活动等。

淮安市第二届民间艺术节

2006年9月27日，淮安市第二届民间艺术节在大运河广场举行，展示了"金湖秧歌、淮海琴书、洪泽渔鼓、高跷、杂技、南闸民歌、莲湘、淮海小戏、花船、跑驴、大头娃娃"等非物质文化遗产项目。

江苏省非遗代表性传承人命名暨拜师带徒仪式

2007年2月7日下午，江苏省首批非物质文化遗产代表性传承人命名及拜师带徒仪式在南京举行。31位老艺人正式被省文化厅和省财政厅命名为首批省级非物质文化遗产代表性传承人，并接受了31位徒弟的拜师礼。命名非遗传承人在全国尚属首次，31位艺术家都是江苏省国家级非遗名录项目的代表性传承人，是非遗项目领域内的优秀传承人，具有较高的技术水准，他（她）们将享受到省财政提供的1万～3万元的资助。

首届中国古琴艺术节

2007年5月，"首届中国古琴艺术节"在常熟举办，苏州市吴门琴社、虞山琴社、娄东琴社等共同参与了古琴大师吴兆基从艺60周年纪念活动，推动了苏州市古琴艺术的传承和保护。

昆曲为在校生公益演出普及工程

2007年5月以来，由苏州市委宣传部、市文明办和市教育、文化部门联合组织实施的昆曲为在校生公益演出普及工程全面启动，每年以昆曲沁兰厅为基地，为全市百万大中小学生展演昆曲艺术。

沭阳举办"工鼓锣"全县巡演

2007年5月至12月，县非遗保护中心和县曲艺家工作者协会制订工鼓锣保护计划，组织演出小组，开展宣传、传播活动。将协会79名会员，按艺人分布情况分为12个演出小组，挖掘、恢复部分传统书目在全县37个乡镇进行巡演，演唱的书目多为传统段子和长篇历史书目。县苏北琴书协会（当时名称为"打蛮船协会"）也组织了苏北琴书演出小组，进行全县巡演。

"第二个文化遗产日暨第三届江苏省文物节"活动

2007年6月9日，"第二个文化遗产日暨第三届江苏省文物节"活动开幕仪式在南京图书馆新馆东门举行。开幕仪式结束后举行"守望家园"文化遗产保护专场文艺演出，同时在南京图书馆新馆开办"非物质文化遗产——江苏工艺精品展"。省非遗保护中心选送了8个类别的80件作品参加由文化部、中国非物质文化遗产保护中心在北京举办的中国民间剪纸艺术大师精品展和中国传统纺织技艺展。

长三角非物质文化遗产保护项目系列交流展示活动

2007年10月，由江苏省非物质文化遗产保护中心、浙江省民族民间文化保护办公室、上海市非物质文化遗产保护中心、上海市徐汇区文化局联合举办的"传承文化遗产，共建和谐家园"长三角非物质文化遗产保护项目系列交流展示活动——民间美术展览、传统戏曲展演，分别于10月19日、25日在上海市徐汇区举行。

中国·镇江长三角地区民间艺术"手上功夫"邀请赛

2007年镇江市举办"中国·镇江长三角地区民间艺术'手上功夫'邀请赛",邀请江浙沪13个城市40余位民间艺术家以《白蛇传传说》为主题进行比赛。参赛项目共33项,包含苏州刺绣等8个首批国家级非遗名录项目。

非物质文化遗产织锦技艺、制品博览会

2007年11月9日,由文化部作为支持单位,中国艺术研究院·中国非物质文化遗产保护中心、江苏省文化厅、南京市委宣传部、南京市文化局共同主办,中国工艺美术学会织锦专业委员会、南京云锦研究所联合承办的非物质文化遗产织锦技艺、制品博览会在南京图书馆举行。文化部非物质文化遗产司巡视员周小璞,中国非物质文化遗产保护中心常务副主任张庆善,江苏省文化厅副厅长、省文物局局长王慧芬及南京市、中国工艺美术学会织锦委员会的领导出席了开幕式。

南京江宁艺术中心剧场举办"群众文化活动——春之风系列活动"

2008年5月,2008年和谐江宁大舞台"群众文化活动——春之风系列活动"之财政杯·传奇江宁故事演讲比赛,在南京江宁艺术中心剧场举行。参赛选手以演讲的形式配之以精彩的情景表演,生动地再现了流传在江宁境内的神话传说和历史典故,这样的形式在南京尚属首创。选手的肢体表演、风趣幽默的语言、跌宕起伏的情节和丰富的舞台效果使观众更深刻地了解到江宁非物质文化遗产深厚的历史文化底蕴。

江苏昆剧艺术传承出新果

2008年1月5日,国家级非遗代表性传承人张继青的弟子——单雯传承汇报《牡丹亭》专场演出在省昆剧院兰苑剧场亮相。张继青老师、省演艺集团朱昌耀副总经理和省文化厅社文(非遗)处的等有关领导观看了演出并向单雯的成功表演表示热烈的祝贺。

《金陵时节》——南京市非物质文化遗产项目展演

2008年1月19日,南京市举办了《金陵时节》——南京市非物质文化遗产项目展演。此次展演是近年来南京非物质文化遗产保护成果的一次大展示。演出分为立春、夏至、立秋、冬至、过年5个篇章,以南京87项非物质文化遗产体现南京的四季生活。参加表演的近250人都是南京非遗项目代表人、传承人、继承人。

首届苏州市"子冈杯"玉雕精品展

2008年3月27日至4月7日,由苏州市工艺美术行业协会玉雕专业委员会主办,在苏州工艺美术博物馆举办"首届苏州市'子冈杯'玉雕精品展",汇集了近百名苏州玉工118件非遗项目玉雕精品,扩大了"苏帮"玉雕的知名度和全国的影响力,有力地推动了非物质文化遗产的保护、传承和发展。

南通市"我身边的非物质文化遗产"寻宝活动

2008年4月18日～6月18日,开展"我身边的非物质文化遗产"寻宝活动,加强全市非物质文化遗产的挖掘与保护,推进非物质文化遗产的普查与宣传。

第三个"文化遗产日"活动

镇江市 2008年6月初,在镇江举办了第三个"文化遗产日"系列活动,包括"生活的艺术——江苏省非物质文化遗产摄影艺术展""和鸣——古琴艺术进大学""七弦风骚·古琴名家音乐会""草原明珠·蒙古族长调民歌展演""天山流韵·新疆维吾尔木卡姆艺术展演"等。其中,摄影展活动首次尝试以摄影形式来再现、表现非物质文化遗产。该展共收到1 200余幅摄影作品,参展作品从不同的角度,以镜头语言表现了江苏省的非物质文化遗产。

扬州市 2008年6月14日"文化遗产日",扬州市组织了包括文化遗产项目授牌暨非遗项目表演展示。与此同时,《延续中华文明 保护文化遗产——纪念改革开放30周年文化遗产保护成果巡展》首次展出了扬州30年来的文化遗产保护成果。

南通市非物质文化遗产保护成果展

2008年6月13日,南通市非物质文化遗产保护成果展在崇川区举行。展览以展板的形式进行展示,展示内容分为国家级、省级非物质文化遗产保护项目介绍和保护工作进程两个部分。展览全面展示了2004年市政府召开非物质文化遗产保护工作会议以来全市非物质文化遗产保护工作所取得的成果,普及了非物质文化遗产保护知识。

南通市举办板鹞风筝制作技艺大赛

2008年6月14日,举办南通板鹞风筝制作技

艺大赛,旨在弘扬中华民族传统文化,加强全市非物质文化遗产的保护和宣传,激发文化创造力,使人民群众的文化生活更加丰富多彩。

江苏参加北京奥运"中国故事"文化展示活动

"中国故事"是2008年8月到9月间,由北京奥组委、文化部在奥林匹克公园中心区举办的非物质文化遗产展示活动。活动以关注中国国家级非物质文化遗产和传统民族、民俗、民间文化为主题,集中呈现全国各地区、多民族文化的展示活动,旨在以文化活动营造欢乐、祥和、活泼、互动、人文的奥运氛围。

"中国故事——锦绣江苏"集中展示江苏最具代表性、最为优秀和最为独特的非物质文化遗产,凸显江苏精彩独特的人文魅力,让观众感到身临其境、耳目一新,以体现现代奥运、人文奥运的宗旨。江苏参展团队荣获文化部、北京奥组委颁发的"最受欢迎奖、最佳策划奖"两项殊荣。

长三角非物质文化遗产保护项目·民间音乐展演

2008年10月22日,由江苏省非物质文化遗产保护中心、浙江省非物质文化遗产保护中心、上海市非物质文化遗产保护中心、上海市徐汇区文化局联合主办的"乐声悠扬,民间天籁"长三角非物质文化遗产保护项目·民间音乐展演在上海宛平剧院举行。该展演以弘扬长三角非物质文化遗产为主题,江苏共有三个传统音乐项目参加展演并获奖。

南京第二届民间艺术节

2008年11月4日上午,由南京市文联等主办的"2008南京第二届民间艺术节"在南京夫子庙举行。民间艺术节展现了南京、韩国以及中国东北地区优秀民间歌舞艺术风采的文艺表演,还包括体现群众广泛参与的百人风筝放飞及抖嗡表演,普及民间艺术知识的名家讲坛,民间美术展和秦淮灯彩摄影作品展等7项活动,旨在进一步挖掘民间艺术的文化内涵。

第三节 媒体宣传

江苏为了加大对非物质文化遗产保护的宣传力度,各地文化部门充分利用报纸、广播、电视、网络等媒体,扩大对非物质文化遗产保护的宣传,唤起全社会对非物质文化遗产的保护意识。

表11.1 江苏省非物质文化遗产媒体宣传情况一览表

地区	发表时间	发表标题	发表媒体
南京	2005.12.7	秦淮灯会成为国家首批非物质文化遗产	《新华日报》
	2006.2.10	意境:泛舟秦淮看灯展	《江南时报》第十版
	2006.2.20	南京云锦闪耀京城	《江南时报》
	2006.5.12	南京老地名列入"非遗"保护名单	《新华日报》B3版
	2006.6.6	老地名"非遗"保护是个好思路	《中国文化报》
	2006.6	留左吹打乐	《中国非物质文化遗产·2006》
	2006.8.7	长三角申遗热的冷思考	《国际金融报》
	2006.9.6	"非遗"保护:传承地域文明的"流动记忆"	《新华日报》D3版
	2006.12.14	大型电视人文纪录片《中国记忆》——彰显文化遗产魅力(金陵刻经处)	中央电视台10套
	2007.1.18	南大教授呼吁尽快启动"春节申遗"	《南京日报》B5版
	2007.3.5	南京金箔被列入首批国家级"非遗"	《中国新闻出版报》
	2007.7.13	南京12项文化遗产冲刺国家级非遗	《南京日报》A5版
	2007.11.29	南京公示首批87项市级非遗名录	《新华日报》B3版
	2008.1.10	"福娃""嫦娥"成夫子庙灯会亮点	《南京日报》A5版
	2008.1.18	"白局传承有希望了"	《南京日报》B6版
	2008.2.1	"非遗"将成南京春节文化市场新"卖点"	《江苏经济报》A2版
	2008.2.3	今年四大景区联办夫子庙灯会	《南京晨报》A8版

续 表

地区	发表时间	发表标题	发表媒体
南京	2008.2.9	夫子庙近60万游客闹花灯	《南京日报》头版
	2008.2.13	今年夫子庙灯盏不"谢幕"	《南京日报》A5版
	2008.2.15	"非遗名录"贴近 花灯身价大涨	《扬子晚报》A34版
	2008.2.22	南京:40多万人挤爆夫子庙	《新华日报》A3版
	2008.2.26	秦淮花灯将亮相"迎奥运中国灯彩展"	《南京日报》B4版
	2008.3.10	秦淮灯彩将绽放奥运灯会	《南京日报》头版
	2008.3.11	秦淮灯彩8月赴京"迎奥运"	《扬子晚报》A36版
	2008.3.25	秦淮艺人赶制"鸟巢"彩灯	《南京日报》A12版
	2008.3.31	南京将重现"清明放河灯"习俗	《南京日报》A6版
	2008.4.1	南京白局有望"后继有人"	《南京日报》B5版
	2008.4.14	南京剪纸	《南京日报》A10版
	2008.4.26	夫子庙30多项民俗文化活动等你来	《扬子晚报》A4版
	2008.5.13	南京白局首进小学课堂	《南京日报》B6版
	2008.7.18	南京绒花入选江苏省"非遗"	《中国消费者报》A4版
	2008.9.14	十里秦淮——此情不关风与月	《现代快报》A24版
	2008.10	《雕刻岁月——记金陵刻经印刷技艺传承人马萌青》	《中华文化画报》第五期
	2008.10.18	市民可零距离欣赏华夏"非遗"	《南京日报》A2版
	2008.10.19	南京云锦第三次冲击世界"非遗"	《南京日报》A1版
	2008.10.22	特色"非遗"将亮相秦淮河畔	《金陵晚报》A3版
	2008.10.24	秦淮灯彩耀金陵	《南京日报》A2版
	2008.11.5	非遗传人更"年轻"了	《南京日报》B8版
	2008.11.8	"龙潭金箔"要加快申报世界非遗	《南京日报》A2版
	2008.11.15	南京金箔应合力申报世遗	《新华日报》A3版
	2008.12.19	夫子庙大成殿内制作大型彩灯	《新华日报》A7版
	2008.12.19	夫子庙新年灯会:秦淮文化味将更浓	《南京日报》A7版
	2008.12.19	新年夫子庙灯会原汁原味	《金陵晚报》C03版
无锡	2007.9	无锡惠山泥人《姐妹同心》	《文化新世纪》秋刊
	2008.1.26	"说句心里话——阿福送喜 后继有人"民情日记	中央电视台《新闻联播》
徐州	2007.4.4	救救徐州坠子	《中国文化报》
	2005.1.15	600年舞尽风情颂太平	《徐州日报》
	2006.6.5	"睢宁落子舞起源、形成与发展"	《文化新世纪期刊》
	2008.3~2008.5	对徐州市第一批市级非物质文化遗产的56个项目进行了集中报道	《彭城晚报》
常州	2006.11.14	"天宁寺梵呗唱诵"传遍海内外	《常州晚报》
	2007.5.28	300年传统工艺终得传人	《常州日报》《常州晚报》
	2005.11.18	常州绝技惊艳全省文物节	《常州晚报》
	2008.11.2	古调乡韵 难得一现 绝学"常州吟诵"亮相	《常州日报》
	2008.11.21	锡剧大师吴雅童	《常州晚报》
	2008.12.30	九十高龄吴雅童肩上又添新担子	《常州晚报》
苏州	2006.5.23	寻觅历史 高妙入圣——碑刻艺术家时忠德及其作品	《苏州日报》
	2006.7.30	顾文霞:锦绣人生	《光明日报》
	2007.7	第一批国家级非物质文化遗产——苏州缂丝	《上海工艺美术》2007年第3期

续表

地区	发表时间	发表标题	发表媒体
苏州	2007.10.12	顾文霞:苏绣绝代传人	《华人时刊》第5-6期
	2007.7	科学发展中的文化自觉——苏州市国家级非物质文化遗产保护综合性试点工作	《中国艺术研究院专刊》
	2008.5.11	"非遗"使吴江十镇"动"了起来	《中国文化报》
	2008.9.9	千古珍品"机织花罗"亮相苏州	《江苏经济报》
	2008.9	昆曲《幽兰香远》	《文化新世纪》秋刊
	2008.9.10	丝绸"新贵"现身苏州城	《江南时报》
南通	2006.11	"非遗"保护:传承南通记忆 特色浓郁	《南通日报》
	2007.5.5	《南通风筝高人心系北京奥运——五环风筝能"唱歌"》	《扬子晚报》A18版
	2008.1.13	南通蓝印花布《做一个蓝色的梦》	《中国文化报》
	2008.2.8~2008.2.15	集中介绍了南通仿真绣、南通蓝印花布印染技艺、南通板鹞风筝制作技艺、梅庵派古琴艺术、南通童子戏、海门山歌等非物质文化遗产项目	南通电视台《城市日历》栏目
连云港	2007.4.1	连云港市确定首批——五大宫调传承单位	《连云港日报》
	2007.6.1	工鼓锣等四个项目跃跃欲试冲刺国家名录	《连云港日报》
	2007.6.8	传承港城国家级"非遗"家庭剧场唱响五大宫调	《苍梧晚报》
	2007.5.23~2007.5.25	童子戏	连云港电视台
	2007.6.8~2007.6.11	工鼓锣	连云港电视台
	2007.11.7	国家级非遗项目《海州五大宫调》研讨会举行	《连云港日报》
	2007.11.24	首批"非遗"保护名录初评	《苍梧晚报》
	2007.12.4	给孙悟空安牢连云港"户口"	《苍梧晚报》
	2008.1.4	云雾茶用申遗复兴"身份"	《苍梧晚报》
	2008.2.28	"淮海戏成为国家级非遗"名录专题	连云港电视台
	2008.3.3	富含原始魅力的黑陶技艺	《苍梧晚报》
	2008.3.18	港城非遗将亮相东方卫视	《苍梧晚报》
	2008.5.6	四所学校试点《海州五大宫调》教学	《苍梧晚报》
	2008.5.12	连云港市"非遗"普查工作取得阶段性成果	《连云港日报》
	2008.5.27	连云港市新添两百余项县区级"非遗"	《苍梧晚报》
	2008.7.15	港城黑陶将亮相北京奥运展厅	《连云港日报》
	2008.8.17	海州童子戏探秘	《苍梧晚报》
	2008.9.29	"非遗"项目有了"身份证"	《苍梧晚报》
	2008.10.26	26项文化遗产冲刺省级"非遗"	连云港电视台
盐城	2004	探源建湖"十八团"历史和现状	央视"走遍中国"栏目
	2008.4.25	为"非遗"建一个暖暖的家	《盐城晚报》
扬州	2006.1.4	富春:走出深巷天地宽	《扬州日报》
	2006.2.9	细数古城扬州非物质文化遗产	《中国文化报》4版
	2006.4.10	纽约来信盛赞富春	《扬州晚报》
	2007.2.13	百年富春牵手香港五丰行	《扬州日报》
	2007.6.22	扬州木偶四大"高人"授秘籍	《扬州晚报》娱乐版
	2007.6.29	赵如柏:一个牛倌的漆器传奇	《扬州晚报》
	2007.7.3	痴迷漆器创作 他险些坠崖 ——访中国工艺美术大师张宇	《扬州日报》

续 表

地区	发表时间	发表标题	发表媒体
扬州	2007.7.4	顾永骏:每天与玉"对话"	《扬州晚报》C2版
	2007.10.13	扬州木偶与台湾动漫完美联姻	《扬州日报》综合版
	2008.4.9	百年富春编写"非遗大全"	《扬州晚报》
	2008.6	扬州剪纸《剪片祥云寄情思》	《文化新世纪》夏刊
	2008.8.14	扬州木偶走进央视一套 在北京奥运会"中国故事"展示区展演吸引众观众	《扬州日报》综合版
	2008	《探索·发现》节目组采访并拍摄雕版印刷技艺专题片	中央电视台10套
镇江	2005.1.22	市民间文化艺术馆又添"年礼"	《镇江日报》
	2005.3.14	如何传承我们的民间文化	《京江晚报》
	2005.6.11	金山脚下话白蛇	《扬子晚报》
	2005.6.12	镇江市"端午金山脚下话'白蛇'民间传承"活动	《镇江日报》
	2005.7.11	市民艺馆成为国家级AA级旅游景点	《镇江日报》
	2005.7.29	镇江民艺馆成为国家级AA级旅游景点	《中国文化报》
	2005.7.29	镇江举办金山脚下话'白蛇'民间艺术传承活动	《中国艺术报》
	2005.8.14	播放"白蛇传"口述文学万人签字活动	镇江电视台
	2005.9.19	民艺馆征集民间非物质文化遗产	《镇江日报》
	2005.10.1	向社会征集民间艺术品和民间文献资料 镇江市举行大规模广场民间表演活动	《京江晚报》
	2005.10.21	千年"白娘子"走上申遗路	《现代快报》
	2005.11.3	江南文化节上表演突出 镇江市民间舞蹈"马灯阵舞"夺金	《京江晚报》
	2006.1.2	保护本土民族民间文化 镇江市签订首批试点保护项目	《京江晚报》
	2006.1.6	首批国家非物质文化遗产名录公示—《白蛇传》、《镇江香醋技艺》榜上有名	《京江晚报》
	2006.1.8	一边申报立项,一边探索保护《白蛇传传说》根在镇江	《京江晚报》
	2006.1.10	《白蛇传》"出生地"在镇江 以口头文化遗产"申遗"成功	《扬子晚报》
	2006.3.30	镇江保护文化遗产"动静结合"	《社会文化周刊》
	2006.5.28	端午临近话"白蛇"镇江导游"打擂台"	《镇江日报》
	2006.7.23	白蛇传传说的禁忌主题	《京江晚报》
	2006.7.6	镇江"三怪"上剪纸	《扬子晚报》
	2006.8.28	《白蛇传》与镇江历史传说	《镇江日报》
	2006.9.24	充分表达女性话语的经典传说	《京江晚报》
	2006.10.30	光大国家级非物质文化遗产 镇江市编纂《白蛇传传说》文化丛书	《镇江日报》
	2006.11.1	93项"非遗"名录听您高见	《扬子晚报》
	2006.11.3	首批国家非物质文化遗产名录公示镇江市15个项目列入	《镇江日报》
	2006.11.20	泠泠梦溪 七弦风骚	《镇江日报》
	2006.11.20	古琴艺术名家在镇赛艺	《京江晚报》

续表

地区	发表时间	发表标题	发表媒体
镇江	2006.12.14	镇江民间文化艺术馆简介	《中国文化报》
	2006.6.15	市民如何面对非物质文化遗产	《京江晚报》
	2007.9.27	"白蛇传传说"记录片在海外媒体播放	《镇江日报》
	2007.9.26	民间艺术家以手上功夫演绎白蛇传	《中国文化报》
	2007.9.27	长三角地区民间艺术"手上功夫"邀请赛在镇江落幕	《江苏文化》
	2007.10.30	民间艺术家展示"手上功夫"	《中国艺术报》
	2007.11.24	《南乡田歌》获全国"群星大奖"	《京江晚报》
	2007.11.17	镇江锅盖面"面面观"	《京江晚报》
	2007.11.24	锅盖面,想说爱你口难开	《京江晚报》
	2007.12.2	锅盖面振兴,一个道不尽的话题	《京江晚报》
	2008.1.9	镇江市"非遗"保护任重道远	《镇江日报》
	2008.5.8	文化部非遗保护督导组高度评价镇江市非遗保护	《镇江日报》
	2008.5.8	文化部非遗保护督导组来镇考察高度评价镇江市非遗保护	《京江晚报》
	2008	镇江之宝:一条可爱的"白蛇"	《中国文化报》
	2008.6.8	中国"人类非遗代表作"镇江展演开幕	《京江晚报》
	2008.6.8	集中展示镇江民俗风情——第一楼街上演"端午庆典"	《镇江日报》
	2008.6.9	逛博物馆 赏《牡丹亭》——非遗镇江展演让观众"怀旧"	《扬子晚报》
	2008.6.12	第三个中国"文化遗产日"江苏系列活动镇江开幕——四项"人类非物质文化遗产代表作"镇江轮番展演	《江苏文化》
	2008.6.15	古琴名家聚集镇江——成功举办古琴讲座和音乐会	《镇江日报》
	2008.6.17	古琴名家走进江大	《京江晚报》
	2008.6.18	留住历史的印记——"非遗"在镇江	《京江晚报》
	2008.6.19	文化遗产人人保护 保护成果人人共享	《江苏文化》
	2008.6.24	中国人类两非遗代表作在镇展演——蒙古和新疆歌舞艺术展风采	《京江晚报》
	2008.6.28	"蒙古族长调民歌""新疆维吾尔木卡姆艺术"亮相镇江	《文化嘉年华》
	2008.6.29	镇江系列展演"非遗"	《中国文化报》
	2008.7.3	"蒙古族长调民歌""新疆维吾尔木卡姆艺术"亮相镇江	《江苏文化》
	2008.12.22	镇江市举行"清曲演唱会","镇江清曲"将申报省级非遗	《镇江日报》
泰州	2006年初	全市非物质文化遗产保护成果	《泰州日报》、《泰州晚报》、泰州电视台
宿迁	2007.5.1	"庆五一"非遗节目展演,异彩纷呈	电视节目
	2007.7	江苏率先命名非物质文化遗产代表性传承人并资助其开展传习活动	《中国非物质文化遗产》2007年第二期
	2007.7	文化部"非物质文化遗产传承人考察组"赴江苏考察	《中国非物质文化遗产》2007年第二期

第四节 非物质文化遗产馆(展示厅)

建立非物质文化遗产专题博物馆和文化艺术馆等，保护普查工作中收集、整理的非物质文化遗产珍贵实物资料，并将非物质文化遗产资源加以集中展示和保护，充分发挥非物质文化遗产的宣传教育作用。

南京市民俗博物馆

1992年初步建成并开放，位于南京市秦淮区南捕厅15—19号和大板巷42号，以清代古民居、全国重点文物保护单位甘熙宅第为馆址，占地面积9 700多平方米，建筑面积6 000平方米。馆内布置了关于南京民俗的基本陈列，展现了南京人民古往今来在衣食住行、婚丧喜庆、民间工艺、岁时节令等各方面的演变过程。南京市民俗博物馆是具有多功能、综合性的南京非物质文化遗产研究、展示、活动中心。

宜兴陶瓷博物馆

1978年始建，1983年对外开放，1991年扩建。馆址位于宜兴市区南15公里的丁蜀镇丁山北路150号，前身是丁蜀镇设立的陶瓷产品陈列室。馆区设有古代陶瓷、名人名作、世界陶瓷等展厅及配套的陶艺工作室、交流中心、服务中心等。宜兴陶瓷博物馆是国内影响和规模较大的集展示、研究、传播、保护和陶艺交流于一体的专业陶瓷博物馆，在国际上享有一定的声誉。

南通蓝印花布博物馆

南通蓝印花布博物馆位于南通市崇川区濠东绿苑81号，由中国工艺美术大师吴元新于1997年创建，是中国第一家集收藏、展示、研究、生产、经营为一体的专业博物馆，下设蓝印花布博物馆蓝艺研究所、蓝印花布博物馆明清染坊、蓝印花布博物馆的旅游产品开发展示部。该馆坚持以宣传民间艺术，继承传统工艺为宗旨，以抢救、保护民间非物质文化遗产为重点，以研究传承民间工艺为己任。弘扬和传承民间传统蓝印花布，整理收藏明清以来实物及图片资料一万多件，保存着大量优秀的民间制品，出版了《中国蓝印花布纹样大全》藏品卷、纹样卷。

镇江民间文化艺术馆(民间艺术精品展示厅)

2002年镇江民间文化艺术馆设立了"镇江民间艺术精品展示厅"，展厅面积150平方米，展览内容有：乱针绣、竹编、烙铁画、邮票拼贴画、泥叫叫、面塑、剪纸等，为宣传和推动镇江民族民间艺术的发展提供了一定条件。

2003年10月，新建立的1 200平方米的"镇江民间文化艺术馆"开馆，该馆位于镇江市润州区长江路207号，为二层楼建筑，一楼为民间工艺综合性展示厅，着重介绍镇江的民间手工艺，两侧为实地操作的民间艺术家工作室和体现地域特色的工艺场馆；二楼设有"白蛇传民间工艺美术展示厅"，集中展示民间艺术家手工制作的反映《白蛇传》故事内容的民间艺术品。镇江民间艺术精品展示厅内有上百件本土民间艺术家制作的民间手工艺品，被誉为"天下第一库"的民间文艺资料库，收藏有中国20多个省市及海外的民间文艺家专集、内部资料卷近万本和80万份手稿和音响录像资料等。

苏州戏曲博物馆

苏州戏曲博物馆位于苏州市平江历史保护街区张家巷14号，设有中国昆曲博物馆、中国苏州评弹博物馆两馆。馆内现藏有昆曲、苏剧及其他剧种以及苏州评弹及其他曲种等各类文物古籍、史料3万余册。中国昆曲博物馆系全国唯一的集昆曲的历史、文化、艺术于一体，以陈列、展演、保藏、利用、研究为宗旨的专业艺术博物馆。1986年，苏州市政府决定成立苏州戏曲博物馆，同年10月，苏州戏曲博物馆正式对外开放。

中国昆曲博物馆

2001年5月18日，发源于苏州的中国昆曲被联合国教科文组织列为首批"人类口述和非物质遗产代表作"。为更好地保护与弘扬昆曲艺术，经国家文化部和江苏省政府批准，在原苏州戏曲博物馆的基础上，立项筹建中国昆曲博物馆。2003年11月，以抢救、保护、传承、弘扬古老的昆曲艺术为宗旨，以展演、陈列、收藏、研究、传承非物质文化遗产为主要工作中国昆曲博物馆正式对外开放。

苏州评弹博物馆

苏州评弹博物馆位于苏州戏曲博物馆内，2004年6月正式开馆，以陈列评弹史料实物、音像资料为主，结合现代科技手段复原展示苏州评弹名家、流派艺术。馆藏有评弹各类珍贵历史资料1.2万余件，评弹孤本、脚本几百部，老一辈无产阶级革命家陈云的夫人于若木捐赠了陈云生前珍藏的评弹音像资料560多件。

2006年6月，苏州评弹被国务院列入首批"国家级非物质文化遗产代表作"名录。为保护、继承、弘扬苏州评弹艺术，经江苏省、苏州市人民政府申报，中国文化部立项批准，苏州于2004年初开始筹建中国苏州评弹博物馆。

南通风筝博物馆

2005年5月开馆。该馆坐落于南通市工人文化宫内，面积达270平方米。馆内展出不同时期形状各异的风筝实物、图片资料以及制作风筝的工具、器材，展示出风筝艺人在扎、面、绷、糊、雕等方面精湛的技艺。

苏州桃花坞木刻年画博物馆

苏州桃花坞木刻年画博物馆位于苏州市姑苏区平门校场桥路8号，2005年底开馆。该馆外观采用民国时期建筑风格，将原民国时期花园朴园及其中的古建筑完整保留。馆藏各时期的苏州桃花坞年画珍品。

中国刺绣艺术馆

位于苏州市高新区镇湖街道，是目前国内规模最大的专业性刺绣展馆。艺术馆占地面积1 253亩，建筑面积5 000平方米，内设三个展厅，一个多功能厅，三间教室，一个刺绣制作室，两个刺绣艺术销售厅。集展示、销售、教育、交流、和研发等功能为一体，可欣赏到苏绣、湘绣、蜀绣、粤绣四大名绣，而且还能品味名人绣品的独特风采，同时亦能体验各地刺绣之间的不同艺术魅力，了解历代刺绣艺术的沿革和发展，以及丰富的历史典故，感受浓郁的刺绣文化。

扬州中国雕版印刷博物馆

扬州中国雕版印刷博物馆、扬州博物馆（简称"扬州双博馆"）位于扬州新城西区，前身是扬州博物馆。2003年8月经国务院批准成立扬州中国雕版印刷博物馆，将扬州广陵书社收藏的30万片古籍版片并入扬州博物馆，建立扬州双博馆。同年10月9日，双博陈展工程竣工并全面对外开放。馆内专设《扬州古代雕刻》《中国雕版印刷展厅》《扬州雕版印刷展厅》。扬州中国雕版印刷博物馆是中国唯一的一座雕版印刷博物馆，展厅总面积约4 100平方米，分为《中国馆》与《扬州馆》两大部分，展线长度798米，共陈列文物175件，其中《扬州馆》还以"仓储式"陈列20余万片古代雕版。

中国剪纸博物馆

位于扬州历史街区——汪氏小苑后花园里。2007年4月8日，由中国民间艺术家协会、扬州市政府联合主办的"2007中国剪纸艺术精品博览会"在扬州举行，同日，扬州又一"国字号"博物馆——中国扬州剪纸博物馆也正式开馆。全国政协常委、中国文联副主席、中国民间艺术家协会主席冯骥才、扬州市委书记出席开幕式，并共同为中国剪纸博物馆揭牌。

东台发绣艺术馆

位于东台市市区海道桥东侧。2007年7月，为保护非物质文化遗产，弘扬优秀的民间文化艺术，更好地保护、继承、发扬东台发绣艺术的优良传统和艺术精华，东台市组建了东台发绣艺术馆。馆内辟有展示厅、创作研究室、技艺演示厅等。馆内研制、展示的百余件省以上艺术博览会获奖精品，代表了发绣艺术发展过程中各个时期的最高水平，反映了发绣艺术的地方文化特色，体现了发绣工艺的最高艺术境界，显示了东台深厚的文化艺术底蕴。

广陵琴派史料陈列馆

广陵琴派史料陈列馆位于扬州市丰乐上街9号史可法纪念馆内，2007年11月28日正式对外开放。陈列馆占地面积2 400余平方米，陈展面积420平方米，展出文物40余件，图书史料、图片300余件（套）。除陈列展示以外，还组织开展古琴雅集、传承、教学活动，举办了古琴雅集活动70余场。其中影响较大的有：胡若思旧藏古琴名家演奏会、首届中国扬州琴艺峰会、纪念刘少椿诞辰110周年《刘少椿琴谱墨迹选》发行仪式、广陵琴韵——广陵琴社建社100周年系列纪念活动等。2008年起与广陵派琴家合作开办古琴技艺传习所，招收学生，传授曲目，计培训古琴学员180多名。与北京中国书店出版社合作出版《古琴——广陵琴社百年纪念专辑》一书。

淮剧博物馆

建于2007年至2008年，坐落在盐城市城南新区的聚龙湖东北角的清风园内，旨在通过原作剧本、经典剧照、视听资料、舞台模型、服装道具等珍贵藏品，展现淮剧发展历程和艺术成就，彰显淮剧文化的无限魅力。

第十二章　非物质文化遗产研究与交流

　　深入推进非物质文化遗产的研究交流,是挖掘、传承、保护非物质文化遗产的有效途径。为了加强非物质文化遗产研究,推进科学保护,促进传承发展,江苏省文化厅通过在高校命名一批江苏省非物质文化遗产研究基地,整理、出版相关资料和书籍,召开传承人和有关专家的学术研讨会,开展与国际和港澳台等的合作与交流等方式,广泛开展非物质文化遗产研究和学术交流。

第一节　研究机构

各类文化单位、科研机构、大专院校和一些社会团体等是非物质文化遗产理论和实践研究的主体。

南京云锦研究所

1957年江苏省政府批准建立的中国第一家工艺美术研究所,也是中国唯一集研究、生产、展示、销售于一体的云锦专业机构。该所成立初期工作重点是对濒临失传的云锦创作艺术和传统工艺进行继承总结,整理出版了一系列档案资料。几十年来,南京云锦研究所为国家文物局、故宫博物院等著名博物馆复制了大量丝织文物,并获得了"国家文物局古代丝绸复制研究基地""国家一级可移动文物修复单位""国家甲级可移动文物技术保护设计单位"专业资质。2008年,联合国教科文民间艺术国际组织认定:"南京云锦研究所是云锦传统手工技艺的源头和唯一传承地"。

苏州刺绣研究所

苏州刺绣研究所是专门从事刺绣、缂丝研究的创新机构。1954年由苏州市文联民间艺术研究组筹建刺绣小组,1955年12月转为苏州刺绣工艺生产合作社,1957年12月转为苏州市工艺美术研究室刺绣工场,1960年2月建立苏州刺绣研究所,1961年4月被批准为全民所有制事业单位,20世纪80年代,共有职工300多人,现改制为苏州刺绣研究所有限公司,有职工140多人。刺绣研究所技术力量雄厚,苏州的13位中国工艺美术大师中有8位在该所就任,此外还有5位苏绣国家级非物质文化遗产代表性传承人及50%的高、中、初级技术职称人才。苏州刺绣研究所是当今苏绣最高艺术水平的代表与领军企业,目前,正在加快建设中国刺绣艺术馆。

江苏省淮剧艺术研究会

成立于1983年10月,隶属盐城市文广新局,是江苏淮剧唯一一家集艺术研究、艺术创作、艺术教育和信息联络、专业辅导职能为一体的艺术研究单位。江苏省淮剧艺术研究会内设剧目、音乐、语言、表演、舞美等组,含有团体会员12个。研究会以开展淮剧艺术研究为主导,以推动淮剧艺术建设为基础,先后参与编纂并出版了《中国戏曲音乐集成·江苏卷》《中国戏曲志·江苏志》《江苏戏曲志·淮剧志》《江苏戏曲志·盐城卷》;辑录整理了《淮剧传统剧目初探》、淮剧传统剧目《九莲·十三英·七十二记》、《淮剧唱词选编》、《淮剧现代戏唱腔选》;出版了戏曲音乐理论专著《淮剧音乐概论》等。

镇江民间文化艺术馆

建立于1991年,前身为镇江民间文艺资料库,是以挖掘、弘扬、研究、开发镇江非物质文化遗产为主的全民公益性事业单位,对全市非物质文化遗产工作起着极其重要的保护、传承、研究、指导和推动作用。具有理论研究、调查、记录、挖掘非物质文化遗产的职能,并具有对全市非遗保护、学术研讨、相关展览、公益活动、成果出版、相关人才培训等工作的指导作用。

南京大学文化与自然遗产研究所

成立于2003年,是隶属于南京大学的专门进行物质文化遗产、非物质文化遗产、自然与文化双遗产等项目的调查、研究、保护、利用、规划、出版的专业文化学术机构。南京大学历史学系教授、博士生导师贺云翱担任所长。研究所成立以来,受江苏省文化厅、南京市文化局、玄武区文化局和宜兴市政府等委托,先后参与南京云锦、宜兴紫砂技艺、南京金箔等项目的研究、申报等工作。

苏州市苏绣艺术创新中心

2006年建立,由著名科学家、诺贝尔奖获得者李政道亲自倡导、亲笔题字,并亲自揭牌。该中心致力于对传统苏绣技艺的传承、研究和创新的宗旨,"用最新的方法演绎最古老的事物,用最古老的技艺表现最新的创意",被中国非物质文化遗产保护中心命名为首批"国家级非物质文化遗产保护研究基地"。

连云港"海州五大宫调"研究所

2006年7月4日,连云港"海州五大宫调"研究所在连云港师范专科学校成立。该所隶属于连云港师范高等专科学校,连云港市文化主管部门、非遗保护单位参与共建。

苏州大学非物质文化遗产研究中心

成立于2006年10月,中心具有非物质文化遗产保护理论研究、课程教育、调查、记录、挖掘非物质文化遗产,参与民间社区文化遗产保护,举办学术研讨、相关展览及公益活动,组织实施研究成果的出版、发表和相关人才培训等职能。

非物质文化遗产（蓝印花布）研究中心

南通蓝印花布博物馆于 2006 年 11 月在天津大学创建南通蓝印花布博物馆分馆，与清华大学美术学院染织系合作建立非物质文化遗产（蓝印花布）研究中心。

苏州桃花坞木刻年画研究所

2006 年建立，主要重视苏州桃花坞木刻年画的研究、挖掘、整理等工作。

第二节 研究成果

自 2003 年 11 月文化部启动中国民族民间文化保护工程之后，江苏省文化厅立即组织对全省民间文化艺术资源进行调研并形成《江苏省民间文化艺术资源情况的调研报告》。

全省先后编撰和出版了《江苏省第一批国家级非物质文化遗产要览》《韵学骊珠新编》《昆剧继字辈》《昆剧检场》《昆剧穿戴》《昆剧在苏州（1951～2005）》《中国昆曲论坛 2003～2005》《千古情缘——〈长生殿〉国际学术研讨会论文集》《中国·白茆山歌集》《中国·芦墟山歌集》《中国·河阳山歌集》《中国传统戏衣》《宋锦结构和制作工艺》《苏州桃花坞木刻年画》《中国蓝印花布纹样大全》《传统技艺与文化再生》《扬州清曲》等有关非物质文化遗产的书籍，各地抢救、整理、出版了大量非物质文化遗产资料。这些研究成果深化了学术传播的层次，为非物质文化遗产的传承提供了理论上的指导和实践上的指引。

《梁祝文化研究论文集——梁祝史实与传说考证专辑》

2002 年 5 月，由华夏梁祝文化研究会编著的《梁祝文化研究论文集——梁祝史实与传说考证专辑》面世。该论文集收录了国内研究宜兴梁祝历史文化的 15 篇论文，共 10 万余字。

《口传文艺研究十人集》

2002 年 7 月由中国文联出版社出版，康新民主编。该书收集了镇江市老中青三代民间文艺家的 25 篇民间文化研究成果，它们是新时期以来镇江从事口传文艺研究留下的真实足迹。

《苏州评弹史稿》

2002 年由苏州古吴轩出版社出版，周良主笔、苏州文联编撰。该书填补了苏州评弹史编纂的空白，对苏州评弹的形成过程进行了介绍。

《扬州理发刀》

2003 年 4 月由江苏科技出版社出版，王资鑫著。该书对扬州美发史、美发技艺、美发文化进行了系统的整理。

《宜兴手工紫砂陶艺项目调研成果》

从 2003 年开始，宜兴市文化局开始与南京大学文化与自然遗产研究所合作，围绕宜兴手工紫砂陶艺遗产的研究和保护问题，包括宜兴紫砂工艺、宜兴茶文化在内的宜兴市文化遗产开展了综合性课题调研工作。2004 年 3 月至 10 月，对宜兴手工紫砂工艺所在地丁蜀镇社区的历史文化遗产资源做了全面深入的调查工作，并开展宜兴手工紫砂陶艺申报江苏省民族民间文化保护工程项目工作。2004 年 7 月，江苏省文化厅和财政厅将宜兴手工紫砂陶艺列入江苏省首批民族民间文化保护工程试点项目。宜兴市人民政府成立了以市长吴峰枫为组长，并有南京大学文化与自然遗产研究所、宜兴市文化局、宜兴市陶瓷行业协会等有关机构负责人及紫砂工艺大师参加的宜兴手工紫砂陶艺保护研究组织。课题调研取得了丰硕成果：建立了宜兴紫砂资料库，完成了宜兴紫砂陶制作技艺申报国家级非物质文化遗产工作，编制了《无锡市宜兴紫砂陶工艺保护和发展条例》，同时还进行了宜兴茶文化等相关课题研究。

《惠山泥韵》

2004 年 6 月由时代文艺出版社出版，沈大授著。

《食缘》

2004 年 8 月由中国文联出版社出版，顾克敏著。该书以"风味篇""趣味篇""它山篇"等八个篇章，饶有兴味地谈论美食美味和相关联的趣闻轶事。其中不乏"镇江三怪""蟹黄汤包""拆烩鲢鱼头"等名菜点。

《民间风采》

2004 年 9 月由江苏人民出版社出版，康新民主编。该书为中国历史文化名城镇江研究丛书之一本，它原汁原味地再现了镇江民间文化的多样性和丰富性，是镇江民间文艺研究新成果的集中展示，具有重要的民俗文化价值。

《虞山琴派研究》

2004 年 12 月由百家出版社出版，朱晞著。全书共25万余字，汇集了作者近年来学术研究成果。

《以"白蛇传"为代表的镇江口述文学检查验收工作情况汇报》

2004年镇江民间文化艺术馆申报的《以"白蛇传"为代表的镇江口述文学》，被江苏省民族民间文化保护工程领导小组确定为江苏省民族民间文化保护工程省级试点项目。2007年1月8日，根据江苏省文化厅检查验收要求，对照江苏省民族民间文化保护工程省级试点项目任务书，镇江民间文化艺术馆撰写了《以"白蛇传"为代表的镇江口述文学检查验收工作情况汇报》，详细介绍了项目的进展情况以及所取得的成效。

《苏州市昆曲遗产保护、继承、弘扬工程》

《苏州市昆曲遗产保护、继承、弘扬工程》是苏州市文化广播电视管理局主持推进的重大课题项目。该项目以人为本，重在建设，创造环境，积极为昆曲遗产保护搭建科学的平台。通过两个"五位一体"格局科学工作体系的构建，使昆曲艺术和昆曲工作充满生机和活力，成为"文化苏州"最为亮丽的"名片"，并充分发挥苏州作为昆曲发祥地和历史文化底蕴深厚、经济社会综合优势突出的优越条件，构筑了昆曲遗产保护"文化生态区"和全国昆曲遗产保护的重要基地，为昆曲遗产保护事业做出了重要贡献。2005年荣获首届"文化部创新奖"唯一的特等奖；同时，经文化部、财政部批准，苏州市被正式授牌为"国家昆曲艺术抢救、保护和扶持工程——昆曲遗产保护研究中心"。

《南京民间舞蹈集成》

2005年7月份编辑出版。该专集的出版为南京民间舞蹈的保护工作留存了珍贵的史料，反映了近十余年来南京地区民族民间文化坚持传承发展的成果，同时也促进南京地区民间舞蹈的收集、整理与加工。

《秦淮灯彩甲天下》

2005年12月由江苏美术出版社出版，徐路等主编。本书分两部分，第一部分以文字叙说为主，简要介绍了秦淮灯彩的发展历史；第二部分以摄影图片为主，展示了当代秦淮灯彩的繁盛图景。

《紫砂大师访谈录》

2005年，在贺云翱教授的带领下，南京大学文化与自然遗产研究所、宜兴市文化局、宜兴市陶瓷行业协会的调查人员在宜兴市进行调研，对紫砂艺人特别是紫砂工艺大师进行了访谈，形成了翔实的文字记录。访谈文字记录——《紫砂大师访谈录》一书于2008年由文物出版社出版，清晰地反映了紫砂工艺这一传统文化遗产的现代体验、传承和新历程，既是紫砂工艺大师和艺人的心得、经验和心声，也是富有价值的口述历史与遗产现状实录，对国内外民众了解宜兴紫砂陶工艺的丰富内涵和现状具有十分重要的意义。

《江苏省民族民间文化艺术传承与保护优秀论文集》

2005年至2006年，江苏省文化厅先后开展民族民间文化艺术传承与保护论文征集活动，召开理论研讨会，出版了《江苏省民族民间文化艺术传承与保护优秀论文集》。

《苏州民间手工艺术》

2006年1月由古吴轩出版社出版，张澄国、胡韵荪主编，苏州市文联和苏州市民间文艺家协会共同编纂。该书历时三年多，经过广泛细致的民间艺术普查，全面翔实地记录了苏州手工艺术发展过程，收录了七大类八十个手工艺品种，用22万字把这座古城的手工艺术展示得淋漓尽致。

《扬州清曲》

2006年4月由广陵书社出版，扬州清曲研究室特聘研究员韦人编撰。全书120万字，分为《曲论卷》《曲词卷》《曲调卷》三卷，另配有12张DVD将扬州清曲中全部300多个曲牌都用视频文件的形式保留下来，其中有很多是20世纪30年代珍贵的唱片录音。这是扬州清曲600年发展历史上第一次出现全面、系统地收集、整理扬州清曲史料、曲谱、曲目、曲论、艺人生平及艺人唱腔的集大成的著作，是当今的一部"扬州清曲大全"。

《镇江特色文化》

2006年12月由苏州大学出版社出版，吴林森主编，该书用五个篇章记述了有着鲜明镇江地域特色的"口传文化、饮食文化和民间艺术"等，书中反映了几千年来广大民众在本地域所形成的各种文化表现形态。

《江苏省民族民间文化保护工程试点项目检查验收报告》

2006年12月下旬至2007年1月，省文化厅、省财政厅及省非物质文化保护中心有关人员及部分专家分别对"常州手绘梳篦""宜兴手工紫砂陶艺""无锡手捏泥人""南通哨口板鹞风筝""云渡桃雕""东台发绣""南京白局""白蛇传传说""扬州清曲""溱潼会船""濉宁落子舞""海州五大宫调""金湖秧歌"等试点项目进行了检查验收。对照《江苏省民族民间文化保护工程实施方案》《江苏省民族民间文化保护工程专项资金使用管理办法》和省文化厅与各试点单位签订的《江苏省民族民间文化保护工程省级试点项目任务书》的要求，主要就"试点项目保护工作的开展情况和取得的成效""省财政补助资金的使用情况""有关试点工作的档案资料、台账""保护工作的经验教训和意见建议"等进行了检查验收并形成了《江苏省民族民间文化保护工程试点项目检查验收报告》。

《江苏省第一批国家级非物质文化遗产要览》

2007年5月，有江苏省非物质文化遗产保护中心编撰、南京师范大学出版社出版。该书收录了江苏省37个入选第一批国家级非物质文化遗产名录项目的相关文字约20万字和350多张图片，客观、系统地介绍了项目的历史渊源、传承区域、表现形态、文化价值以及目前保护情况，兼具学术性、知识性与文献性。

《人文遗韵》

2007年5月出版，作者戴珩以37个江苏国家级非物质文化遗产项目为歌颂、表现和感悟对象，用诗的语言解读了江苏非物质文化遗产的内涵，呈现了江苏非物质文化遗产的光彩，传导了江苏非物质文化遗产的魅力。

《白蛇传文化集粹（三卷本）》

2007年5月由江苏文艺出版社出版，刘振兴总主编。该书包括了《白蛇传文化集萃》的论文卷、异文卷、工艺卷，其不同的文化视角，充分表现了白蛇传传说集体传承的文化内涵和民族影响。

《南通市非物质文化遗产保护要览》

2007年5月由南通市非物质文化遗产保护中心编辑出版。该书收录38个项目的相关文字和图片，将客观、系统地介绍这些项目的历史渊源、传承区域、表现形态、文化价值以及目前保护情况，力求兼具学术性、知识性与文献性，是南通市非物质文化遗产保护成果向社会的集中汇报。

《宜兴紫砂陶》

2007年6月由上海古籍出版社出版，宜兴市陶瓷行业协会会长史俊棠主编。此书作为江苏省重点文化工程，由省财政拨款资助。该书从宜兴紫砂陶的起源及其历史沿革，紫砂泥的分类及采掘工艺，紫砂陶的制作工艺及陶刻装饰工艺，紫砂陶的烧制技术，紫砂陶的品种门类，以及紫砂艺术的传承流派等多个角度深度切入，分类清晰，内容详尽，信息丰富，加上200余幅彩色图片交相辉映，展现了紫砂艺术和紫砂文化的深厚魅力。

《镇江曲艺志》

2007年9月由镇江市文化局编，本书记录内容没有上限时间，下限至1990年底。并以历史时间为序，分为"综述""大事年表""志略""传记"四大部类，它客观如实地记录了镇江曲艺的发展历史。

《镇江风俗》

2007年9月由苏州大学出版社出版，吴林森、李德柱著，该书以六个部分，向人们介绍了镇江地区的春节、端午节等岁时习俗，以及镇江地区人们的衣食住行和流行的游戏、民谣等有关民俗风情。

《东吴文化遗产》

2006年10月苏州大学非物质文化遗产研究中心成立以后，2007年11月编制了第一辑《东吴文化遗产》、2008年12月编制了第二辑《东吴文化遗产》。《东吴文化遗产》成为研究中心与学术界交流非物质文化遗产保护、传承的一个窗口。

《南京非物质文化遗产集萃》

2007年12月由南京出版社出版。该书是南京第一部非物质文化遗产典籍性专著，展示了南京市非物质文化遗产的精华，书中还宣传了南京市非物质文化遗产保护工作取得的成就。

《海州五大宫调》

2007年底，由连云港市文化局组织编写的《海州五大宫调》一书定稿付印，全书约100多万字738页，收集了300多首曲牌，其中有被专家学者认为已经失传多年的"马头调"，还有用18首曲牌部分乐句联缀而成的"九腔十八调"《俏人儿我的心肝》等，集中展示了海州五大宫调的艺术形态特征。

《非物质文化遗产百花园中的一朵鲜艳的奇葩——南通板鹞风筝》《非物质文化遗产的数字化保护》

2007年入选《中国非物质文化遗产保护与传承研讨论文集》。

《传承人：非物质文化遗产活态保护的核心》

2007年"中国非物质文化遗产保护·苏州论

坛"论文,作者为南通市非物质文化遗产保护中心沈爱明、凌玉。

《关于建立非物质文化遗产生态保护区的思考》

2007年"中国非物质文化遗产保护·苏州论坛"论文,作者为南通市非物质文化遗产保护中心艾敏、晓川。

《淮剧百年祭(一至四)》

分别由《中华戏曲》19辑《戏曲研究》51期、25辑《33期》,《2007—2008淮剧资料》出版。作者为邓小秋。

《徐州民间音乐集成》

2008年6月,由中国戏剧出版社出版。该《集成》共有四卷,分别是"民歌卷""民乐卷""琴书卷""柳琴·花鼓卷"。歌曲卷收录民歌506首,器乐卷收录各类曲牌281首及锣鼓谱38首;琴书卷收录基本曲牌9类,词曲合璧的10个完整唱段和11篇唱词;"柳琴·花鼓卷"分别收录唱腔谱例。编辑时均融实用、欣赏于一体。四卷基本上反映和代表了徐州民间音乐的面貌。

《江海遗珍——南通市国家、省、市级非物质文化遗产》

2008年,南通市非物质文化遗产保护中心组织编辑出版了《江海遗珍——南通市国家、省、市级非物质文化遗产》画册。该画册收录了南通市38个国家、省、市级非物质文化遗产项目的相关介绍和图片,通过图文向人们介绍了这些非物质文化遗产的历史渊源、传承区域、表现形态、文化价值等方面的情况。

第三节 学术研讨

江苏省积极开展非物质文化遗产研究,自2005年起接连举办"中国非物质文化遗产保护·苏州论坛"(两年一次)、"民族民间文化保护与利用"等一系列非遗保护高层次论坛,涌现了一大批理论成果,各地方也举办了针对非物质文化遗产代表性项目的学术研讨活动。

中国昆曲国际学术研讨会

2003年11月16日至17日,作为第二届中国昆剧艺术节的重要组成部分,由中国昆曲研究中心筹备的首届中国昆曲国际学术研讨会在苏州昆山举行。大会收到美国、日本、韩国、香港、澳门、台湾以及大陆戏曲学者所提交的论文50余篇,并得到联合国教科文组织资助,会后结集为《中国昆曲论坛2003》,由苏州大学出版社正式出版。

2005年7月4日至7日,第二届中国昆曲国际学术研讨会于在苏州市图书馆举行。会议由文化部和江苏省人民政府主办,江苏省文化厅、江苏省文联和苏州市人民政府承办,70余位海内外专家教授应邀出席会议并提交了论文,其中40篇论文进行了大会发言交流。在为期三天的会议研讨中,与会代表围绕昆曲声腔、昆剧文本、昆曲史论、昆曲的保护传承、昆曲的民间流传以及苏州昆曲现象等六个专题展开了热烈的讨论。

2006年7月5日至9日,第三届中国昆曲国际学术研讨会在苏州举行,来自中国大陆、香港、台湾和美国、韩国、日本等地的50余位专家学者参加会议并发表论文。研讨会上,诸位学者对有关昆曲的形成、传播、作家、作品、流派、艺术等问题进行了深入的研究和探讨。研讨会分主题共进行了9场,每一场都由昆曲研究领域的著名学者主持。

2007年12月5日至9日,由文化部主办、苏州市人民政府承办的第四届中国昆曲国际学术研讨会在苏州三元宾馆举行。来自两岸四地以及日、韩等国的专家学者40余人应邀出席了本届研讨会,有40篇论文在会议上进行了宣讲交流。

"溱潼会船"专家论坛

2005年4月7日,在极具民俗特色的姜堰溱潼会船节期间,由江苏省民族民间文化保护工程省中心、姜堰市人民政府联合举办的"溱潼会船"专家论坛在姜堰市隆重举行。出席论坛的领导和专家就"溱潼会船"的历史渊源、深厚的文化内涵、独有的人文特性,以及如何处理好传承、保护与开发利用的关系等,进行了深度的探讨,从不同角度进行了深刻的论述。

扬州市国家级非物质文化遗产代表作专家论证会

2005年初,扬州组织实施国家级非物质文化遗产代表作申报工作。6月底,在江都市文化局召开工作会议,初步确定扬州市17个申报项目,并明确项目负责人,着手申报文本的撰写;7月中旬,根据文化部项目申报文本的标准要求,在扬州市文化局召开了部分重点项目申报文本、辅助材料制作专题研究会,明确报送材料的内容和格式;8月初,在扬州工程规划研究院召开了9个申报项目申报文本通稿会,组织专家学者对每个项目进行规范论证,保证申报项目符合文本要求;8月底,在扬州市文化局召开了申报项目电视介绍片拍摄要求会议,根据文化部通知要求,规定电视片拍摄内容、技术标准、时间长度及拍摄进度等。

中国非物质文化遗产保护·苏州论坛

2005年7月5日,由国家文化部、江苏省人民政府主办,江苏省文化厅、苏州市人民政府联合承办的"中国非物质文化遗产保护苏州论坛暨中国(苏州)民族民间文化艺术展示周、第二届中国昆曲国际学术研讨会"在苏州拉开帷幕。

来自中央有关部委的领导、全国各省、市、自治区文化厅的代表、参加论坛的专家学者和新闻媒体的记者320多人参加了此次活动。

文化部部长孙家正,江苏省委副书记任彦申,省委常委、苏州市委书记王荣,省政府副省长张桃林以及文化部相关司局、国家保护工程中心负责人、省文化厅章剑华厅长、王慧芬副厅长出席开幕仪式。

第二届长三角群众文化论坛

2005年11月28日至30日,由江苏省文化厅、上海市文化广播电视局、浙江省文化厅主办,苏州市吴中区人民政府、苏州市文广局承办的第二届"长三角群众文化论坛"在苏州市举行。第二届"长三角群众文化论坛"以"民族民间文化保护与利用"为主题,来自江、浙、沪三地的民族民间文化保护专家和近百位群众文化理论工作者相聚在苏州,就长三角地区民族民间文化的保护与利用的原则、科学机制、具体途径和方法,作了多角度、多方位、深入的交流和研讨,有60多篇论文参加交流。

《江苏省非物质文化遗产保护条例》立法调研座谈会在镇江召开

2006年3月8日,省法制办、省文化厅在镇江市召开了《江苏省非物质文化遗产保护条例》立法调研座谈会,听取了相关意见和建议。

座谈会由省法制办主任张耀东和省文化厅副厅长、省文物局局长王慧芬主持,镇江市文化局、法制办、旅游局、教育局、财政局、建设局等单位相关人员,民间文艺专家及民间艺术家代表参加了座谈。大家发言踊跃,各人都从本职专业方面提出了意见与建议,得到了与会领导的肯定。

《从河姆渡走来——2006中国现代漆艺发展》扬州高峰论坛

2006年4月,中国工艺美术学会、扬州市政府、清华美术学院、扬州漆器厂联合举办《从河姆渡走来——2006中国现代漆艺发展》扬州高峰论坛,出席会议的有关学校代表,同行代表100多名,共发表了35篇论文,合编论文集。

全省民族民间文化保护工程试点工作经验交流会

2006年6月9日,全省民族民间文化保护工程试点工作经验交流会在南京召开。省委宣传部、省财政厅、省文联等有关领导出席会议。全省各市文化局分管局长、社文处长、民族民间文化保护工程中心负责人、试点项目实施单位负责人、省民族民间文化保护工程领导小组及办公室成员、省民族民间文化保护工程中心全体人员参加了会议。省民族民间文化保护工程领导小组组长、省文化厅副厅长、省文物局局长王慧芬出席会议并作了讲话。

会上,南京、无锡、扬州、连云港等市分别就南京白局、无锡手捏泥人、扬州清曲、海州五大宫调等省级试点项目的保护介绍了经验。苏州作为民族民间文化保护工程国家级综合试点地区,着重介绍了该市在全面开展非物质文化遗产保护方面所取得的成功经验。全省其他各市就各自的试点项目保护所取得的经验进行了书面交流。

第一批江苏省非物质文化遗产名录申报项目评审会在宁举行

2006年9月24日至26日,第一批江苏省非物质文化遗产名录申报项目评审会在宁举行。省文化厅副厅长、省文物局局长王慧芬到会讲话,省内30余位非物质文化遗产各门类专家以及厅社文处和省民族民间文化保护中心的有关负责人参加了会议。

全省申报省非物质文化遗产名录项目共290项,申报国家级非物质文化遗产代表性传承人共203人。专家们认真阅读每份申报材料,并出写下评审意见。对申报项目和申报传承人逐一进行评议,在反复讨论和斟酌的基础上,最后,以投票的方式进行表决。

"第二届中国非物质文化遗产保护·苏州论坛"在昆山举行

2007年6月15日~19日,"第二届中国非物质文化遗产保护·苏州论坛"在昆山市举行。论坛由国家文化部、省政府主办,中国艺术研究院·中国非物质文化遗产保护中心、苏州市政府、昆山市政府承办,为期4天。省委常委、苏州市委书记王荣,副省长张桃林,中国艺术研究院院长、国家非遗保护中心主任王文章,和文化部、商务部、国家宗教事务局、中国文联以及来自各省市区相关机构的领导和专家学者,出席了本次论坛。

国家级非物质文化遗产保护项目"海州五大宫调"研讨会

2007年11月6日、7日,由江苏省非物质文化遗产保护中心、连云港市文化局和连云港师范专科学校共同主办的国家级非物质文化遗产保护项目——"海州五大宫调"研讨会在连云港召开。研讨会邀请了省内部分研究明清俗曲的专家学者,就海州五大宫调的历史渊源、曲牌形态和艺术特征以及如何把非物质文化遗产项目引入大中小学课堂等问题进行了有益的探讨。中国艺术研究院、国家非遗保护中心的有关专家应邀参加了研讨会活动。

非物质文化遗产·东吴论坛

2007年12月16日至19日,由苏州大学、苏州市文化广播电视管理局主办,苏州大学非物质文化遗产研究中心、苏州大学艺术学院承办的"非物质文化遗产·东吴论坛"在苏州大学举行。

第四节 交流合作

江苏非常重视非物质文化遗产保护的合作与交流,特别是与联合国教科文组织等国际组织的合作。非物质文化遗产合作与交流是传播江苏优秀传统文化的重要途径,是展示江苏形象、不断提高中华文化的国际影响力的有效手段。江苏通过开展一系列的展览、展示和交流活动,提升了江苏保护项目的知名度,江苏省的非物质文化遗产也走向全国、走向世界,扩大了影响。

苏绣艺术作品系列展览

2003年10月,苏州市人民政府代表团在市长的率领下赴日本、韩国招商引资,带去了苏州任嘒闲刺绣艺术发展有限公司的"苏绣艺术作品展"和苏绣技艺表演人员。10月5日在日本东京展出,开幕式上苏绣艺术精品吸引了众多的日本朋友,东京最大的电视台NHK专门作了采访报道。在韩国汉城,"苏绣艺术展览"同样受到热烈欢迎。

2004年10月27日到11月4日"中国苏绣艺术精品展览"在莫斯科"俄罗斯现代历史博物馆"展出,由苏州任嘒闲刺绣艺术发展有限公司选送的50多幅苏绣精品受到俄罗斯各界人士的赞赏。

2005年2月19日,"手牵手,顾文霞、余福臻苏绣大师作品展览会"在美国卡特图书馆举办,共展出了山水、人物、花鸟等31幅刺绣精品。这次展览是应美国前总统卡特的邀请而举办的,卡特总统和夫妇观赏了两位苏州大师的作品,随后又观看了余福臻的刺绣表演,并畅叙了中美文化交流的情缘。这次展览受到美国人民的热烈欢迎和媒体的高度评价。卡特总统还写了一封热情洋溢的感谢信给顾文霞大师。

2005年5月6日,中国工艺美术大师蒋雪英应邀赴日本进行中日文化交流,举办"苏绣艺术展览",并在日本12个城市巡展。这是她自己1977年以来的第28次东渡日本,其足迹已遍及日本164个城市。

2005年10月2日,第八届北京国际艺术博览会在北京中国国际贸易中心展览大厅举行。来自中国、韩国、日本、伊朗、土耳其、俄罗斯、新加坡等国家和地区300多家画廊及艺术家的近万件艺术珍品参展。苏州市苏莹发绣工艺公司制作以中国经典名作为题材的发绣艺术精品《韩熙载夜宴图》《清明上河图》《八仙过海》《八十七神仙卷》等参展。苏州民间工艺家、市非遗传承人周莹华还现场进行了发绣技艺表演交流,受到了中外艺术家的高度赞扬和评价。

苏州昆曲赴港澳台展演活动

2004~2005年,苏州昆曲名剧《长生殿》、青春版《牡丹亭》在"名城行""名校行"等活动中和港澳台等地区展演。

苏州评弹团赴台湾演出

2005年6月,苏州评弹赴台湾演出。

宜兴陶艺国际交流系列活动

2005年3月8至24日,宜兴市副市长洪雅率团,宜兴市教育局长许兴城,宜兴市陶瓷行业协会会长史俊棠以及紫砂、均陶的陶艺工作者一行10人代表团赴美国交流陶艺,并参加第39届陶瓷艺术教育年会。

2005年6月1日至4日,"2005中国陶都——宜兴国际陶艺研讨会暨陶艺展"在宜兴陶瓷博物馆隆重举行。来自欧美、日韩等10多个国家和港台地区的80多位陶艺家和国内各大产区及有关院校的陶艺家、教育家20多人出席本次活动。国际陶瓷艺术学会会长托尼·弗来克斯宣布:"世界制壶中心在宜兴"。展览结束时,外国陶艺家将46件展品赠送宜兴。

2007年11月30日,《韩国(财)世界陶瓷器EXPO与宜兴市陶协陶瓷振兴协力协定书》在宜兴市外经局正式签署,韩方代表徐廷杰和市陶协会长史俊棠分别在协定书上签字。

2008年1月24日,韩国陶艺大师精品捐赠仪式在宜兴市陶瓷行业协会礼堂举行,宜兴市副市长洪雅、市陶协会长史俊棠、副会长鲍建生和韩国朋友出席活动。

2008年4月28日,韩国第一届京畿国际陶瓷件博览会开幕,中国驻韩大使宁赋魁及多国驻韩大使偕夫人出席仪式。应主办方邀请,宜兴市政府委托宜兴市陶协会长史俊棠及陶艺师等一行携紫砂作品前往参加博览会,并与大韩民国财团法人世界陶瓷器EXPO共同签署《合作推进陶瓷科技文化事业发展的协议书》,京畿道知事金文洙与史俊棠会长在协议书上签字。

2008年10月19日下午,中韩陶瓷文化交流合作协议签约仪式在宜兴市陶协会场举行。宜兴市陶协会长史俊棠与韩国前经济副总理、宪政议会主席、战略研究院院长、韩国陶瓷文化协会会长姜庆植代表各方在协议上签字。宜兴市副市长洪雅、丁蜀镇副镇长王法林、韩国闻庆市长申铉国、闻庆市议会议长高五焕、韩国驻上海总领事馆文化院长兼文化领事河贤风,韩国地乳茶会会长朴贤,以及双方陶艺界人士共60多人出席了签约仪式。

昆曲《牡丹亭》青春版国际巡演

2006年9月至10月,青春版《牡丹亭》圆满完成为期一个月的美国加州大学四所分校巡演,得到中美两国政府高度重视。美国国会给予了肯定和表彰,美国伯克利大学因此专门开设了昆曲选修课程,美国圣塔芭芭拉市市长还将演出《牡丹亭》的一周命名为《牡丹亭》周。世界各大华文媒体和美国重要主流英文媒体,中国新华社、中新社、中央电视台等纷纷对访演给予大量报道。美国《旧金山纪事报》甚至赞誉这次演出是继梅兰芳访美演出以来中国戏曲成功登陆美国的又一次盛举。

2007年4月,青春版《牡丹亭·惊梦》随温家宝总理访日参加中日文化体育交流年开幕式演出,将中国戏曲史上最著名、最美丽的梦展现给日本观众,赢得现场热烈而经久不息的掌声。媒体评论,演出从一个侧面展映了中国传统文化在继承中创新的传承之路。温家宝总理对苏州昆剧院的亲笔来信和书赠题词"姹紫嫣红牡丹开,良辰美景新秀来",希望苏州昆剧院为昆曲事业发展再立新功。

镇江民间文化艺术馆国际交流系列活动

2004年4月,应德国曼海姆市邀请,镇江民间文化艺术馆推荐的丹阳民间艺术家邵同义赴曼海姆市展示镇江民间瓷刻艺术。

2006年11月,应日本国仓敷市邀请,镇江民间文化艺术馆推荐的剪纸艺术家林超英赴日本参加仓敷市建市400周年世界民间艺术家大展演活动。

2007年德国曼海姆市前第一市长诺伯特·艾格尔博士,参观了镇江民间文化艺术馆,对镇江市民间艺术给予很高评价。

2007年5月应德国曼海姆市邀请,镇江民间文化艺术馆组织的剪纸、蛋雕等民间艺术家赴曼海姆市,参加"第十届国际复活节彩蛋艺术活动"。

大事年表

2001 年

5月18日　昆曲艺术入选联合国教科文组织宣布的第一批"人类口头和非物质遗产代表作",江苏省是昆曲艺术的主要发源地。

11月5日～8日　苏州举办庆祝中国昆曲列为"人类口头和非物质遗产代表作"暨纪念苏州昆剧传习所成立80周年活动。活动中,文化部正式提议苏州为举办昆剧节的定点城市,每三年举办一次,并在苏州建立中国昆曲博物馆。同年苏州市政府、苏州大学联合成立中国昆曲研究中心。

2002 年

11月27日　江苏省文化厅印发《关于开展我省民间艺术资源调研的通知》。决定成立民间艺术资源情况调研组,对各市具有鲜明的民族性、地域性以及相应艺术价值的民间艺术品类进行普查。

2003 年

7月　江苏省委宣传部、省文联和省文化厅联合印发《关于开展江苏省特色文化和民间艺术资源普查的通知》,决定在全省范围内开展特色文化和民间艺术资源的普查。对全省的"口头和非物质遗产"普查工作做具体要求,明确普查范围、方法、进度和经费保障。同时,由各级领导和相关专家组成的领导小组亦宣告成立。

11月7日　古琴艺术入选第二批"人类口头和非物质遗产代表作"。江苏省是古琴艺术四大琴派(虞山琴派、广陵琴派、金陵琴派、梅庵琴派)的发源地。

2004 年

1月14日　国家邮政总局在苏州举办《桃花坞木刻年画》邮票首发式,使桃花坞木版年画成为国家名片,扬名于海内外。

2月　江苏省开始实施江苏省民族民间文化保护工程。先后建立了由省文化厅、省财政厅、省文联等部门负责人组成的保护工程领导小组,成立了省民族民间文化保护工程专家评审委员会。4月设立"民族民间文化保护工程"省级中心。

3月　省"民族民间文化保护工程"试点期间,省财政共设专项资金2 000万(每年400万),主要用于省级保护试点项目。

6月　《苏州市民族民间传统文化保护办法》以政府令形式颁布。

7月　省文化厅、财政厅召开全省民族民间文化保护工程工作会议、落实相关政策。印发了《关于公布江苏省民族民间文化保护工程第一批试点名单的通知》。公布白蛇传传说、南京白局、常州梳篦、惠山手捏泥人、宜兴手工紫砂陶工艺、扬州清曲、泰州溱潼会船、南通板鹞风筝、宿迁云渡桃雕、淮安金湖秧歌、盐城东台发绣、徐州睢宁落子舞、连云港海州五大宫调等13个项目为省级第一批专业性试点项目,确定苏州市为国家级试点。

△　制定印发《关于江苏省实施民族民间文化保护工程的通知》《江苏省民族民间文化保护工程实施方案》《江苏省民族民间文化保护工程专项资金使用管理方案》,修订《江苏省人民政府关于进一步加强民族民间文化保护工作的意见(征求意见稿)》《江苏省民族民间文化保护工程管理办法》。

10月　江苏省民族民间文化保护工程第一期培训班在南京举行。中国艺术研究院副院长、中国民族民间文化保护工程国家中心主任刘茜,民俗专家乌丙安以及省内音乐、舞蹈、戏剧、民俗等方面的专家分别授课,来自全省各地的近80名代表参加了培训。

2005 年

1月　江苏省在全国率先启动非物质文化遗

产保护地方立法工作。

2月28日　江苏省文化厅召开全省社会文化工作会议，与各市签订民族民间文化保护工程《试点项目任务书》。省文化厅对全省13个专业项目试点和1个综合性试点单位分别下达了10～30万元的启动资金，并为各市民族民间文化保护工程中心配备了约3万元的器材。

2月　成立省民族民间文化中心办公室，设置105平方米的小型展览厅。

3月　省人大、省人大法工委、省文化厅调研全省非遗状况，开始非遗保护法规起草工作。

4月　江苏省非物质文化遗产保护工程《工作简报》首刊发行。

5月16日　江苏省民族民间文化遗产保护工程试点工作汇报会在宁召开。

6月8日　江苏省民族民间文化保护工程领导小组在南京召开专家会议。会议就全省申报国家级非物质文化遗产代表作的具体项目进行讨论，最终选出了申报国家级非物质文化遗产代表作建议名单。

6月16日～18日　江苏省文化厅在南京举办了为期三天的"江苏省申报国家级非物质文化遗产代表作培训班"。全省辖市的文化局社文处处长、拟申报国家级非物质文化遗产代表作的项目单位负责人共40多人参加培训。

7月5日　由国家文化部、江苏省人民政府主办，江苏省文化厅、苏州市人民政府联合承办的"中国非物质文化遗产保护苏州论坛暨中国（苏州）民族民间文化艺术展示周、第二届中国昆曲国际学术研讨会"在苏州拉开帷幕。

11月17日　"第二届江苏省文物节——江苏绝技展"成功举办。

11月下旬　第二届长三角群众文化论坛在苏州举办，主题为：民族民间文化保护与利用。

2006年

3月16日　江苏省民族民间文化保护工程领导小组工作会议召开。会议充实、调整了省民族民间文化保护工程领导小组及其办公室、省保护工程中心和省保护工程专家委员会的组织成员，研究制定了省民族民间文化保护工程领导小组办公室和省保护工程中心职责。

4月上旬　《江苏省非物质文化遗产保护名录评定办法》及相关文件报省政府批准。为了在全国率先建立非物质文化遗产代表作传承人命名机制，江苏启动实施濒危项目传承人计划，完成《江苏省非物质文化遗产濒危项目传承人申报与评定办法》和《江苏省非物质文化遗产濒危项目传承人资助实施方案》。

4月24日～26日，江苏省文化厅举办了江苏省非物质文化遗产普查工作培训班，来自全省各市文化局、市民族民间文化保护工程中心的60位同志参加了学习。

6月9日　《江苏省非物质文化遗产代表作申报评定暂行办法》经江苏省人民政府批准公布。根据规定，建立江苏省非物质文化遗产保护工作厅际联席会议制度，统一协调解决非物质文化遗产保护工作中的重大问题，并负责江苏省非物质文化遗产代表作的申报评定工作。厅际联席会议由江苏省文化厅、发展改革委、教育厅、民政厅、财政厅、建设厅、宗教局、旅游局、文物局等9个部门组成。江苏省人民政府每两年批准并公布一次江苏省非物质文化遗产代表作名录。

6月10日　由江苏省文化厅、江苏省文物局主办的"中国第一个文化遗产日江苏省系列活动"仪式在南京博物院隆重举行。活动仪式上公布江苏省首批国家级非物质文化遗产代表性项目名单。

8月1日　江苏省文化厅、省财政厅制定印发《江苏省非物质文化遗产代表性传承人命名与资助办法》。

9月中旬　全省各地完成了申报第一批省级非物质文化遗产保护名录级国家级名录代表性传承人申报工作。这次全省申报第一批省级非物质文化遗产保护名录共十个门类290个项目，申报江苏省国家级非物质文化遗产名录项目代表性传承人共203人。

9月27日　《江苏省非物质文化遗产保护条例》经江苏省十届人大常委会第25次会议通过，11月1日起施行。

10月31日　江苏省文化厅召开新闻发布会，将第一批江苏省非物质文化遗产名录推荐项目93项和第一批江苏省非物质文化遗产代表性传承人32名向社会公示，并决定在三年内完成市、县两级名录建设。

12月　江苏省文化厅印发《江苏省民族民间文化保护工程专项资金使用管理方案》。

2007年

2月7日　首批31位江苏省非物质文化遗产代表性传承人正式命名，江苏省文化厅、省财政厅领导给31位代表性传承人颁发证书，授予荣誉牌，并举行了隆重的拜师带徒仪式。

3月24日　江苏省人民政府批准省文化厅确立的第一批省级非物质文化遗产名录（共计123项），正式予以公布。

5月3日　由中国艺术研究院、中国非物质文化遗产保护中心与江苏省文化厅、常熟市人民政府联合主办的"首届中国古琴艺术节"在常熟市举行。中国艺术研究院、中国非物质文化遗产保护中心向常熟市授予了"中国古琴江南保护基地"牌匾。

6月5日　文化部命名首批国家级非物质文化遗产传承人，江苏有23人入选，总数居全国各省、市、自治区第一。

6月上旬　江苏省政协组织部分政协委员就全省非物质文化遗产保护情况进行专题调研，召开了全省非遗保护情况通报会，并赴徐州、扬州、苏州重点调研了当地非遗保护传承情况，视察了有关非遗保护及传承单位。

6月9日　由江苏省文化厅、省文物局主办的"第二个文化遗产日暨第三届江苏省文物节"活动开幕仪式在南京图书馆举行。

6月15日～18日　由文化部、江苏省人民政府主办，中国艺术研究院·中国非物质文化遗产保护中心、江苏省文化厅、苏州市人民政府、昆山市人民政府承办的"第二届中国非物质文化遗产保护·苏州论坛"在苏州市举行。

6月29日　江苏省申报第二批国家级非物质文化遗产名录10个类别、85个项目、99个子项目、120个保护单位的申报材料送至文化部。

7月30日　江苏省文化厅公布了第一批省级非物质文化遗产名录项目保护单位名单。

9月28日　江苏省文化厅召开全省非物质文化遗产普查工作推进会，部署了下一阶段的工作任务。王慧芬副厅长代表文化部为江苏省获得文化部"文化遗产日奖"的单位颁发了奖牌和证书，颁发了第一批"江苏省非物质文化遗产名录"项目标牌。

11月9日　由文化部作为支持单位，中国艺术研究院·中国非物质文化遗产保护中心、江苏省文化厅、中共南京市委宣传部、南京市文化局共同主办，中国工艺美术学会织锦专业委员会、南京云锦研究所联合举办的非物质文化遗产织锦技艺、制品博览会在南京图书馆隆重举行。

11月　经省编办批准，省文化厅增设非物质文化遗产处，与社文处合署办公，省文化馆增挂省非物质文化遗产保护中心牌子。

2008年

1月26日　文化部公布了第二批国家级非物质文化遗产项目代表性传承人名单，江苏14人入选。

2月28日　由文化部主办的国家级非物质文化遗产项目代表性传承人颁证仪式在人民大会堂隆重举行。江苏省扬州评话传承人王丽堂、苏州评弹传承人邢晏芝和江苏省文化厅有关领导参加了此次颁证仪式。

4月18日　中国扬州"烟花三月"国际经贸旅游节——民俗文化风情巡游活动在扬州历史街区隆重举行。

6月7日　国务院公布第二批国家级非物质文化遗产名录和国家级非物质文化遗产扩展名录，江苏新增国家级非物质文化遗产51项。

△　江苏省"第三个中国'文化遗产日'江苏省系列活动·中国'人类非物质文化遗产代表作'镇江展演"在镇江市举行，活动由中国非物质文化遗产保护中心、江苏省文化厅和镇江市人民政府共同主办。

8月～10月　江苏省文化厅在奥林匹克公园中心区举行"中国故事·人文江苏"文化展示活动。在8月24日举行的"中国故事"文化展示活动表彰会上，江苏被第29届奥林匹克运动会组织委员会和中华人民共和国文化部联合授予"最受欢迎奖"和"最佳策划奖"。

10月13日　江苏省非物质文化遗产普查工作现场会在邳州市召开，对进一步做好普查工作提出要求。在普查工作的组织实施上，全省建立了"统一部署，分级负责，以县为主"的普查工作责任制和"自下而上查报信息，自上而下指导采录，上下联动实施普查"的工作机制，把建立非遗主要传承人登记册、非遗重要实物登记册、非遗档案资料库（室）和报送非遗资料汇编、非遗资源项目清单、非遗普查总结报告、非遗普查工作统计报表等7项内容，作为县（市、区）完成普查工作的前提和必要条件。

10月22日 以弘扬长三角非物质文化遗产为主题的"乐声悠扬·民间天籁"——长三角非物质文化遗产保护项目·民间音乐展演在上海宛平剧院举行。江、浙、沪非物质文化遗产保护中心和上海市徐汇区文化局签订了《联合举办2009年度长三角非物质文化遗产保护项目系列交流展示活动的协议》。

11月27日 江苏省文化厅印发通知，命名王国良等217人为第二批江苏省非物质文化遗产代表性传承人。

12月 江苏省文化厅组织四个督导组先后分赴13个市的22县（市、区），重点对非物质文化遗产普查进行了督查和指导，帮助基层解决实际工作中存在的问题。

附 录

一、重要文献辑存

江苏省非物质文化遗产保护条例

(2006年9月27日江苏省第十届人民代表大会常务委员会第二十五次会议通过)

第一章 总则

第一条 为了保护非物质文化遗产,继承和弘扬优秀文化传统,根据有关法律、行政法规,结合本省实际,制定本条例。

第二条 本省行政区域内的非物质文化遗产的保护和管理适用本条例。

本条例所称的非物质文化遗产包括:

(一)口头传统,包括作为文化载体的语言;

(二)传统表演艺术和民间美术;

(三)传统礼仪、节庆、庆典以及竞技、游戏等民俗活动;

(四)传统手工艺技能;

(五)有关自然界和宇宙的民间传统知识和实践;

(六)与第(一)、(二)、(三)、(四)、(五)项相关的资料、实物和场所;

(七)其他需要保护的非物质文化遗产。

第三条 非物质文化遗产保护工作坚持政府主导、全社会共同参与,贯彻保护为主、抢救第一、合理利用、传承发展的方针。

第四条 县级以上地方人民政府应当加强对非物质文化遗产保护工作的领导,建立部门联席会议制度,统一协调非物质文化遗产保护工作,并将非物质文化遗产保护工作纳入国民经济和社会发展规划以及城乡建设规划。非物质文化遗产保护所需经费列入本级财政预算。

第五条 县级以上地方人民政府文化行政部门主管本行政区域内非物质文化遗产的保护工作。

县级以上地方人民政府发展和改革、教育、财政、建设、规划、广播电视、旅游等有关部门按照各自职责,做好非物质文化遗产保护工作。

第六条 地方各级人民政府及其有关部门应当宣传非物质文化遗产及其保护工作,加强非物质文化遗产保护工作的队伍建设,培养非物质文化遗产保护、研究、传承等各类专门人才,支持传承人和传承单位开展优秀非物质文化遗产的传承活动。

第七条 鼓励、支持社会团体、研究机构、大专院校、企事业单位和个人等社会各方面力量参与非物质文化遗产保护工作。

鼓励、支持境内外的单位和个人依法开展非物质文化遗产保护工作的合作和交流活动。

第八条 在非物质文化遗产保护工作中做出显著成绩的单位和个人,由县级以上地方人民政府及其文化行政部门予以表彰和奖励。

第二章 规划与保护

第九条 省人民政府文化行政部门会同有关部门编制全省非物质文化遗产保护规划,报省人民政府批准后组织实施。

市、县人民政府文化行政部门会同有关部门根据省非物质文化遗产保护规划,结合当地实际,编制本行政区域非物质文化遗产保护规划,报同级人民政府批准后组织实施,并报上一级文化行政部门备案。

第十条 县级以上地方人民政府应当组织文化行政部门及其他有关部门对本行政区域内的非物质文化遗产进行普查、确认、登记,运用文字、录音、录像、数字化多媒体等方式,对非物质文化遗产进行真实、系统和全面的记录。

县级以上地方人民政府文化行政部门应当建立非物质文化遗产档案及相关数据库,可以公布的,应当及时公布。

第十一条 建立本省地方非物质文化遗产代表作名录体系,实行分级保护。对经过科学认定列入名录的非物质文化遗产项目,根据所属级别由同级人民政府制定具体、科学的保护措施,明确保护的责任主体,对其代表性传承人和代表性传承单位,有计划地提供资助,鼓励和支持其开展传承活动。

省级、市级和县级非物质文化遗产代表作名录,分别经省、设区的市和县级人民政府文化行政部门组织专家评审并征求有关部门、社会团体和公众的意见后,由同级人民政府核定公布,并报上一级人民政府备案。

地方各级非物质文化遗产代表作的申报评定办法,由同级人民政府制定。

第十二条 对具有重大保护价值的非物质文化遗产,县级以上地方人民政府应当依照国家有关规定申报国家级非物质文化遗产代表作以及联合国人类非物质文化遗产代表作。

第十三条 地方各级非物质文化遗产代表作名录中非物质文化遗产濒危的,核定公布该名录的人民政府应当及时公布濒危名单。

对列入濒危名单的非物质文化遗产代表作,县级以上地方人民政府应当制定抢救保护方案,并组织文化行政部门及其他有关部门及时进行科学、有效的抢救性保护。

前款规定的抢救性保护包括,对年事已高、掌握特殊传统技艺的非物质文化遗产传承人工作、生活条件的改善,对其技艺的记录、整理和传承以及对珍贵、濒临灭失的非物质文化遗产实物、资料、场所的征集、收藏、保存和修缮等内容。

第十四条 对列入非物质文化遗产代表作名录的非物质文化遗产代表作所涉及的建筑物、场所、遗迹及其附属物,县级以上地方人民政府应当划出保护范围,作出标志说明,建立专门档案,并在城乡规划和建设中采取有效措施予以保护。

前款标志说明,应当包括非物质文化遗产代表作的名称、级别、保护范围、简介、公布机关、公布日期、立标机关、立标日期等内容。

第十五条 非物质文化遗产现存形态较完整、特色鲜明,有行之有效的传承措施和广泛群众基础的特定区域,所在地人民政府申报,经省人民政府文化行政部门审核后,报省人民政府授予相应称号。所在地人民政府应当采取有效措施进行整体性保护。

对非物质文化遗产遭到破坏,不再符合规定条件的区域,由省人民政府撤销相应称号。

第十六条 建立本省非物质文化遗产保护的专家咨询制度。

县级以上地方人民政府及其文化行政部门,在编制非物质文化遗产保护规划、认定非物质文化遗产项目等工作中,应当听取专家的意见和建议。

第三章 传承

第十七条 县级以上地方人民政府文化行政部门确定和命名本级非物质文化遗产代表作的代表性传承人和代表性传承单位。

县级以上地方人民政府文化行政部门确定和命名代表性传承人和代表性传承单位前,应当进行公示,征求公众以及有关部门、社会团体、专家学者的意见。确定和命名代表性传承人和代表性传承单位后,应当于十五日内予以公告。

县级以上地方人民政府文化行政部门应当为非物质文化遗产代表性传承人和代表性传承单位建立档案。

第十八条 符合下列条件的公民,可以申请或者被推荐为非物质文化遗产代表性传承人:

(一)掌握并保持某项非物质文化遗产代表作的表现形态或者技艺;

(二)在一定区域内被公认为具有较大影响;

(三)积极开展传承活动,培养后继人才。

第十九条 符合下列条件的组织和团体,可以申请或者被推荐为非物质文化遗产代表性传承单位:

(一)有掌握某种非物质文化遗产代表作表现形态或者技艺的传承人,并对该非物质文化遗产展开研究;

(二)以传承、发展非物质文化遗产为宗旨,并坚持开展相关活动;

(三)保存某项非物质文化遗产的原始资料或者代表性实物。

第二十条 代表性传承人和代表性传承单位享有下列权利:

(一)开展传艺、讲学以及艺术创作、学术研究等活动并取得报酬;

(二)向他人有偿提供其掌握的知识和技艺以及有关的原始资料、实物、场所等；

(三)开展传承活动有经济困难的,可以申请县级以上地方人民政府予以资助。

第二十一条 代表性传承人和代表性传承单位履行下列义务：

(一)按照师承形式或者其他方式选择、培养新传承人；

(二)完整保存所掌握的知识、技艺及有关的原始资料、实物、建筑物、场所等；

(三)依法开展展示、传播非物质文化遗产等活动。

第二十二条 做出重要贡献的代表性传承人和代表性传承单位,由省人民政府文化行政部门报省人民政府核准,授予杰出传承人和优秀传承单位称号。

获得杰出传承人称号的代表性传承人可以享受地方政府津贴。

县级以上地方人民政府应当支持杰出传承人和优秀传承单位开展非物质文化遗产传承活动,支持的方式主要有：

(一)提供必要的场所；

(二)给予适当的资助；

(三)促进相关的交流；

(四)开展相应的宣传；

(五)其他形式的帮助。

第二十三条 县级以上地方人民政府文化行政部门应当定期对代表性传承人、代表性传承单位、杰出传承人和优秀传承单位进行评估,丧失命名条件的,由命名机关撤销其命名。

代表性传承人、代表性传承单位、杰出传承人和优秀传承单位的评定办法,由省人民政府文化行政部门制定,并报省人民政府批准。

第四章 管理与利用

第二十四条 地方各级人民政府设立的收藏、研究以及其他文化机构对本行政区域内具有代表性的非物质文化遗产资料和实物进行征集、收购。征集、收购时,应当遵循自愿原则,合理作价,并可以向所有者颁发证书。

鼓励单位和个人将其所有的非物质文化遗产资料和实物捐赠或者委托给政府设立的收藏、研究以及其他文化机构收藏、保管或者展出。对捐赠者,应当给予奖励,并颁发捐赠证书；对委托者,应当注明委托单位和个人的名称和姓名。

鼓励有条件的单位和个人成立研究机构,兴办专题博物馆,开设专门展室,开展对非物质文化遗产的研究工作,展示有代表性的非物质文化遗产。

第二十五条 地方各级人民政府设立的收藏、研究以及其他文化机构征集、收购和受赠的非物质文化遗产珍贵资料、实物属国家所有,应当妥善保管。任何单位和个人不得侵占、破坏。

公民、法人和其他组织合法拥有的承载非物质文化遗产的珍贵资料、实物、场所等,其所有权受法律保护。

非物质文化遗产知识产权受法律保护。

第二十六条 县级以上地方人民政府应当鼓励和扶持有关单位和个人在有效保护的前提下合理利用优秀非物质文化遗产资源,进行弘扬优秀传统文化的文艺创作,开发具有民间和地方文化特色的传统文化产品,拓展民间民俗文化旅游服务。

利用非物质文化遗产资源,应当尊重其原真性和文化内涵,保持原有文化生态资源和文化风貌,不得歪曲、滥用。

县级以上地方人民政府应当采取限量开采、提高利用率等措施保护与非物质文化遗产传承密切相关的天然原材料和珍稀矿产。严禁乱采、滥挖或者盗卖。

第二十七条 列入非物质文化遗产代表作名录的传统工艺、制作技艺和艺术表现方法以及其他技艺,属于国家秘密的,应当按照国家保密法律、法规规定的程序确定密级、保密期限、保密要点及知悉范围,并采取相应的保密措施；属于商业秘密的,按照国家有关法律、法规执行。

纳入保密范围的传统工艺、制作技艺和艺术表现方法以及其他技艺,应当依照法律、法规规定的方式、途径进行传播、传授和转让。

第二十八条 任何团体或者个人在本省行政区域内进行非物质文化遗产参观、考察等活动,应当遵守有关法律、法规,并接受活动所在地人民政府文化行政部门的管理。

第五章 保障措施

第二十九条 县级以上地方人民政府应当根据当地非物质文化遗产的分布和工作开展情况,在

年度财政预算中安排资金,用于下列项目:

(一)非物质文化遗产的普查;

(二)濒危非物质文化遗产的抢救;

(三)非物质文化遗产的传承和传播活动;

(四)非物质文化遗产重大项目的研究;

(五)非物质文化遗产珍贵资料和实物的征集和收购;

(六)非物质文化遗产的宣传教育;

(七)非物质文化遗产保护的其他重大事项。

县级以上地方人民政府文化、财政等部门应当加强对非物质文化遗产保护专项资金的管理,确保专款专用。

第三十条 鼓励通过公民、法人和其他组织捐赠等方式依法设立非物质文化遗产保护资金,专门用于非物质文化遗产保护,任何单位和个人不得侵占、挪用。

对非物质文化遗产保护捐赠资金或者实物的公民、法人和其他组织,按照国家有关规定享受优惠待遇。

第三十一条 鼓励和支持教育机构以开设相关课程等形式开展传播、弘扬优秀非物质文化遗产的活动。

中小学校应当将本地优秀的、体现民族精神与民间特色的非物质文化遗产列入教育内容,因地制宜地开展教育活动。

鼓励和支持高等院校和科研机构开展非物质文化遗产保护的研究和专门人才培养。

第三十二条 图书馆、文化馆、博物馆、科技馆等公共文化机构应当展示和传播本地有代表性的非物质文化遗产,有条件的应当向中小学生免费开放。

新闻出版、广播电视、互联网等公共传媒应当介绍、宣传优秀的非物质文化遗产及其保护工作,普及保护知识,提高全社会自觉保护非物质文化遗产的意识。

第六章 法律责任

第三十三条 违反本条例第十三条第二款规定,对列入濒危名单的非物质文化遗产代表作,由于县级以上地方人民政府未采取科学、有效的抢救性保护措施,导致灭失的,对直接负责的主管人员和其他直接责任人员,依法给予行政处分。

第三十四条 违反本条例第二十五条第一款规定,对征集、收购和受赠的非物质文化遗产珍贵资料、实物未妥善保管的,由县级以上地方人民政府文化行政部门责令改正;造成严重损坏、被窃或者遗失的,对直接负责的主管人员和其他直接责任人员,依法给予行政处分;构成犯罪的,依法追究刑事责任。

第三十五条 违反本条例规定,侵占、破坏非物质文化遗产珍贵资料、实物和场所的,依法承担民事赔偿责任。

违反本条例规定,侵占、破坏国家所有的非物质文化遗产珍贵资料、实物和场所的,由县级以上地方人民政府文化行政部门责令改正;有违法所得的,没收违法所得;情节严重的,并处五千元以上二万元以下罚款;违反治安管理规定的,由公安机关予以处罚,构成犯罪的,依法追究刑事责任。

第三十六条 违反本条例第二十六条第三款、第二十七条第二款规定的,依照有关法律、法规进行处罚。

第三十七条 县级以上地方人民政府文化行政部门及其他有关部门工作人员,在非物质文化遗产保护工作中玩忽职守、滥用职权、徇私舞弊的,依法给予行政处分;构成犯罪的,依法追究刑事责任。

第七章 附则

第三十八条 本条例中所称的非物质文化遗产资料、实物和场所等,已被确定为文物的,适用文物保护法律、法规。

第三十九条 本条例自 2006 年 11 月 1 日起施行。

二、非物质文化遗产名录

（一）江苏省国家级非物质文化遗产名录

第一批（2006年5月20日公布）

序号	项目名称	申报地区或单位	类别
1	白蛇传传说	江苏省镇江市	民间文学
2	梁祝传说	江苏省宜兴市	民间文学
3	董永传说	江苏省东台市	民间文学
4	吴歌	江苏省苏州市	民间文学
5	江南丝竹	江苏省太仓市	民间音乐
6	海州五大宫调	江苏省连云港市	民间音乐
7	苏州玄妙观道教音乐	江苏省苏州市	民间音乐
8	昆曲	江苏省	传统戏剧
9	苏剧	江苏省苏州市	传统戏剧
10	扬剧	江苏省扬州市	传统戏剧
11	苏州评弹（苏州评话、苏州弹词）	江苏省苏州市	曲艺
12	扬州评话	江苏省扬州市	曲艺
13	扬州清曲	江苏省扬州市	曲艺
14	桃花坞木版年画	江苏省苏州市	民间美术
15	剪纸	江苏省扬州市	民间美术
16	苏绣	江苏省苏州市	民间美术
17	扬州玉雕	江苏省扬州市	民间美术
18	泥塑（惠山泥人）	江苏省无锡市	民间美术
19	宜兴紫砂陶制作技艺	江苏省宜兴市	传统手工技艺
20	南京云锦木机妆花手工织造技艺	江苏省南京市	传统手工技艺
21	宋锦织造技艺	江苏省苏州市	传统手工技艺
22	苏州缂丝织造技艺	江苏省苏州市	传统手工技艺
23	南通蓝印花布印染技艺	江苏省南通市	传统手工技艺
24	香山帮传统建筑营造技艺	江苏省苏州市	传统手工技艺
25	苏州御窑金砖制作技艺	江苏省苏州市	传统手工技艺
26	南京金箔锻制技艺	江苏省南京市	传统手工技艺
27	明式家具制作技艺	江苏省苏州市	传统手工技艺
28	扬州漆器髹饰技艺	江苏省扬州市	传统手工技艺
29	镇江恒顺香醋酿制技艺	江苏省镇江市	传统手工技艺
30	雕版印刷技艺	江苏省扬州市	传统手工技艺
31	金陵刻经印刷技艺	江苏省南京市	传统手工技艺
32	制扇技艺	江苏省苏州市	传统手工技艺
33	剧装戏具制作技艺	江苏省苏州市	传统手工技艺
34	风筝制作技艺（南通板鹞风筝）	江苏省南通市	传统手工技艺

续 表

序号	项目名称	申报地区或单位	类别
35	端午节(苏州端午习俗)	江苏省苏州市	民俗
36	秦淮灯会	江苏省南京市	民俗
37	苏州甪直水乡妇女服饰	江苏省苏州市	民俗

第二批(2008年6月7日公布)

序号	项目名称	申报地区或单位	类别
1	高邮民歌	高邮市	传统音乐
2	海门山歌	海门市	传统音乐
3	吟诵调(常州吟诵)	常州市	传统音乐
4	佛教音乐(天宁寺梵呗唱诵)	常州市	传统音乐
5	道教音乐(无锡道教音乐)	无锡市	传统音乐
6	竹马(东坝大马灯)	高淳县	传统舞蹈
7	竹马(邳州跑竹马)	邳州市	传统舞蹈
8	淮剧	盐城市	传统戏剧
9	锡剧	江苏省演艺集团锡剧团、无锡市、常州市	传统戏剧
10	淮海戏	淮安市、连云港市	传统戏剧
11	童子戏	通州市	传统戏剧
12	徐州梆子	徐州市	传统戏剧
13	扬州弹词	扬州市	曲艺
14	徐州琴书	徐州市	曲艺
15	南京白局	南京市秦淮区	曲艺
16	建湖杂技	建湖县	传统体育、游戏与杂技
17	玉雕(苏州玉雕)	苏州市	传统美术
18	核雕(光福核雕)	苏州市	传统美术
19	彩扎(邳州纸塑狮子头)	邳州市	传统美术
20	常州梳篦	常州市	传统美术
21	糖塑(丰县糖人贡)	丰县	传统美术
22	盆景技艺(扬派盆景技艺)	扬州市、泰州市	传统美术
23	金银细工制作技艺	南京市、江都市	传统技艺
24	民族乐器制作技艺(苏州民族乐器制作技艺)	苏州市	传统技艺
25	传统木船制造技艺	兴化市	传统技艺
26	酿造酒酿造技艺(封缸酒酿造技艺)	丹阳市、金坛市	传统技艺
27	茶点制作技艺(富春茶点制作技艺)	扬州市	传统技艺
28	抬阁(芯子、铁枝、飘色)(金坛抬阁)	金坛市	民俗

扩展名录(2008年6月7日公布)

序号	项目名称	申报地区或单位	类别
1	董永传说	金坛市	民间文学
2	宝卷(靖江宝卷)	靖江市	民间文学
3	吴歌	无锡市	民间文学

续表

序号	项目名称	申报地区或单位	类别
4	古琴艺术(虞山琴派)	常熟市	传统音乐
5	古琴艺术(广陵琴派)	扬州市	传统音乐
6	古琴艺术(金陵琴派)	南京市	传统音乐
7	古琴艺术(梅庵琴派)	南通市、镇江市	传统音乐
8	十番音乐(楚州十番锣鼓)	淮安市	传统音乐
9	十番音乐(邵伯锣鼓小牌子)	江都市	传统音乐
10	龙舞(骆山大龙)	溧水县	传统舞蹈
11	扬剧	江苏省演艺集团杨剧团、镇江市	传统戏剧
12	柳琴戏	徐州市	传统戏剧
13	木偶戏(杖头木偶戏)	扬州市	传统戏剧
14	剪纸(南京剪纸)	南京市	传统美术
15	剪纸(徐州剪纸)	徐州市	传统美术
16	剪纸(金坛刻纸)	金坛市	传统美术
17	无锡精微绣	无锡市	传统美术
18	南通仿真绣	南通市	传统美术
19	香包(徐州香包)	徐州市	传统美术
20	竹刻(无锡留青竹刻)	无锡市	传统美术
21	竹刻(常州留青竹刻)	常州市	传统美术
22	泥塑(苏州泥塑)	苏州市	传统美术
23	灯彩(秦淮灯彩)	句容市	传统美术
24	灯彩(苏州灯彩)	苏州市	传统美术
25	中医传统制剂方法(雷允上六神丸制作技艺)	苏州市	传统医药
26	清明节(溱潼会船)	姜堰市	民俗

(二)江苏省级非物质文化遗产名录

第一批(2007年3月24日公布)

序号	项目名称	申报地区或单位	类别
1	白蛇传传说	镇江市	民间文学
2	梁祝传说	宜兴市	民间文学
3	董永传说	东台市、镇江市丹徒区、丹阳市、金坛市	民间文学
4	《华山畿》和华山畿传说	镇江市新区	民间文学
5	韩信传说	淮安市淮阴区	民间文学
6	吴歌	苏州市,无锡市锡山区、惠山区	民间文学
7	靖江讲经宝卷	靖江市	民间文学
8	常州吟诵	常州市	民间音乐
9	南乡田歌	镇江市丹徒区	民间音乐
10	海门山歌	海门市	民间音乐
11	高邮民歌	高邮市	民间音乐
12	金湖秧歌	金湖县	民间音乐

续表

序号	项目名称	申报地区或单位	类别
13	邵伯秧号子	江都市	民间音乐
14	吕四渔民号子	启东市	民间音乐
15	古琴艺术（虞山琴派、广陵琴派、金陵琴派、梅庵琴派）	常熟市、扬州市、南京市秦淮区、南通市崇川区、镇江市	民间音乐
16	江南丝竹	太仓市	民间音乐
17	海州五大宫调	连云港市	民间音乐
18	苏州玄妙观道教音乐	苏州市	民间音乐
19	无锡道教音乐	无锡市	民间音乐
20	天宁寺梵呗唱诵	常州市	民间音乐
21	楚州十番锣鼓	淮安市楚州区	民间音乐
22	留左吹打乐	南京市六合区	民间音乐
23	邵伯锣鼓小牌子	江都市	民间音乐
24	睢宁落子舞	睢宁县	民间舞蹈
25	男欢女喜	宜兴市	民间舞蹈
26	钟馗戏蝠	如东县	民间舞蹈
27	傩舞（跳幡神、跳娘娘、跳马伕）	溧阳市、扬州市邗江区、如东县	民间舞蹈
28	麻雀蹦	南京市江宁区	民间舞蹈
29	东坝大马灯	高淳县	民间舞蹈
30	邳州跑竹马	邳州市	民间舞蹈
31	骆山大龙	溧水县	民间舞蹈
32	二龙戏珠	句容市	民间舞蹈
33	凤羽龙	无锡市惠山区	民间舞蹈
34	江浦手狮	南京市浦口区	民间舞蹈
35	滚灯	太仓市	民间舞蹈
36	谈庄秧歌灯	金坛市	民间舞蹈
37	花鼓（海安花鼓、浒澪花鼓）	海安县、如东县	民间舞蹈
38	昆曲	江苏省文化厅	传统戏剧
39	苏剧	苏州市	传统戏剧
40	扬剧	扬州市、镇江市、江苏省演艺集团	传统戏剧
41	锡剧	无锡市、常州市、江苏省演艺集团	传统戏剧
42	淮剧	盐城市	传统戏剧
43	江苏柳琴戏	徐州市、宿迁市宿豫区、泗洪县	传统戏剧
44	徐州梆子戏	徐州市	传统戏剧
45	淮海戏	淮安市、连云港市、沭阳县	传统戏剧
46	童子戏	通州市、连云港市新浦区	传统戏剧
47	阳腔目连戏	高淳县	传统戏剧
48	杖头木偶戏	扬州市、泰兴市、如皋市	传统戏剧
49	苏州评弹（苏州评话、苏州弹词）	苏州市	曲艺
50	扬州评话	扬州市	曲艺
51	扬州弹词	扬州市	曲艺
52	扬州清曲	扬州市	曲艺
53	南京白局	南京市秦淮区	曲艺

续表

序号	项目名称	申报地区或单位	类别
54	徐州琴书	徐州市	曲艺
55	工鼓锣	涟水县、沭阳县、灌云县	曲艺
56	苏北大鼓	宿迁市宿城区	曲艺
57	桃花坞木版年画	苏州市	民间美术
58	玻璃雕绘画	镇江市	民间美术
59	邳州年画	邳州市	民间美术
60	江都漆画	江都市	民间美术
61	剪纸(扬州剪纸、南京剪纸、金坛刻纸、宜兴刻纸、徐州剪纸)	扬州市、南京市、金坛市、宜兴市、徐州市	民间美术
62	无锡纸马	无锡市	民间美术
63	苏绣	苏州市	民间美术
64	平绣(无锡刺绣、扬州刺绣、南通仿真绣)	无锡市、扬州市、南通市崇川区	民间美术
65	乱针绣	常州市钟楼区、丹阳市	民间美术
66	上党挑花	镇江市丹徒区	民间美术
67	徐州香包工艺	徐州市	民间美术
68	盐城老虎鞋	盐城市盐都区	民间美术
69	南京十竹斋饾彩拱花技艺	南京市	民间美术
70	扬州玉雕	扬州市	民间美术
71	苏州玉雕	苏州市	民间美术
72	苏州石雕(金山石雕、藏书澄泥石刻)	苏州市吴中区	民间美术
73	光福核雕	苏州市吴中区	民间美术
74	竹刻(无锡留青竹刻、常州留青竹刻)	无锡市、常州市天宁区	民间美术
75	常州梳篦	常州市	民间美术
76	泥塑(惠山泥人、苏州泥塑、沛县泥模)	无锡市、苏州市、沛县	民间美术
77	丰县糖人贡	丰县	民间美术
78	灯彩(苏州灯彩、扬州灯彩、秦淮灯彩)	苏州市、扬州市、南京市秦淮区、句容市	民间美术
79	邳州纸塑狮子头	邳州市	民间美术
80	扬中竹编	扬中市	民间美术
81	宜兴紫砂陶制作技艺	宜兴市	传统手工技艺
82	南京云锦木机妆花手工织造技艺	南京市	传统手工技艺
83	宋锦织造技艺	苏州市	传统手工技艺
84	苏州缂丝织造技艺	苏州市	传统手工技艺
85	南通蓝印花布印染技艺	南通市	传统手工技艺
86	香山帮传统建筑营造技艺	苏州市	传统手工技艺
87	苏州御窑金砖制作技艺	苏州市	传统手工技艺
88	南京金箔锻制技艺	南京市	传统手工技艺
89	明式家具制作技艺	苏州市	传统手工技艺
90	扬州漆器髹饰技艺	扬州市	传统手工技艺
91	雕版印刷技艺	扬州市	传统手工技艺
92	金陵刻经印刷技艺	南京市	传统手工技艺
93	制扇技艺	苏州市	传统手工技艺
94	剧装戏具制作技艺	苏州市	传统手工技艺

续 表

序号	项目名称	申报地区或单位	类别
95	风筝制作技艺（南通板鹞风筝）	南通市	传统手工技艺
96	精细木作技艺	江苏省工艺美术行业协会	传统手工技艺
97	传统金银饰品工艺	南京市、江都市	传统手工技艺
98	苏州民族乐器制作技艺	苏州市	传统手工技艺
99	苏州碑刻技艺	苏州市	传统手工技艺
100	绒花制作技艺	南京市、扬州市	传统手工技艺
101	天鹅绒织造技艺	南京市、丹阳市	传统手工技艺
102	常熟花边制作技艺	常熟市	传统手工技艺
103	兴化木船制造工艺	兴化市	传统手工技艺
104	扬州通草花制作技艺	扬州市	传统手工技艺
105	扬派盆景技艺	扬州市、泰州市	传统手工技艺
106	扬州富春茶点制作技艺	扬州市	传统手工技艺
107	镇江恒顺香醋酿制技艺	镇江市	传统手工技艺
108	封缸酒酿造技艺	丹阳市、金坛市	传统手工技艺
109	汤沟酒酿造技艺	灌南县	传统手工技艺
110	南京板鸭、盐水鸭制作技艺	南京市江宁区	传统手工技艺
111	三凤桥酱排骨烹制技艺	无锡市	传统手工技艺
112	苏州雷允上六神丸制药技艺	苏州市	传统医药
113	唐老一正斋膏药制作技艺	镇江市	传统医药
114	金坛抬阁	金坛市	杂技与竞技
115	沛县武术	沛县	杂技与竞技
116	建湖"十八团"杂技	建湖县	杂技与竞技
117	端午节（苏州端午习俗）	苏州市	民俗
118	秦淮灯会	南京市	民俗
119	苏州甪直水乡妇女服饰	苏州市	民俗
120	妈祖庙会	南京市下关区	民俗
121	金山寺水陆法会	镇江市	民俗
122	溱潼会船	姜堰市	民俗
123	扬州"三把刀"	扬州市	民俗

第二批（2009年6月20日公布）

序号	项目名称	申报地区或单位	类别
1	寒山拾得传说	苏州市	民间文学
2	花果山传说	连云港市	民间文学
3	九里山古战场传说	徐州市九里区	民间文学
4	巫支祁传说	洪泽县	民间文学
5	水漫泗州城传说	洪泽县、盱眙县	民间文学
6	隋炀帝传说	扬州市邗江区	民间文学
7	彭祖传说	徐州市	民间文学
8	徐福传说	赣榆县	民间文学
9	张道陵传说	丰县	民间文学

续表

序号	项目名称	申报地区或单位	类别
10	施耐庵与《水浒》传说	兴化市,大丰市	民间文学
11	达摩传说	南京市六合区	民间文学
12	刘邦传说	丰县,沛县	民间文学
13	卞和献玉传说	高淳县	民间文学
14	东海孝妇传说	连云港市	民间文学
15	露筋娘娘传说	江都市	民间文学
16	沈拱山传说	盐城市盐都区	民间文学
17	伍子胥故事	高淳县	民间文学
18	项羽故事	南京市浦口区	民间文学
19	崔致远与双女坟的故事	高淳县	民间文学
20	姐儿溜(歌谣)	东海县	民间文学
21	谜语(竹西谜语、海虞谜语)	扬州市、常熟市	民间文学
22	高淳民歌	高淳县	民间音乐
23	南闸民歌	淮安市楚州区	民间音乐
24	茅山号子	兴化市	民间音乐
25	泓口丝弦	溧阳市	民间音乐
26	鼓吹乐(徐州鼓吹乐、海州鼓吹乐)	徐州市、连云港市	民间音乐
27	锣鼓乐(陆家锣鼓、戴埠太平锣鼓、天岗锣鼓)	南通市港闸区、溧阳市、泗洪县	民间音乐
28	睢宁龙虎斗	睢宁县	民间舞蹈
29	花船舞(大兴旱船、灌云花船)	宿迁市宿豫区、灌云县	民间舞蹈
30	莲湘(姜堰滚莲湘、如皋莲湘、洪武花棍舞)	姜堰市、如皋市、泗洪县	民间舞蹈
31	高跷(沛桥高跷)	高淳县	民间舞蹈
32	宝堰双推车	镇江市丹徒区	民间舞蹈
33	龙吟车	高淳县	民间舞蹈
34	柘塘打社火	溧水县	民间舞蹈
35	跳当当	溧水县	民间舞蹈
36	茶花担舞	江阴市	民间舞蹈
37	睢宁云牌舞	睢宁县	民间舞蹈
38	灯舞(万绥猴灯、指前鱼灯、新沂七巧灯)	常州市新北区、金坛市、新沂市	民间舞蹈
39	千灯跳板茶	昆山市	民间舞蹈
40	渔篮虾鼓舞	江阴市	民间舞蹈
41	洪泽湖渔鼓	泗洪县,洪泽县	民间舞蹈
42	荷花盘子舞	通州市	民间舞蹈
43	抬判	通州市	民间舞蹈
44	倒花篮	如皋市	民间舞蹈
45	京剧	江苏省演艺集团、淮安市	传统戏剧
46	滑稽戏(苏州滑稽戏)	苏州市	传统戏剧
47	香火戏(金湖香火戏)	金湖县	传统戏剧
48	泗州戏	泗洪县	传统戏剧
49	丰县四平调	丰县	传统戏剧
50	南京评话	南京市秦淮区	曲艺

续表

序号	项目名称	申报地区或单位	类别
51	扬州道情	扬州市	曲艺
52	丹阳啷当	丹阳市	曲艺
53	徐州坠子	丰县	曲艺
54	小热昏	常州市	曲艺
55	麦秆剪贴（大丰麦秆剪贴）	大丰市	民间美术
56	常州掐丝珐琅画	常州市武进区	民间美术
57	戏剧脸谱	南京市白下区	民间美术
58	丰县吹糖人	丰县	民间美术
59	象牙雕刻（南京仿古牙雕、扬州牙刻、常州象牙浅刻）	南京市、扬州市、常州市武进区	民间美术
60	虞山派篆刻艺术	常熟市	民间美术
61	宜兴陶堆花技艺	宜兴市	传统手工技艺
62	溱潼砖瓦制作技艺	姜堰市	传统手工技艺
63	真金线制作技艺	南京市	传统手工技艺
64	色织土布技艺（南通色织土布技艺、沛县色织土布技艺）	南通市、沛县	传统手工技艺
65	八桅立式大风车制作技艺	盐城市盐都区	传统手工技艺
66	蔡集手抄草纸制作技艺	宿迁市宿豫区	传统手工技艺
67	常州龙泉印泥制作技艺	常州市	传统手工技艺
68	扬州毛笔制作技艺	江都市	传统手工技艺
69	姜思序堂国画颜料制作技艺	苏州市	传统手工技艺
70	装裱技艺（苏州装裱技艺、扬州装裱技艺）	苏州市、扬州市	传统手工技艺
71	陆慕蟋蟀盆制作技艺	苏州市相城区	传统手工技艺
72	朴席制作技艺	扬州市经济开发区、仪征市	传统手工技艺
73	柳编技艺	赣榆县	传统手工技艺
74	洪泽湖渔具制作技艺	洪泽湖	传统手工技艺
75	晒盐技艺（盐城海盐晒制技艺、连云港淮盐晒制技艺）	盐城市、连云港市	传统手工技艺
76	配制酒酿造技艺（东台陈皮酒酿造技艺）	东台市	传统手工技艺
77	绿茶制作技艺（苏州洞庭碧螺春制作技艺、连云港云雾茶制作技艺、南京雨花茶制作技艺）	苏州市吴中区、连云港连云区、南京市江宁区	传统手工技艺
78	糕团制作技艺（黄天源苏式糕团制作技艺）	苏州市	传统手工技艺
79	糕点制作技艺（稻香村苏式月饼制作技艺、叶受和苏式糕点制作技艺、西亭脆饼制作技艺）	苏州市、通州市	传统手工技艺
80	黄桥烧饼制作技艺	泰兴市	传统手工技艺
81	常州梨膏糖制作技艺	常州市	传统手工技艺
82	采芝斋苏式糖果制作技艺	苏州市	传统手工技艺
83	宝应捶藕和鹅毛雪片制作技艺	宝应县	传统手工技艺
84	董糖制作技艺（如皋董糖制作技艺、秦邮董糖制作技艺）	如皋市、高邮市	传统手工技艺
85	素食烹制技艺（绿柳居素食烹制技艺）	南京市	传统手工技艺
86	清真菜烹制技艺（马祥兴清真菜烹制技艺）	南京市鼓楼区	传统手工技艺
87	陆稿荐苏式卤菜制作技艺	苏州市	传统手工技艺

续表

序号	项目名称	申报地区或单位	类别
88	豆腐制品制作技艺(苏式卤汁豆腐干制作技艺、界首茶干制作技艺、横山桥百叶制作技艺)	苏州市、高邮市、常州市武进区	传统手工技艺
89	酱菜制作技艺(三和四美酱菜制作技艺、常州萝卜干腌制技艺)	扬州市、常州市钟楼区	传统手工技艺
90	淮安茶馓制作技艺	淮安市	传统手工技艺
91	靖江肉脯制作技艺	靖江市	传统手工技艺
92	常熟叫化鸡制作技艺	常熟市	传统手工技艺
93	沛县鼋汁狗肉烹制技艺	沛县	传统手工技艺
94	镇江肴肉制作技艺	镇江市	传统手工技艺
95	刘长兴面点制作技艺	南京市	传统手工技艺
96	汤面制作技艺(昆山奥灶面制作技艺、镇江锅盖面制作技艺)	昆山市、镇江市	传统手工技艺
97	汤包制作技艺(楚州文楼汤包制作技艺、靖江蟹黄汤包制作技艺)	淮安市楚州区、靖江市	传统手工技艺
98	扬州炒饭制作技艺	扬州市	传统手工技艺
99	平桥豆腐制作技艺	淮安市楚州区	传统手工技艺
100	致和堂膏滋药制作技艺	江阴市	传统医药
101	季德胜蛇药制作技艺	南通市	传统医药
102	王氏保赤丸制作技艺	南通市	传统医药
103	五妙水仙膏制作技艺	灌南县	传统医药
104	殷巷石锁赛力	南京市江宁区	杂技与竞技
105	阳湖拳	常州市武进区	杂技与竞技
106	彭祖导引养生术	徐州市	杂技与竞技
107	七夕节(太仓七夕习俗)	太仓市	民俗
108	柚山放灯节	金坛市	民俗
109	宜兴观蝶节	宜兴市	民俗
110	海州湾渔俗	连云港市	民俗
111	洪泽湖渔家婚嫁礼俗	洪泽县	民俗
112	南通范氏世家诗文	南通市	其他

扩展名录(2009年6月20日公布)

序号	项目名称	申报地区或单位	类别
1	吴歌(河阳山歌、白茆山歌、芦墟山歌、双凤山歌、胜浦山歌)	张家港市、常熟市、吴江市、太仓市、苏州市工业园区	民间文学
2	宝卷(同里宣卷、锦溪宣卷、河阳宝卷、胜浦宣卷、常州宣卷)	吴江市、昆山市、张家港市、苏州市工业园区、常州市天宁区	民间文学
3	扬州民歌(胥浦农歌)	扬州市、仪征市	传统音乐
4	江南丝竹	省演艺集团、江阴市	传统音乐
5	道教音乐(泰州道教音乐、茅山道教音乐、乾元观道教音乐)	泰州市、句容市、金坛市	传统音乐
6	十番音乐(辛庄十番音乐)	常熟市	传统音乐
7	傩舞(高淳跳五猖)	高淳县	传统舞蹈

续表

序号	项目名称	申报地区或单位	类别
8	竹马(淮阴马头灯舞、湾北小马灯舞、南辰跑马灯舞、蒋塘马灯舞)	淮安市淮阴区、南京市六合区、东海县、溧阳市	传统舞蹈
9	龙舞(栖霞龙舞、长芦抬龙、直溪巨龙、段龙舞、沙沟板凳龙舞、太平龙灯)	南京市栖霞区、高淳县、金坛市、江阴市、兴化市、常州市新北区	传统舞蹈
10	狮舞(铜山高台狮子舞、丹阳九狮舞)	南京市江宁区、丹阳市	传统舞蹈
11	花鼓(浒浦花鼓、泰兴花鼓)	常熟市、泰兴市	传统舞蹈
12	淮剧	淮安市、泰州市	传统戏剧
13	杖头木偶戏	江苏省演艺集团	传统戏剧
14	苏州评弹(苏州评话、苏州弹词)	江苏省演艺集团	曲艺
15	扬州评话	江苏省演艺集团、镇江市	曲艺
16	扬州清曲	镇江市	曲艺
17	徐州琴书	宿迁市宿城区、涟水县	曲艺
18	苏北大鼓	赣榆县、睢宁县	曲艺
19	苏绣(东台发绣)	东台市	传统美术
20	民间绣活(邳州绣花鞋)	邳州市	传统美术
21	石雕(铜山石刻)	铜山县	传统美术
22	核雕(云渡桃雕)	泗阳县	传统美术
23	竹刻(金陵竹刻、扬州竹刻)	南京市、扬州市	传统美术
24	泥塑(徐州泥塑)	徐州市	传统美术
25	灯彩(徐州花灯)	徐州市鼓楼区	传统美术
26	南京云锦木机妆花手工织造技艺	江苏汉唐织锦科技有限公司	传统技艺
27	蓝印花布印染技艺(邳州蓝印花布印染技艺)	邳州市	传统技艺
28	传统建筑营造技艺(扬州园林营造技艺)	扬州市	传统技艺
29	制扇技艺(金陵折扇制作技艺、高淳羽毛扇制作技艺)	南京市栖霞区、高淳县	传统技艺
30	风筝制作技艺(徐州风筝、沙洲风筝)	徐州市、张家港市	传统技艺
31	传统木船制造技艺(洪泽湖木船制造技艺)	洪泽县	传统技艺
32	盆景技艺(苏派盆景技艺、如皋盆景技艺)	苏州市、如皋市	传统技艺
33	酿醋技艺(汪恕有滴醋酿制技艺)	连云港市	传统技艺
34	酿造酒酿造技艺(玉祁双套酒酿造技艺)	无锡市	传统技艺
35	蒸馏酒酿造技艺(洋河酒酿造技艺、双沟大曲酒酿造技艺、高沟酒酿造技艺)	宿迁市、涟水县	传统技艺
36	抬阁(东山台阁)	苏州市吴中区	传统体育、游艺与杂技
37	灯会(古胥门元宵灯会)	苏州市沧浪区	民俗
38	水乡妇女服饰(胜浦水乡妇女服饰)	苏州市工业园区	民俗
39	庙会(苏州"轧神仙"庙会、泰伯庙会、惠山庙会、皂河龙王庙会、子房山庙会、华山庙会、九里季子庙会、薛城花台会、南京祠山庙会)	苏州市金阊区、无锡市、宿迁市宿豫区、徐州市云龙区、镇江市新区、丹阳市、高淳县、溧水县	民俗

三、荣誉奖励

（一）获奖情况（省级以上）

首届"文化部创新奖"特等奖（2005）

获奖项目：江苏省苏州市昆曲遗产保护、继承、弘扬工程

《第二届江苏省文物节——江苏绝技展》组织工作先进单位（2005）

优秀组织奖单位：苏州市文广局、无锡市文化局、南京市文化局、扬州市文化局

优秀设计、创意奖单位：南通市文化局、徐州市文化局、镇江市文化局、宿迁市文化局

组织奖单位：淮安市文化局、泰州市文化局、连云港市文化局、常州市文化局、盐城市文化局

文化部非物质文化遗产日奖（2007）

江苏省非物质文化遗产保护中心、江苏省桃花坞木刻年画博物馆、江苏省演艺集团木偶剧团、江苏省苏州市文化局、江苏省常熟市文化局、江苏省苏州昆剧院、江苏省苏州剧装戏具合作公司、江苏省苏州钱小萍古丝绸复制研究所、江苏省苏州西部民间缂丝织绣厂、江苏省无锡市赵红玉锡绣大师工作室、江苏省南通蓝印花布艺术馆、江苏省金文云锦名人工作室

"中国原生态民歌大赛"铜奖（2007）

由文化部、陕西省人民政府主办，文化部民族民间文艺发展中心、陕西省广播电影电视局、陕西省文化厅、陕西省电视台共同承办。获奖项目：海州五大宫调［软平］"天台有路"（连云港市非物质文化遗产保护中心选送、陈立才演唱）。

（二）荣誉称号（省级以上）

全国非物质文化遗产保护先进工作者（2007）

沈网君（江苏省常熟市文化局副局长）

文化部非物质文化遗产保护工作先进集体（2007）

江苏省文化厅社会文化处

文化部非物质文化遗产保护工作先进个人（2007）

栾虹（扬州市文化局社会文化处处长、一级艺术监督）、康新民（镇江市民间文化艺术馆研究馆员）、李永（江苏省文化馆艺术总监、研究馆员）

编纂始末

2009年3月,第二轮《江苏省志》编纂工作全面启动,二轮省志设50本分志、10本专志。其中,《江苏文化遗产志》为专志之一,也是江苏省第一部文化遗产志。

《江苏文化遗产志》包括物质文化遗产篇和非物质文化遗产篇,旨在记录和展示全省文化遗产情况,反映党的十一届三中全会以来,特别是20世纪90年代以后至2008年间江苏文化遗产保护的历史进程,从而更好地为江苏社会经济全面、协调、可持续发展发挥重要作用。编写任务由原江苏省文化厅(今江苏省文化和旅游厅)牵头,省文物局、原省文化厅非物质文化遗产处共同承担,南京大学文化与自然遗产研究所(以下简称南大研究所)受委托具体负责编写。

物质文化遗产方面:2013年8月,纲目编写工作展开,省文物局组织人员成立编辑部,拟定编纂纲目、凡例及样条,对志书体例、结构、条目内容构成、时间断限、行文要则等进行了规范。2013年9月12日至13日,进入资料搜集整理阶段,省文物局在泰州召开《江苏文化遗产志·物质文化遗产篇》编纂培训班,各市县相关单位工作负责人参与会议,对条目编纂规范、编纂资料收集工作等进行动员和培训。2014年3月前,各市县相关负责单位陆续将相关材料提交给编辑部,编辑部对提交的材料进行分析、整理和修改,并将有缺漏的内容及时反馈给各市县进行补充。2014年下半年,编辑部对材料进行综合汇总,初稿编纂工作展开。2014年8月上旬,部分试写稿完成后,文物局组织文保处等处室有关人员进行评议。根据评议意见,对试写稿进行修改,然后全面展开志稿编纂工作。2014年12月,完成第一稿,约120万字。2015年初,文物局组织专家、领导对志稿进行审查,文物系统主要专家有唐云俊、邹厚本、韩品峥、王玉国、林留根、朱军、李民昌、车宁等,省地方志办公室专家有吉祥、李文等,领导、专家对篇章结构、条目遴选、文字语言等诸多方面提出修改建议。2015年2月,编辑部深入研究领导、专家意见后,进行二轮修改,对志稿的结构、部分条目的分类进行调整,对记述时限、数字、年代、行文规范等问题进行校对,对篇幅进行控制。5月初形成第二稿,约79万字。2015年5月底,广泛向各地市及南京博物院征求意见,并将人员汇集在省文物局,集中修改。2015年7月23日,形成第三稿,约75万字,由省文物局送给领导、专家征求意见。2015年10月18日,省文化厅副厅长龚良对志稿提出修改意见。2015年10月~2016年1月,编辑部对结构框架进行调整,对工作部分的内容作补充,并于2016年1月形成第四稿。第四稿对志稿框架作了较大的调整,如将"世界遗产""线性遗产"等划入工作部分,列"新型文化遗产保护"节,将可移动文物采用表格形式呈现。

非物质文化遗产方面:2014年上半年,纲目编写工作展开,原省文化厅非物质文化遗产处组织人员成立编辑部,确立并细化编纂方案,建立组织架构和工作机制,明确人员分工,做好部门沟通对接等前期工作。2013年4月15日前,省文化厅非遗处、南大研究所组织人员,按照地方志书编纂及文化遗产专业要求拟定编纂纲目,征求专家意见后修改定稿。2014年4月下旬至5月上旬,召开各市县相关负责单位组织动员会议,对《江苏文化遗产志·非物质文化遗产篇》编纂和材料准备人员进行培训。7月15日前,各市县相关负责单位按照会议要求提交材料给编辑部。8月底,材料的补充提交和修改截止。资料搜集实行责任制,资料搜集人对资料的来源进行认真的核对,并注明来源。资料摘录人对所摘录的资料签字确认。编辑部对提交的材料进行分析、整理、修改、补充和综合汇总。8月上旬,部分试写稿完成后,组织有关人员评议。根据评议意见,对试写稿进行修改,然后全面展开志稿撰写工作,完成初稿,约48万字。2018年7月25日,省文化厅在宜兴组织《江苏文化遗产志·非物质文化遗产篇》专家评审会,厅党组成员、副厅长裴旭出席会议并讲话。非遗处处长李金芳主持,南大研究所汇报志稿编写情况,冯锦文、龚平、李永、谢建平、马达、赵鲁刚等专家参会并提出意见建议。之后,根据专家评审意见,编辑部组织人员作了编辑修改。

2018年10月,《江苏文化遗产志》进入合稿修改阶段。编辑部与省方志办协商后提出合稿修改计划。2019年4月,合稿编辑工作基本完成,提交省文物局、省方志办征求意见,并于4月18日、5月27日,由省文化和旅游厅两次发函向各市县及单位征求合稿意见。根据市县及单位提交意见,编辑部对内容进行对照修改。2019年6月19日,文物局组织领导、专家进行复审。依照复审意见,编辑部对志稿作进一步修改,形成终审稿。

《江苏文化遗产志》共计21章约120万字,其中《物质文化遗产篇》9章,《非物质文化遗产篇》12章。文化遗产条目内容贯通古今,上限不限,尽可能追溯事物的起源,下限断至2008年底;文化遗产事业工作内容,上限接续《江苏省志·文物志》,定为1991年,下限断至2008年底。同类辞目的编排,依照文化遗产的保护级别由高到低进行编排;同一级别的文化遗产依照公布时间先后进行编排;同一级别、同一时间公布的文化遗产项目,依照江苏省行政区划顺序进行编排;同一级别、同一时间公布的同一行政区划内的两个以上文化遗产,则依照文化遗产的年代先后进行编排。文化遗产的名称以公布的各级保护名录为准,同一文化遗产优先使用较高级别名单中的名称。不同文化遗产而名称相同的,在原文物保护单位名称前分别加上所在市以示区别,如"扬州天宁寺""南通天宁寺"。

编纂人员怀着对文化遗产无比敬畏之情,历经纲目编写、资料搜集整理、初稿编写、审查修改及合稿终审等阶段的工作,反复考证、修改、补充、删减,力求在志书中客观记述江苏文化遗产的悠久历史和阶段发展。但由于受资料收集和编纂水平等方面的制约,难免有疏漏和不妥之处,祈望读者给予批评指正。